西樵方志文丛

任根珠 著

方志出版社

图书在版编目（CIP）数据

西樵方志文丛 // 任根珠著 .—北京 ：方志出版社，
2022.12

1SBN 978-7-5144-5153-5

Ⅰ . ①西… Ⅱ . ①任… Ⅲ . ①地方志 一 编辑工作 – 中
国 – 文集 Ⅳ. ① K290-53

中国版本图书馆 CIP 数据核字 (2022) 第 258199 号

责 任 编 辑：范静
责 任 校 对：刘玉霞
责 任 印 制：梅中英
出　版　者：方志出版社
地　　　址：北京市朝阳区潘家园东里 9 号（国家方志馆 4 层）
邮　　　编：100021
网　　　址：http：//wwzgfzcb.cn
发　　　行：方志出版社图书营销中心（010-67110500)
印　　　刷：山西力新印刷科技开发有限公司
开　　　本：710 毫米 ×1000 毫米　1/16
印　　　张：46
字　　　数：987 千字
版　　　次：2022 年 12 月第 1 版
印　　　次：2022 年 12 月第 1 次印刷
定　　　价：368.00 元

任根珠，字旺，号西樵，山西太原西铭村人，1952年生。1965年考入太原市第二十中学校，1968年返乡插队务农，1972年考入太原五七学校（太原师范学院的前身）中文系学习，1974年8月毕业，同年9月开始从事新闻编辑工作，历时14载，历任《太原日报》总编室编辑、主任，《山西政协报》副总编兼新闻部主任。曾参与《太原日报》周六刊改周七刊、小报改大报、筹备出版《太原晚报》三项重大改革工作，其中担任小报改大报三人领导组成员之一。在报纸的版面编辑学研究上稍有建树，受到新闻界的赞誉。曾于1980年应邀为山西大学中文系新闻专业讲授报纸编辑学。其后，曾为太原市新闻学会、山西省新闻学会举办的编辑培训班讲学，并为国内10余家省会城市报社代培编辑人员20余名。个人专著《实用版面编辑学》被中国人民大学、复旦大学、南开大学等众多国内高等院校新闻院（系）选作专用或辅助教材，被中国报业协会举办的全国报纸编辑培训班选作专用教材。1991年应邀担任山西省新闻出版局全省报纸版面评审组组长。1985—1988年，组织举办了三届全国性的“天龙杯”中国象棋大师邀请赛，在改革开放初期开创了山西社会办体育的先河。

1988年8月跻身方志界，历任山西省地方志办公室资料处处长兼《山西地方志》《沧桑》杂志主编、《山西大典》编辑部主任、山西省史志研究院旧志处处长、山西省地方志办公室副巡视员。从事方志工作30余年。主编方志刊物，充分利用刊物这个面向社会的“窗口”，率先宣传燕居谦的先进模范事迹，在各界引起反响，《中国地方志》等众多国内方志刊物竞相转载，中共山西省委、中国地方志指导小组相继作出学习燕居谦的决定，在全省各界及全国方志界掀起学习热潮。主管旧志整理工作，全省整理各类旧志140余种，受到中国地方志指导小组重视，《中国方志通讯》2002年第3期以《山西旧志整理取得显著成绩》为题发专刊向全国交流推广。曾在中国地方志指导小组办公室（以下简称中指办）举办的全国方志培训班以及江苏、上海、山东、河北、西藏等兄弟省市方志培训班讲学，参与国内首、二轮百余部三级志书及中指办二轮试点单位、方志出版社精品志书工程等志书的评审，担任省内外多部志书的编纂顾问、特约编审、学术指导。主要学术成果：点校整理明成化《山西通志》、明万历《山西通志》、清康熙《山西通志》、清雍正《山西通志》、清乾隆《山西志辑要》、清宣统《山西乡土志》、民国《山西风土记》、民国《山西大观》（日译中）、民国《山西省志》（日译中）等省级旧志9种2500余万字；编著有《山西大典》、《〈清实录〉山西资料汇编》、《山西旅游名胜大辞典》、《太原风景名胜志》、《西铭村志》、《太原市志》（第四册）、《中国新方志目录》、《天龙棋谱》等地情资料丛书8种2100余万字；编著有方志理论著述《西樵志语》《新方志“概述”点评》《新方志“概述”比较与研究》《西樵方志论丛》《朔城志评》《山西省方志论文集萃》《新方志理论与实践研讨会论文汇编》等7种530余万字；在《中国地方志》等省级以上刊物发表论文百余篇，多篇论文被多个省市方志培训教材选录。

2005年获全国地方志先进工作者称号，曾获山西省五一劳动奖章，山西省劳动竞赛委员会一等功、二等功、三等功各1次；山西省政府一等奖、二等奖、三等奖各1次；山西省地方志工作立功竞赛一等功、二等功各1次；集体曾获山西省劳动竞赛委员会一等功、二等功、三等功各1次，山西省政府一等奖、二等奖各1次，山西省地方志工作立功竞赛一等奖2次。作品曾获省、市优秀新闻奖8次；山西省政府优秀成果一等奖、二等奖各2次；山西省地方志优秀成果一等奖、二等奖各2次，三等奖1次；山西省社会科学优秀成果二等奖、荣誉奖各1次，山西省社科联优秀成果奖1次。历任山西省地方志学会副秘书长、当代山西研究会理事、山西历史人物研究会理事、山西革命烈士研究会理事、山西省档案协会理事、全国地方志资料协作组副组长、山西省中国象棋协会副主席、山西省围棋协会常委、山西省体育协会理事、太原市中国象棋协会副主席等。现为中国地方志学会学术委员，中国地方志指导小组方志评审专家库成员、河北史志文化传播有限公司特聘高级专家与学术名导。

2016年5月12日，参加中指办在北京人民大会堂举行的《汶川特大地震抗震救灾志》出版座谈会，图为评审人员合影，从左至右为颜小忠、齐家璐、苏炎灶、任根珠、武铁良、王卫明

序

邱新立

近些年，随着全国地方志工作不断走深、走细、走实，“两全目标”攻坚克难、摧城拔寨，方志界不少老一辈贤达学人退而不休，继续为地方志事业的繁荣发展鼓之呼之、发光发热。老骥伏枥，志在千里。在这群忙碌的身影中，山西任根珠先生无疑是很有影响、很有成就的一位。即将由方志出版社出版的《西樵方志文丛》，就是他忙碌而卓有成效的实证。

《西樵方志文丛》是根珠先生继其《西樵志语》《西樵方志论丛》之后，推出的第三本论文集。该文集分为五大部分，汇集了他退休十年间撰写的方志论文、评论、志文、诗词等作品，尾缀“赘文拾遗”。全集共收录文章140篇，其中第一部分《学术管窥》收文37篇，系其有关方志编纂实践与方志理论探讨方面的文章；第二部分《志书评论》收文22篇，为新编志书评议、赏析之作；第三部分《志文选录》收文10篇，为旧志点校前言、整理说明及新志序跋、前言、概述等；第四部分《诗词》收录诗词54首（中有4首他人咏和之作），为其游兴感怀、友朋往来寄赠、志书出版贺咏等方面的作品，多为生活感悟的记录；第五部分《附录》收文17篇，系他人为其作品所作序跋、评论及有关他的访谈录。文集内容涉及的方面众多，正是根珠先生一如既往多面手特点的反映，汇集成帙，广而宣之，既是立此存照，又可享诸同好。观其文，可知其方志思想，亦可分享、品味其人生历程。

根珠先生一生阅历丰富、精力充沛，办过报纸杂志、整理旧志、编纂新志、指导培训、评议审读……孜孜矻矻，劳心劳力，虽东奔西走、鞍马劳顿，而乐在其中，浑然不知老之将至！这次他将近些年心血所凝汇集成册，于他个人，是对过去八年工作的一次整理，是对过往的一次回眸，是一份历史的记忆；于修志同人，虽碎金寸玉，皆足以嘉惠来者。若将此集与其前两本文集——《西樵志语》《西樵方志论丛》合观，根珠先生之方志思想昭然可寻，根珠先生之人生态度亦宛然可见。

根珠先生年长我十余岁，承蒙厚爱，不弃后学，见面时细谈详论，岁节时电话关怀，前辈学人的温然风度，方志先行者的博学多能，让我感佩实多。他每次新成果问世，总是千里相赠；间或不弃，让我作序留言，虽自知不敏，仍勉力为之，因我深知这是前辈对后进的提携。我对根珠先生的敬意，除其勤恳的态度、敬业的精神、多面的成就、待人的真诚等外，还有他那种“著书不为稻粱谋”的情怀。他年届耄耋，但心心念念，仍在他为之努力、为之奋斗34年的方志事业！每有所感，即铺之成文，并在当下方志书刊罕有市场的环境下自费结集出版，实属难能。非对方志事业有大情怀者，不能如斯。

根珠先生多年来将编纂实践与理论研究相结合，或亲自披挂上阵动手实践，或审看评读筹议指点，既有新闻人的敏感，又有方志人的沉潜，运思深湛，视角独到，故能成绩斐然。关于他的方志学成就，关于对前辈学人敬业精神的感佩，已在他第二本方志文集《西樵方志论丛》序中有详细评说，前后精神一贯。至于此集文章的内容要义，其间的精彩之点，仁者见仁智者见智，可让历史来检定，留待读者去评说，此不多言。

古风不惟传子弟，今物飘香溢万家。

开卷之益，阅者自鉴。

是为序。

2022年9月

（邱新立　中国地方志指导小组办公室一级巡视员、中国地方志学会副会长、研究员、博士生导师）

目　录

志书评论

志文选录

诗 词

附 录

学术管窥

续修志书的独立性思考

——兼议方志的传播与利用

续修志书以续志体式编纂，已成为二轮续修志书的主流。续志体式的志书如何勾连历史、承接前志，已出续志创造出许多成功的经验，但亦存在不少问题。主要症结在如何体现二轮续志的独立性和完整性上。实践证明，凡把续志编纂绝对化，即完全以切断式编纂的续志，既违反方志编纂的常规，又使志书所记述的事物失去源流与完整性，其价值大受影响，从而不利于方志的传播与利用；凡注重续志自身的独立性、完整性，在重点记述断限内事物的同时，既勾连历史，又承接前志，保持事物的完整记述，使读者在没有前志的情况下，也能够了解事物的起源、嬗变，把事物记述得自然、完整，真正做到“无缝对接”，志书的功能、价值就会得到大力提升，更利于方志的传播与利用。

一、强调续修志书的独立性，是方志的本质属性使然

在世纪交替前后的十余年间，不少市县在首轮志书完成之后就紧接着开展了二轮续修志书的编纂，且成果陆续问世。二轮续志编修有几个显著的特点：一是省、市、县三级志书全面铺开，紧接首轮志书进行编纂，在中国方志的发展史上是极其少见的；二是二轮志书编修普遍采用续志体式，而在旧志中续志体式的志书占到极少数，可资借鉴的经验比较缺乏，使二轮志书编修面临许多难题；三是续志体与通纪体相较，具有自身固有的特性，在时空范围的选择上存在较大差异；四是续志体志书由于采用了不同的编纂体例和编纂方法，在反映方志的特有功能上亦存在较大差异。续志体志书编纂，确实存在较大难度，难就难在把握方志的本质属性上。

已出的二轮续志体市县志书，大体有两种方式：一为“切断式”，即二轮紧接首轮，只记断限内的事物，不考虑两轮志书的衔接，把多轮志书放在一起看事物的整体面貌；一为“接续式”，在衔接前志时考虑事物的连续性、系统性、完整性，把二轮志书看成是独立的著述。两种体式孰优孰劣，还有待社会的检验、读者的检验、历史的检验。但以方志固有的本质属性而论，我以为后者明显优于前者。

笔者认为，续修志书应是一部单独的志书，即独立成志，不能与上届志书合二为一，成为一个“连体婴儿”。“按照传统的观点，每一部独立出版的文献本身就应该内容完整。文献也好、文章也好，首先是内容的连续性和完整性，其次是叙事有原委，讲求事物的源流，事物发生、变化的因素。目的就是力求历史的真实性和完整性。”（梅森《省级志书二轮与首轮衔接之简析》，见江苏省地方志办公室、江苏省地方志学会编《江苏省二轮修志参考资料第七辑》）续修志书只有独立成志，其志书功能才能得到较大限度的发挥。理由如下：其一，就方志的定义而言，称方志为“一方古今总揽”“一方百科全书”，国务院《地方志工作条例》的解释为“全面系统地记述本行政区域自然、政治、经济、文化和社会的历史与现状的资料性文献”。如果续修志书不能起到综观一地之古今的作用，显然难以与方志自身的特征属性相吻合。其二，就修志的传统而言，每部志书均应独立成志。现存的历代旧志，不论是续修、再修、重修的志书，绝大部分都能独立成志。魏桥在《广义的续修是传统方志的主要形式》一文中指出，方志体例自宋代基本定型以后，历代修志在继承的基础上均不断有所创新，并不完全拘泥于前志。单纯地继承、简单地填补前志，不可能修成佳志。续修志书应在前志的基础上因时因事而变，则是必不可少的。并提出，为了保持新一轮志书的完整性，可专设“地情概貌”“历史纪略”两部分。要深化对地情的认识，深入了解当地发展史，以示志书的完整性。魏老是赞成续修志书要单独成志的。就不同时代的人编修的志书，对相同的历史事件和事物，也有不同的记述和评价，对古今、远近之事物有不同的详略标准，这正好为后人研究人文历史提供了极好的史料。其三，就续修志书的实际操作而言，每部志书都应该独立成志。志书所记诸多内容，均与历史资料紧密联系在一起，如若舍弃断限之外的资料，续志就不成其为“一方之全书”。在续修志书过程中，与其自行设置诸多的条条框框，倒不如放得开一点、宽一点，把续修志书编纂成一部全新的“包揽一方之古今”的实用志书，更切合实际一些。

在中国的方志发展史上，重修是主流，续修、补修是支流。这与旧志编纂间隔时间较长有一定关系，同时也与旧志编纂人员对志书的认识有很大关系，即“方志统合古今乃为完书”。这既是历代志人的普遍共识，亦是对通纪体与续志体志书的客观评价。纯粹的续志体（断代志）志书与勾连、接续历史内容的续志体志书，其社会功能与使用价值不可同日而语。

二、强调续修志书的独立性，是为读志用志着想

首轮社会主义新方志编纂自20世纪80年代初开启，到90年代中期大部分志书面世，到20世纪末进入扫尾，随之二轮续志编纂开启。新方志编纂20年左右一个周期。随着读志用志人群的扩大，志书的受众面更加广泛。“经世致用”是方志的法则。读者只要有一部志书在手，就可大致了解一地之古今概貌，才能体现出方志应该有的价值。从读者角度考虑，续修志书就应该独立成志，具有相对的独立性。续志体志书与通纪体志书相较，其本身就有诸多缺陷，如若不在勾连历史、接续历史上下功夫，就很难发挥续志体志书应有的功能效应。

其一，随着修志工作的广泛开展，方志成果的不断涌现，再加上新闻媒介对志书的大力宣传，社会各界对方志的认知程度得到很大提高。在普通读者的眼中，方志乃“一方之全史”“一方之百科全书”，一部志书在手，即可了解一地之古今概貌，这也是无可争辩的事实。但对普通读者而言，很难看到十多年前出版的首轮志书。就市县志而言，时至今日，首轮志书已少得可怜，多数市县志书业已断档。在二轮续志出版面世之时，一般读者已很难购买到首轮志书。究其原因，一是首轮市县志普遍印数偏少。如山西的《夏县志》《大同市城区志》《大同县志》等志书总印数仅500册，不及发行就“囊中羞涩”；大部分志书印数均在2000册左右，亦普遍留存于当地，外地人很难看到，到续志未及出版时大部分均告罄；只有少部分达到5000册，如《绍兴市志》。2010年1月我曾应邀到江苏讲学，先在萧山待了几天，委托萧山志办人员购买首轮《绍兴市志》，因脱档而未果。再如笔者想交换中国地方志指导小组确定的二轮试点单位秦皇岛市、辛集市的首轮志书，亦因脱档而未果。作为省一级志办人员搜集志书还如此之难，遑论普通读者矣。首轮志书印数少、发行少，普通读者很难购到。二轮续志若能在恰当地勾连、接续历史内容上下些功夫，使读者一志在手，便可揽一地之古今概貌，善莫大焉。

其二，按国务院《地方志工作条例》要求，续志编纂20年左右为一个周期。就人类历史发展进程来看，时光20年一轮回，逝去了一代人，又新成长起一代人，对新成长起来的一代人而言，很难购到首轮志书。志书若纯粹编成“切断式”的续志体志书，很难反映一地完整的历史全貌。当然，这个“全貌”与通纪体式的首轮志书是有差别的，这也是由二轮续志记述历史内容的特殊性决定的。

其三，就读志用志的社会效益而言，每部志书都应该独立成志，读者都希望一部志书在手，便知一地之古今。我们总不能说，你想了解本地的历史吗？请到上届志书中查找去吧。读者要了解一地之历史，必须有上届之志书，这岂不是强人所难！续修志书应该多为用志的读者着想，修志即为用志，用志是硬道理，用志是占第一位的。

其四，续志采用勾连、接连历史的方式，既增强了续志的独立性，同时亦有利于方志的传播与利用。方志为全面客观地记述一地域从自然到社会、从历史到现状的资料性著述。人们认识、理解、阅读方志，均是由方志本身固有的本质属性来出发的。通纪体如此，续志体（断代志）亦不例外，只是在记述的时空范围上、记述的编纂手法上有所区别而已。二轮续修《沁水县志》出版后，因缺漏了历史人物赵树理的传记，受到老干部们甚至方志专家曹振武的质疑，即《沁水县志》没有赵树理的传记，那还叫志书吗？赵树理（1906—1970），现代著名小说家、人民艺术家，代表作有《小二黑结婚》《三里湾》等，是中国文学界“山药蛋派”的开创者，是沁水县历史上的文化名人。可见，丢掉了重要的人文历史内容，读者是难以认可的。

三、完善续志的独立性，是修志人员的不懈追求

志书固有志书自身的本质特征，与年鉴具有不同的本质属性，完全用“切断式”编纂续志，有违志书的特质功能，同时也不利于志书的传播与利用。鉴于此，随着修志人员对续志体例认识的不断深化，在完善续志的独立性上做了多种努力，进而增强了续志功能的发挥。

（一）主要门类不缺，体现续志的全面性 方志具有“无备不载”的传统，一部志书将一地域内的古今人、事、物分门别类，一一记载下来，就概括了一地域已知的全部情况。要了解一地域的历史和现状，只需在一地的志书中查阅即可。这一任务，是其他任何书籍都无法承担的，只有方志才能担当这一重任。这也是由方志所具有的本质属性所决定的。当然，无备不载亦有个度的把握问题，所有古今人、事、物，均有大有小，有主有次，不宜理解为事事都载，而是记述古今人、事、物的主要方面的主要情况，符合主客观的需要和可能。二轮续志开启之初，针对续志门类的安排，引起诸多争议，“不变不记”成为争议的焦点。故而前期出版的二轮续修志书，不少出现主要门类缺项的情况，或无自然环境（如续修《山西省志》篇目中既无“地理志”，亦无“自然环境志”），使方志成为无源之水、无本之木；或无建置沿革，难以看到一地域区划变动的历史纵坐标；或无民俗方言，难以反映一地域的民性民情等，不一而足。“不变不记”，实则违背了方志“全面系统地记述本行政区域自然、政治、经济、文化和社会的历史与现状的资料性文献”这一基本原则。随着续志编纂的深入，众多志人看到此种做法的弊病，在续志门类的设置上力求体现全面性。2008 年 9 月 16 日中国地方志指导小组颁发了《地方志书质量规定》，明确要求续志编纂要“内容完整，横不缺要项，纵不断主线”，使门类设置的争议画上了句号，使续志的门类设置重新回到了正确的轨道。为避免出现不应有的漏项，还具体规定了续志应记述的地理、基础设施、经济、政治、文化、社会、人物 7 大部类及所涵盖的 37 个门类。《规定》集中了修志人员的集体智慧，体现了大多数人的观点，形成续志内容在认识上的一致性，进而强化了续志的独立性。

（二）探前追述历史，体现事物发展的连续性 按中指组的规划设想，二轮续志的断限为 20 年左右，即 1985 — 2005 年，第三轮则为 2006 —2025 年，每隔 20 年左右为一轮修志周期，体现出社会主义新方志自身的修志特点。由于续志以记述改革开放为重点，故续志断限往前顺延几年（以 1978 年中共十一届三中全会召开为起点），亦属合理范畴，可以记述改革开放的完整进程。续志确定了断限，即表明了记述的重点或主要内容以断限时段内为主，这是毋庸置疑的，也是方志的编纂原则“详今略古”“详近略远”所决定和制约的。二轮续修志书是连接首轮、二轮以及后续三轮志书的桥梁和纽带，具有承前启后的作用，可以说，写好二轮续修志书的“起始”，已成为做好二轮续志编纂工作的着眼点和切入点。要保证甚或提高二轮续修志书的质量，必须将其与首轮志书的内容相联系，把其放在历史长河中加以比较，使其彰显因果，反映变化和发展。任何事物都有一个发生、发展和变化的过程，那种一味强调只记上下限之内事物的发展过程，既是片面的，也是不可取的。二轮续修志书所记述的事物，以断限内为主，以断限之前为辅，将断限之前的事物发展过程作一简要铺垫，是必不可少的。同时，志书作为资料书，其资料性主要就体现在资料的连续性和系统性上，志书有断限，但事物的发展没有断限。所以，二轮修志过程中很重要的一项工作，就是要展现事物发展本身的连续性，既反映出事物以前的客观实际，又体现如今变化了的事实，既有继承又有创新。否则，就会出现人为割断历史的现象，不但会降低二轮志书的资料性和可读性，而且会影响整个修志系统工程的质量，造成资料的系统性功能降低，从而降低志书的使用价值。在二轮续修志书的编纂中，既要注意与首轮志书的连续性，更须注重二轮续志的独立性和完整性。二轮续志所记述的事物如果只从上限时间写起，只记现状而抛弃历史，与地方志所固有的本质属性相违背，也无法达到“纵述史实把握事物的发端、变化和现状”，二轮续修志书的独立性、连续性、完整性也便随之消失。二轮续修志书，首先要强调志书的独立性，即站在续修志书的立场上，以我为主，以续为辅，独立成志，流传后世。从编者的主观上说，联系历史是必须的，即我们一贯强调的“明古”，就是对事物记述要点明发端，阐明发展，彰明因果。只有明古详今，才能认识事物发展的全貌，同时才能更深刻地了解现实。当然，探前追述历史，重要的在于把握好一个适度的问题。在反映联系历史的层面上，续志体与通纪体有着明显的区别。从客观上说，续志体志书通过联系历史（这个“历史”可长可短，根据记述事物所需的明晰度来适度掌控），自然起到了承接前志的作用。

（三）重述人文历史特色，体现续志的完整性 中华民族五千多年的文明史就是人文精神的历史。方志由地记、图经发展、演变而来，至宋代始定型，就成为一地文明发展史的主要载体。重述一地的人文历史特色，既体现志书地方性的特点，又是志书完整性的起码要求。二轮续修志书的编纂，应力求保持地方志的基本特征。重视人文历史的记述，既是衔接前志的需要，亦是续志记述内容连续性、完整性和独立性的需要。人文历史内容大致包括以下几个方面：一是前志大事记中记述的在本地域发生的重大历史事件，二是前志人物传中在全国有重大影响的历史名人，三是建置沿革中重要历史关节点的历史建置情况，四是前志已记、至今仍存的文物古迹，五是具有地方特点的民俗民风，六是自然资源和旅游资源，等等。虽然这些内容在首轮志书中均已记过，但在续修志书中还须重新记，只是记述的手法要简洁、明了。在这一方面，已出版的部分二轮续志进行了不懈的探索。如大事记的编纂手法即有多种，或将前志大事记精编压缩，放在附录之中，与卷首大事记前后呼应，展现历史发展的纵线条；或将历史大事浓缩，与断限内大事合并放于志首，发挥大事记纵贯历史、与概述篇一起统领全书的作用。如人物传的编纂手法，或将前志传记人物名录放在传记之首，便于读者了解前志人物设传情况，起到检索作用；或将历史著名人物的传记重复登载，与断限内传记合并，一体展现本地域人杰之盛。如此种种，不一而足。各种编纂手法的运用，均体现一个宗旨，即突出续志的连续性、完整性和独立性。一地重要的人文历史内容，在续志编纂中不可或缺，毫不夸张地说，它是方志记述的灵魂所在。目前，衔接前志、勾连历史呈现多样化的局面，虽方式方法不同，但目标一致，即在完善续志的连续性、完整性、独立性上下功夫。每种形式并非十全十美，利弊得失共存。当然，哪种编纂手法更切合方志的本质属性，更利于方志的传播与利用，还须经过读者、社会及历史的检验。方志编纂创新无止境，但要行走在方志自己固有的轨道之上。

（四）拾遗补阙纠误，体现续志的独立性 中国地方志指导小组《关于第二轮地方志书编纂的若干意见》指出，“要处理好与前志的衔接，并注意对前志的拾遗、补缺、纠讹”。续志要拾遗、补缺、纠讹，就是衔接前志的一种方式，同时续志的连续性、独立性亦蕴含其中。就现已出版的续修志书来看，大部分都在续接前志的基础上，把对前志的考订正误和补遗的内容集中置于书后附录内。但总体感觉对前志的正补工作并不是很充分，有的像蜻蜓点水，有的有补遗而没有纠误，有的甚至补遗和纠误都没有。对前志的补阙纠误，是二轮续志必不可少的任务之一，是非做不可的一项工作。首先，对前志正补体现了修志工作者对党对人民对后世高度负责的敬业精神。真实、全面是志书的价值所在，但因种种原因，首轮志书出现了这样那样、或多或少的不足和遗漏，在一定程度上损害了志书质量和信誉。值得庆幸的是，各地很快紧接前志开始续志编修，使得在较短时间内纠正前志不足和遗漏变成了可能，正所谓“亡羊补牢，犹为未晚”，续志不补，更待何时。其次，首轮志书出版发行后，在社会上已经产生了一定影响，其优劣短长，公道自在人心，肯定赞扬的自不必说，批评揭短的也在所难免。除积极组织自纠自补外，还要尽可能动员社会力量批评指正。面对首轮志书中的差错和不足，要勇于正视，虚心改正，这对修志工作者的形象和声誉不仅不会损伤，还会赢得社会更多的尊重和信任。相反，那种对前志错漏听之任之、视而不见的态度和做法，对修志工作者的形象才是莫大损害，人们会由此怀疑我们的修志水平和志书权威，而且由此造成对续志工作和地方志事业发展的危害，则更是我们广大修志工作者所不愿看到的。

（原载《中国地方志协会首届学术年会 方志文献国际学术研讨会论文汇编》，中国地方志指导小组办公室、中国地方志协会、宁波市人民政府地方志办公室编，2011 年 8 月；复载《中国地方志》2012 年第 5 期；再载《首届中国地方志学术年会方志文献国际学术研讨会论文集》，中国地方志指导小组办公室、中国地方志协会、宁波市地方志办公室编，中华书局，2012 年 9 月）

续志“凡例”编写应注意的几个问题

——以《秦皇岛市志（1986—2005）》等10部续志为例

“凡例”，是新编地方志书不可或缺的重要组成部分，又是方志的传统文体。志书的凡例，从现有的材料来看，宋代已有，但不够完整、系统。明清以来，志书的凡例不仅普遍，而且也较具体，反映了不同时期的编纂方法与水平。首轮修志之初，在凡例撰写的理论和实践方面，由于人们的认识有所不同，故而还存在不少问题。时至今日，二轮修志已逾十余春秋，新编志书成批涌现，这就为进一步研究凡例的撰写提供了丰富的材料。理论来源于实践，而理论只有在实践中才能得以升华，从而更准确地指导实践。所以，我们今天重新认识凡例的价值，确定它在志书中的应有地位，对提高凡例的撰写质量，进而提高二轮续修志书的整体水平，具有十分重要的意义。

我找了10部市县志：《秦皇岛市志》《高安市志》《杭州市志（送审稿）》《萧山市志（试印本）》《锡山市志》《东平市志》《晋中市志（通纪体）》《临猗县志》《大通县志》《陵川县志》。通过阅读，发现凡例中存在的问题较多，主要表现在以下几个方面。

一、模式化倾向较明显

编修新志书的指导思想和编纂原则是普遍相同的，但各地各志的结构和方法却允许有所区别，各有独特的个性和风格。故凡例的着眼点和写法也会有所不同，每部志书完全可以有别具一格的凡例。制定凡例，应抓住重点，突出特色，有所创新，不必面面俱到，人云亦云。凡历代相因且至今没有疑义的传统体制，不必浪费笔墨进行重述，一般情况下点到即可。凡全国的统一规定，各地约定俗成的基本原则，也要尽量省略，压缩到最低限度。尤其需要突出本志的重点和特色，即纵则异于旧志，横则异于他志，编者认识分歧，读者不易理解的取材原则和编纂方法等。简言之，各地按照“例由义起”的原则制定凡例，定能使凡例各具特色，并有所创新。通例（共例）多数志书比较重视，但忽视了特例的书写，缺乏志书个性。志书凡例的内容，由驳杂而走向统一，进而到一般通例的规范化，是新方志编纂（从首轮到二轮）的一大进步，但多数志书只注意了通例而忽视了特例，以致出现模式化的倾向，则是不容忽视的一大问题。

二、指导思想表述不确

中国地方志指导小组于1985年4月19日颁布的《新编地方志工作暂行规定》中，明确提出编纂社会主义新方志须遵循的指导思想和编纂原则，它是我国当今修志的纲领性法规，是修志工作的总凡例，各级各类志书都必须严格遵循。所以，志书的编纂指导思想理应在凡例中有所交代，并在志书编纂中得到体现，既不能不载，也不应空载。当然，指导思想并非全文照搬中指组的《新编地方志工作暂行规定》，一般情况下点到即可。凡例中要不要写指导思想，至今还有争议，在修志实践中也出现两种情况。我在该论文中引用的八种理论研究的文章，提出要写指导思想的占5种；列举的40部新志书的凡例，写上的占24部。由此可以看出，无论从理论研究上还是志书实践中，要指导思想的还是占多数。修志实践也充分证明，以马克思列宁主义、毛泽东思想为指导，是我们编写、审定志稿自始至终必须认真恪守、坚持不渝的一条，亦是衡量新编志书质量最基本的一条。历代志书的阶级性是显而易见的，并非你不写指导思想，志书就没有了阶级性，而写上指导思想就是贴上了政治化的标签。作为社会主义的新一代方志，在正确反映历史的同时，还要保证政治观点上的无差错；要保证政治观点的正确性，就必须坚持马克思列宁主义、毛泽东思想、邓小平理论、“三个代表”重要思想和科学发展观。凡例中有了这一条，在编写和审改时就有了准则，对材料的取舍就有据可依。

2007年10月中共十七大通过的《中国共产党章程》在总纲第二自然段明确指出：“中国共产党以马克思列宁主义、毛泽东思想、邓小平理论和‘三个代表’重要思想作为自己的行动指南。”其后又将“科学发展观”加入进去，统一称作“中国特色社会主义理论体系”。而多部志书表述不一，甚或断章取义，存在问题较多。如《萧山市志》（试印本）凡例一、《杭州市志》（送审稿）凡例一、《东平市志》凡例一、《大通县志》凡例一、《晋中市志》凡例一、《临猗县志》凡例一，均表述不确。

辩证唯物主义是马克思在总结自然科学、社会科学和思维科学的基础创立的一系统科学的逻辑理论思维形式。历史唯物主义是人类社会发展一般规律的科学，是马克思主义哲学的重要组成部分，是科学的社会历史观和认识、改造社会的一般方法论，亦称唯物史观。方法论，就是人们认识世界、改造世界的一般方法，是人们用什么样的方式、方法来观察事物和处理问题。概括地说，世界观主要解决世界“是什么”的问题，方法论主要解决“怎么办”的问题。

志书凡例在运用“辩证唯物主义和历史唯物主义”替代马克思列宁主义时，不能把二者前后颠倒，亦不能断章取义，只用其中一种，凡例在指导思想表述时，二者缺一不可。《秦皇岛市志》凡例二，仅有“坚持历史唯物主义的观点”，少了“辩证唯物主义”的表述，明显不正确。

同时，既然在指导思想中已标有“马克思主义”，辩证唯物主义和历史唯物主义已包含在其中，只用一种即可，二者连用则有重复之嫌。连用的有《秦皇岛市志》凡例二、《萧山市志》（试印本）凡例一、《杭州市志》（送审稿）凡例一、《东平市志》凡例一、《大通县志》凡例一、《晋中市志》凡例一。只有《锡山市志》凡例二“本志编纂以历史唯物主义和辩证唯物主义为指导”语，用以替代“马克思主义”作为指导思想，但二者次序应颠倒过来，应为“本志编纂以辩证唯物主义和历史唯物主义为指导”。

三、行文欠严谨，简称与全称对应不准确

《秦皇岛市志》凡例十、《高安市志》凡例十、《杭州市志》凡例七，均存在全称不全的毛病。

四、凡例与内文矛盾，不能吻合一致

《秦皇岛市志》凡例十二："本志采用公元纪年。所涉1949年9月30日前纪年采用历史纪年，同时括注公元纪年。"前后两句自相矛盾，实则第一句定义有误。

《临猗县志》凡例五："殿以特载、杂记、附录等"。据凡例所言，估计原志书中设有"杂记"一类，成书时不知何原因删节掉了，正式出版的志书中没有了"杂记"，形成凡例与内文的矛盾。

《高安市志》凡例六言明："简介人物和人物名录的选录标准与排列顺序，于章首无题小序中说明。"但实际情况并非如此。如"卷三十人物·第二章人物简介"的无题小序中，只言明"目"的排列顺序，而未言明具体人物的排列顺序；具体人物的排列顺序分别列在各个目题的括注之中。如第二章第一节的其中4个目为"以任职时间为序"，1个目"以姓氏笔画为序"，1个目"以牺牲时间为序"；第二节的其中2个目"以姓氏笔画为序"；第三节的其中3个目"以任职时间为序"，1个目"以生年为序"。"第三章人物名录"的无题小序中，也未言明排列顺序，亦是出现在目题的括注之中，如第一节中有2个目为"以出席次别为序"，1个目"以出席界别为序"；1个目"以当选界别为序"；第二节中有2个目"分单位以职称评定时间为序"；第三节中有1个目"以参加革命时间为序"，1个目"以姓氏笔画为序"；第四、五、六节中各有1个目"以任职先后为序"；第七节中有1个目"以上缴税金数额为序"；第八节中有3个目"以姓氏笔画为序"。"第四章先进个人与先进集体"的无题小序亦如此，如第一、二节中各有1个目"以获奖年代为序"。

《高安市志》凡例九言明："纪年方法，中华人民共和国成立前（简写为新中国成立前），用历史纪年，括注公元纪年；中华人民共和国成立后（简写为新中国成立后），用公元纪年。"《凡例》之规定，统摄全书，行文中都应以此为准绳。经笔者粗粗翻检，发现纪年不一致的地方有多处未能统一到《凡例》所要求的体例上来。如"卷二十五文化·第十一章社科编研·第三节编著书目"中，民国纪年有13处直接用公元纪年标注；"卷十九民主党派地方组织"中，民国纪年有3处直接用公元纪年；"卷三十人物·第一章人物传·第二章人物简介"中，更有多达227处的民国纪年直接用公元纪年标注。"卷三十二前志补遗"中，有14处民国纪年直接用公元纪年标注。其他零星的纪年表述与《凡例》不一致的还有几处。

《锡山市志》凡例六载："结构为篇、类、目三个层次，条目为记述实体。为叙述方便，根据需要在文中加若干小标题作为细目。"依笔者理解，"细目"即"目"下的又一个层次，属第四级题目。翻阅志书，笔者发现"细目"之下还有“小目”（暂且以此称呼，属第五级题目），且条数还不少。据笔者粗略统计，全志的“小目”分别在“自然环境”“土地”“城乡建设”“工业”“交通·邮电”“财税·金融”“党派·社团”“政务”“司法”“卫生”等篇中出现，共282条，另还有“细目”下单领1条“小目”的也有十余条，总数近300条。志中的“小目”均排为楷体，与正文相别，作者很明确地标示出其为一级标题。以此而论，应在《凡例》中明白无误地告诉读者，“细目之后根据所记事物的需要，加列小目”之语。

《锡山市志》凡例九为纪年内容，似觉缺漏了有关历史纪年如何表述的内容，因志中的“前志概要”“市域·区划”“人物”等篇均涉及到历史纪年，依行文表述看，是以“清代以前用旧纪年，夹注公元纪年；中华民国时期，用阿拉伯字夹注公元（一节内，同一年号一般只注首次，省‘公元’和‘年’字）；中华人民共和国成立后，用公元纪年”（《无锡县志》1994年1月版《凡例》第六条）来表述的。因续志《凡例》中未作明确表述，志书行文中出现了不规范、不一致的地方，如：《前志概要》中，有“1895年，杨艺芳、杨藕芳兄弟投资白银24万两，创办无锡第一家近代工业企业——业勤纱厂”和“荣德生先后在荣巷开办了公益小学、竞化女子小学和公益工商中学（后为公益中学），1947年创办了江南大学”，此二句中的“1895年”和“1947年”，直接用公元纪年表述，未按历史纪年括注公元纪年，与该文中多处出现的历史纪年表述不一致。又“人物”篇中，有“钱穆，原名思缲，字宾四，1912年改称穆，号未学斋主”，句中的“1912年”直接用公元纪年，而紧接下文中又有“清光绪二十一年(1895)”“宣统三年(1911)”“民国元年(1912)”等语，很明显此处表述不准确，应为民国纪年括注公元纪年，后文中的“民国元年”不应再括注公元纪年。“人物简介”的“施之勉”条中有“民国15年”语，为民国纪年第一次出现，后有“民国35年”“民国37年”语，故此处应括注公元纪年；“诸祖耿”条中“民国6—13年”，“徐风”条中“民国32年”，“孙翔凤”条中“民国15年”（后有“民国19年”括注），“程志新”条中“民国34年”（后有“1948年”未用民国纪年）等句，均遗漏了括注公元纪年。

五、套用首轮志书凡例，新瓶装旧酒

《大通县志》凡例八，“数字表述执行国家语言文字工作委员会关于出版物上数字用法的试行规定”。此规定经修改，于1995年正式颁布施行，名称为《出版物上数字用法》。

《晋中市志》凡例八，“本志计量单位以国务院1984年2月27日发布的《关于在我国统一实行法定计量单位的命令》为准”。文件引用不确，《命令》是颁发仪程，不是《规定》，引用应为《中华人民共和国法定计量单位》。实际上该规定已经修改，于1993年重新发布，名称为《量和单位》，由国家技术监督局发布。

六、不合志体或违反有关规定

《高安市志》凡例十二，“入志资料……选用时不一一注明出处”。《锡山市志》凡例十三，“本志资料……为节省篇幅，一般不再注明出处”。《东平市志》凡例六，“本志资料……一般不注明出处”。《临猗县志》凡例九，“本志资料来源一般不注出处，个别为说明问题的方予加注”。中指组《地方志书质量规定》第四十条言明，“引文和重要资料注明出处”，“不注明出处”明显与《规定》不符。可采取隐晦的方式解决，如《秦皇岛市志》凡例十五、《大通县志》凡例十，均采取隐晦的方式，干脆不提也罢，少引非议。我以为，在出书前修改凡例时，最好能对照《地方志书质量规定》核查一遍，凡与《规定》不一致的地方一律删去。

《萧山市志》（试印本）凡例二，“本志为一部独立、完整的市志，上限为1985年1月1日，下限为2001年3月25日”。该志为断代志，自称为“一部独立、完整的市志”，似觉欠妥，有自诩之嫌。与通纪体相较，断代志的独立性、完整性、系统性受到很大制约。浙江省志办陈野在《关于提升志书内在品质的思考》一文中指出，“断代的形式和内容，使完整表述历史走向的难度更大。因此，能否接续历史发展之渊源、纵贯历史发展之脉络、反映历史发展之整体、达到志书所记内容历史趋于完整的目的，也是衡量志书内在品质的要素”（《中国地方志》2011年第2期）。自己编纂的断代志是不是一部“独立、完整的市志”，还是留待他人评说为好。

七、转身不雅，残留写志痕迹

凡例的制定和修改，要贯穿于志书编纂的全过程，即订于编纂之前，改于编纂之中，成于编纂之后。志书在纂修之前，就应首先制定出凡例，作为参与志书编纂者的共同纲领和法则，便于在编纂中有章可循，规划划一。否则各行其是，进而增加总纂时的难度。但凡例并非一经制定就铁板钉钉，不能更改。在编纂实践中，会发现新的矛盾，产生出新的经验，以及在理论探讨中有了新的认识，就需要适时地进行增删或修改，这也是必要的、允许的。然而，对凡例的修改必须慎重，决不能朝令夕改过于频繁，使编纂者无所适从。志书脱稿之后，以“实践是检验真理的唯一标准”这一马克思主义基本观点作指导，对凡例进行一次全面的审订、修改，使其更切合志书编纂的实际。并以读者为主要对象，将凡例中的用词语气加以改变，使其由“编纂法则”转变为“阅读指南”。修志实践证明，凡例只有随着修志进度而循序渐进反复修改，才能达到精益求精，凡例才更具有科学性和实用性。

《杭州市志》（送审稿）凡例七，“行文涉及政区、组织机构、会议、文件、职衔、地名等，均按当时称谓记述，一般采用全称，用简称者必须在第一次使用全称时予以注明。”很显然“必须”二字是针对写志人而言的，转身欠雅。

（原载《中国地方志学会第二届学术年会论文汇编》，中国地方志指导小组办公室、中国地方志学会编，2012年10月；复载《中国地方志》2013年第11期；再载《第二届中国地方志学术年会论文选集》，中国地方志指导小组办公室、中国地方志学会、江苏省地方志办公室、南通市地方志办公室编，中国城市出版社2013年10月版）

续志政治部类篇目标题的规范化思考

——以《高安市志（1986—2006）》等15部志书为例

提要：续修志书篇目标题的规范化是志书整体学术规范化的项目之一，而政治部类篇目标题则是志书篇目标题的重要组成部分。在二轮续志编纂中，政治部类相同类目的标题出现五花八门的标法，使人感到缺乏规范化，给志书的严谨性、科学性带来十分不利的影响。政治部类标题中不宜加“地方”二字，不能重复志书名称的行政区域名，党派群团机构组织作标题不用全称要用简称，在同一编章中同一标题名称不能上下重复使用，标题不能添加任何修饰类附加用语。相同类目的标题不需要求新求变，而需要统一规范。

关键词：志书 篇目标题 规范化

志书的文字记述，要求“章无剩句，句无剩字”。作为志书标题，更须精益求精，认真推敲，容不得半点马虎。这是因为，标题是志书卷次、章节的名称，志书的篇目是由不同层级、大小不等的标题组成的。标题是志书体系结构的整体反映。它是全书不可分割的有机组成部分，也是编者表述内容的方式之一。清人章学诚率先对分志标题问题进行研究，指出当时志界在标题设置上存在的弊病，总结说：“志体坏于标题不得史法，标题坏于艺文不合例。”由于章学诚把志书视为史书范畴，所以主张分志标题设置必须符合史法。此处的“史法”，即我们今天编志的章法。李泰棻也强调：“纂志之道故多，而门目标题则为首要。”

政治部类与志书的自然环境、基础设施、经济、文化、社会等部类相较，标题制作有其特殊性。政治部类的多数标题是以组织机构名称作标题。这些组织机构名称基本全国统一，突出地方特点主要靠内容的行文表述，在标题制作上则力求规范统一。在二轮续志编纂中，政治部类相同类目的标题出现五花八门的标法，使人感到缺乏规范化，给志书的严谨性、科学性带来十分不利的影响。中国地方志指导小组（以下简称中指组）颁布的《地方志书质量规定》第十二条中言明：“标题简明准确，题文相符，同一门类各级标题不重复。”为志书标题走规范化的道路指明了方向。自新方志编纂开展以来，志人对志书标题的研究从未中断过。有人提出志书标题的基本要求：“1. 名实相符。标题是对内容的高度概括，标题与内容之间，必须名实相符。2. 简洁醒目。使人一目了然，而且言简意赅，要做到惜墨如金。3. 准确规范。一般用名词或词组，前不加修饰，后不赘附加词。4. 符合志体，尽可能显事隐时。”[①]相同类目的标题不需要求新求变，而需要统一规范。

---

①王宜斌主编：《实用续志编纂100问》，安徽省地方志办公室编，2004年，第48页。

没有规矩，不成方圆。标题的规范化，并非“千志一面”、削足适履，也非我行我素，自以为是，各唱各的调，而是在修志实践中逐步摸索出既能反映客观实际，又符合志体，且为广大读者认可的标题制作路子。志书政治部类标题同其他部类相比，存在问题相对更多一些，很有加深研究的必要。有比较才能鉴别，有鉴别才能提高。两轮修志 30 多年，志书成果层出不穷，为研究政治部类标题制作提供了足可征用的资料，对加强标题问题的理论研究提供了依据。此篇仅为抛砖引玉，提一些不成熟的看法，供同人参考。

一、政治部类分志与总志的关系

要认识、熟悉和掌握政治部类标题的制作方法，还得先从分志与志书整体的关系谈起。董一博在论及分志的地位与意义时曾说，“它只能以独立的栏目，依附全志而存在”。他还说，“分志的体例、要求及撰写原则，是根据全志书的体例原则和篇目，横排竖写，又由各个分志及其他篇而组成了全志。无分志，则不能成为志书。无志书，则分志失去了依附，而丧失其存在的条件，更不能独立出书或单独存在。分志只有依靠全志这一整体及其他有关篇章，才能使其在运动和制约中存在。”①有人提出志书的分志特点有三性：一是具有依附性，二是具有专门性，三是具有志体性。并在志体性中特别强调，“标题必须层层相辖，不得‘父子同堂’等编纂原则就必须切实执行。否则，编写出来的文本就不会像志书，而像别的什么东西。”②简而言之，依附性是分志的基本特性之一，分志只有依附志书而存在。这里所指的志书，就是志书的书名。志书书名即框定了各分志均属于整部志书的一部分。分志的另一基本特性是志体性，强调分志必须遵从志书的统一体例，不能游离于志书整体之外；特别是分志的编、章、节、目各级标题，亦框定在志书名称之下，志书名称就是整部志书的顶级标题，志书各分志所记内容均限定在志书名称的行政区划名和限定的一定地域之内，分志各级标题受志书名称统辖。省、市、县三级地方志书均难脱此窠臼。二轮续志编修中，修志同人通过对首轮志书篇目的经验总结，意识到大编体虚加层次，造成志书篇目层次过多，从而基本形成一致共识，即将大编体的第一层级地理、经济、政治、文化、社会等大部类名称隐去，采取明隐暗显的方式，仍以大编体的分类法排列分志次序，篇目则普遍采用中小编体结构。由于类目的提升，原属二级标题出现不同程度的升格，政治部类分志尤其明显。

笔者最近阅览了 15 部二轮续志的政治部类标题（见文尾附录），感到存在问题较多，确有议论的必要。15 部分别为：《奉贤县续志》《章丘市志（1986 — 2005)》《 卢氏县志（1988 — 2000）》《高安市志（1986 — 2006）》《 辛集市志（1986 — 2006）》《郑州市金水区志（1991 — 2002）》《锡山市志（1986 — 2000)》《长汀县志（1988 — 2003)》《迁西县志（1987 — 2005)》《易门县志》

①董一博：《董一博方志论文集》，河南大学出版社，1989 年版，第 348 页。

②韩章训：《方志编纂学基础教程》，方志出版社，2003 年版，第 262 页。

《涉县志（1991 — 2011）》《上海市长宁区志（1993 － 2005）》《烟台市莱山区志》《晋中市志》《邗江县志（1988 － 2000）》。

顺便提一句，年份间的连接号应为“—”一字距连接号，用“～”浪纹连接号不规范，有7部志书连接号运用不准确，此等差误赫然标在志书封面上，有悖志书严谨、科学的学术规范要求。

15部志书中仅有《涉县志》1部采取大编体式，且用“山河揽胜”“人本扫描”“改革逐浪”“经济纵横”“政治述要”“文化写真”等史体标题分设六大部类，其下再设篇、章、节、目。笔者以为，此种标法虽有创新之意，却有既虚加标题层次，又有悖志书标题制作体例之嫌。一家之言，权作参考。与首轮志书相较，二轮续志多数为断代志，政治部类的部分类目得以升格为分志，如“中国共产党”“民主党派”“人民政协”“群众团体”等。原本一级合并类标题或二、三级标题，多数升为分志一级标题，组织机构名称用全称放在二、三级标题中还不甚显眼，升为分志一级标题后显得格外醒目，用全称标示就与其他经济、文化等大部类的分志标题不相协调，既不合简明之要求，同时也有悖志体。

二、志书标题中不宜加“地方”二字

作为省、市、县三级地方志书，书名即标名为“某某省志”“某某市志”“某某县志”，即按中指组颁发的《地方志书质量规定》要求，将志书所记内容框定在一定地域之内。不越境而书，已成为地方志书铁定的法则。当然新方志在这方面亦稍有例外，如志书中将本地经济社会发展（或其他方面）与兄弟省、市、县作横向比较，或与全国的先进省、市、县相比较，仅此为志书允许越境的记述范围之内。所以，分志的各层级标题均不应再标“地方”二字，不论自然、经济、政治、文化、社会等部类的分志，均以志书名称限定在一定地域之内，标题名称中出现“地方”二字，实属多余，似有画蛇添足之嫌。标题中加“地方”二字，多出现在政治部类分志之中，这是由政治部类分志内容具有特殊性而造成的。按中指组的要求，首轮新方志记述时段为1840年至1985年，时间跨越清代、中华民国、中华人民共和国三个历史时期，故市县级志书的政治类目一级标题普遍设为“党派群团”“政权”等合并类大题，中共地方组织的标题排在二级标题之内，标题中加“地方”二字还不甚显眼，故未引起人们的重视。二轮续修市县级志书，将中共地方组织的记述多数提升到分志一级大类之中，“地方”二字尤其显眼，多加推敲便发现问题所在。志书名称已经限定了所记一级大类目的内容记述地域空间，它不可能也不应超越这一地域空间，道理十分明白。加“地方”，则有多余、累赘之嫌，同时也破坏或损害了志书各级标题的统一性、严谨性、科学性。

政治部类分志多为政党社团、政府政协等组织机构内容，以组织机构作标题在所难免。政治部类分志标题如何制作，在二轮续志编纂实践中存在诸多分歧，标题样式五花八门，或全称，或简称，或全称简称混用，或加“地方”，或不加“地方”，或上级标题与下级标题简单重复和部分重复，或在标题上随意加修饰和附加语，等等，不一而足。志书标题制作有其规律可循，只要严格把握志书体例，按标题规范化要求执行，达到“简明准确，题文相符”的要求，还是可以做到的。组织机构制作标题，用简称不用全称，应是志书标题制作的一项基本规则。

在我国的社会活动中，许多组织机构都有相应的简称，且这些简称有几个基本特征：一是经过官方认定或认可，在新闻宣传、公文文件等传播中广泛应用；二是得到社会普遍承认，并在语言和文字交流中广泛使用；三是从上至下约定俗成，既简明又准确，不会产生任何歧义；四是标题制作不能短视，目光要放长远一点，编修志书是长久的事业，标题生命力的长短，是衡量用词准确的标准，放在历史长河中加以考量，是否经得起历史的检验。

中国共产党可简称“中共”“共产党”，中国共产党某某县委员会可简称“中共某某县委”“某某县委”“县委”。

民主党派的简称：中国国民党革命委员会可简称“民革”，中国国民党革命委员会某某县委员会可简称“民革某某县委会”“民革县委会”；中国民主同盟可简称“民盟”，中国民主同盟某某县支部委员会可简称“民盟某某县支部”“民盟县支部”“民盟支部”；中国民主建国会可简称“民建”，中国民主建国会某某县小组可简称“民建某某县小组”“民建县小组”“民建小组”；中国民主促进会可简称“民进”，中国民主促进会某某县成员可简称“民进某某县成员”“民进县成员”“民进成员”；中国农工民主党可简称“农工党”，中国农工民主党某某县总支部委员会可简称“农工党某某县总支”“农工党县总支”“农工党总支”；中国致公党可简称“致公党”，中国致公党某某县党员可简称“致公党某某县党员”“致公党县党员”“致公党党员”；中华全国工商业联合会可简称“工商联”，某某县工商业联合会可简称“某某县工商联”“县工商联”“工商联”。

政权、政协组织的简称：全国人民代表大会可简称“全国人大”“人大”，全国人民代表大会常务委员会可简称“全国人大常委会”“人大常委会”，常务委员会可简称“常委会”，某某县人民代表大会可简称“某某县人大”“县人大”“人大”，某某县人民代表大会常务委员会可简称“某某县人大常委会”“县人大常委会”“人大常委会”；中华人民共和国中央人民政府可简称“中共中央政府”“中央政府”“政府”，某某县人民政府可简称“某某县政府”“县政府”“政府”；中国人民政治协商会议可简称“全国政协”“政协”，中国人民政治协商会议某某县委员会可简称“政协某某县委员会”“某某县政协”“县政协”“政协”。

群众团体（人民团体、社会团体）的简称：中华全国总工会可简称“全国总工会”“总工会”，某某县总工会可简称“县总工会”“总工会”；中国共产主义青年团中央委员会可简称“共青团中央”“共青团”，中国共产主义青年团某某县委员会可简称“共青团某某县委”“共青团县委”“共青团”；中华全国妇女联合会可简称“全国妇联”“妇联”，某某县妇女联合会可简称“某某县妇联”“县妇联”“妇联”；中国科学技术协会可简称“全国科协”“科协”，某某县科学技术协会可简称“某某县科协”“县科协”“科协”；中国文学艺术界联合会可简称“中国文联”“文联”，某某县文学艺术界联合会可简称“某某县文联”“县文联”“文联”；中国少年先锋队可简称“少先队”；中华全国台湾同胞联谊会可简称“全国台联”“台联”，某某县台湾同胞联谊会可简称“某某县台联”“县台联”“台联”；中华全国归国华侨联合会可简称“全国侨联”“侨联”，“某某县归国华侨联合会可简称某某县侨联”“县侨联”“侨联”；中国残疾人联合会可简称“全国残联”“残联”，某某县残疾人联合会可简称“某某县残联”“县残联”“残联”；中国消费者协会可简称“全国消协”“消协”，某某县消费者协会可简称“某某县消协”“县消协”“消协”。

“军事”在首轮和二轮志书篇目中，均列为一级标题，只是二轮志书为断代体式，断限之内无战事发生，便出现多种标法，有“武装”“人民武装”“国防”“国防建设”“人民国防”“军事民防”等。如上述几例，“军事民防”有“父子同堂”之弊，“人民武装”“人民国防”似有修饰之嫌，“国防建设”似有附加词之嫌，“武装”“国防”与“军事”相较概念偏狭。从规范化考虑，还是“军事”一词的覆盖面广、生命力强，如能统一起来，其效果会更好一些。

三、目录中的标题不能重复志书名称的行政区域名

实际上此问题与前一问题犯的是同一毛病。与其他书籍相比，志书有其自身的特殊性。方志的定义即言明：地方志是记述一地域从自然到社会、从历史到现状的资料性著述。志书对标题有自身要求，由于志书是以类系事，所以志书的标题多为标志类别的词组。不同层次的标题，要求层层相辖。就三级志书而言，志书名称是整部志书的最高一级标题。如《山西省志》，只能记述山西省的事物，志书目录均在“山西省”这一行政区域统辖之内。市志、县志也是同理，市志目录统辖市域之内事物，县志目录统辖县域之内事物。以《高安市志》为例，如“政区”，即指高安市域的政区；如“工业”，即涵盖高安市境内的工业；如“政党”，即涵盖各类政党在高安市的组织与活动；如“政府”，即指高安市境内的各级政府；如“教育”，即涵盖高安市的教育机构和活动……即志书中的分志隐去了“高安市”三字。如把隐去的“高安市”加进去，就会成为“中国共产党高安市地方组织”“民主党派高安市地方组织”。按正确的标法，应为“中共高安市组织”“民主党派高安市组织”。再深一层仔细推敲，加“组织”二字也不甚妥当，如“总工会”“妇联”“共青团”也都是组织，为何它们不加，仅“中国共产党”和“民主党派”要加？只有去掉“组织”二字，全志的篇目标题才能统一。以此类推，凡志书的每一部分志如要单独出版，即可标为《高安市政区志》《高安市工业志》《高安市政党志》《高安市教育志》等。

以“中国共产党”为例。15 部志书均作为分志内的一、二级目录标题，就有 9 种标法，令人目不暇接（志名均为简称，全称见文尾附录）：

（1）共产党（《金水区志》）；

（2）中国共产党（《长汀县志》）；

（3）中共地方组织（《邗江县志》）；

（4）中国共产党地方组织（《高安市志》《奉贤县续志》《涉县志》）；

（5）中国共产党晋中地方组织（《晋中市志》）；

（6）中共某某市（县、区）地方组织（《卢氏县志》《辛集市志》《易门县志》《莱山区志》）；

（7）中国共产党锡山市（无锡县）地方组织（《锡山市志》）；

（8）中国共产党长汀县委员会（《长汀县志》）；

（9）中国共产党章丘市（县）委员会（《章丘市志》）。

除此之外，笔者还见到过“县委”“中共县委”“中共县委会”“中共某某县委”“中共某某县委会”等标法。

人们对中国共产党的标法存在分歧显而易见。第1例既准确又简约；第2例用全称，准确但不简洁；第3例“中国共产党”简称“中共”，后加“地方组织”；第4例是在第2例“中国共产党”全称之上又加“地方组织”；第5例是在第4例基础上又加地域名“晋中”二字；第6例是在第3例基础上中间加行政区划名；第7例是在第4例基础上中间加行政区划名，并在行政区划名之后括注前一行政区划名；第8例以全称标示；第9例与第8例相同，只是在行政区划名之后括注前一行政区划建置级别名。

有比较就有鉴别，上述9种标题应如何统一呢？其一，如前所述，三级志书的标题中不应加“地方”二字，此理若成立，即可将第3、4、5、6、7例剔去；志书的各级标题由书名囊括全部内容，行政区划名称似可省略，故第8、9例亦可剔去；仅剩第1、2例，哪个更有说服力呢？依笔者之意，三级志书所记行政区域都在中国疆域之内，而中国只有一个“共产党”，且“中国共产党”是全称，作为简称，或“中共”，但此简称单做标题显然欠妥，只有与其他词搭配才能成立，而上述例子已证明不适用；或“共党”，又过简，且该词汇为民国时期国民党对共产党的蔑称，无法启用。唯有“共产党”既精练又简洁，新中国成立60多年来全国人民读来朗朗上口，耳熟能详，又无歧义，作为志书标题完全适用。首轮《黑龙江省志》即立有《共产党》分志，今又有《金水区志》做出表率，值得效仿和推广。还有另两种简称法，可标为“中共地方组织”（如第3例）或“中共某某县委”，但与“共产党”相较，因加有“地方”或县名，似有与志书名称重复之嫌，而与上述4至9例相较，要简练许多。

政治部类分志标题加插行政区划名称较为常见，在15部志书中有12部采用此法，占到80%；同时，在党派、社团等分志标题制作上也是采用全称多简称少，生怕招来非议。笔者以为这是对志书标题的体例认识出现偏差所致，似乎还与政治部类分志标题比较敏感，宁繁勿简，以免被人诟病，进而导致政治部类分志标题越拉越长的现象发生。前文已有论述，志书标题用简称合情合理，从上至下、社会各界都能用简称，志书为何例外？笔者以为不如还原志书标题的本来面目，使政治部类的标题落个“一身清白”，进而使志书相同类目的标题逐步走上规范化的道路，岂不美哉？

四、党派群团机构组织作标题不用全称要用简称

志书标题，要求简明、准确，题文相符，使用简称，亦是标题提炼中应采用的一种手段或方式。在二轮续修的市县级志书中，通常会遇到使用机构或组织名称作为一级标题，在使用简称或全称上，多出现混乱现象，即一部志书内的一、二、三级标题，全称与简称混用，标题体例极不一致，直接影响到志书的科学性和严谨性。依笔者愚见，从标题要“简明、准确”的角度考虑，党派群团机构组织作标题，用简称最为恰当。

以“民主党派”为例。有7部志书记载了民主党派内容，标题层级有异，1部在“章”一级，4部在“节”一级，2部在“目”一级，共有6种标题制作方法：

（1）中国国民党革命委员会（《金水区志》）；

（2）中国国民党革命委员会高安支部（《高安市志》）；

（3）中国国民党革命委员会邗江县支部（《邗江县志》）；

（4）中国民主同盟某某市（区）支部委员会（《锡山市志》《辛集市志》《长宁区志》）；

（5）中国国民党革命委员会上海市奉贤县支部委员会（《奉贤县续志》）；

（6）中国国民党革命委员会晋中地方组织（《晋中市志》）。

除此之外，笔者还见到过“民革”“民革支部”“民革县委会”“某某县民革小组” 等标法。

第1例为政党全称；第2例在全称后加地方组织名称，但不加“市”字样；第3例与第2例相较，增加一个“县”字；第4例与第3例相较，在“支部”后增加“委员会”三字；第5例与第4例相较，在行政区划县名前又加了上一级行政区划名“上海市”三字；第6例在政党全称后加行政区域名和“地方组织”四字。此六种标法将政党名称均标为全称，不符合志书标题精练、简约的要求。

作为市、县两级，各地民主党派组织发展状况不尽一致，参差不齐，从低到高有党员（成员、社员）、小组、支部、总支、委员会。为符合志书标题既准确又简约的要求，我以为可如此标示，以《高安市志》为例，“中国国民党革命委员会高安支部”可标为“民革市支部”；“中国民主同盟高安总支”可标为“民盟市总支”。再以《奉贤县续志》为例，“中国国民党革命委员会上海市奉贤县支部委员会”可标为“民革县支部”。凡属支部、总支、委员会的，均加“市”或“县”字样；凡属党员（成员、社员）、小组的，均不加“市” 或“县”字样，如“九三学社社员”“农工党党员”“民盟小组”，以便与支部以上组织区别。在首轮志书就有此类标法，尤值得效法。民主党派市、县两级的组织与中共组织有所不同，中共市、县两级均称为“委员会”，民主党派则分为五级，某些党派在某些市、县中甚至连成员都没有。所以在标法上给予特殊处理还是比较恰当的。如上述第5例长达21字，显得累赘了许多。第6例只标“地方组织”，太笼统，准确性较差，标题中难以反映民革在当地的组织状况。

五、在同一编章中同一标题名称不能上下重复使用

此类毛病多数出在分志合并类目标题之上。

(1)《邗江县志》第十八卷民主党派 工商联 社会团体，下设民主党派、工商联、社会团体3章，第十九卷人大 政府 政协，下设人民代表大会、人民政府、人民政协3章；

(2)《辛集市志》第二十七章民主党派和社会团体，下设民主党派、社会团体2节；

(3)《金水区志》第十九篇民主党派 社会团体，下设民主党派与工商联、社会团体2章，第二十一篇劳动 人事 民政，下设劳动、人事、民政3章，第二十三篇财政 税务，下设财政、税务2章，第二十四篇计划 统计 审计，下设计划、统计、审计3章；

(4)《长汀县志》第二十一卷人大 政府 政协，下设人民代表大会、人民政府、人民政协3章，第二十四卷民政 军事，下设民政、军事2章，第二十五卷劳动人事，下设劳动、人事、工资福利3章；

(5)《迁西县志》第十六编公安·检察·审判·司法行政，下设公安、检察、审判、司法行政4编；

(6)《长宁区志》第十七编民族 宗教 事务 侨务 港澳台事务，下设民族事务、宗教事务、侨务、港澳事务、台湾事务5章；

(7)《莱山区志》第十五编人大 政府 政协，下设地方人民代表大会、地方人民政府、政协地方组织3章，第十七编编制 人事 劳动，下设编制、人事、劳动3章。

上述7例均犯了上下级标题完全重复和部分重复的毛病。第一类，上下级标题完全重复，只是上合下分，如第1例第一款，第2例，第3例第二、三、四款，第4例第二、三款，第5例，第7例第二款。第二类，上下级标题虽有变化，只是表述方式稍有不同，但实质内容并无二致，还是犯了上下级标题重复的毛病。如第1例第二款、第4例第一款标法相同，一级标题为简称，二级标题第一项还原为全称，第二、三项只是在简称上加了“人民”二字，是另一种简称，仔细推敲“人民”二字似有修饰之意。第3例第一款，既犯了上下级标题重复的毛病，又存在父子倒置的弊端，“民主党派与工商联”明显大于“民主党派”的内涵和外延。第6例一级标题为缩略语，合并为三项，二级标题将内容分解为五项，第4例上下标题虽有变化，但标题重复仍然存在。第7例上下级标题虽有变化，但只是同一内容的不同表述方式而已，还是“萝卜一筐、一筐萝卜”。此类问题的出现，多因志稿总纂时人为合并分志所致，忽视了上下级标题的重复，形成大标题和小标题用字一个样或大致相同。

处理分志上下级标题之间的关系，必须遵循形式逻辑与辩证逻辑相统一原则，全盘考虑，妥善安排。形式逻辑要求划分门类和层次须遵循概念的划分原则。

即划分门类必须是从同一属概念中划分出若干个并列的种概念；在划分层次中，其上一级概念必须是下一级概念的属概念，下一级概念必须是从上一级概念划分出来的最近种概念。这些逻辑原则是在标题设置过程中所必须遵循的，否则分志的整体结构就会缺乏逻辑层次，造成记叙秩序混乱，给读者检索和使用志书带来诸多不便。上述两类所犯标题重复的毛病，我以为解决的办法有两种：一是将合并的分志标题分解开来，每一类单独立编，去掉二级标题，将二级以下标题依次提升；二是将二级标题去掉，将二级以下标题依次提升。在两轮修志实践中，多数志书均采用此法。

六、政治部类标题不能添加任何修饰类附加用语

分志标题要求简明、朴实。“所谓简明就是要求分志各级标题都必须做到简洁明了，力求做到一字不多和一字不少。所谓朴实就是要求分志标题用语必须平实，毫无夸饰。一般使用中性词语，不用形容词、褒贬语或其他含义模糊的修饰词。”[①]在标题制作中要做到简明、朴实，其实并不困难，只要静下心来认真仔细推敲，还是可以办到的。

⑴《奉贤县续志》第九卷地方人民政府，下设县政府领导机构 县政府领导成员、县政府运行、县政府政务会议、县政府事务、县政府重要施政纪要、乡（镇）人民政府 6 章；

⑵《章丘市志》第十七卷政权 政协，下设章丘市（县）人民代表大会、章丘市（县）人民政府、政协章丘市（县）委员会 3 章；

⑶《高安市志》第十九卷社会团体，下设高安市（县）总工会、共青团高安市（县）委员会、高安市（县）妇女联合会、高安市（县）工商业联合会、高安市（县）科学技术协会、高安市（县）归国华侨联合会、高安市（县）台胞台属联谊会、高安市（县）文学艺术界联合会、高安市（县）社会科学界联合会、高安市（县）红十字会、高安市（县）残疾人联合会 11 章；

⑷《易门县志》党群志群众团体章，下设共青团易门县委、县总工会、县妇女联合会、县农民协会、县科协、县工商业联合会、县残疾人联合会、县文联、县老龄委、县关工委 10 节；

⑸《长宁区志》第七编人民政协，下设区政协界别组成、区政协机构 区政协领导人、主要工作 3 章。

上述 5 例均犯有添加修饰类附加用语的毛病。第 1 例卷名“地方人民”四字多余，前文已提到“奉贤县人民政府”简称“政府”，干净利落，添加“地方人民”四字显得累赘拖沓；前 5 章章名分别前缀“县政府”更觉多余，不论是卷名标为“奉贤县人民政府”，还是“地方人民政府”“地方政府”，以及简称为“政府”，这个“政府”就是志书名称标明的“奉贤县”这一级地方政府及其他属下的政府机构。

---

①韩章训：《方志编纂学基础教程》，方志出版社，2003 年版，第 263 页。

第2例、第3例不仅标行政区划名，并将建市前的“县”也括注在标题之中。此类问题并非第1例第3例两例，在笔者看到的许多断限内区划有所变动的志书中比较常见，似有议论之必要。行政区划无论如何变化，志书一律以下限时的行政区划为准，历史上的区划变动只能在行文中表述，标题不承担这一任务。此种做法欠妥，还是不注为佳。另标题中加括注还有几类，如“乡镇”一词入标题，标为“乡（镇）”（如第1例），括号完全没有必要，“乡镇”本身就是一个常用名词，它就指“乡” 和“镇”同级别的两个行政机构，不括注人们也不会把二者混淆及产生歧义。再如《莱山区志》民政篇“村（居）民自治与社区建设”章标题，将“居” 括注，意思是表明村民自治与居民自治，实则表述方式有误；居民大于村民，本身就包含城市居民和农村居民，此处将农村居民改为“村民”，结果变成“父子同堂”甚或子大于父；似应改为“居民自治”较为妥切，行文中分述村民自治与城市居民自治即可。

第4例同一章内节名标题繁简不一，第一节多加“易门”二字，其余九节仅加“县”字；科协、文联、老龄委、关工委等节名采用简称，其余为全称或半全称；标题制作极不统一，似有自乱体例之嫌。第 5 例与第1 例相似，编名标题“人民”二字似觉多余，章名标题已在编名标题统辖之下，前3章标题附加“区政协”三字，多余累赘。

近年来，中指组领导多次强调要提高志书的学术品味，2008年9月16日中国地方志指导小组颁布的《地方志书质量规定》九章五十条，就是为保证续修志书的编纂质量，强调续修志书的学术规范。学术规范涉及志书的方方面面，篇目标题为其中之一。学术规范工作首轮重视不够，二轮有所弥补，诸如书名的框定、内容的完善、注释的标释、索引的应用、图片的说明、表格的设置、版本的统一等，但标题的学术规范则研究不足，存在问题较多。规范志书标题的表述方式，其途径是多方面的，一是可以通过学术讨论和学术争鸣，辨清和确定标题规范的原则；二是通过志稿评议，来规范确定标题修改的原则；三是在志书出版后，通过志书批评来规范确定标题制作的原则。只有多管齐下，群策群力，合力攻关，志书的标题质量才会有一个大的提高，志书的学术品味才会有大的改观，进而得到社会的普遍认可。

附：15部志书政治部类篇目（一、二级标题）

奉贤县续志

全志共设45卷，其中政治部类9卷(7—15)，占20%。

中国共产党地方组织卷：党代表大会 党代表会议、县委全会、重要决策、机构、纪律检查、组织工作、宣传思想工作、统战工作、政府工作 综合治理、政策研究、党校工作、史志工作12章；

地方人民代表大会卷：县人民代表大会、县人大常委会、主要工作、乡（镇）人民代表大会 4 章；

地方人民政府卷：县政府领导机构 县政府领导成员、县政府运行、县政府政务会议、县政府事务、县政府重要施政纪要、乡（镇）人民政府 6 章；

政协地方组织卷：县政协会议、组织机构、主要工作 3 章；

民主党派 工商联 人民团体卷：民主党派 工商联、奉贤县总工会、共青团奉贤县委员会、奉贤县妇女联合会 4 章；

司法卷：公安、检察、审判、司法行政 4 章；

军事 民防卷：地方武装、驻军、兵役 国防教育 国防工事管理、人民武装参与两个文明建设、民防 5 章；

民政卷：基层自治组织建设、拥军优抚安置、社会救助、老年人事业、社会福利、残疾人工作、民间组织、婚姻登记 收养登记、殡葬管理、移民安置 10 章；

人事 劳动与社会保障卷：编制管理、人事管理、工资 福利、人才开发、劳动管理、劳动就业、社会保障 7 章。

（奉贤区史志编纂委员会编，方志出版社，2007 年）

章丘市志 (1986 — 2005)

全志共设 29 卷，其中政治部类 6 卷 (16—21)，占 20 .7%。

政党社团卷：中国共产党章丘市（县）委员会、中国共产党章丘市（县）纪律检查委员会、民主党派与群众团体 3 章；

政权政协卷：章丘市（县）人民代表大会、章丘市（县）人民政府、政协章丘市（县）委员会 3 章；

政务卷：民政、人事、劳动、社会保障、法制工作、信访、民族宗教与外事侨务 7 章；

政法卷：公安、检察、审判、司法行政 4 章；

军事卷：驻军、民兵、兵役、国防动员与教育、拥政爱民 5 章。

（章丘市地方史志编纂委员会编，中华书局，2009 年）

邗江县志 (1988 — 2000)

全志共设 30 卷，其中政治部类 5 卷 (17—21)，占 16.7%。

中共地方组织卷：历次代表大会和县委机构设置、主要思想教育活动、纪律检查、组织工作、宣传工作、统一战线工作、政法工作、其他党务工作 8 章；

民主党派 工商联 社会团体卷：民主党派 工商联、社会团体 3 章；

人大政府 政协卷：人民代表大会、人民政府、人民政协 3 章；

政法武装卷：公安、检察、审判、司法行政、武装 5 章。

（扬州市邗江区地方志编纂委员会编，方志出版社，2009 年）

卢氏县志 (1988 — 2000)

全志共设 38 卷，其中政治部类 5 卷 (24—29)，占 13.2%。

中共卢氏县地方组织卷：代表大会、中共卢氏县委员会、中共卢氏县纪律检查委员会、主要工作 4(章)；

人民代表大会卷；代表、历届代表大会、人大常委会、视察与调研、依法监督、议案建议办理、乡 (镇) 人民代表大会 7 (章)；

人民政府卷：县人民政府、乡 (镇) 人民政府、劳动人事 3(章)；

人民政协卷：历届全会、政协常务委员会、委员构成、政治协商 民主监督、参政议政、咨询服务、对外联谊、文史资料征编 8(章)；

社会团体卷：工会、共产主义青年团、妇女联合会、工商业者联合会、残疾人联合会、科学技术协会、消费者协会、其他专业协会 8(章)；

政法 武装卷：公安、检察、审判、司法行政、人民武装、武警、驻军 7 章。

（卢氏县志编纂委员会编，方志出版社，2006 年）

高安市志 (1986 — 2006)

全志共设 32 卷，其中政治部类 9 卷 (14— 22)，占 28.1%。

政治体制改革卷：行政管理体制改革、机构改革、干部人事制度改革、民政法制建设 4 章 ；

中国共产党地方组织卷：党员、组织建制、重要会议、重要决策、培养选拔人才、纪律检查、组织建设、宣传教育、统一战线 9 章；

人民代表大会卷；人大代表、代表大会、常务委员会、主要工作 4 章；

人民政府卷：政府组成、重要施政、政务管理、事务管理、人事管理、劳动管理、行政监察 7 章；

人民政协卷：委员组成、全体委员会议、常务委员会、主要工作 4 章 ；

民主党派地方组织卷：中国国民党革命委员会高安支部、中国民主同盟高安总支、中国农工民主党高安总支 3 章；

社会团体卷：高安市 (县) 总工会、共青团高安市 (县) 委员会、高安市 (县) 妇女联合会、 高安市 (县) 工商业联合会、 高安市 (县) 科学技术协会、高安市 (县) 归国华侨联合会、 高安市 (县) 台胞台属联谊会、高安市 (县) 文学艺术界联合会、高安市 (县) 社会科学界 联合会、 高安市 (县) 红十字会、高安市 (县) 残疾人联合会 11 章；

政法卷：社会治安综合治理、公安、检察、审判、司法行政、驻市检察院与监所 6 章；

军事卷：人民武装机构、民兵、兵役、国防教育与人民防空 4 章。

（《高安市志》编纂委员会编，方志出版社，2009 年）

辛集市志 (1986 — 2006)

全志共设 47 章，其中政治部类 13 章 (23—35)，占 27.7%。

中共辛集市地方组织章：党员、党代会代表、重要会议、组织建制、领导机制、重要决策、纪律检查、组织工作、宣传工作、农村工作、统一战线工作、政法工作、其他党务 13 章；

辛集市地方人民代表大会章：人大代表、人大会议、人大常委会工作 3 节；

人民政府章：政府组成、政务会议、重要施政、日常政务、职能转变 5 节；

人民政协章：委员组成、政协会议、主要工作 3 节；

民主党派和社会团体章：民主党派、社会团体 2 节；

公安章：案件侦查、治安管理、户政管理、道路交通安全管理、出入境管理、消防管理、监所管理、安全保卫、机构队伍 9 节；

检察章：刑事检察、经济检察、渎职侵权检察、监所检察、控告申诉检察、民事行政检察、预防职务犯罪、机构队伍 8 节；

审判章：刑事审判、民商事审判、行政审判、案件执行、立案和审判监督、机构队伍 6 节；

司法行政章：法制宣传、人民调解、法律服务、律师和公证服务、安置帮教、机构队伍 6 节；

军事章：军事机构、兵役、民兵、拥政爱民、国防教育和人民防空 5 节；

人事劳动章：人事劳动制度改革、机构编制、干部人事管理、公务员制度、专业技术人员管理、工资福利、就业再就业、劳动安全管理、劳动执法 9 节；

民政章：城乡居民自治、拥军优属、地名管理、社会团体管理、婚姻管理、收养与遣送、殡葬管理、军转安置 8 节；

社会保障章：社会保险、社会救治、社会福利、社会互助 4 节。

（《辛集市志》编纂委员会编，中华书局，2012 年）

郑州市金水区志 (1991 — 2002)

全志共设 32 篇，其中政治部类 12 篇 (14—25)，占 37.5%。

政治体制改革篇：民主建设、法制建设、党政机构改革、人事制度改革 4 章；

共产党篇：组织机构、重要会议与重大决策、组织工作、宣传工作、统一战线、纪律检查与监察、信访工作 7 章；

人民代表大会篇：人大代表、代表大会、人民代表大会常务委员会、行使职权、代表工作 5 章；

人民政府篇：政府机构、施政纪要、侨务与对外往来 3 章；

人民政协篇：组织机构、重要会议、主要工作 3 章；

民主党派社会团体篇：民主党派与工商联、社会团体 2 章；

政法武装篇：社会治安综合治理、公安、检察、审判、司法、人民武装 6 章；

劳动人事 民政篇：劳动、人事、民政 3 章；

资源管理 环境保护 计划生育篇：国土资源管理、环境保护、计划生育 3 章；

财政税务篇：财政、 税务 2 章；

计划统计 审计篇：计划、统计、审计 3 章；

物价工商 质检篇：物价、工商行政管理、质量技术监督 3 章。

（金水区地方史志编纂委员会编，中州古籍出版社，2008 年）

锡山市志 (1986 — 2000)

全志共设 31 篇，其中政治部类 5 篇 (16—20)，占 16.1%。

政治体制改革篇：概述、党政机构改革、公务员制度、事业单位改革、人事制度改革、民主与法制建设 6 (章)；

党派 · 社团篇：概述、中国共产党锡山市 (无锡县) 地方组织、民主党派、群众团体 3(章)；

政务篇：概述、人民代表大会、人民政府、人民政协 3(章)；

司法篇：概述、公安、检察、审判、司法行政 5 (章)；

国防建设篇：概述、兵役、民兵、人民防空 (章)。

(锡山市志编纂委员会编，方志出版社，2008 年)

长汀县志 (1988 — 2003)

全志共设 31 卷，其中政治部类 6 卷 (20— 25)，占 19.4%。

政党卷：中国共产党长汀县委员会、宣传教育、干部工作、纪律检查、政法综治、精神文明建设、统一战线、保密工作、信访工作 9 章；

人大 政府 政协卷：人民代表大会、人民政府、人民政协 3 章；

群众团体卷：工会、青少年组织、妇女组织、科学技术协会、文学艺术界联合会、工商业联合会、残疾人联合会、归国华侨联合会、其他团体 9 章；

公安司法卷：公安、检察、审判、司法行政 4 章；

民政军事卷：民政、军事 2 章；

劳动人事卷：劳动、人事、工资福利 3 章。

(长汀县地方志编纂委员会编，方志出版社，2006 年)

迁西县志 (1987 — 2005)

全志共设 35 编，其中政治部类 9 编 (9 —17)，占 25.7%。

政治体制改革编：党政机关和干部人事制度改革、民主法制建设 2 章；

中国共产党迁西县地方组织编：党员和党的代表会议、重大决策、党务工作 3 章；

地方人民代表大会编：人大代表与人大会议、县人大常委会 2 章；

地方人民政府编：政府机构、县政府会议、施政要略 3 章；

综合政务编：人事管理、劳动管理、社会保障、民政、信访、机构编制、行政监察、行政服务、县直机关事务管理、支援国家重点工程、档案、地方志、外事侨务与提案办理 13 章；

地方政治协商会议编：政协委员与全体会议、政协常委会 2 章；

人民团体编：工会、妇女联合会、共产主义青年团、科学技术协会、文化艺术界联合会、残疾人联合会、工商业者联合会 7 章；

公安 检察 审判 司法行政编：公安、检察、审判、司法行政 4 章；

军事编: 兵役制度与驻地武装组织、民兵和预备役、人民防空与国防教育 3 章。

(迁西县地方志编纂委员会编，方志出版社，2009 年)

易门县志

全志共设35部分志，其中政治部类6志(22—27)，占17.1%。

党群志：中国国民党易门县地方组织、中国共产党易门县地方组织、群众团体3章；

政权志：权力机关、行政机关、政协机关3章；

军事志：兵役、武装、设施、战事、机构5章；

政法志：公安、检察、审判、司法、机构5章；

民政志：优抚、救济与扶贫、安置、社会福利、管理5章；

人事劳动志：人事、劳动、工资福利与社会保障、机构4章。

（易门县地方志编纂委员会编，中华书局，2006年）

涉县志(1991—2011)

全志共设41篇，其中政治部类7篇(29—35)，占17%。

中国共产党地方组织篇：党员及党员代表大会、组织机构、县委重要决策、党务工作、自身建设、执政能力建设6章；

地方人民代表大会篇：人大代表与人民代表大会、县人大常务委员会、县人大常务委员会主要工作3章；

地方人民政府篇：组织机构、政务会议、政务工作、行政方式、施政辑要5章；

政协地方组织篇：政协委员 政协全体会议、政协涉县委员会及其常委会、主要工作3章；

人民团体篇：总工会、共青团、妇女联合会、科学技术协会、工商业联合会、归国华侨联合会6章；

公安司法篇：公安、检察、审判、司法行政4章；

军事篇：机构设置、兵役、民兵、人民防空、国防教育、拥政爱民、驻军7章。

（涉县地方志编纂委员会编，中华书局，2012年）

上海市长宁区志(1993—2005)

全志共设38编，其中政治部类14编(4—17)，占36.8%。

中国共产党编：重要会议、重要活动 重要调研、重要决策、区委领导成员 区委机构、纪检 监察工作、组织工作、宣传工作、统战工作、政法工作、其他工作10章；

人民代表大会编：区人民代表大会、区人民代表大会常务委员会、人大代表选举3章；

人民政府编：区政府部门机构 区政府领导人、政务运作、施政纪要、依法行政 行政审批制度改革、人事工作、外事、信访接待、信息化建设工作、档案工作、地方志工作10章；

人民政协编：区政协界别组成区政协全体会议、区政协机构 区政协领导人、主要工作3章；

民主党派工商联编：中国国民党革命委员会长宁区委员会、中国民主同盟长宁区委员会、中国民主建国会长宁区委员会、中国民主促进会长宁区委员会、中国农工民主党长宁区委员会、中国致公党长宁区委员会、九三学社长宁区委员会、长宁区工商业联合会8章；

人民团体编：工会、共青团青少年组织、妇女联合会3章；

军事编：驻军、民兵、拥政爱民、兵役、国防动员、国防教育6章；

公安编：机构、法制建设、通信信息化建设、惩治犯罪、维护社会治安、户政管理、交通管理、消防监督、出入境管理、看守所工作10章；

检察编：机构检务公开、刑事检察、查办贪污贿赂犯罪预防职务犯罪、法纪和渎职侵权检察、税务检察、控告申诉检察信访接待、民事行政检察、检察技术信息化建设7章；

审判编：机构审判改革、信访立案、刑事案件审判、少年刑事案件审判、民事案件审判、商事案件审判、行政案件审判、执行、审判监督9章；

司法行政编：机构法制宣传、人民调解、公证、律师、法律援助、安置帮教社区矫正6章；

民政编：机构、社会救助、社会福利、社区建设、优抚安置、民间组织管理、社会行政事务管理、老龄事业、残疾人事业9章；

劳动和社会保障编：机构、劳动就业、职业培训技能开发、劳动工资、劳动保障监督监察、劳动争议调解和处理、社会保险、安全生产督察劳动权益保护8章；

民族宗教事务侨务港澳台事务编：民族事务、宗教事务、侨务港澳事务、台湾事务4章。

（上海市长宁区地方志编纂委员会编，方志出版社，2010年）

烟台市莱山区志

全志共设26编，其中政治部类6编(14—19)，占23%。

政党群团编：中共莱山区地方组织、群众团体2章；

人大政府政协编：地方人民代表大会、地方人民政府、政协地方组织3章；

民政编：抚恤安置、双拥共建、救灾救助、社会福利、民政事务、村(居)民自治与社区建设6章；

编制人事 劳动编：编制、人事、 劳动3章；

公安司法编：社会治安综合治理、公安、检察、审判、司法行政5章；

军事编：军事机构、民兵、兵役、人民防空与国防教育4章。

（烟台市莱山区地方史志编纂委员会编，中华书局，2009年）

晋中市志

全志共设44卷，其中政治部类5卷(30—34)，占11.4%。

党派群团卷：中国共产党晋中地方组织、中国国民党晋中地方组织、民主党派工商联、社会团体4章；

政权政协卷：权力机构、行政机构、司法机构、参政议政机构4章；

政务卷：民政、人事、劳动和社会保障、综合政务4章；

公安司法行政卷：公安、司法行政2章；

军事卷：关隘要塞、兵役、驻军、地方武装、民兵、人民防空、兵事纪略、国防教育8章。

（晋中市志编纂委员会编，中华书局，2010年）

（原载《2013年新方志理论研讨会 方志基础理论与新编地方志政治部类的编修理论会议材料》，中国地方志指导小组办公室、武汉市地方志办公室编，2013年10月·武汉）

浅议续志篇目标题的制作

提要：续志标题制作要走规范化道路，相同类目的标题需要统一规范，志书标题中不宜加“地方”二字，不宜加志书的行政区划名，组织机构名称作标题要尽量用简称，避免用全称，标题不能添加任何修饰类附加用语，要尽量避免上下级标题之间的重复，目题不宜加序号，升格标题排序亦应遵循逻辑次序。

关键词：标题　制作　规范化

两轮修志30多年，志书成果浩如烟海，为研究标题制作提供了足可征用的资料，对加强标题问题的理论研究提供了丰富宝藏。有比较才能有鉴别，有鉴别才能提高。志书标题要精雕细琢，精练简约，要制作，要推敲，不能照抄照搬，拿来就用。志书标题既要准确，还要简约，二者相辅相成，缺一不可。

一、相同类目的标题需要统一规范

相同类目的标题不需要求新求变，而需要规范统一。没有规矩，不成方圆。标题的规范化，并非“千志一面”、削足适履，也非我行我素，自以为是，各唱各的调，而是在修志实践中逐步摸索出既能反映客观实际，又符合志体，且为广大读者认可的标题制作方法。试举几例。

（一）概述　在拙著《新方志“概述”点评》①一书中曾引用了150部首轮市县志书的“概述”篇，据笔者统计，在这150部市县志书中，称“概述”的有111部，占总数的74%；称“总述”的有31部，占总数的20%；其余9部中，称“综述”的有2部，称“总叙”的有2部，称“综说”“概说”“纵览”“县情述要”的各1部，占总数的6%。从首轮社会主义新方志编纂实践看，“概述”之名称，还是得到大多数志界同人的认可，修志同人对“概述”篇名称的认同感还是比较一致的。

二轮续修以首轮志书为依傍，总结首轮修志中的不足，“概述”篇的名称亦逐渐向规范化靠拢。有人认为，概述篇的名称，市级志书可称之为“总述”，县级志书可称之为“概述”。笔者以为，“总述”与“概述”并无大小、高低之分，在志书中“总述”只是“概述”的别称而已。“概述”篇的写法可以多样化，名称还是不动为佳。就一部志书而言，“概述”篇改称“总述”篇无可厚非，但全国省市县三级志书是一个大系统，志书中相同类目标题如能够达到规范化，其形成的合力要大许多。这样统一名称，既是对首轮志书创设“概述”篇这一篇目体例的继承，又便于志书标题的规范化，对增强志书的科学性、严谨性大有益处，同时还有利于志书的传播与利用。

---

①任根珠：《新方志“概述”点评》，中华书局，2008年版。

在二轮续志中，也有把卷首“概述”篇改名为“总述”的，同时把编首无题小序改为“概述”。如《商丘地区志》（续志）篇目，篇目第一、二层级标题之下设“概述”达77篇，同一标题名称在篇目中多次出现，有违志体[①]。在最近兄弟省市寄来的二轮续志中也看到类似的篇目，似有议论的必要。《邗江县志（1988—2000）》原设篇目在一级标题之下原设有“概述”（即无题序加标题），正式出版时均去掉了编首“概述”二字；原志首仅设“史略”“大事记”，正式出版时志首增设了“总述”篇，替代了“史略”篇。笔者猜想，因该志是中国地方志指导小组的二轮续志试点单位，经过众多专家学者参与评审，故而去掉了各编首无题序的“概述”标题。从这一实例中可以看出，志书卷首设“概述”（或“总述”）篇业已形成共识，只是名称上还有些纠葛。笔者以为，就“概述”（或“总述”）篇的名称而言，还是少数服从多数为好。《邗江县志（1988—2000）》篇目前后对比，我以为还是编首无题序不用“概述”标题更能得到多数专家学者的首肯。

（二）军事　“就现存历代地方志考察，我国军事志正式出现于南宋时期。而且自从绍兴年间面世以后，百余年间迅速蔓延，很快成为综合性志书的一个重要门类。这些门类的标题用语，以其在现存志书中出现的时间为序，大体上有军营、军制、营寨、兵防、兵籍、军寨、叙兵、禁卫兵、省兵院等。”[②]明清时期，军事分志已发展成为通志的一个重要组成部分，几乎无志不设军事分志，而且篇幅宏富，资料密集。包括州府县志，军事均列为基本篇目之一，只是标名为兵事、武备等名称而已。“军事”在首轮和二轮志书篇目中，普遍列为一级标题，只是二轮志书为断代体式，断限之内无战事发生，便出现多种标法，或“武装”，或“人民武装”、或“国防”，或“国防建设”，或“人民国防”，或“军事民防”，等等。如上述几例，“军事 民防”，“军事”“民防”有“父子同堂”之弊；“人民武装”“人民国防”，“人民”二字似有修饰之嫌；“国防建设”中“建设”二字似有附加词之嫌；“武装”“国防”与“军事”相较概念偏狭，放在历史长河中考量，续志编修每二十年一轮，连续不断，军事的生命力更强。从规范化考虑，还是“军事”一词的覆盖面广、生命力强，统一规范的表述更便于读者查检，如能统一起来，其效果会更好一些。

（三）精神文明建设　方志的定义，是记述一地域从自然到社会、从历史到现状的资料性著述。作为社会主义新方志，似乎还应加一条“从物质到精神”，这样才能反映社会的真实面貌。精神文明是与物质文明相对而言的，是人们改造主观世界的社会精神生活积极成果的总和。精神文明包括文化、思想两个方面。在首轮志书中文化方面的内容已有教科文卫体等篇章记述，但思想方面却较少记述，仅有少数志书设有“精神文明建设”编，且记述也不够全面。设立精神文明

①中国地方志指导小组办公室编：《全国第二轮修志工作文件及志书篇目汇编》，方志出版社，2004年版。

②陈赋斌、张乃格：《我国军事志的起源与发展》，《中国地方志》，2013年第5期。

建设专编，就可恰如其分地担当这一重要任务。正是认识到了首轮志书在记述精神文明思想方面的缺憾，二轮志书普遍增加了精神文明建设的编章。在《全国第二轮修志工作文件和志书篇目汇编》收录的46个篇目中，有32个设有精神文明建设专章，有的独立设编，有的设章节。

精神文明建设立编，是二轮续志彰显时代特色的具体体现，同时也是记述贯彻党中央“两个文明一起抓”方针在各地的具体落实情况。精神文明建设（思想方面）立专编，笔者以为不可或缺，仅设章节显得层级太低，难以体现精神文明的方方面面。立编的名称，还是称之为“精神文明建设”为佳。在笔者见到的名称中，有“群众性社会主义精神文明建设活动”“社会主义精神文明建设活动”“社会主义精神文明建设”“社会主义精神文明创建活动”“社会主义精神文明创建”“精神文明创建活动”“精神文明创建”“精神文明建设”“文明创建”“文明建设”等多种标法，或过繁过简，或标义残缺。精神文明创建，只属于精神文明建设中的部分内容，它难以涵盖精神文明的全部内容，有以偏概全之嫌。如只写精神文明创建内容，则另当别论。精神文明建设编的位置，应放在文化部类之首，亦如经济综述编引领经济类各分编一样，让精神文明建设编引领精神文明涵盖的思想、文化两方面的内容。精神文明建设编的内容，应包括机构与组织、思想道德教育、创建活动、文明新风以及典型选介等，力求全面反映精神文明建设的进程与现状。

二、志书标题中不宜加“地方”二字

作为省、市、县三级地方志书，书名即标名为“某某省志”“某某市志”“某某县志”，即按中指组颁发的《地方志书质量规定》要求，将志书所记内容框定在一定地域之内。不越境而书，已成为地方志书铁定的法则。分志的各层级标题均不应再标“地方”二字，不论自然、经济、政治、文化、社会等部类的分志，均以志书名称限定在一定地域之内，标题名称中出现“地方”二字，实属多余，似有画蛇添足之嫌。标题中加“地方”二字，多出现在政治部类分志之中，这是由政治部类分志内容具有特殊性而造成的。多加推敲便发现问题所在。分志的编、章、节、目各级标题，亦框定在志书名称之下，志书名称就是整部志书的顶级标题，志书各分志所记内容均限定在志书名称的行政区划名和限定的一定地域之内，分志各级标题受志书名称统辖。省市县三级地方志书均难脱此窠臼。加“地方”，则有多余、累赘之嫌，同时也破坏或损害了志书各级标题的统一性、严谨性、科学性。

此类问题多在政治部类的组织机构标题之中。政治部类分志多为政党社团、政府政协等组织机构内容，以组织机构作标题在所难免。政治部类分志标题如何制作，在二轮续志编纂实践中存在诸多分歧，标题样式五花八门，或全称，或简称，或全称简称混用，或加“地方”，或不加“地方”，或上级标题与下级标题简单重复和部分重复，或在标题上随意加修饰和附加语，等等，不一而足。志书标题制作有其规律可循，只要严格把握志书体例，按标题规范化要求执行，达到

“简明准确，题文相符”的要求，还是可以做到的。

三、标题中不宜加志书的行政区划名

方志，乃一方之志，三级志书名称即把记述范围限定在一定行政区域之内，志书有不越境而书之规，只能记一地之事。

实际上此问题与前一问题犯的是同一毛病。与其他书籍相比，志书有其自身的特殊性。方志的定义即言明：地方志是记述一地域从自然到社会、从历史到现状的资料性著述。志书对标题有自身要求，由于志书是以类系事，所以志书的标题多为标志类别的词组。不同层次的标题，要求层层相辖。就三级志书而言，志书名称是整部志书的最高一级标题。如《山西省志》，只能记述山西省的事物，志书目录均在“山西省”这一行政区域统辖之内。市志、县志也是同理，市志目录统辖市域之内事物，县志目录统辖县域之内事物。以《高安市志（1986—2006）》为例，如“政区”，即指高安市域的政区；如“工业”，即涵盖高安市境内的工业；如“政党”，即涵盖各类政党在高安市的组织与活动；如“政府”，即指高安市境内的各级政府；如“教育”，即涵盖高安市的教育机构和活动……即志书中的分志隐去了“高安市”三字。如把隐去的“高安市”加进去，就会成为“中国共产党高安市地方组织”“民主党派高安市地方组织”。按正确的标法，应为“中共高安市组织”“民主党派高安市组织”。再深一层仔细推敲，加“组织”二字也不甚妥当，如“总工会”“妇联”“共青团”也都是组织，为何它们不加，仅“中国共产党”和“民主党派”要加？只有去掉“组织”二字，全志的篇目标题才能统一。以此类推，凡志书的每一部分志如要单独出版，即可标为《高安市政区志》《高安市工业志》《高安市政党志》《高安市教育志》等。由此可见，“高安市”这个行政区划名称在志书的标题中是完全可以省略的，加上反而显得累赘、多余。

四、组织机构名称作标题要尽量用简称，避免用全称

志书标题，要求简明、准确，题文相符，使用简称，亦是标题提炼中应采用的一种手段或方式。在二轮续修的市县级志书中，通常会遇到使用机构或组织名称作为一级标题，在使用简称或全称上，多出现混乱现象，即一部志书内的一、二、三级标题，全称与简称混用，标题体例极不一致，直接影响到志书的科学性和严谨性。依笔者愚见，从标题要“简明、准确”的角度考虑，党派群团机构组织作标题，用简称最为恰当。组织机构制作标题，用简称不用全称，应是志书标题制作的一项基本规则。

在我国的社会活动中，许多组织机构都有相应的简称，且这些简称有几个基本特征：一是经过官方认定或认可，在新闻宣传、公文文件等传播中广泛应用；二是得到社会普遍承认，并在语言和文字交流中广泛使用；三是从上至下约定俗成，既简明又准确，不会产生任何歧义；四是标题制作不能短视，目光要放长远一点，编修志书是长久的事业，标题生命力的长短，是衡量用词准确的标准，放在历史长河中加以考量，是否经得起历史的检验。

五、标题不能添加任何修饰类附加用语

分志标题要求简明、朴实。“所谓简明就是要求分志各级标题都必须做到简洁明了，力求做到一字不多和一字不少。所谓朴实就是要求分志标题用语必须平实，毫无夸饰。一般使用中性词语，不用形容词、褒贬语或其他含义模糊的修饰词。”①在标题制作中要做到简明、朴实，其实并不困难，只要静下心来认真仔细推敲，还是可以办到的。

如“人民政府”“人民政协”作标题，直接标为“政府”“政协”，既简明、朴实，又简化得体。如“国防建设”，去掉“建设”二字，直接标为“国防”（如标为“军事”更为恰切）较为简练。如“社会主义精神文明建设”，去掉修饰词“社会主义”四字，标题更显精练，等等。

六、目题不宜加序号

目题不宜加序号。二轮志书出现了好的现象，即在目录中直接标到目题一级，使读者阅览目录更加方便快捷，全志内容一览无余。志书有类目体（纲目体）、章节体、条目体之分，实则二轮续志多数为章节体与条目体的结合体。条目是志书最小的记述单元，志书以类横分，条目无先后顺序之别，标上序号反显累赘，同时也不利于检索。如加序号，序号已入标题范畴，不利于作志书索引，目题序号纯属多余。举个简单的例子，志书《人物传》中的人物标题属于条目一级标题，若加序号，岂不让人笑掉大牙。这个例子虽属绝对，但能讲明一个道理，即志书中的条目标题加序号显得不伦不类，条目标题还是不加序号为佳。

七、升格标题排序亦应遵循逻辑次序

升格无度，次序混乱。篇目中使用升格现象，为二轮续志显著特征，但有矫枉过正之嫌。升格要根据事物的大小，可记内容的多寡而定，并非一提升格，就非要升要第一层级；即使升到第一层级，亦并非要把老子、儿子颠过来才算突出了地方特点，如工业与煤炭、文化与文化遗产等。如有的志书将“党和国家领导人视察”内容从大事记中抽出，单列一篇，放志首，即概述、党和国家领导人视察、大事记，位置明显欠妥。概述、大事记为统领全志的篇章，而党和国家领导人视察只是为突出地方特点而单列，与大事记相较，是父与子的关系，应大事记在前，党和国家领导人视察在后。志书有志书的规矩，如人物，再有名气的人物，也只能入传的系列。现省志中即出现了不好的现象，如二轮《山西省志》单列了《华国锋志》，《山东省志》单列了《孔子志》，《广东省志》单列了《孙中山志》。我以为，人物写专志可以，但不能列入省志的系列，并成为其中的一部分志。

（原载《第三届中国地方志学术年会暨两岸四地方志文献学术研讨会论文汇编》，中国地方志指导小组办公室、中国地方志学会编，2013年10月·东莞）

①韩章训：《方志编纂学基础教程》，方志出版社，2003年版，第263页。

方志的历史文化价值与忧患意识

——民国时期日本人编纂两部山西志书给我们的启示

提要：中国人写中国志天经地义，外国人写中国志则以日本人为滥觞。日本人于民国年间编纂的《中国分省全志·山西省志》《山西大观》两部志书，揭示出日本军国主义侵华野心蓄谋已久，侵略之前将志书作为侵华的工具与“向导”，为侵华做准备；侵占之后又将志书作为掠夺资源的参考，并为谋划“长治久安”做预谋，其狼子野心昭然若揭。反面教材给修志人以启示，国家志断档百余年、时跨两个朝代，编纂《中国通志》应提上议事日程；二轮续修志书要有忧患意识，要将日军侵华野蛮罪行重复记载，让中国人世世代代牢记屈辱历史，以史为鉴，振兴中华。

关键词：旧志　中国通志　忧患意识

在山西现存的历代旧志中，有两部日本人于民国时期编纂的省级志书。编修地方志是我国延续数千年的文化传统，中国人写中国志天经地义、理所当然；而由外国人登堂入室、寻寻觅觅编写中国志，则以日本人为滥觞。在首轮新方志编纂初期，为有利于新方志编纂，省志办采取多种方式多种渠道，广泛搜集资料。在大连图书馆，发现了日本人编纂的两部日文版的山西省级志书，随即购回了复印件。我们聘请省内最知名的日文翻译，将这两部旧志翻译出版。其一，是民国初期日本东亚同文会编的《中国分省全志》第十七卷《山西省志》，其二，是日本侵占山西后由山冈师团编印的《山西大观》。这两部志书的翻译出版，为各级志办编纂新方志，提供了一些民国时期的有用资料，同时也为教育广大青少年提供了生动而真实的反面教材，认清日本军国主义蓄谋已久的侵华实质。

一、民国《中国分省全志·山西省志》

《中国分省全志·山西省志》为民国9年（1920）刊本，小川平吉、根津一修、山崎长吉主编。是书以东亚同文书院调查取得的第一手资料为依据，由东亚同文会主编而成。东亚同文会是一个以官方为背景的民间组织。名曰东亚，实则重点指向中国。为该书写序的东亚同文会干事长（实际工作的负责人）小川平吉，当过日本政府的铁道大臣。其子小川平二，是日本自民党高级官吏，当过日本政府的三任大臣。同文会在上海办了个同文书院，从日本国内招生，送来上海学习。毕业生大部分成为对华工作人员，后来有的就成为侵华骨干。民国34年（1945）第二次世界大战结束，同文会、同文书院也就偃旗息鼓了。该书调查工作着手于清光绪三十四年（1908），即日（本）俄（国）战后三年。当时日本已侵占中国台湾省，染指东北，蓄意并吞朝鲜，霸占东亚的态势初步形成。成书于民国9年

（1920），正值第一次世界大战结束，日本继承了德国在远东的利益，提出了旨在灭亡中国的“二十一条”，这时日本侵略势力已妄图变中国为它的殖民地，在各方面做侵华的准备。

《中国分省全志·山西省志》共设十编：山西省总论、城市、交通运输与邮电、主要农产品及销售渠道、工业、山西的矿产、畜产、进口及外地产品、商业机构、金融货币及度量衡。全书50余万字。是书虽名曰“全志”，然而体例芜杂，除第一编“山西省总论”概述全省自然面貌外，其余均是经济、城市、交通运输等情况的调查记录。有的地方记述特别细致，如井水之甘苦，道路之夷险，运输之能力，物品及劳动力之价格等，都逐一作了记述。甚至村庄与村庄之间的距离，都是用计步器实地测量的结果，并与当地传统说法相比较。日军侵华期间，我方缴获日军的军用地图，其资料来源均出自该书。不难想象，日本人有此一编，就可以人马恣其行，货物畅其流。这就突出地表露出该书编者的真实企图。

是书尽管内容不乏失实之处，体例也不尽完善，但仍不失为一本值得一读的书：其一，可以知道当年有些日本人处心积虑，不惜工本，纂修是志的真实目的昭然若揭。读后可加强我们的民族观念，激励爱国热情；其二，尽管内容浅陋，文字芜杂，然而却是实地调查所得，并非人云亦云；其三，当时民国政府颟顸，无暇自顾。是志毕竟给我们提供了一些民国初期的历史资料，对编修新志还是有一定参考价值。为了使读者看清日本人编纂此书的根本目的，我们在编译时依然保留了原书的两篇《序》，供读者阅读时参考。该志刊印在《山西旧志二种》之中。从客观上说，《山西省志》还是保存了民国时期有关山西的风土民情、经济社会等多方面的资料。

二、民国《山西大观》

《山西大观》是由山冈师团编纂，于民国25年（1936）定稿（志书下限绝大部分截止于民国24年，少数内容补记于“七七事变”之后）、民国30年（1941）刊本。书名标为“大观”，实则为一部山西省的分县地方志书，共分中部地区、南部地区、北部地区、晋北地区四大部分，105节，每县一节，节下列位置、沿革、地形、宗教、教育、区划及财政、人口、产业、交通、名胜古迹10目，全书191万字。

在第二次世界大战结束50余年，出版二战前夜出于侵略者之手的《山西大观》中译本，是一件引人深思的事。我不由想到，凡强盗在破墙入室之前，大约对主人的家珍都是垂涎三尺、觊觎已久的。山冈部队是日军侵驻山西的主力部队。当坂垣征四郎率领的第五师团一败于平型关下，再困于忻口阵前时，沿平汉铁路南下的山冈师团由东路乘虚而入，抢占了太原，扶植起傀儡政权，这时，正是日本帝国主义一面动用飞机大炮攻陷南京，步步紧逼，一面举起橄榄枝高唱什么“不扩大方针”，迷惑世界舆论，分化抗日阵营的时候。山冈师团编纂《山西大观》之举，戳穿了侵略者的谎言，暴露了侵略者妄图在被侵略的国家安营扎寨、“长治久安”的野心。

泽田茂在该书刊印时所写的序言，文字不长，现照录如下：

“新秩序的建设，决定着东亚各民族的兴亡，这是赋予皇国日本的将载入世界史册的神圣事业，同时，也是日满华各民族长期分担的跨世纪的伟业。当前，由于圣战的成果和新中国的诞生，这一事业已达到新的阶段，随着正规建设的进展，八紘一宇的光芒将发自东海皇国，普照东亚大陆。我们认为，这项建设必须以日满华在政治、经济、文化、军事等各方面紧密合作为基础，为此需要对东亚大陆做缜密的实地调查研究，这已是不言自明之理。特别是诸如本书这样的翔实的基础研究，不论在军事上或是经济上都是极为重要的。然而，关于中国内地的研究还十分落后，而对于优质资料的需求，又何等迫切！值得庆幸的是，本书或许可以部分地满足此项需要。当然，本书的资料是在戎马倥偬之间苦心收集而得，实际调查也难免挂一漏万，但相信本书作为山西省分县地方志，必将对该省建设发挥巨大作用，这就是我敢于向社会各界推荐本书的原因所在。”

泽田茂的序言，更使侵略者的狼子野心暴露得淋漓尽致，日本侵略军来山西想做什么，凭此也可以大白天下了。硝烟虽已散去，创伤却难弥合。时过半个多世纪，让《山西大观》作为当年侵略者罪恶行径的铁证，昭示国人，可使老一代人痛定思痛，新一代人居安思危，鉴往知来，具有重大的现实意义。

中国人民同仇敌忾，八年浴血奋战，取得了抗日战争的伟大胜利。日本侵略军在烽火狼烟中编纂此书，最终无助于它的黄粱美梦。但是，《山西大观》在客观上给我们留下了当时的一些史料。尽管这部志书体例上不完善，内容也不乏失实之处，然而毕竟是20世纪30年代的文字记录，对处于半殖民地半封建社会制度下山西各县的政治、经济、文化及民风民俗等诸方面，留下了不少可资研究当时社会情况的资料。当然，对《山西大观》所提供的资料，我们应该有分析、有批判地对待。

三、两部志书给我们的启示

（一）编纂《中国通志》应提上议事日程　盛世修志，志载盛世。首二轮修志已历时35年，修志成果成批涌现，修志人才培育繁盛，国家经济与社会发展步入快车道，编纂《中国通志》应提上议事日程。

我国素有编纂全国性总志的优良传统，隋代编有《隋区宇图志》，唐代编有《括地志》《元和郡县图志》，宋代编有《太平寰宇记》《元丰九域志》，元代编有《大元大一统志》，清代从康熙二十五年（1686）至道光二十二年（1842），三修《大清一统志》。民国时期因政府颟顸，加之战争频仍，未编修一统志，但却有日本人别有用心、“破门入室”编修的《中国分省全志》。中华人民共和国已成立65年，包括民国38年，百余年中国通志出现断档，为中国文化，尤其是方志文化的一大缺憾。弥补这一缺憾，是当代修志人员义不容辞的历史责任。早在2003年，方志专家梁滨久先生就为此连续为发表了多篇论文，从编纂《中国通志》（或曰《中国国家志》）的伟大意义、编纂依据、时机条件、取名、运作等，作了比较全面的论述。只可惜响应者寥寥，未引起人们的足够重视。今天重提这一议题，既是对梁先生提议的响应，亦是从国家发展大局和方志事业发展前途来考量。梁先生把编纂《中国通志》的伟大意义归纳为五点：

其一，它是治国大典。国家志是最全面、最详细的国情调查，内容纵贯五千年，涉及百科各业，资料特别丰富，是最为权威的国情书。

其二，它是爱国教材。国家志展现华夏五千年的文明，其博大精深的内涵，足可以作为爱国主义的良好教材，可使广大人民群众，特别是青少年增强民族自豪感。

其三，它是资料宝库。《中国通志》贯古通今，横及百科，资料极其丰富，不仅各级领导可用，各门学科，尤其是社会科学，都可从中找到翔实珍贵的研究资料，国史和国情研究更能大受其益。

其四，它可展示中华泱泱大国形象，促进中华民族的大团结，增强中华民族的感召力、凝聚力，促进祖国的和平统一。

其五，它是中国志书编纂史上的伟大创举，可由此形成国家志为龙头、地方志为龙身，各种专志为龙尾的志书系列。伴随着东方巨龙的腾跃而起，一条文化巨龙也将飞舞。由此开创国家志编纂新事业。[①]

梁先生的归纳十分到位，不过，笔者以为还可以增加几条。其六，它可增强国民的忧患意识，为建设社会主义强国而努力奋斗。志书有优劣并书的传统，随着改革开放向深层次发展，国内社会各种矛盾凸显，资源环境日显恶化，如何化解矛盾、改善环境、促进经济与社会快速健康发展，成为当政者的首要任务。而编纂《中国通志》就是对中国国情进行的一次极其广泛、深入、细致的大调查，探究其根源于症结所在，为当政者提供决策依据。在国际上，中国与日本在钓鱼岛、与菲律宾、越南等国在南海岛礁的争端，以及美国的无赖插手，搅得亚太地区不得安宁，使得中国的周边环境危机四伏。编纂《中国通志》，就可以将钓鱼岛和南海诸岛的历史渊源和来龙去脉交代得一清二楚，使历史真相大白于天下，用铁的事实证明钓鱼岛和南海诸岛自古以来就是中国的固有领土。从中体现志书公正、客观的本质功能。试想，假如在《大清一统志》之后，中华民国亦编纂有《民国一统志》，新中国再编纂有《中国通志》，钓鱼岛、南海诸岛等领土争端岂不有了令世人信服的历史依据?!只可惜历史没有假设，只得靠我们今人来弥补这一缺憾。国家兴衰，匹夫有责。志人的职责就是编纂方志，这一历史责任无法推卸。

其七，它可加大方志在社会各界的宣传力度，促进方志学科的早日建立。《中国通志》编纂工程浩大，涉及百科百业，须组织国内众多专家学者、专业人员参与其中，可形成宣传方志、研究方志的良好氛围。社会各界高层次人士的积极参与，既可扩大方志在人民大众中的知名度与影响力，又可推动方志事业大踏步向前发展，进而将方志理论研究推高到一个新的层次与高度，为促进方志学科的早日建立助力。

---

①梁滨久：《中国国家志编纂的伟大意义》，《黑龙江史志》，2003 年第 2 期。

编纂《中国通志》是福泽当代、惠及后世的宏大文化建设工程，亦是当代志人义不容辞的历史责任。笔者以为，由中指组牵头挂帅，及早研究编纂方案，规划方法步骤，征得国家及早立项，中指组组织落实实施，这一宏伟工程有望早日得以实现，则方志事业幸甚，人民幸甚，国家幸甚！

（二）志人要有忧患意识　二轮续志要把日军侵华暴行详细载入，让全中国人民牢记这段遭受屈辱的沉痛历史，发挥志书代代相传的历史功能，培育青少年的爱国情愫，激发人民群众建设社会主义现代化强国的信心。

早在1993年中国地方志学术年会上，山西志人刘伯伦就发表了题为《忧患意识与地方志编纂》[①]的论文。作者站在时代的高度，从日本与中国的儿童教育谈起，揭示出目前我国潜伏着的危机：人口压力、资源短缺，全民“经商热”导致的农业危机和教育危机，党风不正和物价飞涨，以权谋私、贪污受贿等腐败现象有禁不止，“拜金主义”腐蚀着人们的灵魂……进而提出“地方志是一方基础信息之大全，忧患意识是人们对整体危机和隐患的忧思。修志者有无这种忧思，对地方志是否体现‘非示观美，以求实用’的关系至大。有此忧思，便可有的放矢地提供足以醒世警人的地方信息，大大增强方志的‘资治’功能；无此忧思，所写志书不过是漫不经心的烦琐罗列和如数家珍的津津乐道，属于于事无补的摆设而已。”“要求地方志体现忧患意识，并不意味着只写阴暗不写光明，只写劣势不写优势，只写失误不写成绩，而是在写光明、优势、成绩的同时，要冷静地、明朗地、充分地写出存在着的弊端和潜在着的危机。”“我们呼吁地方志体现忧患意识，不是为标新立异，而恰恰是为了保证志书的真实性；不是‘为赋新诗强说愁’，而是为求报国而报诚。”“要使地方志充分体现忧患意识，作为修志工作者要有强烈人类忧患意识，要充分认识到自己手中所握笔头的分量，有一颗对人类、对民族的拳拳赤子之心和以天下为己任的使命感。”虽然时过20余年，今天重新阅读这篇宏文策论，仍给人以警醒与启示。

从现已出版的二轮市县续志看，多数为接续前志的断代志，记述时段仅20年左右时间，舍弃了重要的历史内容，使志书脱离了自行发展的轨道，志书“资政、育人、存史”功能的发挥受到极大制约。方志乃“一方之全史”“一方之全书”。方志理论教科书解释方志的定义，为“记述一地域内从自然到社会、从历史到现状的资料性著述”。2005年国务院颁布的地方志工作条例明确指出：“地方志是全面系统地记述本行政区域自然政治、经济文化和社会的历史与现状的资料性文献。”这一定义是从方志数千年传承发展演化而来，得到社会各界的普遍认可。续志编纂不能割断历史，更不能将重要的人文历史内容舍弃。笔者曾在2012年9月召开的首届中国地方志学术年会方志文献国际学术研讨会上，发表过《续修志书的独立性思考》一文，强调续志编修要接续历史，尤其不能舍弃一地域内曾经发生的重大人文历史事件。在评审二轮续志《朔州市朔城区志》

---

①刘伯伦：《方志新议》，第65页，海潮出版社，1991年。

时，更加坚定了这一理念。发生在二十世纪三四十年代的抗日战争是中华民族遭受劫难的痛苦历史，痛定思痛，志人就应将当年日军的滔天罪行记录在志书之中，让中国人民牢记历史，以史为鉴，振兴中华，实现强国之梦。日军在中华大地所犯暴行罄竹难书，诸如“南京大屠杀”“朔州惨案”等重大历史大事件，历届志书都应翔实记载，山西省的二轮续志《朔州市朔城区志》主编对续志的理解和认识就颇有见解，将日寇侵占朔州后大肆屠城的野兽暴行照录在案（首轮《朔县志》已记有“朔州惨案”）。这一做法与笔者的编纂理念不谋而合。这就是活生生的历史，是朔州人民心中永远的痛。忘记历史就意味着背叛。牢记屈辱，才能奋发图强，这才是忧患意识在志书中的深度体现。志书记述历史、传承历史的功用就在于此，志人历史的责任感也就在于此。

读旧志，给人以知识与智慧；读日本人于民国时期编纂的中国地方志书，更给人以警示与启迪。前事不忘，后事之师。方志“资政、教化、存史”的社会功能，其“资政、教化”是第一位的，“存史”功能只是附带而已，首先是“服务当代”，其次才是“惠及后世”。方志功能要得到最大限度的发挥，唯有完满地接续历史，才能得到社会的广泛认可，才能称得上是传世佳作。

（原载《第四届中国地方志学术年会论文汇编》，中国地方志指导小组办公室、中国地方志学会、浙江省人民政府地方志办公室编，2014 年 12 月·杭州；复载《中国历代方志整理与研究·第四届中国地方志学术年会论文集》，主编邱新立，副主编刘永强，方志出版社 2017 年 5 月版）

政治部类篇目标题制作的规范性与严谨性

——以《厦门市志（1996—2005）》等三部续志稿为例

8 月 15 日收到中国地方志指导小组办公室发来的《厦门市志（1996 — 2005）》（简称《厦门市志》）、《石狮市志（1998 — 2010）》（简称《石狮市志》）、《北川县志（1988 — 2007）》（简称《北川县志》）三部续志稿电子邮件，因时间比较仓促，本文仅就政治部类篇目标题制作的规范性与严谨性谈一些不成熟的个人意见。在首、二轮志书篇目标题制作中，由于志界对政治部类篇目标题研究得深度不够，在标题制作的细节把握上缺乏规范性与严谨性，故而出现比较混乱的现象。单从一部志书看不出什么问题，若多部志书比较，就能看出存在问题的严重性。志书标题不规范、不严谨，直接影响到志书的整体质量。笔者以为，对篇目标题的制作切不可等闲视之，应引起修志同人的高度重视。为方便起见，我将三部续志的政治部类篇目标题附在文尾，供大家参阅。

续修志书篇目标题的规范化是志书整体学术规范化的项目之一，而政治部类篇目标题则是志书篇目标题的重要组成部分。志书的文字记述，要求“章无剩句，句无剩字” 。作为志书标题，更须精益求精， 认真推敲，容不得半点马虎。中国地方志指导小组颁布的《地方志书质量规定》第十二条中言明：“标题简明准确，题文相符，同一门类各级标题不重复。”为志书标题走规范化的道路指明了方向。相同类目的标题不需要求新求变，而需要统一规范。没有规矩，不成方圆。标题的规范化，并非“千志一面”、削足适履，也非我行我素，自以为是，各唱各的调，而是在修志实践中逐步摸索出既能反映客观实际，又符合志体，且为广大读者认可的标题制作路子。

一、政治部类分志与总志的关系

志书的分志特点有三性：一是具有依附性，二是具有专门性，三是具有志体性。依附性，是分志的基本特性之一，分志只有依附志书而存在。这里所指的志书，就是志书的书名。志书书名即框定了各分志均属于整部志书的一部分。专门性，志书横分门类，竖写史实，每一门类各承担相应的记述内容与范畴，各守疆界。志体性，即强调分志必须遵从志书的统一体例，不能游离于志书整体之外；志体性体现在篇目标题上，则要求标题必须层层相辖，不得“父子同堂”等编纂原则必须切实执行。

二、篇目标题中不宜加“地方”二字与行政区域名

作为省、市、县三级地方志书，书名即标名为《厦门市志》《石狮市志》《北川县志》，即按中指组颁发的《地方志书质量规定》要求，将志书所记内容框定在一定地域之内。不越境而书，已成为地方志书铁定的法则。分志的各层级标题

均不应再标“地方”二字，不论自然、经济、政治、文化、社会等部类的分志，均以志书名称限定在一定地域之内。以《厦门市志》为例，如“政府”，即指厦门市辖区内最高一级政府机构以及其下辖的各级政府机构与活动；“教育”，即指厦门市辖区内各类教育机构及活动。标题名称中出现“地方”二字，实属多余，似有画蛇添足之嫌，同时也破坏或损害了志书各级标题的统一性、严谨性、科学性。

目录中的标题不能重复志书名称的行政区域名。实际上此问题与前一问题犯的是同一毛病。与其他书籍相比，志书有其自身的特殊性。志书对标题有自身要求，由于志书是以类系事，所以志书的标题多为标志类别的词组，不同层次的标题，要求层层相辖。就三级志书而言，志书名称是整部志书的最高一级标题。市志目录统辖市域之内事物，县志目录统辖县域之内事物。在标题中使用行政区域名称，实为与志书的顶级标题——志书名称相重复。

三部续志的政治部类篇目标题中，加“地方”二字的有两部：

一为《厦门市志》，一级标题如“中共厦门地方组织”“地方人民代表大会”“地方人民政府”“政协地方组织”“民主党派与工商联地方组织”篇。

一为《石狮市志》，一级标题如“中国共产党地方组织”“地方人民代表大会”“地方人民政府”“政协地方组织”“民主党派与工商联地方组织”卷。

二部续志的标题，后三个完全一致，唯有中共组织的标题略有差异。《北川县志》中共组织的标题设为二级标题，即“政党群团”篇下设“中共北川县委员会”，虽未加“地方组织”几字，却为半句简称半句全称，加了行政区划名称。

标题中加“地方”二字，多出现在政治部类分志之中，这是由政治部类分志内容具有特殊性而造成的。二轮续修市县级志书多为断代志，地方四大班子普遍提升为一级篇目。如上述三部续志中共地方组织的记述，两部为一级标题，一部为二级标题，作为志书中的一级标题，“地方”二字及行政区域名尤其显眼，多加推敲便发现问题所在。

地方四大班子作标题，还是用简称为好，以《厦门市志》为例，“厦门市志”即为志书的顶级标题，“共产党”“人大”“政府”“政协”均统辖在“厦门市志”这一顶级标题之下，作为分志标题的“共产党”“人大”“政府”“政协”，均记地域内的最高一级的组织或机构，既符合方志横分门类的体例特征，标题又简洁明快。如“中共厦门地方组织”可改为“共产党”，“地方人民代表大会”可改为“人大”，“地方人民政府”可改为“政府”，“政协地方组织”可改为“政协”，“民主党派与工商联地方组织”可改为“民主党派与工商联”。篇、章、节三级标题中的简称要一致，如“人民代表大会”与“人大”混用，“常务委员会”与“常委会”混用，均不符合标题要严谨、统一的要求，应统一用简称才符合标题的制作规范。

三、党派群团机构组织作标题不用全称要用简称

志书标题，要求简明、准确，题文相符，使用简称，亦是标题提炼中应采用的一种手段或方式。在二轮续修的市县级志书中，通常会遇到使用机构或组织名称作为一级标题，在使用简称或全称上，多出现混乱现象，即一部志书内的一、二、三级标题，全称与简称混用，标题体例极不一致，直接影响到志书的科学性和严谨性。依笔者愚见，从标题要“简明、准确”的角度考虑，党派群团机构组织作标题，用简称最为恰当。

三部续志中，有二部记有民主党派，一级标题均标为“民主党派与工商联地方组织”， 二级标题略有差异：

一为《石狮市志》，二级标题如“民革石狮市地方组织”“民盟石狮市地方组织”“民建石狮市地方组织”“民进石狮市地方组织”“农工党石狮市地方组织”“致公党石狮市地方组织”“九三学社石狮市地方组织”“台盟石狮市地方组织”“工商联〈总商会〉石狮市地方组织”，既标有“石狮市”行政区划名，又标有“地方组织”，显得累赘。石狮市的民主党派组织均为支部一级，完全可以简略一些，似可改为“民革支部”“民盟支部”“民建支部”“民进支部”“农工党支部”“致公党支部”“九三学社支社”“台盟支部”“工商联”。作为县级志书，凡民主党派组织机构在“总支”（包括总支）以下的，均按具体组织作标题为好，既准确又简略，且不会产生歧义。

一为《厦门市志》，二级标题如“民革厦门市委”“民盟厦门市委”“民建厦门市委”“民进厦门市委员会”“农工党厦门市委员会”“致公党厦门市委员会”“九三学社厦门市委”“台盟厦门市委员会”“厦门市工商联（厦门总商会）”，标题中加了“厦门”“厦门市”等行政区划名，且有的标为“市委”“市委员会”，行文不统一；“厦门市工商联”还括注了“厦门总商会”别称。似可改为“民革市委会”“民盟市委会”“民建市委会” “民进市委会”“农工党市委会”“致公党市委会”“九三学社市委会”“台盟市委会”“工商联”。 这样统一行文，去掉“厦门”行政区划名，标题更精练一些。组织机构名称作标题，以下限时称呼为准，下限前曾用过的行政区划名（如县改区、县改市等），以及别称均不需要在标题中括注，在行文中表述即可。

上述两部志书均把民主党派组织用简称表述，合乎标题制作规范，只是标题后半句表述略显累赘；二者相较，《厦门市志》的标法似更准确、鲜明一些。

在我国的社会活动中，许多组织机构都有相应的简称，如“人民代表大会”简称为“人大”，“中国人民政治协商会议”简称为“政协”，民主党派和社会团体的简称在互联网上均可查到，等等，且这些简称有几个基本特征：一是经过官方认定或认可，在新闻宣传、公文文件等传播中广泛应用；二是得到社会普遍承认，并在语言和文字交流中广泛使用；三是从上至下约定俗成，既简明又准确，不会产生任何歧义；四是标题制作不能短视，目光要放长远一点，编修志书是长久的事业，标题生命力的长短，是衡量用词准确的标准，放在历史长河中加以考量，是否经得起历史的检验。简称也须准确，笔者看到有的志书篇目标题将“中国人民政治协商会议”简称为“政协协商”，授人以柄，闹出笑话。

四、在同一编章中同一标题名称不能上下重复使用

此类毛病多数出在分志合并类目标题之上。此类问题的出现，多因志稿总纂时人为合并分志所致，忽视了上下级标题的重复，形成大标题和小标题用字一个样或大致相同。上下级标题重复，分为三种情况：

第一类为上下级标题组合上的重复，如《厦门市志》“中共厦门地方组织”篇，“组织机构” 章下辖“组织”“机构”二节；“重要会议与重大活动”章下辖“重要会议”“重大活动” 二节；如《石狮市志》“政协地方组织”卷“委员产生及构成”章，下辖“委员产生”“委员构成” 二节；如《北川县志》“军事”篇“军事机构与驻军”章，下辖“军事机构”“驻军” 二节，均为上下级标题仅是组合与分解的关系。

第二类为上下级标题部分文字重复，如《厦门市志》“中共厦门地方组织”篇“重大决策”章，下辖“经济建设决策”“政治建设决策”等节，按标题层层相辖的要求，此二节中的“决策”二字明显与章题重复；“其他工作”章，下辖“老干部工作”“保密工作”等节，此二节中的“工作”二字与章题重复。如《石狮市志》“地方人民代表大会”卷“人大代表”章，下辖“代表选举”“代表构成”二节，此二节中的“代表”二字与章题中的“代表”重复；“市委全体（扩大）会议” 章，下辖“二届历次全体（扩大）会议”“三届历次全体（扩大）会议”“四届历次全体（扩大）会议”“五届历次全体（扩大）会议”， 此四节中的“全体（扩大）会议” 与章题中的“全体（扩大）会议”重复。

第三类为上下级标题部分内容重复，如《厦门市志》“民主党派与工商联地方组织”篇“民革厦门市委”章、下辖“组织机构”“主要活动”二节（其他民主党派设节相同）；“群众组织”篇“厦门市总工会”章，下辖“组织机构”“主要工作与活动”节（其他群众组织均设“组织机构”节）；“民革厦门市委”“厦门市总工会”本身就是“组织”，“组织机构”节所记内容是“机构”，“组织”二字与章题内容重复。如《北川县志》“民兵”章，下辖“民兵建设”“民兵训练”“民兵活动”三节，节题中的“民兵” 二字与章题重复，若改为“组织建设”“军事训练”“社会活动”，既贴切又避免重复。

第一类重复在志书中实难避免，尤其在中小编体的篇目中多见，小编体可减少此类重复的弊病，故而小编体篇目在二轮续志编纂中大行其道。此类重复越少越好。第二类和第三类重复应尽量避免，只要推敲的功夫下到，标题的准确、精练、简约、规范，还是可以达到的。

处理分志上下级标题之间的关系，必须遵循形式逻辑与辩证逻辑相统一原则，全盘考虑，妥善安排。形式逻辑要求划分门类和层次须遵循概念的划分原则。即划分门类必须是从同一属概念中划分出若干个并列的种概念；在划分层次中，其上一级概念必须是下一级概念的属概念，下一级概念必须是从上一级概念划分出来的最近种概念。这些逻辑原则是在标题设置过程中所必须遵循的，否则分志的整体结构就会缺乏逻辑层次，造成记叙秩序混乱，给读者检索和使用志书带来诸多不便。上述两类所犯标题重复的毛病，笔者以为解决的办法有两种：一是将合并的分志标题分解开来，每一类单独立编，去掉二级标题，将二级以下标题依次提升；二是将二级标题去掉，将二级以下标题依次提升。在两轮修志实践中，多数志书均采用此法。

五、标题不能添加任何修饰类附加用语

分志标题要求简明、朴实。所谓简明就是要求分志各级标题都必须做到简洁明了，力求做到一字不多和一字不少。所谓朴实就是要求分志标题用语必须平实，毫无夸饰。一般使用中性词语，不用形容词、褒贬语或其他含义模糊的修饰词。在标题制作中要做到简明、朴实，其实并不困难，只要静下心来认真仔细推敲，还是可以办到的。如“人民政府”“人民政协”作标题，直接标为“政府”“政协”，既简明、朴实，又简化得体。如“国防建设”，去掉“建设”二字，直接标为“国防”（如标为“军事”更为恰切）较为简练。如“社会主义精神文明建设”，去掉修饰词“社会主义”四字，标题更显精练。如“主要”“重要”“重大”等词语，标题中应尽量省略，志书记述各门类内容，都是选取“主要”的“重要”的“重大”的事类，并非事无巨细有闻必录，不属于此类还够不上入志的资格，此修饰类词语尽量少用甚至不用为好。标题中要避免加载括注内容，如下限前区域曾用过的“市”“县”“区”字眼，事物的别称，事物的主项与附项等。标题中的标点符号，凡能省略的要尽量省略，以不产生歧义为原则。

六、赘语

其一，标题要层层相辖，志书名称是顶级标题，统辖篇目的一级标题。以《北川县志》为例，如一级标题“政区”，记述的就是北川县的“政区”状况；“共产党”，记述的就是北川县共产党的组织状况与活动，等等，以此类推，一级类目标题加载行政区域名称和“地方”二字，明显多余、累赘。一级标题（篇）统辖二级标题（章），二级标题（章）统辖三级标题（节），节题统辖一级目题，一级目题统辖二级目题（子目），二级目题（子目）统辖三级目题（孙目）。

旧志的标题层级因受印刷条件的制约，靠占行与空格来表示；新方志的标题是靠占行与字体字号的变化来表示，目题不加序号，各级标题的层级亦眉目清楚，不会出现混淆。但各分志的标题体例必须统一。如上所述，层层相辖，不得随意更改变化，全志一体遵循。从三部志书正文的标题编排来看，似乎还存在些许不足，略提几点，仅供参考。

三部志书尤数《北川县志》标题层级最少，目题仅分为目、子目两级。《石狮市志》目题分为目、子目、孙目三级。《厦门市志》目题分为目、子目、孙目、重孙目四级。

《北川县志》，正文标题亦有不规范之处。该志目题标为二级，一级目题为大五黑另起加序号单占行，二级目题为大五宋另起空一字接文排。如有的节题下无一级目题，直接领辖二级目题，如“自然地理”篇“地貌”章“地貌类型”节、“地貌分区”节下仅列二级目题，无一级目；紧随其后的“山脉”节为一、二级目齐备。“自然地理”篇“气候”章“灾害性天气”节、“土壤”章“土壤分区”节下，仅列二级目题，无一级目题。此类问题在其他章节还存在。“‘番地’变迁与镇乡概况”篇“镇乡概况”章的节下目题、“人物”篇“人物传记”章下目题，均为大五黑不加序号居中排列、与其他章节一级目题体例、排法不一致。另，子目题毕竟属于标题范畴，现与正文同字体字号，在版面中难以显现，建议改为大五楷，以便与正文相区别。

《厦门市志》，正文目题大部分分为三级，一级目题为小四黑加序号另起单占行，二级目题为小四楷序号加括号另起单占行，三级目题为大五黑另起空一字接文排；仅有少部分列四级目，三级、四级目题加序号不规范，或加或不加比较随意。

特记篇“‘九八’投洽会”，一、二、三级目题均加序号〔一、（一）、1〕另起单占行；“鼓浪屿”为四级目题，第四级目题不加序号大五黑另起空一字接文排，与分志中的第三级目题排法相同，标题体例与正文不一致。“附：鼓浪屿公共租界”为“鼓浪屿”目的附件，标题却与“鼓浪屿”相同，且“附”所领二级目题标为小四黑，与上篇“‘九八’投洽会”二级目题小四楷不一致。特记一、二、三级目题均加序号，分志一、二级目题加序号，三级目题或加或不加序号，体例不一致，解决的办法，把“‘九八’投洽会”“鼓浪屿”两个一级目题按节题对待，其余目题均升一格，此问题即可迎刃而解。

“自然环境”章“地质地貌”节“地貌”目下跳过二级目直接领辖三级目（小四黑加阿拉伯序号另起单占行），而其后气候节下领二级目三级目，三级目为小四黑不加序号另起空一字接文排。“环境质量”章“空气环境”节“城市空气质量”目下的三级目为小四黑加阿拉伯序号另起单占行，与上节三级目排法不一致；“管理机构”节“区环保分局”“局直属单位”目下无二级目直接领三级目；“污染源调查”节“固体废弃物污染源”目下出现四级目，四级目题均为另起单占行，并均标序号〔一、（一）、1、（1）〕，标题字号字体与其他章节不一致。

“城市建设”篇“旧城（村）改造与新区建设”章“旧城（村）改造”节直接领辖三级目题，且目题后加句号标示，与全志三级目题（孙目）体例不一致（该志三级目题标为大五黑另起空一字接文排）。

“地方人民代表大会”篇“职能履行”章“地方立法与监督”节“行使立法权”目下二级目题，标为小四黑汉字序号加括号另起空一字接文排，与其他章节不一致；该节所设“附：重要立法简介”下的目题又加有黑方括号，与其他《附》的文内标题不同。“辖区人民代表大会”章“湖里区人民代表大会”节“常务委员会”目、“集美区人民代表大会”节“全体会议”目，一级目均标为大五黑，与其他章节不一致。

《石狮市志》，正文目题分为三级，一级目题为小四黑加序号另起单占行，二级目题为小四楷序号加括号另起单占行，三级目题为大五黑另起空一字接文排。“环境资源”卷“自然环境”章“自然地理”节“土壤”目下“土壤分布”子目之后加了冒号，与其他子目标法不一致，且“土壤”目下仅有“土壤分布”一个子目，应改为大五宋随正文一体编排更为恰切；“自然资源”节“矿产资源”目、“环境保护”章“环境质量”节“水环境质量”目 、“环境监测”节“水环境监测”目下，均为一级目直接领辖三级目，无二级目。此类问题较多，不一一列举。“工业”卷“名优产品与企业选介”章“企业选介”节、“服装业”卷“名优产品”节“企业选介”节，均为节下直接领辖三级目，无一、二级目。“邮政电信”卷“附：民营快递”下两个目题字号大小不一致。工会、妇联均为章，共青团则为节，明显欠妥。青联为共青团的附属组织，与共青团不可平起平坐，共青团应与工会、妇联同为章设置。

笔者以为，志书类辞书，目题不宜加序号。志书有类目体（纲目体）、章节体、条目体之分，实则二轮续志多数为章节体与条目体的结合体。条目是志书最小的记述单元，志书以类横分，条目无先后顺序之别，标上序号反显累赘，同时也不利于检索。举个简单的例子，志书《人物传》中的人物标题属于条目一级标题，若加序号，岂不让人笑掉大牙。这个例子能讲明一个道理，即志书中的条目标题加序号显得不伦不类，条目标题还是不加序号为佳。

目题不宜分得过细，能省略的尽量省略，分得过细势必影响资料的完整性。

其二，版面编排是一门学问，志书的严谨性亦体现在其中。全志标题编排要一致，字体字号、空行空格一体遵循，如二字标题，中空一字距，一般只限于单占行的标题，以《石狮市志》为例，大部分均空格，还有少部分未空。

其三，《石狮市志》卷首列有概述、专记、大事记，排列位置值得商榷。升格标题排序亦应遵循逻辑次序。篇目中使用升格现象，为二轮续志显著特征，但有矫枉过正之嫌。升格要根据事物的大小，可记内容的多寡而定，并非一提升格，就非要升要第一层级；即使升到第一层级，亦并非要把老子、儿子颠过来才算突出了地方特点，如工业与煤炭、文化与文化遗产等。如有的志书将“党和国家领导人视察”内容从大事记中抽出，单列一篇，放志首，即概述、党和国家领导人视察、大事记，位置明显欠妥，概述、大事记为统领全志的篇章，而党和国家领导人视察只是为突出地方特点而单列，与大事记相较，是父与子的关系，应大事记在前，党和国家领导人视察在后。

其四，关于“军事”编 。三部志书均设有“军事”篇目，均为第一层级，且标名一致。在笔者见到的二轮续志中，“军事”的标名比较混乱，还有议论的必要。“就现存历代地方志考察，我国军事志正式出现于南宋时期。而且自从绍兴年间面世以后，百余年间迅速蔓延， 很快成为综合性志书的一个重要门类。这些门类的标题用语， 以其在现存志书中出现的时间为序， 大体上有军营、军制、营寨、兵防、兵籍、军寨、叙兵、禁卫兵、省兵院等。”[①]明清时期，军事分志已发展成为通志的一个重要组成部分，几乎无志不设军事分志，而且篇幅宏

① 陈赋斌、张乃格：《我国军事志的起源与发展》，《中国地方志》，2013 年第 5 期。

富，资料密集。包括州府县志，军事均列为基本篇目之一，只是标名为兵事、武备等名称而已。“军事”在首轮和二轮志书篇目中，普遍列为一级标题，只是二轮志书为断代体式，断限之内无战事发生，便出现多种标法，有“武装” “人民武装” “国防” “国防建设” “人民国防” “军事民防” 等标法。如上述几例，“军事 民防”， “军事” “ 民防”有父子同堂之弊；“人民武装”“人民国防”，“人民”二字似有修饰之嫌； “国防建设” ， “建设”二字似有附加词之嫌；“武装”“国防” 与“军事”相较概念偏狭，放在历史长河中考量，续志编修每二十年左右一轮，连续不断，军事的生命力更强。从规范化考虑， 还是“军事”一词的覆盖面广、生命力强，统一规范的表述更便于读者查检，如能统一起来，其效果会更好一些。

其五，关于“精神文明建设” 。《厦门市志》专设“精神文明创建”篇，放于社会部类；《石狮市志》设“精神文明建设”章，放在“中国共产党地方组织”卷之下；《北川县志》设“社会主义精神文明建设”节，放在“政党群团”篇“中共北川县委员会”章之下。三部志书篇、章、节三个层次，且标法各异。

方志的定义，是记述一地域从自然到社会、从历史到现状的资料性著述。作为社会主义新方志，似乎还应加一条“从物质到精神”，这样才能反映社会的真实面貌。精神文明是与物质文明相对而言的，是人们改造主观世界的社会精神生活积极成果的总和。精神文明包括文化、思想两个方面。在首轮志书中文化方面的内容已有教科文卫体等篇章记述，但思想方面却较少记述，仅有少数志书设有“精神文明建设”编，且记述也不够全面。设立精神文明建设专编，就可恰如其分地担当这一重要任务。正是认识到了首轮志书在记述精神文明思想方面的缺憾，二轮志书普遍增加了精神文明建设的编章。《全国第二轮修志工作文件和志书篇目汇编》收录的 46 个篇目中，有 32 个设有精神文明建设专章，有的独立设编，有的设章节。精神文明建设立编，是二轮续志彰显时代特色的具体体现，同时也是记述贯彻党中央“两个文明一起抓”方针在各地的具体落实情况。精神文明建设（思想方面）立专编，笔者以为不可或缺，仅设章节显得层级太低，难以体现精神文明的方方面面。立编的名称，还是称之为“精神文明建设”为佳。在笔者见到的名称中，有“群众性社会主义精神文明建设活动”“社会主义精神文明建设活动”“社会主义精神文明建设”“社会主义精神文明创建活动”“社会主义精神文明创建”“精神文明创建活动”“精神文明创建”“精神文明建设”“文明创建”“文明建设”等多种标法，或过繁过简，或标义残缺。精神文明创建，只属于精神文明建设中的部分内容，它难以涵盖精神文明的全部内容，有以偏概全之嫌。如只写精神文明创建内容，则另当别论。精神文明建设编的位置，应放在文化部类之首，亦如经济综述编引领经济类各分编一样，让精神文明建设编引领精神文明涵盖的思想、文化两方面的内容。精神文明建设编的内容，应包括机构与组织、思想道德教育、创建活动、文明新风以及典型选介等，力求全面反映精神文明建设的进程与现状。

结语

近年来，中指组领导多次强调要提高志书的学术品位，2008 年 9 月 16 日中国地方志指导小组颁布的《地方志书质量规定》九章五十条，就是为保证续修志书的编纂质量，强调续修志书的学术规范。学术规范涉及志书的方方面面，篇目标题为其中之一。学术规范工作首轮重视不够，二轮有所弥补，诸如书名的框定、内容的完善、注释的标释、索引的应用、图片的说明、表格的设置、版本的统一等，但标题的学术规范则研究不足，存在问题较多。规范志书标题的表述方式，其途径是多方面的，一是可以通过学术讨论和学术争鸣，辨清和确定标题规范的原则；二是通过志稿评议，来规范确定标题修改的原则；三是在志书出版后，通过志书批评来规范确定标题制作的原则；只有多管齐下，群策群力，合力攻关，志书的标题质量才会有一个大的提高，志书的学术品位才会有大的改观，进而得到社会的普遍认可。

附：三部志书政治部类篇目

《北川县志》

政党群团篇，设中共北川县委员会（历次党员代表大会、重大活动纪略），党务工作（纪检监察、组织工作、宣传工作、统战工作、社会主义精神文明建设、保密机要工作、党校党史政研工作），工商联和群众团体（工会、共青团北川县委、县妇女联合会、县工商业联合会）三章；

政权政协篇，设人民代表大会（历次人民代表大会、人大常委会），县人民政府（县人民政府组成、重大政务记略、行政工作），人民政协（委员构成及组织机构、全委会常委会、主要工作）三章；

政法篇，设审判（机构与制度改革、审判工作、执行工作、告诉申诉），检察（检察机构、检察工作），公安（机构、刑事侦查、预审与监所管理、社会治安管理、户政管理、道路交通管理、消防、安全保卫），司法行政（机构、普法、人民调解、法律服务），社会治安综合管理（机构、综合治理）五章；

军事篇，设军事机构与驻军（军事机构、驻军），民兵（民兵建设、民兵训练、民兵活动），兵役（征兵、预备役）三章；

民政篇，设社会救济（机构、灾害救济、贫困救济），社会福利（农村“五保户”供养、城乡居民最低生活保障、农村社会养老保险、敬老院建设、社会福利企业），优抚安置（优待、抚恤、复退军人安置、拥军优属活动），其他民政工作（基层政权建设、婚姻登记、殡葬、社团管理、勘界与地名管理、老龄工作、残疾人工作）四章；

劳动社保篇，设劳动（劳动就业、劳动工资、安全管理、劳动监察），社会保障（机构设置、养老保险、失业保险、医疗保险、工伤生育保险）二章。

《石狮市志》

中国共产党地方组织卷，设组织机构（中共石狮市委、中共石狮市纪律检查委员会、基层党委〈党工委〉、基层支部），代表产生、构成（代表产生、代表构成），代表大会（第三次代表大会、第四届代表大会、第五届代表大会）市委全体〈扩大〉会议（二届历次全体〈扩大〉会议、三届历次全体〈扩大〉会议、四届历次全体〈扩大〉会议、五届历次全体〈扩大〉会议），重要决策、决定与活动（战略决策、重要决定、重要活动），纪律检查（党风廉政建设、案件查处），组织工作（组织机构、党员发展、干部管理、领导班子建设、基层组织建设、机关党建），宣传工作（组织机构、政治思想教育、主题宣传与报道），统战工作（组织机构、团结民主党派、支持非公企业、团结“三胞”、民族宗教工作），政法工作（政法机构、维护社会稳定、社会治安综合治理、政法队伍建设），精神文明建设（组织机构、道德建设、文明创建），其他党务（党校工作、保密工作、信访工作）十二章；

地方人民代表大会卷，设人大代表（代表选举、代表构成），代表大会（第二届人民代表大会第五次会议、第三届人民代表大会历次会议、第四届人民代表大会历次会议、第五届人民代表大会历次会议），市人大常委会（常委会组织机构、常委会会议、职能履行），镇人民代表大会（代表选举、代表大会、主席团主要活动）四章；

地方人民政府卷，设组织机构（石狮市人民政府、市政府派出机关和镇人民政府），政务会议（市政府全体会议、市政府常务会议、市长办公会议、市政府专题会议），施政纪要（改革行政管理制度、实施“四市”发展战略、实施“三海”发展战略、实施“小城市、大经济”发展战略、推进城乡一体化建设、推进生态环境建设、推进“三农”工作、推进依法治市），行政监察（行政执法监察、机关效能监察、民主评议政风行风、专项治理）四章；

政协地方组织卷，设委员产生及构成（委员产生、委员构成），委员全体会议（二届委员全体会议、三届委员全体会议、四届委员全体会议、五届委员全体会议），常务委员会（组织结构、主席会议、常务委员会会议），重要活动（政治协商、民主监督、参政议政、文史工作、联谊活动）四章；

民主党派与工商联地方组织卷，设民革石狮市地方组织（组织机构、重要会议、主要活动），民盟石狮市地方组织（组织机构、重要会议、主要活动），民建石狮市地方组织（组织机构、重要会议、主要活动），民进石狮市地方组织（组织机构、重要会议、主要活动），农工党石狮市地方组织（组织机构、重要会议、主要活动），致公党石狮市地方组织（组织机构、重要会议、主要活动），九三学社石狮市地方组织（组织机构、重要会议、主要活动），台盟石狮市地方组织（组织机构、重要会议、主要活动），工商联〈总商会〉石狮市地方组织（组织机构、代表大会、主要活动）九章；

社会团体卷，设工会（组织机构、代表大会、主要活动），青年组织（共产主义青年团、青年联合会），妇女联合会（组织机构、代表大会、主要活动），科学技术协会（组织机构、代表大会、主要活动），归国华侨联合会（组织机构、代表大会、会所建设、主要活动），台胞台属联谊会（组织机构、重要会议、主要活动），文学艺术界联合会（机构队伍、代表大会、主要活动），社会科学联合会（机构队伍、主要活动），国际贸易促进委员会〈国际商会〉（组织机构、重要会议、主要活动），世界石狮同乡会（组织机构、重要会议、主要活动），残疾人联合会（组织机构、代表大会、主要工作），其他社会团体（计划生育协会、中华慈善总会、老龄工作委员会、老区建设促进会、关心下一代工作委员会、个体劳动者协会、私营企业协会、红十字会、消费者委员会）十二章；

军事卷，设军事组织（驻军、地方军事机构），国防动员与兵员征集（国防动员、兵员征集），民兵与预备役（民兵、预备役），人民防空（组织机构、人防队伍、防空演习、人防工程、人防宣传教育），拥政爱民与军民共建（拥政爱民、军民共建）五章；

公安司法卷，设公安（组织机构、治安管理、案件侦查、监所管理、户政管理、网络安全监察、出入境管理、道路交通管理、消防管理、边防管理），检察（组织机构、刑事检察、民事行政检察、职务犯罪侦查与预防、控告申诉检察），审判（组织机构、刑事审判、民事审判、行政审判、立案 信访、审判监督、执行），司法行政（组织机构、法制宣传教育、人民调解、律师事务、公证服务、法律援助、法律服务、安置帮教与社区矫正）四章；

民政卷，设拥军优抚（拥军、优抚），救灾 救助（救灾、救助），社会福利（社会福利设施、老残孤婴收养、“五老”人员生活补助、农民养老保险、城乡居民最低生活保障），安置褒扬（安置、褒扬），勘界（陆地勘界、海域勘界），基层群众自治（村〈居〉委会换届选举、村民民主管理、社区服务），其他民政事务（婚姻登记、收养登记、殡葬管理、老区基础设施建设、社会团体登记与监管、地名管理）七章；

劳动 人事 编制卷，设劳动（劳动制度、就业方式、职工工资、就业培训、劳动安全、劳动监察与劳动争议仲裁），人事（人事制度改革、职称评聘、干部管理、工资福利、人才交流），机构编制（机构改革、编制），社会保障（养老保险、失业保险、工伤 生育保险、医疗保险），管理（机构、编制管理与事业单位登记、退休干部管理）五章。

《厦门市志》

中共厦门地方组织篇，设组织机构（组织、机构），重要会议与重大活动（重要会议、重大活动），重大决策（经济建设决策、政治建设决策、社会事业建设、党的建设），组织工作（党员教育与管理、基层党建、领导班子建设、干部队伍建设、人才队伍建设），宣传工作（理论学习教育、舆论宣传、思想政治教育、宣传管理），统一战线（政治协商与民主监督、民主党派和工商联工作、民族宗教工作、非公有制经济人士工作、党外知识分子工作、海外联谊），纪检监察工作（案件察办、党风廉政建设、机关效能建设），政法与综治工作（队伍管理、执法监督与协调、维护稳定、社会治安综合管理、“平安厦门”建设），信访工作（制度建设与信访宣传、信访办理、群众建议征集、市长专线电话），其他工作（政策研究、老干部工作、保密工作、党史研究、党校教育）十章；

地方人民代表大会篇，设代表选举（厦门市第十一届人民代表大会代表选举、厦门市第十二届人民代表大会代表选举），重要会议（代表大会、常务委员会会议），职能履行（地方立法与监督、审议决定与人事任免、代表活动与议案建议、代表工作和常委会自身建设），组织机构（市人大常务委员会、市人大专门委员会、市人大常委会办事机构），辖区人民代表大会［湖里区人民代表大会、集美区人民代表大会、海沧区（杏林区）人民代表大会、同安区人民代表大会、翔安区人民代表大会］五章；

地方人民政府篇，设机构设置（市人民政府、辖区人民政府），重要会议（政府全体成员会议、政府常务会议、市长办公会议与市政府专题会议），施政纪略（经济建设、社会事业发展、生态文明建设），政府法制（政府立法工作与依法行政、法规规章与规范性文件管理、行政执法监督、行政复议应诉、行政审批制度改革）四章；

政协地方组织篇，设市政协全体委员会议（第八届市政协全体委员会议、第九届市政协全体委员会议、第十届市政协全体委员会议），组织机构（市政协常委会、市政协常委会工作机构、辖区政协组织机构），重要会议（常务委员会会议、主席会议、其他会议），主要工作（政治协商与民主监督、参政议政、信息收集和信访办理、台港澳侨联络工作、学习宣传和文史资料征编）四章；

民主党派与工商联地方组织篇，设民革厦门市委（组织机构、主要活动），民盟厦门市委（组织机构、主要活动），民建厦门市委（组织机构、主要活动），民进厦门市委员会（组织机构、主要活动），农工党厦门市委员会（组织机构、主要活动），致公党厦门市委员会（组织机构、主要活动），九三学社厦门市委（组织机构、主要活动），台盟厦门市委员会（组织机构、主要活动），厦门市工商联（厦门总商会）（机构、主要活动）九章；

群众组织篇，设厦门市总工会（组织机构、主要工作与活动），共青团厦门市委员会（代表大会、组织机构、主要活动和工作），厦门市妇女联合会（代表大会、组织机构、主要工作和活动），厦门市文学艺术界联合会（代表大会、组织机构、主要工作与活动），厦门市科学技术协会（代表大会、组织机构、主要活动），其他群团组织（厦门市台湾同胞联谊会、厦门市金门同胞联谊会、厦门市归国华侨联合会），厦门市国际贸易促进委员会（组织机构、主要活动），厦门市关心下一代工作委员会（组织机构、重要会议、主要活动），厦门市老龄工作委员会（组织机构、主要会议、主要活动）九章；

公安·司法篇，设公安（机构、公安保卫、治安管理、户籍管理与派出所建设、道路交通管理、消防管理、网络安全管理、接出警110和安全巡逻〈特警〉、监所羁押管理及劳教审核审批、出入国〈境〉管理），检察（机构、刑事检察、预防职务犯罪、监所检察、民事行政检察、参与社会治安综合治理），审判（机构、立案与信访接待、刑事审判、民事 民商事 知识产权审判、行政审判、海事审判、案件执行、审判监督、司法鉴定），司法行政（机构设置、普法宣传、律师管理、公证管理、人民调解、劳动教养与安置帮教、司法鉴定、法律援助）四章；

军事篇，设军事机构与驻厦部队（军事机构、部队建设），兵役和民兵预备役（兵役、民兵预备役），国防动员（机构、国防动员演练、国防教育），人民防空（机构、加强防空体系建设、宣传教育、组织指挥、防护工程），拥政爱民（支援地方经济建设、参与地方文明创建活动），海边防管理（海防管理、边防管理）六章；

人事·编制·劳动就业篇，设人事（机构、公务员管理、事业单位人事管理、军队转业干部安置、专业技术人员管理、人才交流与服务、工资福利、退休干部管理、信息化建设），编制（机构、机构改革、编制管理、事业单位法人登记），劳动（机构设置、劳动就业制度改革、再就业工作、职业技术培训与鉴定、劳动工资、劳动保护、劳动争议处理与劳动监察、信息化建设）三章；

社会事务篇，设民政（群众自治组织建设、拥军支前、婚姻登记、民间组织登记与管理、收养登记、殡葬管理、区划调整勘界与地名管理），社会保障（社会保险、优待抚恤、救济救助、社会福利、慈善事业、复员退伍军人和军队离退休人员接收安置），民族事务与老区扶建（机构、少数民族状况、民族事务、老区扶建）三章；

外事·侨务·台港海澳事务篇，设外事（机构设置、国际交往、外国驻厦领事机构、国际友城交往、管理与服务），侨务（机构设置、侨胞投资捐赠、海外联谊交流、管理与服务），台湾事务与港澳事务（机构设置、对台经贸合作、厦台“三通”、厦台交流交往、处理重大涉台事件）三章。

笔者修改后的篇目（仅供参考）

《北川县志》

政党群团篇，设共产党（历次党代会、活动纪略），党务工作（纪检监察、组织工作、宣传工作、统战工作、精神文明建设、保密机要、党校党史政研），工商联和群众团体（工会、共青团、妇联、工商联）三章；

政权政协篇，设人大（历次人代会、常委会），政府（机构设置、政务记略、行政工作），政协（委员与机构、全委会与常委会、主要工作）三章；

政法篇，设审判（机构与制度改革、审判工作、执行工作、告诉申诉），检察（机构、检察工作），公安（机构、刑事侦查、预审与监所管理、社会治安管理、户政管理、道路交通管理、消防管理、安全保卫），司法行政（机构、普法、调解、法律服务），社会治安综合管理（机构、综合治理）五章；

军事篇，设军事机构与驻军（人武部、驻军），民兵（组织建设、军事训练、社会活动），兵役（征兵、预备役）三章；

民政篇，设社会救济（机构、灾害救济、贫困救济），社会福利（农村“五保户”供养、城乡居民最低生活保障、农村社会养老保险、敬老院建设、社会福利企业），优抚安置（优待、抚恤、复退军人安置、拥军优属），其他工作（基层政权建设、婚姻登记、殡葬管理、社团管理、勘界与地名管理、老龄工作、残疾人工作）四章；

劳动社保篇，设劳动（劳动就业、劳动工资、安全管理、劳动监察），社会保障（机构、养老保险、失业保险、医疗保险、工伤生育保险）二章。

《石狮市志》

共产党卷，设组织机构（市委、市纪检委、基层党委、基层支部），代表（代表产生、代表构成），代表大会（第三次、第四届、第五届）市委全体〈扩大〉会议（二届、三届、四届、五届），施政纪略（战略决策、重要决定、重要活动），纪律检查（党风廉政建设、案件查处），组织工作（机构、党员发展、干部管理、领导班子建设、基层组织建设、机关党建），宣传工作（机构、思想教育、主题宣传），统战工作（机构、团结民主党派、支持非公企业、团结“三胞”、 民族宗教工作），政法工作（机构、维护社会稳定、社会治安综合治理、政法队伍建设），精神文明建设（机构、道德建设、文明创建），其他党务（党校、保密、信访）十二章；

人大卷，设代表（选举、构成），代表大会（二届五次会议、三届历次会议、四届历次会议、五届历次会议），常委会（机构、会议、职能履行），镇人大（代表选举、代表大会、主要活动）四章；

政府卷，设组织机构（政府机构、派出机关与镇政府），政务会议（全体会议、常务会议、市长办公会议、专题会议），施政纪要（行政管理制度改革、“四市”发展战略、“三海”发展战略、“小城市、大经济”发展战略、城乡一体化建设、生态环境建设、“三农”工作、依法治市），行政监察（行政执法监察、机关效能监察、民主评议政风行风、专项治理）四章；

政协卷，设委员（产生、构成），全体会议（二届、三届、四届、五届），常委会（机构、主席会议、常委会会议），重要活动（政治协商、民主监督、参政议政、文史工作、联谊活动）四章；

民主党派与工商联卷，设民革支部（组织机构、重要会议、主要活动），民盟支部（组织机构、重要会议、主要活动），民建支部（组织机构、重要会议、主要活动），民进支部（组织机构、重要会议、主要活动），农工党支部（组织机构、重要会议、主要活动），致公党支部（组织机构、重要会议、主要活动），九三学社支社（组织机构、重要会议、主要活动），台盟支部（组织机构、重要会议、主要活动），工商联（组织机构、代表大会、主要活动）九章；

社会团体卷，设工会（机构、代表大会、主要活动），共青团（机构、代表大会、主要活动），妇联（机构、代表大会、主要活动），科协（机构、代表大会、主要活动），侨联（机构、代表大会、会所建设、主要活动），台联（机构、重要会议、主要活动），文联（机构、代表大会、主要活动），社科联（机构、主要活动），贸促会（机构、会议、主要活动），同乡会（机构、会议、主要活动），残联（机构、代表大会、主要工作），其他社会团体（计生协会、中华慈善总会、老龄委、老促会、关工委、个协、私营企业协会、红十字会、消协）十二章；

军事卷，设军事组织（驻军、人武部），国防动员与兵员征集（国防动员、兵员征集），民兵与预备役（民兵、预备役），人防（机构、队伍、防空演习、人防工程、人防宣传），拥政爱民与军民共建（拥政爱民、军民共建）五章；

公安司法卷，设公安（机构、治安管理、案件侦查、监所管理、户政管理、网络安全监察、出入境管理、道路交通管理、消防管理、边防管理），检察（机构、刑事检察、民事行政检察、职务犯罪侦查与预防、控告申诉检察），审判（组织机构、刑事审判、民事审判、行政审判、立案 信访、审判监督、执行），司法行政（机构、法制宣传、人民调解、律师事务、公证服务、法律援助、法律服务、安置帮教与社区矫正）四章；

民政卷，设拥军优抚（拥军、优抚），救灾 救助（救灾、救助），社会福利（社会福利设施、老残孤婴收养、“五老”人员补助、农民养老保险、城乡居民最低生活保障），安置褒扬（安置、褒扬），勘界（陆地勘界、海域勘界），基层群众自治（村〈居〉委会换届选举、村民民主管理、社区服务），其他事务（婚姻登记、收养登记、殡葬管理、老区基建、社团监管、地名管理）七章；

劳动 人事 编制卷，设劳动（劳动制度、就业方式、职工工资、就业培训、劳动安全、劳动监察与劳动争议仲裁），人事（制度改革、职称评聘、干部管理、工资福利、人才交流），机构编制（机构改革、编制），社会保障（养老保险、失业保险、工伤 生育保险、医疗保险），管理（机构、编制管理与事业单位登记、退休干部管理）五章。

《厦门市志》

共产党篇，设组织机构（组织、机构），会议与活动（重要会议、重大活动），重大决策（经济建设决策、政治建设决策、社会事业建设、党的建设），组织工作（党员教育与管理、基层党建、领导班子建设、干部队伍建设、人才队伍建设），宣传工作（理论学习教育、舆论宣传、思想政治教育、宣传管理），统一战线（政治协商与民主监督、民主党派和工商联工作、民族 宗教工作、非公有制经济人士工作、党外知识分子工作、海外联谊），纪检监察（案件察办、党风廉政建设、机关效能建设），政法与综治（队伍管理、执法监督与协调、维护稳定、社会治安综合管理、“平安厦门”建设），信访（制度建设与信访宣传、信访办理、群众建议征集、市长专线电话），其他工作（政策研究、老干部、保密、党史、党校）十章；

人大篇，设代表选举（十一届、十二届），重要会议（代表大会、常委会会议），职能履行（立法与监督、审议决定与人事任免、代表活动与议案建议、代表工作和常委会自身建设），组织机构（常委会、专门委员会、常委会办事机构），辖区人大（湖里区人大、集美区人大、海沧区人大、同安区人大、翔安区人大）五章；

政府篇，设机构（市政府、辖区政府），重要会议（全体会议、常务会议、市长办公会议与专题会议），施政纪略（经济建设、社会事业发展、生态文明建设），政府法制（立法工作与依法行政、法规规章文件管理、行政执法监督、行政复议应诉、行政审批制度改革）四章；

政协篇，设全体会议（八届、九届、十届），组织机构（常委会、常委会工作机构、辖区组织机构），重要会议（常委会会议、主席会议、其他会议），主要工作（政治协商与民主监督、参政议政、信息收集和信访办理、台港澳侨联络工作、学习宣传和文史资料征编）四章；

民主党派与工商联篇，设民革市委会（机构、主要活动），民盟市委会（机构、主要活动），民建市委会（机构、主要活动），民进市委会（机构、主要活动），农工党市委会（机构、主要活动），致公党市委会（机构、主要活动），九三学社市委会（机构、主要活动），台盟市委会（机构、主要活动），工商联（机构、主要活动）九章；

群众组织篇，设总工会（组织机构、主要工作与活动），共青团市委（代表大会、组织机构、主要工作和活动），妇联（代表大会、组织机构、主要工作和活动），文联（代表大会、组织机构、主要工作与活动），科协（代表大会、组织机构、主要活动），其他群团组织（台湾同胞联谊会、金门同胞联谊会、归国华侨联合会），国际贸易促进委员会（组织机构、主要活动），关工委（组织机构、重要会议、主要活动），老龄委（组织机构、主要会议、主要活动）九章；

政法篇，设公安（机构、公安保卫、治安管理、户籍管理与派出所建设、道路交通管理、消防管理、网络安全管理、接出警 110 和安全巡逻、监所 羁押管理及劳教审核审批、出入国〈境〉管理），检察（机构、刑事检察、预防职务犯罪、监所检察、民事行政检察、社会治安综合治理），审判（机构、立案与信访接待、刑事审判、民事 民商事 知识产权审判、行政审判、海事审判、案件执行、审判监督、司法鉴定），司法行政（机构设置、普法宣传、律师管理、公证管理、人民调解、劳动教养与安置帮教、司法鉴定、法律援助）四章；

军事篇，设军事机构与驻厦部队（军事机构、部队建设），兵役和民兵预备役（兵役、民兵预备役），国防动员（机构、国防动员演练、国防教育），人民防空（机构、人防体系建设、宣传教育、组织指挥、防护工程），拥政爱民（支援经济建设、参与文明创建），海边防管理（海防管理、边防管理）六章；

人事·编制·劳动就业篇，设人事（机构、公务员管理、事业单位人事管理、军队转业干部安置、专业技术人员管理、人才交流与服务、工资福利、退休干部管理、信息化建设），编制（机构、机构改革、编制管理、事业单位法人登记），劳动（机构、劳动就业制度改革、再就业工作、职业技术培训与鉴定、劳动工资、劳动保护、劳动争议处理与劳动监察、信息化建设）三章；

社会事务篇，设民政（群众自治组织建设、拥军支前、婚姻登记、社团管理、收养登记、殡葬管理、勘界与地名管理），社会保障（社会保险、优待抚恤、救济救助、社会福利、慈善事业、复退和离退休军队人员安置），民族事务与老区扶建（机构、少数民族状况、民族事务、老区扶建）三章；

外事•侨务•台港海澳事务篇，设外事（机构、国际交往、外国驻厦领事机构、国际友城交往、管理与服务），侨务（机构、侨胞投资捐赠、海外联谊交流、管理与服务），台港澳事务（机构、对台经贸合作、厦台“三通”、 厦台交流交往、处理重大涉台事件）三章。

（原载《第五届中国地方志学术年会论文汇编》，中国地方志指导小组办公室、中国地方志学会编，2015 年 11 月 • 厦门）

志书的版面编排与篇幅控制

提要： 版面编排是志书编纂中的最后环节，它要求眉目清晰、美观大方，体现志书严谨科学的学术品位和高贵典雅的文献气质，达到内容与形式的完美结合。志书的总字数是由整部书的页码来计算的，版面编排也掌控着志书篇幅的长短，志书要“瘦身”，就需要在版面编排上精打细算，尽量节约版面。

关键词： 志书　版面编排　篇幅控制

志书编纂是一项系统工程，从内容到形式，各个环节均需严密把关，精益求精。版面编排是志书编纂中的最后环节，它要求眉目清晰、美观大方，体现志书严谨科学的学术品位和高贵典雅的文献气质，达到内容与形式的完美结合。志书的总字数是由整部书的页码来计算的，版面编排也掌控着志书篇幅的长短，志书要“瘦身”，就需要在版面编排上精打细算，尽量节约版面。编纂者只有高度重视志书编纂中的每个细节，力求尽善尽美，把科学、严谨落到实处，才能使志书质量得到显著提高。

一、志书的篇幅控制

志书要精编，篇幅须控制。作为通纪体志书，记述一般均要追溯事物发端，且记述时限长达数千年，志书篇幅适当拉长一些情有可原。首轮志书编纂，中指组虽有限定县、市志书篇幅的一定之规，但实践证明似有偏紧之嫌。二轮续志开启之后，中指组未对三级志书的篇幅作具体数量规定。正基于此，二轮续志篇幅出现膨胀之势，过分强调志书的资料性价值，忽略志书的著述性本质，县级（包括县级市、区）续志动辄二三百万字，甚或四五百万字；地市级续志普遍达四五百万字，七八百万字甚或超千万字也并不鲜见；省级志书绝大多数超过五千万字，上亿字的亦不在少数，篇幅不受控制，形同脱缰的野马，无限制地拉长，使志书成为束之高阁的“艺术品”。有学者提出志书“资治、教化、存史”的三大功能，把“存史”摆在了第一位，笔者以为这似有本末倒置之嫌。志书服务当代，惠及后世，首先是服务当代，“资治、教化”是主要功能，“存史”是附带功能。编纂思想的变异，会把方志编纂引入歧路。

二轮续志多为断代体，记述时段亦仅 20 年左右，同首轮志书记述时段相较，相去甚远，故其篇幅理应有个合理的控制数额。篇幅的拉长，并非与质量成正比。志书要成为可读可用之书，篇幅的控制理应提上议事日程。首轮志书过简，二轮加详亦在情理之中，但要详略有度。志书主要为当代服务、为现实服务，为大众服务，受众面越广，发挥的社会效益越大。志书过长，令人望而生畏，其结果与修志人的愿望正好相反。现在的方志界有个普遍的心态，即志书页码越多，书籍越厚越好，求大求全。这是个错误的观念。笔者以为，控制篇幅是志书编纂应有之意。如何把志书编精编好，是修志人重要的历史责任。压缩志书篇幅，在版面编排中要重视每一个细节的把握与应用，在不影响美观的前提下，尽量节约版面，是志书编纂人员应遵循的基本原则，切不可等闲视之。

笔者曾征求过国内多位方志专家学者的意见，多数人以为，县级志书控制在150万字左右较为适宜，以200万字为最高上限，即控制在一本书之内为好；地市级志书控制在350万字左右较为适宜，以500万字为最高上限，即装订成二至三册即可。志书分册越少越好，既省却读者来回颠倒翻书之累，方便查阅，又可节省书籍装帧费用。续志篇幅控制在一定的数额之内，便于编纂人员操作，篇幅过少恐漏记重要资料，过多则有不精之嫌。毕竟编的是断代志，就时间跨度而言，与通纪体相比相差太远。如何把志书编精编好，才是修志人重要的历史责任。

首轮志书多为普通16开本（787×1092mm），二轮续志开启之后，中指组2008年印发的《地方志书质量规定》对续志开本作了统一规定，即新方志“采用16开本（889×1194mm），文字横排”。开本的扩大，使页面文字容量明显增大。以《上海市长宁区志（1993—2005）》为例，正文大五号宋，每行44字，版型高43行（包括书眉行），每页1892字，全书1402页（包括卷首目录等44页，未包括卷首集束彩图插页），全志总字数2652千字（版权页标为2221千字）。实践证明，200万字左右的县级志书装订成一册书是完全可以的。

志书增厚，其中与版面编排也有干系。书籍是以页码来计算字数的，每行的字数乘以每页的行数（包括页眉行在内）再乘以总页码数（包括卷首页码）。作为纸质印刷出版物，国家标准只有一个，所有书籍一体遵循，志书亦不例外。改革开放以来，经济的繁荣兴旺，带来文化的繁荣发达，人们被禁锢的思想冲出牢笼，出版自由的能量得到最大限度的发挥，这体现出社会的进步。私人著书成风，其中也不乏滥竽充数之辈。少数人为了强撑门面，增加书籍厚度，在排版上大做“文章”：或字不够、图来凑；或加大字号、加宽行距；或一条标题占半页甚或一页，一首五言绝句也可占一个页码，等等，可谓各显神通，无所不用其极。此风蔓延开来，出版社的编辑也跟风混在一起，美其名曰：“美化版面”。殊不知，每增加一个页码，出版社编辑的审稿费、书籍的工本费就会“水涨船高”。此种隐形的浪费资金、浪费资源之风也“传染”到志书之中。志书“瘦身减肥”，从版面编排上把关，也算一策。最近两个月接连审阅了两部省内志书付印稿（印刷厂排版稿），感到志书版面编排存在问题较多，有必要提出来与同人一起探讨。

文字版书籍排版以紧密为好为上。珍惜版面是文字书籍应遵循的普遍原则，志书亦不应例外。笔者曾见到一部县级志书的大事记，按页码计算，全文5万余字（实际仅3万余字），排版松垮，新中国成立后的条目既加年份标题，又加月份标题，且上下均空行，可放一千八九百字的版面，文字少的页码一页仅有五六百字，让人看了极不舒服。经计算，该志大事记若年份标题不空行、不加月份标题，可省去19000余字的篇幅，大事记仅3万字出头一点。再如卷首集束彩图，最多的彩图版达一百五十六十页，占书籍厚度的四分之一，不仅宣传意味太浓，而且拉长了志书的篇幅。版面编排虽为出版社编辑的责任，但志书主编一定要把好关。

志书篇幅的控制，一定要量化，分解到各个类目，合理布局，有的放矢，唯此才能把住篇幅控制这一关。志书内容的篇幅控制须专文论述，本文仅就志书版面编排中如何控制篇幅谈点看法。

二、志书的版面编排

就版式而言，有文字版、图片版、文字插照片版三种。文字版首要的是确定行文字体字号，以紧密严整为佳。

（一）卷首部分的编排次序　卷首内容的顺序编排，看似小事一桩，实则体现志书的严谨性、科学性。通观现已正式出版的二轮续志，部分志书卷首内容无一定之规，或编纂人员名单列于志尾，或地图列于扉页（书名页）之前，或凡例列于序言之前，或凡例列于目录之后，等等，排序混乱不一而足。我曾对山西首轮市县志书做过统计，卷首内容排序不妥或有瑕疵的有40部，占125部的近1/3。已出版的省内外二轮续志排序混乱问题依然存在，觉得有必要提出来，以便引起修志同人的注意。卷首部分的排序应为：扉页（书名页）、版权页、编纂人员名单、图（各类地图及彩页图片）、序、凡例、目录（总目、详目、英文目录、图表目录）。这是国内出版界通行的排列顺序。上述各项中，只有版权页以及图、序的位置，可根据卷首铜版纸页码单双页印刷的需要适当调整，如版权页可移至志尾，图、序位置可以调换。

扉页自报家门，亮明身份；扉页的背面为版权页，标明是何时何地何家出版亦可在卷首页码受单双页限制而调整到志尾。

编纂人员名单列前，是志书的传统，告诉读者这部志书是什么人编的，哪些人审的。在历代旧志中，编纂人员名单均放在卷首（通常为序言之后），体现著者的著作权益，同时也喻示方志是一地域最重要的乡邦文献，必网罗本地文化高人一并参与，编修志书乃千秋大业，能参与编纂是人生之幸事，故十分重视编纂人员名单的排列。首、二轮新方志编纂人员名单的排列，或卷首或卷尾，随意性较大。笔者以为，编纂志书少则数年多则十数年，耗尽了修志人的心血，名单前置排列应理直气壮，绝不能妄自菲薄，从中亦体现出修志人肩负的重要历史责任。

彩图的安排也有个先后顺序问题，各类地图放前，和盘托出地域的整体面貌，继而彩色照片反映地域的特色事物，显现个性。

彩图之后，接排序言，通过序言作者之口，向读者推荐是志的可读可用及优长之处。序言的篇数应控制在3篇之内，依笔者之意，两篇最为恰当，一为当地领导从自身执政角度宣扬地方特色，一为专家从编纂角度勾勒是志志体特长之点，二者相辅相成，引导读者了解和认识志书，增强读者的阅读兴趣。有的志书将当地领导的序言改为“出版致辞”，进而突出专家学者序言的独立性和特殊性，不失为一种变通的新形式。

凡例与目录要紧密相连，凡例在前，目录在后，二者不能颠倒。目录是在凡例的主导下设置的，二者有主次之分。凡例体现作者的编纂思想与编纂原则，目录则是在凡例指导下编者编纂意图的具体体现。二者位置颠倒不合规范。

按常规，卷首内容排序是出版社编辑的主要责任，但因编辑水平参差不齐，常出现差误，志书主编还是要留心把关，以免贻笑大方。

（二）目录的编排　志书的目录，是篇目的终极体现。目录编排要把握三点：一是内容要全面，不能有遗漏；二是标码要准确，包括志首和志尾部分要明确标示；三是编排要紧凑，方便读者阅览。在旧志编纂中，有先列总目、后列详目的传统。总目只列志书“卷”的第一级标题，三十多年的编纂实践，使志书的目录编排逐渐走向成熟、完善，为读者阅览志书提供了方便。但也不可否认，目录编排亦多有不规范排法：或首页拍通栏，其他页排双栏；或卷首及概述、大事记排通栏，其他排双栏；或编一级标题排通栏，其他排双栏 ； 或中英文目录混合编排等。首轮志书目录排通栏居多数，占页过多，笔者见到最多的达四五十页，字号且大，行距且宽，既不便于读者阅览，又使版面陡增，无形中平添了志书的篇幅。二轮续志多数吸取首轮的经验教训，目录编排体现以读者为本，双栏编排逐渐成为新常态。实践证明，志书目录编排最好用双栏，既经济节俭，又方便读者查检。

从编纂实践看，志书目录编排应把握以下几点：一是先列总目，展现志书的第一层级结构，使读者尽早了解志书的框架全貌。总目排双栏，用一个页码展示最为完满，省却读者翻检之劳；二是目录（详目）要详列卷首、卷尾内容，并标注页码；三是目录标题要延伸到目题，使志书内容得到全面展示（如《奉贤县续志》的做法）；四是加载英文目录利于新编志书在全世界的传播与利用；五是一志多册，目录编排亦有其规律可循，既要继承旧志传统，又要吸取他志的先进经验，首轮有的多册本市级志书，目录置于第一册，后两册无目录；有的分册志书，目录分置各分册，即各册录各册的目录，无全志的总详目。志书目录编排以方便读者翻检为出发点，笔者以为，无论是单册或多册志书，集中排列详目是不可或缺的一项内容，详目集中排列与一册之中，更便与读者了解全志概貌，《总目》只标一级层次标题（一般排志书的一级标题，也有排到编、章两级标题的，如《扬州市志（1988—2005）》占 4 个页码），仅是全志的大体轮廓，详目则是全志编、章、节的全力展示，对用志人而言则方便许多。志书编排英文目录，首轮志书较少、二轮较多。笔者以为，志书走向世界是大趋势，但外国人要阅读中文志书，只有懂得中文才行，详目排英文目录使志书篇幅增加过多，从志书瘦身角度考虑，似可将总目采用中英文编排较为合理，即中文、英文各占一个页码，既美观又大方。

二轮续志目录的编排，逐步探索出一套既节省篇幅、又便于读者尽快了解志书内容的科学编排方法，值得后续志书借鉴。

目题不宜加序号。志界有“志书类辞书”之说。无论是类目体、章节条目体，还是纯粹条目体，条目都是最基本的记述单元。条目标题的编排方法基本形成共识，一级目题一般均为另起单占行，用黑体标示；二级目题另起接文（空一字）编排，用楷体标示；极少数设三级目题的，就把二级目标题用黑体标示，三级目标题用楷体标示。传统的志书排版，目题不居中排，新方志首、二轮绝大部分均依此办理，并形成共识。近几年志书目题加序号逐渐多了起来，我以为此种做法并非善策，有的志书目题用汉字码标到四五十个，极为累赘，有的志书一二三级目题均为单占行，三级目题排起来既累赘又不美观，目题还是不加序号为上策。

（三）图片的编排　二轮续志紧跟时代的节拍，全彩印志书逐渐多了起来，令人欣喜。全彩印技术的应用，为插文照片提供了用武之地，随文照片普遍得到加强，即使是内文单色印刷，照片的使用率较之于首轮亦普遍大幅增长，图文并茂已不再是可望而不可即的事情。

卷首集束彩图。志书由图经演化而来，重视地图的应用，是地方志书区别于其他书籍的重要标志之一。在旧志中，地图是引领正文的，或叫“卷首”，放于正文之前；或直接排在卷一的位置，属正志中的一部分。新方志因有了彩印，根据装订的需要而列于正志之前（或移至序、凡例、目录之前）。地图应用的数量逐渐扩大。《朔州市朔城区志（1989－2010）》还原志书的传统做法，卷首集束彩图只放地图，且量多面广，有朔城区行政区划图、地理位置图、卫星影像图、地势图、土地利用现状图、森林分布图、地质矿产图、水利工程现状图、森林资源分布图、矿产资源分布图、交通旅游图、城市社区分布图、城区图（1989）、城区图（2011）、老城改造前卫星影像图等，达14幅之多，并根据内容需要，折页单页并用，反映地情内容之广，制图之精，在笔者所见到的志书中可谓首屈一指。各地可根据地情，适当增设一些特色地图。卷首彩照现有泛滥之势，有些志书达到七八十个甚或超过一百个页码，将地方特点淹没于面面俱到的照片之中，大有压缩之必要。笔者以为，志书内文采用彩印的，卷首彩照应压缩到1个印张为好，以反映地情特色为要领；志书内页采用单色印刷的，卷首彩照应控制在2个印张之内。《秦皇岛市志（1979－2002）》卷首彩图仅放一幅地图，照片统一放入内文（彩印）之中，给人以耳目一新之感。卷首彩照最好不放领导人视察照片，《苏州市志（1986—2005）》的做法值得效仿。卷首彩图排列顺序为先地图、后照片比较恰当。卷首彩照过多过滥，似有喧宾夺主之嫌，同时彩版页也包含在内文总印张之内，彩页过多亦无形中增加了全志的篇幅。

卷首集束彩图的编排方法主要有以下几种：一为齐列式，即把几张照片呈纵行或横行整齐排列，每张照片所占空间的大小、形状完全相同。这种编排形式的特点是庄重大方，给人以规整的美感，缺点是稍显呆板，缺少变化。二为叠压式，即用一张大照片作为衬底，把另外一张或几张小照片压在大照片的背景部分，使几张成组的照片有机地结合在一起。这种形式新颖、美观，即可节省版面，又可使几张照片浑然一体。采用此种形式，一定要掌握好分寸，即以不影响被压大照片的艺术效果为准则。三为咬版式，即照片之间相互叠压，使其相互叠压“咬”在一起，“亲密无间”，或你中有我，或我中有你，结合紧密。咬版式变化多端，形式比较生动活泼。四为平列式，即一组照片平摆在版面上，或横或竖，或大或小，相互之间只有横竖大小的变化，但编排上比较单调，缺少变化，这种形式在成组照片的版面编排中比较常见，只是缺少特色罢了。这四种图片的编排形式，在志书卷首集束彩图中均有应用。如齐列式，产品、文物等照片多有运用；如叠压式，新建筑与旧建筑叠压，厂房与产品叠压，场面与特写叠压等；如咬版式，《萧山市志》卷首集束彩图部分版面即采用此种形式；平列式在志书中应用最为广泛，由此可以看出，在卷首集束彩图的编排手法应用上还多有需要改进之处。志书编纂人员只要充分掌握各种编排形式，在成组照片的编排中穿插运用，才能增加版面的变化，取得更好的版面宣传效果。志书正文中随文照片，始于民国年间的志书，首轮新方志编纂继承了这一做法，但用量普遍偏少，此亦为首轮志书的不足之一。二轮续志扭转了这一局面，随文照片的运用得到高度重视，增强了志书的可读性和存史价值，达到图文并茂，相得益彰。

志书选用照片，不能拿来主义，要精选，不能滥载。照片也有个编辑的过程。一是对照片进行适当加工，剪裁掉画面中多余的部分，使画面主体内容更突出、美观；二是对照片说明进行精加工，准确标示画面的主体内容。照片说明要与照片画面无缝对接。在已出版志书中还有少数照片说明标示不确切，或文字过简或过繁，甚或张冠李戴的误差时有出现，均因后期工作不细所造成。

一部志书随文照片的数量多少为好，目前志界尚无定论。2001 年笔者曾对山西省 106 部首轮市县志做过一个用图统计，具体情况为：106 部志书用图总量为 10349 幅，部均 98 幅。以卷首集束彩图印张计，1 个印张以内的 60 部，占 56.6%；2 个印张以内的 44 部、占 41.5%；2 个印张以上的 2 部、占 1.89%。以集束彩图用图幅数计，1 ～ 50 幅的 46 部，占 43.4%；51 ～ 99 幅的 45 部，占 42.5%；100 幅以上的 22 部，占 20.7%。最多的 260 幅。以文内插图用图张数计，无插图的 36 部，占 34%；1 ～ 50 幅的 47 部，占 43.4%；51 ～ 99 幅的 19 部，占 17.9%；100 幅以上的 4 部，占 3.8%。插图最多的 196 幅。

仅以山西首轮市县志为例，还不足以说明问题，下面再以两部市志前志与续志的用图对比，以及两部续修县志的用图情况作例证，即可看出两轮志书用途的巨大变化。

首轮《苏州市志》卷首集束彩图 64 页（4 个印张），照片 296 幅，页均 4.6 幅（另有 4 幅地图）。内文为单色印刷，加插示意图 41 幅，未用插文照片，每 10 万字用图 0.8 幅。二轮《苏州市志（1986—2005）》卷首集束彩图 44 页（2.5 个印张，其中 3 页为文字版），照片 106 幅，页均 2.6 幅（另有 2 幅地图）；内文为彩色印刷，插图 429 幅，为前志的 14.1 倍。全志用图 535 幅，每 10 万字用图片 11.3 幅，是前志的 14.1 倍。

首轮《扬州市志》卷首集束彩图 48 页（3 个印张）、用图 227 幅，（另有地图 2 幅，8 开双页）、页均 4.73 幅；内文为单色印刷，插图 135 幅；全志用图 362 幅，每 10 万字用图 6 幅。二轮《扬州市志（1988—2005)》卷首集束彩图 56 页（4.5 个印张）、153 幅图片，页均 2.73 幅；内文插图 704 幅，是首轮志书的 5 倍多；全志用图片 859 幅，每 10 万字用图片 14.5 幅，是前志的 2.2 倍。

《涉县志（1991—2011）》卷首集束彩图74页，用图275幅（地图4幅、示意图12幅、照片259幅）；内文为全彩印，插图476幅，其中照片460幅、示意图16幅；全志用图751幅，每10万字用图片40.1幅。

《奉贤县续志》卷首集束彩图74页，用图275幅（地图2幅、示意图12幅、照片261幅）；内文为单色印刷，插图477幅；全志用图608幅，每10万字用图片26.4幅。

首轮志书随文照片的数量偏少，主要与编纂人员的重视程度不够有关。二轮续志多数得到重视，随文照片激增，似有矫枉过正之嫌。随文照片也要占版面，每幅照片占篇幅少者四五百字，多者上千字，用照越多，所占篇幅越大。从志书需要“瘦身”的角度考虑，随文照片也要有所控制。笔者有个不成熟的建议，提出来供大家参考。一般情况下，按志书文字量规划随文照片的使用量，即每万字配图片1～3幅，卷首集束彩图亦包含在万字配图量之内，一些可上可不上的图片，如工程开工奠基、会议会场、人物日常活动等尽量不上，以发挥志书功能的大小来决定取舍。以150万字的县级志书为例，用图总量（以中间数2幅计）限定300幅；文字限量最高200万字，用图总量400幅，书籍厚度以一本书能够容纳得下为标准。市级志书350万字，用图总量700幅；最高限量450万字，用图总量不得突破900幅（相当于45万字的篇幅），志书字数以500万字为最高限。文字版插排照片，除通栏照片外，凡文图合占栏的照片，一般情况下应排在版面的右部，不要夹在文中。如遇一页上有两幅或两幅以上照片，排列方法有齐列式、交错式两种，可考虑照片位置适当变化。照片所占版面篇幅大小，要根据画面内容来定，多数以占半栏宽度为宜，少数占多半栏、通栏或小于半栏。内文插照片，不用跨页照片，虽大却破坏了画面的完整性，影响视觉效果。

（四）标题的编排　“标题，是版面的眼睛，它可以显示出版面的活力，从而引起读者注意。标题又是装扮版面的主角，在活跃和美化版面方面，它既可使版面条理分明，眉目清晰，又可使版面绘声绘色，丰富多彩。因此，注意标题的变化对于创造版面的美有特别重要的意义。”①志书具有自身的特性，标题编排既不能像报纸杂志那样变化多端、肆意渲染，又不能像普通书籍那样花里胡哨、随意美化，志书标题要求朴素严谨、简洁明快、端庄大方，各级各类标题的字体字号一经确定之后，全志要整齐划一，不得随意更改或变动，体现多重重复的韵律美感和文献典籍的严整典雅之气。

志书标题按类目层次划分，一般分为编、章、节、目、子目五个层次，也有子目之下还领有孙目、重孙目的，层次过多致使资料记述支离破碎，减少标题层次已成为志界的普遍共识。编、章、节三个层次的标题，属于居中单占行标题，因标题上下均空行，在版面中十分醒目，与密致形的文字形成鲜明对照，同时考虑到书籍篇幅的特性，字体应端庄秀雅，以宋体字为佳。为突出编题，亦可宋体

①任根珠：《实用版面编辑学》，山西高校联合出版社，1996年，第140页。

字加粗，标题字号从大至小依次排列，编题用一号宋（加粗）、章题用小二号宋、节题用小三号宋或大四号宋为宜，三级标题统一字体，彰显严整规范的韵律美感。编题上下均空二行，章题、节题上下均空一行，如遇章题、节题合并编排时，两题间空一行（即缩减一个空行）。目题另起单占行，上下均不空行，排小四号或大五号黑体为宜（为节省版面，与正文空一字接排更佳，此种排法适宜目题之下不再有子目的志书使用），因字号较小，黑体字较宋体字要醒目许多，既与编、章、节题形成字体字号变化的美感，又突出条目在志书中的地位。子目题另起空一字接文排，与正文字号相同，字体排大五楷，既体现标题的特性，又不至于使子目题淹没在文字版中。

翻阅已出版志书。版面编排多有些可改进之处。如有一部志书大事记中的“年”“月”均单立标题，标题字号显大、占行显宽，使得版面文字稀疏，不甚美观，且与其他篇章版面不甚协调，无形中增加了志书的文字量。笔者粗略统计，如将“年”标题字号改小一些、占两行高度；将“月” 标题并入条目题头之中、不单占行，如此编排，可使《大事记》的文字由 18.11 万字压缩至 14.2 万字，缩减 21% 的篇幅。

首轮志书编、章一体联排，二轮续志人为加大编题页码，编题单页另起页，仅几个字，就占一个页码，二三百字的编首无题序也占一个页码，滥增版面页数。甚至有的志书章题也单页另起页，致使版面中多处出现缺苗断垅的现象。笔者以为，除平头章节体外，章题另起页不合书籍排版规则，要全力避免。章、节标题的上下空行要有限度，不能任意加宽。

二轮续志普遍强调要减少篇目层次，逐渐得到多数志人的认可和响应，目题之下尽量不再设子目和孙目，尤其孙目要避免，子目要减少到最低限度。有一种变通的方法，即采用“暗目”的形式，达到减少层次的目的：子目题按正文形式（同字号同字体）编排，标题之后加句号，形成“暗目”题，这样可收到一举两得之效。目题如另起单占行，上下最好不要空行，因目题在志书中数量最大，上下空行使篇幅陡增。目题上下均空一行，使一个标题占成三个标题的位置，实不可取。

二轮志书中的条目题有任意加大的现象。如有的标为大四黑，上下均空行，占到正文的四行高度，版面中成了标题的天下。人物传中的传主标题、艺文志中的诗文标题均属于条目题，排法要与志书中的其他条目题相一致。旧志中的诗词编排是接排的，新方志的排法多数为分行另起，亦有徒增页码之嫌，还是按传统的接排方法为好。节省标题占版面的空间，在减少篇幅上可起到事半功倍之效。

（五）编首页的编排　编首页编名单独占页，在已出版二轮续志中逐渐多了起来，甚至有的志书编名页占两个页码，似有太“大气”之嫌，二轮续志体式逐渐向小编体靠拢，少者三四十编，多者七八十编，以五十编计算，仅此一项就使志书凭空增加了 19 万字的篇幅。新编《萧山市志》篇名页将标题、目录合占 1 页，篇名页背页排无题序。可称之为对编名单独占页的一种改进，既考虑方便读者的需要，又使版面增加些许生气，不失为一种应急变通之法。

受社会浮华风气的影响，志书用豪华礼品盒包装似有成风气之势，笔者以为此风不可长、书是给人看的，看书人的书是要上书架的，礼品包装盒只为一时“美观”，花大价钱包装，似有浪费之嫌。志书印刷数量普通在3000册以上，礼品包装盒细算下来，花费也是个不小的数目，志书到了读者手中之时，礼品包装盒也便进了垃圾堆，大可不必。

书籍是供人阅读的文化产品，在装帧上既要美观大方，又要经得起反复翻检，方便读者多次阅读，便于收藏部门长期保存，为读书和藏书部门着想、服务。首轮志书在装帧上多为封面加护封，不便于保存利用。首轮志书加护封居多，以山西省三级志书为例，封面加护封占到95%以上。护封易损，不利于长期翻阅保存，逐渐退出人们的视野。续志适应读书和藏书需要，多为硬壳精装，既美观大方，又便于长期翻阅保存，还省却了护封的包装费用，收到一举两得之效，值得大力推荐。续志紧跟时代步伐，采用硬壳精装看似小事，实乃书籍装帧上的一大进步。

三、志书篇目第一层级的标法

在旧志中，第一层级的标法大体分为两类：一为类目体，即对志书所记事物分门别类，构成志书篇目的基本框架，尔后再从大类中分小类，以此类推，逐级立题，直到目题。一为分卷类目体，即志书篇目的第一层级冠以“卷”（此为大门类），卷下再分门别类，直至目题。旧志中的“卷”与志书门类联系并不甚紧密，只起标示志书装订的册数而已。章节体是清末民初西学东渐、洋为中用的产物，由此而改变了志书的传统篇目结构形式。章节体的表现形式是按照逻辑关系将志书内容归类，以事物的同一性为第一大类，再以统属关系为序安排各个层次，逐级分为编、章、节、目（甚或目下又设子目、小目），从而使志书构成一个严谨、完整的多层级整体。章节体最初称之为编章体或编章节体，为阅读使用方便简称“章节体”。章节体应用到志书之中，因其体例结构严谨，层次分明，排列有序，19世纪末便被志家逐渐采用。民国时期编纂的市县级志书，大多采用此体。

首轮社会主义新方志编修，大多数志书采用了章节体。笔者对山西首轮市县级志书（笔者手头有的125部）做了粗略统计，采用类目体的仅有《阳高县志》《长治市城区志》《平顺县志》《阳城县志》《定襄县志》5部，占首轮市县级志书的4%，比例较小；采用章节体的有120部，占96%。所不同的是，志书第一层级的标法比较混乱，以“编”为第一层级标法的有57部，以“卷”的有59部，以“篇”的有2部，平头列“章”的有1部。

新方志编纂开展以来，中指组始终把三级志书的规范化当作提高志书质量的重要着力点，一直为此不懈地努力。1981年，中国地方史志协会出台《关于新县志编纂方案的建议》，提出第一个较为规范的篇目模式，即以第一层级以社会分工的各大部类命名为“编”，即概述编、自然编、经济编、政治编、军事编、文化编、社会编、人物编、图表编、附录编10编。1985年，中国地方志指导小组制定的《新编地方志工作暂行规定》首次明确规定志书篇目框架第一层级的名称为“编”，其统属关系的名称为章、节、目。从志书编纂的规范性和科学性出发，志书的第一层级的名称应为“编”，而非“卷”“篇”。除门目体（类目体）之外，凡采用章节体的志书，均应以编、章、节、目来划分层次，只有这样才是合理、规范、科学的。卷、编、篇三者相较，卷的含义最大，篇的含义最小。笔者以为，志书的规范化是必由之路，体式名称的规范应提上议事日程。志书采用章节体式的，以“编、章、节、目”称谓；采用类目体、条目体的，采用中国传统做法，即第一层级标题以“卷”称谓；减少志书标题层级，允许平头立章，以“章、节、目” 称谓。这样一体遵循，便于识别志书体式，也便于各级志书形成合力，方便社会各界更好地认识、了解志书。

志书是一地域最重要的乡邦文献，在注重内容质量的同时，也要注重外在形式的设计，尤其要把好版面编排这一关，节约版面，压缩篇幅，达到内容与形式的完美结合，只有这样才能成为利于当代、惠及后世的良品佳作。

（原载《2015 年新方志论坛——修志问道、依法修志、修志之道会议材料》，中国地方志指导小组办公室、上海市地方志办公室编，2015 年 10 月 · 上海）

张扬个性，真实展现地域风情

——新编志书“特色篇”编纂浅探

提要：“特色篇”的设置，是志书独特个性的展示。志书中设置特色篇，旧志中较少见，对新方志而言，确是一个值得深入探讨的新课题，也是一种挑战性的创新实践。突出地方特点的篇卷，由于体现志书个性化尤为突出，使其成为新编志书中最吸人眼球的亮点。二轮志书的特色篇，表现在自然、经济、政治、文化以及社会等诸多方面，比首轮志书的记述面有所拓宽，对地域历史文化的挖掘、提炼、定位更为准确，特色篇的内涵更为丰富，地域性、知识性、趣味性、可读性更为突出，成为志书中直观地展现地域风情的形象篇。

关键词：志书　特色篇　编纂

志书是有灵魂、有个性的，一部志书之所以吸引读者的目光，让人有阅览的欲望，不是因为其他志书有的元素它都有，而是它有其他志书所无可替代的地域风情。每一地域，无论是地处平原、丘陵或山区，还是戈壁、沙漠或高原；无论是地处江、河、湖、海，还是内陆、边塞，都有自己独特的自然风光。每一地域的人们，在与天奋斗、与地奋斗、与人奋斗的历史征程中，必有代代相传、脍炙人口的人文业绩。每一地域，经济社会的发展客观上必然存在着不平衡性，但无论是先进与落后、还是富裕或贫穷，都留下了当地民众筚路蓝缕、辛勤耕耘的奋斗足迹。在志书独有的体例框架之内，大胆地张扬个性，真实地展现地域风情，成为新编志书的不二法门。志书“特色篇”的设置，就是志书独特个性的展示，唯如此，才能使志苑绘就出一幅幅绚丽多彩、百花争春的生动画面。

一、三省二市首轮志书特色篇设置的成功实践

首轮新方志编纂开启之初，针对地方特色内容是否可“升格”反映，志界曾多有论争。笔者以为，这是一个伪命题。早在宋代，范成大编的《吴郡志》，就将“虎丘”与“园亭”“古迹”并列，这亦成为该志被后人称为“名志”的关键因素之一。首轮新方志编纂中，地方特色内容“升格”，业已成为新常态。笔者选取了山西、陕西、广东三省和上海、天津二市的首轮市县区志书，从中探讨志书特色篇的编纂实践经验。

（一）以山西省的首轮市、县两级志书为例 列为一级篇目的特色篇有：《汾阳县志》的“汾州核桃”“汾酒”“煤炭电力”，《娄烦县志》的“汾河水库”“尖山铁矿”，《浑源县志》的“北岳名胜”“恒山黄芪”，《运城地区志》的“盐池”“关公文化”，《柳林县志》的“煤炭”“红枣”，《左云县志》的“煤炭”“政要纪略”，《永和县志》的“红枣”“煤炭工业”，《垣曲县志》的“历山国家

级自然保护区”，《永济县志》的“滩涂开发”，《大同市新荣区志》的“煤炭电力”，《榆社县志》的“化石”，《应县志》的“特产”，《洪洞县志》的“大槐树移民”，《侯马市志》的“晋都新田文化”，《原平县志》的“历史辑要”，《长治市志》的“政治运动”，《运城市志》（县级）的“盐池志”，《广灵县志》的“名特产品”，《山阴县志》的“乳品工业”，《黎城县志》的“条陈”，《沁县志》的“扶贫”，《阳城县志》的“蚕桑”，《孝义县志》的“煤铝矿业”，《兴县志》的“晋绥根据地政要纪略”，《临汾市志》（地级市）的“要事纪略”，《临汾市志》（县级市）的“尧文化”，《翼城县志》的“砂陶冶金”，《曲沃县志》的“烟草”，《襄汾县志》的“丁村文化”，《稷山县志》的“板枣”，《芮城县志》《万荣县志》《新绛县志》的“土特名产”，《平鲁县志》《阳泉市志》《宁武县志》《乡宁县志》的“煤炭”等，共38部、45编，以部数计占首轮120部志书的32%（首轮规划130部，至2016年底完成128部，以笔者看到的120部计），以篇数计占首轮120部的38%。

（二）以陕西省的首轮市、县两级志书为例 列为一级篇目的特色篇有：《雁塔区志》的“蔬菜”“高校园区”“高新技术产业”“大雁塔曲江风景区”，《镇坪县志》的“养麝试验志”“药材志”，《岚皋县志》的“魔芋志”“林业特产志”，《留坝县志》的“土特产”“食用菌”，《太白县志》的“中草药”“太白山”，《周至县志》的“刺绣志”“楼观台志”，《佛坪县志》的“大熊猫”“中药材”，《丹凤县志》的“特产志”“扶贫志”，《韩城市志》的“煤炭志”“电力志”，《黄陵县志》的“煤炭志”“黄帝陵志”，《清涧县志》的“红枣”“清涧道情”，《延安地区志》的“名优特产志”“革命根据地志”，《华阴县志》的“移民篇”“华山篇”，《陇县志》的“药材”“龙门洞”，《佳县志》的“红枣”“白云山”，《耀县志》的“药王山志”“革命斗争志”，《镇巴县志》的“土特产”“革命根据地”，《凤翔县志》的“酒业”，《神木县志》的“煤炭志”，《安康县志》的“蚕桑丝绸”，《定边县志》的“新老‘三宝’”，《洋县志》的“朱鹮”，《城固县志》的“柑橘志”，《秦都区志》的“蔬菜”，《黄陵县志》的“煤炭”，《安康地区志》的“特产”，《杨陵区志》的“国家级农科城”，《灞桥区志》的“副食产业”，《渭南地区志》的“灾害防御”，《平利县志》的“土特产品”，《商南县志》的“特产”，《子长县志》的“中共中央在瓦窑堡”，《阎良区志》的“飞机工业”，《旬邑县志》的“民主革命斗争志”，《泾阳县志》的“棉花”，《凤县志》的“名优特产”，《临潼县志》的“骊山风景名胜区总体规划”，《汉中市志》的“褒斜道·石门石刻”，《乾县志》的“乾陵”，《麟游县志》的“九成宫”，《碑林区志》的“碑林”，《延安地区志》的“陵墓”，《绥德县志》的“农民革命斗争”，《未央区志》的“汉长安城”，《宜川县志》的“黄河壶口瀑布”，《太白县志》的“太白山”，《周至县志》的“楼观台”，《志丹县志》的“志丹陵园志”，《华县志》的“渭华起义志”，《莲湖区志》的“回族”，《延安市志》的“延安革命根据地志”，《淳化县志》的“革命根据地”，

《渭南县志》的“农民革命斗争”，《临潼县志》的“政治斗争志”，《吴旗县志》的“红军长征到吴起志”，《澄城县志》的“人民革命斗争”，等等，共 56 部、75 编，以部数计占首轮 115 部志书的 49%，以篇数计占首轮 115 部的 65%。

（三）以广东省的首轮县、区志书为例 列为一级篇目的特色篇有：《汕头市志》的“港口”“果业”“蔬菜”“农垦”，《端州区志》的“政事纪略”“人文纪略”“端砚”，《花县志》的“民主革命斗争纪略”“新中国成立后政事纪略”“华侨”，《黄埔区志》的“人口华侨和港澳台同胞”“重大历史事件记述”，《芳村区志（首部）》的“花卉园林”“侨务港澳台事务宗教”，《珠海市志》的“华侨、港澳同胞”“流动渔民”，《潮阳县志》的“华侨华人港澳台同胞”“名特优新产品选介”，《澄海县志》的“华侨华人港澳同胞”“围垦”，《大埔县志》的“陶瓷”“华侨侨务”，《阳江县志》的“重大政治运动纪略”“华侨和港澳台同胞”，《化州县志》的“土特产”“农垦”，《肇庆市志》（县级）的“特产”，《湛江市坡头区志》的“南海西部石油公司”，《博罗县志》的“罗浮山”，《斗门县志》的“滩涂围垦”，《从化县志》的“水果”，《河源市志》的“扶贫开发”，《茂名市志》的“石油工业”，《乳源瑶族自治县志》的“瑶畲族”，《德庆县志》的“华侨华人港澳台事务”，《四会县志》的“华侨港澳台同胞事务”，《德庆县志》的“华侨华人港澳台事务”，《开平县志》的“华侨、港澳台同胞事务”，《惠东县志》的“华侨和港澳事务”，《陆丰县志》的“华侨华人港澳台同胞”，《鹤山县志》的“华侨华人港澳同胞”，《三水县志》的“华人华侨港澳同胞”，《佛山市志》的“华侨、港澳台同胞”，《海丰县志》的“华侨、港澳台同胞”，《南海县志》的“华侨港澳同胞”，《白云区志》的“华侨港澳同胞”，《惠阳县志》的“华侨港澳同胞”，《中山市志》的“华侨、港澳同胞”，《江门市志》的“华侨、港澳同胞”，《顺德县志》的“华侨港澳台胞”，《高明县志》的“华侨”，等等，共 36 部、51 编，以部数计占首轮 83 部志书的 43%（83 部为首轮前期数字，到 21 世纪调整到 111 部，以笔者看到的 83 部计），以篇数计占首轮 83 部的 61%。

（四）以上海市的首轮县、区志书为例 列为一级篇目的特色篇有：《金山县志》的“金山三岛”“海塘”“外患”“金山农民画”，《普陀区志》的“玉佛禅寺”“专业贸易市场”“工人运动”“曹杨新村”，《青浦县志》的“崧泽文化”“血吸虫病防治”“淀山湖”，《黄浦区志》的“特色建筑”“人民革命斗争”，《静安区志》的“静安古寺”“上海展览中心”，《虹口区志》的“租界·外侨”“鲁迅在虹口”，《松江县志》的“九峰三泖”“松江府记略”，《奉贤县志》的“海塘围垦”“盐业”，《南市区志》的“老城厢”“豫园”，《崇明县志》的“围垦”，《长宁区志》的“宾馆”，《南汇县志》的“瓜果蔬菜绿化”，《卢湾区志》的“革命史迹”，《闵行区志》的“上海闵行经济技术开发区”，《宝山县志》的“御侮志”，等等，共 15 部、29 编，以部数计占首轮 22 部志书的 68%，以篇数计占首轮 22 部志书的 132%。

（五）以天津市的首轮县、区志书为例 列为一级篇目的特色篇有：《和平区志》的“五大道”“金融街”“海光寺”“南市”“英法美日天津租界始末”，《红桥区志》的“四个发祥地”“红桥精萃”“历史名园水西庄”，《北辰区志》的“北辰菁华”“北辰漕运与北仓廒”“北辰登高英雄杨连弟”，《宝坻区志》的“农民”“农村”“农业”，《河东区志》的“大直沽”“洋务运动在河东”，《河北区志》的“撷萃”“李叔同——弘一法师”，《西青区志》的“企业集团”“杨柳青要记”，《河西区志》的“旧区改造新区建设”，《津南区志》的“小站要事记略”，《南开区志》的“南开精华”等，共 10 部、21 篇，以部数计占首轮 13 部志书的 77%（蓟州区志、 静海区志、宁河区志等 3 部未查到，故以笔者看到的 13 部计），以篇数计占首轮 13 部的 162%。

从上述三省二市的实例中可以看出，天津市属区县志设置特色篇的占到区县志书总数的 77%，上海市属区县志设置特色篇的占到志书总数的 66%，两市均超过半数；其次是陕西省属市县区志设置特色篇的占到志书总数的 49%，广东省属市县区志设置特色篇的占到志书总数的 43%，两省接近半数；山西省属市县区志设置特色篇的仅占志书总数的 32%，在三省二市中比例最低，但也接近 1/3。

在 155 部设有特色篇目的志书中，设 5 个特色篇的有《和平区志》1 部，设 4 个特色篇的有《雁塔区志》《汕头市志》《金山县志》《普陀区志》等 4 部，设 3 个特色篇的有《汾阳县志》《端州区志》《花县志》《青浦县志》《红桥区志》《北辰区志》《宝坻区志》等 7 部，设 3 个以上特色篇的共 12 部，占 155 部的 7.74%；设 2 个特色篇的有 38 部，设 1 个特色篇的有 105 部，2 个以下特色篇的共 143 部，占 155 部的 92.26%。

五省市列入志书第一层级（卷、编、篇、板块及平头章节体中的“章”）的特色篇目总计 221 篇，从多到少依次为：经济类 93 篇、占 42.1%，人文类 47 篇、占 21.3%，文化类 39 篇、占 17.6%，政治类 30 篇、占 13.6%，自然环境类 12 篇、占 5.4%。可见经济类最多，人文类次之，从中反映出首轮志书注重经济类的编纂思想，亦在特色篇的设置中有所凸显。

山西：自然环境类 2 篇，经济类 27 篇，政治类 5 篇，文化类 10 篇，人文类 1 篇；

陕西：自然环境类 5 篇，经济类 39 篇，政治类 13 篇，文化类 15 篇，人文类 3 篇；

广东：自然环境类 1 篇，经济类 14 篇，政治类 5 篇，文化类 2 篇，人文类 29 篇；

上海：自然环境类 4 篇，经济类 7 篇，政治类 5 篇，文化类 6 篇，人文类 7 篇；

天津：自然环境类 0 篇，经济类 6 篇，政治类 2 篇，文化类 6 篇，人文类 7 篇。

由于志人在志书编纂的继承与创新认识上存在差异，加之对设置特色篇还有个逐步实践、认识、深化的过程，所以地区性差异比较大，有的省市注重挖掘地方特色，从创新角度出发，便推广较快；有的省市强调继承传统，在体例创新上稳扎稳打，不追求新鲜刺激，故推广较慢。尤其是首轮前期出版的志书多采用大编体式，在志书第一层级设置特色篇存在极大难度，即使篇目升格，也只是体现在二级标题层次上。

以山西志书为例，如《忻州地区志·体育编》设“摔跤柔道”章，《神池县志·文化卷》设“神池道情”章，《昔阳县志·农业编》设“农业典型大寨”“农业学大寨”2章，《平遥县志·金融编》设“平遥票号”，《祁县志·商业编》设《祁县商帮》章，《清徐县志·林果业卷》设“葡萄”章，《绛县志·林业卷》设“山楂”章，《太原市南郊区·文物卷》设“晋祠”章，等等。

再以广西的志书为例，如《桂林市志·文化志》设“抗战文化”章、《自然环境志》设“洞穴章”，《合浦县志·经济篇》设“合浦珍珠”“名优特产”章，《北海海城区志·旅游章》设“涠洲岛”“斜阳岛”节，《兴安县志·政治篇》设“重大政治运动”“拨乱反正”章，《德保县志·经济篇》设“土特名产”章，《灵川县志·水利篇》设“青狮潭水库”章，《靖西县志·经济编》设“土特名产”章，《崇左县志·经济篇》设“甘蔗”章，《都安瑶族自治县志·农业篇》设“建设‘大寨县’”章，《灵山县志·金石志》设“铜鼓”章，《博白县志·社会卷》设“华侨华人港澳台同胞”章，《平乐县志·经济篇》设“土特产”章，《武宣县志·社会编》设“地主庄园 会馆 公馆”章，《防城县志·自然地理篇》设“名、特、优、稀资源”章、《工业篇》设“盐业”章，《宁明县志·地理志》设“土特产”“陇瑞自然保护区”（章），《隆安县志·教育篇》设“推行壮文”章，《融水苗族自治县志·军事编》设“剿匪”章，《柳州市郊区志·军事编》设“剿匪肃特”章，《北流县志·旅游篇》设“勾漏胜景”章，《蒙山县志·文化志》设“太平天国文物遗址”（章）、《民俗志》设“斗鸡 斗蟋蟀 斗画眉会”（章），《隆林各族自治县志·政治篇》设“重大政事纪略”章，《恭城县志·农业》设“土特产”章，《灌阳县志·社会编》设“会馆 祠堂 会场”“重大事故”章，《合浦县志·经济篇》设“名优特产”（章），《鹿寨县志·农业篇》设“甘蔗生产”章，《大新县志·政治编》设“边务”“重大政治运动”“拨乱反正”章，《昭平县志·军事篇》设“剿匪”章，《田林县志·自然环境篇》设“岑王老山水源林自然保护区”章、《田林县志·政党群团篇》设“重大政事”章，《田阳县志·经济篇》设“扶贫开发”“土特名产”章、《田阳县志·政治篇》设“解放后重大政事”章，《融安县志·政治篇》设“重大政事纪略”章，《柳州市柳南区志·地理篇》设“山川景观”章，等等。

之所以举如此多的例子，只为说明，首轮大编体结构的志书不便于地方特色升格，强行升格会对志书体例造成极大破坏；中小编体尤其是小编体利于地方特色升格，对志书体例的整体性、逻辑性、科学性破坏力较小。既要保持志书的整体性、逻辑性、科学性，又要篇目升格展示地方特色，本身即是一对矛盾，编纂志书，各地都在努力反映特色。但是，中华人民共和国成立后，由于国家的高度统一，一地域的重大活动基本上都是在党中央大一统的方针、政策指引下进行的，所以也容易造成各级志书记述上的雷同，千志一面。为了改变这种状况，不少志书采用增设特色篇，把一地某些具有特色的人、事、物升格为基本篇（编、卷）来弥补。这不失为一种有效的办法。当然，突出志书个性，首要的是要写好一地域的基本事业（事物），写好一般志书通常均要设立的基本门类，在相同类目中体现不同于其他地域的志书个性。

二、二轮志书特色篇设置的新变化

志书中设置特色篇，旧志中较少见，对新方志而言，确是一个值得深入探讨的新课题，也是一种挑战性的创新实践。在首轮、二轮志书编纂中，体现时代特色的篇目最为多见，如环境保护、改革开放、体制改革、园区开发、精神文明建设、人民生活、社会管理等篇目，可以说是各地新方志的一个鲜明共性，但能体现出个性特色的相对较少；而突出地方特点的篇卷，由于体现志书个性化尤为突出，使其成为新编志书中最吸人眼球的亮点，犹如“一枝红杏出墙来”，给人以赏心悦目之感。志书有志体，事以类从、类为一志，横排门类、竖写史实，相沿成习，篇目升格是对既有体例的突破，故而特色篇的设置宜少而精，忌多而滥。以笔者阅览过的志书而言，设此类地方特色篇的志书，大多在3个篇章以内，其中1—2个的居多数，4个以上的比较稀少。

据笔者手头有的续志看，设3个特色篇的有：《晋中市志》设历史名城晋商豪宅、大寨纪事、晋商沧桑，《杭州市志(1986—2005)》设西湖、西溪、名优特产，《信阳市志(1978—2003)》设信阳茶、信阳菜、劳务经济，《易门县志》设民族志、烟草志、铜业志，《迁西县志(1987—2005)》设迁西板栗、编津西钢铁、引滦工程，《平遥县志(1997—2011)》设平遥古城、企业集团、节庆会展，《海盐县志(1986—2005)》设杭州湾与钱塘江、步鑫生与海盐衬衫总厂改革、秦山核电，《永清县志》设民间工艺、永定河故道开发、无公害蔬菜种植，《永城市志（1986—2007）》设中国面粉城、煤炭基地、汉兴之地，《郑州市金水区志（1991—2002）》设区域中心、河南科技市场、大河村遗址，《朔州市朔城区志》设电力、煤炭、马邑文化。设4个特色篇的有：《涉县志（1991—2011）》设娲皇古迹、红色圣地、涉县精神、涉县“三珍”，《宁波市海曙区志》设宁波古城、月湖日湖、天一阁、海曙“宁波帮”。设5个特色篇的有：《井陉县志（1985—2004）》设钙镁业、煤炭业、扶贫开发、抗洪救灾、井陉拉花。设6个特色篇的有：《酒泉市志》设历史沿革、酒泉卫星发射中心、玉门油田、农垦、疏勒河项目建设与流域水资源管理、敦煌学。

从近年来各地编纂出版的二轮志书来看，地方特色表现在自然、经济、政治、文化以及社会等诸多方面，比首轮志书特色篇的记述面有所拓宽，对地域历史文化的挖掘、提炼、定位更为准确，特色篇的内涵更为丰富，地域性、知识性、趣味性、可读性更为突出，成为志书中直观地展现地域风情的形象篇、代表篇和引人注目篇。

（一）突出当地的自然环境特色 自然环境的特色，重点反映在自然风貌特色，地理区位优势等几个方面。自然环境对人类的生存起着重要的作用，靠山吃山，靠海吃海，人们的生产、生活均受到自然环境的制约和影响。突出自然环境特色，重点是反映当地独特的地形地貌、自然风景以及具有标志性的事物。地理区位优势特色的记述，尤其是在改革开放的发展阶段所表现的重要资源性特色，在这方面的优势尤为突出，能够突出地代表一地域的地理区位优势。

以山立题的特色篇，如《泰安市志（1985—2002）》第四编泰山、《华阴县志》华山篇、《东平县志（1986—2003）》第六编腊山、《金山县志》第三编金山三岛。

以水立题的特色篇，如《章丘市志（1986—2005)》第四篇泉水、《杭州市志（1986—2005）》第四篇西溪、《海盐县志（1986—2005)》第四编杭州湾与钱塘江、《东营区志》第七篇水利 黄河、《杭州市志（1986—2005）》第三篇西湖、《宁波市海曙区志》第二十九编月湖日湖、《任丘市志（1988—2008)》第三缡白洋淀千里堤、《洪泽县志》第三编洪泽湖、《冀州市志》第三编衡水湖、《东平县志（1986—2003）》第五编东平湖、《淮阴市志》第十六卷洪泽湖、《青浦县志》第四篇淀山湖、《金山县志》第六编海塘、《北海市志》第三篇海等。

以山、水合并立题的特色篇，如《松江县志》第二十六卷九峰三泖。

（二）突出当地的经济特色 中共十一届三中全会以来，实现了“以阶级斗争为纲”到“以经济建设为中心”的历史性转变，经济建设成为当代中国社会主义建设的中心工作。重点记述一地域（行政区域）经济活动的状况，是新方志突出“地方特色”的重要标志，也是衡量志书质量的重要指标。突出经济特色，重点是要把当地工业和新兴产业、经济区位优势、商品经济发展、特色产业、产品优势等方面提炼出来，体现从商品经济发展到市场经济的商品经济发展特色，体现从资源优势转化为经济优势的广泛影响。

以产业特色立篇，如《杨陵区志》第九编国家级农科城，《邗江县志（1988—2000)》第十编牙刷业衬衫业，《井陉县志（1985—2004）》第十九篇钙镁业，《井陉县志（1985—2004）》第二十篇煤炭业，《永城市志（1986—2007）》第八篇中国面粉城、第九篇煤炭基地，《辛集市志（1986—2005）》第十七章皮革业，《易门县志》铜业志，《黄骅市志（1986—2008）》第七编黄骅港，《上海市长宁区志（1993—2005）》第二十三编三大经济组团，《酒泉市志》第十七编玉门油田、第二十一编农垦，《酒泉市志》第十五编酒泉卫星发射中心、第二十二编疏勒河项目建设与流域水资源管理、第二十一编农垦，《喀什地区志》第十编农垦，《澄迈县志》卷五农场，《郑州市金水区志（1991—2002）》第三篇区域中心，《昌江县志》卷十一海南铁矿、卷十二农垦企业，《任丘市志（1988—2008)》第二十五编华北油田，《冀州市志》第十编采暖设备制造业，《大庆市志（1986—2005）》第七篇石油工业、第八篇石油化工，《平遥县志（1997—2011)》第十六编企业集团，《黄骅市志（1986—2008)》第十八编渔业，《黄骅市志（1986—2008)》第十九编盐业，《迁西县志（1987—2005)》第二十六编津西钢铁，《东营区志》第三篇石油，《海盐县志(1986—2005)》第十五编秦山核电，《黄浦区续志》第二编形象街场，《卢湾区志（1994—2003）》第十四编集团公司，《崇明县志》卷三围垦，《长宁区志》第十五编宾馆，《郑州市金水区志（1991—2002）》第十一篇河南科技市场，《普陀区志》第十九卷专业贸易市场，《闵行区志》第十三篇上海闵行经济技术开发区，《奉贤县志》卷十三海塘围垦志、卷十一盐业志，《哈密市志（1977—2000）》第十四编屯垦等。

以物产特色立篇，如《岚皋县志》魔芋志，《南汇县志》第十五编瓜果蔬菜绿化，《永清县志》第十五编无公害蔬菜种植，《辛集市志（1986—2005）》第十四章梨果业，《易门县志》烟草志，《三明市志（1993—2005）》卷二十烟草，《杭州市志（1986—2005）》第十八篇名优特产，《信阳市志（1978—2003)》第四篇信阳茶、第五篇信阳菜，《迁西县志（1987—2005)》第二十三编迁西板栗，《涉县志（1991—2011）》第二十一篇涉县“三珍”，《哈密市志（1977—2000）》第十编园艺等。

（三）突出当地的地域文化特色 首轮志书重经济轻文化，二轮续志普遍扭转了这一弊端，使志书成为一地域最重要乡邦文献的价值得以回归。重视地域文化的传承，让人们记住乡愁，培育人们爱家、爱乡、爱国的情愫，成为志人历史使命的重要担当，也是志书上档次的重要一环。地域文化是一种以地域为空间范围，以文化为主体的社会现象，具有深刻的内涵。二轮续志在发掘地域文化特色方面，多从本土传统历史文化方面着手提炼，从而获得较佳效果。这些地域特色文化，经过历史长河的积淀，具有浓重的历史厚重感和浓郁的地方特色。发掘地域文化特色，对增强志书的学术性，显示志书的学术价值，具有积极的作用，尤其有助于提高志书的学术品位。

以综合性的地域特色文化立编。如《黄山市志》卷二十五徽州文化，《青浦县志》第一篇崧泽文化，《晋中市志》卷二十五晋商沧桑，《萧山市志》第一卷第一编跨湖桥文化，《永城市志（1986—2007）》第二十三篇汉兴之地，《襄汾县志》第三十五编丁陶文化，《酒泉市志》第三十八编敦煌学，《朔州市朔城区志（1989—2010）》第三十九编马邑文化，《临汾市志》第三十六卷唐尧文化、第三十七卷晋文化，《翼城县志》第三十二编唐晋文化，《栾城县志》苏味道、“三苏”与栾城，《邯郸市志》第四编地方文化，《高平市志》第十编专题文化。

以单一的历史文化遗存升格立编。如《扶风县志》第三十六编法门寺，《涉县志（1991—2011）》第四篇娲皇古迹，《普陀区志》第三十七卷玉佛禅寺，《黄浦区志》第一编静安古寺，《南市区志》第三编老城厢、第三十一编豫园，《平遥县志（1997—2011)》第三编平遥古城，《宁波市海曙区志》第四编宁波古城、第三十编天一阁，《郑州市金水区志（1991—2002）》第二十八篇大河村遗址等。亦有几处汇集起来合并立编的，如《卢湾区志（1994—2003）》第十四编革命史迹、第三十三编遗址·旧居·老弄堂，《邗江县志(1988—2000)》第二十四编历史文化遗产，《宜兴市志》第三十九卷文化遗产，《南市区续志》第二编豫园商业旅游区，《晋中市志》卷五历史名城 晋商豪宅，《南宁市志》园林志，《苏州市志（1986—2005）》第七卷园林，《扬州市志（1988—2005）》第六篇风景园林等。

以地域非物质文化遗产升格立编。如《金山县志》第三十二编金山农民画，《永清县志》第三十编民间工艺，《井陉县志（1985—2004）》第四十五篇井陉拉花，《清涧县志》第二十三编 清涧道情，《泾县志（1988—2005)》第十二章宣纸宣笔等。

（四）突出当地发生的重大事件与著名人物在当地的重要活动，体现地域人文历史特色 以当地发生的重大事件升格立编。如《井陉县志（1985—2004）》第四十篇抗洪救灾，《巴楚县志（1991—2010）》第三十三编“二二四”抗震救灾，《兰考县志》第十一编除“三害”纪实，《晋中市志》卷十四大寨纪事，《永清县志》第七编永定河故道开发，《酒泉市志》第二十二编疏勒河项目建设与流域水资源管理，《迁西县志（1987—2005)》第八编引滦工程，《南宁市志》“菜篮子”工程志，《青浦县志》第三十一篇血吸虫病防治，《廊坊市广阳区志》第十四编三产兴区，《罗山县志（1986—2003）》第十一编劳务输出，《秭归县志（1979—2005）》第十篇三峡移民工程，《海盐县志（1986—2005)》第十二编步鑫生与海盐衬衫总厂改革等。

以反映当地人民的革命斗争升格立编。如《普陀区志》第四卷工人运动，《宝山县志》卷二十四御侮志，《金山县志》第二十八编外患，《扶风县志》第三十二编人民革命斗争，《华县志》卷二十渭华起义志，《耀县志》卷十六革命斗争志，《临潼县志》卷二十五政治斗争，《澄城县志》人民革命斗争志，《普陀区志》“工人运动”，《黄浦区志》“人民革命斗争”，《吴旗县志》红军长征到吴旗志，《子长县志》中共中央在瓦窑堡篇，《武乡县志》政治编抗日战争和解放战争时期的革命斗争章、军事编人民抗日武装的发展章，《宁都县志》苏区纪略篇，《瑞金县志》红都纪略篇，《兴县志》外编晋绥根据地政要纪略，《延安市志》延安革命根据地志，《延安地区志》第二十编革命根据地，《淳化县志》第十六编革命根据地志，《镇巴县志》卷二十三革命根据地，《涉县志（1991—2011）》第五篇红色圣地，《邯郸市志》第八编抗日根据地等。

以精神升格立编。如《天津经济技术开发区志》·第十六篇泰达精神，《哈密市志（1977—2000）》第三十六编哈密精神，《涉县志（1991—2011）》·第十二篇涉县精神；亦有二级升格立章的，如《黎城县志（1991—2003)》·卷二十社会主义精神文明建设·革命精神章，《大庆市志（1986—2005）》·第十八篇精神文明建设·大庆精神章，《苏州市志（1986—2005）》·第四十五卷精神文明建设·张家港精神章。

以当地的人文特色升格立编。如《昌江县志》卷三十四黎族，《易门县志》民族志，《南宁市志》民族志，《南海市志（1979—2002）》第二十编华侨、外籍华人、港澳同胞外事侨务，《龙岩地区志》卷二十九华侨，《温州市鹿城区志》

卷六十华侨，《虹口区志》第三编租界外侨，《普陀区志》第二十六卷曹杨新村，《宁波市海曙区志》第三十九编海曙“宁波帮”等。

三、对新方志设置特色篇的思考

自首轮修志以来，继承与创新相结合，一直是社会主义新方志编纂遵循的原则。在志书中设置特色篇，便是创新的内容之一。此类特色卷篇，或彰显了地情特色，或时代特点与地情特色俱显，为志书增色生辉，令人读来眼前为之一亮，兴致倍增，印象深刻。

特色篇的设置，是首轮新方志编纂中在篇目设置上的创新之举，对突出地方特点，反映志书个性收到了积极的效果。从山西、陕西、上海两省一市志书的特色篇目看，其中上海志书的特色篇目占比是最高的。首轮志书编纂中，对特色事物“升与不升”这一问题，20 世纪 80 年代中期就开始论争，人们对特点事物是否可升格记述，有个逐步认识、深化的过程。随着新编志书的陆续面世，“升格”的篇章逐渐增多，志书的编纂实践交出了令人满意的答卷，特点事物升格改变了志书篇目千志一面的窘况，肯定这一做法是志书突出地方特点的具体体现，是志书编纂与时俱进、突出特色、张扬个性的一大创新。最终以“升格”派占据上风，得到多数志人的认可。新方志的篇目设置，在基本遵循形式逻辑的基础上，将一地域独有的人、事、物适当地采用特点拔类的“升格方法”，为志书张扬个性、展示地域特色开拓出一条新的路径。

特色篇设置，三级志书全面开花。前述均为市、县两级志书，省级志书对特色篇的设置也同样重视。以首轮 8 部省级志书为例：《天津市志》设海事志、港口志、租界志、鸟类志 4 部分志；《广西通志》设少数民族语言志、岩溶志、糖业志、农垦志 4 部分志；《江苏省志》设园艺志、海涂开发志、风景园林志、江苏人民革命斗争纪略 4 部分志；《陕西省志》设黄帝陵志、抗震救灾志、炎帝志、黄土高原志、太白山志 5 部分志；《广东省志》设海洋与海岛志、少数民族志、华侨志、粤港澳关系志、水产志、农垦志、丝绸志、孙中山志 8 部分志；《福建省志》设武夷山志、海洋志、烟草志、船舶工业志、闽台关系志、华侨志、戏曲志、普通地图集、历史地图集、福建省自然地图集 10 部分志。《北京市志》设周口店遗址志、天坛志、博物馆志、图书馆志、中关村科技园区志、北京奥运会志、颐和园志、故宫志、中央机构志、长城志 10 部分志；《山东省志》设黄河志、海洋志、丝绸志、水产志、烟草志、黄金工业志、泰山志、少数民族志、孔子故里志、颜真卿志、戚继光志、李清照志、曾子志、贾思勰志、辛弃疾志、诸葛亮志、郑玄志、蒲松龄志、姜太公志、墨子志、孔尚任志 21 部分志。其中《山东省志》特色篇设置比例最高，占到 99 部分志的 21.2%。

从两轮志书特色篇设置的情况看，涵盖自然环境、基础设施、经济、政治、文化、社会、人物诸门类。了解地情、记录地情，有现实与历史两条途径，哪一条也不能缺。特色篇的选题，要历史与现实并重，既体现出历史文化的深邃感，又彰显出当今社会的现实感，进而启迪人们对当地传统文化的感知，激发人们爱家爱乡爱国的情愫，调动人们参与建设新生活的热情。

一部志书设置特色篇多少为宜，须根据地情来定，一般以3个左右为宜。笔者以为，特色篇目升格，要立足于三点来考量：一是独一无二，或绝少与他地有重复之处，同时亦是本地域最大特色；二是符合情理、符合逻辑，且内容充实、丰富，确有单独立篇之必要；三是与其他卷编无重复记述之处，独立成篇，显现地域特色。以二轮《酒泉市志》为例。该志设有6个特色篇。第一编历史沿革，实为“史略”，按历史分期，分阶段侧重于建置、经济、文化、宗教等内容，至酒泉和平解放止，采用史体彰显历史发展进程，虽非独创，但别有新意。第十五编酒泉卫星发射中心，是中国航天的摇篮，兼具军事、工业、科技属性，只有单独设编才能反映其个性；现放在军事编之后、工业编之前，位置恰切。第十七编玉门油田，是中国最早开发的油田，为新中国经济建设做出了突出的贡献，紧随工业编之后，“子”随“父”项，循规蹈矩，合理妥切。第二十一编农垦，为边陲地域经济开发之首要，放在农业编之后。第二十二编疏勒河项目建设与流域水资源管理，列于商业贸易编之前，该项目为国家批准立项的甘肃省大型水利工程，总投资19.71亿元，建设工期10年（1996—2006），新建改扩建疏水渠道1248公里，供水干支沟500公里，新建水电站3座；新开耕地40.82万亩，总灌溉面积160万亩，移民7.5万人，新建移民乡（场）6个、行政村57个，如此经济建设中的大事件，单独设编恰到好处。第三十八编“敦煌学”，博大精深的敦煌文化享誉中外，敦煌学是国际性的热门学科，放在文物编之后，体现地域文化特色。6个特色篇将酒泉市最知名的特色事物浓墨重彩地展现出来，毫无做作之感，张扬出无与伦比的志书个性。

两轮志书的编纂实践证明，地方特色内容除在相关门类中加重记述外，对重要的、有分量、有影响的内容，采取特点拔类的“升格方法”是可行的。特色篇是志书个性魅力的着力展现。它既有利于突出反映时代特点和地情特色，还有利于体现志书的学术性，显示志书的学术价值，提高志书的学术品味。这一做法不仅得到志界同人的赞誉，同时也得到了社会各界的普遍认可。只要深入调查研究，从共性中挖掘个性，科学把握尺度，合理配置篇目，志书的特色篇一定会结出更加丰硕的成果，志书的质量定会迈上一个更高的层次。

（原载《“继承中华传统，弘扬方志文化”论坛论文汇编》，中国地方志指导小组办公室编，2017年8月·伊犁）

续志“大事记”篇的编纂实践与转型

提要：大事记是志书中不可或缺的重要篇章，卷首概述与大事记合力承担起统摄全志的功能。“断代体”一词的出现，扰乱了志人的思绪和节拍，以切断式的方式编纂大事记大行其道，志书“资政、育人、存史”的功能大为减弱。本文从大事记篇的编纂实践入手，权衡、探讨不同记述时段的利弊得失，提出大事记篇应遵循上限不等高、下限一刀切的编纂方式，使其回归传统，进而发挥大事记应有的功能作用。

关键词：志书　大事记　接续历史

2008年9月16日中国地方志指导小组颁发了《地方志书质量规定》（以下简称《规定》），明确要求续志编纂要“内容完整，横不缺要项，纵不断主线”，使门类设置的争议画上了句号，使续志的门类设置重新回到了正确的轨道。为避免出现不应有的漏项，还具体规定了续志应记述的地理、基础设施、经济、政治、文化、社会、人物等7大部类及所涵盖的37个门类。《规定》集中了修志人员的集体智慧，体现了大多数人的观点，形成续志内容在认识上的一致性，进而强化了续志内容的完整性。但由于志人在续志体志书接续历史的认识上出现偏差，已出版的二轮续志大事记篇多数采用切断式的编纂方法，只记限内之事，舍弃了反映一地域珍贵的历史内容，使得大事记在志书中的统摄功能大为减弱甚至消失殆尽，志书的“资政、育人、存史”功能大为削弱。然而，亦有不少志人对大事记接续历史的问题进行了积极探索，采用各种形式图谋取得突破，使大事记在志书编纂中出现五花八门的局面。由于记述时限或长或短、或前或后，大事记体例的规范化受到极大影响，极有必要加强这方面的研究，使大事记编纂回归传统，实至名归。

在旧志体例中，大事记的作用是用一根时间的纵线将分散在志书中的大事要事贯穿起来，与志书中各分志的记事相“经纬”，起到纲举目张的功用。在旧志人的眼中，大事记是全志之纲，统辖全志。首轮新方志编纂中，众多学者感到仅靠大事记统领全志仍有欠缺，进而达成普遍共识，创设全志之首的概述，来弥补大事记统领全书不足的弊病。概述篇与大事记两相结合，统领全志，相辅相成，经纬交织，使志书体例又发展到一个新的阶面。二轮断代体式志书的大事记如何接续前志，一直是困扰修志人员的一大难点，这一问题解决得好坏，直接关系到续志（主要指断代体）的质量。所以，广大修志人员想了多种办法，采取多种措施，极力破解这一难题。从已出版的二轮续志来看，大体有八种做法：

一是纯为断代体式，与分志所记时限同步，只记志书断限年份内大事，记述时段限定在20年左右。如黑龙江《大庆市志（1986—2005）》，大事记起于

1986年，终于2005年，记述时间20年。山东《淄博市志（1986—2002）》，大事记起于1986年，终于2002年，记述时段17年。《上海市长宁区志（1993—2005）》，大事记起于1993年，终于2005年，记述时段13年。此种方式在二轮续志中居多数，如河南《郑州市金水区志（1991—2002）》（2008 年版）、贵州《余庆县志（1988—2005）》（2009年版）、河北《永清县志（1989—2007）》（2012年版）等均属此类。

二是将大事记突破下限，顺延至搁笔时止。如山东2009年版《泰安市志（1985—2002）》，卷首大事记起于1985年，终于2008年，记述时段比下限2002年延长6年。江苏《苏州市志（1986—2005）》，卷首大事记起于1986年，终于2012年，记述时段比下限2005年延长7年。

三是大事记严格按照断限时段记述，而把下限之后至出书前时段的大事记放在志尾附录之中。如山西《黎城县志（1997—2003）》，卷首大事记起于1997年，终于2003年，记述时段7年；将限外大事记放在“限外辑要”之中，标题仍为“大事记”，副题为“2004年1月—2005年12月”。河南《信阳市志（1978—2003）》，卷首大事记起于1978年，终于2003年，记述时段25年；将限外大事记放在卷尾附录篇“限外专记·第一节大事记”之中，起于2004年，终于2008年，记述时段5年。

四是依据全志记述时段前移至改革开放之初，突破首轮志书的下限，大事记记述时段与分志一体前移。如广东《五华县志（1979—2000）》，大事记起于1979年，终于2000年（1991年版《五华县志》下限至1985年止）；云南《盐津县志（1978—2005）》，大事记起于1978年，终于2005年（1994年版《盐津县志》下限至1985年止）。

五是大事记记述完全突破志书框定的上、下限时限。如山东《东营区志（1998—2005）》，大事记起于1982年（东营建区之始），前探16年，终于2007年（志书搁笔之时），后延2年。

六是卷首大事记严格按照断限时段记述，而把断限前的历史大事经过精编，放在志书尾部《附录》之中。如江西《高安市志（1986—2006）》，卷首大事记严格按照断限时段记述，在附录中设“1988年版《高安县志·大事记》节录”（首轮县志大事记35页，二轮删节为27页）。

七是将大事记分为三部分，限内、限前、限后各自成篇。如河北《清河县志（1986—2006）》，卷首总述篇之后分列有“大事记”（志书名称标注年份断限之内）、“限前大事记”、“限后大事记”三篇。

八是将大事记作为接续历史的通纪体，记事贯通古今。如安徽《安庆市志（1978—2000）》，大事记从南宋绍兴十七年（1147）起收大事，上限前832年用12页1.62万字，1978—2006年（延至出书前）28年用52页7.13万字，前占15%，后占85%，详今略古相当有度。接续前志寄托在志书的总述、大事记和建置部分。江苏《常州市郊区志（1984—2000）》，大事记从1949年4月23日境内解放之日记起，至 2002 年 4 月 26 日所属乡（镇）分别划归天宁、钟楼两区时止。山西《朔州市朔城区志（1989—2010）》，大事记采用通纪体式，从旧石器时代中期记起，终于 2010 年下限之时；前志与续志比较，大事记篇幅 102000 余字（较前志 63000 余字增加 39000 字），总条数 1217 条（较前志 669 条增加 548 条），其中中华人民共和国建立前由前志的 350 条增加到续志的 465 条，中华人民共和国建立后由前志的 319 条增加到续志的 752 条；前志中华人民共和国建立前、后条数百分比分别为 52.3%、47.7%，续志中华人民共和国建立前、后条数百分比分别为 38.2%、61.8%，由此可见，续志较前志在详今略古的把握上更胜一筹。山西《平遥县志（1989—2010）》，大事记从公元前 2100 年前“尧帝初封于陶”记起，终于 2011 年，36000 余字（较前志 62000 字减少 26000 字），总条数 490 条（较前志 751 条减少 261 条），中华人民共和国建立前、后条数百分比分别为 31.6% ∶ 68.4%（前志中华人民共和国建立前、后百分比分别为 40.7%、59.3%）。

上述八种大事记体式中，前六种均属于断代体式的编纂方法，或纯粹断代体，或补限后内容下延几年，或根据志书记述时段整体上移前探几年，或前探、下延各数年，总是在断代体式的边缘打转；将限后大事记放于附录之中虽为变通之策，但未遵守志书下限一刀切的编纂原则，亦不可取；将限前大事记从整体中剥离出来，放于附录之中，看似遵守断代体式的编纂方式，实则二者游离太远，虽有创新之思路，却仍难起合力之效。前七种编纂方式，均为志人心存疑虑，不敢突破“断代体”这一藩篱之故。唯有第八种采用贯通历史的方式，还原大事记应有的面目，回归传统，体现出敢破敢立的大家风范。

正是由于众多志人进行不断的探索，创造出多种不同体式，使二轮续志大事记出现多样化的局面。上述八种编纂形式，是笔者在浏览二轮续志时看到的，志书中大事记的编纂体式一定还会有其他的方法，只是笔者未看到而已。由此可见，针对大事记如何接续历史内容的问题，志人想尽了各种办法，尤其受“断代志”提法的影响，切断式的编纂方法居多数，延长下限和探前追述历史的居少数。笔者以为，要厘清大事记的上下限问题，当从续志应有的独立性、事物的连续性、记述的完整性出发，以发挥志书“经世致用”的“资治、教化、存史”功能来考量。上限不等高、下限一刀切，既然是正文内容的记述时限标准，作为与概述篇合力统摄全志的大事记篇亦概莫能外、一体遵循。大事记延长下限，不合志体，理应杜绝；探前追述历史，纵线条反映当地“从自然到社会、从历史到现状”的大事、要事，遵从志体，实为最佳选择。当然，大事记探前追述，这个“历史”可长可短，须根据当地的实际情况来定，或有史以来，或有建置之始，或历史长河中的某个重要关节点。大事记之所以要探前追述历史，其理由有三：一是它遵从了志书是“记述一地域从自然到社会、从历史到现状的资料性著述”的本质属性。体现历史的纵深感、展示历史发展的纵线条是大事记体裁独有的功能，二轮续志大事记只记 20 年左右时段的内容，如不接续历史，就很难体现和发挥大事记在志书中纵贯历史的功能。大事记若起不到粗线条地展示一地域“从历史到现状”的经济与社会发展概貌，它在志书中的功能和作用就会大减甚至消失。二是志书所记述的事物应是完整的，也是恰当和必要的，这是增强事物整体性记述和为现实服务的需要。在人们的心目中，志书是一地域最为重要的乡邦文献，要了解一地域的历史与现状，唯有志书才能承担这一历史重任。二轮续志采用通纪体大事记，就可使读者从中完整地了解到一地域经济与社会发展的纵向历史脉络。注重人文历史的记述，是志书延续千年不衰的历史原因之一。采用断代体式记述大事记，只能是人为地硬性割断历史，进而限制和影响了大事记功能的发挥。三是采用通纪体式大事记，是更加强调续志记述事物的系统性、完整性，也是突出续志自身应有的独立性，一志在手即可了解和窥探一地域历史发展线条之全貌。断代志的主要特征，是以记述断限时限内的事物为重点，但并不是对限前事物齐整地一刀切。在体现志书本质属性的重要篇章中是允许连接历史内容、沟通事物之间必要的联系的。诸如述体文字、大事记、建置沿革、人物、文物等项，凡涉及人文历史的重要内容，尽可能接续历史，体现一地域的历史文化底蕴。僵化地执行《地方志书质量规定》中的断限，只会削足适履，使社会对志书功能产生怀疑甚至不信任感。志书体例无论如何创新，我以为均不能脱离开志体的轨道。

续志中的概述篇与大事记是统摄全志的重要篇章，贯通历史，明古详今，是不可或缺的重要内容。切断式的“断代体”大事记，既难以担当起统摄全志的重任，也与大事记应有的本质属性相违背，续修志书无论是通纪体还是断代体，大事记均应探前追述历史。当然，探前追述的历史可长可短，从一地域历史发展的长河中选取重要的关节点，则是考量编者熟悉地情、把握地情的功力所在。

（原载《走向世界的中国方志文化国际学术研讨会论文汇编》，中国地方志指导小组办公室编，2017 年 9 月 · 北京；复载《福建史志》2015 年第 1 期）

民族的记录　不朽的精神

——写在《汶川特大地震抗震救灾志》出版之际

公元 2008 年 5 月 12 日，四川省汶川县发生了里氏 8.0 级特大地震。汶川特大地震发生后，党中央、国务院迅速反应，指挥若定。举国同心，抗震救灾．出现了许许多多感人至深的事迹。这是我们民族历史上极不寻常的一幕，以志书的形式，把这一重大事件完整地记录下来，载之于史册，永久存留在中华民族的记忆之中，成为中华民族复兴史诗中悲壮雄奇的篇章。同年 11 月，国务院即做出编纂《汶川特大地震抗震救灾志》的决定，由国务院牵头、中国地方志指导小组办公室组织实施。历时 8 年，是志终于问世了。它开创了中华人民共和国成立 67 年来由中央政府组织编纂国家级志书的先河，可喜可贺。是志的刊行问世，必将在新方志编纂史上留下靓丽的一笔。

2012 年 11 月至 12 月，笔者曾应中指组之邀，参加了《汶川特大地震抗震救灾志》的评审工作，在北京集中改稿 20 余天，有幸目睹了是志的全貌。《汶川特大地震抗震救灾志》是新中国成立以来由国务院部署编纂的首部国家志，该书在主导思想、志书体例、编纂结构、材料的收集取舍、内容质量、语言文字规范等方面，符合新中国编修方志的有关规定和原则，主旨正确，体例赅恰，结构严整，资料丰赡，语言简洁，是一部具有高水准的地方志著作。我能够参加是志的评审，倍感荣幸。读志之余，有感而发。

一、意义重大，影响深远

《汶川特大地震抗震救灾志》是国务院组织相关部门、解放军、武警部队、各省（市区）编写的有关汶川特大地震抗震救灾的志书，由中国地方志指导小组办公室组织实施，该书记述了发生在四川省的汶川特大地震这一重大历史事件，既是一部专志，又是一部事件志。全面、系统、客观地记述了汶川特大地震灾害、抗震救灾和灾后恢复重建的全过程。全书以正确的观点、翔实的资料、科学的态度、严谨的笔法，主要记述了汶川特大地震发生后，全国社会各界发扬“一方有难，八方支援”的精神，开展社会捐赠和志愿者服务活动，国际社会给予积极援助，帮助灾区开展抗震救灾和恢复重建工作。

抗震救灾斗争是对我国社会主义和谐社会和现代化建设进程的巨大考验，也是对新时期我国重大自然灾害和突发事件应急处理机制与紧急救援体系的全面检验。只有用志书的形式记录下这一最鲜活、最真实的历史，才能发挥最显著的宣教功能和存史价值。全面、客观、系统地记述“5·12”汶川特大地震灾情和抗震救灾工作，对弘扬抗震救灾精神，提升民族的自尊心、自信心，增强全民族战胜自然灾害的信心和决心，具有十分重大的现实意义和深远的历史意义。

阅读是志，给人以深刻启迪。为抗震救灾，党和政府做出了巨大努力。抗震救灾和恢复重建的实践证明，中国共产党是中国特色社会主义事业的领导核心，胜利的根本保证。通过这一重大事件，传承了“一方有难、八方支援”等中华民族的传统美德，弘扬了中华民族自强不息的伟大民族精神。实践证明，民族精神是中华民族的灵魂和巨大的精神支撑。伟大的民族精神始终是鼓舞我们民族迎难而上、团结互助、战胜强敌与困难的不竭力量之源。实践证明，恪尽职守、无私奉献、顽强拼搏的精神，永远是中华民族抗击灾害的钢筋铁骨。不论是我们经历了这一艰难而又辉煌时期的现代人，还是百千年后希望了解这一段历史的未来人，都可作为一种感动的阅读。这对于我们激励当代，借鉴未来，都具有重要的意义。

二、一花怒放，百花盛开

以重大事件立志，是新方志编纂中的创新。早在20世纪90年代初，山西省雁北行署地方志办公室即编纂了《己巳雁北地震志》一书，由山西科学技术出版社于1992年3月正式出版，此为社会主义新方志中最早以地震事件编纂的事件专志。其后以事件立志的逐渐多了起来。以国家层面主导编纂的《汶川特大地震抗震救灾志》，带动了一批以汶川特大地震事件为主题记述内容的系列志书编纂出版。这既为《汶川特大地震抗震救灾志》编纂提供了翔实的采摘资料，同时使社会各界和广大人民群众进一步了解地方志，认识地方志，地方志在社会中的影响得到广泛普及，其宣传效应得到显著提升，远大于志书本身。以汶川特大地震这一重大事件为主题编纂的各级各类专志（事件志），在短时间内大量出版，在中国方志发展史上是一个奇迹，称之为空前绝后绝不为过。

笔者在网络上收罗到部分有关汶川特大地震内容的书目。这些志书或以行业部门为主编纂，或以行政区域为主编纂，展现出广阔的社会空间，反映出“一方有难、八方支援”、全国总动员抗震救灾的生动画面，从不同侧面勾勒出万众一心、共度时艰的时代精神风貌。

以行政区域为主编纂的有：

《汶川特大地震四川抗震救灾志》

《汶川特大地震陕西抗震救灾志》

《汶川特大地震广元抗震救灾志》

《汶川特大地震阿坝州抗震救灾志》

《“5•12”汶川特大地震汶川县抗震救灾志》

《汶川特大地震北川抗震救灾志》

《汶川特大地震涪城抗震救灾志》

《汶川特大地震德阳抗震救灾志》

《汶川特大地震旺苍抗震救灾志》

《汶川特大地震彭州抗震救灾志》

《汶川特大地震安县抗震救灾志》

《“5•12”汶川特大地震名山抗震救灾志》

《汶川特大地震罗江抗震救灾志》
《汶川特大地震平武抗震救灾志》
《汶川特大地震小金县抗震救灾志》
《汉源抗震救灾志》
《罗江抗震救灾志》
《汶川特大地震威海市救助援建志》
《汶川特大地震昆山市援建图志》
《汶川特大地震济南救助援建志》
《汶川特大地震南京援建志》
《汶川特大地震威海市救助援建志》
《烟台市汶川特大地震救助援建志》
《洛阳市汶川特大地震救助援建志》

以行业部门为主编纂的有：

《汶川特大地震中央企业抗震救灾志》
《汶川特大地震国务院扶贫办抗震救灾志》
《国土资源部汶川特大地震救灾重建志》
《汶川特大地震农业抗震救灾志》
《国务院侨务办公室汶川特大地震抗震救灾志》
《汶川特大地震中国工会抗震救灾志》
《汶川特大地震电力工业抗震救灾志》
《汶川特大地震电力行业抗震救灾图志》
《汶川特大地震中国石油抗震救灾志》
《汶川特大地震水利抗震救灾志》
《军工汶川特大地震抗震救灾志》
《国家质量检验检疫总局汶川特大地震抗震救灾志》
《汶川特大地震 ： 四川民政抗震救灾志》
《汶川特大地震上海市对口支援都江堰市灾后重建志》
《汶川特大地震山东省救助援建志》
《汶川特大地震江苏援建志》
《甘肃电力抗震救灾志》
《汶川特大地震陕西宝鸡水利抗震救灾志》
《汶川特大地震四川省公安厅抗震救灾志》
《汶川特大地震红十字系统四川灾后重建志》
《四川省教育系统汶川特大地震抗震救灾志》

此类志书要远远高出笔者所搜罗的数字，只是笔者未看到罢了。这一批志书以事件发展的时间顺序设置篇目，记述的空间范围以事件的波及面为准，以人与自然灾害作斗争为主线，全面、系统、客观、真实地记述了汶川特大地震灾害，再现了地震灾区人民与自然灾害作斗争和全国社会各界支持、援助抗震救灾伟大斗争的精彩画面，弘扬了“万众一心、众志成城、不畏艰险、百折不挠、以人为本、尊重科学”的伟大抗震救灾精神，志书“资治、教化、存史”的功能作用得到淋漓尽致的发挥。

三、锻炼队伍，再攀高峰

《中国国家志》编纂应提上议事日程，《汶川特大地震抗震救灾志》的编纂出版，标志着以国家立项编纂国家级志书的开启，既锻炼了修志队伍，激发出社会各界参与修志的热情，社会对新方志的认知度显著增强，同时又为启动《中国国家志》编纂工程打下了良好的基础。实践证明，经过36年的社会主义新方志编修，培养和锻炼出了一支老中青相结合、能打硬仗的修志队伍，修志人才培育繁盛，修志成果成批涌现，首轮省市县三级志书圆满完成，二轮续志编纂达到出书高峰期，再过五年即可完满结束。编纂《中国国家志》提上议事日程，适逢其时。

《中国国家志》编纂工程如能立项，因其工程量浩大，立项之后的准备工作亦大约需要三年左右时间，如编纂机构的设置、编纂人员的选定、各类经费的谋划、志书篇目的设置、具体任务的分配、编纂进度的安排、志书质量的审核等等，均需周密筹划。三年过后，二轮续志编纂接近尾声，三轮续志编纂还有近十年的空档期，正是《中国国家志》编纂的最佳时期。在此期间，可调集各省市区、中央各部委办局、各企事业单位、各人民团体等机构的优秀修志人员，以及社会各界的知名文化人士积极参与，这一宏大文化工程则可望圆满完成。

编纂《中国国家志》是福泽当代、惠及后世的宏大文化建设工程，亦是当代志人义不容辞的历史责任。我以为，由中指组牵头挂帅，及早研究编纂方案，规划方法步骤，征得国家及早立项，中指组组织落实实施，这一宏伟工程有望早日得以实现，编纂《中国国家志》，不仅可以发挥志书代代相传的历史文化功能，还能够培育青少年的爱国情愫，激发人民群众建设社会主义现代化强国的信心，此事若成，则方志事业幸甚，人民幸甚，国家幸甚！

（原载《〈汶川特大地震抗震救灾志〉出版座谈会论文汇编》，中国地方志指导小组办公室编，2018年5月，北京人民大会堂出版座谈会）

续志编纂质量杂议

——学习《地方志工作条例》引发的思考

中共十一届三中全会之后，适度宽松的政治氛围，人民大众的求知欲望，经济社会的发展需求，引发人们认识和了解历史与现状的渴望，推动和促进了方志编纂工作的开展，由下而上，自成体系，进而形成第一轮修志高潮在全国兴起。中国地方志指导小组的成立，标志着全国性的修志工作得到党和政府的认可，进而纳入社会主义文化建设的轨道。首轮修志，成果巨大，但从实践情况看，存在问题亦较多，主要体现在志书质量上还存在诸多不足与差距。首轮修志在保证志书质量上进行了不懈的追求与探索，并积累了较为行之有效的成功经验。二轮修志开展以来，中指组把抓志书质量放在了极其重要的位置，2006 年 5 月 18 日国务院《地方志工作条例》的颁布施行，使修志工作走上了依法修志的道路。《条例》规定，“编纂地方志应当做到存真求实，确保质量，全面、客观地记述本行政区域自然、政治、经济、文化和社会的历史与现状”。《条例》明确了如何保证志书质量的问题。2007 年 11 月 28 日，中指组制定并印发了《关于第二轮地方志书编纂的若干意见》，《意见》从指导思想、基本原则、编纂方式、体例篇目、内容记述、志书名称、印刷出版、质量保障 8 大项，分列 24 条，对二轮续志质量提出了具体要求。2008 年 9 月 16 日，中指组又印发了《地方志书质量规定》，《规定》共列总则、观点、体例、内容、记述、资料、行文、出版、附则 9 章，分列 50 条。较之于《若干意见》更加翔实、缜密，并且有可操作性。《地方志书质量规定》第一章总则中的第三条，提出“志书质量的总体要求：观点正确，体例严谨，内容全面，特色鲜明，记述准确，资料翔实，表达通顺，文风端正，印制规范”，9 条 36 字，可谓志书质量的 36 字箴言。要想编出一部合格的优秀志书，必须符合 36 字箴言的标准。《规定》全文 4880 字，凡修志之人必须详读全文，深刻领会，严格遵循，志书才能合乎规范。

二轮续志编纂前期，中指组设立续志试点单位，树立标杆，以点代面，引领示范；2015 年 12 月又发出《关于实施“中国志书精品工程”的通知》，为提高志书质量、多出精品志书鸣锣开道、架构平台。这些措施和做法，均是以志书质量为重要抓手，为保证和提高志书质量不遗余力，使地方志事业逐步走上了法制化、规范化的良性发展轨道。

由此可见，质量是志书的生命。《地方志工作条例》的颁布施行是地方志发展史上的一座里程碑，其意义极为重要和深远。要把贯彻落实《条例》与总结首轮修志的经验教训结合起来。首轮修志取得的辉煌成就有目共睹，但同时也应看到，由于仓促上马、缺乏经验、机构不健全、条件不完善、队伍不稳定等原因，首轮志书无论在内容、文字上，还是在编校、版式、装帧、印刷上，都不同程度地存在一些缺憾。认真总结首轮修志的经验与教训，以便吸收消化，变成营养，在第二轮修志中发挥作用。只有不断地总结经验教训，把实践经验上升到理论高度，修志工作才会不断进步。这样，才能继承和发扬第一轮修志的长处，避免第一轮修志的不足和缺憾，使第二轮志书的质量在内容和形式上都有一个明显的提高。

笔者从事修志工作28年，对保证和提高志书质量深有感触。志书编纂是一项系统工程，从内容到形式，从启动到付梓，各个环节、各个阶段均需严密把关，精益求精，容不得半点疏忽、马虎。重视志书编纂中的每个细节，力求尽善尽美，把科学、严谨落到实处，从而使志书质量得到显著提高。

一、关于学习借鉴他志的方法

明代史学家顾炎武曾提出“要网络天下志书以作参考”的主张，笔者以为确为经验之谈。笔者在辅导省内外三级志书编纂时，均反复强调修志人员要多读志书，新志、旧志都要尽量阅览，从中吸收营养，了解纂志的方法，学习传统中的精华，借鉴他志的成功经验，只有这样才能编纂出良志佳作。尤其是二轮续志编纂，有一轮志书作依傍，为二轮志书质量的提高奠定了坚实的基础。志书的创新并非一日之功，继承传统要懂得传统，在传统基础上的创新才有较强的生命力，唯此别无他途。方志界要形成一个传统，各兄弟省市县志办同行之间交换志书，互通有无，相互学习借鉴，有利于新编志书质量的提高。各省市县因地域不同，志书的编纂理念和方法各异，通过交融碰撞，比较优劣、长短，对促进志书质量的提高大有益处。在这一方面，河北省涉县地方志办公室的做法值得借鉴。二轮《涉县志》编纂工作启动之后，从全国各地陆续购买历代方志专家的方志理论和方志培训书籍100余种200余本，购买和交流全国各省市区的志书200余种，用一年半的时间逐本学习，开阔视野，充分借鉴他山之石。然后采集各地志书的优长，结合涉县的实际，制定出30余万字的征集资料大纲，为编修二轮续志奠定了扎实的理论基础。磨刀不误砍柴工，功夫不负有心人。实践证明，《涉县志》的编纂者领悟到了修志的真谛，使志书的质量跃上了一个新的层面。《涉县志》编纂工作者的这一好做法尤值得在全国修志界学习推广。

顺便提一句，首、二轮修志实践证明，志书质量的优劣，其中重要的一条，与方志界和社会学术界专家学者参与的多寡与参与程度的深浅，有着密不可分的关系。一部志书的编纂若能从始至终都有专家学者参与指导，志书质量肯定会得到显著提高，上升到一个新的阶面。就一个省（市、区）而言，要充分利用地方志学会这一学术组织，汇集省内方志学者、修志实践者、大学教授和知名社会科学工作者参与各级志书编纂与评审，有条件的甚或可邀请临近省（市、区）的方志学者、当地的著名文化工作者参与评审志稿。邀请兄弟省市全国著名方志专家、学者参与评审，其好处多多，可借鉴和学习兄弟省市续志编修的先进经验和做法，并通过高手指导进一步提高志稿的质量，使志书质量迈上一个更高的台阶。如山西省的《朔州市朔城区志（1989—2010）》稿评审会聘请了中国地方志指导小组办公室邱新立副主任、河北省志办王广才副主任、河南省志办王卫明处长、陕西省志办张世民处长，以及山西大学萧太芳、梁绵绣教授，中华民族大学历史系王素色教授等，可谓阵容强大，使志书质量的提高得到显著提升。在山西省的二轮市县志编修中也是第一次有如此高规格的评审人员，可谓为全省开了个好头。在这一方面河北省做得尤其到位。笔者自 2012 年底退休之后的三年半中，陆续参加了河北省《邯郸市志》《武邑县志》《衡水市桃城区志》《邯郸市邯山区志》《大名县志》等数部二轮志稿的评审，从中了解到该省二轮市县续志至 2015 年 6 月已正式出版达任务量的60%，完成评审和已交付印刷的达 20% 以上，合计达 80% 多，编纂进度位于全国前列。借评审之余，笔者也搜罗到该省已出版的十几部市县续志，拜读之后，确实感到河北省二轮市县志书的质量在全国的续志编修中属上乘之列。究其原因，一是省市县三级党委、政府重视修志工作，“五到位”落到实处；二是省志办全力调动全省志界的人力资源，合力参与志稿评审，使志书质量得到显著提升。据笔者所知，河北志界在首、二轮修志中涌现出一批如王广才、齐家璐、孟庆斌、武铁良、贾辉铭、王蕾等全国知名的方志专家及大专院校教授吕志毅等名流学者，数次评审会均专家名流齐聚。难能可贵的是，河北志界评志稿并不局限于本省范围之内，同时还邀请中指组及兄弟省市方志界的专家学者参与评审，便于吸取和借鉴外地的先进经验，通过交流互帮互学，进而提高续志的质量。实践证明，“闭关自守”实不可取，但愿河北志界的评志方法能在全国方志界推广，促进方志事业的繁荣发展。

二、关于志书的装帧印刷

书籍是供人阅读的文化产品，在装帧上既要美观大方，又要经得起反复翻检，方便读者多次阅读，便于长期储藏，为读书和藏书着想、服务。首轮志书在装帧上多为封面加护封，不便于保存利用，首轮编纂的前期志书即如此。二轮续志在装帧上多为硬壳精装，适应读书和藏书的需要。多数续修志书紧跟时代步伐，采用硬壳精装，看似小事，实乃书籍装帧上的一大进步。一部优秀的志书，应该是内容与形式的完美结合，光有内容美是不够的，形式美亦是其不可或缺的条件之一。进入 21 世纪，各地经济社会飞速发展，修志人员要宣传领导，在印书上花点钱是值得的，争取全书彩印。如内文彩印，笔者以为可学习《秦皇岛市志（1979—2002）》的做法，卷首只放地图。照片一律移入文内，恢复志书原有的传统，突出志书固有的特性，效果会更好一些。如内文是黑白印刷，卷首彩页一般应控制在两个印张（16 开 ×32）之内，不宜过多过滥。志书排列顺序最好为先地图、后照片。

三、关于编纂人员名单编排

在历代旧志中，编纂人员名单均放在卷首（通常为序言之后），体现著者的著作权益，同时也喻示方志是一地域最重要的乡邦文献，必网罗本地文化高人一并参与，编修志书乃千秋大业，能参与编纂是人生之幸事，故十分重视编纂人员名单的排列，且多数加列人员的职务。首、二轮新方志编纂人员名单的排列，或卷首或卷尾，随意性较大。秉承优良传统，将编纂人员名单前置，这一做法值得提倡。笔者以为，编纂志书少则数年多则十数年，耗尽了修志人的心血，修志人名单前置排列应理直气壮，绝不能妄自菲薄，从中亦体现出修志人肩负的历史使命。编纂人员名录前置，既是志书的优良传统，又可体现志人的历史责任感。告诉读者这部志书是什么人编的，哪些人审的。有些志书将名单放于志尾，似有菲薄修志人员的意蕴。笔者以为，编纂人员名单还是列前为佳。

四、关于凡例撰写

一部志书的质量如何，凡例亦担当着重要的责任。凡例出毛病，易引起读者对志书质量产生怀疑。在已出版的二轮续志中，凡例或多或少多存在一些瑕疵或不足，应引起志人的高度重视。凡例是一部志书的编纂纲领。凡例突出的特点是法则性、条理性，中心内容是对编纂体例作出统一规定和理论说明，主要功用是使编纂者有法则可依，有规定可循；使读者易于阅读和理解。凡例的编写原则是周密严谨、文辞简约、一例一条。有的志书凡例条头直接标示“指导思想”“记述范围”“时间断限”等条目记述要点，有的还将“通例”“特例”直接标示出来，笔者以为此种做法欠妥。一是条头要点概括的用词未必能达到周密、严谨的程度，仔细推敲，有些条头题目存在不一致、不严谨的现象。既然条头题目限定了该条记述的内容，就需要严格把握，不得越界。指导思想、记述范围、时间断限等凡例条目记述要点以及通例、特例等内容分类，是修志人员归纳总结出的凡例编写要领，是用来指导修志的，在修志中可以采用，但在志书出版面向读者时，则应去掉此类语言，把握凡例文辞简约的风格，否则似有画蛇添足之嫌。现已出版的志书凡例中，还多有内容重复、语言不洁、用词不确、繁简不当、与内文不符等毛病出现，还须认真推敲，严格把关，确保凡例精练简洁。

五、关于目录编排

三十多年的编纂实践，使志书的目录编排逐渐走向成熟、完善。但也不可否认，目录编排亦多有不规范排法：或首页拍通栏，其他页排双栏；或卷首及概述、大事记排通栏，其他排双栏；或编一级标题排通栏，其他排双栏；或中英文目录混合编排等。首轮志书目录排通栏居多数，占页过多，笔者见到最多的达四五十页，字号且大，行距且宽，既不便于读者阅览，又使版面陡增，无形中平添了志书的篇幅。二轮续志多数吸取首轮的经验教训，目录编排体现以读者为本，双栏编排逐渐成为新常态。实践证明，志书目录编排最好用双栏，既经济节俭，又方便读者查检。志书目录编排以方便读者翻检为出发点。目录编排要把握三点：一是内容要全面，不能有遗漏；二是标码要准确，包括志首和志尾部分要明确标示；三是编排要紧凑，方便读者阅览。志书目录有总目、详目之分。志书在目录之前增设总目，无疑是方便读者之举，值得肯定。总目只标一级层次标题，仅是全志的大体轮廓，详目则是全志编、章、节的全力展示。总目最好排双栏，占一个页码；背面排英文总目，亦排双栏占一个页码。无论是单册还是多册志书，集中排列全志详目是不可或缺的一项内容。一志多册的志书，仅有分册目录是不够的，应集中刊载全志的详目，使读者在一册书中即可查阅全志的详目，既符合一书多册的目录编排规则，又便于读者仅在一处即可浏览全志的条目内容，省却移书翻检之劳；若是多册同时出版，第一册应刊载全志的详目，其余各册刊载各册的详目；若是各册分期出版、且第一册无法编排全志详目时，则应在最后一册出版时刊载全志的详目，一般放在该册志书的尾部。此为国内出版界的通行规则，志书亦应一体遵循。志书编排英文目录，首轮志书较少、二轮较多。笔者以为，志书走向世界是大趋势，但外国人要阅读中文志书，只有懂得中文才行，详目排英文目录意义不大，从志书瘦身角度考虑，似可将“总目”采用中英文编排较为合理，即中文、英文各占一个页码，既美观大方，又节约篇幅。详目编制越细，越便于读者通过目录了解全志内容，如《上海市长宁区志（1993—2005）》详目排到目一级层次，可谓目录编排中的创新之举。编名页占单页版面已成为新常态，二轮《萧山市志》将该编目录（章、节两级标题）排于编名页上，既填充和丰富了版面内容，又方便了读者，这种做法值得效仿。目录排双栏应成为志书版式编排的新常态，单栏编排或单、双栏混排，以及中英文目录混合编排等做法，笔者以为均不可取。在已出版的志书目录中，插于正文中“附录”的标题排法亦有不周全之处，有的只列“附录”二字，省略实体内容标题，亦不合常规，实体标题亦应在目录中明确显示。

六、关于经济、政治部类排序问题

经济、政治两大部类排序问题。一部志书就是一个完整的文化系统工程，借鉴系统论原理可以更好地解决志书内容的有机整体性、相互关联性、等级结构性、动态平衡性、时空有序性等问题，从而确保志书内容的全面系统性，二轮市县级志书吸取首轮志书的经验，尽力减少篇目层次，普遍不再以大编立志，而采用中小编体结构，将地理、经济、政治、文化、社会等以暗隐的形式体现志书的最高编排逻辑。续修《任丘市志》篇目设置即为中编体式，暗隐的经济、政治两大部类排序为政治居前、经济居后。此种排法首轮即有，但数量较少，其中以沪浙一带志书为最；延至二轮还时有出现，但比例极低。志书编纂实践证明，大部类排序经济居前、政治居后，渐已形成共识，既符合人类认识客观世界的实际，又符合中共历届党代会精神。以20年间中共四次代表大会报告为例，十五大至十八大四份报告，凡论及社会发展，均明确以经济、政治、文化、军事与国防排序，“三个文明”建设亦以物质文明、政治文明、精神文明排序。这些报告的突出亮点，集中反映了社会实践的不断深入和人们认识的不断深化，完全可以为我们确定综合性方志的自然环境、经济、政治、文化、社会、人物等几大部类排序提供强有力的论据和理论指导。把方志部类设置统一到中共历次代表大会报告精神上来，既能更好地体现和反映各地地情，也必将大大增强志书的资治功能。政治、经济颠倒排列看似小事，实则体现出志书编纂的规范化有所缺失，不利于志书的传播与利用。笔者以为，志书七大部类排序，还是经济在前、政治在后较为科学合理。志书为官修，权威性是其特性之一，所以选定部类也必须具有官方权威性。

七、关于卷首的内容编排

方志编纂提倡和鼓励创新，但创新就必定有风险，尤其是志书体例的创新风险更大，成功与失败并存。创新成功与否，还得靠实践来检验。志书的体例，横排门类，竖写史实。再有名的去世人物，只能入传记，不能另立门户；再大的事件，也要归并到门类之下记述。志书延续千年兴盛不衰，体例的严谨是其中最重要的一环。首轮志书创立“概述”之体，曾经过志界反复酝酿、研究、探讨、实践，最终形成共识，新方志以“概述”篇与“大事记”合力统摄全志，即概述以“面”（实际为面、点、线结合的一篇宏文，仅为叙述方便而简称“面”），大事记以“线”，二者结合统领全志，其他内容均无法取代它们的独特功用。二轮续志卷首内容多有突破，或“历史纪略”，或“专记”， 或“特记”，或“特载”，或“党和国家领导人视察”，或“前志概要”，等等，与“概述”和“大事记”混合编排，所放位置或前或中或后，比较混乱。“历史纪略”（亦有“历史概况”“历史概貌”“历史概略”等称谓）创设于首轮志书，但鲜见；二轮续志亦有运用，是为弥补断代志历史内容欠缺的弊病而增设，且以记述一地域发生的重大事件为基点。“专记”“特记”“特载”“党和国家领导人视察”等，均为记述一地发生的重大事件，专为突出地方特色而设置的篇目。“前志概要”（亦有“前志述要”“前志简介”等称谓），其动因是是志为前志的续志，又是断代志，意为接续前志和补历史之概貌。笔者以为，突出特点与统摄全志并不能混为一谈，排列次序似有商榷的必要。“概述”和“大事记”一横一纵统摄全志，远比为突出地方特色而增设的“历史纪略”“专记”“特记”“特载”“党和国家领导人视察”等篇章重要和地位显赫，其他新增篇章不应抢占“概述”和“大事记”的风头，应退居于“概述”“大事记”之后。有的志书“凡例”中即言明，“全志以总述、大事记统摄”，但排位却“概述”“大事记”居后，突出地方特色的篇章居前，明显与“凡例”所言抵牾。笔者以为，以概述、大事记居前、其他篇章居后，维护概述、大事记在全志的“统摄”地位，才是志书体例的正确体现。

八、关于概述篇

概述篇是主编站在前台，以编者的口吻把握大势大略，指点江山、激扬文字，并非以政府出面，以政府的口吻讲话，所以要去掉文牍气息，不贴政治标签。概述篇是统领全志的篇章，给读者先睹为快之印象，故难度也较大，写好概述篇并非易事，其文笔好坏，直接影响到读者对整部志书质量的考量。坚持志书的独立品格，即朴实、严谨、科学的资料性著述，力求避免政治化倾向。在已出版的二轮续志概述篇中，“新八股”式的公文语言多有使用，如“在党和政府的领导下”“在党的富民政策指引下”，“在中国共产党的正确领导下”，“以邓小平理论和‘三个代表’重要思想为指导，积极落实科学发展观”，“在县委县政府的领导下”，“有党和政府的正确领导”等词语出现。中华人民共和国成立已67年，中国经济与社会发展所取得的巨大成绩，都是在中国共产党的领导下取得的，概述篇中不提“在中国共产党的正确领导下”此类词语，并非抹杀了中国共产党的功绩，反之，则易给人以贴政治标签的嫌疑。概述篇中要力戒引用当地的政府工作报告或领导讲话等内容，因为这些内容“新八股”味较浓，与志体大相径庭。主编要从这个圈子里跳出来，以第三者的视野角度，统揽全局，把握地情，高度凝练概括，才能使得“概述”取得最佳效果，概述篇的功能得到最大限度的发挥。笔者在阅读多部二轮续志中发现，“新八股”味在概述篇中屡有出现，这与主编跳不出当地的政府工作报告或领导讲话等内容有极大关系。

概述篇层次结构的划分，首轮志书大体有四种方式，即一为文中不加序号和小标题，一气贯通，成一篇完满文章；二为用空行分割，即把文章的开头、结尾以及文内的几大部分用空行来标示；三为文中加插标题，明确标示文内各部分所记内容，一般有单占行和随文题两种；四为用序号分割，有通篇即按序号一分到底，亦有保留文章的开头、结尾，文内的主体部分用序号分割。四种方式中，尤以第一种一气贯通为最佳，符合中国人的作文传统。第二种空行分割，似有自作多情之嫌，属淘汰之列。第三种加插标题，多用在特点体式的概述之中。第四种序号分割，二轮续志多有运用，然无开头、结尾的不在少数，笔者以为这是走入作文的误区。用序号分割层次结构的方式，其特点是文章内容层次清晰，方便读者领会文章内容；短处是割裂文气，在一定程度上破坏了文章的完整性。用序号分割内容，就要注意给文章加上开头与结尾，使概述完满成篇。东方人写文章的传统习惯，一篇好的文章要有开头与结尾，俗称“穿鞋戴帽”。概述篇加序号分割，只能分割文章的主体部分，开头与结尾不在序号包含之内。加序号概述或多或少均存在这方面的问题，应引起主编的重视。

概述篇的篇幅不宜太长，考虑到市、县两级志书记述范围的不同及整部志书篇幅上存在的客观差异，其篇幅亦应分别对待。首轮新方志概述的编写实践，也给出了符合编纂实际的答案。市级志书的概述篇幅，不论志书总体篇幅的长短，应以6000—8000字为宜，最长不得超过万字；县级志书的概述篇幅，应以5000—7000字为宜，最长不得超过8000字。二者篇幅的上限均不应有所突破，而下限则可灵活掌握。

概述篇的内容要贯通历史。概述是志书的统帅篇章，不能局限于断限之内。要采用贯通历史的方法，尽力展现一地域悠久的历史、杰出的人物、灿烂的文化，浓墨重彩地张扬地方特色文化和人文历史气息。志书作为一地域最重要的乡邦文献，历史文化不可或缺，概述篇若缺失这一内容，志书就成为断臂的佳人，其资政、教化、存史的功能会受到极大的制约。

九、关于大事记

中指组《关于第二轮地方志书编纂的若干意见》指出：“要处理好与前志的衔接，并注意对前志的拾遗、补缺、纠讹；对前志内容的必要重述，应当精练浓缩。”由此可见，志书有断限，强调的是以断限内为主，断限前为辅，限前内容“应当精练浓缩”，并非不能记述，“断代志”一词的提出，搅乱了修志人的头绪，再加上修志人对中指组《地方志书质量规定》中“续修志书名称标明上下限年份”的理解出现偏差，似乎续志真正成了两头齐切的“断代志”，这种不敢越雷池半步的“作茧自缚”思想，实际上是未正确理解中指组《关于第二轮地方志书编纂的若干意见》和《地方志书质量规定》的精神实质。大事记纵贯历史应理直气壮，不必苦思冥想地采用各种变通之法。有比较才有鉴别，《安庆市志（1978—2000）》和《朔州市朔城区志（1984—2000）》大事记篇纵贯历史的编纂形式，符合志体志规，大事记与分志记述手法一致，亦要详今略古，断限前的历史大事要“精练浓缩”，控制限前篇幅，今古勾连，以纵线条完满地展示一地域人文历史的发展概貌，唯如此才能使大事记配合概述篇，起到统辖全志的功用。

在旧志体例中，大事记的作用是用一根时间的纵线将分散在各分志中的大事要事贯穿起来，与志书中各分志的记事相“经纬”，起到纲举目张的功用。在旧志人的眼中，大事记是全志之纲，统辖全志。首轮新方志编纂中，众多学者感到仅靠大事记统领全志仍有欠缺，进而达成普遍共识，创设全志之首的概述，来弥补大事记统领全书不足的弊病。概述篇与大事记两相结合，统领全志，纲举目张，相辅相成，经纬交织，使志书体例又发展到一个新的阶面。二轮断代体式志书的大事记如何接续前志，一直是困扰修志人员的一大难点，这一问题解决得好坏，直接关系到续志（主要指断代体）的质量。所以，广大修志人员想了多种办法，采取多种措施，极力破解这一难题。从已出版的二轮续志来看，大体有四种做法：一是纯为断代体式，与各分志所记时限同步。二是许多志人也考虑到二轮续志的独立性、完整性、连续性，将断限前的历史大事经过精编，放在志书尾部的《附录》之中。三是将大事记作为接续历史的通纪体，记事贯通古今。第一种纯断代体式的大事记，是恪守中指组《地方志书质量规定》“严守志书的上下限”的规定，第二种在附录中附载历史大事记，即遵守规定，又设法变通。第三种则把通纪体大事记作为接续历史的一个重要篇章，虽违反《规定》，但却合乎志体，更强调续志的独立性、完整性、系统性。四是将大事记分列三篇，集中连续编排，此种体式优于第二种。四者相较，笔者以为第三种更好一些，但要在“凡例”中言明，遵从志体。大事记突破下限的问题，笔者以为上限可追溯，下限一刀切为好，与各分志同步。非要记下限之外大事，入“附录”中的“限外辑要”尚可。正是由于众多志人进行不断地探索，创造出多种不同体式，使二轮续志大事记出现多样化的局面，进而引发我的思考。笔者以为，断代体式志书的大事记采用接续历史的通纪体做法还是比较合理的。其理由有三：一是它遵从了志书是“记述一地域从自然到社会、从历史到现状的资料性著述”的本质属性。体现历史的纵深感、展示历史发展的纵线条是大事记体裁独有的功能，二轮续志大事记只记 20 年左右时段的内容，如不接续历史，就很难体现和发挥大事记在志书中纵贯历史的功能。大事记若起不到粗线条地展示一地域“从历史到现状”的经济与社会发展概貌，它在志书中的功能和作用就会大减甚至消失。二是志书所记述的事物应是完整的，也是恰当和必要的，这是增强事物整体性记述和为现实服务的需要。在人们的心目中，志书是一地域最为重要的乡邦文献，要了解一地域的历史与现状，唯有志书才能承担这一历史重任。二轮续志采用通纪体大事记，就可使读者从中完整地了解到一地域经济与社会发展的纵向历史脉络。注重人文历史的记述，是志书延续千年不衰的历史原因之一。采用断代体式记述大事记，只能是人为地硬性割断历史，进而限制和影响了大事记功能的充分发挥。三是采用通纪体式大事记，更加强调续志记述事物的完整性、整体性，突出续志自身应有的独立性，一志在手即可了解和窥探一地域历史发展线条之全貌。断代志的主要特征，是以记述断限时限内的事物为重点，但并不是对限前事物齐整地一刀切。在体现志书本质属性的重要篇章中是允许连接历史内容、沟通事物之间必要的联系的。诸如述体文字、大事记、建置沿革、人物、文物等项，凡涉及人文历史的重要内容，尽可能接续历史，体现一地域的历史文化底蕴。僵化地执行《地方志书质量规定》中的断限，只会削足适履，使社会对志书功能产生怀疑甚至不信任感。志书体例无论如何创新，均不能脱离开志体的轨道。有的志书分为“大事记略”和“大事年表”两部分。“大事记略”在前，“大事年表”在后。笔者以为，“大事记略”的设置是为突出地方特色，而“大事年表”则是用一条纵线反映断限内的历史发展脉络，二者相较，“大事年表”在志书中的功能要大于“大事记略”，二者的位置似应颠倒过来。

十、关于编首无题序

二轮续修志书所记述的事物，以断限内为主，以断限之前为辅，将断限之前的事物发展过程作一简要铺垫是必不可少的。同时，志书作为资料书，其资料性主要就体现在资料的连续性和系统性上，志书有断限，但事物的发展没有断限。所以，二轮修志过程中很重要的一项工作，就是要展现事物发展本身的连续性，既反映出事物以前的客观实际，又体现如今变化了的事实，既有继承又有创新。否则，就会出现人为割断历史的现象，不但会降低二轮志书的资料性和可读性，而且会影响整个修志系统工程的质量，造成资料的系统性功能降低，从而降低志书的使用价值。就断代志而言，利用编首无题序接续历史，是最为合适的位置。从笔者已看到的二轮市县志看，续修志书在接续历史内容方面，可谓八仙过海、各显神通。大部分断代体续志普遍采用述体文字接续历史的方式。编首无题序的写法大致有三种：一是只记限内历史，不记限前之事，目前多数断代志如此。二是赋予编首无题序特定的功能，只记限前历史，不记限内之事。如山西《太原市小店区志》在《凡例》中即言明“为使读者对境域历史有一个全面了解，小店建区前之事以编下序的形式予以简述，追述事物发端”。编首无题序的主要功能就是接续历史，每篇2000字左右，重点反映事物的历史概貌，起到接续历史的作用。三是《朔州市朔城区志》，编首序的主要功能是既接续历史，又记限内之事。三种方式相较，笔者以为还是第三种方式比较好一些，既接续历史、又概括现状，以记现状为主，体现志书的本质属性。

编首无题序需要尽量统一写作模式，大处着眼，小处着手，精耕细作，写出文采来。它既是体现志书著述性的重要方面，也是展现主编文笔文采的主要场所，要很好利用起来。

十一、关于志书的标题制作

两轮修志30多年，志书成果丰硕，为研究标题制作提供了足可征用的资料，对加强标题问题的理论研究提供了丰富宝藏。志书标题要精雕细琢，精练简约，要制作，要推敲，不能照抄照搬，拿来就用。志书标题既要准确，还要简约，二者相辅相成，缺一不可。标题缺乏规范化，标目混乱，自乱阵脚。约定俗成的志书标题，应走规范化道路，不能自行其是。共性的相同类目标题，要统一、规范，便于读者查检。

其一，志书标题中不宜加“地方”二字。作为省、市、县三级地方志书，书名即标名为“某某省志”“某某市志”“某某县志”，即按中指组颁发的《地方志书质量规定》要求，将志书所记内容框定在一定地域之内。不越境而书，已成为地方志书铁定的法则。分志的各层级标题均不应再标“地方”二字，不论自然、经济、政治、文化、社会等部类的分志，均以志书名称限定在一定地域之内，标题名称中出现“地方”二字，实属多余，似有画蛇添足之嫌。标题中加“地方”二字，多出现在政治部类分志之中，这是由政治部类分志内容具有特殊性而造成的。多加推敲便发现问题所在。分志各级标题受志书名称统辖，加“地方”二字，破坏或损害了志书各级标题的统一性、严谨性、科学性。志书标题制作有其规律可循，只要严格把握志书体例，按标题规范化要求执行，达到“简明准确，题文相符”的要求，还是可以做到的。

其二，标题中不宜加志书的行政区划名。方志乃一方之志，三级志书名称即把记述范围限定在一定行政区域之内，志书有不越境而书之规，只能记一地之事。实际上此问题与前一问题犯的是同一毛病。与其他书籍相比，志书有其自身的特殊性。方志的定义即言明：地方志是记述一地域从自然到社会、从历史到现状的资料性著述。志书对标题有自身要求，由于志书是以类系事，所以志书的标题多为标志类别的词组。不同层次的标题，要求层层相辖。就三级志书而言，志书名称是整部志书的最高一级标题，志书篇目中的各级标题都受其统辖，篇目标题再加行政区划名就与书名重复。政党名称作标题，加“组织”二字也不甚妥当，如“总工会”“妇联”“共青团”也都是组织，为何它们不加，仅“中国共产党”和“民主党派”要加？只有去掉“组织”二字，全志的篇目标题才能统一。由此可见，行政区划名称在志书的标题中是完全可以省略的，加上反而显得累赘多余。

其三，组织机构名称作标题要尽量用简称，避免用全称。志书标题，要求简明、准确，题文相符，使用简称，亦是标题提炼中应采用的一种手段或方式。在二轮续修的市县级志书中，在使用简称或全称上，多出现混乱现象，即一部志书内的一、二、三级标题，全称与简称混用，标题体例极不一致，直接影响到志书的科学性和严谨性。依笔者愚见，从标题要“简明、准确”的角度考虑，党派群团机构组织作标题，用简称最为恰当。组织机构制作标题，用简称不用全称，应是志书标题制作的一项基本规则。在我国的社会活动中，许多组织机构都有相应的简称，且这些简称有几个基本特征：一是经过官方认定或认可，在新闻宣传、公文文件等传播中广泛应用；二是得到社会普遍承认，并在语言和文字交流中广泛使用；三是从上至下约定俗成，既简明又准确，不会产生任何歧义；四是标题制作不能短视，目光要放长远一点，编修志书是长久的事业，标题生命力的长短，是衡量用词准确的标准，放在历史长河中加以考量，是否经得起历史的检验。

其四，标题不能添加任何修饰类附加用语。分志标题要求简明、朴实。所谓简明，就是要求分志各级标题都必须做到简洁明了，力求做到一字不多和一字不少。所谓朴实，就是要求分志标题用语必须平实，毫无夸饰。一般使用中性词语，不用形容词、褒贬语或其他含义模糊的修饰词。在标题制作中要做到简明、朴实，其实并不困难，只要静下心来认真仔细推敲，还是可以办到的。

其五，要尽量避免上下级标题之间的重复。处理分志上下级标题之间的关系，必须遵循形式逻辑与辩证逻辑相统一原则，全盘考虑，妥善安排。形式逻辑要求划分门类和层次须遵循概念的划分原则。即划分门类必须是从同一属概念中划分出若干个并列的种概念；在划分层次中，其上一级概念必须是下一级概念的属概念，下一级概念必须是从上一级概念划分出来的最近种概念。这些逻辑原则是在标题设置过程中所必须遵循的，否则分志的整体结构就会缺乏逻辑层次，造成记叙秩序混乱，给读者检索和使用志书带来诸多不便。

其六，目题不宜加序号。志书中的目题标法多有加序号一、二、三……，子目题加序号（一）（二）（三）……，孙目题加序号 1、2、3……志界有志书类辞书之说。无论是类目体、章节条目体，还是纯粹条目体，条目都是最基本的记述单元。条目标题的编排方法基本形成共识，一级目题一般均为另起单占行，用黑体标示；二级目标题另起接文（空一字）编排，用楷体字标示；极少数设三级目题的，就把二级目标题用黑体标示；三级目标题用楷体字标示。传统的志书排版，目题不居中排，新方志首、二轮绝大部分均依此办理，并形成共识。志书以类横分，条目无先后顺序之别，标上序号反显累赘，同时也不利于检索。既加序号，序号已入标题范畴，不利于作志书索引，目题序号纯属多余。举个简单的例子，志书《人物传》中的人物标题属于条目一级标题，若加序号，岂不让人笑掉大牙。这个例子虽属绝对，但能讲明一个道理，即志书中的条目标题加序号显得不伦不类，条目标题还是不加序号为佳。另，标题中尽量不用标点符号，凡能去掉标点符号并不会产生歧义的一律去掉。

续志相同类目的标题不需要求新求变，而需要规范统一。没有规矩，不成方圆。标题的规范化，并非“千志一面”、削足适履，也非我行我素，自以为是，各唱各的调，而是在修志实践中逐步摸索出既能反映客观实际，又符合志体，且为广大读者认可的标题制作路子。

十二、关于《社会保障》编的设置

我国实行改革开放 30 多年来，经济社会空前发展，人民生活水平显著提高，但不容忽视的是贫富差距逐渐拉大，社会不稳定因素增大，社会保障体系的构建成为国家和地方的当务之急。《辛集市志》编者洞悉时势，把握时代脉搏，在志书政治部类专设“社会保障”章，分设社会保险、社会救济、社会福利、社会互助4节（22目），真实反映辛集市社会保障体系的构建情况，为当政者提供决策资料，体现出志书编纂人员以人为本、关注民生的大爱情怀。只惜记成绩多，摆存在问题少，若能增加一些贫困人口的社会调查现状资料，志书的资政价值会益显。首轮志书的社会保障内容多数放在“民政”篇中记述，显得层次低、内容少，与当时社会经济发展状况有关，贫富差距和社会矛盾还未像今天如此尖锐对立。二轮续志记述的时段恰是记述改革开放的时期，贫富差距和社会矛盾日显突出，社会保障单独立编（章），进而加强社会保障内容的记述篇幅，是时代发展之后对续志提出的新要求。社会保障内容在续志中是否记述充分、完满，成为衡量修志工作者是否真正贯彻科学发展观和以人为本理念的“试金石”。《辛集市志》编者正是从这一理念出发，将社会保障单独立章，体现出编者强烈的忧患意识。这并非编者的独特创意，二轮续志多有此种做法，如首轮《苏州市志》社会保障内容放在政治部类的民政卷中，二轮《苏州市志（1986—2005）》在社会部类专设“社会保障”卷；《廊坊市广阳区志》在政治部类专设《社会保障》编；《井陉县志（1985—2004）》在政治部类专设“社会保障”篇等，此类例子不胜枚举。还有与其他内容合并而作为志书的一级篇目，如《涉县志（1991—2011）》在“人本扫描”板块专设“人力资源和社会保障”篇；二轮《奉贤县续志》在政治部类专设“人力 劳动与社会保障”卷；二轮《襄汾县志》在政治部类专设“劳动和社会保障”篇等。虽然所放位置有异（有的在社会部类，有的在政治部类），但都作为志书的一级篇目来设置，体现出修志人员对社会发展态势及社会出现新问题的高度重视，篇目与时俱进，反映时代特色，以人为本、关注民生，逐渐成为修志工作者的普遍共识。《辛集市志》编者在志书中专设“社会保障”篇章的做法，进一步佐证了这一贴近时代、利于资治的先进修志理念。总括而言，“社会保障”在二轮续志中列为一级篇目还属少数，且入志资料记述的深度与广度还有待进一步开发，故而提出来，希望引起修志同人的重视。

十三、关于《居民生活》编的设置

二轮续志记述的时段正是改革开放取得成果最丰盛、也是经济与社会取得翻天覆地变化的时期，志书所记述的经济及社会各业的发展，最终还得体现在人民生活上面。这既是共产党的终极奋斗目标，也是国家发展的最终目的，就是要让人民生活得更幸福。“居民生活”单独立编，这在二轮续志编修人员中基本形成共识，而且在记述的深度与广度上，创造出许多成功的经验。“居民生活”立编（章），二轮续志所放位置大致有三种：一是放在人口之后，如二轮《萧山市志》《涉县志》；二是放在经济部类（首轮志书多数放在《经济综述》编中，以“章”的形式编排，因二轮续志手头较少，还未发现此类志书）；三是放在社会部类，如二轮《高安市志》。笔者倾向于放在社会部类，因社会部类编数较少，再者有的社会部类直接冠名“社会生活”，如《奉贤县续志》。“居民生活” 编（章）的撰写有一定的难度，仅靠政府部门提供的资料远远不够，还需要志办组织人员广征资料，开展深入的社会调查，如实反映丰富多彩的居民生活。在如何记述居民生活方面，河北省多部二轮市县续志进行了积极的探索，创出了许多值得借鉴的成功经验，是志即是其中的一种，值得他志借鉴。

（此文为纪念国务院《地方志工作条例》颁布实施10周年座谈会参会论文，中国地方志指导小组办公室，2018年5月，北京座谈会；复载《云南史志》2017年第1期）

新方志卷首内容设置的继承与创新

提要： 首轮与二轮新方志的卷首开篇内容设置，在继承旧志传统的基础上，创设概述之体，形成以概述、大事记合力统摄全志的新体式、新格局，并逐渐形成主流意识，广泛采用。为突出地域特色，有些志书在卷首分别增设了特篇、特载、特记、专记、史略、要记、撷萃、专题记述、要事纪略、前志简介等内容，且位置排列或前、或中、或后，挤占了概述与大事记的风头，或打乱了概述与大事记的有机联系。此种做法虽有创意，但多有可商榷之处，如体例名称的规范、统一；新增内容位置后移，以保证概述与大事记在卷首的主体地位；有些内容归入分志，等。通过科学合理编排，尽量使志书卷首内容达到规范、统一。体例的规范化，本身就是一种创新。志书的创新要行走在志体的轨道上。

关键词： 志书　卷首内容　设置　创新

新方志经过首轮与二轮 30 多年的编纂实践，其篇目设置基本定型，即开卷以概述、大事记统摄，政区篇打头，人物志殿后，中设各分志按自然环境、基础设施、经济、政治、文化、社会分门别类设编立章，尾缀附录、索引，成为比较系统、全面、完整的篇目结构。正如《地方志书质量规定》内容设置规定的那样，使志书内容记述达到了规范化的目的。然而用两分法来看，却又带来了“千志一面”的窘况出现。如何避免篇目雷同，而又能将各门类在志书中得到翔实、完满的记述，成为续志编纂人员刻力追求的目标，同时也把合理调整篇目结构作为突出志书地方特点和时代特色的首选要项。修志实践证明，凡在篇目结构上勇于创新的志书，大部分均取得了令人满意的效果。本文仅就新方志开卷上的创新，做一梳理与研讨，但愿修志人员能从中得到启迪与借鉴。

当然，篇目体例上的创新，由于受志书种种严格的基本原则和必须遵循的规范，不可能有大的突破和改观，它的创新，只能是渐进的、局部的。而且，蹈矩不易，创新更难。“改革带来风险，创新不易完善。”（魏桥《萧山市志·序二》）志书中的创新举动，肯定会引起多方的关注和议论。议论是一件好事，有助于志书的优化和方志事业的发展。“对连绵不断、与时俱进的方志事业来说，这种继承传统、解放思想、勇立潮头的修志精神，恐怕更是至关重要的。但凡因此，对二轮修志中出现的一些细微的改进或创新，都是难能可贵的，应该十分珍视。”（魏桥《萧山市志·序二》）

一、志书卷首的创新与突破

首轮志书的卷首，多以概述、大事记开篇，亦有少数志书开篇仅有概述，而把大事记移至志尾起检索作用。笔者曾对山西省首轮编纂的市县志书做过一个统计，在 126 部市县志书中，列有大事记的有 123 部（3 部未列），将大事记移至志书尾部的达70部、占57%，放在概述篇之后、正志之前的53部、占43%，大事记后置占到多数。造成这种情况的原因大致有两点，一是编者认为全志之首增设了概述篇，便以此认为概述篇是全志之纲，替代了大事记统率全志的功能，故而将大事记后置。二是对志书体例中设大事记的初衷不甚了解，只认为大事记仅起志书检索的功能。前者是认识上出现偏差造成的，而后者则是对志书原有体例即大事记的功能、地位、作用理解不清造成的。实则，两者均对大事记认识不足或不清而有违志书体例之规。在旧志体例中，大事记的作用是用一根时间的纵线将分散在志书中的大事要事贯穿起来，与志书中各分志的记事相“经纬”，起到纲举目张的功用。在旧志人的眼中，大事记是全志之纲，统辖全志。首轮新方志编纂中，众多学者感到仅靠大事记统领全志仍有欠缺，进而达成普遍共识，创设全志之首的概述篇，来弥补大事记统领全书不足的弊病。概述篇与大事记两相结合，统领全志，纲举目张，相辅相成，经纬交织，使志书体例又发展到一个新的阶面。

（一）首轮志书卷首内容的创新 首轮志书卷首内容的创新，首推概述篇的创设。20世纪80年代中期由董一博提出，经过志界热烈讨论而达成统一认识，概述篇与大事记合力成为新方志卷首的统摄篇章。两轮的修志实践也证明，这一体例上的创新是极为成功的，将志书的整体质量提升到一个新的层次。正如董一博所言，一篇好概述，当为志书增色五成以上。诚哉斯言。在30多年的新方志编纂中，卷首设置概述篇与大事记成为主流做法。当然，除此之外，亦有少数志书对卷首内容还进行了探索，虽未得到多数志人的认可，但其勇于探索的精神尤值得肯定和赞赏。

一是在“概述”篇上变革，可称之为“概述”篇的变种。如1993年版《临猗县志》改“概述”为“概览”，其写法自成一家。该志分为上、下两编，上编为“概览”，下编为各分志。“概览”设“县情述要”“经济总览”“当代人物”“前景展望”4章。全编占60个页码，合计为90000字篇幅，虽有创新，但不得要领。依笔者愚见，该“概览”似有几点值得商榷：其一，第一、二章当属“概述”记述的内容，如将此两章文字合并，则是一篇不错的“概述”。其二，“概述”一般均不分章，应是一篇统领全志的宏文策论，现文字、表、图、彩照混用，编排显得杂乱无章，且篇幅太长，有失设置“概述”之初旨。其三，“概览”加载“当代人物章”似有所不妥，列入正志“人物”篇才为妥切。其四，论文入志，不合志规。其五，文件入志，应入志尾的“附录”或“文献”编之中，入“概览”者绝无仅有，入“附录”更符合志体。其六，概述入编的系列，在首届修志之初偶有，如山西首轮率先出版的《武乡县志》即为“概述”篇入编的系列，其后经修志同人对概述篇认识的深化，概述均不再入编的系列。《临猗县志·概览》不仅入编，且分为多章，显得杂乱无序，不得要领。

1985年版《黄梅县志》正文无卷首内容，是将“概述”列为第一篇，占12页、9400字篇幅。内容有地理位置、建置沿革、行政区划、人口、县治5门。该志做法与前述《临猗县志·概览》相似，但内容仅限于地理概貌，较《临猗县志·概览》简洁了许多，仅及十分之一。“概述”内容单薄，难以担当统领全志的重任，似乎改为“地理”更恰切。该志出版较早，是“概述”篇入编系列的实例之一，可为研究新方志篇目体例发展史提供例证。

1994 年版《太原市南郊区志》是将“概述”改为“概说”，“概说”文字与彩照有机地结合起来，二者形成合力，文与照的能量得到最大限度的发挥。“概说”共 28 个页码（16 开），文字 5700 余字，居左版的左侧；照片 98 幅，排在左版的右半部分及右版的全部。“概说”文照结合，二者相辅相成，互为深化，增强了志书的可读性与可信性。既有继承古“图经”的痕迹，又是创新新“图经”的雏形，为新方志概述的撰写形式与格局创造出新鲜的经验。

二是以“特篇”的形式，列于正篇之首，使卷首内容得到扩充，立足反映地方特点和时代特色。2004 年版《天津经济技术开发区志》在卷首设“特篇”，内容为“邓小平视察天津开发区”，排在卷首综述与大事记之后、正篇之首。在新方志编纂中，正篇之外又设“特篇”，可谓该志在篇目设置上的一大创新。该文仅 4000 余字，然编者高屋建瓴，可谓志书的点睛之笔。邓小平是中国改革开放的总设计师，仅在开发区建设 1 年零 8 个月，便亲临该区视察，由此可看出党中央对天津经济技术开发区的高度重视与殷切期望。正是在这种关怀与期望的精神激励下，开发区才能取得今天的辉煌成就。“特篇”之文，也正是志书的灵魂所在。编者立意之高，不同凡响。与此同类的还有，如 1993 年版《兴县志》于人物篇之后设“外编：晋绥根据地政要纪略”，2000 年版天津《和平区志》于人物篇之后设“附篇：英美日天津租界始末”。特篇、外编、附篇虽与分志同名，但不入篇（编）序号系列，别有创意。

三是以“特载”的形式列于卷首。1999 年版《兰考县志》在卷首概述、大事记之后设特载“党和国家领导人在兰考”。兰考作为国定贫困县，将党和国家领导人视察兰考的内容从大事记中抽出，以“特载”的方式集中编排，并置于卷首位置，体现出党和国家领导人对贫困地区人民的关心以及对脱贫工作的高度重视，使读者感受到生活在祖国大家庭的温暖。

四是在卷首增设“史略”篇，将史体引入志书，强化一地域历史发展状况的综合记述。1995 年版《淮阴市志》在总述篇前设“史略”篇，史略前设无题序“引子”，内设“古代的淮阴”“近代的淮阴”“现当代的淮阴”3 章。“史略”记述叙议结合，展现出淮阴数千年的历史画卷，使读者对淮阴的悠久历史有了明晰的回忆，进而从久远的历史陈迹中，寻求到服务于现实的智慧和力量。同时，通过这些历史上留下的闪光印迹的内在联系，反映淮阴地域历史发展历程，使志书形成“纵述历史，横陈现状”的新格局，古今勾连同述，既免简单重复之虞，又无割断历史之虑。

五是在卷首增设“撷萃”篇。首轮天津《河北区志》于概述篇之后设“撷萃”篇，内设“孙中山在河北公园发表演说”“李大钊在北洋法校求学”“中国近代文化大师李叔同”“周恩来与觉悟社”等20目。记述方式与专记相同，属于未标专记名称的专记篇。

六是在卷首增设“纪略”篇。1986年版《宁都县志》在卷首概述与大事记之间设“苏区纪略”篇，14000余字篇幅，前设小序，内设“毛泽东、朱德、陈毅率红四军转战宁都”“粉碎一至四次围剿”“宁都起义”“建立第一支无线电通讯队”“苏区中央局和中央革命军事委员会成立”等12目。1993年版《瑞金县志》在卷首概述与大事记之间设“红都纪略”篇，35000余字篇幅，前设小序，内设“中国共产党苏区中央局”“中国共产党苏区第一次代表大会”“第一次全国苏维埃代表大会的召开和中华苏维埃共和国临时中央政府的成立”“中华苏维埃共和国中央政权机关及其组织系统”等18目。宁都、瑞金都是红军最早建立的井冈山革命根据地的组成部分，两志均以“纪实”立篇，并置于卷首，彰显出令人钦佩的地域特色。

（二）二轮续志卷首内容的创新 二轮续志多沿袭首轮志书的做法，卷首内容既有特载、特记、专题记述、专记，同时还增设了“前志概要”（或称“前志述略”“前志简介”）等篇章，作为“断代体”续志接续前志历史内容的专篇。

一是“特载”篇。2008年版《锡山市志（1986—2000）》在卷首总述与大事记之间设“特载”篇，内容有“党和国家领导人视察”“中国农村综合实力百强县评比‘三连冠’”“建置区划调整”3项。2005年版《丰宁满族自治县志(1991—2000)》在卷首总述之前设“特载”篇，内容有“丰宁满族自治县隆重举行成立10周年庆典”“朱总理来到咱丰宁”“温副总理进农家”“凤凰之歌（记当代著名诗人郭小川）”4篇专记。2篇记领导视察，1篇记事，1篇记人物。

二是“特记”篇。2009年版《余庆县志(1988—2005)》在卷首概述、大事记之后设“特记”篇，内容有“构皮滩水电站”“四在农家”“计生养老”“今日城镇”“平安创建”5篇。2013年版《莆田市志（1991—2005）》在卷首概述与大事记之间设“特记”篇，内容为“党和国家领导人视察莆田”。

三是“专记”篇。2012年版《涉县志(1991－2011)》在卷首总述、大事记之后设“专记”篇，内容有“李长春考察指导涉县精神文明建设工作”“涉县抗击‘96·8·4’特大洪灾”等6篇专记，均为断限内21年间发生在涉县境域的重要事件。6个事件在大事记中已有记载，此处再次集中采用专记加以突出，似无必要，其中5条在大事记中稍加文字扩展记述即可；只有“抗击‘1996.8.4’特大洪灾”事件连续时间较长，作专题记述能够成立，似可放入“自然环境与环境保护·自然灾害章”中更为恰切。

2007年版《汶川县志(1988—2000)》在卷首概述、大事记之后设“专题记述”篇，内容有“全国初级农村电气化县”“六·一五洪灾始末”“率先在全州实现基本普及九年义务教育和基本扫除青壮年文盲”等14个专题，13000余字篇幅。2009年版《南海市志（1979—2002）》在卷首概述、大事记之后设“专记”篇，列有“江泽民、朱镕基视察南海信息化建设”“南海信息化建设”“南海农村土地股份合作制”“南海个体私营经济的发展”“南海企业改革”5篇。2006年版《长汀县志（1988—2003）》在卷首概述、大事记之后设“专记”篇，列有“历史文化名城”“客家纪略”“‘八八’洪灾救灾纪略”3篇。

四是“史略”篇。2010年版《舟曲县志（1991—2006）》在卷首概述、大事记之后设“人地关系史略”板块（全志共设11板块），内设上古至元、明清至民国、新中国成立后至改革开放三章，11000余字篇幅，按章、节、目体例记述舟曲的历史概况。2011年版《义乌市志》在卷首概述与大事年表之间设“史事纪略”篇，80000余字篇幅，分列“置县前的历史线索”“秦汉至五代十国时期”“宋元时期”“明清时期”“中华民国时期”“中华人民共和国成立后”等6个历史时期，选择各时期一些重大历史事件加以记述，史论结合，展现出一幅义乌从古至今数千年的历史画卷。2009年版《正定县志（1986－2005）》在卷首总述、大事记之前设“历史纪略”篇，全文3700余字，内设历史沿革、三关雄镇、文化名城、临济祖庭、商业重埠、文化名人等6目，侧重反映历史人文特色内容。

五是“前志简介”篇。2016年版《任丘市志（1988—2008）》在卷首概述、大事记之前设“前志简介”，4000余字篇幅，对1993年版《任丘市志》作了简要介绍。2013年版《兰州市城关区志（1991－2005）》在卷首概述、大事记之前设“前志述略”，2400余字篇幅，对2000年版《兰州市城关区志》作了简要介绍，侧重介绍篇目、编纂方式，地方特色等内容。

六是不标体裁，只标篇名，实为专记。2009年版《泰安市志（1985—2002）》在卷首概述、大事记之后设“党和国家领导人视察泰安”。2007年版《天台县志（1989—2000）》在卷首概况与要事纪略之间设“天台山文化”篇，为地方历史文化的专题记述。2004年版《川沙县续志（1986—1992）》卷首总述、大事记之后设“参与浦东开发开放纪实”篇，为经济方面的专题记述。

七是“要事纪略”篇。2008年版《东营区志（1988—2008）》在卷首概述、大事记之后设“要事纪略”篇，以条目形式分列“东营商贸园建设”等10个专题，侧重于经济、城建两方面内容，实为以纪事本末体记述要事，与专记无异。

二、卷首增设内容辨析

从上述示例可以看出，卷首内容除概述、大事记之外，既有概述篇的变体，又增加了多种，以“特”立篇的有特篇、特记、特载，以及专记，党和国家领导人视察，史略，要事纪略，前志简介（亦有前志述略、前志概要、前志概略、前志概况等称谓），等等。

（一）*名称辨析* 卷首新置的特载、特记、专记，其实都是由专记演化而来。何为特载？特别记载也。在传统志书中，并无“特载”这一体裁。首轮新方志编纂中，少部分志书借用他书的体裁，反映地域亮点，可称之为是在志书体例和篇目设置上的一种创新。特载的内容，与特记、专记并无二致，都是用纪事本末体，对地域内发生的重要的、影响巨大的、最具地方特色的事物，进行深层次、全方位的记述，通过编辑的精心加工，集中编排，单独立篇，设于卷首，使时代特色和地方特点得到完满展现，起到突出的宣传效应，继而大大增强了志书的史料性、可读性，以及进一步加深了对地情记述的广度与深度。严格来讲，特载之名虽然借鉴于他书，但即已入志书，它就要符合志体，而且从它的内容到形式，应属于专记的一种，是专记中升格至一级类目归于卷首的一种特殊的类目形式。特载就是特记，无论体裁、内容、写作方式等都基本一致，将特载改为特记，其命名似乎更符合志书的体裁。特记是专记的升格，即从专记中选取最大的最能突出地域特色的事物或事件，放在卷首显示其重要而突出，进而改变名称，升格为特记。实际上专记不改变名称，亦可放置于卷首，所举上述示例中的《涉县志（1991—2011 ）》《汶川县志（1988—2000）》《南海市志（1979—2002）》等即为明证。以此看来，不论放在志书中的何处，还是统一称为专记比较恰当。假如志书正文中插有零散专记篇章，或志尾单独设有一级篇目的专记篇，为以示区别，那么放在卷首的称之为特记就顺理成章了。

史略体裁引入志书，肇始于台湾省 20 世纪 60 年代撰修的《台湾通志稿》。该志在卷首曾设置“史略”篇，为方志编修引入新的体裁，给首轮修志工作者以启迪，故而也学习效仿，在新方志卷首除概述、大事记之外，又增加“史略”篇。史略立篇确有创意，但在两轮志书中应用较少，作为志书引入史体的一种新格，还有待实践的检验。史略能否担当起统摄志书的功用，关键在写法。如前举四例中，《淮阴市志》《舟曲县志（1991—2006）》《义乌市志》按历史分期记述，展现不同时期当地经济与社会的发展概貌，给人以较完整的印象。《正定县志（1986—2005）》则是展现当地的历史文化特色，该类内容完全可以在概述篇中记述，另立门户似有越级之嫌。当然，史略引入志书，其篇幅的把握也是难题之一，篇幅大了，似有与分志内容重复的弊病，即使不重复，亦有与分志争抢资料的嫌疑；篇幅小了，又有难于立篇的尴尬。如前述《义乌市志》80000 余字篇幅，《舟曲县志（1991—2006）》11000 余字，《正定县志（1986—2005）》3700 余字，篇幅相差极大，如何调和上述矛盾，颇费周折。

要事纪略，与专记同类，以纪事本末体记述大事要事。纪略是沿袭旧史志的名称，而专记是新方志中出现的新体裁，也可称之为是纪略的翻版。所不同的是，专记即可单篇随文插排，多篇集中立编，即纪事可大可小；而要事纪略只能集中立编。纪略的内容多是政治军事类，一般记述时间跨度较长、具有综合性、社会性、全局性的内容，解决现有志书对综合性、多部门性内容记述不够的问题。首轮志书多有将要事纪略集中立篇（一级篇目），如 1993 年版《定襄县志》设“要事纪略”卷，1993 年版《垣曲县志》设“政事纪略”卷，1993 年版《都安瑶族自治县志》设“解放后重大政事纪略”篇，1994 年版《阳城县志》设“要记·丛谈”篇，1994 年版《象州县志》设“1950 年后重大政事纪略”篇，1996 年版《咸阳市志》设“要事纪略”编，2002 年版《环江毛南族自治县志》设“重大政事纪略”编，2008 年版《东营区志》设“要事述略”篇等。亦有从大事记中分离出另立篇目，与大事记并列卷首，如 2013 年版《临汾市志》卷首设概述、大事记、要事纪略，

2011年版《晋城市志1985—2008》卷首设综述、市情基本数据表，内设大事记，分为上篇“大事编年”，下篇“要事本末”两篇。2013年版《萧山市志》卷首大事记，分类列有“萧山要事”“领导视察考察”“外国及港澳台宾客访问萧山”等3个专题。设置要事纪略篇，首轮志书主要是为集中记述新中国成立后的历次政治运动，或新中国成立前后的重大政事而设的专篇；二轮续志或弥补历史要事，或历史要事与改革开放以来经济与社会中的要事合记，或单记改革开放以来的大事要事，记述的面要更开阔一些。

“党和国家领导人视察”篇。2009年版《泰安市志（1985－2002）》卷首的“党和国家领导人视察”篇，设纪略1篇，其后21篇领导人视察只立内容标题，不以专记命名，与概述、大事记并列，有体例不一致之弊。“党和国家领导人视察”实为专记，加上“专记”字样，似乎更为完满。此类例子首轮就有，1986年版《武乡县志》设“抗日战争和解放战争时期的革命斗争”篇，1994年版《榆林地区志》设“毛泽东转战陕北”篇，1990年版《常熟市志》设“日本侵略军暴行”篇等，虽未以专记命名，实为专记。体例上的统一并非小事，它是体现志书严谨性的标志之一。

前志简介，是二轮续志为勾连前志专设的篇章，放在卷首，亦有补断限前内容之意。本意虽好，但内容如何把握、篇幅如何控制，编写到何种程度为佳，其位置如何摆放，颇费周折，实难掌控。也有人称其为赘疣，不利于续志自身的独立性与完整性。虽续志编修之初有人提出此建议，但在二轮续志中实践者较少，而令人满意的篇章更少，故而多数志书未采纳。

（二）卷首内容的位置排列 旧志卷首统摄全志的篇章仅有大事记一种体裁。也有些志书把帝王有关的墨迹，如亲笔手诏、御札、诗文、匾对之类内容，列为“宸翰”“宸章”等篇章，放在卷首，以显突出。如清光绪《九华山志》卷首设有“宸翰”，民国甲戌重新鉴订《九华山志》“凡例”曰：“旧志，作于帝制时代，故以宸翰列首，媚兹一人也。”道出《九华山志》“宸翰”列首的缘由。在封建时代，认为这个内容很重要且不好归类，故置于卷首，一是为了突出该事物，二是解决分类记述上的困难。其中也是皇权至上的思想在方志中的表现，既有敬畏皇权的意图，又有免受皇帝忌讳和文字狱影响的私念。志首设置尊君门类始于雍正朝。如雍正《畿辅通志》，其首就设有“诏谕”“宸章”二门，其后的同治、光绪两部《畿辅通志》卷首均设有“宸章”。至乾隆朝，此种做法迅速增多，如《江南通志》首卷设“诏谕”门，《宁夏府志》卷一设“恩伦纪”门，《景州志》卷一设“宸章”门，《开化县志》卷一设“圣谕”等。其中践行最力者当数章学诚，他不仅在《和州志》首设“皇言纪”，在《永清县志》中设“皇言纪”“恩泽纪”，在《湖北通志》中设“皇言纪赞”，而且还在理论上进行倡导。他认为，志首设置“皇言纪”是继承《春秋》之义的应有之义。（章学诚《和州志·皇言纪序例》）自乾隆后，志书设置此类门目渐趋普及。至道光间，由于受西学思想冲击，志书设置此类门目才骤然减少。志书设置此类门目，纯属封建糟粕，故至

民国，则被修志界所摒弃。（韩章训语）

三、卷首内容须正本清源，向志体靠拢

志书卷首内容除概述、大事记之外，其他新增加的项目，如前志简介、特记、专记、史略、纪略、党和国家领导人视察等，笔者以为，所放位置均应排在概述与大事记篇之后，因概述与大事记是统摄全志的最重要的篇章，其他新增项目均无法取代二者的这一功能；再者，新增项目只为突出地方的人文历史特色或彰显地方最有特色的事物，它们亦在概述与大事记篇的统摄之下，故卷首内容编排，概述与大事记篇居前，其他内容排后，应是卷首内容科学、合理的排列次序。前述示例中，新增项目或放于概述篇前，挤占了概述的位置；或插于概述与大事记中间，打乱了概述与大事记的有机结合，显得杂乱无序。从前述示例中亦可看出，新增项目置于概述与大事记篇之后还是占多数，体现出多数志人对这一问题的一致认识，笔者以为似可作为卷首内容排列的标准和法则。

当然，从严密志书体例考虑，卷首内容还是以简洁为上为佳，仅保留概述与大事记两篇足矣，其他项目还是归在正文中较合情理。特记、专记、纪略、党和国家领导人视察，以及重大事件、特色事物等内容，既可在正文中单列一级篇目，亦可随文插排，只要撰写到位，同样能在志书中突出、彰显出来。此类例子不胜枚举。2003 年版上海《南市区续志》设第三十九编“特载”，2005 年版《上海通志》设第四十六卷“特记”，2012 年版《赤水市志（1986—2006）》在人物之后、附录之前设“特记”篇，2004 年版《未央区志》在人物之后设“专记”篇，1989 年版《紫阳县志》设卷一“县史述要”，1993 年版《定襄县志》设卷二十一“要事纪略”，1994 年版《象州县志》设第十六篇“1950 年后重大政事纪略”，1996 年版《咸阳市志》设第六编“要事纪略”，2000 年版《北辰区志》设第二十一编政情要略，2002 年版《环江毛南族自治县志》设第五编“重大政事纪略”，等。也有在大事记后附设专记篇的，如 2013 年版《应县志（1986—2008）》在卷首大事记之后设“附：应县历史大事撷要，应县解放后重大事件撷要”。也有将党和国家领导人视察内容放在卷尾的，如 2010 年版《黄山市志》在人物之后设“专记杂记”篇，将“邓小平视察黄山”“江泽民视察黄山市”列于专记篇之中。

志书卷首内容的突破，其出发点是为彰显地方特色，从宣传角度上考虑，由于位置醒目，可称之突出到位了。然而，志书编纂绵延千年，旧志中统摄全志的仅有大事记一种体裁，首轮新方志创设概述篇，与大事记合力统领全志，为大多数志人认可，此种体式一直延续到二轮志书编纂之中。客观地讲，志书体式在一段时期之内相对处于稳定的状态，尽量把精力放在体例、体裁、内容、记述方式等的规范化上，极有利于提高新方志的整体质量。要求“规范化”，本身就是志书的一种创新。从已出的续志看，不符合《地方志书质量规定》的问题多多，真正做到规范化，还有很长的路要走。地方志姓“志”，凡入志书的都要符合志体，如脱离了志体，也就不称其为地方志了。当然，“规范和标准并不拒绝创新，‘规范’本身也包含极大的活动空间，不是束缚和限制。在这些规范的舞台上完全可以驰骋编辑的才华。应该把地方志的体例和规范看作一个开放的系统，而不是囿于固定的封闭樊篱。”（缪小咏《期盼更多富有个性和灵气的新方志》）“继承如果没有创新的支撑，不可能行之久远；创新如果没有继承的底蕴，不可能做到真正的创新。志书以实用为归，以查阅方便为求。”（雷坚《对续志框架结构的思考》语）

“党和国家领导人视察”内容，是否非得放在卷首，值得思考。新方志提升党和国家领导人莅临视察内容的位置，置于卷首，看似继承传统编修方法，实有崇上媚上的思想在作怪。《秦皇岛市志》在卷首设有“党和国家领导人莅秦”篇，与他地相较具有特殊性，因为北戴河既是党和国家领导人的修养之地，同时也是研究、商讨国家大事的场所，体现出秦皇岛在国家政治生活中的重要地位。而其他地区增设此类项，却有所不妥，君不见，凡立此项的多为经济发达和国内著名旅游景点，贫困地区极少有众多党和国家领导人频繁莅临视察之事，贫困地区除非发生重特大自然灾害事故（如1998年南方特大洪灾、汶川“5·12”特大地震灾害等突发事件），才能出现此类情况。如《兰考县志》专设特载“党和国家领导人在兰考”，是因兰考出了“焦裕禄”这个先进典型人物之故，具有特殊性。笔者以为，某些市县确有众多党和国家领导人频繁莅临视察之事，还是分散记述在大事记篇中为好，如将“党和国家领导人视察”集中归纳立篇，放在志尾“专记”篇中尚可。2010年版《黄山市志》在卷尾设“专记杂记”篇，将“邓小平视察黄山”“江泽民视察黄山市”列入“专记”篇中；若未设“专记”篇，放在志尾“附录”篇中亦可，如2014年版《朔州市朔城区志》就将“领导视察”栏目照片（36幅）列入志尾的“附录”篇之中。顺便提及卷首集束彩照中有关领导人视察照片的应用，在新编志书中多有此类照片刊载，在反腐斗争中，腐败官员倒下了一大批，从已出志书中多有腐败官员的嘴脸以正面现象展示给读者，事后发现已追悔莫及。实际上中宣部早对公开出版物上刊登党和国家领导人照片做出硬性规定，需上报审批方可，实际上即表明党中央对领导人照片的慎用态度。修志人员要解放思想，放下包袱，不唯上，不唯官，消除“官本位”思想，眼睛向下，面向大众，把领导人活动照片剔除在志书之外，是最佳的选择。

卷首内容如果形成大事、要事扎堆，容易破坏志体的系统性、严谨性、完整性。笔者以为在卷首增添内容，一定要权衡利弊，慎重为宜。特别是在卷首扎堆设置“特载”“专记”是不可取的。志书采用的是分类记事的传统编纂形式，凡能归入正文内容的篇章，就没有必要排到卷首挤占概述与大事记的风头。但凡卷首增添内容，必须认真加以考虑，是否符合志书的体例和编写方法。

（原载《地方志转型升级理论与实践探索 第七届中国地方志学会学术年会论文汇编》，中国地方志指导小组办公室、中国地方志学会编，2017年5月·重庆）

新方志分志首编内容的设置与创新

提要：新方志分志首编内容的设置，或政区、或建置、或环境，基本形成一种定式，虽给志书走向规范化带来了便利，但使篇目出现千志一面的雷同现象亦引起志人的反思，进而在志书第一编内容的设置上进行了大胆创新。本文从修志实践中归纳出五种创新模式：以历史文化开编，弘扬地域特色文化；以物质遗产开编，彰显地域人文史迹；以“名片”形式开编，突出地域最大亮点；以“史略”形式开编，展现地域历史画面；以同类归并形式开编，体现篇目个性特征。这种创新模式值得肯定。它利于突出地方特点，利于增强可读性，为新方志紧跟时代步伐，适应读者需求，扩大社会影响力多有益处。

关键词：志书　第一编　创新　突出特色

新方志经过首轮与二轮30多年的编纂实践，其篇目设置基本定型，即卷首以概述、大事记统摄，政区编打头，中设各分志按自然环境、基础设施、经济、政治、文化、社会分门别类设编立章，人物志殿后，尾缀附录、索引，成为比较系统、全面、完整的篇目间架结构。正如《地方志书质量规定》内容设置规定的那样，使志书内容记述达到了规范化的目的。然而用两分法来看，却又带来了“千志一面”的窘况出现。如何避免篇目雷同，而又能将各门类在志书中得到翔实、完满的记述，成为续志编纂人员刻力追求的目标，同时也把合理调整篇目结构作为突出志书地方特点和时代特色的首选要项。修志实践证明，凡在篇目结构上勇于创新的志书，大部分均取得了令人满意的效果。“在新方志的一些指导性文件和规定中，对新方志所包含的自然、经济、政治、文化、社会等方志的‘要素’作了必要的规范和说明，但这并不是对志书篇目的死板规定，更不是对排列次序的硬性规定和要求一律，而更多的是指新方志所包含的门类和主要内容。我们完全可以根据当时当地特点，根据编纂指导思想和体例篇目的设计需要，创新求变，脱颖而出。”①本文仅就新方志在第一编（卷、篇、板块）上的创新，做一梳理与研讨，但愿修志人员能从中得到启迪与借鉴。

首轮志书创设概述篇，概述篇与大事记合力担当统摄全志的作用，虽得到大多数志人的认可，但对概述篇是否入编，在首轮志书编纂前期尚有争议，未完全形成统一认识，对概述篇功能的认识尚有差距，同时受旧志立卷不受门类限制的影响，故而将概述篇列入编的系列。笔者查阅了山西、陕西两省首轮市县志书，将概述篇列为第一编的，山西有2部，占总数126部的1.6%；陕西有5部，占总数106部的4.7%。具体以出版时序排列如下：

①缪小咏：《方志工作者与地方志文化先觉》，《江苏地方志》，2013年第6期。

1986 年版《武乡县志》第一编概述（第二编地理）；

1989 年版《紫阳县志》卷一县史述要（卷二“大事记”，卷三“行政建置”）；

1993 年版《临猗县志》上编概览，设县情述要、经济总览、当代人物、前景展望 4 章；

1993 年版《商南县志》第 1 卷概述（第 2 卷行政建置，第 29 卷大事记）；

1996 年版《渭南地区志》第一编总述（第二编行政建制）；

1999 年版《长安县志》第一编概述（第二编大事年表，第三编建制）；

2000 年版《长武县志》第一编县情概述（第二编大事记，第三编行政建置）。

在旧志体例中，大事记的作用是用一根时间的纵线将分散在志书中的大事要事贯穿起来，与志书中各分志的记事相“经纬”，起到纲举目张的功用。在旧志人的眼中，大事记是全志之纲，统辖全志。首轮新方志编纂中，众多学者感到仅靠大事记统领全志仍有欠缺，进而达成普遍共识，创设全志之首的概述，来弥补大事记统领全书不足的弊病。概述篇与大事记两相结合，统领全志，纲举目张，相辅相成，经纬交织，使志书体例又发展到一个新的阶面。然而，首轮修志前期，由于志首创设了概述篇，有些志人就认为概述篇是统摄全志的篇章，进而排斥大事记统摄全志的功能，把大事记降低为只起检索功能的从属地位，放入编的系列，或第一编，或最后一编，或干脆不入编而置于编之后。志书的正文是从概述篇起头的（即正文的首页），概述篇与大事记并列置于编之首，体现二者合力统领各分志的作用，从而显示出卷首位置的重要性。分志各编的排列是有规律性的。篇目的排列是否符合客观规律，是否合乎逻辑，是反映这志书思想性和科学性的重要标尺。大事记只要脱离开卷首的位置，它所拥有的统摄作用也就随之消失了。笔者以为，志书卷首还是以概述篇与大事记并列设置为佳，这也是新方志编纂开展 30 多年来大多数志人比较统一的认知，同时修志实践也交出了令人满意的答案。还是以山西、陕西两省首轮市县志书为例，把大事记篇列入第一编的，山西有 7 部，占总数 126 部的 5.6%；陕西有 12 部，占总数 106 部的 11%。具体如下（以出版时序排列）：

1987 年版《户县志》第一篇大事记略（卷首无概述，第二编地理志）；

1988 年版《代县志》卷一大事记（卷首无概述，卷二地理）；

1991 年版《岚县志》第一篇大事记（卷首引言，第二编建置）；

1991 年版《凤翔县志》第一卷大事记（卷首概述，第二卷自然环境）；

1992 年版《华县志》卷一大事记（卷首概述，卷二建置志）；

1993 年版《佛坪县志》卷一大事记（卷首总述，卷二行政建置）；

1993 年版《米脂县志》第一卷大事记（卷首概述，第二卷行政建置志）；

1994 年版《太原市南郊区志》卷一大事记（卷首概说，卷二自然环境）；

1994 年版《榆林地区志》卷一大事记（卷首概述，卷二地理）；

1994 年版《偏关县志》卷一大事记（卷首概述，卷二地理志）；

1994 年版《富平县志》第一编大事记（卷首概述，第二编行政建制）；

1995年版《繁峙县志》卷一大事记（卷首概述，卷二地理）；
1995年版《镇安县志》卷一大事记（卷首综述，卷二地理）；
1999年版《晋城市志》第一卷大事记（卷首概述，第二卷建置）；
1999年版《岢岚县志》第一编大事记（卷首无概述，第二编地理）；
1999年版《晋城县志》第一卷大事记（卷首概述，第二卷建置）；
1999年版《延川县志》第一卷大事记（卷首概述，第二卷行政建置志）；
2001年版《清涧县志》第一编大事记（卷首概述，第二编行政建置）；
2003年版《定边县志》第一编大事记（卷首概述，第二编建置）；
2004年版《杨陵区志》第一编大事记（卷首“综述”，第二编行政建置）。

地方志，顾名思义，是记载一个地方的从自然到社会、从历史到现状的资料性著述，地方特点是它的主要特征之一。没有地方特点，地方志也就没有了生命力。一部志书，有当地自己的独特之处，才算成功。如何在志书中突出地方特点，展示“人无我有，人有我优”独特的个性魅力，成为志人在志书编纂中着力追求的目标。虽然分志各编的顺序排列，一般是从志书整体的逻辑性、规律性出发的，它并不代表或反映分志在志书中的重要性，但为突出地方特点，给读者以最鲜明的直观的先睹为快的第一印象，适当调整分志之间的次序，将一地域中独特的内容前置于第一编的位置，有时会收到突破千志一面的较佳效果，进而增强志书的可读性。实践出真知，实践出理论。修志工作者在实践中进行了有益的探索，使分志第一编出现令人欣喜的景象。

一、以历史文化开编，弘扬地域特色文化

1990年版上海《青浦县志》第一篇以“崧泽文化”立篇（第二篇建置）。该篇的篇首无题小序对崧泽文化进行了详细阐释：“崧泽文化是以青浦县城东四公里处崧泽古文化遗址的中层文化为代表的一类新石器时代古文化。崧泽文化距今约4900—5800年，分布范围大致在长江以南、钱塘江以北、太湖以东地区。1959年崧泽村古文化遗址列为青浦县级文物保护单位。1961年开始至1974年的两次有计划发掘，共发现了崧泽文化时期墓葬100座，出土了大量玉器、陶器，发现许多居住遗迹、制作石器场地遗迹，还发现6000多年前的水稻种籽粳稻谷和籼稻谷，家畜猪、犬的骨筋。1982年全国考古学家在杭州举行的中国考古学年会上，认定崧泽文化是前承嘉兴马家浜文化，后接余杭良渚文化的一种太湖地区新石器时代具有一定典型性代表的文化。本县境内重固福泉山古文化遗址、大盈寺前村古文化遗址、蒸淀金山坟古文化遗址都发现有崧泽文化时期的文物。崧泽文化的发现对研究我国长江下游人类发展史，特别是太湖地区的原始文化和上海的古代史，提供了重要资料。”崧泽文化篇内设崧泽文化的特征和命名、崧泽文化的分布、崧泽文化时期人类的生产、崧泽文化时期人类的生活4目，后设附记福泉山古文化遗址发掘情况。从考古发掘中探寻出青浦地域璀璨的历史文化，放在第一篇突出展现，起到较佳的效果。

2010年版《萧山市志》第一编以“跨湖桥文化”立编，内设跨湖桥文化遗址、跨湖桥文化遗迹、跨湖桥文化遗物、跨湖桥文化研究与遗址保护 4 章。萧山建置历史有 2000 多年，而跨湖桥遗址，后被命名为跨湖桥文化，是新石器时代早期，距今 8000 多年，《萧山市志》把跨湖桥文化作为首编，置于建置之前，不仅内容靠前，而且内容详细，浓墨重彩予以记述，读者从中可以看到悠久的萧山历史，鲜明的萧山特点。

二、以物质遗产开编，彰显地域人文史迹

1996 年版《静安区志》第一编以“静安古寺”立编。该编的编首无题小序对静安寺进行了详细阐释：“静安寺是上海市的著名古刹之一，相传始建于三国孙吴赤乌年间，初名沪渎重玄寺。宋大中祥符元年（1008 年），更名静安寺。南宋嘉定九年（1216 年），寺从吴淞江畔迁入境内芦浦沸井浜边（今南京西路 1686 号），至今已近 780 年，早于上海建城。清末，寺成现今规模。民国 34 年（1945 年），书法家邓散木题额‘静安古寺’，沿用迄今。”该编内设历代变迁，建筑文物，佛事交往，经济事务，历史影响等 5 章、16 节，后设重建静安寺记、重建静安古寺碑记、静安八咏事迹、静安八咏诗选 4 篇附。

2001 年版天津《河东区志》第一编以“大直沽”立编。前设简述，内设历史沿革、海运与酿酒、庙祠、八国联军罪行与反租界斗争、考古、直沽史研究、直沽文献辑录、碑文与直沽诗选录、传说 9 章，后设当代学者专家论述、新闻报道篇名录、“直沽”书（文）篇名录 3 篇附录。编者挖掘出大直沽的深厚历史文化，为河东区地域的发展找到了源头，从中既显示出编者强烈的忧患意识，同时也反映出天津人民反对外侮的斗争精神。

三、以“名片”形式开编，突出地域最大亮点

2012 年版《宜兴市志》第一编以“城市名片”立编。编下分设 5 卷 22 章 64 节，232000 余字篇幅。第一卷中国陶都，设陶瓷文化，陶艺名人，陶艺精品，陶瓷经济等 4 章 15 节；第二卷教授之乡，设 “两院”院士、高等院校校（院）级领导、文艺名家、在宜兴工作享受国务院政府特殊津贴的专家、正高级职称人物 5 章 10 节；第三卷书画之乡，设队伍与阵地、书画活动、人物与作品 3 章 7 节；第四卷环保之乡，设产品生产、产品销售、技术开发、产业服务体系、重点企业选介 5 章 17 节；第五卷中国优秀旅游城市，设旅游规划、景区景点、市场开发、旅游服务、旅游管理 5 章 15 节，后设专记：宜兴建成中国优秀旅游城市。篇幅宏大，内容丰富，彰显出宜兴令人刮目相看的城市特色。

四、以“史略”形式开编，展现地域历史画面

1989 年版《紫阳县志》卷一以“县史述要”立卷。卷下以章领目，共 5 章 50 目。第一章自然概况（地理位置、地形气候、主要资源、县史分期 4 目）；第二章置县前的人类活动（史前文化遗迹、巴国经济掠影、秦汉之际的生产力、南北朝的短期偏安、唐宋的安定繁荣、朱元璋的“禁山”政策、巴山流民的定居和起义、置县缘由 8 目）；第三章明清时的山区开发（置县初期的人口、落后的刀耕火种，“茶马制”促进了茶叶生产，明代的教育状况，明末清初的大战乱，南方移民对紫阳山区的开发，商业与航运的兴盛，清代中期的教育和文化，有识之士的作为，“棚民”的境遇，地主阶级的巧取豪夺，白莲教大起义 11 目）；第四章民国年间的战乱与建设（哥老会反清起义，民生凋敝的三等县，兵连祸结，民无宁日，地方武装割据，红军的活动和国民党的“围剿”，农村经济枯竭，烟毒为患 30 年，平定地方武装，救亡运动，抗战期间的经济建设，稍有成效的禁烟，流亡知识分子对振兴紫阳教育、文化、卫生事业的贡献，节衣缩食，支援抗战，民国末年的阶级关系和腐败政治 14 目）；第五章新中国成立后的发展与徘徊（人民解放军进驻紫阳，获得解放的生产力，人民行使民主权利，经济、文化的迅速发展，1958 年以后的徘徊，“文化大革命”的严重后果，襄渝铁路建设及其对紫阳经济的促进，三中全会以后的蓬勃生机，全面增长的城乡经济，科教文化事业欣欣向荣，38 年的巨大成就，摆脱贫困面貌为当务之急 12 目）。以史述笔法，宏观展示紫阳由古及今的要事，经济与社会发展的脉络清晰。

2008 年版《酒泉市志》第一编以“历史沿革”立卷。内设先秦时期（酒泉早期人类活动、新石器时期、夏商周时期 3 节），秦汉时期（秦汉之际的酒泉社会状况、汉王朝对酒泉的开拓、酒泉地方行政机构的建立、汉代经济、汉代文化 5 节），魏晋南北朝时期（曹魏时代、西晋时代、东晋十六国时代、南北朝时代、魏晋南北朝时期的文化 5 节），隋唐时期（概述、建制、隋唐时期的经济、隋唐时期的文化与宗教 4 节），宋元时期（建制、宋元时期的经济、宋元时期的文化与宗教 3 节），明清时期（建制、明清时期的经济、明清时期的文化与宗教 3 节），民国时期（概述、建制、民国时期的经济、民国时期的文化、酒泉和平解放 5 节）等 7 章。“历史沿革”实与“史略”同类，按历史分期，以史体笔法记述地域经济、文化与宗教等发展概况。

五、以同类归并形式开编，体现篇目个性特征

新编志书开篇，已经不再是单独的地理篇、政区篇、建置篇、环境篇等，而是把两种以上的门类合并为一编，环境 • 资源 • 人口整合在一起，是我国各国开放时期被称之为“三项国策”在志书中的体现。境域、行政区划、人口的合编，是将地理门类中的内容分别标示、合为一编，既解决各编（分志）篇幅的平衡问题，又能够达到同类相融而互不排斥的效果，一般为中编体式的志书所采用的结构形式。从下面示例中可以看出，以 2—3 个门类居多。

有两个相近门类组合立编的：如 1992 年版《五寨县志》卷一建置人口，2006 年版《丰宁满族自治县志（1991—2000）》第一编区划环境，2007 年版《宣化区志（1994—2003）》第一卷居地 • 居民、2009 年版《邗江县志（1986—2005）》第一编政区环境、2011 年版《滑县志（1988—2000）》第一编环境与保护、2012 年版《河源市志》第一编建置 • 自然环境、2015 年版《张家口市志（1993—2008）》第一编建置与地理环境、2015 年版《嘉鱼县志（1979—2005）》第一篇区域环境、2016 年版《卢龙县志（1978—2002）》第一板块政区 • 人口。

有三个相近门类组合立编的：如 1993 年《扶风县志》第一板块建置、自然、人口，1996年版《闵行区志》第一篇建置·自然环境·人口，2003年版《南市区续志》第一编建置·人口·计划生育，2005年版《南汇县续志》第一编地理、建置、人口， 2010年版《大通回族土族自治县志（1986—2005）》第一篇地理、资源、政区，2011年版《上海市虹口区志（1994—2007）》卷一境域·行政区划·人口， 2011年版《义乌市志》卷一建置·环境·人口，2012年版《合肥市志（1986—2005）》第一编环境·资源·人口。

上述开编形式，是笔者在阅览志书中见到的。修志工作者的创新精神尤值得令人钦佩。当然，方志编纂提倡和鼓励创新，但创新就必定有风险，尤其是志书体例的创新风险更大，成功与失败并存。创新成功与否，还得靠实践来检验。

地方志是中华民族的文化瑰宝，但在信息化时代浪潮的冲击下，如想编修出好的志书必然要坚持创新。但创新不是完全打破传统，另起炉灶，而是要在继承优良传统基础上的创新，没有继承，也就谈不上创新。因此，“首先大家必须懂得，自己编写的是地方志，而不是其他别的著作。既然如此，就必须保持方志的优良传统和特色。如内容的广泛性、区域性、时代性、资料性等等，如果丢掉了这些传统和特点，那也就不成为地方志了。这些特点和传统是其他任何一种著作所无法取代的”[①]。

我们主张文化的多样性，地方志也可以是多样性，应当多种体例和方法共存。也只有在不同的编纂实践中，不断地总结、探索，才能产生更加适应新时代所需要的方志编纂体例和编写方法。因此，设计篇目结构必须充分考虑突出地方特点的问题。新志书提供的经验是从本地实际情况出发去布局谋编。各市县的地情千差万别，首先在篇目上要有所体现，展现出自己独特的个性。作为续志而言，突出地方特点和时代特点，要重在当代、突出当代，同时兼顾古代，历史资料不能偏废，无古就显不出今天的变化和地方的特点。在继承基础上不断创新，应该成为新一代方志工作者牢固的观念和神圣的使命。

总之，环境在变迁，社会在进步，城市在改观，生活在变化，而反映这些变化的地方志从内容到形式，从理论到实践也必然会不断变化。我们要在继承和发扬前人方志理论的基础上，认真总结已出志书的实践经验，并根据时代的发展，对志书的篇目体例进行大胆创新，增加过去没有过的门类和内容，改进传统的编纂方法，而不能死守教条，或把某位权威的话当作一成不变的金科玉律。要允许大胆地试，大胆地闯，多一点宽容，少一点禁锢；多一点理解，少一点指责；多一点百花齐放，少一点千篇一律。只有坚持创新，勇于创新，才能编纂出无愧于我们这个时代的佳志、良志。

（原载《2017年地方志与地方史理论研讨会论文汇编》，上海市地方志办公室、上海社会科学院历史所编，2017年9月·上海；复载《上海地方志》2017年第4期）

---

①仓修良：《方志学通论》，华东师范大学出版社，2013年版。

新方志“专记”体裁的应用与创新

提要：“专记”， 是纪事本末体在志书中的一种运用。它是分志中重要而又典型的事件，受分类束缚不能展开记述而采用的一种体裁。它不仅对志书内容起到上溯、下延的作用；还能起到补充和加强正文内容，延伸和发展志书体裁，活化和丰富志书版式，增强和提高志书的知识性、纪实性、可读性、趣味性，彰显志书的地方特点和时代特色。志书的体裁创新，可广纳百家之长，但要保持志体的基本特色，有利于志书功能的增强。专记既要有确切的内涵，以具体、鲜活、生动的资料去表述事物，又应服从于志书总体设计的安排，不能与分志内容重复记述。专记贵在记专显特，鲜而活、少而精，注重地域性，乃专记编纂的法则。只有科学、合理地应用专记体裁，才能使其起到应有的功能效应，志书的整体质量得到明显的提升。

关键词：志书　专记　应用

专记，是专题记述的简称， 属于志书七大体裁中的“记”体，是纪事本末体在志书中的一种运用。它是分志中重要而又典型的事件，受分类束缚不能展开记述而采用的一种体裁。专记是由旧志中的“略”“纪略”“纪要”“述要”等体裁演化而来，也有人认为专记来源于旧志的杂记，是对杂记体裁的继承、发展和创新。旧志实无专记之名，确有与专记相似之体。专记可称之为新方志在继承旧志传统体裁的一种创新模式。专记之体，大致出现在民国年间，民国方志已偶有将纪略内容列入专志的记述方式。如民国 22 年（1933）著名方志、史地学家吴宗慈主编的《庐山志》，就附有“抗战斗争史实”， 实际上是纪略体（专记体）在志书中的实际应用。当时有人认为山志记入政治性内容不伦不类，但今天看却有非凡的意义和价值。有些志书亦有相同类型的篇目设置，只是未称“专记”罢了。中指组在《关于地方志编纂工作的规定》中，把专题记述列为续志五个方面的内容之一。《地方志书质量规定》第三章体例中，更明确“专记设置因事制宜，选题严格，数量适度”。这是将“专记”以官方认可的方式，作为新方志编纂应用的体裁之一。实际上，因“专记”在突出地方特色和时代特点上显示出独特的效应，首轮新方志编纂期间便被志人认可并在志书中逐渐应用开来。二轮续志继承了首轮的做法，“专记”体裁的应用得到进一步深化，展现出夺人眼目的风采。

一、专记篇的体式

总结新方志专记篇的编纂经验，专记篇的体式大致有三种：一为多篇专题记述集纳为专记篇（卷、编），列入正编序列；一为多篇专题记述集纳为专记篇，单独立篇，但不入正编序列；一为分散设立的单篇小专记（一般插入正编的章节目之后），既凸显了地方的特色，又起到强化、引申、拓展正文内容之功用。

（一）集纳式专记，列入正编序列 专记在首届志书中虽有应用，但数量较少。首轮志书中哪家最先采用“专记”体裁，因手头资料不足，难以判定，笔者不敢妄言，还有待他人进一步考证。可以肯定的是，在省（市、区）级志书中最早设专记卷的，是2005年版《上海通志》。同时该志也是省（市、区）级志书中最早用专记体裁记述“文化大革命”运动的第一家。该志第四十五卷专记，设“文化大革命”纪略、地方志编纂、姓氏3章。三项内容各有特色，为志书增色不少。尤其在首轮志书记述新中国成立后政治运动“宜粗不宜细”指导的背景下，如实地将“文化大革命”运动分阶段记述下来，从中体现出《上海通志》编纂人员秉笔直书的史家风度，着实令人钦佩。首轮《山西通志》篇目原也设有“文化大革命”专志，由于受“宜粗不宜细”政治氛围及“左”的思想影响，最终取消了“文化大革命”专志，采取“宜散不宜集”的方式在大事记中交代了事。如今回想起来，实为憾事一桩。

由于修志人员对专记篇的应用形成较一致的认识，上海首轮市辖区县志近半数设置了专记篇，且均放在编（卷、篇）一级层次，志书的“集团效应”凸显，在首轮修志中形成上海志书的共性特色。1992年版《南汇县志》第三十七编专记，设泥城农民武装暴动，日军暴行，1949年抗台抢险救灾纪实，农业稳产高产经验，“文化大革命”十年纪略，抗击“七一一”龙卷风纪实5个专题。1994年版《普陀区志》第四十卷专记·附记：专记一，药水弄今昔；专记二，“文化大革命”；附记：敌伪军警恶霸罪行。1995年版《杨浦区志》第三十九编专记，设引翔古镇、叶家花园、复兴岛、国民政府与《大上海计划》、飞机楼、日伪炮制的“建设上海大都市计划”、侵华日军罪行录、上海鱼市场、杨浦大桥、“文化大革命”记略10个专题。1996年版《吴淞区志》第二十五篇专记，设吴淞地区革命斗争纪略、吴淞渔市、吴淞农村生产关系变革3个专题。1996年版《静安区志》第三十四编专记，设谢晋元孤军营、汪伪特工总部——极司非而路76号、中统局上海办事处——亚尔培路2号、金都大戏院事件、“文化大革命”记略、南京西路重大建设工程简介6个专题。1997年版《南市区志》第三十六编专记·附记，专记设上海小刀会起义、四明公所血案、上海工人第三次武装起义在南市、南市难民区、“文化大革命”、西凌家宅的变迁6个专题；附记设上海南火车站、南市九亩地2个专题。1997年版《徐汇区志》第三十二篇专记，设龙华风物、枫林桥记事、日本侵略军暴行、肇嘉浜变迁、“文化大革命”记事5个专题。1998年版《闸北区志》第四十编专记，设商务印书馆、东方图书馆、闸北地方自治、宋公园、上海大学、侵华日军罪行录、蕃瓜弄变迁、不夜城8个专题。1998年版《卢湾区志》第三十四编专记，设江南机器制造总局、法租界、法商电车电灯公司、客籍乡帮团体、抗战期间嵩卢损失辑录、青洪帮、烟赌娼、俄侨社区、大韩民国临时政府9个专题。

另有将“专记”升格为“特记”的。1991年版《松江县志》卷末设特记两篇，特记一为松江府记略（建府前史略，松江府时期，松江府棉纺织业，松江府田赋，松江画派5章）；特记二为“文化大革命”记略（“海瑞罢官”调查、批“三家村”，“红卫兵运动”，造反夺权与“派性”斗争，军队“支左”与“工、农、贫宣队”进驻上层建筑，“清队”“一打三反”“批林批孔”“反击右倾翻案风”6章）。1993年版《上海县志》第三十三篇特记（上），设1843年前上海县、1843—1928年上海县 2个专题；第三十四篇特记（下），设马桥古文化遗址、马桥文化，有关黄道婆及其影响的资料，龙华寺、塔，七宝皮影戏，淞沪警备司令部、龙华烈士陵园，抗日战争纪事，“文化大革命”纪事7个专题。2005年版《上海通志》第四十六卷特记，设上海租界（租界沿革，人口，立法、行政机构，司法机构，财政，武装，华人参政7节），上海外国侨民社区（上海犹太人社区、上海俄侨社区、上海日侨社区、上海韩侨社区4节），会馆（公所）、同乡会（会馆〈公所〉，同乡会2节）、帮会（组织，活动2节）、烟赌娼（烟毒，赌博，娼妓3节）等3章。1996年版《静安区志》第三十三特记，设建筑特色、展览业务、会务庆典、宾客接待、经营管理5章。

从上海首轮市辖区县志“专记”（包括“特记”）设的专题看，是把反映人民斗争精神的历史事件、日本侵略军暴行、“文化大革命”列为主项，并兼及地域重大历史事件、重要事物、重要历史人文等内容，多数为地域历史上人、事、物的专题集纳，钩沉历史，彰显特色，既反映出编者强烈的忧患意识，又增强了志书的知识性、可读性和历史传承性。

（二）集纳式专记，单独立篇，但不入正编序列 首轮北京部分市属区县志也设有专记篇，与上海专记在体式上有所不同，虽为单独立篇，但不入正编系列，而是放在正编之后。专题内容侧重于反映地域内发生的重大历史事件和重要历史人文内容的钩沉，进而凸显地方的历史底蕴和历史文化特色。2001年版《丰台区志》专记，设二七大罢工前后长辛店铁路工人运动纪事、七七事变前后纪事(1937年6月至7月）2个专题。2003年版《通县志》专记，设漕运、伪“冀东防共自治政府”、通县“四清”运动和通县地区“四清”大会战、曹雪芹墓葬刻石4个专题。2004年版《崇文区志》专记，设曹雪芹旧居遗址、金台书院、侵华日军1955部队、1994年至2000年崇文区国民经济和社会发展概况4个专题。2004年版《宣武区志》专记，设北京城发祥地、宣南会馆、宣南士乡、琉璃厂文化街、京剧的摇篮、北京老天桥、城南妓院7个专题。2005年版北京《东城区志》专记，设东交民巷——“国中之国”始末1个专题。

2004年版《未央区志》专记篇，篇首小序曰：为突出区情特色，对不宜入编的事物，本志特设《专记篇》以志。专记篇共收录驻区单位、名人佚事和古代名人咏未央选3个部分。其内容均从不同角度记述了曾发生在现辖境内的一些具有存史价值的人和事。同时着重记述了几位外国友人在本区的活动，以及在社会主义建设中站在时代前列，历经坎坷，呕心沥血，无私奉献，深受群众拥戴且具有代表性的人和事，以彰其业绩，激励后人。专记篇设驻区单位（发展概况、驻地分布、单位选录3目）、名人轶事（汉城遗址与斯诺，美国友人阳早、寒春在草滩农场、陈元方主持的《巨家庄调查》、陈万纪二三事4目），古代名人咏未央选3个专题。

（三）单项内容的专记篇 1993年版《子长县志》卷首概述、大事记之后，设中共中央在瓦窑堡。1994版《榆林地区志》在卷首概述、大事记之后，设毛泽东转战陕北。2004年版《川沙县续志》在卷首总述、大事记之后，设参与浦东开发开放纪实。2007年版《天台县志（1989—2000）》在卷首概况之后、要事纪略之前设天台山文化。1993年版《周至县志》设专载篇（卷尾附录之后），设军阀吴新田祸周、二曲县劫难随话歌、“文化大革命”、大白山神姿、来辉武和505神功系列医药保健品、周至县1990—1992年概要、大事系年。

在卷首增设“撷萃”篇。首轮天津《河北区志》于概述篇之后设“撷萃”篇，内设：孙中山在河北公园发表演说，李大钊在北洋法校求学，中国近代文化大师李叔同，周恩来与觉悟社等20目。记述方式与专记相同，属于未标专记名称的专记篇。

（四）体裁相同但名称不同的“专记” 除前文提到的附记、要记之外，与专记体裁相同但名称不同的还有多种，如特载、特记、特篇、纪略、记略、社会调查、专题记述、专题调查等称谓。如1987年版《渭南县志》军事志：主要兵事记略。1991年版《松江县志》特记篇：松江府记略。1992年版《洪湖县志》特载篇：自立军右军新堤起义始末，洪湖人民革命斗争纪要。1993年版《都安瑶族自治县志》解放后重大政事纪略篇。1994年版《广元县志》军事卷：三支两军纪事。1994年版《象州县志》专篇：1950年后重大政事纪略。1999年版《兰考县志》特载篇：党和国家领导人在兰考。2004年版《天津经济技术开发区志》特篇：邓小平视察天津开发区。2005年版《濮阳市志》特载：领袖与濮阳；专记：中华龙乡、革命老区、中部名城。2012年版《赤水市志（1986—2006）》特记篇：赤水·中国世界自然遗产、黔北年产20万吨竹浆纸一体化工程。

二、专记篇在志书中的位置

（一）列于卷首 首轮志书卷首内容的创新，首推概述篇的创设。20世纪80年代中期由董一博提出，经过志界热烈讨论而达成统一认识，概述篇与大事记合力成为新方志卷首的统摄篇章。两轮的修志实践也证明，这一体例上的创新是极为成功的，将志书的整体质量提升到一个新的层次。在30多年的新方志编纂中，卷首设置概述篇与大事记成为主流做法。当然，除此以外，亦有少数志书为突出地方特色，在卷首增加了新的内容，其中专记篇前置即为其中之一。2006年版《长汀县志（1988—2003）》在卷首概述、大事记之后设专记篇，列有历史文化名城、客家纪略、“八八”洪灾救灾纪略3个专题。2006年版《南海市志（1979—2002）》在卷首大事记之后设专记篇，列有江泽民、朱镕基视察南海信息化建设，南海信息化建设，南海农村土地股份合作制，南海个体私营经济的发展，南海企业改革5个专题。2007年版《汶川县志（1988—2000）》在卷首概述、大事记之后设“专题记述”篇，列有全国初级农村电气化县、六·一五洪灾始末、率先在全州实现基本普及九年义务教育和基本扫除青壮年文盲、率先在三州实现初级卫生保健合格县、金桥工程项目、“巾帼建功”活动、商业系统“国有民营”及“柜组租赁经营”、中国民间艺术之乡——西羌第一村、创建“万村书屋”、千乡村村通电视工程、成功实施科技兴县“六百六十万工程”、省级防震减灾示范县——汶川、省级历史文化名城——威州、领导干部“三讲”教育 14 个专题。2009 年版《南海市志（1979—2002）》在卷首概述、大事记之后设“专记”篇，列有江泽民、朱镕基视察南海信息化建设，南海信息化建设，南海农村土地股份合作制，南海个体私营经济的发展，南海企业改革 5 个专题。2009 年版《长丰县志（1986—2005)》在卷首大事记之后设专记篇，列有：长丰草莓，抗洪救灾，扶贫开发 3 个专题。2010 年版《舟曲县志（1991—2006)》在卷首大事记之后设专记特记篇，专记：“5．12”汶川特大地震抢险救灾纪实；特记：“8·8”舟曲特大山洪泥石流抢险救灾纪实，“8·8”舟曲特大山洪泥石流抢险救灾艺文。2012 年版《涉县志（1991－2011)》在卷首总述、大事记之后设专记篇，列有李长春考察指导涉县精神文明建设工作、刘云山考察指导涉县农村宣传文化工作、涉县抗击“8·4”特大洪灾、河北省纪念邓小平诞辰 100 周年活动在涉县举行、首届中国女娲文化节暨“女娲杯”全国民间歌舞精品展演在涉县举行、中央电视台“心连心”艺术团赴涉县慰问演出 6 个专题，均为断限内 21 年间发生在涉县境域的重要事件。6 个事件在大事记中已有记载，此处再次集中采用专记加以突出，似无必要，其中 5 条在大事记中扩展文字记述即可；只有“抗击‘8·4’特大洪灾”事件连续时间较长，作专题记述能够成立，似可放入“自然环境与环境保护·自然灾害章”中更为恰切。2015 年版《云霄县志（1998—2006)》在卷首大事记之后设专记篇，列有抗击“珍珠”强台风灾害纪实、打击制售假冒卷烟违法犯罪活动、将军山公园纪略、城市信用社停业整顿 4 个专题。

也有列于卷首，但将专记篇插于概述与大事记的中间。2009 年版《石城县志》在卷首概述篇后、大事记前设专记篇，列有白莲、烟叶、矿山机械制造、石城彩灯、石城砚（龙砚）、赣江源自然保护区、宝福院塔修复 7 个专题。此种做法有违志体。志书卷首内容除概述、大事记之外，其他新增加的项目，如专记、特记、史略、纪略、党和国家领导人视察等，所放位置均应排在概述与大事记篇之后。因概述与大事记是统摄全志的最重要的篇章，专记篇或其他新增项目均无法取代二者的这一功能；再者专记只为突出地方的人文历史特色或彰显地方最有特色的事物，它们亦在概述与大事记篇的统摄之下，故卷首内容编排，概述与大事记篇居前，专记篇或其他内容排后，应是卷首内容科学、合理的排列次序。专记篇插于概述与大事记中间，打乱了概述与大事记的有机结合；显得杂乱无序。从前述示例中亦可看出，专记篇置于概述与大事记篇之后还是占多数，体现出多数志人对这一问题的一致认识，似可作为卷首内容排列的标准和法则。

（二）专记设为第一级篇目层次，入正编系列 前述首轮《上海通志》及上海市属县区志所设的专记编（卷、篇），均为第一级篇目层次，并列入分志的系列，一般均放在正编的最后一编。2003 年版《南市区续志》第四十编专记·附记·附录，专记设区建设委员会《关于实施“M 工程”的调研报告》（摘要），区工商联关于发展私营经济的调研报告（摘要）2 篇；附记设上海市黄埔军校同学会南市区工作委员会、求志书院史料陈列室 2 篇；附录上海老城厢之最，内设上海历史上最大的城墙、最早的民选政府、最大的残疾人福利机构、最早的火警瞭望楼、最早的天主教堂等 30 篇。2003 年版《黄浦区续志》第四十编专记，列有优秀近代建筑、外滩广场音乐会、大世界基尼斯 3 个专题。

（三）单独立篇，不入正编系列，排在正编之后 前述首轮北京部分市属区县志的专记篇，均为单独立篇，不入正编系列、排在正编之后。2007 年版《江汉区志》在人物编之后设专记篇，列有：武汉国民政府，农业，龙王庙 3 个专题。2007 年版《奉贤县续志》在卷尾设专记篇，列有奉贤撤县设区、奉浦大桥筹建始末、洪庙农民城、万家富工程 4 个专题。

2009 年版《杨浦区志 1991—2003》在卷尾设专记篇，列有国歌，从这里唱响；杨浦知识创新区建设；杨浦区 365 旧区改造 3 个专题。2010 年版《上海市长宁区志（1993—2005）》在人物编之后设专记篇，列有凝聚力工程建设、长宁法院少年法庭 2 个专题。

（四）多篇小专记，分散插入正编的章节目之后 此为志书中应用专记最广的一种方式。2014 年版《扬州市志（1988—2005）》在志书中增设了 10 篇专记，均为发生在扬州市 18 年中的 10 件重大事件，分别为扬州市获得“国家环境保护模范城市”称号（环境保护篇）、扬州市获得“国家园林城市”称号（风景园林篇）、润扬长江公路大桥、宁启铁路扬州客运站（交通运输篇）、南水北调三阳河潼河宝应站工程（水利篇）、“淮扬菜之乡”（社会服务业篇）、扬州市获得“中国优秀旅游城市” 称号（旅游业篇）、朝鲜劳动党总书记金日成访问扬州、法国总统希拉克访问扬州（人民政府篇）、扬州市连续获得“全国双拥模范城”称号（民政篇）、2003 年扬州市防控急性传染性非典型肺炎工作纪实（卫生篇）。其中 4 篇为扬州市获得的国家最高城市荣誉，3 篇为经济建设中的重大成就，2 篇为外国元首到访，1 篇为关系民生的防控传染性纪实，从不同视角展现扬州人民的奋斗足迹。

2014 年版《苏州市志（1986—2005）》正文中穿插了 9 篇专记。专记的编排，采用紧跟相关类目的方式，分放于四卷之中，其中园林卷 2 篇、交通运输卷 1 篇、工业卷 3 篇、教育卷 3 篇，或为经济建设中的重大突破，如“明轩出口工程”，为中国第一座以园林为内容的出口建设项目，为苏州园林走向世界迈出第一步；或为新兴科学技术在经济建设中的应用，如“人工饲养工厂化养蚕”；或为经济改革中的标志性事件，如“苏州国有丝绸业结构调整实施政策性破产过程”；或为民众关系紧密的事项，如“园林门票”“苏州城区中小学布局调整”；或为关注社会弱势群体的外来民工子女教育问题，如“苏州外来民工子女教育”；或为兼有补遗性质又展现地方特色的“苏纶纱厂的百年兴衰”“苏州历史上的教会学校”；或为镜鉴世人的反面教材，如“亭上桥撞塌事件”等9篇，专记篇幅虽短，字数有限，却起到了画龙点睛的突出效果，浓郁的时代特色和地方特点跃然纸上。

在笔者阅读到的二轮续志中，尤数河北省的市县志书采用插文小专记的方式较为普遍。只是在称谓上略有变异，称“附记”者居多。此种形式较专记更贴近正文，内容涉及面较专记更宽泛一些，更利于延伸和拓展内容记述的深度与广度，进而增强志书的使用价值。2009年版《正定县志（1986—2005）》共设“附”51条，其中有历史文化街专记、隆兴寺大悲阁修缮专记、南楼村民代表会议专记、改善代表结构的专题调查、正定精心打造“软”环境的专题调查、河北纬编厂槽筒工序下岗职工再就业情况的调查、王庆广专记、1988—1991年正定县离婚案件专题调查等内容。

2015年版《张家口市志（1993—2008）》采取插文“附记”的方式。该志《凡例》第十五条言明：“本志为深化各历史阶段特色事物和典型事物的记述，于相关章节之后设置若干附记。”附记篇列有伪政区、境内古村落、张家口市2004—2008年安全生产监管服务对象变化情况、张家口市畜牧业产业化发展历程、张家口市旅游资源定性评价、张家口市普及九年义务教育概况、1998年张北—尚义地震等27篇。该志附记较专记更贴近正文。

2016年版《任丘市志（1988—2008）》设插文“附记”，分放于各编之中，列有任丘市野生动植物的消长变化、古今名人笔下的白洋淀、任丘市发展白洋淀温泉休闲度假旅游业的几点思考、任丘市1996年抗洪纪实、触电事故纪实、任丘市使用电子邮件情况调查、任丘市人口流动与管理情况调查、规范农村财务管理促进农村稳定发展——永丰路街道办事处农村财务管理调查、华北油田经济发展环境调查、任丘市妇女社会地位的调查、任丘市下岗职工再就业状况调查、任丘市改革开放后劳动与工资情况调查、任丘市城乡低保工作调查、任丘市农村土地流转情况的调查、90年代任丘钢材市场的兴衰、民营企业——京东橡胶有限公司的创业历程、改革开放后公民道德素质问题的调查思考、鄚项许城考略、任丘市2003年抗击“非典”纪实、任丘市“富贵病”情况的调查等32篇。多为志办人员深入基层的专题调查，挖掘资料的深度可见一斑。

由于地域不同，对专记的称谓也不一致。山西首轮志书不称专记、附记，而称要记。1993年版《定襄县志》卷二十一要事纪略，列有定襄同盟会的活动、蒋介石到河边村、忻口战役期间的定襄、白佛堂会议、百泉郊会议、土地改革、镇压反革命、“三反”“五反”、社会主义改造、整风反右、社会主义教育运动、“文化大革命”12章。1994年版《阳城县志》要记·丛谈篇，要记列有章训都十里农民反对增赋、民国兵差贪污案、“十二月事变”、彭德怀五经阳城、朱德三过阳城、邓小平二次抵阳、赵树理在阳城、大跃进、农业学大寨、“文化大革命”的初期动乱、阳城史志工作座谈会。丛谈列有奇闻异事59篇，无标题，按序号排列。1997年版《平顺县志》设杂志卷，首章为要记，列有明嘉靖初年陈卿起义，杨献珍 1940 年在平顺作报告，毛泽东三次接见全国劳动模范李顺达，李顺达出访苏联，国家领导人薄一波、朱镕基、姜春云、李鹏、胡锦涛相继视察平顺，申纪兰参加1953年在丹麦哥本哈根召开的世界妇女大会等重要的、有影响的事件。

有些归入“附录”“杂录”“杂记”“杂志”“志余”“外编”“专载”等类目中的专题记述内容，也属与专记的范畴。采用的内容多是政治、军事类。1993年版《宣化县志》在志末“杂录”篇设宣化县村名析、宣化县山脉归属辨、宣涿怀县革命斗争历程、常家庄的革命斗争等4篇专记。2001年版《武功县志》专载（人物编之后），设“文化大革命”和拨乱反正纪略、校正武功县志2个专题。

三、专记诸问题辨析

专记的使用，在新方志中已较普遍。从编纂实践看，专记的名称多样、内容繁杂、位置多变，未形成比较统一的规范，有必要加深对专记的研究，形成统一的认识，使专记的编纂和应用逐步走上规范化的道路。

专记的定义。专记，是专题记述的简称，是新方志继承旧志传统的一种新创体裁，属著述体，一般采用纪事本末体的方式。有多篇集纳式和单篇随文式两种表现形式。专记的内容。一是选取志书正文内难以充分记述、或不便于展开记述的重要事项，集中起来以“专记”形式加以重点记述，以突出志书的地方特点和时代特色为出发点，彰显地域深厚的文化底蕴和独特的文化内涵；二是对分志中重要而又典型的事物， 充分地利用概括性、典型性资料，着重记述一特定事物的发生、发展的过程，起到强化、深化、细化内容的作用。专记是志书“记”体体裁中的一种，应用得当，对提升志书的质量可起到事半功倍的效果。从新方志编纂实践看，专记的位置有三种：一是随各分志的内容放在一起，分散设专记。一是与附录同级别立一大类，不入编，将多篇专记集中。一是将集中起的专记单设一编，放在附录之前；一是放在卷首位置，用来反映地方最重大的事物，进而体现地方特点。“专记”亦有入卷与不入卷之分，但一般均放在正卷之后。笔者以为，无论是集纳式专记篇，还是随文式专记单篇，都是志书的正文内容，都应入正文编排系列，不宜放在卷首位置；即便放在卷首，亦应列于概述与大事记之后，不得扰乱或取代概述与大事记合力统摄全志的功能。突出地方特色与统摄全志，不在同一个等级线上，两者不可同日而语。一部志书设多少专记，以因事制宜为原则，无须作硬性规定，可视各地的实际情况决定。但要注意一点，专记设置不宜过多过滥，否则不仅会造成特色难显、重要性不突出，反而有自乱体例之弊。凡内容能够独立成篇的，就应在正志中独立设篇，而不宜以专记的方式处理。专记篇不宜放在“附录”篇之内，因“附录”属辑录体范畴，是志书正文的佐证性、补充性、说明性资料的荟萃，是志书其他篇目不能包含，但又值得留诸后世的资料辑录，而专记属志书正文典型性资料的拓展与延伸，二者担负的责任不一，实难相容。

续志编修中，有的地方出现“专记”设置过滥的情况，究其缘由，是在不少单位、个人乃至社会热衷于升格的背景下，有人将设专记视为将某种事物升格的一种标志，而不是从其体裁适用于存真求实、完善体裁的角度去思考其作用。有的“创新”，着眼于短期效应，热衷于广告宣传效应，热衷于志书体裁名目上的包装，使志书体裁名称出现五花大门的混乱现象，“专记”的位置任意摆放，削弱了志书的严谨性、科学性。

与专记类似的名称，有“附记”“要记”“特记”“专载”“特载”等，比较混乱，从志书体例的规范化考虑，似应统一到《地方志书质量规定》关于体裁的规定上来，称为专记比较恰切。志书编纂一体遵循，可形成群体优势，对于向社会宣传志书、利用志书大有裨益；同时也是志书体例规范化的必走之路和最终归宿。志书中其他类目中的专题记述内容，也属于专记的范畴。从实践看，此类专记采用的内容多是政治、军事类。1992年版《宝山县志》卷三十二志余，内设：“文化大革命”运动专记（运动掀起，造反夺权，建立革命委员会，派系冲突，“清理阶级队伍”与“一打三反”，批林批孔“反击右倾翻案风”6节），传闻、轶事，文告、碑记，历代县志修纂记略及序文选辑4章。将专记置于“志余”之中。

1993年版《宣化县志》在志末设“杂录”篇，内设宣化县村名析、宣化县山脉归属辨、宣涿怀县革命斗争历程、常家庄的革命斗争4篇专记。2001年版《武功县志》在人物编之后设专载，内设“文化大革命”和拨乱反正纪略、校正武功县志2个专题。从志书体例的规范化，以及志书形式的整齐与美观考虑，专记或插入正文，或单独立篇，是最佳的表现方式。将专记置入“志余”“杂录”“专载”等类目中，有违志体之嫌。

对于内容丰富、地方特色浓郁、可单独立篇（卷、编）的重大事物，就要理直气壮地设立专篇，与分志并驾齐驱。如1993年《兴县志》的外编“晋绥根据地政要纪略”，1994年版《东兰县志》的第二编“革命斗争纪略”，1994年版《延安市志》的“延安革命根据地志”，1999 年版《田阳县志》的第八篇“农民运动与革命根据地”，2012年版《涉县志（1991—2011）》的第五篇“红色圣地”，2015年版《邯郸市志》的第八编“抗日根据地”等，均是单独立篇的。凡已单独立篇、且内分章节记述的重大事物篇，就不宜放在卷首位置，而应插入正编之中，值得效法。1986年版《宁都县志》的“苏区纪略”篇，1993年版《瑞金县志》的“红都纪略”篇，均放在卷首“概述”与“大事记”的中间，打乱了“概述”与“大事记”的有机联系，若放入正编，同样可以起到突出地域特色的功用。像“革命根据地”此类事物，适宜单独立篇集中记载，若采用专记体裁分散记述，其效果则大打折扣。以1992年版《红安县志》为例，该志在建置卷设“红安县革命根据地示意图”“革命根据地行政区划”专记；政权卷设“革命根据地政权”专记；公安司法卷设“革命根据地的公安与司法”专记；军事卷设“革命根据地人民武装”“革命根据地的志愿兵”专记；工业卷设 “革命根据地工业”专记；邮电卷设 “革命根据地邮政机构”专记；商业卷设“革命根据地商业”专记；财政税务审计卷设“革命根据地的财政”专记；金融卷设“革命根据地的金融”专记；教育卷设“革命根据地教育”专记；卷二十七文化卷设“革命根据地文化”专记；报刊广播电视卷设“革命根据地的报刊” 专记，附“在红安革命根据地境内创刊或发行的其他革命报刊”；卫生卷设“革命根据地的军医院”专记；文物胜迹卷设“革命文物”章；总附录中设“中共黄安县委关于黄麻暴动经过情形给中央的报告”“中国共产党中央委员会通知”“黄麻起义和鄂豫皖革命根据地革命烈士纪念碑碑文”；另，军事卷、人物卷均有革命根据地相关的内容。该志将革命根据地内容以小专记分散设置的记述形式，使这一发生在红安县域跨时长、影响大的重大事物显得零碎分散，难以形成合力、反映全貌。

总括而言，“专记”，不仅对志书内容起到上溯、下延的作用；还能起到补充和加强正文内容，延伸和发展志书体裁，活化和丰富志书版式，增强和提高志书的知识性、纪实性、可读性、趣味性，彰显志书的地方特点和时代特色。志书的体裁创新，可广纳百家之长，但要保持志体的基本特色，有利于志书功能的增强。专记既要有确切的内涵，以具体、鲜活、生动的资料去表述事物，又应服从于志书总体设计的安排，不能与分志内容重复记述。专记贵在记专显特，鲜而活、少而精，注重地域性，乃专记编纂的法则。只有科学、合理地应用专记体裁，才能使其起到应有的功能效应，志书的整体质量得到明显的提升。

（原载《方志学一级学科建设与地方志转型升级——第八届中国地方志学术年会论文汇编》，中国地方志指导小组办公室、中国地方志学会编，2018年10月·绍兴）

《一统志》编纂刍议

提要：编纂《一统志》，是中华人民共和国成立70年来规模宏大的文化建设工程，耗时之长，花费之巨，参与编纂人员之众，自不待言，需动员社会各界的力量参与其中，才能玉成此事。首要任务是得到国家的认可并尽快立项；而立项的首要条件，是制定出切实可行的《〈一统志〉编纂方案》。《〈一统志〉编纂方案》包括伟大意义、指导思想、组织机构、总体框架、编纂规定、承编单位、编纂流程、经费预算、质量保证、完成时间等诸项内容，需深入研讨。《编纂方案》出台之时，便是申报立项之始。社会主义新方志编纂已进入第40个年头，二轮修志已进入扫尾阶段，不失时机地启动国家《一统志》的编纂，可谓正当其时。

关键词：一统志　条件　方案　名称

早在20世纪90年代首轮社会主义新方志编纂成果迭出之时，就不断有学者和方志界人士呼吁启动编纂中国国家志的重大议题。进入21世纪后，中国国家志的研究文章逐渐多了起来，其中尤以梁滨久先生发表的研究论文为多。梁先生从编纂中国国家志的伟大意义、编纂依据、时机条件、取名、运作等，作了比较全面的论述。2013年10月，笔者在广东东莞召开的第三届中国地方志学术年会——两岸四地方志文献学术研讨会上，撰写了《方志的历史文化价值与忧患意识——民国时期日本人编纂两部山西志书给我们的启示》一文，亦提出启动编纂《中国国家志》一事。2019年4月，中指办《第二届走向世界的中国方志文化国际学术研讨会暨第九届中国地方志学术年会征文通知》中，首次将《新时期〈一统志〉编纂研究》列入征文选题范畴，由此可见《一统志》编纂工作正式列入中指办的议事日程，令人倍感欣慰。社会主义新方志编纂已进入第40个年头，二轮修志已进入扫尾阶段，不失时机地启动国家《一统志》的编纂，可谓正当其时。

一、编纂国家志的条件已成熟

编纂国家志，目前具备了极为有利的条件：

其一，盛世修志，志载盛世。在中国共产党的正确领导下，在马列主义、毛泽东思想、中国特色社会主义理论指导下，中华人民共和国成立70年来，社会主义现代化建设蓬勃发展，特别是经过40年的改革开放，综合国力大大增强，国家安定，民族团结，人民安居乐业，国家正处于历史发展上的黄金时期，在人力、物力、财力等方面为编纂《一统志》提供强力保证。

其二，中国有重视大型文化建设工程的传统，历朝历代尤其重视史志典籍的编纂，传承中华民族优秀传统文化是国家的既定国策，中国又有集中力量干大事的传统，全国政令统一，发扬社会主义制度集中力量办大事的优越性，编纂《一统志》完全能够成功。

其三，经过40年两轮三级志书的编纂，新方志编纂理论基本成型，培育出一大批方志专业人员，积累了丰富的地情资料，国家志的编纂可以借鉴地方志的理论、编纂经验与方法；同时，随着自然科学和社会科学的蓬勃发展，我国已经在各学科形成了高水平、高素质的专家队伍，完全可以从中遴选出杰出的编纂人才，为编纂《一统志》提供人力保证。

其四，国家各部委局办的领导干部多数有主持地方志编纂工作的经历，由地方志而议及国家志，可获得领导层的鼎力支持，同时也完全能承担起编修各个分志的任务。就目前而言，一大批全国性专志及专业史、年鉴、大事记和各类国情书的编纂，亦为编纂《一统志》积累了部分资料。只要国家一声号令，国家部委局办和各行各业付诸行动，编纂出可供《一统志》选择的全国性各类专志，《一统志》成书既为顺理成章之事。

其五，编纂《一统志》遇到了绝佳的时间节点。编纂国家《一统志》，选准下限时间关节点尤显重要。选准关节点，利于准确把握国家经济社会发展的各类数据，既为新中国70年的社会主义现代化建设做一次全面的梳理、总结，又是一次国情的广泛调查，实可为今后国家的经济社会发展提供决策依据。2019年恰逢中华人民共和国成立70周年，《一统志》下限定于该年，有利于收集各级各类修志资料，资料数据的准确性、真实性能够得到确切保证。同时，大力弘扬全体中国人民在中国共产党领导下取得的辉煌成就，鼓舞人民奋力奔向更远大的目标。

编纂《一统志》，是中华人民共和国成立70年来规模宏大的文化建设工程，耗时之长，花费之巨，参与编纂人员之众，自不待言，需动员社会各界的力量参与其中，才能玉成此事。首要任务是得到国家的认可并尽快立项；而立项的首要条件，是制定出切实可行的《〈一统志〉编纂方案》。《编纂方案》出台之时，便是申报立项之始。中指办作为指导全国修志工作的最高领导机构，承担《一统志》编纂的筹备任务义不容辞，名正言顺。中指办需先成立《〈一统志〉编纂方案》筹备小组，汇集国内方志界的领导人员、专家学者，社会科学界与大专院校的相关专家学者，着手研究制定《〈一统志〉编纂方案》。

二、《〈一统志〉编纂方案》的内容

《〈一统志〉编纂方案》的内容，大致包括以下几项：

（一）伟大意义 编纂《一统志》意义十分重大。梁滨久曾把编纂《一统志》的伟大意义归纳为五点：其一，它是治国大典。国家志是最全面、最详细的国情调查，内容纵贯五千年，涉及百科各业，资料特别丰富，是最为权威的国情书；其二，它是爱国教材。国家志展现华夏五千年的文明，其博大精深的内涵，足可以作为爱国主义的良好教材，可使广大人民群众，特别是青少年增强民族自豪感；其三，它是资料宝库。《一统志》贯古通今，横及百科，资料极其丰富，不仅各级领导可用，各门学科，尤其是社会科学，都可从中找到翔实珍贵的研究资料，国史和国情研究更能大受其益；其四，它可展示中华泱泱大国形象，促进中华民族的大团结，增强中华民族的感召力、凝聚力，促进祖国的和平统一；其五，它是中国志书编纂史上的伟大创举，可由此形成国家志为龙头、地方志为龙身，各种专志为龙尾的志书系列。伴随着东方巨龙的腾跃而起，一条文化巨龙也将飞舞。由此开创国家志编纂新事业。

梁先生的归纳十分到位，不过，我以为还可以增加几条，其六，它可增强国民的忧患意识，为建设社会主义强国而努力奋斗。志书有优劣并书的传统，随着改革开放向深层次发展，国内社会各种矛盾凸显，资源环境日显恶化，如何化解矛盾、改善环境、促进经济与社会快速健康发展，成为当政者的首要任务。而编纂《一统志》就是对中国国情进行的一次极其广泛、深入、细致的大调查，探究其根源于症结所在，为当政者提供决策依据。就可以将钓鱼岛和南海诸岛的历史渊源和来龙去脉交代得一清二楚，使历史真相大白于天下，用铁的事实证明钓鱼岛和南海诸岛自古以来就是中国的固有领土。从中体现志书公正、客观的本质功能。试想，假如在《大清一统志》之后，中华民国亦编纂有《民国一统志》，新中国再编纂有《中华一统志》，钓鱼岛、南海诸岛等领土争端岂不有了令世人信服的历史依据？！只可惜历史没有假设，只得靠我们来弥补这一缺憾。国家兴衰，匹夫有责。志人的职责就是编纂方志，这一历史责任无法推卸。其七，它可加大方志在社会各界的宣传力度，促进方志学科的早日建立。《中华一统志》编纂工程浩大，涉及百科百业，须组织国内众多专家学者、专业人员参与其中，可形成宣传方志、研究方志的良好氛围。社会各界高层次人士的积极参与，即可扩大方志在人民大众中的知名度与影响力，又可推动方志事业大踏步向前发展，进而将方志理论研究推高到一个新的层次与高度，为促进方志学科的早日建立未必不是一件大好事。

（二）指导思想《一统志》编纂以马列主义、毛泽东思想、邓小平理论、“三个代表”重要思想、科学发展观和习近平新时代中国特色社会主义思想为指导，坚持辩证唯物主义和历史唯物主义立场、观点、方法，遵循实事求是、秉笔直书原则，借鉴现代科学理论和方法，全面、系统、翔实地记述中国从自然到社会、从历史到现状的发展历程，做到思想性、科学性、资料性、著述性的统一。

（三）组织机构　《一统志》编纂，须有强有力的组织机构。包括《一统志》编纂领导机构（《一统志》编纂委员会）、编纂实体机构（《一统志》编辑部）、评审机构（《一统志》审定委员会）、分志编纂机构（各分志编纂委员会及分志编辑部）。

《一统志》编纂委员会：由国务院总理担任主任，国务院主管修志的副总理、中共中央办公厅、全国人大办公厅、全国政协办公厅、财政部、中国社会科学院等负责同志担任副主任，中央各部委、国务院各部委办局等有关部门和单位负责人担任委员，形成高规格的　《一统志》编纂领导机构。国家批准立项之后，应以中共中央办公厅、国务院办公厅的名义下发红头文件，以便动员各级各类单位、部门、机构、团体、组织等积极参与、协助。

《一统志》编辑部：编辑部设在中指办，配备专门编纂人员，下设总编室、办公室，以及按大编体设置的分卷编辑室。编辑部人员配置，可根据实际需要来定。在编纂工作进入紧张阶段后，还可抽调国内知名出版社的干练编辑人员数十人参与加工修改志稿，保证编纂工期顺利进行；也可与国内知名高校文史专业的研究生、博士生培训点联系，参与部分志稿的撰写、修改等编纂事宜。

《一统志》审定委员会：由中国地方志学术委员会成员、高校及社会科学界知名专家学者组成。审定委员会分设小组，与编辑部相关编辑室协调一致，便于对口指导、审阅、把关。审定委员会的专家学者可定在 50 人左右，其中驻会专家可选定在 10 人左右（按大编体内容对口安排人选）。

各分志编纂委员会：由各分志承编单位相关领导及编纂人员组成，编辑部编纂人员、审定委员会专家学者对口入列其中。

（四）总体框架　总体框架包括总志（分志）数、总字数、各分志分割字数、篇目设置。依笔者设想，《一统志》采用小编体框架结构，总设分志数当在120—150 部分志，一般情况下，以每部框定在 200 万字以内，即以装订为 1 册为限度；涵盖面较广的分志，可根据事物记述的实际需要，增加“编”一级的分册；每“编”篇幅亦限定在 200 万字以内；“编”一级分册既可以是实名的，如“省市区概况”分志可列为“北京编”“山西编”“西藏编”等，也可以分为“上编”“中编”“下编”或“上编”“下编”，如“民族”“宗教”等分志等难以实名标示的；“编”一级的分册定稿后，可优先出版。全志总字数当控制在 4—5 亿字之间。笔者以为，如此规模比较妥当。

篇目设置，是《〈一统志〉编纂方案》中最为重要、且难度最大的项目，须多次上上下下反复研讨。笔者主持编纂《山西大典》时，就篇目设置经过了整整一年的时间，邀请省内社会各界专家学者多次研讨，篇目设计经过七上八下的反复打磨，才最终定稿。其间，还对相同类目的条目，撰写了多种范式模本，为加快编纂进度，保证参与单位撰写初稿一步到位、少走弯路，起到了重要作用。与《山西大典》的编纂实践相较，《一统志》规模要大出百倍之多，故编纂难度也不可同日而语。笔者以为，能用 2 年左右的时间完成《〈一统志〉编纂方案》的制定，当为高效率的进度。《一统志》的篇目设置，首先需要方志界反复研讨、拉出初稿；进而与承编单位协商修改。磨刀不误砍柴工。篇目框架制定得是否全面、科学、严谨、合理、便于组织编纂，尽快成稿，是《一统志》编纂中的第一要义，直接关系到志书的编纂进度与质量，切不可等闲视之。

就篇目设置，笔者粗拟初稿，望能起到抛砖引玉的作用。首设总述、大事记，内设地理志（山脉编、河流编、湖泊编、海洋编等）、建置志、省市区志（北京编、上海编、天津编、重庆编、黑龙江编、吉林编、辽宁编、河北编、河南编、山东编、山西编、陕西编、甘肃编、青海编、四川编、贵州编、云南编、湖北编、湖南编、安徽编、江西编、江苏编、浙江编、福建编、广东编、台湾编、内蒙古编、新疆编、宁夏编、西藏编、广西编、香港编、澳门编）、环境保护志、气象志、测绘志、勘探志、交通志（公路编、水运编、铁路编、航空编、航天编）、邮政快递志（邮电编、信息网络编、快递编）、水利志、电力志、港口志、农业志（种植业编、养殖业编、农业机械编）、畜牧业志、林业志、渔业志、开发区志、矿业志（黄金编、煤炭编、石油编等）、冶金工业志、机械工业志、船舶工业志、汽车工业志、化学工业志（盐业编、化肥编等）、电子工业志、纺织工业志、造纸业志、建材志、房地产业志、财政志、金融志（银行编、保险编、证券编）、税务志（国税编、地税编）、商业志、外贸志、供销社志、服务业志、扶贫志、经济综合管理志（计划编、统计编、审计编、工商管理编、物价编、商品检验编等）、海关志、中国共产党志、中国国民党志、民主党派与工商联志（民革编、民盟编、民建编、民进编、农工党编、致公党编、九三学社编、台盟编、工商联编）、人民代表大会志、人民政府志、人民政协志、社会团体志（工会编、妇联编、共青团编等）、军事志（解放军编、武警编、公安编、兵团编）、审判志、检察志、司法志、外事志、精神文明建设志、教育志（初等教育编、中等教育编、高等教育编）、科学技术志、社会科学志、卫生志、医药志（中药编、西药编等）、体育志、文学志、文物志、艺术志（音乐编、舞蹈编、绘画编、书法编等）、档案志、旅游志（景区编、红色文化编、博物馆编、纪念馆编、宾馆编等）、非物质文化遗产志、方志志、传媒志（报业编、广电编、期刊编、出版编、网络编）、人口志、民族志（上编、中编、下编）、民政志、宗教志（上编、中编、下编）、人事志、劳动志、侨务志、方言志、社会管理志、社会保障志、人物志（上编、中编、下编）、附录等。

前期的篇目研讨会，为节省经费，可采取互联网交流的方式，先在方志界内部研讨；继而在社会各界广泛征求意见；然后再召集社会各界的专家学者、参与编纂的相关部门和单位进行深入研讨，进而形成最后定稿。

（五）编纂规定　《一统志》编纂是一项规模宏大的文化建设工程，为确保编纂质量和编纂进度顺利实施，需制定志书编纂体例、体式、行文等各项规定，以及编纂运行过程中各个环节应遵循的各项规则、规定。编纂规定，包括《凡例》《初稿验收规定》《志稿评审规定》《稿费规定》《志书版式规定》等。志书体例方面的各项规定，如志书的断限（上限不等高，下限一刀切）、分志“总述”的篇幅、编章之首“小序”的篇幅、图片的配置、表格的配置、“附录”内容的裁定、入传人物的标准等，都须一一制定完善。这些规定均以“附”的形式附在《〈一统志〉编纂方案》之后。两轮省市县三级修志，创造出许多行之有效的经验，就志书体例、体式规则、规定，以及编纂运行各环节的把控、保证规定等，吸取各类范例、模本的优长，足可为制定《一统志》编纂所需的各项规则、规定提供强有力的技术支撑。

（六）承编单位　依据篇目需要，确定承编单位。以表格形式加以展示。详细分列各分志名称、分志承担单位和部门、该分志卷数、字数，初稿完成时间等。对分志承编单位机构的设置（分志编纂委员会），编纂人员（分志编辑部）的选用，提出明确要求。同时指定指导专家，与编辑部分管编辑一起，自始至终参与该部分志的编纂。少部分无承编单位的分志，可联系相关的科研单位、各类协会学会、高等院校、对口专业工作者以及编辑部内部人员等，采取项目承包的方式。各级方志办、档案馆、图书馆要积极配合。

（七）编纂流程 《一统志》编纂工程量浩大，总体编纂时间可定为10—15年。编纂流程及方法，要充分吸收和利用两轮修志的编纂经验，最大化地保证和提升《一统志》的编纂质量。如建立对志稿的三审评议制度，每次评审会都要有方志专家、行业专家、编辑部人员等参与，从而保证每次评审会收到应有的效果，逐级提高志稿的编纂质量。

编纂流程，先由编辑部派出方志专家，对分志参编人员集中培训，使分志参编人员了解、熟悉方志体例、撰写规则等编纂业务技能。鉴于现时网络发达、便捷，利用网络培训，效果更佳。在此基础上，各承编单位编写初稿，初稿完成后召开内部评审会（初评），并根据评审修改志稿；此项工作完成后，志稿送《一统志》编辑部，由编辑人员审改志稿，审改志稿完成后，召开编辑部评审会（二评），并根据评审意见修改志稿；编辑部定稿后，志稿提交审定委员会审定；审定委员会审定稿完成后，送交《一统志》编纂委员会领导成员审阅、签字，最后定稿付印。志书采用分册出版方式，完成一册（或分志或分志所辖“编”），即出版一册。

（八）经费预算 《一统志》总预算经费：包括人员编制经费、外聘人员经费、配置设备经费、日常办公经费、撰写稿费，校对经费、评审经费、印刷经费、考察经费、资料经费、旅差经费、会议经费、范本印刷经费等。

按“分志”“编”同类计算，内文四色套印，全志合计250册上下，印刷费（每册印数1万册）既计算每部分册的预算费用，也要计算整套《一统志》所需的预算经费数额。

稿费（包括文字、图片稿费，校对费、评审费、编辑费、主编终审费等）既计算每部分册的预算费用，也要计算整套《一统志》所需的预算费用。

编辑部与评审委员会总计多少人，外聘人员多少人，总计多少人；既计算每人每年的人头经费，也要计算每年所需的人头经费，以及15年总计所需的人头经费数额。

设备与办公经费，包括编纂人员配备电脑、打印机等设备，日常办公用品消耗等，预算多少人一次添置设备的经费，日常办公用品消耗的经费，15年总计所需的经费；上述两项总计所需的经费数额。

旅差经费，编纂、评审人员到外地联系编纂事宜、评稿审稿，以编辑部每年多少人次出差、评审人员每年多少人次出差，每次每人旅差的经费预算，每年所需的旅差经费预算，15年总计所需旅差经费的预算数额。

会议经费，包括编辑人员培训会议、篇目审定会议、志稿评审会议等。编辑人员培训会议分阶段、分步骤召开，预计召开大型培训会议多少次，每次与会人员数多少，会期天数多少，每次会议需食宿费、交通费、讲课费、会场占用费、资料费等，每次会议所需的经费，多次会议总计所需的经费。篇目审定会议，每册志书召开会议的次数，每次与会人员数，会期天数，预算每次会议所需的经费，每册志书多次篇目审定会所需的经费；以250册志书计，总计要需篇目审定会的经费预算。志稿评审会议，与篇目审定会议相同，总计需要的经费。上述三项合计，总计所需要的会议经费预算数额。

范本印刷经费。为了使初稿编写少走弯路，对相同类目的内容（如省市区概况、人物传记等）提前撰写出范本，供相同类目的撰写人员有章可循。范式模本的撰写，需集体研究探讨，切实可行。此类范式模本数量庞大，初步预计达数百种之多。每本撰写稿费、印刷费等所需经费，以及该项总计经费预算数额。

其他预留费用。包括编辑部办公场所租赁费用，评审委员会人员、外聘人员在京的住宿费、交通费、资料收集费等等，以及其他不可预知的费用，约需预留经费预算数额。

《一统志》编纂总预算经费数额，只是笔者的初步设计，离实际花费项目还有较大的差距与不足。笔者只是为《编纂方案》制定而做的设想而已。《〈一统志〉编纂方案》的各项经费预算，均需详细列表，各项费用要与当今社会的实际消费价格相符，一丝不苟，达到让财政管理人员审核无误的标准。财政经费按编纂进度的需要，采用分阶段、分项目、分年拨付的形式，列出逐年较详细的经费使用额度数额。

（九）质量保证 两轮修志为编纂《一统志》储备了厚实的人才与理论基础。可借鉴两轮省市县志书的编纂经验。制定志书稿件三审制度。审定委员会专家成员从制定篇目、收集资料、培训人员、撰写初稿、稿件评审、定稿付印、印刷出版等，全程指导、跟踪，直至完成编纂出版任务。制定编辑人员职责、主编职责、总纂职责、审定委员会专家成员职责等规章制度，以及志稿三审规则、要求等规章制度。

志书中相同类型的内容，可采用先编范本的形式，制定各类型内容的编写要素和撰写要求，可保证相同类型内容编写要素的一致性，避免返工浪费和延误编纂工期。此类内容在志书中多见，各类范本的编写，可在立项之后、初稿撰写之前的时限内完成即可。

（十）完成时间 《一统志》自国家批准立项之后，用10—15年时间完成编纂任务。详列各部分志完成编纂和正式出版时间，先易后难，集中人力合力攻坚克难，确保高质量完成编纂出版任务。

《一统志》编纂的前期准备工作，即《〈一统志〉编纂方案》的制定，须由中指办组织国内方志界的专家学者拿出初稿，方能邀请界外其他方面的专家学者加以修改、补充，经中国社科院领导层认可，直至最后定稿，达到申报国家立项稿的要求。

三、编纂人员配置

《一统志》编纂人员的配置，一定要放眼全国。40年两轮省市县三级修志，涌现出一大批专业修志人员，方志理论和实践经验丰富，是参与编纂《一统志》的主力军。笔者以为，《一统志》编辑部中的半数人员，可从各省市区方志系统中年骨干中加以选拔；另半数的人员，可从中指办骨干人员中选拔，并招聘一批文史博士生新生力量。评审委员会的人员，以中指办编辑骨干和中国地方志学会学术委员（学术委员凡身体健康、有意参与者，尽量吸收进来）为基本班底，再从国内方志界和社会各界遴选一批。这样可形成老、中、青结合的编纂人员结构，既利于保证志书质量，加快编纂进度，又利于以老带新，促进修志人才的培养。

组建强有力的编纂组织机构，制定志书编纂流程，依据篇目，由中央和国务院有关部门、各民主党派与社会团体、各省市区、兵团解放军武警、大专院校、各类社科组织机构等承担相应的编纂任务。

四、志书名称的的确定

早在20世纪90年代首轮社会主义新方志编纂成果迭出之时，就不断有学者和方志界人士呼吁启动编纂中国国家志的倡议，但所提志书的名称却多种多样。就方志界所提的名称而言，就有《中华总志》（欧阳发）①、《中华人民共和国一统志》（邵长兴）②、《中华一统志》（范同寿、张乃格）③、《中国一统志》（苏长春）④、《中华人民共和国志》（章慧丽）⑤、《中国通志》（梁滨久）等。现中指办文件称之为《一统志》。作为国家级的志书，其名称还需要广泛征求意见，进而形成共识。国家志的志书名称，既要恰切，又要响亮，朗朗上口，便于提振民心，还可为今后续编国家级志书提供借鉴。

在众多专家学者中，尤以梁滨久先生对国家志名称的研究较有深度。他提出三条不取“一统志”之名的理由，一是从元到清的一统志，都是断代志，如果还修一统志，很可能会沿袭旧一统志的编纂路子，即以中华人民共和国为记述对象，以中华人民共和国建立作为断限依据，记中华人民共和国成立之后的事情。这也是一种需要。但是编一部通贯古今的综合性的国家志，对于全面、系统了解和掌握国情更有必要，意义更重大。二是一统志是汇编全国各地情况，自下而上编纂的，如清乾隆八年刊印的《大清一统志》，就采取了分省叙次的方法，每省先立统部，冠以图表，有分野、建置沿革、形势、职官、户口、田赋、名宦等门类，皆专载

---

①欧阳发：《方志研究与评论·关于方志及方志工作的思考》，方志出版社，1995年版。

②山鹰主编：《邵长兴方志文存》，河南大学出版社，2000年版，第35页。

③范同寿：《时代呼唤的文化工程》，《中国地方志》，2002年第3期；张乃格：《第二届中国地方志学术年会论文选集·方志科学发展三论》，中国城市出版社，2013年版。

④苏长春：《关于编纂国家志的构想》，《黑龙江史志》，2004年第6期。

⑤章慧丽：《当代方志名家研讨会提出〈创修中华人民共和国志〉》，《安徽地方志》，2014年第4期。

统括一省之事。而府、直隶州各为立表，下系各县。每县所载内容分二十一个类目，有分野、建置沿革、形势、风俗、城池、学校、户口、人物、流寓、列女、仙释、土产等。这实际上是省府州县志的浓缩汇编，但我们迫切需要的不是地情的总汇，总汇得再好也难以承担记述国情的任务，我们需要的是独立形态的国家通志。三是编纂《中华人民共和国一统志》，人们会从政治态势和理念出发，认为在中国尚未实现完全统一之前，不必急于编纂，统一之后再编不迟。而《中国通志》的编纂现在就可以谋划、论证、筹备。

笔者赞成梁先生不采用“一统志”名称的观点。但称之为《中国通志》《中华总志》等，似有与历代省级志书有同名之嫌。省级旧志多用“通志”冠名，如《山西通志》有明成化、万历、嘉靖，清康熙、雍正、光绪等版；《广东通志》有明万历、嘉靖，清道光等版；亦有以“总志”冠名的，如明成化《河南总志》、明嘉靖《四川总志》、明万历《湖广总志》等。新编国家志以“通志”“总志”冠名，似有与省级志书同名之虑。

笔者以为，可选取中华人民共和国名称中的“中华”二字，称之为“中华全志”，似乎更好一些。即可免却与省级志书同名之嫌，又能契合编纂贯通古今的国家志的要求。退一步讲，上述多种名称总体比较起来，“中华全志”“中华总志”“中国通志”三选其一，较其他称谓似乎更契合新编贯通古今的国家志要求。

中指办将“新时期《一统志》编纂研究”列入论文征集的范畴，证明《一统志》编纂事宜正式列入中指办的议事日程。这一策划，非常切合当今中国经济社会发展的大形势，又符合党中央继承中华民族优秀传统文化的要求，是社会主义新方志发展道路上具有里程碑式的重大意义。编纂国家一级的《一统志》，是中指办义不容辞的历史责任，及早成立《一统志》编纂筹备小组，着手研究、制定《〈一统志〉编纂方案》，进而获得党中央和国务院及早批准立项，广大修志工作者翘首以盼。

（原载《第二届方志文化国际学术研讨会暨第九届中国地方志学术年会论文汇编》，中国地方志指导小组办公室、中国地方志学会编，2019 年 7 月·长沙）

志书表格的数量与篇幅控制

提要：以文为主、以表为辅，是志书编纂的基本原则。表格在志书中的应用，应根据各分志的重要性和内容需要确定表格的数量，各分志表格应用要尽量平衡、协调，不能畸轻畸重，志书的表格配置要有量的把握，不能无限度地膨胀，进而影响内容与形式的完美结合。志书表格既要有总数的控制，又要有恰当的占版面比率，尽力避免文、表比例严重失调等弊病出现，从而保证志书的编纂质量。

关键词：志书　表格　数量控制　篇幅控制

表格，是新方志编纂中“述、记、志、传、图、表、录”的七种体裁之一，凡志必有表，几成通例。新方志两轮编修，从理论上研究志书表格应用的论文不在少数，对新方志表格的应用和质量的提高起到了积极的作用。然而，在志书中针对表格数量的控制，却没有一个志人公认的合理标准，随着二轮续志的篇幅逐渐呈拉长之势，表格在志书中不受制约地随意“膨胀”起来，大有“喧宾夺主”之态，使志书的“著述”本质属性受到严重挑战，不能不引起志人的高度重视。志书编纂七种体裁并用，并非平均用力，而是有主次之分；作为纸质媒介的志书，以文为主，以图表为辅，保持其“著述”的本质属性，是志人应着力追求的目标。

表格运用是否科学、合理、平衡、协调，是保证志书质量的重要一环。退休几年中，笔者翻阅了手头收集的多部省内外二轮续志，感到志书表格的应用多出现偏差，特别是在表格数量、篇幅的控制上，多有把关不严、审稿不精，导致以表代文、以表“害”文，文不够、表来凑，各分志用表畸轻畸重，文、表比例严重失调等弊病出现，实应引起志人的高度重视。实践出真知，实践出理论；新方志表格数量的确定，只能从修志实践中找答案，通过多部志书用表的比较，找出最恰当的用表数字，恢复志书以文为主、以图表为辅的正常轨道。

一、志书表格总数的控制

笔者随机选取了20部二轮续修县级市、区、县志书，其中有5部市志、5部区志、10部县志。为记述方便，志书名称均用简称，全称详见文尾注释。

20部县（市、区）续志部类用表情况统计表

表1　　　　单位：幅、%

志 名	总数	地 理	经 济	政 治	社会与文化	人物与志尾	编均用表万字用表	表占页与占全志%
萧山市志	698	177 / 25.4	301 / 43.1	68 / 9.7	143 / 20.5	6 / 0.9	15.5 / 1.8	378 / 16.6
长宁区志	578	54 / 9.3	259 / 44.8	147 / 25.4	108 / 18.7	10 / 1.7	15.2 / 2.6	298 / 22

续表 1

志名	总数	地理	经济	政治	社会与文化	人物与志尾	编均用表万字用表	表占页与占全志%
邗江县志	427	100 / 23.7	182 / 52.6	44 / 10.3	94 / 22	7 / 1.6	14.2 / 2.18	251 / 24.6
仙居县志	399	111 / 27.8	91 / 22.8	70 / 17.5	108 / 27.1	19 / 4.8	11.7 / 2.38	257 / 18.4
南明区志	368	66 / 17.9	88 / 23.9	65 / 17.7	79 / 21.5	70 / 19	14.7 / 1.67	308 / 24.1
鹿城区志	339	84 / 24.7	109 / 32.1	41 / 12.1	99 / 29.2	6 / 1.8	5.23 / 1.07	274 / 19.7
朔城区志	335	78 / 23.3	102 / 30.4	76 / 22.7	45 / 13.4	55 / 16.4	7.13 / 1.16	334 / 18.5
襄汾县志	295	67 / 22.7	120 / 40.7	72 / 24.4	42 / 14.2	6 / 2	7 / 1.55	263 / 20.7
迁西县志	272	77 / 28.3	122 / 44.9	37 / 13.6	34 / 12.5	2 / 0.7	7.8 / 1.31	224 / 20.5
冀州市志	262	50 / 19	78 / 29.8	60 / 22.9	50 / 19	24 / 9.1	9.36 / 1	248 / 21.2
金水区志	247	50 / 20.2	28 / 11.3	90 / 36.4	57 / 23.1	15 / 6.1	7.7 / 1.78	147 / 19.3
长汀县志	241	41 / 17	86 / 35.7	36 / 14.9	68 / 28.2	10 / 4.1	7.8 / 1.2	319 / 31.7
高安市志	240	48 / 20	43 / 17.9	65 / 27.1	66 / 27.5	18 / 7.5	7.5 / 0.95	295 / 23.6
滑县志	215	31 / 14.4	71 / 33	44 / 20.5	18 / 8.4	51 / 23.7	9.3 / 1.54	136 / 14
任丘市志	185	74 / 40	52 / 28.1	29 / 15.7	15 / 8.1	15 / 8.1	4.9 / 1	169 / 17
梅县志	178	6 / 3.4	93 / 52	28 / 15.7	46 / 25.8	5 / 2.8	3.86 / 1.37	135 / 14.5
舟曲县志	159	31 / 19.5	50 / 31.4	40 / 25.2	31 / 19.5	7 / 4.4	6.36 / 1.38	145 / 16
沂水县志	138	30 / 21.7	39 / 28.3	37 / 26.8	30 / 21.7	2 / 1.4	4.76 / 0.99	142 / 17.8
赤水市志	115	25 / 21.7	58 / 50.4	7 / 6.1	15 / 13	10 / 8.7	4 / 0.65	98 / 11
盐津县志	106	6 / 5.7	41 / 38.7	10 / 9.4	34 / 32.1	15 / 14.2	11.7 / 2.38	257 / 18.4
均数	290	60 / 20.7	100 / 35.7	55 / 19	59 / 20.3	16 / 5.5	8.8 / 1.52	23 / 19.48

说明：各部类前一数字为部类设表数，后一数字为占全志表数的百分比；“编均用表”栏下，前一数字为编均用表数，后一数字为每万字用表数；为统计方便，自然环境与基础设施部类合并为地理，社会部类在大部分志书中比较偏弱，且位置或前或后不甚统一，故将其与文化部类合并。20部志书虽然少了些，但从中可以找出令人满意的答案

一部志书用表的总数多少为合理，只有从实践中找答案。就县级志书而言，20 部志书的用表平均数是 290 幅，最多的为《萧山市志》698 幅，最少的为《盐津县志》106 幅，多者为少者的 6.6 倍。按当今社会的计算办法，如去掉最多和最少的两部，其余 18 部的用表平均数是 276 幅，这个数字可作为县级志书用表总数的标准，至多以增加 10% 计，每部县级志书用表总数应控制在 300 幅以内，才是比较合理妥切的。这也可以作为县级志书用表量的最高限度。从已出二轮续志部头的膨胀趋势看，志书篇幅不受控制并非善策，如此发展下去，方志会逐渐脱离大众，走向它的反面。从志书急需“瘦身”考量，合理应用表格，把表格控制在一定数量之内，亦是提高志书质量的重要环节之一。

二、表格在志书中所占篇幅的比率

控制用表数量是促使志书“瘦身”的一个方面，与此同时，还需要从表格占版面篇幅的角度来控制表格的篇幅。从表 1 中显示，五大部类表格所占志书版面篇幅的平均比率分别为：经济居首位，表格占版面篇幅总数的 35.7%；地理居第二位，占 20.7%；社会与文化居第三位，占 20.3%；政治居第四位，占 19%；人物与志尾居末位，占 5.5 %。从实践中可以看出，志书中的地理、基础设施、经济、教育部类（编）是应用表格最多的类别。为求出恰当的比率，笔者对 10 部市级志书作了一个统计，详见下表：

10 部续修市级志书部分编（部类）用表情况统计表

表 2　　单位：幅、%

志 名	基础设施	城乡建设	农 业	工 业	金 融	经济管理	教 育
杭州市志	103 / 34	23 / 9	65 / 30	44 / 7	19 / 26	115 / 26	28 / 18
扬州市志	73 / 14	15 / 11	45 / 20	64 / 22	21 / 14	68 / 20	40 / 30
临汾市志	21 / 18	18 / 14	14 / 19	39 / 40	53 / 38	44 / 18	27 / 26
黄山市志	41 / 15	8 / 11	7 / 10	11 / 17	4 / 4	9 / 6	12 / 8
济南市志	82 / 38	82 / 28	—	—	—	218 / 16	22 / 14
秦皇岛市志	26 / 13	—	48 / 27	64 / 28	118 / 32	—	2 / 6
酒泉市志	35 / 32	13 / 12	43 / 39	16 / 35	15 / 40	22 / 14	12 / 16
苏州市志	50 / 15	23 / 47	84 / 42	18 / 11	49 / 30	20 / 16	10 / 15
晋中市志	8 / 9	7 / 16	21 / 8	33 / 14	无表	无表	21 / 26
张家口市志	16 / 16	13 / 49	36 / 34	46 / 28	32 / 11	37 / 16	105 / 42
平 均 数	45 / 20	21 / 20	36 / 23	34 / 20	31 / 20	53 / 16	28 / 21

说明：各部类前一数字为部类设表数，后一数字为占部类页码篇幅的百分比；《济南市志》农业、工业、金融未出版；《秦皇岛市志》城乡建设入基础设施部类，分类按三产分类，经济管理并入第三产业内；末栏平均数均省略小数点后数字

表2中的志书部分编（部类）表格占版面比率，均在20%，其中基础设施、城乡建设、工业、金融4编均为20%，超过并接近20%的仅有农业、教育，分别为23%、21%，经济管理最少，为16%。

从表1可看出，20部志书表格占版面篇幅百分比率为19.48%，控制在20%以内。其中超过20%的有8部，占20部志书的40%，从多到少依次为《长汀县志》31.7%，《邗江县志》24.6%，《南明区志》24.1%，《高安市志》23.6%，《长宁区志》22%，《冀州市志》21.2%，《襄汾县志》20.7%，《迁西县志》20.5%；不足20%有12部，其中《赤水市志》最少，为11%，仅为《长汀县志》的34.7%。

通过上述比较，可以得出如下结论：志书各部类表格所占篇幅，地理、基础设施、政治、文化等四大部类应控制在20%以内；经济部类应控制在23%以内，最多不得超过25%；社会、人物与志尾部类应控制在5%左右。

志书有大、中、小编体等不同体式组成，由于体式有异，编均用表数只能做一参考。表1中，20部县级志书编（卷、篇）均用表为8.8幅，且各分志用表并非平均用力，亦有不设表格的编。如《冀州市志》艺文编，《南明区志》名胜古迹诗词楹联编，《长宁区志》民主党派工商联编，《迁西县志》政治体制改革编，《邗江县志》历史文化遗产编，《任丘市志》白洋淀千里堤、经济体制改革编，《滑县志》经济总情、工业编，《盐津县志》民族宗教、体制改革、建设环保卷，《金水区志》区域中心、经济体制改革、政治体制改革、大河村遗址篇，《舟曲县志》文化旅游资源、法制禁毒、地方武装、救助劳动保障卷，《朔城区志》改革开放、驻区机关单位、精神文明建设、艺文、丛谈编；《赤水市志》旅游、人劳社保民政、司法、医疗卫生、社会习尚篇，《萧山市志》跨湖桥文化、民主党派工商联、民俗、宗教、方言编，《高安市志》经济体制改革、民主党派地方组织、精神文明建设、乡镇、前志补遗卷，《襄汾县志》检察审判、文化、档案史志、民间文学、艺文编，《梅县志》侨胞港澳台同胞、政治体制改革、军事、乡镇企业、邮政电信、卫生、老区建设扶贫、镇（办事处）篇，《鹿城区志》城市规划、环境卫生、农业、服务业、金融、民主党派、审判、文物、艺文、宗教、民俗、方言、杂记卷。

另外；控制表格占版面篇幅还有一策，即按每万字版面中计算表格占篇幅的比率，使表格占版面篇幅控制在一定范围之内。表1中，每万字用表的平均比率为1.52幅，其中超过1.52幅的有9部，占20部志书的45%，最多的为《仙居县志》《盐津县志》，均为2.38幅；不足1.52幅的有11部，占20部志书的55%，最少的为《赤水市志》，为0.65幅，仅为最多数的27.3%。笔者以为，志书表格似有过多过滥之嫌，要想改变这种面貌，控制表格使用数量和占版面篇幅，要双

管齐下，严格把关，才能取得最佳效果。

三、志书各部类或编应用表格的合理数量

志书中表格的应用，要通盘考虑、全局统筹，最终要落实到各分志的编纂之中。除为突出地方特色的重点篇章，作为特例确实需要适当增加表格的应用外，其他分志要视反映内容的需要酌情配置，主编要严格把关，对修志各部门、单位提供上来的稿件要从严审核，不能“捡到篮子里的便是菜”， 要按一定的比率设置表格，求得各分志用表的合理、平衡。表格刊载的数据，应是反映主要事物的主要方面的主要数据，凡不属于记述主要事物的主要方面的主要数据，能省则省、能略则略；有些事物只需要交代发展的趋势、不需精确数据，千篇一律地使用统计表就显得呆板；对地理、经济等客观上用表较多的分志，亦可采用示意图（如曲线升降图、塔状对比图、柱状比例图、圆形分割图）代替表格的方式加以处理，既可活跃版面，又可增加视觉效果，还可节省表格的数量，取得一箭三雕之效。

假如把表 1、表 2 得出的平均比率作为志书各部类用表的标准，则可发现有些志书用表或多或少均存在畸轻畸重的弊病。

以表 1 为例，地理部类：20 部县（市、区）续志的用表平均数是 60 幅，超过 60 幅的有 9 部，占 20 部志书的 45%；其中超过 100 幅的有 3 部，占 20 部志书的 15%。60 幅以内的有 11 部，占 20 部志书的 55%；其中 40—60 幅的有 5 部，占 20 部志书的 25%，40 幅以内的有 6 部，占 20 部志书的 30%。《萧山市志》用表最多，177 幅，《梅县志》《盐津县志》用表最少，6 幅，最多是最少的 29.5 倍。

经济部类：20 部县（市、区）续志的用表平均数是 100 幅，超过 100 幅的有 7 部，占 20 部志书的 35%；其中超过 200 幅的有 2 部，占 20 部志书的 10%。100 幅以内的有 13 部，占 20 部志书的 65%；其中 80 幅以内的有 9 部，占 20 部志书 45%；《萧山市志》用表最多，301 幅，金水区志赤水市志用表最少，28 幅，最多是最少的 10.8 倍。

政治部类：20 部县（市、区）续志的用表平均数是 55 幅，超过 55 幅的有 9 部，占 20 部志书的 45%；其中超过 100 幅的有 1 部，占 20 部志书的 5%。55 幅以内的有 11 部，占 20 部志书的 55%；其中 40—55 幅的有 4 部，占 20 部志书的 20%，40 幅以内的有 7 部，占 20 部志书的 35%。《长宁区志》用表最多，147 幅，赤水市志用表最少，7 幅，最多是最少的 21 倍。

社会与文化部类：20 部县（市、区）续志的用表平均数是 59 幅，超过 59 幅的有 8 部，占 20 部志书的 40%；其中超过 100 幅的有 3 部，占 20 部志书的 15%；59—100 幅的有 5 部，占 20 部志书的 25%；59 幅以内的有 12 部，占 20 部志书的 60%；其中 40—59 幅的有 4 部，占 20 部志书的 20%，40 幅以内的有 5 部，占 20 部志书的 40%。《萧山市志》用表最多，143 幅，任丘市志《赤水市志》用表最少，15 幅，最多是最少的 9.5 倍。

表 1 的实例证明，地理部类的用表数量控制在 60 幅以内，经济部类控制在 100 幅以内，政治部类控制在 55 幅以内，社会与文化部类控制在 59 幅以内，人

物与志尾部类控制在16幅以内。笔者以为，县级志书篇幅控制在200万字左右（装订一册）为合理范畴，志书表格控制在300幅以内应是一个合理的比率。

以表2为例，基础设施部类：10部志书平均用表45幅，其中超过45幅有4部，45幅以内6部。平均占篇幅数为20%，其中超过20%有3部，20%以内有7部。《杭州市志》基础设施部类用表达103幅，是10部志书平均用表量的2.9倍，是用表量最少《晋中市志》8幅的12.9倍；《济南市志》用表量82幅，是10部志书平均用表量的1.8倍，是用表量最少《晋中市志》8幅的10.3倍。

城乡建设编：10部志书平均用表量为21幅，其中超过21幅的有3部，21幅以内的6部。平均占篇幅数为20%，其中超过20%的有3部，20%以内的有6部。《济南市志》用表量82幅，是10部志书平均用表量的3.9倍，是用表量最少《晋中市志》7幅的11.7倍。

农业类：10部志书平均用表量为36幅，其中超过36幅的有5部，36幅以内的4部。平均占篇幅数为20%，其中超过20%的有5部，20%以内的有5部。《苏州市志》用表量84幅，是10部志书平均用表量的2.3倍，是用表量最少《黄山市志》7幅的12倍。

工业类：10部志书平均用表量为34幅，其中超过34幅的有5部，34幅以内的4部。平均占篇幅数为20%，其中超过20%的有5部，20%以内的有4部。《秦皇岛市志》《扬州市志》用表量均为64幅，是10部志书平均用表量的1.9倍，是用表量最少《黄山市志》11幅的3.1倍。

金融编：10部志书平均用表量为31幅，其中超过31幅的有4部，31幅以内的5部。平均占篇幅数为20%，其中超过20%的有5部，20%以内的有4部。《秦皇岛市志》用表量为118幅，是10部志书平均用表量的3.8倍，是用表量最少《黄山市志》4幅的29.5倍。

经济管理编：10部志书平均用表量为53幅，其中超过53幅的有3部，53幅以内的6部。平均占篇幅数为16%，其中超过16%的有3部，16%以内的有6部。《济南市志》用表量218幅，是10部志书平均用表量的4.1倍，是用表量最少《黄山市志》9幅的24.2倍。《杭州市志》用表量115幅，是10部志书平均用表量的2.2倍，是用表量最少《黄山市志》9幅的12.8倍。

教育编：10部志书平均用表量为28幅，其中超过28幅的有2部，28幅以内的8部。平均占篇幅数为21%，其中超过21%的有4部，21%以内的有6部。《张家口市志》用表量105幅，是10部志书平均用表量的3.8倍，是用表量最少《秦皇岛市志》2幅的52.5倍。

表2的实例证明，市级志书篇幅应当控制在400万字左右（即装订三册左右）为合理范畴，志书表格控制在600幅左右应是一个合理的比率。上文得出的各部类或各编应用表格平均数和占版面篇幅平均数，实为志人对志书内容编排的共识，可作为表格应用的标准与尺度，凡用表在平均数之内，主编可根据内容记述的需要酌情调控；若超过平均数，则需要认真审核把关，把可有可无的琐碎表格尽力删去，一些必不可少的数据改为行文表述。超过平均数的，一般情况下，要尽力

向平均数靠拢。笔者以为，平均数以上要有个限度，以超出 10% 打住为佳。片面强调志书的“资料性”，而忽视志书的“著述”本质属性，实不可取。

四、结语

以文为主、以表为辅，是志书编纂的基本原则。表格设计是一项艰巨的系统工程，表格质量的好坏直接关系到志书整体质量的高低，因此需要在实践中不断地探索总结，充分了解各种形式的优缺点，根据实际情况力求设计出更加合理科学、形式多样的表格，进而促进志书整体质量的提高。理论从实践中来，通过比较研究而升华，进而指导实践。实践是检验理论的唯一标准。利用比较之法，找出相同类目表格应用的共性特征，各类内容配置表格的最佳数额以及占志书篇幅的恰当比例，即可看出修志人的共识。加强志书相同类目的比较研究，表格是辅助体裁，表格在志书中的应用，应根据各分志的重要性和内容需要确定表格的数量，各分志表格应用要尽量平衡、协调，不能畸轻畸重，志书的表格配置要有量的把握，不能无限度地膨胀，进而影响内容与形式的完美结合。

（原载《中国地方志》2017 年第 2 期）

---

①杭州市萧山区地方志办公室编著：《萧山市志》，浙江人民出版社，2013 年版。

②上海市长宁区地方志编纂委员会编：《上海市长宁区志（1993—2005）》，方志出版社，2010 年版。

③扬州市邗江区地方志编纂委员会编：《邗江县志（1988—2000）》，方志出版社，2009 年版。

④仙居县地方志编纂委员会编：《仙居县志（1986—2010）》，中华书局，2013 年版。

⑤贵阳市南明区地方志编纂委员会编：《贵阳市南明区志》，贵州人民出版社，2008 年版。

⑥鹿城区地方志编纂委员会编：《温州市鹿城区志》，中华书局，2010 年版。

⑦朔州市朔城区志编纂委员会编：《朔州市朔城区志（1989—2010）》，中华书局，2014 年版。

⑧《襄汾县志》编纂委员会编：《襄汾县志》（续志），方志出版社，2011 年版。

⑨迁西县编纂委员会编：《 迁西县志（ 1987—2005）》，方志出版社，2009 年版。

⑩冀州市志编纂委员会编：《冀州市志（1986—2006）》，方志出版社，2012 年版。

⑪金水区地方史志编纂委员会编：《郑州市金水区志（1991—2002）》，中州古籍出版社，2008 年版。

⑫长汀县地方志编纂委员会编：《长汀县志（1988—2003）》，中华书局，2006 年版。

⑬《高安市志》编纂委员会编：《高安市志 1986—2006》，方志出版社，2009 年版。

⑭滑县地方史志编纂委员会编：《滑县志（1988—2000）》，中州古籍出版社，2011 年版。

⑮任丘市地方志编纂委员会编：《任丘市志（1988—2008）》，方志出版社，2016 年版。

⑯《梅县志》编纂委员会编：《梅县志（1978—2000）》，广东人民出版社，2010 年版。

⑰甘肃省舟曲县地方史志编纂委员会编：《舟曲县志(1991—2006)》，方志出版社，2010 年版。

⑱沂水县地方史志编纂委员会编：《沂水县志（1991—2008）》，中华书局，2013 年版。

⑲贵州省赤水市地方志编纂委员会编：《赤水市志(1986—2006)》，方志出版社，2012 年版。

⑳延津县地方志编纂委员会编：《延津县志（1978—2005）》，云南出版集团云南人民出版社，2014年版。

㉑杭州市人民政府地方志办公室编：《杭州市志（1986—2005）》，方志出版社，2015年版。

㉒扬州市地方志编纂委员会编：《扬州市志（1988—2005）》，方志出版社，2014年版。

㉓临汾市志编纂委员会编：《临汾市志》（通纪体续志），中华书局，2013年版。

㉔黄山市地方志编纂委员会编：《黄山市志》（通纪体续志），黄山书社，2010年版。

㉕济南市史志编纂委员会编：《济南市志（1986—2010）》，方志出版社，2013—2015年版。

㉖秦皇岛市人民政府地方志办公室编：《秦皇岛市志1979—2002》，方志出版社，2009年版。

㉗《酒泉市志》编纂工作委员会编：《酒泉市志》，方志出版社，2008年版。

㉘苏州市地方志编纂委员会编：《苏州市志（1986—2005）》，江苏凤凰科学技术出版社，2014年版。

㉙晋中市志编纂委员会编：《晋中市志》（通纪体续志），中华书局，2010年版。

㉚张家口市地方志编纂委员会编：《张家口市志（1988—2005）》，九州出版社，2015年版。

新方志增设“杂记”琐议

提要：杂记篇是志书中的门类之一，虽不是志书中的主要部分，属各门类难以包含之类，但从广义而言，它又包含一切记人、记事、记物之文，是网罗志书各门类未能涵盖内容的最佳场所。新方志在体例上继承了旧志的衣钵，杂记篇的应用即为其中之一。“杂记”篇是记述一地域历史文化的篇章，多为大众喜闻乐见、街谈巷议的故事，加强“杂记”篇的记述，在新方志编修中加以合理利用，志书的资料性、可读性、趣味性定会得到明显提升，对于提高志书的质量都大有益处，值得重视和提倡。

关键词：志书　杂记篇　应用实践

新方志门类虽说应有尽有、比较全面、系统，但毕竟世间万物纷杂，志书中的各个门类不可能将其包罗无遗。仍有许多极具地方特色的人们所津津乐道的人、事、物受门类的局限，难以归从。我们常常会陷入归之则觉零星琐杂、舍之又觉实在可惜的矛盾之中。实际上，先人已为我们指出了路径，杂记便是网罗志书各门类未能涵盖内容的最佳场所。由此可见，重新认识杂记篇的功能与作用，并在新方志编修中加以合理利用，给予杂记篇一席之地，新方志的内在质量，诸如资料性、可读性、趣味性定会得到明显提升。

志书中的杂记篇，犹如新娘头上佩戴的金簪、玉佩、耳坠，脖间的项链，身上的胸花、手镯、脚镯，物件虽小，却使新娘显现出高贵典雅、出类拔萃的迷人风韵和气质，使新娘显得生动而有灵气；又犹如烹饪中的五味调和，酸、甜、苦、辣、咸各具风味，虽非主料，菜肴中却缺少不得，若无此，任何山珍海味都无法呈现其鲜美的滋味。杂记，虽不是志书中的主要部分，属各门类难以包含之类，但从广义而言，它又包含一切记人、记事、记物之文。

一、旧志中的“杂记”篇

“杂记”之于志书，可谓源远流长。地方志自宋代定型以后，一般志书皆设“杂记”　一门，但其取名不一，最早称之为“杂录”。如北宋时期著名书学理论家朱长文撰《吴郡图经续记》三卷，即于志尾设“杂录”一门。南宋时期范成大撰《吴郡志》，亦于志尾设有“杂录”，内设奇事、异闻、考证、杂咏、杂志5目。延至清代，章学诚为解决传统志书著述体与辑录体混杂的问题，提出了创立三书体的主张，即志书“仿纪传正史之体而作志，仿律令典例之体而作掌故，仿《文选》《文苑》之体而作文征。三书相辅而行，阙一不可。”并在“三书”之外，将“征材之所余”集为“丛谈”。“既约取矣，博览所余，拦入则不伦，弃之则可惜，故附稗野说部之流而作丛谈……三书皆经要，而丛谈则非必不可阙之书也。前人修志，则常以此类附于志后，或称余编，或称杂志，彼于书之例义，未见卓

然成家，附于其后，故无伤也。”（《方志立三书议》）

现存的历代旧志篇目中，以“记”作为篇名的有“大事记”“杂记”两种。大事记列于卷首，起统摄全志的作用；杂记列于卷尾，收罗无类可归的零碎内容，集札为编。杂记之体，源于旧志。在旧方志中，杂记还有多种称谓，如杂志、外志、杂纪等，除此以外，杂记亦有丛谈、丛录、志余、余编、外编、附录等称谓。旧方志中既有在正志之中专设“杂记”卷的，又有正志之后设“杂记”篇的，卷内卷外并无一定之规，但从笔者涉猎的旧志中，入卷的还是占多数。如李维桢等撰的明万历《山西通志》卷二十六称之为“杂志”，列有宫室、寺观、仙释、技术、灾祥五门；卷二十七野史，列有75目。胡文华撰的清顺治《云中郡志》，第十二卷称之为“外志”，排在正卷之后，列有侨寓、仙释、逆变、灾祥四门。钱以塏撰的清康熙《隰州志》列有卷二十三杂记；崔澄寰撰的清光绪《续修隰州志》卷四列有“杂纪”门。张嘉撰的清光绪《寿阳县志》亦名杂志，排在正卷之后，列有寓贤、古迹、仙释、冢墓、封爵、祥异六门。

有关旧志杂记篇的内容，章学诚在《修志十议·议外编》中即有交代：“凡事属琐屑，而不可或遗者，如一产三男、人寿百岁、神仙踪迹、科第盛事，一切新奇可喜之传，虽非史体所重，亦难遽议刊落；当于正传之后，用杂著体零星记录，或名外编，或名杂记，另成一体，使纤伙饤饾，先有门类可归，正以厘清正载之体裁也。歌谣街谈，苟有可观，皆用此律。”章氏《方志立三书议》又言：“弃之则可惜，故附稗野说部作丛谈。或称余编，或称杂志。附于其后，故无伤也。”从前述几种旧志的“杂记 ”，也可窥见其内容端倪：一般有纪事、仙释、灾祥、轶事、异闻、辑文、辨说等。杂记在志书中是处于相对独立地位的。

二、“杂记”篇在新方志中的应用

首轮社会主义新方志编纂，在体例上继承了旧志的衣钵，杂记篇的应用即为其中之一。但从编纂实践看，杂记篇的应用未能尽如人意，多数新方志在无形之中取消了“杂记”这一体裁，杂记篇的设置到了凤毛麟角的稀缺程度，不能不说是志书编纂中的一大缺漏。首轮《阳城县志》主编刘伯伦探讨了“杂记” 被取消的原因：“‘杂记’这一体裁被取消。究其原因，大抵有三。一是新方志门类之齐全、载事之广博与旧方志不可同日语。旧方志认为是无类可归的琐屑小事，有的已能被新方志的网络所收罗。如‘人寿百岁’可归‘人口’或‘卫生’，‘科第盛事’可归‘文化’或‘教育’，‘歌谣街谈’可归‘方言谣谚’或‘民间传说’等等。二是旧方志的‘神仙踪迹’之类的迷信荒诞之事，新方志理所当然地要予削除。三是被旧方志看作是奇闻怪事（如‘一产三男’等）今已被科学所解释，不再令人惊异。”①

新编地方志中的杂记，其内容形式大多沿袭旧志。以山西首轮志书为例，在125部市县志中列“杂记”篇（或与“杂记”同类，但名称有异）的有9部。其中，

①刘伯伦：《新方志增设“杂记”浅议》，《中国地方志》，1992年第4期。

列入正编的4部。

1993年版《晋中地区志》第二十一编附录杂记，设历史文献、日军暴行、民间传说、艺文选录、碑记墓志、书信函电、市县概况7门，称“杂记”名副其实。只是“市县概况”属政区分志中应记之项，列入“杂记”似有越界之嫌。

1997年版《平顺县志》杂志篇，设要记（陈卿起义，赵城事件，杨献珍在平顺作报告，朱德划界过平顺，毛泽东三次接见李顺达，李顺达出访苏联，申纪兰参加世界妇女大会，申纪兰做客周恩来家，薄一波视察西沟，对李顺达的错误批判，朱镕基视察西沟、留村，姜春云视察留村、西沟，李鹏视察留村，胡锦涛视察平顺）、文存（要文，旧志序跋，铭文3节）、史志编研（地方志编修，中共平顺县史研究2节）、山水风光、奇异事象5章。该杂志篇将党和国家领导人视察内容以要记形式列入，此为新方志编纂中的一大创新之举，为此类内容找到了新的位置，较之于将“党和国家领导人视察”置于卷首要优胜许多。这种做法实质上冲破了“官本位”理念，值得赞赏。

2006年版《潞城市志》卷二十六杂记，设附录、限外辑要、修志始末、潞城市志各卷编纂情况、历届编委会名单5门。旧志中杂记与附录同义，新方志杂记与附录是同一级篇目，所揽内容应有所区别，杂记、附录分别单列篇目较为恰当。

2006年版《阳泉市郊区志》第二十四编附录杂志，设公文、诗文、书目、碑碣石刻、民间传说5章。旧志的附录与杂志同义，新方志附录属分志从属，两者合编乖离志体，有本末倒置之嫌；分立之后，杂志与分志同属一个级别，只是分志所辖门目单一、杂志所辖门目繁杂而已；两者分立之后，杂志排列位置应与分志相连，附录殿后，才较恰切。

列入编外的5部。1994年版《阳城县志》要记·丛谈篇，要记门设章训都十里农民反对增赋、民国兵差贪污案、“十二月事变”、彭德怀五经阳城、朱德三过阳城、邓小平二次抵阳、赵树理在阳城、大跃进、农业学大寨、“文化大革命”的初期动乱、阳城史志工作座谈会11目；丛谈门设奇闻异事五十九则，以汉字数码序号做标题，内容按时序排列。旧志的丛谈与杂记同义，但杂记门目繁杂，丛谈则门目单一，只记遗闻轶事。是志不以杂记命名，以要记·丛谈立篇，乃识体例之真谛也。

1998年版《长子县志》丛录篇，分设文献辑存、历代县志序选、碑刻、部分碑目、当代著名人物事迹5门。1999年版《平遥县志》丛录篇：分设历代县志序跋选、古今碑文选、文献辑存、平遥之最4门。丛录在旧志中乃杂记的别称，从体式规范化考虑，以避免与丛谈混淆，还是统一称之为杂记为佳。

1999年版《清徐县志》丛录篇，分为文件报告、史志辑录、碑文、考证文章、诗词联语、本志修志始末6门。2000年版《大同市志》杂录篇，设修志始末、云中诗抄、奇闻异事、史料考辨、文献辑存5门。此二志共同的问题是将修志始末纳入丛录、杂录篇，这种做法有悖文理。修志始末的职能是总结整部志书的编纂工作，当然也涵盖丛录、杂录篇的编写工作。若把修志始末纳入丛录、杂录篇，就混淆了这种涵盖与被涵盖的逻辑关系。修志始末应置于志书的尾部，才合乎规范。

从上述例证中可以看出，山西设置杂记篇的，仅占首轮志书的 7% 的份额。可见人们对杂记的重视程度还是有所欠缺。

在笔者阅览的其他省市志书中，也搜寻到一些杂记篇。1987 年版《奉贤县志》卷三十二杂志，设罪行录、奇珍异闻、民间传说、方志提要、地方铅印资料要目 5 章。1989 年版《大新县志》第七编杂记、设各种事故、过往，兵燹匪患、逸闻奇事 4 章。1989 年版《横县县志》第九篇杂记，设异闻、县署旧址考、重大灾害事故 3 章。1990 年版《金山县志》第四十编杂记，设重大事件、重大事故、奇闻异事 3 章。1991 年版《山阳县志》第十三编杂录，设诗文辑存、歌谣传闻 2 章。1993 年版《蒙山县志》杂记，设奇异、轶事、会馆兴废、飞机失事、民间传说、其他等 6 目。1993 年版《都安瑶族自治县志》第三十三篇杂记，设重大事故、兵燹匪患、奇闻异事 3 章。1994 年版《崇左县志》第八篇杂记，设各种事故、奇闻异事、现存旧志版本 3 章。1994 年版《南丹县志》杂记篇，设匪患红帮、烟毒赌博娼妓、异事轶闻 3 章。1994 年版《合浦县志》第八篇杂记附录，杂记章设兵燹匪患、日军暴行、官场杂记、能工巧匠 4 节；附录章设重要文告、碑文选录、革命回忆录、小考、艺文选录、旧志序言、珍闻 7 节。1995 年版《淮阴市志》第五十三卷杂记，设匪患、帮会、珍闻、碑碣墓志刻文 4 章。1996 年版《黄浦区志》第四十编杂记，设黄浦滩上领事馆、帝国主义控制上海海关始末、十里洋场的社会污垢、洋泾浜，若干地区变迁 5 章。1997 年版《铜川市志》杂录篇，设文献、纪事与新闻、修志始末 3 章。1998 年版《融水苗族自治县志》杂记篇，设名人与融水、奇闻异事，事故、匪患、兵燹 5 目。在首轮志书编纂中，设立“杂记”篇并取得较佳效果的还有多部。其中，尤以 1995 年版《苏州市志》第五十四卷杂记最为突出，该志杂记卷用 89500 字的篇幅（相当于全志 54 卷文字卷的平均数），搜集了 96 则近现代发生在苏州的轶闻异事，融知识性、可读性、趣味性为一炉，令读者目不暇接。只是内容仅奇闻异事一项，称为“丛谈”更为恰切。

二轮续志对杂记篇的应用大为减少，究其原因，一是多为续志体编纂模式，只记当代断限内之事，历史内容多遗弃不用；二是认为首轮志书已记此类内容，续志没有必要再记。当然亦有例外，有的志书为弥补首轮的不足，采用专记、附记、附录等取代杂记篇，记述限前史事。2008 年版《锡山市志（1986—2000）》第三十一篇杂记，前设概述、内设民间歌谣、谚语、故事传说 3 门。内容过于单薄，称杂记不甚匹配；且此三门属民间文化的内容，似乎入正志的文化编更合乎志体。2009 年版《高平市志》卷九文丛，设著述、艺文、丛谭、楹联、文献 5 编。丛谭记逸闻轶事，与文丛体例不合；且丛谭含义要大于文丛，以文丛涵盖丛谭有违志体。2010 年版《温州市鹿城区志》卷六十四杂记，设温州城墙、王右军与墨池等 70 条历史上发生的逸闻轶事。从体例规范化考虑，视乎改为“丛谈”更为恰切。

2010 年版《黄山市志》专记杂记篇，专记设邓小平视察黄山，江泽民视察黄山市，黄山与西递、宏村列入世界遗产名录3目；杂记设名人与黄山，掌故逸事，考辨释词3目。杂记包含专记，二者并列设篇，有标题重复之嫌，似以杂记命名较为妥当。2013年版《黄骅市志（1986—2008）》第三十九编杂记，设考释（古县名考释、古侯国考释、古城池考释、古柳河考释、古界阕考释、窦王坟考释、村名考释7目）、文件辑存、限外辑要（2009—2011）3门。该编考释内容丰富，当为它志之典范。2013年版《交城县志（1986—2005）》第三十编杂记，设逸闻轶事、碑碣、诗词选录3章。

三、编纂“杂记”篇应注意的问题

“杂记”虽然不是志书的主体部分，但在历代志书中均有“杂记”的一席之地。一部志书的内容是否全面、完满，“杂记”篇的设置与否，则为志书质量的试金石之一。这是因为，志书是一地域最重要的乡邦文献，是“文化之志”，而“杂记”篇则是记述一地域历史文化的篇章，多为大众喜闻乐见、街谈巷议的故事，读之“皆新奇可喜、阅者精神为之一振”（章学诚《麻城县志凡例》），且笔调轻松灵活，有如面对读者谈天说地、无拘无束，极具趣味性、可读性、地域性。从上述示例中即可看出，设与不设，效果大不相同。杂记是分志内容的补充，对于写出志书的深度，增强志书的资料性，提高志书的质量都大有益处，值得重视和提倡。不言而喻，它会以其浓郁的地方特色而拥有更多的读者。但从编纂实践看，随着新方志体例的逐渐完善，杂记篇内容的种类和篇幅呈现逐渐变少的趋势。

杂记的内容是很复杂的，从广义而言，它包括了一切记人记事记物之文。杂记在构成上有其特殊性，是集纳那些“拦入则不伦，弃之则可惜”的资料，即必须坚持无类可归的原则，就是要求杂记只集纳那些不便于进入分志的资料，不能表现出一种主观随意性。由于各地对杂记篇的理解有所不同，因此所记内容也有不同，其表现形式往往有局限性。杂记虽与专记都为“记”，有相似之处，但按杂记一词之义，其内容还不只是人物的轶事异闻、民间歌谣、故事传说之类。杂记应收录无类可归的资料，包括纪事、灾祥、轶事、异闻、辑文、辨讹等。既设杂记，就要“杂”，就像人们称“杂家”一样，要各方面都有，要使其名副其实。

无论旧志与新志，杂记有入编与不入编之分。笔者以为，新志与旧志毕竟时代不同，古今修志中一些约定俗成的概念亦不相同，某些词汇的概念也多有变异。如“附录”一词，旧方志即为“杂记”“杂志”的别称，而当今刊行方志之“附录”实为旧志之“文征”或“艺文”“文选”。新志“附录”的特点，是他书中的原文抄录，不为编纂者之言。新志“若设‘杂记’或‘丛谈’，自不能与‘附录’取材相混，方法雷同了”。[①] “杂记”与“丛谈”相较，“杂记”内容较宽；“丛谈”则只记轶闻异事。杂记是否入编纳入分志系列，要视内容篇幅的多寡来确定较合情理，即与全志各分志所占平均篇幅相近，即可入编，如篇幅差距较大，则不入编、放在正编之后即可。

---

①刘伯伦：《新方志增设“杂记”浅议》，《中国地方志》，1992年第4期。

杂记作为志书中的一种体裁，它的文体构成，分为著述体和辑录体两种，从首、二轮新方志编纂实践来看，或皆为著述体，或以著述体为主、辑录体为辅，或皆为辑录体，或以辑录体为主、著述体为辅，形式多样，不拘一格。笔者以为，如一部志书中同时设有杂记篇与附录篇，两者分工应明确，杂记篇应以著述体为主、辑录体为辅；附录篇的内容是法规、文件等的原文照录等，应以辑录体为主、著述体为辅。如一部志书中同时设有杂记篇与艺文篇，著述、诗文、楹联等则应移出杂记篇之外。新方志增设专记编（第一层级标题），现有单一内容的专记编和多篇内容合集的专记编，笔者以为，杂记篇即包含内容各异的多篇专记，这些专记凡能归属正文的，还是分散插入正文为宜；多篇内容合集的专记编改为杂记篇似乎更合乎志体，又有利于志体的规范化。当然，置于志首的要事纪略（从大事记中抽出、置于大事记之后）实为突出地方特色而立，则另当别论。

“杂记”虽杂，但也不能信笔所至，排列无序。要么以人或事物出现的时间先后为序，要么先分类后以时序逐条而述。编纂者可按某种整体规划依次笔录，做到心中有数就行，不必非冠以标目不可。前文业已提到，修志始末（亦有称谓编纂始末、编志始末、修志纪略、编后记、编后语、后记、始末、编后、跋等）的职能，是总结整个志书编纂的工作过程，其中当然也涵盖杂记篇的编写工作。把修志始末纳入杂记篇，有悖文理，不合志体，无法体现两者之间涵盖与被涵盖的逻辑关系。

写好“杂记”，首先是要保证所述事物的绝对真实，不能因其“杂”而掺以假；其次是一定要写“皆新奇可喜、阅者精神为之一振”之事；杂记虽事“杂”，而语言必不能冗芜，文字一定要精练，非约难以载博，非精难以理杂。笔者相信，经过志人的不懈努力，“杂记”篇的编纂定会产生脱胎换骨的新面目，在新方志中赢得一席之地，为志书增光添彩。

（原载《2017 年地方志与地方史理论研讨会论文汇编》，上海市地方志办公室、上海社会科学院历史所编，2017 年 9 月 • 上海；复载《上海地方志》，2018 年第 3 期）

续志“凡例”的编写

“凡例”，是新编地方志书不可或缺的重要组成部分，又是方志的传统文体。志书的凡例，从现有的材料来看，宋代已有，但不够完整、系统。明清以来，志书的凡例不仅普遍，而且也较具体，反映了不同时期的编纂方法与水平。首轮修志之初，在凡例撰写的理论和实践方面，由于人们的认识有所不同，故而还存在不少问题。时至今日，二轮修志已逾十余春秋，新编志书成批涌现，这就为进一步研究凡例的撰写，提供了丰富的材料。理论来源于实践，而理论只有在实践中才能得以升华，从而更准确地指导实践。所以，我们今天重新认识凡例的价值，确定它在志书中的应有地位，提高凡例的撰写质量，进而提高二轮续修志书的整体水平，具有十分重要的意义。

一、凡例之涵义

何为“凡例”？简言之，即发凡起例之意。发凡，是谓阐明全书宗旨、大纲和概要；起例，是谓拟定著述的体例、格局、样式及规则条例。凡例一词，语出自晋杜预《春秋经传集解序》：“其发凡以言例，皆经国之常制，周公之垂法，史书之旧章。”又《左传·隐公七年》：“凡诸侯同盟，于是称名，故薨则赴以名，告终称嗣也，以继好息民，谓之礼经。”杜预注：“此言凡例，乃周公所制礼经也。”唐杜甫在《八哀诗·赠秘书监江夏李公邕》诗中有“名满深望远，森然起凡例”之语。后来，人们把说明著作内容和编纂体例的文字称作凡例。

对“凡例”一词，各类词典的解释大同小异。《现代汉语词典》释曰“书前关于本书体例的说明”；《辞源》《辞海》均释曰“说明著作内容和编纂体例的文字”；《汉语大词典》释曰“书前说明本书内容或编纂体例的文字”；《中国地方志辞典》释曰“方志的编辑说明，叙述方志编纂体例与著作内容等”。在历代所编纂的旧志书中，凡例的名称也各异：清雍正版《阳高县志》谓志例；清乾隆版《临晋县志》谓志议；清乾隆版《绍兴府志》、清光绪版《顺天府志》谓略例；清光绪版《左云县志》谓总例；清光绪版《长治县志》谓序例；民国版《徐沟县志》谓总引；清嘉庆版《广西通志》、民国版《龙游县志》谓叙例；清乾隆版《武乡县志》、清光绪版《天镇县志》、民国版《岳阳县志》《芮城县志》《永和县志》《乡宁县志》《襄陵县志》谓例言；民国版《解县志》谓约言，以及发例、起例等。凡例名称虽然不尽相同，它们对志书却无不具有权威性和法规性的职能。各种凡例的内容，一般各有侧重，或提示志书编纂的目的，或对志书编纂内容作出规定和说明，或阐明志书的源流，但普遍都是用以规定志书的编纂体例和原则。旧志书的凡例内容，往往出现与“序”“跋”内容相重复的弊端。社会主义新志书的凡例，既要克服这些弊病，同时也应把继承传统和大胆创新结合起来，使凡例恪守其“职”。

二、凡例之地位与作用

凡例文字虽少，却是纂史修志之要务。历代史学家、方志学家均把凡例提到极其重要的位置上来认识。唐代刘知几在《史通・序例》中说："夫史之有例，犹国之有法。国无法，则上下靡定；史无例，则是非莫准。昔夫子修经，始发凡例。"刘知几将凡例比作国家法令，由此可见凡例在史书中的重要地位。清代著名方志学家章学诚根据修志实践，总结出修志有三长"识足以断凡例，明足以决去取，公足以绝请托"，"先陈事宜，后定凡例，庶乎划宫于堵之意云。"他把明断凡例的"识"放在三长之首，这足以说明凡例在章氏心目中的地位是何等的重要。

历代编修地方志书，都非常重视制定凡例。明永乐十六年（1418）颁布《纂修志书凡例》21条，清康熙十一年（1672）的《修志四十款》、康熙二十九年（1690）的《修志牌照》23条，民国18年（1929）内政部呈奉国民政府核准颁行的《修志条例概要》22条，民国35年（1946）国民党南京政府内政部颁布的《地方志书纂修方法》9条等，都是全国性的通行修志法则。除中央统一颁布修志法则外，也有一些省颁发过修志法则，如民国7年（1918）郭象升草拟《山西省各县志凡例》以山西省公署名义颁行，民国32年（1943）湖北省颁布《湖北各县修志事例概要》21条等，都是为防止各地修志"参差不齐，未归划一"而制定的。此外，还有由府、州、县制定的凡例。这些凡例，是就某一具体志书而言，具有法则性能，作为编纂志书的准则。首轮修志之初，中国地方志指导小组就制定了《新编地方志工作暂行规定》，指导全国各地的修志工作。

凡例是编纂者对设志立目、资料取舍、记述方法、书写要求等编纂体例问题，作出统一规定和理论说明的条例。因此，凡例的作用主要表现在两个方面。其一，它对志书的编写起指导和制约作用。对修志人员来说，凡例是编纂志书的总方案。正如有的修志同人把篇目比作志书的蓝图，把凡例比作修志的施工方案，二者相辅相成，缺一不可，这是很有道理的。正由于有了凡例，修志人员在工作中才能纲举目张，明体达义，做到取材有依据，编纂有准则，行文有规格，各守其界，各书其要。虽然是众手成志，但志书如出一辙，可收到异曲同工之效。其二，它可指导读者更好地阅读志书。一部志书有了较详密的凡例，对广大读者来说，就等于有了可遵循的阅读指南，通过凡例可知晓全书之大概，得阅读之要领。

三、凡例之内容

由于理论研究的多元化，在修志实践中志书的凡例撰写也呈现多样化的格局。修志成果的成批涌现，为方志理论的进一步完善提供了坚实的物质基础。研究志书凡例的内容，也只能从实践中认真总结，而脱离开实际的理论研究，也只是一种空谈而已。实践是检验真理的唯一标准。下面，让我们从新志书的编纂实践中，看看凡例内容的具体撰写情况。由于手头资料所限，选了25个省市的40部市县志书。

这40部志书的凡例，从内容上看，全部列有条款的有志书断限、立传标准、行文规则3项；另有编纂原则、志书体例单列条款的分别为31部和34部，其余的各部志书也均有这2项内容，只是分散记在其他条目中；超过半数的有指导思想（24部）、志书内容（23部）、特殊问题（22部）；超过10部的有记述范围（12部）。从条数上看，最多的为《阳城县志》15条（就手头资料而言，云南省《弥勒县志》凡例条数多达18条，因列表不便，故没有列入）；最少的为《开封县志》6条；9条以下的17部；10条以上的26部；40部志书的总条数为400条，平均每部志书10条。从排列顺序上看，指导思想、编纂原则、志书体例、志书断限居于前，记叙范围、志书内容、立传标准居于中，特殊问题、行文规则、资料来源列于后。从凡例在志书中的位置排列看，以序、凡例、目录为顺序排列的23部（其中以彩版在前的15部，序、凡例、彩版、目录为序的6部，以序、彩版、凡例、目录为序的2部），以目录、序、凡例为顺序排列的15部（彩版在目录之前），以凡例、序、目录为顺序排列的1部。

从理论研究和修志实践中，可以得出这样的结论，新志书的凡例应包含以下10项主要内容：

（一）指导思想　中国地方志指导小组于1985年4月19日颁布的《新编地方志工作暂行规定》中，明确提出编纂社会主义新方志须遵循的指导思想和编纂原则，它是我国当今修志的纲领性法规，是修志工作的总凡例，各级各类志书都必须严格遵循。所以，志书的编纂指导思想理应在凡例中有所交代，并在志书编纂中得到体现，既不能不载，也不应空载。当然，指导思想并非全文照搬中指组的《新编地方志工作暂行规定》，一般情况下点到即可。

《永济县志》凡例一："本志以马克思列宁主义、毛泽东思想为指导思想，实事求是地记述事物的始末。"

《昭平县志》凡例一："本志以马列主义、毛泽东思想为指导，实事求是地记述史实，在资治、教化、存史等方面为社会主义物质文明和精神文明建设服务。"

而有较特殊的编纂指导思想更应详载。如《南京简志》凡例就有"本志是为尽快地向各级领导、各行各业提供参考、借鉴资料而编的一部内容扼要，篇幅较为简短的志书。"简练地点出志书的编纂目的。

但有的却过于烦琐，行文累赘。如《登封县志》凡例一："本志编纂的指导思想，是马克思列宁主义、毛泽东思想。在这一总的指导思想指导下，以辩证唯物主义和历史唯物主义观点，全面系统地记载了登封县的自然和社会的历史和现状。其目的是更好地认识过去和现在，为党政干部提供决策的依据，为科技人员提供研究的课题，为文教工作者提供宣传教育的资料，为各行各业提供县情的咨询，为全县人民提供热爱家乡热爱祖国的乡土教材。"仅此一条，就达170余字，且内容也并非登封独有，换个县名也照样成立。所以，没有地方特点的条款，还是简洁些为好。

凡例中要不要写指导思想，至今还有争议，在修志实践中也出现两种情况。笔者在该论文中引用的八种理论研究的文章，提出要写指导思想的占5种；列举的40部新志书的凡例，写上的占24部。由此可以看出，无论从理论研究上还是志书实践中，要指导思想的还是占多数。修志实践也充分证明，以马克思列宁主义、毛泽东思想为指导，是我们编写、审定志稿自始至终必须认真恪守、坚持不渝最重要的一条，亦是衡量新编志书质量最基本的一条。历代志书的阶级性是显而易见的。并非你不写指导思想，志书就没有了阶级性，而写上指导思想就是贴上了政治化的标签。作为社会主义的新一代方志，在正确反映历史的同时，还要保证政治观点上的无差错；要保证政治观点的正确性，就必须坚持马列主义、毛泽东思想、邓小平理论、“三个代表”重要思想和科学发展观。凡例中有了这一条，在编写和审改时就有了准则，对材料的取舍就有据可依。

（二）编纂原则　即指编纂工作中必须遵循的某些原则，以及需要注意的一些事项。

《黎城县志》凡例一：“本志依类设目，实事求是地全面记述黎城县政治、经济、文化等各项事物的历史和现状。立足当代，统合古今。”

《绥化县志》凡例五：“遵照详今略古的原则，本志重点记载中华人民共和国成立后绥化县的33年的历史，突出地方特点。”

《五莲县志》凡例一：“本志编纂坚持辩证唯物主义和历史唯物主义观点，力求思想性、科学性与资料性的统一，详今略古，以新中国成立后为重点。”

从广义上而言，编纂原则涉及面较广，单独立条亦很难说清楚，故许多志书的凡例均把编纂原则同其他条目结合在一起来写，这样既便于行文，又眉目清楚。

其一，是把编纂原则与指导思想结合起来写。《金华市志》凡例一：“本志以马克思列宁主义、毛泽东思想为指导，按照辩证唯物主义与历史唯物主义观点，实事求是，记载金华的历史和现状，反映社会主义的时代特色和金华的地方特点。”采用这种方式，在40部志书中占到16部。

其二，是把编纂原则与志书断限结合起来写。《金华市志》凡例四：“记述纵贯古今，详今略古，上限不一，下限止于1989年底。”

（三）志书体例　从狭义上讲，即指志书所采用的体裁和总体框架。若从广义上讲，凡例的大部分内容都属体例范畴。

《五台县志》凡例五：“本志体裁采用记、传、图、表、录，以志为主。图、表分附各志。”

《公安县志》凡例三“本志采用述、记、志、传、图、表、录诸体，以志为主，采用篇、章、节、目结构。志前列概述、大事记，志后缀附录。全志以事业及事物属性分类，横排竖写，不受行政隶属关系限制。篇首冠以‘综述’，概括全貌，维系全篇。”

（四）志书断限　即指志书断限的历史年代。中指组《新编地方志工作暂行规定》对新编志书的断限，上限没有作硬性规定，下限为“暂定”1985年，也可延长至志书脱稿之日。新编志书的断限（无论上、下限）均不统一，所以志书断限必须交代清楚。

《凤凰县志》凡例一：“本志取事，上限至事物在本县的发端，但历史长远者只上溯至康熙三十九年(1700)建厅为止。下限写至1985年。”

《溧水县志》凡例四：“本志各部分上限不一，建置上溯春秋，大事记起于隋开皇十一年(591)建县，其他各篇追溯事物发端。下限迄至1985年，个别事目，因注明事件截止或工程竣工日期，适当下延。”

《潞西县志》凡例三：“本书是第一部县志，记事贯通古今，上限尽量追本溯源，以搜集到的资料为发端。下限原则上至1988年，对连续性强的数据，或突出的大事，则越限至搁笔为止。”

（五）记叙范围 即指志书记叙内容的地域范围。记叙范围本应包括两个方面，时间和空间（即地域）。因断限已单讲，此处仅指地域范围。地域性是志书的一大显著特点，越界而书是犯界，域书不全是残缺。所以，一般志书在凡例中都要交代记叙的地域范围，给人一定的空间概念。但这一条款并非每志必有。因历史上市县境域变化不大，古今大体相同，不界定不会引起疑问和产生混淆，如此省略不写，也无可非议。但历史上的境域变化较大，志书凡例则理应交代清楚。

《建德县志》凡例六：“本志记述地域范围包括原寿昌县，以本县现行版图为限，凡人与事不在今版图内，虽史志有载亦不予收录。”

《哈密县志》凡例一：“记事范围。民国23年(1934)哈密行政公署设立以前，县境内发生的各项大事，县志尽量采摘，力求完备；民国23年(1934)以后，特别是中华人民共和国成立后(简称新中国成立后)，县志主要记述县辖单位之事。对于县境内的自治区、兵团、铁路、地区以及军队系统的各项事业，只在有关章节内作简单介绍。”

（六）志书内容 即指志书的篇目结构、内容分类、层次划分，以及某些具体篇章（如大事记）的内容。

《黎城县志》凡例四：“全书由概述、大事记、专志、条陈及丛录组成。以概述和大事记总摄全书，各专志为全书主体，记述以类系事，以时为序，横排门类，纵述史实，按事物性质设卷、章、节、目，目下根据需要设子目。条陈、丛录不设章节。”

《建昌县志》凡例三：“全志由概述、大事记、分志、人物、附录5个部分组成。概述，综叙县情，总括全书。大事记，纵贯古今，记叙有文字记载以来的有关大事、要事。分志，横排门类，纵述史实，设建置沿革、自然地理、农业、林业、畜牧业、果蚕、水利、农业机械、乡镇企业、工业、城乡建设、交通邮电、电力、商业、财政税务、金融、综合管理、党派群团、政权政协、公安司法、军事、科技、教育、文化、卫生、体育、社会、人口、民族等分志。人物，记载烈士、名人和先进个人。附录载有修志始末。分志按编、章、节、目顺序排列。概述、大事记、人物、附录不列入编的序列，不设章、节。”此条罗列分志名称长达260余字，稍嫌累赘。还是像《黎城县志》那样点到即可。

《大庆市志》凡例四：“全志共设25篇，篇内设章、节、目。志首列有序言、凡例、总述、大事记，志末附有附录。本志以总述为纲，以大事记为经，以各类专志为纬。其内容按先自然，后社会，在社会类中按经济、政治、文化、人物等顺序排列。”

（七）立传标准　即指人物的立传原则、入志标准，以及传、表、录的分类和排列方法。

《开封县志》凡例五：“入传人物概为谢世者，以卒年先后为序排列；简介人物均为健在者，以生年先后为序排列。”

《阳城县志》凡例五：“人物生不立传，以辛亥革命以来的新人物为主，对少数极具盛名的古人物则予重新编撰。人物传以其职业和主要业绩分为‘政界’、‘军界’‘农工商界’和‘文化界’，再以生年先后为序排列。烈士英名录则先以同籍贯组合，再以职务大小、牺牲时间先后为序排列。”

《长汀县志》凡例一：“‘人物’分传、表、录三部分组成，凡籍隶本县或虽籍隶他县，但对本县历史或社会发展有所建树，对长汀人民有过贡献的已故人物均予立传入志。有代表性的反面人物，亦予写传，以示惩戒。坚持生不立传的原则，凡 1987 年仍健在的对本县历史或社会发展有所建树，对长汀人民有过贡献的英雄、模范、学者、名流、县以上党政军负责人，均用人物表的形式入志。已立传者，不再入表，经省以上部门认定的烈士入英名录。”

（八）行文规则　即指志书编写中行文方面的一些具体问题的规定，诸如文体文字、称谓、纪年、计量、货币、地名、数据，以及其他特殊用语等。

《崇义县志》凡例七：“历史纪年，中华人民共和国成立之前，一律沿用通称，采用括号注明公元纪年；中华人民共和国成立后，采用公元纪年。本志所称‘解放后’，系指 1949 年 8 月 20 日本县解放之后。”

《崇义县志》凡例八：“政区、机关、职务名称，均系当时名称。地名，除必要时用历史名称外，均用现行标准地名。专用名称，首次使用时使用全称，以后采用简称，如‘中国共产党崇义县委员会’简称‘县委’；‘无产阶级文化大革命’简称‘文化大革命’或‘文革’。”

《崇义县志》凡例九：“数字，均以阿拉伯数字著录。各项数据，均采用县统计局数字，统计局缺项的，采用主管部门的。工业数据不包括中央、地驻县企业。工农业产值按国家各个时期规定的不变价计算。”

《邢台县志》凡例五：“文体。主要采用记叙文体，只记事实，不作评论，寓观点于材料之中，但概述采用论述体，有述有议，述议结合。大事记采用编年体，兼以纪事本末体。”

《昭平县志》凡例四：“记述用语体文和规范汉字，引用原文例外。”

《昭平县志》凡例七：“度量衡制和计量单位，解放前按当时习惯记述；解放后均使用国际标准制。货币以各个历史时期通用者记载，人民币除注明旧币者外，均为新币。”

（九）资料来源　即指志书所使用资料的来源，特别是要说明一些特殊资料的来源，以便后人查考研究。

《兴县志》凡例十："本志资料，分别来自省、县档案馆及有关业务和统计部门；摘引旧志、正史、报刊、专著、口碑和知情者回忆录等，除引用史料加注外，一般没有注明出处。"

《潞西县志》凡例一："本书以丰富翔实的资料为依据，实事求是地记载潞西自然和社会的历史与现状。资料采自档案、报刊、文献、专著、墓志和知情人口述，均经鉴别，一般不注出处；统计数字以县统计局提供为主，兼取部门及专题调查的数据。"

《公安县志》凡例十："本志所用资料，主要取自本省、本县档案馆、图书馆和有关部门编写的史料；部分资料取自外省、外地馆藏典籍、旧志、报刊、谱牒；有的取自口碑资料。凡资料涉及两说以上，又无旁证可稽，目前尚无定论者，诸说并存，并加以说明。"

（十）特殊问题　即指志书对特殊问题的处理。其中包括有别于他志的篇目设置问题，一些重大政治方面的问题，志书反映地方特色的问题，新志与旧志的关系问题，志书反映重点的问题，以及上述9条中未涉及又无法包容的问题。特殊问题是凡例中最能体现本志特色的内容，志书编纂者应把它作为凡例中的重点，使凡例真正显现出自己的个性来。

在上面列举的40部志书中，《阳城县志》凡例尤其独具特色。该志凡例二"志首设综说与县情基本数据表，尾设'大事年表'与'文征'。正志分'地理''经济''科技''政治''军事''文化''社会''人物''要纪''丛谈'，凡10编。不标编、章、节名。章节分别以一、二、三和（一）、（二）、（三）的序列区分。设置上述部分篇目旨在：1.'综说'不作浓缩全志的概述，而为纵观古今，横陈利弊的策论。设'县情基本数据表'，以便总体浏览，用志不纷。2.'科技'独为一类，且置于前，以体现其重要。3.'要记'专记前八编中难以类从的大事。'丛谈'条述弃之可惜的人间佳话和奇闻趣事。'大事年表'则从简从略，一目了然。'要记'和'大事年表'之设，意在分扬纪事本末和编年二体之长，克服二者参差互损之弊。"

《阳城县志》凡例四："'经济'之首特设'经济综述'，旨在综合和统领工农各业，便于宏观分析。"

《阳城县志》凡例六："'文征'专征有关乡梓具有重要史料价值、辅志而行的原文原件，以体裁分章，以内容分节。为避免重复劳动，除'名胜诗'外，旧志'艺文'已载诗文概不收录。"

《阳城县志》凡例七："为不至遗漏本志出版前1986—1990年发生的大事和重要人物，特在'编后'设'要续'备忘，示不违例。"

《阳城县志》凡例八："不在志文中纠正旧志的错误或提出质疑，在'编后'专立'旧志质疑与勘误'。"

《阳城县志》凡例十："为避免一些内容前后重复，子目择主而从，一次述完。如甲处已具其详，乙处又不可缺目，即在该目后指明详见甲处。”

《阳城县志》凡例十一：“本志文中设‘附’‘另’。‘附’专用于外籍人物传，示不借他乡之誉；‘另’则用于别写日伪政权之事物。”

《登封县志》凡例六：“志书重点，根据登封实际，突出嵩山寺庙文物旅游、粮、煤、铝、少林武术，浓墨重写，以此体现本地特点，其他亦一应具述。”

《建德县志》凡例八：“为反映本县特色，本志《经济编》突破专业口子，于工、农、商业中撷取土产、特产、名产，构成专章，置于编末。”

《五莲县志》凡例四：“为突出地方特点，将果业、蚕业单独列编，以记其详。”

《金华市志》凡例五：“为保持各编记述的相对完整性，由于经济的发展和社会的分工而出现的某些交叉重复，采取有详有略、各有侧重的方法处理。”

《金华市志》凡例六：“撤地建市后，党政部门、群众团体及直属单位机构相应变更，记述时称撤建或改为，其机构职能均保持连续性。”

《如东县志》凡例二：“原如皋县编纂方志，始于明朝天顺八年(1464年)，尔后续修县志10部。今为不割断历史，特选录旧志及有关报刊资料，编纂《如皋东乡大事纪略》殿于本县大事记之后，以资借鉴。”

江苏南京《白下区志》凡例五：“本志对解放以来历次政治运动，根据‘宜分不宜合’‘宜粗不宜细’的原则，不设专章集中记述，散见于‘大事记’和有关章、节中。”

《大庆市志》凡例八：“为追本溯源，综述始末，充分反映本地区经济、文化等方面发展概况，故在‘地方工业’‘农业’‘教育’各篇均冠以‘综述’，其余各篇前冠以无标题前言或小序。”

如将此十项再行分类，可分为通例、分例、特例三部分：通例，即指志书均应有的内容，包括全书的纲领，如编纂目的、指导思想；编纂人员应遵守的条例，如断限、体裁、结构、纵横关系、图表处理及其他全书必须整齐划一的重要问题。分例，即指分门别类地说明各种体裁（述、记、志、传、图、表、录）和各个分志的设立依据、辑录重点、记述方法等编纂体例问题。续志分例应加上对前志的“续、补、纠、创”的做法，分门别类地说明，续志是如何“续、补、纠、创”的。特例，即指本志处理一些与他志不同做法的条文。特殊问题是凡例中最能体现本志特色的内容，志书编纂者应把它作为凡例的重点，使凡例真正显现自己的个性来。凡例拟定既要注意写好那些通例，更要注意写好专例与特例。这亦是合格凡例的基本要求。

四、凡例之制定

正如前面所说，凡例是一部志书的编纂纲领。凡例突出的特点是法则性、条理性，中心内容是对编纂体例作出统一规定和理论说明，主要功用是使编纂者有法则可依，有规定可循，使读者易于阅读和理解。因此，编修社会主义新方志必须把制定凡例作为一项重要工作来抓，切不可等闲视之。

凡例的制定，须遵循“五原则”：

（一）观点鲜明，推陈出新 志书经过长期的相沿成习，逐步形成了与其他书籍不同的习惯性的编纂规则。符合这个规则的被称之为“志”，有悖于这个规则的被视之为不姓“志”。恪守志书特有的传统惯例，是新编志书凡例须设立的必要内容。但在继承传统的基础上，还必须改革、创新。编纂新志，既要运用“三新”（新观点、新方法、新材料）观点，还须坚持“详今略古，古为今用”原则，贯彻“存真求实”方针，使新志书达到“思想性、科学性、资料性”的统一。真正做到用观点统帅材料，制定出志书的编纂法则和修志的施工方案。

（二）开门见山，简明扼要 凡例应是科学的、严谨的，能够高度反映志书的实质，为志书纂修提供良好服务。凡例具有纲领和法则的性质，无须开头结尾。开门见山地对志书的内容和形式作出具有纲领性的说明，是它的显著特点。有多少问题，就列多少条文；每个条文只标序码，不列例名，不分自然段；一个条文最好说一项内容，不要兼顾其他。文字必须精练而切合实际，真正突出凡例的条理性和法规性。在简明实用的基础上，尽量讲求一点章法和文采，不要写成干巴巴的技术说明书。在旧志中，不少志书凡例写得相当含蕴精深，文采风流，尤值得我们继承和学习。继承的目的，更在于创新和发展。

（三）虚实结合，有的放矢 制定凡例，既要纂修者通过对方志理论的理解和认识，简洁明快地运用方志理论回答编纂实践中的疑难而又有分歧的问题，同时又是把编纂过程中的各种实际问题的具体解决办法，上升到理论的高度而形成理论原则。因此，凡例条文应有虚有实，虚实结合，不仅要对辑录内容和编纂形式作出明确的规定，指出应该怎么办，而且要阐明道理，说明为什么要这么办。当然，这种虚实结合，要有的放矢，条条言之有理，切合志书实际。只有这样，才能使参与编纂者知其所以然，并发挥其主观能动性。

（四）突出重点，体现特色 编修新志书的指导思想和编纂原则是普遍相同的，但各地各志的结构和方法却允许有所区别，各有独特的个性和风格。故凡例的着眼点和写法也会有所不同，每部志书完全可以有别具一格的凡例。制定凡例，应抓住重点，突出特色，有所创新，不必面面俱到，人云亦云。凡历代相因、且至今没有疑义的传统体制，不必浪费笔墨进行重述，一般情况下点到即可。凡全国的统一规定，各地约定俗成的基本原则，也要尽量省略，压缩到最低限度。尤其需要突出本志的重点和特色，即纵则异于旧志，横则异于他志，编者认识分歧，读者不易理解的取材原则和编纂方法等。简言之，各地按照“例由义起”的原则制定凡例，定能使凡例各具特色，并有所创新。

（五）循序渐进，精益求精 凡例的制定和修改，要贯穿于志书编纂的全过程，即定于编纂之前，改于编纂之中，成于编纂之后。志书在纂修之前，就应首先制定出凡例，作为参与志书编纂者的共同纲领和法则，便于在编纂中有章可循，规划划一。否则各行其是，进而增加总纂时的难度。但凡例并非一经制定就铁板钉钉，不能更改。在编纂实践中，会发现新的矛盾，产生出新的经验，以及在理论探讨中有了新的认识，就需要适时地进行增删或修改，这也是必要的、允许的。

然而，对凡例的修改必须慎重，决不能朝令夕改过于频繁，使编纂者无所适从。志书脱稿之后，以“实践是检验真理的唯一标准”这一马克思主义基本观点作指导，对凡例进行一次全面的审订、修改，使其更切合志书编纂的实际。并以读者为主要对象，将凡例中的用词语气加以改变，使其由“编纂法则”转变为“阅读指南”。修志实践证明，凡例只有随着修志进度而循序渐进反复修改，才能达到精益求精，凡例才更具有科学性和实用性。

五、续志“凡例”编写应注意的问题

笔者找出10部市县志：《秦皇岛市志》《高安市志》《杭州市志（送审稿）》《萧山市志（试印本）》《锡山市志》《东平市志》《晋中市志（通纪体）》《临猗县志》《大通县志》《陵川县志》。通过阅读，发现凡例中存在的问题较多，主要表现在以下几个方面。

（一）模式化倾向较明显 通例（共例）多数志书比较重视，但忽视了特例的书写，缺乏志书个性。志书凡例的内容，由驳杂而走向统一，进而到一般通例的规范化，是新方志编纂（从首轮到二轮）的一大进步，但多数志书只注意了通例而忽视了特例，以致出现模式化的倾向，则是不容忽视的一大问题。

（二）指导思想表述不确 2007年10月中共十七大通过的《中国共产党章程》在总纲第二自然段明确指出：“中国共产党以马克思列宁主义、毛泽东思想、邓小平理论和‘三个代表’重要思想作为自己的行动指南。”其后又将“科学发展观”加入进去，统一称作“中国特色社会主义理论体系”。而多部志书表述不一，甚或断章取义，存在问题较多。如《萧山市志》（试印本）凡例一、《杭州市志》（送审稿）凡例一、《东平市志》凡例一、《大通县志》凡例一、《晋中市志》凡例一、《临猗县志》凡例一，均表述不确。

辩证唯物主义，是马克思在总结自然科学、社会科学和思维科学的基础创立的一系统科学的逻辑理论思维形式。历史唯物主义是人类社会发展一般规律的科学，马克思主义哲学的重要组成部分，科学的社会历史观和认识、改造社会的一般方法论，亦称唯物史观。方法论，就是人们认识世界、改造世界的一般方法，是人们用什么样的方式、方法来观察事物和处理问题。概括地说，世界观主要解决世界“是什么”的问题，方法论主要解决“怎么办”的问题。

志书凡例在运用“辩证唯物主义和历史唯物主义”替代马克思主义时，不能把二者前后颠倒，亦不能断章取义，只用其中一种，凡例在指导思想表述时，二者缺一不可。《秦皇岛市志》凡例二，仅有“坚持历史唯物主义的观点”，落了“辩证唯物主义”的表述，明显不正确。

同时，既然在指导思想中已标有“马克思主义”， 辩证唯物主义和历史唯物主义已包含在其中，只用一种即可，二者连用则有重复之嫌。连用的有：《秦皇岛市志》凡例二、《萧山市志》（试印本）凡例一、《杭州市志》（送审稿）凡例一、《东平市志》凡例一、《大通县志》凡例一、《晋中市志》凡例一。只有《锡山市志》凡例二“本志编纂以历史唯物主义和辩证唯物主义为指导”语，用以替代“马克思主义”作为指导思想，但二者次序应颠倒过来，应为“本志编纂以辩证唯物主义和历史唯物主义为指导”。

（三）行文欠严谨，简称与全称对应不确　《秦皇岛市志》凡例十、《高安市志》凡例十、《杭州市志》凡例七，均存在全称不全的毛病。

（四）凡例与内文矛盾，不能吻合一致　《秦皇岛市志》凡例十二：“本志采用公元纪年。所涉1949年9月30日前纪年采用历史纪年，同时括注公元纪年。”前后两句自相矛盾，实则第一句定义有误。

《临猗县志》凡例五，“殿以特载、杂记、附录等”。据凡例所言，估计原志书中设有“杂记”一类，成书时不知何原因删节掉了，正式出版的志书中没有了“杂记”，形成凡例与内文的矛盾。

《高安市志》凡例六言明：“简介人物和人物名录的选录标准与排列顺序，于章首无题小序中说明。”但实际情况并非如此。如“卷三十人物・第二章人物简介”的无题小序中，只言明“目”的排列顺序，而未言明具体人物的排列顺序；具体人物的排列顺序分别列在各个目题的括注之中。如第二章第一节中，4个目为“以任职时间为序”，1个目“以姓氏笔画为序”，1个目“以牺牲时间为序”；第二节中，2个目“以姓氏笔画为序”；第三节中，3个目“以任职时间为序”，1个目“以生年为序”。“第三章人物名录”的无题小序中，也未言明排列顺序，亦是出现在目题的括注之中，如第一节中有2个目为“以出席次别为序”，1个目“以出席界别为序”，1个目“以当选界别为序”；第二节中有2个目“分单位以职称评定时间为序”；第三节中有1个目“以参加革命时间为序”，1个目“以姓氏笔画为序”；第四、五、六节中各有1个目“以任职先后为序”；第七节中有1个目“以上缴税金数额为序”；第八节中有3个“目”“以姓氏笔画为序”。“第四章先进个人与先进集体”的无题小序亦如此，如第一、二节中各有1个目“以获奖年代为序”。

《高安市志》凡例九言明：“纪年方法，中华人民共和国成立前（简写为新中国成立前），用历史纪年，括注公元纪年；中华人民共和国成立后（简写为新中国成立后），用公元纪年。”“凡例”之规定，统摄全书，行文中都应以此为准绳。经笔者粗粗翻检，发现纪年不一致的地方有多处未能统一到“凡例”所要求的体例上来。如“卷二十五文化・第十一章社科编研・第三节编著书目”中，民国纪年有13处直接用公元纪年标注；“卷十九民主党派地方组织”中，民国纪年有3处直接用公元纪年；“卷三十人物・第一章人物传・第二章人物简介”中，更有多达227处的民国纪年直接用公元纪年标注。“卷三十二前志补遗”中，有14处民国纪年直接用公元纪年标注。其他零星的纪年表述与“凡例”不一致的还有几处。

《锡山市志》凡例六载：“结构为篇、类、目三个层次，条目为记述实体。为叙述方便，根据需要在文中加若干小标题作为细目。”依笔者理解，“细目”即“目”下的又一个层次，属第四级题目。翻阅志书，笔者发现“细目”之下还有“小目”（暂且以此称呼，属第五级题目），且条数还不少。据笔者粗略统计，全志的“小目”分别在“自然环境”“土地”“城乡建设”“工业”“交通·邮电”“财税·金融”“党派·社团”“政务”“司法”“卫生”等篇中出现，共282条，另还有“细目”下单领1条“小目”的也有10余条，总数近300条。志中的“小目”均排为楷体，与正文相别，作者很明确地标示出其为一级标题。以此而论，应在“凡例”中明白无误地告诉读者，“细目之后根据所记事物的需要，加列小目”之语。

《锡山市志》凡例九为纪年内容，似觉缺漏了有关历史纪年如何表述的内容，因志中的“前志概要”“市域·区划”“人物”等篇均涉及历史纪年，依行文表述看，是以“清代以前用旧纪年，夹注公元纪年；中华民国时期，用阿拉伯字夹注公元（一节内，同一年号一般只注首次，省‘公元’和‘年’字）；中华人民共和国成立后，用公元纪年”（《无锡县志》1994年1月版“凡例”第六条）来表述的。因续志“凡例”中未作明确表述，志书行文中出现了不规范、不一致的地方，如：“前志概要”中，有“1895年，杨艺芳、杨藕芳兄弟投资白银24万两，创办无锡第一家近代工业企业——业勤纱厂”；有“荣德生先后在荣巷开办了公益小学、竞化女子小学和公益工商中学（后为公益中学），1947年创办了江南大学”；此二句中的“1895年”和“1947年”，直接用公元纪年表述，未按历史纪年括注公元纪年，与该文中多处出现的历史纪年表述不一致。又“人物”篇中，有“钱穆，原名恩𫓧，字宾四，1912年改称穆，号未学斋主”，句中的“1912年”直接用公元纪年，而紧接下文中又有“清光绪二十一年（1895）”“宣统三年（1911）”“民国元年（1912）”等语，很明显此处表述不确，应为民国纪年括注公元纪年，后文中的“民国元年”不应再括注公元纪年。“人物简介”的“施之勉”条中有“民国15年”语，为民国纪年第一次出现，后有“民国35年”“民国37年”语，故此处应括注公元纪年；“诸祖耿”条中“民国6—13年”，“徐风”条中“民国32年”，“孙翔凤”条中“民国15年”（后有“民国19年”括注），“程志新”条中“民国34年”（后有“1948年”未用民国纪年）等句，均遗漏了括注公元纪年。

（五）套用首轮志书凡例，新瓶装旧酒　《大通县志》凡例八，“数字表述执行国家语言文字工作委员会关于出版物上数字用法的试行规定”。此规定经修改，于1995年正式颁布施行，名称为《出版物上数字用法的规定》。

《晋中市志》凡例八，“本志计量单位以国务院1984年2月27日发布的《关于在我国统一实行法定计量单位的命令》为准”。文件引用不确，《命令》是颁发议程，不是《规定》，引用应为《中华人民共和国法定计量单位》。实际上该规定已经修改，于1993年重新发布，名称为《量和单位》，由国家技术监督局发布。

（六）不合志体或违反有关规定　《高安市志》凡例十二，“入志资料……选用时不一一注明出处”。《锡山市志》凡例十三，“本志资料……为节省篇幅，一般不再注明出处”。《东平市志》凡例六，“本志资料……一般不注明出处”。《临猗县志》凡例九，“本志资料来源一般不注出处，个别为说明问题的方予加注”。中指组《地方志书质量规定》第四十条言明，“引文和重要资料注明出处”，“不注明出处”明显与《规定》不符。可采取隐晦的方式解决，如《秦皇岛市志》凡例十五、《大通县志》凡例十，均采取隐晦的方式，干脆不提也罢，少引非议。

笔者以为，在出书前修改凡例时，最好能对照《地方志书质量规定》核查一遍，凡与《规定》不一致的地方一律删去。

《萧山市志》（试印本）凡例二，“本志为一部独立、完整的市志，上限为1985年1月1日，下限为2001年3月25日”。该志为断代志，自称为“一部独立、完整的市志”，似觉欠妥，有自诩之嫌。与通纪体相较，断代志的独立性、完整性、系统性受到很大制约。浙江省志办陈野在《关于提升志书内在品质的思考》一文中指出，“断代的形式和内容，使完整表述历史走向的难度更大。因此，能否接续历史发展之渊源、纵贯历史发展之脉络、反映历史发展之整体、达到志书所记内容历史趋于完整的目的，也是衡量志书内在品质的要素”（《中国地方志》2011年第2期）。自己编纂的断代志是不是一部“独立、完整的市志”，还是留待他人评说为好。

（七）转身不雅，残留写志痕迹　《杭州市志》（送审稿）凡例七，“行文涉及政区、组织机构、会议、文件、职衔、地名等，均按当时称谓记述，一般采用全称，用简称者必须在第一次使用全称时予以注明”。很显然“必须”二字是针对写志人而言的，转身欠雅。

（此文是应中国地方志指导小组办公室之邀而撰写的方志培训班讲课教材）

新方志“概述”的撰写

新方志设立“概述”篇，是首轮社会主义新方志编纂体例上的一大创新，为增强新编志书的整体性、科学性、可读性起到了积极的作用。

2008年，我曾编纂了《新方志“概述”点评》一书，同年9月中指组在兰州举办培训班时，应邀主讲《新方志“概述”的撰写》。本篇内容，是以当时讲课内容为蓝本，并参阅了10部二轮续志的“概述”，与大家共同探讨“概述”篇的编写，也是把自己研究“概述”的心得体会与大家交流切磋。

在拙著《新方志“概述”点评》一书中，共选取了150篇“概述”，涵盖了全国31个省市区的市县两级志书，从中可以反映和体现出首轮新编志书“概述”篇的整体编写水平。“概述”作为新编地方志书的新创篇，它要求鸟瞰全局，钩玄提要，纵横相宜，述论相辅，虚实结合，优劣并书，达到揭示兴衰、彰明因果之目的，起到统领全志、导引读者的功能。所以，它是志书中著述性最强的部分，是一部志书的精华之所在，灵魂之所在，也是志书中难写的篇章之一。因前无借鉴及理论研究上的诸多纷争，“概述”篇虽取得成功的地方不少，但存在的问题亦多。只有重视差距与不足，认真总结首轮志书“概述”篇的编纂经验与教训，才能使“概述”篇的撰写质量在二轮修志中提高到一个新的水平，亦才能充分发挥它在志书中应起的功能和作用。

一种新型体裁的创立，并非一蹴而就。“概述”篇走过了三十余年的艰苦创作历程，理论上的争议整整贯穿于第一轮修志工作全过程。直至今天，第二轮修志工作已启动十余年,就“概述”篇还有诸多问题有待今后在编写实践中逐步解决。实践出真知，实践出理论，就“概述”篇的写作格式而言，亦各有其长，各有其短，如浓缩式以“面”见长，特点式以“点”见长，纵述式以“线”见长，策论式以“论”见长，各种写作体式各领风骚，各具魅力。各种体式若能相互借鉴融合，各取所长，各弃其短，我想这种模式定会将“概述”篇的撰写质量提高到一个新的高度，进而得到志界同人及社会各界的普遍认可。就二轮续志而言，“概述”篇还是处在一个创新和试验阶段，它的逐步完善还需要经过几代修志人的共同努力和实践，仍应提倡百花齐放、百家争鸣。从另一方面讲，“概述”篇虽不强求一律，允许各种写作模式的存在，但并不等于不对各种模式和写法进行比较，在比较研究中分出优劣，并逐步形成一个统一的认识，形成一个最基本的框架和编写要求，这也正是我们研究“概述”所要追求的唯一目标和所要达到的效果。

150部志书“概述”，均为市（地、州、盟）、县（市、区、旗）志，其中地市级志书“概述”29篇，占总数的19.3%；县级志书“概述”121篇，占总数的80.7%。

一、“概述”篇的名称

“概述”之名称，起始于民国时期的《川沙县志》。该志主纂黄炎培针对“一般方志偏于横剖，而缺乏纵贯，则因果之效不彰”的弊端，首用“概述”一词，即在志书的大事记和各类专志前写上一段话，意在指出本篇本章的重点；其形式虽近似旧志的志首小序，但内容则绝不相同。志书中设“概述”，黄炎培为第一人。然而，首轮社会主义新方志编纂，在志书之首设立“概述”篇，只是借用了黄炎培所用的“概述”名称，其内容与功用已大不相同。可以毫不夸张地说，在志书之首设立“概述”篇，是社会主义新方志在方志体例上的一大创新。在现今出版的各级各类志书中，几乎都无一例外地设有“概述”篇。“概述”篇作为新创体裁，可称之为大体则有、定体则无。

在 150 部志书中，称“概述”的有 111 部，占总数的 74%；称“总述”的有 31 部，占总数的 20%；其余 9 部中，称“综述”的有 2 部，称“总叙”的有 2 部，称“综说”“概说”“纵览”“县情述要”的各 1 部，占总数的 6%。从首轮社会主义新方志编纂实践看，“概述”之名称，还是得到大多数志界同人的认可。“总述”，亦即“总概述”的简略，是相对于“概述”而言的。之所以由“概述”改名为“总述”，一般情况下，是因为志书的每卷（编）前，增设了无题小序，述体文字量的增加，故而将志首的“概述”提升为“总述”。从志书的整体而言，这种名称的改变，也属情理之中。“概述”与“总述”二者相加，占到 150 部志书的 94%，修志同人对“概述”的认同感还是比较一致的。其他如“综述”“总叙”“纵览”“县情述要”等，无论叫法如何，内容与“概述”并无二致，兹不赘言。名称虽有不同，但均放在志书之首，概括地记述一地的自然环境和社会发展变化，内容与“概述”并无太大差别。名称不同，也表明撰写者对“概述”的内容、体式、写法，有不同的认识或不同的编写实践，故而出现差异，也属情理之中。

我以为，作为市县两级志书，概述篇的名称还是统一称之为“概述”为好。

二、“概述”篇的篇幅

在 150 部志书中，“概述”最短的为浙江《建德县志》，2100 字；最长的为吉林《四平县志》，22200 字。150 部志书“概述”总字数为 1180700 字，篇均 7871 字。若以市、县两级志书分，市（地、州、盟）志“概述”29 篇，总字数为 310100 字，篇均 10693 字；县（市、区、旗）志“概述”121 篇，总字数为 870600 字，篇均 7195 字。

以 150 部志书“概述”篇均 7871 字（暂按不足 8000 字计）计算，在 150 部志书中，不足 8000 字的“概述”共有 86 篇，占总数的 57.4%，总字数 498700 字，篇均 5800 字；8000 字至不足 1 万字的“概述”共有 35 篇，占总数的 23.3%，总字数 311800 字，篇均 8910 字；万字以上的“概述”共有 29 篇，占总数的 19.3%，总字数 370500 字，篇均 12776 字；不足万字的“概述”（即不足 8000 字和 8000 字以上不足万字两项计）共有 121 篇，占总篇数的 80.7%，总字数为 810500 字，篇均 6700 字。

市、县两级志书“概述”的篇幅，方志理论界历来争论不休，有人提出应以每部志书总字数的百分比计算，控制在1%之内。此种提法是从志书的总量加以控制“概述”的字数，进而区别市级志书与县级志书的“概述”字数，虽说有可取之处，但亦缺乏科学依据。假如某部市级志书的总字数为300万字，那么该志的“概述”就可写到30000字，以此类推，岂不志书的总字数愈多，其“概述”则愈长，设立“概述”的初衷如何体现？有人提出志书的“概述”应控制在3000字以内。此种提法亦缺乏科学根据，“概述”的撰写实践证明，写法或体式多样，区区3000字，如何能反映一县或一市的地情、大势大略？从150部志书“概述”看，3000字以内的“概述”仅有3篇，占总数的2%，实践也证明难以行得通。

从上面的几组数据中可以看出，市、县两级志书的“概述”篇幅，考虑到记述范围的不同及志书篇幅上存在的客观差异，其“概述”的篇幅亦应分别对待。首轮新方志“概述”的编写实践，也给出了符合编纂实际的答案。市级志书的“概述”篇幅，不论志书总体篇幅的长短，应为5000～8000字为宜；县级志书的“概述”篇幅，应为4000～7000字为宜。二者的篇幅上限均不应有所突破，而下限则可灵活掌握。写长文易，写短文难。“概述”是全志的开山篇，既是志书中的宏观总体结构，也是汇集全书脉络之精华，具有概括性、整体性、科学性、规律性、可读性、导引性六大特点。所以，“概述”的篇幅要适量，符合读者的阅读习惯，在较短的时间内能纵览全书之精华及要旨，使读者一气读竟。不宜过短或过长。过短，恐挂一漏万，以偏概全；过长，则使人不易理解和掌握，失去设“概述”之初衷。若提个最佳方案，笔者以为市级志书“概述”控制在7000字以内为宜，县级志书控制在6000字以内为宜。

三、“概述”篇的体式

笔者将“概述”的写作类型分为浓缩式、特点式、策论式、纵述式四种。为论述方便起见，下面即以此来划分比较。

在150部志书的“概述”中，采用浓缩式的为101篇，占67.3%；采用策论式的为28篇，占18.7%；采用特点式的为13篇，占8.7%；采用纵述式的为8篇，占5.3%。

（一）浓缩式 浓缩式是将志书各分志中的内容精华浓缩提炼成篇。其层次分明，易于掌握，所以多数志书的“概述”篇采取此种体式。浓缩式“概述”撰写的主要内容：经济与社会各业发展变化、地理概貌、革命传统与斗争精神、优劣之势、杰出人物、历史发展概貌。

此六项内容在浓缩式“概述”中比较集中，其中前三项得到多数认同，后三项虽未超过半数，相对而言，较之后述其余项目，其集中度还比较高，在浓缩式“概述”所记内容中，占有主导地位。剩余项目虽多，但在浓缩式“概述”中的运用却属少数。大致分为两种情况：一是为突出地方特色，从其他主项中分离出某些支项，使其成为整篇“概述”中的一部分。一是为突出地域特点，将本地特有的事物单独立项，与其他立项并列，使其成为整篇“概述”中的一部分。各篇“概述”所列内容，依据本地域实际情况，或增或减，记述不一。在编写实践中，有部分“概述”为了使各部分间的篇幅求得平衡，或为记述方便，根据地域的实际情况，将相近内容进行了归并。

（二）策论式　在新志书卷首增设“概述”篇，董一博是主要倡导者之一。在首轮社会主义新方志编纂初期，董一博对“概述”编进行了深入研究与探讨，于20世纪80年代中期接连发表了《关于县志设置“概述编”之商榷》《再论县志“概述编”的设置问题》《三论“概述编”的设置问题》三篇理论文章，为“概述”编的创立奠定了坚实的理论基础。同时，董一博又是提倡将“概述”编写成“一篇宏文策论”，是“政论文章”的积极推荐者。“概述”篇是记叙文还是议论文，时隔20年，至今还未有定论。从首轮志书“概述”篇的撰写来看，纯粹的议论文还属凤毛麟角；以记叙为主、议论为辅的撰写形式，还是得到了大多数方志同人的首肯。就“概述”采用议论式笔法来说，也并非仅策论式独有，在浓缩式、特点式、纵述式“概述”的行文中，议论式笔法也随处可见，形式多样而异彩纷呈。就“概述”的写作特点而言，策论式与纵述式议论味重，浓缩式与特点式记叙味浓。就某些志书的“概述”而言，浓缩式与策论式的界线也未必能分得十分鲜明。笔者只是为论述方便，勉强分而记之。

从28篇“概述”的分析中可以看出，策论式“概述”撰写的主要内容与浓缩式并无太大差异，只是议论成分较浓一些，或先叙后议，或以议引领，或夹叙夹议，或画龙点睛。离开地情的记述，议论也便成了无源之水、无本之木。从实践看，以叙为主，以议为辅，在策论式“概述”撰写中，还是占有主导地位。由此可见，策论式“概述”也是以记述地情为主体，即以叙为主，以议为辅。纯粹的政论性文章，似乎还是离方志的“概述”篇远了一些。

策论式“概述”撰写的主要内容有经济与社会发展变化、地理概貌、革命传统与斗争精神、历史发展概貌、优劣之势（发展战略）、资源（包括名特产）经济社会曲折发展历程、发展对策（及战略）、杰出人物、重大事件、民族发展状况。此11项内容，其中前五项得到多数认同，超过半数，在策论式“概述”所占内容中，集中度比较高，占有主导地位。后六项，集中度又次之，分别占到10%—21%。剩余的13个项目，大部分为突出地方特色而设。

（三）特点式　将一地域的特色归纳成了几个特点，写深写透，给人以深刻印象，重在突出地域个性特色。在150篇中，有13篇采用特点式，占8.7%。特点式“概述”撰写的主要内容有经济、旅游（风景名胜、历史文化名城）、资源（物产）革命传统与斗争精神（革命老区）、战略要地（优越位置及交通）、悠久历史（古老建置）。这些内容，在特点式“概述”中比较集中，得到多数认同，占有主导地位。剩余项目，集中度要差一些，均是依据各地地情不同而设。

（四）纵述式　将记述的事物按历史发展的时序划分为若干阶段，依时进行纵向记述，反映一地经济与社会发展的主线，体现发展轮廓。它重在体现历史发展脉络，叙述发展演变之轨迹，彰显经济与社会中的大势大要。在150篇“概述”中，有8篇采用此种体式，占150篇的5.3%。纵述式“概述”的写作特点，侧重于历史阶段的划分，每一时段均为政治、经济、社会、文化混合记述，并不强求各类记述项目的完整，与浓缩式的写作方法泾渭分明。值得一提的是，在8篇纵述式“概述”中，篇首部分均以简练笔法，记述一地的地理简况。由此可见，地理简况（浓缩式“概述”因记述内容较详，故称之为地理概貌）在“概述”篇中，是反映一地地情不可或缺的内容之一。

上述的浓缩式、策论式、特点式、纵述式四种写作体式，仅是人为地对“概述”体式的大致分类，为方便研讨志书“概述”而已。在志书“概述”的撰写实践中，各种体式互相借鉴、互相融合，或浓缩式与特点式融合，或策论式与浓缩式融合，或纵述式与特点式融合，等等，不一而足。故而在新方志“概述”的体式中，出现你中有我，我中有他，他中有你，也就不足为奇了。各种体式优长互补，从而使“概述”篇的功用得到最大限度发挥，进而为志书增色添彩。如浓缩式中的《沈丘县志·概述》《宜昌县志·总叙》《乐山市志·总述》《寿阳县志·概述》的写作模式，采用了浓缩式与纵述式的混合模式；如策论式中的《三亚市志·概述》的写作模式，采用了策论式与浓缩式的混合模式；如特点式中的《南京市白下区志·概述》的写作模式，采用了特点式与浓缩式的混合模式；如纵述式中的《四平市志·总述》的写作模式，采用了纵述式与特点式的混合模式；如纵述式中的《合肥市志·总述》的写作模式，采用了纵述式与浓缩式的混合模式……有的“概述”可能用一种体式来划定并非恰当与贴切，只是为论述方便而以某一方为主罢了。

四、“概述”篇中的图表

新志书在“概述”篇之末设表，肇始于《萧山县志》。该志在“概述”之末，附有《萧山县几个年份国民经济主要指标统计》表，因其数据内容比较单薄，当时受到不少非议。在“概述”篇之末附表，就志书体例而言，也是一种创新。在150部新方志“概述”中，有6部志书（因“概述”稿件大部分由各省市区提供，估计其中必有遗漏，暂以此为准）的“概述”均配置了图表，占150部志书的4%。要了解志书概述配置图表的情况，6篇毕竟少了些，不妨再选取一些事例，通过“面”的拓宽，进而加深对“概述”篇设置图表的认识。笔者曾浏览了104部山西省首轮市县级志书的“概述”，其中有7篇加插了图表，占104部的6.7%。

如果将本书选取的150部与山西省的104部志书相加，总数为254部，“概述”篇配置图表的为12部，占254部的4.7%，与未配置图表的“概述”相比，也仅占极少数。新方志增设“概述”篇，是志书体例上的创新之举。既为创新，就没有一定之规。

志书中设“概述”篇，是新志编纂在体例上的创新之举，同时也不可否认，“概述”配置图表也是体例上的一种创新。如《县（市）情表》是具有全局意义的统计表，它具有全局性、直观性和实用性，是对“概述”文字内容记述不足（受篇幅或写法局限）的补充，进而强化“概述”的功能和作用，对于读者阅读“概述”时把握一地的全貌是有一定帮助的。

然而，凡事都应一分为二。“概述”附设图表亦不例外。既然是一种创新，就可能是一种成功的经验，也可能是一种失败的教训。就新志书设立“概述”篇而言，其功能是从宏观上勾勒一地的大要，总括地情，展示轮廓，沟通联系，彰明因果，提纲挈领，策论方略，提炼精华，总摄全志。它是统领全志的完整、独立的一篇宏文策论，一般情况下并不需要配置图表为其帮衬。修志实践也证明了这一点。

新方志“概述”采用文照结合形式为数极少，首起于浙江《青田县志》，该志前设概貌，以图照为主，文字说明辅之。河南《淅川县志》卷首《概况》亦采用文照结合形式，以文字概述为主，图照辅之。上述这两部志书均是考虑到一幅（或一组）图照与文字相对应，不同点在于一部侧重于图，一部侧重于文。《太原市南郊区志·概说》，在文照结合上又开创出新的体例和模式，二者既相配合，同时又有相对独立，为新方志“概述”的撰写及编排形式创造出新鲜的经验。

五、概述篇的文章结构

（一）注重篇首（开头）结尾，完善文章结构　东方人写文章的传统习惯，一篇好的文章要有开头与结尾，俗称之为穿鞋戴帽。就以中共十七大报告为例，除开头结尾外，内分十二大部分，以序号分割。如此重要的政治报告均难脱此窠臼。“概述”篇，实为给志书主编出的一篇命题作文，它要求主编以高屋建瓴之势，网罗全志的精华，纵述历史，横陈现状，申大势，说大略 ，因果相望，揭示规律。一篇好的“概述”，应有好的篇首与结尾，正如古人所总结出的好文章的标准：虎头豹尾猪肚（亦有称虎头凤尾猪肚之说）。虎头，即要有好的开头，吸引读者阅读下文；豹尾，即要有漂亮的结尾，起到余音绕梁的效果；猪肚，即文章的主体内容要丰富充实，体现作者所要表达的中心思想。在150篇“概述”中，不乏好的篇首与结尾，创造出许多成功的经验。

1. 篇首。通过归纳，大致有10种开篇法：(1) 以散文笔法开篇（如《曲沃县志·总述》《修文县志·概述》）；(2) 以悠久建置开篇（如《昭平县志·概述》）；(3) 以市情总貌开篇（如《金华市志·概述》）；(4) 以地名由来开篇（如《兴安盟志·概述》《满洲里市志·概述》）；(5) 以战略地位开篇（如《宝坻县志·概述》《咸阳市志·总述》《子长县志·概述》《昌都地区志·概述》）；(6) 以民族特色开篇（如《喀什市志·概述》）；(7) 以地域最大特色开篇（如《秦皇岛市志·总述》《独山子区志·概述》《桂林市志·总述》）；(8) 以地域雅号别称开篇　（如《大足县志·纵览》《乐山市志·总述》）；(9) 以名人彰显开篇（如《凤阳县志·概述》《文昌县志·总述》）；(10) 以地理简况开篇（如《密云县志·概述》。除上述10种开篇形式外，还有其他多种形式，或以议论开篇（如《井陉县志·总述》），或以景观特点开篇（如《阳城县志·综说》），或以地域名称成因开篇（如《徐州市志·总述》）等，不一而足。就是上述的10种开篇形式，有的也非单一的方式，或两种混用，或三种混用，只是为叙述简便而已。

在二轮续志中，开头的写法多有创新。试举两例：续修《杭州市志·总述》（送审稿）以名人诗篇开头："江南忆，最忆是杭州。"此为白居易《忆江南》三首诗中第二首的开头一句，作者选取此句作为开篇之语，读来颇有诗意，令人感到非常亲切、顺耳，引领下文自然、流畅，恰到好处。第二自然段："杭州是中国七大古都之一，国家历史文化名城，国家重点风景旅游城市，中国经济最为发达的城市之一；是长江三角洲南翼重要的中心城市，是联结赣北、皖南经济轴的重要节点城市；是浙江省的政治、经济、文化和科教中心，浙江省省会；是中华文明的发源地之一。杭州自古经济繁荣、文化发达，享有'鱼米之乡' '丝绸之府' '文化之邦'等美誉。"以名片式的笔法，展现杭州的特征。在逻辑次序上稍有不妥，重新组织语言，改为"杭州是中华文明的发源地之一。自古经济繁荣、文化发达，是中国七大古都之一；是浙江省省会，全省政治、经济、文化和科教中心；是中国经济最为发达的城市之一，国家历史文化名城，国家重点风景旅游城市；素有'鱼米之乡' '丝绸之府'、'文化之邦'等美誉。"由160字（包括标点）减为124个字，减36字。内容排序先历史，次现代（由内及外），再特征，似乎这样更好一些。

《萧山市志·总述》（试印本）的开头亦别有情趣："寻苍茫大地，萧山何在？问悠长历史，萧山何来？"用两个设问句开篇，吸引读者阅读下文。"沉睡8000年的独木舟，闪耀着新石器时期的文明曙光，让跨湖桥文化声震中外，万众仰止；潮声如歌的钱塘江，引领着川流不息的浦阳江，让鱼米之乡处处滋润，满目青翠；一潭晶莹剔透的湘湖碧水，装点着山清水秀的沃野膏壤，让风光无限绮丽，绘就一幅唯美的画卷；春秋战国吴越争霸的古城遗址，诉说着卧薪尝胆、终成霸业的壮丽情怀，让励志图强的千秋万代激情飞扬；广袤诱人的围垦大地，铭刻着荒滩变粮仓的艰苦历程，让'人类造地史上的奇迹'的美丽神话经久传扬；一个现代化的国际航空港，鲲鹏展翅，架起五湖四海的友谊桥梁，让萧山腾飞的金色梦想如花绽放；喜奔竞、善商贾、敢为人先的萧山儿女们，铸造着令人瞩目的无尽辉煌，让钱塘江南岸久久回荡的时代交响乐响彻云霄。"以散文诗的笔调，连用七个"……让……"的排比句，突显萧山的地方特点，文笔潇洒，语义连绵，寓情寄事，挥洒成篇，叮咚入耳，抒情泼意，文采飞扬，具有极强的感染力和可读性。

2. 结尾。在150篇"概述"中，优美又有特色的篇首不在少数，但漂亮又有意蕴的结尾却为数不多。"概述"篇以展望性的语言结尾，在150篇"概述"中居多数，这与董一博的大力倡导是分不开的。

《桐城县志·概述》结尾段这样写道："沧桑数千年！桐城先民们筚路蓝缕，前赴后继，从茹毛饮血到泼墨挥毫，从历史的艰辛走向岁月的辉煌，终于在这块蓬勃生长过油桐绿树的沃土上，豪迈地收获着成熟的谷穗，收获着气韵生动的书画文章。和风丽日与青山秀水之间，依旧显示着灵光紫气。雄关漫道，十步有芳草！桐城有着辉煌的过去，也必定会有更加灿烂的未来！"短短160余字，以总括式的议论笔法，以虚代实，展望未来，文笔优美，给读者以更多的回味。

在“概述”篇的结尾中，还有如下几种写法。一是将一地的远景发展规划记录在案，以此体现展望未来之笔；二是借用一地发展战略的语言，作为全文的结尾；三是借下限外之事作展望之笔。

据笔者粗略统计，在150篇“概述”中，真正称得上有头有尾的完整文章，仅有38篇，占150篇的25.3%，即1/4；有头无尾的19篇，占13%；有尾无头的18篇，占12%；无头无尾的75篇，占50%。对“概述”篇的篇首段与结尾段重视不够，在新方志“概述”写作中还占有不小的比例。在这一方面，还需要深入研究与探讨。

（二）慎用序号分段，通篇一气呵成 据笔者粗略统计，在“概述”篇层次结构的内容分段上，150篇“概述”大体采用了全文一气贯通、用空行分割、用序号分割、用标题分割等四种方式。由于各种体式选择内容角度不同，撰写形式有异，故在整篇“概述”层次结构的内容分段上各有侧重。浓缩式用序号分割居多，一气贯通次之，唯独无标题分割；策论式四种方式共用，用序号分割居多，一气贯通次之；特点式以标题居多，不用空行分割和序号分割；纵述式用序号分割居多，标题分割次之，不用一气贯通和空行分割。

在150篇“概述”中，用序号分割的为87篇，占150篇的58%。可见“概述”篇在层次结构的内容分段上，用序号分割是便于操作和把握的一种简便方式。它的特点是文章内容层次清晰，方便读者领会文章内容；短处是割裂文气，在一定程度上破坏了文章的完整性。依笔者愚见，在四种层次结构的内容分段上，一气贯通为最佳，加标题及空行分割稍次之，而加序号分割则为下下策矣。“概述”篇用加序号来分层次，与篇幅过长也有一定关系。压缩“概述”的篇幅，让读者在较短的时间内领略全志的梗概，并将其一气贯通，让读者去自行体味文章中之滋味，才是“概述”篇的真谛所在。

在87篇加序号分割的“概述”中，序号的位置也各不相同。有头有尾，中间主体内容加序号的；有只有开头，其后均加序号的；亦有从头至尾均加序号的。依笔者愚见，“概述”篇用序号分割，有头有尾而仅中间主体内容加序号为最佳，只有开头（篇首）而后加序号稍次之，而从头至尾均加序号者又次之。

由于序号使用不当，致使“概述”篇各部分间严重失衡，影响了文章的整体效果。如《武安县志·概述》全文共9800余字，从头至尾用序号分割为五大部分，其中第五部分仅为150字（仅及全文的1/65），是以展望作结尾的，并无实质性内容；而第三部分记经济与社会成就，却长达5400余字；此二部分文字数量相差达35倍，比例严重失衡。如能加上三五百字的一段开头，再将第五部分作为结尾段，文中主体部分分为四大部分，文章结构则显得完整，主体的各部分才略显均衡。诸如此类的还有《通化县志·概述》《南京市白下区志·概述》《凤阳县志·概述》等。依笔者愚见，在“概述”篇层次结构的内容分割上，还是慎用序号为好。

在前面列举的10部续志“概述”中，有3部一气贯通，7部文中加序号，其中3部存在序号使用不当的毛病。如《东平市志·概述》《高安市志·总述》《杭州市志·总述》，均从头至尾加序号，淹没了文章的篇首（开头）部分，使文章显得不完满。

六、“概述”篇的内容

（一）选择精要内容，全面反映地情 由于体式的不同，“概述”在选取内容上存在较大的差异。 若将150篇“概述”综合起来看，获得2/3以上认可的内容有经济与社会发展变化、地理概貌、革命传统三项。经济与社会发展变化，是“概述”篇反映一地域地情的主体内容，150篇中无一缺项，可见得到“概述”撰写人员的普遍认同，再无疑议。地理概貌，有95.3%的“概述”篇立此项目，亦得到绝大多数撰写人员的认同。笔者以为，“概述”篇中的地理概况内容，是反映一地域地情的最基本的内容，它宛如人的脸面，要给读者鲜明的第一印象。如缺此内容，“概述”篇就像一个无头的躯干，后述的其他内容便没有了基础，使人看不清眉目。地理概貌，可称之为“概述”篇中的水之源、木之本。人常言，一方水土养一方人。自然、人类、社会，乃方志记述的三大内容，缺了自然（地理概貌），人与社会以何依赖生存发展？此项目无论如何不可或缺。革命传统（斗争精神），有66.7%的“概述”篇立此项目，占2/3， 可以说得到多数撰写人员的认同。历史唯物主义者认为，人民是创造历史的真正动力。一地域经济与社会的发展，是该地域内人民长期奋斗拼搏的结果，记述一地域内人民群众的斗争精神，是社会主义新方志应记述的根基所在。一地域人民群众的精、气、神，在这一内容中可以得到充分展现。获得1/3左右认可的内容有历史发展概貌、优劣之势、杰出人物等三项。董一博在《关于县志设置“概述编”之商榷》（即“一论”）一文中，就“概述”编应写的内容列有五项，此三项均位列其中，即其五项中的第一、第三、第四项。从150篇“概述”的实践看，历史发展概貌占44%，优劣之势占39.3%，杰出人物占32%。虽然比率低了些，但勇于实践者仍不乏其人。在“概述”篇中是否列此三项内容，对“概述”篇的宣传效应还是大有区别的。

在150篇中，资源占20%，旅游名胜占12%，重大事件占10%，城市建设占6.7%，民族发展状况占3.3%。笔者认为，“概述”篇记述的内容，应以反映地域特色为首要，如城市志（包括县级市和地级市），不可没有城市建设的内容；如民族地区的志书“概述”，不可没有民族发展状况的记述；如地处边疆地区的志书“概述”，不可没有爱国传统及斗争精神的记述。

在地理概貌的内容记述上，一般而言，几大地理要素诸如方位、面积、行政区划、人口、民族等不可或缺。但实际情况并非如此。如《垣曲县志·概述》记述地理概貌中，缺面积、人口等要素；《象州县志·概述》记述地理概貌中，缺下限之时行政区划状况；《合川县志·总述》记述地理概貌中，缺下限之时合川县建置状况，只能让人从文义中加以揣摩；《弥勒县志·概述》叙地理概貌中，缺人口与民族两大要素，作为地处边疆的少数民族县份，漏此内容实为一大缺憾，使人难以了解与熟悉县情总貌。

（二）突出旅游资源，发挥宣传效应　“概述”是志书的窗口，介绍一地的旅游资源，是志书“概述”特有的功能。凡写得好的“概述”，莫不重视对旅游资源的深入描写和热情赞颂。浏览150篇“概述”，可神游祖国的壮丽河山，了解各地风格迥异的地理风光，饱览各地的风土人情，欣赏各地的文物名胜，使读者产生浓烈的爱国主义激情。读者可以“按图索骥”，从中了解一地的风景名胜、风物特产、历史人物及历史遗迹。若能以此为出发点，尽情展现一地旅游资源之特长，既能突出一地域的重要特色，又可为旅游者指点迷津，增长知识，从而增强读者的爱国主义情操。

在新方志“概述”篇中，不乏优美的章节与段落，使“概述”的功能发挥到极致，进而吸引读者阅读志书，又能吸引读者前来观光旅游。在150篇概述中，记述旅游资源写得好的有《久治县志·概述》《吴忠市志·概述》《海口市志·总述》《修武县志·概述》《太原市南郊区志·概说》《黄山市志·概述》《桐城县志·概述》等。

从150篇“概述”来看，将“旅游名胜”内容单独设立记述的仅有18篇，占150篇的12%，似嫌少了些，也有少部分“概述”将旅游名胜内容分散在文化、资源等项内容中加以记述。即使将分散记述的包括在内，也仅占150篇的20%多一些。旅游资源记述薄弱，在新方志“概述”中还比较明显。加强对旅游资源的记述，是“概述”撰写中应注意的一大问题。当然，在“概述”篇中，除介绍一地的旅游资源、风景名胜外，在杰出人物、民情风俗、重大历史事件、物产特产等项中，都与推荐旅游产品有直接的关联。志书的主编要把宣传旅游资源的思想，深深植根于头脑中。在这一方面，还深有潜力可挖。

七、概述篇的写作手法

（一）戒用第一人称，客观审视历史　志书的“概述”篇，其写作角度应用第三人称，而戒用第一人称。第三人称的叙述方式，是作者站在第三者的立场上，客观地反映现实。它有广阔的叙述天地，所以有人称之为“万能叙述角”。就整部志书而言，“概述”篇是其中的一部分，在某些方面也要以志书凡例为准绳，如纪年、第三人称写法等，不能突破凡例的限制。但从另一方面讲，它在某些方面又区别于志书的其他内容，可以突破凡例的限制，如反映事物的客观规律，总结经验教训，贯通全志，彰明因果，并可以发议论。“概述”篇的写作，应用第三人称，在方志界已无疑议。但在“概述”篇的实际写作中，情况并非如此。在150篇“概述”中，出现第一人称的达65篇，占150篇的43%。实事求是地讲，其中的大部分是在行文中不经意而误用了第一人称“我国”“我省”“我市”“我县”等字眼，进而在篇中的某些局部出现第一人称的写法，实为审稿、把关不严所致。而另外一部分却是有意为之的。如《如东县志·概述》中，多处出现“我县”“我省”“我国”“我苏中四分区”等第一人称的词汇。又如《长阳县志·总述》中，“我们”一词出现七次之多。再如《湛江市志·总述》《克孜勒苏柯尔克孜自治州志・概述》中，“我国”一词均多处出现。

在“概述”的行文中，还应避免隐性的第一人称表述。常见的隐性第一人称笔法有以下几种：

一是将“中国共产党”简称为“党”“党的”，将中共中央简称为“党中央”。此种简称法欠妥，含有作者的主观愿望，其中隐含有“我们的党中央”“我们党”或“我党”的意蕴在内。笔者以为，“概述”的作者应站在第三者的角度，客观地记述事实，应将“党中央”改为“中共中央”，“党的”改为“中共”，“党和政府”改为“人民政府”，则可避免隐性第一人称在“概述”行文中出现。

二是在行文中称“敌我”，即“敌方”和“我方”的简称，第一人称的意蕴比较明显。

三是在行文中为表示对某些重要人物的尊重，在人名之后附带“同志”二字，本意是“概述”作者对所记述人物的尊称，但在行文表述上却隐含有第一人称的意味，若去掉“同志”二字，直书其事，作者的撰写角度便成为第三人称的写法。

四是在行文中采用“祖国”一词。“祖国”乃“自己的国家”，“概述”作者站在第一人称角度对自己国家的称呼，明显不妥。如将“伟大祖国”改为“中国”，行文即回到了第三人称的角度。

五是随意加敬语。如《满洲里市志・概述》中有“中国人民敬爱的叶剑英元帅”语，属敬语，此处的“中国人民”亦将“概述”作者包含在内，属隐性的第一人称写法。“概述”在记述人物时，应直呼其名，不加敬语，避免写作人称的变异。

六是滥用指示代词，如“他们”等。“他们”的对应词是“我们”，“概述”作者把自己放在了“我们”的位置上，进而使行文的角度中隐含了第一人称的意味。

隐性的第一人称，在“概述”行文中很难避免，只有经过仔细推敲，才能品出个中滋味。锤炼、推敲“概述”篇的文字，无论如何马虎不得。

(二)善用比较之法，彰显地域特色　比较，是“概述”写作中的重要笔法之一。有比较才有鉴别。一地的地方特点，只有通过更大范围内的比较鉴别，才能被人们发现和掌握。这对加深记述对象的认识，增强“概述”篇的地方色彩，显然是有好处的。把一地的各项事业放在全省及全国的大环境中，进行横向比较和纵向比较，使本地成为全省、全国的有机组成部分。离开比较，“概述”篇的资鉴功用不仅有限，而且还大受影响，在150篇“概述”中，不乏善用比较之法的佳作。

比较之法运用得好的有《白城地区志・概述》《长汀县志・概述》《大田县志・概述》《潍坊市志・概述》《监利县志・总述》《惠东县志・概述》《荆州地区志・总述》《宜昌县志・总叙》《都安瑶族自治县志・概述》《广安县志・概述》《瓮安县志・概述》《林芝地区志・概述》等篇。但总括起来看，在150篇“概述”中，采用纵向比较的较多，而采用横向比较的较少。这也可称之“概述”写作中普遍存在的问题之一。缺乏横向比较，只是封闭地记述本地的事物，由于缺少参照数，使人无法判断该地各项事业在全省乃至全国所处的位置，故而“概述”篇的资鉴作用大受影响。

（三）把握繁简尺度，合理安排类项 “概述”作为全志的开篇，受篇幅的限制，其所记内容的各类项目（如地理概貌、历史简况、斗争精神、经济与社会各业的发展变化、杰出人物、重大事件、优劣之势等），在“概述”篇中所占的篇幅亦受到一定制约，各类项目繁简尺度的准确把握，在有限的篇幅内尽情展现一地域的地情，是一篇好“概述”应遵循的基本原则。有比较才能鉴别。同类比较，才能确定某项内容写作上的优劣。单看一篇“概述”，很难发现主体内容中的各类项目是否详略得当。若将150篇“概述”进行同类比较，其中各类项目繁简尺度的把握是否准确，即显现出来。在150篇“概述”中，不乏佳篇良作。但也不可否认，有少部分“概述”在所记内容的篇幅掌控上，或多或少还存在弊病，该详的项目未详，该简的项目未简，出现畸轻畸重的毛病，使“概述”篇的整体质量受到一定影响。主要表现在以下几个方面。一是地理概貌的篇幅过大，影响了“概述”全篇的协调感；二是建置沿革的内容过详，淹没了地方特点；三是大类项目记述篇幅的不平衡，影响全文各分类内容间的协调感。

八、概述篇的语言运用

（一）锤炼语言文字，力求鲜明生动 “概述”作为志书的开山篇，其质量要求有各个方面，而语言则是最起码的要求。撰写“概述”篇，一定要把好语言文字关。

毛泽东提出的语言的三性：准确性、鲜明性、生动性，这应该是一切书面语言的共同要求。当然，文体不同，对三性的具体要求也有所区别。记叙文最主要的语言因素是生动性、形象性。议论文则是科学性、概括性。同是准确，记叙文的准确是对人事景物描述的确切和精微，议论文则是对概念、判断陈述的精确和严密。同是形象，记叙文是为了创造活生生的形象，议论文则是为了形象的说明论辩。新方志“概述”篇的语言要求，笔者以为可用严谨、朴实、简洁、流畅八个字来概括，比较恰当。一要严谨。即做到选材恰当，组合严密；言必有据，词必贴切；遵守语法，符合逻辑；务必概念明晰，语义准确。二要朴实。朴实是志书文风的优良传统。“概述”篇概莫能外，也应遵循这一传统。要不说空话、套话，力争用史料表达观点，用事实展现生动。三要简洁。大凡名志，语言简洁明快，凝练流畅。“概述”篇因受其篇幅的限制，不简不行。要做到事无重复，段无冗句，句无剩字，言简意赅。四要流畅。“概述”语言概念明确，文理通顺，语言流利，防止干枯，力求生动，使人在阅读时获得一种明快、舒畅的美感。严谨、朴实、简洁、流畅，说起来容易，做起来难。凡为文之人均深有体会。

有比较才有鉴别。笔者曾对150篇“概述”记述自然环境中“面积”的内容做了比较，发现其中在语言的运用上，存在的问题确实不少。在150篇“概述”中，涉及“面积”内容的共有145篇，但在用词上却多种多样。

据笔者粗略统计，在145篇“概述”记叙一地境域面积时，采用了多种写法：

单用“面积”一词表述的有19篇。在“面积”前加修饰词的有21篇，如有“国土面积”“土地面积”“辖地面积”“区域面积”“全境面积”“全县（全区、全市、全州、全盟、全旗）面积”“水陆面积”等。合计 39 篇。面积，《辞海》释曰：“几何学的基本度量之一，是用以度量平面或曲面上一块区域大小的正数。”《汉语大辞典》与《现代汉语词典》均释曰：“平面或物体表面的大小。”一块区域的大小，用“面积”一词表述，既准确严谨，且精练简洁。“面积”的同义词还有“方广”“广袤”。

用“总面积”表述的有 56 篇。在“总面积”前另加修饰词的有 28 篇，如有“全县（全区、全市、全州、全旗）总面积”“县域总面积”“陆地总面积”“土地总面积”“全境总面积”“区域总面积”等。合计 85 篇。总面积，其义与分面积相对。如行文记述中仅记面积，而无分面积之比，则“总”字明显累赘、多余。如有的用“总面积”，后列有“山地”“耕地”“水田”等分面积，加“总”字合情合理。如有的用“总面积”，因下文中有“总户口”、“总人口”等项表述，从行文角度讲亦属行文统一规范之举，读起来还比较顺畅。如有的用“总面积”，后列有“占省”、“市区”等比较面积，加“总”字亦顺理成章。如有的用“总面积”，后列有“占全省”“占地区”等比较面积，加“总”字似可说得过去；但仔细推敲，后面的“全省”“地区”的表述均为“面积”，而本县却用“总面积”表述，“总面积”成了“面积”里的一部分，进而在逻辑上出现混乱。加了个“总”字，惹出诸多麻烦。

用“幅员”一词表述的有 5 篇。幅员，《汉语大辞典》释曰：“指疆域。广狭称幅，周围称员。”《辞源》释曰：“广狭称幅，周围称员，故称疆域为幅员。”《辞海》无“幅员”一词。《现代汉语词典》释曰：“领土面积（幅：宽度；员：周围）。”很明显，《现代汉语词典》的解释不确。《汉语大辞典》是当今国内最具权威性的工具书，当以此为准。“幅员”与“面积”是近义词，而非同义词，二者之间有明显的差别。用“幅员”代指“面积”，明显不准确。用“幅员面积”表述的有 7 篇。“幅员”与“面积”搭配，其义为“疆域面积”，从文义理解还行得通。如有的在“幅员面积”前再多加一个“总”字，则显得烦琐累赘了。在行文中表述面积的有 7 篇。

从上述分析中可以看出，“概述”篇在记述一地域面积时，用“面积”一词表述，既准确，又严谨，不会给人产生歧义。称“总面积”，要看行文中是否有分面积或比较面积的表述，以及同其他合记内容的行文表述方式，否则“总”字完全可以省略。而方圆、幅员，则是面积的近义词，非同义词，代指“面积”则不合现代汉语语法规范，明显不准确、不严谨。由此可见，用词是否准确、严谨、规范，直接影响到“概述”篇所要表达的内容，行文中不可不注意推敲。

在 145 篇记述境域“面积”内容的“概述”中，其中有 53 篇列有境域的广、袤表述内容，但在用词上烦琐者多，简洁者少。首轮修志之初，即提出继承优良修志传统，笔者以为，语言的继承也是不可缺少的重要一环。凡旧志，均有境域广、袤的记载。

广袤，《汉语大辞典》释曰：“指土地面积。从东到西的长度叫‘广’，从南到北的长度叫‘袤’。”《现代汉语词典》释曰：“土地的长和宽（东西的长度叫‘广’，南北的长度叫‘袤’）。”旧志中记疆域的长、宽，均用“广”“袤”一词，既文字简洁，且词义贴切、精练、严谨。而53篇“概述”在记叙这一内容时，用“广”“袤”表述的仅有1篇。其余52篇写法不一，有“东西宽……（省略号为具体公里数，下同）南北宽……”，有“全旗南北长约……东西宽约……”，有“东西最长……南北最宽……”，有“东西距……南北长……”，有“南北长距……东西宽距……”，有“全境纵距……横距……”，有“市境东西最大横距……南北最大纵距……”，有“境内最大直线距离，东西……南北……”，等等。“广”“袤”并非文言词汇，也非已消亡的词汇，在现代汉语中仍具有极强的生命力和丰富的表现力，至今仍被广泛应用。而用上述复杂而烦琐的语句，词义反而显得不很贴切，大部分近似啰嗦。使用“广”“袤”，既好又省，岂不美哉?!

方志的语言简洁明快，简略句使用的频率是比较高的。旧志尤其如此。“概述”篇的语言要简洁，要像打电报、编辞书那样精练，就应多用简略句。“概述”篇在记述一地的自然环境时，其主语即县名，具有稳定性，所有记述都应围绕主语，顺从主语，达到文从字顺，这有助于变静态为动态。若能抓住稳定主语，尽量减少主语的出场次数，调节处理好文字，就会使语言简洁流畅，读之若行云流水，兴味盎然。

一般情况下，“概述”篇记述一地域自然环境中的方位、面积、地形、地势、人口、民族等内容，除首句出现主语“某某县”外，其余行文均可省略主语，用简略句表述。但从实际写作情况看，在记“面积”时，“面积”一词前加修饰语的多种多样，如前所述，不一而足。省略掉修饰语，岂不更简洁明快?!

语言的简洁精练，还表现在数字的用法上。就以“概述”篇记述自然环境为例，一般都要记述一地域的面积、广袤、人口等数字。“概述”的内容，重点体现在概括性上，并非志书正文中内容的摘抄照搬，所以其中应列的数字（不可或缺的数字），依笔者愚见，完全可以用整数来表示，即去掉小数点之后的余数。如我们通常说，中国疆域辽阔，有960万平方公里的土地，有13亿人口。此种提法均为大约数（整数），即土地以“万平方公里”作单位，人口以“亿”作单位。既方便读者记忆，也便于读者理解内容。采用整数（即大约数），省略掉“约”字，读者亦明白撰写者所要表达的意思，并不会产生歧义。易读易记易理解，并给读者留下清晰印象，笔者以为这也可称之为“概述”篇中数字用法的概括性笔法之一。

锤炼语言文字，是对“概述”篇整篇文章的要求，为方便起见，仅以记“面积”内容略加评述。

（二）巧用修辞手法，力求文采斐然　修辞，属语言学的范畴。从积极的方面说，是把语言写得生动有力，增强文章的感染力，进而吸引读者的阅读兴趣。志书的语言，由于据实直书的章法，严谨质朴的语言，决定了积极修辞的运用有着较大的局限性。在诸多修辞格中，适用于“概述”篇的，有材料上的映衬和引用，词语上的节缩和省略，章句上的排比，以及少量材料上的比喻。我国的旧志，绝大部分出自文人之手，故尤其注重修辞，为我们树立了榜样。学习旧志的修辞手法，对撰写好新方志的“概述”篇大有裨益。“概述”篇并非一般地记述志书各篇没有记载的内容，也不是各篇内容的摘引，而应当是以全志的内容为基础，作系统的研究和思索，探索志书中所反映出的各类事物发展的条件、根据特点和相互联系等。因此，“概述”篇具有学术研究的成分。它既体现志书的内容，又高于志书的内容，属撰写者再创造的“作品”。近代方志学家黎锦熙主张：“篇成乃作，一人之为。务求提要钩玄，不蔓不枝，文采斐然，雅俗共赏。”当代方志学家董一博则要求“吸取各篇之长，剪裁各篇之短，权衡兴衰利弊，剖析优缺得失”。还强调要“像诸葛孔明那样纵横天下，策之以其道，举之尽其才，鸣之通其意，论之其所是”，使“概述”篇“真正起到战略决策的作用”。“在文字上，要清新流畅，古朴典雅，以豪放之气势，振斐然之文采”。如何使“概述”篇达到“文采斐然”的要求，采用积极的修辞手法，是其中重要的手段之一。在150篇“概述”中，凡写得好的“概述”，莫不重视修辞手法的运用，优美的段落和篇章时有显现，使人百读不厌。

(1) 排比。用三个或三个以上结构相同或相近的句子或短语，表达相似或相关的意思，使语言显得气势磅礴，感情强烈，读起来节奏感强，能增加语言的韵律美。在150年篇“概述”中，排比是使用频率最高的修辞手法之一。似举一例，《阳城县志·综说》开篇这样写道：“阳城地处晋东南，东倚太行，西走中条，北来太岳，南俯中原。山似围帐，翠迭如屏。境内有云蒙、鳌背、析城诸山之奇，仙人、黑龙、灵泉诸洞之幽，白云、莲花、丁羊顺诸隘之险，令人叹为观止。更有蟒河流域的模山范水，为天然画卷一轴。”在150篇“概述”中，排比句式的运用不胜枚举，对增强“概述”篇的功用发挥了积极作用。排比句式上或短或长，文章结构中或前或后，各项内容或虚或实，多有不俗的表现。

(2) 比喻。亚里士多德在《诗学》中称“比喻是天才的标识”。比喻能化抽象为具体，以有形状无形，对“难指陈以言”的事物，“举他物以明之”(《墨子·小取》)，“有形因之而立，无形因之而生”（牛景玄）。是否善于用喻，是语言是否丰富、形象的重要标志。比喻，原本是文学作品的常用手法，但为了准确地表情达意，志书在记事状物时，也可适当采用比喻的手法。旧志中在记述风景名胜、山川风物时，比喻手法尤其多见。“概述”作为志书的开山篇，是由志书主编站在前台，向读者展示一地域的大势大略，凡一地的自然环境、历史概貌、杰出人物、重大事件、经济与社会、文化与风俗等各方面均有涉及，即囊括全志之精要，属主编再创造的“作品”，适当地采用比喻这一积极的修辞手法，对提高和增强“概述”篇语言的鲜明生动、精雅形象，进而增加读者的阅读兴趣，是大有益处的。在150篇“概述”中，采用比喻这种修辞手法的还为数不少。

(3) 其他修辞手法。还有韵律、象征、比拟等也时有所见。

（三）议论确切精到，力求画龙点睛　按董一博的观点，“概述”是一篇“宏文策论”，是议论文。时至今日，“概述”篇应是议论文还是记叙文尚有争议。“1986

年董一博在黑龙江开会时说，写概述要像写策论那样。这是一种比喻，意思是说要像写策论那样有点高瞻远瞩的眼光，不要埋没于陈言琐事。但如把概述写成策论，无疑是失败的。近年确有概述变策论的倾向，收到的是读者不信任的反映。理由很简单，其一，志书不搞战略论证，什么都‘证’几句，一处也不落实。加上修志者没有更多时间研究论证，‘行情’不熟。其二，论证观点彼一时此一时，变化很快。等到志书出版，有的已成‘明日黄花’。其三，论证均有专题，志书宽广宏大，任何主观决策都难以命中时弊。我仍然主张在概述中坚持‘述’的朴素作用。还是为‘策论家’当‘铺路石’，提供基础材料，不必忙于多发议论”（张桂江：《地方志编纂与续修》）。笔者以为，张桂江的观点还是比较切合实际的。从 150 篇“概述”的撰写实践看，记叙文还是占了大多数。“概述”篇是记叙文，得到了大多数志界同人的首肯。笔者以为，“概述”篇应以记叙为主，议论为辅。议论，是议论文的主要表现手法，但记叙文并不排斥议论。记叙文也常常通过议论的形式对描述的人物、事物发表自己的见解或评价。通常人们称之为记叙中的议论。“概述”篇中的议论当然与议论文的议论有所区别，即议论是以记叙为基础，它不需要交代论据，也不需要进行论证，而只是一个判断。而且这种议论应该是在写人、记事、写景、状物的基础上自然生发出来的，故而议论要含蓄、简洁，画龙点睛，富于哲理，发人深思。“概述”篇的议论具有多方面的表现作用，或叙述和议论结合，用以揭示或深化主题思想；或是富有哲理的警言，用以刻画人物形象，增强文章的思想深度；或是充满激情的精辟议论，振奋人们的精神，激发读者的情感。“概述”篇中记叙成分和议论成分的安排，可以先叙后议，先议后叙，也可以边叙边议，在叙述中穿插议论。至于“概述”篇中议论的多少和繁简，要由文章内容的需要和作者的不同写作风格来决定。但“概述”篇的记叙文性质又决定了应当尽量少发议论，把议论渗透、隐蔽在记叙的事实之中，让读者自己去深思、领悟。过多的议论，或者脱离内容的空洞说教，就会破坏“概述”篇语言的形象性，削弱文章的感染力。

(1) 议论可以策论方略。赋予“概述”篇以策论方略的功能，是首轮社会主义新方志编修对“概述”功能深入探讨的一项重要成果。董一博生前所写的“三论”概述的文章，极力提倡“概述”篇应当策论方略，在方志界产生了较大的影响。前人对此也多有评论。从 150 篇“概述”来看，可以看出“概述”的撰写者在为施政献策方面是做了艰苦努力的。《阳城县志・综说》在文章的第三部分，作者用议论式笔法指出：“历史悠久而科技落后，资源丰富而人才奇缺，是当今阳城存在着的尖锐矛盾，故振兴阳城之策在于发展教育和科技。”作者抓住了制约阳城经济发展的两大矛盾，为决策者建言献策，议论精辟而令人深思。

在“概述”篇中策论方略，的确难度很大。其一，它不仅要求作者要吃透地情，全局在胸，而且要具备多方面的知识，并具有较高的政治水平和驾驭语言文字的功力。其二，要策论方略，就必须优劣并书，得失俱述。当地的执政者在审稿是否通得过，并非完全不存在问题。所以，在有的“概述”中，虽未像前述几例那样策论方略， 但也都在“概述”篇的最后指出了一地经济社会发展中存在的各种问题。笔者以为，指出问题也是提醒人们注意的一种方式，也同样能起到资政的作用。如《增城县志·总述》在文章的第四部分，指出了增城40多年间走过的曲折道路和存在需要解决的四个主要问题，即“左”的错误；文化素质较低，人口膨胀，耕地减少；社会分配不公。如《白城地区志·概述》在文章的第四部分，点出了在现实经济运行中存在的四项限制因素：开发较晚，城镇少，商品经济不发达；人口分布不均，文化程度较低；人才奇缺；资金匮乏，财政困难。撰写者提出的主要问题，均具有极强的资政价值。这也可称之为变相的策论，它虽不同于随文引出的策论，但却顺其自然，水到渠成，也足以引起人们对未来的忧虑和给决策者以启迪。

(2) 议论可以揭示联系。客观世界本来就是一幅种种联系和相互作用无穷无尽地交织在一起的画面。由于志体偏于横剖，在一个个门类的记述中，难以说清这种普遍联系。而“概述”篇却可以从客观上阐明各门类之间的内在联系，使之相互沟通，这种沟通联系，往往需要作者用议论的笔法来体现。如自然环境同政治、经济文化之间的相互影响、相互制约；经济与政治、文化之间的相互影响、相互制约等，既可说明各门类在普遍联系中所处的地位和所起的作用，又利于使全志构成一个有机的整体，并可以从普遍规律中找出本地的特殊规律，从而达到资政的目的。《房山县志·概述》在记述从战国至隋时期的历代战争之后，点出了“战争使田园荒芜，人口减少”，揭示了战争带来的后果是“人口减少”；还点出了“部落和方国间的战争，客观上促进了民族的融合”，又揭示出战争带来的另一方面是“民族的融合”，一分为二，议论贴切。

(3) 议论可以彰明因果。社会上的事物，因果关系十分复杂，联系十分广泛，人们往往很难认识到事物的真正因果关系。这就需要“概述”的作者运用抽象的手段，将所述事物提要钩玄，把事物蕴含的因果用逻辑关系的论理性语言揭示出来，使所述事物的事实上升为理论，使读者从感性认识上升为理性认识，使局部意义升华为普遍意义。通过作者的精辟分析，恰当议论，便能克服因果不彰的弱点。由撰写者通过述事进行逻辑论证，得出结论性的观点，教育读者，才能更好地发挥“概述”的作用。《房山区志·概述》在记述历代战事之后这样写道：“综观封建社会二千余年，这片土地上战端迭加，兵燹飙临。一则地理位置重要，北倚太行山脉，南瞰华北平原，为南北通衢，且山前地域平阔，宜兵马驱驰，秦始皇东临碣石至隋唐时出兵高丽，大军莫不越此。另则位于北方各民族交汇边地，历代部族间争伐多蔓延至此。况域内地形复杂，为古代战争兵家用武之地。”这一句精辟的议论，使读者可以明显地看到其在“概述”中起了彰明因果的作用。似这种彰明因果的简短议论，在“概述”中并不是多余的，而是很有必要的。

(4) 议论可以画龙点睛。“概述”在记述史实的过程中，关键之处紧密地结合所记述的史实，恰到好处地加以适当议论，不但不会影响“概述”的质量，还能起到画龙点睛的作用，使读者更能透彻地了解所记述史实的特性和更深层次的意义。这里所说的“画龙点睛”，意思是给所记述的史实点上眼睛，使整篇“概述”更富生命力。画龙点睛式的议论性文字，贵在精当、恰切、符合实际，或是阐明作者的观点，或是点明事物的特性，或是说明史实的特点，三言两语，言简意赅。这种点睛之笔，确能使文章生辉，意深旨远。《大兴县志·概述》在记述“革命沃土”这一地域特点时，记述了清嘉庆年间林清领导的北京天理教农民起义的史实，用点睛式的议论性语言，对此次农民起义给予恰如其分的评价：“这次斗争虽遭失败，但它毕竟是一次农民起义军企图直接占领京师、夺取皇宫、推翻封建王朝的尝试。”在“绿海甜园”这一特点中，将大兴比做“绿色的海洋”，作者发出由衷的赞叹：“这铺满大兴全境的绿色，是革命先烈用鲜血换来的，是大兴人民的汗水染成的。”在记叙完大兴西瓜经济的发展之后，作者用抒情式的议论笔法赞叹：“大兴西瓜，染绿了大兴半壁河山；大兴西瓜，甜遍京城大街小巷；大兴西瓜，让大兴人名扬四海。”一语道破了西瓜经济为大兴人带来的诸多好处。

(5) 议论可以导引过渡。“概述”篇以记一地域发展的大势大略，故各部分内容之间在行文中多有跳跃的情况出现，如何把各部分内容之间巧妙地连接，使整篇文章浑然一体，是撰写“概述”中尤值得注意的要项之一。因此，如果能巧用议论性的语言，使文章内容之间过渡自然，不留痕迹，则是对作者驾驭文字能力的考验。在150篇“概述”中，不论是策论式、纵述式，还是浓缩式、特点式，用议论性语言导引过渡多用此法，使文章结构浑然天成，自然得体。《阳城县志·综说》在由自然环境过渡到经济发展内容时，有这样一段议论文字：“凭借这丰富的自然资源，阳城人民用自己的勤劳和智慧，发展了物质生产。”此段议论文字之后，便是阳城经济发展情况的记述。

九、“概述”篇的质量

“概述”篇是志书的窗口，凡读者翻检志书，首先要阅读的就是“概述”篇。透过“概述”篇的编纂质量，也可窥视到整部志书编纂质量的高低。作为正式的出版物，国家新闻出版局制定有全国的统一标准，即差错率应控制在万分之零点五之内，超出此差错率，即为不合格的出版物，如要参加各类优秀书籍的评选，差错率必须控制在万分之零点二五之内。无论其他标准如何制定，这一条是铁的，仅此一条，就可将质量不合格的书籍挡在门外。

董一博生前曾说：“一篇好概述，可为志书增色五成以上。”“概述”篇在一部志书中的重要性由此可见一斑。反之，一篇质量不高甚或差错较多的“概述”，给读者的第一印象就波及到对整部志书的质量，进而对这部志书产生不信任感。由此可见，强化志书的质量意识，尤其是提高和保证“概述”篇的编纂质量，来不得半点马虎和疏忽。据笔者粗略统计，150篇“概述”的总字数为119.43万字，差误的数量是501处（其中文字差误288处，数字差误68处，标点差误290处、以二折一算为145处），差误比率为万分之二点三八。以150篇平均计算，篇均3.34处。在150篇“概述”中，无差误的12篇，占8%；只标点有误的23篇，占15.3%；两者相加为35篇，占23.3%，即不及150篇的1/4。在150篇“概述”中，有标点差误的124篇，占82.6%；有文字差误的121篇，占80.6%；有数字差误的33篇，占22%。在150篇“概述”中，出现第一人称的62篇，占41.3%；纪年不统一的73篇，占48%；行文不统一的70篇，占46.6%。

从上面的统计数据可以看出，“概述”篇的质量不容乐观。需要我们从编、排、校、审等各个方面严格把关，杜绝差误的发生。提高“概述”篇的编纂质量，一定要落在实处，多人审稿把关，发挥全体修志人员的作用，力争把“概述”篇中的差误消灭干净。只有这样，才能使“概述”篇起到它应有的作用。

十、“概述”撰写的其他问题

“概述”何时撰写？笔者以为，修志要占有大量资料，而资料是随着修志工作的逐步深入而丰富和完善，修志者对地情的了解与深化也是随着工作的逐步深入而提高的。因此，作为统括全志的“概述”，虽居于全志的首篇，但却不能先写，须在各篇定稿之后，再筹划落笔，即“篇成乃作”。这样，才能纵观博览，纵横兼顾，吸取各篇之长，剪裁各章之短，权衡兴衰利弊，剖析优劣得失，经深思熟虑之后，通而概之，一气呵成。当然，对本地情况熟知者，在修志中途（即大部分志稿完成之后）先拟轮廓草稿，待全志完成时再修改补充，亦未尝不可。

“概述”谁写为宜？“概述”是志书之精华，必须由驾驭全局的主编“一人为之”，方能构成佳作。董一博说：“非熟悉本县历史、现状、自然、社会诸问题，且胸怀经纶者，不足以膺斯重任。”因为对此既需要有总结概括的才能，更需要有认识和驾驭规律、经验教训的本领。主编完稿之后，还需经专家和领导集体讨论、审定，使之更加完善，真正达到“穷天人之际”，“通古今之变”，成为一地面向未来的决策依据。当然，如主编能力有限，亦可聘请他人来写。但必须是通读过志稿，对地情了然于胸，且文字功力较深厚之人。从实践中看，许多省志办、市志办的修志人员参与了县级志书“概述”篇的撰写，其中不乏佳作。志书编纂是流传后世的千秋大业，要网罗当地的文人学者参与其中。我审完河北《辛集市志》“概述”后，给主编曾提过一个建议，即请首轮志书主编和市内文学方面的高手各写一篇，现任主编再加工揉成一篇，既有纪实性又有文学性，效果似乎会更佳。

（此文是应中国地方志指导小组办公室之邀而撰写的方志培训班讲课教材）

续志“大事记”的编写

新方志把大事记列于卷前，已为方志界所推崇。大事记是地方志中不可缺少的重要组成部分，它用一根时间的纵线，把分散在各个条目中的大事、要事、新事贯穿起来，成为“一志之经”。因此，大事记编纂的好坏，也直接影响到志书的质量。

一、渊源

“志乃史体。”大事记在我国古代史书中有着悠久的历史。经书《春秋》，“系日月以为次，列时岁以相续”（刘知几《史通·二体》），是史书编年纪事体的开山之作，是大事记体例的起源。《汉书·艺文志》中曾有“左史纪言，右史纪事”的记载。古代的史官把帝王活动的大事记录下来，按年、月、日排列记载，逐渐形成编年体的大事记。《竹书纪年》是最早用“纪年”（即大事记）命名的编年体史书。地方志在发展进程中，受史书中编年体的影响很大。方志有纪传体的大事记，始于宋代。王葆心在《方志学发微》中指出：“县表纪年之在志家者，首见高似孙《剡录》之‘县纪年’，但不署曰‘大事’耳。”王氏确认定型方志立“大事记”，始于南宋高似孙《剡录》（即嵊县志）之“县纪年”，已为当今之志界同人赞同。《剡录》为书 10 卷，分 24 目，为县纪年，列举地方历史大事。志书立“大事记”，最初只“详其沿革”，后来扩大到政事、皇言、移并、争战、灾祥之类。到了清代乾隆、嘉庆年间，方志学家章学诚力主在方志中首先列编年之通纪，将大事记放在首编。此后，许多方志都把编年体的大事记放在卷首，并逐步形成规范。到了民国时期，县志中直接标明大事记已经比较普遍。大事记这种体裁，在方志体例中逐步固定下来。

二、地位

1984 年 4 月中国地方志指导小组提出的《新编地方志工作条例建议》中，明确指出志书的体裁应有“记”。实践也充分证明，大事记在志书中有着举足轻重的地位，发挥着不可低估的作用。志书门类众多，内容繁杂，而且是纵横展开。有些门类，哪个排在前，哪个排在后，很难安排得恰当，不免造成时间上的混淆，割裂同一时期各种事物之间的联系。大事记的作用，就在于用一根时间的纵线将分散在各个条目中的大事要事贯穿起来，与志书中各分志的记事相“经纬”，起到纲举目张的功用。章学诚说“方志撰记，以为一书之经”就是这个道理。具体说来，大事记的主要作用有三条：

一是系统地记述各个历史阶段的社会矛盾和社会变革，以显示社会发展的大体脉络和基本规律，起到全志总纲的作用。大事记的选材，应以这方面的内容为重点。鲁迅先生说：“编年有利于明白时势，倘需知人论世，是非看编年文集不可的。”一部志书的大事记，往往是浓缩的编年体小地方史，它通过纵向记载方法，以时间顺序为经，以各行各业事件为纬，纵贯古今，简要勾画出一地区或一专项事物发展的历史概貌，起到统辖志书的纲领性作用。

二是完整地记述各个方面的大事、要事，揭示社会的全貌，起到整部志书的提要作用。大事记的特点是以简洁、扼要的条目叙述，将一个地方的重要事件明白无误地呈现在读者面前，为读者提供清晰的历史事件线索，起一个索引、提示和向导的作用。所以，读者可根据大事记这个窗口窥视全书，迅速了解全书最重要的内容。同时还便于通览全书，帮助读者阅读和查找史实，成为整部志书的提要。三是补充志书的缺项，以及一部分不适于入其他分志的内容，起到拾遗补阙的作用。志书虽“包容百科”，但在分门列项时，有的事物没有单立项的必要，但其内容又不可不在志书中反映，那么，此项重任就可以由大事记来承担。如“政治运动”，从首轮志书来看，大部分都未列专门章节记述，但其影响大，涉及到千家万户、方方面面，作为史实，完全避开则不符合实事求是精神。因此，众多新志书均把“政治运动”的内容放在大事记中记述。实践证明，这也是处理“政治运动”内容的一种比较适当的方法，普遍被方志界同人认可。

三、体例

体例者，著作编写格式之谓也。形成完善体例，是编纂好大事记的必备条件。史志的体裁经历了三个阶段，即编年体、纪传体和纪事本末体。我国最早的史志著述《春秋》《左传》《竹书纪年》等，采用的都是编年体。编年体的优点是，时间发展的脉络清晰，记事简明扼要，语言干净利落等。其不足是，记事内容简而分散，不便于看到事物的全貌。到西汉，司马迁创立纪传体，编写了我国第一部纪传体通史《史记》。纪传体的优点是，以写人物为中心，便于反映各类人物在历史上的活动。其不足是，不便于反映历史事件的发生及各阶段发展的因果关系，以及事件中的人物之间的相互联系。到南宋时期，袁枢在《通鉴纪事本末》中首创纪事本末体，形成了既有编年体与纪传体之长，又克服二者之短的新体裁。纪事本末体的优点是，以记事为主旨，要求记述事件的首末原委，反映事件的全貌。其不足是，冲淡了一段历史时期的轮廓概念，时间脉络不明显，不容易对总的情况观察与分析。

大事记采用何种体例，必须服从于完善它的功能。以上述情况看，编年体和纪事本末体各有利弊。编修社会主义新方志，就需要不断总结前人创造的经验，批判地继承史志优良传统，古为今用。《新编地方志工作暂行规定》明确指出，大事记的体例应以编年体为主，辅之纪事本末体。修志实践证明，用此种体例，是完善大事记体例的一种较好形式，并为大部分志书所采用。

方志体例要求编纂志书必须“横排竖写”，即把一地的各项事业按门分类，再按一定历史时期的时序记述，便于反映各门类内部的有机联系。但据此从宏观上对全志作总体的了解却颇费周章，原因就在于缺少一条纵贯全志的脉络，而编年体大事记以时为序通贯全书，把按类分述的主要内容按时间排列，恰好起到了脉络的作用，它与各分志经纬交织，构成一部完整的地方志。从大事记在地方志中的地位，不难看出编年体对于大事记的重要性。但为什么还要辅以纪事本末体呢？这是因为，许多大事要事的产生和发展有个过程，有的时间跨度较大，在某些情况下，如果按时间来记述反而显得比较零乱，破坏了大事记的整体性。如果把它们首尾合在一起，作为一件事来记述，就避免了上述的弊病。特别是编纂新方志，所记的政治运动较多，作为各个相对独立的大事，它们内部的联系比较紧密，对它们叙述时必须相对完整，方能较为明晰地反映当时政治状况和时代背景。总而言之，编纂大事记要以编年体为主，并不是否定和排斥纪事本末体，两者对于记述史实各有所长亦各有所短，只有相互配合才能取长补短，相得益彰，但“为主”与“为辅”的地位是无论如何不能颠倒的。

当然，大事记的体例虽有《新编地方志工作暂行规定》之一定之规，毕竟社会主义新方志的完善体例还未完全形成，也应该鼓励创新改革，在实践中不断提高、总结、完善。在首轮新方志大事记的编纂中，已出现一些大胆的创新与建议。如将大事记分两个层次记，以大事年表的形式记载一般的大事要事，对筛选出来的特别重大的、具有典型性和代表性的事件进行较详细的记述，或并列大事年表和大事述略，或编年与纪事本末分立撰写，或在政治类中单写政治活动大事，或以“史纲”代替大事，或以综述的形式编写大事记，等等。

四、标准

掌握大事的标准，是大事记编纂者首要的任务。什么是大事的标准？关于这一点，古人已有论述。欧阳修撰《新五代史》，根据“大事则书，变古则书，非常则书，意有所示则书，后有所因则书，非此五者则否”的原则取舍大事。司马光以“关国家兴盛，系生民休戚，善可为法，恶可为戒”为取事标准。这些精辟的论述，无疑为我们今天制定大事的标准提供了有益的借鉴。但今非昔比，时过境迁，取事标准毕竟与古差别太远，难以效仿。

首轮修志之初，全国各地在制定选择大事标准时，大都提出若干条文作为选择标准。但真正运作起来，并非那么简单，实际上要复杂得多，伸缩性也大得多。简言之，再具体的标准也难概括全面。这就需要我们在把握大事标准上找出大事记所具有的特征。具体说来，有以下几个方面。

(一)地域性　地方志既然是“一方之全史”，即具有极强的地域性。所选录的大事必须是发生或运作在本地域内的大事，不能把与本地域无关或无影响的大事拉进来。同时，要注重考虑地域之间的差异。如某一件事，放在此地，不足挂齿，而放在彼地，则可大书特书。如记国内外发生的大事，要着重记对本地的影响及活动，把国内外大事作为背景材料融入本地大事之中。这也是如何处理好共性与个性的关系问题，力争反映个性，突出地方特点。

(二)时代性　任何一个地方的不同历史时期，它的政治、经济、文化等状况都有较大的差异，这些差异会对选录大事的标准产生影响。如同样的事件，历史推前，它可能是大事，而历史移后，则微不足道了。就反映经济状况的大事来说，因不同时期，经济发展水平不同，它们在程度上的差别是比较大的。必须在编纂工作中予以足够的重视。

（三）全面性　大事记必须融汇本地域从自然到社会的全部大事，全面反映一地域历史发展的脉络。从事物各自的与相互的内在联系出发，抓住事物的本质特征而不是孤立松散的现象来记载。编者决不能偏其所好，任意立条。任何偏重于某一方面或某几方面，而缺少另一方面内容的大事记，都是片面性和单一化的表现，都是不可取的。要使大事记成为一方历史宏观综合发展的主线索，发挥它全方位整体记述的功能，弥补各分志“偏于横剖，缺于纵贯”的毛病，使读者从中窥到一地域历史发展的全貌。

（四）连续性　大事记记述时间必须力争连续不断，贯通古今。我们今天编修的社会主义新方志，不是旧志的续修，不能照抄旧志的内容，而是必须用新观点、新材料、新方法重新整理全部历史。总的目的，就是要达到反映出自然、社会历史发展的脉络和总体观。

五、文风

《新编地方志工作暂行规定》第 13 条明确指出：新志书文体，一律用规范的语体文，文风应严谨、朴实。大事记作为志书的“纲”，不仅和其他篇章紧密相连，而且有其相对的独立性。它的内容要求简洁明了，既不能啰嗦冗长，又不能写得过简，甚至问题都交代不明白，而依赖其他篇章的解说。

（一）简洁　大事记与其他篇章相比，要求更高程度的凝练集中，文字要简洁明确，文体风格应是明快、朴实无华，力争用最精练的文字说明一件事的全貌。如果把大事记写得拖泥带水，就不能醒目流畅，让人读之生涩。大事记行文中切忌用套话、空话、长话及带强烈感情色彩的词汇。

（二）明了　大事记最起码的要求是把一件事说明白，表述要周延，经得起推敲。既要做到要言不烦，又要有血有肉，理清事物头尾，使之脉络清晰，轮廓完整，反映出事件的总体面貌，尽量不让读者去悬想猜测。如果一味强调短话，越简洁越好，表面上看是简洁了，却使人看不出事件的来龙去脉，这样就失去了大事记的资料价值和参考价值了。

六、二轮市县志“大事记”的编纂

在许多志人的眼中，似乎大事记是较容易编纂的一编，其实不然。在我所阅览的已出版二轮市县志中，大事记可称之为存在问题较多的篇章之一。这与志人对大事记这一篇章重视不够或认识不足有较大关系。我以为，大事记与志书中的其他篇章相较，是较难写的一编。而要写好这一编并得到志人的普遍认可，则更加困难。可能是我过于苛求的缘故，至今还未看到一部志书中完满的大事记，或多或少总存在一些瑕疵与不足。

（一）大事记的体例

第一，位置。我曾对山西省首轮编纂的市县志书做过一个统计，在 126 部市县志书中，列有大事记的有 123 部（3 部未列），将大事记移至志书尾部的达 70 部、占 57%，放在概述篇之后、正志之前的仅 53 部、占 43%，大事记后置占到多数。

造成这种情况的原因大致有两点，一是编者认为全志之首增设了概述篇，便以此认为概述篇是全志之纲，替代了大事记统率全志的功能，故而将大事记后置；二是对志书体例中设大事记的初衷不甚了解，只认为大事记仅起志书检索的功能。前者是认识上出现偏差造成的，而后者则是对志书原有体例即大事记的功能、地位、作用没有理解造成的。实则，两者均对大事记认识不足或不清而违了志书体例之规。方志由地志、图经发展演变而来，至宋代始定型，清代方志编纂达到封建时代的顶峰，方志体例日臻完备。社会主义新方志编纂，是在继承历代方志体例的基础上创立的。就方志体例而言，继承多于创新，表现出方志体例的创新其难度之大。从另一角度讲，完全脱离开地方志原有优良体例而一味强调创新，则有可能使新编方志脱离方志体例之轨，编出的志书也就不可能成为地方志书，反而成为历史的笑柄。首轮新方志编纂，就概述篇的创设，亦经过激烈的争论与交锋，经实践的检验才得到普遍认可。首轮新方志体例的创新，概述篇的创设首屈一指。通俗地讲，即概述篇以“面”，大事记以“线”，面线结合，双管齐下，经纬交织，提纲挈领，统领全志，两者合力共同承担全志之纲的重任，使新编志书在体例结构上又上升到一个新的层面。大事记后置，则破坏了新方志的严谨性、科学性、系统性，把大事记放到了末等的地位，实属新方志在体例上的倒退。首轮《高安县志》将大事记放在了最末一卷，续修《高安市志》将大事记前移，恢复到它应占的位置，可谓正本清源、拨乱反正之举。

大事记是全志的统帅篇章，应排在志书的卷首位置，即概述之后、正编之前。二轮续志在志书的卷首部分，又增加了新的内容，使卷首部分的排法出现了混乱。《锡山市志》卷首部分增加了“前志概要”“特载”（党和国家领导人视察、中国农村综合实力百强县评比“三连冠”、建置区划调整）两项内容，其排序为前志概要、总述、特载、大事记，明显欠妥，似应为总述、大事记、特载、前志概要。特载中的三项内容均为大事记的属下，前一项只是从大事记中析出，仍为编年体；后两项为纪事本末体的大事记。《秦皇岛市志》卷首部分增加了“党和国家领导人莅秦”，其排序为总述、党和国家领导人莅秦、大事记，中间一项是从大事记中析出，仍为编年体。排序似应为总述、大事记、党和国家领导人莅秦。突出地方特点，不能乱了志书篇章排序的主次。首轮与二轮《陵川县志》均把大事记排在志书的末尾，使大事记丧失了统辖全志的功能。

第二，大事记的再分类。在首轮志书编纂中，有少数志书将大事记分为两部分，一为“大事记”，采用编年体；一为“要事纪略”，采用纪事本末体。

二轮志书又有创新，就是将某类事物从大事记中剔出，另立一篇，以示突出地方特点。如《锡山市志》在“特载”中设“党和国家领导人视察”篇，以体现神州第一县的地方特色。如《秦皇岛市志》卷首部分增加了“党和国家领导人莅秦”。如《萧山市志·第一卷》（试印本）将大事记分为“萧山要事”“领导视察考察（并配有专记“中共中央总书记江泽民三次视察萧山”）”“外国及港澳台宾客访问萧山”三篇。前后两项均为编年体，而中间一项的写法属新闻通讯体裁，与大事记的写法相去甚远。虽属创新之举，却有违志体。

第三，题头标法。大事记的条目，前面冠以时间，实为条目的题头。一事一记，以时为头。

在旧志中，大事记一般为分年记述，以年分期，下领条目。首轮新方志编纂中，有二种方式：一为沿用旧志做法；二为以年领月，月下领条。二轮续志两种皆有，以第一种居多，如《东平市志》等7部。采用第二种的也有，但较少，如《锡山市志》《秦皇岛市志》《杭州市志》3部。我以为，还是第一种为好。大事记以年分节，年内再分月似嫌多余，可直接标在题头上。这样可节省大事记的篇幅。每条大事前面所标的时间，称之为“题头”，实为标题之义，通常均变换字体（一般为黑体字），与正文相区别，中空一字距与正文接排。有少数志书的题头不变换字体，加逗号与正文接排。此种做法欠妥。

同日多条的标法。首、二轮志书中大体有四种：一为每条均标注月日，如山东的《东平县志》；二为首条标月日，其余标“本日”“是日”“同日”，如《锡山市志》《邗江县志》《萧山市志·第一卷》；三为首条标月日，其余标＊号，用以替代月日；四为首条标月日，其余条另起，有几条另起几条，如《秦皇岛市志》《杭州市志》。我以为，第三、第四种似有违志体。第二种尚可。尤以第一种最为科学、合理。相同日期不应省略题头，重复使用即可，也便于查检。在网络化发达的今天，从方志的传播和利用考虑，还是用第一种为好。

第四，连日事件（即某一事件发生在几日内）的标法。大体有三种标法：一为用一字距“—”连接号连接，如《陵川县志》“10月25日—30日”；二为用浪纹“～”连接号连接，如《东平县志》（以年分割）“10月25～31日”，《秦皇岛市志》（以月分割）“24～26日”；三为用汉字“至”连接，如《临猗县志》“7月10日至13日”。此三种标法，尤以第一种合乎规范，科学、严谨。第二种浪纹用法不合《标点符号用法》规范。为此，我专写了一篇题为《年份间连接号的用法》的论文。标准的标注法应为：“11月20日—12月6日”，“日”字前后连贯，不可省略。

代词“是”“本”“同”的用法。在相同日期条头的表述上，现行的做法有“是”“本”“同”三种，均不为错，但一部志书大事记的用法要统一，从严谨、科学的文风上考虑，我以为还是用“是”为好，《高安市志》《邗江县志》《萧山市志·第一卷》大事记就用此法。在“是月”的标法上还有一种，即直接标阿拉伯数字月份，如《东平市志·大事记》直接标为“3月”，放在该月的最后。“是”属书面语，为“这”“此”的意思。相较而言，“是”“本”可以连用，而“同”必须前有相同时间出现后才能使用。在以“月”“年”作题头时，“是”“本”可以单独运用，亦可连续运用，而“同”则不能。有的志书“是”“本”“同”混用，欠严谨，有伤文风。

条目的排序。同日连续几条的，应先排单日，后排连日；连日条后面不应接排相同日期的单日条。如无具体日期，标为某月的上旬、中旬、下旬，“上旬”

条放在该月的 11 日之前，“中旬”条放在该月的 21 日之前，“下旬”条放在该月的 31 日之后。如标为春、夏、秋、冬各季，“春”条一般放在 4 月 1 日之前，“夏”条一般放在 7 月 1 日之前，“秋”条一般放在 10 月 1 日之前，“冬”条一般放在 12 月 31 日之后（各地也可根据当地气候的实际情况适当后延）。“是月”条放在该月最后，“是年”条放在该年最后。

（二）大事记如何接续前志的问题　在旧志编纂（包括首轮新编市县志）中，大事记普遍为通纪体，即贯通历史。二轮续修市县志普遍为断代体志书，大事记如何记（断代）确实是个新课题。从已出版的二轮续志来看，大体有三种做法：

一是纯为断代体式，与各分志所记时限同步，如《杭州市志》。当然也存在两种情况，一为与分志同步，一为下延数年。如山西《黎城县志（1991—2003）》，将限外大事记放在“限外辑要”之中，标题仍为“大事记”，副题为“2004 年 1 月—2005 年 12 月”。

一是许多志人也考虑到二轮续志的独立性、完整性、连续性，将断限前的历史大事经过精编，放在志书的附录之中。如江西《高安市志（1986—2006）》在附录中设《1988 年版〈高安县志·大事记〉节录》（首轮县志大事记 35 页，二轮 27 页），正文大事记 20 页。

一是将大事记作为接续历史的通纪体，如安徽《安庆市志（1978—2000）》，大事记贯通古今，从南宋绍兴十七年（1147）起收大事，上限前 832 年用 12 页 1.62 万字，1978—2006 年（延至出书前）28 年用 52 页 7.13 万字，前占 15%，后占 85%，详今略古相当有度。接续前志寄托在志书的总述、大事记和建置部分。又如：江苏《常州市郊区志（1984—2000）》，大事记从 1949 年 4 月 23 日境内解放之日记起，至 2002 年 4 月 26 日所属乡镇分别划归天宁、钟楼两区时止。

上述三种做法各有利弊，第一种纯断代体式的大事记，是恪守中指组《地方志书质量规定》“严守志书的上下限”的规定，第二种在附录中附历史大事记，即遵守规定，又设法变通。第三种则把通纪体大事记作为接续历史的一个重要篇章，虽违反《规定》，却合乎志体，更强调续志的独立性、完整性、系统性。三者相较，笔者以为第三种更好一些，但要在“凡例”中言明，遵从志体。大事记突破下限的问题，笔者以为上限可追溯，下限一刀切为好，与各分志同步。非要记下限之外大事，入《附录》中的“限外辑要”尚可。无论采取哪一种衔接方式，均须在凡例中交代清楚。

（三）大事记的篇幅控制问题　二轮续志篇幅的增容，是一个普遍性的问题。按常理讲，首轮志书多为通纪体，历史跨度较长；二轮续志多为断代体，历史跨度要短许多，志书的篇幅本不应超越首轮志书。但实际情况恰恰相反，志书的无限制扩容，并不是一个好现象。我非常不赞成志书无限制的扩容，扩容应有限。就大事记而言，不存在扩容的问题，而是急需瘦身的问题。前面也已提到，大事记是统辖全志的重点篇章，粗线条反映一地的历史概貌，篇幅需要少而精。从首轮志书及已出版二轮续志来看，大事记的臃肿问题仍很突出，进而限制和影响了大事记功能的发挥。放宽一点说，其他分志可扩容，而大事记则必须瘦身。

大事记的篇幅控制应三管齐下：一是篇幅的控制，二是条数的控制，三是每条的字数控制。唯有此，才能把大事记的篇幅压缩下来，使篇幅得到控制。

首先是篇幅控制。首轮修志中，对大事记的篇幅控制有所研究，但只是涉及字数，未涉及条数的问题。当时因县志总字数要求控制在百万字以内（中指组要求县志 60 万字，市志 100 万字），故大多数志人认为志书大事记的篇幅（字数）应控制在全志的 1%，最多不超过 3%。省志大事记亦如此。如首轮《山西通志》，全志 50 卷 66 册 4925 万字，大事记 90 万字，占全志的 1.8%。

以二轮 10 部续修志书为例：《锡山市志》，全志 136 万字，大事记 6.9 万字，占 5%；《秦皇岛市志》，全志 345 万字，大事记 15.8 万字，占 4.6%；《临猗县志》，全志 120 万字，大事记 5.3 万字，占 4.4%；《东平市志》，全志 145 万字，大事记 5.2 万字，占 3.6%；《大通县志》，全志 110 万字，大事记 3.6 万字，占 3.3%；《陵川县志》，全志 112 万字，大事记 2.5 万字，占 2.2%；《高安市志》，全志 253 万字，大事记 3.87 万字，占 1.5%；《邗江县志》，全志 196 万字，大事记 3 万字，占 1.5%；《杭州市志》，全志 800 万字，大事记 12 万字，占 1.5%；《萧山市志》，全志约 600 万字，大事记 4.8 万字，占 0.8%；

从上述 10 部志书可以看出，大事记篇幅的长短，用占全志的百分比来控制，是非常不合理、不科学的，相同字数的大事记在不同的总字数里差别很大，难以反映出大事记在一部志书中篇幅的长短。在首轮修志中，因市县志书还有一定的篇幅控制，用百分比来控制大事记的篇幅似乎还有一定的道理。二轮续修志书情况有所变化，特别是在志书篇幅日益增大的情况下，用百分比来控制大事记的篇幅，就显得不合理、不科学。

以《杭州市志》（送审稿）为例，由于志书篇幅的增大（800 万字），大事记 12 万字不甚显眼，依我看则不然，似乎嫌长了些，还可再压缩一些。

我以为，县志大事记似可控制在 2 万字以内，市志控制在 3 万字以内，尚较合理。朝这个方向努力，大事记的篇幅才能有所控制。

志书的总篇幅字数是以页码来计算的。大事记去掉月题，以年直接领条，亦是节省篇幅的一个好办法。如一部续志断限年份为 20 年，一年 12 个月标题就要占 240 行的文字，而有的月标题还要空行，就翻倍成为 480 行，以大五号字每行 40 字计，就达 19200 字。对本身篇幅就有限的大事记而言，近 2 万字的篇幅绝对不是个小数字。以《锡山市志》为例，正文四号字、每行 32 字，15 年月题并加空行计 360 行、11500 字，占到大事记总字数的 17%。

版面编排是一门学问，志书的文字版面排版要紧凑，稀疏并不美观。就标题而言，字号要适度，不可大而无当。大事记的年份标题也需瘦身，有的占四五行文的高度，一点也不珍惜版面，虽然“大方”却并不美观。在 10 部续志中，有 3 部（《秦皇岛市志》《杭州市志》《锡山市志》）标有月题，其余 7 部均为以年领条。不加月题在续志中还是占主流。

其次是条数控制。志书的大事记，有其自身的特点。它有别于其他大事记的专门书籍。志书大事记以时为经、以事为纬，以粗线条的笔法，勾勒和展现一地的历史概貌，与概述一起统领全志。要站在历史的高度和全局的角度，选取大事。它不要求面面俱到。记取历史大事，要经过历史的沉淀，经得起历史的检验。详今略古是志书的准则，大事记亦不例外。详今略古是针对通纪体的大事记而言，断代体的大事记不存在详今略古的问题。大事记的条目要少而精，忌多而滥。多从旧志中吸取营养。大事记条数的控制，理应提到修志工作的议事日程上来。安徽省志办的朱文根主任在《关于地方志中大事和大事记理念上的一些思考》(《中国地方志》2011 年第 2 期）一文中曾提出，“在地方志中，大事要少记一些，一年 10 件左右即可”。此理虽好，但离实践似乎远了一些。作为续志体（断代体）的志书而言，大事记每年 10 条，我看似乎嫌少了些。以每年 20 条为限大体可行，修志人员还好把握一些，以反映一地历史概貌为其宗旨，简明扼要即可。

以 10 部志书为例：《锡山市志》，总条数 834 条，年均 55.6 条，最高年 74 条，最低年 41 条，条均 66 字；《杭州市志》，总条数 1623 条，年均 70 条，最高年 108 条，最低年 41 条，条均 74 字。；《通县志》，总条数 543 条，年均 36 条，最高年 68 条，最低年 21 条，条均 66 字；《秦皇岛市志》，总条数 1560 条，年均 65 条，最高年 127 条，最低年 21 条，条均 101 字；《东平市志》，总条数 523 条，年均 27 条，最高年 115 条，最低年 11 条，条均 99 字；《临猗县志》，总条数 764 条，年均 51 条，最高年 116 条，最低年 12 条，条均 69 字；《陵川县志》，总条数 285 条，年均 26 条，最高年 48 条，最低年 12 条，条均 88 字；《高安市志》，总条数 600 条，年均 29 条，最高年 49 条，最低年 17 条，条均 65 字；《邗江县志》，总条数 408 条，年均 31 条，最高年 50 条，最低年 15 条，条均 73 字；《萧山市志》，总条数 510 条，年均 30 条，最高年 48 条，最低年（ 1986 ）22 条，条均 88 字（包括萧山要事 273 条、领导视察 131 条、宾客访问 106 条三项）。

上述例子给我们一个启示，大事记的条数是可以控制的。10 部志书的最低年低于 20 条的有 5 部，接近 20 条的有 3 部，即年均 20 条还是可以实现的。作为通纪体大事记，在记述上有个详近略远的问题，而作为断代体的大事记，却不存在详近略远的问题。断代志大事记仅记 20 年左右的时限，如上述 10 例平均 16 年，最长 24 年，最短 11 年。在条数的掌控上并不尽如人意。《东平市志・大事记》记 1986—2004 年间 19 年的大事，其中 15 年均未超过 30 条，3 年未超过 40 条，仅 2004 年为 115 条，如将 2004 年压缩在 40 条以内，年均条数就可压缩到 24 条。《临猗县志・大事记》记 1991—2005 年共 15 年的大事，前 8 年年均 18.4 条，后 7 年年均 88 条，前后条数悬殊太大。每年后加有年末条（题头未变黑体字），记当年经济总貌，均 200 字以上。年末条不合志体，大事记中不用年终总结。在有的志书大事记中还有此类条目。

最后是每条的字数控制。大事记要瘦身减肥，就需要从每一条大事着手，精雕细琢，力求简洁、明了。切不可借本末体之名，肆意铺陈。

续修《山西省志·交通志》设有《大事编年》，总条数1782条，年均57条，条均135字。按题标示，既称“编年”，就不应用本末体，但实际情况并非如此。近半数的条目采用了本末体，其中超过200字（单开栏，每行40字）的有331条，占总条数的18.6%，最长的一条（1996年6月25日条“太旧路通车庆典”）达1640字，分7个自然段。此类条目应入正文之中。

《秦皇岛市志·大事记》中，超过100字（双开栏，每行20字）的111条，占总条数的7.1%，最长的一条(1982年7月1日条“耀华玻璃厂”)720字。该志并设“党和国家领导人莅秦”篇，实为大事记中抽出的内容，共5.8万字，1088条，年均45条，条均53字。若两者相合，总条数达2728条，总字数达21.6万字，年均113条，条均79字。

《东平市志·大事记》中，超过100字（双开栏，每行20字）的104条，占总条数的20%，最长的一条(1995年7月1日条“特大暴雨袭击”)260字。

从上述10部志书可以看出，大事记条均字数超过百字的仅有《秦皇岛市志》1部，条均字数最少的为《高安市志》65字，未超70字的有4部，10部的平均字数为（条均） 80字。这虽不是标准，却能从一个侧面给修志人员以启示，大事记编好后，可计算条均字数（以正文行数计），若能控制在50字以内，属精练；70字以内，属较精练；超过80字，则显繁杂，还须再行推敲、压缩。

（四）大事的筛选与取舍　大事记的编纂，大体有两种：一为由专人收集编纂；一为由各分志供稿，专人编写。其难度主要有两个方面：一是大事的取舍；一是文字的精练。大事记编好之后，要逐条审视，根据需要从最大、最重要、最有价值、最有影响、最有代表性的事件往下排，用比较法决定大事的取舍。从下面的例子中可看出，在控制大事记条数上，还需要下些磨杵功夫。

首先是用比较法。我以为多阅志书，可参考他志的做法，通过比较之法，决定大事的取舍，达到文字的精练。

例1.8月7日，陵川县委主要领导更迭，赵雪梅任中共陵川县委员会书记，并兼任陵川县人民政府县长。　（《陵川县志·大事记》1998年8月7日条）

例2.1月15日　中共宜春市委常委、高安市委书记董佘生调任宜春市委政法委书记，宜丰县委书记刘承芳接任高安市委书记。

（《高安市志·大事记》2001年1月15日条）

例3.28日　顾二熊任市政府代市长。

（《秦皇岛市志·大事记》1984年4月28日条）

此3例同为领导更替内容，从写法上即可分出高下。例1中“陵川县委主要领导更迭”，言明事件的性质，似属多余。例2中前半句“中共宜春市委常委、高安市委书记董佘生调任宜春市委政法委书记”言明事件的缘由、即前任的去向，后半句点出事件的主体，前半句似嫌累赘。例3直截了当，简洁明了。

例4.7月1日　零时，第四次全国人口普查开始。高安县普查结果，全县人

口 708194 人。　　　　　　　　　　（《高安市志 · 大事记》1990 年 7 月 1 日条）

例 5. 7 月 1 日　以零时为准，进行第四次全国人口普查，普查显示全市常住人口 1130592 人。是年底，全市户籍人口 1144479 人。

（《萧山市志 · 大事记》1990 年 7 月 1 日条）

例 6. 1 日　第五次人口普查入户登记工作开始。11 月 15 日，全市普查登记结束。普查计算标准时间为 11 月 1 日零时。

（《秦皇岛市志 · 大事记》2000 年 11 月 1 日条）

例 7. 1 日　无锡县第四次当日人口普查零时统计，全县常住总人口为 1094989 人，其中男性占 50.25%，女性占 49.75%；少数民族 1472 人。

（《锡山市志 · 大事记》1990 年 7 月 1 日条）

例 8. 1 日—10 日　开展全国第四次人口普查。经普查，全市总户数 1650727 户，总人口 5832143 人。

（《杭州市志 · 大事记》送审稿 1990 年 7 月 1 日—10 日条）

例 9. 7 月 1 日　全国第四次人口普查，全县人口共 553619 人，其中男 276319 人、女 177300 人。　　　　　　　　（《邗江县志 · 大事记》1990 年 7 月 1 日条）

此 6 例均为人口普查的条目，从记述的角度看，亦有高下之分。人口普查的主体内容应为当地人口的统计数据，是该条事件之所以能够立条的根据。例 6 只点普查工作过程而无数据，丧失了立条的依据，明显欠妥。其余在写法上各有侧重，或只点人口数（如例 4），或加有户数（如例 8），或加有是年底人口数（如例 5），或加有男女比例（如例 9），或加有男女比例外又有少数民族人口数（如例 7）。新中国成立后，共进行过 7 次全国人口普查，二轮续志（断代志）时限内有 1982 年（上限紧接首轮无此年）、1990 年、2000 年、2010 年（普遍在限外）四次。10 部志书的大事记中，记载人口普查内容的有 6 部（《高安市志》《锡山市志》《杭州市志》《邗江县志》《秦皇岛市志》只记 2000 年未记 1982 年和 1990 年，《萧山市志》只记 1990 年未记 2000 年），不记的有 4 部（《陵川县志》《东平县志》《临猗县志》《大通县志》）。从比较中可以看出，人口普查是否立为大事记的条目尚有争议。我以为，从大事记瘦身角度考虑，此类条目可删。如要上，则需一次不漏，否则标准不一，招人诟病。当然，按同类归并的要求，亦可用纪事本末体，记在 2000 年条内，前述第五次普查数据，后点前两次 1982 年和 1990 年普查数据。这样可节省大事记的条数。

其次是要严格制定大事与新闻的区别。有些大事是从省、市报纸上摘录下来的，但新闻与大事的界限不清，将新闻混为大事。是新闻的不一定是大事，是大事的一般均应是新闻（当然新闻中也有漏掉的大事）。

例 1. 4 月 3 日，中国围棋协会主席陈祖德，中国棋院院长王汝南，韩国九段棋手曹熏铉等登上了棋子山、王莽岭。

（《陵川县志 · 大事记》2004 年 4 月 3 日条）

例 2. 7 月 1 日，陵川县召开《王莽岭志》初稿征求意见会议，省史志院副院长侯文正，省史志院方志所副所长刘益龄亲临本县，对《王莽岭志》的进一步修改提出了意见。副县长原健主持了会议。县旅游、文物等相关部门及《王莽岭志》的编纂人员参加了会议。会后侯文正副院长还深入本县凤凰欢乐谷景区、王莽岭景区和本县文物国保和省保单位进行了实地考察。

（《陵川县志·大事记》2004 年 7 月 1 日条）

此二例，例 1 只是当时报纸刊登的一则新闻而已，与大事相去甚远。例 2 为一则专志初稿征求意见会议的新闻，如勉强算作大事，亦只能点到即可，不应肆意铺陈。

例 4. 是月　戴明予任市委书记，徐斌任市人大常委会主任，张志刚任市政府市长，赵衡任市政协主席。（《秦皇岛市志·大事记》1983 年 7 月条）

例 5. 28 日—12 月 4 日　市七届人大一次会议举行，选举徐斌为市人大常委会主任，张志刚为市政府市长，阎秉枢为市中级人民法院院长，程博远为市人民检察院检察长。（《秦皇岛市志·大事记》1983 年 11 月 28 日—12 月 4 日条）

此二例记述的是同一件事，前为上级任命，后为人大通过，为一件事的两个不同侧面或仪程，应用本末体合条记述即可，如此浪费笔墨大可不必。

（五）大事记的写作手法及文风

一是写作的角度（节点）。大事记条目记述手法，要突出事件的主体内容。

例 1. 是年　省政府授予高安市“全省农业发展十强县（市）”称号。

（《高安市志·大事记》2002 年是年条）

例 2. 是年　秦皇岛市被国务院确定为“中国甲级旅游城市”。

（《秦皇岛市志·大事记》1979 年是年条）

此二例，属同类内容，但记述角度与表述手法不一。例 1 用陈述句，主语是“省政府”；例 2 用被动句，主语是“秦皇岛市”。大事记记述的大事应立足当地，找准角度，以“我”为主。二例相较，后者明显优于前者。

二是并条与分条。一事一记，是大事记条目编写的基本原则，能分条记的，尽量分条记。分条记毛病较少，合条记弊病较多。合条记应遵循的原则，即纪事本末体，交代一件大事的前因后果。不是同一件事，不能合条记。这方面存在的问题亦不少，试举几例。

例 1. 13 日　市委、市政府向 12 日遭受特大地震灾害的四川汶川地区人民捐赠抗灾救济款 500 万元，全市各机关、企事业、人民团体及广大市民纷纷向灾区人民献爱心。14 日，杭州首批抗震救灾队伍赶赴灾区。全市有 25.9 万名中共党员自愿交纳特殊党费 7294.67 余万元。2008 年，杭州市捐款捐物达 8.8 亿元。26 日，来自四川地震灾区的首批伤员抵达杭州。至 5 月 31 日，杭州市各医院共接收地震灾区伤员 155 名。6 月 11 日，地震灾区青川县的 65 名中职学生分别进入市中策职业学校和市旅游职业学校就读。

（《杭州市志·大事记》送审稿 2008 年 5 月 13 日条）

例 2. 1 日　全国重点建设工程——耀华玻璃厂兴建的中国近 20 年最大的一

座九机垂直引上窑动工，1984 年 10 月 10 日投产。九机窑定名为耀华玻璃分厂。1983 年 5 月 30 日，耀华玻璃总厂玻璃钢厂设计制造的中国第一艘“5420”型玻璃钢艇在秦皇岛港西海域下水。9 月 27 日，在全国钢化玻璃质量行业检验中，钢化玻璃名列第一。1984 年 10 月 1 日，国家重点建设项目——耀华玻璃厂浮法玻璃生产线动工兴建，1986 年 10 月 1 日竣工投产。1985 年 5 月，试制茶色玻璃成功。12 月 21 日，研制成功彩色吸热玻璃。1987 年 2 月 4 日，浮法生产线成功地拉出本体着茶色玻璃，成为全国第一条浮法茶色吸热玻璃生产线。1988 年 5 月 16 日，秦皇岛耀华玻璃产业集团成立。1989 年 1 月，秦皇岛耀华玻璃总厂获得外贸进出口经营权。4 月 1 日，普通平板玻璃第 10 次获得全国平板玻璃质量的第一名。1991 年 2 月 1 日，“七五”时期国家重点科技攻关项目——耀华玻璃总厂日产 500 吨浮法玻璃生产技术通过国家验收，10 月 2 日在国家“七五”科技攻关重大成果表彰大会上，获国家成果奖。1994 年 1 月 15 日，耀华试验基地 1.8 毫米浮法玻璃通过鉴定，填补国内空白。4 月 1 日，中国耀华玻璃集团公司举行挂牌仪式。1995 年 6 月 17 日，“耀华玻璃”A 股股票公开向社会发行，发行额度为 4500 万股；7 月 2 日，股票在上海证券交易所正式挂牌交易。1997 年 6 月 23 日，耀华玻璃股份有限公司成立。1999 年 8 月 31 日，国家“八五”时期重点工程——耀华浮法玻璃生产线扩建工程通过审查验收。2002 年 2 月 8 日，“耀华”牌浮法玻璃被认定为中国驰名商标，为中国玻璃行业中第一个获得此殊荣的商标，填补秦皇岛市无驰名商标的空白。6 月 15 日，耀华玻璃集团博士后科研工作站正式揭牌，为全市唯一的博士后科研工作站。10 月 23 日，耀华北部工业园正式开工。（《秦皇岛市志 · 大事记》1982 年 7 月 1 日条）

例 3. 3 月，陵川县交通局首次使用 GPS 卫星定位仪对陵沁公路、长陵公路进行测量。山西省旅游业 2000—2010 年规划编制专家考察团通过对本县崇安寺、棋子山、王莽岭等风景区考察。（《陵川县志 · 大事记》1998 年 3 月条）

此三例，例 1 记载的是汶川地震后发生在杭州市境内的大事，看似同类相组合，实则不然。7 条大事时间跨度达半年余，虽为一个中心（围绕汶川地震事件），但记述手法却不是纪事本末体，而是单个事件的简单连接。分条记述似乎更好，能体现某一时段工作的重心，真实反映杭州人民献爱心的多项行动，亦符合大事记固有的功能。如合条记述，写法上要有所变换，使之符合纪事本末体的笔法。例 2 记载的是在耀华玻璃厂发生的 19 件大事，时间跨度达 21 年，每件事均可单独立条，违反了纪事本末体的编纂原则，不合志体。似应分条记述。例 3 则属于风马牛不相及的两件事，不应合条记述。似乎是因为第二条丢了题头而导致的误差。

三是单位全称与简称的写法。全称不全，可称之为大事记存在的较普遍现象。随意简化单位名称，一是不合志体志规，二是给读者带来阅读障碍。

例 1. 9 日 市二建公司宣布废除干部终身制和行政任免制，实行管理干部聘用合同制。（《秦皇岛市志 · 大事记》1985 年 1 月 9 日条）

例 2. 12 月 28 日，陵川县被全国绿委、人事部、国家林业局表彰为“全国绿化先进单位”。（《陵川县志·大事记》2001 年 12 月 28 日条）

此二例，例 1“市二建公司”是简称，不合志体。例 2“全国绿委、人事部、国家林业局”机构名称亦用简称，不确；且“国家”二字位置不确，导致逻辑混乱。

四是同类条目的一致性问题。在大事记中，同类条目多次出现，为从行文的科学性、严谨性考虑，进行同类条目的比较，保持行文的一致性、统一性，是修志人员不可不注意的问题。在这方面，多数志书留有缺憾。

例 1. 5 月 20 日　中国人民解放军高安县人民武装部改归地方建制。

（《高安市志·大事记》1986 年 5 月 20 日条）

例 2.　2 月 1 日　市人武部收归军队建制管理。

（《高安市志·大事记》1996 年 2 月 1 日条）

此二例全简称不一致，例 1 写法正确。例 2 似应改为“高安市人民武装部收归中国人民解放军建制”，才能与例 1 表述一致。

例 3. 10 月 7 日　萧山被水利部评为“全国水利建设先进县（市）”。

（《萧山市志·大事记》试印本 1989 年 10 月 7 日条）

例 4. 2 月 3 日　萧山被国家建设部命名为“全国城市环境综合整治优秀县（市）”。（《萧山市志·大事记》试印本 1994 年 2 月 3 日条）

此二例全简称不一致，例 2 加有“国家”二字，而例 1 无。在该志大事记中，凡有国家部委名称的大事条目，“国家”二字或有或无，行文随意，极不统一，影响了文字的严谨性。

例 5. 4 月 18 日，山西省副省长范堆相来陵川县视察农业转产中药材工作。

（《陵川县志·大事记》1999 年 4 月 18 日条）

例 6. 12 月 8 日，副省长梁滨来陵川县调研农村沼气建设情况。

（《陵川县志·大事记》2007 年 12 月 8 日条）

此二例全简称不一致，同为副省长活动条目，例 1 有“山西省”3 字，而例 2 无。在该志大事记中，此类条目不少，表述无一定之规。

例 7.　3 月 17 日，在县人大十二届六次会议上，秦红星当选为陵川县人民政府副县长、代县长。（《陵川县志·大事记》1999 年 3 月 17 日条）

例 8. 4 月 18 日，陵川县十二届人大二次会议补选秦红星为陵川县人民政府县长。（《陵川县志·大事记》1999 年 4 月 18 日条）

例 9. 9 月 3 日，在陵川县第十二届人大常委会第二十四次会议上，焦光善当选为陵川县副县长、代县长。（《陵川县志·大事记》2001 年 9 月 3 日条）

例 10.12 月 22 日，陵川县第十三届人民代表大会常务委员会第二十次会议选举张满祥为陵川县人民政府副县长、代理县长。

（《陵川县志·大事记》2005 年 12 月 22 日条）

此四例同为领导更迭条目，行文中人大机构名称全简称不一致，随意性很大，表述方式也自行一套。

例 11. 5 月 扬州锻压机床厂厂长宓仲业被全国总工会授予“五一”劳动奖章。

（《邗江县志·大事记》1988 年 5 月条）

例 12. 4 月 29 日 扬州第一警报设备总厂厂长嵇必援获全国“五一”劳动奖章。

（《邗江县志·大事记》1996 年 4 月 29 日条）

此二例同为获得同一奖项的条目，表述手法不尽一致，例 1 为被动句，例 2 为陈述句。句式要一致。

五是大事记要简洁、明了，少用修饰词语。

例 1. 5 月 11 日，县盲人曲艺队荣获“全国自强模范先进集体”称号。

（《陵川县志·大事记》1997 年 5 月 11 日条）

例 2. 10 月 15 日 新中国成立后编修的首部《高安县志》(1988 年版)，荣获全国新编地方志优秀成果二等奖。

（《高安市志·大事记》1993 年 10 月 15 日条）

例 3. 12 月 24 日—27 日，山西省义务修路现场会在县城隆重召开，会上，本县被授予“全省义务修路标兵县”。

（《陵川县志·大事记》1997 年 12 月 24 日条）

例 4. 7 月 17 日，中国棋院院长亲临棋子山考察……

（《陵川县志·大事记》1998 年 7 月 17 日条）

例 5. 10 月 10 日，石掌大桥完工，郭台铭先生题名为“富陵大桥”。

（《陵川县志·大事记》2006 年 10 月 10 日条）

例 6. 2 月 3 日，由省旅游局组织邀请有关专家，对已出台的《王莽岭旅游风景区总体规划》进行了评审论证。

（《陵川县志·大事记》2001 年 2 月 3 日条）

此六例均存在毛病。例 1、例 2 中“荣”字多余；例 3 中“本县”不明确，“本”为“自己”的意思，“本县”即为“自己的县”，含有第一人称的意味，应直接标为“陵川县”。例 4 中“亲临” 、例 5 中“先生”均属敬语，含有第一人称的意味；例 4“亲临”应改为“莅”，例 5 中的“先生”二字应删。例 6 中的“了”字多余。大事记所记事件虽都为过去时，不加“了”并不会产生歧义。加“了”反而显得文字不洁、累赘。该志大事记行文中多数加了“了”字，读来拖沓不雅。

六是大事记是否加插照片的问题。大事记作为统辖全志的重要篇章，按理与概述相当，条数宜少，字数要精，便于读者尽快阅尽，把握全志之纲。志书中的大事记与大事记专著有明显区别，还是不上照片为好。在 10 部志书大事记中，加插照片的仅有《东平县志》（志书采用铜版纸彩印，大事记加插照片 37 幅）1 部。由此可见，大事记不加照片还是得到大多数志人的认可。

除此之外，还有大事记条目与内文的一致性问题、大事记述的要素不全问题、慎用“最大”“最早”“第一”“首次”等字眼（事实的准确性）问题等。

（此文是应中国地方志指导小组办公室之邀而撰写的方志培训班讲课教材）

续志政治部类分志编纂杂议

——兼议《望城县志（1988—2002）》

这次会议的主题是关于续志政治部类分志的编研探讨，一部志书毕竟太少，我随即翻阅了手头30余部续志，从中进行了几个方面的比较研究。下面就阅稿有感而发，提几点不成熟的意见，与同行共同探讨。因全国各地修志各有做法，自成体系，且所提意见或建议为一家之言，仅供参考。

新方志编纂已历36个年头，二轮续志也已开展十多年，从整体而言，续志依傍首轮修志积累的经验与教训，质量有了很大提高。但亦不容否认，有些首轮遗留的疑难问题，二轮续志中仍未得到圆满解决，政治部类即是其中之一。我之所以这么说，是从已出志书的比较研究中看到的。如只阅读一部志书，难以发现问题，若多部志书比较，就会发现问题多多。

一、关于政治部类的篇目设置问题

中指组《地方志书质量规定》第四章内容第十三条：内容反映本行政区域内自然、政治、经济、文化、社会的历史和现状。根据各地实际分类，记述内容大致涵盖以下方面：（一）建置、自然环境、资源、人口等；（二）城乡建设、环境保护、交通、邮电信息、公用事业等；（三）农业、工业、建筑业、服务业、经济管理等；（四）中国共产党、人民代表大会、人民政府、政治协商会议、民主党派、群众组织、公安司法、军事等；（五）教育、科学技术、文化艺术、新闻出版、广播影视、卫生和计划生育、体育等；（六）人民生活、人事和劳动社会保障、民政、民族、宗教、风俗、方言等；（七）人物。

按《地方志书质量规定》的要求，志书分为地理、基础设施、经济、政治、文化、社会、人物七大部类，其中政治部类共有中国共产党、人民代表大会、人民政府、政治协商会议、民主党派、群众组织、公安司法、军事八大项内容。《规定》是在众多专家学者参与下经过反复修改制定的，具有普遍的指导意义。

志书编纂是一项系统工程，从内容到形式，各个环节均需严密把关，精益求精，以达到最佳效果。其中篇目设置是否科学合理尤为重要。首轮志书编纂中，十分重视各大部类设编比率和所占篇幅比率的平衡性，故把二者作为衡量志书篇目设计是否合理的标尺之一。二轮续志开展以来，研究各大部类设编比率和占篇幅比率的文章日渐减少，强调突出个性、突出特色的文章日趋增多。笔者以为，突出个性、突出特色固然重要，但任何事物都有个度数的把握，志书质量的标尺并非一种，就像一个人的身体，有身高、体重，五官是否端正，身体各部位是否协调等等，志书质量是全面的考量，不能顾此失彼。笔者去年曾撰写了《苏州市志（1986—2005）》和《扬州市志（1988—2005）》两篇评论稿，就两轮志书篇目设置进行比较，强调志书五大部类（笔者将自然部类与基础设施部类合并、社会部类与人物部类合并，故称五大部类）布局的均衡性。从中可以看出二轮续志在篇目设置上的努力探索。

以二轮《苏州市志（1986—2005）》2014年版与首轮《苏州市志》1995年版比较，从五大部类篇目占比来看：首轮志书总设54卷，自然与基础设施部类13卷（含方言、园林名胜、旅游、人物，似以归类于人文历史资源，拟或有“三宝体”的章法，因《凡例》《编纂始末》中均未言明，不得而知），占54卷的24%；经济部类21卷，占38.9%；政治部类9卷，占16.7%；文化部类7卷，占13%；社会部类3卷（含杂记），占5.6%。二轮续志总设47卷，自然与基础设施部类12卷，占47卷的25.5%；经济部类11卷，占23.4%；政治部类8卷，占17%；文化部类9卷，占19%；社会部类（含人物）7卷，占14.9%。两轮志书相较，续志自然与基础设施部类增加1.5%，经济部类设卷减少15.5%，政治部类增加0.3%，文化部类增加6%，社会部类（含人物）增加9.3%。

以二轮《扬州市志（1988—2005）》2014年版与首轮《扬州市志》1997年版比较，从五大部类篇目占比来看：首轮志书五大部类（人物未入篇系列）总设76篇，其中自然与基础设施部类6篇、占7.9%，经济部类39篇、占51.3%，政治部类17篇、占22.3%，文化部类10篇、占13.2%，社会部类4篇、占5.3%。二轮续志总设42篇，其中自然与基础设施部类9篇、占21.4%，经济部类13篇、占30.9%，政治部类10篇、占23.8%，文化部类7篇、占16.6%，社会部类3篇（含人物）、占7.2%。两轮志书相较，续志自然与基础设施部类提升13.5%，经济部类设篇减少20.4%，文化部类提升3.4%，政治部类提升1.4%，社会部类（含人物）提升1.9%。

两市首、二轮志书几大部类占篇数相较，二轮志书经济部类占篇比率较首轮显著降低，扭转了首轮经济部类设篇比重过多的弊病（这亦为首轮志书较为普遍的通病，并非两市志书独有）；自然与基础设施、文化、社会部类均得到明显提升，政治部类基本持平、略微增加。二轮续志五大部类在一级篇目的占篇比更趋合理，从而使志书回归“乡邦文献”的本质特征，更加符合二轮修志人员所着力追求的目标。衡量志书篇目设置科学合理与否，几大部类占篇比率是否协调，是其中的重要标尺之一。

为了论述方便，笔者随机抽取了30部二轮市县志书，其中城市区志、县志各10部，县级市5部，地级市5部，列了一张表。

30部续志政治部类设卷占比情况表

表1

志书名称	体式及卷数	位置与卷数	占全志卷数百分比
望城县志（1988—2002）	中编体29篇	先经后政（9篇）	31.0%
奉贤县续志（续志体）	小编体45卷	先政后经（9卷）	20.0%

续表1

志书名称	体式及卷数	位置与卷数	占全志卷数百分比
长汀县志（1988—2003）	中编体31卷	先经后政（6卷）	19.4%
迁西县志（1987—2005）	中编体35编	先政后经（9编）	25.7%
易门县志（2006年版）	中编体35志	先经后政（6志）	17.1%
涉县志（1991—2011）	小编体41篇	先经后政（7篇）	17.0%
仙居县志（1986—2005）	中编体34编	先经后政（5编）	14.7%
梅县志（1986—2005）	中编体35篇	先政后经（6篇）	17.1%
邗江县志（1988—2000）	中编体30卷	先经后政（5卷）	16.7%
卢氏县志（1988—2000）	小编体38卷	先经后政（5卷）	13.2%
长宁区志（1993—2005）	小编体38编	先政后经（14编）	36.8%
金水区志（1991—2002）	中编体32篇	先经后政（12篇）	37.5%
莱山区志（2009年版）	中编体26篇	先经后政（6编）	23.0%
江干区志（通纪体）	中编体28篇	先经后政（7篇）	25.0%
江汉区志（通纪体）	中编体27篇	先经后政（9篇）	33.3%
昆都仑区志（通纪体）	中编体20篇	先经后政（7篇）	35.0%
临淄区志（通纪体）	中编体30篇	先经后政（7篇）	23.3%
小店区志（通纪体）	中编体27编	先经后政（6编）	22.2%
昌江区志（通纪体）	中编体20章	先经后政（9章）	45.0%
鹿城区志（通纪体）	小编体65卷	先经后政（11卷）	16.9%
章丘市志（1986—2005）	中编体29卷	先经后政（6卷）	20.7%
高安市志（1986—2006）	中编体32卷	先经后政（9卷）	28.1%
辛集市志（1986—2006）	小编体47章	先经后政（13章）	27.7%
锡山市志（1986—2000）	中编体31篇	先经后政（5篇）	16.1%
南海市志（1979—2002）	中编体30编	先经后政（6编）	20.0%
晋中市志（2010年版）	小编体44卷	先经后政（5卷）	11.4%
黄山市志（通纪体续志）	小编体36卷	先经后政（5卷）	13.9%
苏州市志（1986—2005）	小编体47卷	先经后政（8卷）	17.0%

续表1

志书名称	体式及卷数	位置与卷数	占全志卷数百分比
临汾市志（通纪体）	小编体41卷	先经后政（8卷）	19.5%
张家口市志（1993—2008）	中编体28编	先政后经（10编）	35.7%

说明：为排表整齐，区名简化，属市应为，上海市长宁区，郑州市金水区，烟台市莱山区，杭州市江干区，武汉市江汉区，包头市昆都仑区，淄博市临淄区，太原市小店区，景德镇市昌江区，温州市鹿城区

志书篇目是一个有机的整体，各部类设编要协调，不能畸轻畸重，失去平衡。从表中透露出多重信息。

其一，30部志书均为中小编体结构（依笔者分，15编以内为大编体，16～35编为中编体，36编以上为小编体），中编体20部，小编体10部，二者比率为2∶1。从实践中看，二轮市县续志多为中小编体结构。30部志书总设编（卷、篇、章）数1031编，部均34.36编；若中、小编体分别单独计算，中编体部均29.5编，小编体部均44.2编，两种相差三分之一的编数。从比率而言，中编体居多数。

其二，志书中七大部类编排，先经济部类后政治部类，在二轮市县续志中是主流，据上表统计，先经后政25部、占83.3%，先政后经5部、占16.7%。80%以上的志书是依《地方志书质量规定》中的内容顺序编排的，依笔者意，志书要走规范化道路，统一分类编排顺序亦为其中之一项。志书编纂质量的高低，并非体现在经济部类与政治部类孰前孰后的问题上，但从全国一盘棋考虑，统一为先经后政，有助于社会对志书的认可，也便于志书的宣传与利用，还是统一步调为好。

其三，据上表统计，30部志书政治部类总设编（卷、篇、章）数240编，部均7.7编，政治部类占设编总数的23.2%；若中、小编体分别单独计算，中编体部均7.25编，占志书设编总数的25.33%；小编体部均8.5编，占志书设编总数的19.34%，两种相差较小。政治部类设编，中编体比小编体设编总数的占比率高出16个百分点。占志书设编总数比率在20%以内的15部，25%以内的5部，25%以上的10部；即25%以内的20部，占66.6%，居多数。表中数据告诉我们，政治部类设编占比率中编体应控制在25%以内，小编体应控制在20%以内，才是比较合理的。

中指组《地方志书质量规定》将政治部类内容分为中国共产党、人民代表大会、人民政府、政治协商会议、民主党派、群众组织、公安司法、军事八大类，这是对志书编纂篇目设置科学合理的归纳。但在二轮续志的实践中，多有分类不合理、超出《规定》的现象发生。如表中的30部志书，将属于社会部类的如民政、劳动人事、社会保障、民族宗教等内容，放在政治部类的情况多有出现。如加插“民政”的有14部，加插“人事劳动”（人事劳动合并和分立的一并计算在内）

的有16部，加插“社会保障”的有5部，加插“经济管理”（合并和分立的一并计算在内）的有3部，加插“侨务”的有2部，加插“民族宗教”的有1部，加插“安全生产管理”的有1部。

二轮续修市县志书，分类不科学，是政治部类篇目设置不严谨的一大弊病。篇目设置按形式逻辑与社会分工相结合本没有错，但二轮续志多为断代志，普遍将四大班子单独立编，使政治部类篇目明显膨胀起来，成了政治部类唱主角，出现明显偏差，有的甚至占到志书一级篇目总数的45%（见表）。首轮志书经济部类唱主角，文化与社会部类薄弱；二轮续志力争改变这一现状，尽力加大文化与社会部类设编的比率。志书各部类设编（一级标题），除人物编为特例外，其他六大部类要尽量求得平衡，不能顾此失彼。社会部类篇目偏少，仍是二轮续志中的薄弱环节，这一现象急需改变。如将上述志书政治部类加插的不合理内容分散到社会部类、经济部类之中，既可减轻政治部类设编太多、包袱太重的弊病，又可使志书篇目的科学性、严谨性、整体性更加显现出来。

笔者在这里要强调的是，首轮志书的社会保障内容多数放在民政篇中记述，显得层次低、内容少，与当时社会经济发展状况有关，贫富差距和社会矛盾还未像今天如此尖锐对立。我国实行改革开放30多年来，经济社会空前发展，人民生活水平显著提高，但不容忽视的是贫富差距逐渐拉大，贫富差距和社会矛盾日显突出，社会不稳定因素增大，社会保障体系的构建成为国家和地方的当务之急。修志工作者洞悉时势，把握时代脉搏，在志书中专设社会保障编，真实反映一地域社会保障体系的构建情况，为当政者提供决策资料，体现出修志人员以人为本、关注民生的大爱情怀。只可惜在笔者看到的社会保障编记成绩多，摆存在问题少，若能增加一些贫困人口的社会调查现状资料，志书的资政价值会益显。社会保障单独立编（一级篇目），进而加强社会保障内容的记述篇幅，是时代发展之后对续志提出的新要求。社会保障内容在续志中是否记述充分、完满，成为衡量修志工作者是否真正贯彻科学发展观和以人为本理念的“试金石”。

“社会保障”单独立编，体现出志人强烈的忧患意识。二轮续志多有此种做法，如首轮《苏州市志》社会保障内容放在政治部类的民政卷中，二轮《苏州市志（1986—2005）》在社会部类专设“社会保障”卷；《廊坊市广阳区志》在政治部类专设“社会保障”编；《井陉县志（1985—2004）》在政治部类专设“社会保障”篇等，此类例子不胜枚举。还有与其他内容合并而作为志书的一级篇目，如《涉县志（1991—2011）》在“人本扫描”板块专设“人力资源和社会保障”篇；《奉贤县续志》在政治部类专设“人力劳动与社会保障”卷；二轮《襄汾县志》在政治部类专设“劳动和社会保障”篇等。虽然所放位置有异（有的在社会部类，有的在政治部类，笔者以为放在社会部类较为恰切，《规定》亦放在社会部类），但都作为志书的一级篇目来设置，体现出修志人员对社会发展态势及社会出现新问题的高度重视，篇目与时俱进，反映时代特色，以人为本、关注民生，逐渐成为修志工作者的普遍共识。总括而言，《社会保障》在二轮续志中列为一级篇目还属少数，且入志资料记述的深度与广度还有待进一步开发，故而提出来，希望引起修志同人的重视。

二、关于政治部类的标题制作问题

近年来，中指组领导多次强调要提高志书的学术品位，2008 年 9 月 16 日中指组颁布的《地方志书质量规定》九章五十条，就是为保证续修志书的编纂质量，强调续修志书的学术规范。学术规范涉及志书的方方面面，篇目标题为其中之一。学术规范工作首轮重视不够，二轮有所弥补，诸如书名的框定，内容的完善，注释的标释，索引的应用，图片的说明，表格的设置，版本的统一，等等，但标题的学术规范则研究不足，存在问题较多。规范志书标题的表述方式，其途径是多方面的，一是可以通过学术讨论和学术争鸣，辨清和确定标题规范的原则；二是通过志稿评议，来规范确定标题修改的原则；三是在志书出版后，通过志书批评来规范确定标题制作的原则。只有多管齐下，群策群力，合力攻关，志书的标题质量才会有一个大的提高，志书的学术品位才会有大的改观，进而得到社会的普遍认可。

与首轮志书相较，二轮续志多数为断代志，政治部类的部分类目得以升格为分志，如“中国共产党”“民主党派”“政协”“群众团体”等。原本一级合并类标题或二、三级标题，多数升为分志一级标题，组织机构名称用全称放在二、三级标题中还不甚显眼，升为分志一级标题后显得格外醒目，用全称标示就与其他经济、文化等大部类的分志标题不相协调，既不合简明之要求，同时也有悖志体。

依笔者之见，其一，志书标题中不宜加“地方”二字。作为省、市、县三级地方志书，书名即标名为“某某省志”“某某市志”“某某县志”，即按中指组颁发的《地方志书质量规定》要求，将志书所记内容框定在一定地域之内。不越境而书，已成为地方志书铁定的法则。分志的各层级标题均不应再标“地方”二字，不论自然、经济、政治、文化、社会等部类的分志，均以志书名称限定在一定地域之内，标题名称中出现“地方”二字，实属多余，似有画蛇添足之嫌。标题中加“地方”二字，多出现在政治部类分志之中，这是由政治部类分志内容具有特殊性而造成的，多加推敲便发现问题所在。分志的编、章、节、目各级标题，亦框定在志书名称之下，志书名称就是整部志书的顶级标题，志书各分志所记内容均限定在志书名称的行政区划名和限定的一定地域之内，分志各级标题受志书名称统辖。省市县三级地方志书均难脱此窠臼。加“地方”，则有多余、累赘之嫌，同时也破坏或损害了志书各级标题的统一性、严谨性、科学性。

其二，组织机构名称作标题要尽量用简称，避免用全称。志书标题，要求简明、准确，题文相符，使用简称，亦是标题提炼中应采用的一种手段或方式。在二轮续修的市县级志书中，通常会遇到使用机构或组织名称作为一级标题，在使用简称或全称上，多出现混乱现象，即一部志书内的一、二、三级标题，全称与简称混用，标题体例极不一致，直接影响到志书的科学性和严谨性。依笔者愚见，从标题要“简明、准确”的角度考虑，党派群团机构组织作标题，用简称最为恰当。组织机构制作标题，用简称不用全称，应是志书标题制作的一项基本规则。

在我国的社会活动中，许多组织机构都有相应的简称，且这些简称有几个基本特征：一是经过官方认定或认可，在新闻宣传、公文文件等传播中广泛应用；二是得到社会普遍承认，并在语言和文字交流中广泛使用；三是从上至下约定俗成，既简明又准确，不会产生任何歧义；四是标题制作不能短视，目光要放长远一点，编修志书是长久的事业，标题生命力的长短，是衡量用词准确的标准，放在历史长河中加以考量，是否经得起历史的检验。

政治部类分志标题加插行政区划名称较为常见，同时在党派、社团等分志标题制作上也是采用全称多、简称少，生怕招来非议。笔者以为，这是对志书标题的体例认识出现偏差所致，似乎还与政治部类分志标题比较敏感，宁繁勿简，以免被人诟病，进而导致政治部类分志标题越拉越长的现象发生。前文已有论述，志书标题用简称合情合理，从上至下、社会各界都能用简称，志书为何例外？笔者以为唯其标法混乱，还不如来个简称“一统天下”，还原志书标题的本来面目，使政治部类的标题落个“一身清白”，进而使志书相同类目的标题逐步走上规范化的道路，岂不美哉？

首、二轮修志至今，志书的标题制作唯数政治部类标题比较混乱，二轮续志尤甚。出现这种情况，一是人们对此研究较少，二是各种意见难达成一致，从而形成我行我素、各行其是的局面。我以为，志书标题缺乏规范化，标目混乱，自乱阵脚。约定俗成的志书标题，应走规范化道路，不能自行其是。共性的相同类目标题，要统一、规范，要逐步走向规范化。

（一）共产党　在首轮省志编纂中，以《中国共产党志》为例，黑龙江、内蒙古、福建等省志称《共产党志》。河北、吉林等省志称《中国共产党志》，而江苏省志则简称为《中共志》，省志共有三种标法。在二轮市县区续志中，标法则比较混乱，我大致归纳了一下，多达十余种，从规范性而言，省志的做法要比市县志严谨了许多。以市、县、区志为例：

（1）共产党，《郑州市金水区志 (1991—2002)》；

（2）中国共产党，《长汀县志 (1988—2003)》；

（3）中共地方组织，《邗江县志 (1988—2000)》；

（4）中国共产党地方组织，《高安市志 (1986—2006)》；

（5）中国共产党晋中地方组织，《晋中市志》（通纪体续志）；

（6）中国共产党迁西县地方组织，《迁西县志 (1987—2005) 》；

（7）中共烟台市莱山区地方组织，《烟台市莱山区志》（2009 年版）；

（8）中共苏州市委员会《苏州市志（1986—2005）》；

（9）中国共产党锡山市，（无锡县）地方组织，《锡山市志 (1986—2000)》；

（10）中国共产党长汀县委员会，《长汀县志 (1988—2003)》；

（11）中国共产党章丘市（县）委员会，《章丘市志》（2009 年版）。

除此之外，笔者还见到过“县委”“中共县委”“中共县委会”“中共某某县委”等标法。

人们对中国共产党的标法存在分歧显而易见。第 1 例既准确又简约；第 2 例用全称，准确了，但不简洁；第 3 例“中国共产党” 简称“中共”，后加“地方组织”；第 4 例是在第 2 例“中国共产党”全称之上又加“地方组织”； 第 5 例是在第 4 例基础上又加地域名“晋中”二字；第 6 例是在第 3 例基础上中间加行政区划名；第 7 例是在第 4 例基础上中间加行政区划名，并在行政区划名之后括注前一行政区划名；第 8 例以全称标示；第 9 例与第 8 例相同，只是在行政区划名之后括注前一行政区划建置级别名。

有比较就有鉴别，上述 11 种标题应如何统一呢？其一，如前所述，三级志书的标题中不应加“地方”二字，此理若成立，即可将 3、4、5、6、7 例剔去；志书的各级标题由书名囊括全部内容，行政区划名称似可省略，故 8、9、10、11 例亦可剔去；仅剩 1、2 例，哪个更有说服力呢？依我意，三级志书所记行政区域都在中国疆域之内，而中国只有一个“共产党”，且“中国共产党”是全称，作为简称，或“中共”，但此简称单作标题显然欠妥，只有与其他词搭配才能成立，而上述例子已证明不适用；或“共党”，又过简，且该词汇为民国时期国民党对共产党的蔑称，无法启用。唯有“共产党”既精练，又简洁，新中国成立 60 多年来全中国人民读来朗朗上口，耳熟能详，又无歧义，作为志书标题完全适用。首、二轮省市县三级志书均有应用，值得效仿和推广。

《望城县志》稿第四篇中共地方组织，与上述第三例《邗江县志（1988—2000）》相同，似可改为“共产党”或“中国共产党”，依我意，用简称“共产党”最为恰切、妥当。

（二）人大　即人民代表大会的简称。网络是个好东西，促进了各类知识文化的传播。若要查阅各类组织机构的简称，上网一查便知。如全国人民代表大会简称“人大”，同义“全国人民代表大会常务委员会”的简称是“全国人大常委会”；全国人民代表大会代表简称“全国人大代表”；又如：第七届全国人民代表大会简称“七届全国人大”。从民主党派的网站上，可查到各民主党派的社会通用简称。

30 部志书中，人大单立标题的有 14 部，其中称“人民代表大会”的 7 部，称“地方人民代表大会”的 4 部，称“人民代表大会及其常务委员会”的 1 部，用全称“苏州市人民代表大会”的 1 部，并加用全称并加“地方”二字“辛集市地方人民代表大会” 的 1 部。合并称谓的有 16 部，其中称“政权”的 2 部，称“政务”的 1 部，称“政权政协”的 7 部，称“人大政府政协”的 5 部，称“党委人大政府政协团体”的 1 部。合并类中二级标题的标法各异，或“人大”， 或“人民代表大会”， 或“地方人民代表大会”， 或“县人民代表大会”， 或“章丘市（县）人民代表大会”，或 “权力机关”， 或“权力机构”等。一、二、三级标题中多有或前简后繁，或前繁后简，或半句繁半句简等不规范，或前后重复等情况出现，如下例：

《易门县志》，政权（权力机关、行政机关、政协机关3章）；

《锡山市志》，政务（人民代表大会、人民政府、人民政协）；

《章丘市志》，政权政协（章丘市〈县〉人民代表大会、章丘市（县）人民政府、政协章丘市（县）委员会3章）；

《临汾市志》，政权政协（权力机构、行政机构、检察、审判、政协5章）；

《太原市小店区志》，政权政协（权力机构、行政机构、参政议政机构3章）；

《晋中市志》，政权政协（权力机构、行政机构、司法机构、参政议政机构4章）；

《邗江县志》，人大政府政协（人民代表大会、人民政府、人民政协3章）；

《梅县志》，人大政府政协（人大、人民政府、政协3章）；

《长汀县志》，人大政府政协（人民代表大会、人民政府、人民政协3章）；

《烟台市莱山区志》，人大政府政协（地方人民代表大会、地方人民政府、政协地方组织3章）；

《仙居县志》，党委人大政府政协团体（中国共产党仙居县委员会、县人民代表大会、人民政府、人民政协、人民团体5章）；

《张家口市志》，地方人民代表大会（人大代表、历届人民代表大会会议、历届市人民代表大会常务委员会3章）

《迁西县志》，地方人民代表大会（人大代表与人大会议、县人大常委会2章）；

《涉县志》，地方人民代表大会（人大代表与人民代表大会、县人大常务委员会、县人大常务委员会主要工作3章）；

（三）政府　《地方志书质量规定》政治部类中的中国共产党、人民代表大会、人民政府、政治协商会议、民主党派、群众组织、公安司法、军事等八项内容，其文字只起表述作用，并不代表它们可以直接作为标题来使用。《规定》指出："标题简明准确，题文相符，同一门类各级标题不重复。"简明，即简洁、明了。组织机构作标题，只有用简称才能符合此要求。省、市、县三级人民政府均简称省政府、市政府、县政府，用全称、加"地方"　或简称不简，笔者以为均不符合志书标题"简明"的要求；"行政机构""行政机关"与上下级标题有叠床架屋之嫌，"人民政府"既不简明且有修饰之嫌。放在历史长河中考量，"政府"一词是中性词，且通纪体是方志编纂的主流，标题向主流看齐，生命力更持久。

30部志书中，政府列为一级标题的13部、占43%，列为二级标题的17部、占57%。一级标题的名称共有4种，其中称"政府"的2部，称"人民政府"的7部，称"地方人民政府"的3部，用全称"苏州市人民政府"的1部；二级标题的称谓共有6种，其中称"政府"的4部，称"人民政府"的6部，称"地方人民政府"的1部，用全称"江汉区人民政府""章丘县人民政府"的2部，称"行政机构"的3部，称"行政机关"的1部。

（四）政协　政协，即中国人民政治协商会议的简称，简明准确，全国通用，省市县三级均有设置。作为具有学术性、科学性、严谨性的一地域最重要的乡邦文献，此类标题不能自行其是，要尽量求得统一，各级志书步调一致，才能形成合力，有利于志书的传播、利用。标题的一致性，体现出各级志书的整体性、科学性与严谨性。相同类目混乱不堪的标题，会使社会对志书产生不信任的感觉，对志书编纂质量打上一个大大的问号。重视志书篇目标题的推敲，是保证和提高志书编纂质量关键性的一环。

30 部志书中，政协列为一级标题和二级标题的各为 15 部、各占 50%。一级标题的名称共有 6 种，其中称“政协”的 1 部，称“人民政协”的 8 部，称“政协地方组织”的 3 部，称“地方政治协商会议”的 1 部，称“地方人民政治协商会议”的 1 部，称“政协苏州市委员会”的 1 部；二级标题的称谓共有 5 种，其中称“政协”的 5 部，称“人民政协”的 6 部，称“参政议政机构”的 2 部，称“政协机关”的 1 部，称“政协章丘市（县）委员会”的 1 部。两级标题对政协的标法共有 9 种。笔者还见到“政治协商”“政协县委会”“政协某某县委员会”“市政协委员会”等多种。

笔者以为，“政协”是各级中国人民政治协商会议的标准简称，还是统一为好。“政治协商”是工作内容，非组织简称，大谬。下位标题“常务委员会”应简称“常委会”。历届会议作标题，用简称不用全称。各级标题的简称要统一，不能繁简太随意。

（五）民主党派　民主党派在市级志书中多有，在县级志书中或有或无、标题层级有异。党派名称作标题，多数志书采用全称标注法，与志书标题要求落差太大。如下例：

《金水区志》，中国国民党革命委员会；

《高安市志》，中国国民党革命委员会高安支部；

《邗江县在》，中国国民党革命委员会邗江县支部；

《锡山市志》，中国民主同盟锡山市支部委员会；

《奉贤县续志》，中国国民党革命委员会上海市奉贤县支部委员会；

《晋中市志》，中国国民党革命委员会晋中地方组织。

第 1 例为政党全称；第 2 例在全称后地方组织名称，但不加“市”字样；第 3 例与第 2 例相较，增加一个“县”字；第 4 例与第 3 例相较，在“支部”后增加“委员会”3 字；第 5 例与第 4 例相较，在行政区划县名前又加了上一级行政区划名“上海市”3 字；第 6 例在政党全称后加行政区域名和“地方组织”4 字。此六种标法将政党名称均标为全称，不符合志书标题精练、简约的要求。

作为市、县两级，各地民主党派组织发展状况不尽一致，参差不齐，从低到高有党员（成员、社员）、小组、支部、总支、委员会。为符合志书标题既准确又简约的要求，我以为可如此标示，以《高安市志》为例，“中国国民党革命委员会高安支部”，可标为“民革市支部”；“中国民主同盟高安总支”，可标为“民盟市总支”。再以《奉贤县续志》为例，“中国国民党革命委员会上海市奉贤县支部委员会”，可标为“民革县支部”。凡属支部、总支、委员会的，均加“市” 或“县”字样；凡属党员（成员、社员）、小组的，均不加“市”或“县”字样，如九三学社社员、农工党党员、民盟小组，以便与支部以上组织区别。在首轮志书就有此类标法，尤值得效法。民主党派市县两级的组织与中共组织有所不同，中共市、县两级均称为“委员会”，民主党派则分为五级，某些党派在某些市县中甚至连成员都没有。所以在标法上给与特殊处理还是比较恰当的。如上述第5例长达21字，显得累赘了许多。第6例只标“地方组织”，太笼统，准确性较差，标题中难以反映民革在当地的组织状况。再看下3例：

⑴《萧山市志》民主党派工商联编：设中国民主同盟萧山市委员会、中国民主促进会萧山市委员会、中国农工民主党萧山市总支部委员会、九三学社萧山市基层委员会、萧山市工商业联合会（总商会）5章；

⑵《邗江县志(1988—2000)》民主党派 工商联 社会团体卷：设民主党派 工商联、社会团体3章；中国国民党革命委员会邗江县支部、中国农工民主党邗江县支部、其他民主党派、县工商业联合会4节；

⑶《朔州市朔城区志（1989—2010）》党派团体编民主党派工商联章：设民革朔城区支部、民进朔城区支部、民盟朔城区支部、朔城区工商联4节。

3例相比较，第1例用全称，第2例只简化了后半句，第3例党派名称用简称，要比前两例精练许多，但还有推敲的余地，行政区划名称可删。如节题改为“民革区支部、民进区支部、民盟区支部、工商联”，更合标题简明准确之要求。

（六）军事 在笔者见到的二轮续志中，“军事”的标名比较混乱，还有议论的必要。“就现存历代地方志考察，我国军事志正式出现于南宋时期。而且自从绍兴年间面世以后，百余年间迅速蔓延， 很快成为综合性志书的一个重要门类。这些门类的标题用语，以其在现存志书中出现的时间为序，大体上有军营、军制、营寨、兵防、兵籍、军寨、叙兵、禁卫兵、省兵院等。”（陈赋斌、张乃格，《我国军事志的起源与发展》，《中国地方志》2013年第5期）明清时期，军事分志已发展成为通志的一个重要组成部分，几乎无志不设军事分志，而且篇幅宏富，资料密集。包括州府县志，军事均列为基本篇目之一，只是标名为兵事、武备等名称而已。“军事”在首轮和二轮志书篇目中，普遍列为一级标题，只是二轮志书为断代体式，断限之内无战事发生，便出现多种标法，有“武装”“人民武装”“国防”“国防建设”“人民国防”“军事民防”等标法。如上述几例，“军事 民防”“军事”“ 民防”有父子同堂之弊；“人民武装”“人民国防”，“人民”二字似有修饰之嫌；“国防建设”，“建设”二字似有附加词之嫌；“武装”“国防”与“军事”相较概念偏狭，放在历史长河中考量，续志编修每二十年左右一轮，连续不断，军事的生命力更强。从规范化考虑， 还是“军事”一词的覆盖面广、生命力强，统一规范的表述更便于读者查检，如能统一起来，其效果会更好一些。军事在首轮和二轮志书篇目中，均列为一级标题，只是二轮志书为断代体式居多数，断限之内无战事发生，便出现多种标法。30部志书中，称“军事”

的有 21 部、占 70%，可见以“军事”立题还是得到多数志人的认可。另有称“军事民防”的 1 部，称“国防建设”的 2 部，称“人民武装”的 1 部，称“武装”的 1 部，其中与其他类目合并称“政法军事” 的 2 部，称“民政军事”的 1 部，称“政法武装”的 1 部。笔者在已出志书中还看到“国防” “人民国防”等称谓。如上述几例，“军事 民防”有“父子同堂”之弊，“人民武装”，其 “人民”二字似有修饰之嫌，“国防建设”似有附加词之嫌，“武装”“国防”与“军事”名称相较概念偏狭。从规范化考虑，还是“军事”一词的覆盖面广、生命力强，如能统一起来，其效果会更好一些。

关于志书标题，再谈几点意见：其一，标题不能添加任何修饰类附加用语。分志标题要求简明、朴实。所谓简明，就是要求分志各级标题都必须做到简洁明了，力求做到一字不多和一字不少。所谓朴实，就是要求分志标题用语必须平实，毫无夸饰。一般使用中性词语，不用形容词、褒贬语或其他含义模糊的修饰词。在标题制作中要做到简明、朴实，其实并不困难，只要静下心来认真仔细推敲，还是可以办到的。其二，要尽量避免上下级标题之间的重复。处理分志上下级标题之间的关系，必须遵循形式逻辑与辩证逻辑相统一原则，全盘考虑，妥善安排。形式逻辑要求划分门类和层次须遵循概念的划分原则。即划分门类必须是从同一属概念中划分出若干个并列的种概念；在划分层次中，其上一级概念必须是下一级概念的属概念，下一级概念必须是从上一级概念划分出来的最近种概念。这些逻辑原则是在标题设置过程中所必须遵循的，否则分志的整体结构就会缺乏逻辑层次，造成记叙秩序混乱，给读者检索和使用志书带来诸多不便。上下级标题重复，举一例，如章标题“工会”，节标题为“工会历届代表大会”“工会主要工作”，节题中的“工会”二字与章题重复，节题应去掉“工会”二字。其三，目题不宜加序号。志书中的目题标法加序号一二三……，子目题加序号（一）（二）（三）……，孙目题加序号 1、2、3……。志界有志书类辞书之说。无论是类目体（如二轮《秦皇岛市志》）、章节条目体（如二轮《冀州市志》），还是纯粹条目体（如二轮《锡山市志》），条目都是最基本的记述单元。条目标题的编排方法基本形成共识，一级目题一般均为另起单占行，用黑体标示；二级目标题另起接文（空一字）编排，用楷体字标示；极少数设三级目题的，就把二级目标题用黑体标示，三级目标题用楷体字标示。传统的志书排版，目题不居中排，新方志首、二轮绝大部分均依此办理，并形成共识。

志书以类横分，条目无先后顺序之别，标上序号反显累赘，同时也不利于检索。既加序号，序号已入标题范畴，不利于作志书索引，目题序号纯属多余。举个简单的例子，志书《人物传》中的人物标题属于条目一级标题，若加序号，岂不让人笑掉大牙。这个例子虽属绝对，但能讲明一个道理，即志书中的条目标题加序号显得不伦不类，条目标题还是不加序号为佳。另，标题中尽量不用标点符号，凡能去掉标点符号并不会产生歧义的一律去掉。

三、关于政治部类的内容编排问题

二轮断代体式的志书如何接续前志，一直是困扰修志人员的一大难点，这一问题解决得好坏，直接关系到续志（主要指断代体）的质量。所以，广大修志人员想了多种办法，采取多种措施，极力破解这一难题。2010 年我曾应邀为江苏省志办撰写了题为《二轮省志接续前志的问题探讨》的论文， 2011 年为中指组学术年会撰写了题为《续修志书的独立性思考》的论文。广大修志人员从理论研究和编撰实践上均进行了广泛探索。

从已出二轮市县志看，可谓八仙过海，各显神通。其中有一种方式，即采用述体文字接续历史普遍被认可， 值得效仿和推广。如山西省已出版的《太原市小店区志》，编首序的主要功能就是接续历史，不记限内之事，《朔州市朔城区志》，编首序的主要功能是既接续历史又记限内之事，也有的续志编首序只记限内之事。三种方式相较，我以为还是第二种方式比较好，既接续历史又概括现状，以记现状为主，体现志书的本质属性。

志书政治部类多有各类组织机构的记述，作为续志体志书，接续历史是应有之义。如共产党，只写当代、不追述历史，从志书中难以看到一地域何时有了中共党员、中共组织，共产党的发展变化过程是怎样的，如雾里看花，难得要领，不符合志书的本质性要求。所以，充分利用编首无题序这一“阵地”，用少量篇幅告诉读者事物发展的来龙去脉，我以为是必不可少的，其他篇章亦然。

在撰写本文的时间里，我阅读了中国地方志学会学术委员王复兴主编的《市志编纂学》（北京燕山出版社 2014 年版）一书中《政治部类编纂》章节，以及其他方志学著作中的相关内容，同时比照 30 部续志的政治部类编纂实践，作为我这篇文章的第三部分。3 月 25 日收到《河北地方志》2006 年第 1 期刊物，拜读了中国地方志学会学术委员齐家璐先生的《政治部类志稿若干问题及处理方法》一文，文章涉猎到“关于中国共产党组织”“ 关于人民代表大会”“ 关于人民政府”“ 关于政治协商会议”“ 关于民主党派与人民团体”“ 关于公安、检察、审判、司法行政”六大问题，论述理论联系实际，有的放矢，我颇有同感。我赞成齐先生文章中的观点。一则本文业已过长，二则有齐先生文章在前，有关“政治部类的内容编排问题”留待以后再行研究。

（此文为应中国地方志指导小组办公室科研处之邀撰写）

城市区志文化部类编纂杂议

——《北辰区志（1979—2009）》稿读后

受中指办委托，有幸参与天津市《北辰区志（1979—2009）》稿的审读，十分高兴。9月22日收到志稿，阅稿十余天，从中获益匪浅。学术年会采用评议志稿的方法，是首轮修志创出的一种模式，二轮续志中还很少采用，在笔者的印象中这还是第一次。此种方式好处多多，通过评议志稿，即可提高志稿质量，又可相互借鉴，共同提高，一举多得。

志稿共7篇分志，前6篇为文化部类内容，居民生活篇属社会部类内容。按中指组《地方志书质量规定》来衡量，笔者以为属上乘之作。其一，篇目设置基本合理，层次清晰。其二，文辞简约，通畅顺达，言简意赅。近几年审阅多部志稿，《北辰区志》稿在文辞表述方面，是较为优良的一部，差误率极低，虚词赘语极少，行文畅达明快。其三，反映地情全面系统，资料挖掘既有广度、又有深度，地方特色浓郁。拓宽记述内容的广度与深度，该志的主要方法是采取增设附记的形式，7篇共设附记14个（篇均2个），其中文化篇设附6，医药卫生篇设附3，体育篇设附1，精神文明建设篇设附1，居民生活篇设附3。其四，运用照片、示意图、统计表面广量多，达到图文并茂的较佳效果。7篇分志共配照片145幅（篇均20.7幅）、示意图42幅（篇均6幅）、统计表57幅（篇均8.1幅），图、照、表共用，既深化了志书记述的深度与广度，又增强了志书的可读性，同时也使资治、教化、存史功能得到发挥。

志稿的优长之处不止上述几点，只是这几点比较突出而已。下面就阅稿有感而发，提几点不成熟的意见，与同行共同探讨。

一、关于文化部类的篇目设置

中国地方志学会城市区志专业委员会2013年学术年会的会议主题，是“如何提高城市区志的学术品位和文化价值”，对二轮城市区志编纂特别是文化部类的编纂具有极强的指导意义，针对性比较强。学术品位和文化价值体现在志书的多个部类和层面，但从另一角度来讲，提高志书的学术品位和文化价值，文化部类承担有重要的职责。从《天津市北辰区志》稿文化部类的篇目设置来看，文化部类所设的篇级层次（6篇，另居民生活属社会部类）与其他如地理与基础设施类（8篇）、经济类（10篇）、政治类（9篇）各大部类相较，明显偏少。我以为，似乎至少可增加文物、艺文两篇。

二轮续志在篇目设置上，尤其重视发掘地方文化，并在篇目设置上升格展示独有的地方特色，如《郑州市金水区志》在文化部类第二十八篇设《大河村遗址》篇，《清河县志》在文化部类设《史志档案》《非物质文化遗产》《物质文化遗产》《艺文编》，《宜兴市志》在文化概览编中设《文化遗产》《艺文》卷，《永清县志》在文化部类设《民间工艺》编，《永城市志》在文化部类设《汉兴之地》篇，《朔州市朔城区志》在文化部类设《马邑文化》编，等等，此类例子不胜枚举。突出地方的文化特性，也是志书记述的重点所在。我在2011年全国方志学术年会上曾撰写过关于《续修志书的独立性思考》一文，强调续志记述内容要完整，首轮志书已载过的建置沿革、文物、人物、大事记、著述存目等内容，二轮续志也要复载，它既是接续前志的需要，更是体现二轮续志记述事物连续性、完整性的需要，只有这样，续志的独立性才能够完满地表现出来。

二、精神文明建设编的设置

精神文明建设立编，是彰显时代特色的具体体现，同时也是记述贯彻党中央“三个文明一起抓”方针在各地的具体落实情况，这在二轮修志中已形成普遍共识，也是反映时代特色的重要篇章。改革开放以来，社会风气日渐颓废衰微，传播正能量，资政育人，志书就要承担起社会责任，大力宣传正能量，发挥志书的教化育人功能。但位置值得商榷。精神文明包含文化、思想两大层面，这里的文化是大文化，教科文卫体均包含在内。现立一编，效果很好。志稿将《精神文明建设》篇放在文化部类的最后，似觉欠妥。似应移至文化类之前，作为文化类的领头编更恰当一些。

志稿的《精神文明建设》篇，内容充实，有面有点，比较全面。这一编立得好，是志书的亮点之一。在笔者见到的名称中，有群众性社会主义精神文明建设活动、社会主义精神文明建设活动、社会主义精神文明建设、社会主义精神文明创建活动、社会主义精神文明创建、精神文明创建活动、精神文明创建、精神文明建设、文明创建、文明建设等多种标法，或过繁过简，或标义残缺。我以为，该编的名称，还是称之为“精神文明建设”为佳。《精神文明建设》篇的重点应放在“点”的记述上。

三、艺文志的设置

在旧志中，艺文志是垫底的一类，且篇幅较巨，这是因志书是一地人文历史的载体和传承者，旧志重艺文即是这一思想的体现。首轮新志编纂，对艺文志有所忽视，且多数志书缺此类项，实不足道。

艺文志是地方志的传统门类，亦是新方志不可缺的门类。首轮志书忽视艺文入志，这不能不说是个缺憾。就艺文志的整体质量而言，无论是首轮还是二轮已版志书均不容乐观，缺项有之，记述不规范有之。艺文志既是一个地区人杰地灵、人文荟萃的集中体现，又是一个地方文化是否发达的直接标志。艺文志的编修，有助于增强人们对家乡的自豪感和热爱之情，激励人们与时俱进，奋发有为，献身于地方文化事业建设。

艺文单独立编业已形成共识。以笔者为，这是使志书编纂返璞归真，返归到正确的轨道。地方志是最重要的乡邦文献，传承地域文化是志书的主要职责，而艺文志是担当这一职责的重点篇章之一。改革开放发展到今天，更显现出文化在经济与社会发展中发挥出的重大作用。全国从省到市到县，乃至乡镇、村庄、家族，莫不把发掘自身的历史文化作为当代人的历史使命。艺文还是单独立编为好。艺文志的内容有著述存目、散文、诗词、楹联、碑碣等，北辰区这方面的资料不难获取，只是在“精选”二字上要下足功夫，不愁编不出好的艺文志。旧志中的艺文志多在末编（卷）排列，新方志首轮志书单独设艺文志的较少，且多数放在附录之中；二轮续志设艺文志的逐渐多了起来，多数放在文化部类，少数放在社会类、或末编、或附录之中。我以为，新旧志观念有别，放在文化部类较合情理。我还以为，只要设了艺文专志，放在何处均可，它体现了文化理念的回归，认可了文化在志书中的重要性，使方志文化的优良传统得到传承，这就足矣。现志稿无艺文分志，似应补。

四、居民生活编的设置

志稿中的居民生活篇写得很有特色，是 7 篇分志中运用照片（56 幅）、示意图（33 幅）最多的一篇，另设统计表 10 幅，附记 3 篇，图文并茂，可读性较强，形成志书中的一大亮点。《北辰区志》稿的编纂实践证明，拓展居民生活篇的记述深度与广度还是大有潜力可挖。1979 年至 2010 年这一段时期，是改革开放 30 余年中成果最丰盛、也是经济与社会取得翻天覆地变化的 30 余年，提出“三个代表”重要思想和科学发展观，以人为本，民富国强，实现国民经济翻两番，人民基本达小康的盛世伟业。志书所记述的经济及社会各业的发展，最终还得体现在人民生活上面。这既是共产党的终极奋斗目标，也是国家发展的最终目的，就是要让人民生活得更幸福。居民生活单独立编，这在二轮续志编修人员中基本形成共识，而且在记述的深度与广度上，创造出许多成功的经验。居民生活编所放位置，二轮续志大致有三种：一是放在人口之后（如《萧山市志》《涉县志》），一是放在经济部类，一是放在社会部类（如《高安市志》《奉贤县续志》）。我倾向于放在社会部类，因社会部类编数较少，再者有的社会部类直接取名“社会生活”（如《奉贤县续志》）。写好人民生活编，重点要结合本地地情，深挖资料，写得生动丰满一些。总而言之，要舍得对重点篇章下功夫。

五、行文的规范性

志书的科学性、严谨性表现在各个方面，行文是否严谨、科学，符合语体文的标准，是检验一部志书是否合格的标尺之一。此类问题是志书和志稿存在的常见病、多发病，修志过程中虽有《凡例》之规定，但执行起来未必形成一致步调，每个环节把关不严或稍有疏忽，就容易出问题。虽说与硬伤比起来不是大毛病，但它却直接影响志稿的科学性、严谨性。读者从这些小毛小病上即能感受到志书的质量高低。

（一）纪年规范问题　按志稿《凡例》之要求：“本志采用公元纪年，直接用数字表示，如：20 世纪 80 年代，没标注世纪直接标注年代的，一律为 20 世纪。”我以为此条似有不严谨之处。志书无论是通记体还是断代体，均要涉及历史纪年的表述问题，凡例中必须言明历史纪年的表述方法。如按志稿《凡例》所言“本志采用公元纪年”，则文中多有不合之处。据笔者初略统计达30余处。我想，除笔者审读的7篇之外，其他篇也会存在此类问题，要么改动凡例，使之周严；要么改动文中纪年表述方法，以便一体遵循。

（二）口头语向书面语靠拢　志文为记述文“书面体”，明显的口头语应删改。前后行文要一致，我国修志有数千年的传统，志书语言也形成一定的规范，如表示地域范围用“广袤”。如记述中紧接上一年，不必再标注年份数字，可用“翌年”表述。如连续记述一年中的多项事物，可用书面语“是年”“同年”表述，戒用口头语“本年”“这年”“这一年”等表述。记述人员数额时，“人”与“名”混用，二者界线要分清。

（三）力戒隐性第一人称字眼　志稿行文中有“党代表大会”“党的十五大”“党组织”“党的十六大精神”等词语，称呼“党”即意为“我党”“我们的党”，隐含有第一人称的意蕴。用指示代词“他”的语句亦有多处。用“他”表述，即把作者放在了“我”的位置上，隐含有第一人称的意蕴。此种写法应一并改过。在记人物时，同一自然段内可采用无主句法，第一次标人名，其后可省略。如“某位领导”“某位专家”语，“位”有尊称敬语意蕴，不宜在志书行文中使用。如“荣获”，应改为“获”或“获得”，去掉“荣”字。“殊荣”应改为“荣誉”，去掉修饰性词语。

（四）标点符号要规范　出版物的标点符号国家有统一标准，志书总纂人员要严格按照国家标准严密把关，标点符号虽为“小道”，亦不得有半点马虎。如年份间连接好的使用，用“～”浪纹连接号不准确，应为“—”一字距连接号。志稿封面标对了，但行文和书眉的标法都不正确，要统一改正过来。因断代志在封面上直接标示记述起止年份，部分志书标法不准确，给人留下不严谨的印象。为此我还专门写了一篇《年份间连接好的应用》。各种连续号用法不同，经常出现混淆。数字间用的“～”浪纹连接号，且前后两组数字都要加量词。年份、日期间用“—”一字距连接号，产品型号间用半字距连接号（志稿中有两处产品型号连接号应用不确），国际标准代码间用四分之一字距连接号。

（五）凡例、目录要与正文相一致　志书定稿以后，凡例、目录与正文一定要严密核对，不得出一丝差错。在山西省正式出版的志书中也常犯此类差误。志稿111页“全书初设29篇，后多次修改确定为37篇”语，现目录为36篇，两者相抵牾。206页附34—1标题《2009年12月31日10元人民币的等价商品》，与目录附34—1标题《2009年12月31日10元人民币的购买力》不合。居民生活篇的目录与正文中，只有附34—1、附34—4、附34—5，缺附34—2、附34—3，是号码排错了，还是其余两篇待补，不得而知。凡例中言明“北辰区简称北辰、全区、区内”，而在志稿中北辰区的简称绝大多数均简称“区”，与凡例不符；且许多简称“区”的，未必是北辰区的代称，有时是政府的某个部门、有时是某个单位，似又不确之嫌。笔者以为，还应与原始资料核对一遍，逐个核对，以不产生歧义为原则。另，编后记有编修始末、后记、跋等多种名称，它不属于任何篇章，独立存在，是志书中单独的一项，一般情况下一部书只能有一篇；后记不能入附录，目录编排与附录空一行以显其独立性。

（六）行文的一致性　简称的表述。行文中某个单位第一次出现要用全称，并括注简称，简称不能有多种，要用一种。志文中多处出现“乡（镇）”“乡镇”一词，统一用“乡镇”为好。有数字的中学校名，有的加“第”，有的不加“第”，应统一。志文中多处出现“北辰（郊）区”（尤其是统计表与示意图标题）字样，我以为行文中可各按改区前后时段分别表述，合并记述时还是称“北辰区”为好，以下限时的行政区划名称标注亦不会产生歧义。单位名称不要随意加引号。小数点后一律保留两位数。占地面积应省略小数点后数字。“面积”一词不要随意省略。此类问题较多，通稿时要严格把关。

六、志书的版面编排

二轮续志编纂中的一大弊端，就是志书越编越厚，越编越长，令人望而生畏。志书是可看可读的书籍，并非束之高阁的“艺术品”。有学者提出志书“资治、教化、存史”的三大功能，把“存史”摆在了第一位，我以为这有本末倒置之嫌。志书服务当代，惠及后世，首先是服务当代，“资治、教化”是主要功能，“存史”是附带功能。编纂思想的变异，会把方志编纂引入死胡同。

首轮志书过简，二轮加详亦在情理之中，但要详略有度。志书主要为当代服务、为现实服务，为大众服务，受众面越广，发挥的社会效益越大。志书过长，令人望而生畏，其结果与修志人的愿望正好相反。

志书增厚，其中与版面编排也有干系。书籍是以页码来计算字数的，每行的字数乘以每页的行数（包括页眉行在内）再乘以总页码数。志书亦不例外。作为纸质印刷出版物，国家标准只有一个，所有书籍一体遵循。改革开放以来，经济的繁荣兴旺，带来文化的繁荣发达，人们被禁锢的思想冲出牢笼，出版自由的能量得到最大限度的发挥，这体现出社会的进步。私人著书成风。其中也不乏滥竽充数之辈。少数人为了强撑门面，增加书籍厚度，在排版上大做“文章”：或字不够图来凑，或加大文字字号与行距，或一条标题占半页甚或一页，一首五言绝句也可占一个页码，等等，可谓各显神通，无所不用其极。此风蔓延开来，出版社的编辑也跟风混在一起，美其名曰“美化版面”。殊不知，每增加一个页码，出版社编辑的审稿费、书籍工本费就会“水涨船高”。此种隐形的浪费资金、浪费资源之风也“传染”到志书之中。志书“瘦身减肥”，从版面编排上把关，也算一策。最近两个月接连审阅了两部省内志书付印稿，感到志书版面编排存在问题较多，有必要提出来与大家一起探讨。

文字版书籍排版以紧密为好为上。珍惜版面是文字书籍应遵循的普遍原则，志书亦不应例外。现在方志界有个普遍的心态，即志书页码越多，书籍越厚越好，求大求全。我以为，这是个错误的观念，理应改正过来。我曾见到一部县级志书的大事记，按页码计算，全文 5 万余字，排版松垮，中华人民共和国建立后的条目既加年份标题，又加月份标题，且上下均空行，可放一千七八百字的版面，文字少的页码一页仅有五六百字，让人看了极不舒服。经我计算，该志大事记若年份标题不空行、不加月份标题，可省去19000余字的篇幅，大事记仅3万字出头一点。再如卷首集束彩图，最多的彩图版达一百五六十页，占书籍厚度的四分之一，不仅宣传意味太浓，而且拉长了志书的篇幅。版面编排虽为出版社编辑的责任，但志书主编一定要把好关。

就版式而言，有文字版、图片版、文字插照片版三种。文字版首要的是确定行文字体字号，以紧密严整最佳。

（一）标题字号　志书标题一般分为编、章、节、目四级（少数有子目或子目、孙目，为五六级）。编、章、节标题均为居中题，且上下均空行，比较醒目，排宋体字比较得体，不要黑体、宋体混用，否则影响美观。现志稿篇题为黑体，章节题为宋体。依我意，还是统一用宋体为佳。编（篇）为志书中的一级标题，不宜过大，以一号宋为宜。首轮志书编章一体联排，二轮续志人为加大编题页码，编题仅几个字，就占一个页码，三二百字的编首无题序也占一个页码，滥增版面页数。章题另起页也不是好现象。章题（二级标题）以小二号宋为宜。节级（三级标题）以小三号或大四号宋为宜。章、节标题的上下空行要有限度，不能任意加宽。目题（四级标题）另起占行，为醒目起见，以小四号或大五号黑体为宜（为节省版面，与正文空一字接排更佳，此种排法适宜目题之下不再有子目和孙目的志书使用）；二轮续志普遍强调要减少篇目层次，逐渐得到多数志人的认可和响应，目题之下尽量不再设子目和孙目，尤其孙目要避免，子目要减少到最低限度。有一种变通的方法，即采用“暗目”的形式，达到减少层次的目的：子目题按正文形式（同字号同字体）编排，标题之后加句号，形成“暗目”题，这样可收到一举两得之效。目题如另起单占行，上下最好不要空行。

二轮志书中的条目题有任意加大的现象。如人物传中的传主标题、艺文志中的诗文标题均属于条目题，排法要与志书中的其他条目题相一致。旧志中的诗词编排是接排的，新方志的排法多数为分行另起，亦有徒增页码之嫌，还是按传统的接排方法为好。我在整理旧志时即采用此种编排法，节省了大量版面。节省标题占页码的空间，在减少志书篇幅上可起到事半功倍之效。

（二）志书照片要精选　志书照片不能拿来主义，要精选，不能滥载。照片也有个编辑的过程。一是对照片进行适当加工，剪裁掉画面中多余的部分，使画面主体内容更突出、美观；二是对照片说明进行精加工，准确标示画面主体内容。志稿中选用照片整体不错，但在这两方面还有进一步加工的余地。如照片的加工，以下各页照片似乎还有剪裁的余地。照片说明要与照片画面无缝对接。志稿中还有少数照片说明标示不太确切的地方，我在志稿上亦有标示。

《北辰区志》不知内文是付否彩印。我以为，进入21世纪，各地经济社会飞速发展，修志人员要宣传领导，在印制上花点钱是值得的，争取全书彩印。如内文彩印，我以为可学习《秦皇岛市志》的做法，卷首只放地图。照片一律移入文内，恢复志书原有的传统，突出志书固有的特性，效果会更好一些。如内文是黑白印刷，卷首彩页一般应控制在两个印张（16 开 ×32）之内，不宜过多过滥。志书排列顺序为先地图、后照片。

文字版插排照片，除通栏照片外，凡文图合占栏的照片，一般情况下单页应排在版面的右部，双页应排在版面的左部，即都靠边部排照片，即有粉要擦在脸上，不要夹在文中。如遇一页上有两幅或两幅以上照片，可考虑照片位置适当变化。照片所占版面篇幅大小，要根据画面内容来定，多数以占半栏宽度为宜，少数占多半栏、通栏或小于半栏。内文插照片，不用跨页照片，虽大却破坏了画面的完整性，影响视觉效果。

七、志书篇目第一层级的标法

在我国的旧志中，第一层级的标法大体分为两类：一为门目体（亦称类目体），即对志书所记事物分门别类，构成志书篇目的基本框架，尔后再从大类中分小类，以此类推，逐级立题，直到目题。一为分卷类目体，即志书篇目的第一层级冠以“卷”（此为大门类），卷下再分门别类、直至目题。如明成化《山西通志》第一层级以“卷”立名，全志分立十七卷，每卷之下分列 1 门或多门，亦有多卷立为 1 门。如卷之二列有分野、疆域、风俗、形胜、山川等五大门类，如卷之十二至卷之十五等 4 卷均为“集文”一大门类。该志的“卷”是以分订装册来计算的，一册即一卷。旧志中的“卷”与志书门类联系并不甚紧密，只起标示志书装订的册数而已。章节体是清末民初西学东渐、洋为中用的产物，由此而改变了我国志书的传统篇目结构形式。章节体的表现形式是按照逻辑关系将志书内容归类，以事物的同一性为第一大类，再以统属关系为序安排各个层次，逐级分为编、章、节、目（甚或目下又设子目、细目），从而使志书构成一个严谨、完整的多层级整体。章节体最初称之为编章体或编章节体，为阅读使用方便简称“章节体”。章节体应用到志书之中，因其体例结构严谨，层次分明，排列有序，19 世纪末便被志书逐渐采用。民国时期编纂的市县级志书，大多采用此体。

首轮社会主义新方志编修，大多数志书采用了章节体。笔者对山西首轮 125 部市县级志书做了个粗略统计，采用门目体（类目体）的仅有《阳高县志》《长治市城区志》《平顺县志》《阳城县志》《定襄县志》等 5 部，占首轮市县级志书的 4%，比例较小。采用章节体的有 120 部，占 96%。所不同的是，志书第一层级的标法比较混乱，以“编”为第一层级标法的有 57 部，以“卷”为第一层级标法的有 59 部，以“篇”的有 2 部，平头列“章”的有 1 部。志书第一层级的标法混乱可见一斑。

从首轮新方志编纂开启之时，直至二轮续志的编纂，中国地方志指导小组始终把三级志书的规范化当作提高志书质量的重要着力点，一直为此而进行着不懈的努力。1981 年中国地方史志协会在太原召开时，出台了《关于新县志编纂方案的建议》，提出第一个较为规范的篇目模式，即以第一层级以社会分工的各大部类（门）命名为“编”，即概述编、自然编、经济编、政治编、军事编、文化编、社会编、人物编、图表编、附录编等 10 编。1985 年中国地方志指导小组制订的《新编地方志工作暂行规定》第十条亦规定，篇目“层次名称可采用编（篇）、章、节、目，也可采用其他形式”。首次明确规定志书篇目框架第一层级的名称为“编”，其统属关系的名称为章、节、目。此规定“编”后括号中的“篇”，笔者理解的是并非设置为篇目框架的第一层级，而是指“编”（专志）之外的特篇，诸如概述（或称总述）、大事记、专记、附录等体裁。之所以以“篇”出现，旨在区别于正编。所以，括号内的“篇”与其后的章、节、目并无关系。

从志书编纂的规范性和科学性出发，志书的第一层级的名称应为“编”，而非“卷”“篇”甚或“章”。除门目体（类目体）之外，凡采用章节体的志书，均应以编、章、节、目来划分层次，只有这样才是合理、规范、科学的。

八、些许不足

《北辰区志》稿质量达到了一定高度，但按出版要求衡量还有些许差距，还需要精打细磨，下一些推敲功夫，下面我提几点问题，仅供参考。

3 页，行文“乡镇属幼儿园（乡镇办示范性中心幼儿园 7 个、乡镇所辖村、队办幼儿园 31 个）”语，与 4 页 1982—2009 年北辰区部分年份托幼园所体制情况表中的“1982，镇村办，7 个”语，表述疑误。

38 页，“有限电视”，似应为“有线电视”。

54 页，河北工业大学“为中国最早的工科高校”。在笔者的印象中，中国开办最早的三所高校为北京大学（京师大学堂）、天津大学（北洋大学堂）和山西大学（山西大学堂），其中山西大学堂创办于清光绪二十八年，设中学专斋、西学专斋，西学专斋就是今天的工科，似比河北工业大学（文内应标示当时校名）早一年。志书行文中用“最早”字眼一定要慎重。

63 页，“初終霜冻”，似应为“初冬霜冻”。

93 页、94 页，“专集”子目条的文字与“1979—2009 年北辰区作者文学作品正式出版情况表”重复，且表中遗漏《滑富强文选》《屋檐下三部曲》《知荣辱创和谐楹联选》《泪竹林》等四部。这四部均为正式出版物。文与表均为 32 部，但书名前后对不上号，应重新核对。

103 页，“园笼”，似应为“圆笼”。

179 页，“其中宜兴埠、西堤头、双街、小淀等 6 个镇”语，6 个只点了 4 个，漏了 2 个，似应补。

219 页，“西葫”，似应为“西葫芦”。

（2014 年 10 月）

新闻采访与方志编纂

——在冀、鲁两省“志鉴编纂培训交流班”上的讲稿

今天，应山东黄氏印务有限公司与河北王广才主任之邀，参加这次会议，能结识山东、河北新的志界同人，感到非常高兴。我与山东有缘，女婿是山东蒙阴人，与山东结成了儿女亲家。通过多年修志，也结交了王复兴、张景孔、刘希汉、刘娟、李天程等许多山东方志界的朋友。二轮修志，山东走在了各省市区的前列，着实令人钦佩。今天来此，能与山东、河北的志界同人交流修志心得，倍感荣幸。今天我谈的题目是王广才主任出的“命题作文”，虽说编报、修志均属本行，但这个题目还真没有认真研究过，只能临时草就成文，与大家共同研讨。

一、史志与新闻的关系

方志属历史的范畴。历史和新闻的关系曾引起很多有识之士的探讨。自近代西方新闻学理论被引入中国以后，梁启超等多位学者在理论或实践层面进行了探索。时至今日，耳熟能详的莫过于“历史是昨天的新闻，新闻是明天的历史”的观点。两者都是记录手段，区别在时效差异上。如有学者如此描述两者之间的关系：“历史是对过去发生的事情的记述和分析，新闻是对新近发生的事情的报道。两者只有时间远近的差别。严格地说，新闻也是历史。因为新闻所报道的，都是已经发生的事，并不是气象台的‘天气预报’。只不过新闻是新近发生的事。既然历史与新闻是‘姐妹’关系，这两门学问就有许多相近、相似之处。”（喻权域：《新闻学与历史学》，《新闻与写作》1995 年第 2 期）从宏观上考察，历史与新闻存在以下四点相同、相似之处：

（一）起源相同　历史与新闻均源于对记录事实、传达信息的需求，可以说同类同宗，只是随着社会发展和学科分化，才逐渐分离和并各自走向专业化。我国首倡新闻学研究的蔡元培先生很早就看到历史与新闻的亲缘关系，他在给徐宝璜的《新闻学》所作序言中说：“余惟新闻者，史之流裔耳。”有很多作品兼具历史与新闻双重性。中国古代治史有“左史记言，右史记事”的分工，史官即时记载朝政要员的言论和国家大事，形成的材料可以说既是历史也是新闻。西方也有类似的例子。古希腊著名历史学家修昔底德作为雅典十将军的一员参加伯罗奔尼撒战争，把亲见和采访而得的事情记录在传世之作《伯罗奔尼撒战争史》中，我们可以认为他既是史家，也是那个时代的“新闻工作者”。

（二）都要求记录事实　历史事实指已经发生过的事件或过程，它是不以人的意志为转移的客观存在，是史家进行研究和撰史的基础和前提。史家通过对历史过程中的具体历史现象进行实证性研究，描述历史向前发展的进程，达到总结历史规律之目的。新闻是对新近发生或发现的事实的报道，事实是新闻的本源。坚

持用事实说话，是新闻写作最基本的原则。李大钊先生指出："报纸上所记的事，虽然是片片段段，一鳞一爪的东西，而究其性质，实与纪录的历史原无二致。"有学者别出心裁地从新闻学角度进行《史记》研究，指出今天新闻学所总结的种种"客观报道"形式，早已体现于《史记》的实录精神之中了。由此可确知历史与新闻最基本的要求均在于记录事实。

（三）都追求真实和公正　史家作史贵真实。离开真实，就无所谓历史的启示，也就不能提供可靠的借鉴。古今中外史家的一个优良传统即撰写信史。史家通过运用辩伪学、校勘学、版本学、考据学和史料学等学科方法来考证史料的真伪；通过运用各种理论手段来探索本质真实，以获得对历史事件和人物价值判断上的客观公正。新闻报道亦必须反映事实原貌，这是由新闻自身的规律所决定的，也是新闻传媒取信于读者的生命所系。新闻要求所报道的事件确有其事，构成新闻的诸要素如时间、地点、人物、事件、原因、结果等及所引用资料准确无误。在确保事实层面准确的前提下，还应保证价值判断层面上的真实和公正。客观记录、公正评判的精神无论在历史或在新闻中均得到强调。

（四）有相近的功能　历史提供给人们历史事实，并传播知识，提供教育。新闻同样旨在将事实的真相公布给民众，满足受众需求。诚如著名史家戴逸所指出："新闻和历史帮助人们认识林林总总的外部世界，形成知识，揭示规律，得出经验教训，以指导人们的生活和行动。没有新闻和历史，世界将一团漆黑，人们无从形成和积累知识，将会变成闭目塞聪的瞎子和聋子。因此，反映客观真实，给读者以可信的精神食粮，是对新闻和历史的根本要求。"（戴逸：《语冰集》第159页，广西人民出版社1999年版）

二、新闻采访与志书资料搜集

新闻采访是新闻记者的一种工作方法，通过采访、调查，获得新闻信息或素材，进而通过记录、写作，形成新闻报道。当然，记人、记事、记物，体裁各异，消息、通讯、评论、报告文学等，各有规范。方志编纂中的资料搜集，也离不开采访、调查。学会采访、调查，既是对新闻记者的基本技能，也是方志工作者必须掌握的工作方法之一。

我们知道，方志资料的种类，有档案、图书资料、报刊资料、实物资料、口头资料、旧志资料、统计资料、音像资料、网络资料、其他资料（手稿、书信、日记、私人著述、家谱、通讯录等）10种。方志资料搜集的途径，有查阅档案、查阅书刊、采访座谈、实地调查、问卷调查、抽样调查、网络下载7种。其中的采访座谈、实地调查、问卷调查、抽样调查，均属于采访的范畴。

（一）采访、座谈　搜集地方志资料，除文字资料外，必须搜集口头资料，这就需要进行采访、座谈活动。采访，就是修志人员走出去，拜访当事人或知情人，并做好记录或录音工作。采访必须要有准备。有准备才能提得出问题，才能提得准问题，才有可能由此及彼、顺藤摸瓜地扩大资料线索。所谓有准备，就是采访之前要列出详细的采访提纲，初步熟悉一下与采访有关的人和事。有了详细的提纲，采访就可以多角度地提出问题，不至于两三个问题后就无话可谈了，影响采访的效果。初步熟悉你所要了解的人和事，与采访对象交谈时，就能扩大交谈面，深挖细找所需要的有关资料。无论是采访还是座谈，必须尊重被采访者的原话如实记载，不可自以为是，随便修改采访记录。要请讲述者对采访记录予以阅读确认，并签上自己的姓名。若是集体座谈，参加者都要签上姓名。

（二）口头资料　口头资料是记忆中的资料，不像文字资料那样不会走样。所以，在个别采访的同时，还应集体座谈。座谈所得资料，由于互相进行了回忆、核实，较个别采访所得资料，应该更加牢靠。对于文化水平较高的被采访对象来说，约请撰写回忆录，也是搜集口头资料的一种常见方法。

（三）实地调查　旧方志编纂，采访人员实地调查搜集资料是常采用的一种比较简单的方法，尔后将所得资料拿回来交给主编人员。新方志编纂，搜集资料讲究责任到人，但并不排斥采访人员进行实地调查而获取资料。而且，由于市场经济秩序的建立，志书的资料搜集难度加大，有许多资料可能没有专门的部门提供，需要修志人员进行实地调查才能拿到。

（四）问卷调查　问卷调查是一种比较新颖的资料搜集方法。问卷上印有调查者所需的各种各样的问题，答案往往已经给出，由被调查者根据本身的实际情况选择某项或某几项。此种调查，所调查的对象数量比较多，所调查的问题又是大家共同关心的，根据解答者的数量多少，调查者对问题作出比较明确的判断。

（五）抽样调查　抽样调查也称“随机抽样调查”。在统计总体中，根据每一单位有同等机会被抽取的原则，抽取一定数量的部分单位作为样本进行调查，并以其结果推断统计总体的一般情况。有的问题无法进行全面统计调查，抽样调查便不失为调查的一种简便易行的方法。统计资料中，每年都有居民家庭的抽样调查，有的还按年龄分组进行。

王广才主任曾经提出，一部成功的志书，既要“明月高照”，又要“繁星满天”。何为“明月高照”？即志书中具有地方特点和时代特色的重点篇章；何为“繁星满天”？即志书记述各行各业“人”“事”“物”的闪光之点。志书中记述事物要“面”“线”“点”三者有机结合。方志是“资料性著述”，搜集资料要“广征博采”。政府有关部门和相关单位供稿主要是“面”与“线”方面的资料，仅靠政府有关部门和相关单位供稿是远远不够的，还需要修志人员根据志书篇目的要求，加强资料的搜集力度，深入基层，进行采访、调查。而“点”方面的资料其中的大部分就需要方志办的人员来搜集。

笔者收集山东省的二轮市县志书较少，因退休后参加了多部河北省二轮市县志书的评审，故收集河北的志书较多一些。在阅读河北的志书中，笔者感到河北的二轮市县志书在资料搜集方面创造出许多成功的经验。我大致罗列了一下，主要有以下几种方法：一是志办人员自采资料，改变过去“守株待兔”的老习惯，深入基层采访调查，重在弥补无人无单位供稿的缺项内容；二是志办与供稿单位相结合采编资料，立足于某行业或某事业的亮点事物；三是组织社会力量搞调查，着重于民生事宜；四是志办委托相关单位调查撰稿，弥补供稿中的缺项或补充该行业或该事业发展中的亮点事物。

2019年2月，笔者承揽了《太原市万柏林区志》编纂工作，该志稿虽已经过省、市志办两级评审，但资料的欠缺程度极其严重。如何搜集资料成为一大难题。万柏林区在太原市的6个城区中，是最先“消灭”农村的，所辖的5个乡全部解体，3个平川乡的城中村（27个）、城边村（15个）全部改造，地质灾害塌陷区的山区2个乡的村庄（27个）全部整体搬迁下山、集中安置，由农转城，为搞社会调查增加了难度。幸好上个月收到了一本区政协编的《世纪回眸万柏林》（山西人民出版社2019年1月版）一书，真是喜出望外。区政协聘请了6位资深记者，并为每位记者配备了一名助手，利用一年时间，采访了区境内的全部村庄（69个），每个村分列有基本村情（地理方位、村情概况、村庄改造情况）、村名来历、历史沿革、名人记录、文物古迹、民俗风情、民间传说、民间工艺、大事记等九大类，尾附“历任村干部名录”，基本是按照志书的编纂套路编写的。这本书的资料为编纂区志提供了极大方便。这本书的出版，充分证明了采访调查在志书编纂中的重要性，同时也解了区志稿资料匮乏的难处。

三、借鉴资料收集方法和文稿编写技法

既然新闻与方志有许多相同之处，二者间相互借鉴的地方自然不少。从修志人的角度出发，我以为借鉴新闻采访的资料收集方法和记者撰写新闻的文稿编写技法，对提高志书质量大有益处。

（一）*借鉴资料收集方法* 如果说第一轮修志主要依靠档案资料及部门所提供的资料，那么，随着时代变迁，二轮修志则既要依靠档案资料及部门资料，还须通过征集或社会调查获得的资料。这一点业已成为志界共识，许多修志者也进行了理论与实践的多方探索。在此，就涉及一个如何通过自身努力获得所需资料的能力和方法问题。在这方面，新闻理论和实践能为我们提供很大帮助。

其一，借鉴运作模式。以报纸为例，其稿源通常有三个：一是通讯社供稿，二是本报记者写稿，三是通讯员和其他作者投稿，均为有偿利用方式。可资借鉴的是，作为修志单位，除了无偿利用政府部门等报送的资料外（通常也向承编单位的编写者支付象征性的稿酬），也应通过自行调查获得资料，让修志者既当编辑，又当记者。此外，也可通过向社会和个人征集的方式获得资料，并支付一定报酬。这个精神已经在《地方志工作条例》第十一条中明确规定了，关键是修志者要做好落实工作。如果说第二轮修志还有百分之七八十的资料可以依靠部门和经济活动单位，那么今后可以依靠的比例可能越来越小。解决的办法只有一个，就是通过采访、调查，自行获得资料。报社征集文稿的办法值得效仿。报社不依靠任何管理部门，建有自己的记者队伍；同时用经济手段向社会征稿，一经采用即付稿酬，这就是报社稿源充足的原因。笔者认为，这是实现修志资料来源多元化的一条渠道。

其二，借鉴采访方法。其实，修志需采访的主张古已有之，旧志编纂人员凡撰写文物，必到文物的现场进行实地考察文物的保存情况，撰写碑文，一定要找到原碑碣仔细核对，等等。但至新一轮修志之前，采访、调查工作一直未引起足够重视。时至今日，新闻采访理论及其实践均已相当成熟。新闻采访是为获取新闻而对客体进行的观察、询问、倾听、记录等活动，是一种特殊的调查研究。新闻采访学也已成为新闻学的一个重要分支学科。采访分准备、访谈、观察、记录、核实等步骤。对于修志者而言，关键在于如何从被采访者那里顺利地获得所需资料，这不是一件容易的事情，会受制于诸多主、客观因素，有时还会遇到意想不到的难题。借鉴新闻采访方法，结合志书编纂实际，笔者认为需注意以下几点：一是要扎实做好准备工作，充分掌握访谈主题的相关资料和受访者的个人资料，这样可在采访中做到有的放矢；二是采访过程中要注意观察受访者的情绪变化，尽快缩短两人之间的心理距离，既要使受访者畅所欲言，又不可对其刻意回避的问题究根究底；三是采访目的性要强，切忌所问过大过空，让受访者不知如何回答，同时也不能被受访者与访谈主题无关的谈话所左右，忘记采访的初衷；四是要根据不同情况，因时制宜选择多种采访方式。如个别访问、现场查勘、参加会议、开座谈会等。

（二）借鉴文稿编写技法　历史与新闻都以纪实手法传递信息，并都坚持纪实性和选择性的统一，因此，它们在编写技法上亦可互相渗透和参考。对于志书编纂而言，对新闻编写技法的借鉴主要体现在纪实手法的运用上，主要包括两个方面。

其一，运用典型的技法。新闻必须大量运用并突出典型，这是由新闻的性质决定的。以事件通讯为例，世界上每天发生的大大小大的事情数不胜数，但并不是一切事件都能成为通讯事件的题材。要选择新近发生的、典型的事件，以此作为事件通讯的题材。因此，要选好事件，即选择典型的新闻事件来写，是写好事件通讯的前提与基础。新闻选择典型材料进行报道，可以起到一以当十的作用。通过典型，能够举一反三，由个别见出一般，由现象认识本质，通过篇幅有限的新闻报道表现时代风貌。同理亦可知，对于志书来说，无论其篇幅多么庞大，相对于无限丰富的地情而言，所记载内容都是有限的，因此，志书必然只能作选择性的记录，面上的记录尽量宽，点上的记录尽量深，以实现“点面结合”这一写作的基本要求。自新一轮修志开展以来，志界普遍开展对首轮志书的分析总结，其中有一条就是首轮志书普遍存在“平面化”记述，深度不够，形成这种缺陷的一个很大原因就是对典型资料运用不够。有学者指出，在表述体例上，可借鉴国外新闻史表述的方式，加专栏来凸现典型、细节事件，使之血肉丰满。笔者认为，这样的借鉴是可行的。在实践操作上，可从三个层面加强典型资料的运用。一是突出立足于全行政区域的典型，主要方式为在卷首以大事纪要等形式反映，也可在全书附录中记载这类典型。二是突出某项事业或某个行业的典型，主要方式为在编、章后合理地设置一些专记和附录。这样的设置在实践中已经比较普遍，见于多本新编志书。三是在行文之中适时使用一些典型材料。

其二，专记写作可借鉴通讯技法。志书的分志写作有比较严格的规范，而专记写作则较为自由一些，既可遵循分志写法，也可借鉴其他题材的写作技法。由于专记文体要求宽松，在立意、取材、谋篇和表达上都有别于一般分志，或者说专记写作技法比较多样和灵活，往往借鉴史书、年鉴、新闻的某些纪实方法。新闻体裁中最有借鉴意义的是新闻报道中的通讯，它是一种生动地报道客观事实或典型人物的新闻体裁，以叙述和描写为主，兼用议论、抒情等表达方式，及时报道现实生活中有影响的人物、事件、工作经验和地方风情等。通讯可资借鉴之处主要有三点。一是设置要注意典型性。如同新闻要着眼全局和读者需求选材一样，志书也要立足于全志或某个分志的高度，选取有代表性的人、事、物来作为专记，切忌多和滥，以符合《地方志书质量规定》的要求：“专记设置因时制宜，选题严格，数量适度。”二是标题可取得新颖别致些，以吸引读者的阅读兴趣。如《丰宁满族自治县志（1991—2000）》的“工业”篇后的附记标题为“九龙腾飞　名酒飘香—承德九龙集团第二次创业纪实”，其“农业”篇后附记标题为“人均一头牛　小康不用愁”。三是行文注重细节的运用，使人血肉丰满、事真切感人、物活龙活现。记人的专记在行文笔法上，可借鉴司马迁《史记》记人方法，亦可借鉴现代新闻体裁中人物小故事的写法。记事的专记在行文笔法上，可借鉴新闻体裁中事件小通讯的写法。

需要强调的是，历史（地方志）与新闻毕竟分属两个领域，它们之间仍然存在本质的不同，志界同人多次强调志书文体与新闻体的区别。因此，志书编纂对新闻的借鉴是有限度和范围的，不能扩大化，更不能将志书与新闻作简单类比，不切实际地去追求类似新闻的时效性。志书自有其固有的属性和功能，亦自有其存在的理由和价值。

四、社会调查与专记在方志中的应用

（一）社会调查的应用　注重社会调查，是二轮修志中的一个显著特点。搞社会调查，就要写调查报告。调查报告的写法上关键是要有一个鲜明的主题贯穿始终，统率全文。调查报告要告诉读者什么，目的明确了，主题不跑偏，报告才显得有“劲”。在写作中要详细地占有材料。调查研究是基础，没有扎实的基础，没有对所调查事物内在规律的理论认识，是写不好调查报告的。要写调查报告有两条要基本做到的：一是收集查阅现有的文献资料、政策规定、研究成果，二是深入基层了解事情的全过程，直接掌握第一手材料。突出重点材料，写得具体生动，调查报告主题与材料达到和谐统一，给读者以深刻印象。

二轮续志中，社会调查应用最多的莫过于浙江的《萧山市志》（现改为杭州市萧山区）。《萧山市志》全五册，前三册为正编，第四册索引，第五册为社会调查。在笔者见到的志书中，该志是社会调查内容最为丰富的志书。志办每年充足的经费为搞社会调查提供了坚实的基础。该志办聘请了多所大专院校的教授带领学生，分成多个小组，搞了大规模的社会调查，内容分为多项：萧山人的一天、居民的生活质量调查、休闲娱乐情况调查、择业观调查、社交礼仪调查、出行调查、家庭车辆拥有与使用情况调查、住宅情况调查、“吃、穿、用”调查、民间资本投资调查、家庭教育观的变迁调查、百岁老人状况调查、妇女地位调查、知识分子调查、企业家调查、民工生活生存状况调查 16 项，形成 200 余万字的调查报告。该志稿评审时，约请了国内 43 位知名的专家学者参与，为二轮续志评审邀请专家最多的一部志书。由于专家学者对如此庞大的调查内容是否入志书正编系列产生分歧，最后该志将第四、五册作为正编的补充“附属品”面世。由此可见，志书中的社会调查内容要有把控，适度则宜，过度则废。

在河北省的二轮市县志中，亦多有社会调查的内容。以笔者阅览过的几部志书为例：

《正定县志（1986—2005）》的“附”大体分为三类，一为某一类事物的“专题调查”，一为特色事物的“专记”，一为特色单位或特殊人物的“简介”，其立目价值均以突出地方特色的典型资料为出发点。其中社会调查 4 篇：人民代表大会章附《改善代表结构的专题调查》，人民政府章附《正定精心打造“软”环境的专题调查》，社会团体章附《河北纬编厂槽筒工序下岗职工再就业情况的调查》，家庭婚姻居民生活章附《1988—1991 年正定县离婚案件专题调查》。

《清河县志（1979—2005）》内文设附录 17 篇，其中社会调查 4 篇：人口编附《清河县长寿老人调查》，农业编附《2005 年清河县粮食生产潜力调研报告》，军事编附《日军侵华时期清河县人口伤亡和财产损失调查》，综合社会管理编附《2002 年清河县农村劳动力投向结构调研》。

《冀州市志》内文设附 53 篇，共有 21 编设附，占到全志 28 编的 75%；附体文字共 72500 字，篇均 1370 字；千字以上 30 篇，不足千字 23 篇。附体的编排，采用紧跟相关类目的方式，分放于各编之中。附的称谓有三种：“附录”“附”“附记”，其中“附记”有社会调查 4 篇：自然环境编《1998—1999 年北漳淮乡三次风雹灾情调查》，人口编《春风实业集团有限责任公司外来务工人员调查》，城乡建设环境保护编《北内漳村新农村建设调查报告》，经济综合管理编《1985—2006 年冀州市农民收入调查报告》。

《涉县志（1991—2011）》内文设附 21 篇，其中有社会调查 7 篇：居民生活篇附《涉县中小学生消费情况调查》《涉县城镇中青年女性消费调查》《涉县老年人生活状况调查》，人力资源和社会保障篇附《关于涉县人力资源有关情况的调查》，经济体制改革篇附《改制改出新天地——关于河北腾飞太行井业有限公司发展的调查》，商贸服务业篇附《涉县假日经济调查》，教育篇附《2010 年涉县中小学生自理能力调查》。

《辛集市志（1986—2005）》内文设“附”49 篇，其中有社会调查 8 篇：《经济体制改革》章附《辛集市石油化工厂内部分配机制改革情况调查》《辛集市商业大楼承包情况调查》，《金融业》章附《辛集市非现金结算工具发展情况调查》，《民主党派和社会团体》章附《辛集市青年思想政治工作的问卷调查报告》，《居民生活》章附《辛集市农民生产生活调查报告状况》《2005 年新垒头村个体私营企业雇工情况调查》《2005年辛集市私营企业主问卷调查情况分析》《辛集市2005年婚龄调查报告》。

《任丘市志（1988—2008）》附录采用分散与集中相配合的设置方式。一是根据各编内容记述的需要，随文设附，且内容杂而广，多为佐证性、补充性、说明性的典型性资料，资料性较强，起到辅助正编、印证事物之功用，使正文内容得到延伸和拓展。二是在志尾设附录篇，重点放在补遗勘误方面。两种设附方式，延伸了记述角度，增强了志书的可读性与使用价值。共有22编设置附记，占到全志38编的58%，这些附记题材多样，尤以市地方志办公室组织编写的调查报告居多，或为经济改革中的标志性事件，或为经济建设中的重大突破，或为改革开放中出现的新生事物，或为民众关系紧密的事项，或为镜鉴世人的反面教材，等等，从不同视角展现任丘人民的奋斗足迹。正文设附记32篇，其中有社会调查11篇：交通运输邮政通信编附《任丘市使用电子邮件情况调查》，居民编附《任丘市人口流动与管理情况调查》，中国共产党任丘市地方组织编附《规范农村财务管理促进农村稳定发展——永丰路街道办事处农村财务管理调查》，任丘市人民政府编附《华北油田经济发展环境调查》，民主党派人民团体编附《任丘市妇女社会地位的调查》，人事劳动编附《任丘市下岗职工再就业状况调查》《任丘市改革开放后劳动与工资情况调查》，社会保障编附《任丘市城乡低保工作调查》，经济体制改革编附《任丘市农村土地流转情况的调查》，社会主义精神文明建设编附《改革开放后公民道德素质问题的调查思考》，医疗卫生编附《任丘市“富贵病”情况的调查》。

上述6部志书是按出版时序排列的，社会调查的应用明显呈逐步上升趋势。

2019年春节前后，笔者有幸参与了二轮《安国市志》稿的评审。该志稿社会调查内容极其丰富。该志共设34编，除“财政税务”“人民团体”“人民武装”“科技”“体育”“特色产品”“方言”“人物”8编未设附外，其余26编均设附，附的总数达145篇，其中90%以上的内容都是通过采访座谈、实地调查所得。我大致罗列了一下，大家可从这些“附”的标题中得到启迪。

河北省的二轮续修市县志书，普遍重视了正文中的附文设置，在发掘资料的深度和扩展内容的记述角度方面，进行不懈的追求与探索。附文设置量多面广，体裁多样，尤以社会调查最为突出，以及专记、实录、考略、纪实、简介、案例、报告、文件、典型人物等，眼睛向下，关注民生，触角延伸到社会的方方面面，颇接地气，为编纂志书如何收集地情资料提供了极为宝贵的新鲜经验。

志书内容要全面、系统，其记述手法离不开面、线、点的有机结合。志书记述以面、线、点结合为基本特征，“面”，指历史某一时段的横断面；“线”，指事物历史发展的纵线；“点”，指典型的特色事物；三者有机结合，方为记述到位。但在实践中，多数志书忽略“点”的记述，或重视不够，面、线、点三者很难达到完满的结合，不能尽如人意。上述几部志书如此重视“点”资料的搜集与应用，其立目价值均以突出地方特色的典型资料为出发点，在其他省市的二轮续志中还不多见。上述几部志书的编者，正是领会了这一真谛，下苦功夫全方位广泛搜集典型性资料，全力拓宽或延伸入志资料的记述广度与深度，将典型性资料穿插与“节”“目”之后，使志书内容记述更加丰满，有血有肉，从而使志书形成诸多亮点，既增强了可读性，又具有极强的存史价值，形成“人无我有、人有我优”的地方特色，收到极佳的效果，志书的资政、教化、存史价值得到显著增强。

（二）专记的应用 “专题记述”的简称即为“专记”。专记，属于志书七大体裁中的“记”体，是纪事本末体在志书中的一种运用。它是分志中重要而又典型的事件，受分类束缚不能展开记述而采用的一种体裁。专记是由旧志中的“略”“纪略”“纪要”“述要”等体裁演化而来，也有人认为专记来源于旧志的杂记，是对杂记体裁的继承、发展和创新。旧志实无专记之名，确有与专记相似之体。专记可称为新方志在继承旧志传统体裁的一种创新模式。专记之体，大致出现在民国时期，民国方志已偶有将纪略内容列入专志的记述方式。如民国22年（1933）著名方志、史地学家吴宗慈主编的《庐山志》，就附有“抗战斗争史实”，实际上是纪略体（专记体）在志书中的实际应用。当时有人认为《山志》记入政治性内容不伦不类，但今天看却有非凡的意义和价值。有些志书亦有相同类型的篇目设置，只是未称“专记”罢了。中指办在《关于地方志编纂工作的规定》中，把专题记述列为续志五个方面的内容之一。《地方志书质量规定》第三章体例中，更明确“专记设置因事制宜，选题严格，数量适度。”这是将“专记”以官方认可的方式，作为新方志编纂应用的体裁之一。实际上，因“专记”在突出地方特色和时代特点上显示出独特的效应，首轮新方志编纂期间便被志人认可并在志书中逐渐应用开来。二轮续志继承了首轮的做法，“专记”体裁的应用得到进一步深化，展现出夺人眼目的风采。

方志编纂的体例形式演变有两种情况，一种是不打破旧形式基本格局的局部量变；另一种是在旧形式基础上创立的新形式。未来续志的编纂形式，应该是个继承创新的问题。一方面，我们仍要继承志书体例纪、志、传、图、表、录较能容纳资料信息，也能展现社会运动规律的优点，同时要进行创新，用专记的体例形式反映改革开放、市场经济形成以来丰富的社会内容。一般地说，新的编纂形式更能适合反映新的社会内容，专记这一编纂形式应该是目前认识到的新的能够有效地表现改革开放20年来社会内容的编纂形式，其必将在未来的续志编写中大放异彩。专记的合理运用，可使修志人员广开思路、“眼睛向下”，体现以人为本理念，真实反映丰富多彩的社会生活。

总括而言，专记具有以下特征。一是在表现社会内容方面， 既具备事物的单纯性，又具备事物的综合性。二是能够充分深入地反映变革，反映改革大潮中的社会生活，甚至人的心态，最能体现事物的时代精神。三是可读性强。专记可以不受章节体横分门类的束缚，编写专题事物，可有一定的叙事性、情节性，加强以事系人，增加文采，使志书增加可读性。四是专题的设置具有宽松的灵活性。

专记位置可灵活，既可放在相关事类章节之后，也可全志设“专记”编集中安排。五是具有研究性和调查性。专记具有研究性，其形式早已在史学研究、经济研究、社会研究、政策研究等方面运用。六是专记的文体以叙事为主，兼作适当的议论，也可收反映社会问题的调查报告，选择典型的反映社会问题的材料予以编写。

专记篇的体式。总结新方志专记篇的编纂经验，其体式大致有以下几种：

一是集纳式专记，列入正编序列。专记在首届志书中虽有应用，但数量较少。首轮志书中哪家最先采用“专记”体裁，因手头资料不足，难以判定，笔者不敢妄言，还有待他人进一步考证。可以肯定的是，在省（市、区）级志书中最早设专记卷的，是2005年版《上海通志》。同时该志也是省级志书中最早用专记体裁记述“文化大革命”运动的第一家。该志第四十五卷专记，设“文化大革命”纪略、地方志编纂、姓氏等3章。三项内容各有特色，为志书增色不少。尤其在首轮志书记述新中国成立后政治运动“宜粗不宜细”指导的背景下，如实地将“文化大革命”运动分阶段记述下来，从中体现出《上海通志》编纂人员秉笔直书的史家风度，着实令人钦佩。由于修志人员对专记篇的应用形成较一致的认识，上海首轮市辖区县志近半数设置了专记篇，且均放在编（卷、篇）一级层次，志书的“集团效应”凸显，在首轮修志中形成上海志书的共性特色。如《南汇县志》《杨浦区志》《静安区志》《闸北区志》《卢湾区志》的专记编，《普陀区志》的专记·附记卷，《吴淞区志》《徐汇区志》的专记篇，《南市区志》的专记·附记编。另有将“专记”升格为“特记”的，如《松江县志》《上海县志》特记篇，《上海通志》设特记卷。从上海首轮市辖区县志“专记”（包括“特记”）设的专题看，是把反映人民斗争精神的历史事件、日本侵略军暴行、“文化大革命”列为主项，并兼及地域重大历史事件、重要事物、重要历史人文等内容，多数为地域历史上人、事、物的专题集纳，钩沉历史，彰显特色，既反映出编者强烈的忧患意识，又增强了志书的知识性、可读性和历史传承性。

二是集纳式专记单独立篇，不入正编序列。首轮北京部分市属区县志也设有专记篇，与上海专记在体式上有所不同，虽为单独立篇，但不入正编系列，而是放在正编之后。专题内容侧重于反映地域内发生的重大历史事件和重要历史人文内容的钩沉，进而凸显地方的历史底蕴和历史文化特色。如《丰台区志》《通县志》《崇文区志》《宣武区志》《东城区志》在正编之后均设有专记篇。

三是单项内容的专记篇。首轮《子长县志》在卷首概述、大事记之后设《中共中央在瓦窑堡》，《榆林地区志》在卷首概述、大事记之后设《毛泽东转战陕北》，《周至县志》在卷尾附录之后设《专载》篇，天津《河北区志》于概述篇之后设《撷萃》篇。二轮《川沙县续志》在卷首总述、大事记之后设《参与浦东开发开放纪实》，《天台县志（1989—2000）》在卷首概况之后、要事纪略之前设《天台山文化》。上述记述方式与专记相同，属于未标名的专记篇。

四是体裁相同但名称不同的“专记”。除附记、要记之外，与专记体裁相同但名称不同的还有多种，如特载、特记、特篇、纪略、记略、社会调查、专题记述、专题调查等称谓。首轮《渭南县志·军事志》设《主要兵事记略》，《松江县志》设特记篇《松江府记略》，《洪湖县志》设特载篇《自立军右军新堤起义始末》《洪湖人民革命斗争纪要》，《都安瑶族自治县志》设《解放后重大政事纪略》篇，《象州县志》设专篇《1950年后重大政事纪略》，《兰考县志》设特载篇《党和国家领导人在兰考》，天津《河北区志》设撷萃篇《孙中山在河北公园发表演说》《李大钊在北洋法校求学》等20个专题，《天津经济技术开发区志》设特篇《邓小平视察天津开发区》，《濮阳市志》设特载《领袖与濮阳》、设专记《中华龙乡》《革命老区》《中部名城》。二轮《广元县志》军事卷设《三支两军纪事》，《赤水市志（1986—2006）》设特记篇《赤水·中国世界自然遗产》《黔北年产20万吨竹浆纸一体化工程》。

专记篇在志书中的位置。一是列于卷首；二是专记设为第一级篇目层次，入正编系列；三是单独立篇，不入正编系列，排在正编之后；四是多篇小专记，分散插入正编的章节目之后。在笔者阅读到的二轮续志中，尤数河北省的市县志书采用插文小专记的方式较为普遍。只是在称谓上略有变异，称“附记”者居多。此种形式较专记更贴近正文，内容涉及面较专记更宽泛一些，便利于延伸和拓展内容记述的深度与广度，进而增强志书的使用价值。《正定县志（1986—2005）》共设“附”51条，其中有《历史文化街专记》《隆兴寺大悲阁修缮专记》《南楼村民代表会议专记》《王庆广专记》。《张家口市志（1993—2008）》采取插文“附记”的方式，附记篇列有《境内古村落》《1998年张北—尚义地震》等27篇。

由于地域不同，对专记的称谓也不一致。山西首轮志书不称专记、附记，而称“要记”。《定襄县志》设《要事纪略》卷，列有《定襄同盟会的活动》《忻口战役期间的定襄》《“文化大革命”》等12章；《阳城县志》设《要记·丛谈篇》，要记列有《“十二月事变”》《朱德三过阳城》《农业学大寨》等；《平顺县志》设《杂志卷》，列有《明嘉靖初年陈卿起义》《毛泽东三次接见全国劳动模范李顺达》等重要的、有影响的事件。

有些归入“附录”“杂录”“杂记”“杂志”“志余”“外编”“专载”等类目中的专题记述内容，也属与专记的范畴。采用的内容多是政治、军事类。如首轮《宣化县志》在志末设《杂录》篇，列有《宣涿怀县革命斗争历程》《常家庄的革命斗争》等4篇专记；《武功县志》在“人物”编之后设《专载》，列有《“文化大革命”和拨乱反正纪略》《校正武功县志》2个专题。

专记诸问题辨析。专记的使用，在新方志中已较普遍。从编纂实践看，专记的名称多样、内容繁杂、位置多变，未形成比较统一的规范，有必要加深对专记的研究，形成统一的认识，使专记的编纂和应用逐步走上规范化的道路。

专记是新方志继承旧志传统的一种新创体裁，属著述体，一般采用纪事本末体的方式。有多篇集纳式和单篇随文式两种表现形式。专记的内容：一是选取志书正文内难以充分记述、或不便于展开记述的重要事项，集中起来以“专记”形式加以重点记述，以突出志书的地方特点和时代特色为出发点，彰显地域深厚的文化底蕴和独特的文化内涵；二是对分志中重要而又典型的事物， 充分地利用概括性、典型性资料，着重记述一特定事物的发生、发展的过程，起到强化、深化、细化内容的作用。专记是志书“记”体体裁中的一种，应用得当，对提升志书的质量可起到事半功倍的效果。

笔者以为，无论是集纳式专记篇，还是随文式专记单篇，都是志书的正文内容，都应入正文编排系列，不宜放在卷首位置；即便放在卷首，亦应列于概述与大事记之后，不得扰乱或取代概述与大事记合力统摄全志的功能。突出地方特色与统摄全志，不在同一个等级线上。一部志书设多少专记，以因事制宜为原则，无须作硬性规定，可视各地的实际情况决定。但要注意一点，专记设置不宜过多过滥，否则不仅会造成特色难显、重要性不突出，反而有自乱体例之弊。凡内容能够独立成篇的，就应在正志中独立设篇，而不宜以专记的方式处理。专记篇不宜放在“附录”篇之内，因“附录”属辑录体范畴，是志书正文的佐证性、补充性、说明性资料的荟萃，是志书其他篇目不能包含，但又值得留诸后世的资料辑录，而专记属志书正文典型性资料的拓展与延伸，二者担负的责任不一，实难相容。

续志编修中，有的地方出现“专记”设置过滥的情况，究其缘由，是在不少单位、个人乃至社会热衷于升格的背景下，有人将设专记视为将某种事物升格的一种标志，而不是从其体裁适用于存真求实、完善体裁的角度去思考其作用。有的“创新”，着眼于短期效应，热衷于广告宣传效应，热衷于志书体裁名目上的包装，使志书体裁名称出现五花大门的混乱现象，“专记”的位置任意摆放，削弱了志书的严谨性、科学性。

与专记类似的名称，有“附记”“要记”“特记”“专载”“特载”等，比较混乱，从志书体例的规范化考虑，似应统一到《地方志书质量规定》关于体裁的规定上来，称为专记比较恰切。志书编纂一体遵循，可形成群体优势，对于向社会宣传志书、利用志书大有裨益；同时也是志书体例规范化的必走之路和最终归宿。从志书体例的规范化，以及志书形式的整齐与美观考虑，专记或插入正文，或单独立篇，是最佳的表现方式。将专记置入“志余”“杂录”“专载”等类目中，似有违志体。

对于内容丰富、地方特色浓郁、可单独立篇（卷、编）的重大事物，就要理直气壮地设立专篇，与分志并驾齐驱。如首轮《兴县志》的外编《晋绥根据地政要纪略》《东兰县志》 的《革命斗争纪略》编，《延安市志》设《延安革命根据地志》，《田阳县志》设《农民运动与革命根据地》篇，二轮《涉县志（1991—2011）》设《红色圣地》篇，《邯郸市志》设《抗日根据地》编等，均是单独立篇的。凡已单独立篇、且内分章节记述的重大事物篇，就不宜放在卷首位置，而应插入正编之中，值得效法。首轮《宁都县志》的《苏区纪略》篇，《瑞金县志》的《红都纪略》篇，均放在卷首概述与大事记的中间，打乱了概述与大事记的有机联系，若放入正编，同样可以起到突出地域特色的功用。像“革命根据地”此类事物，适宜单独立篇集中记载，若采用专记体裁分散记述，其效果则大打折扣。以1992年版《红安县志》为例，该志在建置卷设《红安县革命根据地示意图》《革命根据地行政区划》专记；在其他分卷中分别设有《革命根据地政权》《革命根据地的公安与司法》《革命根据地人民武装》《革命根据地的志愿兵》《革命根据地工业》《革命根据地邮政机构》《革命根据地商业》《革命根据地的财政》《革命根据地的金融》《革命根据地教育》《革命根据地文化》《革命根据地的报刊》《革命根据地的军医院》等十多篇专记；文物胜迹卷设《革命文物》章；总附录中设《中共黄安县委关于黄麻暴动经过情形给中央的报告》《中国共产党中央委员会通知》《黄麻起义和鄂豫皖革命根据地革命烈士纪念碑碑文》；另，军事卷、人物卷均有革命根据地相关的内容。该志将革命根据地内容以小专记分散设置的记述形式，使这一发生在红安县域跨时长、影响大的重大事物显得零碎分散，难以形成合力、反映全貌。

总括而言，“专记”不仅对志书内容起到上溯、下延的作用，还能起到补充和加强正文内容，延伸和发展志书体裁，活化和丰富志书版式，增强和提高志书的知识性、纪实性、可读性、趣味性，彰显志书的地方特点和时代特色。志书的体裁创新，可广纳百家之长，但要保持志体的基本特色，有利于志书功能的增强。专记既要有确切的内涵，以具体、鲜活、生动的资料去表述事物，又应服从于志书总体设计的安排，不能与分志内容重复记述。专记贵在记专显特，鲜而活、少而精，注重地域性，乃专记编纂的法则。只有科学、合理地应用专记体裁，才能使其起到应有的功能效应，志书的整体质量得到明显的提升。

（此文是应河北史志文化传播有限公司、山东黄氏集团之邀，为冀、鲁两省“志鉴编纂培训交流班”讲课而作，2019年8月赴山东济南讲学；原载《“又好又快”做好史志编纂工作培训交流会资料汇编》，方志出版社济南工作站编，2019年8月·济南）

新编县志的资料搜集与整理

——在西藏聂拉木、南木林两县方志培训会议上的讲稿

今天能参加这次培训会十分高兴。这是我第二次到西藏。2005年春，我们一行4人曾经驾一辆北京202吉普车从太原出发，经西安、兰州、西宁，从东到西穿越青海，翻阿尔金山到若羌，走南疆半月牙形到喀什，上昆仑山抵红旗拉普关口，因印巴战火闭关而返回；走新藏线，从新疆叶城经过6大山口（新疆叫“达坂”）、巴公措、阿里、神山圣湖，到日喀则、拉萨，走青藏线返回太原。与西藏志界同人的交往，是2012年12月赴上海，应邀参加由上海市地方志办公室举办的西藏与新疆方志培训班讲课（上海市援疆援藏的相关市县）。现中指办援藏人员王会世（西藏自治区志办挂职副主任）原来是从山西省志办调过去的，王与我一同工作十多年，可谓我与西藏地方志颇有缘分。

这次进西藏，是应山东黄氏集团之邀而来的。县志办的主要任务是搜集资料，编写出资料长编，而后由山东黄氏集团的编辑人员汇总成书。志书的体裁由述、志、记、传、图、表、录等组成。如何合理、规范地运用这些体裁，尽力展现县情，是摆在修志人面前的主要任务。志书是资料性著述，横不缺要项、纵不断主线是一部合格志书的基本要求。面前的主要难点是时间紧、任务重，到2020年底要完成出版任务，这是《全国地方志事业发展规划纲要（2015—2020）》提出的要求。为使搜集资料的撰稿人员尽快熟悉情况，进入角色，需要走一些捷径。我以为，其一，一个简便易行的方法，即尽力搜罗现已出版的西藏境内的首、二轮市县志书（最好是县域周边的县志），因地情相近或相似，照猫画虎要容易得多，供撰稿人员参考其中承担的部分内容，学习借鉴他志中的记述内容、记述方法、图片与表格应用等，可收事半功倍之效果。当然，外地的优秀志书也可以搜集几部供参考。站在前人的肩膀上，学习各志的优长，会加快搜集资料的速度，又能保证初稿的质量，进而使志书质量提高一个档次。其二，参与修志的撰稿人员，要按现拟定的篇目对口收集资料，可使撰稿人员少走弯路，有的放矢，资料的可用度就高。现志书篇目，只是供撰稿人员搜集资料使用，并非志书篇目的定稿。篇目中所列的条目并非县内的实情，县里有什么，就搜集什么。然后根据资料搜集的多寡，依据县情进一步调整篇目，直至定稿。资料中有关少数民族政策、军事保密、边疆相关保密规定等内容的把关，哪些该记，哪些不该记，即在政治上还需当地的政府机关全盘把控，在这一方面不能出现任何纰漏。志书是“官责”“官修”，县级领导担负着直接责任。

参加这次培训的多为第一次参与修志工作，了解一些修志常识还是必要的。

一、方志基础知识

（一）方志是什么？

当代人们对方志是什么可归纳为四种说法，即笔事说、文本说、事业说和著述说。

笔事说对“方志”一名大都作这样解释：“方”者地方也，“志”者记述也。“方志”者地方之记述也。

文本说以直观感觉为依据，认为方志在本质上是一种文本。例如，《中国地方志大辞典》在“方志”词条下写道：方志“是以地域为单位，按一定体例，综合记载一定时间的政治、经济、文化及自然各方面的书籍”。

事业说是萌芽于民国，形成于当代的新观念。例如，1983 年 9 月，中国社会科学院党组在给中共中央宣传部《关于地方志工作情况和意见的报告》中写新编地方志“是一项重要的文化思想建设事业”，“是一项新兴文化建设事业”。

著述说认为方志是记载一定地区自然和社会各个方面历史和现状的综合性著述。胡乔木同志《在全国地方志第一次工作会议闭幕会上的讲话》中给地方志下的定义是“地方志是严肃的、科学的资料书”“是一部科学文献”。

以上四种说法是仁者见仁，智者见智，各有道理。但有一点是大家认同的，即方志记载的是一个地域的自然和社会、历史和现状，是分门别类记载一个地域人类活动的总体史。

（二）编纂方志有什么意义？

1．育人意义

《新编地方志工作暂行规定》指出：“新方志可用于向各族人民进行爱国主义、共产主义和革命传统教育。”这里说的就是方志的育人意义。这种育人的意义可概括如下：认识作用。人们通过阅读方志，可以加深对一定时代一定地区社会生活的认识。鉴戒作用。方志在载述事物过程中总是蕴含着编纂者的立场观点，这就必然给读者提供某种借鉴。在我国历史上，比较有头脑的政治家和官吏，常把志书作为自己做官的教科书和宝书，所以有“ 韩愈过岭，先借《韶州图经》；朱熹下车，首以《南康郡志》为问”的佳话。启迪作用。江泽民在论及新编地方志的思想启迪作用时说：新编城市志“它从一个城市发展的历史和现实中，将使人们懂得为什么没有共产党就没有新中国，只有社会主义才能救中国的真理，从而启迪人们热爱党、热爱社会主义……”

2．方志的实用意义

方志的实用意义有如下几方面：为各级领导的行政决策提供依据；为发展地方经济建设服务；为科技发展提供参考资料；为扩大对外开放和增进海内外交流服务；为发展旅游事业服务。

（三）为什么说“人生难得修回志”？

首先，修志的机会不是随时可遇的。20 世纪 50 年代，国家处在初期发展阶段， 60 年代初期，三年暂时困难，后来刚刚形势有所好转，接着“文化大革命”

就开始了。中共十一届三中全会后，经过拨乱反正，才提出修志问题。实在是机会难得，我们应该珍惜它。

其次，尽管修志时代到了，也不可能每个人都参加修志。过去编纂志书，有的是翰林院编修，采编人员也由秀才来当。所以，参加这次修志的同志是机不可失，时不再来。我们应下定决心，修好第一部县志。

（四）地方志的体裁应包含哪些？

地方志的体裁应包含述、记、志、传、图、表、录等，以志为主体。述，即综述或概述、总述。记，即大事记或大事年表。志，即著述部分。用于各分志，是志书的主体部分。传，即人物传记，专门用于写人物。图，即各种地图、图像、照片。表，即用文字、数字表述的各种一览表和统计表。录，即附录或从录，用以辑存地方珍贵史料。

（五）地方志的特性有哪些？

地方志的特性有六方面：有明确的区域性，不“越境而书”。有编纂的连续性，一代接一代，代代相传，连绵不绝。有内容的广泛性，从天文到地理，从自然到社会，从生产斗争到科学实验，都可以在志书中记载。有时代的鲜明性，它是时代的产物，无不打上时代的烙印。有体例的特殊性。有编纂的科学性。

（六）方志如何体现时代特点？

所谓时代特点，就是前代所没有的，当代各地区普遍存在的事物。新编方志如何体现时代特点？概括地说，从编纂指导思想的确定、基本纲目的设定到资料搜集、文字表述都必须体现出当代的风貌。就志书的内容而言，应当突出中国共产党和人民政府的领导，突出社会主义革命和建设的伟大成就，突出改革开放、突出经济建设这个中心，突出“三个代表”重要思想，突出政治文明、精神文明建设等。

（七）一地和一行业的特色含义是什么？

一地和一行业的特色含义是“人无我有，人少我多，人迟我早，人劣我优”16个字。

（八）方志如何突出地方特点？

为突出特点，拟定纲目时，可采用提级升格法，把具有特点的事物从它所属的事物中独立出来，单设分志或章节，但更多的是编写时采用“详独略同”法，在有关分志或章节中浓墨重彩详细记载那些具有地方特点的事物。

一地特有的事物只是少数，大量的是共有事物，因此，志书各分志如何写好各地共有的事物，是记载和突出地方特点的关键。其方法是：第一，通过横向比较，找出共性中的个性，着力记述；第二，记述各地共有事物在本地是怎样发展的；第三，相同的内容略记或不记；第四，写具体事实，不能无具体内容又笼统记述。

二、资料的收集、考证与整理

资料是志书的生命，掌握丰富翔实的资料是编写地方志的基础。资料工作是编纂方志的重要环节，包括收集、考证、整理、管理、利用等多方面。它贯穿于修志工作的全过程，是一件艰巨、细致、科学性很强的工作。这里，我们着重探讨县志资料的收集、考证与整理。先作个说明，下面所谈的是收集、考证与整理的传统方法，在第一轮修志时被普遍采用。但是，随着时间的推移，形势的发展情况，有些方法在第二轮修志时不一定适用，这就需要我们在实践中去探索创新，总结出新的方法和新的经验。尽管如此，有些方法对这轮修志仍有一定的借鉴作用。

我们知道，方志资料的种类，有档案、图书资料、报刊资料、实物资料、口头资料、旧志资料、统计资料、音像资料、网络资料、其他资料（手稿、书信、日记、私人著述、家谱、通讯录等）10 种。方志资料搜集的途径，有查阅档案、查阅书刊、采访座谈、实地调查、问卷调查、抽样调查、网络下载 7 种。其中的采访座谈、实地调查、问卷调查、抽样调查，均属于采访的范畴。

采访、座谈。搜集地方志资料，除文字资料外，必须搜集口头资料，这就需要进行采访、座谈活动。采访，就是修志人员走出去，拜访当事人或知情人，并做好记录或录音工作。采访必须要有准备。有准备才能提得出问题，才能提得准问题，才有可能由此及彼、顺藤摸瓜地扩大资料线索。所谓有准备，就是采访之前要列出详细的采访提纲，初步熟悉一下与采访有关的人和事。有了详细的提纲，采访就可以多角度地提出问题，不至于两三个问题后就无话可谈了，影响采访的效果。初步熟悉你所要了解的人和事，与采访对象交谈时，就能扩大交谈面，深挖细找所需要的有关资料。无论是采访还是座谈，必须尊重被采访者的原话如实记载，不可自以为是，随便修改采访记录。要请讲述者对采访记录予以阅读确认，并签上自己的姓名。若是集体座谈，参加者都要签上姓名。

口头资料。口头资料是记忆中的资料，不像文字资料那样不会走样。所以，在个别采访的同时，还应集体座谈。座谈所得资料，由于互相进行了回忆、核实，较个别采访所得资料，应该更加牢靠。对于文化水平较高的被采访对象来说，约请其撰写回忆录，也是搜集口头资料的一种常见方法。

实地调查。旧方志编纂，采访人员实地调查搜集资料是常采用的一种比较简单的方法，尔后将所得资料拿回来交给主编人员。新方志编纂，搜集资料讲究责任到人，但并不排斥采访人员进行实地调查而获取资料。而且，由于市场经济秩序的建立，志书的资料搜集难度加大，有许多资料可能没有专门的部门提供，需要修志人员进行实地调查才能拿到。

问卷调查。问卷调查是一种比较新颖的资料搜集方法。问卷上印有调查者所需的各种各样的问题，答案往往已经给出，由被调查者根据本身的实际情况选择某项或某几项。此种调查，所调查的对象数量一般比较多，所调查的问题又是大家共同关心的，根据解答者的数量多少，调查者对问题作出比较明确的判断。

抽样调查。抽样调查也称“随机抽样调查”。在统计总体中，根据每一单位有同等机会被抽取的原则，抽取一定数量的部分单位作为样本进行调查，并以其结果推断统计总体的一般情况。有的问题无法进行全面统计调查，抽样调查便不失为调查的一种简便易行的方法。统计资料中，每年都有居民家庭的抽样调查，有的还按年龄分组进行。

笔者收集西藏的志书较少，因退休后参加了多部河北省二轮市县志书的评审，故收集河北的志书较多一些。在阅读河北的志书中，笔者感到河北的二轮市县志书在资料搜集方面创造出许多成功的经验。我大致罗列了一下，主要有以下几种方法：一是志办人员自采资料，改变过去“守株待兔”的老习惯，深入基层采访调查，重在弥补无人无单位供稿的缺项内容；二是志办与供稿单位相结合采编资料，立足于某行业或某事业的亮点事物；三是组织社会力量搞调查，着重于民生事宜；四是志办委托相关单位调查撰稿，弥补供稿中的缺项或补充该行业或该事业发展中的亮点事物。

（一）资料种类

根据资料的不同存在形式，傅振伦先生参考国内外文献目录所拟订的史志资料类别分为5种，比通常所说分为3种（文字、实物、口碑）较为全面，兹录如下供参考。

文献资料。一般分为：

文史资料：编年史、纪传史、纪事本末史、政书、类书、地理、方志、年鉴、谱牒、传记、年谱、言行录、文集、笔记、小说、戏剧、评论以及期刊、杂志、报刊、宣传手册等。

文书档案：经济、政治、法律、军事、外交、文化、学术等文件以及宪典、证书、条约、证券、判决书、政府公报、会议记录、清册、报告、函电、公牍等。

个人材料：自传、履历、鉴定书、讲演稿、报告、证件等。

技术资料。主要有：

烫样、模型、蓝图、图表（包括工程的、美术的）。

技术说明书，如结构物的用途、外形、结构、施工及各个部分和零件的说明等。

工艺资料。主要有构筑物的零件制造方法、安装、操作、修理以及组织生产过程的说明等。

制图文件资料。主要有地理图、历史图、社会经济图、地质图、水利图、土壤图、气候图等。

照片、影片、幻灯片、录音文件、录像以及网络资料等。

实物资料。如劳动生产工具、家具、日用品、武器、文具、乐器、钱币、纸钞、邮票、衣饰、印章、纪念章、纹章、食品、房舍、作坊、城堡、桥梁、坊巷、街道、坛庙、园陵、坟墓、金石、碑刻、造型工艺、遗迹遗存、文物、纪念物以及人、畜、野兽、动植物化石、残骸等。

口传资料。也叫口碑资料。主要有回忆录、民歌、民谣、民谚，遗闻逸事和民间传说等。

（二）资料搜集

搜集方法。根据不同的资料类型，采取不同的搜集方法，下面谈5种常用的方法：

1. 文献资料搜集。文献资料浩如烟海，即使是近 20 年来的也是文山会海，资料繁多，不能盲目地翻阅，否则就是大海捞针。这就需要借助各种目录索引，有的放矢地搜集。此事看似简单，其实是一项专业性较强的工作，要掌握目录学知识，学会使用工具书才能胜任此项工作。以下几种目录要注意掌握：

图书目录。到图书馆找资料，先从目录入手，寻找所需资料的版本，然后再从有关书籍中去搜寻所需的资料。古籍目录主要有《四库全书总目》《四库未收书目提要》《中国丛书综录》《中国地方志联合目录》等；新中国成立后出版的图书目录有《全国图书总日》，以及各级图书馆图书目录等。

报刊目录。全国性的报刊目录主要有《全国中文期刊联合目录》《中国近代期刊篇目汇录》，以及全国各级图书馆馆藏报刊目录。改革开放以来，各市、县都办有许多报刊（公开发行和内部交流），各地图书馆或有关单位都有保存，第二轮修志要特别重视去搜集，其中有许多有价值的资料。

档案目录。各级档案馆都编有档案全宗目录、案卷目录等，应学会使用，先从目录查起，做到有的放矢，切不可漫无目的调档，造成不必要的时间、精力、财力浪费。

传记资料索引。正史部分有《二十四史纪传人名索引》《清人碑传文通检》《三十三种清代传记引得》《中国人名大辞典》《民国人物》《近代中国名人辞典》《当代名人录》，以及各地编辑的各种人物资料等。

地理资料索引。有《中国古今地名大辞典》《中国地名大辞典》《清代地理沿革表》《历代舆地沿革险要图》《中国地理沿革图》《近三十年全国郡县增建志要》《中华民国疆域沿革表》等，以及各市、县近年编辑的地名录等。

2. 技术资料的搜集。对本区域各科研单位、各生产经营企业各种需记述的科学技术资料，在不泄密的前提下，进行拍摄、录像、影印或用文字描述的手段进行搜集。

3. 图片资料，除搜集原件外，应广泛收集影印件，如图片集、地方志书、年鉴、期刊及其他图书中的有关图片资料。录音、录像等资料，有条件的可以复录。网络资料，应通过电脑解读光碟资料，取得网际网络的有关信息。网络资料无时间、空间的距离，搜集并利用网络资料已成为第二轮修志的重要手段（如各地政府网站的资料）。

4. 实物资料搜集。对本区域的山川、景物、道路、桥梁、名胜、古迹、文物、重要建筑物、著名产品等要进行实地考察，用现代科学方法进行观测记录，如采用文字描述、测绘、拓印、摄影、录像等手段进行搜集。

5. 口传资料收集。口传资料一般通过采访获得，如登门拜访、开座谈会、发函征稿等。民歌、方言、曲艺等以录音方式搜集。

搜集资料步骤。着手搜集资料之前，应制定搜集资料提纲。提纲是根据志书篇目（细目）编制的，逐一注出资料的详细来源，明确搜集资料的目标和范围。

根据提纲上所列内容的相关资料，已有的不必重复，没有的重点搜集，不够的进行补充。按提纲去搜集，可收到事半功倍之效。当然，这种提纲不是一成不变的，要根据编纂志书的需要及搜集资料的进展情况，反复修订，以免缺乏或遗漏。还要对计划搜集的资料分类排队，明确资料的搜集方向，对机关部门所保存的资料先清查对照一遍，再摸清本区域内的档案馆、图书馆、博物馆、文化馆以及各种类型资料室中有关文献和实物资料情况。此外，还要深入社会、深入基层、深入民间搜集资料。必要的时候，要到外地查找资料。总之，要千方百计地把所需的资料全面、完整地搜集起来，为修好志书打下坚实的基础。

为了提高搜集资料的工作效率，有些地方总结出“七先七后”的工作步骤可供参考：

先普查后细查。应根据所搜集资料的存在形式和来源，先做好普查工作，编写出一个资料目录，然后再依照目录作深入细致的查阅、搜集。

先内后外。先查阅本单位、本系统收藏的文书档案资料，后去外单位、外系统的档案馆、图书馆（室）查阅。要避免盲目地去外单位搜集本单位已有资料的情况发生。先本地区，后外地区。本地区确实查不到的资料，再去外地区查找，不要舍近求远。出发前应先摸清并确定外地收藏所需资料的单位，以免达不到目的。

先口传后文献。由于一些历史事件的当事人和知情者年事已高，应将抢救活资料放在优先地位。

先文字后实物。文字记载不全或对文字记载有疑问的，再进行实地考察。

先古后今，由远及近。近年的资料极为丰富，知情者多，可放后搜集。对于这一点，有的同志可能有不同意见，认为第二轮修志重点是记述近20年来的情况，无所谓先后。仔细考虑，实际上还是实用的，虽然重点时段只有20多年，但20多年也有先后之别。更何况，第二轮修志还要考虑对前志的缺漏进行补遗。二轮续志中，就有对古代及近现代人物传或人物表的补遗。第一轮修志对民国时期、中华人民共和国成立后的历次政治运动，尤其是“大跃进”“文化大革命”的资料太简单，第二轮修志应引起重视，要设法进行补遗。对上述各时段的资料抢救是时不我待的。

先易后难。对个别收集难度较大的资料，可以放后一步进行，先搜集那些省时省力，易查易收的资料，然后再解决难度较大的资料搜集问题。

先直接后间接。不论是文献资料还是口传资料，都要先搜集原始的第一手的、没有经过加工的资料。在确实查无直接资料的情况下，再搜集间接资料。

以上所说的7种步骤不是截然分开的，有些步骤可以同时或交叉进行。有时为了搞清一个问题，往往需要反复查访。

首轮修志资料主要不足。从资料种类看，主要存在两种不足：一是实地考察资料少，绝大多数为第二手资料；二是图照资料征集、使用存在不足（如随文插图少、历史信息量大的老照片少，没有存史价值图照多、商业性的广告图片已经出现等）。

从资料内容看，主要有七个方面不足：人文社会资料不足，以事系人资料不足，“静态事物”的动态资料不足，中华人民共和国成立前的资料不足，政治运动（特别是“文化大革命”）资料不足，劣势和失误资料不足，有关平民百姓资料不足。

突破搜集资料瓶颈的主要措施：

一是改一步修志法为两步修志法。第一轮修志，多数市、县采用一步修志法，即各市、县先拟定志书篇目，然后将篇目下达给各承编单位去编写，各承编单位都是党委、政府所管辖的部门，一般都能按题作答，完成承编任务。第二轮修志若仍采用此法，有党委、政府所属部门牵头的单位可以达到要求，其他的可能难以如愿。若改为两步修志的方法，即先组织发动各部门、各单位（包括众多的私营企业或行业）编写部门志、企业志、行业志（或者企业史、行业史亦行），这样就可以大大丰富市、县志的资料来源。当然，这样做要有修志的法律法规作支撑才能顺利进行。两步修志法的时间可能会拖得长些，但所搜集的资料会较丰富，志书的质量也会得到提高。

二是改“坐着等稿”为“走出去组稿”。第一轮修志有许多现成的历史资料需要整理考证，又有许多部门提供的资料需要加工，因此“坐着等稿”基本能完成编纂任务。第二轮修志应当摒弃“坐着等稿”的陈旧方法，走出书斋，走出编辑室，在修志职能上大胆创新，在修志作风上来个大的转变。首先，要用社会学的调查统计方法应对资料搜集中出现的“瓶颈”，方志人要深入社会各层面进行调查，包括普遍调查、典型调查、抽样调查和个案调查，对所记述的事物进行专题调查，就可以掌握相关事物的具体情况。通过社会调查，还可以收集到许多文字上几乎找不到的资料。对现实中的一些社会问题，方志人也可以进行“焦点访谈”，搜集社会“难点、热点、焦点”资料。其次，要向新闻媒介系统学习，做到“嘴勤、手勤、腿勤”，遇到那些关键性和能说明重要问题的资料，要抓紧时机马上捕捉，“眼观六路，耳听八方”，争取获得第一时间、第一现场的资料。

三是改“独家运作”为“多方互动”。第一轮修志市、县方志部门搜集资料是各自为战，与上下左右交流交换资料工作开展不够，与外地交流就更少，搜集资料的活动空间受到极大的限制，资料线索无法扩大。这种状况，第二轮修志应当改变。一方面是方志系统要加强协作，及时交流交换各自掌握的资料；另一方面是与本市、县各系统、行业的各单位加强协作，扩大资料线索。

四是改“单一征稿”为“多渠道供稿”。第一轮修志，各地基本上用行政的手段征集志稿，第二轮修志时这一征集志稿（资料）的路子是走不通的。社会的多元化，就要求搜集资料的多样化，才能征集到多角度、多层面的资料。因此，必须切实改变过去那种靠单一的行政手段征稿办法，建立起一种专兼职、复合型的多渠道供稿体系，多几个搜集资料的“抓手”。如，建立通讯员队伍、与驻外机构建立供稿关系、聘请当地资深人员担任学术顾问、建立史志学会等。

搜集资料应注意的问题。

一是搜集资料时，要广征博采，保证资料九要素（类别、时间、地点、人物、事件、情节、关系、结论、问题）的完整性。对资料来源必须标明，要把文献资料的书名、作者、版本、年代、页码以及馆藏情况全部记上。报刊资料要记好刊名、年、月、日、卷号、版面。口传资料要标明提供资料人和采访者的姓名和记录的时间、地点。实物资料要标明实物所处的地点、建造时间及主要设计建造者（文物则要标明出土地点、收藏人或收藏单位及鉴定记录等），以便对资料查证核实。

二是摘录资料要忠于原文，尽量做到完整无缺。凡是与主题有关的事件、时间、地点、人物、过程、缘由等内容，应全抄全录。夹杂在其他材料中的，凡是与主题中或人、或事、或境、或时有关的部分，即使只有一两句是重要的，也要摘抄下来。对同一事有不同说法的，或有争论的观点，更要注意摘录。对某一人物的功过是非，某一事件的是非曲直，或褒或贬都要搜集。主题资料的时代背景，也要注意搜集。

三是在利用计算机等现代手段搜集整理资料时，应继承发扬传统工作方法中那些扎实、严谨的做法，如通过网络传输的资料一定要注明出处，并在处理过程中保持原始资料，以免产生错误，无从查考。同时，要积极探索用计算机管理资料的科学方法，把各则资料的分类主题词（关键词）输入电脑，以便在编写志稿时按不同要求组合，进行系统全面的资料汇编，为整理资料长编作准备。

（三）资料考证鉴别

资料差错主要类型有：对同一事物有几种不同来源的资料，有说法不一或相互矛盾的情况出现；几种资料虽然说法相同，但却与事实相违，或者张冠李戴；一些资料对某项事实是片面反映，或对成绩夸大，或对问题缩小，数字或语言表达不够准确；有的资料从科学技术或专业角度看不合道理；原文在刊载或摘抄时有笔误，或在节录时产生歧义和重大缺漏，等等。

考证的主要方法。一是书证。就是把同一事物的不同类型的书面资料，包括各类文书档案、典籍、笔记、信札等，进行比较对照，以文献证文献。在分析这些资料时要注意文献中相沿抄袭的现象。有时对同一事物的说法，几种资料虽然完全一样，但实际上同出一源。所以，在书证时，要追溯资料源头，考订出处；要充分地占有资料，尤其是离事物发端时间、地点最近，或是当事人的第一手资料，就能较为准确地比较和鉴别。但应注意孤证不取，即“孤证不立”。二是物证。即以实物资料和现场考察来订正文献资料。这种考证比较可靠，因为实物是第一手的，是最直接、最真实、最科学的。当然，有时也有例外，个别的实物本身也不能反映事物的本来面目，如文物赝品等。有些实物经过加工、改建、搬迁，与事物本来的面目相比较发生了变化，就不能作为考证的依据。三是人证。即用当事人提供的口传资料或文字资料来验证文献资料。这种活资料是修志资料的重要来源之一。四是理证。即是用若干公认的原理和经验进行推理、判断。这是在佐证缺乏的情况下才采用。采用这种方法，需要修志者有一定的学术水平和渊博的知识，才能作出较准确的判断。

鉴别的原则：一是图书资料与档案资料出现矛盾时，一般以档案资料为准；二是内部资料与外部宣传资料有矛盾时，一般以内部资料为准；三是距离事件发生时间近的资料同距离事件发生时间远的资料有矛盾时，应以时间近的为准；四是亲身经历的资料同旁证者的资料有矛盾时，应以亲身经历者为准；五是统计数据不一致时，一般以统计局正式公布的数据为准，但要注意统计口径的一致；六是第一手资料与第二手资料有矛盾时，应以第一手资料为准。

（四）资料整理

登记。1. 簿式登记。搜集的资料首先要按顺序编号登记，建立几种登记簿：

其一，《文献资料登记簿》（包括技术资料），内容包括顺序号、资料名称、作者、资料分类（书籍、报刊、档案、规章、契约、合同、书信、日记等），资料形成或印刷时间、提供资料者或摘抄人、其他。其二，《实物资料登记簿》，内容包括顺序号、物件名称、发现时间、地点、提供者姓名、单位、住址、其他。其三，《口传资料登记簿》，内容包括顺序号、资料名称，被采访人姓名、性别、年龄、职业、住址，采访人姓名、时间、地点、资料种类、其他。其四，《图表照片音像登记簿》，内容包括顺序号、资料名称、绘制、摄制者、资料来源、资料形成时间。其五，《网络资料登记薄》，包括顺序号、资料名称、网址（出处）、下载时间。

2. 卡片登记。对所搜集到的各种有用资料，必须制卡归档，以备使用。资料卡片通常有 4 类： 原文摘录卡； 书目卡片，只记书名、版本、出版日期、页码、章、节、目；索引卡，只定个标题，或叫索引主题，标明出处；内容述要卡，只记资料的大意或简要内容，作为索引卡的补充。

上述 4 种卡片，原文摘录卡使用较多。在制作卡片时应做到以下 3 点：其一，按事入卡，一事一卡；分类组合，使用方便。其二，标准抄写，核对原文；字迹清晰，出处无误。其三，详略分明，标识注明；便于检索，准确完整。

为了便于检索，对资料卡片要编制各种代码，通常有以下 4 种编列方法：篇目分类号，主题年代号，资料种类号，登卡流水号。

分类。一为时间分类法。以资料产生的时序为划分标准。二为问题分类法。把资料的内容划分为若干问题，按志书拟定的篇目分别归类。三为纪事本末分类法。即将一个事项的起源、经过、人物活动、结果等内容的资料有序地汇集在一起。四为资料形式分类法。可按图书、报刊、照片、音像、光碟等资料形式分成几大类，然后再按资料的性质、内容分小类。

三、资料长编的编写

（一）资料长编的含义

新编地方志是一定区域范围自然与社会、历史与现实的综合性资料性著述。它的这一基本性质，决定了其资料搜集工作的广度和深度，修志人员势必要在占有大量充分的资料基础上编写志稿。

何为“占有”？根据志书篇目搜集得来的资料数量庞大、内容丰富，经过修志人员的分类整理，变得易于保管和检索，但是，就整体而言，它们仍是一批未经编纂检验的原始资料。此时，编写人员对各种材料之间的内在联系尚未把握，所以，虽然他们已经拥有了资料，但严格说来，还未占有资料。若就此仓促编写志稿，势必会影响志书质量。

如何解决这一难题？编写资料长编是最好的办法。编写资料长编的传统由来已久，最早最著名的例子是北宋大学者司马光主编《资治通鉴》。《资治通鉴》是部跨度1362年的史学巨著，卷帙浩繁，各类资料如实录、正史、杂史、小说（指丛杂的私家著作）浩如烟海，如何把它们变成内容翔实、体例一贯、整体性强的多卷史著？司马光有胆有识，采取众手同编、一笔主削的办法，即由各位修官分段负责，先将各类资料排比为丛目，再分类整理为长编，在此基础上，司马光加以删订，终于编成这部皇皇巨著。此后，世人在编纂大部头书时多有仿效，如李焘的《续资治通鉴长编》等。

各种资料长编虽然在形式上各有千秋，但有其共同性。据《中国历史大辞典》：“长编，详细汇集编排历史资料，以备删定成书之用的底稿。”

长编法为旧志编纂所借鉴，如记事注明出处、注文疑信并用、注文辨误等方法在旧志中很是常见。新编地方志更要充分发扬这一优良传统。依此类推，方志资料长编就是在志书正式编写以前，把已收集齐备的分散资料，按照志书确定的篇目要求，进行分类、编号、整理、排比、鉴别、筛选而成的系统资料。

资料长编是原始资料向志稿过渡的一种独特形式，有其自身的特点：一是资料长编不同于一般的资料或资料汇编，资料长编仍是原始资料，从形式上看，资料长编仍是一条条资料组成，但它们已经过编纂者思考加工，按照一定的秩序排列，实质上是具有内在联系的、完整的、系统化的资料汇辑稿，和原来简单分类、堆砌组合的资料有着质的区别。资料长编是严格地按照志书的篇目纂辑而成，所以它也不同于一般的资料汇编。二是资料长编也不同于志书成稿。尽管资料长编向志稿迈进了一步，但它并没成稿，其本质属性仍是资料。

资料长编对志书编写有下列重要作用：一是资料长编能检验、促进资料搜集工作。虽然编写资料长编是建筑在资料基本搜集完全的基础上，但缺漏在所难免。在编写资料长编过程中，根据志书篇目要求，通过对所有资料的逐条甄别、认真筛选能发现不足所在，及时采取措施加以弥补。二是编写资料长编有助于完善篇目。合理的篇目设计归根结底还取决于资料情况。在资料长编编写过程中，容易发现篇、章、节、目设置上的问题，及时加以调整。三是编写资料长编对以后编写志稿极有好处。汇编资料的过程，实际上熟悉掌握资料的过程，通过对资料选题研究和资料的筛选、提炼，可提高编写人员驾驭的能力，为编写志稿作好准备。四是资料长编是新方志编纂过程中一项重要成果。资料长编由大量原始资料组成，分量要多于志书好几倍，可以系统地保存更多的资料。而且每则资料都注明出处，便于查考，从某种意义上看，价值更高。

所以，资料长编在修志中具有举足轻重的作用，不仅是志书编纂过程中必须完成的重要一环，而且是试写志稿的前提和修好志书的基础。

（二）资料长编的编写方法

在资料基本收集齐备、志书篇目基本拟定的前提之下，修志人员便可着手编写资料长编。

资料长编有撰写体（编写体）和纂辑体之分，所谓“撰写体”即是由编写者用自己的语言综述资料；所谓“辑纂体”即由编者将资料原文照录，在必要处加连接词或作简要说明。实践证明，撰写体这种写法不利于原始资料的保存，弊多利少，不宜采用。相反，纂辑体条理清楚，简便易行，保持原始资料的面貌，存史价值亦高，目前为大多数志书编写者采用。

资料长编录用资料可分为三类，即入志资料、背景资料和参考资料（或考证资料）。入志资料是在大量原始资料经过分析、筛选考证、去粗取精、去伪存真后挑选出来，属于篇目范围的、准备入志或可以提炼入志的，与人、事、物主题有比较直接关系的资料；背景资料是指不单独入志的，与主题有间接关系的时代背景、重大政策方针文件等资料，有助于说明入志资料；参考资料是指经过筛选，与主题虽没有直接关系、但尚有一定参考价值的其他资料。入志资料须原文照录，不加更改，背景资料和参考资料有的只要编出目录索引就行了，不必都照抄原文。只是某些考证过程可较为详细地加以说明。原有多说的问题，经过考证，在志书中采用其中一说，这种考证资料在资料长编中必须详列。考证无法确定的，多说并存。

编者对资料原文不加更改，但并不是说志书资料长编中不要有编者语言。由于有的资料原文含义不清，时间、地点、称谓省略或者有明显的错漏，编者根据考证结果要加以必要的说明，说明语可用括号分出，也可在资料前后采用小标题、按语等形式。

资料的编排方法有多种，按时间编排者曰“编年体”；按事件编排者曰“纪事本末体”；按人物编排者曰“纪传体”等。但资料长编最基本的编排方法乃是将各类资料筛选过后，按最后修订过的篇、章、节、目对号入座，在必要的横分门类过后，再按时间、事件等次序纂辑排列。

资料长编在所列原始资料之后，必须详细注明资料出处，可用括号标出。如资料出处为某种书刊，应注明书籍的出版单位、版本、页次、起止行次等。

（三）长编编写中资料筛选方法

资料筛选工作是资料长编编写工作的核心。正确地筛选资料是提高资料长编质量的关键。筛选资料如何能取舍得宜？简而言之，选入筛选资料宜专、宜实，紧扣主题，言必及事，忌用空话、套话和无关的话，只用其与主题有关的部分。

具体办法有：一是加小标题。用标题体现资料中心内容，将多则资料之间的逻辑关系用简要的语言显示出来，能更清楚地说明问题，资料长编的小标题一般可以与志书篇目的标题结合一致起来。二是对资料可以删削或连缀。有些原始资料篇幅较长，若原文照录显得冗长，不妨将其中于主题无关的部分加以删除；有些资料短小零碎，但若连缀在一起则能共同说明一个问题。这两种方法在使用时必须注意，删削不能过分，否则资料支离破碎，语焉不清；连缀则须注清出处，不容混淆。三是一则资料若能说明不同问题，可分别使用。

（四）编辑资料长编过程中的主要做法

资料长编是在资料基础上向志稿转变的过渡，是承上启下的关键。它既是对资料收集工作的检验，也是志稿编写的一种“演练”。

资料收集阶段解决的是资料有没有，丰富不丰富，横向分类中有没有缺失；资料长编编辑阶段解决的是入编资料对不对，重要内容缺不缺，纵向记述中有没有断线。修志好比造楼房，资料卡片是原材料，编辑资料长编可以是“打个地基”，其余的任务可以放在编写志稿时完成；编辑资料长编也可以是“搭个框架”，基本解决篇目修改和资料归类；当然，编辑资料长编还可以是“建成毛坯房”，编写志稿时只要按志书编纂要求，做好“装修工作”即可。编辑资料长编过程中的主要做法是：一是紧紧抓住资料长编的核心内容，精选高质量的资料。编好资料长编的关键是在精选资料上下功夫。一是细化篇目。编辑资料长编尽量编到目或子目（到不能再分为止），并在编辑资料长编阶段完成篇目的调整修改。我们觉得，如果等到编写书稿时还在调整修改篇目，那说明对行业（事业）的认识、对资料的梳理和归类、对资料完整性的把握等问题都没有处理好，也就是资料长编没有编好，势必事倍功半。二是抓住“四点”。“四点”即起点、转折点、关键节点、终点，抓住“四点”就能清晰地反映记述主体的发展轨迹和兴衰起伏的全过程。我们将此作为衡量资料长编中节、目（或子目）内容是否基本完整的一个标准。三是抓住基本形态。勾勒行业和事物的基本形态。在编辑资料长编中突出各个发展阶段的规模、结构、组织形态等资料，不让每一个章节变成流水账和大事记。四是抓住“四类重要资料”即综合资料、典型资料、对比资料、背景资料。一般来说，在资料收集过程中，各参编单位提供的资料往往局限在本单位、本部门，缺少行业（事业）综合资料和横向对比资料，只见树木，不见森林。行业综合资料和横向对比资料是志书中非常重要的内容，所以，我们在资料长编编辑阶段，着力最多的就是去寻找和提炼行业综合资料和横向对比资料。五是抓大放小，舍得放弃。改革开放30年，只是历史长河中的一小段，而本轮作为断代志，将其放大；同时，由于发生的时间很近，资料很丰富，某一个局部的事物，也许会收集到大量的资料，这就需要挑选，舍得放弃，不能事无巨细，都编进资料长编。资料长编不是简单的资料汇编，资料多、对象多时，就要善于编排和善于割舍。我们是出书前的资料长编，为出书而制作长编，编辑资料长编是服务于初稿的形成，目的性很强，基本不能进书稿的资料，或者不能发挥佐证作用的资料，就不编进资料长编。如果需要，待成书后再编资料汇编也可以。抓大放小的重点是突出以行业综合性资料 + 典型资料的组合。六是尽量按照志书初稿的容量控制各篇章的资料长编规模。资料长编有了数量控制的理念，就会倒逼着我们在资料精选上下功夫。

二是坚持采用纂辑方式。编辑资料长编，把控资料长编质量作为编写志书初稿的基础，我们认为资料长编越接近方志初稿越好。所以，我们在编纂资料长编时，坚持采用纂辑方式编辑资料长编。虽然纂辑型资料长编耗时，为汇辑型纂辑型资料长编的数倍，但是质量上相对有保障，纂辑型资料长编对资料进行了更为深入的甄别、挑选、组合、串联等工作，形成了或以节、或以目、或以子目为单位的纂辑型资料稿，更便于形成志稿。同时，相比汇辑型资料长编，纂辑型资料长编比较精练，纵向串联脉络比较清晰，容易看出资料的缺失和对错，有利于承编单位修改补充，有利于专家审读资料长编，有助于把控资料长编的质量。

简明精练是要求文字简明扼要，文约事丰，言简意赅，不拖泥带水。修志崇尚叙事简洁，文字精练。叙事简洁，不拖泥带水，这是修志之要旨。胡乔木在全国地方志第一次会议上指出："所谓简明，就是指每个方面的说明要像打电报、编辞书那样地精练，要惜墨如金。"

朴实是志书语言的基本风格。编写志书应以事实为根据，文风要实实在在，不浮夸、不矫饰，不言过其实。志书记事要实事实说，不能说大话、空话、套话，更不能说假话。关于朴实的文风，章学诚说过："与其文而失实，何如质以传真也。"志书以质朴无华为美，只要实实在在地把事实记述清楚明白即可。志书行文要做到朴实：一是不用带有浓厚情感色彩的宣传词语。如记载人物，说某人死后"永远活在人民心中"；记地方历史，用"人杰地灵，物华天宝"；讲到成绩就用"举世瞩目""突飞猛进""扶摇直上"等。二是慎用形容词和副词。三是不要发表空泛议论。四是忌用空话、大话和套话。五是不能太笼统，不能只有空洞的概念性语言，而无具体的事实。

流畅，指文通意顺，语句连贯，不创造词语，不用晦涩艰深的词语，让人读起来流畅、明白。近年来，新出版的志书中，行文不畅的表现有以下几种：一是用词生僻，或生造词语，使本该通畅的句子令人费解。二是文白夹杂，使人读起来疙疙瘩瘩，有碍流畅。三是统计数字成篇，但事物发展的过程未记述清楚，也会影响文字的流畅。四是有的志书量词用得过多，妨碍了文字的流畅。

方志语言，在讲究严谨、朴实、简洁的基础上，还应讲究雅重、优美、流畅。近年来，方志界的许多领导、专家都相继提出了这样的问题：在坚持把握志书语言特点的基础上，要注重追求志书语言的优美典雅，以增强续修志书的可读性。李铁映在全国地方志第二次工作会议上指出："志书一定要可信、可用、可读。可读，要写得精练、优美，引人入胜。读志如看画听乐，爱不释手。文字水平要高。不少名史、名志都是优秀文学著作，影响深远。"王朝闻也曾说过："方志要写成富于魅力的、可读的教育人民的东西，不要写成流水账，不要写成简单的结论。"这就为我们从事地方志工作的同志提出了新的、更高的要求。客观地讲，新编地方志同旧志书相比，确实可以列举出许多优越之处，但就可读性而言，逊于旧志乃是不争的事实。旧方志运用语言文字的功夫是值得我们学习的。当然，今天的社会分工越来越庞杂，产品多种多样，记述起来难度较大；再者古代都是名人修志，人数极少，现在我们是“众手成志”，要求统一的语言风格的确有难度。但对于前人在语言运用上的技巧，还是非常值得我们借鉴的。要使志书语言流畅，首先要做到字通意顺。应该安排好内容层次之间的关系，处理好段与段、句与句、词与词之间的关系。其次，可适当使用修辞手法。首届出版的志书，有的语言平庸呆板，缺少生气，可读性不强，究其原因，就是因为片面强调客观记述，而忽略了修辞格的运用。通过选择适当的修辞方式，使志书语言略带文采，生动流畅。现代汉语的修辞格多达数十种，根据各地编纂经验，有的修辞方式是适宜志书语体的。

另外，方志用语必须规范，符合现代汉语标准化的要求。根据修志工作实践，志书行文还要注意以下几个问题：一是不要文白夹杂。有的志稿往往使用半文半白的语言，弄得语气不畅，艰涩难懂，影响了志书的统一文风和美感。当代方志学家傅振伦先生说：“记事当因时制宜，用当代语言，不可模拟古人、古文、古事，不要故作怪奇，不要画虎类犬，雕鹄成鹜。要做到文从字顺、雅俗共赏。”二是力戒口语、俗语入志。如“一把手”“误区”“怪圈”“超生游击队”等口语化的用词应避免使用。三是防止套话、空话和“穿靴戴帽”。四是防止乱下断语。志书是用资料说话，是非曲直，不言自明，所以一般不乱用结论式的断语。但也要与适当的评论语区别开，志书中画龙点睛地加以评论还是必要的。五是防止浮词虚夸和乱用形容词、副词。辞藻的堆砌、夸张的笔法、华而不实的语言，是志书的大忌。清代章学诚反对“偏尚文辞”，正是为了维护方志的朴实文风。此外，还有那些“极大地、巨大、重大、特别”等副词也要慎用，否则会有说大话的弊病。六是防止用长句。如果一个句子长达几十个字，甚至上百字，读起来吃力，理解上也费劲，要化解成小句。

总之，志书的文风问题绝不是无足轻重的。它要求我们既要把握好修志的指导思想与志书的文体特点，又要具备较高的语言文字的驾驭能力，还要下足功夫、反复锤炼，这样才能修出名志佳作。

（此文为西藏日喀则市属县方志培训班讲课而作；2019 年 10 月赴西藏聂拉木县、南木林县两地的方志培训班讲课）

县级志书表格应用比较与研究

——以《高安市志》等20部续志为例

表格，是新方志编纂中“述、记、志、传、图、表、录”的七种体裁之一，凡志必有表，几成通例。新方志两轮编修，从理论上研究志书表格应用的论文不在少数，对新方志表格的应用和质量的提高起到了积极的作用。然而，在志书中针对表格数量的控制，却没有合理标准，随着二轮续志的篇幅逐渐呈拉长之势，表格在志书中不受制约地随意“膨胀”起来，大有“喧宾夺主”之态，使志书的“著述”本质属性受到严重挑战，不能不引起志人的高度重视。志书编纂七种体裁并用，并非平均用力，而有主次之分；作为纸质媒介的志书，以文为主，以图表为辅，保持其“著述”的本质属性，是志人应着力追求的理想目标。

表格运用是否科学、合理、平衡、协调，是保证志书质量的重要一环。退休几年中，笔者翻阅了手头收集的多部省内外二轮续志，感到志书表格的应用多出现偏差，特别是在表格数量、篇幅的控制上，多有把关不严、审稿不精，导致以表代文、以表“害”文，文不够、表来凑，各分志用表畸轻畸重，文表比例严重失调等弊病出现，实应引起志人的高度重视。实践出真知，实践出理论；新方志表格数量的确定，只能从修志实践中找答案，通过多部志书用表的比较，找出最恰当的用表数字，恢复志书以文为主、以图表为辅的正常轨道。

一、志书应用表格总数的控制

笔者随机选取了20部二轮续修县级市、区、县志书，其中有5部市志，5部区志，10部县志。为记述方便，志书名称均用简称。《高安市志1986—2006》，方志出版社2009年12月版，简称《高安市志》；《赤水市志（1986—2006）》，方志出版社2012年5月版，简称《赤水市志》；《冀州市志（1986—2006）》，方志出版社2012年10月版，简称《冀州市志》；《萧山市志》，浙江人民出版社2013年12月版；《任丘市志（1988—2008）》，方志出版社2016年4月版，简称《任丘市志》；《贵阳市南明区志》，贵州人民出版社2008年10月版，简称《南明区志》；《郑州市金水区志（1991—2002）》，中州古籍出版社2008年12月版，简称《金水区志》；《温州市鹿城区志》，中华书局2010年10月版，简称《鹿城区志》；《上海市长宁区志（1993－2005）》，方志出版社2010年11月版，简称《长宁区志》；《朔州市朔城区志（1989－2010 ）》，中华书局2014年11月版，简称《朔城区志》；《长汀县志（1988—2003）》，中华书局2006年10月版，简称《长汀县志》；《邗江县志（1988—2000）》，方志出版社2009年11月版，简称《邗江县志》；《梅县志（1978—

2000）》，广东人民出版社2010年4月版，简称《梅县志》；《舟曲县志（1991—2006）》，方志出版社2010年12月版，简称《舟曲县志》；《襄汾县志》（续志），方志出版社2011年4月版；《滑县志（1988—2000）》，中州古籍出版社2011年11月版，简称《滑县志》；《 迁西县志（ 1987—2005）》，方志出版社2012年12月版，简称《 迁西县志》；《仙居县志（1986—2010）》，中华书局2013年4月版，简称《仙居县志》；《沂水县志（1991—2008）》，中华书局2013年4月版，简称《沂水县志》；《延津县志（1978—2005）》，云南出版集团云南人民出版社2014年7月版，简称《延津县志》。

20部县（市、区）续志部类用表情况统计表

表1　　　　单位：幅、%

志 名	表总数	地理部类	经济部类	政治部类	文化与社会部类	人物与志尾部类	编均用表万字用表	表占页与占全志%
萧山市志	698	177 / 25.4	301 / 43.1	68 / 9.7	143 / 20.5	6 / 0.9	15.5 / 1.8	3 7 / 16.6
长宁区志	578	54 / 9.3	259 / 44.8	147 / 25.4	108 / 18.7	10 / 1.7	15.2 / 2.6	298 / 22
邗江县志	427	100 / 23.7	182 / 52.6	44 / 10.3	94 / 22	7 / 1.6	14.2 / 2.18	251 / 24.6
仙居县志	399	111 / 27.8	91 / 22.8	70 / 17.5	108 / 27.1	19 / 4.8	11.7 / 2.38	257 / 18.4
南明区志	368	66 / 17.9	88 / 23.9	65 / 17.7	79 / 21.5	70 / 19	14.7 / 1.67	308 / 24.1
鹿城区志	339	84 / 24.7	109 / 32.1	41 / 12.1	99 / 29.2	6 / 1.8	5.23 / 1.07	274 / 19.7
朔城区志	335	78 / 23.3	102 / 30.4	76 / 22.7	45 / 13.4	55 / 16.4	7.13 / 1.16	334 / 18.5
襄汾县志	295	67 / 22.7	120 / 40.7	72 / 24.4	42 / 14.2	6 / 2	7 / 1.55	263 / 20.7
迁西县志	272	77 / 28.3	122 / 44.9	37 / 13.6	34 / 12.5	2 / 0.7	7.8 / 1.31	224 / 20.5
冀州市志	262	50 / 19	78 / 29.8	60 / 22.9	50 / 19	24 / 9.1	9.36 / 1	248 / 21.2
金水区志	247	50 / 20.2	28 / 11.3	90 / 36.4	57 / 23.1	15 / 6.1	7.7 / 1.78	147 / 19.3
长汀县志	241	41 / 17	86 / 35.7	36 / 14.9	68 / 28.2	10 / 4.1	7.8 / 1.2	319 / 31.7
高安市志	240	48 / 20	43 / 17.9	65 / 27.1	66 / 27.5	18 / 7.5	7.5 / 0.95	2 9 / 23.6
滑 县 志	215	31 / 14.4	71 / 33	44 / 20.5	18 / 8.4	51 / 23.7	9.3 / 1.54	136 / 14
任丘市志	185	74 / 40	52 / 28.1	29 / 15.7	15 / 8.1	15 / 8.1	4.9 / 1	169 / 17
梅 县志	178	6 / 3.4	93 / 52	28 / 15.7	46 / 25.8	5 / 2.8	3.86 / 1.37	135 / 14.5

续表 1

志 名	表总数	地理部类	经济部类	政治部类	文化与社会部类	人物与志尾部类	编均用表万字用表	表占页与占全志 %
舟曲县志	159	31 / 19.5	50 / 31.4	40 / 25.2	31 / 19.5	7 / 4.4	6.36 / 1.38	145 / 16
沂水县志	138	30 / 21.7	39 / 28.3	37 / 26.8	30 / 21.7	2 / 1.4	4.76 / 0.99	142 / 17.8
赤水市志	115	25 / 21.7	58 / 50.4	7 / 6.1	15 / 13	10 / 8.7	4 / 0.65	98 / 11
盐津县志	106	6 / 5.7	41 / 38.7	10 / 9.4	34 / 32.1	15 / 14.2	11.7 / 2.38	257 / 18.4
平均数	290	60 / 20.7	100 / 35.7	55 / 19	59 / 20.3	16 / 5.5	8.8 / 1.52	2 3 / 19.48

说明：各部类前一数字为部类设表数，后一数字为占全志表数的百分比；“编均用表”栏下，前一数字为编均用表数，后一数字为每万字用表数；为统计方便，自然环境与基础设施部类合并为地理，社会部类在大部分志书中比较偏弱，且位置或前或后不甚统一，故将其与文化部类合并

就县级志书而言，20 部志书的用表平均数是 290 幅，最多的为《萧山市志》698 幅，最少的为《盐津县志》106 幅，多者为少者的 6.6 倍。按当今社会的计算办法，如去掉最多和最少的两部，其余 18 部的用表平均数是 276 幅，这个数字可作为县级志书用表总数的标准，至多以增加 10% 计，每部县级志书用表总数应控制在 300 幅以内，才是比较合理妥切的。这也可以作为县级志书用表量的最高限度。如以 300 幅作为最高限度计，表 1 中有 7 部志书超出了这一限度，似有用表偏多之嫌。从已出二轮续志部头的膨胀趋势看，志书篇幅不受控制并非善策，如此发展下去，方志会逐渐脱离大众，走向它的反面。从志书急需“瘦身”考量，合理应用表格，把表格控制在一定数量之内，亦是精简志书篇幅、提高志书质量的重要环节之一。

再从志书各部类应用表格的数量来看，表 1 显示，地理部类的用表平均数为 60 幅，其中超过 60 幅的有 9 部，占 20 部志书的 45%；《萧山市志》最多、177 幅，《盐津县志》《任丘市志》《赤水市志》最少、6 幅，多者为少者的 29.5 倍。经济部类的用表平均数为 100 幅，其中超过 100 幅的有 7 部，占 20 部志书的 35%；《萧山市志》最多、301 幅，《金水区志》最少、28 幅，多者为少者的 10.75 倍。政治部类的用表平均数为 55 幅，其中超过 55 幅的有 9 部，占 20 部志书的 45%；《长宁区志》最多、147 幅，《赤水市志》最少、7 幅，多者为少者的 21 倍。文化与社会部类的用表平均数为 59 幅，其中超过 59 幅的有 7 部，占 20 部志书的 35%；《萧山市志》最多、143 幅，《任丘市志》《赤水市志》最少、均为 15 幅，多者为少者的 9.5 倍。人物与志尾部类的用表平均数为 16 幅，其中超过 16 幅的有 6 部，占 20 部志书的 30%；《南明区志》最多、70 幅，《迁西县志》《沂水

县志》最少、均为2幅，多者为少者的35倍。各部类用表得出的平均比率，可看作志人的一致认识和普遍认知，以此作为各部类用表的标准还是符合客观实际的。

二、表格在志书中所占篇幅的比率

控制用表数量是促使志书“瘦身”的一个方面，与此同时，还需要从表格占版面篇幅的角度来控制表格的篇幅。志书表格记述的数据内容，应是主要事物的主要方面的主要数据，重点反映历史关节点的重要年份数据，从中体现出事物发展的曲折历程，并非任何事物都要逐年排列数据。但在实践中多出现臃肿的表格数据排列，一幅表占十多页的情况并不少见，无形中使志书版面陡增。从表1可看出，20部县级志书表格占版面篇幅的百分比率为19.48%，即控制在20%以内。其中超过20%的有8部，占20部志书的40%，从多到少依次为《长汀县志》31.7%、《邗江县志》24.6%、《南明区志》24.1%、《高安市志》23.6%、《长宁区志》22%、《冀州市志》21.2%、《襄汾县志》20.7%、《迁西县志》20.5%；不足20%的有12部，其中《赤水市志》最少，为11%，仅为《长汀县志》的34.7%。

五大部类表格所占志书版面篇幅的平均比率分别为：经济居首位，表格占版面篇幅总数的35.7%；地理居第二位，占20.7%；社会与文化居第三位，占20.3%；政治居第四位，占19%；人物与志尾居末位，占5.5 %。从实践中可以看出，志书中的地理、基础设施、经济部类（编）是应用表格最多的类别。以经济部类为例，超过30%篇幅的达到13部之多，占20部志书的65%。

通过上述比较，可以得出如下结论：志书各部类表格所占篇幅，地理、基础设施、政治、文化等四大部类应控制在20%以内；经济部类应控制在23%以内，最多不得超过25%；社会、人物与志尾部类应控制在5%左右。表体裁的应用一定要适度，以文为主、图表为辅，在版面中应合理布局，严格把控表格应用的幅数与占版面的页数，从而保证志书“著述”本质特性的完美展现。

控制表格占版面篇幅的数量，既要全志统筹，又要各编分别把关，限定各编表格占该编页码的页数，只有这样才能使表格的篇幅得以控制。但实际编纂工作中，多出现忽略现象。表1中，表格占该编页码30%以上的有：《仙居县志》14编，科技78%、通讯53%、国土资源53%、人口居民43%、教育43%、金融保险42%、交通38%、城乡建设36%、民政36%、农业34%、政法33%、卫生33%、人物32%、体育31%；《鹿城区志》13卷，人口77%、居民生活61%、物价60%、科学技术59%、对外贸易58%、工商管理56%、统计50%、新闻50%、婚姻家庭45%、人物45%、计划43%、社会团体31%、供销合作30%；《襄汾县志》13编，人物60%、自然环境55%、人口54%、经济综述50%、政府43%、卫生40%、建置38%、体育38%、种植业36%、交通33%、养殖业33%、工业31%、人事31%；《长汀县志》12卷，人物75%、科技教育56%、建置50%、乡（镇）概况41%、商业贸易36%、文化体育35%、医药卫生34%、老区 扶贫与小康建设33%、居民32%、金融保险

32%、公安司法 30%、民政军事 30%；《长宁区志》12 编，建筑业 50%、城市基础设施 42%、三大经济组团 41%、工业 40%、审判 39%、司法行政 36%、对外和对港澳台经济内联协作 36%、商业 35%、房地产业 33%、境域行政区划人口 31%、上海虹桥经济技术开发区古北新区 31%、现代服务业 31%；《邗江县志》12 编，土地管理 63%、人物 58%、教育科技 48%、对外经贸 44%、政区环境 37%、社会工作 37%、水利 33%、工业 32%、财政税务 32%、人口 31%、国内贸易 30%、劳动人事 30%；《迁西县志》10 编，畜牧水产 50%、交通 43%、公安检察审判司法行政 38%、林业 36%、金融 36%、经济总览 33%、水利电力 32%、工业建筑业 31%、自然环境 30%、人口 30%；《朔城区志》9 编，人口 50%、经济总揽 50%、乡镇街道 50%、政区 47%、交通 45%、人物 37%、前志补遗勘误 36%、人民代表大会 35%、政务综合管理 35%；《金水区志》8 篇，人物 44%、物价工商质监 41%、工业乡镇企业 38%、房地产业 37%、人民政协 36%、人民政府 35%、教育科技 31%；《任丘市志》7 编，体育 50%、行政区划 39%、水利电力 39%、审判检察 36%、交通运输邮政通信 35%、中国人民政治协商会议任丘市地方组织 30%、金融保险业 30%；《高安市志》6 卷，人物 71%、建置区划 64%、科学技术 35%、金融业 33%、城乡建设 30%、自然环境 30%；《梅县志》6 篇，体育 50%、经济综述 43%、区域建置 38%、国土环保 33%、能源 31%、社会　人民生活 31%；《冀州市志》6 编，人物 65%、政府 58%、人口 43%、议会人民代表大会 38%、自然环境 34%、科技 31%；《盐津县志》6 卷，人物 77%、人民生活 60%、经济综述 40%、金融保险 36%、教育科技 34%、商业 33%；《南明区志》5 编，人物 47%、财政税收金融 39%、科学技术 39%、建置地理 36%、工业 32%；《沂水县志》4 编，教育体育 46%、县城乡镇 41%、科学技术 39%、民政人事劳保 34%；《舟曲县志》3 卷，方言读标准语音 77%、开放开发 35%、人物 35%；《萧山市志》2 编，萧山经济技术开发区 33%、水利 31%；《赤水市志》1 编，人物 42%%；《滑县志》1 编，人物 34%。

从上述文字可以看出，人物编集中度最高，达 14 部，平均占版面达 52%，这与二轮续志人物传记普遍偏弱、进而当代人物表格分量加重，使表格占版面篇幅呈“一枝独秀”有关。其他比较集中的有教育科技编 10 部，政区建置编 9 部，人口编 8 部，工业、金融、体育等编为 6 部，交通、经济综述等编为 5 部，不足 5 部的有自然环境编 4 部，乡镇街道、水利、商业贸易、开发区、民政、人事、卫生等编为 3 部，国土资源、城乡建设、人民生活、农业、经济管理、政府、人大、政协、政法、审判等编为 2 部，其他均为 1 部。占版面篇幅 50% 以上的达 32 编之多，表格篇幅超过文字篇幅，颠倒了“以文为主、以图表为辅”的编纂法则，无形中削弱了志书的著述性、可读性。

首轮志书的随文表格数量偏少，主要与编纂人员的重视程度不够有关。二轮续志普遍得到重视，随文表格激增，似有矫枉过正之嫌。表格也要占版面，每幅表格占篇幅少者几百字，多着几千字甚或上万字，用表越多，所占篇幅越大。从志书急剧膨胀的角度考虑，随文表格也要有所控制。笔者有个不成熟的建议，一般情况下，按志书文字总量谋划随文表格的使用量，可从三方面加以控制：一是用表总量限定在300幅以内（如“附表一”用表平均数290幅）；二是每万字配置表格限定在1.5幅左右（如“附表一”每万字用表平均数1.52幅）；三是表格占全志版面篇幅限定在20%以内（如“附表一” 表格占全志版面平均数19.45%），这样三管齐下，表格的数量与篇幅控制就有了一个明确的标准与尺度。理论只能从实践中来，进而指导实践。20部志书表格的多种平均数，既可称为实践的结晶，也是修志人的共识。一些可上可不上的表格尽量不上；一张表能够选用几个关节点年份数据就能交代清楚事物发展脉络的，就无须逐年连篇累牍排列数据；志书中记述“点”的内容，如乡镇街道、企事业单位选介等，不宜用表格反映；以发挥志书功能大小来决定表格的取舍。20部志书的平均文字量为2025千字，实践给出了答案，从二轮续志需要“瘦身” 的角度考虑，以2000千字篇幅的县级志书为例，文字量应控制在1500千字左右；表格以占20%篇幅计，当为400千字以内；图片以300幅计，当为50—100千字。书籍厚度以一本书能够装订容纳得下为标准。这也是笔者认为县级志书篇幅的最高限量，志书总篇幅若能控制在1500千字左右，才是一个比较科学、合理的范畴。首轮县级志书中指组要求控制在600千字以内，离实践似乎远了一点，似有偏紧之嫌；中指组对二轮续志篇幅字数没有限制，似乎又走向另一个极端，无论省、市、县哪一级志书，篇幅长短均无标准，字数不受限制，任其“自由发挥”，笔者以为未必是好事。志书脱离社会大众主体读者群，越编越长，令人生畏，成为束之高阁的“艺术品”，其“服务当今、惠及后世”的功能就会受到极大制约、甚或逐渐消失殆尽。

三、分志表格要根据内容记述需要酌情配置

志书中各分志表格的应用，并非平均用力，要根据内容记述需要酌情配置。地理、基础设施、经济三大部类是表格应用最多的部类。笔者罗列了20部志书中用表量最多的八种分志，从中可窥见端倪。

20部县（市、区）续志部分分志用表情况统计表

表2　　单位：幅、%

志　名	自然环境	人　口	城乡建设	经济综述	工　业	商　贸	金　融	经济管理
萧山市志	13 / 6	31 / 27	20 / 21	—	37 / 16	50 / 25	16 / 14	30 / 16
长宁区志	—	19 / 31	18 / 42	8 / 13	36 / 40	32 / 35	—	21 / 17
邗江县志	29 / 37	11 / 31	12 / 21	9 / 15	41 / 32	26 / 30	—	12 / 24
仙居县志	10 / 25	17 / 43	6 / 36	—	无表	3 / 16	16 / 42	12 / 19
南明区志	25 / 36	15 / 23	26 / 24	—	24 / 32	5 / 13	29 / 39	13 / 10
鹿城区志	6 / 28	42 / 77	4 / 19	—	14 / 18	1 / 5	无表	40 / 48
朔城区志	11 / 7	16 / 50	9 / 21	18 / 50	6 / 18	5 / 8	6 / 15	18 / 23

续表 2

志 名	自然环境	人 口	城乡建设	经济综述	工 业	商 贸	金 融	经济管理
襄汾县志	28 / 55	12 / 54	9 / 27	17 / 50	19 / 31	18 / 29	12 / 27	15 / 27
迁西县志	25 / 30	18 / 30	7 / 27	27 / 33	5 / 31	12 / 22	18 / 36	9 / 15
冀州市志	14 / 34	9 / 43	4 / 18	14 / 24	14 / 23	18 / 9	8 / 22	16 / 24
金水区志	7 / 21	15 / 22	10 / 20	3 / 17	15 / 38	5 / 24	—	29 / 35
长汀县志	12 / 18	12 / 32	5 / 17	5 / 10	1 / 2	21 / 36	10 / 32	9 / 26
高安市志	11 / 30	6 / 28	7 / 30	20 / 29	32 / 22	29 / 25	10 / 33	14 / 15
滑 县 志	8 / 8	2 / 10	13 / 8	无表	无表	19 / 27	18 / 21	5 / 12
任丘市志	10 / 23	13 / 21	3 / 13	2 / 17	10 / 25	5 / 17	5 / 30	17 / 18
梅 县志	1 / 8	4 / 20	2 / 8	19 / 43	5 / 11	9 / 27	4 / 6	8 / 13
舟曲县志	10 / 12	19 / 29	12 / 16	7 / 20	1 / 2	12 / 12	—	—
沂水县志	12 / 23	3 / 14	8 / 19	—	无表	1 / 6	7 / 20	17 / 25
赤水市志	1 / 3	11 / 18	2 / 5	—	11 / 23	9 / 9	14 / 15	11 / 15
盐津县志	3 / 12	3 / 18	无表	7 / 40	3 / 19	5 / 33	4 / 36	6 / 12
均 数	12 / 21	14 / 31	9 / 20	12 / 27	14 / 19	14 / 20	11 / 24	16 / 21

说明：各分志前一数字为分志设表数，后一数字为表格占该分志页码的百分比

表 2 显示， 20 部志书自然环境志的用表平均数为 12 幅、占分志版面篇幅为 21%；《襄汾县志》用表最多、28 幅，《梅县志》《赤水市志》最少、均为 1 幅，多者为少者的 28 倍；《襄汾县志》表格占版面篇幅最多、55%，《赤水市志》最少、3%，多者为少者的 18.3 倍。人口志的用表平均数为 14 幅、占版面篇幅为 31%；《鹿城区志》用表最多、42 幅，《滑县志》最少、2 幅，多者为少者的 21 倍；《鹿城区志》表格占版面篇幅最多、77%，《滑县志》最少、10%，多者为少者的 7.7 倍。城乡建设志的用表平均数为 9 幅、占版面篇幅为 20%；《南明区志》用表最多、26 幅，《梅县志》《赤水市志》最少、均为 2 幅，多者为少者的 13 倍；《长宁区志》表格占版面篇幅最多、42%，《赤水市志》最少、5%，多者为少者的 8.4 倍。经济综述志的用表平均数为 12 幅、占版面篇幅为 27%；《迁西县志》用表最多、27 幅，《任丘市志》最少、2 幅，多者为少者的 13.5 倍；《朔城区志》《襄汾县志》表格占版面篇幅最多、均为 50%，《长汀县志》最少、10%，多者为少者的 5 倍。工业志的用表平均数为 14 幅、占版面篇幅为 19%；《邗江县志》用表最多、

41幅，《长汀县志》《舟曲县志》最少、均为1幅，多者为少者的41倍；《长宁区志》表格占版面篇幅最多、40%，《长汀县志》《舟曲县志》最少、均为2%，多者为少者的20倍。商贸志的用表平均数为14幅、占版面篇幅为20%；《萧山市志》用表最多、50幅，《鹿城区志》《沂水县志》最少、均为1幅，多者为少者的50倍；《长宁区志》表格占版面篇幅最多、35%，《鹿城区志》最少、5%，多者为少者的7倍。金融志的用表平均数为11幅、占版面篇幅为24%；《南明区志》用表最多、29幅，《梅县志》《盐津县志》最少、均为4幅，多者为少者的7.3倍；《仙居县志》表格占版面篇幅最多、42%，《梅县志》最少、6%，多者为少者的7倍。经济管理的用表平均数为16幅、占版面篇幅为21%；《鹿城区志》用表最多、40幅，《滑县志》最少、5幅，多者为少者的8倍；《鹿城区志》表格占版面篇幅最多、48%，《南明区志》最少、10%，多者为少者的4.8倍。

从表2可以看出，在用表量较多的分志中，无论用表数量和占版面篇幅均存在缺乏全盘统筹的主观意识，表格设置随心所欲，“捡到篮子便是菜”的做法较为常见，故而出现分志用表畸轻畸重的弊病，表格设置并非各分志平均用力，对于适宜用表格反映事物发展规律的分志，适当放宽幅数与篇幅也是正常的，但也要有个度数的把握，特别是篇幅的控制要适度，笔者以为控制在30%以内比较合理。个别特殊的分志另当别论，如二轮断代志中人物分志表格的应用，或志书中为突出地方特点和时代特色的重点分志。作为纸质印刷品的三级志书，多种题材的应用要各自有度，适度则恒，过度则异。文字、表格、图片三者应用一定要平衡、协调，尤其要注重表格的科学性、资料性。坚持“以文为主、图表为辅”的编纂原则才是正道。从已出版的二轮县级志书来看，表格应用渐呈泛滥之势，以表代文、以表害文，文不够、表来凑的现象时有出现，表格运用过度，给人以数字资料堆砌、著述性缺失的印象，实应引起志人的高度警觉与重视。志书是一种著述，在表格的应用上要精心筛选、提炼，精雕细琢，严格控制表格的应用数量和占版面篇幅的空间，保持其纯洁的著述属性。

四、表格编制中的其他问题

表格设计是一项艰巨的系统工程，表格质量的好坏直接关系到志书整体质量的高低，因此需要在实践中不断地探索总结，充分了解各种形式的优缺点，根据实际情况力求设计出更加合理科学、形式多样的表格，进而促进志书整体质量的提高。从上述20部志书来看，表格应用还存在些许可改进之处：

一是志书要配置表格索引。索引是新编志书的有机组成部分，是揭示图书文献内容存在形式的一种方法与手段，达到指引读者以便捷的途径，准确、完整、快速地查阅到主观所需要资料的目的。编制索引是广大方志工作者的重要任务。笔者以为，书中配置表格索引，除方便读者检索之外，还有一隐形功能，即可使编者对全志表格配置有个清晰了解，酌情调配和控制各分志表格的使用数量，克服各分志之间表格应用畸轻畸重之弊。20部志书中，配置表格索引的有：《鹿城区志》《襄汾县志》《仙居县志》《长宁区志》《金水区志》《朔城区志》《长汀县志》《冀州市志》《萧山市志》等9部，不足20部志书的半数。由此可见，志书配置表格索引还未引起志人的重视，希冀今后出版的志书能够补上这一项。编制表格索引并没有难度，举手之劳，读者、编者两利，何乐而不为呢？！

二是序号标法不统一。20部志书表格序号的标法有6种之多，依次为：编序号、编内表序号的标法有《长宁区志》《邗江县志》《仙居县志》《鹿城区志》《襄汾县志》《冀州市志》《长汀县志》《任丘市志》《舟曲县志》《沂水县志》《盐津县志》等11部，编序号、章序号、章内表序号的标法有《南明区志》《迁西县志》《金水区志》《梅县志》等4部，编序号、编内表序号、全志表序号的标法有《朔城区志》《高安市志》等2部，编序号、章序号、全志表序号的标法有《萧山市志》1部，编序号、章序号、节序号、全志表序号的标法有《赤水市志》1部，编序号、章序号的标法有《滑县志》1部。实践表明，二轮续志编纂普遍重视了表格序号的标注，唯一遗憾是未形成统一认识，表格序号缺乏规范化，标注混乱。表格序号标注虽为细枝末节，然而“细节决定成败”，志书编纂的规范化既要注重篇目框架、内容编排等大的方面，同时也要注意细小环节的规范统一，有章可循，步调一致，体现出科学、严谨的学术品位，进而三级志书形成合力，社会宣传效应就会大增。依笔者意，表序号是为读者阅读服务、提供便利的，要三者皆顾，用三个数字如“1—1—1”标示，即第一个数字为编序号（20部一致），第二个数字为编内表序号（共有13部），便于读者及时了解各编设表情况，利于编者平衡各编表格数额，前二项基本形成共识；第三个数字为全志表序号（有4部），笔者以为该项数量虽少，但无论从编者或读者两方面考虑，均不可或缺，它既便于读者通晓全志设表总数，又利于编者把握全志设表情况，平衡、协调志内各编表格的应用。笔者以为，表格序号还是统一起来为好。

三是志书中要慎用卧表。现代书籍均为横排版式，表格形式用立表最为简便可行，既版面美观，又方便读者。卧表增加读者阅读之苦、颠倒之累。为读者着想，尽量用立表，力求避免使用卧表。从20部志书来看，配置卧表的有：《长汀县志》56幅、《鹿城区志》33幅、《舟曲县志》26幅、《萧山市志》20幅、《仙居县志》15幅、《朔城区志》11幅、《邗江县志》8幅、《迁西县志》《金水区志》《襄汾县志》7幅、《任丘市志》《南明区志》4幅、《长宁区志》《沂水县志》《冀州市志》2幅，《高安市志》1幅，共15部，占20部志书的75%。其中有不少卧表并未占满整个页面，或五分之四、或三分之二、或二分之一，且不少卧表仅占半幅页面（有的甚至少于半幅），形成浪费版面之态，在形式上给人不严谨、不科学、不雅观的印象。卧表改立表亦有一法，即一表分为二表，表题加括号（一）（二）标示，既美观大方，又省却读者颠倒翻看之累。依笔者意，卧表在志书编排中最好不用。

上述三项，是笔者在比较研究中感到比较突出的问题，表格运用中的其他问题：诸如表格中的数据要与正文严密核对，避免出现抵牾现象；表格的标题标法要一致，年份移前（年份间隔号为一字距连接号“—”）；表格的栏距要紧凑、密致，空白过大的表格，可由单栏折成双栏或三栏，尽量节约版面空间；要采用法定计量单位，如质量用克、千克、吨；面积用平方米、万平方米、平方千米等；数据的小数点要一致，排列要整齐；缺项过多的表格最好不用，改用行文表述；转页表要加“续表”字样；等等。毕竟寸纸尺短，难以完满表述。

新方志编纂开展以来，中指组始终把三级志书的规范化当作提高志书质量的重要着力点，一直为此而进行着不懈的努力。笔者以为，志书的规范化是必由之路，表格编排的规范化亦应提上议事日程，提出一个较为科学、规范、合理的表格编排规范模式，这样便于各级志书一体遵循，形成合力，方便社会各界更好地认识、了解志书，使志书的功能得到充分发挥。

（原载《江西地方志》2016 年第 6 期）

附：二十部县级志书用表统计

任丘市志（1988—2008）

小编体结构，全志共设 38 编，总字数 186.5 万字、总页码 1021 页，设表总数为 185 幅，每万字用表量 1 幅，表总占页 169 页，占总页码的 17%，编均用表 4.9 幅；其中地理与基础设施部类 8 编、210 页，设表 74 幅、59 页，占 28%；经济部类 10 编、202 页，设表 52 幅、37 页，占 18%；政治部类 11 编、176 页，设表 29 幅、27 页，占 15%；文化、社会与人物部类 9 编、342 页，设表 30 幅、46 页，占 13%。全志 38 编中，有白洋淀千里堤、经济体制改革等 2 编无表。设表超过 10 幅的有 8 编：行政区划 20 幅、综合经济管理 17 幅、水利电力 14 幅、居民 13 幅、交通运输邮政通信 12 幅、人物 11 幅、自然环境 10 幅、地方工业 10 幅。表格占该篇页码超过 20% 的有 15 编：体育 50%、行政区划 39%、水利电力 39%、审判检察 36%、交通运输邮政通信 35%、中国人民政治协商会议任丘市地方组织 30%、金融保险业 30%、民政 25%、地方工业 25%、建筑业房地产业 25%、自然环境 23%、居民 21%、农业 20%、华北油田 20%、人物 20%。（随文表按阿拉伯数字编号，前为编序号、后为编内表序号；有卧表 4 幅）

正文设表情况如下：

卷首概述、大事记 50 页；

行政区划编设表 20 幅、18 页，占该编 46 页的 39%；

自然环境编设表 10 幅、5 页，占该编 22 页的 23%；

白洋淀千里堤编无表，该编 20 页；

环境保护编设表 2 幅、1 页，占该编 8 页的 13%；

城乡建设编设表 3 幅、2 页，占该编 16 页的 13%；

水利电力编设表 14 幅、11 页，占该编 28 页的 39%；

交通运输邮政通信编设表 12 幅、7 页，占该编 20 页的 35%；

居民编设表 13 幅、10 页，占该编 48 页的 21%；

中国共产党任丘市地方组织编设表3幅、5页，占该编44页的11%；

任丘市人民代表大会编设表3幅、2页，占该编12页的17%；

任丘市人民政府编设表2幅、4页，占该编22页的18%；

中国人民政治协商会议任丘市地方组织编设表2幅、3页，占该编10页的30%；

民主党派人民团体编设表1幅、1页，占该编24页的4%；

审判检察编设表9幅、5页，占该编14页的36%；

公安司法行政编设表4幅、2页，占该编14页的14%；

军事编设表1幅、0.5页，占该编10页的5%；

人事劳动编设表1幅、0.5页，占该编14页的4%；

民政编设表3幅、3页，占该编12页的25%；

社会保障编设表4幅、1页，占该编10页的10%；

经济总情编设表2幅、2页，占该编12页的17%；

经济体制改革编无表，该编16页；

开放开发编设表2幅、1页，占该编10页的10%；

综合经济管理编设表17幅、9页，占该编50页的18%；

农业编设表5幅、4页，占该编20页的20%；

华北油田编设表6幅、6页，占该编30页的20%；

地方工业编设表10幅、6页，占该编24页的25%；

建筑业房地产业编设表2幅、3页，占该编12页的25%；

商贸服务业编设表5幅、3页，占该编18页的17%；

金融保险业编设表5幅、3页，占该编10页的30%；

社会主义精神文明建设编设表1幅、0.5页，占该编16页的3%；

教育编设表5幅、4页，占该编26页的15%；

科技编设表2幅、2页，占该编12页的17%；

文化编设表2幅、3页，占该编24页的13%；

历史文化遗产编设表1幅、1页，占该编26页的4%；

医疗卫生编设表2幅、2页，占该编18页的11%；

体育编设表3幅、7页，占该编14页的50%；

人物编设表11幅、15页，占该编74页的20%；

文献编设表4幅、11页，占该编128页的9%；

卷末附录45页。

（《任丘市志（1988—2008）》，任丘市地方志编纂委员会编，北京，方志出版社，2016年4月）

高安市志（1986—2006）

全志设32卷，总字数253.4万字、总页码1252页，设表总数为240幅，每万字用表量0.95幅，表总占页295页，占总页码的23.6%，卷均用表7.5幅；其中地理与基础设施部类6卷、138页，设表48幅、45页，占33%；经济部类7卷、332页，设表43幅、69页，占21%；政治部类9卷、232页，设表65幅、38页，占16%；文化、社会与人物部类10卷、470页，设表84幅、143页，占30%。全志32卷中，有经济体制改革、民主党派地方组织、精神文明建设、乡镇、前志补遗等5卷无表，设表卷数占84%。设表超过20幅的有5卷：农业38幅、工业32幅、商贸服务业旅游业29幅、政法25幅、国民经济运行20幅。表格占该篇页码超过20%的有15卷：人物71%、建置区划64%、科学技术35%、金融业33%、城乡建设30%、自然环境30%、国民经济运行29%、人口28%、农业26%、政法26%、医药卫生26%、自然资源25%、商贸服务业旅游业25%、基础设施22%、工业22%，超过10%的有9卷。（随文表按阿拉伯数字编号，依次为卷序号、所在卷序号、全志表总序号；卧表1幅）

正文各卷设表情况如下：

总述、大事记26页；

建置区划卷设表2幅、14页，占该卷22页的64%；

自然环境卷设表11幅、6页，占该卷20页的30%；

自然资源卷设表5幅、4页，占该卷16页的25%；

人口卷设表6幅、5页，占该卷18页的28%；

城乡建设卷设表7幅、9页，占该卷30页的30%；

基础设施卷设表17幅、7页，占该卷32页的22%；

经济体制改革卷无表，该卷42页；

国民经济运行卷设表20幅、8页，占该卷28页的29%；

农业卷设表38幅、21页，占该卷80页的26%；

工业卷设表32幅、15页，占该卷68页的22%；

商贸服务业旅游业卷设表29幅、11页，占该卷44页的25%；

金融业卷设表10幅、6页，占该卷18页的33%；

经济综合管理卷设表14幅、8页，占该卷52页的15%；

政治体制改革卷设表1幅、1页，占该卷16页的6%；

中国共产党地方组织卷设表15幅、8页，占该卷52页的15%；

人民代表大会卷设表3幅、2页，占该卷18页的11%；

人民政府卷设表14幅、7页，占该卷40页的18%；

人民政协卷设表4幅、3页，占该卷16页的19%；

民主党派地方组织卷无表，该卷4页；

社会团体卷设表1幅、0.5页，占该卷18页的3%；

政法卷设表25幅、15页，占该卷58页的26%；

军事卷设表2幅、1页，占该卷10页的10%；

科学技术卷设表6幅、7页，占该卷20页的35%；

教育卷设表16幅、9页，占该卷52页的17%；

文化卷设表 8 幅、6 页，占该卷 68 页的 9%；
医药卫生卷设表 15 幅、10 页，占该卷 38 页的 26%；
体育卷设表 6 幅、3 页，占该卷 18 页的 17%；
精神文明建设卷无表，该卷 18 页；
社会生活卷设表 15 幅、9 页，占该卷 50 页的 18%；
人物卷设表 18 幅、95 页，占该卷 134 页的 71%；
乡镇卷无表，该卷 26 页；
前志补遗卷无表，该卷 46 页；
附录、编后 54 页。

（《高安市志（1986—2006）》，高安市志编纂委员会编，北京，方志出版社，2009 年 12 月）

萧山市志

全 5 册，总字数 1005 万字，总页码 4290 页；第四册索引、第五册社会调查，2016 页。正志 3 册、2274 页、390 万字；为小编体结构，设 45 编，页码 2274 页；设表总数为 698 幅，每万字用表量 1.8 幅（以前三册 390 万字计），表总占页 378 页，占总页码的 16.6%，编均用表 15.5 幅；其中地理与基础设施部类 10 编、548 页，设表 177 幅、99 页，占 18%；经济部类 11 编、878 页，设表 301 幅、139 页，占 16%；政治部类 9 编、324 页，设表 68 幅、35 页，占 11%；文化、社会与人物部类 15 编、1318 页，设表 149 幅、105 页，占 8%。全志 45 编中，有跨湖桥文化、民主党派工商联、民俗、宗教、方言等 5 编无表。设表超过 20 幅的有 15 编：农村农民农业 58 幅、工业 37 幅、国内贸易 36 幅、人口 31 幅、建筑业房地产业 31 幅、经济管理 30 幅、萧山经济技术开发区 29 幅、人事劳动 28 幅、环境保护 27 幅、水利 25 幅、财政税务 22 幅、教育 22 幅、垦区开发 21 幅、社会保障 21 幅、城市建设 20 幅。表格占该篇页码超过 20% 的有 9 编：萧山经济技术开发区 33%、水利 31%、人口 27%、人民政府 25%、环境保护 24%、体育 24%、丛录 24%、城市建设 21%、科学技术 20%。（随文表按阿拉伯数字编号，前为编序号、中为章序号、后为全志表总序号；表的宽度有卧表、通栏表、半栏表、三分之一栏表等多种形状；有卧表 20 幅；卷尾设表格索引，分编设置）

正文设表情况如下：
卷首总述、大事记设表 2 幅、0.5 页，占该编 40 页的 1%；
跨湖桥文化编无表，该编 31 页；
政区编设表 12 幅、6 页，占该编 32 页的 19%；
自然环境编设表 13 幅、5 页，占该编 86 页的 6%；
环境保护编设表 27 幅、11 页，占该编 46 页的 24%；
土地编设表 15 幅、8 页，占该编 44 页的 18%；
人口编设表 31 幅、17 页，占该编 62 页的 27%；
居民生活编设表 19 幅、8 页，占该编 48 页的 17%；

水利编设表 25 幅、16 页，占该编 52 页的 31%；
交通编设表 15 幅、13 页，占该编 74 页的 18%；
城市建设编设表 20 幅、15 页，占该编 70 页的 21%；
农村农民农业编设表 58 幅、32 页，占该编 186 页的 17%；
垦区开发编设表 21 幅、10 页，占该编 64 页的 16%；
工业编设表 37 幅、22 页，占该编 138 页的 16%；
萧山经济技术开发区编设表 29 幅、14 页，占该编 42 页的 33%；
建筑业房地产业编设表 31 幅、12 页，占该编 68 页的 18%；
国内贸易编设表 36 幅、14 页，占该编 84 页的 17%；
对外和港澳台经济贸易编设表 14 幅、6 页，占该编 34 页的 18%；
金融编设表 16 幅、6 页，占该编 44 页的 14%；
财政税务编设表 22 幅、6 页，占该编 48 页的 13%；
经济管理编设表 30 幅、14 页，占该编 90 页的 16%；
信息传媒编设表 7 幅、3 页，占该编 54 页的 6%；
中国共产党编设表 15 幅、8 页，占该编 54 页的 15%；
人民代表大会编设表 10 幅、4 页，占该编 26 页的 15%；
人民政府编设表 11 幅、8 页，占该编 32 页的 25%；
人民政协编设表 6 幅、6 页，占该编 40 页的 15%；
民主党派工商联编无表，该编 34 页；
社会团体编设表 7 幅、2 页，占该编 66 页的 3%；
公安司法行政编设表 7 幅、3 页，占该编 30 页的 10%；
检察审判编设表 11 幅、3 页，占该编 22 页的 14%；
军事编设表 2 幅、0.5 页，占该编 18 页的 3%；
人事劳动编设表 28 幅、14 页，占该编 74 页的 19%；
民政编设表 7 幅、6 页，占该编 36 页的 17%；
社会保障编设表 21 幅、5 页，占该编 42 页的 12%；
教育编设表 22 幅、9 页，占该编 78 页的 12%；
科学技术编设表 18 幅、8 页，占该编 40 页的 20%；
文化编设表 15 幅、19 页，占该编 102 页的 19%；
文物胜迹旅游编设表 3 幅、4 页，占该编 74 页的 5%；
卫生编设表 17 幅、9 页，占该编 88 页的 10%；
体育编设表 11 幅、9 页，占该编 38 页的 24%；
民俗编无表，该编 76 页；
宗教编无表，该编 40 页；
方言编无表，该编 70 页；
镇乡编设表 1 幅、2 页，占该编 90 页的 2%；
人物编设表 4 幅、11 页，占该编 104 页的 11%；

从录编设表2幅、9页，占该编38页的24%；

（《萧山市志》，杭州市萧山区人民政府地方志办公室编著，杭州，浙江人民出版社，2013年12月）

赤水市志（1986—2006）

为中编体结构，设24篇（人物、特记、附录殿后，未入篇），176万字，总页码876页。全志设表总数115幅，每万字用表量0.65幅，表总占页98页，占总页码的11%，编均用表4幅；其中地理与基础设施部类6编、219页，设表25幅、16页，占7%；经济部类6编、228页，设表58幅、27页，占12%；政治部类7编、185页，设表7幅、8页，占4%；文化与社会部类5编、132页，设表15幅、7页，占5%。人物部类（包括特记、附录）96页，设表10幅、40页，占42%。全志25篇中，有旅游、人劳社保民政、司法、医疗卫生、社会习尚等5篇无表。设表超过10幅的有5篇：财税金融14幅、人口民族11幅、经济综合管理11幅、工业11幅、人物10幅。表格占该篇页码超过10%的有8编：人物42%、工业23%、科学技术19%、人口民族18%、建置沿革15%、经济综合管理15%、财税金融15%、人民政府11%。（随文表按阿拉伯数字编号，分别为篇序号、章序号、节序号、后为全志表总序号；无卧表）

正文各编设表情况如下：

概述、大事记26页；

建置沿革篇设表6幅、6页，占该篇39页的15%；

人口民族篇设表11幅、5页，占该篇28页的18%；

生态建设环境保护篇设表1幅、1页，占该篇40页的3%；

旅游篇无表，该篇30页；

经济综合管理篇设表11幅、6页，占该篇40页的15%；

农业篇设表7幅、3页，占该篇48页的6%；

林业篇设表6幅、1页，占该篇28页的4%；

工业篇设表11幅、6页，占该篇26页的23%；

城乡建设篇设表2幅、2页，占该篇38页的5%；

交通邮电篇设表5幅、2页，占该篇44页的5%；

商业贸易篇设表9幅、3页，占该篇34页的9%；

财税金融篇设表14幅、8页，占该篇52页的15%；

政党群团篇设表1幅、1页，占该篇54页的2%；

人民代表大会篇设表2幅、2页，占该篇22页的9%；

人民政府篇设表1幅、2页，占该篇18页的11%；

人劳社保民政篇无表，该篇22页；

人民政协篇设表2幅、2页，占该篇28页的7%；

司法篇无表，该篇29页；

军事篇设表1幅、0.5页，占该篇13页的4%；

科学技术篇设表 8 幅、3 页，占该篇 16 页的 19%；

教育篇设表 3 幅、2 页，占该篇 48 页的 4%；

文化体育档案篇设表 4 幅、2 页，占该篇 32 页的 6%；

医疗卫生篇无表，该篇 24 页；

社会习尚篇无表，该篇 12 页；

人物特记附录设表 10 幅、40 页，占 96 页的 42%。

（《赤水市志（1986—2006）》，贵州省赤水市地方志编纂委员会编，北京，方志出版社，2012 年 5 月）

郑州市金水区志

为中编体结构，设 32 篇，139 万字，总页码 760 页。全志设表总数 247 幅，每万字用表量 1.78 幅，表总占页 147 页，占总页码的 19.3%，篇均用表 7.7 幅；其中地理与基础设施部类 6 篇、141 页，设表 50 幅、29 页，占 21%；经济部类 7 篇、128 页，设表 28 幅、21 页，占 16%；政治部类 12 篇、258 页，设表 90 幅、49 页，占 19%；文化与社会部类 6 篇、257 页，设表 57 幅、33 页，占 13%。人物部类（包括附录）68 页，设表 15 幅、15 页，占 22%。全志 32 篇中，有区域中心、经济体制改革、政治体制改革、大河村遗址等 4 篇无表。设表超过 10 幅的有 11 篇：教育科技 25 幅、物价工商质监 17 幅、民情民俗 15 幅、工业乡镇企业 15 幅、交通邮电水利 13 幅、人民代表大会 13 幅、计划统计审计 12 幅、卫生体育 12 幅、人物 11 幅、城乡建设 10 幅、民主党派社会团体 10 幅。表格占该篇页码超过 20% 的有 18 篇：人物 44%、物价工商质监 41%、工业乡镇企业 38%、房地产业 37%、人民政协 36%、人民政府 35%、教育科技 31%、交通邮电水利 29%、计划统计审计 29%、商业贸易 24%、民情民俗 22%、财政税务 22%、卫生体育 22%、建置环境资源 21%、共产党 21%、人民代表大会 21%、城乡建设 20%、乡镇街道概况 20%。（随文表按阿拉伯数字编号，分别为篇序号、章序号、该章表序号；有卧表 7 幅；有表格索引，以英文字母排序）

正文各篇设表情况如下：

总述、大事记 30 页；

建置环境资源篇设表 7 幅、5 页，占该篇 24 页的 21%；

民情民俗篇设表 15 幅、6 页，占该篇 27 页的 22%；

区域中心篇无表，该篇 24 页；

城乡建设篇设表 10 幅、6 页，占该篇 30 页的 20%；

房地产业篇设表 5 幅、7 页，占该篇 19 页的 37%；

交通邮电水利篇设表 13 幅、5 页，占该篇 17 页的 29%；

经济体制改革篇无表，该篇 13 页；

综合经济篇设表 3 幅、2 页，占该篇 12 页的 17%；

商业贸易篇设表 5 幅、5 页，占该篇 21 页的 24%；

服务业旅游业篇设表 3 幅、2 页，占该篇 15 页的 13%；

河南科技市场篇设表 2 幅、1 页，占该篇 18 页的 6%；
工业乡镇企业篇设表 15 幅、9 页，占该篇 24 页的 38%；
农业篇设表 4 幅、2 页，占该篇 25 页的 8%；
政治体制改革篇无表，该篇 14 页；
共产党篇设表 9 幅、9 页，占该篇 42 页的 21%；
人民代表大会篇设表 13 幅、4 页，占该篇 19 页的 21%；
人民政府篇设表 5 幅、8 页，占该篇 23 页的 35%；
人民政协篇设表 7 幅、4 页，占该篇 11 页的 36%；
民主党派社会团体篇设表 10 幅、2 页，占该篇 21 页的 10%；
政法武装篇设表 3 幅、1 页，占该篇 24 页的 4%；
劳动人事民政篇设表 1 幅、0.5 页，占该篇 15 页的 3%；
资源管理环境保护计划生育篇设表 8 幅、3 页，占该篇 22 页的 14%；
财政税务篇设表 6 幅、5 页，占该篇 23 页的 22%；
计划统计审计篇设表 12 幅、5 页，占该篇 17 页的 29%；
物价工商质监篇设表 17 幅、7 页，占该篇 17 页的 41%；
教育科技篇设表 25 幅、21 页，占该篇 67 页的 31%；
文化篇设表 2 幅、1 页，占该篇 16 页的 6%；
大河村遗址篇无表，该篇 17 页；
卫生体育篇设表 12 幅、5 页，占该篇 23 页的 22%；
精神文明创建活动篇设表 1 幅、0. 5 页，占该篇 9 页的 6%；
人物篇设表 11 幅、12 页，占该篇 27 页的 44%；
乡镇街道概况篇设表 17 幅、5 页，占该篇 25 页的 20%；
附录设表 4 幅、3 页，占 41 页的 7%

（《郑州市金水区志》，金水区地方史志编纂委员会编，郑州，中州古籍出版社，2008 年 12 月）

朔州市朔城区志（1989—2010）

为小编体结构，设 47 编，总字数 290 万字，总页码 1810 页；设表总数为 335 幅，每万字用表量 1.16 幅，表总占页 334 页，占总页码的 18.5%，编均用表 7.13 幅；其中地理与基础设施部类 10 编、329 页，设表 78 幅、86 页，占 26%；经济部类 14 编、440 页，设表 102 幅、76 页，占 17%；政治部类 9 编、271 页，设表 76 幅、63 页，占 23%；文化与社会部类 10 编、401 页，设表 45 幅、33 页，占 8%；人物部类（包括乡镇街道、丛谈、前志补遗勘误 3 编及附录）4 编、286 页，设表 55 幅、76 页，占 27%。全志 47 编中，未设表格的有改革开放、驻区机关单位、精神文明建设、艺文、丛谈 5 编；设表超过 10 幅的有 15 编：政务综合管理 25 幅、公检法司 22 幅、经济总揽 18 幅、经济综合管理 18 幅、人口 16 幅、乡镇街道 15 幅、政区 13 幅、财税 13 幅、教育 12 幅、自然环境 11 幅、农业农村 10 幅、人民代表大会 10 幅、科学技术 10 幅、医疗卫生 10 幅、人物 10 幅。表格占该编页码超过 20% 的有 18 编：人口 50%、经济总揽 50%、乡镇街道 50%、政区 47%、交通 45%、人物 37%、前志补遗勘误 36%、人民代表大会 35%、政务综合管理 35%、公检法司 28%、科学技术 26%、农业农村 25%、财税 25%、经济综合管理 23%、城市建设 21%、环境保护 20%、养殖业 20%、中国共产党 20%。（随文表按阿拉伯数字编号，分别为编序号、该编表序号、全志表总序号；有卧表 11 幅；配有表格索引）

正文设表情况如下：

概述、大事记 74 页；

政区编设表 13 幅、23 页，占该编 49 页的 47%；

自然环境编设表 11 幅、4 页，占该编 56 页的 7%；

人口编设表 16 幅、13 页，占该编 26 页的 50%；

人民生活编设表 5 幅、3 页，占该编 18 页的 17%；

城市建设编设表 9 幅、15 页，占该编 70 页的 21%；

环境保护编设表 8 幅、4 页，占该编 20 页的 20%；

水利编设表 4 幅、4 页，占该编 22 页的 18%；

交通编设表 6 幅、18 页，占该编 40 页的 45%；

电力编设表 3 幅、1 页，占该编 16 页的 6%；

邮政电信编设表 3 幅、1 页，占该编 12 页的 8%；

改革开放编无表，该编 34 页；

经济总揽编设表 18 幅、14 页，占该编 28 页的 50%；

农业农村编设表 10 幅、8 页，占该编 32 页的 25%；

种植业编设表 5 幅、3 页，占该编 18 页的 17%；

养殖业编设表 5 幅、6 页，占该编 30 页的 20%；

林业编设表 7 幅、5 页，占该编 28 页的 18%；

工业编设表 6 幅、6 页，占该编 34 页的 18%；

煤炭编设表 3 幅、2 页，占该编 40 页的 5%；

商贸服务业编设表 5 幅、3 页，占该编 38 页的 8%；

粮油购销编设表 5 幅、4 页，占该编 22 页的 18%；

旅游编设表 1 幅、0.5 页，占该编 26 页的 2%；

财税编设表 13 幅、8 页，占该编 32 页的 25%；

金融编设表 6 幅、4 页，占该编 26 页的 15%；

经济综合管理编设表 18 幅、12 页，占该编 52 页的 23%；

中国共产党编设表 9 幅、9 页，占该编 44 页的 20%；

人民代表大会编设表 10 幅、12 页，占该编 34 页的 35%；

人民政府编设表 3 幅、7 页，占该编 38 页的 18%；

政治协商会议编设表 3 幅、3 页，占该编 22 页的 14%；

党派团体编设表 2 幅、2 页，占该编 16 页的 11%；

驻区机关单位编无表，该编 12 页；
政务综合管理编设表 25 幅、14 页，占该编 40 页的 35%；
公检法司编设表 22 幅、13 页，占该编 46 页的 28%；
军事编设表 4 幅、3 页，占该编 20 页的 15%；
精神文明建设编无表，该编 19 页；
教育编设表 12 幅、9 页，占该编 58 页的 16%；
科学技术编设表 10 幅、10 页，占该编 38 页的 26%；
文化编设表 1 幅、1 页，占该编 50 页的 2%；
文物古迹编设表 3 幅、2 页，占该编 30 页的 7%；
马邑文化编无表，该编 38 页；
艺文编无表，该编 86 页；
医疗卫生编设表 10 幅、7 页，占该编 38 页的 18%；
体育编设表 6 幅、3 页，占该编 26 页的 12%；
民族宗教编设表 3 幅、1 页，占该编 18 页的 6%；
人物编设表 10 幅、42 页，占该编 114 页的 37%；
乡镇街道编设表 15 幅、13 页，占该编 26 页的 50%；
丛谈编无表，该编 24 页；
前志补遗勘误编设表 5 幅、16 页，占该编 44 页的 36%；
附录设表 1 幅、5 页，占 78 页的 6%；

（《朔州市朔城区志（1989—2010）》，《朔州市朔城区志》编纂委员会编，北京，中华书局，2014 年 11 月）

梅县志（1979—2000）

为中编体结构，设 35 篇，130 万字，总页码 928 页。全志设表总数 178 幅，每万字用表量 1.37 幅，表总占页 135 页，占总页码的 14.5%，篇均用表 3.86 幅；其中地理与基础设施部类 4 篇、45 页，设表 6 幅、7 页，占 16%；经济部类 15 篇、341 页，设表 93 幅、68 页，占 20%；政治部类 6 篇、290 页，设表 28 幅、22 页，占 8%；文化与社会部类 8 篇、166 页，设表 46 幅、34 页，占 20%。人物部类（包括镇（办事处）篇、附录、文献辑存）155 页，设表 5 幅、4 页，占 3%。全志 35 篇中，有侨胞港澳台同胞、政治体制改革、军事、乡镇企业、邮政电信、卫生、老区建设扶贫、镇（办事处）等 8 篇无表，占 35 篇的 23%。设表超过 10 幅的有 6 篇：经济综述 19 幅、农村经济 17 幅、党派群团 13 幅、国土环保 12 幅、教育 12 幅、社会 人民生活 11 幅。表格占该篇页码超过 20% 的有 14 篇：体育 50%、经济综述 43%、区域建置 38%、国土环保 33%、能源 31%、社会 人民生活 31%、商贸饮服业 27%、教育 25%、社会保障 24%、人大政府政协 22%、人口计划生育 20%、外经贸经济协作 20%、财政税务 20%、科技 20%。（随文表按阿拉伯数字编号，分别为篇序号、章序号、该章表序号）

正文各篇设表情况如下：
总述、大事记 31 页；
区域建置篇设表 1 幅、3 页，占该篇 8 页的 38%；
环境资源篇设表 1 幅、1 页，占该篇 12 页的 8%；
人口计划生育篇设表 4 幅、3 页，占该篇 15 页的 20%；
侨胞港澳台同胞篇无表，该篇 10 页；
政治体制改革篇无表，该篇 7 页；
党派群团篇设表 13 幅、9 页，占该篇 66 页的 14%；
人大政府政协篇设表 5 幅、8 页，占该篇 37 页的 22%；
军事篇无表，该篇 8 页；
政法篇设表 2 幅、2 页，占该篇 41 页的 5%；
人事劳动篇设表 8 幅、3 页，占该篇 21 页的 14%；
经济综述篇设表 19 幅、13 页，占该篇 30 页的 43%；
农村经济篇设表 17 幅、13 页，占该篇 70 页的 19%；
乡镇企业篇无表，该篇 14 页；
工业篇设表 5 幅、5 页，占该篇 44 页的 11%；
能源篇设表 3 幅、5 页，占该篇 16 页的 31%；
交通篇设表 3 幅、3 页，占该篇 18 页的 17%；
邮政电信篇无表，该篇 5 页；
城乡建设篇设表 2 幅、2 页，占该篇 25 页的 8%；
商贸饮服业篇设表 9 幅、7 页，占该篇 26 页的 27%；
外经贸经济协作篇设表 2 幅、2 页，占该篇 10 页的 20%；
旅游服务业篇设表 1 幅、0.5 页，占该篇 10 页的 5%；
财政税务篇设表 8 幅、5 页，占该篇 25 页的 20%；
金融保险篇设表 4 幅、1 页，占该篇 16 页的 6%；
国土环保篇设表 12 幅、7 页，占该篇 21 页的 33%；
经济管理篇设表 8 幅、4 页，占该篇 32 页的 13%；
科技篇设表 9 幅、4 页，占该篇 20 页的 20%；
教育篇设表 12 幅、10 页，占该篇 40 页的 25%；
文史档案篇设表 2 幅、2 页，占该篇 24 页的 8%；
体育篇设表 6 幅、8 页，占该篇 16 页的 50%；
卫生篇无表，该篇 23 页；
社会保障篇设表 6 幅、5 页，占该篇 21 页的 24%；
社会 人民生活篇设表 11 幅、5 页，占该篇 16 页的 31%；
老区建设扶贫篇无表，该篇 6 页；
人物篇设表 3 幅、2 页，占该篇 45 页的 4%；
镇（办事处）篇无表，该篇 66 页；

附记设表2幅、2页，占该篇14页的14%；

文献辑存30页。

（《梅县志（1979—2000）》，《梅县志》编纂委员会编，广州，广东人民出版社，2010年4月）

仙居县志（1986—2010）

为中编体结构，设34编，总字数168万字，总页码1396页；设表总数为399幅，每万字用表量2.38幅，表总占页257页，占总页码的18.4%，编均用表11.7幅；其中地理与基础设施部类10编、271页，设表111幅、91页，占34%；经济部类10编、351页，设表91幅、74页，占21%；政治部类5编、240页，设表70幅、52页，占22%；文化与社会部类8编、466页，设表108幅、114页，占24%；人物编（包括附录）102页，设表19幅、26页，占25%。全志34编中，未设表格的有工业、街道乡镇2编；设表超过10幅的有17编：教育44幅、党委人大政府政协团体24幅、科技24幅、农业23幅、民政22幅、林业20幅、交通19幅、通讯19幅、政法19幅、卫生19幅、国土资源18幅、人口居民17幅、金融保险16幅、能源13幅、税务11幅、人物11幅、自然环境10幅。表格占该编页码超过20%的有21编：科技78%、通讯53%、国土资源53%、人口居民43%、教育43%、金融保险42%、交通38%、城乡建设36%、民政36%、农业34%、政法33%、卫生33%、人物32%、体育31%、能源26%、自然环境25%、林业25%、民俗宗教方言24%、发展改革统计审计22%、广播电视22%、生态建设21%，占34编的62%。（随文表按阿拉伯数字编号，分别为编序号、该编表序号；有卧表15幅；配有表格索引）

正文设表情况如下：

概述、要事纪略36页；

建置区划编设表1幅、1页，占该编10页的10%；

自然环境编设表10幅、6页，占该编24页的25%；

人口居民编设表17幅、15页，占该编35页的43%；

城乡建设编设表6幅、4页，占该编11页的36%；

生态建设编设表4幅、2.5页，占该编12页的21%；

能源编设表13幅、11页，占该编42页的26%；

交通编设表19幅、13页，占该编34页的38%；

通讯编设表19幅、16页，占该编30页的53%；

国土资源编设表18幅、20页，占该编38页的53%；

水利编设表4幅、2页，占该编23页的9%；

林业编设表20幅、15页，占该编59页的25%；

农业编设表23幅、19页，占该编56页的34%；

工业编无表，该编26页；

旅游编设表2幅、1页，占该编34页的3%；

贸易编设表3幅、5页，占该编32页的16%；
财政编设表4幅、3页，占该编21页的14%；
税务编设表11幅、7页，占该编39页的18%；
金融保险编设表16幅、15页，占该编36页的42%；
发展改革统计审计编设表5幅、4页，占该编18页的22%；
市场监管编设表7幅、5页，占该编30页的17%；
党委人大政府政协团体编设表24幅、20页，占该编120页的17%；
政法编设表19幅、16页，占该编48页的33%；
军事编设表3幅、2页，占该编14页的14%；
人事劳保编设表2幅、1页，占该编22页的5%；
民政编设表22幅、13页，占该编36页的36%；
科技编设表24幅、21页，占该编27页的78%；
教育编设表44幅、37页，占该编87页的43%；
文化编设表5幅、6页，占该编35页的17%；
卫生编设表19幅、16页，占该编49页的33%；
体育编设表5幅、5页，占该编16页的31%；
广播电视编设表5幅、4页，占该编18页的22%；
街道乡镇编无表，该编30页；
民俗宗教方言编设表6幅、25页，占该编104页的24%；
人物编设表11幅、18页，占该编56页的32%；
附录设表8幅、8页，占78页的10%、

（《仙居县志（1986—2010）》，仙居县地方志编纂委员会编，北京，中华书局，2013年4月）

舟曲县志（1991—2006）

为大编体结构，全志前设概述、大事记，中设人地关系史略、地理、改革开放、经济、公共管理、文化卫生、社会、人物八大板块，后缀附录、专记、特记；板块下统摄卷章节，共设25卷，总字数114.9万字，总页码908页；设表总数为159幅，每万字用表量1.38幅，表总占页145页，占总页码的16%，卷均用表6.36幅；其中地理与基础设施部类4卷、156页，设表31幅、30页，占19%；经济部类7卷、240页，设表50幅、31页，占13%；政治部类8卷、215页，设表40幅、32页，占15%；文化与社会部类6卷、130页，设表31幅、31页，占24%；人物（包括附录、专记、特记）102页，设表7幅、21页，占21%。全志25卷中，未设表格的有文化旅游资源、法制禁毒、地方武装、救助劳动保障4卷，占25卷的16%；设表超过10幅的有7卷：区域人口19幅、地方行政机关19幅、基础设施12幅、第三产业12幅、自然环境10幅、科教文体10幅、医疗保健药检10幅。表格占该卷页码超过20%的有7卷：方言读标准语音77%、开放开发35%、人物35%、区域人口29%、地方国家权力机关27%、医疗保健药检22%、

宏观经济20%。（随文表按阿拉伯数字编号，分别为卷序号、该卷表序号；有卧表26幅）

正文设表情况如下：

概述、要事纪略32页；

人地关系史略8页；

地理

区域人口卷设表19幅、25页，占该编87页的29%；

自然环境卷设表10幅、3页，占该编25页的12%；

自然资源卷设表2幅、2页，占该编13页的15%；

文化旅游资源卷无表，该编31页；

改革开放

体制改革卷设表2幅、1页，占该编28页的4%；

基础设施卷设表12幅、6页，占该编37页的16%；

开放开发卷设表7幅、8页，占该编23页的35%；

经济

宏观经济卷设表7幅、2页，占该编10页的20%；

第一产业卷设表9幅、6页，占该编53页的11%；

第二产业卷设表1幅、0.5页，占该编31页的2%；

第三产业卷设表12幅、7页，占该编58页的12%；

公共管理

中国共产党地方组织卷设表9幅、6页，占该编40页的15%；

地方国家权力机关卷设表4幅、3页，占该编11页的27%；

地方行政机关卷设表19幅、18页，占该编93页的19%；

地方政治协商会议卷设表2幅、2页，占该编12页的17%；

群众团体卷设表3幅、2页，占该编14页的14%；

舟曲林业局卷设表3幅、1页，占该编8页的13%；

法制禁毒卷无表，该编25页；

地方武装卷无表，该编12页；

文化卫生

科教文体卷设表10幅、7页，占该编50页的14%；

医疗保健药检卷设表10幅、4页，占该编18页的22%；

社会

民族宗教卷设表3幅、2页，占该编15页的13%；

救助劳动保障卷无表，该编14页；

民风民生卷设表1幅、0.5页，占该编16页的3%；

方言读标准语音卷设表7幅、17页，占该编22页的77%；

人物设表4幅、13页，占该编37页的35%

附录、专记、特记设表3幅、8页，占65页的12%。

（《舟曲县志（1991—2006）》，甘肃省舟曲县地方志编纂委员会编，北京，方志出版社，2010年12月）

盐津县志（1978—2006）

全志共设23卷，总字数120万字，总页码702页；设表总数为106幅，每万字用表量0.88幅，表总占页132页，占总页码的18.8%，卷均用表4.6幅；其中地理与基础设施部类5卷、99页，设表6幅、6页，占6%；经济部类8卷、190页，设表41幅、40页，占21%；政治部类4卷、139页，设表10幅、8页，占6%；文化与社会部类6卷、137页，设表34幅、29页，占21%；人物（包括附录）105页，设表15幅、49页，占47%。全志23卷中，未设表格的有民族宗教、体制改革、建设环保3卷，占23卷的13%；设表10幅以上的有3卷：人物15幅、农业10幅、教育科技10幅。表格占该卷页码超过20%的有8卷：人物77%、人民生活60%、经济综述40%、金融保险36%、教育科技34%、商业33%、财税26%、劳动与社会保障22%。（随文表按阿拉伯数字编号，分别为卷序号、该卷表序号）

正文设表情况如下：

概述、大事记22页；

地理建置卷设表3幅、4页，占该编34页的12%；

人口卷设表3幅、2页，占该编11页的18%；

民族宗教卷无表，该编14页；

体制改革卷无表，该编23页；

建设环保卷无表，该编17页；

经济综述卷设表7幅、6页，占该编15页的40%；

农业卷设表10幅、9页，占该编50页的18%；

工业建筑业卷设表3幅、3页，占该编16页的19%；

交通通信卷设表2幅、3页，占该编18页的17%；

商业卷设表5幅、4页，占该编12页的33%；

财税卷设表4幅、5页，占该编19页的26%；

金融保险卷设表4幅、4页，占该编11页的36%；

经济管理卷设表6幅、6页，占该编49页的12%；

教育科技卷设表10幅、12页，占该编35页的34%；

文化体育卷设表5幅、3页，占该编38页的8%；

卫生卷设表3幅、2页，占该编22页的9%；

政党群团卷设表2幅、2页，占该编59页的3%；

政权政协卷设表3幅、2页，占该编34页的6%；

公安司法卷设表4幅、3页，占该编31页的10%；

军事卷设表1幅、1页，占该编15页的7%；

劳动与社会保障卷设表 4 幅、2 页，占该编 9 页的 22%；

民政卷设表 4 幅、4 页，占该编 23 页的 17%；

人民生活卷设表 8 幅、6 页，占该编 10 页的 60%；

人物卷设表 15 幅、49 页，占该编 64 页的 77%；

附录 41 页。

（《盐津县志（1978—2006）》，盐津县地方志编纂委员会编，昆明，云南出版集团云南人民出版社，2014 年 7 月）

邗江县志（1988—2000）

为中编体结构，设 30 编，总字数 196.8 万字，总页码 1020 页；设表总数为 427 幅，每万字用表量 2.18 幅，表总占页 251 页，占总页码的 24.6%，编均用表 14.2 幅；其中地理与基础设施部类 6 编、151 页，设表 100 幅，51 页，占 34%；经济部类 10 编、279 页，设表 182 幅、77 页，占 28%；政治部类 5 编、140 页，设表 44 幅、25 页，占 18%；文化与社会部类 7 编、243 页，设表 94 幅、60 页，占 25%；人物编（包括乡镇编、附录）172 页，设表 7 幅、38 页，占 22%。全志 30 编中，未设表格的有历史文化遗产 1 编；设表超过 10 幅的有 17 编：工业 41 幅、教育科技 39 幅、政区环境 29 幅、农业 26 幅、国内贸易 26 幅、土地管理 25 幅、服务业 20 幅、社会工作 19 幅、财政税务 18 幅、文化体育 16 幅、水利 14 幅、政法武装 13 幅、城乡建设 12 幅、经济综合管理 12 幅、劳动人事 12 幅、人口 11 幅、社会生活 10 幅，占全志 30 编的 57%。表格占该编页码超过 20% 的有 19 编：土地管理 63%、人物 58%、教育科技 48%、对外经贸 44%、政区环境 37%、社会工作 37%、水利 33%、工业 32%、财政税务 32%、人口 31%、国内贸易 30%、劳动人事 30%、农业 29%、经济综合管理 24%、资源能源 22%、人大政府政协 22%、城乡建设 21%、服务业 21%、建筑业房地产业 20%，占全志 30 编的 63%。（随文表按阿拉伯数字编号，分别为编序号、该编表序号；有卧表 8 幅）

正文设表情况如下：

总述、大事记 23 页；

政区环境编设表 29 幅、19 页，占该编 52 页的 37%；

人口编设表 11 幅、4 页，占该编 13 页的 31%；

资源能源编设表 9 幅、4 页，占该编 18 页的 22%；

土地管理编设表 25 幅、10 页，占该编 16 页的 63%；

城乡建设编设表 12 幅、6 页，占该编 28 页的 21%；

水利编设表 14 幅、8 页，占该编 24 页的 33%；

经济改革与发展编设表 9 幅、4 页，占该编 26 页的 15%；

农业编设表 26 幅、12 页，占该编 41 页的 29%；

工业编设表 41 幅、12 页，占该编 38 页的 32%；

牙刷业衬衫业编设表 8 幅、2 页，占该编 18 页的 11%；

建筑业房地产业编设表 7 幅、4 页，占该编 20 页的 20%；

国内贸易编设表 26 幅、9 页，占该编 30 页的 30%；
对外经贸编设表 7 幅、8 页，占该编 18 页的 44%；
服务业编设表 20 幅、6 页，占该编 29 页的 21%；
财政税务编设表 18 幅、8 页，占该编 25 页的 32%；
经济综合管理编设表 12 幅、8 页，占该编 34 页的 24%；
中共地方组织编设表 5 幅、3 页，占该编 33 页的 9%；
民主党派工商联社会团体编设表 5 幅、2 页，占该编 15 页的 13%；
人大政府政协编设表 9 幅、8 页，占该编 37 页的 22%；
政法武装编设表 13 幅、6 页，占该编 35 页的 17%；
劳动人事编设表 12 幅、6 页，占该编 20 页的 30%；
教育科技编设表 39 幅、30 页，占该编 63 页的 48%；
文化体育编设表 16 幅、10 页，占该编 67 页的 15%；
历史文化遗产编无表，该编 10 页；
卫生编设表 9 幅、5 页，占该编 27 页的 19%；
社会工作编设表 19 幅、11 页，占该编 30 页的 37%；
社会生活编设表 10 幅、3 页，占该编 32 页的 9%；
精神文明创建编设表 1 幅、1 页，占该编 14 页的 7%；
人物编设表 5 幅、36 页，占该编 62 页的 58%；
乡镇编设表 1 幅、1 页，占该编 36 页的 3%；
附录设表 1 幅、1 页，占该编 74 页的 1%。

（《邗江县志（1988—2000）》，扬州市邗江区地方志编纂委员会编，北京，方志出版社，2009 年 11 月）

迁西县志（1987—2005）

为中编体结构，设 35 编，总字数 207 万字，总页码 1089 页；设表总数为 272 幅，每万字用表量 1.31 幅，表总占页 224 页，占总页码的 20.5%，编均用表 7.8 幅；其中地理与基础设施部类 8 编、212 页，设表 77 幅，59 页，占 28%；经济部类 12 编、390 页，设表 122 幅、98 页，占 25%；政治部类 9 编、236 页，设表 37 幅、28 页，占 12%；文化与社会部类 5 编、168 页，设表 34 幅、37 页，占 22%；人物编 8 页，设表 2 幅、2 页，占 25%。全志各编中，未设表格的有政治体制改革 1 编；设表超过 10 幅的有 8 编：经济总览 27 幅、自然环境 25 幅、畜牧水产 21 幅、人口 18 幅、金融 18 幅、公安检察审判司法行政 12 幅、商贸服务 12 幅、邮政电信 11 幅。表格占该编页码超过 20% 的有 18 编：畜牧水产 50%、交通 43%、公安检察审判司法行政 38%、林业 36%、金融 36%、经济总览 33%、水利电力 32%、工业建筑业 31%、自然环境 30%、人口 30%、文化 28%、城乡建设与环境保护 27%、邮政电信 25%、种植业 25%、科学技术 25%、人物 25%、方言 23%、商贸服务 22%，占全志 35 编的 51%。（随文表按阿拉伯数字编号，分别为编序号、章序号、章内表序号；有卧表 7 幅）

正文设表情况如下：
概述、大事记 24 页；
建置区划编设表 2 幅、3 页，占该编 22 页的 14%；
自然环境编设表 25 幅、9 页，占该编 30 页的 30%；
人口编设表 18 幅、12 页，占该编 40 页的 30%；
城乡建设与环境保护编设表 7 幅、7 页，占该编 26 页的 27%；
交通编设表 9 幅、13 页，占该编 30 页的 43%；
邮政电信编设表 11 幅、4 页，占该编 16 页的 25%；
水利电力编设表 6 幅、9 页，占该编 28 页的 32%；
引滦工程编设表 5 幅、2 页，占该编 20 页的 10%；
政治体制改革编无表，该编 13 页；
中国共产党迁西县地方组织编设表 9 幅、9 页，占该编 57 页的 16%；
地方人民代表大会编设表 1 幅、1 页，占该编 20 页的 5%；
地方人民政府编设表 1 幅、2 页，占该编 20 页的 10%；
综合政务编设表 9 幅、5 页，占该编 48 页的 10%；
地方政治协商会议编设表 2 幅、2 页，占该编 16 页的 13%；
人民团体编设表 2 幅、1 页，占该编 22 页的 5%；
公安检察审判司法行政编设表 12 幅、7 页，占该编 32 页的 38%；
军事编设表 1 幅、0.5 页，占该编 8 页的 6%；
经济体制改革与对外开放编设表 5 幅、6 页，占该编 40 页的 15%；
经济总览编设表 27 幅、14 页，占该编 42 页的 33%；
综合经济管理编设表 9 幅、7 页，占该编 48 页的 15%；
种植业编设表 8 幅、6 页，占该编 24 页的 25%；
林业编设表 5 幅、10 页，占该编 28 页的 36%；
迁西板栗编设表 5 幅、3 页，占该编 20 页的 15%；
畜牧水产编设表 21 幅、14 页，占该编 28 页的 50%；
工业建筑业编设表 5 幅、15 页，占该编 48 页的 31%；
津西钢铁编设表 4 幅、2 页，占该编 16 页的 13%；
商贸服务编设表 12 幅、11 页，占该编 50 页的 22%；
旅游编设表 3 幅、2 页，占该编 24 页的 8%；
金融编设表 18 幅、8 页，占该编 22 页的 36%；
教育编设表 8 幅、4 页，占该编 32 页的 13%；
科学技术编设表 4 幅、7 页，占该编 28 页的 25%；
文化编设表 8 幅、14 页，占该编 50 页的 28%；
卫生体育编设表 9 幅、7 页，占该编 36 页的 19%；
方言编设表 5 幅、5 页，占该编 22 页的 23%；
人物编设表 2 幅、2 页，占该编 8 页的 25%；

杂记、索引51页。

（《迁西县志（1987—2005）》，迁西县地方志编纂委员会编，北京，方志出版社，2012年11月）

滑县志（1988—2000）

为中编体结构，设23篇，总字数140万字，总页码974页；设表总数为215幅，每万字用表量1.54幅，表总占页136页，占总页码的14%，篇均用表9.3幅；其中地理与基础设施部类5篇、128页，设表31幅，13页，占10%；经济部类7篇、260页，设表71幅、42页，占16%；政治部类5篇、189页，设表44幅、23页，占12%；文化与社会部类4篇、150页，设表18幅、11页，占7%；人物（包括乡镇概况篇、附录）160页，设表51幅、47页，占29%。全志23篇中，未设表格的有经济总情、工业2编；设表超过10幅的有8编：乡镇概况44幅、农业25幅、商贸业19幅、财税金融18幅、政党社团17幅、政权政协16幅、基础设施13幅、教育科技12幅。表格占该编页码超过20%的有6编：人物34%、商贸业27%、农业23%、政权政协23%、财税金融21%、教育科技21%.（随文表按阿拉伯数字编号，分别为编序号、章序号）

正文设表情况如下：

概述、大事记38页；

环境与保护篇设表8幅、2页，占该编24页的8%；

资源与管理篇设表4幅、3页，占该编24页的13%；

人口与计划生育篇设表2幅、1页，占该编10页的10%；

民情民俗篇设表4幅、3页，占该编22页的14%；

基础设施篇设表13幅、4页，占该编48页的8%；

经济总情篇无表，该编24页；

农业篇设表25幅、18页，占该编78页的23%；

乡镇企业与土特产品篇设表4幅、3页，占该编28页的11%；

工业篇无表，该编25页；

商贸业篇设表19幅、8页，占该编30页的27%；

财税金融篇设表18幅、9页，占该编42页的21%；

综合经济管理篇设表5幅、4页，占该编33页的12%；

政治综述篇设表2幅、1页，占该编18页的6%；

政党社团篇设表17幅、8页，占该编62页的13%；

政权政协篇设表16幅、11页，占该编48页的23%；

政务篇设表4幅、2页，占该编26页的8%；

政法武装篇设表5幅、1页，占该编35页的3%；

精神文明篇设表3幅、2页，占该编14页的14%；

教育科技篇设表12幅、7页，占该编34页的21%；

文化篇设表1幅、0.5页，占该编82页的1%；

卫生体育篇设表2幅、1页，占该编20页的5%；

人物篇设表5幅、30页，占该编88页的34%；

乡镇概况篇设表44幅、11页，占该编72页的15%；

附录设表2幅、6页，占49页的15%。

（《滑县志（1988—2000）》，滑县地方史志编纂委员会编，郑州，中州古籍出版社，2011年11月）

长汀县志（1988—2003）

为中编体结构，设31卷，总字数200万字，总页码1007页；设表总数为241幅，每万字用表量1.2幅，表总占页319页，占总页码的31.7%，卷均用表7.8幅；其中地理与基础设施部类7卷、136页，设表41幅，23页，占17%；经济部类13卷、282页，设表86幅、55页，占20%；政治部类6卷、151页，设表36幅、30页，占20%；文化与社会部类5卷、165页，设表68幅、63页，占38%；人物卷（包括附录、索引）257页，设表10幅、148页，占58%。全志31卷中，未设表格的有体制改革、交通2卷；设表超过10幅的有11卷：商业贸易21幅、乡（镇）概况19幅、公安司法17幅、文化体17幅、科技教育16幅、医药卫生15幅、自然环境12幅、居民12幅、林业11幅、邮政电信10幅、金融保险10幅。表格占该编页码超过20%的有16卷：人物75%、科技教育56%、建置50%、乡（镇）概况41%、商业贸易36%、文化体育35%、医药卫生34%、老区扶贫与小康建设33%、居民32%、金融保险32%、金融保险32%、公安司法30%、民政军事30%、经济管理26%、林业21%、财政税务20%。（随文表按阿拉伯数字排序号，分别为卷序号、该卷表序号；有卧表56幅；配有表格索引）

正文设表情况如下：

概述、大事记、专记设表4幅、3页，占49页的6%；

建置卷设表1幅、2页，占该编4页的50%；

自然环境卷设表12幅、4页，占该编22页的18%；

居民卷设表12幅、8页，占该编25页的32%；

环境保护卷设表5幅、2页，占该编12页的17%；

体制改革卷无表，该编12页；

老区、扶贫与小康建设卷设表7幅、4页，占该编12页的33%；

农业卷设表5幅、3页，占该编31页的10%；

林业卷设表11幅、7页，占该编19页的21%；

畜牧水产卷设表3幅、3页，占该编17页的18%；

水利水电卷设表4幅、3页，占该编19页的16%；

工业卷设表1幅、0.5页，占该编26页的2%；

乡镇企业卷设表1幅、1页，占该编16页的6%；

交通卷无表，该编12页；

邮政电信卷设表10幅、3页，占该编19页的16%；

城乡建设卷设表5幅、3页，占该编18页的17%；
财政税务卷设表6幅、3页，占该编15页的20%；
金融保险卷设表10幅、6页，占该编19页的32%；
商业贸易卷设表21幅、13页，占该编36页的36%；
经济管理卷设表9幅、9页，占该编35页的26%；
政党卷设表4幅、4页，占该编29页的14%；
人大政府政协卷设表3幅、3页，占该编21页的14%；
群众团体卷设表2幅、2页，占该编22页的9%；
公安司法卷设表17幅、14页，占该编46页的30%；
民政军事卷设表9幅、6页，占该编20页的30%；
劳动人事卷设表1幅、1页，占该编13页的8%；
科技教育卷设表16幅、15页，占该编27页的56%；
文化体育旅游卷设表17幅、18页，占该编51页的35%；
医药卫生卷设表15幅、10页，占该编29页的34%；
风俗宗教卷设表1幅、2页，占该编14页的14%；
乡（镇）概况卷设表19幅、18页，占该编44页的41%；
人物卷设表5幅、113页，占该编150页的75%；
附录、索引设表5幅、35页，占107页的33%。

（《长汀县志（1988—2003）》，长汀县地方志编纂委员会编，北京，中华书局，2006年10月）

沂水县志（1991—2003）

为中编体结构，设29编，总字数140万字，总页码800页；设表总数为138幅，每万字用表量0.99幅，表总占页142页，占总页码的17.8%，编均用表4.76幅；其中地理与基础设施部类6编、102页，设表30幅，17页，占17%；经济部类12编、242页，设表39幅、27页，占11%；政治部类5编、156页，设表37幅、32页，占21%；文化与社会部类6编、194页，设表30幅、59页，占30%；人物（包括附录）70页，设表2幅、7页，占10%。全志29编中，未设表格的有工业、乡镇企业民营经济、电力、旅游、军事、文化广播电视、社会风情7编，占全志29编的24%；设表超过10幅的有4编：民政人事劳保25幅、县城乡镇19幅、经济管理17幅、自然环境12幅。表格占该编页码超过20%的有9编：教育体育46%、县城乡镇41%、科学技术39%、民政人事劳保34%、经济管理25%、自然环境23%、交通21%、政法21%、金融20%。（随文表按阿拉伯数字编号，分别为编序号、该编表序号；有卧表2幅）

正文设表情况如下：
概述、大事记32页；
建置区划编设表2幅、1页，占该编10页的10%；
自然环境编设表12幅、5页，占该编22页的23%；

人口编设表 3 幅、2 页，占该编 14 页的 14%；
城乡建设环境保护编设表 8 幅、5 页，占该编 26 页的 19%；
交通编设表 4 幅、3 页，占该编 14 页的 21%；
邮电编设表 1 幅、1 页，占该编 16 页的 6%；
农业编设表 5 幅、3 页，占该编 30 页的 10%；
林果业编设表 1 幅、1 页，占该编 14 页的 7%；
水利编设表 1 幅、1 页，占该编 22 页的 5%；
工业编无表，该编 20 页；
乡镇企业民营经济编无表，该编 10 页；
电力编无表，该编 18 页；
旅游编无表，该编 16 页；
商业贸易编设表 1 幅、1 页，占该编 18 页的 6%；
开放开发编设表 3 幅、1 页，占该编 8 页的 13%；
财政税务编设表 4 幅、3 页，占该编 16 页的 19%；
金融编设表 7 幅、4 页，占该编 20 页的 20%；
经济管理编设表 17 幅、13 页，占该编 52 页的 25%；
政党群团编设表 1 幅、5 页，占该编 42 页的 12%；
政权政协编设表 4 幅、7 页，占该编 38 页的 18%；
民政人事劳保编设表 25 幅、15 页，占该编 44 页的 34%；
政法编设表 7 幅、5 页，占该编 24 页的 21%；
军事编无表，该编 8 页；
科学技术编设表 3 幅、7 页，占该编 18 页的 39%；
教育体育编设表 7 幅、23 页，占该编 50 页的 46%；
文化广播电视编无表，该编 22 页；
医疗卫生编设表 1 幅、1 页，占该编 20 页的 5%；
社会风情编无表，该编 16 页；
县城乡镇编设表 19 幅、28 页，占该编 68 页的 41%；
人物编设表 1 幅、4 页，占该编 36 页的 11%；
附录设表 1 幅、3 页，占 34 页的 9%。

（《沂水县志（1991—2008》，沂水县地方史志编纂委员会编，北京，中华书局，2012 年 4 月）

襄汾县志（1991—2003）

为小编体结构，设 42 编，总字数 190 万字，总页码 1270 页；设表总数为 295 幅，每万字用表量 1.55 幅，表总占页 263 页，占总页码的 20.7%，编均用表 7 幅；其中地理与基础设施部类 7 编、158 页，设表 67 幅，65 页，占 41%；经济部类 11 编、283 页，设表 120 幅、84 页，占 30%；政治部类 11 编、242 页，设表 72 幅、48 页，占 20%；文化与社会部类 11 编、298 页，设表 42 幅、41 页，占 14%；人物编42页，设表6幅、25页，占60%。全志42篇中，未设表格的有检察审判、文化、档案史志、民间文学、艺文5编；设表超过10幅的有12编：自然环境28幅、工业19幅、商贸18幅、经济综述17幅、经济行政管理15幅、种植业14幅、中国共产党13幅、人口12幅、金融保险12幅、民政11幅、卫生11幅、教育10幅。表格占该编页码超过20%的有22编：人物60%、自然环境55%、人口54%、经济综述50%、政府43%、卫生40%、建置38%、体育38%、种植业36%、交通33%、养殖业33%、工业31%、人事31%、商贸29%、财税29%、城乡建设27%、金融保险27%、经济行政管理27%、中国共产党25%、方言25%、民政23%、农业机具22%，占42编的52%。（随文表按阿拉伯数字编号，分别为编序号、该编表序号；有卧表7幅；配有表索引）

正文设表情况如下：

概述、大事记30页；

建置编设表3幅、6页，占该编16页的38%；

自然环境编设表28幅、31页，占该编56页的55%；

人口编设表12幅、13页，占该编24页的54%；

城乡建设编设表9幅、6页，占该编22页的27%；

环境保护编设表4幅、2页，占该编14页的14%；

交通编设表5幅、6页，占该编18页的33%；

邮政电信编设表2幅、1页，占该编8页的13%；

经济综述编设表17幅、16页，占该编32页的50%；

种植业编设表14幅、10页，占该编28页的36%；

养殖业编设表7幅、4页，占该编12页的33%；

林业编设表3幅、1页，占该编12页的8%；

水利编设表3幅、1页，占该编14页的7%；

农业机具编设表4幅、4页，占该编18页的22%；

工业编设表19幅、15页，占该编48页的31%；

商贸编设表18幅、11页，占该编38页的29%；

金融保险编设表12幅、6页，占该编22页的27%；

财税编设表8幅、8页，占该编28页的29%；

经济行政管理编设表15幅、8页，占该编30页的27%；

中国共产党编设表13幅、9页，占该编36页的25%；

人民代表大会编设表4幅、1页，占该编20页的5%；

政府编设表8幅、18页，占该编42页的43%；

政治协商会议编设表1幅、0.5页，占该编10页的5%；

党派群团编设表3幅、2页，占该编22页的9%；

军事编设表3幅、2页，占该编26页的8%；

公安司法编设表3幅、2页，占该编18页的11%；

检察审判编无表，该编 10 页；
民政编设表 11 幅、6 页，占该编 26 页的 23%；
人事编设表 8 幅、5 页，占该编 16 页的 31%；
劳动和社会保障编设表 3 幅、2 页，占该编 16 页的 13%；
教育编设表 10 幅、7 页，占该编 42 页的 17%；
科技编设表 2 幅、2 页，占该编 14 页的 14%；
卫生编设表 11 幅、12 页，占该编 30 页的 40%；
体育编设表 4 幅、6 页，占该编 16 页的 38%；
文化编无表，该编 42 页；
丁陶文化编设表 3 幅、4 页，占该编 30 页的 13%；
文物胜景编设表 1 幅、4 页，占该编 34 页的 12%；
档案史志编无表，该编 10 页；
民间文学编无表，该编 38 页；
民俗编设表 6 幅、3 页，占该编 30 页的 10%；
方言编设表 5 幅、3 页，占该编 12 页的 25%；
人物编设表 6 幅、25 页，占该编 42 页的 60%；
艺文编无表，该编 88 页；
限外辑要、索引 20 页。

（《襄汾县志（1991—2003）》，《襄汾县志》编纂委员会编，北京，方志出版社，2011 年 4 月）

温州市鹿城区志

为小编体结构，设 65 卷，总字数 317 万字，总页码 1394 页；设表总数为 339 幅，每万字用表量 1.07 幅，表总占页 274 页，占总页码的 19.7%，卷均用表 5.23 幅；其中地理与基础设施部类 14 卷、330 页，设表 84 幅，68 页，占 21%；经济部类 21 卷、298 页，设表 109 幅、75 页，占 25%；政治部类 11 卷、135 页，设表 41 幅、26 页，占 19%；文化与社会部类 18 卷、447 页，设表 99 幅、62 页，占 14%；人物卷 95 页，设表 6 幅、43 页，占 45%。全志 65 卷中，未设表格的有城市规划、环境卫生、农业、服务业、金融、民主党派、审判、文物、艺文、宗教、民俗、方言、杂记 13 卷；设表超过 10 幅的有 10 卷：人口 42 幅、居民生活 28 幅、科学技术 19 幅、工业 14 幅、对外贸易 14 幅、物价 14 幅、工商管理 12 幅、中国共产党 10 幅、人事劳动 10 幅、婚姻家庭 10 幅。表格占该编页码超过 20% 的有 24 卷：人口 77%、居民生活 61%、物价 60%、科学技术 59%、对外贸易 58%、工商管理 56%、统计 50%、新闻 50%、婚姻家庭 45%、人物 45%、计划 43%、社会团体 31%、供销合作 30%、中国共产党 29%、人事劳动 29%、体育 29%、自然环境 28%、政府 28%、卫生 27%、司法行政 25%、检察 22%、工业园区 21%、畜牧业 20%、电力 20%。（随文表按阿拉伯数字编号，分别为卷序号、该卷表序号；有卧表 33 幅；配有表格索引）

正文设表情况如下：
总述、大事记 49 页；
建置卷设表 3 幅、4 页，占该编 100 页的 4%；
自然环境卷设表 6 幅、7 页，占该编 25 页的 28%；
土地卷设表 2 幅、1 页，占该编 7 页的 14%；
人口卷设表 42 幅、40 页，占该编 52 页的 77%；
市政建设卷设表 1 幅、1 页，占该编 6 页的 17%；
城市建筑卷设表 4 幅、3 页，占该编 16 页的 19%；
城市规划卷无表，该编 20 页；
房地产卷设表 4 幅、1 页，占该编 12 页的 8%；
环境保护卷设表 7 幅、2 页，占该编 17 页的 12%；
交通卷设表 6 幅、3 页，占该编 23 页的 13%；
邮电卷设表 7 幅、3 页，占该编 19 页的 16%；
园林绿化卷设表 1 幅、0.5 页，占该编 9 页的 6%；
环境卫生卷无表，该编 5 页；
旅游卷设表 2 幅、2 页，占该编 19 页的 11%；
农业卷无表，该编 10 页；
林业卷设表 8 幅、7 页，占该编 17 页的 12%；
畜牧业卷设表 3 幅、2 页，占该编 10 页的 20%；
渔业卷设表 3 幅、2 页，占该编 13 页的 15%；
水利卷设表 3 幅、5 页，占该编 30 页的 17%；
工业卷设表 14 幅、8 页，占该编 44 页的 18%；
工业园区卷设表 7 幅、3 页，占该编 14 页的 21%；
电力卷设表 7 幅、2 页，占该编 10 页的 20%；
商业卷设表 1 幅、1 页，占该编 19 页的 5%；
供销合作卷设表 4 幅、3 页，占该编 10 页的 30%；
对外贸易卷设表 14 幅、7 页，占该编 12 页的 58%；
市场卷设表 1 幅、1 页，占该编 11 页的 9%；
服务业卷无表，该编 15 页；
金融卷无表，该编 9 页；
财税卷设表 4 幅、3 页，占该编 16 页的 19%；
计划卷设表 3 幅、3 页，占该编 7 页的 43%；
统计卷设表 9 幅、6 页，占该编 12 页的 50%；
审计卷设表 1 幅、0.5 页，占该编 3 页的 17%；
物价卷设表 14 幅、9 页，占该编 15 页的 60%；
工商管理卷设表 12 幅、9 页，占该编 16 页的 56%；
质量技术监督卷设表 1 幅、0.5 页，占该编 5 页的 10%；

中国共产党卷设表10幅、7页，占该编24页的29%；
人民代表大会卷设表2幅、1页，占该编14页的7%；
政府卷设表8幅、4页，占该编14页的28%；
政协卷设表3幅、2页，占该编12页的17%；
民主党派卷无表，该编7页；
社会团体卷设表7幅、5页，占该编16页的31%；
军事卷设表1幅、0.5页，占该编12页的4%；
公安卷设表6幅、3页，占该编16页的19%；
检察卷设表3幅、2页，占该编9页的22%；
审判卷无表，该编7页；
司法行政卷设表1幅、1页，占该编4页的25%；
教育卷设表3幅、1页，占该编27页的4%；
科学技术卷设表19幅、13页，占该编22页的59%；
文化艺术卷设表1幅、0.5页，占该编28页的2%；
新闻卷设表7幅、8页，占该编16页的50%；
文物卷无表，该编20页；
艺文卷无表，该编63页；
卫生卷设表6幅、6页，占该编22页的27%；
体育卷设表4幅、4页，占该编14页的29%；
居民生活卷设表28幅、14页，占该编23页的61%；
人事劳动卷设表10幅、5页，占该编17页的29%；
外事卷设表3幅、1页，占该编7页的14%；
民政卷设表2幅、2页，占该编19页的11%；
婚姻家庭卷设表10幅、5页，占该编11页的45%；
华侨卷设表6幅、2页，占该编12页的17%；
宗教卷无表，该编10页；
民俗卷无表，该编22页；
方言卷无表，该编94页；
杂记卷无表，该编21页；
人物卷设表6幅、43页，占该编95页的45%；
索引58页。

（《温州市鹿城区志》，鹿城区地方志编纂委员会编，北京，中华书局，2010年10月）

冀州市志

为大编体结构，设5卷28编，总字数251.3万字，总页码1170页；设表总数为262幅，每万字用表量1.04幅，表总占页248页，占总页码的21.2%，卷均用表9.36幅；其中地理与基础设施部类6编、230页，设表50幅，41页，占

18%；经济部类7编、294页，设表78幅、47页，占16%；政治部类7编、207页，设表60幅、48页，占23%；文化与社会部类7编、279页，设表50幅、45页，占16%；人物编（包括限外辑要）126页，设表24幅、67页，占53%。全志28编中，未设表格的有艺文1编；设表超过10幅的有11编：人物20幅、商贸服务业18幅、社会17幅、经济综合管理16幅、自然环境14幅、基础设施14幅、经济综述14幅、工业建筑业14幅、公安司法14幅、教育14幅、议会人民代表大会11幅。表格占该编页码超过20%的有14编：人物65%、政府58%、人口43%、议会人民代表大会38%、自然环境34%、科技31%、经济综述24%、经济综合管理24%、工业建筑业23%、公安司法23%、体育23%、金融业22%、基础设施21%、教育21%，占全志28编的50%。（随文表按阿拉伯数字编号，分别为编序号、该编表序号；有卧表2幅；配有表格索引）

正文设表情况如下：

总述、大事记40页；

建置编设表3幅、4页，占该编74页的5%；

自然环境编设表14幅、13页，占该编38页的34%；

衡水湖编设表6幅、2页，占该编26页的8%；

人口编设表9幅、6页，占该编14页的43%；

城乡建设环境保护编设表4幅、4页，占该编22页的18%；

基础设施编设表14幅、12页，占该编56页的21%；

经济综述编设表14幅、8页，占该编33页的24%；

农业编设表7幅、3页，占该编48页的6%；

工业建筑业编设表14幅、12页，占该编53页的23%；

采暖设备制造业编设表1幅、0.5页，占该编21页的2%；

商贸服务业编设表18幅、5页，占该编57页的9%；

金融业编设表8幅、4页，占该编18页的22%；

经济综合管理编设表16幅、14页，占该编58页的24%；

政党编设表9幅、9页，占该编52页的17%；

议会人民代表大会编设表11幅、6页，占该编16页的38%；

政府编设表7幅、15页，占该编26页的58%；

人民政协人民团体编设表6幅、4页，占该编28页的14%；

综合政务编设表5幅、3页，占该编28页的11%；

公安司法编设表14幅、7页，占该编30页的23%；

军事编设表8幅、4页，占该编27页的15%；

教育编设表14幅、12页，占该编57页的21%；

科技编设表3幅、5页，占该编16页的31%；

文化编设表5幅、9页，占该编76页的12%；

艺文编无表，该编26页；

卫生编设表5幅、3页，占该编22页的14%；

体育编设表6幅、6页，占该编26页的23%；

社会编设表17幅、10页，占该编56页的18%；

人物编设表20幅、65页，占该编100页的65%；

限外辑要设表4幅、2页，占26页的8%。

（《冀州市志》，冀州市志编纂委员会编，北京，方志出版社，2012年10月）

上海市长宁区志

为小编体结构，设38编，总字数222.1万字，总页码1356页；设表总数为578幅，每万字用表量2.6幅，表总占页298页，占总页码的22%，编均用表15.2幅；其中地理与基础设施部类3编、133页，设表54幅，38页，占29%；经济部类13编、417页，设表259幅、129页，占31%；政治部类14编、392页，设表147幅、67页，占17%；文化与社会部类7编、285页，设表108幅、48页，占17%；人物编（包括卷尾部分）117页，设表10幅、16页，占14%。全志38编中，未设表格的有民主党派工商联1编；设表超过10幅的有24编：现代服务业45幅、工业36幅、商业32幅、劳动和社会保障29幅、审判26幅、房地产业26幅、医疗卫生26幅、人民政府21幅、经济调节经济监督和综合管理21幅、三大经济组团21幅、科学技术21幅、境域行政区划人口19幅、城市基础设施18幅、中国共产党18幅、建筑业18幅、教育18幅、城区管理17幅、文化16幅、街道镇15幅、上海虹桥经济技术开发区古北新区15幅、对外和对港澳台经济内联协作14幅、民政13幅、公安12幅、税务10幅，占全志38编的63%。表格占该编页码超过20%的有20编：建筑业50%、城市基础设施42%、三大经济组团41%、工业40%、审判39%、司法行政36%、对外和对港澳台经济内联协作36%、商业35%、房地产业33%、境域行政区划人口31%、上海虹桥经济技术开发区古北新区31%、现代服务业31%、劳动和社会保障28%、民政26%、科学技术24%、人民政协23%、教育21%、文化21%、税务20%、医疗卫生20%，占全志38编的53%。（随文表按阿拉伯数字编号，分别为编序号、该编表序号；有卧表2幅；配有表格索引）

正文设表情况如下：

总述、大事记22页；

境域行政区划人口编设表19幅、8页，占该编26页的31%；

城市基础设施编设表18幅、21页，占该编50页的42%；

城区管理编设表17幅、9页，占该编57页的16%；

中国共产党编设表18幅、10页，占该编64页的16%；

人民代表大会编设表4幅、2页，占该编19页的11%；

人民政府编设表21幅、10页，占该编70页的14%；

人民政协编设表4幅、3页，占该编13页的23%；

民主党派工商联编无表，该编22页；

人民团体编设表 1 幅、0.5 页，占该编 26 页的 2%；

军事编设表 2 幅、0.5 页，占该编 11 页的 5%；

公安编设表 12 幅、4 页，占该编 23 页的 17%；

检察编设表 9 幅、3 页，占该编 20 页的 15%；

审判编设表 26 幅、9 页，占该编 23 页的 39%；

司法行政编设表 6 幅、5 页，占该编 14 页的 36%；

民政编设表 13 幅、9 页，占该编 35 页的 26%；

劳动和社会保障编设表 29 幅、10 页，占该编 36 页的 28%；

民族宗教事务侨务港澳台事务编设表 2 幅、1 页，占该编 16 页的 6%；

经济发展经济结构与体制改革编设表 8 幅、2 页，占该编 15 页的 13%；

经济调节经济监督和综合管理编设表 21 幅、9 页，占该编 53 页的 17%；

财政编设表 7 幅、3 页，占该编 17 页的 18%；

税务编设表 10 幅、5 页，占该编 25 页的 20%；

对外和对港澳台经济内联协作编设表 14 幅、8 页，占该编 22 页的 36%；

三大经济组团编设表 21 幅、13 页，占该编 32 页的 41%；

上海虹桥经济技术开发区古北新区编设表 15 幅、9 页，占该编 29 页的 31%；

工业编设表 36 幅、21 页，占该编 52 页的 40%；

建筑业编设表 18 幅、15 页，占该编 30 页的 50%；

房地产业编设表 26 幅、13 页，占该编 39 页的 33%；

商业编设表 32 幅、14 页，占该编 40 页的 35%；

现代服务业编设表 45 幅、15 页，占该编 48 页的 31%；

交通运输业邮政电信业编设表 6 幅、2 页，占该编 15 页的 13%；

精神文明建设编设表 3 幅、1 页，占该编 15 页的 7%；

科学技术编设表 21 幅、6 页，占该编 25 页的 24%；

教育编设表 18 幅、9 页，占该编 42 页的 21%；

文化编设表 16 幅、11 页，占该编 52 页的 21%；

医疗卫生编设表 26 幅、11 页，占该编 56 页的 20%；

体育编设表 9 幅、4 页，占该编 23 页的 17%；

街道镇编设表 15 幅、6 页，占该编 72 页的 8%；

人物编设表 4 幅、4 页，占该编 24 页的 17%；

专记、附录、前志勘误、前志补遗、索引等设表 6 幅、12 页，占 93 页的 13%。

（《上海市长宁区志（1993—2005）》，上海市长宁区地方志编纂委员会编，北京，方志出版社，2010 年 11 月）

贵阳市南明区志

为中编体结构，设 25 编，总字数 220 万字，总页码 1283 页；设表总数为 368 幅，每万字用表量 1.67 幅，表总占页 308 页，占总页码的 24.1%，编均用表 14.7 幅；其中地理与基础设施部类 3 编、104 页，设表 66 幅、65 页，占 63%；

经济部类5编、233页，设表88幅、57页，占24%；政治部类8编、321页，设表65幅、42页，占13%；文化与社会部类9编、344页，设表79幅、50页，占15%；人物编（包括附录）169页，设表70幅、106页，占63%。全志25编中，未设表格的有名胜古迹诗词楹联1编；设表超过10幅的有13编：财政税收金融29幅、城市建设与管理26幅、建置地理25幅、工业24幅、中国共产党24幅、民政19幅、卫生19幅、农村经济17幅、民主党派人民团体16幅、人口15幅、经济管理13幅、科学技术12幅、教育10幅，占全志25编的52%。表格占该编页码超过20%的有10编：人物47%、财政税收金融39%、科学技术39%、建置地理36%、工业32%、农村经济25%、人民政协25%、城市建设与管理24%、人口23%、民政22%，占全志25编的40%。（随文表按阿拉伯数字编号，分别为编序号、章序号、章内表序号；有卧表4幅）

正文设表情况如下：

总述、大事记70页；

建置地理编设表25幅、20页，占该编56页的36%；

人口编设表15幅、8页，占该编35页的23%；

城市建设与管理编设表26幅、13页，占该编55页的24%；

商业编设表5幅、4页，占该编30页的13%；

工业编设表24幅、16页，占该编50页的32%；

农村经济编设表17幅、14页，占该编56页的25%；

经济管理编设表13幅、5页，占该编51页的10%；

财政税收金融编设表29幅、18页，占该编46页的39%；

中国共产党编设表24幅、13页，占该编83页的16%；

人民代表大会编设表3幅、2页，占该编26页的8%；

人民政府编设表5幅、5页，占该编38页的13%；

人民政协编设表4幅、4页，占该编16页的25%；

民主党派人民团体编设表16幅、7页，占该编44页的16%；

检察审判编设表4幅、2页，占该编31页的6%；

公安司法编设表6幅、6页，占该编45页的13%；

军事编设表3幅、3页，占该编38页的8%；

劳动人事编设表8幅、3页，占该编23页的13%；

民政编设表19幅、11页，占该编51页的22%；

民族宗教编设表8幅、3页，占该编23页的13%；

科学技术编设表12幅、11页，占该编28页的39%；

教育编设表10幅、7页，占该编50页的14%；

文化编设表2幅、1页，占该编42页的2%；

卫生编设表19幅、10页，占该编52页的19%；

体育编设表1幅、0.5页，占该编20页的3%；

名胜古迹诗词楹联编无表，该编 55 页；

人物编设表 7 幅、35 页，占该编 75 页的 47%；

附录设表 63 幅、71 页，占 94 页的 76%。

（《贵阳市南明区志》，贵阳市南明区地方志编纂委员会编，贵阳，贵州人民出版社，2008 年 10 月）

附：30 部续志表格情况统计表

表 3

单位：幅、页、%

志书名称	设编总数	设表总数	万字用表	编均用表	表占页	占总页码 %
秦皇岛市志	23 板块	371 幅	1.08 幅	16.13 幅	300 页	15%
张家口市志	28 编	476 幅	1.29 幅	17 幅	466 页	21.6%
临汾市志	41 卷	584 幅	1.1 幅	14.2 幅	549 页	155%
黄山市志	36 卷	371 幅	0.95 幅	10.3 幅	331 页	13.25
扬州市志	42 篇	957 幅	1.63 幅	22.76 幅	613 页	19.1%
酒泉市志	45 编	538 幅	1.13 幅	12 幅	603 页	26.5%
高安市志	32 卷	240 幅	0.95 幅	7.5 幅	295 页	23.6%
萧山市志	45 编	698 幅	1.8 幅	15.5 幅	378 页	16.6%
任丘市志	38 编	185 幅	1 幅	4.9 幅	169 页	17%
义乌市志	60 篇	755 幅	1.49 幅	12.58 幅	633 页	21%
冀州市志	28 编	262 幅	1.04 幅	9.36 幅	248 页	21.2%
赤水市志	24 篇	115 幅	0.65 幅	4 幅	98 页	11%
莱山区志	26 编	204 幅	1.73 幅	7.8 幅	117 页	15.9%
金水区志	32 篇	247 幅	1.78 幅	7.7 幅	147 页	19.3%
江汉区志	27 篇	315 幅	1.54 幅	11.7 幅	189 页	18.3%
广阳区志	36 编	164 幅	1.09 幅	4.6 幅	116 页	14.6%
朔城区志	47 编	335 幅	1.16 幅	7.13 幅	334 页	18.5%
鹿城区志	65 卷	339 幅	1.07 幅	5.23 幅	274 页	19.7%
长宁区志	38 编	578 幅	2.60 幅	15.2 幅	298 页	22%
南明区志	25 编	368 幅	1.67 幅	14.7 幅	308 页	24.1%
邗江县志	30 编	427 幅	2.18 幅	14.2 幅	251 页	24.6%
梅 县 志	35 篇	178 幅	1.37 幅	3.86 幅	135 页	14.5%
舟曲县志	25 卷	159 幅	1.38 幅	6.36 幅	145 页	16%
仙居县志	34 编	399 幅	2.38 幅	11.7 幅	257 页	18.4%
盐津县志	23 卷	106 幅	0.88 幅	4.6 幅	132 页	18.8%
滑 县 志	23 篇	215 幅	1.54 幅	9.3 幅	136 页	14%
迁西县志	35 编	272 幅	1.31 幅	7.8 幅	224 页	20.5%
长汀县志	31 卷	241 幅	1.2 幅	7.8 幅	319 页	31.7%
沂水县志	29 编	138 幅	0.99 幅	4.76 幅	142 页	17.8%
襄汾县志	42 编	295 幅	1.55 幅	7 幅	263 页	20.7%
合　计	1045 编	10559 幅	37.68 幅	197.47 幅	8470 页	569.7%
均　数	34.8 编	352 幅	1.26 幅	9.92 幅	282.33 页	18.99%

“政法”“军事”编标题名称辨析

新方志编修已历时37个年头，《地方志工作条例》颁布已逾10年，两轮修志成果为社会主义新方志学的建立奠定了坚实的基础，中指组《地方志书质量规定》的发布与施行，在志书的规范化上迈出了坚实的一步。然而，方志学科的建立还有漫长的路要走，不可能一蹴而就，还需要热心志业的广大方志工作者和社会各界专家学者携起手来，进一步认真总结首、二轮志书编纂经验，深化方志学术研究，对一些编纂实践中存在的不完善、不规范加以厘清，为二轮的后期志书乃至三轮志书的编纂提供一个科学合理的规范模式，进而使志书编纂逐步走上规范化的轨道。笔者以为，在这方面还大有文章可做。诸如志书的篇幅，省级、市级、县级志书各以多少字数为合理范畴？志书有大、中、小编体之别，它们的分界线如何划分？志书第一层级的标法，分别冠以卷、编、篇（平头章节体自成一体，不在讨论范围之内），哪些体式适合用卷？哪些体式适合用编？哪些体式适合用篇？卷首集束彩图的页码，以多少页为合理范畴？内文表格与图片的设置，以占志书多少篇幅才算科学合理？志书几大部类的排序，经济、政治孰前孰后？相同类目的标题，是各行其是，还是规范统一？等等。二轮志书编纂中，“创新”二字提得尤为突出。笔者以为，二轮志书有首轮志书做依傍，体例上的创新一定要慎重。正如陈泽泓所言，“创新不一定是标新立异，将发展中的事物完善、规范，也是一种阶段性的创新。在这方面，同样大有可为。作为一个学科，志书有自己的语汇，如果不求明晰、规范，遑论深化研究”。

篇目标题的规范化是志书整体学术规范化的项目之一，而政治部类篇目标题则是志书篇目标题的重要组成部分。在首、二轮续志编纂中，政治部类相同类目的标题出现五花八门的标法，使人感到缺少规范，给志书的严谨性、科学性带来十分不利的影响。志书突出地方特点，主要靠内容的行文表述。相同类目的标题不需要求新求变，而需要统一规范。没有规矩，不成方圆。标题的规范化，并非“千志一面”、削足适履，也非我行我素，自以为是，各唱各的调，而是在修志实践中逐步摸索出既能反映客观实际，又符合志体，且为广大读者认可的标题制作路子。志书政治部类标题同其他部类相比，存在问题相对更多一些，很有加深研究的必要。有比较才能鉴别，有鉴别才能提高。两轮修志30多年，志书成果层出不穷，为研究政治部类标题制作提供了足可征用的资料，对加强标题问题的理论研究提供了精神食粮。笔者最近浏览了60部市县区志书的政法、军事编篇目，发现这两编标题的标法比较混乱，需要提出来与同行探讨，以期求得共识，使今后拟订的续志篇目不再出现类似的问题。

一、关于政法编

志书的政治部类中，通常均设有政法类内容，包括政法系统的公安、审判、检察、司法行政四大部门。中指组《地方志书质量规定》第四章内容第十三条第四项政法类内容中标为“公安司法”。在首、二轮修志实践中，政法类内容的标题比较混乱，未形成统一认识，给读者以不规范、不严谨的印象，使志书的科学性受到影响。

先列出60部志书“政法”编的几种标法：

（一）综合标法　即将政法系统中的公安、检察、审判、司法行政合为一编，其称谓共有政法、公安司法、司法、法治、公安司法行政、审判检察公安司法行政、公安检察审判司法行政、公检法司8种。

1. 政法：《黎城县志》2006年版、《望城县志》2006年版、《易门县志》2006年版、《昆都仑区志》2006年版、《卢氏县志》2006年版、《江汉区志》2007年版、《杭州市江干区志》2007年版、《东营区志》2008年版、《酒泉市志》2008年版、《郑州市金水区志》2008年版、《邗江县志》2009年版、《高安市志》2009年版、《南海市志》2009年版、《太原市小店区志》2009年版、《梅县志》2010年版、《大通回族土族自治县志》2010年版、《永城市志》2010年版、《滑县志》2011年版、《章丘市志》2013年版、《莆田市志》2013年版、《仙居县志》2013年版、《红河州志》2013年版、《大庆市志》2014年版、《苏州市志》2014年版、《扬州市志》2014年版、《云霄县志》2015年版、《杭州市志》2015年版，共有27部，占60部志书的45%，接近半数，是集中度最高的一种标法。

2. 公安司法：《海口市志》2004年版、《长汀县志》2006年版、《烟台市莱山区志》2009年版、《黄山市志》2010年版、《涉县志》2012年版、《合肥市志》2012年版、《临汾市志》2013年版、《互助土族自治县志》2014年版，共有8部，占60部志书的13.3%。此种标法是按照《地方志书质量规定》中的要求做的。

3. 司法：《奉贤县续志》2007年版、《锡山市志》2008年版、《余庆县志》2009年版、《罗山县志》2010年版、《赤水市志》2012年版、《信阳市志》2014年版、《京山县志》2015年版、《江陵县志》2015年版，共有8部，占60部志书的13.3%。

4. 法治：有4部，分别是《舟曲县志》2010年版、《应县志》2013年版、《济南市志》2014年版、《三明市志》2015年版。

5. 公安司法行政：2部，《晋中市志》2010年版、《萧山市志》2013年版。

6. 审判检察公安司法行政：1部，《张家口市志》2015年版。

7. 公安检察审判司法行政：1部，《迁西县志》2012年版。

8. 公检法司：1部，《朔州市朔城区志》2014年版。

（二）分立标法

共有两种，一为两分法，即将公安、检察、审判、司法行政合为二编（含一三分立和二二分立两种），其称谓有公安、司法，检察审判、公安司法，公安司法行政、检察审判，检察审判、综治公安司法行政 4 种；一为四分法，即将公安、检察、审判、司法行政各设一编。

1. 公安篇、司法篇，2 部：《临淄区志》2007 年版、《泾县志》2012 年版。

2. 检察审判编、公安司法编，1 部：《贵阳市南明区志》2008 年版。

3. 公安司法行政编、检察审判编，1 部：《萧山市志》2013 年版。

4. 检察审判篇、综治公安司法行政篇，1 部：《新余市志》2015 年版。

5. 公安卷、检察卷、审判卷、司法行政卷，4 部：《温州市鹿城区志》2010 年版、《上海市长宁区志》2010 年版、《辛集市志》2012 年版、《白银区志》2012 年版。

从上述示例中显示，综合标法有八种之多，且各种标法的含义也各不相同。以“司法”为例：综合标法例 2 中的“司法”包含检察、审判、司法行政三项；例 3 中的“司法”包含公安、检察、审判、司法行政四项；例 5 中的“司法行政”包含检察、审判、司法行政三项；例 6、例 7 中的“司法行政”仅含司法行政一项。分立标法例 1 中的“司法”包含检察、审判、司法行政三项；例 2 中的“司法”，例 3、例 4、例 5 中的“司法行政”仅含司法行政一项。标题中既有累赘不洁的“公安检察审判司法行政”全称标法，又有各取一字的“公检法司”简称标法，或以政法、司法、法治统而代之。究竟哪种标法更为准确、精练、科学、合理呢？

先从最权威的《汉语大词典》词义解释入手，看各词含义。政法：“①法制。②法度、法规。③政治和法律的合称。”司法：“现指检察机关或法院依据法律对民事、刑事案件进行侦查、审判。”法治：“谓根据法律治理国家。”从词义来看，司法偏狭，仅含检察机关或法院依法行事；法治过于宽泛，覆盖面远超出政法系统所管辖的范畴；唯有政法比较恰切。在我国，将公安、检察、审判、司法行政等统称为政法系统，政法是指“政法委员会”权力范围之内的那些事务和相关机构，相关工作由中共中央政法委员会统一领导。即中国共产党领导之下国家的专政机关和专政职能。而政法机关则包括审判机关、检察机关、公安机关、司法行政、国家安全部门、反邪教机构、武警部队等相关的部门。另外，按照中国的学科划分标准，法学和政治学是各有不同研究对象的相关学科，而我们在许多场合都习惯将政治与法律联系在一起称之为“政法”。如志书篇目设置将政法系统中的公安、检察、审判、司法行政合为一编，则以“政法”称谓最为准确、精练、科学、合理，60 部志书中有近半数采用“政法”立题，是修志实践给出的正确而完满的答案。《地方志书质量规定》政法部类内容中的“公安司法”名称，并非志书的标题范本，而是指明政法部类应写的内容，不能依样画葫芦作为公安、检察、审判、司法行政统合编的标题名称，与“政法”相较要略逊一筹，但与其他几种相比，却要准确、合理许多；同时也明确告诉世人，“司法”不涵盖“公安”，故而写作“公安司法”。 综合标法中的例 5“公安司法行政”，“司法行政”小于“司法”，难以涵盖检察、审判两项，“行政”二字多余。例 6、例 7 四项组合标注法累赘不简洁；例 8 简称标法虽较简洁，但准确性、科学性较差，均应在淘汰之列。

分立标法，要厘清“司法”与“司法行政”涵义；例1恰切；例2“检察审判”已单立，“公安司法”应为“公安司法行政”； 例4“综治公安司法行政”，标题有不洁之嫌， “综治”二字可删。分立标法一般问题较少，且本文重在探讨综合标法，故不多赘言。

二、关于军事编

在我国传统方志还处于萌芽时期，军事内容就成为志书的必备组成部分，这是由军事在历代国家政权中处于重要地位所决定的。在我国的历代方志篇目中，主要是设置一些反映军事体制、防务和战争的专卷。宋代范成大《吴郡志》卷五营寨，详细记载了中央禁军和地方厢军驻扎平江府的番号、兵丁原额、在籍人数，以及在府域内营建牧马寨的经过。明清志书对军事内容的记载更加完备，如番号、兵种、兵额、岁饷、巡船、马政和武器装备等皆予记载，险要之地的兵力布防、重大战事的情况尤为详尽。明成化《山西通志》卷三中，设有城池、关塞、津梁、烽堠，卷六中设有兵备。清雍正《山西通志》中，设有城池、关隘、兵制、武事、驿站，卷首图考中有“偏头关图”“边关图”。历代修志实践证明，军事志是志书中不可或缺的传统门类。

首轮三级志书中普遍设有军事志，且均以“军事”称谓。二轮续志编纂，除省级志书沿用“军事”称谓外，市、县（区）两级志书军事志的名称多出现异化现象，标法混乱，极不利于志书的传播与利用，同时易引起读者对志书缺乏规范化、进而对志书质量产生怀疑和不信任感。笔者罗列了60部市县级志书的军事志标题，从中可见端倪。

（一）军事 《海口市志》2004年版、《望城县志》2006年版、《易门县志》2006年版、《长汀县志》2006年版、《江汉区志》2007年版、《临淄区志》2007年版、《杭州市江干区志》2007年版、《东营区志》2008年版、《贵阳市南明区志》2008年版、《酒泉市志》2008年版、《高安市志》2009年版、《南海市志》2009年版、《烟台市莱山区志》2009年版、《太原市小店区志》2009年版、《余庆县志》2009年版、《晋中市志》2010年版、《温州市鹿城区志》2010年版、《黄山市志》2010年版、《梅县志》2010年版、《上海市长宁区志》2010年版、《迁西县志》2012年版、《涉县志》2012年版、《赤水市志》2012年版、《辛集市志》2012年版、《泾县志》2012年版、《合肥市志》2012年版、《章丘市志》2013年版、《临汾市志》2013年版、《莆田市志》2013年版、《萧山市志》2013年版、《仙居县志》2013年版、《红河州志》2013年版、《大庆市志》2014年版、《苏州市志》2014年版、《朔州市朔城区志》2014年版、《扬州市志》2014年版、《济南市志》2014年版、《京山县志》2015年版、《江陵县志》2015年版、《三明市志》2015年版、《杭州市志》2015年版，共有41部，占60部志书的67.3%。由此可见，多数以上的志人认同“军事”这一标名法。

（二）武装 《郑州市金水区志》2008年版、《邗江县志》2009年版、《罗山县志》2010年版、《大通回族土族自治县志》2010年版、《永城市志》2010年版、

《滑县志》2011年版、《应县志》2013年版、《云霄县志》2015年版，共有8部，占60部志书的13.3%。

（三）人民武装　《昆都仑区志》2006年版、《黎城县志》2006年版、《卢氏县志》2006年版、《信阳市志》2014年版、《互助土族自治县志》2014年版，共有5部，占60部志书的8.3%。

（四）国防建设　2部：《锡山市志》2008年版、《张家口市志》2015年版。

（五）国防　1部：《白银区志》2012年版。

（六）地方武装　1部：《舟曲县志》2010年版。

（七）地方军事　1部：《新余市志》2015年版。

（八）军事民防　1部：《奉贤县续志》2007年版。

还是以《汉语大词典》词义解释入手，看各词含义。军事："有关军旅和战争之事。"武装："①军装。②军事装备。③用武器加以装备。④用物质的、精神的东西来装备。⑤军队。"国防："为保卫国家领土主权所采取的军事及其他方面的防卫措施。"民防，《汉语大词典》无此一词。从词义分析，"武装"与军事、国防相较，要偏狭许多，作为分类标题明显欠妥。考察原因，二轮志书多为"断代志"，其间无战事发生，且市、县、区辖境内与军事有关的事务均由人民武装部负责管理，故而出现以"武装""人民武装""地方武装"立题的现象出现。例3"人民武装"，"人民"二字有修饰之嫌。例4"国防建设"，为主谓词组，不合志书标题以名词分类的要求，"建设"二字有不洁之嫌。例6"地方武装"、例7"地方军事"，题中均加"地方"二字，不合志书体例，志书篇目中的编、章、节三级标题均受志书书名统辖，标题中均不应标示"地方"二字，否则有画蛇添足之嫌。例8"军事民防"，有"父子同堂"之弊，从志书记述内容理解，当为"人民防空"的简缩语。笔者以为，此种简称不合常规。国家人民防空办公室的网站将"人民防空"简称为"人防"，并开办有人防要闻、人防科技、人防历史、人防论坛等多个专栏。"人民防空"简称"人防"，既是官方用语，又符合社会各界对人民防空的通常简称。再者，"父子同堂"立题，亦是篇目标题中的大忌。笔者以为，上述8例中，只有军事、国防做标题，才符合志书的标题分类法。但考虑到志书编纂是长久的文化事业，标题制作不能短视，目光要放长远一点，标题生命力的长短，是衡量用词准确的标准，放在历史长河中加以考量，是否经得起历史的检验。"国防"作标题只限定在没有战争的时期使用，故而用"军事"　做标题，其生命力要远大于"国防"，60部志书中67.3%的志书沿用首轮"军事"的标法，体现出多数志人的一致认识。

"军事"在首轮和二轮志书篇目中，均列为一级标题，只是二轮志书为断代体式，断限之内无战事发生，便出现多种标法。从上文中可以看出，将"军事"志名称改变的，有多种称谓。当然，60部志书不可能将"军事"志名称的异称搜罗完全，笔者还见到有"人民国防""武装部""人民武装部"等称谓。从规范化考虑，还是"军事"一词的覆盖面广、生命力强，如能统一起来，其效果会更好一些。

新方志编纂开展以来，中指组始终把三级志书的规范化当作提高志书质量的重要着力点，一直为此而进行着不懈的努力。《地方志书质量规定》第十二条中言明："标题简明准确，题文相符，同一门类各级标题不重复。"为志书标题走规范化的道路指明了方向。笔者以为，志书的规范化是必由之路，篇目标题的规范化亦应提上议事日程，从编纂实践中认真总结、归纳、提炼，汇集广大志人的智慧，通过深入研讨，提出一个较为科学、规范、合理的标题制作规范模式，这样便于各级志书一体遵循，形成合力，方便社会各界更好地认识、了解志书，使志书的功能得到充分发挥。

（原载《河北地方志》2017 年第 1 期）

续修志书应重视艺文志的编纂

提要：志书中的“人物”与“艺文”，被志界称为“志眼”。二者展现出的是志书的“精气神”，是志书“人文”内容的“灵魂”。志书有此二志，就显得灵动而有生气，起到“画龙点睛”的突出效果。传承地域文化是志书的主要职责，而艺文志是担当这一职责的重点篇章之一。笔者查阅了陕西、山西、广西、天津、上海等五省市区首轮新编市县志书中艺文志的设置状况，由于各地修志人员对艺文志的理解和认识出现偏差，重视程度有所不同。艺文志包括的类目有诗文、碑文、书目三项，业已成为方志界比较统一的认知。艺文标题一定要简洁、凝练、恰切、准确，名词当家，戒用主谓词组，更要避免添加虚词赘语。艺文志的载录，要坚持以价值为取舍条件。收录内容要古今并重。

关键词：艺文志　编纂现状　内容设置　标题制作　存在问题

艺文志也叫经籍志。中国纪传体史书中记载图书目录部分的专用名称。《汉书》开创了根据官修目录编制艺文志的先例。其后，《隋书》《旧唐书》《新唐书》《宋史》《明史》《清史稿》均有艺文志或经籍志，记载了该朝代的著作或藏书目录。艺文志是在史书中起着保存文献作用的一种重要体裁。地方志中的艺文志，是从史书的体裁移植而来，使志书的体裁更加丰富。地方志中的艺文志，既吸纳了史书体裁，又有其自身的演化过程。志书的艺文志，初则仿效史书只载书目，逐步扩展到书目、诗词、散文、碑碣等，收录种类由少到多，进而使志书的文化含量得到显著提升，进而成为一地域最重要的乡邦文献。故而，志书中的“人物”与“艺文”，被志界称为“志眼”。二者展现出的是志书的“精气神”，是志书“人文”内容的“灵魂”。志书有此二志，就显得灵动而有生气，起到“画龙点睛”的突出效果。

新方志要否设置艺文门类，首轮编修中即有不同看法，曾引起讨论。上级指导部门亦未提出明确要求，进而在首轮新方志编纂中未得到应有的重视，艺文志在志书中多有缺失。1980 年中国地方史研究会筹备会发出的《关于编纂新县志的初步方案（讨论稿）》中，县志篇目未提及艺文志；1981 年中国地方史志协会起草的《关于新编地方志工作条例》中，建议的《新编省志篇目》《新编市志基本篇目》《新编县志基本篇目》也未提及艺文志的设置。到 20 世纪 90 年代初，黄苇等著《方志学》一书论及艺文内容：“文化篇要不要收载书目，方志界意见分歧。有人认为，文化篇不宜收载书目，其理由有三，其一，当代人才流动范围大，已冲破地域界限，文人创造的精神财富归乡落籍意义不大；其二，收载当代作者著作目录，社会比较敏感；其三，古代的著作书目，旧志已有记载，新志没有必要重复。其实，推敲一下，这三条理由都似难成立。因为，首先新编方志都是统合古今的，不是断代志；其次，新方志文化篇记载古今书目有利于激发作者的怀乡爱国之情，促进精神文明建设；再次，对于‘社会敏感’也有处置之法，即对入志书目严格确定收录范围。”[①]首轮修志中仍存在不收载书目的情况，无非是对“社会敏感”心存疑虑和面对大量的历代著述难以裁决而退避。二轮修志，与重视文化遗产和文化创作的环境相适应，艺文志渐为修志者所重视，与此同时，还出现了另外一种走极端的现象，对今人作品不加分别的打包收载，甚至借机塞进私货，无法分辨优劣。

一、艺文志在志书中的地位

艺文志是地方志的传统门类。在旧志中，艺文志是垫底的一类，且篇幅较巨，这是因志书是一地人文历史的载体和传承者，旧志重艺文即是这一思想的体现。首轮新志编纂，对艺文志有所忽视，且多数志书缺此类项，实不足道。就艺文志的整体质量而言，无论是首轮还是二轮已版志书均不容乐观，缺项有之，记述不规范有之，随意扩展内容者有之。艺文志既是一个地区人杰地灵、人文荟萃的集中体现，又是一个地方文化是否发达的直接标志。艺文志的编修，有助于增强人们对家乡的自豪感和热爱之情，激励人们与时俱进，奋发有为，献身于地方文化事业建设。

艺文志亦是地方志书不可缺的门类，将艺文单独立编，在新方志编纂中逐渐形成共识。笔者以为，这是使志书编纂，返归到正确的轨道。地方志是一地域最重要的文化典籍，是一地域文化集大成的乡邦文献。传承地域文化是志书的主要职责，而艺文志是担当这一职责的重点篇章之一。改革开放发展到今天，更显现出文化在经济与社会发展中发挥出的重大作用。全国从省到市到县，乃至乡镇、村庄、家族，莫不把发掘自身的历史文化作为当代人的历史使命。艺文还是单独立编为好。艺文志的内容有著述存目、散文、诗词、楹联、碑碣等。旧志中的艺文志多在末编（卷）排列，新方志首轮志书单独设艺文志的较少，且多数志书将艺文内容分散放在文化部类或附录篇之中；二轮续志设艺文志的逐渐多了起来，多数放在文化部类，少数放在社会类或末编、附录之中。我以为，新旧志观念有别，放在文化部类较合情理。我还以为，只要单设了艺文志，放在何处均可，它体现了文化理念的回归，认可了文化在志书中的重要性，使方志文化的优良传统得到传承，这就足矣。

传承地域文化是志书的主要职责，而艺文志是担当这一职责的重点篇章之一。编纂艺文志是我国修志事业一大优良传统，在方志中将起到其他专业志不可替代的历史地位和作用。既是人杰地灵、人文荟萃的集中体现，又是展现一地文化发达和精神文明建设水平的重要标志。写好新编艺文志，具有特殊的历史意义

---

①黄苇等著：《方志学》， 复旦大学出版社，1993 年。

和现实意义。

二、首轮五省市区艺文志的设置状况

笔者查阅了陕西、山西、广西、天津、上海等五省市区首轮新编市县志书中艺文志的设置状况，由于各地修志人员对艺文志的理解和认识出现偏差，重视程度有所不同。

陕西省首轮的105部市县志中，艺文作为篇目一级标题的有《渭南县志》《安康县志》《澄城县志》《临潼县志》《西乡县志》《略阳县志》《米脂县志》《岚皋县志》《蒲城县志》《周至县志》《府谷县志》《丹凤县志》《蓝田县志》《凤县志》《宁强县志》《吴堡县志》《合阳县志》《铜川市志》《柞水县志》《商州市志》《礼泉县志》《清涧县志》《留坝县志》《绥德县志》《安康地区志》《汉中地区志》26部；作为篇目二级标题的有《勉县志》《南郑县志》《宜君县志》《子洲县志》《 佛坪县志》《大荔县志》《汉中市志》《镇安县志》《洋县志》《镇巴县志》《榆林市志》《延安地区志》《彬县志》《淳化县志》《泾阳县志》15部；作为篇目三级标题的有《白水县志》《神木县志》《潼关县志》《兴平县志》4部；改变名称，但内容实为艺文范畴的有《山阳县志》《金台区志》《紫阳县志》3部；以“附录”名称取而代之的有《商洛地区志》《榆林地区志》《洛川县志》《乾县志》《陇县志》《长安县志》6部。以上四项合计55部，占105部市县志书的52%。

山西省首轮的120部市县志书中，“艺文”作为篇目一级标题的有《太原市南郊区志》《古交志》《大同市新荣区志》《长治市志》《襄垣县志》《黎城县志》《平顺县志》《沁县志》《晋城市志》《高平县志》《陵川县志》《静乐县志》《河曲县志》《平遥县志》《临汾市志》《临汾市志（县级）》《霍州市志》《洪洞县志》《侯马市志》《运城地区志》《运城市志（县级）》《永济县志》《河津县志》《夏县志》《闻喜县志》《绛县志》《平陆县志》《芮城县志》《临猗县志》《万荣县志》《新绛县志》《稷山县志》等32部；称之为“丛录”的有《清徐县志》《长子县志》2部；称之为“文征”的有《阳城县志》《隰县志》2部；称之为“文献”（或汇编、或辑存）的有《晋城县志》《阳泉市城区志》《平定县志》《盂县志》《昔阳县志》《安泽县志》6部。以上四项合计42部，占120部市县志书的35%。

广西壮族自治区首轮的90部市县志中，在志书第一层级标题设立艺文内容的有《柳州市志·诗文选辑》篇1部；第二层级以“艺文”立标题的有《金秀瑶族自治县志》《西林县志》《上林县志》《钟山县志》《扶绥县志》《邕宁县志》《荔浦县志》《扶绥县志》《隆林各族自治县志》《合浦县志》《临桂县志》《上思县志》《田林县志》《天峨县志》等14部。以“附录”名称取而代之的有《灵川县志》《永福县志》《兴安县志》《南丹县志》《藤县志》《防城县志》《凤山县志》《桂平市志》《北流县志》《环江毛南族自治县志》10部。上述三项项合计25部，占90部市县志的28%。

天津市首轮的12部区县志中，“艺文”作为篇目一级标题的有《和平区志》《红桥区志》2部；作为篇目二级标题的有《塘沽区志》《南开区志》《河西区志》《北辰区志》《河东区志》5部；此二项合计7部，占12部志书的58%。

上海市首轮的22部区县志书中，无1部单设“艺文”志，仅有2部志书的二级标题标有“艺文”二字：《川沙县志·文化》卷内，设“艺文”章；《上海县志·附录》篇内，设“艺文”门，占22部志书的9%。

从上面列举的五省市区的首轮市、区、县两级志书来看，其余未单列“艺文”标题的志书，多数在志尾“附录”篇（亦有在“文献”“杂录”等篇）中加载了诸如著述、诗文、碑碣等相关内容，有的列一项，有的列二项，有的列三项，多寡不一，从统计方便考虑，均未计算在内。因地域不同，修志指导上出现偏差，各省市区的市县两级志书篇目在艺文志的设置上，重视程度高低有别。

五省市区的首轮市、区、县两级志书在编（卷、篇）、章、节3个层次设艺文标题的依次为：天津市的比率最高，达58%；陕西省占52%；山西省占35%；广西壮族自治区占28%；上海市占18%。如以总数计，上述五省市区的首轮市县两级志书共349部，设艺文的131部，占38%。

此数字与仓修良查阅的32%比率数相差仅6个百分点，基本处在同一水平线上。1991年4月，仓修良曾对浙江方志馆所收新方志进行调查，“该馆收有全国新修市县志共229部。……艺文志普遍没有编修。这个数字已经接近于当时全国已出的新县志500种以上的二分之一。查阅的结果是，还保留艺文志这一内容的仅74部，占32%，有的称著作目录也计算在内，而独立成篇真正称艺文的几乎没有，大多为一节或一目，能在文化篇中设置一章已经很不错了，有的还是放在最后的附录之中。还要指出的是，有的即使是有，也是记载得不伦不类。……可见这届修志的前期，艺文志确实不被重视。当然，修志工作进入中期以后，提出新编方志要提高文化品位、学术品位以后，……艺文志这一内容又都变成必不可少的了”。①仓修良虽然大声疾呼新方志应增设艺术志，记述一地的著述，扬一方之文化根基，但响应者寥寥。

三、二轮部分市县志书艺文志的设置状况

至21世纪初开展二轮修志以来，艺文志的设置情况并未得到改变，只有少数省市区在修志业务指导上加以重视，情况有所改变，多数依旧指导乏力，艺文志的编纂依旧出现参差不齐的状况。

从上述五省市区的二轮市县志书来看，陕西省、天津市的志书笔者未查到，情况不明。只查到山西、广西、上海等三省市区的部分志书。

山西省至2017年底出版二轮市县志书65部，笔者手头收藏有31部，其中设置艺文篇目的有26部（见“表1”），占31部志书的84%；其中设一级篇目的24部，设二级篇目的2部。这一比例在笔者接触到的兄弟省市区二轮续志中是

①仓修良：《新修方志中艺文志不可少》，《中国地方志》，1992年2期。

最高的。其余 5 部虽未单独设立艺文志（或二级“章”），但也在文化或附录等篇中记述了有关艺文的内容。《沁水县志（1978—2008）》在“文化”编中设“著述谣谚”章，“历史文化”编中设“历代碑刻选”章（方志出版社 2006 年 2 月版）；《广灵县志（1991—2010）》在“文化体育”卷中设“创作与著述”“创作选粹”2 章，“附录”篇中设“石刻碑文”门（ 三晋出版社 2011 年 8 月版）；《天镇县志（1991—2008）》在“附录”篇中设“文献”“杂记”“诗词”三门（山西人民出版社 2009 年 11 月版）；《文水县志（1986—2002）》在“文化”编中设“著述”章，“附录”篇中设“碑刻”门（中华书局 2009 年 9 月版）；《交城县志（1986—2005）》在“杂记”编中设“碑碣”“诗词选录”章（中华书局 2013 年 8 月版）。

广西壮族自治区新出的 40 部二轮市县志书（截至 2017 年底）中，无 1 部单设“艺文”志，仅有 4 部志书的二级标题标有“艺文”二字：《桂林市秀峰区志· 第二十五章文化事业》下，立有“艺文”节（线装书局 2017 年 12 月版）；《荔浦县志（1991—2005）·附录》篇内，设“艺文”门（中国时代经济出版社 2014 年 8 月版）；《北海市铁山港区志·附录》篇内，设“珍珠艺文选录”门（广西人民出版社 2012 年 12 月版）；《东兴市志·附录》篇内，设“艺文”门（广西人民出版社 2016 年 12 月版）。占 40 部市县志书的 10%。

上海市二轮新出的 14 部区县志书中，在志书篇目一级标题设置艺文志的有《奉贤县续志》1 部，在篇目二级标题设置“艺文”标题的有《川沙县续志》《金山县续志（1986—1997）》《南汇县续志》3 部，占 14 部志书的 21%。《嘉定县续志》《宝山区志（1988—2015）》《黄浦区续志》《南市区续志》《卢湾区志（1994—2003）》《杨浦区志（1991—2003）》《普陀区志（1991—2003）》《长宁区志（1993—2005）》《徐汇区志（1991—2005）》《虹口区志（1994—2007）》等 10 部续志，篇目中未见“艺文”一词。

另外，笔者查阅了手头收集的 15 个兄弟省市区中的 33 部二轮市级志书，它们是《绵阳市志》《酒泉市志》《山南地区志》《泰安市志》《秦皇岛市志》《达州市志》《黄山市志》《湖州市志》《合肥市志》《河源市志》《渭南市志》《淄博市志》《莆田市志》《红河州志》《信阳市志》《大庆市志》《淮北市志》《莱芜市志》《扬州市志》《苏州市志》《三明市志》《邯郸市志》《杭州市志》《新余市志》《牡丹江市志》《张家口市志》《广元市志》《湘潭市志》《济南市志》《舟山市志》《常州市志》《威海市志》《昆明市志》，其中只有《酒泉市志》设“文录”编，《黄山市志》设“艺文”卷，《渭南市志》设“著作及艺术作品”编，《淮北市志》在“附录”中设“艺文”门，《苏州市志》设“艺文”卷，《邯郸市志》设“艺文”编， 共 6 部志书设置艺文专篇，占 33 部志书的 18%。

当代修志中为什么形成这种不重视艺文志的局面呢？刘希汉等人在《新艺文志编纂刍议》一文中指出其中的原因：“主要有四：一是首轮修志是在理论滞后的条件下仓促起步的，修志人员缺乏博览旧志和一定的方志理论修养，认识不到编修艺文志的重要意义，或对艺文志认识上有偏见，认为旧志中艺文志收入过滥。

二是全局上缺乏编写艺文志的指导意向，从《新编地方志工作暂行规定》及其附件中的《建议》《条例》及其规定的省、市、县志《基本篇目》中根本没有提到艺文志，就是上至领导人讲话、下至各级业务研讨会都没涉及艺文志的问题. 这不能不说是一种失误。三是广大修志人员长期受‘左’的思想影响，心有余悸，多一事不如少一事，既然上级不提倡，咱何必自讨苦吃，弄不好还被扣上一顶‘封资修’的帽子。四是编修艺文志从收集资料到编写，工作量很大，绝非其他专业志相比，必须下一番真功夫，敷衍了事是不行的。所以左顾右盼，别人不设，我何必无事生非？”①

四、艺文志的记述内容

地方志中的艺文志，既吸纳了史书体裁，又有其自身的演化过程。志书的艺文志，初则仿效史书只载书目，逐步扩展到书目、诗文、碑碣等，收录种类由少到多。从保存地域文献、传承地域文脉、展示地域文化特色方面而言，起到了其他书籍无法比拟的独特功能。从新方志编纂实践看，少数艺文志随意扩大了艺文收录的范围，将民间文学范畴中的童谣、民歌、民谚、民间故事、对联、匾额等，艺术作品范畴中的书法、摄影、美术、戏曲、影视、灯谜、音乐作品、科技作品等，有的甚至将杂记和附录范畴的内容，如调查材料、信函题词、姓氏文化研究、书笺、轶闻趣事、史志资料、旧志序跋等，一并裹挟到艺文志中来，收录范围过宽过滥，标准不一，扰乱了志界公认的艺文志传统体例，从而也破坏了志书分类的科学性、严谨性。

艺文志究竟应该收录哪些内容，还需要从修志实践中找答案。笔者收罗了省内外 53 部两轮志书的艺文志，从中可见端倪。

山西省 25 部二轮市县志书“艺文”篇目一览表

表 1

志书名称	篇名	艺文篇目	出版社及出版时间
垣曲县志	文化编	艺文章设诗词、散文、楹联、碑文四节	中华书局，2001.6
河津市志	艺文卷	散文、诗词、楹联、碑文选四章	山西人民出版社，2002.8
洪洞县志	艺文卷	著述、作品辑录、碑铭文辑要三章	山西春秋电子音像出版社，2005.10
侯马市志	艺文选录编	诗词、文论、传说三章	长城出版社，2005.12
黎城县志	艺文卷	碑铭、诗歌、楹联、著述、文学创作、文选六章	中华书局，2006.1

①刘希汉、赵云翠、刘金凤：《新艺文志编纂刍议》，《中国地方志》，1995 年第 5 期。

续表 1

志书名称	篇名	艺文篇目	出版社及出版时间
翼城县志	艺文编	诰命奏疏、文论、诗文辞赋、碑传铭文、楹联题额签词五章	山西人民出版社，2007.12
高平市志	文丛卷	著述、艺文、丛谭、楹联、文献五编	中华书局，2009.5
小店区志	艺文编	诗词、散文、戏曲三章	山西人民出版社，2009.9
晋中市志	艺文卷	文赋、碑铭、诗词三章	中华书局，2010.6
襄汾县志	艺文卷	诗词、散文、楹联匾额、碑记、历代县志序跋选五章（文化编设著章述）	方志出版社，2011.4
晋城市志	艺文卷	散文、韵文、碑文、著述目录四章	中华书局，2011.7
盂县志	艺文卷	散文作品、诗联作品、民间文学选、碑碣石刻四章	中华书局，2011.11
霍州市志	艺文卷	诗词、小说散文、楹联、戏剧曲艺、碑记、历代州志序言选辑六章	中华书局，2013.12
临汾市志	艺文卷	碑文、诗词、散文、楹联四章	中华书局，2013.12
原平市志	艺文卷	序跋、碑铭、诗歌、辞赋、散文、小说、剧本、楹联、民间故事九章	中华书局，2014.9
朔城区志	艺文卷	著作存目、碑铭、论文、诗赋、小说散文、民间故事、杂体七章	中华书局，2014.11
新荣区志	艺文选辑编	诗赋楹联、故事传说二章	中华书局，2015.2
泽州县志	艺文丛谈卷	艺文、丛谈二章	中华书局，2015.10
左权县志	艺文编	碑铭、诗词、文赋、旧志序跋四章	中华书局，2016.8
芮城县志	艺文卷	散文、诗词辞赋、楹联碑文、诗词、历代《芮城县志》序跋四章	中华书局，2016.12
永济市志	艺文卷	诗词、散文、楹联、碑文祭文四章	中华书局，2017.12
陵川县志	文丛文献编	文丛章设诗词、散文、传说三节	中华书局，2009.4

续表 1

志书名称	篇名	艺文篇目	出版社及出版时间
阳城县志	附记文征卷	文征篇设诗词、散文、论文、碑文四门	山西人民出版社，2015.1
怀仁县志	文化编	艺文章设古代诗词碑文选录、民间传说选录、现代作品选录三节	方志出版社，2017.7
晋源区志	艺文编	著述存目、诗词、散文、碑碣 4 章	中华书局，2017.9

9 省市区首、二轮 28 部市县志书“艺文”篇目一览表

表 2

志书名称	篇名	艺文篇目	出版社及出版时间
玉山县志	艺文卷	目录、单篇（幅）艺文作品选、碑文三章	江西人民出版社，1985.7
渭南县志	艺文志	诗歌、赋词小说散文口头文学、戏剧音乐曲艺、书法、美术、著述目录 6 章	三秦出版社，1987.6
吴堡县志	艺文志	对联诗词、小说散文口头文学、戏剧音乐曲艺、著述目录 4 章	陕西人民出版社，1995.8
铜川市志	艺文志	文学作品、碑文、旧志序言选、民间传说、历代著述目录 5 章	陕西师范大学出版社，1997.4
涿 州 志	艺文篇	碑铭、诗词、楹联、旧志序、著述五章	方志出版社，1997.5
红桥区志	艺文篇	历史上的名人著述、新中国成立后发表部分论著、古诗词、近代歌谣、碑碣石刻、楹联匾额 6 章	天津古籍出版社，2001.6
和平区志	艺文篇	著述录、文章、诗词歌赋、信函题词匾额 4 章	中华书局，2004.12
井陉县志	艺文篇	著述、诗词二门	新华出版社，2006.5
会宁县志	艺文篇	著述录、艺文辑存二章	甘肃人民出版社，2007.7
奉贤县续志	艺文卷	著述文章、史志家谱碑刻、文学作品选录、艺术作品选载四章	方志出版社，2007.11
酒泉市志	文录编	诗词、散文、小说、戏剧宝卷、电视作品、学术论文、碑铭楹联八章	方志出版社，2008.5
邗江县志	文化体育编	艺文章设著述目录、古代诗词楹联记文选录、现代文学作品选录、艺术作品选录四节	方志出版社，2009.11
黄山市志	艺文卷	书目、艺文选辑二门	黄山书社，2010.9
鹿城区志	艺文卷	文选、古代诗词选、近现代诗词选、著述书目四章	中华书局，2010.10

续表 2

志书名称	篇名	艺文篇目	出版社及出版时间
栾城县志	艺文篇	著述存目、碑文、诗歌楹联、姓氏文化研究四门	中央文献出版社，2010.7
正宁县志	艺文章	文选、诗词歌谣、碑记、墓志、对联、书笺、著述七节	甘肃文化出版社，2010.11
渭南市志	著作及艺术作品编	社会科学著作、自然科学著作、文学艺术作品三章；地方志编修编设州志府志地区志年鉴、县（市）志、专志行业志乡土志三章	三秦出版社，2011.6
清河县志	艺文编	著述录、文学作品摘录、民间文学摘录、碑文选登、创作歌曲选五章	中华书局，2011.12
冀州市志	艺文编	邑人编著存目、诏谕禀文、碑文、墓志铭神道碑文、序跋、杂记、诗词曲赋、轶文八章	方志出版社，2012.10
宜兴市志	艺文卷	碑刻 楹联、史志资料 宗谱、著作、新闻存目四章	方志出版社，2012.12
涉 县 志	艺文篇	著述新闻、史志家谱碑刻、文学作品选录、艺术作品选载、轶闻趣事传说五章	中华书局，2012.12
海盐县志	艺文编	设书目、艺文选录二章	浙江人民出版社，2013.11
宁国市志	艺文章	著作、诗词选、文选、楹联选四节	黄山书社，2013.12
苏州市志	艺文卷	文艺类、科技类、社科类、地情类、古籍　　江苏凤凰科学技术整理类、译注类六门	江苏凤凰科学技术出版社，2014.12
邯郸市志	艺文编	诗词赋选、文选、碑铭序跋、历代著述要目四章；文化艺术编设文学创作章	方志出版社，2015.6
崇信县志	文化篇	艺文章设小说、散文、诗赋、戏剧、楹联、快板、歌曲七节	中华书局，2015.10
岚皋县志	艺文编	诗词、散文、小说、民间传说、民歌童谣、对联灯谜、歌曲七章	陕西人民出版社，2017.12
柳州市志	诗文选辑篇	诗词（附楹联）、文二目	广西人民出版社，2001.12

上述53部志书艺文志设置的类目，位列靠前且超过50%以上的有诗文、碑文、书目等三项，诗文（多数诗词与文分列类目）居首位，除《苏州市志·艺文卷》仅录书目外，余52部均列此项，占53部的98.1%；碑文居第二位，有32部列此项，占60.4%；书目居第三位，有30部列此项，占56.6%。接近半数的仅楹联一项，有22部，占41.5%。比例较小的有：设置艺术作品内容的12部，占22.6%；故事传说内容的10部，占18.9%；旧志序内容的8部，占15.1%。其余项目均在3

部以下，比例极小，如设置“论文”内容的有3部，占53部的5.7%；新闻、诏谕奏疏、杂记内容的各有2部，各占53部的3.8%；设置信函题词、姓氏文化研究、书笺、轶闻趣事、史志资料的各1部。

实践出真知，实践出理论。艺文志包括的类目有诗文、碑文、书目三项，业已成为方志界比较统一的认知。但此三项内容在艺文志中如何排列，却大有讲究。一篇诗词、一篇文章与一部书相较，绝不可同日而语，作者撰写一部书，比撰写一篇诗词、一篇文章所耗费的精力要大出许多，书籍是人类思想文化的结晶，其思想内涵和社会影响也远远超出诗词与文章，故而历代史书中的艺文志只载书籍即是基于这一理念的体现。旧志中的艺文志分类排列，首列书目，是转承史书的传统做法；诗文、碑文列后，是方志对艺文志内容的扩展。三者并列、书目居前，遂成方志艺文志类目编排的定例。上述30部志书列书目的艺文志中，放在首章的19部，占30部的63%。由此可见，重视艺文志的多数志人是认可这一传统排列方法的。笔者不赞成随意扩大艺文志内容的做法，还是保留书目、诗文、碑文等三项内容为佳。

五、艺文志的类目标题制作

志书编纂要走规范化的道路，标题制作的规范化是其中的要义之一。全国的省市县三级志书是一个大系统，志书标题制作的统一、规范，能形成有效的“集团规模效应”，有利于志书的宣传，有利于提高和保证志书的科学性、严谨性、实用性，有利于提升社会各界对志书的认知度，有利于方便读者阅读和使用志书。艺文志标题多有随意制作、我行我素、自以为是的情况，直接影响到志书的整体质量，绝不可等闲视之。

同一项目的称谓不一。以“书目”为例，在30部艺文志中，有著述、著述录、著述目录、著述存目、著作、书目、著述书目、目录、历代著述要目、历代著述目录、历史上的名人著述、邑人编著存目等，达12种之多。除此之外，还有多种。如陈泽泓在《简明方志编纂教程》一书中罗列志书艺文志有关书目的标题还有：县人著述要目、古今著述书目、著述目录选、著作选目、县人著作目录、著作选录、主要书目、历代著述、古今著述书目等标题。①

“著述”有两层含义，一为写作撰述；一为撰述的文章或书籍。1997年版《现代汉语词典》释为：“著述：著作；编纂；著作和编纂的成品。”“书目：图书的目录。”“目录：按一定次序开列出来供次查考的事物名目；书刊上列出的篇章名目。”“著作：用文字表达意见、知识、思想、感情等；著作的成品。”笔者以为，称之为“著述”或“书目”，较为简洁凝练。

以“诗文”为例：有诗词、散文，文、文论、文选、文章、文赋、韵文、辞赋、小说、诗词选、散文作品、诗联作品、小说散文、作品辑录、诗赋楹联、诗文词赋、诗词曲赋、文学作品、诗歌、作品辑录、古代诗词碑文选录、现代作品选录、

①陈泽泓：《简明方志编纂教程》，广东人民出版社，2017年。

单篇（幅）艺文作品选、古诗词、近代歌谣、文学作品选录、古代诗词楹联记文选录、现代文学作品选录、古代诗词楹联记文选录、古代诗词选、近现代诗词选、文学作品摘录、艺文选录、艺文选辑等标题。中华书局2009年版《当代汉语词典》释为：“散文：①古代指不讲究韵律的散体文章（与‘韵文’相区别）。②诗歌、戏剧、小说之外的文学作品，包括杂文、随笔、小品文、游记等。”笔者以为，如诗词与文章合为一章，称之为“诗文”较为简洁；如诗词与文章分别列章，称之为“诗词”“散文”较为妥当。

以“碑文”为例，有碑文、碑文选、碑铭、碑记、碑铭文辑要、碑传铭文、碑碣石刻、碑文祭文、墓志、史志家谱碑刻、碑文选登、墓志铭神道碑文等。1997年版《现代汉语词典》释为：“碑文：刻在碑上的文辞。”“碑记：刻在碑上的记事文章。”“碑碣：碑刻的统称。”“碑石：刻有文字作为纪念的石头。”“碑刻：刻在碑上的文字或图画。”笔者以为，称之为“碑文”或“碑碣”较为恰切。

志书中的艺文志，两轮修志中的分类均复杂多元。由于各地的文化发展状况不同，以及艺文作品的多寡有别，艺文志的篇目设置中强求完全一致是不可能的，但至少可以通过比较，尽可能规范一些，力求在分类上更为科学合理，标题更加简明一致，使读者利用起来时更为方便。艺文标题一定要简洁、凝练、恰切、准确，名词当家，戒用主谓词组，更要避免添加虚词赘语。

六、编纂艺文志应注意的问题

修一部好志，要从文化的视角去记述，要记述地域文化，要展示文化的底蕴。首轮修志中仍存在不收载书目的情况，无非是对“社会敏感”心存疑虑和面对大量的历代著述难以裁决而退避。二轮修志，与重视文化遗产和文化创作的环境相适应，艺文志渐为修志者所重视，但由于各地重视程度的不同，以及指导不力，地域差别非常之大。

（一）艺文篇目的设置　作为省市县三级中的市级志书，行政区域要比县一级大出许多倍，艺文资料宏富，单设艺文志义不容辞。而作为县一级志书，地情千差万别，文化发达程度不尽相同，艺文内容遗存多寡有别，要求一律设置艺文志似乎有强人所难之虞。如果一地文化欠发达，邑人著述不甚丰富，可放在文化编中记载，或设章甚或设节，都是合理可行的，可根据当地著作实际情况，酌情处理。反之，应将艺文志单独立编，不宜设在文化编中，更不能置于附录。一是因为艺文篇幅较大，难与文化编中的其他章平衡；二是因为其重要性和地方特色而将其作升格处理。

（二）艺文内容的收集方法　仓修良在《新修方志中艺文志不可少》一文中介绍了一种简便易行的方法，给各位作者寄一份精心制作好的表格，请他们按要求填好后寄回，然后由志办人员进行汇总。当然，志办在寄表格前要对本籍的各类作家、专家学者等进行摸底统计，方能心中有数，方能有的放矢。如没有这些人的资料，或资料不全，可将表格和填写要求刊登在电视、报刊甚或网络等媒体上，扩大收集资料的范围，相信大家一定会支持的。

（三）艺文志的内容　艺文志的内容当以书目、诗文、碑文三项为要。有的地方文物古迹众多，楹联颇有特色，似可将楹联与诗、词、赋合在一起，标为“韵文”（与“散文”相对），既贴切，又简练。根据当地著作实际情况，分别处理。其收录种类与范围，较之旧志也有很大扩展，有的扩大到艺术作品或民间文学范畴，直接影响到艺文志的质量。

存在的问题有：收录范围过宽，标准到不一，主要是严古宽今；大量收录名人作品，为本地争光不惜移花接木，不管作者创作活动不在本地，作品与本地无关；记述作品不详，记述要素不齐，载录作品不注明出处，获奖作品不注明颁奖单位，作者收载或介绍详略失当。

（四）艺文志的编纂方法　艺文志的编纂方法有三种，一是以书为次，二是以人为次，三是以时为次。以书为次，就是以书为主体编纂，它是正史艺文志的编纂通例。其法首先是要了解每部书，确定其类别，然后再归类。在学术文化比较发达的地方，可用此法。因为通过分类，可以看出这个地区各种学术文化的盛衰。当然，现在的分类，自然不宜采用老的经、史、子、集四部分类法，如仍采用四部分类法，势必出现有些著作无类可归的尴尬情况，而应当采用《中国图书馆图书分类法》，但不必分得那么细，可自行简化。如果尚嫌太细，也可以按社会科学、自然科学来划分归类。也可以古代著述按四部分类，近现代著述按社会科学、自然科学分类。以人为次，就是以人为主体编纂，它是地方志艺文志中常采用的变例。其法无需分类，不需要了解每部书，只要将某人著作以出版先后加以编排就可以了。作者的排列顺序，最好是按时期排列，同一时期按出生先后排列，也可按韵序排列，同一韵序中按出生先后排列。以时为次，就是以时代为主体编纂，它亦是地方志艺文志中采用的另一种变例。其法是以时代顺序排列，一般分为古代、近现代、当代三类；在各代类下，以著述的出版（刊刻）时间顺序排列；亦有古代著述按四部分类，近现代著述按社会科学、自然科学分类。

上述三种各有长短，而以前者为难，然其仍是编艺文志的最佳方法，学术价值最高。因此，建议文化发达、著述丰富且有条件的地方以书为次编纂；反之，不妨退而求其次，以人为次或以时为次编纂，这样总比什么都不记要好，可以为后人研究提供线索，或为来日以类编次艺文志奠定基础。但不论何种形式，对每部书著录的基本要素则是一致的，即书名、出版（刊刻）时间、出版社（刊刻地点）、卷数、版本情况。如果能为每部书写个提要，则学术价值更高。此外要为作者写一简历。若是以书为次，简历则是附于第一部书著录时，其余各书只需注明参见某书；若是以人为次，则每一人写一次即可。

（五）艺文志的载录　艺文志的载录，要坚持以价值为取舍条件。收录内容要古今并重。艺文志是反映地域文化发展整体状况的载体。收录的内容，应不受详今略古原则所限而注重收录现代文献，凡是有价值，有地方特色的古今文献典籍都要予以收录。旧志由于阶级局限性而忽略收集散存于平民百姓手中的艺文，新方志要下大力气把这部分艺文抢救出来，以补历史之缺，丰富新志内容。如果首轮志书中已设“艺文志”，二轮志书中的“艺文志”内容上限应以首轮艺文志的下限为准，但应补录前志艺文应收而未收的有历史价值和学术价值的艺文。

要具有地方特色，使人一看就知是地方上的人写的地方上的诗文。选录条件，以本地事件、本地人为主，客籍人为辅。只看诗文的文采，不论作者地位的高低。名人大家的诗文多处有载，其诗作内容大多与本地无关，再次复载有泛滥成灾之嫌。坚持反映历史的从宽，纯文学的从严；本地人反映外地事物的从严，外地人反映本地事物的从宽。

艺文志不同于其他分志那样重于当代的记述，而是应当更多收入古代的艺文，今时所见到及引用的古代地方诗文，许多就是从地方志书中查考的。有的艺文志不加分析不作发掘地抄录常见出版物上的诗文，不仅失去其意义，而且还容易抄讹传讹。当代诗文入志，不经严格挑选，会出现乱收滥录情况，诗文经不起历史考验，成为志书中的一个疤痕。与此同时，艺文志内容的收录，还出现了另外一种走极端的现象，对今人作品不加分别的打包收载，甚至借机塞进私货，无法分辨优劣。

阅览首、二轮市县志书的艺文志，存在的问题主要有：收录范围过宽，标准不一，主要是严古宽今；大量收录名人作品，为本地争光不惜移花接木，不管作者创作活动不在本地，作品与本地无关；记述作品不详，记述要素不齐，载录作品不注明出处，获奖作品不注明颁奖单位，作者收载或介绍详略失当。

（六）艺文志要处理好继承与创新的关系 艺文志的创新，是在继承基础上的创新，不是我行我素、自以为是的胡编乱造。编纂新方志艺文志必须在对旧艺文志形式和内容重新审视的基础上，区分糟粕和精华，把出发点放在批判地扬弃上，把归宿点落实在创新和发展上。旧艺文志有很多值得借鉴之处，如：选材精当、编排有序、归属正确、文字简洁流畅、记载形式因地而宜等，这些都可供借鉴。但旧艺文由于时代和阶级烙印的历史印迹，这就要求新方志要实事求是，具体问题具体分析，慎重对待，谨慎沿用。

（七）要处理好交叉重复问题 与人物志的交叉处理，人物传主要记述传主一生总体概况，通过宏观资料反映传主的功过得失，其中涉及的有关艺文资料，应点到为止，不宜展开记述艺文本身，绝不能喧宾夺主，越俎代庖，影响人物本身的资料记述。与文化或文艺志的交叉。文化志或文艺志没有直接记艺文的任务，但在记其事业本身时，也有可能涉及某些艺文情况，这就要求分清各自记述的主次轻重，可允许内容有一定交叉，但要力图避免文字重复。

续志补遗“文化大革命”运动杂议

二轮续志以首轮志书作依傍，就需要认真总结首轮志书的经验与教训，发扬成绩，纠正错误，弥补不足。首轮志书从全局看，不少志书有许多值得需要反思的问题，其中“文化大革命”运动的记述不足甚或缺漏，当为其中之一。当代人修当代志，记当代事，有些事件就是自己的亲身经历，其真实性更值得读者信赖。当然，当代人修当代志，要跳出历史的局限，站在历史的高度审视和记录当代事件，殊非易事，困难亦是可想而知的。

“文化大革命”已远离我们40余年了。回顾首轮志书，总有骨鲠在喉的感觉，新中国成立后历次政治运动特别是对“文化大革命”的记述多有缺憾。二轮续志编修已过十多个年头，回首二轮志书，又有多少续志对首轮的缺憾进行了补遗，目前虽是个未知数，但从笔者见到的数百部市县续志来看，此问题并未得到解决，真正以实事求是的科学态度，弥补首轮“文化大革命”记述的不足或缺漏，还是凤毛麟角之数。“文化大革命”运动的补遗工作刻不容缓，续志补遗责无旁贷，这是二轮修志人员的重要历史责任。

首轮新方志编修，在解放思想、实事求是方面还不能说是完全无畏的，尤其是对新中国建立后历次政治运动特别是“文化大革命”记述多有缺漏，或有半途而废的情况出现。如首轮《山西通志》在篇目拟定时曾设有“文化大革命”专志，后由于资料不足、编纂难度大、受“宜粗不宜细”影响等原因，半途流产，甚为遗憾。受省志的影响，山西的市县两级志书普遍采取用大事记来分散记述“文化大革命”等政治运动，只有两部县志采用集中记述的方式，如《垣曲县志》①在“政事纪略”卷中设“‘文化大革命’运动”篇，《定襄县志》②在“要事纪略”卷中设 “文化大革命”章，仅此而已。

首轮志书记述政治运动有所不足，是因为修志人员对《新中国成立以来党的若干历史问题决议》的理解不够全面。中央曾提出“宜粗不宜细”的原则。笔者以为，这主要是要求我们从政治上、整体上、根本性质上分析，不要纠缠某些细节和过程。这在当时做决议、统一广大党员干部的思想是极为必要的。由于对《新中国成立以来党的若干历史问题决议》的理解不够全面，尤其在对待“宜粗不宜细”的问题上，大多数志书对“三年困难时期”采取回避态度，对“以阶级斗争为纲”给经济造成的危害和给人心造成的伤害很少触及，对“文化大革命”的全面破坏反映不够。1988年在社会主义初级阶段理论提出之时，方志界曾经一度思想活跃，对“文化大革命”的记述讨论得尤其激烈，如何记述“文化大革命”，是否在志

---

①垣曲县志编纂委员会编，《垣曲县志》，山西人民出版社，1993年5月。

②定襄县志编纂委员会编，《定襄县志》，中国青年出版社，1993年4月。

书中增设“文化大革命”专志，是集中记述，还是分散记述，观点不一。由于历史的原因，不久“稳健派”占据上风，多数志书采用大事记分散记述“文化大革命”的方式，只有少数志书采用了设立专篇。从实际效果看，用大事记分散记述“文化大革命”，内容支离破碎，缺乏整体感，使人看不到运动的全过程，更看不到“文化大革命”造成的国民经济到了崩溃边缘的严重后果。而少数采用设立专篇的方式，记述了“文化大革命”运动在当地发生、经过、结束的全过程，给人以完整的印象。笔者曾阅览了山西首轮 1999 年版《朔县志》[①]和二轮续修 2014 年版《朔州市朔城区志（1989—2010）》[②]（后志为前志的续志），前志记述“文化大革命”采用大事记分散记述的方式，1966 年至 1976 年大事记纪事 52 条、4900 字，其中记载“文化大革命”内容的 24 条、2200 余字，其中 1966 年 6 条， 1967 年 9 条，1968 年 5 条，1970 年、1971 年、1974 年、1976 年各 1 条，并有 3 年断档，条与条之间并无有机联系，完全看不出运动的整体情况。续志“前志补遗勘误”编“补遗”章专设“文化大革命”节，用 17000 余字的篇幅，对于“文化大革命”期间的活动都一一进行了补遗，“对于认识这个给中华民族带来大灾难的动乱，从朔城区的一地有了较为有代表性的记录，所取的资料深刻、耐人寻味……资料生动具体，读来令人触目惊心。真正体会到了志书应该担负的以史为鉴的责任。这些内容的入志和资料的收集与选取，体现了修志同人对历史高度负责、对未来负责的直笔著史的方志人精神”[③]。前志与续志对比，无论篇幅还是内容，孰优孰劣，自分高下。

首轮修志记载“文化大革命”等政治运动，采用“宜粗不宜细”的做法，在大事记中分散记述，过于简单、口号化，缺乏具体内容，不符合编修志书必须实事求是、客观准确的基本要求，影响志书的“资政、存史、育人”价值。这似乎形成了一种倾向性。有关专家对此提出了尖锐的批评，我们应当引以为戒。当然，对历史问题，也不能记述过细，记述的粗细要与志书的整体结构和事件本身情况相适应，相协调。首轮修志受当时历史条件的局限和制约，记载政治运动“宜粗不宜细”，有些是不得已而为之。但并非一张面孔，亦有好的样板。笔者查阅了陕西、广西、上海两省一市的首轮三级志书，感到他们在记述“文化大革命”运动上进行了积极探索，交出了令人满意的答卷。

陕西首轮三级志书集中记述“文化大革命”， 设专编的共有 80 部，占总数 106 部的 75%，篇章具体名称不一，有“文化大革命”“‘文革’动乱”“‘文化大革命’动乱志”“‘文化大革命’动乱纪略”“‘文革’动乱与拨乱反正志”“‘文

①朔县志编纂委员会编，《朔县志》，山西古籍出版社，1999 年 8 月。

②《朔州市朔城区志》编纂委员会编，《朔州市朔城区志（1989—2010）》，中华书局，2014 年 11 月。

③谭烈飞：《责任 使命 情怀——读〈朔州市朔城区志〉的感发》，《朔城志评》，中华书局，2016 年 6 月。

化大革命'记略""'文化大革命'纪略""'文化大革命'纪实""'文化大革命'述略""'无产阶级文化大革命'记略"等称谓。其中设专编的有：一级篇目39部，二级篇目18部，三级篇目11部，四级篇目12部。主要有以下几种形式：一是一级篇目设立专编（卷、篇）的，有《安康县志》《宁强县志》《府谷县志》《白水县志》《旬邑县志》《勉县志》《礼泉县志》《金台区志》《千阳县志》《子长县志》《靖边县志》《黄陵县志》《大荔县志》《彬县志》《陇县志》《长安县志》《临潼县志》《三原县志》《永寿县志》《太白县志》《镇坪县志》《神木县志》《甘泉县志》《泾阳县志》《兴平县志》《黄龙县志》《合阳县志》《凤县志》《白河县志》《南郑县志》《乾县志》《安康地区志》《平利县志》《澄城县志》《洋县志》《蓝田县志》《眉县志》《安塞县志》《淳化县志》等。二是虽为篇目的一级层次，但未入编的系列，或称"专载"，如《武功县志》《周至县志》；或称"附"，如《宝鸡县志》；或称"附记"，如《岚皋县志》；或称"附录"，如《汉中地区志》《华阴县志》《富县志》；或称"杂录"，如《子洲县志》；或称"杂志"，如《耀县志》；或称"专录"，如《丹凤县志》《洛川县志》《山阳县志》等。三是放在志书"章"一级层次上（二级标题），如《陕西省志》《定边县志》《阎良区志》《麟游县志》《紫阳县志》《扶风县志》等。四是放在志书"节"一级层次上（三级标题），如《咸阳市志》《榆林地区志》《榆林市志》《长武县志》《新城区志》《清涧县志》《洛南县志》《渭南地区志》《佳县志》《米脂县志》《渭南市志》等。三是放在志书"目"一级层次上（四级标题），如《西安市志》《略阳县志》《城固县志》《合阳县志》《秦都区志》《灞桥区志》《碑林区志》《未央区志》《商洛地区志》《潼关县志》《铜川市志》《镇安县志》等。

上海市首轮志书记述"文化大革命"，设专编的共有16部，占总数23部的70%。主要有以下几种形式：一是列入编一级层次，如《黄浦区志》第四十一编"'文化大革命'纪略"。二是虽入编，但分别以"特记""专记""附记"形式来反映，如《上海县志》《松江县志》以"特记"形式；如《上海通志》《杨浦区志》《静安区志》《南市区志》《南汇县志》《徐汇区志》以"专记"形式；如《普陀区志》以"附记"形式。三是放在"志余"卷，以"章"的形式来反映，如《宝山县志》卷三十二志余·第一章"'文化大革命'运动"专记。四是放在"中国共产党"编，分别以"节""目"的形式来反映，如《虹口区志》《长宁区志》《卢湾区志》设"文化大革命"节，《嘉定县志》设"'文化大革命'动乱十年"节；《川沙县志》设"'文化大革命'动乱"目。

广西首轮三级志书记述"文化大革命"，设专篇的共有51部，占总数96部的53%；只是在篇目层次上有所区别，其中设"章"的6部，设"节"的23部，设"目"的22部。主要有以下几种形式：一是以"章"的形式来记述，多放在"政事纪略"编中，如《广西通志》《环江毛南族自治县志》《象州县志》《钦州市志（县级）》《都安瑶族自治县志》《宜州市志》设"文化大革命"章。一是以"节"

的形式来记述，或放在政治编·重大政治运动章，如《宾阳县志》《上林县志》《兴安县志》《靖西县志》《金秀瑶族自治县志》《大新县志》《灌阳县志》是也；放在政治编或中国共产党编·重大政事纪略章中，如《南宁市志》《柳州市志》《桂林市志》《梧州市志》《德保县志》《来宾县志》《上思县志》《那坡县志》《资源县志》《防城县志》《隆林各族自治县志》《融安县志》《田阳县志》《陆川县志》《忻城县志》《田林县志》设“文化大革命”节。一是以“目”的形式来记述，普遍放在政党编中，如《武宣县志》《柳州市郊区志》《贵港市志（县级）》《百色市志（县级）》《乐业县志》《河池市志（县级）》《隆安县志》《宁明县志》《平乐县志》《北流县志》《恭城县志》《全州县志》《临桂县志》《龙州县志》《凭祥市志》《平果县志》《岑溪市志》《崇左县志》《鹿寨县志》《田东县志》《荔浦县志》《贺州市志》设“文化大革命”目。

两省一市的首轮三级志书，之所以对“文化大革命”运动的记述如此重视，是与省（市）级地方志办公室领导对“秉笔直书”“得失并记”有着深刻的理解。如在首轮修志中，陕西省地方志办公室主任陈元方强烈呼吁要编修“文化大革命”志，并积极倡导，躬身力行，精心指导，使得陕西省首轮三级志书在集中记述“文化大革命”问题上，勇于进取，敢为人先，取得了令人刮目相看的大面积“丰收”，在全国修志界起到了积极的引领示范效应。

作为地方志书，“得”和“失”都应记录，努力做到对历史负责，给后人留下历史的真实面貌。但在实践中，却是记“得”易、记“失”难。这也是新方志中值得深刻反思的地方，所谓“讳”，为尊者讳，为当代讳。但唯其难，方显出志书的价值。掩盖甚或粉饰历史失误的志书，不仅使志书的利用价值大为降低，同时也影响到“资政、育人、存史”功能的发挥。客观记述历史上的“得”与“失”，是修志工作者的职责所在。在这一点上，需要修志工作者发扬“秉笔直书”的优良传统，修志工作者要有这种精神和勇气。续志的编纂实践也证明，将本地“文化大革命”等政治运动的基本情况记载下来，让读者了解这一段史实、接受教训是很有意义的。当然，记述“文化大革命”运动，要在政治上彻底否定，对这个时期国民经济某些方面取得的成绩又要实事求是地反映。对“文化大革命”，党的决议论述很具体，很深刻。我们在志书编修涉及这个问题时，要认真学习决议，深刻领会有关论述和判断。

20 世纪 80 年代初修志工作刚开始时，由于 “文化大革命”刚刚结束不久，“左”的思想的影响还存在，许多人仍心有余悸，自觉不自觉地有一种远离政治运动的想法，因而不愿在志书中涉及当地政治运动的具体情况。正好当时方志界有些人又大力提倡方志记载政治运动应遵循“宜粗不宜细，宜分不宜合．宜略不宜详”的“三宜三不宜”原则．各地在编修过程中也就各自为政，许多编志者便以此为借口，不去收集“文化大革命”等政治运动在本地开展情况的资料，只按中央有关文件精神笼统地写几句泛泛而谈的话应付了事，致使许多志书对当地政治运动的记载若明若暗．甚至是空白。由于这些都是敏感性的问题，为了避免不必要的麻烦，于是能够避开的就避开，能够不写的就不写，这样一来有关问题的缺漏就在所难免。只有少数志书专设编章或专记，较详细全面地记载“文化大革命”等政治运动在本地开展的过程和危害，以及后来纠正失误的情况，保留下宝贵资料。

“文化大革命”的历史，在首轮新修方志中许多新修志书都没有得到应有的反映和记载，一般都是在大事记中轻描淡写地带上几句，这称为志书记述中的失误，一点也不为过。十年，在历史长河中是短暂的，但与新中国发展史相比，却占到六分之一的时段了。况且这个“十年大动乱”，给我们党和国家造成的损失是可怕的，人们常用“十年浩劫”来形容并不过分。党中央在《关于新中国成立以来党的若干历史问题的决议》中已经为“文化大革命”运动定性，称为“给党、国家和各族人民带来严重灾难的内乱”。因为这个“内乱”不仅遍及全国各地，而且持续十年之久，造成的损失确实是巨大的。不仅生产遭到破坏，教育更是全面停顿，整天停课闹革命，凡是经历过这十年动乱的人都有亲身体会，整个国家经济发展和科研水平，与国外差距越拉越大。对于这些历史事实，方志工作者必须正视，并给予足够的重视，千万不可忽视或回避现实。笔者是“老三届”中的一员，对“文化大革命”记忆尤深。如果我们这一代人不把“文化大革命”真实记录下来，就会留下终生的极大遗憾。因此，笔者以为，首轮志书中凡是对“文化大革命”运动没有立专篇集中翔实记载的，二轮续志中都应当认真加以补记，把这个空白补上，二轮续志不补记，就算不上内容完整的新方志。我想这个要求是相当必要的，绝不是可有可无的，作为当代历史，十年都可以不加记载，恐怕到任何地方都是说不过去的。

志书回避新中国成立以来“文化大革命”等重大失误，是一种政治化倾向在作怪。首轮修志由于受“左”的思想影响，在相当多的省市修志中回避记述失误，即使到二轮修志这一问题仍未得到圆满解决，不能不说是志书编纂中的一大遗漏和缺憾。不敢记述失误，在首轮修志中因有“宜粗不宜细”做挡箭牌，将“文化大革命”分散记述在大事记篇中，还勉强说得过去，而在政治清明的今天，再没有任何理由加以推脱和辩解，再不能对这一问题视而不见，听之任之。“在首轮修志的昨天不足为奇，而在今天我们再不能说是理论不成熟的问题，也不能说这是政治环境问题，只能说这是实际工作决策者的问题，只能说方志界‘解放思想、实事求是’未有穷期。”①

经过历史的沉淀，首轮的不足二轮弥补，我觉得恰逢其时，如果这一代志书不补，就是志人没有担负起自己应当承担的历史责任，将留下极大遗憾。按中指组确定三轮修志的时限为2005年至2025年，实际修志的工作时段为2025年至

---

①王晖：《论方志政治文化与泛政治化》，《中国地方志》，2012年第3期。

2045 年，20 年间一代人逝去，新的一代人成长起来，“文化大革命”时期的“红卫兵”一代人均已离岗步入暮年，垂垂老矣。半个世纪过去，将记述“文化大革命”的任务推给第三轮修志人员，时过境迁，让未经过“文化大革命”运动的人追述“文化大革命”，二轮修志人员的责任心、使命感从何寻觅？何不趁现在许多了解当地政治运动情况的人还健在，文字资料等也还好收集，及时补遗岂不善哉？时近迹真，亲历易记，“文化大革命”运动首轮未记，二轮补记正当其时。笔者以为，二轮志书是否补记了“文化大革命”运动这一重大事项，是考量二轮修志人员责任心、使命感的试金石，同时也是衡量二轮续志质量的重要标尺。诸君以为然否？

续修省志的篇幅控制

首轮志书编纂中，中指组曾对县、市级志书的篇幅有过规定，即县级志书控制在 60 万字以内，市级志书控制在 100 万字以内，但对省级志书没有具体规定。从实践看，县、市级志书普遍超出了规定要求。实践是检验真理的标准。中指组原先的规定似有些偏紧。首轮县级志书平均字数大约在 100 万字，市级志书平均 200 万字以上，省级志书平均大约在 5000 万字。

就省志而言，二轮续志的篇幅多有膨胀之势。略举几例：

首轮《山东省志》84 卷，4000 万字；二轮设计为 78 卷，约 5000 万字（每卷控制在 30 万字—50 万字）。

首轮《上海市志》46 卷，1100 万字；二轮设计为 155 卷，约 1 亿字以上（每卷控制在 80 万字）。

首轮《江西省志》90 卷，8000 万字；二轮设计为 113 卷，约 9000 万字（每卷控制在 80 万字）。

首轮《山西通志》50 卷，5000 万字；二轮《山西省志》设计为 90 卷，没有总字数设计。现已出版 3 卷，除《人物志》为首轮补遗并只出第一册（清以前人物）外，《交通志》（公路水运部分）、《军事志》已明显扩容许多；如《交通志》首轮为 109.8 万字，二轮达 183.7 万字，超出 67%；首轮《军事志》72.3 万字，二轮达 154.9 万字，超出 1 倍有余。依此类推，均以超 50% 计，二轮《山西省志》总字数当在 8000 万字以上。

首轮《江苏省志》108 卷，8000 万字；二轮设计为 60 卷，3000 万字（每卷控制在 60 万字）。

上述 5 例，有 4 个省（市）均有增长或大幅增长，唯江苏一省压缩了篇幅。省志的部头与阅读群正好成反比，即部头愈大，阅读的人愈少。省志要想扩大阅读群，篇幅的瘦身是应议之题。

省志由各部分志合集而成，但它是一个整体，总体设计必不可少，当然篇幅规模亦应在总体框架设计之内，不能无限制地拉长篇幅。二轮续修省志普遍为续志体式的断代志，充其量也就是记述一行省内改革开放 30 年的发展进程，与首轮通纪体的省志相较，其时间要短许多，从历史的纵深感和时间的跨度讲，其容量均不应超过首轮省志的篇幅，当然如《上海市志》可称之为特例，即首轮过简，故二轮加详，虽为合情合理之变，但扩容为上亿字的市志，亦有过长之嫌。笔者认为，江苏省的做法值得称道。从现在的情况看，有些志人一味强调志书的资料性、存史价值，忽视志书的“经世致用”。省志巨大的篇幅，5000 万字的志书就可摆满 1 米宽满满三层书架。看一眼就令人生畏，虽不是普通百姓阅读之书，但也不能成为束之高阁的象征产品。从“资治”的角度讲，各级领导人员绝无阅全志之人，若能把自己分管的行业（部门）类志书翻检一遍，已属不易，更遑论阅读全志了。省志的编纂是一项系统工程，其难度不可说不大，其资料特征有三：贵精、贵准、贵严。只有把好此三关，省志的质量才能跃上一个新的台阶。按目前情况，省志很难有广泛的读者群，而读者稀少，其“资治、存史、教化”之功能就很难达到。鉴于此，压缩二轮省志的篇幅亦应提上议事日程。在编纂二轮续志的同时，及时编纂省志缩编本，在二轮省志完成后一两年内即应有缩编本问世。在这方面，县、市级志书已有缩编本面世，扩大了志书的发行面和读者群，效果尤佳。省志缩编本如能问世，对宣传修志工作，扩大省志的读者面，普及方志知识以及资治、存史、教化诸方面，均有不可低估的价值。

续志书名与篇目第一层级的标法

一、续志书名的标法以简洁为好

近日研读多部续志大事记篇章，从大事记体式的多变，使我联想到《地方志书质量规定》中“续修志书名称标明上下限年份”语似乎亦有不甚周严之处，“断代志”这一提法正是从此句话演绎出来。方志20年左右一修已成国家法规，按方志界的传统提法，历代志书均称之为明成化版某某志、清康熙版某某志、民国某某年版某某志，首轮新方志直接称谓某某省志、某某市志、某某县志，二轮志书改为志书名称加上下限年份，三轮志书、四轮志书等亦照此办理，对历届新方志的称谓方法还是没有一个确切的定论。二轮志书名称称谓，一是与传统提法不合拍，二是志书名称加上下限年份作标题明显累赘许多，不妨再修订时改动一下，每轮志书的断限可以规定上下限年份，但在志书名称中不必显示，只在志书名称下括注“某某年版”字样，新方志以后编纂多少轮次，均在志书名称外括注出版年份即可，这样既省却书名烦琐、累赘、不洁之虞，又为后代识别志书提供方便，还可与历代志书称谓一致，可达三全之美之效。还有城市区志的书名亦可有所改动，凡城区名称在国内没有重名的，均可省略市级名称，如《扬州市邗江区志》可直称《邗江区志》，《太原市晋源区志》可直称《晋源区志》，等。这样称谓，志名简洁、鲜明，符合中文词语短促明快、易记上口、便于流传等特点；因无重名，也不会产生歧义。极少数以方位或业类称谓的，如“南城区”“北城区”“郊区”“矿区”等在国内有重名的，则须加市级名称。不能因为有极少数城市属区有重名现象，而拖累绝大多数城区志书名称累赘不洁。城区与县、（县级）市均为同一行政区划级别，县、（县级）市名称与城区名称一样，未必世人皆知，也只有通过翻阅志书，才能识别该县、（县级）市归属何省何市。依我意，城市属区志书名称还是简化为好。

二、志书篇目第一层级的标法

在我国的旧志中，第一层级的标法大体分为两类：一为类目体，即对志书所记事物分门别类，构成志书篇目的基本框架，尔后再从大类中分小类，以此类推，逐级立题，直到目题。一为分卷类目体，即志书篇目的第一层级冠以“卷”（此为大门类），卷下再分门别类直至目题。如明成化《山西通志》第一层级以“卷”立名，全志分立十七卷，每卷之下分列1门或多门，亦有多卷立为1门。如卷之二列有分野、疆域、风俗、形胜、山川五大门类，又如卷之十二至卷之十五均为“集文”一大门类。该志的“卷”是以分订装册来计算的，一册即一卷。旧志中的“卷”与志书门类联系并不甚紧密，只起标示志书装订的册数而已。章节体是清末民初西学东渐、洋为中用的产物，由此而改变了我国志书的传统篇目结构形式。章节体的表现形式是按照逻辑关系将志书内容归类，以事物的同一性为第一大类，再以统属关系为序安排各个层次，逐级分为编、章、节、目（甚或目下又设子目、小目），从而使志书构成一个严谨、完整的多层级整体。章节体最初称之为编章体或编章节体，为阅读使用方便简称“章节体”。章节体应用到志书之中，因其体例结构严谨，层次分明，排列有序，19 世纪末便被志家逐渐采用。民国时期编纂的市县级志书，大多采用此体。

首轮社会主义新方志编修，大多数志书采用了章节体。笔者对山西首轮市县级志书（笔者手头有的 125 部）做了个粗略统计，采用门目体（类目体）的仅有《阳高县志》《长治市城区志》《平顺县志》《阳城县志》《定襄县志》5 部，占首轮市县级志书的 4%，比例较小。采用章节体的有 120 部，占 96%。所不同的是，志书第一层级的标法比较混乱，以“编”为第一层级标法的有 57 部，以“卷”的有 59 部，以“篇”的有 2 部，平头列“章”的有 1 部。

新方志编纂开展以来，中指组始终把三级志书的规范化当作提高志书质量的重要着力点，一直为此而进行着不懈的努力。1981 年中国地方史志协会出台《关于新县志编纂方案的建议》，提出第一个较为规范的篇目模式，即以第一层级以社会分工的各大部类命名为“编”，即概述编、自然编、经济编、政治编、军事编、文化编、社会编、人物编、图表编、附录编等 10 编。1985 年中国地方志指导小组制定的《新编地方志工作暂行规定》第十条亦规定，篇目“层次名称可采用编（篇）、章、节、目，也可采用其他形式”。首次明确规定志书篇目框架第一层级的名称为“编”，其统属关系的名称为章、节、目。从志书编纂的规范性和科学性出发，志书的第一层级的名称应为“编”，而非“卷”“篇”甚或“章”。除门目体（类目体）之外，凡采用章节体的志书，均应以编、章、节、目来划分层次，只有这样才是合理、规范、科学的。卷、编、篇三者相较，卷的涵义最大，如一本书可称之为一卷书，而不能称之为一编书、一篇书；篇的涵义最小，如一篇文章，不能称之为一卷文章、一编文章。笔者以为，志书的规范化是必由之路，体式名称的规范应提上议事日程。志书采用章节体式的，以“编、章、节、目”称谓；采用类目体、条目体的，采用中国传统做法，即第一层级标题以“卷”称谓；减少志书标题层级，允许平头立章，以“章、节、目” 称谓。这样一体遵循，便于识别志书体式，也便于各级志书形成合力，方便社会各界更好地认识、了解志书。既如一个市的区、县志书断限一致，便于市志采摘资料；一个省的市、县志书断限一致，便于省志采摘资料；若全国如此，其合力更无法估量。

山西的方志文化

山西历史文化的研究由来久矣。然而像我们这个时代如此深入广泛地开展研究山西地域的历史文化，可以说是经济社会大发展、文化大繁荣的真实写照。就官方而言，有社科院、方志办、党史办及各大专院校的科研院所。就民间而言，先有三晋文化研究会，后又有山右历史文化研究院，以及省内广大的文史爱好者。随着研究的深入，成果成批涌现，呈现出百花齐放的可喜局面。

无论是三晋文化，还是山右历史文化，指的都是一个文化，即山西境域的大文化。三晋（或山右）文化是华夏文化的组成部分，它贯通今古，是地域文化。将三晋文化的内涵与外延、时间与空间加以恰如其分的界定，也就奠定了构建三晋文化的基础理论框架。

“山右”乃山西的别称，就山西的别称而言，“山右”是出现最晚的一个。《辞海》曰：“山西省旧时的别称，因在太行山之右（西）得名。”此文的“右”，是以北京而言。而北京作为中国的首都是由元代开始的，故“山右”一名的出现当在元代以后。《辞源》及《汉语大辞典》兼释曰：“清陆陇其《答山西范彪西进士书》：‘夙闻山右辛复元先生之名，而未见其书。承乏恒阳，幸与山右接壤，则又闻先生今之辛复元也。’《花月痕》第四回：“山右尤畿疆屏蔽，西北膏腴。’”此两辞典均引用同一出处，可知“山右”一词见之于古籍出现于清代。

研究山西的历史文化，必先探究山西之渊源。山西是中华文明起源的中心区域之一。古史记载“尧阳平阳，舜都蒲坂，禹都安邑”，记录的是华夏族的先人们在汾河流域创业的历史。史书中最早出现的“中国”一词，指的就是上古虞舜时期的山西南部。从尧舜禹到夏商周，山西境域的文化传承从未中断。周代，山西的国号为晋。春秋时期，晋文公为五霸之一，故山西又有了“晋”的简称。春秋末期，晋国被韩、赵、魏三家瓜分，史称“三家分晋”（前 403），这一事件成为春秋转为战国的时代分水岭。此后，山西便有了“三晋”的别称。“河东”，战国、秦、汉时指今山西省西南部，唐之后泛指今山西全省，“河东”自唐始成为山西的别称。战国时通称太行山以西为“山西”。隋末李渊为山西河东黜陟讨捕大使，此为官名。元置河东山西道宣慰使司，明置山西行中书省，“山西”就成为政区名。在此考辨山西的简称、别称，都是从地方志中抄来的。

国务院颁布的《地方志工作条例》中将地方志界定为：“全面系统地记述本行政区域自然、政治、经济、文化和社会的历史与现状的资料性文献。”人们通常将地方志称为“一方全史”“一方百科全书”。旧时的县官上任之后，主要干三件事：收税、断案、修县志。编修志书是为官一方的主要工作任务之一。地方志是地情文化的载体，研究山西的历史文化，方志是不可或缺的重要资料来源，中国社科院原副院长，中国地方志指导小组原常务副组长朱佳木曾做过一个形象的比喻：一条船里放着各式各样的书，因为太重快要沉了，需要往船外扔书。首先扔什么书呢？我想，首先会扔小说，其次是扔诗歌等文艺书。还不行，只好扔哲学、经济学方面的书。最后剩下两种书，一种是史书，一种是志书，还要扔一种，要是我选，肯定扔史书。为什么呢？因为只要有志书，我还可以写出新的史书，但是如果只剩下史书，不可能写出新的志书，也不可能写出新的史书。可见志书的生命力之强。

方志是中华文化遗产的重要组成部分。中国的地方志导源于先秦，两千多年前《孟子》即称道方国之书以《晋乘》居首，《晋乘》即为山西方志之源。方志，汉代称之为图经。山西最早的方志为魏晋时期的《上党记》。山西历朝历代编纂方志 800 余种，现存 536 种，约占全国现存方志数的 1/20，居各省市区第 8 位。山西方志文化厚重，留存有许多佳志良志，明成化《山西通志》是国内现存最早的省级通志，清宣统《山西乡土志》是国内现存最早的省级乡土志，清光绪《山西通志》是国内现存通志中最著盛名的一部省志。此外，孙和相修、戴震参订的清乾隆《汾州府志》，王有容修、田惠纂的明万历《应州志》，解缙等纂的明万历《太原府志》等志书，亦为旧志中的佳作良志。

山西的现存旧志，是一笔珍贵的文化遗产。自 20 世纪 80 年代以来，全省修志系统对历代遗存旧志陆续进行了点校整理、影印出版。至 2012 年为止，已出版 180 余种，其中有一部分就是由社会各界筹款而出版的，如万历《代州志》、清道光《阳曲县志》等，并取得了良好的社会效益和经济效益。我在这里呼吁，热诚欢迎工商界的有识之士积极参与到整理山西旧志的工作中来，这也是弘扬三晋文化、即有益当代又惠及后世的一项伟业。

20世纪80年代初，全国开展了社会主义新方志的编纂。山西首轮编纂出版省、市、县三级志书 130 余部，并编纂出版各类行业志、部门志、企业志、山水寺庙志、旅游风景名胜志、乡镇村志等 1000 余部。修志的广泛性和成果的覆盖面超过了历朝历代。现在又开始了社会主义新方志的二轮续修工作，至 2012 年为止，已出版省级志书 3 部，市县级志书 20 余部。新方志的编纂出版，不仅为山西的“三个文明”建设做出了贡献，同时也为三晋文化的研究提供了可资参考借鉴的丰富翔实的地情资料。

可以毫不夸张地说，三晋文化是中华文化的重要组成部分。而山西的方志文化则是三晋文化的重要资料载体。研究三晋文化，离不开山西的方志文化。

山西修志 30 年

山西修志 30 年，成果丰硕，道路曲折。30 年中，山西的省级地方志机构经历了三次演变，也可称之为三个发展阶段。

1980 年 5 月至 1994 年 12 月为第一阶段。1980 年 5 月 10 日，山西省地方志编纂委员会及其办公室正式成立。同年 7 月，在太原召开了全省第一次地方志工作会议，标志着首轮社会主义新方志编纂在全省全面展开。山西成为最早成立省级地方志机构的省份之一。在 20 世纪 80 年代前期，中国地方史志协学在太原宣告成立；由于省委、省政府领导重视修志，为中国地方史志协会做了大量的组织联络、举办培训、编纂教材、开辟理论阵地、资助经费等工作。这一时期，山西省率先将地方志办公室定格为正厅级单位，直属省政府系列，进而影响全国，仿效者众；率先创编有全国公开刊号的《山西地方志通讯》（今《沧桑》），首轮前期的诸多方志专家学者均以此为阵地，宣传方志理论，指导编纂实践，获得全国志界的好评；率先创编省级综合年鉴，1985 年《山西年鉴》创刊问世，延续至今，共出版 25 部，并多次在全国获奖，为全国带了好头；为宣传方志人无私奉献的精神，注意抓典型，用先进促后进的方法推动全省修志工作，涌现出方志界的楷模燕居谦，山西省地方志编纂委员会、中共山西省委、中国地方志指导小组先后发出向燕居谦学习的决定，全国地方志系统普遍开展了学习燕居谦的活动……这些年，山西新方志编纂工作蓬勃发展，走在了全国的前列，得到全国志界的普遍赞誉，公认山西是首轮新方志的发祥地、复兴地。

1995 年 1 月至 2009 年 4 月为第二个阶段。1994 年山西机构改革时，为减少省级机构的一级厅局，省地方志办公室首当其冲，与省委党史办合并，成立山西省史志研究院，属省委的下属机构，院为正厅级事业单位，地方志降格为副厅级，成为院下所设的三个研究所之一。机构合并以后，由于从事方志编纂的人员减少，时地方志研究所下设 3 个处，包括所办共 18 人；领导削弱，原为一正三副，全力抓方志，其时仅有一名副院长（兼所长）主管方志。体制不顺，领导不力，再加上经费不足，中指组也视山西为畏途，14 年间山西省再未举办过一次全国性的方志培训会、理论研讨会、志书评审会，生怕影响兄弟省的机构也仿而效之。全省的地方志工作转入低潮时期。但 14 年间，全省方志工作者奋力拼搏，埋头苦干，也着实创造出了令人惊喜的成绩。至 2001 年 10 月，首轮《山西通志》50 卷、66 册，共 4929 万字，全部出齐。至 2009 年 4 月，首轮市县志出版 124 部，完成规划 128 部的 97%。全省共整理出版旧志 160 余种，占现存旧志的 1/3，走在了全国的前列。率先在全国推出了反映省情全貌的大型典籍性工具书《山西大典》，把地情丛书推向了一个新的高度。2001 年启动了《山西旅游景区志系列丛书》，全套 38 部，已出版 18 部，为开拓方志资源、服务经济社会发展闯出了一条新路。各级方志部门还编纂出版各类专业志、部门志、乡镇村志及地方辞典、百科全书等千余种。

2009 年 5 月至 2010 年 8 月为第三阶段。2009 年 5 月，省委、省政府根据全国地方志事业发展的客观实际和山西省文化建设的总体布局，决定恢复成立山西省地方志办公室，属省政府工作部门，正厅级单位，领导一正三副并配副厅级纪检书记 1 名。办公室编制 51 名，内设 10 个处：综合处、人事处、省志一处、省志二处、市县志处、旧志处、开发利用处、专志处、省情信息处、年鉴期刊处。处室设置较第一阶段时期的省志办增加了 1 倍，人员编制增加了 6 名。还建立有自收自支的山西史志发展中心，人员编制 26 名。这是我省地方志发展史上影响深远的一次重大转折，理顺了工作体制，强化了行政职能，加强了领导班子，充实了编纂人员，为二轮续志工作打下了扎实的基础。新的领导班子集中力量，狠抓重点，着力推进二轮续修《山西省志》和市县志的编纂工作，至今省志已出版《人物志（上）》《军事志》等 2 部，市县志已出版 18 部；稳步推进整理旧志、编纂年鉴、出版刊物；并为配合省委、省政府的中心工作，编纂出版了《山西重点工程大事志》；启动了《山西煤炭资源整合志》《安全生产大事志》《山西省五个全覆盖工程志》等一批重点编研课题；启动了山西方志馆建设，全省方志事业呈现出良好的发展态势。

山西省旧志整理取得显著成绩

新中国建立后，为适应经济建设与文化建设的需要，毛泽东、周恩来、董必武等国家领导人，多次指示整理重印旧志，提供给社会各方面运用。1978 年以前，山西共重印 9 部旧志。20 世纪 80 年代初，随着全国第一轮修志工作的全面展开，旧志被列为重要整理项目。从 1979 年至 2001 年底，整理刊印旧志 108 种。

山西的旧志整理，采取了点校、翻译、重印，方志辑佚，旧志资料汇编，以及编制旧志书目、索引的办法。

点校、翻译、重印。其一，点校重印，即选择各地一些重要旧志，特别注重名志孤本、善本和新收集到的稿本，加以标点、分段、校勘，纠正缺陷。如山西省社科院整理的清光绪《山西通志》，全志校勘约 1 万处，大大提高了该志的文字准确性和史料可信性。其二，点注重印，即加标点符号、注释和重印，如顺治《云中郡志》、雍正《朔州志》、弘治《潞州志》等。其三，原文重印，即原貌照排，竖排、铅印、线装，如乾隆《潞安府志》、乾隆《沁州志》、雍正《泽州府志》、康熙《保德州志》等。其四，翻译出版，如 1990 年山西省地方志编纂委员会办公室翻译出版了日本东亚同文会编的《支那分省全志》第十七卷《山西省志》，1997 年山西省史志研究院翻译出版了日本山冈师团编的《山西大观》；1983 年，浑源县地方志办公室将乾隆《浑源州志》译成语体文刊印。其五，汇编合刊，黎城县地方志办公室将黎城的五种旧志汇编成《黎城旧志五种》出版，襄汾县将光绪《太平县志》和民国《襄汾县新志》点注整理，合刊重印。平鲁县的《旧志集录》除收录旧志外，同时摘录了《清实录》《晋政辑要》《晋北二十九县风尘记》等有关平鲁的史料。

方志辑佚。山西旧方志有 362 种失传，占历代志书的 40% 还多。陕西师范大学李裕民教授从现存大量史书、类书和方志中辑出 236 种山西旧志佚文 30 万字，定名《山西古方志辑佚》，1984 年由山西省地方志编纂委员会办公室编印。1992 年山西省地方志编纂委员会办公室还编印了李裕民教授的《晋志钩沉》，近 20 余万字。

旧志资料汇编。齐书勤从历代山西旧志和有关历史文献资料中辑出有关地震资料，编成《山西地震资料》；郭展翔等从省内 246 部旧志中摘选各种物产，编成《山西方志物产综录》，将山西从明成化十一年（1475）至民国 29 年（1940）间全省粮食、油料、棉麻、蔬菜、瓜果、药材、花卉、烟草、树木、矿产、动物及手工制品等的种类、分布、特点和演变历程总集一册，一览无余。此外，还有张杰根据旧志编写的《山西自然灾害年表》，任根珠主编的《〈清实录〉山西资料汇编》，谢鸿喜辑释的《〈水经注〉山西资料辑释》，张博文、王满仓主编的《运城灾异录》，郭齐文、吴秀峰等编校的《太谷历史文献辑录》等。

编制旧志书目、索引。如 1982 年，山西省地方志编纂委员会办公室和山西省文史研究馆内部刊印《山西文献书目》，由刘纬毅编，分上下两编，上编地方史志收载山西历代旧志 822 种；祁明编的《山西地方志综录》《山西方志要览》；杨淮、张莉编的《太原古方志索引两种》等。

20 世纪 90 年代山西省史志研究院成立后，在地方志研究所专设第三编研室，负责全省的旧志整理工作，加大了旧志整理工作的力度，并把旧志整理成果列入全省修志优秀成果评奖中，与新编志书一同评奖，从而调动了广大修志人员整理旧志的积极性。准备印行的旧志有：雍正《山西通志》、顺治《潞安府志》、乾隆《潞安府志》，乾隆《沁州志》和光绪《沁州志》1 卷。

山西旧志整理工作，具有以下特点：一是得到了各级政府部门的大力支持。在整理旧志工作中，各级修志机构本着少花钱、多办事、办好事的精神，从而赢得领导的重视和支持。二是根据各地修志任务的轻重缓急，合理安排。如 20 世纪 80 年代整理旧志，侧重点是为编纂新志搜集资料，为创立新方志的体例提供借鉴。90 年代的侧重点是为提高方志理论水平，抢救珍本、孤本，发掘历史信息，为两个文明建设服务。三是动员社会力量参与旧志整理工作，使旧志整理工作成为各级修志机构和社会各界共同关心的事业。如光绪《山西通志》是由省社科院点校、三晋文化研究会资助出版的，民国《徐沟县志》、光绪《晋祠志》、万历《清凉山志》等旧志是由省内出版社组织专家学者点校出版的。有的旧志甚至是个人出资点校出版的。四是坚持古为今用的原则。五是合理制定旧志整理规划，做到切实可行，确保质量。

（原载《方志工作简报》2002 年第 3 期，中国地方志指导小组办公室编，2002 年 2 月 6 日；复载《中国方志通讯》，中国地方志指导小组办公室编，2003 年第 2 期）

立足方志领域 开拓资世新篇

——《山西大典》编纂情况简介

经过六年的辛勤耕耘，《山西大典》于21世纪之初正式出版了。《山西大典》是新中国成立以来，第一部全面反映山西省情的具有社会主义新时代特点的大型典籍性工具书。它凝聚了全体编纂人员的心血，同时也得到了全省各地市县和省直各部委办厅局以及社会各界的大力支持。正是由于全体编纂人员高度认识这一重点文化建设的跨世纪功用，胸怀创名典、佳典、良典的抱负，确立精品意识，才使得该书能够顺利出版。

1995年山西省史志研究院成立之初，正值50卷本的《山西通志》陆续脱稿，相继出版；地市县志也已出版了一大批，很多专业志先后问世。所有这些，都为把握山西省情提供了极为丰富而珍贵的资料。而要人们，特别是省外和国外的各界人士，通过翻阅这么多的志书来了解山西、认识山西，几乎是办不到的。为适应改革开放的需要，有必要编纂一部简明扼要，便于了解山西、认识山西的工具书。

盛世修典，典载盛世。为了总结新中国成立50年来的历史经验，准确地把握省情，为各级领导和经济界、企业界和社会各界提供决策依据，同时也为了加强山西的对外经济文化交流，为海内外各界人士提供翔实的山西地情资料，进一步推动和促进山西的改革开放，省委、省政府高屋建瓴，于1995年8月作出编纂《山西大典》的决策，并委托山西省史志研究院负责牵头组织省直各单位、各地市党政部门、各企事业单位共同实施编纂。同时，成立了《山西大典》编纂委员会，由省委、省人大、省政府、省政协的主要领导担任编委会主任、副主任，各地市和省直各部委办厅局主要负责同志担任编委，在省史志研究院方志所成立了《山西大典》编辑部，即时开展了编纂工作。

《山西大典》自1995年8月立项以来，从始至终，就受到省委、省政府的高度重视，并把这项工作作为山西省20世纪末重点文化建设工程来抓。在《山西大典》编纂之初，省委办公厅和省政府办公厅连续两年两次联合为编纂《山西大典》颁发红头文件。历届省党政主要领导同志分别为《山西大典》题词，并多次过问《山西大典》的编纂工作情况。这些都充分表明省党政领导对编纂《山西大典》给予了充分肯定和支持。

何为“大典”？“大典”一词，出自《后汉书·郑玄传》。郑玄是东汉著名的经学大师，他以古文经学为主，兼采今文经学，注《周易》《尚书》《毛诗》《仪礼》《论语》《孝经》《尚书大传》等，成为汉代经学集大成者。《后汉书》在总结郑玄的业绩时写道：“郑玄括囊大典，网罗众家。”在这里，“大典”就是重要典籍的意思。看到“大典”二字，还使人自然联想到元代的《经世大典》

和明代的《永乐大典》。《山西大典》是山西自有史以来的第一部“大典”。既称之为“典”，既要有“典”的气势，又要有合理的结构；既要统揽全局，又要避免冗复；既要全面系统，又要便于检索；既要真实准确，又要注意可读性。如何设计大典的篇目体例，成为首要解决的问题。从1995年8月至1996年8月，制定篇目体例用了整整一年的时间，前后反复修订十多次，其中召开社会各界专家学者参与的评审会三次，院内中层以上领导评审会五次，编辑部内部评审会十多次。在篇目确定后的其后几年中，篇目也随着稿件的变动和内容的增减改动过无数次，直至付梓前的两个月，卷一《省情综览》还去掉了整整一个大编。在体例的编排上，我们广开言路，集思广益，严格遵循形式服从内容这一原则，不拘泥于某一体例，一切以方便读者为目的，采用了史、志、书三体并用的一种特殊体例。从《山西大典》的编纂实践来看，目前成书的谋篇布局是合理的，基本做到了横不缺要项，纵不断主线，从宏观、中观、微观三个方面较全面地反映了山西的省情。这种体例的形成，是群策群力集体智慧的产物和结晶，目前在国内尚属首创。

按照当初的设想，《山西大典》应是一部全面反映山西省情的具有社会主义新时代特点的大型典籍性工具书。主要特点应表现在：一是包罗宏富，纵述历史。《大典》以全面反映当代山西省情为主，记事重点放在中共十一届三中全会以来，下限至1995年，适当追溯历史渊源，全面反映山西的历史与现状，纵贯古今。二是内容广博，点面结合。记叙内容囊括山西的方方面面，分别从宏观（卷一《省情综览》）、中观（卷二《地市概览》）、微观（卷三《百业要览》）三个不同的角度翔实反映山西的地情，由面到点，点面结合。三是资料翔实，准确可靠。

《山西大典》的编纂工作始终坚持质量第一的原则。

大典的征稿覆盖面之广、数量之大也是少见的。它涉及省直各部委办公厅局，各地市县（区）党政部门及各企业事业单位。我们充分利用了史志院自身特有的优势。从执笔撰写《山西大典》的专业队伍来看，全是经过近20年锻炼的编写过地方志的行家里手，他们中有编写《山西通志》的骨干，有编写地区、市志的主笔，有编写县（区）志的主编。《山西大典》的稿件，很多都是在原有志书书稿基础上加工提炼而成的，可以说是精加工的产品。《山西大典》稿件的基础好、起点高，是集本届新修志书的精华而成的。但毋庸讳言，在征稿过程中，也有少数单位的稿件迟迟不到，从而也影响了《山西大典》的编纂进程。编辑部曾多次派人赴基层催要稿件，这也耗去了不少人力物力。在编辑过程中，为了增补缺项，工作量也相应加大。如1999年冬，编辑部派人赴静乐县催稿，当时正值大雪封山，汽车无法进山，编辑部的人员与忻州地区志办的同志一起徒步行走30余里才赶到目的地。他们不怕吃苦的精神，深深地打动了撰稿单位的人员，进而较顺利地完成了征稿任务。稿件搜集的难度由此可见一斑。

大典编纂过程历时六年，近千万字的书稿，其编辑工作的繁重可想而知，我们采取了请进来、走出去的编辑方针，动用社会各界的力量玉成其事。《山西大典》的涉及面广，参与人员之多，在我省的图书编纂中也是少有的。为《山西大典》撰稿者署名有730余人，而未署名的远远超出这个数字。编辑部外聘坐班编辑最多达10余人，外聘不坐班编辑近百人，同时还聘请了省内外众多的知名专家学者评审书稿。从原稿至付印，编辑次数达十多次，其中编辑部过了五次，院内领导及编辑骨干过了两次，外聘编辑过了两次，省内外专家学者过了三次，而某些章节远远超出了这些次数。为了确保稿件的真实性和准确性，半数以上的稿件均返还原单位审核把关。称其是一项浩大的系统工程，一点也不为过。为了保证大典的质量，真正按照省党政领导提出的要把《山西大典》编成名典、佳典、良典，成为传世之作，在稿件的筛选上也颇费了一番功夫。如《山西大典》原定为650万字，但原稿数量几近2000万字，编辑部压缩了三遍才压缩下来。2000年春节前后增补缺项漏项条目近百万字，包括院领导、社会各界的专家学者，方志所全体人员、编辑部的编辑均分别承担补充稿件的任务。同时，为达到精而又精的水平，忍痛割爱了许多内容，如卷一《省情综览》“文化部分”，去掉了10余万字有关山西的成语故事；在成书之前的两个月，卷一中还去掉了“地方文献”整整20余万字一大编。此类情况各卷都有。

《山西大典》全书分三卷：卷一《省情综览》，横列地理、历史、政治、军事、经济、文化、社会、地方法规、历代大事记、历代人物10编，共280余万字；卷首设山西省的卫星影像图、地势图、政区图、年降水量图、矿产图、煤田图、森林草地图、人口图、交通图、名胜图、特产图11幅；卷末设彩图专版288页，卷一设图总计299页。卷二《地市概览》，以1995年山西省的行政区划分列太原市、大同市、朔州市、阳泉市、长治市、晋城市、忻州地区、晋中地区、吕梁地区、临汾地区、运城地区、镇乡村街道办事处等12编，共260余万字；卷首设山西省和太原市、大同市、朔州市、阳泉市、长治市、晋城市、忻州地区、晋中地区、吕梁地区、临汾地区、运城地区等政区图12幅；卷末设彩图专版413页，卷二设图总计425页。卷三《百业要览》，基本上按行业部门分列农林水利单位、工矿建筑企业、乡镇企业、三资民营企业、交通邮电单位、商贸旅游娱乐服务单位、名优土特产品、金融保险证券及中介服务机构、教育单位、科技文化单位、医疗卫生计划生育体育单位、文物名胜自然保护区等12编，共260余万字；卷首设彩图专版6页，卷末设彩图专版391页，卷三彩图总计397页。

《山西大典》第一卷《省情综览》是全书的统帅，可以从自然和社会人文及其历史发展等方面，立体地、宏观地把握山西省情。

在地理编中，分列建置区划和自然地理两章，山西历代的建置区划比较复杂，我们从复杂纷繁的历史演变中，根据历代军事和政治形成的区划特征，分列了27个词条加以叙述。而对当代行政区划则以1978年以后的山西省行政区划为根据进行分条叙述。

在历史编中，我们除了按比较权威的有关朝代更迭的划分方法分列若干章之外，尤其注重了各代有关经济和文化的内容，这是以往有些历史类辞书所缺少的。

在民国时期这一章中，条目的排列方式几经反复，难以取得一致意见。现在的排列是这样的，民国时期章下不分节，在目录上可以看出，采用空一行的方法把这一时期的内容大致分为三部分。第一部分排列了自辛亥革命以后以国民党为主体的国民历史；第二部分以中国共产党在山西的活动为内容，内容相对丰富一些；第三部分排列了日伪时期的相关条目。民国时期的这三部分以政体性质不同的划分方式是比较有特色的。

政治编中各章，如中共山西省地方组织、人民代表大会、人民政府、人民政协、纪检监察以及公检法、群团党派等，其排列顺序依照通常的习惯，其内容结构一般是先讲组织机构，后讲相关工作和活动。

第四编军事，我们把历代著名的战役战例，都分列到历史编各章中去叙述。这一编只重点叙述当代的兵备，以及人防、武警，以突出时代特点。

第五编经济是卷一的重点，分列了综述、农业、工业、乡镇企业、交通邮电、城建环保、财金贸易、旅游、饮食服务、测绘、气象以及经济管理共 12 章。文字近 70 万字。在农业章中，我们按照以往通行的大农业概念，分列了种植业、畜牧业、林业、水利以及农机和农业综合开发各节。在工业章中，我们仍然按照当时的行业分类习惯将各行业依次归类排列。近几年随着机构改革的推进，许多行业的归类发生了新的变化，而这种变化还在进行过程中。《山西大典》的结构，主要反映了 20 世纪 90 年代我省的经济状况，从这个角度来讲，大典的这种排列方式仍然具有相当客观真实性和历史研究价值。

由于《山西大典》第一卷包含的内容极为丰富广泛，单用条目体例难以全面地反映山西的历史和现状，因此，第九编历代大事记采用了编年体例，第十编历代人物则采用了传记和名录的体例。条目排列的顺序，历史类的一般以时间为序：机构单位以省委、省政府通行机构排列顺序，一般先省直，后地市县（区）。人物词条以卒年为序。可以说，《山西大典》在体例上遵循的原则是内容决定形式，形式服从内容，体例以条目为主而又灵活多样，这正是《山西大典》的特色之一。

《山西大典》第二卷是《地市概览》，以 1995 年的行政区划分列全省 6 市 5 地共 11 编，约 260 多万字，采用分类式的条目体，概要地反映了各地市及其所辖 118 个县区的概貌，另立第 12 编为乡镇村、街道办事处，有重点地介绍一批基层单位。

在各地市编章中，主要叙述了当地的地理、历史、政治、经济、文化诸方面的基本情况。《地市概览》的各类条目，同卷一中的相关内容相互参照，微观与宏观相互结合，可以使读者更好地研究和了解山西的地情。

《山西大典》的第三卷是《百业要览》，按行业部类分列为 12 编，收录了约 7000 个企事业单位、经济文化设施、商贸旅游服务设施以及名优产品等内容，260 余万字。可以说，信息量大，资料翔实可靠，具有一定的权威性，是《山西大典》的又一个特色。

以上是《山西大典》一、二、三卷的大致结构与内容。

《山西大典》的稿件，卷一《省情综览》主要来源于省委、省人大、省政府、省政协及省直各部委办厅局，涉及200多个单位；卷二《地市概览》主要来自6市5地的史志单位，卷三《百业要览》主要来自各县（市、区）地方志办公室和各企事业单位。大部分稿件于1998年前后完成，后来由于种种原因推迟出版，造成了全部资料的下限空缺过多，到2000年时，又对部分内容进行了补充，将其下限延至1999年，全省性的主要经济数据，延至2000年。这样做的目的是力求扩大本书的资料信息含量，并努力与时代接轨，为各级领导者、研究者及广大读者提供一本方便实用的工具书。

总的来说，《山西大典》历经六年磨炼，经过近千位编撰者的耕耘，成功来之不易。

《山西大典》以马列主义、毛泽东思想和邓小平理论为指导，由全省各级党政部门众手成书，体现了《山西大典》具有较高的思想性和权威性。

该书立足于反映当代山西省情，重点记述中华人民共和国成立后，特别是改革开放以来山西的历史与现状，体现了《山西大典》具有鲜明的时代特征。

该书资料丰富，记述客观，信息含量大，绝大多数资料来自各行业第一线的工作人员，体现了《山西大典》的资料性和实用性。

该书体例新颖，编排有序，文字以记述为主，条目具体生动，体现了《山西大典》具有相当广泛的可读性。

全书共设33编、262章，18320个词条，文字815万字，彩图1120页，若把文字与彩图相加，全书总字数达1060万字。

《山西大典》所列条目力求全面系统，规范合理，要项不缺，要素统一。但因受客观条件和某些特殊因素的制约，有些门类只载入了目前能够征集、搜集到的资料，有该入典的虽几经努力，但暂时仍然未能如愿；已入典的材料亦有不周之处；有的词条代表性还不强，有的词条要素不全。这些问题，只有待下次修订再版时一并改进。

虽然我们付出了巨大的努力，取得了显而易见的成绩，但作为一部流传于后世的著作，也留有甚多的遗憾。我们欢迎社会各界人士对《山西大典》提出宝贵意见，以便我们再版时订正。

《阳城县志·综说》评论集萃

《阳城县志》于1994年11月出版后，赢得了国内及省内方志界专家学者的交口赞誉，《沧桑》杂志1995年第6期刊发了《阳城县志》评介专集，十余位专家学者对该志给予积极评价，而该志之“综说”，在新方志“概述”中独树一帜，颇有新意。现摘录其中对该志“综说”部分的有关评论，以飨读者。

来新夏在题为《别具一格的〈阳城县志〉》一文中说，“概述”之立为新编县志之创例，已为各地修志同道所接受而付诸实践，或作写意，或为浓缩，或述提要，体虽有异而“概述”之本旨不变。《阳城县志》则立“综说”以弁卷首，并申言：“不作浓缩全志的概述，而为纵观古今、横陈利弊的策论。”而读其《综说》，确乎言简意赅，既作县情勾勒，复言利弊兴荣，于前此“概述”诸体之外，又有新意。其“综说”之后所附“县情基本数据表”，尤为所见诸志所缺。以数字文献代文字叙述，一目了然；以集中编次代分散单列，检索称便。“综说”与“数据表”相辅相成，可得“总体浏览，用志不纷”之效，究其实则大有利于读者。后之修志者，曷不一试？

梁滨久在《志苑奇葩——评〈阳城县志〉》一文中说，《阳城县志》的编者敢于站前台来表达自己对县情一些重大问题的观点和看法。如“综说”一改概述写作中常见的浓缩地情的写法，以热爱乡梓的饱满深情，揭示县情特点，评论优劣利弊，指陈经验教训，提出振兴之策，是一篇精妙的策论文章。

林衍经在《一部继承与创新结合的好志书——评新编〈阳城县志〉》一文中说，卷首设概述（总述），作为志书总纲，以概括叙述一地自然、政治、经济、文化、军事、社会、人物等各方面宏观情况，这是当代新编方志的创体；其写法，大多为“压缩饼干式”（亦称“拼盘式”），也有如《建德县志》要述当地县情特点的。《青田县志》则将卷首图照与概述合而为一，称“概貌”。《阳城县志》与众不同，“志首设综说与县情基本数据表”；“综说”的写法是“不作浓缩全志的概述，而为纵观古今、横陈利弊的策论”，三千多字，极其简练，一邑之短长大势，振兴之策，犁然而明。“县情基本数据表”开列了91个项目的基本数据，以数据反映县情概况，清晰具体，别出新意。

邵长兴在《志家风骨胆识雄才大略之笔——〈阳城县志〉》体现忧患意识的若干断想》一文中说，就笔者阅读所及，新志以“综说”代“概述”者，刘伯伦先生尚属第一人，非但名称不同，写法也迥然有别。该志“综说”仅有两页半的篇幅，就将全县千余载优劣互现之势，数十年间的经验教训，以及光辉之路所在，说得透透彻彻、清清楚楚。将某些人认为可望而不可即的想法，在实践中成为现实。整篇“综说”，为三个部分，言简意赅。首说优势。优势要说足说够，包括山川草木、自然环境、矿藏资源、经济命脉、生产成就、科技成果，等等。

这些生存之本，以及人文之盛，人才之众，都说得有声有色，从全貌上勾勒出一方宝地之大势。次说劣势。这部分仅两个段落，文字十分简洁，作者运用辩证唯物主义和历史唯物主义的观点，剖析诸般事物，极富哲理。再说振兴之道。这部分与第二部分相同，以少量文字论述了重大课题。从往昔的繁荣富庶到日后的“顾影自怜”；从横向比较所生无限紧迫之感，到谋划变革大略，都说得入木三分。结语也属神来之笔。作者经过对县情的深入调查研究，以睿智的目光，犀利的笔锋，仰视俯瞰，成此策论。笔者虽至今尚无缘一睹阳城风貌，但从此文中已可“原始察终，见盛观衰”，得识全貌。如此申大势、说大略，诚如对方志理论建树颇丰的董一博生前所论：“主纂以英姿勃发的姿态走到前台，概地方长短优劣之势，述地方兴衰利弊之由，导其振兴腾飞之机，策其安上全下之术，以居高瞻远之韬略雄笔，唤起人民爱乡、爱国之雄心壮志，循康庄大道而奋斗前进。”主编张口吐胆，成败得失，兴衰起伏，一语破的，较之迄今仍墨守成规、“婉约其辞”的概述，含而不露，留待读者去思考的做法，不知要高明多少倍，其经世致用的价值自不言而喻。不登高山，不知天之高，不临深溪，不知地之厚。几种类型的志书，包括其概述或综说，加以比较，自然会分辨出忧患意识之有无，体现的深浅，不仅关系到思想性的高低，读者群的多寡，影响面的宽窄，甚至决定志书生命力的强弱。

张桂江在《理论与实践结合　发展方志编纂学——评〈阳城县志〉的创新意识》一文中说，“概述”改“综说”，用3000字看历史上阳城的发展特点，引申分析区域内发展不平衡；指出“发达地区”耕地面积缩小，资源枯竭，“贫困地区”则未提上开发日程；论述地域优势时指出依靠地理环境不是发展方向，只有发展科技兴县，才是根本出路；对资源丰富与人才贫乏作了生动比较。《阳城县志》兼取各地概述之长，有综有议，别开生面。这也是运用马克思主义认识论提高立足点，从而克服“不识庐山真面目，只缘身在此山中”的弊端。“县情基本数据表”也有一些县志稿在概述后附录过，大多以不合体被砍掉或移入全书附录。《阳城县志》将二者分置后，保留此表，读者能较集中地了解阳城基本情况。

张景孔在《可喜的探索——读〈阳城县志〉》一文中说，《阳城县志》志首设“综说”和“县情基本数据表”，别具一格。对于志书之首设置“概述”的问题，仁智之议已非一日了。由于认识的纷争，便出现了不同形式“概述”撰写的实践。这是本届修志在编纂实践和理论研究方面的一大创获。《阳城县志·综说》“不作浓缩全志的概述，而为综观古今，横陈利弊的策论”。“综说”分三部分，第一部分以述为主，兼之有论，主要综说阳城的优势。第二部分是论，剖析阳城县情的劣势。第三部分也是论（策论），展望阳城县的未来。“综说”言简意赅，优劣兼书，述论结合，彰明因果，具有较强的说理性，在林林总总的志首“概述”中新辟蹊径，独树一帜，堪称佳构。同时，在“综说”之后（结构与“综说”并列）设《县情基本数据表》，也是别具匠心的。两者有机结合，结构严谨，宏观控制，实用性强。这样的志体结构，在笔者所见到的新编志书中是独具一格的。《阳城县志》为“概述”文字如何撰写，为卷首内容如何编排，提供了新的思路。

刘有才在《一部科学严谨之志——学读〈阳城县志〉》一文中说，《阳城县志》创新体例框架结构具有严肃性和科学性。创新必须在继承的前提下实现。没有继承，就没有创新。所以，创新是严肃的、科学的归宿，来不得半点马虎和粗心大意，更不能随心所欲，或为所欲为，破坏或背离志体，不成体统。《阳城县志》有不少篇目是志坛罕见的，读后感到格外清新、亲切、富有生命力。如志前不设“概述”而置“综说”，全文以地情大事大要为珠玑，以策论为红线，激扬文字，作成一篇盖世无双的策论，与“综说”交相辉映的是“县情基本数据表”，发挥表体储存数字资料的优势，以一串串数据从经济、政治、文化、社会等方面上显现阳城的整体面貌。

姚斌在《可贵的突破——〈阳城县志〉读后》一文中说，从本人已过目的几十部县志中，虽各有千秋，各有特色，但多数县志谋篇布局，相沿成习，大同小异，《阳城县志》却从当地地情出发和主编对方志理论的深刻理解，做了大胆的尝试和改革，主要体现在立意构思整体结构上，在继承旧志传统的基础上进行了大胆的创新，有了可贵的突破。综说，作为全志开宗明义的第一篇，可谓压卷之作，全文采用“策论”式的手笔，“纵观古今，横陈利弊”。写综说也好，概述也好，不求“全”，而求“要”，要写出特点，把一方的整体特征写清楚，点出基本规律，主要得失，披露真谛。阳城县志主编确实能站在全县高度，居高临下，从宏观的角度，对当地的大势大端作了精彩的论述，远涉未来，有抉择之策。全文精略周严，语言凝练，惜墨如金，纵有规律，横有特点，面可称网络，议可为纲要，起到贯通全志的作用。《阳城县志》在精彩的策论式的综说之后，为让读者对全县有个更直观的了解，紧列“县情基本数据表”，以下限年代的91项数据，开门见山，形象而又清晰地逐项列出，使县情自明，起到了“一表胜千言”的作用，给读者提供了莫大之便。对“综说”也是很好的注脚，二者经纬结合，纲举目张，删繁就简，节省文字，避免重复、交叉，是画龙点睛之举，为全志增色。况且以最有说服力的数字，来表达全县各类事物的质和量，也增强了志书的资料性、科学性和真实性。

《太原市南郊区志》卷首无题序评论集萃

《太原市南郊区志》全志共设 31 卷（大事记、附录均入卷），每卷之首均设置有 400 字左右的无题小序。国内及省内众多专家学者给予了较高的评价。《沧桑》杂志于 1996 年第 2 期刊发了《太原市南郊区志》评介专辑。现将专家学者对该志卷首无题小序的有关评论集纳如下，以飨读者。

解师曾在《赞〈太原市南郊区志〉的客观记述》一文中说：纵观全志，出手不俗，不仅观点正确、资料丰富、结构得当、特色突出、文字典雅，而且颇多创造，成为一部优秀之作，堪与不少已出版的一流志书媲美。《太原市南郊区志》中有关宏观记述，是该志的一大优点，也是一大特色。每卷的小概述，就笔者所见，还没有一部志书达到如此规范与严谨。有的志书的各编前的小概述，并不规范，不但写法不一，而且有无各异。该志则是卷卷皆有，皆作卷首图下文，字数也大体均在 400 左右，全部用楷体。属于精心的处置，使每卷首页成为固定的：上为挑选的黑白照片，下左为卷题，下右为卷首小概述这样三元素的格局，给人以整齐规范的美感。宏观记述对于志书来说，是不是那么重要，对提高志书的质量和实用性有多少作用？为了说明这个问题，现以该志各卷小概述加以说明：第一，展示全貌。尽人皆知，靠微观记述只能展示个别事物，只有宏观记述方可展示全貌。而对地情的了解则绝不能局限于个别事物，该志的小概述则担负着对于各个方面的总体显示任务。如大事记小概述称本卷记载了自公元前 497 年至公元 1990 年 2487 年间的大事 755 条。建置部分则记述 2500 年的历代建置，农业卷小概述说明“境内农业以粮、菜、肉、蛋、奶为主，是太原市的副食品生产基地”，说明南郊的地位。第二，综述特征。了解特色，是掌握地情的要着，但靠微观是难以做到的，必须在全面综合、对比、分析中方可了解特色。如该志人口卷小概述点出该区人口发展呈现出的三个特点，而军事卷小概述点出该区军事上的特点是地处要冲，成为兵家必争之地。第三，纵陈发展。宏观考察，是了解事物发展过程的必要途径，只有在总体认识上才可了解个体在每个阶段中的地位。南郊区的乡镇企业发展很快，该卷小概述记述起始为合作化时期的社队工副业，20 世纪 60 年代主要是农机、化肥和小型工业，直到中共十一届三中全会以后才有较大发展，成为国民经济的支柱产业。在科技卷小概述中，同样记述了本区科技发展过程，使人明显看出发展的历史轨迹与现状。第四，综合对比，各卷小概述都对于自己专业的新中国成立前后、中共十一届三中全会前后，作了对比，特别是城乡建设、民政、司法、医药等，从而显示社会主义制度优越性、开放的必要性等等，使志书作为乡土教材、爱国主义教材的作用可以更好地发挥。第五，突出优势。宏观记述可以在综合对比的基础上，说明本地的优势，这样就十分有利于工业与建设上发挥优势，扬长避短。如该志在各卷小概述中列举出丰富的物产资源，以及国内驰名的矿产资源、文物等。发挥这些优势，会更有利于促进当地两个文明建设。第六，揭示程度。一地的革命建设，开发水平、程度、等级的揭示，同样要靠宏观记述来表明。该志卷首的小概述记述南郊区 1990 年邮电大楼建成后，铺设地下电缆，电信事业达到国内先进水平，该区先后被评为全国绿化先进县（区）、全国妇幼卫生示范县（区）、六年连续获“山西卫生红旗县区”称号，1984 年成为基本无文盲县（区）、1985 年被山西省政府命名为普及初等教育先进区、1989 年被国家命名为全国幼儿教育先进区、1990 年被评为全国体育先进县（区）。从总的方面看，该志的宏观记述是成功的。

梁滨久在《城郊区志之精品——读〈太原市南郊区志〉》一文中说：现行志书一度以概述和大事记并立志首，一个要发挥全书纲领作用，一个要作为贯穿全书之“经线”，实是两纲并立，并不合理。《太原市南郊区志》把大事记从志首纳入卷次，作为实体内容，是体例上的一个改进。因是实体内容，就可以设无题序。该志大事记的无题序说明首事（春秋时赵鞅家臣董安于营建晋阳城）之前，“远在新石器时期，境域内汾水两岸即有先民繁衍生息，仰韶文化和夏文化，境内都有遗址。据翦伯赞主编的《中外历史年表》载：公元前 2297 年，‘尧都唐’（古唐国在今山西太原，编者注：一说平阳）。前 797 年（周宣王三十一年），‘周宣王伐太原之戎，不克（古本竹书纪年）’，前 541 年（周景王四年，晋平公十七年）‘六月，晋荀吴帅师败狄于大卤’（编者注：大卤即今太原）。”周晋阳之繁荣与发展始于晋阳城的营建，这是具有标志性的事件，所以大事记以此为首是有道理的。而无题序则发挥了补充说明的功效。无题序还指出大事记总的条数，周至清代、中华民国、中华人民共和国时期的条数及占总条数的比例，使读者对大事记的选编原则有个了解。大事记设无题序，新志一般还很少运用，《太原市南郊区志》是一个有益的探索，丰富了方志编纂学的研究内容。

刘有才在《〈太原市南郊区志〉刷新“述”体编纂体式之引议》一文中说：本轮修志采用的“述”体，除担负着黄炎培所说的解决“一般方志偏于横剖，而缺于纵贯，则因果之效不彰”的功用外，还担负起揭示宏观，弘扬优势，映及地方特点，绳之全志的作用。《太原市南郊区志》卷前冠以照、题、文之结合的卷扉页，即是刷新方志“述”体撰写的新标榜、新体式，很值得荐世。该志共 31 卷，其中首卷为大事记，末卷为附录。这 31 卷之卷首均加有扉页，张张扉页上，不仅印有卷目题目，而且还印有黑白照片一幅和篇幅长短基本相等的无题序文。篇篇无题序文从本卷载记事物的宏观大略上着墨，概括其历史与现状，文约事丰，妙意横生，堪称名篇佳作。该志卷一大事记无题序，不足 400 字，却道明了南郊区（古晋阳城，后易名太原县）的建置沿革史略及编写大事记坚持“略古详今，略远详近”的原则。此文虽短，但载事历史跨度时间长，据事直书，有述、有考、有证，诚实可信。开创本轮修志大事记前加无题序的先例，谓之填空白之举。该志于大事记卷前加无题序与不加无题序的效果大不一样，笔者是深深地感到了这一点。本轮修志以来，所编纂出版的市（区）、县（旗）志，几乎志志殿后部分是“附录”。虽然广大修志工作者都承认“录”是纂志诸体裁之一。“附录”是志书体例框架结构不可缺少的组成部分，但总是习惯性地把“附录”打入另册，不入编（篇、卷、志）序，这是不公正的。“附录”为什么不能入编（篇、卷、志）序呢？其主要原因：认为“附录”集纳的内容资料过于庞大，过于芜杂，很难以一两个主题将所集纳的内容资料串提起来，所以才出现对“附录”部分编辑不够重视的问题。现在，《太原市南郊区志》将“附录”入卷序，并为其撰写无题序和加一幅黑白照片，为我们提供创新志书体例的新鲜经验。该志“附录”卷无题序不足400字，将附录卷编辑的近6万字的资料画龙点睛、提纲挈领地彰明大宗大意，纲纪了“附录”部分资料杂乱无章的局面。这样，既方便了编者，又方便了志书资料的利用者，还不悖志书体例，何乐而不为呢！该志写出了它不同于县志，也不同于城市区志的个性，是一部独具风格的城市郊区志。

姚斌在《一根新芽破土出》一文中说：《太原市南郊区志》各卷开头部分都有一幅与本卷内容相一致的黑白照片，作为题头照。紧接题头照，在每卷开头均有一段无题文字（或称无题引言），用来概括精要，沟通联系，昭示因果，强调特点。这段无题文字，一般都是400字左右，但运用得自然、完整、实用。之所以说它自然，是指每卷开头文章乍起，平实道来，精要既出，然后列题分述。之所以说它完整，是指这段文字不设标题，是居全卷的。这卷中全部文字是在它的统摄之下，再分章、节、目，便于构成一个整体，增强了完整性。之所以说它实用，是因为文要对题，任何小标题都有限制性。如果用“概述”“概况”之类标目，与全志“总述”“综述”等形式述体泛滥，结构松散，交叉重复，影响质量。可见卷首无题文字的运用确实精当，而且文字简略，不乏妙笔佳文。总之，《太原市南郊区志》是一部平实的好志书，是一部成功之作。

刘伯伦在《特色鲜明　美感突出》一文中说，《太原市南郊区志》鲜明的时代特色从三个方面得以充分体现，一是着意客观把握，二是科学谋篇布局，三是精心设计图表。着意宏观把握是该志的一大特色。旧方志存在“独立栏界，互无关系”“机械静止，不见运动”“局限体例，因果不彰”“规律不明，鉴戒不显”等诸多弊端，今人在千方百计予以补救。黄炎培在民国《川沙县志》各卷之首设“概述”（今天看来实为小序），董一博首倡全志之首设“概述”，不无巨济之功。然而，人们尚在崎岖攀登的艰难探索中。志首“概述”目前已如大势所趋，形成通例，并呈百花齐放之象，卷首“小序”却寥若晨星，成功者极为罕见，小序介于宏观的“概述”与微观的正志之间，既要从属“概述”，又要提领正志，大中见小，小中见大，要写得体，谈何容易！而该志卷首小序却一花吐艳，独领风骚。它以不足一页的有限篇幅浓缩全卷内容，有综合归纳，有发展脉络，既显现特点，又展示规律。如“大事记”的小序首先开宗明义地写道：“本卷开卷大事，以春秋时期赵鞅家臣董安于营建晋阳城为发端。”接着就通过史料细述了“晋阳的历史可追溯到5000年以前”，这就可为弥补卷内不足留有充分的余地。第二段写道：“本卷记载了公元前497年至公元1990年2487年间发生在境域及与境域有关的大事，共755条，周至清代109条，占总条数的14.4%；中华民国164条，占总条数的21.7%；中华人民共和国482条，占总条数的63.8%。”这显然是综合统计，定量分析，详今略古之意不言自明。其“卷三·自然环境”的小序，将境域的自然环境写得言简意赅，一清二楚。“卷四·人口”小序中的动态分析和人口发展的三大特点也手笔不凡。“卷五·农业”小序，是把握特点的成功凡例，其他就不一一细表，窥一斑而知全貌矣。

三十部二轮市级志书比较与研究

30部市志有：《绵阳市志》《酒泉市志》《山南地区志》《泰安市志》《秦皇岛市志》《达州市志》《晋中市志》《黄山市志》《晋城市志》《合肥市志》《河源市志》《淄博市志》《莆田市志》《临汾市志》《红河州志》《信阳市志》《大庆市志》《淮北市志》《莱芜市志》《扬州市志》《苏州市志》《三明市志》《邯郸市志》《杭州市志》《新余市志》《牡丹江市志》《张家口市志》《广元市志》《湘潭市志》《济南市志》。《渭南市志》《湖州市志》《昆明市志》《舟山市志》《常州市志》《威海市志》六部穿插其中。比较研究涉及：志书印刷情况统计，列有开本、体式、册数、千字数、分志数、印制（黑白、四色套印）6项；各大部类占页及篇幅分布情况统计，列有总页数及地理、经济、政治、文化、社会人物6项；志书目录编排及用图情况统计，列有目录占页、目录版式、卷首彩图（页、幅）、内文插图（幅）、总用图5项；志书概述、大事记、特色卷情况统计，列有概述名称、内容分割、字数、大事记（字数）、特色卷编5项；志书社会部类情况统计，列有编数及百分比、总页数（占页数与百分比）、篇目设置3项。

三十部二轮市级志书情况统计表

表1

志 名	开 本	体 式	册数（册）	字数（千字）	分志数	内文印制
绵阳市志	国16开	续志体	3	3836	28篇	黑白
酒泉市志	国16开	通纪体	3	4769	45编	黑白
山南地区志	国16开	通纪体	2	2355	26篇	黑白
泰安市志	普16开	续志体	1	2693	37编	彩印
秦皇岛市志	国16开	续志体	3	3450	19板块	彩印
达州市志	普16开	通纪体	3	3500	34卷	黑白
晋中市志	国16开	通纪体	4	5000	44卷	黑白
黄山市志	普16开	通纪体	3	3918	36卷	黑白
晋城市志	国16开	续志体	3	3297	43卷	黑白
合肥市志	普16开	续志体	3	3200	25篇	黑白
河源市志	国16开	通纪体	2	2158	35篇	黑白
淄博市志	国16开	续志体	3	3800	42编	彩印
莆田市志	国16开	续志体	2	3230	28篇	黑白

续表 1

志 名	开 本	体 式	册数（册）	字数（千字）	分志数	内文印制
临汾市志	国 16 开	通纪体	4	5300	41 卷	黑白
红河州志	国 16 开	续志体	3	2700	22 篇	黑白
信阳市志	国 16 开	续志体	4	4100	39 篇	黑白
淮北市志	普 16 开	续志体	3	2796	6 编	黑白
大庆市志	国 16 开	续志体	2	2700	25 篇	黑白
莱芜市志	国 16 开	通纪体	3	3415	26 编	彩印
扬州市志	国 16 开	续志体	4	5880	42 篇	彩印
苏州市志	国 16 开	续志体	3	3788	47 卷	彩印
三明市志	国 16 开	续志体	2	2470	33 卷	黑白
邯郸市志	国 16 开	通纪体	5	7288	45 编	彩印
杭州市志	国 16 开	续志体	7	12309	47 篇	黑白
新余市志	国 16 开	续志体	2	3079	40 篇	黑白
牡丹江市志	国 16 开	续志体	3	3470	30 篇	黑白
张家口市志	国 16 开	续志体	3	3686	28 编	黑白
广元市志	国 16 开	续志体	2	2485	35 篇	黑白
湘潭市志	国 16 开	续志体	4	5099	70 篇	黑白
济南市志	国 16 开	续志体	8	8168	16 卷	彩印

说明：开本栏的合计数中，前一数为普通 16 开本，后一数为国际标准 16 开本；体式栏的合计数中，前一数为通纪体，后一数为续志体；册数栏、千字栏、分志数栏的合计数中，均为平均数；印制栏的合计数中，前一数为内文彩印，后一数为内容黑白印刷

三十部二轮市级志书各大部类占页及篇幅分布情况统计表

表 2

志 名	总页数（页）	地理（页/%）	经济（页/%）	政治（页/%）	文化（页/%）	社会人物（页/%）
绵阳市志	2163	307 / 14.2	787 / 36	412 / 19	279 / 13	183 / 8.5
酒泉市志	2364	548 / 23.2	530 / 22.4	262 / 11	598 / 25.3	276 / 11.7
山南地区志	1803	208 / 11.5	468 / 26	416 / 23	282 / 15.6	222 / 12.3
泰安市志	1579	260 / 16.4	512 / 32.4	302 / 19	168 / 10.6	168 / 10.6
秦皇岛市志	1962	244 / 12.4	734 / 37.4	574 / 29.3	154 / 7.8	106 / 5.4
达州市志	2366	250 / 10.5	645 / 27.3	453 / 19	283 / 11.9	481 / 17.8
晋中市志	2861	460 / 16	930 / 32.5	386 / 13.5	391 / 13.7	422 / 14.7
黄山市志	2510	386 / 15.4	544 / 21.7	280 / 11	706 / 28	448 / 17.8

续表 2

志 名	总页数(页)	地理(页/%)	经济(页/%)	政治(页/%)	文化(页/%)	社会人物(页/%)
晋城市志	3133	658 / 21	892 / 28.5	442 / 14.1	570 / 18.2	390 / 12.4
合肥市志	2103	145 / 6.9	736 / 35	372 / 17.7	244 / 11.6	358 / 17
河源市志	1504	164 / 10.9	402 / 26.7	318 / 21.1	248 / 16.5	268 / 17.8
淄博市志	2302	265 / 11.5	805 / 35	473 / 20.5	283 / 12.3	262 / 11.4
莆田市志	1322	196 / 14.8	439 / 33.2	373 / 28.2	151 / 11.4	86 / 6.5
临汾市志	3584	711 / 18.4	922 / 25.7	676 / 18.9	562 / 15.7	505 / 14.1
红河州志	1863	222 / 11.9	695 / 37.3	537 / 28.8	243 / 13	72 / 3.8
信阳市志	2728	560 / 20.5	482 / 17.7	772 / 28.3	388 / 14.2	377 / 13.8
淮北市志	1978	152 / 7.7	511 / 25.8	438 / 22.1	228 / 11.5	254 / 12.8
大庆市志	1463	163 / 11.1	484 / 33	337 / 23	236 / 16.1	104 / 7.1
莱芜市志	2283	252 / 11	560 / 24.5	490 / 21.4	337 / 14.7	438 / 18.7
扬州市志	3202	518 / 16.2	922 / 28.8	680 / 21.2	456 / 14.2	326 / 10.2
苏州市志	2156	484 / 22.4	514 / 23.8	326 / 15.1	398 / 18.5	314 / 14.6
三明市志	1588	249 / 15.7	414 / 26	349 / 22	224 / 14.1	134 / 8.4
邯郸市志	3916	646 / 16.5	712 / 18.2	870 / 22.2	742 / 19	626 / 16
杭州市志	5780	962 / 16.6	167 / 28.9	776 / 13.4	762 / 13.2	783 / 13.5
新余市志	1515	263 / 17.4	409 / 27	553 / 36.5	203 / 13.4	26 / 1.7
牡丹江市志	1795	266 / 14.8	552 / 30.8	384 / 21.4	282 / 15.7	140 / 7.8
张家口市志	2158	255 / 11.8	530 / 24.6	611 / 28.3	394 / 18.3	146 / 6.8
广元市志	1344	183 / 13.6	390 / 29	238 / 17.7	187 / 13.9	136 / 10.1
湘潭市志	2974	450 / 15.1	1398 / 47	640 / 21.5	315 / 10.6	206 / 6.9
济南市志	4957	969 / 19.5	174 / 35.2	766 / 15.5	886 / 17.9	265 / 5.3

说明：总页数从正文算起，不包括卷首彩页及序、凡例、目录等页；地理包括基础设施；卷尾包括附录至末页；分项数字中，前一数字为正文页码，后一数字为占全志页码百分比；百分比小数点后按四舍五入处理；凡遇志书篇目次序颠倒的，均以表中的次序重新排列计算。卷首概述、大事记与卷尾合计占页及百分比分别为：《绵阳市志》145 页、6.6%；《酒泉市志》150 页、6.3%；《山南地区志》207 页、11.4%；《泰安市志》159 页、10.1%；《秦皇岛市志》190 页、9.7%；《达州市志》255 页、10.8%；《晋中市志》173 页、9.5%；《黄山市志》148 页、6.9%；《晋城市志》182 页、5.8%；《合肥市志》248 页、11.7%；《河源市志》94 页、6.3%；《淄博市志》213 页、9.2%；《莆田市志》78 页、5.9%；《临汾市志》204 页、5.7%；《红河州志》95 页、5.1%；《信阳市志》139 页、5.1%；《淮北市志》350 页、17.6%；《大庆市志》119 页、8.1%；《莱芜市志》206 页、9%；《扬州市志》306 页、9.6%；《苏州市志》120 页、5.6%；《三

明市志》216 页、13.6%；《邯郸市志》282 页、7.2%；《杭州市志》825 页、14.3%；《新余市志》62 页、4.1%；《牡丹江市志》171 页、9.5%；《张家口市志》222 页、10.3%；《广元市志》210 页、11.6%；《湘潭市志》138 页、4.6%；《济南市志》332 页、6.7%。30 部平均数为 87 页，8.6%

三十部二轮市级志书目录编排及用图情况统计表

表 3

志 名	目录占页	目录版式	卷首彩图（页、幅）	内文插图(幅)	总用图(幅)
绵阳市志	64	通栏	64 / 152	—	152
酒泉市志	26	通栏	3 / 3	130	33
山南地区志	28 / 62	通栏	64 / 227	—	227
泰安市志	21	双栏	44 / 118	624	742
秦皇岛市志△	25	双栏	1 / 1	570	571
达州市志	41 / 43	通栏	54 / 139	3	142
晋中市志	22 / 2△	双栏	146 / 345	861	1206
黄山市志△	24 / 24	通栏	46 / 189	350	539
晋城市志	38	通栏	82 / 200	49	249
合肥市志△	12 / 14	双栏	80 / 250	124	375
河源市志	15 / 7	双栏	24 / 115	4	119
淄博市志	14 / 18	双栏	24 / 44	1034	1078
莆田市志	12 / 19△	双栏	51 / 128	—	128
临汾市志	21 / 35	双栏	63 / 249	518	767
红河州志△	24 / 16	双栏	71 / 166	—	166
信阳市志	23△	双栏	111 / 340	626	966
淮北市志△	39 / 9△	通栏	50 / 230	168	398
大庆市志	86 / 24	通栏	66 / 172	261	433
莱芜市志	15 / 17	双栏	58 / 79	1198	1277
扬州市志△	40 / 8△	双栏	56 / 155	702	857
苏州市志	10 / 2△	双栏	44 / 108	429	537
三明市志	16 / 14△	双栏	65 / 81	96	177
邯郸市志	28 / 2△	双栏	41 / 111	894	1005
杭州市志	24 / 22	双栏	92 / 178	569	747
新余市志	16	双栏	24 / 59	—	59
牡丹江市志	14	双栏	66 / 214	60	274
张家口市志	16	双栏	58 / 262	353	615
广元市志	24 / 24	通栏	47 / 121	—	121
湘潭市志	15 / 22△	双栏	32 / 75	290	365
济南市志	54	双栏	48 / 199	616	815
合 计	均 25	21 / 9	均 53.6 / 152	均 348	均 500

说明："志名"栏中，加"△"者，为配置有光盘标记；"目录占页"栏中，只标一个数为中文目录数，标两个数者则前为中文目录数，后为英文目录数；加"△"者，为配置有"总目"

（要目）标记；《山南地区志》的第二个数，为藏文、英文目录合计数，其中藏文 34 页、英文 28 页

三十部二轮市级志书概述、大事记、特色卷情况统计表

表 4

志 名	概述名称	内容分割	字数	大事记	特色卷篇
绵阳市志	概述	序号△	25100	182800	专题纪事
酒泉市志	概述	加小标题	7900	82300	酒泉卫星发射中心等 6 编
山南地区志	概述	序号☆	13800	53000	专记，索引设县镇等 8 类
泰安市志	概述	加小标题	15600	151500	领导视察，泰山，组织机构编
秦皇岛市志	总述△	序号☆	9500	152500	领导视察
达州市志	总述	序号☆	17700	179300	旅游卷、尾设附录杂记
晋中市志	概述	一气贯通	9600	73700	大寨纪事等 3 卷
黄山市志	总述	序号☆	11600	59200	徽州文化卷
晋城市志	综述	序号☆	17400	242300	大事记分上、下编
合肥市志	概述	序号☆	23100	83700	改革·开放开发篇、合肥丛谈
河源市志	总述	序号☆	8900	74500	扶贫开发篇
淄博市志	总述	序号☆	6300	84000	齐文化、聊斋文化编
莆田市志	概述	序号☆	10100	37000	特记，开发开放、旅游篇
临汾市志	概述	序号☆	17700	136100	要事纪略，唐尧文化、晋文化
红河州志	概述	序号△	13600	39500	民政扶贫社会保障篇
信阳市志	总述	序号△	16700	80800	信阳茶、信阳菜篇
淮北市志	概述	一气贯通	10600	104500	农业经济
大庆市志	概述	序号☆	13800	88300	石油工业、石油化工篇
莱芜市志	概述△	序号☆	10000	123800	开发开放编
扬州市志	总述	序号☆	16300	168700	风景园林、开发园区篇
苏州市志	总述	序号☆	10900	81100	园林、风景名胜卷
三明市志	概述△	序号☆	11800	69300	农业与农村经济、烟草卷
邯郸市志	总述	加小标题	23200	191500	抗日根据地、地方文化编
杭州市志	总述	一气贯通	21200	119500	西湖、西溪、名优特产篇
新余市志	总述	序号☆	13000	98700	—
牡丹江市志	总述	序号☆	7100	192900	社会保障篇
张家口市志	总述	一气贯通	10080	134400	—
广元市志	总述	序号☆	21200	164600	扶贫开发和以工代赈篇
湘潭市志	总述	序号△	29400	105100	城市规划、城市管理篇
济南市志	市情综述	加小标题	23100	314400	泉水、黄河治理篇

说明：“概述名称”栏中，称“总述”的 15 篇，占 30 篇的 50%；称“概述”的 13 篇，占 30 篇的 43%；称“综述”“市情综述”各一篇，占 30 篇的 6.7%；加△符号者，为通篇均加序号。“内容分割”栏中，加△符号者，为概述篇无开头自然段；加☆符号者，为有开头自然段。概述篇加序号 23 篇，占 30 篇的 %；加小标题 4 篇，占 30 篇的 %；一气贯通 3 篇，占 30 篇的 %

三十部二轮市级志书社会部类情况统计表

表 5

志 名	编数及 %	页数及 %	社会部类篇目设置
绵阳市志	1 / 2.2%	117 / 5.1%	社会 1 篇（民政、民族、宗教、民俗、社会组织、方言、歌谣谚语）
酒泉市志	2 / 4.44%	58 / 2.45%	民俗、方言 2 编
山南地区志	4 / 15.38%	112 / 6.21%	人口、民族宗教、民俗、语言 4 篇
泰安市志	4 / 14.8%	140 / 8.86%	精神文明建设、生活习俗、方言、组织机构 4 编
秦皇岛市志	1 / 6.25%	11 / 0.56%	民俗 1 板块
达州市志	2 / 5.88%	101 / 4.26%	社会风土、旅游 2 卷
晋中市志	2 / 4.54%	120 / 3.9%	民情风俗、方言谣谚 2 卷
黄山市志	5 / 13.9%	244 / 9.7%	人事劳动安全生产、民政、人民生活与文明建设、民族宗教、民俗方言 5 卷
晋城市志	1 / 2.32%	48 / 1.5%	民情风俗 1 卷
合肥市志	2 / 8%	180 / 8.6%	民政社会生活、合肥丛谈 2 篇
河源市志	2 / 5.71%	133 / 8.8%	社会生活、语言 2 篇
淄博市志	1 / 2.38%	46 / 2%	社会生活 1 编
莆田市志	1 / 3.57%	31 / 2.3%	民政 宗教与民间信仰 1 篇
临汾市志	2 / 4.87%	172 / 4.8%	民情风俗、方言 2 卷
红河州志	2 / 9.1%	173 / 9.3%	人口民族宗教、民政扶贫社会保障 2 篇
信阳市志	2 / 5.2%	98 / 3.6%	人事劳动民政、精神文明创建 2 篇
淮北市志	6 / 12.5%	164 / 8.3%	民政、社会保障、人民生活、民族宗教、方言民俗、精神文明建设 6 章
大庆市志	1 / 4%	48 / 3.3%	社会生活 1 篇
莱芜市志	2 / 7.7%	92 / 4%	人事劳动和社会保障、社会生活 2 编
扬州市志	1 / 2.38%	106 / 3.3%	社会生活 1 篇
苏州市志	6 / 12.76%	238 / 11%	民政、劳动人事、社会保障、人民生活、精神文明建设、宗教民族 6 卷
三明市志	4 / 13.3%	179 / 11.3%	人力资源与社会保障、民政、扶贫扶建与小康建设、民俗语言宗教 4 卷
邯郸市志	7 / 15.4%	421 / 10.8%	劳动人事社会保障、精神文明建设、民族宗教、民政、民俗、居民生活、方言 7 编
杭州市志	5 / 10.63%	648 / 11.2%	精神文明创建、人事劳动和社会保障、民政、民族宗教、社会生活 5 篇
新余市志	3 / 7.5%	90 / 5.9%	劳动社会保障、民政社会福利、精神文明创建 3 篇
牡丹江市志	3 / 10%	89 / 5%	居民生活、宗教民俗、社会保障 3 篇
张家口市志	1 / 3.6%	40 / 1.8%	居民 1 编（人口、民族、宗教、居民社会保障）
广元市志	1 / 2.9%	1344 / 4.2%	社会 1 篇（民政、残疾人事业、民族宗教、民俗、方言）
湘潭市志	2 / 2.9%	51 / 1.7%	社会生活、宗教 2 篇
济南市志	6 / 5.6%	149 / 3%	精神文明建设、民政、劳动就业与社会保障、民族宗教、居民生活、社会风俗 6 篇

附：30部二轮市志篇目（按出版先后时序排列）

绵阳市志（1840—2000） 全三册，3836千字，绵阳市志编纂委员会编，主编许登义，四川出版集团·四川人民出版社2007年12月出版。卷首设地图4幅，集束彩图62页、照片148幅。正文首设概述、大事记、专题纪事，内设建置、自然地理、人口、党派群团、政权政协、政法、军事、经济发展与改革、经济管理、劳动与社会保障、国防和电子工业、其他工业、种植养殖业乡镇企业、农机水利林业、城市建设环境保护、交通、邮政电信、商业贸易、对外经济贸易交往、旅游、财税金融、自然科学技术、社会科学、教育体育、文化、医药卫生、社会、人物28篇，尾设附录、编后记。

酒泉市志 通记体，全三册，4769千字，《酒泉市志》编纂工作委员会编，主编孙占鳌，方志出版社2008年5月出版，卷首设序、凡例，地图1幅，正文首设概述、大事记，内设历史沿革、自然地理、人口、民族宗教、县市区概况、中国共产党酒泉市地方组织、纪检监察、人民代表大会、人民政府、人民政协、民主党派、团体、政法、军事、酒泉卫星发射中心、工业、玉门油田、交通、城乡建设、农村经济、农垦、编设、疏勒河项目建设与流域水资源管理、商业贸易、旅游、财税、金融保险证券、邮政通信、环境保护、国土资源、经济管理、民政劳动人事、科学技术、教育、文化、文学艺术、文录、文物、敦煌学、广播电影电视、医疗卫生、体育、史志档案、民俗、方言、人物等45编，尾设附、后记。

山南地区志 通纪体，全二册，2355千字，山南地区地方志编纂委员会编，主编王英才，中华书局2009年4月出版。卷首设地图2幅，编纂人员名单，集束彩图64页、照片227幅，总序、序、凡例，目录（分册，通栏28页，配藏文、英文目录通栏62页，并配分卷目录）；正文首设概述，内设自然地理、政区建置、政党群团、政权政务、政事纪要、司法、农牧林水、工业、商贸、粮油、城建旅游、交通、邮电、财税、金融、综合经济管理、文化、教育、体育、科技气象、卫生、人口、民族宗教、民俗、语言、军事等26篇；后设人物、大事记、专记、考、附录、索引（县镇、山河江川湖、文物、交通水利、厂矿、林卡、人物、图表等八类）、编后记、总后记。

泰安市志（1985—2002） 全彩印，单册，2693千字，泰安市地方史志编纂委员会编，主编马辉，常务副主编马笃英，方志出版社2009年9月出版。前设卷首集束彩图44页、其中地图2幅、照片116幅，序言、凡例，正文首设概述、大事记、党和国家领导人视察泰安，内设建置区划、自然环境、人口与计划生育、泰山、城乡建设环境保护、交通邮电、经济综述、农业、工业、建筑业、商业贸易、旅游业、经济协作招商引资、乡镇企业民营经济、开发区建设、金融、财政税务、经济管理、中共地方组织、地方权力机关、地方行政机构、地方政协组织、民主党派工商联、群众团体、公安司法、国防建设、人事劳动和社会保障、民政、科学技术、教育、文化体育、医疗卫生、精神文明建设、生活习俗、方言、组织机构、县（市、区）概况等37编，后设人物、附录、索引、编后记。

秦皇岛市志（1979—2002） 全三册，3450千字，全彩印，主编孙继胜，方志出版社2009年12月出版，上限1979年，下限至2002年。全志采用板块条目体，前设地图1幅、编纂人员名单、凡例，正文首设总述、党和国家领导人莅秦、大事记，内设政区·自然环境·人口、基础设施、改革开放、经济总情、第一产业、第二产业、第三产业、中国共产党地方组织、地方人民代表大会、地方人民政府、地方政治协商会议、民主党派·人民团体、法治·国防、精神文明建设、教育·科学技术、文化、卫生·体育、民俗、人物等19个板块，尾设附录、索引、修志始末。

达州市志(1911—2003) 全三册，3500千字，《达州市志》编纂委员会编，总编何平，方志出版社2009年12月出版。卷首设集束彩图54页、其中地图2幅、照片137幅，编纂人员名单、序、凡例，目录（分册，通栏41页，配英文目录通栏43页〈三卷合计84页〉）；正文首设总述、大事记，内设建置、自然地理、人口、政党、议会各代会人代会、政府、政协、群众团体、民政、人事、劳动、政法、军事、综合经济管理、国土、农业、工业、交通、邮电、城乡建设、商贸、乡镇企业、财政、税务、金融、教育、科技、文化、卫生、体育、社会风土、市县概况、旅游、人物等34卷；尾设附录杂记、编纂始末。

黄山市志 通纪体，全三册，3918千字，黄山市地方志编纂委员会编，主编翟屯建，黄山书社2010年9月出版。上限追溯至事物发端，下限至2006年。卷首设行政区划图、集束彩图46页、照片189幅，编纂人员名单、序、编纂说明、凡例，正文首设总述、大事记，内设建置、环境、土地·人口、城市建设、交通、邮政·电信、水利、农业、林业、工业、贸易与服务业、旅游业、财政税收、金融保险、经济宏观管理、政党、人大·政府·政协、人民团体、公安·司法、军事、教育、科学技术、社会科学、文化、徽州文化、艺文、文物与非物质文化遗产、新闻传媒、医药卫生、体育、人事·劳动·安全生产、民政、人民生活与文明建设、民族·宗教、民俗·方言、人物等36卷，卷末设专记杂记、索引、编纂始末。

湖州市志（1991—2005） 湖州市地方志编纂委员会编，主编嵇发根，全三册，普通16开，5032千字，硬精装加护封，方志出版社2012年3月出版。大编体式。志首设照片、地图、序，正文首设市情提纲（湖州市目，分列方域环境、经济发展、社会事业、改革开放、湖州市区5目；区县目，分列方域环境、经济发展、社会事业、区县名片4目），大事记；内设方域（行政区、土地、人口、生态环境、气候天象、风景名胜、水利、交通、城乡建设、市区环境10章），经济（经济总情、蚕桑丝绸、工业与建筑业、农业、商贸流通业、服务业、文化产业、金融保险、财政税务、经济行政管理10章），政治（中国共产党、人民代表大会、政府、政协、民主党派与工商联、团体、公安检察审判司法、军事、人事9章），人文（文化、科学技术、新闻传媒、文学艺术、文物、古迹、碑石、人物8章），社会（民俗、宗教、教育、体育、医疗卫生、民政、劳动与社会保障、邮政电信、乡镇9章）等5编；尾设补遗辩证（前志补遗、辩证）、杂记文存丛录、索引（条目索引、以事系人索引）。

合肥市志（1986—2005） 全三册，3200千字。合肥市地方志编纂委员会编，方志出版社2012年10月出版。上限承接前志，起于1986年，下限止于2005年，每册文前配有图片。全书设25篇，下辖83章、325节。前冠卷首，包括凡例、序言、概述、大事记。内设环境·资源·人口、城市建设、政党、人大·政府、政协·人民团体、军事·公安·司法、人事·劳动·综合政务、改革·开放开发、工业、农业、国内商贸·旅游、乡镇企业·民营经济、房地产业·建筑业、交通·邮政·通信、水务·电力、金融业·保险业、财政·税务、综合经济管理、科学·教育、文化·新闻、卫生·体育、民政·社会生活、人物、市辖区、县纪略、合肥丛谈等25篇，尾设卷末，包括附录、编纂始末、索引。

河源市志 通记体，全二册，2158千字，河源市地方志编纂委员会编，主编刘路红，方志出版社2012年11月出版。卷首设集束彩图24页、其中地图3幅、照片112幅，编纂人员名单，序、凡例，目录（双栏，15页）；正文首设总述、大事记，内设建置自然环境、人口计划生育、城乡建设、环境保护、经济综述、经济体制改革、交通运输、邮政电信、农业、扶贫开发、工业、建筑业房地产业住房制度改革、国内贸易与对外经济、旅游业、金融、经济综合管理、财政税务、中共河源市地方组织、河源市人民代表大会、河源市人民政府、政协河源市委员会、民主党派工商联、人民团体、政法、军事、人事劳动社会保障、教育、科学技术、文化、体育、卫生、社会生活、语言、人物、县（区）简况等35篇；尾设附录、编后记。

渭南市志 全五册，渭南市地方志办公室编，5098千字，三秦出版社2008—2012年分期出版，普通16开。卷首设集束彩图22页，其中地图3幅，照片51幅，序、凡例，目录（通栏，分册编排）；正文首设总述、大事记；内设行政建置、自然环境、人口、城乡建设、环境保护、县市区简介（以上第一卷）、工业、农业、林业、水利、乡镇企业、交通运输、邮政电信、商业、旅游业、对外经济贸易、财政税务、金融保险、经济管理、灾害防御、人民生活（以上第二卷）、共产党、人民代表大会、人民政协、国民党和民主党派、政法、政务、群众组织、重大政事、军事（以上第三卷）、教育、科学技术、文化艺术、文物古迹、报刊广播电视、卫生体育、民族宗教民俗、地方志编修、著作及艺术作品、地方语言（以上第四卷）、政治人物、经济人物、军事人物、文化人物、其他人物（以上第五卷）等46编。

淄博市志(1986—2002) 全三册，3800千字，淄博市市志编纂委员会编，主编毕建国成立、董振忠、李民兴、赵加洋，方志出版社2013年5月出版。卷首设编纂人员名单，序、凡例，集束彩图24页、其中地图2幅、淄博名片1页、照片42幅，总目录（双栏14页，配英文目录双栏18页）；正文首设总述、大事记，内设地域环境、人口国土资源管理、城乡建设、交通邮电、体制改革、开放开发、经济综述、能源工业、冶金建材工业、石油化学医药工业、机械电子工业、陶瓷工业、轻纺工业、建筑业、农业、林业、水利、乡镇企业、国内贸易、旅游、金融业、财政税务、计划统计审计物价、工商行政管理质量技术监督安全生产监管、中共地方组织、地方权力机关、地方行政机关、地方政协组织、民主党派群众团体、公安司法行政仲裁、检察审判、人事劳动民政、军事、科学、教育、文化、齐文化、聊斋文化、文物古迹、医疗卫生体育、社会生活、区县概况等42编；后设人物、附录、索引（要目、人物、表格）、编纂始末。

莆田市志(1991—2005) 全二册，3230千字，莆田市地方志编纂委员会编，主编傅庆定，人民出版社2013年5月出版。卷首设编纂人员名单，集束彩图51页、其中地图4幅、照片124幅，序、凡例，总目录（占单页，背面英文）、目录（单册目录，排双栏，后排英文）；正文首设概述、特记、大事记，内设政区环境、国土资源人口、城乡建设、交通邮政电信、开发开放、工业、农业与农村经济、城乡贸易、旅游、财政税务、金融、经济管理、中国共产党地方组织、人大地方组织、地方人民政府、政协地方组织、民主党派与工商联地方组织、社会团体、军事、编制人事、劳动与社会保障、外事侨港澳台事务、政法、教育科技、文化、体育卫生、民政宗教与民间信仰、人物等28篇，后设附录、编后记。

红河州志(1978—2005) 全三册，2700千字，红河州地方志编纂委员会编，主编杨福生，云南人民出版社2013年12月出版。卷首设集束彩图34页、其中地图1幅、照片92幅，目录（双栏24页，配英文目录通栏16页）编纂人员名单、序、凡例；正文首设概述、大事记，内设政区自然环境、县市概况、人口民族宗教、经济体制改革、农业、工业、交通运输通信、城建环保旅游、商业贸易、财政国税地税、金融保险、经济综合管理、党派群众团体、政权政协、政法军事、人事外事侨务、民政扶贫社会保障、教育科学技术、文化艺术档案、报纸广播电视、卫生体育、人物等22篇；后设附录、编后记、索引（主题）。

信阳市志(1978—2003) 全四册，4100千字，信阳市地方史志编纂委员会编，主编陈晓玲、李吉光，中州古籍出版社2014年1月出版。卷首设集束彩图33页、其中地图4幅、照片75幅，序、凡例，总目录（占5页，列篇、章）、目录（分册）；正文首设总述、大事记，内设环境、资源、居民、信阳茶、信阳菜、劳务经济、城乡建设、交通邮电、电力水利、经济体制改革、经济总情、农业、工业乡镇企业、商贸服务业、旅游、对外开放、金融、政治体制和社会保障制度改革、中国共产党、人民代表大会、人民政府、人民政协、民主党派社会团体、计划统计审计、财政税务、公司行政管理物价管理、质量技术监督出入境检验检疫、计划生育环境保护国土资源管理、人事劳动民政、外事侨务民族宗教事务管理、司法、人民武装、教育、科学技术、文化、卫生体育、精神文明创建、人物、县区概况等39篇；尾设附录、索引。

大庆市志(1986—2005) 全二册，2700千字，大庆市地方志编纂委员会办公室编，主编张聪，黑龙江人民出版社2014年7月出版。卷首设序、编纂人员名单、凡例，集束彩图66页、其中名片1页、示意图10幅、照片162幅，目录（通栏86页，配英文目录通栏24页）；正文首设概述、大事记，内设自然概况、行政建置、城乡建设、改革开放、综合经济、财政金融、石油工业、石油化工、地方工业、农业、商业旅游、中国共产党大庆市委员会、大庆市人民代表大会、大庆市人民政府、中国人民政治协商会议大庆市委员会、民主党派群众团体、政法军事、精神文明建设、科技、教育、文化新闻、体育、卫生、社会生活、人物等25篇；后设附录、索引（主题）、修志始末、地图2幅。

淮北市志(1991—2012) 全三册，淮北市地方志编纂委员会编，全彩印，2796千字，主编张继玲，方志出版社2014年7月出版，普通16开。卷首设集束彩图18页，其中地图3幅，照片57幅，序、凡例，目录（通栏，配英文目录通栏，计38页）；正文首设概述、大事记；内设六编，第一编政区资源人口，设建置区划、环境、资源、城乡建设、人口5章；第二编政治，设中国共产党淮北市委员会、淮北市人民代表大会、淮北市人民政府、中国人民政治协商会议淮北市委员会、民主党派和工商联、群众团体、综合政务、行政监督与服务、人事、劳动、公安、检察、法院、司法行政、军事15章；第三编经济，设经济体制改革、经济开发区、农业经济、煤炭工业、电力工业、制造业、建筑业、商贸服务业、房地产业、交通、信息传输、金融、财政税务13章；第四编文化，设教育、科学技术、文化艺术、广播电视报刊、医疗卫生、体育、文物与非物资文化遗产7章；第五编社会，设民政、社会保障、人民生活、民族宗教、方言民俗、精神文明建设6章；第六编人物，设人物传略、人物表2章；后设附录（重要文献辑存、丛谈、艺文、前志勘误补遗、编纂始末、编纂人员名单），索引（主题、人名、表格、插图），配光盘。

莱芜市志 通纪体，全彩印，全三册，3415千字，莱芜市地方史志编纂委员会编，主编刘霞，方志出版社2014年9月出版。卷首设编纂人员名单，序、凡例，集束彩图58页、其中地图2幅、莱芜名片1页、照片77幅，总目录（双栏13页，配英文目录双栏15页）；正文首设概述、大事记，内设建置地理、人口城建环保、交通邮电、经济综述、开发开放、农业、工业、钢铁工业、商贸旅游、财税金融、经济监督管理、中共地方组织、地方权力机关、地方行政机关、地方政协组织、其他党派群众团体、公安司法、民政、军事、人事劳动和社会保障、科学技术、教育、文化、卫生体育、社会生活等26编；后设人物、附录、索引（要目、人物、图表）、编纂始末。

扬州市志（1988—2005） 全彩印，全四册，5880千字，扬州市地方志编纂委员会编，主编宗金林，副主编姚震、刘扣林，方志出版社2014年12月出版。卷首集束彩图56页、153幅图片、地图2幅，正文前设总述（16300字）、大事记，内设建置区划自然环境、环境保护、国土资源管理、人口、城市建设与管理、风景园林、交通运输、水利、邮电信息化建设、经济综情、开发园区、农业、畜牧业、工业（上）、工业（下）、建筑业房地产业、国内贸易、社会服务业、旅游业、对外及港澳台经贸口岸监管、金融业、财政税务、经济综合管理、中共地方组织、人民代表大会、人民政府、人民政协、民主党派工商联、群众团体、人事劳动、民政、政法、军事、科学、教育、文化艺术、新闻出版、文博、卫生、体育、社会生活、区县市概况、人物等42篇，尾设附录、索引、编后记。

苏州市志（1986—2005） 全三册，国际标准16开精装，3788千字，江苏凤凰科学技术出版社2014年12月出版，内文全彩印（内文插图429幅）。卷首设编纂人员名单、集束彩图（44页、108幅）、序言、凡例、总目、目录；正文首设总述、大事记，统摄全志；内设建置区划、市（县）区概况、自然环境、人口、土地管理、环境保护、园林、风景名胜、城市建设、水利水务、交通运输、邮政电信、经济综述、农业、工业、部属和市属企业、开放型经济、开发区、商业、旅游、财政税务、金融、经济综合管理、中共苏州市委员会、苏州市人民政府、苏州市人民代表大会、政协苏州市委员会、民主党派和工商联、人民团体、政法、军事、文化、历史文化遗产、文博、新闻传媒、艺文、科技、教育、医疗卫生、体育、民政、劳动人事、社会保障、人民生活、精神文明建设、宗教民族、人物等47卷；尾缀索引、编后记。

三明市志(1993—2005) 全二册，2470千字，三明市地方志编纂委员会编，主编陈凤珠、张丽娟，方志出版社2015年3月出版。卷首设凡例，编纂人员名单，集束彩图65页、其中地图3幅、照片78幅，总目录（占单页，背面英文）、目录（排双栏，后排英文）；正文首设概述、大事记，内设政区环境、人口与计划生育、国土资源管理、城乡建设、交通、邮政通信、水利水电、中共三明地方组织、地方人民代表大会、地方人民政府、政协地方组织、民主党派工商联群众团体、法治、人力资源与社会保障、民政、扶贫扶建与小康建设、军事、经济总情、农业与农村经济、烟草、林业、工业、开放开发、国内商贸与服务业、旅游、财政税务、金融、经济综合管理、精神文明建设、教育科技、文化、卫生体育、民俗语言宗教等33卷；后设县（市、区）概况、人物、补遗、附录、索引、编后记。

邯郸市志 通记体，全五册，7288千字，邯郸市地方志编纂委员会编，主编姬振江，常务副主编杨富中，方志出版社2015年6月出版。全彩印、通纪体，上溯事物发端，下限至2010年。卷首设集束彩图41页、照片106幅、另有地图5幅。正文首设总述、大事记，内设政区建置、自然环境、人口、城乡建设、环境保护、交通、邮政电信、经济总情、农业、工业、建筑与房地产业、商贸服务业、财政税务、金融、旅游与运输业、政党、人民代表大会、政府、政协、民主党派与工商联、人民团体、历次政治运动、抗日根据地、综合经济管理、劳动人事社会保障、公检法司、军事、教育、科学技术、文化艺术、地方文化、文物古迹、报刊广电网站、图书档案社科、史志谱牒、卫生、体育、艺文、精神文明建设、民族宗教、民政、民俗、居民生活、方言、人物等45编，尾设附录（专记、城市历史、历史考辨、文献资料、政府文件）、索引（表格索引、人物索引）、编纂始末。

杭州市志(1986—2005) 全七册，12309千字，杭州市人民地方志办公室编，主编贾大清，执行主编李忠民，方志出版社2015年8月出版。卷首设《杭州赋》2页，集束彩图91页、照片157幅、地图21幅，编纂人员名单，序、凡例，总目（双栏24页，配英文目录双栏22页〈二册合计90页〉）；正文首设总述、大事记，内设政区、自然环境与资源、西湖、西溪、人口、土地管理、环境保护、城乡建设、交通、水利、邮电信息化、经济总情、开发区、农林牧渔业、乡镇企业、工业、贸易与经济合作、名优特产、社会服务业、旅游、金融、财政税务、经济行政管理、中共杭州市地方组织、地方人民代表大会、地方人民政府、地方人民政协、民主党派地方组织与工商联、人民团体、政法、军事、教育、科学技术、社会科学、文化艺术、文物、新闻出版、卫生、体育、精神文明创建、人事劳动和社会保障、民政、民族宗教、社会生活、区县（市）概况、人物、文献等47篇，后设编纂始末。

新余市志(1983—2007) 全二册，3097千字，新余市地方志编纂委员会编，主编彭卫东、胡四芽、黄福生，方志出版社2015年9月出版。卷首设集束彩图24页（地图3幅、照片56幅），编纂人员名单，序，凡例，目录（排双栏，16页）；正文首设总述、大事记，内设建置区划、自然环境、人口计划生育、居民生活、经济综合、钢铁工业、电力工业、机械电子与轻化纺工业、建材新能源与煤炭工业、中小企业、农业、林业、水利、交通运输、信息产业、城乡建设与管理、环境保护、商贸、外贸海关检验检疫、金融、财政税务审计、经济综合管理、劳动社会保障、人事编制、中共新余市地方组织、人民代表大会、人民政府、人民政协、检察审判、民主党派地方组织、社会团体、民政社会福利、综治公安司法行政、地方军事、精神文明创建、教育、文化新闻出版、科技卫生体育、旅游、人物等40篇；尾设编纂始末。

牡丹江市志（1986—2005） 全三册，3470千字，牡丹江市志编审委员会编，主编杨锡春、吕耀勋，黑龙江人民出版社2015年10月出版。卷首设序、凡例、编纂人员名单，集束彩图66页，其中地图3幅、照片158幅、示意图53幅，正文首设总述、大事记，内设政区、自然环境、综合经济管理、工业、建筑业、农业、商贸服务、旅游、交通·邮政·通讯、金融、财政·税务·审计、中国共产党地方组织、地方人民代表大会、地方人民政府、地方人民政协、民主党派、群众团体、司法、综合行政、教育、科学技术、文化、新闻出版、卫生、体育、宗教·民俗、社会保障、人物等30篇，尾设附录、索引、编纂始末。

张家口市志（1993—2008） 全书分上、中、下三卷，3686千字，张家口市地方志编纂委员会编，九州出版社2015年12月出版。主编朱会林，副主编闫雪卿。国际标准16开本，硬精装。卷首设集束彩图58页、262幅，其中地图2幅，彩照260幅；内文（黑白）插图337幅，其中示意图50幅、地图4幅、照片283幅；卷末插图16幅。全志总计用图615幅。全志用表471幅，总计占页码385页。

卷首设序两篇，领导与专家各一篇。正文首设总述、大事记，内设建置与地理环境、居民、城市建设、基础设施、中国共产党地方组织、地方人民代表大会、地方人民政府、综合政务管理、综合经济管理、地方人民政治协商会议、民主党派·工商联、人民团体、审判·检察·公安·司法行政、国防建设、经济总情、农业、工业与建筑业、商贸服务业、金融业、教育事业、科技事业、文化艺术、广播电视·报业、地方志·档案·党史、卫生事业、体育事业、县区概况、人物等28编，卷尾设限外辑要(2009—2014)、修志始末、编后记、索引。

广元市志（1985—2004） 全二册，2485千字，广元市地方志编纂委员会编，主编王少卿，国际标准16开本，方志出版社2016年7月出版。前设卷首集束彩图、正文首设总述、大事记，内设政区、城镇、自然资源·环境保护、人口和计划生育、中国共产党、人民代表大会、政府、人民政协、群团组织、政法、军事、经济综述、经济管理、人事、劳动·社会保障、种养业·乡镇企业、水利·农机·林业、扶贫开发和以工代赈、工业、建筑与房地产、交通、邮电通信、商业贸易、对外贸易与经济交往、财税·金融、自然科学技术、教育、文化事业与文化产业、名胜·旅游、新闻·广播·电视、卫生、体育、社会、人物等35篇，后缀附录、索引、编后记。

昆明市志（1978—2005） 全六册，6350千字，昆明市地方志编纂委员会编，主编母正荣、严宏纲，云南出版集团·云南人民出版社2016年9月出版。卷首设集束彩图64页(其中地图4幅、照片96幅)，序言，凡例；正文首设总述、大事记，内设政区、自然环境、人口、民族宗教、对外开放、高新技术产业开发区、经济技术开发区、滇池国家旅游度假区、城乡建设综合管理、城市规划、市政建设、公用事业、城市管理、建筑业、房产业、国土管理、环境保护、滇池、园林绿化、旅游、交通、邮政、电信、信息产业、计划、物价、统计、工商行政管理、质量技术监督、审计、工业综合管理、机电工业、化工建材、轻工纺织、食品工业、农业、农垦、花卉、林业、水利、乡镇企业、财政、国税、地税、金融、商贸、供销合作、粮油、烟草、中共地方组织、权力机关、行政机关、人民政协、外事侨务、机构编制·人事、劳动和社会保障、公安、检察、审判、司法行政、民政、军事、人民防空、民主党派·工商联、人民团体、教育、科学技术、文化、档案、媒体、卫生、体育等72卷，尾设人物、附录、编后、章节索引。

湘潭市志（1986—2005） 全四册，5099千字，湘潭市地方志编纂委员会编，总纂谈文胜，常务副总纂易小兰，方志出版社2016年9月出版。前设卷首集束彩图31页、地图2幅、照片72幅，正文首设总述、大事记，内设地理、人口、中共湘潭地方组织、人大、政府、政协、民主党派湘潭地方组织、群众团体、外事侨务、民政、人事、劳动和社会保障、军事、公安、检察、审判、司法行政、工业经济综述、冶金工业、机械工业、纺织服装工业、化学工业、建材工业、轻工电子工业、电力工业、食品医药工业、煤炭工业、建筑工业、商业贸易、外经外贸、粮油、供销合作、饮食服务业、金融、交通、信息产业、旅游业、农业经济综述、种植业、养殖业、林业、水利、农机应用与管理、乡镇企业、发展计划、财政、国家税务、地方税务、统计、物价、审计、工商行政管理、质量技术监督、土地矿产管理、食品药品监督管理、城市规划、城乡建设、城市管理、房地产、环境保护、教育、科学技术、文化、卫生、体育、大众传媒、档案、社会生活、宗教、县（市、区）概况等70篇，后设人物、附录、索引、后记。

济南市志 (1986—2010) 全八册，8168千字，济南市史志编纂委员会编，主编李吉祥，方志出版社2013年7月—2016年11月出版。卷首设凡例，编纂人员名单，集束彩图48页、其中地图6幅、照片193幅。正文卷首设市情综述、大事记；第一卷设境域、自然环境、泉水、人口4篇；第二卷城建环保，设综述、城市规划、城乡建设、建筑业、城市绿化、房产业、环卫与市容管理、环境保护8篇；第三卷基础设施建设，设综述、市政公用事业、电力、公路、铁路、航空水路、邮电 信息7篇；第四卷经济综合与管理，设经济发展综述、发展计（规）划、财政、税务、审计、统计、价格管理、工商行政管理、国土资源管理、国有资产管理、质量技术监督、食品药品监督管理、安全生产监督管理、海关、出入境检验检疫、经济开发园区16篇；第五卷金融，设综述、货币、存款贷款、证券期货保险、金融管理，金融机构6篇；第六卷商贸旅游，设综述、商贸业、物资专营、商品流通、粮油商业、供销合作商业、服务业、对外经贸、旅游9篇；第七卷工业，设工业综述、煤炭工业、冶金与建材工业、机械与交通装备工业、石油与化学工业、纺织工业、食品工业、医药制造业、轻工业、电子信息工业10篇；第八卷农业，设农业综述、种植养殖业、林果业、水利、黄河治理5篇；第九卷政党政权政务，设中国共产党济南市地方组织、济南市人民代表大会、人民政府、人事、外事台港澳侨事务、民主党派6篇；第十卷政协群团，设人民政协、群众团体2篇；第十一卷法治军事，设公安、检察、审判、司法行政、军事5篇；第十二卷教育，设综述、基础教育、中等职业与成人教育、高等教育、教育管理与体制改革5篇；第十三卷科学技术，设综述、科技发展、科技成果、机构与队伍、科技管理与体制改革、科学普及、气象服务于地震测报7篇；第十四卷医疗卫生体育，设医疗卫生、体育2篇；第十五卷文化，设文学艺术、社会文化、文博事业、非物质文化遗产、出版发行、广播电视、档案、地方志、社会科学研究9篇；第十六卷社会，设精神文明建设、民政、劳动就业与社会保障、民族宗教、居民生活、社会风俗6篇；后设人物、附录、总目录。全志共设16卷107篇。

舟山市志（1989—2005） 全三册，舟山市地方志编纂委员会编，商务印书馆2016年11月出版，全彩印，总纂戴志康，硬精装，国际标准16开本，内文全彩印。大编体式。志首设序、照片、地图，正文首设综述、大事记、特载，内设海洋（概述、海洋地质地貌、岛礁、海洋资源、海洋化学、海洋物理、海洋生物、海洋环境保护、海洋管理9章）、改革开放（经济体制改革、开放开发2章）、基本建设（交通、港务、邮政电信、水利水务、电力燃气、城乡建设6章）、经济（工业、海洋渔业、农业、盐业、旅游业、商贸、财税、银行业、保险业、综合管理、口岸11章）、政治（中国共产党舟山市委员会、舟山市人民代表大会、舟山市人民政府、中国人民政治协商会议舟山市委员会、民主党派和工商联、社会团体、人事、外事侨务港澳台事务、政法、军事10章）、文化（教育、科学技术、文化艺术、医疗卫生、体育、新闻出版6章）、社会（人口、民政、劳动和社会保障、社会主义精神文明创建活动、宗教、民俗方言6章）、人物（人物传、人物简介、人物名录3章）、区县（定海区、普陀区、岱山县、嵊泗县4章）等8篇，尾设附录（舟山市地情图书篇目辑录、杂记）、索引（照片索引、地图索引、图片索引、表格索引、主题索引、人名索引8项）、编后记（附光盘）。

常州市志（1986—2010） 全四册，常州市地方志编纂委员会编，硬精装加护封，内文全彩印，5300千字，方志出版社2017年1月出版。前设编纂会及编纂人员名单，城市荣誉，集束彩图，序，凡例，组织机构名称简称全称对照表，总目录(配英文目录)，目录；正文首设史略、总述、大事记，内设政区建置、自然环境、人口、风景名胜、土地资源管理、城乡建设和管理、公用事业、水利水务、交通邮电信息化建设、环境保护、经济综述、经济体制改革、对外经贸开发园区、农业、工业、乡镇企业民营经济、建筑业、房地产业和住房保障、商贸服务业、旅游业、金融业、财政税务、经济综合管理、出入境管理、中国共产党、人民代表大会、人民政府、政治协商会议、民主党派、人民团体、政法、军事、科学技术社会科学、教育、常州科教城、文化艺术、大众传媒、艺文著述、文化遗产、医疗卫生、体育、精神文明建设、劳动人事人才、民政、社会生活、民族宗教、方言、风俗、县（市）区概况、人物等50卷，尾设专记，索引(主题索引、图照索引、表格索引、人物索引)，编纂始末，撰稿审稿人员名单，审稿专家、审定单位名单。

威海市志 全四册，威海市地方史志编纂委员会编，国际标准16开本，硬精装加护封，内文全彩印，6216千字，方志出版社2017年12月出版。前设编纂人员名单，集束彩图，序，凡例，目录(配英文目录)；正文首设总述、大事记，内设建置区划、自然环境、人口、城乡建设、环境保护、水利、交通运输、邮政信息、口岸、区市概况、开发区建设、农业、渔业、工业、建筑业、商贸业、旅游与服务业、金融业、招商引资与经济技术合作、综合经济管理、中国共产党地方组织、中国国民党与民主党派地方组织、地方国家权力机关、地方行政机关、政协地方组织、群众团体、人力资源和社会保障、外事侨务与港澳台事务、民政、政法、军事、科学技术、教育、文化、医疗卫生、体育、居民生活、精神文明建设、宗教、方言、民俗等41编，劳动人事人才、民政、社会生活、民族宗教、方言、风俗、县（市）区概况、人物等50卷，尾设人物、附录、索引(主题索引、人物索引)、后记。通纪体，下限2007年。

志书评论

续志体志书接续历史的可贵探索

——读《清河县志（1979—2005）》有感

提要：河北省二轮续修《清河县志（1979—2005）》编纂很有特点，主要表现在以下几个方面：一是篇目设置着力突出地方特点和时代特色，编者在深挖地情、把握时代脉搏上下足了功夫，使志书篇目得到升华，给人以耳目一新之感；二是“总述”篇采用策论体与浓缩体的结合体式，全文结构严谨，把握地情准确，地方特点和时代特色突出，文笔潇洒，高屋建瓴统帅全志，一气呵成，不失为一篇较佳的概述；三是“大事记”接续前志另立新格自成一体，将限内、限后、限前大事三者集中连续编排的做法，较之于将限内大事放在志首、限前大事放在志尾附录之中的体式更前进一步，使二者的联系更加紧密，体现出主编的缜密构思；四是编首“限前简介”与无题序有机结合，概括全貌，自立新格，别有创意；五是随文附录挖掘资料深度，突出地方特点和时代特色，使志书形成诸多亮点，既增强了可读性，又具有极强的存史价值，形成“人无我有、人有我优”的地方特色。

关键词：续志　特色　接续历史

2003年，我有幸参加了河北省几部二轮市县志稿的评审会，从友人处获得该省的几部已出版的市县志书。抱着向兄弟省市志书学习的态度，抽暇翻阅，从中受益匪浅，收获颇丰。《清河县志（1979—2005）》是其中的一部。该志篇目设置合理，内容丰赡，地方特点和时代特色突出，特别是在续志体志书接续历史方面进行了可贵的探索，翻阅中多有所得所思，愿与同行共享。

一、篇目设置着力突出地方特点和时代特色

《清河县志（1979—2005）》①篇目采用小编体体例，卷首设总述、大事记，正文依次设为政区、自然、人口、能源、水利、城乡建设、交通运输、信息产业、经济总情、经济体制改革、农业、工业、特色工业产业、商贸服务业、金融保险、综合经济管理、政治体制改革、中国共产党、人民代表大会、人民政府、人民政协、人民团体、政法、军事、教育、科学技术、文化、史志档案、非物质文化遗产、物质文化遗产、艺文、体育、医药卫生、综合社会管理、人民生活、人物36编。从中可以看出，突出地方特点和时代特色的分志就有经济总情、经济体制改革、特色工业产业、政治体制改革、非物质文化遗产、艺文、综合社会管理、人民生活8编。由此可见，编者在深挖地情、把握时代脉搏上下足了功夫，使志书篇目

①《清河县志（1979—2005）》，清河县地方志编纂委员会编纂，中华书局，2011年版。

得到升华，给人以耳目一新之感。

再从志书篇目设置的总体来看，自然与基础设施部类 8 编，经济部类 8 编，政治部类 8 编，社会各业与文化部类 9 编，社会与人物部类 3 编，上述 5 大部类分别占到 36 编（分志）的 22.2%、22.2%、22.2%、25%、8.3%，各大部类在一级篇目的占比更趋合理，改变首轮志书经济部类比率过大的弊病，同时也增加了文化部类在一级篇目的占比，从而使志书回归“乡邦文献”的本质特征，更加符合二轮修志人员所着力追求的目标。

第三，从志书正文所占篇幅来看，全书总计 1140 页、2030 千字，卷首与总述大事记 76 页、占 6.67%（其中卷首与目录 24 页、占 2.10%，总述与大事记 52 页、占 4.56%），自然与基础设施部类 168 页、占 14.74%，经济部类 226 页、占 19.82%，政治部类 228 页、占 20.00%，社会各业与文化部类 165 页、占 14.47%，社会与人物部类 129 页、占 11.32%，志尾类 148 页、占 12.98%。政治部类居首位，占志书篇幅的五分之一；次为经济部类，占近五分之一，二者相差无几；以下依次排序为自然与基础设施部类（七分之一稍强）、社会各业与文化部类（七分之一）、志尾类（十分之一稍强）、社会与人物部类（十分之一）、卷首与总述大事记（十五分之一）。政治部类编数与篇幅的增加，与共产党、人大、政府、政协分别立编有较大关系，此与二轮续志多数为断代体式的记述紧密相连，这也成为二轮断代体式续志的一大篇目特征。总体来看，志书各大部类篇幅均较合理，所占篇幅各得其所，全面、真实、客观地反映了清河县改革开放 27 年来各项事业的巨大变化。

二、“总述”篇高屋建瓴统帅全志一气呵成

该志“总述”篇采用策论体与浓缩体的结合体式，似乎归入策论体式更为恰当一些。全文 10320 字，分为六大部分，部分间用空行分割。第一部分为“总述”篇的起首段、690 字，由 5 个自然段组成：第一自然段仅用三句话 120 字交代行政区划特征，开门见山，要言不烦；第二自然段 200 余字叙述清河县“处于环渤海经济区中心地带，是重要的交通、物流枢纽”，行文中作者并未局限于清河县一隅，而是高瞻远瞩，放眼四周，由近及远分层次展现清河县在环渤海经济区的重要战略地位。此段文字与卷首的《清河县区位分析图》遥相呼应，文与图相互印证，使读者有如身临其境之感，并非作者虚言自夸。第三自然段仅用一句话寥寥 50 余字显现清河县在河北省经济社会发展中的突出战略位置。第四自然段用 160 余字介绍清河县在改革开放 27 年中逐渐形成的经济特色。第五自然段用 80 余字展示清河县域深厚的历史文化特色。5 个自然段层层递进、环环相扣，清河县的地方特点和时代特色得以尽情展露，读者仅通过不足 700 字的起首段，即可对清河县的地情大致了了，起首段真正起到了先声夺人的效果，体现出作者能准确地把握地情及高超的驾驭文字能力。

第二部分用 600 字的篇幅、5 个自然段，简要记述清河县的悠久历史，剖析清河县域经济起伏的社会缘由，既有南宋之前的千年辉煌发展历史，又有南宋初期之后因交通废绝走向衰落的过程。第三自然段用该部分半数的篇幅，侧重反映古代经济社会发展的兴盛阶段，至唐代中后期始有“天下北库”美誉之雅号。作者概括得法，收放有度，文笔典雅，使读者对清河县域曾经辉煌的历史赞羡不已，也为其衰萎扼腕叹息。

第三部分用3180字的篇幅，记述清河县人民在改革开放27年中“闯出了一条富民强县的特色发展道路”，由改革开放初1982年的省级贫困县，于1995年一举“跨入全省经济强县20强”之列，“1996年实现从贫穷落后到跨入小康行列的华丽转身”。在概括记述令人瞩目的经济成就之后，采用夹叙夹议的笔法，将清河县的经济发展之路概括为三个阶段，分列标题翔实记述县域经济逐步走向辉煌的发展历程。读来令人荡气回肠、感慨万千，无不为清河县人民的创业激情和奋斗精神击节叫好。

第四部分用3600余字的篇幅，记述改革开放27年来“清河县经济社会全面发展，人民获得实惠，生活显著改善，各项社会事业蓬勃发展”的情况，分列“社会运行机制更加完善健康”，“经济结构深刻变化，县域经济实力显著增强”，“乡镇企业异军突起，特色产业不断壮大”，“人民生活质量和水平大幅提高”，“城市化进程不断加快，可持续发展能力增强”，“社会各项事业不断进步，精神文明建设成效斐然”，“全县整体形象声誉鹊起”等7个标题，展开叙述，叙论结合，归纳得当，概括得法，为读者展现出清河县人民波澜壮阔的生动历史画卷。

第五部分用1000余字的篇幅，归纳总结出清河县发展经济的四条经验：一是“清河县始终坚持人民群众是全民创业的主角，是历史的创造者，持之以恒发动全民，充分释放蕴藏在千家万户中的创业能量”；二是“清河县始终坚持解放思想、与时俱进，持之以恒把打破思想障碍作为全民创业的根本动力”；三是“清河县始终坚持特色立县，持之以恒把做强做大特色产业作为全民创业的重要载体”；四是“清河县始终坚持服务为要，持之以恒把营造良好发展环境作为全民创业的强力保障”。作者坚持以人为本的理念，强调人民是历史发展的动力。行文明快，策论有力，语重心长，耐人寻味。

结尾部分4个自然段、700余字，以展望性的语言作总结。

统观全文，以经济发展为主线，用夹叙夹议之笔法，高屋建瓴，一气呵成。全文结构严谨，把握地情准确，地方特点和时代特色突出，文笔潇洒，不失为一篇较佳的概述。

三、“大事记”接续前志另立新格自成一体

《清河县志（1979—2005）·大事记》则自立新格，另成一体。“总述”篇之后，分列“大事记”“限后大事记”（前二项单立标题，字体字号相同）和“附录：限前大事简记”三项。“大事记”用49800字的篇幅，记述断限之内1979—2005年共27年间发生的571条大事，年均21条，条均87字。“限后大事记”用15700字的篇幅，记述断限之后2006—2010年共5年间发生的175条大事，年均35条，条均90字。后设“附录：限前大事简记”，用15900字的篇幅，记述断限之前有史以来至1978年间发生的210条大事，条均76字，其中新中国建立前120条，新中国建立后至1978年90条。虽然此三项前后顺序略有变动，但连续排列，一条清河县经济与社会的人文历史发展纵线条清晰可见，仍给人以一气呵成之感。综观此三项，总字数为81400字，记956条大事，条均85字，在志书大事记中属于比较精练的一种；其字数占全书总字数的4%，也比较适中、合理。《清河县志（1979—2005）·大事记》体例的创新模式可称之为独出心裁、自成一体。在二轮新方志编纂的过程中，体例创新尤其难能可贵。此种将限内、限后、限前大事三者集中连续编排的做法，较之于将限内大事放在志首、限前大事放在志尾附录之中的体式更前进一步，使二者的联系更加紧密，体现出主编的缜密构思。

四、编首“限前简介”与无题序有机结合概括全貌

《清河县志（1979—2005）》在编首无题序的应用上也有独到之处。它是将编首无题序分为两部分，前一部分加“限前简介”小标题，起到接续历史内容的作用。后一部分为编首无题序，只概括断限内的内容。二者虽各自为政，但前后段落相连，实际上起到接续历史的作用，给人以新鲜感。通观全志36编，每编如此。据笔者粗略统计，“限前简介”最长的900字（第34编），最短的170字（第21编），总计16260字，编均452字；编首无题序最长的730字（第13编），最短的140字（第30编），总计11180字，编均310字；两者相加，总字数为27440字，编均762字。该志编首无题序采用限前限后分别撰写的方式，笔者还是第一次见到，可见编者是在深入思考后而想出的新路子，自立新格，别有创意。

五、随文附录挖掘资料深度突出地方特点和时代特色

《清河县志（1979—2005）》在正文中设了17篇附录，大事记附《限前大事简记》，人口编附《明初清河移民考略》《1982—2000年清河县少数民族人口变化分析》《清河县长寿老人调查》，水利篇附《清河县参与根治海河始末》《清河境内古河考》《古代卫运河水路交通》，城乡建设编附《清河境内古城考》，信息产业编附《手机的变化》，农业编附《2005年清河县粮食生产潜力调研报告》，中国共产党编附《清河县南下干部入澧始末》，政法编附《2004—2005年清河县交通事故分析》，军事编附《1943年清河县遭受水灾及霍乱之迷（注：“迷”误，应为“谜”）》《日军侵华时期清河县人口伤亡和财产损失调查》，体育编附《清河县武松文武学校》，综合社会管理编附《2002年清河县农村劳动力投向结构调研》，人民生活编附《21世纪初清河县城居民结婚女方嫁妆清单》。这17篇附录，或接续断限前的历史，或挖掘重大历史事件的真相，或弥补首轮志书遗漏的内容，或显现时代特点和地方特色的事物，等等，不一而足。涉及12大类，文字量不多，却起到了四两拨千斤的作用，加深了事物记述的深度和拓宽了事物记述的广度，从而使志书形成诸多亮点，既增强了可读性，又具有极强的存史价值，形成“人无我有、人有我优”的地方特色。

六、可商榷之处及由该志引发的几点思考

（一）关于“概述”篇

其一，全文10320余字，细读下来需要两个多小时，还是略显长了一些。笔者近年来读到的多部省内外二轮市县续志，“概述”篇与志书正文一样，普遍有拉长的现象，“概述”篇的文字多在万字以上，有的甚至达两三万字，我以为这不是个好兆头。“概述”篇要照顾读者的阅读习惯，用个把小时即可阅读“概述”全文，给读者先睹为快之印象，这样才能起到好的作用。我以为市县级志书的“概述”篇，应控制在6000字左右为宜，最长亦应控制在8000字以内，通观全文，少数文字多有重复之处，如“中国羊绒之都”“中国羊绒纺织名城”“河北省首批扩权县”等话语出现三次，“全国最大的汽车密封条、操纵钢索生产基地”“中国北方重要的有色金属加工集散地”“河北省首批扩权县”“‘十一五’期间重点培育的中等城市”“中国张姓文化之乡”“中国武松文化之乡”“中国《金瓶梅》文化研究基地”等话语前后出现两次。此问题主要出在第四部分的第七自然段“全县整体形象声誉鹊起”上，此段文字多余，既然开头部分已展示县域整体形象，此处就不必再罗列一次，此段文字完全可以删掉。第三、四、五部分还有压缩的余地。写长文易、写短文难，只要限定了字数目标，下苦功夫还是可以做到的。

其二，是志将“概述”的名称改为“总述”，依理并不为错，但考虑到志书的学术严谨性，相同类目的标题还是统一起来为好。“概述”与“总述”名称并无高低大小之分。首轮志书创设统领全志的“概述”篇，被志人普遍认可，在实践中广泛应用。据笔者对全国首轮150部市县两级志书“概述”篇名称的粗略统计，74%均采用“概述”这一名称①，采用“总述”名称仅占20%，其他名称占6%。由此可见，“概述”这一名称还是得到大多数志人的认可。志书要走学术规范的道路，相同类目标题名称的统一，则是一条必走之路。我以为还是称“概述”为佳，诸君意下如何？说到标题，是志“总述”第三、四、五部分分别列了标题，但标题格式不甚统一，第三部分的标题单占行，第四、五部分则为随文题。依常理，一篇文章中的标题格式应统一。不是毛病的毛病，一并指出，算作吹毛求疵罢了。

其三，“新八股”式的公文语言偶有使用，如“在党和政府的领导下”“在党的富民政策指引下”，“在中国共产党的正确领导下”，“以邓小平理论和‘三个代表’重要思想为指导，积极落实科学发展观”，“在县委县政府的领导下”，“有党和政府的正确领导”等词语出现。还有“荣获”“同志”“党的”等蕴含第一人称的字眼出现。我以为，“概述”篇是主编的一块“自留地”，是主编发挥才能的最佳场所。主编站在前台，审时度势，高屋建瓴，提炼全书之精华，使“概述”篇达到“设读概述而急于通读或翻检全志，则概述得其本旨”（来新夏语）的效果。要力戒引用当地的政府工作报告或领导讲话等内容，因为这些内容“新八股”味较浓，与志体大相径庭。主编要从这个圈子里跳出来，以第三者的视野

①任根珠：《新方志“概述”点评》，中华书局，2008年版。

角度，统揽全局，把握地情，高度凝练概括，才能使得“概述”功能取得最佳效果。笔者在阅读多部二轮续志中发现，“新八股”味在“概述”篇中屡有出现，这与主编跳不出当地的政府工作报告或领导讲话等内容有极大关系。在此提出这一问题，只是想引起志书主编的注意。

（二）关于“大事记”　方志始有大事记，始于宋代，到清代定型，志书中普遍得到运用。首轮新方志编纂继承了这一优良体例，三级志书中普遍设有大事记。在旧志体例中，大事记的作用是用一根时间的纵线将分散在志书中的大事要事贯穿起来，与志书中各分志的记事相“经纬”，起到纲举目张的功用。章学诚说“方志撰记，以为一书之经”，就是这个道理。在旧志人的眼中，大事记是全志之纲，统辖全志。首轮新方志编纂中，众多学者感到仅靠大事记统领全志仍有欠缺，进而达成普遍共识，创设全志之首的概述，来弥补大事记统领全书不足的弊病。概述篇以“面”，大事记以“线”，统领全志，纲举目张，两者相辅相成，经纬交织，使志书体例又发展到一个新的阶面。二轮断代体式志书的大事记如何接续前志，一直是困扰修志人员的一大难点，这一问题解决得好坏，直接关系到续志（主要指断代体）的质量。所以，广大修志人员想了多种办法，采取多种措施，极力破解这一难题。从已出版的二轮续志来看，大体有三种做法：

第一种是纯为断代体式，与各分志所记时限同步（如《杭州市志》稿）。当然也存在两种情况，一为与分志同步，一为下延数年。如山西《黎城县志（1991—2003）》[①]，将限外大事记放在“限外辑要”之中，标题仍为“大事记”，副题为“2004年1月—2005年12月”。

第二种是许多志人也考虑到二轮续志的独立性、完整性、连续性，将断限前的历史大事经过精编，放在志书尾部的“附录”之中。如江西《高安市志（1986—2006）》[②]在《附录》中设“1988年版《高安县志·大事记》节录”（首轮县志大事记35页，二轮市志大事记27页），正文大事记20页。

第三种是将大事记作为接续历史的通纪体，如安徽《安庆市志（1978—2000）》，大事记贯通古今，从南宋绍兴十七年（1147）起收大事，上限前832年用12页1.62万字，1978—2006年（延至出书前）28年用52页7.13万字，前占15%，后占85%，详今略古相当有度。接续前志寄托在志书的总述、大事记和建置部分。又如：江苏《常州市郊区志（1984—2000）》，大事记从1949年4月23日境内解放之日记起，至2002年4月26日所属乡（镇）分别划归天宁、钟楼两区时止。

《清河县志（1979—2005）·大事记》可称之为第四种。

上述四种做法各有利弊，第一种纯断代体式的大事记，是恪守中指组《地方志书质量规定》“严守志书的上下限”的规定，第二种在附录中附历史大事记，

---

① 《黎城县志（1991－2003）》，黎城县志编纂委员会编，中华书局，2006年版。

② 《高安市志（1986－2006）》，《高安市志》编纂委员会编，方志出版社，2009年版。

即遵守规定，又设法变通。第三种则把通纪体大事记作为接续历史的一个重要篇章，虽违反《规定》，但却合乎志体，更强调续志的独立性、完整性、系统性。第四种则为将大事记分列三篇，集中连续编排，限内“大事记”和“限后大事记”单列标题（二者标题字号相同，在目录中均应标示），“限前大事简记”则以附录的体式（字体为楷体，以示区别于正文），此种体式我以为优于第二种。四者相较，我以为第三种更好一些，但要在“凡例”中言明，遵从志体。大事记突破下限的问题，我以为上限可追溯，下限一刀切为好，与各分志同步。非要记下限之外大事，入“附录”中的“限外辑要”尚可。无论采取哪一种衔接方式，均须在凡例中交代清楚。

在旧志编纂及首轮新编市县志中，大事记普遍为通纪体，即贯通历史。传统志书的体例，是在漫长的历史发展过程中逐步形成和发展起来的，它适应了当时社会和历史的需要。进入社会主义新时期，志书体例也要适应时代的需要，与时俱进；不改革创新，就不能适应时代和社会发展的需要、人民的需要，志书的功能就会被减弱甚至失去。断代体式志书的大事记究竟如何编纂，确实是二轮续志编纂中的一大难题，是纯粹的断代体？是断代体附加限前历史？还是遵从志书的本质属性采用通纪体？实践出真知，实践出理论。正是由于众多志人绞尽脑汁、苦思冥想，进行不断的探索，创造出多种不同体式，使二轮续志大事记出现多样化的局面，进而引发我的思考。有比较才有鉴别，有比较才能分出高下。我以为，断代体式志书的大事记采用接续历史的通纪体做法还是比较合理的。其理由有三：

一是它遵从了志书是“记述一地域从自然到社会、从历史到现状的资料性著述”的本质属性。体现历史的纵深感、展示历史发展的纵线条是大事记体裁独有的功能，二轮续志大事记只记20年左右时段的内容，如不接续历史，就很难体现和发挥大事记在志书中纵贯历史的功能。大事记若起不到粗线条地展示一地域“从历史到现状”的经济与社会发展概貌，它在志书中的功能和作用就会大减甚至消失。

二是志书所记述的事物应是完整的，也是恰当和必要的，这是增强事物整体性记述和为现实服务的需要。在人们的心目中，志书是一地域最为重要的乡邦文献，要了解一地域的历史与现状，唯有志书才能承担这一历史重任。二轮续志采用通纪体大事记，就可使读者从中完整地了解到一地域经济与社会发展的纵向历史脉络。注重人文历史的记述，是志书延续千年不衰的历史原因之一。采用断代体式记述大事记，只能是人为地硬性割断历史，进而限制和影响了大事记功能的充分发挥。

三是采用通纪体式大事记，是更加强调续志记述事物的完整性、整体性，也是突出续志自身应有的独立性，一志在手即可了解和窥探一地域历史发展线条之全貌。断代志的主要特征，是以记述断限时限内的事物为重点，但并不是对限前事物齐整的一刀切。在体现志书本质属性的重要篇章中是允许连接历史内容、沟通事物之间必要的联系的。诸如述体文字、大事记、建置沿革、人物、文物等项，凡涉及人文历史的重要内容，尽可能接续历史，体现一地域的历史文化底蕴。僵化地执行《地方志书质量规定》中的断限，只会削足适履，使社会对志书功能产生怀疑甚至不信任感。志书体例无论如何创新，我以为均不能脱离开志体的轨道。

（三）关于编首无题序　从笔者已看到的二轮市县志看，续修志书在接续历史内容方面，可谓八仙过海、各显神通。大部分断代体续志普遍采用述体文字接续历史的方式。编首无题序的写法大致有四种：一是赋予编首无题序特定的功能，只记限前历史，不记限内之事。如山西省已出版的《太原市小店区志》[①]在《凡例》中即言明“为使读者对境域历史有一个全面了解，小店建区前之事以编下序的形式予以简述，追述事物发端”。编首无题序的主要功能就是接续历史，每篇2000字左右，重点反映事物的历史概貌，起到接续历史的作用。二是现在正在编撰的《朔州市朔城区志》稿，编首序的主要功能是既接续历史，又记限内之事，也有的续志编首序只记限内之事。三种方式相较，我以为还是第二种方式比较好，既接续历史，又概括现状，以记现状为主，体现志书的本质属性。

编首无题序需要尽量统一写作模式，大处着眼，小处着手，精耕细作，写出文采来。它既是体现志书著述性的重要方面，也是展现主编文笔文采的主要场所，要很好利用起来。

（原载《河北地方志》2014年第2期）

① 《太原市小店区志》，小店区志编纂委员会编，山西人民出版社，2009年版。

整体布局出新意　特点鲜明彰县情

——读《正定县志（1986—2005）》感言

近日收到河北王广才主任寄来的《正定县志（1986—2005）》，仔细翻阅，几多感慨，是志是1992年版的续志，主要特点是篇目设置突破常规编排手法，别有新意，地方特点和时代特色鲜明突出，且资料丰富，可读性较强，确是一部不可多得的上乘佳志。

一、学者作序展示特点

序言是方志的传统文体。章学诚在《文史通义·内三篇·匡谬》中说："书之有序，所以明书之旨也，非以为观美也。"十分强调序言的作用。方志序言具有自身的功能。在清代之前尚无专门方志理论著述问世的情况下，志序作为作者阐发修志观点、方法的唯一场所和载体。正如吕志毅先生在《方志学史》中所说，历代"对方志性质、起源、编纂目的、作用、体例、内容以及编纂方法诸方面进行了探讨。这些理论仍然体现于志书的序、后叙之中"。在旧志序中，有许多佳篇良作，如司马光的《河南志序》，马光祖的《景定建康志序》，杨笃的《山西通志序》，王世祯的《新城县志序》，章学诚的《荆州府志序》，戴震的《曲沃县志序》，龚自珍的《青海志序》等，均具有很高的学术价值，在方志理论方面为今人留下了宝贵的遗产。明代杨宗气在嘉靖《山西通志》序中最早提出"治天下者以史为鉴，治郡国者以志为鉴"的主张。

笔者一贯倡导志书序言须政要（党政领导）和专家学者兼顾，前者以渲染地情特色为主，后者以阐明方志编纂实践的理论总结为主，互应互补，两不偏废，借此来提高志书的实用价值和学术品位。首轮志书专家学者作序时有，但不普遍。二轮续志出现好的景象，专家学者为志书作序逐渐多了起来，名家名作常见于新出版的志书之中，在首、二轮志书中，如傅振伦的《井陉县志》序，邱新立的《迁安市志》序，来新夏的《平遥县志》序，陈桥驿的《绍兴市志》序，魏桥的《萧山市志》序，郭凤岐的《红桥区志》序，黄勋拔的《饶平县志（1979—2005）》序等，均为学术研究的范文佳作，为新方志增色添彩，成为志书中一道靓丽的风景线。

《正定县志（1986—2005）》在卷首的编排上别有新意，将书记县长合作的序改称"出版致辞"，使卷首"序"仅留一篇，并由当代方志专家吕志毅操刀捉笔，彰显出该篇"序"在志书中的显著地位。吕志毅何许人也？乃河北大学教授、历史学家、书法家、中国地方志协会学术委员、"十一五"国家重点图书《中国方志通鉴》编委。吕志毅长期在河北大学从事方志学、年鉴学、地名学、家谱学、中国历史文献学以及中国书法史论的教学和研究，主要著作有《方志学史》《中国历史要籍介绍与选读》《续志和年鉴编撰论稿》等多部。实为方志界屈指可数的大家也。

是志“序”占3个页码、5300字。从方志编纂实践和方志理论研究的不同角度，对《正定县志（1986—2005）》作了全面的归纳和总结，多有他志可借鉴之处，实可称为高屋建瓴，钩玄提要，揭示真谛，指点迷津，不同凡响的创意之作。读志先读序，尤其是名家序多读几遍，对修志人而言，可谓大补之“珍馐”也！

二、篇目设置别具一格

《正定县志（1986—2005）》的篇目设置，以体现正定县自身特色为主旨，在符合逻辑思维规律的基础上，立足县情，彰显特色，突破常规，自立新格，确为大胆创新之举。是志为小编体结构，暗隐了地理与基础设施、政治、经济、文化、社会、人物等大编类目，平头章节体，既减少了（编）一级篇目层次，克服大编体分类层次过多的弊病，又回避了中编体一、二级标题重复的弊端，使各章归类合理，结构严密，方便记述。

是志首设历史纪略、总述、大事记，引领全志，内设政区、历史文化名城概览、临济寺临济宗、历史文化名人、非物质文化遗产保护、自然环境、自然资源、人口、城乡建设、环境保护、交通、邮政电信、水利、电力、政治体制改革、经济体制改革、社会保障体制改革、社会事业体制改革、开放外事侨务、中国共产党组织、党务工作、人民代表大会、人民政府、综合经济管理、综合政务管理、政治协商会议、社会团体、公检法司、军事、经济总情、第一产业、第二产业、第三产业、旅游业、板材市场和小商品市场、社会主义精神文明建设、教育、科学技术、文化艺术、医疗卫生、体育、广播电视、档案史志、家庭婚姻居民生活、民情习俗、人物46章，后缀志余、索引、编纂始末、后记。

是志篇目有多处可圈可点：

其一，在政区与自然环境章之间，插入历史文化名城概览、临济寺临济宗、历史文化名人、非物质文化遗产保护等四章。正如“序”中所言：“正定县是一个历史悠久的文明古县，它不仅以其战略地位重要著称于世，还由于其文物古迹众多，名人辈出，文化底蕴深邃，经济实力雄厚，而享有国家级历史文化名城的桂冠和国家可持续发展实验区等盛誉。”正是基于“文化强县”这一理念，把四个地域特色文化专章摆在了极其醒目的靠前位置，编者的立意跃然纸上。志书作为一地域最重要的乡邦文献，在突出记述地方历史文化上下大力气，既符合方志是“一方之全史”“一方之全书”的本质特征，又能展示一地域独有的历史文化内涵，达到两全其美之效，如此独特而大胆的篇目创意堪称佳构，给人以耳目一新之感。

其二，在基础设施类目之后、政治部类之首插入政治体制改革、经济体制改革、社会保障体制改革、社会事业体制改革、开放外事侨务等五章。如此集中章节记述改革开放内容，在二轮续志中还不多见。20年间（1986—2005年）的改革开放，使正定县经济和社会发生翻天覆地的变化。正是为了使续志能够全面系统地记载改革开放进程和现代化建设的伟大实践，完整地反映多项改革内容，是志设多个专章加以充分记述，且“叙事详明，脉理明晰”，这种迎难而上的精神尤值得钦佩。

二轮续志开展以来，如何记述改革开放内容，确是其中一大难点。就经济体制改革而言，从现已出版的部分二轮续志以及《全国第二轮修志工作文件和志书篇目汇编》看，主要采用了相对集中和相对分散两种。相对集中，就是在志书中设置经济体制改革专编，或在记述宏观经济的经济综述编设立经济体制改革专章，集中记述农村经济体制改革、企业体制改革、流通体制改革、社会保障体制改革、宏观调控体制改革等，其余的如用土地制度改革、劳动制度改革、科技体制改革、住房制度改革等改革内容，分散在各编记述。相对分散，就是将各行各业有关改革内容分散在志书的各编分开来写。从已出版志书的篇目来看，有些志书反映经济体制改革的内容还觉欠缺，当然仅从篇目来界定经济体制改革记述是否完满，还是不能完全肯定的。笔者以为，在续志篇目上没有明确标示“改革”二字，虽然志书记述中亦有反映改革的内容，但毕竟把改革的内容淹没在一般化的类目记述之中，从而使改革的记述出现层级低、分量少，难以突出“改革”这一时代特色。经济体制改革还是相对集中记述的方式较好。

笔者一直以为，鉴于政治体制改革涉及的面广线长，还存在着“摸着石头过河”的现象，由于改革还在继续进行着，对于业已完成的政治体制改革历程还存在不同的认识和评价，普遍情况是共性内容多、个性内容少，给志书的记述带来许多客观困难。同时，地方上的政治体制改革有时与经济改革又相互交织，有的很难截然分开。多重难度，致使修志工作者难于把握和驾驭。政治体制改革是相对集中记述还是相对分散记述，还须在续志编纂实践中逐步探索，还有待志人的共同努力。依笔者意，还是分散记述为好。然而阅读《正定县志（1986—2005）》的改革章节，给我以新的启示，只要下大功夫，深挖资料，政治体制改革章节同样可以写出特色来，是志就给出了圆满的答案。正印了俗语：“只要功夫深，铁杵磨成针。”

其三，志书篇目在突出地方特点和时代特色方面，除上述两点外，还有多处值得推介。在“章”的层次上有：如紧跟时代节拍的“环境保护”“旅游业”“社会主义精神文明建设”“板材市场和小商品市场”“家庭婚姻居民生活”等。在“节”的层次上有：城乡建设章的“雕塑亮化”，党务工作章的“县委经济发展战略决策”，人民政府章的“实施县委经济发展战略决策”“实施‘经济强县、文化名县、旅游大县’发展战略”，经济总情章的“综合经济实力排位”，第三产业章的“信息产业”“房地产业”，科学技术章的“国家可持续发展实验区”，体育章的“国家乒乓球训练基地”，方言章的“地方名吃节”“姓氏谱牒”等。在“目”的层次上有：人口章劳动人口节的“社会抚养系数”，环境保护章环保工作管理节的“生态示范区建设”，电力章电力供应节的“供求矛盾”，党务工作章信访工作节的“网上信访”，人民政府章信息化工作节的“网站建设”“电子政务”，第二产业章建筑业节的“古建筑”，社会主义精神文明建设章文明典型节的“文明人物选介”，文化艺术章文化设施节的“文艺广场文化大院”、文艺团体节的“文化沙龙”，体育章体育比赛节的“国家级荣誉”，家庭婚姻居民生活章家庭节的“家庭类别”“家庭暴力”，婚姻节的“婚姻观念”，居民生活节的“居民养老”，民情习俗章习俗节的“新兴习俗”等。在章、节、目三级层次上围绕地方特点和时代特色作文章，显现出编者精密的构思和“人无我有、人有我优”的志书编纂特色，

其四，篇目中各大部类比率渐趋合理。各部类占章比率和占篇幅（页码）比率是衡量一部志书质量的标尺之一，也是志书主编编纂思想的具体体现。是志部类占章比率和占篇幅（页码）比率分别为：志首历史纪略、总述、大事记 38 页，占全志 1084 页的 3.5%；地理与基础设施部类 10 章，占 46 章的 21.7%，170 页，占全志的 15.7%；政治部类 15 章，占 46 章的 32.6%，380 页，占全志的 35%；经济部类 6 章，占 46 章的 13%，164 页，占全志的 15%；文化部类 11 章，占 46 章的 24%，190 页，占全志的 17.5%；社会部类 2 章，占 46 章的 4.3%，63 页，占全志的 5.8%；人物部类 2 章，占 46 章的 4.3%，36 页，占全志的 3.3%；志尾 38 页，占全志 1084 页的 3.5%。（注：历史文化名城概览、临济寺临济宗、非物质文化遗产保护 3 章计入文化部类、历史文化名人 1 章计入人物部类）

从上文中可看出，从章的角度讲，政治部类 15 章，设章最多，一是与改革开放门类增加 5 章有关，一是与四大班子分别立章亦有关系，体现出断代志固有的时代特征；从实践角度看，似有偏多之嫌。经济部类设 6 章，同首轮志书相比得到明显压缩，与按一、二、三产分类亦有关系。文化部类设 11 章，占章比得到明显加强，恢复志书为“文化之志”的本质特征，顺应了志书编纂的历史潮流。社会部类 2 章，占章比偏少明显，似有增加的必要。再从占页篇幅的角度讲，政治部类占全志的 35%，独占鳌头；地理与基础设施部类、经济部类分别为 15.7%、15%，基本相当，文化部类 17.5%，较前二者稍胜一筹；以下依次为社会部类占 5.8%，志首、志尾各占 3.5%，人物部类占 3.3%。总体而言，是志篇目设置比较合理，围绕地情设章节，立足篇目服从于地情，不失为一种行之有效的好方法。

三、诸体并用挖掘深度

志书是资料性著述，入志资料的深度与广度决定着志书质量的高低。志书诸种体裁的掌握与应用是否合体，是否促进了资料的优化，则是检验和考量主编驾驭志书体裁的关节点所在。是志主编不负众望，诸种体裁并用，收到较佳效果。其中尤以相关链接和附记的应用较为抢眼。

是志共设“相关链接”11 条：历史文化名城概览章设“九楼四塔八大寺二十四座金牌坊”，党务工作章设“正定精神”“信访双向责任制”；综合经济管理章设“市制杆秤”；公检法司章设“正定县木制厂火灾事故”；第一产业章设“正定县农业产业化经营四大模式”；社会主义精神文明建设章设“五十句

‘服务忌语’”“正定县公民文明公约”“正定县公民行为规范”；科学技术章设“县级农副产品流通信息网络应用研究”；家庭婚姻居民生活章设“正定县年所得12万元群体情况”。

“相关链接”本是新闻报道中的一种体裁，后被计算机网络引入并成为专业术语。在新方志编纂中偶有应用，其作用是起到佐证与延伸入志资料的功能，丰富志书记述的内容。是志的“相关链接”，设于“节”“目”之后，引申了入志资料的记述范围，使入志资料更加丰满厚实。

是志共设“附”51条：政区章附“河南五乡镇”；历史文化名城概览章附“杨秀峰视察正定古物群”“五代残碑出土纪实”“历史文化街专记”“隆兴寺大悲阁修缮专记”；临济寺临济宗章附“性彻禅师”；历史文化名人章附“一代名臣范仲淹回归正定出生地”；人口章附“百岁老人陈余姐养生经”；政治体制改革章附“南楼村民代表会议专记”；经济体制改革章附“农民专业合作经济组织简介”；开放外事侨务章附“‘三资企业’简介”；人民代表大会章附“改善代表结构的专题调查”；人民政府章附“正定精心打造‘软’环境的专题调查”；综合经济管理章附“河北新泽广告有限公司”，综合政务管理章附“案例”；政治协商会议章附“重要提案选”；社会团体章附“河北纬编厂槽筒工序下岗职工再就业情况的调查”；军事章附“英模人物”；经济总情章附“河北三才实业集团”；第一产业章附“惠康食品有限公司”“种粮标兵张计申”“标准化奶牛小区”“正定县农机跨区作业机车管理”；第二产业章附“典型企业选介”“河北恒山建筑工程有限责任公司”；第三产业章附“瑞天大厦”“石家庄市华通玻璃有限公司”“石家庄市金河石油化工有限公司”“典型赔付案例”；板材市场和小商品市场章附“市场领路，多业开花”“中盐银港人造板有限公司”“河北正华实业集团公司”“中国北方茶城”；社会主义精神文明建设章附“生态文明村北孙村”；教育章附“正定县主要幼儿园选介”“正定县主要小学校选介”“正定县主要中学选介”“正定县重点高中选介”“正定县职业技术学校选介”“正定县著名教师选介”；科学技术章附“河北常山生化药业股份有限公司”；文化艺术章附“农村图书馆选介”“健身队选介”；体育章附“武术名人任智需”“王庆广专记”；档案史志章附“正定县历史上编纂的府县志”；家庭婚姻居民生活章附“刘玉逊家庭成员历年结婚证”“1988—1991年正定县离婚案件专题调查”“刘玉逊家庭购置耐用品票据实录”；民情习俗章附“家谱简介”；人物章附“中国科学院院士王育竹简介”。

该志的“附”大体分为三类，一为特色事物的“专记”，一为特色单位或特殊人物的“简介”，一为某一类事物的“专题调查”，其立目价值均以突出地方特色的典型资料为出发点。像《正定县志（1986—2005）》编者如此重视“点”资料的搜集与应用，在二轮续志中还不多见。志书内容要全面、系统，其记述手法离不开面、线、点的有机结合。志书记述以面、线、点结合为基本特征。面，指历史某一时段的横断面；线，指事物历史发展的纵线；点，指典型的特色事物。

三者有机结合，方为记述到位。但在实践中，多数志书忽略“点”的记述，或重视不够，面、线、点三者很难达到完满的结合，不能尽如人意。是志的编者正是领会了这一真谛，下苦功夫全方位广泛搜集典型性资料，全力拓宽或延伸入志资料的记述广度与深度，将典型性资料穿插与“节”“目”之后，使志书内容记述丰满，有血有肉，收到极佳的效果，志书的可读性和资政、教化、存史价值得到显著增强。

四、接续前志另辟蹊径

中国地方志指导小组《关于第二轮地方志书编纂的若干意见》指出，“要处理好与前志的衔接，并注意对前志的拾遗、补缺、纠讹”。续志要拾遗、补缺、纠讹，就是衔接前志的一种方式，同时续志的连续性、独立性亦蕴含其中。就现已出版的续修志书来看，大部分都在接续前志的基础上，把对前志的考订正误和补遗的内容集中置于书后附录内。但总体感觉对前志的正补工作并不是很充分，有的像蜻蜓点水，有的有补遗而没有纠误，有的甚至补遗和纠误都没有。对前志的补缺纠误，是二轮续志必不可少的任务之一，是非做不可的一项工作。是志在这方面做了卓有成效的工作。笔者以为有几点值得称道。

其一，专设“历史文化名人”章，复载和补缺了正定历史上的10位历史文化名人，其中范仲淹、史天泽为前志所阙，属补遗性质，其余8人为复载首轮志书的人物传记，但多有新材料加以增补，人物数量虽少，却为当地最为著名的历史文化名人，彰显出地域的人文历史特色，为续志体志书在人物传内容如何接续历史方面，又开辟了一条新路。二轮续志人物传的编纂手法多样，或将前志传记人物名录放在传记之首，便于读者了解前志人物设传情况，起到检索作用，如《黎城县志（1991—2003）》；或将历史著名人物的传记重复登载，与断限内传记合并，一体展现本地域人杰之盛，如《朔州市朔城区志（1989—2010）》等，不一而足。各种编纂手法的运用，均体现一个宗旨，即突出续志的连续性、完整性和独立性。一地重要的人文历史内容，在续志编纂中不可或缺，毫不夸张地说，它是方志记述的灵魂所在。目前，衔接前志、勾连历史呈现多样化的局面，虽方式方法不同，但目标一致，即在完善续志的连续性、完整性、独立性上下功夫。每种形式并非十全十美，利弊得失共存。当然，哪种编纂手法更切合方志的本质属性，更利于方志的传播与利用，还须经过读者、社会及历史的检验。

其二，是志“凡例”言明，“历史文化从源头写起，记述改革开放的内容，上溯至1978年12月中共中央十一届三中全会召开，对重大和特殊事项以及补充前志的事项，其断限时间适当上溯或下延”。重视历史文化的记述，是方志的优良传统。方志编纂创新无止境，但要行走在方志自己固有的轨道之上。是志编者正是把握住这一真谛，浓墨重彩地展示正定的历史文化，体现志书作为一地域最重要乡邦文献的特殊地位，使志书的资政、育人、存史功能显著提升。从另一角度讲，亦突破了断代志不记或蜻蜓点水式记述历史的藩篱。

二轮续修志书所记述的事物，以断限内为主，以断限之前为辅，将断限之前的事物发展过程作一简要铺垫，是必不可少的。同时，志书作为资料书，其资料性主要就体现在资料的连续性和系统性上，志书有断限，但事物的发展没有断限。所以，二轮修志过程中很重要的一项工作，就是要展现事物发展本身的连续性，既反映出事物以前的客观实际，又体现如今变化了的事实，既有继承又有创新。否则，就会出现人为割断历史的现象，不但会降低二轮志书的资料性和可读性，而且会影响整个修志系统工程的质量，造成资料的系统性功能降低，从而降低志书的使用价值。在二轮续修志书的编纂中，既要注意与首轮志书的连续性，更须注重二轮续志的独立性和完整性。二轮续志所记述的事物如果只从上限时间写起，只记现状而抛弃历史，与地方志所固有的本质属性相违背，也无法达到“纵述史实把握事物的发端、变化和现状”，续修志书的独立性、连续性、完整性也便随之消失。续修志书，首先要强调志书的独立性，即站在续修志书的立场上，以“我”为主，以续为辅，独立成志，流传后世。从编者的主观上说，联系历史是必须的，即我们一贯强调的“明古”，就是对事物记述要点明发端，阐明发展，彰明因果。只有明古详今，才能认识事物发展的全貌，同时才能更深刻地了解现实。当然，探前追述历史，重要的在于把握好一个适度的问题。在反映联系历史的层面上，续志体与通纪体有着明显的区别。从客观上说，续志体志书通过联系历史（这个“历史”可长可短，根据记述事物所需的明晰度来适度掌控），也便自然而然地起到了承接前志的作用。

五、几点商榷仅供参考

《正定县志（1986—2005）》确是一部结构合理，篇目新颖，资料丰富，特色鲜明的佳志良作。然“金无足赤，人无完人”，依笔者愚见，似乎还有些许可商榷之处，斗胆放言与同人商讨，若能为后来者依傍，则幸甚之至。

其一，卷首设历史纪略、总述、大事记，引领全志，其顺序似可商榷。首轮志书创立“概述”之体，曾经过志界反复酝酿探讨，最终形成共识，新方志以“概述”篇与“大事记”合力统摄全志，即总述重“面”（实际为面、点、线结合的一篇宏文，仅为叙述方便而简称“面”），大事记重“线”，二者纵、横结合统领全志，其他内容均无法取代它们的独特功用。是志现将《历史纪略》置于总述、大事记之首，虽有突出地域特点之效用，但却抢了总述与大事记的风头。笔者以为，突出特点与统摄全志并不能混为一谈。“历史纪略”创设于首轮志书，但鲜见；二轮续志应用较多，是为弥补断代志历史内容欠缺的弊病而增设，且以记述一地域发生的重大事件为基点；是志所记内容为特色事物，实与志界对“历史纪略”的共识有所差异。从《历史纪略》来看，篇幅3690字，内容列了历史沿革、三关雄镇、文化名城、临济祖庭、商业重埠、文化名人六部分，虽为“点睛之笔”，却多有与专章内容重复之嫌。既然“历史文化从源头写起”，那么作为统摄全志的总述篇更应该纵贯历史（笔者以为，大事记是反映历史文化内容的重点篇章，若能纵贯历史则更为锦上添花）。再者“总述”篇7800字，篇幅为“历史纪略”的二倍以上，且“历史纪略”所记内容合并于“总述”篇之中，才更显合理恰切。

若保留此内容，在排序上做一调整，即将“历史纪略”移至总述、大事记之后，似乎更妥帖一些。

其二，篇目标题还有可推敲之处。章一级标题似有添加虚词赘语的弊病。如《历史文化名城概览》，似可改为《历史文化名城》；《非物质文化遗产保护》，似可改为《非物质文化遗产》；《中国共产党组织》，似可改为《中国共产党》；《社会主义精神文明建设》，似可改为《精神文明建设》等。“附”题中多有“正定县”行政区划名称出现，如《正定县农机跨区作业机车管理》《正定县主要幼儿园选介》《正定县主要小学校选介》《正定县主要中学选介》《正定县重点高中选介》《正定县职业技术学校选介》《正定县著名教师选介》《正定县历史上编纂的府县志》等，去掉“正定县”三字似更合乎志体。这是因为，志书名称是该部志书的顶级标题，其他标题均在《正定县志》书名统辖之下，除厂矿企业名称或特定范围的规章等作标题可保留“正定县”三字外（如《正定县木制厂火灾事故》《正定县公民文明公约》），其余的标题中均不应标注行政区划名。

志书编修从首轮至二轮，相同类目的篇目标题标法各行其是，极不利于志书的传播与利用，同时也影响到社会对新编志书质量的猜疑。加强志书标题方面的理论研究，把好篇目标题关，亦应作为一大课题，进行深入广泛的研讨。

其三，笔者目力所及的其他小疵。“凡例”第十二条中“中共正定县委”仍为简称，全称应为“中国共产党正定县委员会”，犯了全称不全的毛病。目录中第四十五章第一节宗教属下的目题“佛教、道教、基督教、天主教、伊斯兰教”排序不确，应为“佛教、道教、伊斯兰教、天主教、基督教”。1067 页杂志名称“文物春秋”“正定风采”用引号不确，应为书引号《文物春秋》《正定风采》。《总述》篇内文起首即用序号分割，文章缺少开头段，有违东方人作文的规则，使得文章不甚完满周全。文字排校亦有疏忽，如“序”中“实事求是”误为“事实求是”等。三级“目”题标法不确，如政区章乡镇村街节下，一级目题标为小四黑另起单占行，二级目题标为大五宋另起单占行，三级目题标为大五黑另起空一字接文排（其他章节亦有类似标法），很明显二级目题与三级目题字体标法有“子孙颠倒”之弊，有违常规。

六、由是志引发的思考

自 2012 年底退休之后的二年半中，笔者陆续参加了河北省《邯郸市志》《武邑县志》《衡水市桃城区志》《邯郸市邯山区志》等数部二轮志稿的评审，从中了解到该省二轮市县续志至 2015 年 6 月已正式出版达任务量的 60%，完成评审和已交付印刷的达 20% 以上，合计达 80% 多，编纂进度位于全国前列。借评审之余，我也搜罗到该省已出版的十几部市县续志，拜读之后，确实感到河北省二轮市县志书的质量在全国的续志编修中属上乘之列。究其原因，一是省市县三级党委、政府重视修志工作，“五到位”落到实处；二是省志办全力调动全省志界的人力资源，合力参与志稿评审，使志书质量得到显著提升。据笔者所知，河北志界在首、二轮修志中涌现出一批如王广才、齐家璐、孟庆斌、武铁良、贾辉铭、任丽英等全国知名的方志专家及大专院校教授吕志毅等名流学者，数次评审会均专家名流齐聚。难能可贵的是，河北志界评志稿并不局限于本省范围之内，同时还邀请中指组及兄弟省市方志界的专家学者参与评审，便于吸取和借鉴外地的先进经验，通过交流互帮互学，进而提高续志的质量。实践证明，志书质量的优劣，其中重要的一条，是与方志界和社会学术界专家学者参与的多寡与参与程度的深浅，有着密不可分的关系。“闭关自守”实不可取，但愿河北志界的评志方法能在全国方志界推广，促进方志事业的繁荣发展。

方志编纂提倡和鼓励创新，创新就必定有风险，尤其是志书体例的创新风险更大，成功与失败并存。创新成功与否，还得靠实践来检验。读志有思，权作结语。

（原载《河北地方志》2015 年第 5 期）

善用体裁出新意　突出特色彰市情

——读《扬州市志（1988—2005）》感言

扬州是一个令人向往的城市。2010年我曾应江苏省志办之邀，在宜兴举办的市县志主编培训班讲课，会后受邀赴靖江、扬州等市学习交流，此为首访扬州；2014年应中指组之邀，又有幸参加在扬州举办的城市区志学术年会，二莅扬州。两次均行迹匆匆，未对扬州细细寻访，留下诸多遗憾。近日收到新出版的《扬州市志（1988—2005）》，令我大喜过望，可从志书中尽情将扬州游览一番。作为志人，读志是一种享受，即可神游其地，还可探究修志之道，两全其美，岂不乐哉！读志之余，生发诸多感想，聊记数笔，与同行共赏。新编《扬州市志（1988—2005）》由方志出版社于2014年12月正式出版发行。该志全四册，洋洋588万言，国际标准16开精装，内文全彩印，装帧精美大方，放在案头平添几分雍容高雅之气。该志无论从内容结构还是编纂体例上看，均进入一个新的境界。

一、篇目——结构新颖展全貌

《扬州市志(1988—2005)》共设42编，属小编体式，按自然(包括基础设施)、经济、政治、文化、社会和人物六大类编排。从篇目上看，注重突出地方特点和时代特色的有“环境保护”“风景园林”“社会服务业”“旅游业”“文博”等篇，二级升格的有“信息化建设”“扬州曲艺”“扬州大学”“体育产业”等章，设置得比较合理，也可称之为志书中的亮点。由此可见，编者在深挖地情、把握时代脉搏上下足了功夫，使志书篇目得到升华，给人以耳目一新之感。

从志书篇目设置的总体来看，二轮续志篇目更显科学、合理。从首、二轮志书篇目几大部类占篇与占页对比，即可窥见端倪。

首轮《扬州市志》采用小编体结构，五大部类(人物未入篇系列)共设76篇（分志），其中自然部类6篇、占7.9%，经济部类39篇、占51.3%，政治部类17篇、占22.3%，文化部类10篇、占13.2%，社会部类4篇、占5.3%。

二轮《扬州市志（1988—2005）》采用小编体结构，六大部类共设42篇（分志），其中自然与基础设施部类9篇、占21.4%，经济部类13篇、占30.9%，政治部类10篇、占23.8%，文化部类7篇、占16.6%，社会部类2篇、占4.8%，人物部类1篇、占2.4%。

首、二轮《扬州市志》几大部类占篇数相较，二轮志书经济部类比首轮降低20.4个百分点，扭转了首轮志书经济部类设篇比重过多的情况（这亦为首轮志书较为普遍的通病，并非《扬州市志》独有）；二轮自然部类提升13.5个百分点（与基础设施篇类回归亦有关系）；政治部类提升1.5个百分点（与四大班子升格立篇有关）；文化部类提升3.4个百分点；社会部类降了0.5个百分点。二轮续志六大部类在一级篇目的占篇比更趋合理，从而使志书回归“乡邦文献”的本质特征，更加符合二轮修志人员所着力追求的目标。

再从志书正文所占篇幅来看，首轮《扬州市志》全书正文3451页，其中总述与大事记160页、占正文页码总数的4.6%，自然部类266页、占7.7%，经济部类1454页、占42.1%，政治部类534页、占15.5%，文化部类538页、占15.6%，社会部类160页、占4.6%，人物部类162页、占4.7%，志尾类125页、占3.6%。

二轮《扬州市志（1988—2005）》全书正文3202页，其中总述与大事记108页、占正文页码总数的3.4%，自然部类518页、占16.2%，经济部类922页、占28.8%，政治部类680页、占21.2%，文化部类456页、占14.2%，社会部类162页、占5%，人物部类164页、占5.1%，志尾类192页、占6%。

首轮、二轮《扬州市志》几大部类占页数相较，二轮志书总述与大事记占页比首轮志书降了1.2个百分点；自然部类提升8.5个百分点；经济部类降了13.3个百分点；政治部类提升5.7个百分点；文化部类降了1.4个百分点；社会部类和人物部类均提升0.4个百分点；志尾类提升2.4个百分点..。

二轮志书占页数，经济部类居首位，占志书篇幅的四分之一强；次为政治部类，占五分之一多一点；以下依次排序为自然部类（七分之一稍强）、文化部类（七分之一）、志尾类（十五分之一强）、人物部类和社会部类（各十五分之一弱）、卷首与总述大事记（三十分之一）。总体来看，志书各大部类篇幅均较合理，所占篇幅各得其所，全面、真实、客观地反映了扬州市改革开放18年来经济与社会事业的巨大变化。

二、总述——贯通古今彰市情

《扬州市志（1988—2005）》的“总述”篇立意新颖，可读性较强，具有独创性，区别于现已出版的志书“概述”，不失为一篇好文章。“总述”篇采用浓缩式，并融入特点式与策论式的写作方式，自成一格。全文占10个页码、16300字。“总述”篇的起首段为1个自然段、250字，行文简洁，要言不烦，既交代了市域位置、经纬度、四至、交通，又交代了市域总面积、人口、市区面积、建成区面积、城区人口，以及市花、市树、市歌等内容。尤值得称道的是，四至的写法从大写意落笔，颇有气势；三个面积（市域总面积、市区面积、建成区面积）表述，既全面准确，又恰到好处，使读者清晰地了解扬州市城市建设的概貌。在笔者浏览到的城市志（包括城市区志）中很少看到如此既全面又简约的概貌写法。起首段文约事丰，似一张亮丽的城市名片递到了读者的手中。此种开头法虽非独创，但内容的扩展却别有新意，值得他志借鉴。

“总述”篇主体内容分为四大部分，部分间用序号分割。第一部分采用特点式的归纳法，用3800余字的篇幅，分列“扬州是一座历史悠久的文化名城”“扬州是一座风物迷人的旅游城市”“ 扬州是一座休闲宜居的诗画城市”“扬州是一座名人辈出的英豪城市”四个小标题，用贯通历史的笔法，深挖扬州的人文历史底蕴，展示扬州的独特城市魅力，使读者对这座历史文化名城的敬意油然而生。第二部分用6500余字的篇幅，分列“经济总量跃上新台阶”“改革开放为扬州的发展注入活力”“城乡建设取得显著成绩”“社会事业得到长足发展”“民主法治建设迈开新步伐”“平安扬州建设实现新跨越”六个小标题，用浓缩式的分类笔法，记述18年间扬州经济建设和社会事业长足发展的巨大变化，多用事实和数据说话，巨大成就令读者由衷赞叹。第三部分用3400余字的篇幅，分列“精神文明建设大放异彩”“文化事业新创佳绩”“民生幸福指数攀新高”“党风廉政建设开创新局面”四个小标题，亦用浓缩式的分类笔法，记述18年间扬州在精神文明、文化事业、民生工程建设等方面取得的骄人业绩。第四部分用2300余字的篇幅，分列“必须坚持解放思想、抢抓机遇的战略思维”“必须坚持创新驱动、特色发展的个性化道路”“必须坚持凝心聚力、统筹兼顾的领导艺术”“必须坚持以人为本、执政为民的民生理念”“必须坚持党要管党、从严治党的执政方针”五个小标题，用策论式的夹叙夹议笔法，总结扬州18年间改革开放历程中积累的实践经验，同时亦找出存在的问题与不足，优劣并述，资政价值凸显。结尾段寥寥160余字，以展望之语作结语。

通观“总述”全文，有头有尾，完满成篇。内文四大部分分列标题，题随文走，格式统一；内容展示先史（第一部分贯通历史）后今（第二、三部分记断限之内），然后归纳总结（第四部分），层层递进，立意新颖，特色突出。主编把握大势大略，高屋建瓴，将扬州的市貌市情及地方特色和盘托出，给读者先睹为快之印象。

志书的著述性、整体性，在述体文字上表现得尤为突出，故而《扬州市志（1988—2005）》的编者特别重视述体的应用，除“总述”篇外，还在“篇首设无题概述。章和节下设无题述，但不求一律”（凡例语）。因章和节下的无题述文字繁杂，难以统计，笔者仅对篇首序作了个粗略统计。全志共设42篇，设篇首无题序41篇（“工业”分上、下篇，设1篇无题序）。最长3120字（农业），最短400字（人物）；千字以内11篇，一千字至两千字23篇，两千字以上7篇；总字数56670字，篇均1380字（以41篇计）。该志遵循中指组二轮续志断限的规定，篇首无题序的主要功能为概括本篇主要内容，绝大部分只记断限内之事，追述历史内容的仅有“风景园林”“社会服务业”等少数几篇。

该志篇首序提纲挈领地浓缩该篇的精华，概略地展现该篇的轮廓，简练地勾勒出该篇的地方特点和时代特色，使读者从中掌握和了解该篇之大要，篇首小序的功用得到充分发挥。篇首序始于旧志，首轮新方志虽有应用，但未普及，说明撰写篇首序有一定难度；二轮续志篇首序应用的普及面有所扩大，写作手法出现多样化，为方志理论研究提供了足可征用的素材。篇首序可称为主编的“自留地”，它既是体现志书整体性、著述性的重要方面，也是展现主编文笔文采的重要场所。利用好编首序这一块“自留地”，对提高志书的整体质量关系甚大。《扬州市志（1988—2005）》的编者迎难而上的精神值得赞赏。

三、图片——文图相彰出新意

志书是时代的产物，随着时代的进步而进步。进入21世纪，全彩印志书逐渐走进人们的视野。作为一地域官修的最重要的乡邦文献，跟上时代的步伐，体现当代的印刷水平，应是情理中事。《扬州市志（1988—2005）》内文为全彩印，从而使志书的质量迈上了一个新的台阶。

卷首集束彩图在首轮志书中即有应用。首轮《扬州市志》卷首集束彩图，共48页（3个印张）、227幅图片（另有地图2幅，8开双页）、页均4.73幅；分类标为“领导视察”“园林风光”“名胜古迹”“文物精品”“街巷深处”“农业水利”“工业明星”“建筑之光”“水陆交通”“旧城一瞥”“城市新貌”“科教昌盛”“人文荟萃”“友好往来”“民俗宗教”“县（市）名胜”“难忘过去”17个标题，殿后为扬州市行政区划图、扬州市区图（双折页）。

二轮续志继承首轮的做法，仍采用卷首集束彩图，在图片选择、图片质量、内容编排、版式设计等方面，均取得较大的突破，给人以新风扑面的感觉。翻开《扬州市志（1988—2005）》，首先映入眼帘的是卷首集束彩图，共56页（3.5个印张）、153幅图片、页均2.73幅，满满当当，令人目不暇接。首张“古运河城区大水湾”为跨页照片（占双页），高空鸟瞰，气势磅礴，画面精美，摄人心魄，展现出“扬州因运河而生、缘运河而兴” 的深厚历史文化底蕴。次为市树、市花、市歌（占两页），展示扬州的城市独有标识；其后按“风景名胜”“城市建设”“经济发展”“社会事业”“人民生活”立题，分五类展示市情市貌；殿后的为“城市荣誉”（单页）和扬州市域图、扬州市城区图（双折页）。

首、二轮志书卷首集束彩图相较，续志吸取前志的经验，并吸收他志的长处，把卷首集束彩图的编纂提升到一个新的高度。其一，照片由前志的17类归纳为5类，分类更显科学、合理、妥切。其二，照片标题标名准确、简洁，更加符合志体；分类标题虽然减少，但涵盖内容却有所扩大，标题的统摄作用明显增强。其三，剔除“领导视察”照片内容，淡化志书的“官本位”色彩，使图片内容主题突出，地方特色更为闪亮耀眼。其四，照片选择更加精到，照片画面求善求美，达到艺术性与真实性的完美统一。其五，版面编排大方得体，照片篇幅随画面内容变化有度，画面美感得以尽情展现，志书卷首的集束彩图，是读者最先感知的部分，给读者以直观的第一印象，重点反映地方特点和时代特色。《扬州市志（1988—2005）》在彩照内容的选择上求真求特，使彩照的作用得到充分发挥，不失为续志卷首集束彩图编纂的样板，多有他志可借鉴之处。

该志内文插图亦有独到之处。与首轮志书相较，首轮志书总字数560万字，卷首集束彩图用图227幅，内文插图135幅；全志用图362幅，每万字用图片0.6幅。二轮续志内文插图704幅，是首轮志书135幅的5倍之多，全志用图859幅，万字用图片1.45幅，是首轮志书的2.2倍。正因为续志采用全彩印技术，特别是通过编者的精心运作，使图片的真实性、直观性、可读性等功能得到充分展现，文图相彰的做法得以施展，进而使志书达到图文并茂的理想效果。

四、专记——撷特辑要妙点睛

“专记”是记体的一种，属首轮志书在编纂体例上的一大创新。首轮的前期志书称之为“附记”，后期志书称之为“专记”。二轮续志普遍继承了这一做法，多数称之为“专记”。专记的设置方法大体有三种：一是随各专志的内容放在一起，分散设专记；一是与附录同级别立一大类，不入编，将多篇专记集中；一是将集中起的专记单设一编，放在附录之前。它的好处是可以把一件事物比较完满地交代清楚。用来反映地方最重大的事物，进而体现地方特点。

《扬州市志（1988—2005）》编者秉承了这一做法，精心选取了发生在扬州市18年中的10件重大事件，在志书中增设了10篇专记，分别为《扬州市获得“国家环境保护模范城市”称号》《扬州市获得“国家园林城市”称号》《润扬长江公路大桥》《宁启铁路扬州客运站》《南水北调三阳河潼河宝应站工程》《“淮扬菜之乡”》《扬州市获得“中国优秀旅游城市”称号》《朝鲜劳动党总书记金日成访问扬州》《法国总统希拉克访问扬州》《扬州市连续获得“全国双拥模范城”称号》《2003年扬州市防控急性传染性非典型肺炎工作纪实》。其中4篇为扬州市获得的国家最高城市荣誉，3篇为经济建设中的重大成就，2篇为外国元首到访，1篇为关系民生的防控传染性纪实，从不同视角展现扬州人民的奋斗足迹，令人赞叹不已。10篇专记最长的5190字，最短的1180字，总字数29300字，篇均2930字，并配发11幅照片，图文并茂。文字数量虽仅及全志的0.5%，却起到了画龙点睛的突出效果，浓郁的时代特色和地方特点跃然纸上。

顺带说一句，全志正文中仅设了1篇附，即在“社会生活”篇中附了《扬州市城市居民教育消费现状调查报告（摘要）》，虽仅有3000字的篇幅，却抓住了最困扰城市居民经济生活的一大难题。这个“唯一”，体现出编者资料选取的慧眼独具及关注民生、以人为本的价值理念。此份调查报告出自扬州城市调查队之手，其真实性和说服力更强，既为当政者提供城市居民教育消费负担过重的真实情况，又为解决这一民生难题提供决策依据，志书的资政价值得以充分显现。

五、赘语——吹毛求疵待商榷

昔人有言，志无完志。细细探究，《扬州市志（1988—2005）》似乎还有些许可商榷之处，与是志编者及修志同行研讨。

其一，“附录”中记有“著述选目”内容，位置欠妥，似乎入“文化艺术”篇正文比较恰当；更准确一些，应入艺文篇。艺文是方志中的传统大类，首轮志书重经济轻文化现象较严重，二轮修志认识到首轮志书在这方面的不足，进而得到弥补。艺文单独立编也已形成共识。我以为，这是使志书编纂返璞归真，回归到正确的轨道。地方志是最重要的乡邦文献，传承地域文化是志书的主要职责，而艺文志是担当这一职责的重点篇章之一。改革开放发展到今天，更显现出文化在经济与社会发展中发挥出的重大作用。全国从省到市到县，乃至乡镇、村庄、家族，莫不把发掘自身的历史文化作为当代人的历史使命。艺文还是单独立编为好。首轮《扬州市志》未设艺文篇，二轮续志理应弥补这一缺憾。古人云，人生有三不朽：立功、立德、立言。笔者以为，立言为最难之事。“著述选目”是志书文化部类应记的内容之一。现志书未设艺文篇，著述选目亦应入“文化艺术”篇，这样才显恰切。

其二，依笔者愚见，“总述”篇虽写得不错，但亦有可推敲之处。总述篇要照顾读者的阅读习惯，用个把小时即可阅读“总述”全文，这样才能起到好的效果。现全文长达16300字，阅读一遍须耗时3个多小时，费时劳神，以我的意见，“总述”篇还是控制在万字以内、最好8000字以内为佳。文字过长，容易产生阅读疲劳，效果会大打折扣，志书虽为“官书”，但志书主编一定要摆脱官本位的思想，以第三者的角度审视地情，并非以党委和政府的口吻讲话，文中似乎还夹杂一些文牍气息，有些内容似可移到分志中记述似乎更好一些。

其三，标题制作似乎还有可推敲之处。该志目题分为目、子目、细目三级，前两级加序号，第三级不加序号，格式不统一，显得不甚规范。笔者以为，目题加序号是教科书式的写法，与志书格格不入，志书的最低层次是以条目来体现，条目加序号不伦不类，有违常规。志界有“志书类辞书”之说。如“城市建设与管理”篇“城市绿化”章“道路绿地”节的一级目题数达43个，序号亦由“一至四十三”汉字数码依次标示，加序号使目题显得累赘不洁。

该志政治部类标题中多出现“地方”二字和“扬州市”行政区划名称，似觉欠妥。笔者以为，志书标题中不宜加“地方”二字和行政区划名称。作为省、市、县三级地方志书，书名即标名为“某某省志”“某某市志”“某某县志”，即按中指组颁发的《地方志书质量规定》要求，将志书所记内容框定在一定地域之内。不越境而书，已成为地方志书铁定的法则。分志的各层级标题均不应再标“地方”二字和行政区划名称，不论自然、经济、政治、文化、社会等部类的分志，均以志书名称限定在一定地域之内，标题名称中出现“地方”二字，实属多余，似有画蛇添足之嫌。标题中加“地方”二字，多出现在政治部类分志之中，这是由政治部类分志内容具有特殊性而造成的，多加推敲便发现问题所在。分志的编、章、节、目各级标题，亦框定在志书名称之下，志书名称就是整部志书的顶级标题，志书各分志所记内容均限定在志书名称的行政区划名和限定的一定地域之内，分志各级标题受志书名称统辖。省市县三级地方志书均难脱此窠臼。加“地方”，则有多余、累赘之嫌，同时也破坏或损害了志书各级标题的统一性、严谨性、科学性。

该志“民主党派工商联”篇和“群众团体”篇的章题均为组织机构名称，全部用全称标示，明显欠妥，且与“中共地方组织” 标题的标法不一致。组织机构名称作标题要尽量用简称，避免用全称。志书标题，要求简明、准确，题文相符，使用简称，亦是标题提炼中应采用的一种手段或方式。在二轮续修的市县级志书中，通常会遇到使用机构或组织名称作为一级标题，在使用简称或全称上，多出现混乱现象，即一部志书内的一、二、三级标题，全称与简称混用，标题体例极不一致，直接影响到志书的科学性和严谨性。依笔者愚见，从标题要“简明、准确”的角度考虑，党派群团机构组织作标题，用简称最为恰当。组织机构制作标题，用简称不用全称，应是志书标题制作的一项基本规则。

在我国的社会活动中，许多组织机构都有相应的简称，且这些简称有几个基本特征：一是经过官方认定或认可，在新闻宣传、公文文件等传播中广泛应用；二是得到社会普遍承认，并在语言和文字交流中广泛使用；三是从上至下约定俗成，既简明又准确，不会产生任何歧义；四是标题制作不能短视，目光要放长远一点，编修志书是长久的事业，标题生命力的长短，是衡量用词准确的标准，放在历史长河中加以考量，是否经得起历史的检验。

其四，版面编排还有些许可改进之处。如“大事记”中的“年”“月”均单立标题，标题字号显大、占行显宽，使得版面文字稀疏，不甚美观，且与其他篇章版面不甚协调，无形中增加了志书的文字量。笔者粗略统计，如将“年”标题字号改小一些、占两行高度；将“月” 标题并入条目题头之中、不单占行，如此编排，可使“大事记”由 18.11 万字压缩至 14.2 万字，缩减 21% 的篇幅。

再如篇名页编排，标题、目录各占 1 页，似有浪费版面之嫌。新编《萧山市志》篇名页将标题、目录合占 1 页，篇名页背页排无题序。该志如改用《萧山市志》篇名页的做法，即可节省近 8 万字的篇幅。当然，篇名页占 2 页（有的背页空白，有的背页排目录）的做法在二轮续志中多见，并非该志独创；甚至有的志书在编章节齐备的情况下，每一章均另起页，致使志书多处出现“缺苗断垅”的现象，篇幅也随之陡增。笔者以为欠妥。现在的方志界有个普遍的心态，即志书页码越多，书籍越厚越好，求大求全。这是个错误的观念。作为志书而言，首先是供人阅读、服务当代，起资政、教化之功用（存史功用是随着时间的推移才会逐渐显现出来），并非束之高阁的艺术品。志书篇幅要有一定的限度。中指组曾对首轮志书提出过篇幅限制，从修志实践看，似有过严之嫌，故未对二轮续志篇幅作硬性规定。笔者以为，控制篇幅是志书编纂应有之意。如何把志书编精编好，是修志人重要的历史责任。压缩志书篇幅，在版面编排中要重视每一个细节的把握与应用，在不影响美观的前提下，尽量节约版面，是志书编纂人员应遵循的基本原则，切不可等闲视之。另“人民政府”篇中的《朝鲜劳动党总书记金日成访问扬州》《法国总统希拉克访问扬州》两篇专记，标题标法与其他专记不甚一致，似乎一致起来更好一些。

上面所提的可商榷之处，亦为笔者一家之言，只想为后出志书提供些许借鉴，吾愿足矣。总括而言，《扬州市志（1988—2005）》最突出之处，可以两句话概括：善用志体提升学术品味，把握特色彰显文化价值。笔者只因寸纸尺短，难以完满评述而已，诸多优长还待他人评说。瑕不掩瑜，《扬州市志（1988—2005）》确是一部不可多得的佳志良作，值得他志学习借鉴。

（原载《江苏地方志》2015 年第 5 期）

法古开新成一统　特色独具展芳容

——读《涉县志（1991—2011）》有感

提要：新编《涉县志（1991—2011）》采用"新三宝体"模式，优化篇目，体现志书的地方特点与时代特色；善用述体，强化志书的整体性与连续性；诸体并用，发掘志书的记述深度与广度；在继承传统的基础上勇于创新，在二轮续志中具有鲜明的个性特色。

关键词：涉县志　篇目　述体　创新　特色

2014 年 7 月我参加二轮《邯郸市志》续志稿的评审，有幸结识了涉县志办樊春楼，回并后即收到了新编的《涉县志（1991—2011）》。仔细翻阅之后，倍感欣喜，是志确是一部不可多得的上乘之作。志书为全彩印，装帧精美，体例科学，篇目独具，内容丰富，特色浓郁，图文并茂，版式严谨，多有可供他志借鉴之处，令人爱不释手。作为志人，品读佳志是一种享受，从中获益匪浅，记述点滴，与同行共赏。

一、优化篇目，体现志书的地方特点与时代特色

创新，是社会主义新方志编纂中的首要研究课题。在继承的基础上不断创新，方志才会更具生命力，这应成为新一代方志工作者牢固的观念和神圣的使命。《涉县志（1991—2011）》的编纂者在篇目设置上锐意创新，牢牢把握地方特点和时代特色，立足创新，匠心独用，使该志在诸多方面取得大的突破，新意迭出，多有给人以启迪之处。

《涉县志（1991—2011）》篇目为大编体式，首设集束彩图，总述、大事记、专记，正文分为六大板块，分领 41 篇："山河揽胜"板块设建置、自然环境与环境保护、名胜、娲皇古迹、红色圣地、基础设施 6 篇，"人本扫描"板块设人口与计划生育、居民生活、民政、人力资源和社会保障、民俗宗教语言、涉县精神、人物 7 篇，"改革逐浪"板块设经济体制改革、政治体制改革、文化体制改革、社会保障体制改革、开发开放 5 篇，"经济纵横"板块设经济总情、农业、涉县"三珍"、工业建筑业、驻涉企业、商贸服务业、旅游业、金融业、财政税务、科技、综合经济管理 10 篇，"政治述要"板块设中国共产党地方组织、地方人民代表大会、地方人民政府、政协地方组织、人民团体、公安司法、军事 7 篇，"文化写真"板块设教育、科学技术、文化艺术、卫生、体育、艺文 6 篇；后缀附录、编后记。

（一）三宝体突出以人为本　志书自南宋基本定型之后，出现有总纲系目体、多目体、编年体、史志体、三书体等多种体例的志书。当时的志书已运用录、图、表、志、传等多种体裁。清代著名学者孙星衍认为这是"体例最佳"的志书。后世志书大体就是沿着这一格局向前发展的。清代方志大家章学诚创立三书体（由“志”“掌故”和“文征”三部分组成，即三种体裁），对后世影响很大，被认为是封建社会最完备的志书体例。总纲系目体源自南宋周应合纂修的《景定建康志》，明代唐枢根据孟子所说“诸侯之宝三：土地、人民、政事”，将他编纂的《湖州府志》分为土地志、政事志、人民志三门。陈鍫、王一龙的《广平县志》分为土地、人民、政事、文献四纲。清康熙赵弘化《密云县志》又分为天文、地理、人事三纲。乾隆杜延甲的《河间府志》分为舆地、宦政、人物、典文四志。这种体例称之为“三宝体”，系由总纲系目体演化而来。“三宝体”自明代形成之后，虽未形成志书体例的主流，但采用此体编纂志书的代不乏人。

《涉县志（1991—2011）》的编纂采用了“三宝体”体例结构模式。以“三宝体”承载一方之全史，既符合人们的认识规律和思维习惯，也合乎纂志用志的逻辑顺序。《涉县志（1991—2011）》先以“山河揽胜”板块铺陈涉县的地理，继以“人本扫描”板块列写人文，接着记经济、政治、文化等方面的政事。用“三宝体”谋篇布局，突出了“人”在志书中的主体地位，彰显了人本、人文思想。是志的篇目设置自成一体，既是对“三宝体”的继承与发展，也可称之为一种“新三宝体”，虽非独创（首二轮志书亦有运用，分明、暗“三宝体”两种），但自成一体，别有新意。

是志在内容上加大了“人”的记载分量，“人本扫描” 板块首设人口与计划生育篇，反映人的基本状况。次设居民生活篇，记述改革开放给人民生活带来的新变化。该篇改变一般志书仅记收入、消费的状况，在挖掘资料上下功夫，增加了物质生活、精神生活、理财投资、生活时尚等章节，同时增设了4篇附记（全志共设21篇附记，居民生活篇设附记最多），拓宽了居民生活记述内容的深度与广度。三设民政篇、人力资源和社会保障篇，从以人为本的角度记载人的社会管理内容，体现改革开放和社会发展给人的社会管理带来的新变化。后设民俗宗教语言、涉县精神、人物篇，全面反映人的整体状况。将人的内容集中记述，内容丰富翔实，是《涉县志（1991—2011）》较为突出的一大亮点。

（二）多角度反映地方特点　在篇目中突出地方特点和时代特色，这是二轮续志编修中全国志界同人比较一致的共识，改变首轮志书过分强调按逻辑分类而导致千志一面的窘境。从《涉县志（1991—2011）》的篇目看，编纂者在突出地方特点上，可谓煞费苦心。正是在了解地情、吃透地情的基础上，使志书篇目展现出人无我有、人有我优的自身特点。

娲皇宫是中国最早奉祀上古天神女娲氏的古代建筑，为河北省十大古建奇观之一，被誉为“国之瑰宝”“华夏祖庙”，为全国重点文物保护单位；娲皇宫景区为国家AAAA级旅游景区。在“山河揽胜”板块，设置娲皇古迹篇，列娲皇宫殿、女娲传说、文化艺术、摩崖刻经、女娲祭祀、女娲文化研究6章（21节），翔实记述这一特色事物，起到了极佳的“名片”宣传效应。

涉县地处太行山区，在抗日战争时期成为晋冀鲁豫边区的腹心地、首府县、大本营，积淀了丰厚的红色文化。在“山河揽胜”板块，设置红色圣地篇，列革命旧址及纪念地、革命文物保护与开发、根据地史料研究与开发、党政军领导干部的培养、涉县寻访5章（26节），浓墨重彩地记述老区的革命遗迹，为宣传和发展涉县红色旅游奠定了充实的文化基础。

物产升格立编，在首轮新方志编纂中即多有运用。以山西省为例，如《浑源县志》的“恒山黄芪”卷，《永和县志》的“红枣”编，《汾阳县志》的“汾州核桃”卷，《曲沃县志》的“烟草”编等。山西盛产煤炭，多数县份以煤炭为经济支柱，所以有30多部县志将煤炭升格立编。涉县山多林广，森林覆盖率达51%，盛产核桃、花椒、柿子“三珍”，被命名为“中国核桃之乡”“中国花椒之乡”，涉县“三珍”以其特有的经济和社会效益，成为该县农村经济的支柱产业。在“经济纵横”板块，设置涉县“三珍”篇，列核桃、花椒、柿子3章（10节），凸显了涉县的土特产。上述3篇均属篇目升格，从而使志书展现出浓郁的涉县地方特色。

（三）全方位展示时代特色　中共十八大提出至2020年要全面建成小康社会，这是时代的大背景。二轮续志无论是通纪体还是续志体，记述的重点都应以当代为主。这是因为志书是时代的产物。社会主义新方志，当然要求体现社会主义的时代特色。二轮续志所记述的时段，正是我国实行改革开放的新时期。这一历史时期，改革开放是主线，经济建设是中心，新生事物层出不穷。续志就需要把握时代发展的脉搏，用新视野、新观点来设计篇目，即从志书篇目上展示时代的特色，让读者感受到时代的气息。《涉县志（1991—2011）》编者注重时代特色的把握，在篇目上着力体现时代特征。

在六大板块中，专设“改革逐浪”板块，列经济体制改革、政治体制改革、文化体制改革、社会保障体制改革、城镇住房制度改革、开发开放6篇（21章81节），全面记述了改革开放的历史全貌。经济体制改革篇设农村经济体制改革、工业企业体制改革、商品流通体制改革、宏观调控体制改革、市场体系建设5章（20节）；政治体制改革篇设民主法制建设、机构改革、行政管理体制改革、干部人事制度改革、司法制度改革5章（20节）；文化体制改革篇设社会主义核心价值体系建设、教育体制改革、文化艺术体制改革、医药卫生体制改革4章（12节）；社会保障体制改革篇设学生受教育保障、医疗保障制度改革、城镇住房制度改革、种植业保险财政补贴4章（16节）；开发开放篇设招商引资、出口贸易、河北涉县经济开发区3章（13节）。该板块96个页码，17万余字篇幅，占全志总字数的10.8%。

改革开放内容的记述，在二轮续志编纂中既是重点，也是难点。从笔者见到现已出版的二轮续志看，主要采用了相对集中和相对分散两种。相对集中，主要是设置经济体制改革专编，或在记述宏观经济的经济综述编设立经济体制改革专章，集中记述经济改革内容，其余改革内容采取分散在各编记述。相对分散，就是将各行各业有关改革内容分散在志书的各编分开来写，虽在篇目上有所展示，但存在问题较多。一是各行业改革记述在篇目的层次上立题或章或节，极不统一，即使是一部志书内也不平衡，标题层级或高或低，似乎缺少改革记述在志书中的全盘规划。二是各行业改革记述不尽一致，多数注重工业、农业、商业改革，其他均缺项较多，甚至有的只记人事制度改革一项。经济体制改革虽然各行业开展时序前后有别，但改革是全方位的，不能随心所欲，有资料的就写，无资料的就不写，如此即很难完整反映经济体制改革的全貌。当然仅从篇目来界定经济体制改革记述是否完满，还是不能完全肯定的。笔者以为，在续志篇目上没有明确标示“改革”二字，虽然志书记述中亦有反映改革的内容，但毕竟把改革的内容淹没在一般化的类目记述之中，从而使改革的记述出现层级低、分量少，难以突出“改革”这一时代特色。按常理讲，或按志书记述内容的逻辑要求看，既然经济体制改革设立专编，似乎政治体制改革也应设立专编。但编纂实践中政治体制改革专编的还是极少数。多数志人感到政治体制改革涉及的面广线长，还存在着“摸着石头过河”的现象，由于改革还在继续进行着，对于业已完成的政治体制改革历程还存在不同的认识和评价，普遍情况是共性内容多、个性内容少，给志书的记述带来许多客观困难。同时，地方上的政治体制改革有时与经济改革又相互交织，有的很难截然分开。多重难度，致使修志工作者难于把握和驾驭。政治体制改革是相对集中记述还是相对分散记述，还须在续志编纂实践中逐步探索，还有待志人的共同努力。可见，政治体制改革在志书中设立专篇还是有较大的难度，《涉县志（1991—2011）》的创新精神很值得称赞。

“精神”立编，在新方志编纂中较为鲜见。笔者曾于 2003 年秋参与审定续修《黎城县志》稿，该志在正志中专设“太行精神”卷，多数参评人员曾在评审会上给予充分肯定。后不知因何原因，该志在正式出版时删掉了该编，殊为可惜。2007 年看到《天津经济技术开发区志》，是志第十六篇为“泰达精神”，内设 5 章 12 节，泰达之所以能取得今日的辉煌成就，即是在其“泰达精神”的鼓舞与感召之下取得的。《天津经济技术开发区志》为国内第一部开发区志，前无借鉴，但却能在篇目整体设计上取得突破，实为不易之事。《涉县志（1991—2011）》是笔者见到的第二部以“精神”立编的志书，难能可贵。该志在“人本扫描”板块设置涉县精神篇，列“涉县精神”（此处引号多余，与第二、三章标题不一致——笔者注）的形成、涉县精神的内涵、涉县精神的弘扬 3 章（8 节），虽仅 12 页 2 万余字，内容却充实而生动，使志书的整体立意得到了升华。时代培育出精神，凝聚着优秀品质和奋斗精神，是宝贵的精神财富。《涉县志（1991—2011）》以中共涉县县委征集涉县精神素材、创建涉县精神品牌活动为载体，集中笔墨打造“涉县精神”篇，记述断限内涉县的感人肺腑、催人泪下的好人好事，给人以心灵震撼，在发挥志书的教化功能上作了深入的尝试与探索，着实令人赞叹不已。

旅游既是一项事业，又是一项产业，旅游文化与旅游经济密不可分。旅游形成产业，是 20 世纪 80 年代才兴起的。90 年代逐步形成规范，到 21 世纪初随着人民生活水平的提高，对文化生活的追求也兴旺发达起来。旅游业是近几十年来崛起的新型服务业，是第三产业的重要组成部分，有“无烟工业”“无形贸易”

之誉，并成为不少地方的朝阳产业，推动了经济的发展。首轮志书断限于20世纪80年代中期或90年代初，旅游业正处于开启之初，再者修志人员对旅游业迅速发展的前瞻性不够，所以对旅游业的记述不足，多数志书只是在资源或文物胜迹编中设章节对景点加以记述，单独设编的较少。作为二轮续志而言，从本地实际情况出发，凡能立编的均应单独设置；旅游业欠发达的地方，亦应在服务业中设章立目加以记述。一地旅游和旅游业极具个性特征和地方特点，最具有吸引力，在志书篇目中要充分体现。以山西为例，二轮已出版的20余种市县续志将旅游升格为编的几乎占到了一半。设编总数即超过了首轮志书设编数的总和（首轮有7部志书设旅游编）。

《涉县志（1991—2011）》在“经济纵横”板块专门设置了“旅游业”篇。分列旅游资源、旅游开发、旅游服务、旅游管理和效益4章（11节），记述涉县旅游业21年来的发展变化，显现出志书鲜明的时代特征和浓郁的地方特色。

地方特点和时代特色，二者紧密相连，笔者只为表述方便而分开记述，且地方特点和时代特色并非某一或某几篇内容即能概括，它们体现在志书的大多数篇章之中，《涉县志（1991—2011）》在这方面多有建树，只因寸纸尺短，难以完满尽述而已。

二、善用述体，强化志书的整体性与连续性

续志如何接续前志，是二轮续志编修中的一大难点。《涉县志（1991—2011）》将三级述体（志首总述及板块无题序、篇首无题序）作为接续前志的主要阵地，可谓另辟蹊径，给人以耳目一新之感。

（一）总述篇贯穿历史展全貌 概述篇的创立者董一博曾说：一篇好概述，当为志书增色五成以上。著名方志专家来新夏对董一博的这一说法尤为赞赏。由此可见，概述篇是志书中最为重要的一篇，它的作用绝不可低估与小视。阅志先阅概述，是笔者读志的一种习惯。“概述”是志书的“窗口”，既可以了解一地的地情，也可看到主编把握地情的能力，还可欣赏到主编的文笔文风，进而对一部志书的质量有个大致了解。《涉县志（1991—2011）》总述篇全文6个页码、9800余字。立意新颖，可读性较强，具有独创性，区别于现已出版的志书《概述》。

“总述”全篇，为浓缩式体式，全文分为八大部分，前六部分分别冠以地灵、人和、改革、腾飞、政通、文盛小标题，与志书的六大板块相呼应；第七部分叙余，总结经验和不足；第八部分以展望前景结尾。以第一部分为例，“地灵”六个自然段，1980字，首段叙地理概貌，寥寥200余字，涉县概貌跃然纸上。如记“广”“袤”，运用传统语言，简练明晰；如记“人口”，整数打住（省略小数点后数字），易懂易记。二段叙山川地貌，400余字，娓娓道来，排比句式运用娴熟，读来朗朗上口，爱乡之情溢于言表。三段叙建置沿革，仅百余字，只抓关节要点，言简意赅。四段叙战略地位，350余字，追述历史事件，突出记述八路军在涉县建立抗日根据地的丰功伟绩。五段叙历史文化，400余字，展示地域文化特色。六段叙城乡建设，400余字，凸显涉县人民为改变家乡面貌取得的巨大成就。其他部分亦紧扣主题，集中反映涉县20余年来经济与社会发生的巨大变化。勾连与接续历史的内容，重点放在“地灵”“人和”部分。通观全文，自成架构，中心突出，内容丰满，概括得法，语言通畅，不失为一篇好文章。唯一的缺陷是缺少开头段，如把第一部分“地灵”中的第一自然段移出，作为文章的开头段，文章就更加完满了。

（二）板块序统领诸篇彰因果　《涉县志（1991—2011）》为大编体式，六大板块之下均设了无题序，这在大编体式的志书中极为少见。板块序均占1个页码，版式编排别有新意，用红色阴阳线上下美化，文字排四号黑体字醒人耳目。6篇板块序总字数为3350字，篇均558字；最长为“政治述要”板块680字，最短为“山河揽胜”板块410字。以“山河揽胜”板块为例：

涉县为古沙侯国地，汉始置潞县，后改为涉县，属千年古县。早在四五十万年前就有人类在此栖息，境内有古文化遗址30余处、古建筑300余处，有“露天博物馆”的美誉。最负盛名的要数娲皇宫，是全国规模最大、肇建时间最早、影响地域最广的奉祀中华始祖女娲的古代建筑群。2006年。涉县被命名为中国女娲文化之乡，并在涉县成立中国女娲文化研究中心。

涉县地理位置优越。自古为兵家必争之地，素有“秦［冀］晋之要冲、燕赵之名邑”之称。抗日战争时期，先后有110余个党、政、军、财、文机关单位驻扎涉县，涉县成为晋冀鲁豫边区的腹心地、首府县、大本营，始终是抗日根据地的后方总兵站、前方指挥中枢，是华北抗战的战略要地。刘伯承、邓小平等老一辈无产阶级革命家在涉县生活战斗达6年之久。

涉县位于太行山东麓，河北省西南边陲，冀、晋、豫三省七县（市）交界处。县域总面积1509平方公里。“八山半水分半田”是其总特点。涉县地质主要为石灰岩山地，矿藏有铁、锰、镁、钾等近20种，涉县属邯郸市矿产资源较丰富的地区之一，有主要植物803种、动物八大类百余种。

第一自然段160余字，简述涉县建置、文物，突出娲皇宫文化；第二自然段160余字，述战略位置，突出冀晋鲁豫根据地史实；第三自然段130余字，简述地理位置、面积、地貌特点，以及矿产和动植物。全文三个自然段一气呵成，简明扼要，地方特点跃然纸上。

是志板块序文字简洁，以概括该板块领属诸篇内容为要津，极少与篇首序内容重复，为大编体式志书撰写无题序带了好头，实可称之为创新之举。

（三）篇首序概括有力善归纳　《涉县志（1991—2011）》六大板块之下辖41篇，篇首序总字数29760字，篇均725字；最长为“涉县‘三珍’”篇896字，最短为“民俗宗教语言”篇512字。篇首页的版面编排也整齐划一，均占一个页码，上部篇名标题用阴网纹衬底，字边空白凸显标题，下部为序文，文排小四号楷体区别于正文，编排严谨规范。

从笔者已看到的二轮市县志看，续修志书在接续历史内容方面，可谓八仙过海、各显神通。大部分断代体续志普遍采用述体文字接续历史的方式。编首无题序的写法大致有三种：一是赋予编首无题序特定的功能，只记限前历史，不记限内之事。二是编首序的主要功能是既接续历史，又记限内之事。三是编首序只记限内之事，不记限内之事。《涉县志（1991—2011）》采用第三种写法，篇首序的写法基本一致，用简练语言勾连历史，历史内容仅作为断限内主体内容的铺垫。三种方式相较，我以为还是第二种方式比较好一些，既接续历史又概括现状，以记现状为主，体现志书的本质属性。《涉县志（1991—2011）》编首序即采取第二种方式。以第八篇居民生活编首序为例：

旧时，广大贫雇农吃不饱、穿不暖，平常年份“糠菜半年粮”，遇天灾人祸，只得借高利贷或逃荒要饭，甚至卖儿卖女，衣不蔽体，食不果腹，流离失所。清嘉庆四年(1799年)《涉县志》载：“贫民无所得食，往往出张家口佣作，有数十年不归者。此又为贫使，非本心欲去其乡也。”

中华人民共和国成立后，国民经济和社会事业不断发展，人民生活水平普遍提高,特别是中共十一届三中全会后,实行改革开放,广大人民群众得到更多实惠。

1991年后，涉县居民收入渠道增多，收入增长较快。2011年，全县农民人均纯收入6064元，城镇在岗职工平均工资52059元，城乡居民储蓄存款余额为62.89亿元，与1991年相比分别增长16.3倍、17.9倍、17.7倍，居民的可支配收入大幅度提高。在收入增长的同时，广大居民的消费水平和消费观念都发生较大变化。广大群众吃讲营养、穿讲时尚、住讲宽敞、乘讲高档、用讲排场。营养结构趋于合理，服装饰品日趋多样，居住条件明显改善，出行更加方便快捷，精神生活日益丰富。2011年，全县农民人均住房面积50平方米，比1991年的19.2平方米增加160%。农村居民恩格尔系数由1992年的49.5降至2011年的26.0。消费观念不断转变，消费层次逐步提高，消费结构由生存型向享受型转变，耐用消费品拥有量不断增加，移动电话、家用电脑、数码相机、私人轿车等成为消费新宠。人们的理财方式由单一的储蓄向保险、基金、股票、实业投资转变。在生活水平提高的同时，休闲旅游、饭店聚餐、美容健身、崇尚洋节、新潮婚礼、网上交友、定居城镇、借贷消费、刷卡消费、在职求学、自谋职业等时尚前卫的生活方式逐渐被涉县人所接受并尝试。伴随着生活质量的提高，也出现贫富悬殊加大等社会问题。

第一自然段120余字，简述新中国成立前涉县居民的生活窘况；第二自然段为过渡段，仅70余字；第三自然段作为记述重点，用500字的篇幅记述1991年至2011年断限内21年间居民生活发生的巨大变化。该志编首序多数采用此种写作模式，简述断限前内容，重点概括断限内内容，起到了勾连历史、提炼精华、彰明因果的功效。据笔者所知，在首轮志书编纂中，卷（编、篇）首设无题序虽基本形成共识，但实际中却运用较少，由此可见，卷首无题序的撰写具有相当难度，故出现或有或无、或长或短的状况。《涉县志（1991—2011）》的编纂者知难而上，在每卷卷首均设无题小序，篇幅整齐划一，给人以赏心悦目之感。

《涉县志（1991—2011）》的三级述体文字总量为43000字，虽仅占全志总字数的2.3%，却起到了四两拨千斤的功用，使志书的著述性、整体性得到加强。

三、诸体并用，发掘志书的记述深度与广度

志书体裁多样，如何发挥诸种体裁的功能，是志书编纂者刻意追求的目标。《涉县志（1991—2011）》编纂者正是把握住志书体裁的要义，合理运用图片、专记、附记等诸种体裁，为突出志书地方特点和时代特色服务，使志书质量上升到一个新的层面。

（一）善用图——图文并茂　新方志中的彩照插页，具有弘扬优势、彰明特点、形象直观、吸引读者的作用。彩照插页质量的高低，直接影响到志书的整体质量。彩照插页是读者最先感知的部分，给读者以直观的第一印象，重点反映地方特点和时代特色，是彩照插页责无旁贷的任务。《涉县志（1991—2011）》在彩照内容的选择上求真求特，使彩照的作用得到充分发挥。

该志为全彩印志书，用图总量达751幅之多，其中卷首彩图275幅（地图4、示意图12、照片259），仍沿袭首轮志书卷首放集束彩图的做法，卷首插页80页，其中彩图插页74页，在笔者阅览的二轮续志中，属用图较多的志书之一。翻开志书，首先映入眼帘的是一幅“资政存史教化传承中华文明”的书法作品，体现志书的宗旨与功能。背页编排《涉县美》歌曲，爱乡之情跃然纸上。集束彩图首页为《涉县名片》专页，罗列涉县获得的30余项荣誉称号，名片效应尽显。随后展示《涉县行政区划图》《涉县交通运输图》《涉县旅游景点分布图》《涉县革命旧址分布略图》4幅地图，地图为先，照片随后，沿袭传统，体现地图在志书中的重要地位。“清漳河大转弯”“涉县新城区鸟瞰”“龙山文化中心夜景”3幅跨页照片画面精美、气势恢宏，展示涉县独有自然风貌和城市景观。其后的集束彩图分为山容水貌、时令景观、娲皇古迹、红色热土、风景名胜、古树名木、寺观庙庵、政治引航、经济观潮、城乡新貌、交通运输、社会经纬、文艺撷萃等13个专题栏目，引领251幅彩照，分类明晰，条理清楚，主题鲜明，尤其是照片选择精当，画面色彩艳丽，内容丰富多彩，给人以较强的视觉冲击力，从而使卷首集束彩图起到了窗口示范效应。内文插图片476幅（照片460、示意图16），除4幅照片采用通栏版式外，其余绝大部分照片均在宽8厘米×高5厘米之间的版面面积，照片画面清晰度恰到好处，版面编排，照片与文字配合密切，美观大方，达到了图文并茂的效果。

（二）设专记——强化记述　在突出地方特点上还有多种方法。如专记的运用即是一法。专记最早始于江浙沪一带的首轮市县志书，二轮续志开展以来，各省市的市县志多有效仿，它的好处是可以把一件事物比较完满地交代清楚。专记的位置有三种：一是随各专志的内容放在一起，分散设专记；一是与附录同级别立一大类，不入编，将多篇专记集中；一是将集中起的专记单设一编，放在附录之前，用来反映地方最重大的事物，进而体现地方特点。

《涉县志（1991—2011）》在大事记之后专设专记篇，设《李长春考察指导涉县精神文明建设工作》《刘云山考察指导涉县农村宣传文化工作》《涉县抗击

“96·8·4”特大洪灾！》《河北省纪念邓小平诞辰100周年活动在涉县举行》《首届中国女娲文化节暨“女娲杯”全国民间歌舞精品展演在涉县举行》《中央电视台“心连心”艺术团赴涉县慰问演出》6篇专记。这6篇专记是从大事记中析出，反映涉县21年间发生的重大事件，采用纪事本末体的形式（区别于大事记的编年体），加以浓墨重彩的记述。其中2篇为中央领导人视察，体现党中央对革命老区的深切关怀；1篇为抗击重大自然灾害，反映涉县人民不畏艰难困苦、勇于奋争的拼搏精神；3篇为文化方面的大事，体现志书作为重要乡邦文献的文化特征。

（三）设附记——挖掘深度　附记是专记的延伸或变种，在二轮续志中多有运用。它的好处是可以挖掘志书记述内容的深度与扩展记述的广度，多通过实地调查获得新鲜的活资料，从而增强志书的可读性和利用价值。

《涉县志（1991—2011）》设附21则：娲皇古迹篇附《2011（辛卯）年公祭华夏始祖女娲文》；人口与计划生育篇附《河北省最长寿老人》；居民生活篇附《涉县中小学生消费情况调查》《涉县城镇中青年女性消费调查》《三十年五次换房记》《涉县老年人生活状况调查》；人力资源和社会保障篇附《关于涉县人力资源有关情况的调查》《优秀外出务工人员简介》；民俗宗教语言篇附《涉县传统民间饮食简介》《王金庄哭街习俗》；经济体制改革篇附《加快农村土地流转 建立财富积累机制 推动农村经济又好又快发展》《涉县国企改制坚持因企制宜选模式》《改制改出新天地——关于河北腾飞太行井业有限公司发展的调查》；经济总情篇附《涉县成功走出一条深山区穷山沟建新民居之路》；农业篇附《企业＋协会＋基地——涉县农业产业化发展模式》；涉县“三珍”篇附《涉县核桃产业化发展纪实》《“小”花椒长成“大”产业》；商贸服务业篇附《涉县假日经济调查》；旅游业篇附《韩王山上“农家乐”》；公安司法篇附《1991—2011年全县刑事案件特点分析》；教育篇附《2010年涉县中小学生自理能力调查》。

这21篇附，紧紧围绕志书的重点篇章做文章。如居民生活篇设附4篇，经济体制改革篇设附3篇，人力资源和社会保障篇、民俗宗教语言篇、涉县“三珍”篇各设附2篇，其余娲皇古迹篇、人口与计划生育篇、经济总情篇、农业篇、商贸服务业篇、旅游业篇、公安司法篇、教育篇等8篇各设附1篇。这21篇附文字总量33000余字，篇均1570字；最长的为《关于涉县人力资源有关情况的调查》，3310字；最短的为《河北省最长寿老人》，仅70字；3000字以上的2篇，2000字以上的6篇，1000字以上的7篇，不足千字的6篇，作者根据记述内容的重要程度来把握篇幅的长短，其中有2篇配示意图，1篇配照片，形式灵活多样，不拘一格，以完满表现记述内容为出发点，收到了极佳效果。这21篇附文字量虽不多，却起到了四两拨千斤的作用，加深了事物记述的深度和拓宽了事物记述的广度，从而使志书形成诸多亮点，既增强了可读性，又具有极强的存史价值，形成“人无我有、人有我优”的鲜明地方特色。

四、可商榷之处及由该志引发的几点思考

（一）*板块标题名称似有偏史之嫌*　2010年笔者在江苏省市县志主编培训班讲课时，曾见到过与《涉县志（1991—2011）》相类似的篇目，当时笔者认为，此种做法虽有创新之见，却有违规之嫌。体例上的创新，就要冒成功或失败的风险。笔者是不赞成此种做法的，但也不投反对票，只投弃权票。体例上允许创新，改变千篇一律之弊。效果如何，还需要实践来检验。二轮续志篇目尽量减少层次，在志界基本形成共识，故大编体志书逐渐减少，中小编体志书大行其道。《涉县志（1991—2011）》编者迎难而上的创新精神尤值得赞许，只是六大板块标题的标法似有偏史之嫌，与板块之下的篇章节目标题极不相容，似有违例之嫌。

三宝体式有明、暗两种标法。以《井陉县志（1985—2004）》为例，该志在凡例中言明："本志篇目设置继前志之小编体按地、人、事为序排列门类，将居民篇和人物篇位置前移，以体现人的主体地位，反映以人为本的理念。"该志为暗三宝体式，与《涉县志（1991—2011）》相较，篇目标题明显减少一个层次，同时也省却了第一层级难以标标题的弊病。笔者以为，暗三宝体式与明三宝体相较，似乎后者更合理一些。此为笔者一家之言，孰优孰劣，还有待实践和历史的检验。

（二）*可商榷之处*　《涉县志（1991—2011）》无疑是一部成功的志书，在第二轮志书编修中必定会起到积极的作用。但细读全志，似仍有一些可商榷之处。1. 按是志第一篇标题的排法，一级目题为小四楷加序号另起单占行，二级目题为大五黑另起空一字接文排。观全志，多有不合之处。如名胜篇自然景观章岩洞节，人文景观章孤山寨节、古墓葬节、刘家寨节、江家大院节、古桥节，时令景观章气象节、物象节、天相节、节相节等，均无一级目，节题直接领二级目。此类问题在娲皇古迹篇、红色圣地篇中亦有出现。再如建置篇城乡概况章乡镇节下的一级目题为另起单占行，二级目题却为单占行居中排列；涉县精神篇涉县精神的内涵章诚实节下的目题为大五黑单占行居中排列。又如自然环境与环境保护篇地质节的二级目题为另起单占行排列，等等。目题排列方法的不一致，使志书版面编排的严整性受到一定的影响。2. 按常规，述体文字是正文的重要组成部分，正文中的三级述体文字字体字号排法各异，假如与正文一体编排，版面会更显严整、美观、大方一些。3. 志书若能增加索引，可方便读者查找资料，利用价值会更高一些。4. "山河揽胜"板块无题序中有"素有'秦晋之要冲、燕赵之名邑'之称"语，与建置篇无题序中的"冀晋之要冲、燕赵之名邑"语相抵牾，"秦"疑为"冀"之误。

（三）*《涉县志（1991—2011）》给我们的启示*　明代史学家顾炎武曾提出"要网络天下志书以作参考"的主张，笔者以为确为经验之谈。我在辅导省内外三级志书编纂时，均反复强调修志人员要多读志书，新志、旧志都要尽量阅览，从中吸收营养，了解纂志的方法，学习传统中的精华，借鉴他志的成功经验，只有这样才能编纂出良志佳作。尤其是二轮续志编纂，有首轮志书作依傍，为二轮志书

质量的提高奠定了坚实的基础。志书的创新并非一日之功，继承传统要懂得传统，在传统基础上的创新才有较强的生命力，唯此别无他途。《涉县志》的编纂者正是脚踏实地地秉承了这一做法，进而使志书质量得到明显的提高，收到较好的效果。《涉县志》编纂工作启动之后，从全国各地陆续购买历代方志专家的方志理论和方志培训书籍100余种200余本，购买和交流全国各省市区的志书200余种，用一年半的时间逐本学习，开阔视野，充分借鉴他山之石。然后采集各地志书的优长，结合涉县的实际，制定出30余万字的征集资料大纲，为编修二轮续志奠定了扎实的理论基础。磨刀不误砍柴工，功夫不负有心人。实践证明，《涉县志》的编纂者领悟到了修志的真谛，使志书的质量跃上了一个新的层面。《涉县志》编纂工作者的这一好做法尤值得在全国修志界学习、推广。

笔者在上面提出的一些可商榷之处，亦仅为一家之言，瑕不掩瑜。《涉县志（1991—2011）》在继承传统的基础上着力创新，展现出独特的个性魅力，在二轮续志中独树一帜，不失为一部可读、可用、可传世的佳志良作。

（原载《河北地方志》2015年第6期）

历史名城添锦绣　春秋翰墨铸辉煌

——读《苏州市志（1986—2005）》感言

新编《苏州市志（1986—2005）》（以下简称《续志》）由江苏凤凰科学技术出版社于2014年12月正式出版发行。该志全三册，378.8万言，国际标准16开精装，内文全彩印，装帧精美大方。该志是首轮1995年版《苏州市志》（以下简称《前志》）的续作，《续志》篇目与内容承接《前志》，框架结构科学合理，时代特色鲜明，地方特点突出，篇幅控制得当，堪称续志中的精品佳作。

一、篇目设置，接续前志体现续志的连续性

二轮志书多为续志体，以接续前志所记内容为特征。《前志》记事下限止于1985年底，故《续志》记事时段确定为1986—2005年，正合中指组确定的记述时段。续志体志书如何接续前志，在二轮志书编修中呈现多样化局面，但保持前志主体篇目框架、延续记述前志主体内容的编纂方法，被大多数志人接受。《续志》也秉承这一做法，使《续志》的连续性得以体现，从两轮志书的篇目比较中即可看出端倪。

《前志》采用章节体，"以图、述、表、志、传、录为表现形式。横分门类，按类记事……平列设卷，每卷一般设章、节、目三个层次"。全志共设54卷，为章节体式的小编体结构。具体篇目为，卷首设集束彩图（67页、304幅）、序言、凡例、目录，正文首设总述、大事记，内设建置、县（市）简况、自然环境、人口、方言、城市建设、城巷河桥、交通运输、邮政电信、建筑、园林名胜、旅游、人物、经济综述、丝绸工业、纺织工业、工艺美术、轻工业、电子工业、机械工业、化学工业、医药工业、食品饲料工业、建材及陶瓷工业、电力工业、冶金采矿、农业、商业、饮食服务、对外经济、物资流通、财政税务、金融、经济综合管理、党派、政务、治安司法、军事、政事纪略、社会团体、民政、劳动人事、外事侨务、教育、科学技术、文化艺术、报刊广播电视、文物、卫生、体育、宗教、民俗、杂记等54卷，尾缀编纂始末、编纂名单。

《续志》采用类目体，"坚持'事以类分，依时记述'，按卷排列，卷下一般采用类、目、子目、子子目的结构层次。类有序号，类以下用字体区分层次"。全志共设47卷，为类目体式的小编体结构。具体篇目为，卷首设编纂人员名单、集束彩图（44页、108幅）、序言、凡例、总目、目录；正文首设总述、大事记，统摄全志；内设建置区划、市（县）区概况、自然环境、人口、土地管理、环境保护、园林、风景名胜、城市建设、水利水务、交通运输、邮政电信、经济综述、农业、工业、部属和市属企业、开放型经济、开发区、商业、旅游、财政税务、金融、经济综合管理、中共苏州市委员会、苏州市人民代表大会、苏州市人民政府、政协苏州市委员会、民主党派和工商联、人民团体、政法、军事、文化、历史文化遗产、文博、新闻传媒、艺文、科技、教育、医疗卫生、体育、民政、劳动人事、社会保障、人民生活、精神文明建设、宗教民族、人物等47卷；尾缀索引、编后记。

（一）在接续《前志》篇目的基础上，《续志》篇目立足发展变化了的市情，尽力突出展示苏州20年间的时代特色和地方特点，既坚持篇目编排的继承性与连续性，又强调续志篇目的独立性和完整性，展示出别具一格的风采、给人以耳目一新之感。从下文中即可看出主编的精心构思。

《续志》较《前志》增设的卷目有土地管理、水利水务、部属和市属企业、开放型经济、开发区、历史文化遗产、艺文、社会保障、人民生活、精神文明建设10卷；减少的卷目有方言、城巷河桥、建筑、政事纪略、对外经济、物资流通、杂记；归并的卷目有丝绸工业、纺织工业、工艺美术、轻工业、电子工业、机械工业、化学工业、医药工业、食品饲料工业、建材及陶瓷工业、电力工业、冶金采矿12卷统一归并于工业卷，饮食服务归并于商业卷，外事侨务归并于苏州市人民政府卷，民俗归并于人民生活卷；分解的卷目有园林名胜卷分解为园林卷、风景名胜卷，党派卷分解为中共苏州市委员会卷、民主党派和工商联卷，政务卷分解为苏州市人民代表大会卷、苏州市人民政府卷、政协苏州市委员会卷；改变名称的卷目有建置改为建置区划，县（市）简况改为市（县）区概况，社会团体改为人民团体，治安司法改为政法，文化艺术改为文化，文物改为文博，卫生改为医疗卫生，报刊广播电视改为新闻传媒，科学技术改为科技，宗教改为宗教民族；移位的卷目有旅游卷由基础设施部类移至经济部类，农业移至工业之前，民政、劳动人事从政治部类移至社会部类，人物移至最后一卷（《前志》将人文资源类归入基础设施类）；《续志》篇目调整或增或减、或并或分、或改或移，均以突出时代特色和地方特点为基点，以体现以人为本为理念，以符合形式逻辑为原则，形成比较严谨、科学的篇目体系，为全面、客观、真实地反映苏州的市情提供了切实可行的架构平台，也为《续志》编纂质量的提高得到有效保证。

（二）《续志》与《前志》篇目各部类设卷占比相较，各部类卷数设置克服畸轻畸重的弊病，卷目标题名称更为妥帖恰切，卷的归类更趋合理。

两轮志书采用体例虽然有别，《前志》为章节体，《续志》为类目体，但所设标题层次均为五级（《前志》凡例虽言明为四级，实际不少“目”题之下还设有“子目”，用大五楷标示，亦为五级标题，与《续志》同）。类目体与章节体各有优劣，前者为传统体式，后者为舶来体式与传统体式的集合体式，因非本篇论述的主题，暂且略去。需要指出的是，《续志》主编力求回归传统的编纂理念，尤值得肯定和赞赏。首轮志书编纂中，十分重视各大部类设编比率和所占篇幅比率的平衡性，故把二者作为衡量志书篇目设计是否合理的标尺之一。二轮续志开展以来，研究各大部类设编比率和占篇幅比率的文章日渐减少，强调突出个性、突出特色的文章日趋增多。笔者以为，突出个性、突出特色固然重要，但任何事物都有个度数的把握，志书质量的标尺并非一种，就像一个人的身体，有身高、体重，五官是否端正，身体各部位是否协调，等等，志书质量是全面的考量。苏州的两轮志书五大部类划分均以暗隐的形式，且排序相同，体现《续志》接续《前志》的连续性。

从五大部类篇目占比来看：《前志》总设 54 卷，地理与基础设施部类 13 卷（含方言、园林名胜、旅游、人物，似以归类于人文历史资源，拟或有“三宝体”的章法，因《凡例》《编纂始末》中均未言明，不得而知），占 54 卷的 24%；经济部类 21 卷，占 38.9%；政治部类 9 卷，占 16.7%；文化部类 7 卷，占 13%；社会部类 3 卷（含杂记），占 5.6%。

《续志》总设 47 卷，地理与基础设施部类 12 卷，占 47 卷的 25.5%；经济部类 11 卷，占 23.4%；政治部类 8 卷，占 17%；文化部类 9 卷，占 19%；社会部类（含人物）7 卷，占 14.9%。

五大部类所占卷数相较，《续志》地理与基础设施部类比《前志》减少 1 卷，但因总卷数减少，占全志的百分比却提高了 1.5 个百分点；《前志》经济部类设 21 卷，占全志总卷数的比率达三分之一以上，《续志》设卷数降至 11 卷，较《前志》减少 10 卷，降低 15.5 个百分点，不及全志的四分之一，扭转了首轮志书经济部类设篇比重过多的弊病（这亦为首轮志书较为普遍的通病，并非《前志》独有）；《续志》政治部类比《前志》减少 1 卷，但提升了 0.3 个百分点；文化部类比《前志》增加 2 卷，提升 6 个百分点；社会部类比《前志》增加 4 卷，提升 9.3 个百分点。二轮续志五大部类在一级篇目的占篇比率更趋合理。

二、篇幅控制得当，有益于志书的传播利用

《前志》凡例言明：“本志记述主要内容的时限，遵循详今略古的原则，上限适当追溯，下限至 1985 年。”是为通纪体，全志 485.3 万字，在首轮地市级志书中，属于篇幅比较适中的一类。《续志》记述时段为 1986 年至 2005 年，全志 378.8 万字，较《前志》减少近百万字，篇幅适中，正合吾意。是志编者历时九年，经过反复提炼，精心打磨，篇幅控制得当，始成佳篇良作。

从《续志》各部类篇幅占比情况看，较《前志》优化许多，经济部类大幅度压缩，改变其一家独大的局面，文化部类与社会部类显著提升，显现志书 “文化之志”的本质属性和以人为本的价值理念。五大部类最大相差比率由《前志》的 29.6%（经济 33.6% 与社会 4% 之比差），《续志》降至 9.2%（经济 23.8% 与社会 14.6% 之比差），各部类篇幅更趋平衡协调。

《前志》总页码为 3317 页，各部类篇幅占比分别为：总述、大事记 94 页，占页码总数的 2.8%；地理与基础设施部类 852 页，占 25.7%；经济部类 1116 页，占 33.6%；政治部类 562 页，占 17%；文化部类 560 页，占 16.9%；社会部类 133 页，占 4%（尾部 8 页记入社会部类）。

《续志》总页码为 2156 页，各部类篇幅占比分别为：总述、大事记 68 页，占页码总数的 3.2%；地理与基础设施部类 476 页，占 22%；经济部类 514 页，占

23.8%；政治部类326页，占15%；文化部类348页，占18.5%；社会部类314页（含人物76页），占14.6%；尾部62页，占2.9%。

几大部类占页数相较，《续志》总述与大事记占页比首轮志书提升0.4个百分点；地理与基础设施部类降了3.7个百分点；经济部类降了9.8个百分点；政治部类降了2个百分点；文化部类提升1.6个百分点；社会部类和人物部类均提升10.6个百分点；志尾类提升2.8个百分点。

《续志》占页数，经济部类居首位，占志书篇幅不足四分之一，较《前志》大为压缩；次为地理与基础设施部类，占五分之一强；以下依次排序为文化部类，接近五分之一；政治部类退居文化部类之后，占六分之一强；社会和人物部类占七分之一强。总体来看，志书各大部类所占篇幅各得其所。

志书要精编，篇幅须控制。笔者曾征求过国内多位方志专家学者的意见，大家普遍以为，县级志书控制在150万字左右、地市级志书控制在300万字左右较为适宜。作为通纪体志书，记述一般均要追溯事物发端，且记述时限长达数千年，志书篇幅适当拉长一些情有可原。首轮志书编纂，中指组虽有限定县、市志书篇幅的一定之规，但实践证明似有偏紧之嫌。二轮续志开启之后，中指组未对三级志书的篇幅作具体数量规定。正基于此，二轮续志篇幅出现膨胀之势，过分强调志书的资料性价值，忽略志书的著述性本质，县级（包括县级市、区）续志动辄二三百万字，甚或四五百万字，地市级续志普遍达四五百万字，七八百万字也并不鲜见，省级志书绝大多数超过五千万字，上亿字的亦不在少数，篇幅不受控制，形同脱缰的野马，无限制地拉长，使志书成为束之高阁的“艺术品”，令人望而生畏。笔者以为，志书的功能，资政、教化是第一位的，首先要服务当代，存史是第二位的，惠及后世是随着时间的推移才会逐渐显现出来。二轮续志多为断代体，记述时段亦仅20年左右，同首轮志书记述时段相较，相去甚远，故其篇幅数额理应有个合理的控制。篇幅的拉长，并非与质量成正比。志书要成为可读可用之书，篇幅的控制理应提上议事日程。

志书篇幅的控制，一定要量化，分解到各个类目，合理布局，有的放矢，唯此才能把住篇幅控制这一关。《续志》在控制篇幅上做得恰到好处，值得借鉴。

三、深挖资料，拓展内容的广度与深度

《续志》在拓展记述内容的广度与深度上，除重视相关类目的设置外，还吸取《前志》的优良做法，采用增设“专记”和“附录”的方式，使志书的体裁多样化，延伸了记述角度，增强了志书的可读性与利用价值。

“专记”是记体的一种，属首轮志书在编纂体例上的一大创新。二轮续志普遍继承了这一做法，多数称之为“专记”。它的好处是可以把一件事物比较完满地交代清楚。用来反映地方最重大的事物，进而体现地方特点。

《续志》精心选取了9篇专记。专记的编排，采用紧跟相关类目的方式，分放于四卷之中，其中园林卷2篇、交通运输卷1篇、工业卷3篇、教育卷3篇，或为经济建设中的重大突破，如《明轩出口工程》，为中国第一座以园林为内容的出口建设项目，为苏州园林走向世界迈出第一步；或为新兴科学技术在经济建设中的应用，如《人工饲养工厂化养蚕》；或为经济改革中的标志性事件，如《苏州国有丝绸业结构调整实施政策性破产过程》；或为民众关系紧密的事项，如《园林门票》《苏州城区中小学布局调整》；或为关注社会弱势群体的外来民工子女教育问题，如《苏州外来民工子女教育》；或为兼有补遗性质又展现地方特色的《苏纶纱厂的百年兴衰》《苏州历史上的教会学校》；或为镜鉴世人的反面教材，如《亭上桥撞塌事件》等，从不同视角展现扬州人民的奋斗足迹，令人赞叹不已。9篇专记篇幅虽短，字数有限，却起到了画龙点睛的突出效果，浓郁的时代特色和地方特点跃然纸上。

《续志》设附录28篇：自然环境卷的《绿化植物》《苏州市有害外来植物种类一览表》《中国华南虎苏州培育基地》《苏州市有害外来动物种类一览表》，园林卷的《庆云峰记》，化学工业卷的《“三废”治理》，金融卷的《信用卡》，经济管理卷的《市属国有（集体）企业产权制度改革实施时间表》《苏州市审计局关于苏州图书馆新馆建设项目竣工决算审计结果的公告》《重大生产事故》，苏州人民政府卷的《市政府为民办实事一览》，人民团体卷的《苏州市女企业家联谊会》《苏州市女知识分子联谊会》《苏州市女画家协会》《2004年苏州市科协学会、协会、研究会名单》，政法卷的《省、部属驻苏州公安（武警）机关》，文化卷的《特色文化乡镇》，历史文化遗产卷的《控制保护古村落》，体育卷的《部分体育项目市级纪录》《等级运动员、教练员、裁判员》，民政卷的《中共苏州市委、苏州市人民政府重建纪念碑记》《1998年8月4日苏州市塔陵问题善后处理工作会议意见摘要》《1992年市民政局〈关于在全市农村深入开展村民自治示范活动的意见〉摘要》，精神文明建设卷的《比翼双飞看苏州》《伟大理论的成功实践——学习张家港市坚持两手抓的经验》《张家港：十年摘得文明城市桂冠》《“昆山之路”三评》《关于开展“学习昆山经验推进两个率先”活动的通知》《苏州工业园：以人为本展新貌》。

附录在清以前的旧志中称为杂录，民国间旧志始有附录之称，首轮志书附录使用有集中设篇和分散设置两种（亦有两种同时合用）。《续志》附录采用分散设置的方式，根据“节”“目”内容记述的需要，随文设附，且内容杂而广，多为佐证性、补充性、说明性的典型性资料，资料性较强，起到辅助正编、印证事物之功用，使正文内容得到延伸和拓展。《续志》附录体裁应用得当，进而使志书内容记述丰满，有血有肉，收到较佳的效果，志书的可读性和资政、教化、存史价值得到显著提升。

四、善用图片，增强可读性与存史价值

志书由图经、地记演化而来，图的应用由来已久，清末民初摄影技术的引进，照片在民国旧志中即广泛采用，图文并茂成为志书刻力追求的目标之一。首轮志书在照片的应用上创造出许多成功的经验，值得续志依傍；但受各种条件的制约和限制，照片的应用并不广泛，尤其正文插图普遍偏少，难以达到图文并茂的理想效果。志书是时代的产物，随着时代的进步而进步。进入21世纪，全彩印志书逐渐走进人们的视野。作为一地域官修的最重要的乡邦文献，理应跟上时代的步伐，体现当代的印刷水平，应是情理中事。笔者近年收到兄弟省市的多部二轮续志，有半数以上均为全彩印志书，令人欣喜异常。欣喜之余亦不免有几分遗憾，至今还未见到山西省内有一部全彩印的志书问世，作为志人实感汗颜。苏州两轮市志，《前志》内文为黑白印刷，《续志》内文为彩色印刷，两相对比，《续志》质量要高出许多，内文彩印既拓宽了照片的使用空间，为实现图文并茂提供客观条件，同时也增强了可读性与可视性，志书的功能亦随之得到显著增强。

《前志》内文为单色印刷，故内文只插了41幅示意图，未用插文照片，从用图而言稍觉欠缺。正基于此，卷首集束彩图64页（4个印张），照片296幅，页均4.6幅（另有4幅地图）。《续志》内文为彩色印刷，卷首集束彩图44页（2.5个印张，其中3页为文字版），照片106幅，页均2.6幅（另有2幅地图）；内文插图429幅。

两轮志书相较，《前志》将照片集中排于卷首，集束彩图注重全面性；内文只插示意图，在文图相彰上要稍逊一筹。《续志》将照片分置于卷首及正文，集束彩图注重特色性，以选取最具特色的事物照片，展现苏州20年间经济与社会发展的巨大变化，重在突出地方特色与时代特色，且版面编排更注重突出视觉效果，根据画面内容合理配置，幅面大小各得其所，从两志集束彩图页均幅数上（相差2幅）即可体现出来；插文照片达429幅，是卷首集束彩图106幅的4倍多，卷首集束彩图与正文插图的比例分配基本合理，达到了图文并茂。单从插文图片相较，《前志》每10万字用图0.8幅，《续志》每10万字用图11.3幅，《续志》为《前志》的14.1倍。《续志》重视图片的应用可见一斑。正因为续志采用全彩印技术，特别是通过编者的精心运作，使图片的真实性、直观性、可读性等功能得到充分展现，文图相彰的做法得以施展，进而使志书达到图文并茂的理想效果。

实践证明，志书全彩印刷较内文单色印刷具有较大的优势，图文并茂不再是可望而不可即之事，可视性、可读性显著增强，且为志书质量的全面提高提供了强有力的技术支持。笔者热切期盼更多的全彩印志书面世，反映21世纪的编纂印刷水平，为志苑、为社会提供一流的佳志良作。

五、重视细节，展现志书的严谨性与科学性

志书编纂是一项系统工程，从内容到形式，各个环节均需严密把关，精益求精，以达到最佳效果。《续志》编纂者深谙此道，重视志书编纂中的每个细节，力求尽善尽美，把科学、严谨落到实处，从而使志书质量得到显著提高。《续志》的做法多有可圈可点之处。

书籍是供人阅读的文化产品，在装帧上既要美观大方，又要经得起反复翻检，方便读者多次阅读，便于部门长期储藏，为读书和藏书着想、服务。首轮志书在装帧上多为封面加护封，不便于保存利用，《前志》即如此。二轮续志在装帧上多为硬壳精装，适应读书和藏书需要。《续志》紧跟时代步伐，亦采用硬壳精装，看似小事，实乃书籍装帧上的一大进步。

在历代旧志中，编纂人员名单均放在卷首（通常为序言之后），体现著者的著作权益，同时也喻示方志是一地域最重要的乡邦文献，必网罗本地文化高人一并参与，编修志书乃千秋大业，能参与编纂是人生之幸事，故十分重视编纂人员名单的排列，且多数加列人员的职务。首、二轮新方志编纂人员名单的排列，或卷首、或卷尾，随意性较大。《续志》秉承优良传统，将编纂人员名单前置（《前志》名单后置），这一做法值得提倡，笔者以为，编纂志书少则数年，多则十数年，耗尽了修志人的心血，修志人名单前置排列应理直气壮，绝不能妄自菲薄，从中亦体现出修志人肩负的重要历史责任。

一志多册，目录编排亦有其规律可循。《前志》（全三册）目录置于第一册，后两册无目录，页码为各册制成一体。《续志》（全三册）目录编排继承旧志传统，并吸取它志的经验，先排《总目》，各册排分册目录，三册均总目在前、分册目录随后，页码为全志一贯到底。志书目录编排以方便读者翻检为出发点，笔者以为，无论是单册或多册志书，集中排列详目是不可或缺的一项内容，《续志》若能在第一册中编排全志详目（第一册可省略分册目录），则更为完满。笔者以为，详目集中排列与一册之中，更便与读者了解全志概貌，《总目》只标一级层次标题，仅是全志的大体轮廓，详目则是全志编、章、节的全力展示，对用志人而言则方便许多。志书编排英文目录，首轮志书较少、二轮较多。笔者以为，志书走向世界是大趋势，但外国人要阅读中文志书，只有懂得中文才行，详目排英文目录意义不大，从志书瘦身角度考虑，似可将《总目》采用中英文编排较为合理，即中文、英文各占一个页码，既美观又大方。详目编制越细，越便于读者通过目录了解全志内容，如《上海市长宁区志（1993—2005）》详目排到目一级层次，可谓目录编排中的创新之举；编名页占单页版面已成为新常态，二轮《萧山市志》将该编目录（章、节两级标题）排于编名页上，既填充和丰富了版面内容，又方便了读者，等等。这些做法都值得效仿。目录排双栏应成为志书版式编排的新常态，单栏编排或单、双栏混排，以及中英文目录混合编排等做法，笔者以为均不可取。

二轮志书在突出地方特色上想了许多办法，其中“地方名片”便是一例，即在卷首部分集束彩图中插页，集中展示一地域获得的荣誉，如《滑县志（1988—2000）》在集束彩图首页设为《魅力滑县》，以县行政办公楼照片作衬底，罗列22项省和国家级荣誉；《邗江县志（1988—2000）》在集束彩图尾部用两个页码（连页），以田园风光照片作衬底，将10张荣誉奖状照片镶嵌其中；《沂水县志（1991—2008）》在书名页之后、集束彩图之首，用1个页码以城市鸟瞰照片（虚化）作衬底，以《沂水名片》作标题，罗列31项国家级荣誉；《涉县志（1991—2011）》称之为《涉县名片》，罗列31项国家级荣誉；《萧山市志》在卷首护封页用两个页码（连页）版面，刊载《萧山赋》一篇……《续志》借鉴他志做法，在“集束彩图”中用一页版面，以《苏州荣誉》为题，集中展示苏州市1995—2012年获得的29项国家级甚或世界性荣誉，展示苏州风采与魅力，彰显苏州的时代特色和地方特点。

《续志》重视编纂细节的把握还有多处，如“大事记”延伸至志书下限之后的2012年底，在“凡例”中作一交代，既将断限后至出书前的重要内容补入志书，又不违反志规，且省却增设志余之累。如表的标题与上文空一行距，下与表格紧密相连，使版面眉清目晰，更加严整、美观。正文中插页照片多数超过半栏宽度，画面求善求美，图像清晰，较之于“豆腐干块”式的照片编排，在可视性和存史价值上要略胜一筹，等等。

六、几点商榷，吹毛求疵权作赘语

金无足赤。细细探究，《续志》似乎还有些许可商榷之处，毕竟为一家之言与《续志》编者及修志同行研讨，若能为后续志书提供些许借鉴，善莫大焉。

（一）目录编排。志书在“目录”之前增设“总目”，无疑是方便读者之举，值得肯定；但作为一志多册，仅有分册目录是不够的，应集中刊载全志的详目，使读者在一册书中即可查阅全志的详目，既符合一书多册的目录编排规则，又便于读者仅在一处即可浏览全志的条目内容，省却移书翻检之劳；若是三册同时出版，第一册应刊载全志的详目，其余各册刊载各册的详目；若是各册分期出版，详目则应刊载在最后一册的尾部。此为国内出版界不成文的规则，志书亦应一体遵循。“目录”中附录标题的排法亦有不周全之处，只列“附录”二字，省略实体内容标题，亦不合常规，实体标题亦应在目录中明确显示。

（二）篇目标题似有可商榷、推敲之处。《续志》政治部类标题中多出现“苏州市”行政区划名称和“地方”二字，似觉欠妥。笔者以为，志书标题中不宜加行政区划名称和“地方”二字。作为省、市、县三级地方志书，书名即标名为“某某省志”“某某市志”“某某县志”，即按中指组颁发的《地方志书质量规定》要求，将志书所记内容框定在一定地域之内。不越境而书，已成为地方志书铁定的法则。分志的各层级标题均不应再标“地方”二字和行政区划名称，不论自然、经济、政治、文化、社会等部类的分志，均以志书名称限定在一定地域之内，标题名称中出现“地方”二字，实属多余，似有画蛇添足之嫌。标题中加“地方”二字，多出现在政治部类分志之中，这是由政治部类分志内容具有特殊性而造成的，多加推敲便发现问题所在。分志的编、章、节、目各级标题，亦框定在志书名称之下，志书名称就是整部志书的顶级标题，志书各分志所记内容均限定在志书名称的行政区划名和限定的一定地域之内，分志各级标题受志书名称统辖。省市县三级地方志书均难脱此窠臼。加“地方” 二字破坏或损害了各级标题的统一性、严谨性、科学性。

标题有全称不全、简称不简，上级标题与下级标题简称不一致的毛病。如“苏州市人民代表大会”卷，卷题为“人民代表大会”，章题却简称“人大”（市人大会议、市人大常委会、人大代表、基层人大），不甚协调。如“政协苏州市委员会” 卷，卷题只将前半句“中国人民政治协商会议”简称“政协”，而后半句“苏州市委员会”则为半句全称；如卷名标题已显示“苏州市”，类目标题均不应再重复出现“市”字（市政协会议、市政协常务委员会会议）；类目标题标为“常务委员会”，而目题则简为“常委会”。如“民主党派和工商联”卷的类目标题，前半句党派用全称，后半句则加“地方组织”，标题既非全称、又非简称。如“人民团体”卷的类目标题，有的用全称（苏州市哲学社会科学界联合会），有的用半全称（共青团苏州市委员会），等等。

组织机构名称作标题要尽量用简称，避免用全称。志书标题，要求简明、准确，题文相符，使用简称，亦是标题提炼中应采用的一种手段或方式。在二轮续修的市县级志书中，通常会遇到使用机构或组织名称作为一级标题，在使用简称或全称上，多出现混乱现象，即一部志书内的一、二、三级标题，全称与简称混用，标题体例极不一致，直接影响到志书的科学性和严谨性。依笔者愚见，从标题要“简明、准确”的角度考虑，党派群团机构组织作标题，用简称最为恰当。组织机构制作标题，用简称不用全称，应是志书标题制作的一项基本规则。

（三）版面编排还有些许可改进之处。如“总述”篇，起首段排为小四号楷体，与各卷卷首无题序排法一致，给人的感觉好似“总述”篇的无题序。“总述”是一篇完满的文章，没有加无题序一说；若为“总述”篇的起首段，它就是整篇文章的组成部分，应与正文大五号宋体排法一致。现在这种排法不合规范。

志书的总字数是由整部书的页码来计算的，志书要“瘦身”，就需要在版面编排上精打细算，尽量压缩字数，节约版面。通观《续志》全书，版面编排基本收到严谨、美观之效，但从严掌控，某些细节还有可改进之处。如正文卷名页占两个页码，似有太“大气”之嫌（此种编排法并非《续志》独有，在二轮续志中多见），笔者粗略算了一下，仅此一项就使志书陡增 172000 余字的篇幅；且每卷正文起首的上部均空 12 行文字版面，全志又增 24000 余字的篇幅；若《大事记》中的“年”标题均压缩 2 行高度（现占 4 行），又可省略 2 页篇幅。随文照片 429 幅，还有少部分如开工奠基、会议会场、人物活动等照片，笔者以为属可上可不上之列，每幅平均占版面篇幅 400 余字，若能删除该类照片，又可节省数万字的篇幅。笔者以为，控制篇幅是志书编纂应有之意。如何把志书编精编好，是修志人重要的历史责任。压缩志书篇幅，在版面编排中要重视每一个细节的把握与应用，在不影响美观的前提下，尽量节约版面，是志书编纂人员应遵循的基本原则，切不可等闲视之。

诸如“宗教民族”卷宗教类目的排序，现为佛教、道教、基督教、天主教、伊斯兰教，亦存在可商榷之处，似应为佛教、道教、伊斯兰教，天主教、基督教。作为历史文化名城，增设“艺文”专卷，既补《前志》之遗漏，又增添志书文化色彩，两全其美；苏州乃文化发达之乡，著述繁盛，“艺文”卷收入 1986—2005 年 20 年间包括文艺、科技、社科、地情、古籍整理、译注六大类 2711 种图书和电子出版物，洋洋大观，令人肃然起敬。细究起来，似乎又有所欠缺，似有题大文小之弊，著述仅为艺文中的一个类目，还应包含文章、诗词歌赋等内容。即为《前志》所遗，《续志》艺文有补遗性质，就应突破断代体例（“凡例”中点明即可），贯通历史，补全内容，全面展示苏州深厚的历史文化底蕴，似乎这样更完满一些。

总括而言，《续志》优长之处颇多，笔者只因寸纸尺短，难以完满评述而已，诸多优长还待他人评说。《续志》确是一部值得学习、借鉴的精品佳志，无愧于担当“苏州最重要乡邦文献典籍”的称号。读志有识，欣喜异常，作打油诗一首，遥寄友人：世人日久慕江南，苏杭天堂美名传。同侪不负名城望，翰墨飘香立真言。改开成果出新意，总揽全书一了然。遥寄汾源一壶酒，网狮把酒倚阑干。

（原载《江苏地方志》2015 年第 6 期）

茂图丰文呈佳构　存真求实彰市情

——读《辛集市志（1986—2005）》感言

在笔者的拙著《新方志“概述”点评》一书中，曾收录有首轮《辛集市志·概述》篇，阅读《概述》，此为初识辛集；2013年1月参加续修《武邑县志》稿评审会，返晋途中路过辛集，恰遇雾霾封路，下高速到辛集市内观览市容，此为二识辛集；乙未岁末，收到张建辉主编寄来的二轮续修《辛集市志》，在志书中神游其地，此为三识辛集。捧读《辛集市志（1986—2005）》，几多感慨。河北二轮续修市县志书质量步步登高，佳志迭出不穷，令笔者欣喜异常。《辛集市志（1986—2005）》（以下简称《辛集市志》）2012年12月由中华书局正式出版，全一册，国际标准16开版本，内文四色套印，全志1800千字，主编张文奇，执行主编张建辉。是志为1996年版《辛集市志》的续志，记述时限上起1986年，下限止于2005年。志书硬壳精装，装帧精美大方，内文图文并茂，色彩斑斓，内外“双修”，尽显厚重典雅之气。读志之余，寥记数点，与修志同行共飨。

一、篇目设置匠心独运，突出地方特点与时代特色

著名方志学者李泰棻提出：“纂志之道故多，而门目标题则为首要。”[①]篇目创新，是社会主义新方志编纂中的首要研究课题。在继承的基础上不断创新，方志才会更具生命力，这应成为新一代方志工作者牢固的观念和神圣的使命。纵观各地二轮续志编纂，篇目创新可称之为续志编纂中的一大突出亮点，地方特点与时代特色跃然纸上，志书的个性特色得到尽力展示。《辛集市志》亦不例外，在篇目设置上牢牢把握辛集市的地方特点与时代特色，体现了编者宏观驾驭地情的能力。篇目立足创新，匠心独运，多有给人以启迪之处。

二轮续志无论是通纪体还是续志体，记述的重点都应以当代为主。这是因为志书是时代的产物。社会主义新方志，当然要求体现社会主义的时代特色。二轮续志所记述的时段，正是我国实行改革开放的新时期。这一历史时期，改革开放是主线，经济建设是中心，新生事物层出不穷。续志就需要把握时代发展的脉搏，用新视野、新观点来设计篇目。二轮续志篇目设置，以突出时代特色和地方特点为基点，以体现以人为本为理念，以符合形式逻辑为原则，形成比较严谨、科学的篇目体系，为全面、客观、真实地反映辛集的市情提供了切实可行的架构平台，也为续志编纂质量的提高得到有效保证。《辛集市志》篇目采用章节目体，即平头章节目体，基本按照《地方志书质量规定》七大部类顺序编排。中指组《地方志书质量规定》第四章《内容》第十三条：“内容反映本行政区域内自然、政治、

①李泰棻：《方志学》，商务印书馆，1934年版。

经济、文化、社会的历史和现状。根据各地实际分类，记述内容大致涵盖以下方面：（一）建置、自然环境、资源、人口等；（二）城乡建设、环境保护、交通、邮电信息、公用事业等；（三）农业、工业、建筑业、服务业、经济管理等；（四）中国共产党、人民代表大会、人民政府、政治协商会议、民主党派、群众组织、公安司法、军事等；（五）教育、科学技术、文化艺术、新闻出版、广播影视、卫生和计划生育、体育等；（六）人民生活、人事和劳动社会保障、民政、民族、宗教、风俗、方言等；（七）人物。”①

《辛集市志》篇目为小编体式，首设序言、集束彩图（23页）、编纂人员名单、凡例、部分机构简称简缩语与全称对照表、目录（包括图目录、表目录），正文首设概述、大事记，内设政区建置、自然环境、环境保护、人口、城乡建设、水利、电力、交通运输、邮政电信、经济总情、经济体制改革、农业、林业、梨果业、畜牧养殖业、工业、皮革业、建筑业房地产业、商贸服务业、金融业、财政税务、经济综合管理、中共辛集市地方组织、辛集市地方人民代表大会、人民政府、人民政协、民主党派和社会团体、公安、检察、审判、司法行政、军事、人事劳动、民政、社会保障、教育、科学技术、文化、医药卫生、体育、精神文明建设、居民生活、风俗、宗教、方言、新民歌新民谣、人物47章，后缀附录、索引、编后记。

从篇目上看，《辛集市志》注重突出地方特点的有梨果业、皮革业、新民歌新民谣等章，突出时代特色的有环境保护、经济总情、经济体制改革、社会保障、精神文明建设、居民生活等章，是志在篇目设置上下了大力，也可称之为志书中的亮点，基本达到志书篇目详今略古、重记当代、突出特色的特征要求。

在自然部类专设环境保护章，分设环境质量、污染防治、生态保护、环境保护管理4节（14目），篇幅虽短，却将环境保护方面的内容真实反映出来，既点出环境保护所取得的成绩，“一系列治理措施使主要污染物排放总量得到控制，工业产品污染排放强度下降，环境质量有所改善”；同时指出环境保护还面临的严峻形势，“但主要污染物排放量已使环境承载能力趋于饱和状态，环境总体形式（势）依然严峻”（章首序语）。环境保护单独立章，体现出志书编纂人员强烈的忧患意识。保护环境，是改革开放以来党中央制定的三项基本国策之一，保护和改善环境就是保护和发展生产力，实践证明，保护好环境就能增强投资吸引力和经济竞争力。保护环境直接关系我们每个人的切身利益和中华民族的复兴。近年来华北平原特别是京津冀地区雾霾天气日甚一日，对经济社会发展的制约日趋严重，志书重视环境保护的记述，提供真实可靠的地情数据，为改善环境质量鼓与呼，是志书编纂人员不可推卸的历史责任。

在经济部类之首专设经济总情章，分设经济总量、经济结构、经济质量、经济发展比较4节（9目），总体反映全市经济社会发展的总貌，统揽经济部类各

①王宜斌主编：《志书编纂实用手册·中指组〈地方志书质量规定〉》，第13页，黄山书社，2010年版。

章。专设经济总情章，除提高对各经济专志记述的整体性、科学性之外，重要的一点就是加强了宏观经济内容的记述。如果从方志是辅政之书的角度看，经济总情章确能够增强志书"资政"的社会功能。河北省志办在二轮续志编修初期（2003年）即编印了《第二轮志书分志撰稿培训参考资料》[①]，其中选用了笔者的拙作《"经济综述"编纂浅谈》一文，说明编者对志书中设立"经济综述" 编与笔者有同感。正因为河北志人重视志书中经济总情的编写，在笔者收到的几部河北二轮市县志中，都无一例外地设置有《经济综述》专编（一级篇目），只是篇目名称有所改动而已。如《冀州市志》[②]称之为"经济综述"，《秦皇岛市志（1979—2002）》[③]《涉县志（1991—2011）》[④]称之为"经济总情"。

经济体制改革是二轮续志记述宏观经济的重要内容。经济体制改革的记述方式，从现已出版的部分二轮续志看，主要采用了相对集中和相对分散两种。相对集中，就是在志书中设置经济体制改革专编，或在记述宏观经济的经济综述编设立经济体制改革专章，集中记述农村经济体制改革、企业体制改革、流通体制改革、社会保障体制改革、宏观调控体制改革等，其余的如用土地制度改革、劳动制度改革、科技体制改革、住房制度改革等改革内容，分散在各编记述。相对分散，就是将各行各业有关改革内容分散在志书的各编分开来写。笔者以为，在续志篇目上没有明确标示"改革"二字，虽然志书记述中亦有反映改革的内容，但毕竟把改革内容淹没在一般化记述之中，从而使改革的记述出现层级低、分量少，难以突出"改革"这一时代特色。经济体制改革还是相对集中记述的方式较好。

是志紧随经济总情其后的是经济体制改革章，分设农村经济体制改革、工业经济体制改革、商业经济体制改革、财税金融体制改革 4 节（14 目），基本反映了经济体制改革方面应记述的内容，如此集中记述宏观经济，使经济部类的内容得到进一步整合，反映出辛集市经济发展从微观、中观至宏观的全面情况，从而显著增强了志书经济部类内容的整体性与科学性。

辛集市在经济领域有两大产业享誉全国。其一，辛集市是河北省优质梨生产基地县，被命名为"中国鸭梨之乡"，改革开放以来梨果业焕发出勃勃生机，成为农村主导产业，果品年产量达 50 万吨，果品收入占农民人均收入的三分之一，数以万计的农民靠果品生产走上致富路。其二，辛集市皮革业历史悠久，享誉中外，1996 年被国家授予"中国皮革之乡"称号。2005 年全市共有皮革企业 1105 家，从业人员达 6 万余人，生产皮革产品达千余个品种，产品畅销全国，并出口到十

---

①河北省地方志办公室编：《第二轮志书分志撰稿培训参考资料》，冀出内总字（2013）第 A304 号。

②冀州市志编纂委员会编：《冀州市志（1986—2006）》，方志出版社，2012 年版。

③秦皇岛市人民政府地方志办公室编 ：《秦皇岛市志（1979—2002）》，方志出版社，2009 年版。

④涉县地方志编纂委员会编：《 涉县志（1991—2011 ）》，中华书局，2012 年版。

几个国家和地区，皮革制品年销售收入82亿元，占到全市经济总量的40%、农民人均收入的30%，皮革业的兴盛也拉动了相关行业大发展。为此，志书采用升格法，分别在经济部类中的林业章之后增设梨果业章，在工业章之后增设皮革业章，借以突出辛集市经济领域的地方产业特色。值得称道的是，此二章升格篇目依据逻辑顺序，梨果业章紧随林业章，皮革业章紧随工业章，与其他志书类目升格后颠倒“父子”关系的做法相较，是志的科学性更显突出一些。

我国实行改革开放30多年来，经济社会空前发展，人民生活水平显著提高，但不容忽视的是贫富差距逐渐拉大，社会不稳定因素增大，社会保障体系的构建成为国家和地方的当务之急。《辛集市志》编者洞悉时势，把握时代脉搏，在志书政治部类专设社会保障章，分设社会保险、社会救济、社会福利、社会互助4节（22目），真实反映辛集市社会保障体系的构建情况，为当政者提供决策资料，体现出志书编纂人员以人为本、关注民生的大爱情怀。只惜记成绩多，摆存在问题少，若能增加一些贫困人口的社会调查现状资料，志书的资政价值会益显。首轮志书的社会保障内容多数放在民政篇中记述，显得层次低、内容少，与当时社会经济发展状况有关，贫富差距和社会矛盾还未像今天如此尖锐对立。二轮续志记述的时段恰是记述改革开放的时期，贫富差距和社会矛盾日显突出，社会保障单独立编（章），进而加强社会保障内容的记述篇幅，是时代发展之后对续志提出的新要求。社会保障内容在续志中是否记述充分、完满，成为衡量修志工作者是否真正贯彻科学发展观和以人为本理念的“试金石”。《辛集市志》编者正是从这一理念出发，将社会保障单独立章，体现出编者强烈的忧患意识。这并非编者的独特创意，二轮续志多有此种做法，如首轮《苏州市志》①社会保障内容放在政治部类的民政卷中，二轮《苏州市志（1986—2005）》②在社会部类专设社会保障卷；《廊坊市广阳区志》③在政治部类专设社会保障编；《井陉县志（1985—2004）》④在政治部类专设社会保障篇等，此类例子不胜枚举。还有与其他内容合并而作为志书的一级篇目，如《涉县志（1991—2011）》在“人本扫描”板块专设人力资源和社会保障篇；二轮《奉贤县续志》⑤在政治部类专设人力·劳动与社会保障卷；二轮《襄汾县志》⑥在政治部类专设劳动和社会保障篇等。虽然所放位置有异（有的在社会部类，有的在政治部类），但都作为志书的一级篇目来设置，体现出修志人员对社会发展态势及社会出现新问题的高度重视，篇目与

①苏州市地方志编纂委员会编：《苏州市志》，江苏人民出版社，1995年版。

②苏州市地方志编纂委员会编：《苏州市志（1986—2005）》，江苏凤凰科学技术出版社，2014年版。

③廊坊市广阳区志编纂委员会编：《廊坊市广阳区志》，方志出版社，2012年版。

④《井陉县志》编纂委员会编：《井陉县志（1985—2004）》，新华出版社，2006年版。

⑤上海市奉贤区史志编纂委员会编著：《奉贤县续志》，方志出版社，2007年版。

⑥襄汾县志》编纂委员会编：《襄汾县志》（续志），方志出版社，2011年版。

时俱进，反映时代特色，以人为本、关注民生，逐渐成为修志工作者的普遍共识。《辛集市志》编者在志书中专设社会保障篇章的做法，进一步佐证了这一贴近时代、利于资治的先进修志理念。总括而言，社会保障在二轮续志中列为一级篇目还属少数，且入志资料记述的深度与广度还有待进一步开发，故而提出来，希望引起修志同人的重视。

在社会部类专设精神文明建设章，分设争创活动、思想道德教育、树立文明新风 3 节（9 目），点、线、面的记述基本到位。精神文明建设立编，是二轮续志时代特色的具体体现，同时也是记述贯彻党中央“三个文明一起抓”方针在各地的具体落实情况。精神文明建设（思想方面）立专编，笔者以为不可或缺，仅设二、三级题目显得层级太低，难以体现精神文明的方方面面。在首轮志书中文化方面的内容已有教科文卫体等篇章记述，但思想方面却较少记述，仅有少数志书设有“精神文明建设”编，且记述也不够全面。以首轮山西 120 余部市县级志书而言，还未有 1 部设有“精神文明建设”专编，二轮续志启动之后，众多志人正是认识到了首轮志书在记述精神文明思想方面的缺憾，二轮志书普遍增加了精神文明建设的编章。精神文明建设编的位置，应放在文化部类之首，亦如经济综述编引领经济部类各分编一样，让精神文明建设编引领精神文明涵盖的思想、文化两方面的内容。

在社会部类专设居民生活章（18 页，占全志 1044 页的 1.7%，占章平均数 22 页的 45%），分设：第一节居民收入〔农民收入（附：辛集市农民生产生活状况调查报告）、城镇居民收入〕，第二节居民消费〔农民消费（食物消费、衣着消费、住房消费、耐用消费品消费、非商品性支出成倍增长）、城镇居民消费（食品消费、衣着消费、住房消费、耐用消费品消费、交通通信消费、精神文化生活消费）〕，第三节居民之间收入差距（城乡居民收入差距、行业收入差距），第四节新兴社会阶层生活状况〔农民工（附 1：2005 年新垒头村个体私营企业雇工情况调查）、私营企业主（附 2：2005 年辛集市私营企业主问卷调查情况分析）〕，第五节居民社会组织〔城区居民社会组织（社区、居民委员会）、农村居民社会组织（村民委员会、村民小组、宗族）〕，第六节婚姻家庭〔婚姻婚龄（附：辛集市 2005 年婚龄调查报告）、通婚区域、离婚再婚、家庭（家庭结构、夫妻关系、父子关系、家庭生活方式）〕。该章共设 6 节（11 目），并配发了 16 幅表、13 幅照片，利用多种体裁多角度反映改革开放给当地居民生活带来的巨大变化，内容记述突破常规，篇目设置别有新意。笔者以为，二轮续志记述的时段正是改革开放取得成果最丰盛、也是经济与社会取得翻天覆地变化的时期，提出“三个代表”重要思想和科学发展观，以人为本，民富国强，实现国民经济翻两番，人民基本达小康的盛世伟业。志书所记述的经济及社会各业的发展，最终还得体现在人民生活上面。这既是共产党的终极奋斗目标，也是国家发展的最终目的，就是要让人民生活的更幸福。“居民生活”单独立编，这在二轮续志编修人员中基本形成共识，而且在记述的深度与广度上，创造出许多成功的经验。“居民生活”

立编（章），所放位置二轮续志大致有三种：一是放在人口之后，如二轮《萧山市志》[①]《涉县志》，一是放在经济部类（首轮志书多数放在《经济综述》编中，以“章”的形式编排，因二轮续志手头较少，还未发现此类志书），一是放在社会部类，如二轮《高安市志》[②]。笔者倾向于放在社会部类，因社会部类编数较少，再者有的社会部类直接冠名“社会生活”，如《奉贤县续志》[③]。“居民生活”编（章）的撰写有一定的难度，仅靠政府部门提供的资料远远不够，还需要志办组织人员广征资料，开展深入的社会调查，如实反映丰富多彩的居民生活。在如何记述居民生活方面，河北省多部二轮市县续志进行了积极的探索，创出了许多值得借鉴的成功经验，是志既是其中的一种，值得他志借鉴。

在社会部类专设新民歌新民谣章，分列 45 首新民歌新民谣，既有《亿万农民得实惠》《农合是个宝》《村里办起公开栏》等歌颂党的富民政策的歌谣，又有《农村和城里一个样》《有线电视村村通》《车子一天比一天多》等反映农村居民生活新变化的歌谣；既有《姑娘要嫁妆》《衣食住行新时兴儿》《结婚方式》等反映民风民俗新变化的歌谣，又有《要不打假真不行》《贪官愁事多》《为赌徒画像》《污染》等针砭时弊的歌谣。所选新歌谣量多面广，触及到农村社会生活的方方面面，反映出新农民的心声，新农民的精神风貌跃然纸上，资料选取恰到好处，既接地气、反映民声，又增强了志书的可读性和资政、存史价值。

总括而言，《辛集市志》的篇目设置，地方特点和时代特色鲜明、突出，尤其是将环境保护、社会保障、精神文明建设、居民生活均列为一级篇目，在彰显地方特点和时代特色方面可称之为匠心独运，此种做法在二轮续志中还不多见，而新民歌新民谣章的设置，更使志书锦上添花。

二、诸体并用，挖掘资料深度

（一）善用图片，增强志书的可读性与存史价值　志书由图经、地记演化而来，图的应用由来已久，清末民国初摄影技术的引进，照片在民国旧志中即广泛采用，图文并茂成为志书刻力追求的目标之一。首轮志书在照片的应用上创造出许多成功的经验，值得续志依傍；但受各种条件的制约和限制，照片的应用并不广泛，尤其正文插图普遍偏少，难以达到图文并茂的理想效果。志书是时代的产物，随着时代的进步而进步。进入 21 世纪，四色套印（全彩印）志书逐渐走进人们的视野。作为一地域官修的最重要的乡邦文献，理应跟上时代的步伐，体现当代的印刷水平，应是情理中事。笔者近年收到兄弟省市的多部二轮续志，有半数以上均为全彩印志书，令人欣喜异常。新方志卷首集束彩图的运用，为志书弘扬优势、彰明特点、形象直观、吸引读者等方面起到了积极的作用。卷首集束彩图是读者最先感知的部分，给读者以直观的第一的印象，重点反映地方特点和时

①杭州市萧山区地方志办公室编著：《萧山市志》，浙江人民出版社，2013 年版。

②《高安市志》编纂委员会编：《高安市志（1986—2006）》，方志出版社，2009 年版。

③上海市奉贤区史志编纂委员会编著：《奉贤县续志》，方志出版社，2007 年版。

代特色。《辛集市志》全书为四色套印（全彩印），在彩照内容的选择上求真求特，使彩照的作用得到充分发挥。

该志用图总量达566幅之多，其中卷首集束彩图60幅（其中地图3幅），仍沿袭首轮志书卷首放集束彩图的做法，卷首集束彩图25页，在笔者阅览的二轮续志中，属于用图适中的志书之一。集束彩图首页为《市府广场及行政办公大楼》，次页为《辛集国际皮革城》彩色照片，两幅照片均为跨页大幅画面，画面精美、气势恢宏，夺人眼目。随后用17个页码分列54幅照片（页均3.18幅），按城市建设、工业、农业、商业、文化等顺序排列，照片依内容画面设置，编排错落有致，且分类清楚，图像清晰，美观大方，地方特色得以充分展现。《辛集市政区图》《辛集市城区图》《辛集市交通图》3幅地图殿后，秩序井然。尤令人称道的是，卷首集束彩图省却了领导视察照片，淡化了“官本位”思想，使卷首集束彩图照片选择精当，画面色彩艳丽，内容丰富多彩，主题更加鲜明，给人以较强的视觉冲击力，从而起到了窗口示范效应。

内文插图片506幅（照片483幅、地图9幅、示意图14幅），每万字用图量达3.18幅，为笔者见到的二轮续志中用图较多的志书，编者重视图片的运用可见一斑。除少数照片（275页、329页、343页、345页等）采用通栏版式外，其余绝大部分照片均占宽8厘米×高5厘米左右的版面面积，照片画面清晰度恰到好处，版面编排注重突出视觉效果，根据画面内容合理配置，幅面大小各得其所，照片与文字配合密切，美观大方。正因为志书采用全彩印技术，特别是通过编者的精心运作，使图片的真实性、直观性、可读性等功能得到充分发挥，文图相彰的做法得以施展，进而使志书达到图文并茂的理想效果。

（二）善用表体，增强志书的科学性与实用性　表是志书体裁的一种，是志书的重要组成部分。表格是一种简洁的表现形式，既节省版面，又便于比较。中国地方志指导小组《关于第二轮地方志书编纂的若干意见》（十四）：“表格设计应当科学、规范，内容要素齐全，形式清晰美观。”《地方志书质量规定》第三章体例第十一条体裁（六）表：“设计合理，要素齐全，内容准确，不与正文简单重复。”[①]《辛集市志》十分重视表格的运用。全志用表达326幅，章均6.9幅，在全志设置的47章中，除政区建置、环境保护、军事、风俗、新民歌新民谣等5章外，其余42章均设置了表格，其中列表10幅以上的有10章，从多到少依次为：自然环境36幅、医药卫生28幅、财政税务26幅、商贸服务业25幅、经济综合管理20幅、居民生活16幅、经济总情13幅、金融业11幅、人口10幅、中共辛集市地方组织10幅。是志表格面多量广，设计规范，制作精细，年度连贯，要素齐全，详细反映事物的发展变化，起到了辅助文字记述的功用。

（三）善用述体，增强志书的著述性与整体性　述体包括卷首的概述和编首

①王宜斌主编：《志书编纂实用手册·中指组〈地方志书质量规定〉》，第13页，黄山书社，2010年版。

无题序，二者有利于弥补志体横排竖写的不足，易于使读者从总体上把握志书的内容。概述篇创设于首轮新方志编纂，并被广泛应用。编首无题序起源于南宋时期的《赤城志》，其后历代旧志均有运用，首轮修志虽有运用，但不普遍。笔者曾对山西首轮市县志书做过统计，编者有意设置编首无题序的只有15部，占当时已出104部志书的14.4%①。这说明人们对编首无题序的功用认识不足和重视不够，另外，撰写编首无题序有较大的难度，有畏难情绪亦可能是其中的一个原因。通过总结首轮志书的编纂经验与不足，在众多修志专家的极力倡导下，二轮志书普遍重视了卷首概述和编首无题序的撰写。《辛集市志》编者亦深谙其理，在卷首设统摄全志的"概述"篇，在章首设无题小序，使志书的整体性、著述性、科学性得到显著提升。

这里顺便提及一下首轮《辛集市志》的"概述"篇，该志"概述"篇很有特色，值得学习借鉴。该志"概述"共11700余字，写作体式为特点式。全文除篇首部分外，分为七大部分。篇首叙市情总貌，前为地理概貌，分述地理位置、建置、面积、人口、区划、气候，中述交通发展状况，后述境域历史发展概貌及新中国成立后经济社会的发展变化。将地理概貌与历史发展脉络相结合而作为篇首部分，此种写法在新方志"概述"中还较为鲜见。第一部分以"农业基础稳固，土特名产荟萃"立题，先述农业基础的改善状况及农产品的总量生产；后述土特名产，以棉花、鸭梨、蜜桃、枸杞、香椿依序写来，叙述翔实，特色鲜明。第二部分以"地方工业发达，拳头产品繁多"立题，记述辛集在全国和世界上享有盛名的皮毛产品、化工产品、机械产品、烟花产品、轻纺产品（服装）、食品等工业产品，真实可信，令人叹服不已。第三部分以"商品流通活跃，集市贸易繁荣"立题，叙述辛集商业的发展变化。第四部分以"重视教科文卫，建设精神文明"立题，重点记述新中国建立以来辛集在教科文卫及精神文明建设方面取得的巨大成就。第五部分以"城建初具规模，一座新城崛起"立题，真实反映城镇建设的巨大成就。第六部分以"居民性格开放，善于外出经商"立题，反映辛集民情民性的一大特点。第七部分以"发展前景广阔，同时存在隐忧"立题，立足全志，找出辛集存在的七大"隐忧"与应采取的措施。但该部分显得文牍气较浓。全文立意新颖，内容生动，行文流畅，地方特色尤显突出，先叙后议，层次分明，在布局上自成一格。只是全文略显冗长，若能再精练一些，其效果会更好。

二轮《辛集市志·概述》共11650字，写作体式为浓缩体式。全文用序号分为三大部分。第一部分五个自然段（1000字），分叙建置名称由来与变化、地势面积与交通、耕地土壤与特点、商业历史特色与皮革皮业之都、历史名人与文化特色。第二部分分列"生产力水平不断提高，经济实力显著增强""人民生活水平大幅度提高，社会保障体系逐步完善""城市建设日新月异，中等城市雏形基本形成""经济社会协调发展，各项事业全面进步""推进政治体制改革，社

①任根珠著：《西樵志语》，中华书局，2003年版。

会主义民主政治得到发展”五个小标题，记述断限内改革开放20年间辛集市物质文明、精神文明、政治文明“三个文明建设”的长足发展。第三部分分列“创新是辛集发展之源”“实干是辛集兴市之道”“为民是辛集执政之本”“稳定是辛集发展之基”四个小标题，记述辛集市改革开放20年间经济社会得以快速发展的经验启示。全文立意独特，内容新颖，文风端正，行文颇有气势，特色突出，夹叙夹议，叙议结合，自成一体。

是志编者重视述体的运用，还表现在章首无题序的运用上。全志共设47章，除《新民歌新民谣》章未设外，其余46章均设有章首无题序，章首无题序总字数14750字，章均310余字；不足200字的15篇，200字以上不足300字的10篇，300字以上不足500字的14篇，500字以上的7篇；500字以上的有环境保护（660字）、经济体制改革（620字）、梨果业（660字）、皮革业（790字）、商贸服务业（970字）、科学技术（700字）、林业（530字）。述体文字（概述与章首无题序）总字数为26000字，虽仅占全志总字数的1.44%，却起到了四两拨千斤的功用，写作手法夹叙夹议，总括该章内容，便于读者阅读的功用，使志书的著述性、整体性得到加强。

（四）善用录体，拓展志书的记述广度与深度　志书是资料性著述，入志资料的深度与广度决定着志书质量的高低。志书诸种体裁的掌握与应用是否合体，并促进资料的优化，则是体验和考量主编驾驭志书体裁的关节点所在。是志主编不负众望，诸种体裁并用，收到较佳效果。其中尤以录体的应用较为抢眼。

录体，即附录，在保存资料方面有积极的效用。常见的用法有三种：一是将无法列目归类的重要材料，统一编排附录于全书之后；二是将一些背景材料或专记之文散附在各有关章、节之后，称“小附”或“随文附”；三是既有散放于各章、节之后的随文“小附”，又有全书之后的“大附”。

《辛集市志》在拓展记述内容的广度与深度上，除重视相关类目的设置外，还吸取首轮志书的优良做法，采用设“附”的方式，“附”的体裁多样，使志书的体裁多样化，延伸了记述角度，增强了志书的可读性与利用价值。

《辛集市志》精心选取了49篇“附”。“附”的编排，采用紧跟相关类目的方式，分放于22章之中，其中自然环境章自然资源节附《辛集市土壤养分状况分析报告》《辛集市水资源贫缺警示录》，自然灾害节附《辛集市（束鹿县）涝灾典型年调查分析》；经济体制改革章工业经济体制改革节附《辛集市石油化工厂内部分配机制改革情况调查》《辛集市玻璃总厂组建有限责任公司实施方案》，商业经济体制改革节附《辛集市商业大楼承包情况调查》；农业章《农业产业化经营》节附《“军齐韭菜拉不断”》；林业章林业管理节附《林业执法案件选介》；工业章《生产门类》节附《黑马粮油工业有限公司简介》，企业管理节附《郭西烟花爆竹厂“7·28”特大爆炸事故》；皮革业章《皮革生产加工》节附《辛集市制革企业选介》《辛集市制衣企业选介》《辛集市名花皮业有限公司》，皮革市场节附《郭永庄人小皮尖做成大生意》，皮衣皮件运销节附《从“艾米拉”事件看辛集市对俄贸易》；商贸服务业章个体私营商业节附《布里查（MARC BLECHER）〈束鹿县个案：私有化的局限与国家的作用〉节选》《三百年老字号——润德成茶庄》，对外经济贸易节附《绿色食品生物防病 辛集鸭梨海外飘香》；金融业章银行业节附《辛集市非现金结算工具发展情况调查》；财政税务章税务节附《增值税低税率使用范围》；经济综合管理章质量技术监督节附《杆秤的兴衰》；中共辛集地方组织章宣传工作节附《普及科学知识 培育新型农民》，农村工作节附《党内事让党员知道 村里事让村民讨论》；民主党派和社会团体章社会团体节附《辛集市青年思想政治工作的问卷调查报告》《李硬朝自掏腰包30多万元建文化中心乐煞众乡亲》；公安章监所管理节附《“8·18”暴狱警示录》1篇；检察章预防职务犯罪节附《村官职务犯罪的特点、成因及建议（节选）》；人事劳动章劳动安全管理节附《辛集化工集团危险场所安全管理制度》《辛集化工集团安全生产教育培训考核制度》；民政章拥军优属节附《李树朋一家三代奉〔俸〕养烈士双亲》，军转安置节附《辛集市军队离休退休干部休养所简介》；教育章教育体制改革节附《辛集市民办中小学暂行管理办法》，继续教育节附《马庄乡成人学校简介》，教师节附《辛集市中小学教师日常行为规范》；科学技术章科研机构与队伍节附《“十大杰出科技青年”成果简介》，科技普及节附《架“农技电波”虹桥 谱科技兴农新篇》，科技测报节附《辛集晋2号井地震观测站》；文化章群众文化节附《童子花钹》《辛集市文化体育局辛集市公安局辛集市工商行政管理局辛集市广播电视局关于重申加强电子游戏机娱乐场所管理有关规定的通知》，文艺创作节附《〈古镇风情图〉简介》；体育章学校体育节附《2005年辛集市在校学生体质抽测情况报告》，竞技体育节附《小城玫瑰暗自香》；精神文明建设章思想道德教育节附《辛集市市民文明公约》，树立文明新风节附《中共辛集市委、辛集市人民政府关于授予赵永申、赵慧“舍己救人好市民”称号的决定》；居民生活章居民收入节附《辛集市农民生产生活调查报告状况》，新兴社会阶层生活状况节附《2005年新垒头村个体私营企业雇工情况调查》《2005年辛集市私营企业主问卷调查情况分析》，婚姻家庭节附《辛集市2005年婚龄调查报告》；方言章语音节附《辛集方言尖团音字对照简表》。

从上文可以看出，《辛集市志》设“附”有两个突出之处：一是设“附”并非随心所欲，亦非平均着力，而是为突出志书的地方特点和时代特色服务，有目的地强化志书主体内容的记述，尤其重视重点篇章“附”的应用。全志共设47章，23章设“附”，不及设章总数的一半。设“附”由多到少的次序为：皮革业章5篇，居民生活章4篇，自然环境、经济体制改革、商贸服务业、教育、科学技术、文化6章各3篇，工业、中共辛集地方组织、民主党派和社会团体、人事劳动、民政、体育、精神文明建设7章各2篇，农业、林业、金融业、财政税务、经济综合管理、公安、检察、方言8章各1篇，体现出编者对章节设“附”的把握能力。二是“附”的体裁多样，分别有调查报告、简介、规章制度、新闻报道、警示录、人物特写、要事专记、论文节选等，体裁的多样化拓宽了入志资料的丰富性与广博性，使志书正文的佐证性、补充性、说明性得到显著增强，丰富了志书内容的广度和深度，对增强志书的地方特色，起到“脉络清晰，因果彰明，富有启迪，佐证借鉴”的作用。文字改排为异于正文的大五楷。

附录在清以前的旧志中称为杂录，民国间旧志始有附录之称，首轮志书附录使用有集中设篇、分散设置、集中与分散相结合三种方式。《辛集市志》附录采用集中与分散相结合的设置方式，根据“节”“目”内容记述的需要，随文设附，且内容杂而广，多为佐证性、补充性、说明性的典型性资料，资料性较强，起到辅助正编、印证事物之功用，使正文内容得到延伸和拓展。志尾专设“附录”篇（54页，占全志1044页的5.2%，为章平均数22页的245%），分列前志勘误、前志补遗、限外辑要、重要文件辑存四类。其中前志补遗类中分别增补了首轮《辛集市志》中“对其记述时限内的部分重要事件记述缺失或记述不详，此次予以补记”（类目序语），补记内容有《束鹿县的抗美援朝运动》《束鹿县1963年抗洪纪实》《束鹿县根治海河综述》《知识青年“上山下乡”》四篇。是志附录体裁应用得当，进而使志书内容记述丰满，有血有肉，收到较佳的效果，志书的可读性和资政、教化、存史价值得到显著提升。

除上述两点外，《辛集市志》还有许多值得称道之处。惜乎寸纸略短，实难尽情表述。其一，志书编纂是一项系统工程，从内容到形式，各个环节均需严密把关，精益求精，以达到最佳效果。是志在凡例之后，列有《部分机构简称、简缩语与全称对照表》，方便读者查询。如此重视细节，展现志书的严谨性与科学性。其二，版面编排别有新意。是志概述、大事记及各分志标题编排均以通栏照片作衬底，照片高度不足4厘米，显得典雅秀气，与当今编首页动辄占一个整页甚或占两页的志书相较，是志的版面编排法要高明许多；章首序、节名标题和插文表格采用通栏编排法，内文文字采用分栏编排法，插文图片大多数占半栏的宽度，使整个版面显得匀称协调、严整密致、美观大方；插文表格分别采用各色彩色作为衬底，与四色套印的插文图片交相辉映，使内文版面显得色彩斑斓、悦人眼目，真正达到图文并茂的最佳效果。其三，编纂人员名录前置，体现志人的历史责任感。编纂人员名单列前，是志书的传统，告诉读者这部志书是什么人编的，哪些人审的。其四，装帧考究，厚重典雅。书籍是供人阅读的文化产品，在装帧上既要美观大方，又要经得起反复翻检，方便读者多次阅读，便于部门长期储藏，为读书和藏书着想、服务。首轮志书在装帧上多为封面加护封，不便于保存利用。二轮续志在装帧上多为硬壳精装，适应读书和藏书需要。《续志》紧跟时代步伐，亦采用硬壳精装，看似小事，实乃书籍装帧上的一大进步。是志多有可圈可点之处，难于尽言。

三、值得商榷之处

《辛集市志》无疑是一部成功的志书，在第二轮志书编修中必定会起到积极的作用。但细读全志，似仍有一些可商榷之处。

（一）个别章题名称似有可商榷之处　如第二十三章《中共辛集市地方组织》、

第二十四章《辛集市地方人民代表大会》两则标题，均加有“辛集市”行政区划名和“地方”二字，有重复之嫌。志书标题，要求“简明、准确，题文相符”[①]，使用简称，亦是标题提炼中应采用的一种手段或形式。在二轮续修的市县级志书中，通常会遇到使用机构或组织名称作为一级标题，在使用简称或全称上，多出现混乱现象，即一部志书内的一级标题，全称与简称互用，标题体例极不一致，直接影响到志书的科学性和严谨性。依笔者愚见，从标题要“简明、准确”的角度考虑，用简称较为恰当。笔者以为，志书标题中不宜加“地方”二字。此类问题多在政治部类的组织机构标题之中。方志，乃一方之志，志书名称是志书的顶级标题，志书内的一级标题均受其统辖，同时，志书名称即把记述范围限定在一定行政区域之内，志书有不“越域不书”之规，只能记一地之事，加“地方”二字纯属画蛇添足之举。

（二）概述篇确实写得不错，但用高标准来要求，还有些许可改进之处　一是通篇按序号分割，没有开头段，只有结尾段，显得整体布局不甚完满；二是作为断代体式的续志，述体文字是接续历史的主要场所，一地域最重要的历史文化内容，如杰出人物，重大历史事件、重要历史文化遗存等均应在概述篇中得到全力展示，然而是志概述历史文化内容文字偏少，在这一方面略显薄弱；三是文章第三大部分经验总结政治意味太浓，报喜不报忧，似有为地方领导评功摆好之嫌，如能恰当反映经济社会发展中存在的优劣之势，其效果会更好一些；四是文章还略显的长了些。笔者一贯主张概述篇不宜过长，县级志书控制在5000字左右、地市级志书控制在7000字左右（以8000字为最高上限）为宜，让读者在个把小时内能阅读全篇，其导读功能更易发挥出来。一家之言，权作抛砖而已。

（三）表格的设置也有个平衡问题　由于编辑行文习惯不同，各编章设置的表格也会多寡不一。这就要求志书主编人员要进行合理平衡，根据志书内容需要，适当插入表格。从已出二轮续修市县志看，表格的应用似有增多之势，表格过多使用亦非好事，毕竟表格是志书辅助性的体裁，以文为主、以图表为辅，是志书铁定的法则，图与表的应用要适度。以《辛集市志》为例，如自然环境章用表达36幅，其中的《辛集市土壤大量元素变化情况表》《辛集市土壤微量元素变化情况表》《耕地耕层有机质含量分级及面积》《不同级别土壤有机质含量的时空变异》《耕层土壤全氮含量分级及面积》《耕层土壤碱解氮含量分级及面积》《不同级别土壤全氮含量的时空变异》《耕层土壤有效磷含量的时空变异》《耕层土壤有机磷含量分级及面积》《耕层土壤速效钾含量分级及面积》《耕层土壤缓效钾含量分级及面积》《不同级别土壤有效钾含量的时空变异》《耕层土壤有效锌含量分级及面积》《耕层土壤有效硼含量分级及面积》《耕层土壤有效锰含量分级及面积》《耕层土壤有效铜含量分级及面积》《耕层土壤有效铁含量分级及面

①王宜斌主编：《志书编纂实用手册·中指组〈地方志书质量规定〉》，第13页，黄山书社，2010年版。

积》《辛集市土壤养分比较表》18幅记述土壤的表，似有过细之嫌。笔者随机查阅了手头的20部县市续志的《自然环境》编，表格设置情况如下：

《冀州市志（1986—2006）》自然环境编，表14幅，无土壤表①

《井陉县志（1985—2004）》自然环境篇，表9幅，无土壤表②

《奉贤县续志》建置地理卷、土地卷，表18幅，无土壤表③

《萧山市志》自然环境编，表13幅，无土壤表④

《高安市志（1986—2006)》自然环境卷，表7幅，无土壤表⑤

《梅县志（1978—2000）》环境资源篇，表1幅，无土壤表⑥

《蒲城县志（1991—2005年）》自然环境编，表8幅，无土壤表⑦

《仙居县志（1986—2010）》自然环境编，表9幅，无土壤表⑧

《五华县志（1979—2000）》自然环境篇，表7幅，无土壤表⑨

《宜兴市志（1991—2008）》政区环境卷，表23幅，无土壤表⑩

《章丘市志（1986—2005）》自然环境篇，表7幅，无土壤表⑪

《永清县志（1989—2007）》自然环境编，表5幅，无土壤表⑫

《南海市志（1979—2002）》自然环境编，表12幅，无土壤表⑬

《延津县志（1978—2005）》地理建置卷，表3幅，无土壤表⑭

《滑县志（1988—2000）》环境与保护篇，表8幅，无土壤表⑮

---

①冀州市志编纂委员会编：《冀州市志（1986—2006）》，方志出版社，2012年版。

②《井陉县志》编纂委员会编：《井陉县志（1985—2004）》，新华出版社，2006年版。

③上海市奉贤区史志编纂委员会编著：《奉贤县续志》，方志出版社，2007年版。

④杭州市萧山区地方志办公室编著：《萧山市志》，浙江人民出版社，2013年版。

⑤《高安市志》编纂委员会编：《高安市志（1986—2006）》，方志出版社，2009年版。

⑥《梅县志》编纂委员会编：《梅县志（1978—2000）》，广东人民出版社，2010年版。

⑦蒲城县地方志编纂委员会编：《蒲城县志（1991—2005年）》，陕西出版集团三秦出版社，2010年版。

⑧仙居县地方志编纂委员会编：《仙居县志（1986—2010）》，中华书局，2013年版。

⑨五华县地方志编纂委员会编：《五华县志（1979—2000）》，方志出版社，2010年版。

⑩宜兴市地方志编纂委员会编：《宜兴市志（1991—2008）》，方志出版社，2012年版。

⑪章丘市地方史志编纂委员会编：《章丘市志（1986—2005）》，中华书局，2013年版。

⑫永清县地方志编纂委员会编：《永清县志（1989—2007）》，方志出版社，2012年版。

⑬佛山市南海区地方志编纂委员会编：《南海市志（1979—2002）》，广东省出版集团广东人民出版社，2009年版。

⑭延津县地方志编纂委员会编：《延津县志（1978—2005）》，云南出版集团云南人民出版社，2014年版。

⑮滑县地方史志编纂委员会编：《滑县志（1988—2000）》，中州古籍出版社，2011年版。

《赤水市志（1986—2006）》建置地理篇，表6幅，无土壤表[①]

《永城市志（1986—2007）》环境资源篇，表21幅，《土壤养分含量对照表》1幅[②]

《罗山县志（1986—2003）》自然环境篇，表7幅，《土壤类型分类、分布情况》1幅[③]

《易门县志》自然环境志，表11幅，《土种代表剖面养分分级表》1幅[④]

《邗江县志（1988—2000）》政区环境编，表29幅，《土壤有机质含量变化情况》《土壤速效磷含量变化情况》《土壤速效钾含量变化情况》3幅[⑤]

理论从实践中来，通过比较研究而升华，进而指导实践。实践是检验理论的唯一标准。利用比较之法，找出自然环境编用表的共性特征，即可看出修志人的共识。从上述情况看，只有最后4部列有土壤表，其中3部为1幅、1部为3幅，与是志18幅表差距甚大；20部志书自然环境编设表总数为207幅，编均10.35幅，是志用表达36幅，是20部志书编均10.35幅的3.67倍，明显偏多。从编纂实践中得知，自然环境编的用表量似当控制在10幅左右为宜。志书无备不载，亦有个度的把握问题，所有人、事、物，均有大有小，有主有次，不宜理解为事事都载，而是记述人、事、物的主要方面的主要情况，符合主客观的需要和可能。志书记载各类事物，均以记述主要事物的主要方面为原则，如是志的18幅土壤表似有过细之嫌，此类表似乎由农业科技部门和档案馆保存更适合一些。

笔者在上面提出的一些可商榷之处，亦仅为一家之言，瑕不掩瑜。在继承传统的基础上着力创新，展现出独特的个性魅力，不失为一部可读、可用、可传世的佳志良作。

（原载《河北地方志》2016年第2期）

①贵州省赤水市地方志编纂委员会编：《赤水市志（1986—2006）》，方志出版社，2012年版。

②永城市地方史志编纂委员会编：《永城市志（1986—2007）》，中州古籍出版社，2010年版。

③罗山县地方史志编纂委员会编：《罗山县志（1986—2003）》，中州古籍出版社，2010年版。

④易门县地方志编纂委员会编：《易门县志》，中华书局，2006年版。

⑤扬州市邗江区地方志编纂委员会编：《邗江县志（1988—2000）》，方志出版社，2009年版。

一部特色鲜明的城市区志

——《北辰区志（1979—2009）》读后

2014年10月在中国地方志学会城市区志专业委员会学术年会上（江苏扬州），受中指组委托，有幸参与天津市《北辰区志（1979—2009）》文化部类稿件的审读。时隔近两年，今年6月下旬又收到是志终审稿，阅稿二十余天，获益匪浅。北辰区志办是中指组确定的二轮续志试点单位，并入列方志出版社“精品志书工程”系列。志稿经过精心打磨，质量又上了一个新的台阶。从整体看，是志篇目设计科学合理，内容丰富全面，地方特点和时代特色突出，不失为一部质量上乘的佳志。

一、篇目设置科学合理，完满展示北辰区情

二轮志书多为续志体，以接续前志所记内容为特征。续志体志书如何接续前志，在二轮志书编修中呈现多样化局面，首轮《北辰区志》（2000年10月版）记述上溯事物发端、下限止于1997年，二轮续修《北辰区志》记事时段确定为1979—2009年，记述时段跨前上延至1979年，全面、系统地反映北辰区改革开放31年间经济与社会的巨大发展变化。这种跨前追述的断限方式，其记事的完整性和志书的独立性，要优于续志上限搭接前志下限的志书。续修《北辰区志》在篇目设计上并非另起炉灶，而是保持前志主体篇目框架、延续记述前志主体内容的编纂方法，并对变化了的现实在篇目中给予反映，使续志的连续性得以体现，从两轮志书的篇目比较中即可看出端倪。

首轮《北辰区志》篇目为，卷首设集束彩图（32页、图127幅）、地图2幅（行政区图、在天津市位置图）、编纂人员名单、序（2篇）、凡例、目录；正文首设概述、大事记，内设建置、自然环境、北辰菁华、漕运与北辰廒、人口、民情、乡镇街、经济综述、农业、水利电力、工业、商业、外向型经济、交通储运邮电、财税金融、经济管理、城乡建设、党派、群团、政权政协、政情要略、政法、劳动人事、民政、军事、教育、科技、文化、卫生、体育、人物、登高英雄杨连弟32编；尾缀附录、索引、编修始末。

续修《北辰区志》篇目为，卷首设序、凡例、目录；正文首设总述、大事记，内设政区、自然环境、环境保护、人口、城乡建设与管理、道路交通、邮政电信电力、水利、经济综述、经济体制改革、农业、工业、建筑业房地产业、商业、服务业、金融业、财政税务、经济行政管理、中国共产党地方组织、人民代表大会、人民政府、政治协商会议、民主党派人民团体、政法、军事、人事劳动与社会保障、民政、教育、科学技术、文化、卫生、体育、精神文明建设、居民生活、社会民情、人物36编；尾缀专记、附录、索引、编修始末、供稿人名单。

续志保留前志的卷目有自然环境、人口、经济综述、农业、工业、商业、政法、民政、军事、教育、文化、卫生、体育、人物14编。

续志改变名称的卷目有概述篇改为总述篇；建置编改为政区编（“政区”与“建置”是种、属关系，犯父子重叠之弊）；民情编改为社会民情编；城乡建设编改为城乡建设与管理编；经济管理编改为经济行政管理编；劳动人事编改为人事劳动与社会保障编；科技编改为科学技术编，共5编。

减少的卷目有乡镇街（归入政区编）、北辰菁华、漕运与北辰廒、外向型经济、政情要略（分别归入中国共产党地方组织编、人民政府编，分立重要决策、重要施政章）、登高英雄杨连弟等6编。

续志较前志增设的卷目有环境保护、经济体制改革、建筑业房地产业、居民生活、精神文明建设5编。

分解的卷目有交通储运邮电编分解为道路交通、邮政电信电力2编；水利电力编分解为水利编（电力与邮政电信合编）；财税金融编分解为金融业、财政税务2编；党派、群团2编分解为中国共产党地方组织、民主党派人民团体2编；政权政协编分解为人民代表大会、人民政府、政治协商会议3编。

续志篇目调整或增或减、或并或分、或改或移，均以突出时代特色和地方特点为基点，以体现以人为本为理念，以符合形式逻辑为原则，形成比较严谨、科学的篇目体系，为全面、客观、真实地反映北辰区情提供了切实可行的架构平台。

首修《北辰区志》设32编，属中编体式；续修《北辰区志》设36编，属小编体式（依笔者分，15编以内为大编体，16～35编为中编体，36编以上为小编体），从接续前志考虑，仍按自然环境、基础设施、经济、政治、文化、社会、人物七大部类（暗隐）编排，符合中国地方志指导小组《地方志书质量规定》中关于志书内容涵盖七大部类的要求。

续志主编力求回归传统的编纂理念，尤值得肯定和赞赏。各大部类设编比率和所占篇幅比率的平衡性，是衡量一部志书篇目设计是否合理、内容记述是否妥帖的标尺之一。二轮续志开展以来，研究各大部类设编比率和占篇幅比率的文章日渐减少，强调突出个性、突出特色的文章日趋增多。笔者以为，突出个性、突出特色固然重要，但任何事物都有个度数的把握，志书质量的标尺并非一种，就像一个人的身体，有身高、体重，五官是否端正，身体各部位是否协调，等等，志书质量是全面的考量。北辰区的两轮志书七大部类划分均以暗隐的形式，且排序相同，体现续志接续前志的连续性。

从四大部类（笔者为方便比较，将自然环境与基础设施合为一类，文化、社会与人物合为一类）篇目占比来看：前志总设32编，自然环境与基础设施部类7编，占32编的21.9%；经济部类10编，占31.3%；政治部类8编，占25%；文化、社会与人物部类7编，占21.9%。

续志总设36编，自然环境与基础设施部类8编，占36编的22.2%；经济部类10编，占27.8%；政治部类9编，占25%；文化、社会与人物部类9编，占

25%。

四大部类所占编数相较，续志自然环境与基础设施部类比前志增加 1 编，占全志的百分比提高了 0.3 个百分点。前志经济部类设 10 编，占全志总编数的比率近三分之一；续志设卷数亦为 10 编，但由于全志编数增加，较前志降低 3.5 个百分点，扭转了首轮志书经济部类设篇比重过多的弊病（这亦为首轮志书较为普遍的通病，并非前志独有）；续志政治部类比前志增加 1 编，但二者所占百分点相同；续志文化、社会与人物部类比前志增加 2 编，提升 3.1 个百分点。续志四大部类在一级篇目的占编比率较前志更趋合理。

二、部类篇幅配置得当，展示文化之志品位

志书篇幅的控制，一定要量化，分解到各个类目，合理布局，有的放矢，唯此才能把住篇幅控制这一关。续志在控制篇幅上做得恰到好处，值得借鉴。从首、二轮两部《北辰区志》各部类篇幅比较可见端倪。

前志总页码为 1250 页，各部类篇幅占比分别为：概述、大事记 84 页，占页码总数的 6.7%；自然环境与基础设施部类 224 页，占 17.9%；经济部类 376 页，占 30.1%；政治部类 246 页，占 19.7%；文化、社会与人物部类 242 页，占 19.4%；志尾部分 68 页，占 5.4%。

续志总页码为 1151 页，各部类篇幅占比分别为：总述、大事记 28 页，占页码总数的 2.4%；自然环境与基础设施部类 218 页，占 18.9%；经济部类 274 页，占 23.8%；政治部类 253 页，占 22%；文化、社会与人物部类 292 页，占 25.4%；志尾部分 138 页，占 12%。

续志几大部类占页数相较，总述与大事记占页比首轮志书降低 4.3 个百分点；自然环境与基础设施部类增加 1 个百分点；经济部类降了 6.3 个百分点，由几近三分之一降到不足四分之一；政治部类增加 2.3 个百分点；文化、社会与人物部类提升 6 个百分点；志尾类提升 6.6 个百分点。

从续志各部类篇幅占比情况看，较前志优化许多，经济部类大幅度压缩，文化部类与社会部类显著提升。四大部类最大相差比率由前志的 12.2%（经济 30.1% 与自然环境和基础设施 17.9% 之比差），续志降至 6.5%（文化、社会和人物 25.4% 与自然环境和基础设施 18、9% 之比差），各部类篇幅更趋平衡协调。四大部类占页数，文化、社会与人物部类跃居首位，占志书篇幅四分之一强，较前志大为增加，改变首轮志书经济部类唱主角戏的弊病，还原志书“文化之志”的乡邦文献品质；经济部类占页数退居第二位，篇幅由前志的几近三分之一降到不足四分之一；三为政治部类，占五分之一稍强；四为自然环境与基础设施部类，占不足五分之一；志尾部分增加 1 倍余，与增设专记篇弥补前志遗漏内容和附录增加新内容有关。总体来看，志书各大部类所占篇幅基本求得平衡，各得其所。

志书要精编，篇幅须控制。笔者曾征求过国内多位方志专家学者的意见，大家普遍以为，县级志书控制在 150 万字左右、以一册书装帧最为理想，地市级志书控制在 300 万字左右较为适宜。作为通纪体志书，记述一般均要追溯事物发端，且记述时限长达数千年，志书篇幅适当拉长一些情有可原。首轮志书编纂，中指组虽有限定县、市志书篇幅的一定之规，但实践证明似有偏紧之嫌。二轮续志开启之后，中指组未对三级志书的篇幅作具体数量规定。正基于此，二轮续志篇幅出现膨胀之势，过分强调志书的资料性价值，忽略志书的著述性本质，县级（包括县级市、区）续志动辄二三百万字，地市级续志普遍达四五百万字，七八百万字也并不鲜见，省级志书绝大多数超过五千万字，上亿字的亦不在少数，篇幅不受控制，形同脱缰的野马，无限制地拉长，使志书成为束之高阁的“艺术品”，令人望而生畏。笔者以为，志书的功能，资政、教化是第一位的，首先要服务当代，存史是第二位的，惠及后世是随着时间的推移才会逐渐显现出来。二轮续志多为断代体，记述时段亦仅 20 年左右，同首轮志书记述时段相较，相去甚远，故其篇幅理应有个合理的控制数额。篇幅的拉长，并非与质量成正比。志书要成为可读可用之书，篇幅的控制理应提上议事日程。续修《北辰区志》约 210 万字，较前志增加 10 万字，但由于采用国际标准 16 开版式（889×1194mm），页码较前志减少近百页，仍控制在一本书之内。

三、图表运用量多面广，达到图文并茂较佳效果

在笔者见到的新编志书中，续修《北辰区志》是运用图、表最多的一部志书。首轮《北辰区志》为黑白印刷，内文无照，仅插有 7 幅示意图；设表 208 幅（占 234 页、约 36 万字篇幅，占全志 200 万字篇幅的 18%），编均 6.5 幅。续修《北辰区志》全志约 210 万字，内文共配图片 731 幅，其中照片 462 幅、示意图 76 幅、地图 13 幅；每万字用图 3.4 幅，每编平均用图 20.3 幅；若每幅图占版面平均按 300 字计、图片折算文字量达 22 万字。占全志篇幅的 10.5%。

编者重视图片的运用可见一斑。除示意图多数采用通栏版式外，其余绝大部分照片均占宽 8cm× 高 5cm 的版面面积，照片画面清晰度恰到好处，版面编排注重突出视觉效果，根据画面内容合理配置，幅面大小各得其所，照片与文字配合密切，美观大方。正因为志书采用全彩印技术，特别是通过编者的精心运作，使图片的真实性、直观性、可读性等功能得到充分发挥，文图相彰的做法得以施展，进而使志书达到图文并茂的理想效果。

表是志书体裁的一种，是志书的辅助组成部分。表格是一种简洁的表现形式，既节省版面，又便于比较。中国地方志指导小组《关于第二轮地方志书编纂的若干意见》（十四）：“表格设计应当科学、规范，内容要素齐全，形式清晰美观。”《地方志书质量规定》第三章体例第十一条体裁（六）表：“设计合理，要素齐全，内容准确，不与正文简单重复。”

首轮《北辰区志》内文设表 208 幅（占 234 页、约 36 万字篇幅，占全志 200 万字篇幅的 18%），编均 6.5 幅。续修《北辰区志》全志共设 36 编，每编均配置表格，全志用表 307 幅，每编平均用表 8.5 幅，表占页 167 页（30 万字篇幅），占全志篇幅的 14.3%。其中列表 10 幅以上的有 13 编，从多到少依次为：工业编 28 幅、教育编 18 幅、政区编 17 幅、人口编 17 幅、经济综述编 15 幅、水利编 14 幅、农业编14幅、自然环境编12幅、经济行政管理编12幅、环境保护编11幅、人事劳动与社会保障编11幅、体育编10幅、居民生活编10幅。是志表格面多量广，设计规范，制作精细，年度连贯，要素齐全，详细反映事物的发展变化，起到了“一表胜千言”和辅助正文的作用。

续志配置图、表若两项合并计算，图、表总数为1038幅，每编平均用图、表28.8幅，每万字配置图、表近5幅；图表占全志篇幅的24.8%，几近四分之一。图、照、表共用，既深化了志书记述的深度与广度，又增强了志书的可读性。

四、重点篇章潜心打磨，显现北辰地域特色

一部优良的志书，并非每个分志都能出类拔萃，而是在突出地方特点和时代特色的重点篇章上要下足功夫，尽量出彩，体现出该志区别于他志的亮点。就像中国地方志学会学术委员王广才先生提出的“明月高照、繁星满天”，既有重点，又兼顾一般，全面、系统地反映一地的地情，才能称得上是佳志良作。是志编者深谙其道，在这方面表现得尤为突出，从篇目设置中即可窥见其端倪。

该志突出时代特色的有环境保护、经济综述、经济体制改革、精神文明建设、居民生活等编，服务业编中的仓储物流章，中国共产党地方组织编中的重要决策章，人民政府编中的重要施政章，人事劳动与社会保障编中的社会保障章（设养老保险、失业保险、医疗保险、工伤保险、生育保险、最低生活住房保障、城乡居民最低生活保障7节），科学技术编中的信息技术应用章。

突出地方特点的内容多体现在章一级标题上，如农业编中的一村一品章（设专业村选介、特色农产品2节）；工业编中的科技园区章（设园区建设、招商引资、科技创新、园区管理服务4节）；商业编中的流通市场章〔设固定资产投入、集贸市场、商场超市、连锁（加盟）店专卖店、商业街商业中心、专业市场7节〕；服务业编中的旅游业章（设工业游览、农业生态旅游2节）；文化编中的“天穆杯”全国小品展演章（设发展演变、媒体宣传、剧本征集、展演成果4节），历史文化遗产章（设物质文化遗产、非物质文化遗产2节）；专记篇中的塌河淀小考、北辰人民革命斗争史略、北辰区知识青年上山下乡运动；附录篇中的媒体看北辰等篇章。《北辰区志》在篇目设置上下了大力，也可称之为志书中的亮点，基本达到志书篇目详今略古、重记当代、突出特色的要求。

在重点篇目上试举两例：一是精神文明建设编。精神文明建立编，既是彰显时代特色的具体体现，同时也是记述贯彻党中央“三个文明一起抓”方针在各地的具体落实情况，这在二轮修志中已形成普遍共识，也是反映时代特色的重要篇章。改革开放以来，社会风气日渐颓废衰微，传播正气，资政育人，志书就要承担起社会责任，大力宣传正能量，发挥教化、育人的功能。现志书精神文明建设编放在社会部类的首位，共设文明农户创建、文明小康村镇街道创建、其他创建、思想道德教育、军民共建、“四下乡”、 感动北辰文明人七章（23节），用28页篇幅（全志36编，编均页码27.9页），配置3幅表格、31幅照片，采用面、线、点三结合的记述方式，反映了改革开放31年间北辰区在精神文明建设上取得的成就，内容充实，有面有点，比较全面。这一编立得好，是志书的亮点之一。精神文明建设编的重点，放在“点”的记述上，体现出编者独到的眼光。

再如，该志的居民生活编亦写得很有特色，居民生活编共设居民收入、居民消费、饮食、服饰、居住出行、家用器具、休闲养生美容等七章（18 节），用 42 页篇幅（为编均页码的 150%），配置 10 幅表格、图 69 幅（照片 38 幅、示意图 31 幅），是 36 编分志中运用图最多的 1 编，另设附记 3 篇，图文并茂，可读性较强，形成志书中的一大亮点。续修《北辰区志》的编纂实践证明，拓展居民生活编的记述深度与广度还是大有潜力可挖。改革开放成果丰盛、经济与社会取得翻天覆地的变化，提出“三个代表”重要思想和科学发展观，以人为本，民富国强，实现国民经济翻两番，人民基本达小康的盛世伟业。志书所记述的经济及社会各业的发展，最终还得体现在人民生活上面。这既是共产党的终极奋斗目标，也是国家发展的最终目的，就是要让人民生活得更幸福。“居民生活”单独立编，这在二轮续志编修人员中基本形成共识，而且在记述的深度与广度上，创造出许多成功的经验。写好“人民生活”编，重点要结合本地地情，深挖资料，写得生动丰满一些。总而言之，要舍得对重点篇章下功夫。是志的“居民生活”编交出一份令人满意的“答卷”。

五、内文、志尾分别设“附”，资料挖掘较有深度

该志附记篇总字数 166600 字，篇均 6170 字，最长的 28600 字，最短的 440 字；附记区别于正文，改排为大五号仿宋体；设附记最多的编有 11 篇，少者 1 篇。附记的文字量虽仅及全志的 4.5%，却延伸和拓展了内容记述的深度与广度，增强了志书的利用价值。

该志在 15 编正文中增设附记 70 篇（另志尾《专记》篇设附录 5 篇），占全志 36 编的 42%；具体情况如下：环境保护编设《同生化工厂工艺废气污染及固体污染物状况》《北仓镇创建全国环境优美镇相关指标完成情况》2 篇，城乡建设与管理编设《北仓镇总体规划》《北辰区级道路选介》《北辰公园记》3 篇，道路交通编设《外环线竣工碑》1 篇，邮政电信电力编设《双街镇电话、移动电话拥有量变化情况调查》1 篇，工业编设《天士力集团技术中心及博士后工作站》《天津七所高科技有限公司》2 篇，金融业编设《会计服务室管理单位》1 篇，财政税务编设《土地违法案例》《商标专用权质押贷款》《维护消费者权益案例》3 篇，经济行政管理编设《区内征集的勤政廉政警句箴言》《优秀宣讲员王玉恩》2 篇，政治协商会议编设《江泽民同志视察宜兴埠蔬菜基地（口述历史节录）》1 篇，政法编设《速破抢劫加油站案》《速破盗窃金店案》《金融诈骗案例》《立新园林场》《北辰区重大火灾案例》《北辰区交通事故典型案例》《渎职犯罪案例》《开展“坦检”活动，深挖犯罪》《法医鉴定案例》《笔迹鉴定案例》《460 万元诈骗案》11 篇，文化编设《“天穆杯”图标》《利用档案实例》2 篇，卫生编设《北辰医院抗震救灾医疗队》《北门医院组建医疗小分队参加四川抗震救灾》《医疗事故鉴定案例》3 篇，体育编设《天穆摔跤柔道搏击体育俱乐部》1 篇，精神文明建设编设《天津北辰区“五个一”建设提升乡村文明建和谐农村》1篇，居民生活编设《农民从业收入专项社会调查》《2009年12月31日10元人民币的等价商品》《家庭消费专项社会调查》《1979—2009年双街镇住房情况》《双街乡沙庄村居民主要家用电器拥有情》5篇。另志尾《专记》篇设附录5篇，分别为《回忆和烈士安幸生一同生活的日子》《津委会听取佐中侠同志汇报后对津郊工作的意见（节选）》《天津特别市政府警察局为在天齐庙与我军队战斗情形事呈天津特别市市长周迪平文（1945年9月5日）》《天津特别市政府警察局为在天齐庙与我军队战斗情形事呈天津特别市市长周迪平文（1945年9月6日）》《天津特别市政府指令》。续修《北辰区志》附记内容涉及面较广，或经济建设中的重大成就，或关系民生的社会调查，或改革开放中的新生事物，或社会生活中的事件纪实，或单位、人物简介，或警示后人的重大案件，等等，体裁多样，反映地情全面系统，资料挖掘既有广度又有深度，地方特色浓郁，从不同视角展现北辰区人民的奋斗足迹，使附记的功能充分得以展现。

是志除随文设附外，在志尾还设有附录篇，列有文存、党和国家领导人题词题字、荣誉表、媒体看北辰等五项内容。插文附记与志尾附录篇的运用，拓宽事物的记述面，收到了较佳效果。

六、人无完人、志无完志，些许商榷仅供参考

志稿的优长之处不止上述几点，只是这几点比较突出而已，这也是我的一孔之见，诸多优长还有待众人评说。下面就阅志有感而发，提几点不成熟的意见，与同行共同探讨。

（一）凡例　一部志书的质量如何，凡例亦担当者重要的责任。凡例出毛病，易引起读者对志书质量产生怀疑。凡例是一部志书的编纂纲领。凡例突出的特点是法则性、条理性，中心内容是对编纂体例作出统一规定和理论说明，主要功用是使编纂者有法则可依，有规定可循；使读者易于阅读和理解。凡例、目录要与正文相一致。志书定稿以后，凡例、目录与正文一定要严密核对，不得出一丝差错。现志稿凡例与内文还有不一之处。凡例四中有“附录中的专记均为前志补遗”语，而文稿中编排为专记在前、附录在后，各自独立成篇。

凡例八：本志将体现地方特色和时代特征的部分编、章内容作升格处理，如“环境保护”“居民生活”“社会风俗”“精神文明建设活动”“科技园区”“‘天穆杯’全国小品展演”等。是条中似有两处不确。其一，首轮志书中即有“风俗”编，为民情风俗的简称，在首二轮志书中绝大部分均作为一级篇目对待，只是名称有异罢了。中指组《地方志书质量规定》第四章内容第十三条“（六）人民生活、人事和劳动社会保障、民政、民族、宗教、风俗、方言等”，该条指的是志书七大部类中社会部类应立的大类，明显将“风俗”列为一类。所以，凡例八条中将社会风俗列为升格处理内容不准确。其二，该条中有“精神文明建设活动”标题，与目录和正文中的“精神文明建设”不一致，多了“活动”二字，应删。

凡例十六：本志采用公元纪年，其中未标明年代的世纪，均指20世纪。是条表述不确，似可改为，“本志采用公元纪年，其中未标明世纪的年代，均指20世纪某某年代”。

（二）标题 第五编“城乡建设与管理”，“与管理”三字累赘不洁，可删。第六编“道路交通”，交通是“父”，道路是“子”，既有父子同堂之嫌，又犯内容重复之弊，改为“交通”更为恰切。

第十九编“中国共产党地方组织”，“地方组织”四字累赘不洁，可删。似改为“中国共产党”较为妥切。志书标题中不宜加“地方”二字。分志各级标题受志书名称统辖，志书名称即志书的顶级标题，省市县三级地方志书均难脱此窠臼。加“地方” 二字，破坏或损害了志书各级标题的统一性、严谨性、科学性。上下级标题简称要一致。篇目标题简称的一致性，是志书炼句行文科学性、严谨性的重要表现之一。如中国共产党地方组织编第一章“党员和党代表大会”，与第二节“党代会代表”标题简称不一致，节名标题简称符合“精练、简洁”之标准，该编的章题均应向节题靠拢，章题似应改为“党员和党代会”较为恰切；同时该章第三节“党代表大会”亦应一致改为“党代会”。与此同类的如人民代表大会编，第一章“人大代表”，第四章“人大常委会主要工作”简称法一致，“人民代表大会” 简称“人大”恰切、准确。第二章“代表大会”似可改为“历届人代会”，属下节题依次改为“八届”至“十五届”即可，节题受章题统辖，故节题中的“人代会”（现为“人民代表大会”）有三字可省略。再如政治协商会议编，第一章“政协委员”标题将“中国人民政治协商会议” 简称为“政协”，较之于编名标题“精练、简洁”许多，且为国内上下一致的通行简称，编名标题应向第一章标题靠拢，简称为“政协”，前后一致，似更为妥当；第二章“全体会议”即属下节题名称应与人民代表大会编第二章行文一致；第三章“常务委员会”标题名称，应与人民代表大会编第四章标题将“常务委员会” 简称为“常委会”相一致，同时该章第二节“常委会议”应改为“常委会会议” 似较为恰切。

政治部类分志标题如何制作，在二轮续志编纂实践中存在诸多分歧，标题样式五花八门，或全称，或简称，或全称简称混用，或加“地方”，或不加“地方”，或上级标题与下级标题简单重复和部分重复，或在标题上随意加修饰词和附加语，等等，不一而足。志书标题制作有其规律可循，只要严格把握志书体例，按标题规范化要求执行，达到“简明准确，题文相符”的要求，还是可以做到的。

党派群团机构组织作标题，用简称最为恰当。组织机构制作标题，用简称不用全称，应是志书标题制作的一项基本规则。在我国的社会活动中，许多组织机构都有相应的简称，且这些简称有几个基本特征：一是经过官方认定或认可，在新闻宣传、公文文件等传播中广泛应用；二是得到社会普遍承认，并在语言和文字交流中广泛使用；三是从上至下约定俗成，既简明又准确，不会产生任何歧义；四是标题制作不能短视，目光要放长远一点，编修志书是长久的事业，标题生命力的长短，是衡量用词准确的衡量标准，放在历史长河中加以考量，是否经得起历史的检验。

综上所述，是志中的“中国共产党地方组织”“人民代表大会”“政治协商会议”3编的标题均不符合“简明、准确”之要求，似改为“中国共产党”“人大”“政协” 较为妥切。

依我意，续志相同类目的标题不需要求新求变，而需要规范统一。没有规矩，不成方圆。标题的规范化，并非“千志一面”、削足适履，也非我行我素，自以为是，各唱各的调，而是在修志实践中逐步摸索出既能反映客观实际，又符合志体，且为广大读者认可的标题制作路子。

（三）版面编排　文字版书籍排版以紧密为好为上。珍惜版面是文字书籍应遵循的普遍原则，志书亦不应例外。志书“瘦身减肥”，从版面编排上把关，也算一策。内容与形式的完美统一，才可称得上是一部优秀的志书。从现有志稿看，还有些许改进的余地。

一是标题占行过多，出现有的页码标题“当家”（编首页尤其明显），只见稀疏几行文字，欠严谨、雅观，有浪费版面之嫌。现志稿编题占内文 10 行高度、章题占 7 行高度、节题占 4 行高度，建议分别改为占 5 行、4 行、3 行高度。目题是志书中使用频率最高的标题，现志稿上下均空行、占二行高度，建议上下均不空行、占一行高度即可。

二是大事记的年份标题占内文 4 行高度、建议以目题对待，改为上空一行即可，可节省 2 页篇幅。另，从严谨考虑，连日条题头的前一日期应加“日”字，如“1 月 17—18 日”改为“1 月 17 日—18 日”，诸如此类一并改。

三是三级目题编排有待改进。在方志编纂传统中，有“志书类辞书”之说，作为编章条目体的志书不是教科书，目题加序号不伦不类，笔者一贯反对目题加序号。现志稿一级目题加汉字码，二级目题加括号汉字码，三级目题加阿拉伯数字码，累赘不洁，且有陡增字数之嫌。志书要减少标题层次，目题编排的变通亦是一法，即一级目题另起单占行，二级目题另起空一字接文排，三级目题以暗题形式编排（与正文同字体同字号，尾加句号，与正文接排）。

四是一页中两幅照片采用“齐列式”编排时，照片的宽度最好一致；如画面不允许，则改变排列方式，改为左右错位排列，增加版面美化效果。正文中插示意图 76 幅，多数画面显得大而呆板，似有过度渲染之嫌，尽可能删减一些，且根据画面尽量缩小些，版面似乎会更美观大方一些。

（四）其他　其一，正文设附 70 篇，字体改为仿宋体，与正文相区别以示突出，篇均 6170 字，远大于正文中的条目内容，理应在志首目录中给以标示，现目录中缺失附记标题，既不符合新志的通行做法，同时也减弱了目录的提示、检索功能。其二，志书节下的一级目标题，全志各编要协调、平衡，尽量克服畸轻畸重的弊病。现志稿人物编传略简介章传略节下，一级目分为本籍人物、客籍人物，将传记人物标题排在了二级目位置，似有分级过细之嫌。凡例十二条和人物编传略简介章首小序中已标明传略、简介包括本籍、客籍人物，一级目再分别立题标示，似有画蛇添足之嫌，且无论旧志还是新志，人物传主标题均是以一级目题对待的。

志书中记人的内容，人物传记是最高档次，其他编章所记（立标题）生人事迹，一般均不应高过人物传记的标题档次。现志稿科学技术编科技创新章科技示范户节下 6 人、精神文明建设编感动北辰文明人章文明典型节下 7 人，均列为一级目标题，与人物传记形成反差，标题中的畸轻畸重弊病较明显。同时，在各分志目篇幅的平衡上亦出现不协调现象。如人物编传略“本籍人物” 目下领 30 个子目、13000 字篇幅，“客籍人物” 目下领 26 个子目、9000 字篇幅；简介“本籍人物”目下领 41 个子目、12000 字篇幅，“客籍人物” 目下领 19 个子目、7200 字篇幅，在结构上形成比其他分志的节甚至章的篇幅还大，造成分志间结构的不平衡。其三，目录与正文中的编名标题为“政治协商会议”，正文中的书眉题为“人民政协”；目录中的编名标题为“司法与司法行政”，正文中的编名标题和书眉题为“政法”，相互抵牾。凡例与目录应紧密相连，序言应前置。

总括而言，《北辰区志（1979—2009）》编纂历时八载，“区志办秉承出精品佳志的宗旨，树立修志为用的理念，不断研究和把握地情特色和时代特征，逐步深化对志书内容的理解认识，在创新篇目、深挖资料、客观记述、贴近民生、凝练文字等方面严格把关，狠抓质量”，奉献出一部值得学习、借鉴的精品佳志，无愧于担当北辰区“最重要乡邦文献典籍”的称号。

（原载《北辰语志》，天津市北辰区地方志办公室编，方志出版社 2016 年 11 月）

古州放异彩　志苑添新葩

——读《冀州市志》感言

冀州，乃有华夏第一州之美誉，上古时期山西亦属其版图，品读是志，崇敬之意油然而生。2005年秋，我应邀赴南宫会友，其间曾游览衡水湖，并品尝全鱼宴，此为一游衡水湖；2013年1月参加《武邑县志》稿专家评审会，会后返并途中受《桃城区志》主编之邀二游衡水湖，乘坐游艇荡漾碧波，别有一番情趣。近日收到寄自衡水湖畔的《冀州市志》，欣喜异常，倍感亲切。首轮《冀县志》（1993年版）“因内文有误、印制粗糙被河北省地方志办公室发文禁止发行，要求重新编修”（《冀州市志·编后记》语）。此类事情在山西首轮修志中也发生过，《宁武县志》（1989年版）因附录刊文有误，《岢岚县志》（1990年版）因采用32开本印制，均被山西省地方志办公室发文禁止发行，要求重新编修。此二志在首轮修志期间均重新编纂出版。

知耻而后勇。时隔13年，在二轮续志编修阶段的2006年12月《冀州市志》编修工作启动，在冀州市委、市政府领导下，历经六载，至2013年1月终成卷帙。新编《冀州市志》由冀州市志编纂委员会编，学术指导武铁良，主编常海成，国际标准16开本，分上、下两册，2513千字，2012年10月由方志出版社出版，内文全彩印，装帧典雅大方。是志为大编体结构，前后设卷首、卷末，正文分立五卷。具体排序为：卷首设集束彩图、编纂机构、序言、凡例、机构简称、缩略语，卷首设总述、大事记，卷一设政区建置、自然环境、衡水湖、人口、城乡建设环境保护、基础设施6编，卷二设经济综述、农业、工业建筑业、采暖设备制造业、商贸服务业、金融业、经济综合管理7编，卷三设政党、议会人民代表大会、政府、人民政协人民团体、综合政务、公安司法、军事7编，卷四设教育、科技、文化、艺文、卫生、体育6编，卷五设社会、人物2编，卷末设限外辑要、编后记。《冀州市志》为通纪体，较之于二轮续志多为断代志而言，是志有诸多优势，经过编纂人员的精心运作，从内容到形式都有较大突破，达到了内容与形式的完美结合，跻身于佳志之林。中共中央政治委员、国务院副总理刘延东指出：“要通过学术交流合作，推介高质量地方志成果。”《冀州市志》就是特别值得推介的一部佳志良作。读志有得，寥记数笔，与读者共飨。

一、篇目架构设置合理，地方特色突出鲜明

但凡阅志，先看篇目。篇目设置是否合理，是考量一部志书编纂质量高低的标尺之一。从篇目中，即可看出主编谋篇布局之功力、反映地域特色是否鲜明，并体现出志书的继承与创新。从志书篇目设置的总体来看，是志篇目设置遵循志体，分类科学，层次清晰，各部类占比平衡协调，地方特点与时代特色鲜明，志书的科学性、严谨性得以体现。从志书篇目几大部类占篇与占页对比，即可窥见端倪。是志五卷共设28编，卷一为地理与基础设施，设6编，占28编的21.4%；卷二为经济部类，设7编，占25%；卷三为政治部类，设7编，占25%；卷四为文化部类，设6编，占21.4%；卷五为社会与人物部类，设2编，占7.2%。各部类排列顺序按中指组《地方志书质量规定》的要求，排序合理恰切，尤其是克服了各大部类设编畸轻畸重的弊病，部类间设编数求得平衡协调。

再从志书正文所占篇幅来看，全书正文1170页，其中卷首总述与大事记40页、占正文页码总数的3.4%，地理与基础设施部类231页、占19.7%，经济部类288页、占24.6%，政治部类206页、占17.6%，文化部类134页、占11.5%，社会与人物部类246页、占21%，卷末限外辑要、编后记26页、占2.2%。五大部类占页从多到少依次为经济部类、社会与人物部类、地理与基础设施部类、政治部类、文化部类，篇幅最多和篇幅最少的相差比率控制在7个百分点之内，整体布局尤显得均衡协调。

在二轮续志编修中，人们注重改变首轮志书篇目设置雷同的弊病，强调篇目要突出地方特点和时代特色，而往往忽略各部类设编比率和编与编之间篇幅的平衡协调，畸轻畸重的弊病在不少志书中均有不同程度的表现。一部志书的整体构架，要科学合理、平衡协调，就需要主编在总纂时用宏观视野把握全局，力求各部类设编比率的平衡协调，同时要考虑到编与编之间篇幅（各编在整部志书中的占页比率）的平衡协调，使各部类尽量向编占页平均数靠拢，进而克服畸轻畸重的弊端。是志在这方面做得恰到好处，整体布局给人以美感。

在反映地方特点和时代特色上，《冀州市志》在编一级层次上，采用升格法，在地理与基础设施部类中将“衡水湖”立编、在经济部类中将“采暖设备制造业”立编，体现出“人无我有、人有我优”的冀州地方特色。不同的编中分别增设了诸多体现地方特点和时代特色的章节，在篇目上得以充分展现。在自然环境编1966年地震章，设震前征兆与地震参数、震害灾情、抗震救灾3节，对1966年邢台地震波及冀县这一重大历史事件进行了详细的记载。在基础设施编水务章下，设防洪工程、排洪工程、水井建设、灌溉工程、节水灌溉技术、防汛抗旱管理、水资源管理7节，对关乎国计民生的各项水务事业记录在案。在农业编名优特产章下，设“冀州小椒”牌辣椒、“玉姬”牌姬菇、“五叶”牌绿壳乌鸡蛋3节，对冀州改革开放以来先后创出的3个农业名优特产品进行了突出记述。诸如此类的还有：商贸服务业编中的域外经商章，工业建筑业编中的经济开发区章、重点企业与名优产品章，政党编中国共产党地方组织章中的市（县）委重大决策节、新中国成立后历次重大政治运动节，政府编人民政府章中的施政辑要节，军事编中的抗日斗争章，教育编教师章中的名师录节，文化编群众文化章中的花会节，文化编的民间传说选录章，体育编的武术章，社会编的社会保障章，人物编人物名录章的汉至清代部分名人事迹表略节、民国36年(1947)至新中国成立后1952年部分南下北上干部名录节，等等。是志在篇目的编、章、节三个层次上着力展现特色事物，使篇目的个性更加鲜明，地方特点和时代特色得以充分彰显。

二、述体文字撰写到位，著述性、整体性得到加强

新方志的体裁从志、记、传、图、表、录六体，增加为述、志、记、传、图、表、录七体。述体是新增之体，包括全志之首的“概述”和各编、章之首的无题小序，为增强志书的宏观记述功不可没，亦得到志界同人的普遍认可。同时，述体文字质量之优劣，也成为衡量一部志书成功与否的关键篇章。

《冀州市志》总述篇为浓缩体式，有头有尾，首尾呼应，各部分间用空行分割，起承转合过渡自然。全文 9700 余字，起首段 200 余字，用名片式开头法，首句即点出“冀州市，源于素有华夏第一州之称的古冀州”这一赫赫有名的深厚历史文化底蕴，进而点出是“绵绵两千余载，历尽沧桑，儒风昌盛，商贾云集，是一座历史悠久、底蕴深厚的文化名城”，历史特色得以尽情展现；继而展示“冀州人民承袭悠悠商韵，鼓荡浩浩儒风”所获取的多项荣誉称号，名片效应尽显。叙述内容先古后今，简练成文，吸引读者阅览下文。中心内容分为四大部分。第一部分述地理概貌，6 个自然段 1400 余字，一段述方位、区划、面积、人口、四至、交通，二段述山川地貌、气候、土壤，三段述衡水湖概貌，四段述建置沿革，五段述村庄形成，六段述冀州释名，内容秩序井然，行文简洁流畅，尤其衡水湖概貌与冀州释名两段文字接地气，耀乡梓，彰特色，醒人耳目。第二部分述革命斗争传统，6 个自然段 1400 余字，夹叙夹议，由古及今，重点叙述中国共产党领导的抗战历史，真实反映冀州人民百折不挠、英勇奋斗的革命精神，特别是将日军暴行记录在案，体现出编者对志书功能的高度认知和志人的历史责任感。第三部分述新中国成立以来经济与社会取得的巨大成就，20 个自然段 5760 余字，以“农业生产全面发展”“工业经济迅速崛起”“商贸服务繁荣兴旺”“千年古城焕然一新”“新农村建设开创新局面”“社会事业趋于完善”“重教传统卓然光大”“悠久文化再现辉煌”“钟灵毓秀人才辈出”立题，分述农工商业、城乡建设、社会各业、崇文重教、悠久文化、杰出人才等八个方面的发展变化。该部分为全文的重点，篇幅占到五分之三，除崇文重教、杰出人才古今皆记外，其余六个方面突出记述新时期改革开放带来的巨大变化，使读者对冀州人民取得的骄人成绩赞羡不已。第四部分述优劣之势，4 个自然段 670 余字，分列“以人为本，凝聚发展力量”“面向未来，打造特色经济”“开发旅游，重建古郡水城”三个小标题，策论方略，议论精辟，为经济与社会健康发展建言献策，爱乡之情跃然纸上。结尾段不足百字，用展望语作结，与开头段相呼应，完满成篇。

统观全篇，立意新颖，层次清晰，结构合理，特色突出。文辞通畅，主编把握大势大略，将冀州的市貌市情及地方特点与时代特色和盘托出，给读者先睹为快之印象，真正起到了统摄全志的功能作用。

志书的著述性、整体性，在述体文字上表现得尤为突出，故而二轮续志的编纂人员特别重视述体的应用。编首无题序是述体的一种，起源于南宋时期的《赤城志》，其后历代旧志均有运用，首轮新方志虽有应用，但未普及，说明撰写编首序有一定难度；二轮续志编首序应用的普及面有所扩大，写作手法出现多样化。编首序可称之为主编的“自留地”，它即是体现志书整体性、著述性的重要方面，也是展现主编文笔文采的重要场所。利用好编首序这一块“自留地”，对提高志书的整体质量关系甚大。

《冀州市志》各分志之首均设无题序，共计 28 篇，12200 余字；篇均 430 余字；最长的为第九编工业建筑业无题序，全文 1100 字，最短的为自然环境编、金融业编、综合政务编无题序，全文均为 210 字。写长文易，写短文难。编首无题序如何精练成文，确是志书宏观把握的一道难题。然《冀州市志》在这方面做得恰到好处，无题序的文字量按各分志实际而定，均以概括该编内容为主，多数篇章重点放在新中国成立之后，体现出详近略远的记述原则。写法亦呈多样化，如衡水湖编无题序侧重于追本溯源，如经济综述编无题序侧重于用数字反映变化，如农业编无题序侧重于论述农业生产曲折发展原因，如军事编无题序侧重于民国时期的军事斗争，如教育编无题序侧重于褒扬地域崇文重教之风尚，等等。编首无题序内容编排别具一格，或配照片，如衡水湖编、体育编；或配示意图，如工业编、教育编；或示意图、表格同配，如农业编，编排形式并非固定一法，灵活多变，给人以耳目一新之感。这种勇于创新的做法，无疑为续志编纂开辟出一条新的途径，不仅为二轮续志、也为三轮续志提供可资借鉴的宝贵经验。

三、随文设附量多面广，拓宽资料的深度与广度

随文设附，是修志的重要手段之一，它可拓宽资料记述的深度与广度，使志书内容更加充实丰满，在笔者阅览的多部河北二轮市县志中多用此法，屡试不爽。

《冀州市志》亦遵循此道，精心选取了 53 篇附，共有 21 编设附，占到全志 28 编的 75%；附体文字共 72500 字，篇均 1370 字；千字以上 30 篇，不足千字 23 篇，最长《冀州村庄数量的变迁》4280 字，最短《宋氏三皇炮捶赵家庄代谱》300 字。附体的编排，采用紧跟相关类目的方式，分放于各编之中。附的称谓有三种：

一曰“附录”、计 6 篇，内容为新闻报刊、文集、文件等原始文稿的原文照录，有农业编的《看机器割麦子》，综合政务编的《对失地农民的补偿安置办法》，公安司法编的《清代〈冀州联庄之法〉》，人物编的《李力小传》《又一位抗日老战士走了》《冀县抗日政府呈及冀南区第五专员公署指令（影印件）》。

一曰“附”、计 5 篇，内容为记述抗日战争时期日伪有关组织机构的篇章，有政区建置编的《抗日战争时期冀县日伪政权》，政府编的《冀县日伪公署》《冀县伪新民会》，公安司法编《日伪政权警务机构》，军事编《抗战时期日伪武装》。“附”与“附记”同属于编者撰写内容，为与正面“附记”内容相区别，将反面“教材”降格为“附”处理，如此细微的差别，体现出编者对此类内容鄙视与唾弃的历史观，以及对志书体例的灵活应用。

一曰“附记”、计 42 篇，此为附体的大宗“产品”，占到 53 篇的五分之四，有政区建置编的《冀州名称渊源考》《冀州市域插花村》《冀州村庄数量的变迁》《冀州市域古村落》，自然环境编的《北小魏橡胶坝》《1963 年冀县人民抗洪救灾纪略》

《1998—1999年北漳淮乡三次风雹灾情调查》《国务院总理周恩来1966年视察冀县地震灾区纪实》，人口编的《明初移民渊源考》《春风实业集团有限责任公司外来务工人员调查》，城乡建设环境保护编的《城市建设铸辉煌》《北内漳村新农村建设调查报告》，基础设施编的《106国道靓化工程》《冀州市电网改造纪实》《上将李希林为家乡修路、打井、办学校》，农业编的《民营洪杰农场》《与村庄同庚的马瓦窑村古槐》《省级林木种苗示范基地》《耕耘冀衡农场的国际友人——韩丁》，工业建筑业编的《土法淋盐制硝工艺》，采暖设备制造业编的《全国优秀农民企业家春风实业集团创始人——杨振林》，商贸服务业编的《河北旭日集团有限责任公司简介》，经济综合管理编的《1985—2006年冀州市农民收入调查报告》，政党编的《河北省立第六师范学校革命活动纪略》，公安司法编的《皮村“12·9”反革命杀人案》《新中国成立初期冀县取缔反动会道门》《经济犯罪案件特点》《青少年犯罪及防范》，军事编的《冀县民兵参加解放永年战斗》《日本侵略军在冀县制造的部分惨案》，教育编附《柳长远办学始末》，文化编的《幼儿舞蹈“拉大锯”晋京记》，卫生编的《民间名医石随圣》《人民的好医生——吴殿华》《杏林园丁吴玉山》《2003年抗击“非典”纪实》，体育编的《京都会友镖局》《宋氏三皇炮捶赵家庄代谱》《民国18年（1929）冀县武术表演》《冀县首届农民运动会》，社会编的《〈尚氏族谱〉编修轶闻》《冀州市烈士陵园》。附记的内容涉及面较广，或经济建设中的重大成就，或关系民生的社会调查，或改革开放中的新生事物，或国家领导人视察纪实，或重要史料考辨，或社会生活中的事件纪实，或单位简介，或典型人物的典型事迹，或警示后人的重大案件，等等，且体裁多样，反映地情全面系统，资料挖掘既有广度又有深度，地方特色浓郁，进而使志书内容记述丰满，有血有肉，从不同视角展现冀州人民的奋斗足迹，使附记的功能得以展现，志书的可读性和资政、教化、存史价值得到显著提升。

四、图表配置精心谋划，图文并茂得以展现

图文并茂成为志书刻力追求的目标之一。首轮志书在照片的应用上创造出许多成功的经验，值得续志依傍；但受各种条件的制约和限制，照片的应用并不广泛，尤其是正文插图普遍偏少，难以达到图文并茂的理想效果。志书是时代的产物，随着时代的进步而进步。进入21世纪，全彩印志书逐渐走进人们的视野。作为一地域官修的最重要乡邦文献，理应跟上时代的步伐，体现当代的印刷水平，应是情理中事。《冀州市志》为全彩印志书，编者充分利用这一有利条件，在图表应用方面下足了功夫，进而收到较佳效果，给人以耳目一新的感觉。

是志卷首配集束彩图11页、照片38幅，页均3.45幅；照片分列滨湖公园、城市公共建筑、工业、农业、文化设施、文物、文体活动等内容，占页虽少，但照片选择精细，配置精当，画面精美，编排精致，立足反映冀州新时期的各业风貌，地方特点和时代特色鲜明。其后另配地图3幅，行政区划图、城区图均为8开幅面，交通区位图16开幅面，根据地图内容安排版面，图内文字清晰，便于读者浏览。

内文全彩印志书配置卷首配集束彩图插页，占页数以少而精为要，是志编者交出了一份令人满意的答卷。

首轮市、县两级志书内文多为黑白印刷，照片应用不甚广泛，手绘插图则较多；二轮全彩印志书逐渐增多，照片应用普遍得到重视，然手绘插图则日渐稀少。《冀州市志》则非是，内文插图形式多样，根据内容需要，照片、地图、示意图、手绘插图等多种图体同步应用，且量多面广、精彩纷呈，展示出别样的风致。照片以彩照为大宗，形象直观，文图相彰；地图古今结合，彩色、黑白共用，展示精要；示意图制作精细，体现事物发展变化，一目了然；手绘插图形象描绘，烘托氛围，图体应用在二轮志书中达到了一个新的高度。是志内文插图为彩色印刷，内文插图 700 幅，其中照片 605 幅、地图 25 幅，示意图 37 幅，手绘插图 33 幅，编均插图 25 幅。如连同卷首集束彩图，全志用图总量达 741 幅，每 10 万字用图量达 29.5 幅。内文插图若以每幅图占版面 250 字换算，占版面 99 页，约占全志总页码 1170 页的 8.5%。图体的版面编排注重突出视觉效果，根据画面内容合理配置，幅面大小各得其所。卷首集束彩图与正文插图的比例配置基本合理。正因为是志采用全彩印技术，特别是通过编者的精心运作，使图片的真实性、直观性、可读性等功能得到充分展现，文图相彰的做法得以施展，进而达到图文并茂的理想效果。

是志应用表格亦有独到之处。全志配置表格 251 幅、合计总占页码约 230 页，占全志 1170 页的 19.7%。除艺文编无表外。其余 27 编均配置表格，少者如采暖设备制造业编 1 幅，多者如人物编 20 幅，配表 10 幅以上 11 编，不足 10 幅的 16 编，编均设表 8.96 幅；五大部类设表的情况依次排列为：经济部类 77 幅、占表格总数的 34.7%，政治部类 60 幅、占 23.9%，文化部类 53 幅、占 21.1%，地理与基础设施部类 49 幅、占 19.5%，社会与人物部类 20 幅、占 8%。每万字设表 1 幅。根据内容需要酌情配置，立足反映主要事物的主要方面的主要数据。表格编排或半栏，或通栏，或两折栏，或三、四折栏，式样灵活多样，根据节约版面的总体要求精心谋划；同时，表格均以浅色的赤橙黄绿青蓝紫等彩色作为衬底，且每编用同一颜色，美化了版面，给人以赏心悦目之感。

《冀州市志》的编纂实践证明，志书内文全彩印刷较单色印刷具有较大的优势，图文并茂不再是可望而不可即之事，可视性、可读性显著增强，且为志书质量的全面提高提供了强有力的技术支撑。笔者热切期盼更多的全彩印志书面世，反映 21 世纪的编纂印刷水平，为志苑、为社会提供一流的佳志良作。

五、可商榷之处

关于总述篇。是志总述篇确是一篇好文章，多有他志值得借鉴之处。然仔细琢磨，似还有可推敲的余地。一是“总述”与“概述”并无高低贵贱之分，据笔者拙著《新方志“概述”点评》书中粗略统计，首、二轮市县志书 70% 以上均称之为“概述”，“总述”改称“概述”更为恰切，既利于志书相同类目标题的规范化，便于形成合力，也利于向社会宣传、推广、利用志书。一是各部分间用空行分割，似有割裂文气之嫌，且不合作文规矩，去掉空行一气贯通，更显严谨规范。一是第三、四部分所加文内小标题，采用志书正文条目题的编排形式（大五黑另起空一字接文排），与第一、二部分格式不协调，若采用暗题形式编排（与正文同字体、同字号，后加句号），似乎文章更显严谨规整。一是自然段分列似有过细之嫌，如第三部分 20 个自然段，每个小标题下引领或一、二、三段不等，欠协调统一，似乎各占一个自然段为好。一是全文 9700 余字，看一遍须两个小时，似乎有些长了。依我意，县级志书的概述篇控制在 7000 字左右为佳，读者用个把小时即可阅览全文，通晓全志梗概；文长了反而事与愿违。如建置沿革内容有过细之嫌，以点到重要关节点即可；第三部分亦多有可压缩余地。一是语句和标点符号还有些许不确之处，如第一部分建置沿革的纪年“魏文帝黄初二年”语，帝号、年号共用不确，应与大事记“魏黄初二年”记述相一致较为恰切；同段中“域内分设为‘冀县’、‘冀特区’，‘枣北县’、‘枣南县’、‘衡水代八区’、‘束冀县’等” 语，6 个县名加引号多余。第二部分首段中“蒙古兵攻占冀州，‘太平之日少于战乱，中原之俗伴多胡帽。’”语，引语为单句中的部分，句尾句号应在引号之外。第四部分二段中“‘人民是创造历史的根本动力’。”语，单句引语独立成句，句尾句号应在引号之内。一是文中插有“1949 年、1978 年、2006 年冀州市工农业总产值示意图”1 幅，笔者以为，概述是一篇完满文章，不需要示意图、照片、表格等体裁帮衬，加插图表不利于读者一气读尽全文，反而容易打乱阅读思路，影响阅读效果。

关于目录编排。是志在目录之前增设“要目”，无疑是方便读者之举，值得肯定。是志分为上、下两册，上、下册分别设置各册目录，全志缺一统一完整的详目，似乎有所欠缺。作为用纸质做媒介的志书，无论是单册还是多册，集中排列全志详目是不可或缺的一项内容。一志多册的志书，仅有分册目录是不够的，应集中刊载全志的详目，使读者在一册书中即可查阅全志的详目，既符合一书多册的目录编排规则，又便于读者仅在一处即可浏览全志的条目内容，省却移书翻检之劳；若是多册同时出版，第一册应刊载全志的详目，其余各册刊载各册的详目；若是各册分期出版、且第一册无法编排全志详目时，则应在最后一册出版时刊载全志的详目，一般放在该册志书的尾部。此为国内出版界的通行规则，志书亦应一体遵循。志书编排英文目录，首轮志书较少、二轮较多。笔者以为，志书走向世界是大趋势，但外国人要阅读中文志书，只有懂得中文才行，详目排英文目录意义不大，从志书瘦身角度考虑，似可将“要目”采用中英文编排较为合理，即中文、英文各占一个页码，既美观大方，又节约篇幅。

关于标题制作。仔细推敲，是志个别标题还有修改的余地。其一，志书标题中不宜加“地方”二字。作为省、市、县三级地方志书，书名即标名为“某某省志”“某某市志”“某某县志”，即按中指组颁发的《地方志书质量规定》要求，将志书所记内容框定在一定地域之内。不越境而书，已成为地方志书铁定的法则。分志的各层级标题均不应再标“地方”二字，不论自然、经济、政治、文化、社会等部类的分志，均以志书名称限定在一定地域之内，标题名称中出现“地方”二字，实属多余，似有画蛇添足之嫌。加“地方” 二字，破坏或损害了志书各级标题的统一性、严谨性、科学性。政党名称作标题，加“组织”二字也不甚妥当，如“总工会”“妇联”“共青团”也都是组织，为何它们不加，仅“中国共产党”和“民主党派”要加？只有去掉“组织”二字，全志的篇目标题才能统一。如是志政党编中的“中国共产党地方组织”“中国国民党地方组织”章题似可改为“中国共产党”“中国国民党”更为恰切；议会人民代表大会编人民代表大会章中的节题名称“人民代表”不确，似可改为“人大代表”较为恰切。“人民代表”是一个很宽泛的概念。“人民”是一个政治概念，泛指拥护宪法的各阶级、各阶层和各人民群众团体、组织。凡是能代表一方面的人民群众的，都可以称为“人民代表”，而不需要按国家法律程序产生，也没有相应的法定职责。“人大代表”是“人民代表大会代表”的简称，是一个特定的概念，是对一种专门职务的特称。人大代表当然是人民的代表，但不宜简单地直接称为人民代表，二者不能混为一谈。此类问题并非《冀州市志》独有，在二轮志书中多见，似应改正过来。其二，上下级标题重复。如文化编第七章的章题与节题存在上下级标题重复的弊病，章题为“广播电影电视报刊网站”，节题“广播”“电影”“电视”“报刊”“网站”， 章题仅为节题的结合体，二者并非种属关系。似可改为“传媒”较为妥切，种属概念明确。处理分志上下级标题之间的关系，必须遵循形式逻辑与辩证逻辑相统一原则，全盘考虑，妥善安排。形式逻辑要求划分门类和层次须遵循概念的划分原则。即划分门类必须是从同一属概念中划分出若干个并列的种概念；在划分层次中，其上一级概念必须是下一级概念的属概念，下一级概念必须是从上一级概念划分出来的最近种概念。这些逻辑原则是在标题设置过程中所必须遵循的，否则分志的整体结构就会缺乏逻辑层次，造成记叙秩序混乱，给读者检索和使用志书带来诸多不便。其三，目题不宜加序号。是志的目题标法统一加序号一二三……，子目题加序号（一）（二）（三）……，孙目题加序号1、2、3……。志界有志书类辞书之说。无论是类目体、章节条目体，还是纯粹条目体，条目都是最基本的记述单元。条目标题的编排方法基本形成共识，一级目题一般均为另起单占行，用黑体标示；二级目标题另起接文（空一字）编排，用楷体字标示；极少数设三级目题的，就把二级目标题用黑体标示，三级目标题用楷体字标示。传统的志书排版，目题不居中排，新方志首、二轮绝大部分均依此办理，并形成共识。志书以类横分，条目无先后顺序之别，标上序号反显累赘，同时也不利于检索。既加序号，序号已入标题范畴，不利于作志书索引，目题序号纯属多余。举个简单的例子，志书《人物传》中的人物标题属于条目一级标题，若加序号，岂不让人笑掉大牙。这个例子虽属绝对，但能讲明一个道理，即志书中的条目标题加序号显得不伦不类，条目标题还是不加序号为佳。

关于精神文明建设如何记述的问题。是志未立精神文明建设编，只在社会编设了“精神文明创建”章，下设文明创建活动、文明城乡建设2节，占2个页码，似乎觉得分量不足。精神文明建设立编，是二轮续志时代特色的具体体现，同时也是记述贯彻党中央“两个文明一起抓”方针在各地的具体落实情况。即使是通纪体志书，详近略远、重记当代亦是应遵循的编纂原则。精神文明建设立专编，笔者以为不可或缺，仅设章节显得层级太低，难以体现精神文明的方方面面。立编的名称，还是称之为“精神文明建设”为佳，精神文明创建只属于精神文明建设中的部分内容，它难以涵盖精神文明的全部内容，有以偏盖全之嫌。精神文明建设编的位置，应放在文化部类之首，亦如经济综述编引领经济类各分编一样，让精神文明建设编引领精神文明涵盖的思想、文化两方面的内容，力求全面反映精神文明建设的进程与现状。

上述仅是笔者对是志总述篇的认识与理解，不妥之处还望批评指正。

总括而言，《冀州市志》优长还有许多，难以尽表，留待他人评说。是志确是一部充满创新精神和开拓气息的志书，为强化志书的“资治、教化、存史”功能，做出了较为成功的探索和努力，取得了令人满意的效果。编者的实践经验告诉我们，创新出质量，创新出精品，只有创新，才能出名志佳志。是志的成功经验值得借鉴与推广。

（原载《河北地方志》2016 年第 6 期）

宏观把握彰特色　细微之处见真功

——《任丘市志（1988—2008）》读后

每每拜读河北省新编市县志书，多给人以惊喜与启迪。近日收到寄自白洋淀湖畔的《任丘市志（1988—2008）》，是志由任丘市地方志编纂委员会编，主编马向齐，方志出版社 2016 年 4 月出版，国际标准 16 开精装本，1865 千字，内文插照为彩印。抽暇细阅全志，深感其体例完备，结构合理，诸体并用，宏微兼记，内容丰富，文辞简约，多有创新及可圈可点之处，可称得上是一部编纂上乘的续志佳作。

一、篇目设置科学合理

是志篇目设置遵循志体，分类科学，层次清晰，各部类占比平衡协调，地方特点与时代特色鲜明，志书的科学性、严谨性得以体现。

但凡阅志，先看篇目。篇目设置是否合理，是考查一部志书编纂质量高低的标尺之一。从篇目中，即可看出主编谋篇布局之功力、反映地域特色是否鲜明，并体现出志书的继承与创新。《任丘市志（1988—2008）》是 1993 年版《任丘市志》的续志。二轮续志为续志体（俗称“断代体”），记述的重点以当代为主。续志所记述的时段，正是我国实行改革开放的新时期。这一历史时期，改革开放是主线，经济建设是中心，新生事物层出不穷。续志就需要把握时代发展的脉搏，用新视野、新观点来设计篇目。《任丘市志（1988—2008）》篇目设置，以突出时代特色和地方特点为基点，以体现以人为本为理念，以符合形式逻辑为原则，形成比较严谨、科学的篇目体系，为全面、客观、真实地反映任丘的市情提供了切实可行的架构平台，也为续志编纂质量的提高得到有效保证。编纂实践证明，篇目设置是志书的重要环节。是志编者吸取首轮志书的经验，结合发展变化了的市情，注重接续前志、勾连历史，既有继承又立足创新，使两轮志书篇目前后承接，续志的独立性也得到充分展示。

首轮《任丘市志》由书目文献出版社 1993 年出版，普通 16 开精装，通纪体，上溯事物发端，下限止于 1987 年底，全志 1229 千字；具体篇目为：卷首设行政区划图、市区图 2 幅，集束彩图（24 页、65 幅），序，凡例，目录；正文首设概述，大事记；内设政区建置、自然环境、人口、政党群团、政权政协、基础产业、石油工业、地方工业、农业、商业、财税金融、经济综合管理、军事、文教科技、体育卫生、风俗民情、人物、杂记等 18 编；尾缀本志编修始末、编后话、编修机构人员（名单）。

续修《任丘市志（1988—2008）》具体篇目为：卷首设编纂人员名单，序，集束彩图（23 页、64 幅）、地图 2 幅（行政区划图、城区图），凡例，前志简介，目录；正文首设概述，大事记；内设行政区划、自然环境、白洋淀千里堤、环境保护、城乡建设、水利电力、交通运输邮政通信、居民、中国共产党任丘市地方组织、任丘市人民代表大会、任丘市人民政府、中国人民政治协商会议任丘市地方组织、民主党派人民团体、审判检察、公安司法行政、军事、人事劳动、民政、社会保障、经济总情、经济体制改革、开放开发、综合经济管理、农业、华北油田、地方工业、建筑业房地产业、商贸服务业、金融保险业、社会主义精神文明建设、教育、科技、文化、历史文化遗产、医疗卫生、体育、人物、文献等38编；尾缀附录、《任丘市志》供稿人员名单、编后记。

续志较前志增设的卷目有：白洋淀千里堤、环境保护、社会保障、经济总情、经济体制改革、开放开发、建筑业房地产业、社会主义精神文明建设、历史文化遗产10编。

分解的卷目有：政党群团编分解为中国共产党任丘市地方组织、民主党派人民团体2编；政权政协编分解为任丘市人民代表大会、任丘市人民政府、中国人民政治协商会议任丘市地方组织、审判检察、公安司法行政、人事劳动、民政7编；基础产业编分解为城乡建设、水利电力、交通运输邮政通信3编；文教科技编分解为教育、科技、文化3编；体育卫生编分解为医疗卫生、体育2编。

改变名称的卷目有：政区建置编改为行政区划编（“政区”与“建置”是种、属关系，犯父子重叠之弊）；人口编改为居民编（扩大记述面，体现以人为本理念）；石油工业编改为华北油田编（前志“石油工业”“地方工业”分类概念不一）；商业编改为商贸服务业编（提升服务业地位，显现时代特色）；财税金融编改为金融保险业编（财政、税务移入综合经济管理编单独立章）；杂记编改为文献编（内容更为单一、集中）。

续志篇目调整或增或减、或并或分、或改或移，均以突出时代特色和地方特点为基点，以体现以人为本为理念，以符合形式逻辑为原则，形成比较严谨、科学的篇目体系，为全面、客观、真实地反映任丘的市情提供了切实可行的架构平台。

续修《任丘市志》属中编体式，从接续前志考虑，仍按自然与基础设施、政治、经济、文化、社会和人物六大部类编排。从篇目上看，注重突出地方特点和时代特色的有白洋淀千里堤、环境保护、社会保障、经济总情、经济体制改革、开放开发、华北油田、社会主义精神文明建设等编，二级升格的有居民生活、重要决策纪略、教育改革、科技体制改革、群众文化与文化品牌建设、文化体制改革、非物质文化遗产、医疗卫生管理与体制改革、任丘市改革开放30年十大突出贡献人物与十大贡献人物简介、回忆录、民间书信等章，同时也多有地方特点和时代特色的条目，设置得比较合理，也可称之为志书中的亮点。由此可见，编者在深挖地情、把握时代脉搏上下足了功夫，体现“人无我有、人有我优”的篇目特色，使志书篇目得到升华，给人以耳目一新之感。

从志书篇目设置的总体来看，二轮续志篇目更显科学、合理。从首、二轮志书篇目几大部类占篇与占页对比，即可窥见端倪。

首轮《任丘市志》采用中编体结构，六大部类共设18编（分志），其中自然与基础设施部类4编、占22.2%，政治部类3编、占16.7%，经济部类6编、占33.3%，文化与社会部类3编、占16.7%，人物部类1编、占5.6%，专记1编、占5.6%。

二轮《任丘市志》采用中编体结构（依笔者分，15编以内为大编体，16～35编为中编体，36编以上为小编体；因是志“凡例”自划为“本志为中编体式”，故暂以中编体论），六大部类共设38编（分志），其中自然与基础设施部类8编、占21%，政治部类11编、占29%，经济部类10编、占26.3%，文化与社会部类8编、占21%，人物部类1编、占2.6%（由于二轮设编数翻倍，人物虽均为1编，占比却相差1倍余）。

首、二轮《任丘市志》几大部类占编数相较，续志经济部类比前志降低7个百分点，扭转了首轮志书经济部类设篇比重过大的弊病（这亦为首轮志书较为普遍的通病，并非《任丘市志》独有）；首、二轮自然与基础设施部类占编比率基本持平；政治部类提升12.3个百分点（与四大班子升格立编有关，这也是二轮断代志的通行做法）；文化与社会部类提升4.3个百分点。续志六大部类在一级篇目的占编比更趋合理，从而使志书回归乡邦文献的本质特征，更加符合二轮修志人员所着力追求的目标。

再从志书正文所占篇幅来看，前志全书正文788页，其中概述与大事记52页、占正文页码总数的6.6%，自然与基础设施部类150页、占19%，政治部类130页、占16.5%，经济部类208页、占26.4%，文化与社会部类111页、占14%，人物部类20页、占2.5%，专记与志尾类32页、占4%。

续志全书正文1021页，其中概述与大事记50页、占正文页码总数的4.9%，自然与基础设施部类209页、占20.5%，政治部类177页、占17.3%，经济部类218页、占21.4%，文化与社会部类247页、占24.2%，人物部类73页、占7%，附录及志尾类45页、占4.4%。

前志与续志几大部类占页数相较，续志概述与大事记占页比前志降了1.7个百分点（页数基本相同，只因续志总体页数增加所致）；自然与基础设施部类提升1.5个百分点；政治部类提升0.8个百分点；经济部类降了5个百分点；文化与社会部类提升10.2个百分点；人物部类提升4.5个百分点；志尾类基本持平。

续志占页数，文化与社会部类居首位，几近四分之一；次为经济部类、自然与基础设施部类，均占五分之一多一点；次为政治部类，占六分之一多一点；除人物部类外。前四大部类占页数相差不大，总体来看，志书各大部类篇幅均较合理，所占篇幅各得其所。

在接续前志篇目的基础上，续志篇目立足发展变化了的市情，尽力突出展示任丘21年间的地方特点和时代特色，既坚持篇目编排的继承性与连续性，又强调续志篇目的独立性和完整性，展示出别具一格的风采。

二、述体文字撰写到位

新方志的体裁从志、记、传、图、表、录六体，增加为述、志、记、传、图、表、录七体。述体是新增之体，包括全志之首的“概述”和各编、章之首的无题小序，为增强志书的宏观记述功不可没，亦得到志界同人的普遍认可。同时，述体文字质量之优劣，也成为衡量一部志书成功与否的关键篇章。首轮市志卷首设有概述篇，全文 7400 字，采用浓缩体式，一气呵成，内容通史贯今，行文朴实无华，起到了概述篇统摄全志的功用。但编首无题序绝少应用，据笔者粗略统计，全志18编中，仅有商业编设有460字的编首无题序，其余17编阙如：全志18编设86章，仅有 22 章设有章首无题序，总字数 5980 字、章均 270 字。上述三者相加，全志述体文字 13840 字。由于对述体文字应用重视不够，故首轮市志的整体性、系统性、著述性稍显欠缺。二轮续志吸取了首轮的经验，注重述体文字的应用，使续志质量迈上了一个新的台阶。

《任丘市志（1988—2008）》的概述篇立意新颖，可读性较强，不失为一篇好文章。“本志概述采用策论体，述议结合，阐明联系，揭示规律，策论方略。”（凡例语）全文一气呵成，自成一格。全文占 9 个页码、10360 字（另有注释 1920 字）。概述篇的开头为 3 个自然段、三句话、240 字，首句交代市域位置、面积、地图形状、行政归属，二句点出是神医扁鹊的故乡，三句点出是石油能源基地，层层递进，行文简洁，犹如一张亮丽的城市名片展示在读者的眼前，就像唱戏中的叫板，取得先声夺人的效果。主体内容分为五大部分。第一部分 860 余字、3 个自然段，叙地理概貌，首记地理位置、人口、区划、四至八到，着意点出市域突出的特征：“任丘位于环渤海经济开放带和京津冀都市圈之内，是国务院确定的对外开放县（市）和河北省首批 22 个扩权县（市）之一。”展示任丘独特的城市魅力。次记交通便利，“任丘一举跨入了首都‘1 小时经济圈’”，言简意赅。三记建置沿革，追史溯源，重写关节点，脉络清晰，要言不烦，体现出作者娴熟的概括能力。第二部分 800 余字、2 个自然段，记新中国成立后至改革开放前近 30 年的沧桑巨变，先记农业的发展变化，后记古潜山油田的开发，叙议结合，重点突出，展现出“任丘以‘白洋淀边石油城’的美誉名扬四海”，由“县”改“市”，“掀开了任丘历史发展崭新的篇章”，壮阔历史画面尤令读者惊羡。第三部分 4200 余字、8 个自然段，述改革开放 30 年来任丘经济与社会的巨大发展变化，此为概述篇中最为突出的段落，作者不惜笔墨，以改革为红线贯穿，详述通过经济体制改革，农业、工业、商贸等领域发生的巨大变化，以及乡镇企业的崛起、壮大，城市化进程的全面提速，展现出任丘改革开放 30 年间和取得的骄人成绩：“1996 年财政收入达 2.4 亿元，在全省县（市）中位列第一；农民人均纯收入达 3009 元，成为全省第一批实现小康目标的县（市）之一。”“2005 年，全市地区生产总值达 301.4 亿元，全部财政收入达到 26 亿元，农民人均纯收入 4303 元，在全国县域经济综合发展水平‘百强’县（市）中居第 71 位；在全省‘十强’县（市）中排第 2 位。”“到 2008 年底，全市地区生产总值完成 415.5 亿元，实现全部财政收入45.36亿元，其中地方本级财政收入在2007年首次突破10亿元大关的基础上，达到12.3亿元。综合经济实力稳居全省‘十强’县（市）前列，居全国县域经济基本竞争力百强县（市）第38位。任丘市成为全省唯一达到中等城市规模的县级市。”第四部分3700字、10个自然段，总结21年间的经验与启示，作者以高屋建瓴之势，夹叙夹议，从战略高度、以历史的眼光，总结改开经验：一是“不断解放思想，把握地情，巧借地利，科学决策促发展”，二是“不断解放思想，依托优势，找准定位，围绕优势明思路”，三是“调动人的积极性，形成政通人和、万众一心、共谋发展的强大合力”。进而归纳出巨变之本，关键是9个字：“顺天时，借地利，靠人和。”突出市委、市政府在经济与社会发展中的核心领导作用。夹叙夹议，以议为主，行文畅达，议论精辟。第五部分2000余字、5个自然段，点出存在的诸多不利因素，将优劣之势和盘托出，作者分别列举经济建设、社会事业等方面存在的劣势与不足，进而用五个“有利于”的排比句式，点出任丘面临着难得的发展机遇和优势，高瞻远瞩，指点迷津，优劣并书，观点鲜明，资政价值凸显，爱乡之情跃然纸上。结尾段200余字，以展望式的语言作结，通观概述全文，有头有尾，首尾呼应，段落间起承转合过渡自然，一气呵成。中心内容五大部分，前三部分以叙为主、以议为辅，夹叙夹议，宏观展示市情市貌；后二部分总结经验、策论方略，胸怀全局，分析透彻，优劣并书，以议为主，议论精辟。整篇文章立意新颖，层次清晰，结构合理，特色突出。主编把握大势大略，将任丘的市貌市情及地方特点与时代特色和盘托出，给读者先睹为快之印象，真正起到了统摄全志的功能。

是志概述篇确是一篇好文章，多有他志值得借鉴之处。然仔细推敲，似还有改进的余地。其一，全文10360字，似乎有些长了。概述篇拉长现象并非《任丘市志》一家，概述篇篇幅超万字业已成为二轮续志中的普遍现象，两三万字的概述篇并不鲜见，阅读一遍两三个小时、甚或五六个小时，费时劳神，效果大打折扣。概述篇的篇幅不宜太长，考虑到市、县两级志书记述范围的不同及整部志书篇幅上存在的客观差异，其篇幅亦应分别对待。首轮新方志概述的编写实践，也给出了符合编纂实际的答案。市级志书的概述篇幅，不论志书总体篇幅的长短，应以6000—8000字为宜；县级志书的概述篇幅，应以5000—7000字为宜。二者篇幅的上限均不应有所突破，而下限则可灵活掌握。写长文易，写短文难。概述的篇幅要适量，符合读者的阅读习惯，在较短的时间内（用1小时左右）能纵览全书之精华及要旨，一气读竟。是志概述起首三句合为开有段更为简洁有力；五大部分篇幅似有畸轻畸重之嫌，第三部分与第二部分相差四倍之多，可压缩至3000字以内更佳；第四、五部分重在策论，多有压缩空间，各减千字更为合理。如此调整，全文可压缩至8000字以内，篇幅适中，方便阅读，似乎更为完满。

续志的编者特别重视述体的应用，除概述篇外，还在各编之首设有无题序。该志凡例言明：“本志水利电力、交通运输邮政通信、公安司法行政、建筑业房地产业4编为组合编，不设编下无题序，只设章下序；其他编均设编下无题序。”

据笔者粗略统计。全志共设38编，设编首无题序34篇。最长1760字（华北油田），最短170字（审判检察）；千字以内30篇，千字以上4篇；总字数19400字，篇均570字（以34篇计）。该志编首无题序主要功能为概括本篇主要内容，但并非断代体似的一刀切，对某些重点篇章采取灵活变通的方法（在凡例中言明），根据内容需要，大大方方地该接续历史的就接续历史，体现出作者求真务实的学风和对志书本质特性的理解与把握。该志编首序提纲挈领地浓缩各编的精华，概略地展现各编的轮廓，简练地勾勒出各编的地方特点和时代特色，使读者从中掌握和了解各编之大要。

编首序始于旧志，首轮新方志虽有应用，但未普及；二轮续志编首序应用的普及面有所扩大，写作手法出现多样化，为方志理论研究提供了足可征用的素材。依笔者意，作为续志体（断代体）志书而言，述体文字（包括概述篇和编首无题序）是体现志书整体性、系统性、著述性的重要方面，勾连历史是应有之义。续志体志书记述内容以当代为主，但也要以历史为辅，展现“一方之全史”“一方之全书”的独立品格，体现一地域最重要乡邦文献的文化价值和学术品位，唯如此，才是志书编纂的正途。是志编者将部分重要编章无题序探前“追溯事物的由来”的做法值得赞赏。

三、图表配置合理得当

志书由图经、地记演化而来，图的应用由来已久，清末民国初摄影技术的引进，照片在民国志书中即广泛采用，图文并茂成为志书刻力追求的目标之一。首轮志书在照片的应用上创造出许多成功的经验，值得续志依傍；但受各种条件的制约和限制，照片的应用并不广泛，尤其是正文插图普遍偏少，难以达到图文并茂的理想效果。志书是时代的产物，随着时代的进步而进步。进入21世纪，全彩印志书逐渐走进人们的视野。作为一地域官修的最重要的乡邦文献，理应跟上时代的步伐，体现当代的印刷水平。笔者近年收到多部二轮续志，有半数以上均为全彩印志书，令人欣喜异常。任丘两轮市志，前志内文为黑白印刷，续志内文插图为彩色印刷，两相对比，续志质量要高出许多。内文彩印既拓宽了照片的使用空间，为实现图文并茂提供客观条件，同时也增强了可读性与可视性，志书的功能亦随之得到显著增强。

前志内文为单色印刷，故内文只插了21幅地图和示意图，未用插文照片，从用图而言稍觉欠缺。卷首集束彩图22页（1.5个印张），照片66幅，页均3幅（另有2幅黑白地图）。续志内文插图为彩色印刷，卷首集束彩图24页（1.5个印张，另有行政区划图、城区图各1幅），照片64幅，页均2.7幅；内文插图235幅，其中照片230幅、示意图5幅，编均插图6.2幅，每万字配图1.2幅。

两轮志书相较，前志将照片集中排于卷首，集束彩图注重全面性；内文只插示意图，在文图相彰上要稍逊一筹。续志将照片分置于卷首及正文，集束彩图注重特色性，以选取最具特色的事物照片，展现任丘21年间经济与社会发展的巨大变化，重在突出地方特色与时代特色，且版面编排更注重突出视觉效果，根据画面内容合理配置，幅面大小各得其所。续志内文插图数量是卷首集束彩图数量的3.5倍多，卷首集束彩图与正文插图的比例配置基本合理。正因为续志采用全彩印技术，特别是通过编者的精心运作，使图片的真实性、直观性、可读性等功能得到充分展现，文图相彰的做法得以施展，进而使达到图文并茂的理想效果。

是志应用表格亦有独到之处。全志配置表格191幅、164页，占全志总页码1021页的16%。除白洋淀千里堤、经济体制改革、历史文化遗产等3编无表外。其余35编均配置表格，少者1幅，多者20幅，根据内容需要酌情配置，立足反映主要事物的主要方面的主要数据。编均设表5幅，每万字设表1.02幅。设表10幅以上的7编，依次为行政区划编20幅、综合经济管理编17幅、水利电力编17幅、居民编13幅、交通运输邮政通信编12幅、人物编11幅、自然环境编10幅、地方工业编10幅。表格均以浅色的赤橙黄绿青蓝紫等彩色作为衬底，且每编用同一颜色，美化了版面，给人以赏心悦目之感。

志书记述以文字为主、图表为辅，这是基本原则，图表配置要有恰当的比例。世间万物，各自有度，适度则恒，过度则异。从笔者浏览到的续志看，有些志书图表配置（尤其是表）过度，给人以数字资料堆砌、著述性缺失的印象。志书中图表的配置要适度，尺度如何把握，还需从实践中进行比较研究，才能得出科学、合理的结论。笔者以为，控制图表的数量，将书中配置的图、表列表，可使编者对全志图、表配置有个清晰了解，酌情调配和控制图、表的使用数量，克服各编之间畸轻畸重之弊。

实践证明，志书内文全彩印刷较单色印刷具有较大的优势，图文并茂不再是可望而不可即之事，可视性、可读性显著增强，且为志书质量的全面提高提供了强有力的技术支撑。笔者热切期盼更多的全彩印志书面世，反映21世纪的编纂印刷水平，为志苑、为社会提供一流的佳志良作。

四、资料记述宏微皆顾

志书是“资料性著述”，衡量质量的标准即资料是否全面、系统、丰富，是否有利于“资政、教化、存史”三项功能的发挥；内容记述是否面、线、点三者皆顾，“横不缺要项，纵不断主线”；资料搜集是否广开思路、“眼睛向下”，体现以人为本理念，真实反映丰富多彩的社会生活。二轮续志逐步克服了志稿平淡肤浅的问题，展示出新的面貌特征。是志的编纂亦交出了一份令人满意的答卷。

附录在清以前的旧志中称为杂录，民国间旧志始有附录之称，首轮志书附录使用有集中设篇和分散设置两种（亦有两种同时合用）。是志附录采用分散与集中相配合的设置方式。一是根据各编内容记述的需要，随文设附，且内容杂而广，多为佐证性、补充性、说明性的典型性资料，资料性较强，起到辅助正编、印证事物之功用，使正文内容得到延伸和拓展。二是在志尾设附录篇，重点放在补遗勘误方面。两种设附方式，延伸了记述角度，增强了志书的可读性与使用价值。

是志精心选取了32篇附记，共96700字，篇均3000字。附记的编排，采用紧跟相关类目的方式，分放于各编之中，其中自然环境编附《任丘市野生动植物的消长变化》，白洋淀千里堤编附《古今名人笔下的白洋淀》《任丘市发展白洋淀温泉休闲度假旅游业的几点思考》，水利电力编附《任丘市1996年抗洪纪实》《触电事故纪实》，交通运输邮政通信编附《任丘市使用电子邮件情况调查》，居民编附《任丘市人口流动与管理情况调查》《任丘市改革开放后淡出视野的生产生活用具》，中国共产党任丘市地方组织编附《规范农村财务管理促进农村稳定发展——永丰路街道办事处农村财务管理调查》，任丘市人民政府编附《华北油田经济发展环境调查》，民主党派人民团体编附《任丘市妇女社会地位的调查》，人事劳动编附《任丘市下岗职工再就业状况调查》《任丘市改革开放后劳动与工资情况调查》，社会保障编附《任丘市城乡低保工作调查》，经济总情编附《突出发展壮大“四型经济” 构建县域经济增长新格局》，经济体制改革编附《任丘市农村土地流转情况的调查》，综合经济管理编附《90年代任丘钢材市场的兴衰》，华北油田编附《华北油田先进人物简介》，地方工业编附《民营企业——京东橡胶有限公司的创业历程》，金融保险业编附《任丘市证券市场》《理赔案例》，社会主义精神文明建设编附《改革开放后公民道德素质问题的调查思考》《文明村选介》《任丘市民文明公约》《任丘市民行为守则》，教育编附《河北任丘一中新校区落成纪念碑文》，文化编附《北辛庄乡文化站》，历史文化遗产编附《颛顼许城考略》，医疗卫生编附《任丘市红十字会》《任丘市2003年抗击“非典”纪实》《任丘市“富贵病” 情况的调查》，文献编附《寄语河北的同志》。

共有22编设置附记，占到38编的58%，这些附记题材多样，尤以市地方志办公室组织编写的调查报告居多，或为经济改革中的标志性事件，或为经济建设中的重大突破，或为改革开放中出现的新生事物，或为民众关系紧密的事项，或为镜鉴世人的反面教材，等等，从不同视角展现任丘人民的奋斗足迹。附记篇数虽少，字数亦有限，却起到了画龙点睛的突出效果。是志附录体裁应用得当，进而使志书内容记述丰满，有血有肉，收到较佳的效果，志书的可读性和资政、教化、存史价值得到显著提升。

五、勾连历史明古详今

二轮续修志书所记述的事物，以断限内为主，断限之前为辅，将断限之前的事物发展过程作一简要铺垫，是必不可少的。同时，志书作为资料书，其资料性主要就体现在资料的连续性和系统性上，志书有断限，但事物的发展没有断限。所以，二轮修志过程中很重要的一项工作，就是要展现事物发展本身的连续性，既反映出事物以前的客观实际，又体现如今变化了的事实，既有继承又有创新。否则，就会出现人为割断历史的现象，不但会降低二轮志书的资料性和可读性，而且会影响整个修志系统工程的质量，造成资料的系统性功能降低。当然，探前追述历史，重要的在于把握好一个适度的问题。在反映联系历史的层面上，续志体与通纪体有着明显的区别。从客观上说，续志体志书通过联系历史（这个“历史”可长可短，根据记述事物所需的明晰度来适度掌控），也便自然而然地起到了承接前志的作用。是志采取志首设置“前志简介”的方式，探前追述历史。“前志简介”设于凡例之后、目录之前。4000余字篇幅，采用小四号楷体编排，区别与正文字体字号，简略交代首轮志书梗概。此种做法虽非独创，但体现出编者对续志本质特征的理解和把握。对断限前事物做一简要铺垫，使读者认识事物的发展演变过程有了比较全面的认识。

中国地方志指导小组《关于第二轮地方志书编纂的若干意见》指出，“要处理好与前志的衔接，并注意对前志的拾遗、补缺、纠讹”。续志要拾遗、补缺、纠讹，就是衔接前志的一种方式，同时续志的连续性、独立性亦蕴含其中。就现已出版的续修志书来看，大部分都在续接前志的基础上，把对前志的考订正误和补遗的内容集中置于书后附录内。但总体感觉对前志的正补工作并不是很充分，有的像蜻蜓点水，有的有补遗而没有纠误，有的甚至补遗和纠误都没有。

是志对前志遗漏的许多内容，做了相应的拾遗补阙，或明补、或暗补，根据记述需要酌情而定。如“白洋淀千里堤”升格立编，既突出了地方特色，又是对前志遗漏内容的补充。人物编人物传记章补录前志遗漏人物27名，其中补邢颙、邢峦、黎景熙等古代人物17名，远静沧、郭厚聚等现代人物9名，订正史实、重新撰写1名（王者兰传记）。人物编烈士英名录章补录前志“革命烈士名表”遗漏烈士6名，更正前志所收烈士姓名、籍贯等差误者30名。人物编省部级以上劳动模范与先进工作者名录章（前志未设），收录任丘1956年至2009年先进人物94名，其中断限前50名、断限内44名。志尾附录篇中增设了《“明代任丘半朝官”和“明清任丘八大家”简介》一文，对民间传言进行了认真考证。

尤为值得称道的是，在书尾附录中专设了《1993年版〈任丘市志〉补正》一文，近3万字的篇幅，有理有据地逐条勘补前志的差错，体现出志人实事求是，有错必纠的务实作风。对前志的补缺纠误，是二轮续志必不可少的任务之一，是非做不可的一项工作。首先，对前志正补体现了修志工作者对党对人民对后世高度负责的敬业精神。真实、全面是志书的价值所在，但因种种原因，首轮志书出现了这样那样、或多或少的不足和遗漏，在一定程度上损害了志书质量和信誉。值得庆幸的是，各地很快紧接前志开始续志编修，使得在较短时间内纠正前志不足和遗漏变成了可能，正所谓“亡羊补牢，犹为未晚”，续志不补，更待何时。其次，首轮志书出版发行后，在社会上已经产生了一定影响，其优劣短长，公道自在人心，肯定赞扬的自不必说，批评揭短的也在所难免。除积极组织自纠自补外，还要尽可能动员社会力量批评指正。面对首轮志书中的差错和不足，要勇于正视，虚心改正，这对修志工作者的形象和声誉不仅不会损伤，而且还会赢得社会更多的尊重和信任。相反，那种对前志错漏听之任之、视而不见的态度和做法，对修志工作者的形象才是莫大损害，人们会由此怀疑我们的修志水平和志书权威，而且由此造成对续志工作和地方志事业发展的危害，则更是我们广大修志工作者所不愿看到的。

六、重视细节严谨科学

“细节决定成败。”此为现代人的口头禅。修志同样要注重细节，只有各个细节都做好了，才能编纂出一部高质量的佳作良志。是志在体裁应用、资料挖掘、内容拓展、注重人文、弘扬文化诸方面均有突出展现，呈现出了王广才主任一贯倡导的“明月高照、繁星满天”的质量效果，成为二轮续志中的翘楚之作。

注释是史志书籍的一种体裁，旧志中多用双行小字随文夹注。新方志编纂沿用注释体裁，或随文夹注，或页底脚注，或文尾附注，形式各异，但运用不甚广泛。续修《萧山市志》将注释设为链接历史、注明出处、正误存佚、补充说明的主要体裁之一，量多面广，版面编排列于页侧，新颖别致，独具一格，开创出注释应用、编排的新天地，受到志界广泛赞誉。续修《任丘市志》继承传统，注释和注音一同运用。全书共设编后注释 126 条；文中遇有生僻字和非常用字，括注汉语拼音，有的并简要释意，方便读者，体现出编者为读者服务的编纂理念。

华北油田是任丘市域内最大的国有企业，对任丘市经济社会发展起到了举足轻重的作用。是志大事记为充分反映华北油田的发展轨迹，在大事记篇中进行了特殊处理，即将每年的大事记用序号分隔为两部分，前为任丘纪事，后为华北油田纪事，避免了每年的大事记条目中华北油田唱主角的弊病，创意独特，可称之为大事记编纂体例的新创意。一地域一家独大的大企业并不少见，因大企业各项工作均较出色，可列为大事的条目较多，容易冲淡一地域经济社会发展脉络的链条，影响大事记功能的发挥。相似的内容还有党和国家领导人视察，等等。为此，志人在大事记编排体例上采取多种变通办法。从已出志书看，大体有三种做法：一为混合编排，此为通行做法；二为将该企业多条大事合并为一条，在大事记中集中记述，如续修《秦皇岛市志》大事记中的“1982 年 7 月 1 日全国重点建设工程——耀华玻璃厂”条；三为将单一事物从大事记中剥离出来，单独立篇，排于大事记之前、后，如续修《秦皇岛市志》在大事记前设“党和国家领导人莅秦”篇，续修《北川县志》稿分列“大事记”“北川羌族大事记”两篇。续修《任丘市志》将大事记篇中每年的大事记用序号分隔为两部分，可称之为第四种。体例创新难度尤大，哪种方法更为恰切妥当，还有待历史与实践的检验，是志编者的创新精神值得赞许。

是志在注重细节方面，还有多种举措，如凡例分为“通例”和“特例”两部分，如社会主义精神文明建设编中的“文明新风”章，如人物编中的“特殊经历的任丘人”章，如文献编中的“回忆录”“民间书信”“墙上春秋——新中国成立后任丘域内的墙头标语”章，如版面中编名标题、插文图表的编排，等等，从体例、内容、版面编排诸方面均注重细节，从而保证了志书质量的稳步提升。

七、几点商榷仅供参考

金无足赤，志无完志。细细探究，续修《任丘市志》似乎还有些许可商榷之处，一家之言，与是志编者及修志同行研讨。

篇目标题似有推敲余地。笔者但凡撰写志评，总要涉及到篇目标题。并非笔者钻牛角尖，抓住标题不放，从新方志编纂 30 余年的实践看，单看一部志书篇目标题。很难发现问题，若多部志书比较，却问题多多。志书要走规范化道路，相同类目标题的统一、规范，是必由之路。研究志书的标题制作是薄弱环节，需下大力气比较研究，还需要求得修志同人的共识，在这方面还有很长的路要走。事不辨不清，理不辩不明。标题制作自有规律可循。毫不夸张地说，志书标题（尤其是政治部类标题）缺乏规范化，我行我素，混乱不洁，是新编志书中的一大顽疾。提出此问题，并非针对《任丘市志》一部志书，而是存在普遍现象，确有议论之必要。我曾在2013年10月于武汉召开的新方志理论研讨会上，撰写了《续志政治部类篇目标题的规范化思考〉一文；2015年在《云南史志》第2期发表了《浅议续志篇目标题的制作》一文，同年9月在厦门召开的第五届中国地方志学术年会上，撰写了《政治部类篇目标题制作的规范性与严谨性》一文，研讨此问题。期盼更多的方志专家、学者、修志工作者参与到志书篇目标题制作的研究中来，以改变和净化篇目标题的混乱现象。

是志篇目标题中的“交通运输邮政通信”似可改为“交通电信”更为简洁，且“交通”与“运输”、“邮政” 与“通信”均有父子同堂之嫌。“金融保险业”似可改为“金融” 更为妥切，“金融”即囊括银行、保险、证券三类，“金融”与“ 保险”是父子关系，不可大小混淆。是志中的“中国共产党任丘市地方组织”“任丘市人民代表大会”“任丘市人民政府”“中国人民政治协商会议任丘市委员会”几则标题均有推敲的余地，似可改为“共产党”“人大”“政府”“政协”更为恰切。“社会主义精神文明建设” 似可改为“ 精神文明建设”更为精练。此种标法并非本人独创，而是从新编志书的标题对比中遴选出来的最佳标法。

政治部类分志多为政党社团、政府、政协等组织机构内容，以组织机构作标题在所难免。政治部类分志标题如何制作，在二轮续志编纂实践中存在诸多分歧，标题样式五花八门，或全称，或简称，或全称简称混用，或加“地方”，或加行政区划名称，或上级标题与下级标题简单重复和部分重复，或在标题上随意加修饰和附加语，等等，不一而足。志书标题制作有其规律可循，只要严格把握志书体例，按标题规范化要求执行，达到“简明准确，题文相符”的要求，还是可以做到的。组织机构制作标题，用简称不用全称，应是志书标题制作的一项基本规则。依我意，政治部类标题中多出现志书的行政区划名称和“地方”二字，十分欠妥。笔者以为，作为省、市、县三级地方志书，书名即标名为“某某省志”“某某市志”“某某县志”，即按中指组颁发的《地方志书质量规定》要求，将志书所记内容框定在一定地域之内。“越域不书”，已成为地方志书铁定的法则。志书所辖分志的各层级标题均不应再标“地方”二字和行政区划名称，不论自然、经济、政治、文化、社会等部类的分志，均以志书名称限定在一定地域之内，标题名称中出现“地方”二字，实属多余，似有画蛇添足之嫌。

志书体式似有商榷的余地。体式创新，是社会主义新方志编纂中的首要研究课题。在继承的基础上不断创新，方志才会更具生命力，这应成为新一代方志工作者牢固的观念和神圣的使命。纵观各地二轮续志编纂，志书体式创新可称之为续志编纂中的一大突出亮点，志书的个性特色得到尽力展示。但体式创新难度较大，甚至会冒失败的风险。《任丘市志》凡例三言明“本志为中编体式，编、章、目结构”。此为“编章节体”的异化，姑且称之为 “编章目体”。从编者的角度考虑，节省了“节”一层次的标题，分类层级减少，内容编排更显紧凑。但从“编章节体”的变化而言，似乎改为“平头章节体”更为恰当一些。

在我国的旧志中，第一层级的标法大体分为两类：一为门目体（亦称类目体），即对志书所记事物分门别类，构成志书篇目的基本框架，尔后再从大类中分小类，以此类推，逐级立题，直到目题。一为分卷类目体，即志书篇目的第一层级冠以“卷”（此为大门类），卷下再分门别类直至目题。旧志中的“卷”与志书门类联系并不甚紧密，只起标示志书装订的册数而已。章节体是清末民初西学东渐、洋为中用的产物，由此而改变了我国志书的传统篇目结构形式。章节体的表现形式是按照逻辑关系将志书内容归类，以事物的同一性为第一大类，再以统属关系为序安排各个层次，逐级分为编、章、节、目（甚或目下又设子目、孙目），从而使志书构成一个严谨、完整的多层级整体。章节体最初称为编章体或编章节体，为阅读使用方便简称“章节体”。章节体应用到志书之中，因其体例结构严谨，层次分明，排列有序，19 世纪末便被志书逐渐采用。民国时期的市县级志书大多采用此体。

从首轮新方志编纂开启之时，在太原召开的 1981 年中国地方史志协会出台了《关于新县志编纂方案的建议》，提出第一个较为规范的篇目模式，即以第一层级以社会分工的各大部类（门）命名为“编”，即概述编、自然编、经济编、政治编、军事编、文化编、社会编、人物编、图表编、附录编等 10 编。1985 年中国地方志指导小组制定的《新编地方志工作暂行规定》第十条亦规定，篇目“层次名称可采用编（篇）、章、节、目，也可采用其他形式”。首次明确规定志书篇目框架第一层级的名称为“编”，其统属关系的名称为章、节、目。首轮社会主义新方志编修，大多数志书采用了章节体。从志书编纂的规范性和科学性出发，志书的第一层级的名称除门目体（类目体）之外，凡采用章节体的志书，均应以编、章、节、目来划分层次，只有这样才合理、规范、科学。编纂实践中人们感到编章节体分层过多，故而有的志书取消“编”一级层次，出现“平头章节体”，在省市县三级志书中，多用在县级志书、且多为小编体结构。现是志采用编、章、目体式，取消“节” 一级层次，与通行做法大为不同。笔者以为，在体式应用上还是遵循志界的通常做法为好，编、章、节、目四级标题减缩一级，还是去“编”一级，改为平头章节体较为妥帖。志书类辞书，条目是最小记述单元，除居中单占行的“编”一级层次可减缩外，重点在尽力减缩“目”以下的子目、孙目、重孙目标题。唯此，才能使标题层级优化，结构清晰。志书的规范化是全方位多角度的，体式亦包含其中，切不可等闲视之。

经济、政治两大部类排序问题。一部志书就是一个完整的文化系统工程，借鉴系统论原理可以更好地解决志书内容的有机整体性、相互关联性、等级结构性、动态平衡性、时空有序性等问题，从而确保志书内容的全面系统性，二轮市县级志书吸取首轮志书的经验，尽力减少篇目层次，普遍不再以大编立志，而采用中小编体结构，将地理、经济、政治、文化、社会等以暗隐的形式体现志书的最高编排逻辑。续修《任丘市志》篇目设置即为中编体式，暗隐的经济、政治两大部类排序为政治居前、经济居后。此种排法首轮即有，但数量较少，其中以沪浙一带志书为最；延至二轮还时有出现，但比例极低。志书编纂实践证明，大部类排序经济居前、政治居后，渐已形成共设，既符合人类认识客观世界的实际，又符合中共历届党代会精神。以20年间中共四次代表大会报告为例，中共“十五大”至“十八大”四份报告，凡论及社会发展，均明确以经济、政治、文化、军事与国防排序，“三个文明”建设亦以物质文明、政治文明、精神文明排序。这些报告的突出亮点，集中反映了社会实践的不断深入和人们认识的不断深化，完全可以为我们确定综合性方志的自然环境、经济、政治、文化、社会、人物等几大部类排序提供强有力的论据和理论指导。把方志部类设置统一到中共历次代表大会报告精神上来，既能更好地体现和反映各地地情，也必将大大增强志书的资治功能。政治、经济颠倒排列看似小事，实则体现出志书编纂的规范化有所缺失，不利于志书的传播与利用。笔者以为，志书七大部类排序，还是经济在前、政治在后较为科学合理。志书为官修，权威性是其特性之一，所以选定部类也必须具有官方权威性。

似可增设主题索引，图、表索引，构成全志索引系统，既能为用志者提供方便，又可提升学术价值。

总而言之，寸纸尺短，是志的优长还有许多，难以尽表，留待他人评说。续修《任丘市志》编者大胆解放思想，革故鼎新，从体例、体裁、结构、内容等诸方面都进行了大胆探索，不拘泥于传统志书固有的框架和模式，紧扣时代脉搏，全面准确客观地记述任丘改革开放21年来的地情；努力践行“以人为本”的理念，把创新精神贯穿于修志始终，体现出编者扎实的功底和非凡的功力。续修《任丘市志》堪称志界的一朵奇葩。

（原载《河北地方志》2017年第1期）

莫道张垣处朔北　魅力新城展芳容

——《张家口市志（1993—2008）》读后

退休三年多时间，受河北省志办王广才主任之邀，陆续参加了该省多部市县志书评审，由此结识了多位河北志界同人，张家口市志办主任闫雪卿即为其中之一，进而有幸拜读到二轮《张家口市志（1993—2008）》(以下简称《张家口市志》)。每得到新志，受职业习惯驱使，便细细翻阅，从中吸取营养，同时在书本中游览祖国的大好河山。拜读之余，寥记数语，以飨同行。

《张家口市志》由九州出版社于2015年12月正式出版。张家口市地方志编纂委员会编，主编朱会林，副主编闫雪卿，全书分上、中、下三卷（册），3686千字，国际标准16开精装本。是继1998年版《张家口市志》的续编。《张家口市志》篇目采用编章节体，基本按照中指组《地方志书质量规定》七大部类顺序编排。《地方志书质量规定》第四章《内容》第十三条："内容反映本行政区域内自然、政治、经济、文化、社会的历史和现状。"全志以中编体式编排，依次设建置与地理环境、居民、城市建设、基础设施、中国共产党地方组织、地方人民代表大会、地方人民政府、综合政务管理、综合经济管理、地方人民政协协商会议、民主党派·工商联、人民团体、审判·检察·公安·司法行政、国防建设、经济总情、农业、工业与建筑业、商贸服务业、金融业、教育事业、科技事业、文化艺术、广播电视·报业、地方志·档案·党史、卫生事业、体育事业、县区概况、人物28编。篇目结构合理，体例严谨，内容系统全面，如实反映了张家口市16年间发生的巨大变化。

一、彩图彰特色

志书卷首的集束彩图，是读者最先感知的部分，给读者以直观的第一印象，重点反映地方特点和时代特色。《张家口市志》卷首集束彩图共58页（近4个印张）、263幅图片，其中前设张家口市地图、张家口市旅游交通图各1幅（16开双页），彩照261幅，页均4.8幅；分类标为15个标题，图片内容自成系统，尽情展现张家口市的地方特点和时代特色，宣传效应显著提升。

翻开《张家口市志》，首先映入眼帘的是卷首集束彩图，满满当当，令人目不暇接。首张"千名张家口市民聚集在长城脚下，一起庆祝成功申办冬奥会"照片喜庆热烈，凸显张家口在改革开放新时期面向世界、走向世界迈出了坚实的一步。张家口市旅游交通图的设置，彰显出编者宣传张家口、服务大众、促进旅游的务实作风。两幅地图之后，接排两幅名称相同的"大好河山张家口"　跨页照片，一为"2008年9月"，一为"2013年9月"，拍摄地点相同，但时间有异，对比明显，反映出仅仅五年时间城市建设发生的巨大变化；照片远方鸟瞰，气势磅礴。其后按风景如画、四季风光、和谐生态、魅力张垣、宜居张垣、腾飞张垣、特色农业、工业强市、商贸流通、社会民生、北京张家口联合申办2022冬奥会、国家AAAA级旅游景区、古迹遗址、非物质文化遗产、市志评审会等立题，分类展示市情市貌；殿后的为“城区新貌”图，画面精美，色彩斑斓。卷首集束彩图在图片选择、图片质量、内容编排、版式设计等方面，均取得较大的突破，给人以新风扑面的感觉。

是志卷首集束彩图吸取首轮志书的经验，并吸收二轮续志中他志的长处，把卷首集束彩图的编纂提升到一个新的高度。其一，照片分类科学、合理、妥切。其二，照片标题标名准确、简洁，更加符合志体，分类标题统摄作用明显增强。其三，剔除“领导视察”照片内容，淡化志书的“官本位”色彩，使图片内容主题突出，地方特色更为闪亮耀眼。其四，照片选择更加精准，照片画面求善求美，达到艺术性与真实性的完美统一。其五，版面编排大方得体，照片篇幅随画面内容变化有度，或密致式，如“四季风光”栏目中的《春夏秋冬四季春光》、“宜居张垣”栏目中的《市花——大丽花》、“腾飞张垣”栏目中的《桥的城市，城市的桥》、“北京张家口联合申办2022冬奥会”栏目中的《滑雪设备》、“国家AAAA级旅游景区”栏目中的《中都草原度假村》等组图；或齐列式，如“活力张垣”栏目中的《百盛购物中心》《张家口市国际大酒店》《新区一隅》，“宜居张垣”栏目中的《生态宜居小区》《水岸公园》《园林中的城市》《清水河畔繁花锦簇》等图的组合；或叠压式，如“腾飞张垣”栏目中的《张家口机场》与《机场候机大厅》照片的叠压，“特色农业”栏目中的《张杂谷》与另四张照片的叠压等；以及交错式、散拼式等，版面编排生动活泼，画面美感得以尽情展现，体现出内容与形式的完美结合。《张家口市志》在彩照内容的选择上求真求特，使彩照的作用得到充分发挥，不失为续志卷首集束彩图编纂的样板，多有他志可借鉴之处。

该志内文插图337幅，其中地图4幅、示意图50幅、照片283幅，每万字用图0.9幅。通过编者的精心运作，使图片的真实性、直观性、可读性等功能得到充分展现，文图相彰的做法得以施展，进而使志书达到图文并茂的理想效果。

二、总述概全貌

《张家口市志·总述》共10080字，写作体式为浓缩式。全文未加序号与小标题分割，一气呵成，成一篇完满文章。文章分为四大部分：第一部分1个自然段、840字，采用夹述夹议的笔法，展示张垣的历史文化，“翻开历史画卷，张垣尽显神奇”，起首句简洁有力，点明要旨。其后列举泥河湾旧石器考古圣地、涿鹿古战场、兵家必争之地的塞外重镇、闻名中外的商埠和皮都、祥和繁荣的“旱码头”、兼容并蓄的地域文化等历史文化内容，如数家珍，娓娓道来，文笔优美，多用排比句式，“九边烽火呈朔方本色，八代长城显北国豪情，塞外重镇，扼西北诸省、区咽喉要道，京师锁钥，控大漠几千里铁骑飞雄”，“驼铃唤醒了沉睡的瀚海，老倌车碾碎了苍凉的荒山”，“无论是仰韶、红山、龙山文化的“三岔口”交流，还是桑、洋文化、长城文化、草原文化的杂糅汇融；无论是汉、蒙、满、回等民族朝夕相处形成的生活习俗文化，还是佛、道、伊斯兰等多种宗教文化；无论是久处边塞、干道而形成的戎马文化和邮驿文化，还是长期作为旅蒙、旅俄商道而培育出的商贸文化，都表现出兼容并蓄，广采众家之长的特点”，读来朗朗上口，颇有气势，写得尤为出色，展现出张垣底蕴深厚的历史文化，令人叹服与惊羡。第二部分 5 个自然段、1600 字，记地理，分段记述地理位置、战略地位、交通，面积、区划、人口、民族，地势、气候、自然资源，动植物资源，旅游资源，文字平实得当，地域特色鲜明。第三部分 7 个自然段、6700 字，记断限内 16 年间经济社会取得的辉煌成就，先总括引领，继而分段记述“综合实力实现了历史性跨越”“农业经济实现了历史性腾飞”“工业、交通实现了历史性突破”“城市建设实现了历史性嬗变”“旅游产业实现了历史性提升”“社会事业实现了历史性升华”，经济与社会各业条分缕析，叙论结合，归纳到位，论述精辟。第四部分 2 个自然段、760 字，剖析优劣之势，点出经济与社会发展中存在的“矛盾和问题”：“全市经济下行压力加大，经济结构不尽合理；社会建设滞后于经济建设，发展不协调；城乡一体化进程较慢，发展不平衡问题有待于进一步解决”；紧接着揭示出经济与社会发展的五项优势：面临难得的发展机遇，迎来最佳发展时机，拥有众多发展优势，具备坚实的发展基础，形成了良好发展氛围，优劣并书，体现志书的资政价值。结尾段以议论落笔：“历史表明，越是经济发展困难、结构加速调整时期，就越是欠发达地区奋力一搏、赶超先进的最佳时期。张家口人民必将在市委、市政府的领导下，将自身优势发挥到极致，变压力为动力，化挑战为机遇，在未来的发展格局中抢占制高点，实现与其他城市的错位发展，将张家口市打造成为东出西联枢纽、特色产业基地、生态宜居的大型中心城市。”

通观全篇，谋篇布局颇有新意，结构紧凑，层次清晰，收放有度，策论有力，特色鲜明，一气呵成，特别是记历史文化内容，颇有气势和文采；“总述” 篇是志书的窗口，介绍一地的旅游资源，是志书“总述” 篇特有的功能。凡写得好的“总述”，莫不重视对旅游资源的深入描写和热情赞颂。旅游资源单立一段表述，增强了总述篇的宣传功能；第四部分优劣并书，体现志书的资政作用。从谋篇布局到炼词造句，均达到了一定的高度。就全篇“总述”而言，立意新颖，行文流畅，特色突出，起到了统摄全志的功能。但细细琢磨，还有进一步推敲的余地。其一，篇幅还有压缩的余地。写长文易，写短文难。精练文字，是“总述”篇行文的最高追求。依笔者意，市级志书的总述篇当控制在 8000 字以内，读者在个把小时之内即可通晓全志梗概。现文章超万字，似乎有些长了，文章的第二部分地理、第三部分经济与社会发展，还多有压缩的余地。其二，文章结构欠完善。东方人写文章的传统习惯，文章要有开头与结尾，俗称为穿鞋戴帽。“总述”篇应有好的篇首（开头）与结尾，正如古人所总结出的好文章标准：虎头豹尾猪肚。虎头，即要有好的开头，吸引读者阅读下文；豹尾，即要有漂亮的结尾，起到余音绕梁的效果；猪肚，即文章的主体内容要丰富充实，体现作者所要表达的中心思想。现文章没有开头段，且结束段文字略显生硬，前后呼应略有欠缺。如能加一开头段，并与结束段文字相呼应，文章结构就更加完满了。其三，续志体志书接续历史，“总述”篇是主要的篇章，作为“一方之全史”“一方之全书”的地方志书，记述地域内杰出的古今人物，彰显人民群众的斗争历史，反映地域内重大的历史事件，依笔者意，是“总述”篇不可或缺的重要内容，“总述”篇既要详今，又要明古，古今结合，方能反映一地域经济与社会发展的全貌，志书资政、育人、存史的功能才能够得以充分展示。当然，时下的续志“总述”（概述）篇多为断代体写法，并非《张家口市志》一书采用此法，笔者以为“总述”篇在写法上还是贯通历史为佳。

总括而言，是志“总述”篇确是一篇较出色的文章，主编把握大势大略，高屋建瓴，将张家口的市貌市情及地方特色和盘托出，给读者先睹为快之印象。

志书的著述性、整体性，在述体文字上表现得尤为突出，故而《张家口市志》的编者特别重视述体的应用，除“总述”篇外，该志“凡例”言明：“本志各个编、章之首均设无题小序，旨在彰明事物特点和发展轨迹，以提领全文。无题小序行文采用虚实结合和夹叙夹议的写作方法。”篇首序提纲挈领地浓缩该篇的精华，概略地展现该篇的轮廓，简练地勾勒出该篇的地方特点和时代特色，使读者从中掌握和了解该篇之大要，篇首小序的功用得到发挥。篇首序始于旧志，首轮新方志虽有应用，但未普及，说明撰写篇首序有一定难度；二轮续志篇首序应用的普及面有所扩大，写作手法出现多样化。

三、附记妙点睛

“附记”是记体的一种，属首轮志书在编纂体例上的一大创新。首轮的前期志书称之为“附记”，后期志书有的称之为“专记”。二轮续志普遍继承了这一做法，多数称之为“专记”，同时亦有“附记” 之称。 专记的设置方法大体有三种：一是随各专志的内容放在一起，分散设专记；二是与附录同级别立一大类，不入编，将多篇专记集中；三是将集中起的专记单设一编，放在附录之前。它的好处是可以把一件事物比较完满地交代清楚。用来反映地方最重大的事物，进而体现地方特点。附记的设置方法仅有分散设置一种。附记记述的面要比专记宽泛许多，侧重于记述事物的深度与广度。《张家口市志》即采取插文附记的方式，拓宽事物的记述面，收到了较佳效果。

该志“凡例”第十五条言明：“本志为深化各历史阶段特色事物和典型事物的记述，于相关章节之后设置若干附记。”该志在17编正文中增设附记27篇，占全志28编的60%；具体情况如下：建置与地理环境编设《伪政区》《境内古村落》2篇，居民编设《张家口市计划生育协会》1篇，基础设施编设《张家口市清水河综合治理一期至三期工程简介》1篇，中国共产党地方党组织编设《市监察协会》《调研报告》《市关心下一代工作委员会》《市老年大学》4篇，综合经济管理编设《张家口市2004—2008年安全生产监管服务对象变化情况》1篇，人民团体编设《市科协直属事业单位简介》1篇，审判·检察·公安·司法行政编设《案例》1篇，经济总情编设《张家口市对外经济贸易发展简介》1篇，农业编设《张家口市畜牧业产业化发展历程》1篇，工业与建筑业编设《部分企业简介》1篇，商贸服务业编设《2008年张家口市部分交易市场简介》《部分宾馆简介》《张家口市旅游资源定性评价》《张家口市旅游资源定量评价》《浅议张家口房地产开发市场》5篇，金融业编设《赔款案例简介》1篇，教育事业编设《部分民办学校简介》《张家口市普及九年义务教育概况》2篇，科技事业编设《张家口市农业科学院简介》《1998年张北—尚义地震》2篇，地方志·档案·党史编设《张家口地区地方志重要工作及会议》1篇，卫生事业编设《医药学术团体》1篇，县区概况编设《察北管理区、塞北管理区、高新区》1篇。

该志附记内容涉及面较广，或经济建设中的重大成就，或关系民生的事件纪实，从不同视角展现张家口人民的奋斗足迹，令人赞叹不已。该志附记篇总字数166600字，篇均6170字，最长的28600字，最短的440字；附记区别与正文，改排为大五号楷体；设附记最多的编有5篇，少者1篇。附记的文字量虽仅及全志的4.5%，却延伸和拓展了内容记述的深度与广度，增强了志书的使用价值。

四、赘语待商榷

昔人有言，志无完志。细细探究，《张家口市志》似乎还有些许可商榷之处，与是志编者及修志同行研讨。

凡例是一部志书的编纂纲领。凡例突出的特点是法则性、条理性，中心内容是对编纂体例作出统一规定和理论说明，主要功用是使编纂者有法则可依，有规定可循；使读者易于阅读和理解。凡例的编写原则是周密严谨、文辞简约。阅读是志，发现凡例中还有些许不周密之处。其一，“凡例”第二条言明，“图片下限延至2014年12月31日”，而卷首集束彩图的首张照片即为2015年7月31日市民庆祝成功申办冬奥会的照片，彩图中的“北京张家口联合申办2022冬奥会”栏目照片大部亦为2015年申办冬奥会的照片，明显超过“2014年12月31日”。其二，“凡例”第六条言明：“本志各个编、章之首均设无题小序，旨在彰明事物特点和发展轨迹，以提领全文。”“均设”二字不准确，据笔者粗略统计，全志28编中，编首设无题小序的仅有23编，另有“民主党派·工商联”“人民团体”“审判·检察·公安·司法行政”“广播电视·报业”“地方志·档案·党史”等5编未设；全志28编共设202章，章首无题小序并非全设，未设章首无题小序的有62章，占章数的30%，其中“体育事业”“县区概况”2编的章下均无小序，另有“人民团体”“国防建设”“经济总情”“农业”“工业与建筑业”“商贸服务业”“金融业”“教育事业”“文化艺术”“地方志·档案·党史”“体育事业”11编或多或少章下缺无题小序。其三，“凡例”第十条言明，“本志地名以断限内标准地名为准。政党、团体、企业、组织、机构、会议、文件等名称，首次出现时用全称，对过繁者同时括注通用的简称，之后视需要使用简称。行文所言‘党’在未指明何党派时，均指中国共产党；所言‘市委’‘市政府’分别指‘中共张家口市委’‘张家口市人民政府’”。 该条中的“中国共产党”5

字应加引号，“中共张家口市委”并非“市委”的全称，全称应为“中国共产党张家口市委员会”。

篇目标题似有推敲的余地。政治类卷目的标题中加有“地方”二字，实属多余，志书即由志书名称所包括，如省志只能写一省之事物，市志、县志、区志亦是如此，“越域不书”是志书编纂的法则。如记“共产党”，只限定在张家口市域范围之内的共产党组织（市委及下属党组织机构、活动等）。如“地方人民代表大会”“地方人民政府”“地方人民政协协商会议”等组织称谓，均应去掉“地方”二字。标题加“地方”二字，不仅不合简明之要求，反显画蛇添足。依我意，志书的标题中不应出现“地方”二字。“中国共产党地方组织”似可改为“共产党”，“地方人民代表大会”似可改为“人大”，“地方人民政府”似可改为“政府”，“地方人民政协协商会议”似可改为“政协”。“军事”在首轮和二轮志书篇目中，均列为一级标题，只是二轮志书为断代体式，断限之内无战事发生，便出现多种标法，或“武装”，或“人民武装”，或“国防”，或“国防建设”，或“人民国防”，或“军事民防”，等等。如上述几例，“军事民防”有“父子同堂”之弊，“人民武装”“人民国防”似有修饰之嫌，“国防建设”似有附加词之嫌，与“军事”相较，“武装”概念偏狭，“国防”概念偏广。从规范化考虑，还是“军事”一词生命力强，如能统一起来，其效果会更好一些。“国防建设”似可改为“军事”。教育、科技、卫生、体育在首、二轮志书中均为一级篇目，标题名称基本达成一致，现加“事业”二字，似有画蛇添足之嫌，此四类标题去掉“事业”二字，似乎更合志书标题“精练、简洁”之要求。志书中的相同类目标题要走规范化道路，还是统一标法为好。

志书诸种体裁的掌握与应用是否合体，并促进资料的优化，则是体验和考量主编驾驭志书体裁的关节点所在。是志主编不负众望，诸种体裁并用，收到较佳效果。其中尤以表的应用较为抢眼。全志设表471幅，占版面385页，占全志版面的16.6%；全志编均设表16.8幅，每万字设表1.3幅。但从另一方面而言，志书中“表”体裁的运用有个度的把握问题，因志人在这方面研究较少，还未形成统一认识。笔者以为，志书记述以文为主、图表为辅，这是基本法则，图表（尤其是表）运用过度，给人以数字资料堆砌、著述性缺失的印象。以该志第二十编教育事业为例，设表为全志28编中最多的1编，用表量达105幅，占版面54页，占到该编130页的42%篇幅。占全志设表总数471幅的22%；同时亦是全志编均设表16.8幅的6倍多。针对此问题，笔者查阅了手头的几部二轮续修市志教育编设表的情况：《晋中市志》（通纪体续志）[①]教育卷设表21幅、18页，占该卷68页的26%；《苏州市志（1986—2005）》[②]教育卷设表10幅、9页，占该卷

①晋中市志编纂委员会编：《晋中市志》（通纪体续志），中华书局，2010年版。

②苏州市地方志编纂委员会编：《苏州市志（1986—2005）》，江苏凤凰科学技术出版社，2014年版。

61页的15%；《酒泉市志》（通纪体续志）[1]教育编设表12幅、11页，占该编70页的16%；《秦皇岛市志（1979—2002）》[2]教育·科学技术设表2幅、2页，占该编34页的6%；《济南市志（1986—2010）》[3]教育卷设表22幅、22页，占该编154页的14%；《黄山市志》（通纪体续志）[4]教育卷设表12幅、5页，占该卷60页的8%；《临汾市志》（通纪体续志）[5]教育卷设表27幅、23页，占该卷90页的26%。上述7部市志教育卷（编）用表总数为106幅（基本与张家口市志教育事业编相当），每部用表的平均数为15幅（基本与张家口市志编均用表量相当）。当然，用表的失衡并非《张家口市志》一家，笔者提出此问题，只是想引起志人的注意，运用图表要考虑到各编的均衡，把握好全局，不能顾此失彼。笔者一贯主张志书要精编，所记事物，是主要事物的主要方面，不能面面俱到，该省略的要省略，该突出的要突出，抓住重点，兼顾一般。

是志经编纂人员“五易寒暑，几经风雨，呕心沥血，终成巨制”是一部系统记载1993至2008年这16年时限内、以张家口市新区划为基准的综合性地情文献，确如方志专家吕志毅先生在“序二”中所言，该志“以改革开放为主线，全面系统地记述了地市合并以来全市人民在市委、市政府正确领导下，在政治、经济、文化、社会以及生态环境等方面所取得的巨大成就。同时也客观地记述了改革开放道路的艰难曲折”。《张家口市志》以其篇目新颖、特色突出、篇幅适中、装帧精美等优长跻身于新方志之林。

（原载《河北地方志》2017年第2期）

---

①《酒泉市志》编纂工作委员会编：《酒泉市志》，方志出版社，2008年版。

②秦皇岛市人民政府地方志办公室编：《秦皇岛市志（1979—2002）》，方志出版社，2009年版。

③济南市史志编纂委员会编：《济南市志（1986—2010）》，方志出版社，2013—2015年版。

④黄山市地方志编纂委员会编：《黄山市志》（通纪体续志），黄山书社，2010年版。

⑤临汾市志编纂委员会编：《临汾市志》（通纪体续志），中华书局，2013年版。

彰往昭来　经世致用

——新编《广元市志》读后

新编《广元市志》经过广元市修志工作者的艰苦努力，辛勤笔耕，历时十载，数易其稿，于2016年7月由方志出版社正式出版。此志贯通古今，内容宏富，资料翔实，体例完备，以248.5万字的篇幅，分上、下两册出版，是笔者看到的同级志书中规模适中的市志之一。近日笔者有幸读到是志，总体感觉是其编纂指导思想明确，编者较好地吸取了首届修志的成功经验，行笔态度严谨，史实考证周详，全面客观地反映了广元的市情，在许多方面值得他志学习与借鉴。

《广元市志》由广元市地方志编纂委员会编，国际标准16开本，装帧古朴典雅、雍容大气。是志为续志体，中编体结构，前设卷首集束彩图、正文首设总述、大事记，内设政区、城镇、自然资源·环境保护、人口和计划生育、中国共产党、人民代表大会、政府、人民政协、群团组织、政法、军事、经济综述、经济管理、人事、劳动·社会保障、种养业·乡镇企业、水利·农机·林业、扶贫开发和以工代赈、工业、建筑与房地产、交通、邮电通信、商业贸易、对外贸易与经济交往、财税·金融、自然科学技术、教育、文化事业与文化产业、名胜·旅游、新闻·广播·电视、卫生、体育、社会、人物等35篇，后缀附录、索引、编后记。经过编纂人员的精心运作，从内容到形式都有较大突破，达到了内容与形式较完美的结合。

一、集束彩图形象直观显特色

志书卷首的集束彩图，是读者最先感知的部分，给读者以鲜明的第一印象，重点反映地方特点和时代特色。《广元市志》内文为黑白印刷，内文未插图片，故而充分利用卷首集束彩图就成为形象、直观地展示市情的重要场所。是志卷首集束彩图共47页（近3个印张）、121幅图片，其中地图4幅、示意图1幅、照片116幅（以彩照为主、黑白照配之）。前设广元位于四川盆地北缘方位地图、广元市行政区划图（16开双页）、广元市主城区图、广元市水系图各1幅；地图为先，照片随后，沿袭传统，体现地图在志书中的重要地位。4幅地图之后，照片首页接排2006年广元城概貌图，照片跨页联排、横通两页，占两幅版面上部三分之二的篇幅，画面恢宏，颇有气势；下部齐列广元现代标志性建筑广元城区东山凤凰楼、优秀旅游城市标识“广元——中国优秀旅游城市”、域内最著名历史人物“武则天画像”、 最著名历史文化遗迹“蜀道剑门关”，凸显广元市最大的人文历史特色。其后按广元概貌、新貌旧颜、城市风貌、广元交通、文物古迹、旅游景点、农业、科教文体、工业能源、商贸物流、节日庆典、历史回顾12个栏目立题，分类展示市情市貌，自成系统。

总括而言，是志卷首集束彩图吸取首轮志书的经验，并吸收二轮续志中他志的长处，在图片选择、图片质量、内容编排、版式设计等方面，均取得较大的突破，给人以新风扑面的感觉。把卷首集束彩图的编纂提升到一个新的高度。其一，照片分类合理、妥切，栏目标题标名准确、简洁，更加符合志体，分类标题统摄作用明显增强。其二，剔除“领导视察”照片内容，淡化志书的“官本位”色彩，使图片内容主题更加突出，地方特色更为闪亮耀眼。其三，多处运用对比手法，在二轮志书的卷首集束彩图编排中独树一帜，体现出编者的精心构思。如2006年与2015年“城市全貌”对比、“1982年的广元城”与“2014年的广元老城区”对比、“1980年的广元东坝与南河”与“2014年的广元东坝与南河”对比、“1986年的上西坝”与“2015年的上西坝”对比、“2011年的万源片区”与“2015年的万源片区”对比、“1987年建设中的利州东路”“2007年的利州东路”与“2015年的利州东路”3幅照片的对比、“1955年修建的上西坝火车站” “2005年的广元火车站（上西坝）”“2011年的广元火车站（上西坝）”“2015年的广元火车站（上西坝）”4幅照片的对比等，选取不同年份的照片比较（前为黑白照片、后为彩色照片），展现出20年间县改市之后城市建设日新月异的巨大发展变化，给读者以较强的视觉冲击力。其四，集束彩图注重特色性，以选取最具特色的事物照片，展现广元20年间经济与社会发展的巨大变化，重在突出地方特色与时代特色。其五，版面编排大方得体，注重突出视觉效果，根据画面内容合理配置，变化有度，或跨页联排（如第6、7页“2006年广元城概貌”，第8、9页“2015年广元城市全貌”照片），或占整页（如第28页“朝天明月楼”照片），或齐列式（如第21页“广元交通”栏目3幅照片），或密致式（如第32页“绿色食品广元七绝” 7幅照片），或交错式（如第33页“珍稀动植物资源”5幅照片），版面编排生动活泼，画面美感得以尽情展现。集束彩图编排形式还有一大特点，即照片幅面普遍较大，页均2.63幅（笔者随机抽取了几部志书与之相较：2012年版《冀州市志》卷首集束彩图11页、照片38幅，页均3.45幅；2015年版《张家口市志》卷首集束彩图58页、照片263幅，页均4.8幅；1995年版《苏州市志》卷首集束彩图64页，照片296幅，页均4.6幅：1997年版《扬州市志》卷首集束彩图48页、照片227幅、页均4.73幅；2014年版《扬州市志》卷首集束彩图，共56页（4.5个印张）、153幅图片、页均2.73幅），在新编志书中属页均照片幅数较少的一家，由于图片照片幅面加大，图像更加清晰美观，宣传视觉效果明显增强。正因为志首集束彩图的精心运作，体现出内容与形式的完美结合，给读者以鲜明、直观的第一印象，使图片的真实性、可读性等功能得到充分展现。

二、开篇总述高屋建瓴概全貌

《广元市志·总述》共21200字，写作体式为浓缩式。全文用序号分割为六大部分，首、尾加有开头段与结尾段，完满成篇。开头段400余字，首句点出建置之久，“广元，古称利州，有2300多年的建置历史”，读者的敬慕之情油然而生；进而勾勒出“蜀门重镇”“川北门户”“女皇故里”三大地域特色，勾引起读者的莫大阅读兴趣；继而简练罗列建市时间、市辖区县、面积、经纬度、四至、人口等地理简况，要言不烦，文简义丰；尤为突出的是标明“中心城区面积25.9平方公里，人口25.5万人”，体现广元的城市规模，此为市级志书“总述”篇本应交代的内容，但在笔者阅读过的多数城市志“总述”篇中缺漏此项，由此可见是志编者驾驭文字的功力非同一般。

正文第一部分6个自然段、3360字，前4个自然段记述历代建置变化和2004年下限之时的区划及人口状况，后2个自然段叙地域重要战略地位。从周慎靓王五年（前316）至新中国成立时，两千余年间发生在境域的历朝历代重要战事，采用夹述夹议笔法，描绘出一幅幅群豪争霸的雄浑历史画面，行文简洁有力，点明要旨，展现出广元底蕴深厚的历史文化，令人惊羡。

第二部分5个自然段、3950字，记地理概貌，分段记述地质地势、山川河流、气候土壤、自然资源，动植物资源，旅游资源，文字平实得当，地域特色鲜明。

第三部分11个自然段、5960字，记断限内20年间经济社会取得的辉煌成就，先总括引领，继而分段记述“综合实力增强，经济结构趋优”“强化基础调结构，农业和农村经济蓬勃发展”“实施工业强市战略，强力推进新型工业化”“投资规模显著扩大，建筑业迅速发展”“流通体制改革不断深化，横向经济联合持续拓展”“大力发展个体私营经济，民营经济竞相攀升”“交通建设迅猛发展，积极打造次级交通枢纽”“邮电通信业发展迅猛，通讯方式及经营体制发生革命性变化”“城市建设不断加速，城市功能持续增强”“财政收入大幅增长，金融保险业发展迅速”10大部分，记述全市国民经济的发展变化，条分缕析，叙论结合，归纳到位，论述精辟。

第四部分3个自然段、2180字，记述“居民收入持续快速增加，城乡生活水平显著提高”“劳动保障体制不断革新，惠及社会全体成员的社会保障机制建立进程加快”“加强生态环境治理，推进生态广元建设”三项内容，多用数字说话，客观反映变化进程。

第五部分5个自然段、3480字，分述 “建立公共文化体系，文化事业繁荣兴盛”“科学技术不断发展，科技生产力水平不断提高”“教育体制逐步改革，教育事业持续发展”“完善城乡卫生体系，医疗卫生事业加快发展”“体育基础设施改善，群众体育、竞技体育扎实推进”等社会各业的发展变化。

第六部分2个自然段、1170字，记述广元涌现出的历代英才。

结尾段400余字，在总括前文的基础上，指出经济社会发展中存在的劣势，“广元经济和社会发展还是低水平上的提速增长，发展滞后和发展不快仍然是广元的客观现实和面临的主要矛盾”，紧接着揭示出经济与社会发展的区位优势、资源优势和面临国家西部大开发的战略机遇期，迎来最佳发展时机，给人以希望。结尾段以议论落笔，优劣并书，体现志书的资政价值。

通观全篇，谋篇布局颇有新意，自成一体，结构紧凑，层次清晰，策论有力，特色鲜明。“总述”篇是志书的窗口，介绍一地的旅游资源，是志书“总述”篇特有的功能。凡写得好的“总述”，莫不重视对旅游资源的深入描写和热情赞颂。旅游资源单立一段表述，增强了总述篇的宣传功能。从谋篇布局到炼词造句，均达到了一定的高度。就全篇“总述”而言，行文流畅，特色突出，起到了统摄全志的功能。但细细琢磨，还有进一步推敲的余地。其一，篇幅还有压缩的余地。依笔者意，市级志书的总述篇当控制在8000字以内，读者在个把小时之内即可通晓全志梗概。现文章2万余字，似乎有些长了，文章多有压缩的余地。

续志体志书接续历史，“总述”篇是主要的篇章，作为“一方之全史”“一方之全书”的地方志书，记述地域内杰出的古今人物，彰显人民群众的斗争历史，反映地域内重大的历史事件，依笔者意，“总述”篇既要详今，又要明古，古今结合，方能反映一地域经济与社会发展的全貌，志书资政、育人、存史的功能才能够得以充分展示。当然，时下的续志“总述”（概述）篇多为断代体写法，笔者以为“总述”篇在写法上还是贯通历史为佳。总括而言，是志“总述”篇确是一篇较出色的文章，主编把握大势大略，高屋建瓴，将广元的市貌市情及地方特色和盘托出，给读者先睹为快之印象。

三、篇章设置立足市情彰特点

在篇目中突出地方特点和时代特色，这是二轮续志编修中志界同人比较一致的共识，改变首轮志书过分强调按逻辑分类而导致千志一面的窘境。从《广元市志》的篇目看，编纂者在突出地方特点上，可谓煞费苦心。正是在了解地情、吃透地情的基础上，使志书篇目展现出人无我有、人有我优的自身特点。试举两例：

其一，广元市辖7个县区均为国定、省定贫困县区，其中国定3个、省定4个。加快发展经济，尽快摆脱贫困，成为全市经济社会发展中的首要任务。正是基于这一特殊的地情，是志专设了“扶贫开发和以工代赈”篇，分列2章加以记述。第一章扶贫开发，分设扶贫政策、扶贫措施（内设组织领导、扶贫方式、扶贫开发责任制、扶贫资金管理、扶贫阶段步骤5目）、扶贫效果（内设实施七大扶贫项目、培育扶贫支柱产业、提高区域经济综合实力、改善群众生产生活条件、解决贫困人口温饱问题5目）、浙江对口扶贫（内设帮扶方式、帮扶内容、帮扶效果3目）等4节；第二章以工代赈，分设项目（内设粮棉布以工代赈项目、中低档工业品以工代赈项目、新增工业品以工代赈项目、江河治理和恢复水毁工程以工代赈项目、粮食以工代赈项目、中央财政预算内专项资金以工代赈项目、中央财政预算内国债以工代赈项目、易地扶贫搬迁试点项目、地方财政以工代赈项目配套资金和群众投劳折资集资计划9目）、措施（内设建立专门机构、指导各县区选准实施项目、建立项目申报和计划管理制度、建立资金管理制度、建立工程管理制度5目）、效果（内设改善农村交通状况、改善农业基础设施、解决人畜饮水困难、建成以工代赈示范村4目）3节，对全市的扶贫工作作了详细记述，生动展示出广元人民为摆脱贫困奋发进取的拼搏精神和昂扬向上的时代风貌。

其二，广元虽然是贫困地区，但旅游资源极为丰富，建有剑门蜀道、白龙湖两个国内知名的风景名胜区，唐家河、米仓山两个自然保护区，以及天台山森林公园和其他景观，为发展旅游业提供了便利条件。旅游既是一项事业，又是一项产业，旅游文化与旅游经济密不可分。旅游业是近几十年来崛起的新型服务业，是第三产业的重要组成部分，有“无烟工业”“无形贸易”之誉，并成为不少地方的朝阳产业，推动了经济的发展。首轮志书断限于20世纪80年代中期或90年代初，旅游业正处于开启之初，再者修志人员对旅游业迅速发展的前瞻性不够，所以对旅游业的记述不足，多数志书只是在资源或文物胜迹编中设章节对景点加以记述，单独设编的较少。作为二轮续志而言，从本地实际情况出发，凡能立编的均应单独设置；旅游业欠发达的地方，亦应在服务业中设章立目加以记述。一地旅游和旅游业极具个性特征和地方特点，最具有吸引力，在志书篇目中要充分体现。《广元市志》编者深谙其理，在文化部类专门设置了“名胜·旅游”篇。分列三章，第一章风景名胜，分设剑门蜀道风景名胜区、白龙湖风景名胜区、唐家河自然保护区、米仓山自然保护区、天台山森林公园、其他景观6节；第二章文化古迹与纪念地，分设古遗址、祠墓、寺庙、石刻雕塑、古建筑、纪念地6节；第三章旅游，分设旅游简况、服务设施与旅游产品、旅游管理与规划3节。将名胜、旅游并列升格立篇，既记述了广元丰富的风景名胜资源，又记述了广元旅游业20年来的发展变化，显现出志书鲜明的时代特点和浓郁的地方特色，同时也为发展广元的旅游业起到积极的宣传和推动作用，使志书的功能得到显著增强。

为充分反映改革开放20年来的实际，《广元市志》编者围绕地情设篇立章，在“篇”一级层次上还设有“劳动·社会保障”“建筑与房地产”“对外贸易与经济交往”等篇，同时对与其他志书相同的篇目，在“章”一级层次上尽力挖掘深度，如“经济综述”篇中的“人民生活”“县域经济”“民营经济”章，“种养业、乡镇企业”篇中的“农村经济综述”章，“文化事业与文化产业”篇中的“体制改革和文化产业”章，以及志尾“附录”篇中的“艺文”“史实考辨”（章）等，为展现广元市的地方特点和时代特色多有可圈可点之处。

四、细节把握严谨有度立新格

志书编纂是一项系统工程，从内容到形式，各个环节均需严密把关，精益求精，以达到最佳效果。《广元市志》编纂者深谙此道，重视志书编纂中的每个细节，力求尽善尽美，把科学、严谨落到实处，从而使志书质量得到显著提高。

书籍是供人阅读的文化产品，在装帧上既要美观大方，又要经得起反复翻检，便于部门长期储藏，方便读者多次阅读，为读书和藏书着想、服务。首轮志书在装帧上多为封面加护封，不便于保存利用，如《广元县志》即如此。二轮续志在装帧上多为硬壳精装，适应读书和藏书需要。《广元市志》紧跟时代步伐，亦采用硬壳精装，看似小事，实乃书籍装帧上的一大进步。

在历代旧志中，编纂人员名单均放在卷首，体现著者的著作权益，同时也喻示方志是一地域最重要的乡邦文献，必网罗本地文化高人一并参与，编修志书乃千秋大业，能参与编纂是人生可遇而不可求之幸事，故十分重视编纂人员名单的排列，均放在志书的卷首位置，且多数加列人员的职务。首、二轮新方志编纂人员名单的排列，或卷首或卷尾，随意性较大。是志秉承优良传统，将编纂人员名单前置（《广元县志》名单亦为前置），这一做法值得提倡。笔者以为，编纂志书少则数年多则十数年，耗尽了修志人的心血，修志人名单前置排列应理直气壮，绝不能妄自菲薄，从中亦体现出修志人肩负的重要历史责任。

志书要精编，篇幅须控制。笔者曾征求过国内多位方志专家学者的意见，大家普遍以为，县级志书控制在 150 万字左右、地市级志书控制在 300 万字左右较为适宜。作为通纪体志书，记述一般均要追溯事物发端，且记述时限长达数千年，志书篇幅适当拉长一些情有可原。首轮志书编纂，中指组虽有限定县、市志书篇幅的一定之规，但实践证明似有偏紧之嫌。二轮续志开启之后，中指组未对三级志书的篇幅作具体数量规定。正基于此，二轮续志篇幅出现膨胀之势，过分强调志书的资料性价值，忽略志书的著述性本质，县级（包括县级市、区）续志动辄二三百万字，甚或四五百万字，地市级续志普遍达四五百万字，七八百万字也并不鲜见，省级志书绝大多数超过五千万字，上亿字的亦不在少数，篇幅不受控制。笔者以为，志书的功能，资政、教化是第一位的，首先要服务当代，经世致用，存史是第二位的，惠及后世是随着时间的推移才会逐渐显现出来。二轮续志多为断代体，记述时段亦仅 20 年左右，同首轮志书记述时段相较，相去甚远，故其篇幅理应有个合理的控制数额。篇幅的拉长，并非与质量成正比。志书要成为可读可用之书，篇幅的控制理应提上议事日程。志书篇幅的控制，一定要量化，分解到各个类目，合理布局，有的放矢，唯此才能把住篇幅控制这一关。《广元市志》在控制篇幅上做得恰到好处，尤值得他志借鉴。

是志“凡例”言明：“本志断限遵循志书编纂规范，力求志书的系统完整，突出志书的资料性，同时考虑到广元是新建市的实际情况，故专志部分上限起于 1985 年 2 月 8 日，下限止于 2004 年 12 月 31 日，大事记、建置沿革、文物古迹、风景名胜、人物、附录以及部分机构沿革等内容适当上溯。”重视历史文化的记述，是方志的优良传统。方志编纂创新无止境，但要行走在方志自己固有的轨道之上。是志编者正是把握住这一真谛，历史文化从源头写起，浓墨重彩地展示广元的历史文化，体现志书作为一地域最重要乡邦文献的特殊地位，使志书的资政、育人、存史功能显著提升。从另一角度讲，亦突破了断代志不记或蜻蜓点水式记述历史的藩篱。《广元市志》虽然在封面标明记述时段为（1985—2004），但也根据 1985 年建市的实际情况，延伸了限前时段重要人文历史内容的记述，体现出有别于他志的记述方法。

《广元市志》在细节的把握上还有多处，如目录加排英文目录，为志书传播带来便利；方言用汉语拼音标注，改变首轮志书用国际音标的做法，方便读者阅读，对扩大读者面极有帮助；内文版面编排紧凑，朴实无华，与当今志书篇（编、卷）名页标题占整个版面的编排法形成鲜明对比，既节省了文字篇幅，又不失朴素大方之气，等等。

五、志无完志稍许不足待商榷

《广元市志》也有稍许不足的地方。其一，按常理，由于县改市（地级市）行政区划的变更，市志完全可以编成一部贯通古今的广元市通志，市志无法接续首轮《广元县志》的内容，正如“凡例”二所言：“本志断限遵循志书编纂规范，力求志书的系统完整，突出志书的资料性，同时考虑到广元市是新建市的实际情况，故专志部分上限起于 1985 年 2 月 8 日，下限止于 2004 年 12 月 31 日，大事记、建置沿革、文物古迹、风景名胜、人物、附录以及部分机构沿革等内容适当上述。”所以，封面志名下冠以“1985—2004”字眼似觉多余，所编志书与现今当下的所谓“断代志”不可同日而语。且各分志断限前的内容要有所交代，如能在篇首加千数字的无题序记述限前历史内容（追述时段可长可短，根据各分志内容需要而定，最晚也要从新中国成立时记起），其事物记述的连续性、系统性、完整性似乎会更强一些。

其二，篇目分类似有改进的余地。按中指组《地方志书质量规定》的要求，志书内容包括自然（建置、自然环境、资源、人口等）、基础设施（城乡建设、环境保护、交通、邮电信息、公用事业等）、经济（农业、工业、建筑业、服务业、经济管理等）、政治（中国共产党、人民代表大会、人民政府、政治协商会议、民主党派、群众组织、公安司法、军事等）、文化（教育、科学技术、文化艺术、新闻出版、广播影视、卫生和计划生育、体育等）、社会（人民生活、人事和劳动社会保障、民政、民族、宗教、风俗、方言等）、人物七大部类。是志中的“人事”“劳动·社会保障”篇似乎归入社会部类更妥帖一些；属于基础设施的“建筑与房地产”“交通”“邮电通信”等篇似乎移位于自然部类更恰切一些。

其三，二轮市县级志书吸取首轮志书的经验，尽力减少篇目层次，普遍不再以大编立志，而采用中小编体结构，将地理、经济、政治、文化、社会等以暗隐的形式体现志书的最高编排逻辑。《广元市志》暗隐的经济、政治两大部类排序为政治居前、经济居后。此种排法首轮即有，但数量较少，其中以沪浙一带志书为最；延至二轮还时有出现，但比例极低。志书编纂实践证明，大部类排序经济居前、政治居后，渐已形成共设，既符合人类认识客观世界的实际，又符合中共历届党代会精神。政治、经济颠倒排列看似小事，实则体现出志书编纂的规范化有所缺失，不利于志书的传播与利用。笔者以为，志书七大部类排序，还是经济在前、政治在后较为科学合理。志书为官修，权威性是其特性之一，所以选定部类也必须具有官方权威性。

然而瑕不掩瑜，《广元市志》算得上是一部文质俱佳的经世致用之作，彰往昭来的成功之章，既具有极高的资料价值，又具有较高的收藏价值，在广元市“三个文明”建设中必将发挥积极的推动作用。

（原载《巴蜀史志》2017 年第 3 期）

用志书留存历史　让村民记住乡愁

——读保定市《小车村志》有感

中国的农村，尤其是城市周边的农村，正在经历着史无前例的大变革时期。城镇化的扩展，城市规模的扩大，使昔日的村庄逐步演变为城市的一部分，农民逐渐被新型市民社区所取代。如何记载这场深刻的社会变革，如何留住这一段已经逝去或即将逝去的历史，承上启下，继往开来，为子孙后代留下一笔“功在当代、惠泽后世”的精神财富，使先辈的优良传统能得到更好的发扬光大，使村民们记住那一缕缕难以抹去的乡愁，使青年一代更加了解家乡的历史，缅怀历代先人们为追求美好生活所经历过的筚路蓝缕，激发人们热爱家乡的情愫，增强建设家乡的巨大热情，这就成为当代志人光荣而神圣的历史责任。一部村志可以说是一个地方的根。透过村志，寻根溯源，挖潜钩沉，可以从中窥见自然地理的变化、人口村落的迁移、经济物产的消长、人文风尚的传承……通过编修村志，尽可能恢复和保存历史的本来面目，善待历史，其实也是对未来负责。对于处在社会急剧变革中的小车村来说，编修村志尤其显得重要和紧迫。

在迎春花盛开的丁酉春日，收到了寄自河北保定的新编《小车村志》，异常欣喜。《小车村志》16 开本，850 千字， 2016 年 11 月河北大学出版社出版发行。该志由省、市、区、乡、村五级组成编纂班子，阵容豪华，二轮《河北省志》总纂龚焕文担纲是志的总纂，保定市地方志办公室主任孙进柱担任主编，编纂历时七载，精打细磨，篇幅适中，图文并茂，不失为村志中的佳作良志。

一、篇目紧扣村情，避免趋同性

篇目是志书体例的具体化。假如把志书比作一座大厦，把体例比作总体规划，那么篇目便是这座大厦的设计蓝图。篇目设计优劣，关系着整个修志工作的成败。在修志伊始，篇目是搜集资料的向导；在编写阶段，篇目是志书的编写提纲；在志书定稿之后，篇目则成为志书目录。制定篇目可称之为修志工作中的第一要务。据笔者所知，就乡镇村志编纂时间而言，少者三年左右，多者七八年甚或十余年。除修志人员配备不足、经费不到位等情况外，忽视了志书篇目的设计，亦是其中一大因素。前车之鉴，教训深刻。所以，《小车村志》根据村情科学合理设置篇目，坚持以体现小车村的地方特色、时代特点、突出重点、志体特点为基本原则，使修志工作少走了许多弯路。

从地方志的角度来看，一个村可能是地域最小的单位。但是麻雀虽小，却五脏俱全，一个村的变迁，可以说是整个地方变化的缩影，因此，要修好一部村志，涉及方方面面，并非易事；因此村志编修既要抓全面，更要抓特色。如果机械地按照市志、镇、街道志的篇目来搜集资料编写，泛泛而记，面面俱到，那编出来的村志就会千篇一律，只有共性，缺乏个性和特色，这部村志的质量就会大打折扣。自古以来的名志佳志，也无不以鲜明的地方特色来争奇斗艳。地方特色是一个地区独特优势所在，是区位优势的鲜亮要素，必须浓墨重彩地把它写好。在编修前，应该对该村的历史和现状有一个全面的考量，分析什么是这个村的特色，不断挖掘，丰富有关地域特色的资料。在篇目设计上可以打破常规，不拘泥于或沿袭过去老篇目或现行统一模式的新框架。必须解放思想，用改革创新的精神，准确把握新时期的主旋律，去设计新的篇目，同时不拘一格，该升格的升格，展开来写，彰显本村的地域特色。做到“人无我有，人有我优，人同我异，人略我详，人后我先”。

《小车村志》记事“上限溯自事物的发端，下限为2009年，个别重大事件止于出书前”，记述范围为“河北省保定市竞秀区颉庄乡小车行政村”。卷首设彩版15页，配有照片17幅，小车村龙泉寺全景回忆图、1948年前后小车村村落示意图、1948年前后小车村寺庙古坟位置示意图、2009年小车村街道示意图等4幅插图（双折页）；编委会名单；保定市人民政府市长马誉峰、村志总纂龚焕文的序文各一篇；凡例；正文之首设有概述，大事记，分志设村落概况（地理位置、村落演变、隶属沿革3节），自然地理（地质地貌、土壤类型与养分、气候、水文、物候、野生动植物、土地资源、自然灾害8节），人口与家庭（人口、家庭2节），村民生活（物质生活、文化生活、政治生活3节），村庄建设（住宅建设、基础设施建设、优化村庄环境3节），村级党务政务（中共小车村基层组织、行政组织、群众团体、民兵、治安、农业生产管理、农田基本建设7节），农村经济体制（封建土地所有制、土地制度改革、农业社会主义改造3节），农作物种植（种植面积及种类、种植技术、蔬菜病虫害防治、传统农用肥4节），畜牧养殖业（家畜养殖、家禽养殖、水产、养殖专业户4节），农业机具与使用（手工及畜力农具、农业机械2节），工商业（工业、建筑和运输业、商贸服务业3节），文化（群众文化、书法绘画、游艺、文化设施、文化遗址及寺庙5节），教育（幼儿教育、小学教育、中学教育、业余教育4节），医疗卫生（医疗、卫生、妇幼保健3节），民风民俗（礼仪风俗、岁时习俗、交往礼俗、农事及行业习俗、其他礼俗、祭祀、陋俗、禁忌8节），方言（语音、词汇、语法3节），传说与歌谚（传说故事、歌谣、谚语、歇后语、俗语俚语5节），人物（人物传、人物介绍、人物表3节），共18章73节，后缀附录、编后记。为平头章节体式结构，按章、节、目排列（目分三级：一级目用大四号黑体标示、单占行加汉字序码，二级目用小四号黑体标示、单占行汉字序码加括号，三级目用大五号楷体标示、另起空一字接文排、加阿拉伯数字序码）。分别从节、目两个不同层次上记述各类事物的历史与现状。《小车村志》是一部基本合乎方志体例规范的村志。

该志篇目体例规范，统辖合理，体现了编者对志书结构的娴熟把握。是志以概述、大事记起头，二者面、线结合，起到统摄全志的功用；分志按照自然、人口、政治、经济、文化、社会的部类排列，顺应新方志结构体例编纂法则，遵从志体，统分协调；“村民生活”单独立章，体现以人为本理念，彰显时代特色，切合修志宗旨；政治部类以“村级党务政务”一章统辖，体现出编者的独特创意；经济部类共设5章138页，无论设章数和占分志篇幅数均达22%，体现新时期“以经济建设为中心”的主旋律；“农村经济体制”章勾勒出了小车村从古到今经济体制的发展脉络。《小车村志》篇目涵盖了村志所能够达到的方方面面，整体布局科学合理，设章立目紧扣村情，显现出村志篇目独特的个性。

二、展示人物风采，注意典型性

古今方志半人物。地方志自古以来就重视人物的记载。为人物树碑立传，也是为人们所关注的内容，也同样是一部志书的亮点和难点。一部志书，也不能只见事，不见人。写好人物志对于提高志书的品位，具有十分重要的意义。在漫长的历史进程中，小车村涌现出许多重要人物，因此人物章采用了传、录、表三种形式，全面完整地记述了村域内的杰出人物。该章分立三节，第一节人物传，立传的有许涵度、张珂、黄保、王德顺、张延亭、杨慕臣、李金声、臧建堂、臧述、阎塘、张兰、黄定、黄兆贵、张汉臣、杨国栋、徐存厚、张圣、石衡、李德声、郑兰、王献瑞、黄书勋、郭松、杨振寰、张桂林、张满、郝连元、杨振宇、张朝刚、李璐庆、马文庆、张树德、张福生、羡保柱、马宝山35人；第二节人物介绍，列有王清波、王庭贵、李濰庆、黄自敏、黄保栋、石健、黄书江、薛国馨、张玉和、杨淑涛、臧敬儒、龚焕文、龚连印、王保东、石定寰、孙炳祥、张保定、张文礼、龚拥军、龚爱民、孙永胜、张子牧、龚健、龚伟娜24人的简介；第三节人物表，列有“小车村在外任教人物一览表”（22人）、“小车村军政人物一览表”（6人）。入志人物既有“晚清的二品布政使、保定军校学生，也有共产党地下工作者；既有大学校长、教授、科学家、省级行政干部，也有村里的多届领导、民间艺人等。通过对这些人物及其活动的记述，展现出小车村人杰地灵。”（《小车村志·序二》语）

历史是人创造的，人是社会活动的主体。从形式上看，全部历史是无数人及其组成的活动构成的。地方志记述的是地方自然和社会的历史和现状，如果抽去具体人的社会活动，方志对地方历史的记述，就会显得苍白无力。方志对人物的处理有着自身的要求。重要的历史人物，志书中专设人物志记载，而多数情况下，采取以事系人的方法。《小车村志》记载人物，并不局限于人物章之内，分别在大事记和其他分志中多采用以事系人的方式，多数采取点系的方式，即记述事件到人名，见事又见人，既扩大了人物的记述面，增强了志书与村民的亲近感，同时也增强了志书的可读性。

以大事记为例，以事系人条目有：“民国21年（1932），村长孙俊、徐木主持建立起小车村第一所小学。”“民国38年（1949）春，正式公开成立中国共产党小车村支部，孙宝全任小车村第一任党支部书记。属中共满城县委领导。”“是年（1950），村民杨振环、郭风璋、张洪魁、王廷贵、于文祥等人，参加志愿军赴朝作战。”“是年（1954），小车村组织农民成立资金互助组、信用合作社。1955年1月，小车村成立了以张老灵、马德纯、张春生、耿少泉、王廷山、张振山等为社长的11个初级农业生产合作社。”与此相类似的还有：1969年2月条，1969年2月条、10月条、是年条、11月条，1970年10月1日条，1971年4月条，1978年2—3月条，1995年8月条，1996年1月条、4月条、6月条、8月条，1997年10月条，2000年3月条、7月条、11月孙大康条、11月耿俊杰条、11月黄大立条，2003年1月条，2004年2月条、3月1日村民条、6—7月条，2005年1月条，2006年1月条，2007年5月16日条、7月5日条、7月10日条，2009年1月5日条、4月3日条，2012年夏条，达30条之多。

对村域经济与社会发展做出贡献的各类人物，采用随文罗列“人物名录”（表）的编纂方式，扩充了村域人物的记载面。如，村级党务政务章中共小车村基层组织节设“小车村历任党支部书记名录”“小车村历任党支部委员名录”“2009年小车村中共党员名录”，行政组织节设“小车村行政领导正职人名录”，政务要事目设“附：小车村革命委员会成员名单”，群众团体节设“附：历任团支部书记名单”“附：历任妇联会主任名单”“附：小车村民兵连长名录”，农业生产管理节设“附：1958—1961年、1962—1984年各生产队队长、会计名录”等。教育章设有“小车小学历任校长、教导主任一览表”“小车小学教师任课一览表”“小车村村民分期学历情况一览表”。如在畜牧养殖业章设有“养奶牛专业户高羊”“养奶牛专业户张洪弟”“养奶牛专业户张雪峰”“养猪养鸭鹅专业户张雪强”“养猪专业户高白国”“养鸡专业户李保立”“养鸡专业户杜春兰”等目，将生产中的典型人物记录在案，等等。人是生产力各个因素中最活跃的、最积极的因素。《小车村志》记人不惜笔墨，但凡涉及人的有关事项，均用以事系人的点系法，将人名一一点出，使志书成为村民生产生活的真实记录，写得鲜活生动。

三、充分利用图表，加强直观性

《小车村志》应用图表亦有独到之处。全志配置插图173幅，其中卷首集束彩图21幅，文内插图153幅（包括附录篇中的2幅）。除村落概况、人口与家庭、方言、传说与歌谚、人物等5章未配置插图外，其余13章均有配置，占章均数的72%，章均插图8.4幅。排在前5位的是：农业机具与使用章38幅、村民生活章29幅、文化章25幅、农作物种植章14幅、医疗卫生章14幅。该志每万字配置插图2.16幅。

全志设置表格113幅、98页，占全志总页码662页的14.8%。除村落概况、村庄建设、农村经济体制、农业机具与使用、医疗卫生、民风民俗、传说与歌谚等7章无表外，其余11章均有配置，占章均数的61%，章均设表6.3幅。排在前5位的是：方言章34幅（30页，占该章篇幅41页的73%）、农作物种植章26幅（20页，占该章篇幅54页的37%）、工商业章18幅（12页，占该章篇幅26页的46%）、人口与家庭章10幅（11页，占该章篇幅20页的55%）、村级党务政务章7幅（6页，占该章篇幅32页的19%）。该志每万字配置表格1.4幅。

随文插图在村志中有着文字不可替代的重要作用，选择好的图片能使志书达到图文并茂的效果。该志插图尤其注重事物细节，村民的生活用品、生产工具等描绘精细，复现其原貌，留下了真实的历史印记。随文插图量多面广，起到了多方面的功用：一是加强了文字叙述的可靠性和可视性。通过形象化、具体化的图像使读者对事物获得直接的感知；二是弥补了文字叙述上的不足。志书文字具体详尽，图片则直观、形象、生动，能在某种程度上超越语言的障碍，起到画龙点睛的作用。可以满足读者“百闻不如一见”的心理，起到“一图胜千言”的效果；三是随文插图还可以补白，这些图片的采用能使所记述的内容更加生动、活泼、形象化，避免了沉闷的模式，进而起到美化版面和调节版面的效果，使读者对小车村百年来自然、社会事业和经济发展的今昔对比变化有了更加全面的直观了解。

四、略有稍许不足，还可再商榷

志无完志。细细推敲，似乎还有可改进提高之处。整体布局还有改进的余地。依笔者意，村志无论采用章节体还是编章节体，第一层级（各分志）所占的篇幅要大体平衡，所有的分志篇幅都要向第一层级篇幅的平均数靠拢，以求得分志篇幅的均衡协调，避免畸轻畸重之病态。这是衡量一部志书质量的要素之一。一般情况下，70% 以上的分志篇幅，均应接近分志篇幅的平均数（以上、下各控制在 30% 以内为佳），仅少数篇章可以例外。《小车村志》全书抛却卷首、卷尾部分，分志 18 章共 622 页，章均 35 页，其中各章占页码分别为：村落概况 6 页、自然地理 28 页、人口与家庭 20 页、村民生活 26 页、村庄建设 14 页、村级党务政务 32 页、农村经济体制 12 页、农作物种植 54 页、畜牧养殖业 16 页、农业机具与使用 30 页、工商业 26 页、文化 42 页、教育 20 页、医疗卫生 10 页、民风民俗 96 页、方言 41 页、传说与歌谚 30 页、人物 16 页。不足章均 35 页的有 14 章、占章数的 78%，超过章均数的有 4 章、占章数的 22%，最少的仅及章均数的 17%，最多的为章均数的 2.7 倍。靠近章均 35 页的仅有 8 章，不及 18 章的半数。依笔者意，第一、二章合并为一章，共 34 页；教育章与医疗卫生章合并为一章，共 30 页；更接近章均数一些；方言章版面过于松垮，如紧凑一些，篇幅更接近章均数。农作物种植章似有描述过细之嫌，主要作物小麦、夏玉米可详，其他次要作物可简略一些，似可压缩至 45 页之内（以超额 30% 为限），似乎更合理一些。

总括而言，《小车村志》的优长还有许多，难以尽表。是志编者从体例、体裁、结构、内容等诸方面都进行了大胆探索，不拘泥于传统志书固有的框架和模式，紧扣时代脉搏，努力践行“以人为本”的理念，把创新精神贯穿于修志始终，体现出编者扎实的功底和非凡的功力。该志确是一部微观资料翔实的村志，其资政、学术、存史、教育价值将会在读志、用志中显示，值得志界与社会学界研读。

（原载《河北地方志》2017 年第 4 期）

风云际会传奇地　铁笔铸写醒世文

——读 2015 年版《邯郸市志》感言

邯郸，乃一块有传奇般历史的热土。在我读小学的时候，便熟知了诸如“邯郸学步”“完璧归赵”“毛遂自荐”“胡服骑射”等许多有关邯郸的成语故事，对这座古城有了鲜明的印象。邯郸紧邻山西，与太原亦颇有渊源，春秋时期赵简子在晋阳首创赵国初都（前 497），后移都中牟（前 425）再迁邯郸（前 386），赵国成为战国七雄之一。首轮《邯郸市志》编修之时，邯郸市辖四区二县，总人口 188 万人，总面积 2791 平方公里。二轮续志编修之时，邯郸市辖四区十四县并代管一个市，总人口 960 万人，总面积 12071 平方公里。区划变动如此之大，续修绝非善策，重修新一轮的《邯郸市志》成为理所当然之举。2014 年笔者有幸应邀参加了是志的评审，对志稿初有接触。捧读 2015 年版《邯郸市志》，洋洋洒洒五大卷，堪称巨著。较之首轮市志，有过之而无不及。

新编 2015 年版《邯郸市志》，邯郸市地方志编纂委员会编，主编姬振江，常务副主编杨富中，执行主编申凤鸣，通纪体，全五册，7288 千字，方志出版社 2015 年 6 月出版。前设集束彩图；正文首设总述、大事记，内设政区建置、自然环境、人口、城乡建设、环境保护、交通、邮政电信、经济总情、农业、工业、建筑与房地产业、商贸服务业、财政税务、金融、旅游与运输业、政党、人民代表大会、政府、政协、民主党派与工商联、人民团体、历次政治运动、抗日根据地、综合经济管理、劳动人事社会保障、公检法司、军事、教育、科学技术、文化艺术、地方文化、文物古迹、报刊广电网站、图书档案社科、史志谱牒、卫生、体育、艺文、精神文明建设、民族宗教、民政、民俗、居民生活、方言、人物等 45 编；尾设附录、索引（表格索引、人物索引）、编纂始末。

细读全志，可圈可点之处颇多。仅列数点，以飨同行。

一、篇目设置遵从志体

旧志中的“卷”与志书门类联系并不甚紧密，只起标示志书装订的册数而已。《邯郸市志》接近于传统志书体例，而又有创新和发展。全志分设五大卷，“卷”既是志书装订的分册，同时又暗承首轮志书的大编体结构分类，分别对应“地理与基础设施”“经济”“政治”“文化”“社会与人物”五大类内容。以“卷”代“册”，既体现出志书大部类篇幅之间的平衡性，也反映出编者熟谙新志与旧志之间的承袭关系，用心可谓良苦。是志实为小编体体式，“编”为志书的第一层级，编下领章、节、目、小目四级标题。分类之合理，结构之严谨，层次之分明，可见一斑。

二轮续志的编纂体式，汲取首轮志书的经验，中编体和小编体正成为一种潮流和趋势，冲击着首轮教科书式的大编体体式，其中尤以小编体占多数。小编体各分志之间关系平列，容易做到事物按科学分类，同时亦有利于地方特色篇目的升格，不至于打乱各编之间分量的平衡，给条目撰写奠定了良好基础。此种体例具有返璞归真的意蕴，深受用志者青睐和方志理论界好评。《邯郸市志》为新方志编纂系列的重修之志书，故而在篇目编排上不受上一轮志书的束缚与制约，根据变化了的市情重打锣鼓重开张，使之成为邯郸市最重要的乡邦文献。《邯郸市志》共设 239 章、1001 节，章均 4 节，章、节比例协调。整体结构排列，既符合现行修志的一般规律，又契合中指组《地方志书质量规定》之要求。篇目是整个志书的骨架，其设计优劣的重要意义自不待言。整部志书的框架结构，符合城市志的体例特征，从编、章、节、目的设置上凸显了城市的特点与功能，可以清晰地体会到是志的编纂，是以城市功能为主体的把握。各编及其序列既有相对独立的特点，又有内在的逻辑统属关系，使全志形成一个有机的整体。在篇目名称方面力求科学化，使内容归属更具地方性、时代性，从而保证了志书的高质量。

二、升格篇章特色浓郁

首轮志书重经济轻文化，二轮续志普遍扭转了这一弊端，使志书成为一地域最重要乡邦文献的价值得以回归。重视地域文化的传承，让人们记住乡愁，培育人们爱家、爱乡、爱国的情愫，成为志人历史使命的重要担当，也是志书上档次的重要一环。肯定这一做法是志书突出地域特点的具体体现，是志书编纂与时俱进，突出特色，张扬个性的一大创新。这是二轮续志编修中志界同人比较一致的共识。《邯郸市志》编者在这方面亦有不俗表现。在志书中突出时代特色和地方特点的篇目，编一级的有环境保护、经济总情、旅游与运输业、历次政治运动、抗日根据地、地方文化、艺文、精神文明建设、居民生活等；章一级的有政区建置编中的区域中心章，城乡建设编中的城市管理章，经济总情编中的经济体制改革、对外开放、经济园区章，农业编中的农业综述章，工业编中的工业概况、煤炭工业章，建筑与房地产业编中的房地产市场章，旅游与运输业编中的旅游开发章，政党编中的中共邯郸市委重大决策章，政府编中的政务辑要章，劳动人事社会保障编中的社会保障章，报刊广电网站编中的网站章，民政编中的救济与低保章，民俗编中的独特习俗、民间花卉与舞蹈章，附录中的专记、城市历史、历史考辨篇等。从这些编、章的设置中，无不体现出编者对地域特色的发掘与把握。正是在了解地情、吃透地情的基础上，使志书篇目展现出人无我有、人有我优的地方特点。

其中有两编尤为抢眼。邯郸为革命老区，抗日战争中八路军一二九师以太行山为依托，创建了晋冀鲁豫抗日根据地，根据地军民为打败日本侵略者和夺取抗日战争的全面胜利做出了积极贡献。志书专设抗日根据地编，将抗日根据地建立、发展、壮大直至取得最后胜利的这一段辉煌历史翔实记录，突出彰显志书资政、育人、存史的功能。忘记历史就意味着背叛。牢记屈辱，才能奋发图强，这才是忧患意识在志书中的深度体现。志书记述历史、传承历史的功用就在于此，志人历史的责任感也就在于此。

邯郸是历史文化厚重的一片热土，志书编者为突出当地的地域文化特色，在文化部类专设《地方文化》编，分设《赵文化》《成语典故文化》《磁州窑文化》《太极拳文化》四章。正如该编小序所言：“邯郸历史悠久，遗迹众多，形成了诸多有地域特色的地方文化。如赵文化，因赵置都于邯郸，其文化浸染于邯郸人，而在邯郸传承至今。成语典故文化，为邯郸一大特色，久誉全国和世界。磁州窑文化，因其主要窑场在邯郸，千年窑火不熄，至今仍在烧制陶瓷。如太极拳，自清代杨、武氏创立太极拳以来，辐射全国乃至世界各地，习练者一代比一代多。”由此可见，这四种地方文化是一种以邯郸地域为空间范围，以文化为主体的社会现象，具有深刻的内涵。是志从本土传统历史文化方面着手提炼，从而获得较佳效果。这些地域特色文化，经过历史长河的积淀，具有浓重的历史厚重感和浓郁的地方特色。将地域特色文化单独立编，对增强志书的学术性，显示志书的学术价值，具有积极的作用，尤其有助于提高志书的学术品位。志书中设置特色篇，是一个值得深入探讨的新课题，也是一种挑战性的创新实践。《邯郸市志》的编纂实践证明，把握地情，立足创新，突出特色，是提升志书实用价值的重要一环。

三、开篇“总述”自成一体

概述篇是志书中最为重要的一篇，其作用绝不可低估与小视。笔者曾在拙著《新方志“概述”点评》一书中提出，概述在功能上要“鸟瞰全志，概括总貌；沟通各业，形成主体；揭示规律，因果相彰；扬长避短，开发优势；省时捷取，方便概览”；把“概述”的特点归纳为“概括性、整体性、科学性、规律性、可读性、导引性”；内容归纳为“总述全貌、综述历史、体现特点”。三个方面的70字口诀，同时也体现功能、特点、内容三方面的有机联结和各有侧重的导向。《邯郸市志》将概述改称总述，在二轮市级志书中较为普遍，亦在情理之中。是志主编把握了总述篇写作的真谛，交出一份令人满意的答卷。

“总述”篇全文22400字，采用策论体与浓缩体的结合体式，自立新格。起首段由4个自然段组成：第一自然段“邯郸，一部传奇般的史诗。”寥寥10个字，点出全志要旨，开门见山，要言不烦。第二自然段介绍区划概貌，一改现时概述篇的程式套路，采用散文笔法，面积、人口、四至、地貌穿插其中，虚实结合，娓娓道来，语言绮丽，读之朗朗上口。第三自然段叙建置沿革，从八千多年境内的新石器时代“磁山文化”写起，直至2010年下限时止，历代建置与经济社会发展相揉并叙，历史关节点清晰自然，夹叙夹议，论述得法。第四自然段将人文历史闪光点和盘托出，英雄才俊、遗产文化历历在目，“如璀璨的珠玑，串起了峰回波转、光彩熠熠的历史传奇”，给人以无限遐想，起到吸引读者想尽快阅读下文的兴趣，承上启下，引出正文。主体以五个小标题引领，古都、经济、战争、人文、总括，一气贯通。首为“古都之兴衰交替”，5300余字篇幅，详述境域曾辉煌于世的邯郸、邺城、大名、广府等四座古城的兴衰荣枯，按历史的脉络依次写来，既写古城的兴盛之状，又述与古城兴衰密切相关的军事、人文缘由，展现出境域古都浓郁的历史厚重感；轮回交替，古今结合，转而叙述新兴邯郸城的崛起，读来荡气回肠。次为“经济之盛衰枯荣”，5100余字，记述境域经济的四次发展高峰与三次跌入低谷的历史史实，兴盛之时彰特色，衰败之时寻传奇，各历史阶段经济大要尽显，重点落笔在中共十一届三中全会之后的第四次兴盛阶段上，一部全景式的邯郸经济发展史跃然纸上。三为“战争之惨烈悲壮”，5000余字，以历史发展的纵线条为序，细数发生在境域的重大战事，议因果，论得失，多有点睛之笔，展现宏阔的历史画卷，体现邯郸是兵家必争的战略要地，反映境域黎民深受战争之害，彰显出邯郸人民勇于抗争的斗争精神，归纳总结出“愿战争远离邯郸，邯郸永远摆脱战争的轮回与毁灭”的美好愿望。四为“人文之华美璀璨”，2900余字，先点出邯郸为国家历史文化名城，“孕育并积淀了深厚的历史文化”，继而将磁山文化、赵文化、响堂山石窟、磁州窑、太极拳、成语典故、红色文化等地方文化，如数家珍般一一道来，令人惊羡；教育、体育、文化艺术等社会事业长足发展，令人欣喜。社会事业突出重点、省略一般，详略得体。勾勒出邯郸深厚而璀璨的文化底蕴。五为“未来之生态名城”，1800余字，概括全文，总结历史经验，阐述规律，评议得失，找出城市发展中的短板与不足，同时亦归纳出文化底蕴深厚、交通便利、产业基础雄厚、发展环境优越等诸多有利条件。优劣并书，资政价值益显。结尾段以“邯郸充满希望，邯郸前程锦绣”收笔，既与开头段相呼应，成“虎头豹尾”的有机联系，起到余音绕梁的效果。纵观全篇，感情充沛，大气磅礴，以“传奇般的史诗”为灵魂，以城市的进化为主题，以历史的纵深为主线，立意高远，架构奇特，内容新颖，虚实结合，叙议有度，文笔潇洒，精华尽显，首尾呼应，自成一体，具有独创性，起到了“总述全貌、综述历史、体现特点”的功用，可称之为概述篇中的佳作。

顺带提一下，是志述体文字除总述篇外，44编（艺文编未设）之首均设有无题小序，总字数达27940字，编均630字；上千字的5篇，其中居民生活最长、1850字；500字以上不足千字的21篇；500字以下的18篇，其中历次政治运动最短、180字。编首无题小序行文灵活，写法多样，“述”体的功用得到淋漓尽致的发挥，为增强志书的著述性、概括性、整体性起到了积极的作用。

四、善用图片文图相彰

图片应用别出心裁。图经为地方志的源流之一，旧志编排以图为先，重视地图的应用，成为志书区别于其他书籍的重要标志，进而形成传统。新方志编纂继承了这一传统并有所创新。首轮志书编纂，卷首集束彩图五彩缤纷，引人注目；一般彩照与地图集中编排，且以照片为主、地图为辅，此种做法一直延续至二轮续志，几成定例。21世纪人们进入读图时代，全彩印志书逐渐增多，新方志质量又迈上一个新的台阶。《邯郸市志》为全彩印，卷首图沿袭首轮志书的编排方式，彩照居前地图随后，共46页（彩照106幅、地图5幅），其中彩照按市域特色、领导视察、城建风光、山川文物、农工商贸、教卫文化等内容序列排列，集中展示邯郸风貌；随后配有邯郸市城址变迁图、邯郸市地图、邯郸市交通图、邯郸市城区图、邯郸市地貌分区图5幅地图。在图的选取上别有新意，体现各业精粹；地图绘制精细，种类较多，既拓展了地图的内容表现空间，又使地图的信息量得以强化。版面编排根据地图内容的需要，折页单页并用，较全面地反映市貌市情。卷首集束彩图体现出编排的严谨性和艺术性，给人以极大的视觉冲击力。尤令人称道的是，正文中更配置有随文插图879幅，除艺文、人物2编外，其余43编均配有图片，就连正文之首的大事记和卷尾的附录篇也分别配置了32幅、9幅图片。卷首集束彩图与正文插图相加，全志总用图量达990幅，平均每万字用图量达1.36幅，在二轮续志中属于用图量较多的志书之一。图的种类应用比较全面，既有彩照与黑白照，又有线描地图与各种示意图，从而达到图为文佐、文图相彰的效果。在照片的运用上，注重历史图片的搜集与应用。经笔者粗略统计，全志配置1978年以前的老照片达百幅以上，其中卷首集束彩图6幅、大事记6幅、政区建置编1幅、城乡建设编2幅、交通编2幅、邮政电信编2幅、经济总情编10幅、工业编4幅、建筑与房地产业编4幅、商贸服务业编4幅、金融编1幅、政党编6幅、人民代表大会编2幅、政府编4幅、历次政治运动编8幅、抗日根据地编9幅、综合经济管理编2幅、军事编17幅、教育编6幅、文化艺术编2幅、地方文化编1幅、文物古迹编1幅、报刊广电网站编1幅、民政编4幅，分志中共有22编配置老照片，几占分志总数的一半；最多的如《军事》编，达17幅之多。以《经济总情》编为例，其中配有“抗日战争时期根据地减租减息运动后的租契”“1947年12月下旬太行区土改工作队在武安十里店”“邱县农民积极参加农业合作社（1954年摄）”“峰峰矿区一区各乡参观立合村合作社的棉花生产情况（1953年摄）”“峰峰市孔壁乡高级社成立大会（1956年摄）”“人民公社集体大食堂（1960年摄）”“邯郸城区南关居民登记申请加入人民公社（1958年摄）”“邯郸市庆祝公私合营取得胜利（1956年摄）”“公私合营后的新兴瓷厂（1956年摄）”“邯郸市杂货业庆祝全行业公私合营（1956年摄）”10幅老照片，真实地再现事物原貌，与文字相配合，具有不容否定的强烈的见证作用。

在百多张老照片中，多为极其珍贵的影像资料，还原历史的真实面貌，体现出志书严谨、科学的资料著述性和学术价值。相比于那些图片应用只见“今”不见“古”的志书，是志要略胜一筹。随文插图的编排亦别有创意，依据画面内容酌情制作，图文并茂得以实现。《邯郸市志》的编纂实践证明，志书全彩印刷较内文单色印刷具有较大的优势，图文并茂不再是可望而不可即之事。图片从宏观上覆盖志书的内容，又从微观上突出志书中富有特色的部分，可视性、可读性、纪实性显著增强，为志书质量的全面提高提供了强有力的技术支撑。

五、挖掘资料拓展深度

《邯郸市志》在体裁应用、资料挖掘、内容拓展、注重人文、弘扬文化诸方面均有突出展现。一部佳志往往在搜求、占有及使用资料上均需要付出一定功力。是志是一部拥有728万余字的大型志书，其征引资料自当谨严审慎。资料来源，据其凡例所言，入志资料“取自正史、旧志、档案、专著、报刊、手札、谱牒、文物考古及采访”。由此可见，其资料收集之广，甄选之严。纵观全书，所引资料皆堪征信，所挖掘资料尤为全志增色。

随文设专记或附录，在新方志编纂中已被广泛采用，此种方式可加强志书资料记述的深度与广度。是志亦不例外，在正文中既插有突出地情特点的“专记”篇，又根据各编内容记述的需要，随文设“附”。全志共设专记12篇，其中城乡建设编设《邯郸市“城市面貌三年大变样”活动》1篇，工业编设《邯邢安矿山大会战与邯邢基地（铁矿）建设》《邯邢铁矿创业典型纪实》《马万水工程队》《邯钢经验》《重大煤矿安全事故》《邯邢基地（煤矿）建设》《千年瓷都彭城镇的轮回与重生》7篇；附录设《毛泽东主席与邯郸》《刘少奇委员长与邯郸》《朱德与邯郸》《周恩来总理与邯郸》4篇。是志的专记，记专显特，鲜而活、少而精，注重地域性，不仅对志书内容起到上溯、下延的作用，还起到补充和加强正文内容，延伸和发展志书体裁，活化和丰富志书版式，增强和提高志书的知识性、纪实性、可读性、趣味性，彰显出志书的地方特点和时代特色。专记篇数虽少，字数亦有限，却起到了画龙点睛的突出效果。

是志共设插文附20篇，其中城乡建设编附《邯郸市燃气应急抢险纪实》1篇，经济总情编附《我走过的单干路》1篇，建筑与房地产业编附《邯郸市对口援建四川地震灾区》1篇，商贸服务业编附《邯郸会展经济的开拓者》1篇，金融编附《中保人寿邯郸分公司理赔案例选》1篇，旅游与运输业编附《古“邯郸十景”》1篇，政党编附《爱国主义教育基地》1篇，抗日根据地编附《日本觉醒联盟》1篇，综合经济管理编附《邯郸市1953—2010年较大以上安全事故》（火灾事故61起、矿山事故4起、食物中毒2起、其他事故10起）1篇，劳动人事社会保障编附《邯郸城镇知识青年上山下乡》《邯郸各县、区接受安置知青下乡情况》《天津市知青在邯郸地区插队情况》3篇，公检法司编附《未成年人刑事案件的审判》1篇，教育编附《漳南书院》1篇，精神文明建设编附《窦庄社区邻里节》《陆空爱心接力》2篇，民俗编附《涉县井店丧葬哭街》《红红火火闹元宵——2010年邯郸市元宵节期间文化活动采风》2篇，居民生活编附《三年困难时期的瓜代菜》《邯郸酒令说划枚》2篇。从上可以看出，是志的插文附体裁多样，根据各编内容记述的需要择情而设，且内容杂而广，多为佐证性、补充性、说明性的典型性资料，起到辅助正编、印证事物之功用，使正文内容得到延伸和拓展。

是志在志尾还专设有附录篇，分列专记、城市历史、历史考辨、文献资料、政府文件五大部分，编制精细，特色浓郁，篇幅凝练，资料性强，增强了志书的可读性与使用价值。由此可见，编者在搜求与挖掘资料上用力之勤。

有此数端，《邯郸市志》允称精品佳作。

六、些许商榷一家之言

志界俗语言“志无完志”。吹毛求疵，提些许可商榷之处，以供参考。是志凡例第四条曰：“志末附文献、杂记。”细查志书，并未见“杂记”类项目。似为志书完稿之后，凡例未与正文严密核对之误。

目录编排，先设《邯郸市志》要目（占 2 页，每卷均设），各卷分置各分册目录（详目），而无全志完整的总详目。志书目录编排以方便读者翻检为出发点，笔者以为，无论是单册或多册志书，集中排列详目是不可或缺的一项内容，详目集中排列于一册之中，更便与读者了解全志概貌，要目只标一级层次标题，仅是全志的大体轮廓，详目则是全志编、章、节的全力展示，对用志人而言则方便许多。是志未排英文目录，似乎有所欠缺。志书编排英文目录，首轮志书较少、二轮较多。笔者以为，志书走向世界是大趋势，但外国人要阅读中文志书，只有懂得中文才行，详目排英文目录使志书篇幅增加过多，从志书瘦身角度考虑，似可将要目（亦有称“总目”的）采用中英文编排较为合理，即中文、英文各占一个页码，既美观又大方。

志首总述确是一篇好文章，但有些长了，2 万多字的篇幅，阅读一遍需要四五个小时，从“省时捷取”考虑，压缩至万字以内才较合理。细细推敲该文，亦有铺陈之处，还多有可精练的余地。

是志设置随文专记 10 篇、随文附 21 篇，目录中均未标示，似嫌不足。按常规，此二者的标题应在目录中加以标示，可使读者了解编者在拓展志书资料深度和广度上的良苦用心，同时也体现编者为读者服务，方便读者阅览、利用志书，进而增强志书的学术价值。

志尾的索引，仅列表格索引、人物索引两类，似乎嫌少了些。从为读者方便利用志书考虑，如能增加主题索引或条目索引、图片索引、地名索引等，利用价值就会得到进一步增强。

（原载《河北地方志》2018 年第 1 期）

体例完备出新意　细节把握见真功

——拜读《常州市志（1986—2010）》感言

提要：二轮《常州市志（1986—2010）》为续修版本的志书，是入选“中国志书精品工程”的志书之一。该志“全面传承‘方志之乡’的优良传统，精准把握特定时期修志的时代性、地域性和特色性，尤其注重发现和挖掘经济社会快速转型期以及时代巨变背后所蕴含的深刻原因及发展规律，真正让传世志书记载和留住激荡岁月的特有气息和脉动。”其篇目设置特色鲜明，史略开篇纵述历史，善用述体概括得法，图表设置别开生面，细节把握恰到好处，注重志书整体性的把握，从而使志书质量迈上一个新的高度。

关键词：常州　续志　篇目　体裁　特色

常州是江南的历史文化名城，同时又是全国著名的方志之乡。历史上留下了诸如全国仅存十余种宋修志书之一的宋咸淳《毗陵志》，以及元大德《新修毗陵志》、明洪武《毗陵续志》、明永乐《常州府志》、明万历《常州府志》、清康熙《常州府志》、清道光《武进阳湖合志》等20多部传世的旧志。方志编纂，可谓代有传承。首轮《常州市志》（1995年版）翔实记载了1840年至1985年常州百余年间的曲折历史，曾荣获江苏省哲学社会科学优秀成果一等奖。二轮续修《常州市志（1986—2010）》是第二批入选“中国志书精品工程”的志书，全面传承“方志之乡”的优良传统，志书质量迈向了一个新的高度。笔者阅读是志，从中多受启发。

一、篇目设置特色鲜明

《常州市志（1986—2010）》（以下简称《常志》），常州市地方志编纂委员会编，全四册，硬精装加护封，内文全彩印，5300千字，方志出版社2017年1月出版。前设编委会及编纂人员名单，城市荣誉，集束彩图，序，凡例，组织机构名称简称全称对照表，总目录（配英文目录），目录；正文首设史略、总述、大事记，内设政区建置、自然环境、人口、风景名胜、土地资源管理、城乡建设和管理、公用事业、水利水务、交通邮电信息化建设、环境保护、经济综述、经济体制改革、对外经贸开发园区、农业、工业、乡镇企业民营经济、建筑业、房地产业和住房保障、商贸服务业、旅游业、金融业、财政税务、经济综合管理、出入境管理、中国共产党、人民代表大会、人民政府、政治协商会议、民主党派、人民团体、政法、军事、科学技术社会科学、教育、常州科教城、文化艺术、大众传媒、艺文著述、文化遗产、医疗卫生、体育、精神文明建设、劳动人事人才、民政、社会生活、民族宗教、方言、风俗、县（市）区概况、人物等50卷，尾设专记，索引（主题索引、图照索引、表格索引、人物索引），编纂始末，撰稿审稿人员名单，审稿专家、审定单位名单。

在篇目中突出地方特点和时代特色，这是二轮续志编修中全国志界同人比较一致的共识，改变首轮志书过分强调按逻辑分类而导致千志一面的窘境。从上文中可以看出，《常志》为小编体结构，采用卷、章、节、目体式。编者在突出地方特点和时代特色上，可谓煞费苦心，多有突出地方特点和时代特色的卷目，多角度反映常州市改革开放32年间的发展状况。

常州是历史文化名城，山水胜迹、古遗古建、古典园林、名人胜迹众多，历史文化资源极为丰富，故而在地理部类增设了风景名胜卷，内设山水胜迹、古迹、公园、红色文化遗迹4章，且随文插图达32幅之多，为各分卷之冠，文图并茂，相得益彰，突出了当地深厚的历史文化底蕴。正因为有如此丰富的旅游资源，旅游业发展迅猛，常州于2011年创建为中国优秀旅游城市，2010年跻身“全国二十大绩效高的旅游目的地城市”，2010年实现旅游总收入349.72亿元。为此在经济部类专设了旅游业卷，内设旅游规划建设、旅游景区景点、旅游服务、旅游市场开发、旅游行业管理5章，展现当地旅游业发展的实况。常州科教城是江苏省唯一的示范性高职教育园区和科技部认定的国际科技合作基地、国际服务外包人才培训基地、国际服务外包示范区；至2010年底，有17所外地大学的研究机构入驻科教城，9所高校建有研究院；入驻科研机构422家，汇聚科技人才达8280人。至2014年，常州市连续14年获得全国科技进步先进市称号。为突出技术这一成就，在文化部类将常州科教城升格立卷，内设规划建设、科研院所、科技创新、高等职业教育园区4章，翔实展示科教城的突出成就，彰显常州独特的科教实力。

除此以外，《常志》展现地方特点和时代特色的卷目还有经济体制改革、对外经贸开发园区、房地产业和住房保障、出入境管理、艺文著述、文化遗产、精神文明建设等卷。正是在了解市情、吃透市情的基础上，使志书篇目展现出鲜明的城市特征，形成“明月与繁星”同辉的自身格调。

二、史略开篇纵述历史

史略，乃历史纪略的简称。在志书中增设史略篇，是将史体引入志书，是志书在体例上的一种创新，进而强化一地域历史发展状况的综合记述。只是史略篇的名称有多种，但在内容上并无二致，此种方式创设于首轮志书之中，延至二轮亦有应用，但因难度较大，应用面较小而已。就笔者目力所及，如陕西《紫阳县志》[①]卷一以县史述要立卷。卷下以章领目，内设自然概况、置县前的人类活动、明清时的山区开发、民国年间的战乱与建设、新中国成立后的发展与徘徊等5章，以史述笔法，宏观展示紫阳由古及今的要事。江苏《淮阴市志》[②]在《总述》篇

①紫阳县地方志编纂委员会编：《紫阳县志》，三秦出版社，1989年版。

②淮阴市地方志编纂委员会编：《淮阴市志》，上海社会科学院出版社，1995年版。

前设史略篇，内设古代的淮阴、近代的淮阴、现当代的淮阴3章：采用叙议结合的方式，展现出淮阴市数千年的历史画卷。甘肃《酒泉市志》①正编的第一编设历史沿革编，编下设章、节，内设先秦时期、秦汉时期、魏晋南北朝时期、隋唐时期、宋元时期、明清时期、民国时期7章。“历史沿革”实与“史略”同类，按历史分期，以史体笔法记述地域经济、文化与宗教等发展概况。河北《正定县志（1986－2005）》②在卷首总述、大事记之前设《历史纪略》篇，全文3700余字，内设历史沿革、三关雄镇、文化名城、临济祖庭、商业重埠、文化名人6目，侧重反映人文历史特色内容。甘肃《舟曲县志（1991—2006）》③在卷首概述、大事记之后设人地关系史略板块（全志设11个板块），内设上古至元、明清至民国、新中国成立后至改革开放3章，11000余字篇幅，按章、节、目体例记述舟曲的历史概况。浙江《义乌市志》④在卷首《概述》《大事年表》的中间设《史事纪略》篇。该志《凡例》言明：“采用大卷多编体式。全志除主体10卷外，前冠卷首、后殿卷末。卷首设序言、概述、史事纪略、大事年表等，为本志之总纲，使览义乌全史者，但阅卷首，皎然可寻其经纬，粗领古今之变。”《史事纪略》全文80000余字篇幅，分列置县前的历史线索、秦汉至五代十国时期、宋元时期、明清时期、中华民国时期、中华人民共和国成立后6个历史时期，选择各时期一些重大历史事件加以记述。

在继承基础上不断创新，应该成为新一代方志工作者牢固的观念和神圣的使命。作为续志而言，记述内容要重在当代、突出当代，同时也要兼顾古代，历史资料不能偏废，无古就显不出今天的变化和地方的特点。从目前已出版的二轮续修志书来看，多为断代体式，如何接续一地域断限前的历史，成为续志的一大重点和难点。在续修志书中设立史略篇，不失为弥补历史内容缺失的有效方式之一。

《常志》在卷首的总述与大事记之前，专设了史略篇，18000字，全篇分为文明肇始（距今7000年前后至夏商时期）、延陵开邑（商末至春秋战国时期）、毗陵建郡（秦代至南朝时期）、江东望州（隋唐至元朝时期）、八邑名都（明清时期）、现代名城（民国至新中国成立后的1985年）六大部分，除第一部以马家浜文化、崧泽文化、良渚文化、湖熟文化和马桥文化等分期记述外，其余五大部分均按政治、经济、文化三大块分目叙述。通篇采用叙议结合的笔法，展示各个历史阶段的发展变化，使读者对常州的悠久历史有了明晰的回忆，进而从久远的历史陈迹中，寻求到服务于现实的智慧和力量。同时，通过这些历史上留下的闪光印迹的内在联系，反映常州地域历史发展历程，使志书形成“纵述历史，横

---

①《酒泉市志》编纂工作委员会编：《酒泉市志》，方志出版社，2008年版。

②正定县志编纂委员会编：《正定县志（1986－2010）》，新华出版社，2009年版。

③甘肃省舟曲县地方史志编纂委员会编：《舟曲县志（1991—2006）》，方志出版社，2010年版。

④义乌市志编纂委员会编：《义乌市志》，世纪出版集团上海人民出版社，2011年版。

陈现状”的新格局，古今勾连，今古同述，既免简单重复之虞，又无割断历史之虑，使志书的科学性、严谨性、实用性和可读性显著提升，同时也使“一方之全书”的方志阐释得以完满展示。常州志人迎难而上的精神尤令人敬佩。

三、善用述体概括得法

志书的著述性、整体性，在述体文字上表现得尤为突出，故而二轮续志的编纂人员特别重视述体的应用。述体包括全志之首的“概述”篇和各编、章之首的无题小序，为增强志书的宏观记述功不可没，亦得到志界同人的普遍认可。在二轮续志中，市级志书多称为“总述”，县级志书多称为“概述”。《常志》的述体应用，采取了志首设总述篇，卷首与章首分别设无题小序的方式，文字编排采用变换字体的方式，即卷首序排为大五号细黑体，章首序排为大五号仿宋体，明显区别于正文。三级述体文字各司其职，使志书的整体性、著述性得到显著增强。

志书《总述》篇采用策论体式，史述笔法，共18页、25200字篇幅，除开头段外，内文分为五大部分。开头段（3个自然段）分述别名与区划、自然环境状况与民族宗教人口、风景名胜等基本概况。内文记述时段框定在1978—2010年的32年间，写作手法与史略分期叙述相似，前四部分划分为1978—1982年、1983—1992年、1993—2002年、2003—2010年四个历史阶段，记述内容分列小标题，采用夹叙夹议笔法，分别叙述各个阶段的民主政治建设、经济体制改革、经济发展、城市建设、社会事业的发展状况，内容层层递进，展现常州市32年间改革开放发展的全过程。第五部分分列“改革开放始终走在时代前列”“经济与社会发展水平不断提高”“城市实力和形象日益提升”3个小标题，总结全篇。由于限前历史内容有史略专篇记述，所以总述篇只记断限内的状况，但为完整体现改革开放的历史过程，将记述上限前探至中共十一届三中全会召开之时。史略重述历史，总述立足当代，二者相辅相成，呈现出常州市经济与社会历史发展的清晰脉络。通观全篇，立意新颖，自成一体，内容翔实，层次清晰，叙论结合，条分缕析，归纳到位，特点突出，从谋篇布局到炼词造句，均达到了一定的高度，使总述篇真正起到了统摄全志的功用。

卷首无题序是述体的一种，起源于南宋时期的《赤城志》，其后历代旧志均有应用，首轮新方志虽有应用，但未普及，说明撰写卷首序具有一定难度；二轮续志卷首序应用的普及面有所扩大，写作手法出现多样化。《常志》吸取首、二轮的经验，在各卷之首设有无题序。卷首无题序总字数45100字，卷均900字；千字以上15篇、占30%，千字以内35篇、占70%，可见篇幅控制得法。字数排在前五位的是：人民政府卷2250字，对外经贸开发园区卷1760字，经济体制改革卷1710字，农业卷1480字；最少的为民族宗教与风俗卷，均为140字。该志卷首无题序主要功能为概括本卷的主体内容，但并非断代体似的一刀切，对某些重点篇章采取灵活变通的方法，根据内容需要接续历史，体现出作者求真务实的学风和对志书本质特性的理解与把握。该志卷首序提纲挈领地浓缩各编的精华，概略地展现各卷的轮廓，简练地勾勒出各卷的地方特点和时代特色，使读者从中掌握和了解各卷之大要。卷首序行文灵活，或展示全貌，或综述特征，或纵陈发展，或综合对比，或突出优势，或揭示程度，写法多样。是志编者将部分重要卷章无题序探前“追溯事物的由来”的做法值得赞赏。

全志 50 卷中，共设 306 章，除人物卷的 4 章未设章首序外，余 49 卷的 302 章均设有章首序，总字数为 112600 字；章均 373 字，仅为卷首序卷均 900 字的 1/4 稍多一点。

从总的方面看，该志三级述体撰写是成功的，述体的功用得到淋漓尽致的发挥，强化了志书各个层面的宏观记述，为增强志书的著述性、概括性、整体性起到了积极的作用。

四、图表设置别开生面

图文并茂是志书刻力追求的目标之一。首轮志书在照片的应用上创造出许多成功的经验，值得续志依傍；但受各种条件的制约，照片的应用并不广泛，尤其是正文插图普遍偏少，难以达到理想效果。志书是时代的产物，随着时代的进步而进步。进入 21 世纪，四色套印志书逐渐走进人们的视野。作为一地域官修的最重要的乡邦文献，理应跟上时代的步伐，体现当代的印刷水平，应是情理中事。《常志》为四色套印志书，编者充分利用这一有利条件，在图表应用方面下足了功夫，进而收到较佳效果，给人以耳目一新的感觉。

（一）图片配置恰到好处　《常志》内文为四色套印，图片应用采取卷首集束彩图与内文随文插图相结合的方式，全志用图总量达 531 幅，平均每万字用图 1 幅，在笔者阅览的二轮续志中，属用图适中的志书之一。其中卷首仍沿袭编排集束彩图的做法，卷首集束彩图 46 页，控制在 3 个印张之内，配图 78 幅（照片 76 幅、地图 2 幅），占全志用图总量的 14.7%；内文插图 453 幅，占 85.3%，志首集束彩图与随文插图比例恰切。翻开集束彩图，首先映入眼帘的是 16 开的 8 联页图片，正面为“常州奥体中心、行政中心、市民广场”“红梅公园与常州中心城区”“武进区延政中大道”3 幅大照片联排，画面精美、气势恢宏，展示常州独有的城市景观，夺人眼目；背页上下分别配置“80 年代中期的常州城区主干道——和平路”“90 年代后期的常州主要商业街——南大街西侧”2 幅黑白照片，前后两页对比鲜明，展现出常州城市面貌在改革开放 30 余年间的惊人巨变。其后的彩图分列风景名胜、立体交通、城市建设、生态农业、现代工业、商贸服务、旅游休闲、科技教育、文化艺术、卫生体育、人民生活等 11 个栏目，展现常州经济社会发生的巨大变化，分类明晰，条理清楚，主题鲜明，且版面编排独具一格，照片幅面普遍放大，平均每页编排照片 1.73 幅，在笔者见到的已出志书中，属页均照片数最少的一部。尤其是照片选择精当，画面色彩艳丽，内容丰富多彩，给人以极强的视觉冲击力。彩照之后配置有《常州市城区图》《常州市行政区域图》2 幅地图，均为 4 开折页篇幅，制作精细，画面与字迹清晰。从图片选择到版面编排都精益求精，使集束彩图起到了鲜明的窗口示范效应。

《常志》50 卷正文中，除经济综述、经济体制改革、艺文著述、方言、风俗、人物6卷无随文插图外，余44卷均配有插图（包括照片、地图、示意图），内文插图共有453幅，卷均9幅，随文插图排在前五位的卷目是：风景名胜32幅、商贸服务业23幅、农业20幅、城乡建设和管理19幅、工业18幅。版面编排亦有独到之处，大部分照片均在宽10厘米×高6厘米左右的版面面积，照片幅面几近版面的2/3的宽度，与已出志书相较，照片幅面增大了许多，从而增强了画面的清晰度，照片与文字配合密切，美观大方，达到了图文并茂的较佳效果。《常志》的编纂实践证明，志书内文四色套印较单色印刷具有较大的优势，图文并茂不再是可望而不可即之事，可视性、可读性显著增强，且为志书质量的全面提高提供了强有力的技术支撑。

（二）表格运用规范严谨　首轮志书的随文表格数量偏少，主要与编纂人员的重视程度不够有关。二轮续志普遍得到重视，随文表格激增，似有矫枉过正之嫌。表格也要占版面，每幅表格占篇幅少者几百字，多者几千字甚或上万字，用表越多，所占篇幅越大。从志书急剧膨胀的角度考虑，随文表格也要有所控制。笔者有个不成熟的建议，一般情况下，按志书文字总量谋划随文表格的使用量，可从三方面加以控制：一是用表总量限定在300幅以内；二是每万字配置表格限定在1.5幅左右；三是表格占全志版面篇幅限定在20%以内，这样三管齐下，表格的数量与篇幅控制就有了一个明确的标准与尺度。

《常志》总用表879幅（包括专记篇中的3幅），卷均用表17.6幅，每万字用表1.66幅。50卷中，未设表格的有风景名胜、经济体制改革、县（市）区概况3卷，占卷目总数的6%，余47卷均设有表格。从志书五大部类分析，《常志》地理与基础设施部类（10卷）设表157幅，占全志表格总数的17.9%；经济部类（14卷）设表371幅，占全志表格总数的42.2%；政治部类（8卷）设表103幅，占全志表格总数的11.7%；文化部类（9卷）设表184幅，占全志表格总数的20.9%；社会与人物部类（9卷）设表61幅，占全志表格总数的6.9%。单卷表格超过30幅的有10卷，即工业59幅、商贸服务业58幅、艺文著述58幅、科学技术社会科学51幅、土地资源管理44幅、经济综述44幅、乡镇企业民营经济36幅、房地产业和住房保障34幅、农业33幅、民政32幅。全志表格占篇幅448页，占50卷2808页篇幅的16%，每幅表平均占0.5页。虽然用表数较多，但表格所占版面篇幅、每万字用表量仍控制在笔者在《志书表格的数量与篇幅控制》[①]一文中统计的平均数之内，合理恰切。且表格编排严谨、规范，均以浅灰色与白色交错作为衬底，且全志统一，即美化了版面，又给人以赏心悦目之感。《常志》表体运用规范，文表相辅。创新之处是增加用表范围，拓展表栏内容，增加了信息量，收“一表胜千言”之效。

五、细节把握恰到好处

重视细节严谨科学。“细节决定成败。”此为现代人的口头禅。修志同样要

①西樵：《志书表格的数量与篇幅控制》，《中国地方志》，2017年第2期。

注重细节，只有各个细节都做好了，才能编纂出一部高质量的佳作良志。《常志》在体裁应用、资料挖掘、内容拓展、注重人文、弘扬文化诸方面均有突出展现。从体例、内容、版面编排，以及装帧设计诸方面均注重细节的把握，从而保证了志书质量的稳步提升。

（一）专家作序引领潮流　修志专家撰写序言，在旧志中是不可或缺的常规内容，几乎每部旧志都有主修和编纂人员撰写的序言或跋。这些序或跋，或阐述编修志书的意义，或说明编纂者的意图，或研讨编纂方面的问题，或探索方志编纂的理论，为后世留下了极其宝贵的方志理论财富。在新方志编纂中，跋（编纂始末、编后记）的运用较为普遍，唯独专家作序较少，绝大多数的序言为地方领导撰写，故而序言的功能未能得到充分发挥。《常志》则很好地把握序言的应用，精心筹划，认真设计与组织，专家序和当地领导序二者兼顾，收到较佳的效果。《常志》共设3篇序，正合笔者“序不过三”的主张。其中专家2篇，常州市委书记、市长合作1篇。方志界领导率先垂范，必将为新编志书序言的撰写起到积极的引领作用，进而有效地改变当地领导单打一作序的尴尬局面。李培林在“序一”中强调，“实施‘精品工程’是地方志事业发展的根基所在”，“实施‘精品工程’是各级地方志工作者的职责所在”，“实施‘精品工程’是发挥地方志‘存史、资政、教化’功能的本源所在”，“实施‘精品工程’是贯彻《规划纲要》的目标所在”，激励广大修志人员加强志书质量建设，打造出更多的无愧于时代的精品志书。冀祥德在“序二”中总结了《常志》编纂的经验，即“在修志过程中，常州还不断更新理念、改进方法、创新流程，探索出‘项目化管理、工程化推进、学术化编纂’‘借力借智’‘审读加码加餐’等行之有效的方式方法，探索出‘问题导向、需求导向’等提高编纂质量的务实创新之路”，为志书编纂提供可资借鉴的先进经验。此种做法值得大力提倡和推广。

（二）《城市荣誉》体现名片效应　《常志》在志首集束彩图的照片与地图之间，插有“城市荣誉”专页，集中展示常州市1992年至2016年的15年间获得的26项国家级城市荣誉称号，诸如全国综合实力50强（1992年）、全国城市投资硬环境40优（1992年）、全国卫生城市（1996、2003年）、全国双拥模范城市（1996—2015年连续6次）、中国优秀旅游城市（2001年、2003年）、中国品牌经济城市（2006年）、中国投资环境百佳城市（2006年）、国家园林城市（2008年）、全国文明城市（2011年）、国家生态市（2013年）、国家历史文化名城（2015年）、全国创业先进市（2015年）、国家森林城市（2016年）等荣誉，个个响当当，充分展示出常州在改革开放中经济社会发展和城市建设等方面取得的巨大成绩，独特的城市魅力跃然纸上，名片效应展露无遗。

（三）《组织机构名称简称全称对照表》。方便读者阅览志书　《常志》在凡例之后、总目之前列有《组织机构名称简称全称对照表》，用两个页码标示，罗列134个组织机构名称的简称与全称对照表。此种方式虽非独创，且在志书中应用较少，但体现出编者善于吸纳他志的经验与做法，站在读者的角度思考问题，起到方便读者、提示读者顺利阅读志书的功用，为读志用志提供了便利。

（四）总目编排自成一格　志书目录是篇目的终极体现，如何编排目录，更好地方便读者阅览志书、利用志书，是编者在志书付印之后，必须考虑和解决的问题之一。二轮续志编纂中创立了先设总目（亦有称为“要目”的）、后设目录（详目）的做法。《常志》借鉴了这一方式，但在编排上又有新的创意，即在第一册刊载全志的总目录，其后各分册分别刊载该册的详目录。总目录由一级标题（卷）扩展到卷、章两级标题，双栏编排，占 8 个页码，以此替代了全志的总详目；紧接着编排了 10 个页码的英文总目。目录编排自成一体，别有创意。

（五）注重宏观把握全局　新方志与旧志的一个重大区别，就在于新志中突出经济志，起到为现代化建设服务的作用。在志书的经济门类之首设置《经济综述》卷，得到志界同人的广泛认同，但在首轮志书中，实践者却不及概述篇的应用广泛。令人欣喜的是，二轮志书中普遍重视了经济综述卷的编纂。《常志》则更进一层，不仅在经济部类专设了经济综述卷，与此同时还在《农业》卷下设了农业综述章，内设耕地状况、产业发展、农业资源综合开发、农业生态环境保护 4 节；在工业卷下设了工业综述章，内设规划布局、行业结构、产业规模、企业发展、产品结构、技术进步、能源消耗 7 节。经济部类中最基础、最重要的行业——农业、工业，也有了中观层面的记述，使得志书宏观、中观、微观三者结合，两大行业的内容记述更加全面、系统，从而进一步克服了志书篇目分类中中观记述的不足与弊病，为经济乃至整个社会的发展提供可资借鉴的依据。

（六）专记立篇拓展资料深度　在突出地方特点上还有多种方法。如专记的运用即是一法。专记最早始于江浙沪一带的首轮市县志书，二轮续志开展以来，各省市的市县志多有效仿，它的好处是可以挖掘志书记述内容的深度与扩展记述的广度，可以把一件事物比较完满地交代清楚，多通过实地调查获得新鲜的活资料，从而增强志书的可读性和利用价值。从目前已出志书看，专记的位置有三种：一是随各分志的内容放在一起，分散设专记；一是与附录同级别立一大类，不入卷编，将多篇专记集中应用；一是将集中起的专记单设一卷，进入正卷系列，放在附录之前，用来反映地方最重大的事物，进而体现地方特点。《常志》采用的是集中设专记、但正卷系列的编排方式，罗列 13 篇专记，分为纪略、纪实两大类，或为政府不为民办实事的政府作为纪略，或为抗洪救灾、抗击特大雪灾、承办省运会等事件纪实，或为创建文明城市、旅游城市、园林城市、卫生城市、双拥模范城等城市建设的纪略，或为运河改道、环城高架、“两站一中心”等重大建设工程中的纪实，以重大事件立题，展现常州城市建设的独特风貌和常州人民勇立潮头、奋力争先的拼搏精神，令人肃然起敬。

（七）索引编制便于读者利用志书　志尾设有主题索引、图照索引、表格索引、人物索引，构成全志的检索系统，既能为用志者提供方便，又可提升志书的学术价值。

六、些许商榷瑕不掩瑜

志无完志。为提高志书质量计，有些许可商榷之处冒昧提出，一家之言，仅供参考。

其一，李培林的序文中，将作者单位“中国社会科学院”误写为“中国社会社会科学院”，多了“社会”二字。

其二，中指办《地方志书质量规定》第七章第三十八条规定：“文中图统一编号。”笔者以为，此处的“图”，即包括地图、示意图、手绘图及照片。《常志》的随文插图，只在地图和示意图下标注了编号，照片未标，似与《地方志书质量规定》的要求不甚相符；且标号为卷数、章数及该章图序号等3个序号，既无分卷用图的总序号，又无全志用图的总序号。从现出的志书看，“图”序号的标注比较混乱，与《地方志书质量规定》“文中图统一编号”不甚严谨亦有关系。依笔者意，“图”序号不宜太长，以卷数、分卷图序号、全志图总序号3个数较为合理，让读者即可知晓该图所在的分卷位置，又可知晓各卷用图的数量，还可知晓随文插图的数量。既方便读者，又利于编制图索引，可收一举两得之效。据笔者粗略统计，全志内文插图453幅（包括照片、地图、示意图），而志尾《图片索引》中标示出的为419幅，两者相差34幅。似乎是未加地图、示意图，或是有其他原因？不得而知。

其三，总述篇确是一篇好文章，但有些长了，2.5万余字的篇幅，阅读一遍需要四五个小时，从“省时捷取”考虑，压缩至万字以内才较合理。笔者在拙著《新方志“概述”点评》曾归纳出首轮志书实践中概述篇的篇幅比率，即市级志书当在8000字左右。细细推敲，是志总述篇亦有铺陈之处，还多有可精练的余地。

其四，个别标题还有推敲余地。如人民代表大会卷的一至三章标题标为“人大代表”“人民代表大会会议”“人大常委会”，前后题均简称“人大”，而中间则标为“人民代表大会”，简化不统一。中国人民政治协商会议的简称为“人民政协”，现第二十八卷卷名标为“政治协商会议”不合通常简称标法。民主党派卷下的7个章题，均用各党派的全称标注，不符合标题用简称不用全称的制作规范。人民团体卷下的8个章题，前2个用简称，后6个用半简称，简称法不一致。按志界常规，著述是包含在艺文内的，现设艺文著述卷，卷名似存在“父子同堂”之弊，只标“艺文”，似乎更恰切一些。

其五，版面编排稍有缺憾。政治协商会议卷第二章第二节中，有6个段落（1730页第4自然段，1731页第2、第4自然段，1732页第2、第4自然段，1733第1、第3自然段）的内文变换了字体，改排为大五号黑体，与全志正文的大五号宋体不合。似乎是电脑编排出现问题，而编者未能发现差误所致。又，人民团体卷第五章科学技术协会的章首序字体为大五号楷体；第八章青年联合会的章首序为大五号宋体，此二例均与全志章首序大五号仿宋体不合。

总括而言，《常志》确是一部高质量的志书，无愧于“中国志书精品工程”的称号。笔者略书数点，仅就目力所及寥记数语而已，其余优长还有待他人发掘。

（原载《常州史志论文集（2017）》，常州市中共党史学会、常州市地方志年鉴学会编，凤凰出版社2019年7月版；复载《江苏地方志》2020年第1期）。

古城新貌呈异彩　志苑奇葩续佳篇

——读《平遥县志（1997—2011）》感言

提要：《平遥县志（1997—2011）》是一部颇有特色的志书，其篇目设置在接续首轮《平遥县志》的基础上，立足发展变化了的县情，尽力突出展示15年间平遥的时代特色和地方特点，既坚持篇目编排的继承性与连续性，又强调续志篇目的独立性和完整性。其接续历史内容的做法，有别于它志，改变断代志"一刀切断"之法，为完整展示平遥历史和突出地方、时代特色，大事记、平遥古城、非物质文化遗产、民情风俗、人物等编均上溯发端，为续志编纂创出一条新路。注重突出地方特色以及述体、图片等体的应用，从而使志书质量迈上一个新的高度。

关键词：平遥续志　篇目　人文　体裁

首轮《平遥县志》（以下简称《前志》）的《概述》篇采用特点式，别具一格，笔者在《新方志"概述"点评》①一书中曾有介绍，尤令人欣喜的是志界老前辈来新夏为该志作序，使志书大为增色。二轮续志编修之初，2011年10月平遥县召开二轮修志启动大会，以会代训，笔者曾应邀莅会讲学。待志稿完成之时，笔者又应马维林主编之邀，参与评审续志篇目与概述篇。《平遥县志（1997—2011）》（以下简称《续志》）从启动到出版，从时间上说，属启动较晚的志书。但也正因为如此，他们有了更多的机会，学习其他各县区及兄弟省市的先进经验，开阔了视野，改进了编修工作的方法。时隔5年，《续志》顺利出版，备感欣喜。近时拜读《续志》，感到颇具创意，全志谋篇合理，内容翔实，体例规范，文字流畅，特色突出，达到图文并茂的理想效果；尤其是在接续限前历史内容上大胆突破藩篱，为"断代志"的编修闯出一条新路，着实令人刮目相看。笔者就所读所想，寥记数笔，以飨同人。

一、篇目设置承接前志

二轮志书多为续志体，以接续前志所记内容为特征。《前志》记事下限止于1996年底，故《续志》记事时段确定为1997—2011年，记述时段为15年。续志体志书如何接续前志，在二轮志书编修中呈现多样化局面，但保持前志主体篇目框架、延续记述前志主体内容的编纂方法，被大多数志人接受。《续志》也秉承这一做法，使《续志》的连续性得以体现，从两轮志书的篇目比较中即可看出端倪。

---

①西樵：《新方志"概述"点评》，中华书局，2008年。

《前志》“采用以志、述、记、传、表、录、图（包括照片）诸体，其中以志为主”，“全志由概述、大事记、专志及丛录、编末组成，以概述与大事记总摄全书。记事以事分类，以时为序，横排竖写，时经事纬。层次结构为编、章、节、目，目下根据需要设子目”。具体篇目为：卷首设集束彩图、序、凡例，正文首设概述、大事记，内设建置、自然环境、人口、经济综述、农业、工业、交通邮电、城乡建设、商业、财政税务、金融、经济管理、党派群团、政权政协、政务、政法、军事、教育、科技、卫生体育、文化、文物、旅游、艺文、民情风俗、人物 26 编，后设丛录、编末。下限至 1996 年。

《续志》在接续《前志》篇目的基础上，立足发展变化了的县情，尽力突出展示 15 年间平遥的时代特色和地方特点，既坚持篇目编排的继承性与连续性，又强调续志篇目的独立性和完整性，展示出别具一格的风采、给人以耳目一新之感。从下文中即可看出主编的精心构思。《续志》结构为“横排门类，纵述史实。层次分编、章、节、目”，体裁“述、志、记、传、图、表、录诸体并用，以志为主”。具体篇目为：卷首设集束彩图、序、凡例，正文首设概述、大事记，内设政区、自然环境、平遥古城、城乡建设、交通运输邮政电信、环境保护、人口、经济综述、种植业、养殖业、林业、水利、农业机械、工业、企业集团、旅游业、节庆会展、商业贸易、财政税务、金融、经济综合管理、中共地方组织、地方人民代表大会、地方人民政府、地方人民政协、民主党派社会团体、检察审判、公安司法行政、军事、人力资源社会保障、民政、文化、文物、非物质文化遗产、教育、科技、卫生、体育、民情风俗、人物、艺文 42 编，卷尾设附录、限外辑要、后记。

两轮志书采用体例均一致，均为编章节体，所设标题层次均为编、章、节、目、子目五级，只是标题字号稍有差异而已。《前志》凡例言明：“层次结构为编、章、节、目，目下根据需要设子目”；《续志》凡例言明：“层次分编、章、节、目”，实际《续志》在某些编的目下也设有子目，只是凡例中未表述罢了。《前志》26 编，为中编体结构，《续志》42 编，为小编体结构。平遥的两轮志书五大部类划分均以暗隐的形式，且排序相同，体现《续志》接续《前志》的连续性。

《续志》保留《前志》的编目有自然环境、城乡建设、人口、经济综述、工业、财政税务、金融、军事、文化、文物、教育、科技、民情风俗、人物 14 编。

分解的编目有农业编析为种植业、养殖业、林业、水利、农业机械 5 编；党派群团编析为中共地方组织、民主党派社会团体 2 编；工业编析为工业、企业集团 2 编；政权政协编析为地方人民政府、地方人民政协 2 编；政务编析为人力资源社会保障、民政 2 编；政法编析为检察审判、公安司法行政 2 编；卫生体育编析为卫生、体育 2 编。

改变名称的编目有：建置编改为政区编，经济管理编改为经济综合管理编，商业编改为商业贸易编，均体现出二轮志书标题的严谨与规范。交通邮电编改为交通运输邮政电信编，似有画蛇添足之嫌，还是《前志》标题名称较简洁。旅游编改为旅游业编，并由文化部类前移至经济部类，展示出旅游业在平遥县域经济社会发展中的重要地位。

增设的编目有平遥古城、环境保护、企业集团、节庆会展、非物质文化遗产5编。其中尤数平遥古城编最为抢眼。平遥古城是1986年国务院公布的国家历史文化名城，1997年被联合国教科文组织世界遗产委员会确定为“世界文化遗产”，是中国境内保存最完整的一座明清古县城原型，历经沧桑而古朴宛然。《续志》编者将平遥古城单独升格立编，并位置前移至第三编，加以凸显。平遥古城编内容丰富，内设地理沿革、古城风貌、古城墙、双林寺、镇国寺、衙署、城内寺观庙堂、票号钱庄、民居宅第、商铺作坊、古城保护等11章，是全志42编中设章最多的一编，同时配有18幅图片，全面、系统地展示了古城的风貌。在志书独有的体例框架之内，大胆地张扬个性，真实地展现地域风情，使其成为志书中最吸人眼球的亮点，犹如“一枝红杏出墙来”，给人以赏心悦目之感。

《续志》的编纂实践证明，地方特色内容除在相关门类中加重记述外，对重要的、有分量、有影响的内容，采取特点拔类的“升格方法”是可行的。特色篇是志书个性魅力的着力展现。它既有利于突出反映时代特点和地情特色，还有利于体现志书的学术性，显示志书的学术价值，提高志书的学术品味。

《续志》与《前志》篇目各部类设卷占比相较，各部类编的设置克服中编体畸轻畸重的弊病，编目标题名称更为妥帖恰切，编的归类更趋合理。《续志》篇目调整或增或分、或改或移，均以突出时代特色和地方特点为基点，以体现以人为本为理念，以符合形式逻辑为原则，形成比较严谨、科学的篇目体系，为全面、客观、真实地反映平遥的县情提供了切实可行的架构平台，也使《续志》编纂质量的提高得到有效保证。

二、接续历史注重人文

续修志书以续志体式编纂，已成为二轮续修志书的主流。续志体式的志书如何勾连历史、承接前志，已出续志创造出许多成功的经验，但亦存在不少问题。主要症结在如何体现二轮续志的独立性和完整性上。实践证明，凡把续志编纂绝对化，即完全以切断式编纂的续志，既违反方志编纂的常规，又使志书所记述的事物失去源流与完整，其价值大受影响，从而不利于方志的传播与利用；凡注重续志自身的独立性、完整性，在重点记述断限内事物的同时，既勾连历史，又承接前志，保持事物的完整记述，使读者在没有前志的情况下，也能够了解事物的起源、嬗变，把事物记述得自然、完整，真正做到“无缝对接”，志书的功能、价值就会得到大力提升，更利于方志的传播与利用。

《续志》接续历史内容的做法，有别于他志。该志凡例言明：“本志系1999年版《平遥县志》的续志。上起1997年，下讫2011年……本志记述一般从1997年起，为完整展示平遥历史和突出地方、时代特色，‘大事记’‘平遥古城’‘非物质文化遗产’‘民情风俗’‘人物编’等上溯发端。”

《续志》在概述篇中追溯历史，简略叙述建置沿革，灿烂历史文化，历代经济社会发展简况，人民的革命斗争精神，历代杰出人才，较全面地展示平遥深厚的历史文化底蕴。笔者曾在拙著《新方志“概述”点评》一书中提出，“概述”篇的内容归纳为“总述全貌、综述历史、体现特点”。续志体志书接续历史，“概述”篇是主要的篇章，作为“一方之全史”“一方之全书”的地方志书，记述地域内杰出的古今人物，彰显人民群众的斗争历史，反映地域内重大的历史事件，依笔者意，是“概述”篇不可或缺的重要内容，“概述”篇既要详今，又要明古，古今结合，方能反映一地域经济与社会发展的全貌，志书资政、育人、存史的功能才能够得以充分展示。当然，时下的续志“概述”篇多为断代体写法，笔者以为“概述”篇在写法上还是贯通历史为佳。《续志》编者把握住了“概述”篇的真谛，将平遥县的历史与现状及地方特色和盘托出，给读者先睹为快之印象。较之于省却历史内容的“概述”篇，《续志》要技高一筹。

《续志》大事记起于公元前 2100 年前“尧帝初封于陶”（与《前志》起始相同），止于 2011 年底，纪事 490 条，36000 余字篇幅；其中新中国建立前 155 条，新中国建立后至 1996 年 171 条，断限内 164 条，分别占总条数的 31.6%、34.9%、33.5%。《前志》“大事记”纪事 751 条，62000 余字篇幅；其中新中国建立前 306 条，新中国建立后至 1996 年 445 条，分别占总条数的 40.7%、59.3%。两轮志书相较，续志虽比前志多记 15 年时间，但总字数减少一半，总条数减少 35%。由此可见，《续志》大事记贯通历史，并非照抄照搬《前志》的全部条目，而是通过精选精编，保留重要的条目，删节一般的条目，展现平遥历史发展的概貌。其效果与只记断限内史实的大事记不可同日而语。由于志人在续志体志书接续历史的认识上出现偏差，已出版的二轮续志大事记篇多数采用切断式的编纂方法，只记限内之事，舍弃了反映一地域珍贵的历史内容，使得大事记在志书中的统摄功能大为减弱甚至消失殆尽，志书的“资政、育人、存史”功能大为削弱。然而，亦有不少志人对大事记接续历史的问题进行了积极探索，采用各种形式图谋取得突破，使大事记在志书编纂中出现五花八门的局面。由于记述时限或长或短，或前或后，大事记体例的规范化受到极大影响。笔者以为，要厘清大事记的上下限问题，当从续志应有的独立性、事物的连续性、记述的完整性出发，以发挥志书“经世致用”的“资治、教化、存史”功能来考量。上限不等高、下限一刀切，既然是正文内容的记述时限标准，作为与概述篇合力统摄全志的大事记篇亦概莫能外、一体遵循。《续志》大事记贯通历史的做法，体现了续志编修以断限内为主、断限前为辅的编纂原则，为断代志大事记篇的编纂创出一条符合志体的新路，值得充分肯定和大加赞扬。

《续志》人物编小序云：“为传承和展示平遥人文特色，选取其中比较有代表性的 23 人（人物传 11 人，闻人录 12 人），充实归类重新入志，其余不再赘述。”立传人物 41 人及古城票商 37 人，合计立传人物 78 名，较前志 89 名减少 11 名。人物编的编纂，是否可复载前志已载的人物传，亦为断代体志书编纂中的一大问题。《续志》人物编的记述方式尤值得令读者咀嚼与回味。

体现人杰与地灵是志书的主要特点。《续志》不是简简单单地处理好人物传的把握，在多方面采取了多方法、多技巧、多措施探讨了人物如何入志和怎样入志，怎样体现地灵与人杰的关系。虽说《续志》这种衔接前志、勾连历史的方式还有完善、斟酌之处，但提出这一思路，对于狭义上的续志编修来说毕竟是开阔了眼界，是一个有益的尝试，值得他志参考与借鉴，并完善之。此外，续修"断代志"有一个要不要对前志进行补遗、纠误的问题。就现在已出版的狭义上的续修志书来看，总体感觉对前志的补遗、纠误工作并不是很充分，有的像蜻蜓点水，有的有补遗而没有纠误，有的甚至补遗和纠误都没有。结合旧志续志的做法和当今方志界大多数人的意见，笔者认为，续志有对前志补遗、纠错的义务。《续志》在这方面可谓煞费苦心，既复载了前志的23人，又增设了古城票商章，立传37人，既起到补遗前志的作用，又彰显了平遥的人文历史特色，一举两得。

断代志的不足之处，则主要在于难以在此一部志书中反映一地历史通贯古今的发展脉络，特别是本地在悠久历史中孕育形成的地方传统和特色，往往较难得到充分彰显。"在一些新修续志中，因囿于记述时限，往往以'一刀切断'之法与前志相断隔，使得一部志书'前不见古人'般地横空出世。因此，有不少以十几、二十来年为记述时限的新修续志，读起来不免令人感到在记述内容上往往比较单薄，在反映特色上显得底蕴不足，在编纂形式上也易产生'千志一面'之憾。"① "严格时限，单纯以续志体写地域史，不能体现历史的连续性，应在体例上突破，以续为主，断、通结合，略古详今。整合专家学者意见，决定突破体例园囿，守正中创新。破'不变不记''不越限'的传统做法，该断则断，以断为主；改通则通，以通为辅。不育'连体婴儿'，搞一方古今总揽，一方百科全书，一方信息集成。"②创新是地方志发展的生命和不竭动力，而继承则是创新的基础。平遥《续志》不落窠臼，大胆创新的借鉴意义即在于此。

三、诸体并用突出特色

《续志》的许多优点中，最突出的当是篇目设置具有非常鲜明的时代特色和浓郁的地方特点，并诸体并用，这是《续志》最为成功之处。

（一）注重突出特色，增强志书的独特性　《续志》在编的设置上注重把握地方特点。平遥是山西省内的旅游强县，旅游资源丰富密集，前志即设旅游编，但因旅游业刚刚起步，故而放在文化部类记述。二轮续志编纂期间，旅游业得到迅猛发展，与首轮志书编纂时期相较，取得了跨越式的飞跃，旅游效益猛增。1997年县委、县政府把发展旅游确定为"三大兴县战略"之一；2011年又把建设旅游强县作为"四个战略目标"之一，使旅游业成为支撑全县经济社会发展的

---

①陈野：《续志编纂与地方历史传统建构》，载《第三届浙江方志研究论文集》，浙江人民出版社，2007年版。

②杜启贵：《纵横捭阖 谋编著纲 ——朔州市朔城区志编目设计纵横》，载《朔城志评》，中华书局，2016年版。

龙头和支柱产业。至《续志》下限截止时的2011年，全县共有旅游景区（点）21个，旅行社22家，全年接待游客人数140万人次、门票收入1.45亿元、综合收入26亿元；全县有6万余人从事旅游及相关产业，以旅游业为主的第三产业总产值37.72亿元，占全县国民生产总值的46%。《续志》将旅游编改为旅游业编，并将该编移至经济部类，显现出旅游产业的形成与壮大。旅游业编下设旅游资源、旅游开发、旅游服务、旅游经济、旅游管理5章、25节，对全县旅游业做了翔实记述。与旅游业编相配套，其后又设了节庆会展编，分设平遥国际摄影大展、平遥中国年、中国（平遥）漆文化、其他节庆4章。在文化部类设文物、非物质文化遗产编，末编设艺文编，包括平遥古城编在内，均突出平遥的经典文化，围绕旅游做出文章，体现出一地的经典文化是地域文化精髓的意蕴。传统的志书是“文化之志”，二轮修志应当是经济和人文并重，在二轮志书中一定要设法增加人文资料的比重，形成回归传统趋势。突出地方历史文化，增加人文资料比重，是二轮续志纠正首轮志书重经济、轻人文之弊病的必由之路，只有如此，才能使志书重回“文化之志”的轨道。《续志》的篇目编排多给人以启示。

（二）注重述体应用，增强志书的整体性　编首序始于旧志，首轮新方志虽有应用，但未普及，说明撰写篇首序有一定难度；二轮续志编首序应用的普及面有所扩大，写作手法出现多样化。编首序可称之为主编的“自留地”，它即是体现志书整体性、著述性的重要方面，也是展现主编文笔文采的重要场所。利用好编首序这一块“自留地”，对提高志书的整体质量关系甚大。概述篇与编首无题序，均属于志书中的述体文字。编首无题序的功能，是提纲挈领地浓缩该编的精华，概略地展现该编的轮廓，简练地勾勒出该编的地方特点和时代特色，使读者从中掌握和了解该编之大要，使编首小序的功用得到充分发挥。《前志》未设编首小序，略有失缺；《续志》深谙编首小序的重要性，增加了这一内容，弥补了《前志》的缺憾，连同概述篇一起，使志书中的体裁更加严谨有序，述体文字得以完满展示。据笔者粗略统计，《续志》在42编中均设有无题小序，总字数24340字，编均580字；最多自然环境编960字，最少艺文编130字。该志编首序主要功能为概括本篇主要内容，但并非断代体似的一刀切，对某些重点篇章采取灵活变通的方法，根据内容需要接续历史，体现出作者求真务实的学风和对志书本质特性的理解与把握。该志编首序提纲挈领地浓缩各编的精华，概略地展现各编的轮廓，简练地勾勒出各编的地方特点和时代特色，使读者从中掌握和了解各编之大要。

依笔者意，作为续志体（断代体）志书而言，述体文字（包括概述篇和编首无题序）是体现志书整体性、系统性、著述性的重要方面，勾连历史是应有之义。续志体志书记述内容以当代为主，但也要以历史为辅，展现“一方之全史”“一方之全书”的独立品格，体现一地域最重要乡邦文献的文化价值和学术品位，唯如此，才是志书编纂的正途。是志编者将部分重要编章无题序探前追溯事物由来的做法值得赞赏。

（三）注重图表应用，增强志书的可读性　志书由图经、地记演化而来，图的应用由来已久，清末民初摄影技术的引进，照片在民国旧志中即广泛采用，图文并茂成为志书刻力追求的目标之一。首轮志书在图片的应用上创造出许多成功的经验，值得续志依傍；但受各种条件的制约和限制，图片的应用并不广泛，尤其正文插图普遍偏少，难以达到图文并茂的理想效果。平遥两轮志书相较，《前志》将照片集中排于卷首，集束彩图注重全面性，共 53 页，配图 251 幅（其中地图 5 幅、照片 246 幅）；内文只插了 37 幅图（包括手绘地图、示意图、照片），总用图量 288 幅，平均每万字用图近 1.7 幅，在文图相彰上要稍逊一筹。《续志》将照片分置于卷首及正文，卷首集束彩图注重特色性，共 49 页，配图 155 幅（其中地图 5 幅、照片 150 幅）；以选取最具特色的事物照片，展现平遥 15 年间经济与社会发展的巨大变化，重在突出地方特色与时代特色，且版面编排更注重突出视觉效果，根据画面内容合理配置，幅面大小各得其所。内文插图 367 幅，全志用图量达 522 幅，平均每万字用图 4 幅，是《前志》1.7 幅的 2.3 倍，在山西省已出的二轮县级续志中属用图较多的志书之一。《续志》图片应用前后结合、两相照应，更体现出编者的缜密构思，既拓宽了照片的使用空间，为实现图文并茂提供客观条件，同时也增强了可读性与可视性，志书的功能亦随之得到显著增强，进而使志书达到图文并茂的理想效果。

《续志》的编纂实践证明，即使是内文单色印刷，重视插文图片的应用亦具有较大的优势，图文并茂不是可望而不可即之事，重视图片的应用，会为志书质量的全面提高提供强有力的技术支持。

四、些许商榷一家之言

《续志》作为一部众手共营的巨著，难免存在一些不足之处。如凡例第五条言明：“专记、大事记采用编年体与纪事本末体相结合。”但查遍全志未有“专记”一栏，仅附录中设有“特记”篇，疑为志书完稿后凡例与内文未能认真核对之误。《续志》人物编小序云：“传略记载断限内（1997—2011）不在世，而对地方有突出贡献，在社会有重大影响的平遥籍或客籍人物 43 人”，正文中实列 41 人；小序云：“特设古城票商章，择杰记载 39 人”，正文中实列 37 人，均为完稿后人数核对不确之误。志书中配置的一些新地图，没有标明绘制时间或资料截止时间，插文图片也没有标明拍摄时间，这样就减低了地图和照片的史料价值。

诸体并用彰特色　资料翔实贯古今

——读重修《永济市志》感言

提要：二轮《永济市志》为重修版本的志书，其篇目设置在延续首轮《永济县志》的基础上，立足发展变化了的市情，尽力突出展示永济市的时代特色和地方特点，述体应用颇有新意、大事记前置返璞归真、特色文化展现地域风情，图表设置较为科学合理，随文设“附”拓展记述深度，注重突出地方特点、时代特色，志书质量明显提高，多给人以启示，在山西省的二轮续志中崭露头角，不失为一部可读、可用、可传世的志书。

关键词：永济　续志　体裁　特色

永济，是一块历史文化底蕴深厚的热土。明清及民国有多部志书存世。1991年首部社会主义新方志《永济县志》面世，该志质量上乘，1993年获得全国优秀志书成果二等奖、山西省优秀志书成果一等奖。春节刚过，笔者收到新近出版的《永济市志》，倍感欣喜。二轮续志有续修、重修、创修之法，在改革开放的时代大潮中，永济的经济社会获得飞速发展，县志面世仅3年，永济便由“县”改“市”，根据中指组“行政区域、管理系统发生变化的，可以重修”①的规定，《永济市志》采用通纪体的重修之法，也在情理之中。

新编《永济市志》，永济市志编纂委员会编，国际标准16开精装本，全二册，通纪体，下限2011年，2500千字，主编何蕊霞，中华书局2017年12月出版。卷首设集束彩图、序、凡例、目录 ；正文前设概述、大事记；内设建置、自然环境、人口、经济综述、城乡建设、环境保护、交通、邮政电信、工业、农业、林业、水利、畜牧、农具农机、粮油、商贸、财政税务审计、金融、经济管理、中国共产党、人民代表大会、行政设置、人民政协、党派群团、民政、人事劳动和社会保障、公安司法行政、检察审判、军事、教育、科技、文化、特色文化、文物、旅游、医疗卫生、体育、民俗宗教、方言、艺文、人物等41卷；尾设附录、后记。

首轮《永济县志》②800千字，二轮《永济市志》2500千字，市志与县志相较，篇幅扩大了2倍之多。《永济市志》资料之翔实，内容之丰富，特色之突出，自不待言。笔者捧读之余，于其中颇有所得，故不揣浅陋，略述一二，以就教于方家贤者。

---

①中国地方志指导小组：《关于第二轮地方志书编纂的若干意见》，2007年11月28日发布。

②永济县志编纂委员会编：《永济县志》，山西人民出版社，1991年版。

一、善用述体出新意

二轮续志吸取了首轮的经验，注重述体文字的应用，且述体文字的质量显著提高，使续志质量迈上了一个新的台阶。是志的述体文字包括志首的概述篇和各分卷之首的无题小序，二者的总字数虽只有28970字，仅占全志总字数的0.11%的比例，却是志书中的画龙点睛之笔，使志书的整体性、著述性得到明显增强。

《永济市志》概述共6880字，写作体式为浓缩式。全文用序号分割为四大部分，首、尾加有开头段与结尾段，完满成篇。开头段简述政区概貌，列数位置、经纬度、四至、面积、区划、人口、战略地位等项，寥寥200余字，要言不烦，文简义丰。正文按序号分割为四大部分。第一部3个自然段、840字，分列“地形多样，山川锦绣”“气候温和，四季分明”“资源丰富，物华天宝”三项内容，客观交代永济市的自然地理概貌，文字平实得当，地域特色鲜明。第二部分5个自然段、1480字，分叙光辉灿烂的历史文化，分别列有“华夏发祥之源，神州畿辅重地”“古迹星罗棋布，名胜享誉中外”“文化积淀厚重，自古英贤辈出”“民风质朴刚劲，志士前仆后继”四项内容，采用夹述夹议笔法，记述永济建置悠久、文物众多、名人荟萃及人民的斗争精神，行文简洁有力，点明要旨，展现底蕴深厚的历史文化。第三部分10个自然段、3720字，记述经济社会发展的巨大变化，先总括引领，继而分段记述“农业产业化全省领先”“工业集群已具规模”“城市功能日臻完善”“交通电信通达便捷”“文化艺术日益繁荣”“教育事业成绩斐然”“医疗卫生飞速发展”“旅游大市格局凸显”“人民生活显著提高”九大部分，采用略古详今的笔法，重点展现新中国成立以来特别是中共十一届三中全会以来全市经济社会发展所取得的辉煌成就，条分缕析，叙论结合，归纳到位，论述精辟。第四部分1个自然段、560字，总括全篇，展示中共永济市委、市政府绘就的“建设黄河中游地区明星城市”的战略目标，言简意赅。以展望性的百余字结尾。通观全篇，谋篇布局颇有新意，篇幅掌控得当，自成一体，结构紧凑，层次清晰，特色鲜明。从谋篇布局到炼词造句，均达到了一定的高度。就全篇而言，行文流畅，特色突出，起到了统摄全志的功能。

是志概述篇控制在7000字以内，篇幅适中，正合笔者在拙著《新方志“概述”点评》①中提出的县级志书概述篇应控制在6000字左右的建议，从而方便读者在较短的时间内浏览概述篇，通晓全志之要津。是志概述篇内文用序号分割，并加有开头和结尾段，符合东方人作文章“穿鞋戴帽”的规矩，使文章完满成篇，较之于加序号分割、却没有开头段落的概述篇，要好许多。

分志卷首无题序，与概述篇属于志书中的述体文字。编首无题序的功能，是提纲挈领地浓缩该卷的精华，概略地展现该卷的轮廓，简练地勾勒出该卷的地方特点和时代特色，使读者从中掌握和了解该卷之大要。分志卷首无题序始于旧志，首轮新方志虽有应用，但未普及，说明撰写篇首序有一定难度；二轮续志卷首无

①任根珠著：《新方志“概述”点评》，中华书局，2009年版。

题序应用的普及面有所扩大，写作手法出现多样化。卷首无题序可称之为主编的“自留地”，它即是体现志书整体性、著述性的重要方面，也是展现主编文笔文采的重要场所。利用好编首无题序这一块“自留地”，对提高志书的整体质量关系甚大。

首轮《永济县志》的述体文字，仅有志首的《概述》篇，内文各分卷之首均未设无题小序，在述体应用方面稍嫌不足。此问题在首轮志书编纂中多有出现，并非《永济县志》一家。笔者曾经翻阅过山西省的126部首轮新编地市县（区）志，在分志的卷（编、篇）之首设置无题小序的情况大致如下：全部分志一律设置无题小序的有10部，大部分卷设置无题小序的有5部，较少部分卷设置无题小序的有16部。从山西的首轮修志实践可以看出，编者有意在志书的卷之前增设小序的只有15部（即第一、二类），占126部志书的12%。这说明，人们对志书卷首无题小序的认识还存在偏差，即对无题小序的功用认识不足和重视不够。继承修志优良传统并非一句空话，一定要详加考核、辨别，只有在继承的基础上才能有所创新，有所发展。实践也证明，撰写卷首无题小序具有较大的难度，撰写小序之前，作者需对本门类的资料做一番深层次的研究，才能掌握其中的内涵与意蕴，得出带有规律性的认识。笔者以为，有畏难情绪可能是其中的主要原因。

《永济市志》各分卷之首均设无题序，共计41篇，22090字，篇均539字；最长的为经济管理卷920字，最短的为人民政协卷280字。写长文易，写短文难。卷首无题序如何精练成文，确是志书宏观把握的一道难题。然《永济市志》在这方面做得恰到好处，无题序的文字量按各分卷实际情况而定，均以概括该卷内容为主，多数篇章重点放在新中国成立之后，体现出详近略远的记述原则。写法亦呈多样化，如建置卷无题序侧重于行政区划变动中重要历史关节点的把握，如经济综述卷侧重于运用各类经济数据记述地域经济社会发展的巨大变化，如农业卷侧重于反映新中国成立后各个历史阶段农业生产的发展状况，如军事卷侧重于记述抗日战争和解放战争时期永济人民的英勇斗争精神，如教育卷侧重于褒扬新中国成立后特别是自改革开放以来永济教育的地方特色，如特色文化卷侧重于论述虞舜文化、西厢爱情文化、蒲剧文化等三种地域文化的精神内涵，如艺文卷侧重于介绍历代邑人创作的名篇佳作，如人物卷侧重于彰显杰出英贤的业绩特色，等等。撰写形式灵活多变，给人以耳目一新之感。

二、“大事记”返璞归真

在旧志体例中，大事记的作用是用一根时间的纵线将分散在志书中的大事要事贯穿起来，与志书中各分志的记事相“经纬”，起到纲举目张的功用。在旧志人的眼中，大事记是全志之纲，统辖全志。首轮新方志编纂中，众多学者感到仅靠大事记统领全志仍有欠缺，进而达成普遍共识，创设了全志之首的概述篇，以此来弥补大事记统领全书不足的问题。概述篇与大事记两相结合，统领全志，纲举目张，相辅相成，经纬交织，使志书体例又发展到一个新的阶面。通俗地讲，即概述篇以“面”，大事记以“线”，面线结合，双管齐下，经纬交织，提纲挈领，统领全志，两者合力共同承担全志之纲的重任。大事记后置，则破坏了新方志的严谨性、科学性、系统性，把大事记放到了末等的地位，实属新方志编纂在体例上的倒退。笔者曾对山西省首轮编纂的市县志书做过一个统计，在126部市县志书中，列有大事记的有123部（3部未列），将大事记移至志书尾部的达70部、占57%，放在概述篇之后、正志之前的仅53部、占43%，大事记后置占到多数。造成这种情况的原因大致有两点，一是编者认为全志之首增设了概述篇，便以此认为概述篇是全志之纲，替代了大事记统率全志的功能，故而将大事记后置。二是对志书体例中设大事记的初衷不甚了解，只认为大事记仅起志书检索的功能。前者是认识上出现偏差造成的，而后者则是对志书原有体例即大事记的功能、地位、作用没有理解造成的。实则，两者均对大事记认识不足或不清而违了志书体例之规。

首轮《永济县志》将大事记放在卷末，重修《永济市志》将大事记前移，恢复了大事记应占的位置，可谓正本清源、返璞归真之举。首轮县志大事记27页、30300字；记事462条、条均66字，其中清及以前133条，民国83条，新中国成立至1990年246条；新中国成立前后的条数百分比率为47 ∶ 58。二轮重修市志《大事记》31页、44600字；记事562条、条均79字，其中清及以前142条（较前志增加9条）、民国76条（较前志减少7条）、新中国成立至1990年199条（较前志减少47条）、1991年2011年145条，新中国成立前后的条数百分比率为39 ∶ 61。从大事记的篇幅看，市志较县志总字数增加了14300字，其中与首轮记述时段重叠的部分增加了4900字，延长部分的1991年至2011年21年间9400字。市志新中国成立前的大事记条目虽然基本沿袭了首轮县志的内容，但在编写手法上多有改进，对有差误的史实采取了暗纠的方式加以修正，记事的准确性得到增强。试举几例，如县志“民国元年5月”条：“革命党人在运城组建河东军政分府。张士秀任河东民军总司令，尚德任河东军政分府秘书长。”市志改为“革命党人在运城组建河东军政分府。张士秀（开张镇南营村人）任河东民军总司令，尚德（卿头镇尚志村人）任河东军政分府秘书长。”如县志“民国元年本年”条：“革命党人韩仰斗被地方士绅民众公推为永济县知事。”市志改为：“革命党人韩仰斗（韩家庄人）被地方士绅民众公推为永济县知事。”此二条均标出当事人的籍贯，体现出记事及立条的缘由。如县志“清光绪二十六年八月”条：“八国联军入侵北京，慈禧挟光绪仓皇逃往西安。于闰八月二十四日抵蒲州，行宫设在东街关帝庙内，黄缎围墙，黄土垫道，所费甚巨。旨令端亲王戴（载）漪，庄亲王戴（载）勋毋庸随扈，因禁于蒲州。二十五日住上源头村，二十六日由风陵渡过河抵潼关。”[①]市志“清光绪二十六年八月”条改为：“八国联军入侵北京，慈禧挟光绪皇帝仓皇出逃。闰八月二十四日抵蒲州，设行宫于东街关帝庙，黄缎围墙，黄土垫道，所费甚巨。旨令端亲王载漪、庄亲王载勋毋庸随扈，

①永济县志编纂委员会编：《永济县志》，第598页，山西人民出版社，1991年版。

囚禁于蒲州。二十五日慈禧等住上源头村，二十六日由风陵渡过河抵潼关，九月初四抵达西安。”[①]既暗纠了前志的错别字与错标点符号，又记事完满。如县志“民国 4 年 12 月”条：“续桐溪偕史宗法、续范亭、张士秀等率领数百人自陕入晋，起兵讨袁。行军到虞乡，遭阎锡山军队夜袭，遂散。”[②]市志“是年”(1912) 条改为：“张士秀等率数百人自陕入晋，起兵讨袁。行军到虞乡，遭阎锡山军队夜袭，遂散。”[③]既订正了史实，又突出了邑人张士秀的功绩。如县志“清光绪元年(1875)”条：“基督教传入永济、虞乡一带。”[④]市志改为“清道光二十五年（1845）”条：“基督教传入永济、虞乡一带。”[⑤]暗纠了前志史实记述的误差，将基督教传入境内的时间提前了 30 年。由此可见，市志《大事记》条目的撰写更加准确、精当。

三、《特色文化》彰特色

志书是有灵魂、有个性的，一部志书之所以吸引读者的目光，让人有阅览的欲望，不是因为其他志书有的元素它都有，而是它有其他志书所无可替代的地域风情。在志书独有的体例框架之内，大胆地张扬个性，真实地展现地域风情，成为新编志书的不二法门。志书特色篇的设置，就是志书独特个性的展示，唯如此，才能使志苑绘就出一幅幅绚丽多彩、百花争春的生动画面。突出地方特点的卷（编、篇），由于体现志书个性化尤为突出，使其成为新编志书中最吸人眼球的亮点。二轮志书的特色篇，对地域历史文化的挖掘、提炼、定位更为准确，特色篇的内涵更为丰富，地域性、知识性、趣味性、可读性更为突出，成为志书中直观地展现地域风情的形象篇。

首轮《永济县志》即设有突出地方特色的卷目。永济得黄河之利，有滩涂面积 30 万亩，至 1990 年开发利用 21 万亩，使全县人均增加耕地 0.6 亩，在黄河滩涂上建成一个农、林、牧、副、渔五业并举，综合经营，配套发展的新经济开发区。为了展现永济人民的这一经济成就，在志书的经济部类升格设置了《滩涂开发》卷，列有资源、开发工程、经济效益、管理四章，详细记述了黄河滩涂开发的情况。

地域文化是一种以地域为空间范围，以文化为主体的社会现象，具有深刻的内涵。二轮续志在发掘地域文化特色方面，多从本土传统历史文化方面着手提炼，从而获得较佳效果。这些地域特色文化，经过历史长河的积淀，具有浓重的历史厚重感和浓郁的地方特色。二轮重修《永济市志》侧重于地域历史文化的发掘，在志书的文化部类升格设置了《特色文化》卷。该卷共设三章：第一章虞舜文化，设舜帝生平、遗迹、诗文碑刻、民间传说、虞舜文化的内涵研究开发 5 节；第二

①永济市志编纂委员会编：《永济市志》，第 16 页，中华书局，2017 年版。

②永济县志编纂委员会编：《永济县志》，第 598 页，山西人民出版社，1991 年版。

③永济市志编纂委员会编：《永济市志》，第 17 页，中华书局，2017 年版。

④永济县志编纂委员会编：《永济县志》，第 599 页，山西人民出版社，1991 年版。

⑤永济市志编纂委员会编：《永济市志》，第 18 页，中华书局，2017 年版。

章西厢爱情文化，设西厢爱情文化的形成、西厢记、西厢爱情文化的影响、西厢爱情文化研究与开发 4 节；第三章蒲剧文化，设蒲剧起源与传播、角色与行当、音乐念白、剧目、蒲剧特技、蒲剧名角、戏班剧团、行话谚语诗文、名伶轶事、蒲剧文化的影响与开发 10 节。三项地域文化合集一卷，内容丰富，资料厚重，特色浓郁，极具可读性，耐人咀嚼，回味无穷。《永济市志》重视地域文化的传承，让人们记住乡愁，培育人们爱家、爱乡、爱国的情愫，成为志人历史使命的重要担当，也是志书上档次的重要一环。

《永济市志》的编纂实践证明，地方特色内容除在相关门类中加重记述外，对重要的、有分量、有影响的内容，采取特点拔类的“升格方法”是可行的。特色篇是志书个性魅力的着力展现。它既有利于突出反映时代特点和地情特色，还有利于体现志书的学术性，显示志书的学术价值，提高志书的学术品位。只要深入调查研究，从共性中挖掘个性，科学把握尺度，合理配置篇目，志书的特色篇一定会结出更加丰硕的成果，志书的质量定会迈上一个更高的层次。

四、图表配置较合理

志书注重图表的配置，在二轮修志中业已形成普遍共识。图片和表格是志书必备的体裁之一，运用得当，可为志书增色添彩。但图表配置是否科学、规范、合理、恰切，却是体现志书主编和编纂人员编辑水平的标尺之一。从《永济市志》的编纂实践看，编者交出了一份令人满意的答卷。

《永济市志》全志用图 37 幅，用照 260 幅，用表 280 幅、占页 345 页，占正卷 1784 页的 19.3%，接近正卷五分之一的篇幅。

（一）图片配置有所增强 永济两轮志书相较，续志在用图上得到明显加强，图文并茂得以展现。首轮《永济县志》800 千字，卷首集束彩图 25 页、配图 76 幅，其中地图 6 幅、照片 70 幅；内文插图 70 幅，其中手绘图及示意图 14 幅、照片 56 幅；内文共设 33 卷，卷均插图 2.3 幅；加插照片最多的为人物卷，达 30 幅，占到内文插照的 54%；每万字插图 0.88 幅。

二轮《永济市志》2500 千字，卷首设集束彩图 99 页、配图 189 幅，其中地图 6 幅、照片 183 幅。内文共设 41 卷，插图 297 幅，其中手绘图及示意图 37 幅、照片 260 幅，卷均配图 7.2 幅；每万字插图 1.19 幅。两轮志书相较，卷首集束彩图市志较县志增加 74 页，是首轮县志的近 4 倍；图片增加 113 幅，是县志的 2.5 倍；文内插图市志较县志增加 227 幅，是县志的 3.1 倍。市志的用图量得到显著提高。

从《永济市志》的用图情况看，虽在图片的总量上有所突破，但有两方面的问题还值得推敲。一是卷首集束彩图似有过多之嫌，将地方特色内容的图片淹没在众多照片之中。依笔者意，卷首集束彩图宜少而精，重在凸显一地域鲜明的地方特点和时代特色，起到吸引和激发读者阅读志书的兴趣，有 2 ～ 3 个印张即可。二是插文图片还存在畸轻畸重的弊病。市志用图数排在前 5 位的卷目依次是人物 79 幅，农具农机 46 幅，旅游 37 幅（其中 2 幅示意图），文化 23 幅，经济综述

22 幅（均为示意图），此 5 卷用图数达 207 幅，占到正文插图总数的近 70%。未用图的有环境保护、交通、邮政电信、工业、畜牧、财政税务审计、中国共产党、人民代表大会、行政设置、人民政协、党派群团、人事劳动和社会保障、公安司法行政、检察审判、军事、科技、医疗卫生、体育、民俗宗教、方言、艺文等 21 卷，达总卷数的 51%。插文图片还存在多寡不均的情况。依笔者意，插文图片的设置，既要突出重点，还需兼顾一般，尽量克服畸轻畸重的弊病较为妥当。如何配置随文插图，还是一个值得深入探讨的课题。

（二）表格配置有所优化　首轮志书的随文表格数量偏少，主要与编纂人员的重视程度不够有关。二轮续志普遍得到重视，随文表格激增，似有矫枉过正之嫌。表格也要占版面，每幅表格占篇幅少者几百字，多着几千字甚或上万字，用表越多，所占篇幅越大。有的志书表格应用失度，有文不够、表来凑的情况。从志书急剧膨胀的角度考虑，随文表格也要有所控制。去年笔者曾对国内的 10 部市志、20 部县志进行比较研究，发现表格应用问题较多，写了《志书表格运用的数量与篇幅控制》《县级志书表格应用比较与研究》《应重视市级志书表格应用数量与篇幅的控制》三篇文章，分别于 2017 年发表在《中国地方志》《河北地方志》《江西地方志》刊物上。《永济市志》承接《永济县志》，表体运用规范，文表相辅。创新之处是增加用表范围，拓展表栏内容，增加了信息量，收一表胜千言之效。全志用表 280 幅、345 页，占正卷 1784 页的 19.3%，接近正卷五分之一的篇幅。从用表数量来看，与笔者阅读的 20 部县级志书表格应用的平均数 276 幅几乎相当，从数量上考量比较适中，且表格制作及表题应用亦比较规范。该志用表数排在前 6 位的卷目是：教育 24 幅，人事劳动和社会保障 22 幅，行政设置 17 幅，人口 16 幅，自然环境 14 幅、城乡建设 14 幅；未用表的有特色文化、民俗宗教、艺文 3 卷，占卷目总数的 7.3%，即 92% 的卷目均配置了表格。唯一不足的是未设《表格索引》，故而在卷目平衡应用方面还有可改进之处。

五、随文设“附”掘深度

在二轮续志编修中，多数志书采取了随文设“附”的方式，根据内容体式的不同，冠有“附”“附记”“附录”等称谓，此类文稿在志书中虽属从属地位，且文字量虽亦有限，但却为佐证、弥补、强化正文的记述起到积极的作用，延伸和拓展了内容记述的深度与广度，增强了志书的利用价值。《永济市志》的编者亦采用随文设“附”的方式，在 7 卷分志正文中增设“附”9 篇，占全志 41 卷的 17%。具体情况如下：环境保护卷附《漳泽电力蒲州发电分公司漏油污染事件》1 篇，商贸卷附《永济市供销大楼》1 篇，公安司法行政卷附《技术侦破典型案例》1 篇，军事卷附《日军暴行录》（7 例）1 篇，文化卷附《民间文学精选》（10 例）1 篇，特色文化卷附《永济虹光蒲剧团》《著名蒲剧演员张庆奎（张全心）入班文约》2 篇，体育卷附《永济电机厂健美操队》《永济市武术学校》2 篇。“附”的文字量共 18160 字，其中最长的《民间文学精选》11300 字，最短的《著名蒲剧演员张庆奎（张全心）入班文约》200 字。附的内容涉及面较广，或环境保护中的重大污染事件，或商贸行业中的商场介绍，或改革开放中的新生事物，或社会生活中的事件纪实，或警示后人的重大历史事件，等等，且体裁多样，多角度反映地情，资料挖掘既有广度又有深度，地方特色浓郁，使随文附的功能得以展现。

除上述五点之外，《永济市志》的可圈可点之处还有许多，尤其是注重了志书人文内容的记述。如永济旅游资源丰富，旅游业蓬勃发展，旅游年收入达 1.32 亿元，旅游大市的格局凸显，为此专设了旅游卷；如永济历史底蕴深厚，文物古迹众多，专设了文物卷；永济自古人文荟萃，名篇佳作繁多，为凸显文化之兴，专设了艺文卷；永济代出名人，为彰显地域人文之盛，专设了人物卷，立传人物达 83 人（较前志增加 28 人），《人物简介》53 人，并列有“历史人物表”“进士表”“英模表”。这些突出地方人文特色的内容，是该志编纂的成功之处，其经验值得进一步深入研讨。

六、些许商榷待完善

志无完志，百密一疏。一部出自众人之手的志书，些许纰漏在所难免。从科学、严谨角度考虑，似乎还有些许改进的余地。

其一，版面编排稍有不足。志书正文的一级标题（分卷题）单页另起页，卷首无题小序加大字号单占页；二级标题（章题）另起页，造成文内多处出现缺苗断垄的现象。据笔者粗略统计，正卷内的空白页达 102 页之多，无形中增加了志书的篇幅。

其二，志书总字数计算不甚准确。按国内出版界行规，内文黑白印刷的书籍，总字数除彩色插图（99 页可单另标注）外，包括扉页、编纂人员名单、序、凡例、目录及空白页等均应计算在总字数内。据笔者粗略计算，是志总页码 1921 页，每页 40 字 ×37（行）＝ 1480 字（书眉亦计为行数），1480 字 ×1921（页）＝ 2843080 字，即该志的总字数应为 2843 千字，与版权页标注的 2500 千字相差 343 千字。2500 千字的数据，疑为志书正文未加插图片时的数字，以及志首页、书眉行未计算在内之故。

其三，目录编排有违常规。现志书分为上、下两册，目录均为通栏编排；且各册均为全志的详细目录，各占 30 个页码。从目前已面世的二轮续志看，多数吸取首轮的经验教训，目录编排体现以读者为本，双栏编排成为新常态，渐成主流。目录双栏编排，即可节省志书篇幅，还可便于读者浏览。一志多册（二册及以上）的目录编排亦有其规律可循，既要继承旧志传统，又要吸取他志编纂的先进经验，还要遵守出版界的行规。凡属于多册本的志书，全志的详目置于第一册，其他册只刊载本册的目录即可；分期出版的多册志书，如第一册无法刊载全志的详目，则要在最后一册刊载全志详目。出版界的行规，志书亦应一体遵循，不能自以为是，我行我素。笔者计算了一下，现志书目录如改为双栏编排，并下册只刊载下册的目录，可节省将 35 个以上的页码、近 4 万字的篇幅。

其四，篇目分类稍有改进的余地。按中指组《地方志书质量规定》的要求，志书内容包括自然（建置、自然环境、资源、人口等）、基础设施（城乡建设、环境保护、交通、邮电信息、公用事业等）、经济（农业、工业、建筑业、服务业、经济管理等）、政治（中国共产党、人民代表大会、人民政府、政治协商会议、民主党派、群众组织、公安司法、军事等）、文化（教育、科学技术、文化艺术、新闻出版、广播影视、卫生和计划生育、体育等）、社会（人民生活、人事和劳动社会保障、民政、民族、宗教、风俗、方言等）、人物七大部类。规定既是对首轮及二轮前期志书编纂的经验总结，又汇集了方志理论界对篇目分类科学性的认知，亦受到绝大多数志人的首肯，并以此成为二轮续志篇目编排的通行做法。经济部类通常是以综合性的经济综述卷起头，经济综合管理卷收尾。是志将经济综述卷置于基础设施部类（城乡建设、环境保护、交通、邮电信息）之前，实则是将基础设施的篇目归属到经济部类之下，与规定要求不相吻合。艺文卷在旧志中属垫底的一类，新志编纂经过理论研究的探讨和实践经验的总结，艺文卷归入文化部类更显科学严谨，此一意见渐趋统一。首轮《永济县志》的艺文卷是归在文化部类之中的，而二轮《永济市志》却将其移位至社会部类之中，远不及县志科学合理。市志明显略逊一筹。

其五，卷目的篇幅平衡尚有差距。志书编纂是一项系统工程，衡量一部志书质量的高低，可以说用多把尺子来衡量，其中各部类之间篇幅的平衡，就是其衡量尺度之一。在志稿撰写阶段，把握各卷、章之间的篇幅平衡，是控制志书总体篇幅、协调各卷章篇幅平衡、克服各卷章篇幅畸轻畸重弊病的一种简单易行的方法。是志内文共 1847 页，抛去卷首概述、大事记和卷尾附录、后记，正卷 41 卷、1784 页，卷均 43.5 页。以平均数上下增减 30% 为合理基数（减 30% 为 30 页、加 30% 为 56 页），在此数内的卷目为 16 卷，仅占 41 卷的 39%，不足或超过的卷目有 25 卷之多、占 61%。依笔者意，一部质量优良的上乘志书，第一层级的各卷（编、篇）所占的篇幅，要基本保持平衡，尽量克服畸轻畸重的弊病；每卷页数似应框定在卷均数 30% 上下为宜，即 60% 以上的卷目应保持在卷均数的合理范围内。从卷目的篇幅平衡来看，是志尚有一定差距。另，《民俗宗教》卷宗教的节题按“佛、基、天、伊、道”顺序排法不确，应为“佛、道、伊、天、基”。若志尾能制作索引，志书就更加完满了。

总括而言，《永济市志》在地方特点和时代特色取舍上下了较大的工夫，其总纂质量和编纂水准饶具个性，值得充分肯定。本文的见解，仅是一线端倪，要全面评价这部厚重的志书，恐怕仍需地方志工作者进一步深入解剖。

（原载《河北地方志》2019 年第 6 期）

服务社会的钥匙　新志成果的展示

——读《河北省新编地方志提要（上）》感言

戊戌冬月，收到新近出版的《河北省新编地方志提要（上）》（以下简称《提要》）一书，广才兄邀写一篇评议性文字。于是，我仔细翻览该著，边阅读，边摘抄，边思考，时有感触，收获多多。继而检点所思所书，整理成文，以飨同人。

一、新方志成果的全面展示

地方志顽强的生命力植根于中华文化的深厚土壤之中，在当代又伴随改革开放和社会主义现代化建设历程，汲取了时代精神的营养，焕发出灿烂的青春光华，两轮新方志编纂结出丰硕的成果，为经济社会的发展和全面深化改革提供了历史借鉴和智力支持。编纂新方志目录提要，是发挥志书文献价值的主要表现形式之一，可使读者能在较短的时间内、在浩瀚的志书里查找到需要的资料。不仅可从历史资料的记载中吸取教训，更重要的是从历史经验中得到有益的启示。

自20世纪80年代初社会主义新方志编纂开展以来，旧志目录提要多有，以一省范围编纂新方志提要的还较鲜见。该书由河北省地方志办公室专业人员编纂，主编杨洪进，副主编王慧卿，特邀统纂王广才，全书576千字，河北人民出版社2018年8月出版，硬精装16开本。这是继《河北历代地方志总目》[①]和《河北地方志提要》[②]之后，河北省地方志办公室编纂出版的第三部方志目录书籍。所不同的是，前两部均为收录旧志，而《提要》则是专收新编地方志。该书是目前国内地方志编纂和研究领域第一部全面、系统介绍和评述省级新编地方志成果的研究专著。

《提要》对河北的新编地方志著述进行了一次全面、系统的梳理、总结，是地方志整理、研究和提供利用由目录性总结阶段发展到考评性总结阶段的重要标志。河北省地方志办公室以及《提要》著作人做了大量的资料汇总和研究工作。主编在卷首序中介绍了编纂过程："2013年河北省地方志办公室同人利用业余时间开始编纂《河北省新编地方志提要》。2015年通过《燕赵都市报》向社会广泛征集相关资料，同时向省直单位和各市志办征集资料。历时5年，集全省方志系统之力终成此书。"该书首次将新编地方志文献进行梳理、分类，为地方文献的版本目录学研究起到了开创性的示范作用，是一部重要的提要性工具书，具

①河北大学地方史研究室编，河北省地方志编纂委员会审定，《河北历代地方志总目》，河北人民出版社，1989年版。

②来新夏主编，河北省地方志编委会办公室、南开大学地方志文献研究室编。《河北地方志提要》，天津大学出版社，1992年版。

有很高的学术价值，在河北方志发展史乃至中国方志发展史上有着非常深远的影响。

全书收录了河北省自中华人民共和国成立以来至2016年11月30日已出版（包括内部印行）的各级各类志书及地情资料书籍2427部，其中各级各类志书1619部、地情书808部，共计2427部。首、二轮省志96卷（首轮省志92卷、二轮省志4卷）；首轮市县两级志书176部（其中市级12部、县级164部），二轮市县两级志书110部（其中市级3部、县级107部）；乡镇志30部；村志144部（其中列词条118部、列表26部）；部门志857部（其中列词条759部、列表98部）；专业志96部（其中列词条92部、列表4部）；工矿企业志64部（其中列词条51部、列表13部）；校志31部；人物志13部。收录面包括首轮省市县三级志书的全部、二轮续志的大部，且扩大到各类专业志、部门志以及地情资料书籍，囊括了全省新编地方志系统的全部著述成果，使之成为河北两轮新方志编纂业绩的全面展示。该书为读志、用志提供了极大便利，亦为方志理论研究提供了精神食粮，着实令人刮目相看。

二、《凡例》制定严谨周密

提要属于方志学与目录学的范畴，具有“辨章学术、考镜源流”的重要意义和价值。源流，主要体现在目录的分类和排序上。地方志目录的分类比较简单，因此排序就具有十分重要的意义。旧方志目录的排序，主要有按当时的行政区划和按现代行政区划排序两种。《提要》的分类与排序，借鉴旧方志目录的分类与排序，并有所创新。凡例第四条言明：“记述内容分二至四个层次。第一层为类型，分11类，即省志、市（地）志、县（市）志、乡（镇）志、村志、部门志、专业志、工矿企业志、校志、人物志。第二层除乡（镇）志以下7类外，其余4类主体志为轮次（少数五六十年代出版的志书归入第一轮中。省志排序与首轮省志〈卷首〉排序相同）。第三、四层〔市（地）、县（市、区）两级志〕为单位类别，按河北省行政区划习惯排序进行编排。乡（镇）志以下7类不分轮次，仅设类别、单位、提要三层，属于省直单位编纂的仅设类别、提要两层。”

旧志的责任者由两部分构成，一是主修人，一般由地方长官倡导、组织地方志的编修，为地方志的编纂提供资金等方面的支持；二是编纂者，即地方志实际纂修人。其中，主纂人往往是当地的著名学者。所以责任者项的著录形式一般为“某某人修”“某某人纂”。志书编纂的责任者项明确区分。《提要》的凡例第六条对词条编写做出明确规定：“每个词条内容包括志名、编纂单位、主编（总纂）、副主编（副总纂）、执行主编、出版社（或内部印行）、出版时间、开本、字数（以版权页为准）、印数、断限、篇目、主要特点、获奖情况等。”编者对词条的要素考虑周密，将副主编（副总纂）、执行主编一并列出，既能客观反映志书署名的情况，又顾及到不至于埋没实际编纂人员署名的现实情况。据笔者所知，在“官本位”意识浓厚的当今，不少志书的主编或总纂由地方党政领导挂名，并非实际的主编或总纂，多数志书的主编或总纂降为副职，未能真实反映志书编纂署名的实际。《提要》的凡例制定，体现出主编科学严谨的学术风范和实事求是的工作作风。

三、注重特色，别开生面

方志的学术评价，主要应以学术评价的准确性及深度为判定提要目录水平高下的依据。每篇提要，都是单部志书“解剖麻雀”的例证，其中最精彩的部分，当为两轮省市县三级志书的评述文字。评述文字是最难写却也是最能出彩的部分，要求撰写者须具有一定的方志理论研究功底、较高的归纳概括能力和较强的文字表达功力。因参与提要撰写的均为河北省三级志办的专业修志人员，均参加域内多部志书的编纂与评审工作，具有丰富的方志编纂实践经验，具备了上述能力的表达。故而对绝大部分志书作了中肯的评述。

笔者摘取了数例，从中可见评述文字之功力。

体例方面的评述。《石家庄市志》：“为弥补以往志书‘偏重横剖、缺乏沟通’之不足，在篇或章下增加有题概述 15 篇。”《辛集市志》：“采取‘以事系人’方法，结合叙事记述 3800 多人事迹。在人物表、人物世家、人物传、人物简介中，记载生人故人 1000 多人。收录妇女和小人物之多，是其他志书所未有。人物传叙事生动，形象鲜明，可读性强。”《枣强县志》：“政治部类，将党委决策与政府行政合二为一，称‘党政要务’，避开了党政内容重叠记述之弊。”《正定县志（1986—2005）》：“开篇为历史纪略，起到历史与现实的纽带作用。”

重大历史事件方面。《唐山市志》：“特别是 1976 年唐山大地震及其震后重建，尤为世人瞩目。为体现唐山特点，特设‘唐山大地震’编，记述了地震地质、地震历史、地震前兆、震征实录、震害、抗震救灾、测报预防，并附地震遗迹、表彰及纪念活动、影视文艺作品。第四编‘重建唐山’，记述了规划、勘察设计、投资、清墟搬迁、建筑施工、房屋建筑、市政建设等。”

体裁应用方面。《秦皇岛市志》：“每卷卷首置有彩色照片，共 400 余幅，卷一有卫星影像图和行政区图。”《晋县志》：“志末杂记中载录吕正操在小桥、朱德在侯城、董必武教子务农、魏征籍贯考等史实和考证文章。志末设两套索引，方便查阅，为河北省第一部有详细索引的志书。”《阜平县志》：“首为概述、大事记，并设‘毛泽东在阜平’特记一篇。”《任丘市志（1988—2008）》：“志书精心安排了 32 篇附记，共 9.6 万字，篇均 3000 字。附记题材多样，尤以市地方志办公室组织编写的调查报告居多，或为经济改革中的标志性事件，或为经济建设中的重大突破，或为改革开放中出现的新生事物，或为与民众关系紧密的事项，或为镜鉴世人的反面教材等。”

内容剖析方面。《丰南县志》：“丰南镇办企业起步早、发展快，在全省领先，在志书的经济部类中，乡镇企业单设一章，与农业、工业平列，在河北为首创，在全国也不多见。突出了宏观经济的记述，在经济部类设‘经济制度变革’和‘经济发展变化’两章，对如何加强宏观经济记述起到领路作用。”《高邑县志》：“成就、问题兼书，在卷首概述中，对面临的问题如人均土地减少、工业结构不合理、思想观念滞后、资金薄弱、人才缺乏等，正面审视，不予回避。”《临漳县志》：“临漳历史悠久，文化灿烂，邺城为曹魏、后赵、冉魏、前燕、东魏、北齐六朝古都。志书在政区建置、漳河、古都邺城、建安文学、文物与名胜等卷中，对前述内容重点挖掘，详尽记述，突出了地方特色。”《任丘县志》：“在大事记、军事编中，对日伪军暴行、国民党军制造惨案、土匪武装罪行，善恶分明，载录不遗。”

突出事物方面。《涿鹿县志》：“详细记述了涿鹿的历史及深厚的文化底蕴。专门设置黄帝文化编，对上下五千年涿鹿的文士武将做了翔实的记录。”《秦皇岛市北戴河志》：“北戴河是全国乃至世界知名的旅游胜地，曾一度成为中国的‘夏都’。志书力避以行政区划为限，专设‘夏都’纪事、避暑疗养、旅游篇。”《廊坊市志》：“为体现廊坊地方特色，市志将义和团运动独立设编，用15万字、13页图片，全面具体、生动形象地记录了廊坊义和团发生、发展、壮大和失败的全过程，并重点记述了廊坊大捷的战斗场面。”

地方特色方面。《徐水县志（1991—2006）》：“对特点性内容尤为重视，专设环境保护、改革开放、特色经济、民营经济编，浓墨记述。西红柿种植业、奶牛养殖业、制酒业为徐水的三大特色，志书分3章19节予以展示。”《平山县志（1992—2010）》：“革命圣地西柏坡是该县独特的重要事物，志书以9章20节、51千字的篇幅，对其作了详细记述。”《巨鹿县志（1979—2008）》：“为体现巨鹿特色，特将开发扶贫、特色种植业（杏、枸杞、金银花）、乡贤魏征升格为编。”《文安县志（1986一2008）》：“旧迹辑存编的设置，把区域内消失不久和正在消失的老建筑、老车辆、老农具、老民居、老行当、老制造业，都作了深入的挖掘性记述，其中包括几项非物资文化遗产，对抢救、存录历史文化发挥了志书应有的作用。”

考证方面。《黄骅县志》：“志书中‘建置沿革’‘文物古迹’‘姓氏’‘村庄名称及考证’等章节，充分挖掘地域人类活动史及建制史，以史实扭转了‘黄骅无历史’的错误认识。”《高碑店市志》：“卷末附录载有督亢地考、郦道元故里考、樊馆考，增加了学术品位。”《赞皇县志（1991—2005）》：“志末对前志和赞皇古县城作了简述，对赞皇县宋朝三宰相和赞皇县作了考证。”

评述内容既从大处着眼，亦从小处着手，方志专家与社会学者为志书作序也一一点出，如傅振伦为《井陉县志》《霸县志》《清苑县志》《藁城县志》《南宫市志》《平山县志》《容城县志》作序，吕志毅为《正定县志》《井陉县志（1985—2004）》作序，卢振川为《枣强县志》作序，邱新立为《迁安县志（1987—2006）》作序，郭凤岐为《藁城县志（1986一2005）》作序，著名宋史专家漆侠为《任丘县志》作序，著名红学家周汝昌为《峰峰志》作序，著名作家王蒙为《南皮县志（1987—2006）》作序等，彰显了志书的知名度与可信度。

总括而言，《提要》对志书体例颇多评述，在类目设置、归类、地方特色及体裁等问题上着墨颇多。在论述方志的价值时，不仅从内容详略、考据精粗、撰修特点等多方面进行考评。还分析志书史料价值，指出重点史料，特别是对于不见于其他史籍的重要人物、事迹或传记，不见于其他别集、总集的佚文，发生在该地区的重大历史事件的资料及具有地方特色的特产、经济、科学、文化、古迹等方面的资料，等等。对于质量较高的名志、佳志，除含有上述内容外，还从编纂方法、写作特点等方面给予评述。如对《正定县志（1986—2005）》的评述，达 1300 余字，从多角度进行了评述。

评述内容需撰写者深入研读志书，从中研判出其优长，用精练的文字、点睛的笔法，进行简要解读。正如宋代欧阳修所言："妙论精言，不以多为贵。"这些评述是建立在对原文仔细研读和分析的基础之上的，为读者查阅和利用方志资料提供了极大便利。通过对志书的学术别择，从而提高了其可用度和学术含量，成为方志学术研究的渊薮。

四、可商榷之处

编纂新志与整理旧志，是地方志编修工作的两翼，互补相彰，缺一不可。新方志编纂开展的 30 多年间，河北的省市县三级地方志办公室分别对现存历代旧志进行了标点、校勘、注释整理，印行、出版了一大批新整理的旧志版本。毫无疑问，这也是两轮修志工作中的重要成果之一。如能将省内的旧志整理成果载录书后，这些旧志史料便可得以为当今修志、科研利用。笔者以为，将旧志整理成果也可以书目的形式编写为词条，作为《河北新方志提要》一书的"附录"，似乎更能使读者了解河北方志编修工作的总体状况，并方便读者查阅与利用。

1980 年中国地方史研究会筹备会发出的《关于编纂新县志的初步方案（讨论稿）》中，建议县志篇目为大编体结构；1981 年中国地方史志协会起草的《关于新编地方志工作条例》中，建议的《新编市志基本篇目》《新编县志基本篇目》也为大编体结构。故而首轮志书篇目设置，采用大编体式编纂占有不小的比例。以河北省的首轮县级志书为例，采用大编体式编纂的志书 52 部，占 164 部县级志书的 31.7%，接近 1/3。篇目是《提要》必载的内容，但大编体式的篇目仅列第一层级标题，显得笼统、虚化，篇目的雷同化现象极难反映各地域不同的篇目特色。而篇目特色的内容主要表现在志书的二级标题之上。依笔者意，此后编纂的新方志提要（目录）时，凡大编体式的篇目，最好能将第一、第二层级的标题一同列出，更能为读者了解、阅读、利用志书提供便利。笔者翻检《提要》的市县级志书条目时，还发现有篇目介绍不全（有 9 部）或未录篇目（有 14 部）的情况，致使读者难以窥见志书的篇目全貌，不利于读者查考、使用。建议修订再版时补全为佳。

目录提要类的书籍，书籍名称单独作条目标题时，不应加书引号。此为国内条目体（亦称为辞书体）书籍的通行规则。《提要》的目录与正文条目标题均加了书引号，有违条目体书籍的编纂规则。去掉书引号，可使条目标题更简洁、凝练。志书编排次序按河北省的行政区划分类，以市辖县的县级志书排列最好按出版先后顺序排列，这样能如实反映出志书在体例、体裁及相关篇章等的先后应用或创新情况，便于方志理论研究者考察、利用。书中还有些许可存疑之处，如《石家庄市志》条目的志书字数介绍"共五卷，16 开本，900 千字"语，"900 千字"

疑误；《秦皇岛市志》条目中的篇目内容“人物、艺术、附录”语，“艺术”疑为“艺文”误；《宁晋县志（1979—2008）》条目中的篇目内容“社会风情、艺术、人物”语，“艺术”疑为“艺文”误。

五、是书给我们的启示

国务院颁布的《地方志工作条例》规定 :“地方志书每20年左右编修一次。”每20年完成该轮编修工作完成后，笔者以为就是编纂该轮方志目录提要的重要时间关节点。这可以全面系统、毫无遗漏地展示该轮方志的成果。如未到一轮编修工作结束而提前编纂，则留下诸多遗憾，使每轮编修的省市县三级新方志难以完满地展示给读者。以中国地方志指导小组办公室编的《中国新编地方志目录》为例，其收录下限为1999年9月，由于编纂的时间关节点把握“欠火候”，首轮三级新方志多有缺漏。如首轮《河北省志》(92卷)，至1999年10月前出版64卷、占92卷的70%，其后出版28卷、占92卷的30%；市县志175部，至1999年10月前出版139部、占175部的79.4%，其后出版36部、占175部的20.6%。再如首轮《山西通志》50卷，至1999年10月前出版30卷、占50卷的60%，其后出版20卷、占50卷的40%；市县志125部，至1999年10月前出版87部、占125部的60%，其后出版38部、占125部的40%。其他省市区也或多或少是如此比率。把握好编纂方志目录提要的重要时间关节点，既便于展示和宣传每一轮修志的全部成果，也有利于社会各界使用志书。

从笔者手头占有及接触到的资料来看，30多年的社会主义新方志编纂时期，以新编地方志成果而编纂的目录提要主要有两种，一是旧志与新志合编，有《上海方志提要》《北京方志提要》；一是单独编纂新方志，主要有《中国新方志目录》《中国新编地方志目录》《中国新编地方志总目提要》《中国新方志5000种提要》《中国新方志100000种书目提要》[①]《山西新编方志书目提要》等。其中，笔者有幸参与了《中国新方志目录》的编纂，并担任该书的副主编。该书是首轮编修开展以来第一部全国性的新方志目录专著，由国内各地修志机构提供资料编辑而成，所以该书目对于了解首轮编纂前十余年新方志编纂出版情况有着不可替代的作用。

据北京大学信息管理系萧明先生考证，中国独立的书本式方志目录，最早是清初顾栋高的《古今方舆书目》。而清道光间的周广业所撰《两浙地方志录》则为区域性方志目录之始。民国24年（1935）朱士嘉编撰的《中国地方志综录》，为中国第一部全国性的方志联合目录。其后该书于1958年、1985年两次增补修订，终成《中国地方志联合目录》一书，被世人称为现存最完备之地方志目录。中国现存历代旧志的总数，通常以该书收集的各级通志8264种为准。自20世纪80年代初新方志编纂开展以来，各类方志理论书籍、方志论文及志界各级领导讲话、

①上海通志馆编， 朱敏彦主编，《中国新方志100000种书目提要》，上海辞书出版社，2016年版。

修志文件等，均以此数字宣传、示人。但据笔者志友、《中国地方志》刊物原主编诸葛计先生精心搜集考证，现存旧志的实际总数当为9900余种，差额达1600种之多（诸葛计先生均编有卡片资料），确实是一个不小的数字。新方志编纂开展以来，旧志目录的收集、编纂与出版，可谓够多够广，但因多数志人未留意与《中国地方志联合目录》查考比对，故而留下如此缺憾。

方志工作者要树立方志文化的高度自觉与自信，采用多种形式，将新方志编纂成果向全社会大力宣传、推广。编纂新方志提要，是发挥新编志书文献价值的主要表现形式之一。全国性的第二轮新方志编修工作已接近尾声，第三轮编修工作的启动即将来临。总结两轮志书的编纂经验，向社会各界宣传、推广汗牛充栋的新编地方志成果，成为方志工作者义不容辞的历史责任。国务院颁布的《地方志工作条例》规定："地方志书每20年左右编修一次。"笔者以为，每20年完成一轮编修工作完成后，就是编纂该轮方志目录提要的重要时间关节点。这可以全面系统、毫无遗漏地展示该轮方志纂修的成果。编纂各省市区的新方志提要，是摆在全国方志系统面前的一项重要工作。河北省地方志办公室先行一步，完成了这一任务，为各省市区带了个好头。笔者建议，在2020年底完成二轮续志编修任务后，及时启动编纂《中国新方志提要》和各省市区的《新方志提要》。此项工作可分两步走：其一，在总结《河北省新编地方志提要》一书经验的基础上，由中指办牵头，制定提要及条目撰写的统一规范与标准，各省市区利用二轮完结、三轮开启的间歇时段，用两三年的时间分别编纂出本地区的新方志提要；省级《新方志提要》可按河北省的模式编纂。在此基础之上，中指办可汇集各地的新方志提要资料，编纂出一套全国性的《中国新编地方志提要》，词条收录范围可限制在省市县三级志书之内，与省级《新方志提要》的内容有所取舍，使之成为国家级的权威性的新方志检索工具书。如能实现这一设想，既是对首、二轮全国省市县三级新方志编纂丰硕成果的全面、科学、系统的大检阅、大总结，又是对两轮新方志的积极推广与宣传，从而更好地发挥新方志存史、资政、育人作用，使内涵丰富的新方志资源最大限度地得到开发和利用，为国家经济社会的发展和全面深化改革提供历史借鉴和智力支持。同时，国家和省市区两级地方志提要的编纂出版，也是全方位、成系统地对两轮新方志编纂的宝贵经验与教训进行科学总结，成为方志学术和理论研究的平台，为三轮新方志编纂提供有益的借鉴。如此一来，便于摸清两轮三级志书编纂的家底，不至于像旧志存量那样眉目不清，留下诸多历史遗憾。编纂一部高水平、全国性、提要体、并汇集全国首、二轮修志成果的《中国新方志提要》，不仅需要全国各省市区方志系统通力合作，还需要通过强有力的质量控制来建设一支更为专业的编纂队伍。笔者相信，通过全国方志界的共同努力，这一目标一定能够实现。

（原载《河北地方志》2019年第1期）

追史迹农运震华夏　看今朝凤凰再腾飞

——喜读《凤凰村志》感言

中国的改革开放经历了40个年头，最大的变化莫过于城市化。随着城市化的不断演进，乡村的大面积消失成为当今时代的一大“特色”。至2019年，我的故土——太原市万柏林区，城中村改造、城边村改造、地质塌陷村（因挖煤）移民搬迁，5个乡69个村，只剩寥寥几个城边村“苟延残喘”，不出两三年也便被城市所“淹没”。 我的家乡——西铭村，现已一片废墟，村民四散分离。一种存在了几百年甚至数千年的社会结构、生活形态消失了，几十年前中华人民共和国建立时的经济体制、生产方式也不复存在。不仅是近郊的村庄大量消失，远离城市的村庄也大量消失了。“这种带有全局性、大范围、特大范围里的变动，在中国历史上从未出现过，它在极大改变社会形态和格局的同时，对家庭结构、村民生活、居民关系、民风民俗乃至民众心理认同等已开始产生影响。这种改变也正在对中国的现状产生着一系列影响，并将对中国今后的历史产生影响，有些影响可能是今人无法预料的。变化前后的村庄历史还都将成为社会学家、历史学家长期研究的课题，他们需要实际事例、需要具体材料。尽早、尽快为消失或将要消失的村庄留存历史，记录下的不仅是某个村庄聚落的历史与现状的反映、变化的进程，它既可为人们了解社会多提供一份素材，更可为将来的历史学家、社会学家等保存今天看来十分常见，将来可能罕见或空缺的基层社会日常生活的资料，它的意义和价值会随着时间的推移逐渐凸现。”[①]每个村庄都是农村社会的一个缩影，有各自的历史和特点，要了解农村，就不能不关注一个个具体的村庄。编修村志，可谓方志界及社会各界义不容辞的一项重要工作。

己亥盛夏之日，收到了寄自浙江省杭州市萧山区的《凤凰村志》，厚厚两大册，231万余字，由中国社会科学出版社2019年6月出版，国际标准16开版，内文四色套印，硬壳精装，是笔者目前见到的体量最大的村级志书。该志出自国内方志界的后起之秀莫艳梅女士之手，笔者曾应邀参加了《凤凰村志》稿的审阅。拿到正式出版的《凤凰村志》后，又精读了一些重要章节，深深感到，《凤凰村志》的编纂，进行了广泛的社会调查，所收录的资料大量都是真真切切、实实在在的原始记录，具有极高的存史价值，不愧是一部优秀的村志。是志翔实记载了凤凰村解放近70年来，特别是改革开放40年来沧桑巨变的历史，保留下了许许多多耐人寻味的经验和教训。它对当今及其以后的治村者来说，无疑是不可多得

---

①褚半农：《〈褚家塘志〉，为消失的村庄留存历史》，《上海地方志》，2013年第2期。

的宝典，对全体村民及其后辈们来说，也是极好的乡土教材。

闭卷沉思，温故知新。翻阅中多有所得所思，聊记数语，与同行共享。

一、专家撰写村志，引领修志潮流

首、二轮修志实践证明，志书质量的优劣，其中重要的一条，与方志界和社会学术界专家学者参与的多寡与参与程度的深浅，有着密不可分的关系。一部志书的编纂若能从始至终都有专家学者参与指导，志书质量肯定会得到显著提高，上升到一个新的阶面。正如巴兆祥教授在该志序言中所言："修志贵在得人。"从整体上考察，《凤凰村志》确是一部体例规范，颇有创意，资料翔实，文献价值多元，学术品位甚高的村级志书。是志主编莫艳梅女士是从事修志工作多年的专业修志人员，《浙江通志》评审专家，修志成果迭出，主编或参与编纂有《江华瑶族自治县志》《江华瑶族自治县志（1990—2003）》《萧山市志》《江华八十年记事》《佛山市志（1979—2002）》等书稿，并有《莫艳梅方志文集》《莫艳梅方志探论》《萧山清官廉吏》《萧山历史名人家世考》等个人专著问世，积累了丰富的志书编纂实践经验，具有方志学者的研究水平，因而《凤凰村志》编纂既规范又有创意。莫艳梅女士《凤凰村志》的编纂实践、学术研究、资料收集、考证史实等尤值得当代志人学习。凤凰村是浙江省的名村，名村聘请名家撰写村志，实现真正的强强联合。

二、篇目自立新格，诸体并用出彩

《凤凰村志》分上、下两册，为中编体式，整体编排设计，卷首为集束彩图，编纂机构名单，序，编纂说明，凡例，总目，目录；正文前设总述、大事记、大事纪略，内设村庄、姓氏、人物、村民访谈、凤凰村民未来期待调查、衙前农民运动、村政、村区建设、农业、工业建筑业、商业服务业、村级经济、村民生活、教育卫生、文化体育、艺文、风俗、文献18编分志；尾设索引、参考文献、后记。《凤凰村志》确是一部结构严谨、内容完整、资料丰富，具有自身编纂特点的志书。

（一）名人作序增强学术品位　邀请专家学者作序，阐明其撰述意义与学术价值，是方志的传统之一。在旧志中，修志专家撰写序言是不可或缺的常规内容，几乎每部旧志都有主修和编纂人员撰写的序言或跋。这些序或跋，或阐述编修志书的意义，或说明编纂者的意图，或研讨编纂方面的问题，或探索方志编纂的理论，为后世留下了极其丰富的方志理论财富。在新方志编纂中，因为没有很好地把握序言的作用，而使志书失去了一个宝贵的方志学术研究平台。后记（编纂始末、跋）的运用较为普遍，唯独专家作序较少，绝大多数的序言为地方领导撰写，故而序言的功能未能得到充分发挥。《凤凰村志》的编者则很好地把握序言的应用，仅设一篇专家序言，将这个方志学术研究平台单独留给了方志专家，收到较佳的效果。该序出自复旦大学历史学系暨旅游学系教授、博士生导师，中国地方志指导小组成员，中国地方志学会学术委员巴兆祥之手。他从编纂角度，总结了《凤凰村志》的编纂经验，指出"选好主编，专家学者参加修志，是提高志书质量的有力保证，也是今后村志编纂的一个可取方向"；分析了《凤凰村志》的特点，“在编纂过程中开展较大规模的社会课题调查和口述历史活动，获取鲜活的第一手资料”，“不仅深化了村志的内容，增强了志书的资料性、著述性和原创性，还为地方志书的体例创新做了有益的尝试”。由此序言，不仅使读者了解方志专家熟读志书，通晓历史，在其分析此部志书特点时，也反映出编纂者的意图，体现出编纂者对于一些问题的突破性处理。序言充分反映出志书编纂者的思路，对于读者理解志书起到了积极的导读作用。

（二）目录编排自成一体　志书目录是篇目的终极体现，如何编排目录，更好地方便读者阅览志书、利用志书，是编者在志书付印之后，必须考虑和解决的问题之一。二轮续志编纂中创立了先设“总目”（亦有称为“要目”的）、后设“目录”（详目）的做法。《凤凰村志》借鉴了这一方式，但在编排上又有新的创意，即在志书的上、下册之首，分别刊载全志的总目，其后各分册分别刊载该册的详目录，省却了全志的总详目。在首、二轮志书编纂中，凡设总目的，多数志书限定在一级标题上，延伸到二级标题“章”的极少。《凤凰村志》的总目由一级标题（编）扩展到编、章两级标题，单栏编排，占4个页码，以此替代了全志的总详目，使志书篇目的梗概更加明晰。目录（详目）编排由编、章、节三级标题扩展到编、章、节、目四级标题，使目录同时具备了篇目展示和条目索引的双层功能。目录编排自成一体。

(三)篇目设置立足村情，自立新格　《凤凰村志》在大事记之后设大事纪略，将抗日战争时期的“凤凰山抗击战”、改革开放时期的凤凰村“创建全国文明村”“凤凰村与台湾南投县鹿谷乡两村结对交流”三件大事单独设条记述，别有新意；同时，将领导视察等18幅照片集中排于大事记正文之后，使卷首集束彩图全力展示村域风情，特色突出。

篇目设置中最突出的两大亮点。一是将“衙前农民运动”单独立编，突出展示村域在全国具有重要影响、在中共历史上占有重要地位的红色文化，深厚的历史文化底蕴和浓郁的地方特色得以彰显；突出地方特色的内容还有人物、艺文等编。二是注重社会调查和口述历史的应用，分别设置《村民访谈》《凤凰村民未来期待调查》编，在村志编纂中可谓一枝独秀。社会调查和口述历史的内容，在村级志书中并不少见，但多为分散设置，单独设置为志书第一层级“编”的，在笔者见到的村志中还是第一次见到，可谓该志编者的首创。在其他分志的内容编排上亦多有可圈可点之处。如第一编以“村庄”立题，囊括了建置（村名由来、隶属沿革、自然村落3节）、区位（自然地理区位、交通地理区位、经济地理区位3节）、人口（人口数量、人口变动、人口结构3节）、自然环境（地质、地貌、山岭、河流、池塘、气候、土壤、植被、野生动植物、灾异9节）4章，从村情角度出发，合理归并相关内容。凤凰村史上未存留宗谱，将姓氏升格立为第二编，既配有每户成员情况表，又配置全家福照片和每户人家最想说的话，真实体现民意、民愿。人物编前移，仿“新三宝体”的编排手法，突出村域在全国最有影响的杰出人物，展示人杰地灵的历史厚重感。

（四）注重述体应用，增强志书的整体性、著述性　编首无题序始于旧志，首轮新方志虽有应用，但未普及，说明撰写篇首序有一定难度；二轮续志编首序应用的普及面有所扩大，写作手法出现多样化。编首序可称之为主编的“自留地”，它即是体现志书整体性、著述性的重要方面，也是展现主编文笔文采的重要场所。利用好编首序这一块“自留地”，对提高志书的整体质量关系甚大。概述篇与编首无题序，均属于志书中的述体文字。编首无题序的功能，是提纲挈领地浓缩该编的精华，概略地展现该编的轮廓，简练地勾勒出该编的地方特点和时代特色，使读者从中掌握和了解该编之大要，使编首小序的功用得到充分发挥。

是志编者深谙编首小序的重要性，增加了这一内容，只是将卷首的概述篇称之为“总述”，编首的无题序称之为“概述”，章首的无题序称之为“概况”。据笔者粗略统计，卷首的总述篇 3440 字，编首 17 篇概述 13600 字，章首 68 篇概况 32380 字，全志述体文字（总述、概述、概况）的总量为 49420 字。述体文字虽仅占全志总字数的 1 / 46，却是全志精华之展露（总述）、每编内容之概括（概述）、各章内容之提要（概况），是展示志书著述性、整体性、科学性的主要平台，起到了“四两拨千斤”的作用。

（五）注重注体应用，志书资料的学术性、严谨性、科学性显著增强　《凤凰村志》将注体引入其志，重要注明资料注明出处，符合“对重要资料来源注明出处，对具有时代特征和地方特点的词汇作准确、简明规范的注释”（《关于第二轮志书编纂若干意见》中指组字〔2007〕1 号）之学术规范。唯有如此，才能编纂出具有一定学术水准的资料性文献。注释采用页底注形式，便于读者随文对照。如《总述》篇在记述凤凰村历史时，有一句断语：“这是一片具有革命历史的红色热土，是中国现代农民运动的发祥地。”为证明这句断语的准确性，注释了 3 条资料来源。凡类似志书中的重要资料，多有注释辅助佐证，据笔者粗略统计，全志注释达 270 余条。由此可见编纂人员用功之勤、资料之实。

三、注重社会调查，挖掘资料深度

二轮续志中，社会调查应用最多的莫过于浙江的《萧山市志》①。《萧山市志》全五册，前三册为正编，后二册为附编，其中第四册索引，第五册为社会调查。在笔者见到的志书中，该志是社会调查内容最为丰富的志书。该志办聘请了多所大专院校的教授带领学生，分成多个小组，搞了大规模的社会调查，其调查内容分为多项：萧山人的一天、居民的生活质量调查、休闲娱乐情况调查、择业观调查、社交礼仪调查、出行调查、家庭车辆拥有与使用情况调查、住宅情况调查、“吃、穿、用”调查、民间资本投资调查、家庭教育观的变迁调查、百岁老人状况调查、妇女地位调查、知识分子调查、企业家调查、民工生活生存状况调查 16 项，形成 300 余万字的调查报告。该志稿评审时，约请了国内 43 位知名的专家学者参与，为二轮续志评审邀请专家最多的一部志书。由于专家学者对如此

①杭州市萧山区人民政府地方志办公室编著：《萧山市志》，浙江人民出版社，2013 年版。

庞大的调查内容是否入志书正编系列产生分歧，最后该志将第四、五册作为正编的补充“附编”面世。由此可见，志书中的社会调查内容的篇幅要有一个把控尺度的问题，适度则宜，过度则废。二轮市县志书普遍重视了应用社会专题调查的方法，拓展和挖掘记述资料的深度与广度，但多为分散于各分志中编排。《凤凰村志》将社会调查和口述历史内容升格为分志一级编排，可谓村志体式上的创新之举。

该志第四编村民访谈为口述历史内容，着重点放在“村庄是如何发展变迁的？”“村民生活和个人奋斗史、生命史是怎样的？”两大议题之上。采访村民达46人，遍布各行各业，该编记载36人，具体分为“现任村党委书记、村委会主任访谈”“20世纪20－40年代村民访谈”“20世纪50－60年代村民访谈”“20世纪80年代村民访谈”“外来人员访谈”4章，合计31.5万字篇幅。

第五编凤凰村民未来期待调查，立足于“富裕起来的农民在想什么？”这一命题，通过实证调查的方法，充分利用鲜活的第一手资料，研究细致具体，并能着眼于富裕农村和谐有序可持续发展目标实现的路径探索。该编共设“问题的提出”“凤凰村村民七大未来期待”“民之所望，施政所向”3章，15万字篇幅；其中归纳总结出凤凰村村民七大未来期待：“村民望更富：盼发展农村经济，增收致富”“村民求真知：盼丰富文化生活，尊知重教”“村民期乡美：盼建成三美乡村，绿色文明”“村民希安稳：盼完善保障保险，后顾无忧”“村民求和顺：盼家庭安居乐业，顺其自然”“村民愿参政：盼政府更民主公开，执行力强”“村民谋发展，由顺从守旧走向主动追求，但仍保守惧变”。这是民情、民意、民愿的实际调查得出的结论，为当政者提供的重要资政参考。是志编者敢为人先、大胆创新的精神尤值得充分肯定，其编纂方法尤值得他志效法。有此两编，《凤凰村志》编者高屋建瓴的体式创新，在后继的村志编纂中起到积极的引领作用。

四、把握村情特色，彰显村域精华

地方特色是一个地域独特优势所在，是区位优势的鲜亮要素，必须浓墨重彩地把它写好。在编修前，应该对该村的历史和现状有一个全面的考量，分析什么是这个村的特色，不断挖掘，丰富有关地域特色的资料。在篇目设计上可以打破常规，不拘泥于或沿袭过去老篇目或现行统一模式的新框架。必须解放思想，用改革创新的精神，准确把握新时期的主旋律，去设计新的篇目，同时不拘一格，该升格的升格，展开来写，彰显本村的地域特色，做到“人无我有，人有我优，人同我异，人略我详，人后我先”。

（一）鲜明的历史印记　凤凰村是中国现代农民运动的发祥地，民国10年(1921)9月，中国共产党早期党员沈定一在家乡衙前村组织和发动衙前农民运动，开创了中国共产党历史上的四个第一：党领导的第一次农民运动、第一个农民协会、第一个农民革命性纲领文件、第一所农民免费教育的农村小学校。虽然衙前农民运动最终被镇压了，但它在中国革命历史上占有重要地位。正由于此，《凤凰村志》特设了衙前农民运动编，内设“衙前农民运动兴起”“军阀镇压”“衙前农民运动胜迹”“衙前农民运动纪念活动”“衙前农民运动纪念设施”“衙前农民运动研究状况”6章，详细记录了这一重大历史事件。先辈的奋斗业绩，是凤凰村极其宝贵的精神财富，成为激励村民致富奔小康的动力源泉。这一编的设立，既彰显了中国共产党为建立新中国抛头颅洒热血的光辉历史段落，又成为资政育人的良好教材。由此证明，只有共产党能够救中国，只有在共产党的领导下才能够实现伟大的中国梦。

（二）突出的时代特征　今天的凤凰村，经过改革开放40年的砥砺前行，村域经济与各项社会事业得到飞速发展，是萧山的经济强村，由农业村转变为工业村，是全国文明村、全国敬老模范村、全国民主法治示范村，浙江省全面小康建设示范村、浙江省农村基层党风廉政建设示范村、浙江省村务公开民主管理示范村、浙江省生态文化基地，杭州市萧山区生态村、森林村庄、美丽乡村精品村、美丽乡村示范村……数不清的荣誉名号，彰显了凤凰村的各项工作均走在了浙江省农村的前列。2016年，凤凰村经济总收入从2006年的150600万元增加到504033万元，年均增长20.02%；村民人均纯收入从2006年的15082元增加到49555元，年均增长13.29%；村级经营性收入、村级可用资金、村民人均纯收入均名列萧山区村庄第一。从事第二、第三产业的农村劳动力占到全部农村劳动力人数的98.82%，实现农业村向工业村的转变。凤凰村在发展经济的同时，建立起与村域经济发展水平相适应的民生投入和保障机制，实现村民基本生活、医疗、养老三大村级保障。在志书的村区建设、村级经济收益分配、村民生活等编中，均得到充分反映，鲜明的时代特征跃然纸上。

五、略有稍许不足，还有商榷余地

志无完志，百密一疏。一部231万余字的大部头志书，些许纰漏在所难免。由于是出自方志专家之手的志书，具有积极的示范效应，加强探讨、研究，有助于后续村志编纂质量的提高。高标准、严要求自是应有之义。从科学、严谨的角度考虑，是志还有些许需要商榷的余地，提出来与同人共同探讨。

（一）卷目的篇幅平衡尚有调整余地　部志书，由许多编章组成。但是志书绝不应是各编章的简单组合，而必须是一个有机统一的整体。这就要求志书的布篇谋局要做到平衡协调。一部志书，无论是大编体、中编体还是小编体，编与编之间篇幅要尽量平衡；一个专志，无论分多少章，章与章之间要尽量平衡。同样，每章无论设多少节，节与节之间要尽量平衡。这个平衡，不仅仅是字数和篇幅的平衡，更重要的是在志书中所占地位的平衡。这就要求志书的编纂者在谋篇布局时，既要考虑某项事业在志书中应占的分量，还要考虑各编章之间的逻辑关系，使各项事业均在志书中能够找到恰当的位置，得到充分合理的记述。志书编纂是一项系统工程，衡量一部志书质量的高低，可以说用多把尺子来衡量，其中各部类之间篇幅的平衡，就是其衡量尺度之一。在志稿撰写阶段，把握各编、章之间的篇幅平衡，是控制志书总体篇幅、协调各编章篇幅平衡、克服各编章篇幅畸轻畸重的一种简单易行的方法。对村志来说，似可适当放宽一些，但也要适度把控，不能出现大而无当的局面。《凤凰村志》全书抛却卷首、卷尾部分，18编分志共1305页，编均72.5页，其中不足编均72.5页的有14编、占编数的77.7%，超过编均数的有4编、占编数的22.3%，最少的仅及编均数的17%，最多的为编均数的5.6倍；最多与最少相比，相差21倍之多。靠近编均72.5页的仅有2编，仅及18编的11%。以“姓氏”编为例，页码408页，占分志1305页的31.26%，是最少页码“文化体育”编18页的22.67倍，悬殊之大令人咋舌。“姓氏”编篇幅失控的原因，是加载了居民的“户口簿”（每户1幅表格）和每户配1幅家庭照。此种编纂方式，笔者在家族志或家庭志中看到过，但在村志中还是第一次见。无形中使志书的篇幅膨胀了许多。

从图片用量来考量，全志图片总数1203幅，其中18编分志用图1119幅，而其中姓氏编用图达584幅，占分志用图总数的52.19%、即占半数之多，为编均用图数的9.39倍。如不把此编计算在内，其余17编的平均用图数为36.4幅，姓氏编为余17编平均用图数的21.26倍。全志各编图片的配置，也有个度的把控，尤其要克服随意性。如姓氏编有单人照（近似标准照）10幅。依笔者意，在志书中，个人标准照一般除人物编中应用外，其他篇章（包括卷首序）均忌用标准照。如姓氏编的家庭照中缺40幅，分别用28幅民居照和22幅村容村貌照替代。另，村民访谈编为图片应用的第二大编，用图片157幅，平均每篇采访记用图片4.36幅；该编采用现场采访照36幅，与被采访人的无关照71幅，被采访人的民居照27幅；最多的1篇采访记用照达10幅。姓氏编与村民访谈编图片应用总数741幅，占到18编分志用图总数的66.2%。如今进入读图时代，志书加强图片的配置是对的，但在“度”的把控上一定要适度。依笔者意，文内插图除补白照片外，其余图片均应图随文走，以图辅文，进而达到文图相彰的效果。

从全志表格用量来考量，全志18编分志表格总数778幅，编均用表42.22幅；其中有3编未列表格，占编数的16.67%。姓氏编用表达570幅，占分志表格总数的73.26%，是编均用表的13.5倍。如抛却第二编，余17编的用表数193幅，编均用表数仅为11.35幅，姓氏编是17编的编均用表数的50.22倍。如此比对下来，无论是篇幅占页，还是分志用照片量、用表格量，姓氏编与其他编畸轻畸重的弊病都十分突出。村志的编纂，允许创新，鼓励创新，但创新有难度亦有风险。是志主编的创新精神值得充分肯定，但村民的“户口簿”、家庭照是否全部入志，还有进一步研究探讨的必要。依笔者意，毕竟体量过大，“抢夺”了村志主体内容的“风头”，还是不上此类内容为佳。

（二）整体布局还有改进的余地　第四编村民访谈、第五编凤凰村民未来期待调查虽属于主编看重的内容，但毕竟此二编有“章”无“节”，体例与“章、节、目”体式不合。再者，无论是市志、县志，还是乡镇志、村志，记述一地域经济与社会发展的主旋律是志书质量的基本要求，即按中指办《地方志书质量规定》提出的，志书内容包括自然、基础设施、经济、政治、文化、社会、人物七大部类。《规定》既是对首轮及二轮前期志书编纂的经验总结，又汇集了方志理论界对篇目分类科学性的认知，亦受到绝大多数志人的首肯，并以此成为二轮续志篇目编排的通行做法。是志的村民访谈、凤凰村民未来期待调查编属于编者创设的社会调查（包括口述历史）内容，应属于正志的“附属品”，笔者以为，放在七大部类之后似乎更为恰切一些。二轮续志中，社会调查应用最多的莫过于《萧山市志》，该志社会调查内容的位置编排值得效法。志书中的社会调查内容要有一定程度的把控，无论其在志书中的位置，还是该类内容的篇幅，适度则宜，过度则废。

（三）“文献”列入正编系列似觉欠妥　一则文献编与其余17编“章、节、目”体式不一致，如入编只能去掉“第十八编”字样，称之为“文献编”；二则既称“文献”，内容不能越轨，所列六项内容中只有村规民约、经济联合社章程二项合乎文献标准，其余如集体荣誉、组织机构人员配置、凤凰村村歌、衙前镇1977—2017年党政负责人名录 等四项，称之为“文献”似觉牵强。依笔者意“第十八编文献”改称“附录”列于“编”外似乎更为恰当一些。是志《凡例》第五条言明“分志设编、章、节、目4个层次，共18编”，依《凡例》规定，凡入正编系列的分志均应遵守，而实际情况并非严格按此执行。18编中，有章无节的有人物、村民访谈、凤凰村民未来期待调查3编，未设“章”“节”分项目设置的有文献1编；上述4编占到总编数的1 / 5强。体例规范上还有改进的余地。

（四）述体应用的严谨程度稍有不足　一是从体例上而言，各分志（编）述体的应用应统一；二是同一层级述体文字的篇幅应相对平衡，尽量避免畸轻畸重的弊病出现；三是编、章之首的无题序文字一般不加“概述”“概况”等标题字眼，这已被方志界所认同。“总述”与“概述”并无大小、高低、贵贱之分，在志书中一般只能采用其中一种作标题，二者混用影响志书体例的严谨性。

全志18编，设编首概述17篇（其中《凤凰村民未来期待调查》编未设）总字数13600字，编均800字（以17篇计）；500字以内的6篇，500—1000字的5篇，1000字以上的6篇；最多的农业编1890字，最少的为风俗编210字，多者为少者的9倍。全志18编共辖76章（其中文献编未设章），设章首概况68篇（其中8章未设），总字数32380字，章均476字（以68篇计）；概况篇字数最多的为工业建筑业编企业章3050字，最少的为姓氏编卫家片姓氏章、人物编人物传章、衙前农民运动编衙前农民运动纪念设施章、艺文编其他诗词楹联选录章，此4章的概况篇均不足80字，多者为少者的38倍。以编计算，编下各章概况的总文字数量，最多的为工业建筑业编6450字，最少的为姓氏编300字，多者为少者的21.5倍。

（五）其他不足　卷首总目与目录（详目）中的“序、凡例、编纂说明”编排与志书中实际的编排顺序“序、编纂说明、凡例”不尽一致。目录编排中，卷首的“序”“凡例”“编纂说明”与正编的编名标题相一致，均为五号黑体标示，以此类推，卷尾的“索引”“参考文献”“后记”亦应相同对待。现志书下册目录中的“索引”“参考文献”“后记”标为五号宋体，似乎改为黑体标示更为规范一些。目录编排与正文页码还有不一致之处，如第六编衙前农民运动第五章衙前农民运动纪念设施，总目中标为“821”页，目录与内文均为“822”页。顺便提一句，笔者不赞成章题另起页。此种做法致使版面中多处出现缺苗断垅的现象。笔者以为，除平头章节体外，章题另起页不合书籍排版规则，要全力避免。

笔者所认为的不足，也许正是该志的长处。是长是短，还是留待读者去评价吧。

总括而言，《凤凰村志》翔实而正确地展示了凤凰村由贫致富的历程，证明了改革开放后凤凰村广大村民在村委会领导下，因地制宜，充分发挥主人翁姿态，创造性的找到了一条带领村民集体致富、奔向小康的发展道路，确为村志中不可多得的佳品良志之一。是志的优长还有许多，难以尽表。尽管笔者提出一些可商榷之处，亦为笔者的一孔之见，孰是孰非，还有待方家辩证。是志编者从体例、体裁、结构、内容等诸方面都进行了大胆探索，不拘泥于传统志书固有的框架和模式，紧扣时代脉搏，努力践行“以人为本”的理念，把创新精神贯穿于修志始终，体现出编者扎实的功底和非凡的功力。毫不讳言，《凤凰村志》确是一部社会调查扎实、微观资料翔实的村志，其资政、学术、存史、育人价值将会在读志、用志中显示，值得志界与社会学界认真研读。笔者也期盼更多的方志专家参与到村志编修的工作中来，为村志的百花园绽放奇葩，增添光彩。

（原载《浙江方志》2019 年第 5 期：复载《杭州市〈凤凰村志〉评论集》，莫艳梅主编，中国社会科学出版社，2020 年版）

一部堪称典范的药都新志

——二轮《安国市志》赏析

一条太行山脉，将晋冀两省紧密地联系在一起。新方志编纂中，两省志界同人多有交流。河北安国市志主编于盼粘参加过《朔州市志》编纂人员的培训讲课。我退休后亦参加了河北多部志稿的评审；己亥年春节，又应邀参加《安国市志（1990－2010）》稿的审阅。是年秋志书付印成册。编纂人员在总结首轮新方志编纂经验的基础上，以高起点、高目标为方向，以出精品为准则，充分运用多种体裁和编纂方式，着力真实、全面、客观、科学地反映安国市改革开放和社会主义现代化建设的宏伟业绩，收到了较好的效果。余细阅志稿，仅择其要，粗加梳理，罗列数点，以飨读者。

一、篇目设置，自成一体

合理归并雷同类目，特色事物升格展示。篇目乃志书之架构，一部优良志书必重视篇目的精心设置。从篇目架构上即可体现主编对地情的熟悉程度与把握大势的综合能力。二轮续志编修在篇目设置上均注重突出地方特点和时代特色，力争改变千志一面的弊端。此志亦不例外，在挖掘地方特点和时代特色上下足了工夫。展现在读者面前的篇目，立足安国市情，真实客观地全面反映安国市的历史与现状，颇有创意。是志采用中编体式结构，全志共设25编101章，符合中指组《地方志书质量规定》①之要求，七大部类暗隐其间。从篇目中可以看出，合理归并与他志相同类目的篇章，把重点放在突出地方特点和时代特色上。如安国是全国最古老、最大的中药材交流中心，世称千年药都。安国药业源于东汉，始于北宋，兴于明，盛于清，发展于改革开放之后。志书在经济部类将药业升格立编，设中药市场、药品贸易、药材加工、药材生产、服务与管理5章，翔实展示药业是安国的文化丰碑和经济支柱这一特色。在经济综览编专设特色产品章，内设农产品类、食品类、饮品类、药品药具4节，展示安国的特色产品，浓郁的地情特色跃然纸上。把握时代脉搏的网络信息、政治体制改革、精神文明建设、社会管理、居民生活编，突出乡邦文化特色的专记篇等，类此均取得醒人耳目的突出效果，真正体现“人无我有，人有我优，人优我特”的篇目特色。

二、接续历史，自立新格

二轮续志体志书如何接续前志，就成为首要解决的问题。该志衔接前志、勾连历史呈现多样化的局面。一是用述体文字接续历史内容。篇首概述勾连历史，全面展现安国厚重的人文历史内容；各分志编首无题序今古同述，反映事物发生、

①参见中指组字（2008）3号文件，2008年9月16日印发。

发展的全貌。二是用记体文字勾连历史内容。在大事记之后，加设史事纪略专篇，起到弥补大事记断限前内容的缺憾，进而与大事记合力形成较完整的历史发展线条。三是人物编突破上限，既补录前志遗漏的人物，又复载在安国历史上最著名的传记人物，彰显人才鼎盛之状。四是增设专记篇，其中“安国特色文化”篇章展现市域浓郁、厚重并得以传承的历史文化，“旧踪拾录”留存境域人民生产、生活的实物印迹，让人们记住乡情、乡韵、乡愁，文化价值彰显。

三、注重调查，广征资料

方志乃资料性著述。编纂志书收集资料，不外乎社会调查、部门提供、群书采摘、档案查阅四法，四者缺一不可。而检验一部志书的资料是否丰满厚实、生动鲜活，最主要体现在社会调查的深度与广度上。据该志编后记所言，安国市地方志办公室自行搜集的第一手资料占到全志文字量的70%，这在二轮续志编纂中可谓首屈一指、难能可贵。正文中多有通过社会调查征集到的内容，如人口编的寿命、文化素质劳动技能、婚姻、家庭节，交通邮递编的物流快递节，网络信息编的网民、健康隐患节，经济纵览编的特色产品章，商贸服务业编的专业市场、修理业、家具服务节，精神文明建设编的文明新风、时弊陋习警戒章，教育科技编的社会教育节，文化编的文化娱乐场所、文艺活动章，等等。除此之外，《安国市志》重视了正文中的“附”文设置。据笔者粗略统计，该志附文达136篇，在发掘资料的深度和扩展内容的记述角度方面，进行了不懈的追求与探索。附文内容量多面广，体裁多样，尤以社会调查最为突出，体现形式为专记、实录、考略、纪实、简介、案例、报告、文件、典型人物等，眼睛向下，关注民生，触角延伸到社会的方方面面，颇接地气，为编纂志书如何收集地情资料提供了极为宝贵的新鲜经验。附文的内容涉及面较广，或经济建设中的重大成就，或关系国计民生的社会调查，或改革开放中的新生事物，或重要史料考辨，或社会生活中的事件纪实，或单位简介，或典型人物的典型事迹，或警示后人的重大案件，等等。反映地情全面系统，地方特色与时代特征浓郁，进而使志书内容记述有血有肉，从不同视角展现安国人民在改革开放新时期的奋斗足迹，使志书的可读性和资政、教化、存史价值得到显著提升。

四、内容记述，全面系统

志书的记述手法离不开“面”“线”“点”的有机结合，但在实践中，多数志书忽略“点”的记述，或重视不够，“面”“线”“点”三者很难达到完满的结合，未能尽如人意。该志如此重视“点”资料的搜集与应用，其立目价值均以突出地方特色的典型资料为出发点，在其他省市的二轮续志中还不多见。是志的编者，正是领会了这一真谛，下苦功夫全方位广泛搜集典型性资料，全力拓宽或延伸入志资料的记述广度与深度，将典型性资料穿插于“节”“目”之后，使志书内容记述更加丰满，从而使志书形成诸多亮点。

五、诸体并用，突出特色

志书诸种体裁的掌握与应用是否合体，并促进资料的优化，则是体验和考量主编驾驭体裁的关节点所在。是志在章、节、目三级层次上围绕地方特点和时代特色作文章，显现出编者编纂思想的明确定位与诸体应用的精密构思。“述”体文字精练简约，“概述”篇6000余字，篇幅适中，立意新颖，特色突出，一气呵成，可读性较强，不失为一篇好文章。编首无题序篇幅均衡，概括得法。“记”体文字史事纪要另立新格，补史之缺。图表运作恰到好处，全志用图体式多样，既有彩色、黑白照片，又有地图、示意图、手工绘图，全志用图124幅（其中册首56幅、内文68幅），为实现图文并茂提供客观条件，同时也增强了可读性与可视性。全志配置表格553幅，且制作精细，达到文表相彰的较佳效果。尤其是将影像资料引入志书，达53项之多，读者扫描二维码即可从多角度看到鲜活的“动起来”的民生音像资料，拉近读者与志书的距离，可谓编纂体例上的一大突破。

六、修志在人，经验可鉴

《安国市志》观点正确，体例严谨，结构合理，内容系统全面，特色尤为突出，资料充实，记述准确，语言规范，文风端正，创新之处颇多，堪称新编志书中的典范之作。是志的编纂实践证明：“修志贵在得人。”遴选好主编是决定一部志书质量高低的关键所在。主编的水平有多高，决定了志书的质量有多高。中共安国市委、市政府聘请编纂首轮志书的主编继续担当二轮志书的编纂，可谓“慧眼识珠”。省地方志编纂委员会及其办公室，之所以将安国确定为二轮编修精品试点之一，究其原因，领导到位和知人善任这两点，恐怕是修志决策的根本考量。实践证明这样做是完全正确的。于盼粘主编勤于思考，刻苦钻研方志理论，有《于盼粘地方志理论文集》专著问世，是河北省方志专家库成员。《安国市志》之所以能取得骄人的突出成果，向安国人民交出一份令人满意的答卷，为志界推出一部良志佳作，是与主编勇于担当，勤于探索，大胆创新的编纂实践分不开的，也是专家修志的又一典型例证。

“修志问道，以启未来。”[①] 安国乃华北平原上一颗耀眼的明珠。市志续修，功在当代，利泽千秋。续修《安国市志》的修纂，动员力量之众，搜集资料之多，采访范围之广，编辑成稿之谨，是以其成就卓著，殊非偶然。志书既秉承志体又多有创新，较前志质量大为提升，确为安国最重要的乡邦文化典籍。是志优长颇多，余恐挂一漏万，一文难以尽表，若有不当之处，尚乞编者、读者鉴谅指正。

①参见2014年4月19日中国政府网：2014年4月19日，第五次全国地方志工作会议在京召开。中共中央政治局常委、国务院总理李克强作出批示，其中强调：修志问道，以启未来。

浙江山水惹人醉 旅游产业著名篇

——读《浙江通志·旅游业志》感言

提要:《浙江通志·旅游业志》是通志113卷分志中的第74卷，列于经济部类。编者站在历史的高度、全省的高度、全志的高度，着力展现浙江旅游业发展的时代特点和地方特色。该志篇目设置自立新格，专设《旅游产业融合与区域合作》章，展示浙江旅游业的行业特色；善用诸体多处出彩，拓展内容记述的深度与广度；条目选择立足地情，精益求精，亮点纷呈，地方特色得到完满展现。该志在省级《旅游业志》中独树一帜，具有积极的示范效应。

关键词: 旅游业志 篇目 体例 条目

辛丑岁末，收到《浙江通志》副总纂颜越虎寄来的由浙江人民出版社2021年1月出版的《浙江通志·旅游业志》（以下简称《旅游业志》），邀我写一书评。抱着向兄弟省市学习的态度，同时也想从书本中遍览未曾浏览的浙江风光名胜，于是便应允下来。接到书稿后，细细研读，获益匪浅。该志的优长之处较多，兹略述点滴，与同仁探讨。

浙江是旅游大省，全省共有重要资源2100余处，钱塘江潮、杭州西湖名闻天下，江郎山被列为世界自然遗产名录。丰富的旅游资源，为浙江省旅游产业发展提供了广阔的前景。特别是改革开放以后，浙江旅游经济呈现出快速健康发展的良好态势，走过了从“创汇经济”到“优势产业”，再到“国民经济支柱产业”的历程，并形成了具有地域特色和典型示范意义的发展模式，被称为“旅游业发展的浙江模式”。《浙江通志·旅游业志》的编纂，更为该省旅游业的发展插上腾飞的翅膀。

一、篇目设置自立新格，着力展现行业特色

篇目设计是志书编纂过程中的重要一环，志书篇目的设计者既要熟知和把握方志体例，又要对当地历史与现状有较全面、系统的了解，还应有相应的百科知识，才能按照方志体例的要求，从地情实际出发，设计好篇目，使志书篇目达到中指组《关于地方志编纂工作的规定》中提出的“合乎科学分类和社会分工实际，突出时代特点和地方特色，做到门类合理，归属得当，层次分明，排列有序”要求。

新编《浙江通志》共设113卷分志，《旅游业志》是其中的第74卷，列于经济部类。《旅游业志》，按照《浙江通志·凡例》“上溯事物发端，下限为2010年12月31日，必要时以注释等形式作适当下延”的要求，采用通纪体的记述方式。在《旅游业志》启动初期，就篇目设置问题，编纂人员“走访省级相关单位，并赴金华、丽水等市调研，学习研究其他兄弟省、市、自治区旅游志篇

目，结合浙江省旅游业实际，反复修改篇目”。（是志《编后记》，第598页）正是由于编纂人员立足省情，砥砺打磨，从而推出不同凡响的篇目架构。

《旅游业志》的篇目设置，卷首设集束彩图、序、凡例；正文首设概述，统摄全志；下列旅游资源，旅游规划与建设，旅游服务与设施，旅游市场与营销，旅游产业融合与区域合作，旅游管理体制与经营机制，旅游从业人员与管理，旅游教育与研究等八章；章后设专记3篇；卷末设丛录，大事年表，编后记。

笔者将该志篇目与其他手头查到的3部首轮省级志书旅游志的篇目进行了比较。《陕西省志·旅游志》篇目，志首设概述，内设旅游的发生与发展、旅游资源、旅游设施、旅游市场开发与促销、旅游管理、旅游教育、旅游人物、大事记等8篇，后缀附录（仅文献一项）。《广西通志·旅游志》篇目，志首设概述，内设桂南旅游区、桂北旅游区、桂东旅游区、桂西旅游区、其他旅游资源、名人旅桂、旅游产业、旅游规划与建设、旅游市场 产品与宣传促销、旅游管理等10篇，后缀大事记略、附录（仅文献一项）。《山西通志·旅游志》篇目，志首设编纂说明、绪言，内设资源和产品、旅游设施、旅游经济、旅游管理等4编，后缀附录（大事年表、文献辑存、历代咏晋诗文选录、限外辑要、索引）。3部分志均标为“旅游志”，虽仅差一“业”字，立足点却与“旅游业志”相差较远，这与首轮志书记述的时段还在旅游业初步发展的时期亦有关系。《广西通志·旅游志》中设有《旅游产业》篇，旅游既是事业，又是产业，明显与《旅游志》名称有重合之嫌；同时，该志将旅游资源分列5篇，占到全志设篇总数的一半，似乎有失偏颇。省志本有《大事记》专篇，前两部分志再设《大事记》或《大事记略》专篇，明显与总志有同名之虞；《山西通志·旅游志》仅列4编，似乎又过简略；但卷尾设《大事年表》，与《山西通志·大事记》卷相区别，较为合理、恰切。

同上述3部省级《旅游志》比较，《浙江通志·旅游业志》的篇目架构，从旅游产业的大视角立足，着力展现时代特点和地方特色，逻辑严谨，别具一格。从下列的各章即可窥见一斑。

旅游资源是发展旅游业的基础，故而是志第一章述旅游资源。编者用广阔的视野与多维的视角，记述了浙江丰富的旅游资源。该章共设自然资源、人文资源、社会资源3节，分类科学合理，记述严谨，典型性条目选择精当，将省域内的著名旅游资源网罗无遗。

为突出政府在发展旅游业中的决策、指导与推动作用，第二章述旅游规划与建设，设旅游规划、开发建设、旅游线路3节。1978年改革开放以后，浙江各级政府以建设旅游大省、强省为目标，每个五年计划时期均编有旅游发展总体规划。从以资源为导向，发展到以市场为导向；内容上从旅游项目、旅游基础设施建设规划，发展到整合资源，打造文化、休闲、商贸、生态、海洋、红色旅游六大品牌全方位旅游业规划。规划先行，为浙江旅游业的快速发展打开了“绿色通道”。

“吃、住、行、游、购、娱”是旅游的六大要素。第三章旅游服务与设施即包揽了其中的“吃、住、行、购、娱”五项。由于记述面较宽，故而用笔墨亦最多，该章篇幅占到全志的15%强，为八章之最，为全志章篇幅均数的1.5倍。该章内容涉及旅行社、旅游饭店、餐饮娱乐、旅游交通、旅游购物及旅游装备、旅游信息化等多个门类，内容记述详略适度，图、表、录配置齐全，记述次序井然，多有可圈可点之处。而“游”是六要素中的主项，在多章中均有展示。

第四章旅游市场与营销，设入境旅游、出境旅游、内地旅游、假日旅游、旅游目的地营销、旅游交易会与旅游会展、旅游节庆活动7节，为八章中设节最多的章，为全志章设节均数的1.4倍；全志设示意图7幅，其中该章即用了5幅，占全志示意图的2/3强。从该章中可窥视到浙江旅游业取得的诸多惊人业绩：2010年，浙江入境旅游人数和旅游外汇收入在全国排名第三位和第五位；全省出境旅游超过百万人次。至2010年，全省接待内地旅游者2.95亿人次，在全国排名第四位；全省内地旅游收入3045.5亿元，在全国排名第二位。

第五章旅游产业融合与区域合作，记载旅游业与第一、第二、第三产业的融合，与境外及国内的旅游合作。该章是《旅游业志》的亮点之一。浙江旅游产业与相关产业的融合，使旅游业加快加深与工业、农业、林业、海洋、体育、中医药文化、民政等产业的融合发展，工业旅游、乡村旅游、运动休闲旅游、中医药文化养生旅游、老年养生旅游、文化旅游、海洋旅游、森林旅游等旅游新产品和新业态加速推向市场，产业融合态势强劲，旅游产品从单一型迈向多元化。至2010年，旅游业已涉及110个行业，关联29个部门，成为名副其实的综合性大产业。同时，浙江还打破了地方局限性，实现了省际旅游合作和省内区域合作，走区域旅游合作发展的共赢之路；并逐步建立境内外旅游合作的良好关系，合作领域和形式丰富多样。编者根据浙江旅游业发展的实际，将旅游业发展放在浙江省经济社会发展的宏观视野下谋篇布局，从而使篇目科学、全面、客观、系统地反映旅游业的发展历程。该章的设置，既展示了浙江旅游产业的不断升级、扩展过程，又体现出省级志书应有的历史的高度、全省的高度、全志的高度，鲜明的地域特色与时代特色跃然纸上，可谓在旅游业志中独树一帜，具有积极的示范效应。

其后的旅游管理体制与经营机制、旅游从业人员与管理、旅游教育与研究等三章，是旅游业应记的内容，既写旅游管理体制的改革，又记旅游的投融资；既写旅游行业的管理，又记旅游的各项创建活动；既写旅游教育的发展状况，又记旅游的培训与研究，内容翔实，行文简洁，要言不烦。

总括而言，《旅游业志》篇目的整体架构科学性、整体性、逻辑性较强，让人看出浙江旅游业各项事物间的内在联系，反映出旅游业发展的客观规律，合起来构成一个分合有度、伸缩自如的有机结合体，真正达到了“门类合理，归属得当，层次分明，排列有序”的要求。由此可见，编者在深挖地情、把握时代脉搏上下足了功夫，使志书篇目设置得到升华，给人以耳目一新之感。

志书的科学性表现在多个方面，第一层级类目之间的篇幅平衡，亦为其中要义之一。是志篇目中各章的篇幅比率较为合理。

是志抛去志首《概述》、志尾《专记》《丛录》《大事年表》，一至八章共475页，章均59页；以章均页数上、下各增、减30%为合理篇幅计，合理篇章达到75%。此种比率，正契合笔者提出的第一层级各类目要控制在平均数的70 %以上，克服章篇幅之间畸轻畸重的弊端，体现出是志主编对志书全局的宏观掌控能力。

二、善用诸体多处出彩，丰富内容拓展广度

志书是资料性著述，入志资料的深度与广度决定着志书质量的高低。志书诸种体裁的掌握与应用是否合体，并促进资料的优化，则是体验和考量主编驾驭志书体裁的关节点所在。是志《凡例》言明“采用述、记、志、传、图、表、录等体裁，以志体为主”，诸种体裁并用，使志书的体裁多样化，延伸了记述角度，增强了志书的可读性与利用价值。

（一）述体　志书的整体性、著述性，在述体文字上表现得尤为突出，故而《旅游业志》的编者深得此间要蕴，特别重视述体的应用，在卷首设《概述》篇，在章首设分述（无题序）、节首设简述（无题序），三者合力，使志书的著述性与整体性得到显著增强。

1. 卷首《概述》。概述篇是首轮新方志编纂中创设的新体裁，董一博生前异常重视概述篇的设置，称概述篇为全志之灵魂，一篇好概述，当为全志增色五成以上。是志为省级分志概述篇的撰写，提供了一个成功的范例。

概述篇实有字数12000余字。有开头段与结尾段，主体内容分为四大部分，部分间用序号分割。开头段350字；首先点明浙江省的地理位置、省名由来；继而追述境域最突出的远古文明，“良渚遗址是实证中华5000年文明史的圣地”“大禹陵成为华夏文化认同的标志之一”；进而引出“自东晋南朝名士高僧放情山水，发现浙东山水之美，浙江大地山水人文相辉映，成为名副其实的旅游胜地，孕育出浙江旅游的独特内涵和悠久历史”；其后总括1978年改革开放以来浙江旅游经济的发展历程，“形成了具有地域特色和典型示范意义的发展模式，被称为‘旅游业发展的浙江模式’”。开头段行文简洁流畅，简要笔触点出全文要旨，真正起到了先声夺人的效果。

第一部分5个自然段、1250余字篇幅，概述丰富多彩的浙江旅游资源。行文中既描述浙江山水名胜，探寻中华文明源头，又展示文化历史积淀，彰显地域旅游特色，概括得法，层次清晰，将浙江省域内的旅游资源之精华一一展现出来，让游人莫不有羡慕与眷恋之感。

第二部分11个自然段、1900余字篇幅，追述浙江旅游活动的悠久历史。从秦二世元年（前209年）春胡亥东行郡县记起，历数东晋王羲之等兰亭修禊，谢灵运、吴均描绘山水诗篇；唐代李白、杜甫、白居易等文人墨客诗名远播，天台宗成为佛教朝圣旅行中心；北宋范仲淹、苏轼吟咏西湖诗文；南宋商贾、学子、香客及各国使臣杭州旅游；元代马可·波罗游记杭州等城市民情风貌；明代杨瑛修建杨公堤，徐霞客游天台山写下《徐霞客游记》开篇之作；清代康熙、乾隆二帝 11 次巡游杭州；以至民国时期杭州繁忙的旅游活动，时间跨度达 2000 余年，记述历史脉络清晰，轻重有别，再现浙江的历代旅游人文活动，描绘出一幅浓郁的地域风情图画，历史的深邃感跃然纸上。

第三部分 21 个自然段、5000 余字篇幅，概述中华人民共和国成立后至 2010 年浙江旅游产业发展的历程。从初期的外事接待，到 20 世纪 70 年代末开始迈出产业化的步子。从 1979 年的初步发展，到 2003 年旅游业发展水平进入全国前列；列举旅游业发展中的重大事件，省委、省政府建设旅游经济强省的战略部署，习近平在浙江任职时提出“绿水青山就是金山银山”的科学论断，2006 年旅游经济综合实力位居全国第五位，2008 年入境旅游人数进入全国前三名，2010 年旅游经济综合实力跃居全国第三位。浙江旅游业的迅猛发展令人惊羡。

第四部分 15 个自然段、3000 余字篇幅，着重记述改革开放新时期浙江旅游业突飞猛进的发展态势。借改革开放之力，浙江旅游管理体制和经营机制改革创新，走上了一条由计划经济向市场经济、从封闭走向开放、从结构单一发展到多元形态的发展之路。总结浙江旅游产业发展的经验，突出各级党委、政府的职能作用，以建设旅游大省、强省为目标，实施大旅游战略，调动社会各方面力量参与旅游业开发，多产业融合发展，走区域旅游合作发展之路，注重培训旅游人才，促使旅游业得到健康发展。

结尾段 430 字，以展望性语言结笔。

综观全文，以旅游产业发展为主线，用夹叙夹议之笔法，高屋建瓴，一气呵成。全文结构严谨，宏微皆顾，概括得法，明古详今，重写当代，地方特点和时代特色突出，完满展现出浙江旅游业发展的轨迹，起到吸引读者游览浙江强烈而浓厚的兴趣。

2. 章首分述与节首简述。概述篇立足于宏观把控，而章首分述则立足于中观、节首简述立足于微观，三级述体共同构成全志的综合系统。全志共设 8 章，章下的分述（无题序）总字数 6210 字，章均 776 字；最多的为第一章旅游资源，1130 字；最少的为第五章旅游产业融合与区域合作、第八章旅游教育与研究，均为 470 字。

全志的 8 章共领 42 节，节下的简述（无题序）总字数 19190 字，节均 490 字；超过千字的 2 篇，最多的为第四章旅游市场与营销第五节旅游目的地营销 1250 字；最少的为第三章旅游服务与设施第四节旅游交通 120 字。章、节述体文字的篇幅，正应了中国地方志学会学术委员王晖提出的“2581”，即章首序控制在 800 字左右、节首序控制在 500 字左右的范围之内。

是志的章首分述，从中观层面提纲挈领地浓缩该章的精华，概略地展现该章的轮廓，简练地勾勒出该章的地方特点和时代特色，使读者从中掌握和了解该章之大要，章首序的功用得到充分发挥。节首简述则从微观层面交代该节所记述的内容，要言不烦。

（二）记体　是志的记体有专记与大事年表两种。

1. 专记。专记是记体的一种，属首轮志书在编纂体例上的一大创新。二轮续志普遍继承了这一做法。它的好处是可以把一件事物比较完满地交待清楚，用来反映地方重大的事物，进而体现地方特点。是志精心选取了3篇专记，2万余字篇幅。专记的编排，采用紧跟相关类目的方式，分放于章之后、丛录篇之前，是以正文来对待的。

专记一《全省旅游发展大会》，记述了1978年至2009年30余年间召开的五次全省旅游发展大会。正是在省委、省政府的全力推动和引领下，浙江省的旅游业才取得如今的卓越成就，体现出党委和政府在旅游业发展上的决策、指导、规划与实施功能，为兄弟省市的党委和政府推动旅游业发展提供了极好的借鉴。

专记二《徐霞客与浙江旅游》，详细记述了徐霞客七游浙江、四游杭州的旅游活动，并介绍了浙江省徐霞客研究会成立以来的历次研究活动与众多研究成果。徐霞客是中国古代著名的科学家、地理学家和文学家，《徐霞客游记》为“千古第一奇书”，闻名华夏。国务院确定自2011年开始，每年的5月19日为“中国旅游日”，是以《徐霞客游记》的开篇之作《游天台山日记》的日子确定的。浙江省徐霞客研究会弘扬徐霞客精神，将徐学研究与经济建设相结合，为浙江经济社会发展作出了积极的贡献。

专记三《旅行家、地理学家王士性》，记述了王士性的宦迹与旅游活动，以及诗文作品、著作，并介绍了历年来王士性研究的主要成果。王士性为明代浙江台州府临海县（今临海市）人，宦迹所至，遍历名山大川、名胜古迹，是明季晚叶浙江籍最著名的旅行家，亦是中国杰出的旅行家，著有《广游志》《广志绎》《玉岘集》《东湖志》等，其中《广志绎》是一部具有很高价值的人文地理学著作，被誉为中国人文地理学的开山鼻祖。王士性在人文地理学上的贡献与徐霞客在自然地理学上的贡献堪称双峰并峙。

三篇专记从《旅游业志》的角度出发，构思新颖，选择全省旅游工作发展的历次大会，为今后促进浙江旅游产业的发展有积极的指导意义，对兄弟省市亦有借鉴价值；选择在全国旅游界具有极高的历史和现实地位，同时具有很高的经济价值或研究价值的两位杰出旅游人物，体现出浙江深厚的历史人文底蕴，时代特点和地域特色凸显，起到了掷地有声的突出效果。

2. 大事年表。《浙江通志》为通纪体，卷首设有《大事记》专卷，故而各卷分志单设《大事年表》，以记各项事业相关的大事，与总志的《大事记》放在卷首统摄全志相区别。是志《大事年表》放在卷末，只起检索作用。《大事年表》采用表格的形式展示，分别列有时间、大事纪要、资料来源3项；纪事上溯夏禹时期，下迄2010年，跨度达4000余年；记事285条，其中民国及以前纪事68条，占总条数的24%，中华人民共和国时期记事217条，占总条数的76%，体现“详今明古”的法则。尤为值得称道的是，每条均注明出处。据笔者粗略统计，资料来源采用了各类史书类书14种、各类志书23种、各类新闻媒介7种，以及政府系列的令、公告、电报、信函、通知、简报、报告等。大事条目注明资料来源，增强资料的真实性与可信度，便利读者利用志书，显现出编者科学严谨的文风。

（三）图体　是志的图体应用有两种，一是照片全部放在卷首集束彩图之中，正文无随文照片；二是示意图，穿插于正文之中。

1. 卷首集束彩图。志书卷首的集束彩图，是读者最先感知的部分，给读者以直观的第一印象，重点反映地方特点和时代特色。是志沿用首、二轮志书卷首设置集束彩图的做法，在图片选择、图片质量、内容编排、版式设计等方面，均给人以新风扑面的感觉。卷首集束彩图21个页码，52幅照片，其中彩照48幅，黑白照4幅；地图1幅。集束彩图首推名闻天下的“20世纪90年代末的钱塘江潮”黑白照，江潮翻滚，摄人心魄；次页“2000年的杭州西湖三潭映月”彩照双页联排，画面开阔，美轮美奂。其他图画中，既有京杭大运河、南湖红船、普陀山、富春江等名山名水，又有临海江南长城、天台国清寺、奉化雪窦山等名胜古迹；既有杭州西溪湿地、云和梯田、缙云仙都等自然风光，又有鲁迅故居、泰顺百家宴、西塘、乌镇等人文景观；既有民国西湖博览会、杭州新新旅馆开业、度假胜地莫干山等旧时的珍贵遗照，又有中国徐霞客开游节、中国国际旅游商品博览会、象山开渔节等新时期的诸多旅游节庆活动。照片选择精益求精，照片画面求善求美，达到艺术性与真实性的完美统一。尾设双连页的浙江省旅游资源分布图（2010年），各类旅游景点按不同图例标识，绘制精到，清晰可辨，旅游者可凭此按图索骥，探寻自己向往的旅游景点。一图胜千言，在这里得到完美的印证。版面编排亦不拘一格，单列式、交错式、齐列式并用，大方得体；根据图片画面及内容的需要，照片分别采用双联页、破栏页、跨页、通栏、半栏等多种方式，画面美感得以尽情展现。在彩照内容的选择上求真求特，使集束彩图的作用得到较好发挥。

2. 示意图。示意图的特点，就是简单明了，突出重点，忽略次要细节，一目了然，使人一看就懂得图形要表达的意思；侧重于展示主要事物主要方面主要数据的发展变化，给人以直观的印象。首轮志书多有应用。《旅游业志》设示意图7幅，示意图的图形有曲线图、柱形图、饼形图3种。其中概述篇与旅游市场与营销章各配置1幅，旅游市场与营销章配置5幅。示意图均为占通栏宽度，总占页2页，为全志总页码的0.33%.

概述篇配置的《1991—2010年浙江省旅游总收入相当于GDP的比重示意图》（曲线图），展示20年间旅游总收入的增长情况。示意图显示，从1991年旅游总收入29.2亿元、占全省GDP的2.7%，增长到2010年旅游总收入3312.6亿元、占全省GDP的12.2%。旅游经济综合实力跃居全国第三，为浙江经济社会的发展作出了贡献，为全国其他地方旅游业的发展提供了启示和经验。

旅游规划与建设章配置的《2004—2010年浙江省A级旅游景区增长趋势图》（柱形图），展示7年间A级旅游景区的增长趋势，从2004年的127个，增加到2010年的279个，年均递增率达14%以上。

旅游市场与营销章配置有《2010年浙江省接待的外国旅游者各大洲所占份

额》《2010年港澳台旅游者占浙江入境旅游者的份额》《2010年入境旅游者在浙江的人均每天花费构成》《2000—2010年浙江省内地旅游人数示意图》《2010年浙江省内地旅游客源市场份额示意图》等5幅示意图。编者通过分析类比得出的各项数据，反映出中外旅游者入境游的各类情况，为今后发展浙江旅游业提供真实可靠的借鉴依据。是志应用示意图少而精，图文相衬，体现出编者掌控全局的不凡能力。

（四）表体　笔者曾就二轮市县志书表格应用做过一些研究，市级志书（随机抽取10部）配置表格平均用表436幅，平均占全志篇幅的17%，平均每万字用表1.13幅；县级志书（随机抽取20部）平均配置表格290幅，平均占志书篇幅的19.48%，平均每万字用表1.52幅。以上述30部市县级志书合并统计，平均每部志书配置表格352幅，平均占志书篇幅的18.99%，每万字平均用表1.26幅。

是志设表格29幅（其中专记篇1幅），章均配置表格3.5幅。表格总占页31页（合43500字篇幅），占全志总页数的5.2%，平均每万字配置表格0.34幅。篇幅最长的表格占3.5页，最短的表格仅占正文300字的篇幅，表格平均占篇幅为1.07页。配置表格从多到少依次为：第二、三、四章各为5幅，第七、八章各为4幅，第五、六章各为2幅，第一章1幅，是笔者见到的用表格较少的志书。表格立足全志的高度，仅将主要事物主要方面的主要数据作为列表原则，进而使表格数量得到压缩。由于是志合理控制了表格的数量，以及恰当的占版面比率，避免了文、表比例的失衡，从而保证了志书的编纂质量。

（五）录体　方志中的录体，包括目录、附录、事录、名录等。是志采用了行文中的《名录》与卷尾的《丛录》两种。

1. 名录。全志共设有5幅名录。在记述主要事物的面的情况时，为节省志书的篇幅，即采用名录的方式加以展示。浙江是国内的经济发达省份，旅游服务设施完善，旅行社与旅游饭店分布广泛。2010年全省共有旅行社1682家，其中出境社67家；全国百强旅行社有10家，占到1 / 10；另有品质旅行社45家之多。正文中优中选优，列条目记述了国内旅行社15家、国际旅行社18家，其中旅游服务与设施章附录有《至2010年浙江省品质旅行社名录》《2010年度浙江省百强旅行社名录》《至2010年浙江省五星级旅游饭店名录》3幅，是采用名录最多的一章。

从20世纪80年代初开始，浙江省就着力打造旅游节庆活动，培育了中国国际钱江观潮节等一大批国内外知名的节庆品牌。旅游市场与营销章旅游节庆活动节除分类列目记述了山水生态类（7条）、历史文化类（7条）、民俗风情（7条）、休闲娱乐类（6条）外，并附录了《浙江省部分旅游节庆活动名录（截至2010年）》，介绍了11个省辖市的126个节庆活动。典型条目与名录相配合，展示出浙江省旅游节庆活动节的全面情况。

2005年习近平在浙江任职时，到安吉县余村视察，提出“绿水青山就是金山银山”的科学论断。浙江省坚定不移地加以践行，乡村旅游与新农村建设同步推进，特色鲜明，效益显著，走在了全国的前列，乡村旅游成为浙江旅游的亮点之一。旅游产业融合与区域合作章乡村旅游节特色类型目，除列观光休闲型（5条）、农业园区型（9条）、民俗古村型（6条）、农（渔）家乐等典型条目外，并附录有《2010年度浙江省特色旅游村名录》，介绍了11个省辖市的108个特色旅游村。

2. 丛录。丛录乃附录的别称。是志在卷尾设丛录篇，列有历届全省旅游发展工作大会主题报告、历届全省旅游发展大会重要文件、历代旅游诗词选、历代游记选等四项。报告与文件集纳留存，体现政府在发展旅游业中的主导作用，存史价值极高。旅游诗词、游记选，既从文学的角度藉名家之言宣传了浙江名胜，又为读者游览浙江名胜增添了诸多的文化意蕴，同时志书的文化品位与可读性得到显著增强。

（六）注释　中指办《地方志书质量规定》第四十条规定：“注释符合学术规范，便于查找原文。注释形式全书统一。”在笔者阅读过的省市县三级志书中，许多志书未能严格执行“引文和重要资料注明出处”的规定，此为首、二轮志书编纂中的不足之处之一。《旅游业志》则严格执行《规定》，注释符合学术规范，引文和重要资料均注明出处，使入志资料达到了真实、准确的要求。

据笔者初略统计，全志设注释57条，为页下注形式。注释的作用，在凡例中作了说明。是志《凡例》起讫时间条曰：“上溯事物发端，下限为2010年12月31日。必要时以注释等形式作适当下延。”数据条曰：“统计部门缺失者则采用相关部门经过核实的数据，并以注释形式说明资料来源。同一内容数据有不同者，也以注释形式加以说明。”注释条曰：“直接引用（引文）、地图、图片、表格及有关主要内容，均注明资料来源。其他需要说明者，亦酌情加以注释。”资料条曰：“凡记载不一者，正文采其一说，其余说法以注释形式记述。”由此可知，注释担当了记述下延、数据资料来源、不同数据说明、引用图表来源及其他需要说明者、多说并存等5类情况的说明。注释的恰当应用，拓宽了资料的记述深度与广度，事物的客观性与真实性得到增强。

三、条目选择立足高度，地方特色着力展现

地方志不同体例的志书，条目都是最基本的记述单元。条目内容的最大特点是突出地方性与时代性，尤其注重地方性。省志是一省百科撮要，宏观记述省情是其主要特征。这要求编者必须高屋建瓴，放眼全省，瞻顾全志，将最能反映事物本质面貌的资料纳入有限的篇章之中。

是志《凡例》言明：“节下根据需要设目、子目、细目等。”实际上少部分内容列有四级目。《旅游业志》的节下主要分领三种条目，即一级目为综合性条目，二级目为主体性条目，三级目为典型性条目。三种条目在功能上是面、线、点的关系，分别反映某项事物的宏观、中观、微观情况，总体上构成一个立体事物空间，体现出事物的广度、深度和闪光点。

全志设8章29节，节下领条目总计983条，其中设目128条，子目283条，细目454条，小目（四级目）118条。前三级目总数为865条，章均108条，其中一级目章均16条，二级目章均35条，三级目章均57条。版面编排为，一级目标为大五号黑体，加汉字序码一、二、三，另起单占行，占正文两行高度；子目标为大五号楷体，加汉字序码（一）（二）（三），另起单占行，占正文两行高度；细目标为大五号宋体加粗，加阿拉伯序码1、2、3，另起单占行；小目（四级目题）与正文字号字体相一致，加阿拉伯序码(1)(2)(3)，另起单占行。文字版面紧密有致，一至四级目题清晰可辨，方便阅览。

是志记述的内容，分类细致严谨，故而条目的应用根据内容的需要分别设置，既有目领子目与细目的，亦有目下直接领细目的；既有实目的（目单独设置而不领下级目），又有空目的（目下无文而直领下级目）。空目所起的作用，也仅仅是目录的分级和领属作用。据笔者初略统计，有实目29条，空目23条，空子目30条，目领细目9条。各种方式灵活掌握，井井有条。

是志的条目分为综合性、主体性、典型性三种。综合性条目反映一个面，主要概括大势大略，时间跨度大，主要过程简，并注意相互交叉重复。综合性条目既有以目记述的，亦有降到子目来记述的。主体性条目反映某一条线或某一方面的情况，是志书的主体部分，要写出主要过程、主要措施、主要成果和主要问题，时间跨度相对适中，主要以子目来记述。典型性条目反映一个点，是反映时代特点和地方优势的重要载体，是对主体性条目难以细述的典型事物的提取和扩展，主要突出新时期的新点亮点。典型性条目，是志主要以细目来展示，少数以子目、小目展示。

是志在条目的选择上，以突出地方特色与时代特色为立足点。如宗教文化目，浙江省共有宗教活动场所8400多处，其中在142座汉族地区佛教全国重点寺院中，浙江省有13处，而立条目的仅有灵隐寺、净慈寺、径山寺、雪窦寺、阿育王寺、普济寺、国清寺7条。如浙江历史文化名城数量多，类型丰富，有杭州等6座城市入列国家历史文化名城，温州等12座城市入列省历史文化名城，而立条目的仅有梅城、慈城、绍兴、临海、衢州等5座古城。如浙江有中国历史文化名村14个，省级历史文化名村20个，而立条目的仅有新叶、苍坡、俞源、诸葛等4个古村。2010年，全省旅游星级饭店1046家，其中五星级45家，四星级165家，三星级386家，条目只介绍了22家，等等。编者是站在全省的高度与全志的高度，从旅游角度选材，精中选优，优中选萃。此类例子不胜枚举。在条目记述的选择上，是志为其他省志的编纂树立了一个新的标杆。唯如此，精编志书才能落到实处。

在笔者阅读过的省级旅游志及市、县级志书的旅游篇中，凡记述旅游资源，多数浓墨重彩、不惜笔墨地设条目加以记述，未能像是志这样节省笔墨，其实质是未站在全志的高度、为旅游者设想的角度设立条目。是志的条目选择，真正做到了：详异略同——即详个性，略共性；详特点，略一般。详主略次——即详干略枝，详主要、略次要。详此略彼。此外，编写专业条目，还做到了选用材料点面结合，使典型材料的记述既有深度，又有广度。

四、稍许不足似可商榷

志无完志。读志中亦发现稍许可商榷之处。卷首集束彩图中，“图版74-002-1”标题说明中的“三潭应月”，似为“三潭映月”之误。卷首概述篇行文中插有《1991—2010年浙江省旅游总收入相当于GDP的比重示意图》，笔者以为，概述是一篇完满文章，不需要示意图、照片、表格等体裁帮衬，加插图表不利于读者一气读尽全文，反而容易打乱阅读思路，影响阅读效果。

是志表格中，除1幅为名录表、1幅大事年表外，其余27幅均为一览表，个别标题说明似觉繁琐。如“表74-1-3-1”，标题似乎标为“2008年杭州市社会资源国际旅游资源访问点一览表”较为简练，可把“杭州市旅游委员会2008年（某月）公布”等词语放在标题之后的说明语中较为恰切。是志7幅示意图中，3幅标有“示意图”字样，4幅未标“示意图”，标法欠一致。

是志凡例已言明：“上溯事物发端，下限为2010年12月31日，必要时以注释等形式作适当下延。”以此为准绳，“表74-2-2-3” 标题《至2010年浙江省旅游度假区一览表》，“至”字似乎多余；“表74-5-1-1”“ 表74-5-1-2” 两条标题中括注的“（截至2010年）” 似乎可删。

旅游服务与设施章旅行社节的子目《国际旅行社简介》下有“至2010年，浙江省国际旅行社主要有”语；子目《国内旅行社简介》领文亦有同类语句；《旅游饭店》节的《星级饭店简介》《酒店管理公司简介》《经济型酒店简介》等子目下领文亦有同类语句。依笔者意，此类语句可删。据笔者初略统计，志中的“空目”（指目下无行文、直接领子目）有23条，“空子目”（指子目下无行文、直接领细目）有30条。此类“空目”“空子目”只起分类作用。如各行业的单位“简介”，不言而喻，必定是下限之内主要的单位简介，亦应与上述“空目”“空子目”同类，故而此类赘语可删，子目直接领辖细目即可。

相同类型的典型典型性条目，行文开头多出现无主语句式，且一致性较差，志书的严谨性稍觉欠缺。第一章的大部分细目、第六章至第八章中的部分子目与细目的行文，为主语开头句式（即条目标题作主语）；第二章至第五章的条目多为无主句式，其中少数条目标题在行文中显现，多数条目标题行文中不显现，由此造成条目行文的不一致。笔者以为，凡相同类目的条目，应如人物志中人物传记的行文写法那样，行文开头均应保持一致性，给人以规整、严谨的美感。依笔者愚见，以题代文的无主语写法，似乎仅适用于标题不单独占行、空一字接文排的条目。

3篇专记在《目录》与正文中的版面编排，均以“章”标题来对待，似乎欠妥。无论从篇幅或重要性上与章相较，单篇专记均与章均无法“平起平坐”。依笔者意，似乎合为“专记”篇，篇名标题与“章”标题一致，而内设的3篇专记标题只标“一、二、三”及实名即可，如此似乎更合理、妥当一些。

卷尾《大事年表 》“1965年”条、“1984年12月12日”条、“2005年6

月 1—5 日”条中，均有“我国”等第一人称字眼。“2007 年 11 月 27 日”条有“殊荣”，2008 年 9 月 7 日条有“他”，均疑似第一人称字眼。“2001 年 10 月 17 日”条括注的“（简称‘市旅委’）”几字多余，可删。纪年还有未按《凡例》规定书写，如旅游服务与设施章中的小目《诸老大粽子》：“1910 年湖州府庙前开设了一家以卖粽为主兼营茶食的店铺”语中的纪年，未显示历史纪年。

地方志是一种大型资料著述，修志是手段，用志才是目的。地方志作为一种读物 ，通读整部志书的读者凤毛麟角，更多的是为了了解地情、查检资料或是有选择地阅读。章节条目体的志书由于体例的局限，其检索手段只有一个目录，这就大大增加了检索的难度。《旅游业志》与《浙江通志》的其他分志相较，读者面要宽泛许多，故而是志如卷尾能加载条目索引以及图索引、表索引，方便读者阅读、利用志书，是志就更加完满了。

上述的一些吹毛求疵之言，仅供参考。毕竟各省的志书编纂自成系统，许多做法未必全国统一。有些问题提出来，只是为深入研讨提供例证而已。瑕不掩瑜，《旅游业志》确是一部不可多得的佳志，多有值得他志学习借鉴之处。

《旅游业志》从篇目设置到条目选择，从体裁应用到图、表、录配置，均有上乘展现，是浙江旅游业发展的里程碑式的专著，读者通过该志，可全面了解浙江旅游业发展的轨迹，从字里行间品味浙江的风景名胜，进而激发游览浙江的热情。总括而言，是志善用志体提升学术品位，把握特色彰显文化价值。笔者只因寸纸尺短，诸多优长还待他人评说。

民族风情增秀色　特色产业助民生

——简评《孟村回族自治县志（1989—2009）》特色篇

2017年8月中指办在新疆伊犁召开的“继承中华传统，弘扬方志文化”论坛上，笔者曾撰写过拙文《张扬个性，真实展现地域风情——新编志书“特色篇”编纂浅探》，文中曾提出：“特色篇的设置，是志书独特个性的展示。志书中设置特色篇，旧志中较少见，对新方志而言，确是一个值得深入探讨的新课题，也是一种挑战性的创新实践。突出地方特点的篇卷，由于体现志书个性化尤为突出，使其成为新编志书中最吸人眼球的亮点，犹如‘一枝红杏出墙来’，给人以赏心悦目之感。二轮志书的特色篇，表现在自然、经济、政治、文化以及社会等诸多方面，比首轮志书的记述面有所拓宽，对地域历史文化的挖掘、提炼、定位更加准确，特色篇的内涵更加丰富，地域性、知识性、趣味性、可读性更加突出，成为志书中直观地展现地域风情的形象篇。”

2020年7月，笔者应邀参加《孟村古今集萃》评审会期间，结识了孟村县地方志办公室主任任浩新，并赠送给我一套《孟村回族自治县志（1989—2009）》，并委托作一评论。回天津后，抽暇细细品读，回味无穷。《孟村回族自治县志（1989—2009）》，主编任浩新，中州古籍出版社2015年8月出版，国际16开本，硬壳精装，内文全彩印，1360千字。封面与书脊上均配有伊斯兰清真寺彩图，大气厚重，浓郁的民族特色夺人眼球。任浩新连续承担了首轮、二轮两部县志的编纂，熟谙志书编纂之要领，在把握县情上下足了工夫，使二轮续志的地方特色尤为突出。是志《凡例》言明：“为体现孟村特点，设‘回族’‘管道装备业’‘养殖业’‘八极拳’4个特色编目。特事、特例采取‘以事聚焦’形式记述。”

一、回族编凸显浓郁民族特色

孟村回族自治县是河北省6个少数民族自治县之一。孟村既古老，又年轻。说古老，县域自商代始即有人类在此繁衍生息；历代隶属于浮水、饶安、清池、沧、盐山等县。说年轻，中华人民共和国成立后的1955年11月，始建孟村回族自治县，至2009年仅“54岁”。该县是沧州市最小的县，面积386平方千米，人口19.9万，其中回族5.2万，占全县人口的26%。孟村回族英才辈出，其代表性人物——革命先驱刘格平，即为孟村县大堤东村人。民国11年（1922），刘格平在天津加入中国社会主义青年团，民国15年（1926）转为中共党员，组建中共津南第一个农村党支部；历任中共津南特委书记，天津临时工作委员会书记，渤海区党委书记等职；1949年当选为中央人民政府委员、中央民族事务委员会副主任，中共中央统战部副部长，全国人大常务委员会委员和人大民族委员会主任委员，第八届中央委员、民族委员会主任，宁夏回族自治区主席、区工委书记处书记，全国人大民族委员会主任委员。刘格平与山西亦有渊源，曾于1965年任山西省副省长，“文化大革命”开始后，1967年1月任中共山西核心领导小组组长、山西省革命委员会主任和山西省军区第一政委兼任北京军区政委，1970年调离山西。

抗日战争爆发后，回民救国总会英勇高歌“爱国才能爱教，有国才能有教”。29年（1940），冀鲁边区回民大队正式成立，民国33年（1944）改称渤海军区回民支队。这支部队从津浦铁路到渤海沿岸，从抗美援朝的战场到祖国边陲的巩固，都留下了渤海回支威武战斗的足迹。新中国成立后，为国家铁路建设做出了很大贡献。1955年后，这支部队的官兵多数转业到甘肃、青海、宁夏等少数民族地区，为国家经济建设和少数民族地区建设做出了贡献。

孟村作为回族自治县，志书篇目单列回族编，顺理成章。该志回族编，下列四章，第一章渊源姓氏，设渊源、姓氏二目，既记述孟村的回族可追述到明代，最早于明代永乐二年（1404）孟氏应诏遣此定居，以姓氏命名孟村。此后各姓回族陆续迁来，至清代初期县域内形成回族聚居地之一；又记述回族姓氏的变迁，有由阿拉伯或波斯复姓改为汉族单姓，亦有封建时代皇帝赐姓，还有汉族改奉伊斯兰教后沿用汉姓。第二章宗教信仰，设教派信仰、宗教活动制度、清真寺、伦理道德四目，既记述孟村回族属伊斯兰教的派别及宗教活动，又记述清真寺内的人士、事务管理、经费来源，以及孟村现有的41座清真寺简介与教民应遵守的宗教信条。第三章风俗习惯，设置生活习俗、节日习俗、礼仪习俗、婚嫁习俗、丧葬习俗、禁忌习俗、其他习俗七目，从多角度记述回族独具风格的风俗习惯。第四章回族语言，设置常用语汇、经文二目，记述回族在不同场合仍保留并沿用的阿拉伯语、波斯语等词汇。该编翔实展现出孟村回族独特而浓郁的民族风情。但与河北省内的其他少数民族自治县志书记述民族的篇章相较，有些内容，诸如民族关系演变、民族政策、民族工作等似乎还可再扩展一些，其效果会更佳。

二、养殖业编凸显特色经济产业

孟村回族自治县具有养殖牛羊的习惯。养殖业是发挥孟村民族优势，打清真牌，走特色路的富民产业。1992年，县委、县政府把养殖业作为促进经济发展的强大引擎，把牛羊养殖工程放在开辟跨世纪支柱产业的高度去谋划。利用留舍、赵河、石桥、自来屯洼大村稀饲草资源丰富的优势，注重养殖业发展，出台多项优惠政策，推进农业产业结构调整。1998年，全县牛存栏4万头，羊存栏17万只。2005年，全县牛存栏10.98万头，羊存栏22万只，成为名副其实的养殖牛羊大县。2007年，大成肉鸡落户孟村，规模养鸡、养猪不断增加。至2009年，全县牛存栏6.31万头；羊存栏11.44万只，出栏13.16万只；猪存栏2.23万头，出栏2.31万头；发展5000只肉鸡养殖大棚120个，3万只以上养殖小区20个，养殖肉鸡740.15万只，实现产值9400万元。已形成养殖、加工、销售衔接的产业化经营格局。建成了大成肉鸡加工业等龙头企业，培育出“猛牛”“伊圣源”等知名品牌。宏达公司是北京“东来顺”清真肥牛特供基地。孟村县以牛羊业为主的养殖业产值2.74亿元，占农业产值的45%以上，成为真正的富民产业。

该志《养殖业》编，下列四章，第一章畜禽养殖，设养殖品种、养殖数量、饲草、饲料四目；第二章疫病防治，设防疫体系、防疫措施二目；第三章优种繁育，设黄牛改良、小尾寒羊选育二目；第四章产业化经营，设基地建设、产业化模式、畜禽产品产值、项目扶持、重点畜禽加工企业、养殖业管理六目。该编记述有条不紊，秩序井然，将孟村县养殖业的发展状况和盘托出，给人以清晰的印象。

三、管道装备业编凸显工业特色产业

管道装备业是孟村县工业的特色产业，始于20世纪70年代，经历了作坊式起步、规模化扩张、产业化形成、产业化升级四个阶段。至2009年，实现了量的扩展和质的飞跃。全县管道装备工业企业1815家，行业总资产60亿元，钢材、管件产品年产量242万吨，行业年产值91亿元，占全县工业产值的83%；税金1.53亿元，占全县财政收入的70%。市场覆盖石化、电力、市政工程等多个领域，产品广泛应用于各类管道装备输送工程。材质有碳钢、合金钢、不锈钢等；标准有美标、日标、德标、国标等；产品种类有高、中、低各档齐全的弯头、法兰、三通、大弯、阀门、无缝管、直缝焊管、承插管等12大类、上千种型号。销售网点遍布全国1800个大中城市，驻外营销人员超万人，取得自营进出口企业118家，在中东迪拜港设立商务中心，产品出口到日本、韩国等国家和中东、欧美、东南亚等地区。管道装备业已成为孟村县特色产业和富民强县产业。县域强盛的管道装备业赢得了诸多荣誉：1996年，被国务院发展研究中心、中国农学会特产经济委员会和《中国特产报》社联合命名为“中国弯头管件之乡”，享有“全国弯头看孟村，孟村弯头遍天下”的美誉；2006年，被中国五金制品协会命名为“中国弯头管件之都”；2008年，被评为“中国产业集群品牌50强”和“县域产业集群竞争力100强”。

该志《管道装备业》编，下设六章，第一章生产力，设产业员工、生产设备二目；第二章产品工艺，设产品种类、生产工艺二目；第三章生产规模，设第一厂的创建、产业发展、企业规模、工业园区、企业科技五目；第四章产业效益，设经济效益、社会效益二目；第五章产业管理，设指导服务、管理体制、企业用工、经营形式、质量管理五目；第六章荣誉命名，设中国弯头管件之乡、中国弯头管件之都、中国产业集群50强三目。该编记述层次分明，完满展现孟村县管道装备业的发展历程和取得的辉煌成就。作为河北省的一个面积只有386平方千米、人口仅有19.9万的蕞尔小县，竟有如此效益突出的工业门类，莫不令人刮目相看。

四、八极拳编凸显独特武术文化

深入挖掘地域文化并单独立编记述，是二轮续志编纂中最突出的特征之一。在笔者阅读过的续志中，多有以地域文化升格立编的，如《黄山市志·卷二十五 徽州文化》（黄山书社2010年版），《淄博市志（1986—2002）· 第

三十八编 聊斋文化》（方志出版社2013年5月版），《朔州市朔城区志（1989—2010）·第三十九编 马邑文化》（中华书局2014年11月版），《左权县志(1991—2010)·左权民歌小花戏编》(中华书局2016年8月版)，《芮城县志·卷三十八 洞宾文化》(中华书局2016年12月版)，《文安县志（1986～2008）·第二十七编 董海川与八卦掌》(九州出版社2017年3月版)，《运城市志·卷四十六 历史名人文化》（中华书局2018年8月版），《安国市志（1991—2010）·第二十编 关汉卿文化》（方志出版社2020年9月版），等等 。

八极拳，属地域文化的范畴，是中国十大拳种之一。八极拳是孟村回族人民传统的武术项目，亦是八极拳的发祥地。八极拳以崩撼突击、贴身进发、拳路多变为特点，竞技风格独特，在中华武林中独树一帜。始传于清雍正初年，迄今已有280年历史。起初，授术仅限于孟村镇附近村庄，后渐布县域南北，但最远不过百里。八极拳史上记载最早的传人是吴钟，为二世传人。吴钟一生以大枪著称，史称“北方八极拳术之初祖”，与另两位武术名流并称“武林三杰”。自五世传人吴会清（回族）民国25年（1936）续修《八极拳谱》后，拳术传播渐广。1978年对外开放后，八极拳得到发扬光大，不仅名手辈出，且誉扬海外。七世传人吴连枝在挖掘整理前人拳术经验的基础上，应用力学、人体结构等科学知识，丰富了八极拳的传统理论。2008年6月，孟村八极拳被评定为“国家级非物质文化遗产”。至2009年，习练八极拳达数万人，远布于日本、韩国、美国、法国、英国、意大利、比利时、瑞士等国家，故孟村被誉为“八极拳的故乡”。

该志《八极拳》编，下列五章，第一章开门八极拳研究会，设机构、谱籍、旅游专线、基地网站、研究成果、遗产评定、八极拳国际培训中心七目；第二章拳理九论练功八法，设拳理九论、练功八法二目；第三章套路，设基础套路、中级套路、高级套路三目；第四章传播武德赛事，设传播、武德、赛事三目；第五章八极拳人物简介。该编记述有的放矢，研究会、拳理、功法、套路、传播、武德、赛事及人物一气呵成，地域八极拳武术文化意蕴跃然纸上，既使读者了解了孟村八极拳的绵远流长，又使读者产生出对八极拳武术文化的绵绵敬意。

纵观《孟村回族自治县志（1989—2009）》中的《回族》《养殖业》《管道装备业》《八极拳》等四个特色编，虽然从篇幅看，页码仅占全志36编的9.2%，但却是志书中人文、经济、文化方面最为耀眼的地域亮点。是志紧跟时代潮流，用精练的篇幅、闪光的亮点，较充分地展示了孟村县的地域特色，起到了“人无我有，人有我精”的突出效果，不啻为二轮续志中的佳篇良作，为志书特色篇的编纂提供了可资借鉴的成功经验。

篇目精构彰特色　细节把握见真功

————读《文安县志（1986—2008）》感言

提要：新编《文安县志（1986—2008）》为全彩印志书，篇目设置采用“编目体”（《凡例》语），可谓别出心裁，突破藩篱、独立新格；述体文字注重整体性与著述性，综合概括，要言不烦；图与表视内容记述需要，酌情配置、文图并茂；随文附录量多面广，反映经济社会方方面面，挖掘深度，彰显地情；细节把握多处着眼，精雕细琢、自成系统；志书整体效果俱佳，不失为一部可读、可用、可传世的佳志良作。

关键词：县志　篇目　体裁　细节

每读河北省的二轮续修市县志书，均多受启迪。河北修志人员勇立潮头、敢于创新的精神着实令人钦佩。自收到广才兄寄来的《文安县志（1986—2008）》，即利用闲暇时细细品读，从中多有感悟。《文安县志（1986—2008）》，文安县地方志编纂委员会编，全一册，1647 千字，内文全彩印，九州出版社 2017 年 3 月出版。前设集束彩图（配图 64 幅，先照片 60 幅、后地图 4 幅），图片列有自然景观、政治经济活动、人民生活、文安夜景、文安新城、基础设施、环境改造、农业发展、工业发展、工业园区、文化生活、五项非物质文化遗产、乡村生活、文物古迹、文安风光等 15 个专栏；后配文安县卫星影像图、文安县政区图、文安县交通图、文安县城区图，编纂名单，序（2 篇），凡例，限前述略，目录；正文首设概述、大事记，内设建置区划、自然环境、农村、文安洼、基础设施、城乡建设与环境保护、人口、民族民俗宗教方言、农民、改革开放、经济纵览、居民生活、农业、工业建筑业、人造板业、商贸业与金融业、中国共产党、人民代表大会、地方人民政府、综合政务管理、人民政协人民团体、公检法司与军事、精神文明建设、教育科技、文化、卫生体育、董海川与八卦掌、旧迹遗存、人物等 29 编；尾设要文辑存，限后辑要，索引（主题索引、人名索引、表格索引），老照片，编后话。

笔者粗略归纳，大致有以下几点尤值得品味。

一、体例架构颇有新意

新方志的编写格式，一般采用编章节体、纲目体、平头章节体、条目体、编章条目体、新三宝体等多种体例。确定体例的目的，是使志书有明确的取裁、形式、格局和结构，以使志书的内容有条不紊地达到内容和形式的统一。新编志书采用何种体例架构，需根据当地地情的实际和编纂者对体例把握的顺手程度而定，就像人穿衣吃饭一样，适合自己的就是最好的。再者，志界针对首轮新方志的标题层级过多、把实体内容分割得支离破碎的弊端多有批评。如何减少志书的标题层次，是二轮续志体例创新的要务之一。

新编《文安县志（1986—2008）》又创出了“编目体”（《凡例》语），可谓别出心裁。是志“编”下领“类”（三号黑体并加汉字码序号单占行居中排），“类”下领“目”；目的设置根据记述内容的需要，酌情分别设一至二级，即目或目、子目；一级目题居中单占行（小四号楷体），二级目题另起空一字接文排（大五号黑体）。此种体式将分志的标题缩减到三至四层，既减少了志书的分类层次，消除了标题层级过多的弊病，又避免了编章节体式志书中屡屡出现的章下无节或节下无目的尴尬局面，给人以眉清目秀之感。在版面编排方面，采用双栏编排法，进一步压缩了二级类题和三级目题所占的版面空间，从而使版面编排更显严密精致，同时起到节约版面、精简志书篇幅的功效。

《文安县志（1986—2008）》图表、条目等设置情况表

表 1　　单位：页、幅、字、个、篇

编 序	页数	图	表格	编首序	目	子目	孙目	细目	附录
建置区划	42	25	20 / 15	700	4	20	25	0	3
自然环境	24	9	15 / 8	1230	5	15	32	15	0
农村	14	6	0	790	4	19	0	0	1
文安洼	24	24	0	920	11	44	85	0	2
基础设施	38	13	17 / 12	970	4	16	113	0	0
城乡建设与环境保护	22	13	5 / 3	570	2	12	59	0	1
人口	20	3	8 / 5	840	8	16	6	0	3
民族民俗宗教方言	16	5	2 / 2	920	4	14	41	0	1
农民	12	5	0	790	7	11	3	0	3
改革开放	36	4	3 / 2	920	12	37	40	0	7
经济纵览	62	19	36 / 23	1630	13	85	10	0	1
居民生活	18	1	11 / 6	750	4	11	15	0	4
农业	42	18	10 / 11	1450	9	33	54	0	7
工业建筑业	18	8	5 / 3	1320	4	20	6	0	5
人造板业	20	10	1 / 1	700	8	15	7	0	4
商贸业与金融业	38	14	16 / 8	1100	12	44	60	0	1
中国共产党	28	2	4 / 7	1190	11	23	11	0	3
人民代表大会	16	1	3 / 3	840	4	22	8	0	2
地方人民政府	24	2	2 / 9	480	5	16	16	0	1

续表 1

编 序	页数	图	表格	编首序	目	子目	孙目	细目	附录
综合政务管理	26	5	10 / 5	700	5	30	49	0	2
人民政协人民团体	36	8	2 / 3	400	2	12	51	0	3
公检法司与军事	30	16	5 / 3	1230	5	29	11	0	4
精神文明建设	12	5	0	700	5	11	6	0	1
教育科技	22	13	3 / 2	620	2	18	48	0	0
文化	44	24	0	790	12	44	200	9	5
卫生体育	26	7	6 / 5	480	2	13	55	0	2
董海川与八卦掌	16	1	0	480	2	11	17	0	2
旧迹遗存	32	64	1 / 0.5	1010	9	28	73	0	4
人物	38	13	5 / 13	700	4	0	40	0	3
合计	796	338	190 / 150	25220	179	669	1141	24	76

说明："图"栏中数据为幅数；"表格"栏中，前一数字为幅数，后一数字为占页数；一至四级条目栏中数据为个数；"编首序"栏的数字为字数；"附录"栏的数字为篇数

依笔者意，是志的体例称之为编目体，实为类目体与条目体的结合体，称之为"分类条目体"似乎更恰切一些。旧志的类目体中，第一层级标题多以"卷"冠名，卷下先分门别类，然后分列条目。新方志的类目体中，第一层级标题既有以"卷"冠名的，也有分别以"编""篇"冠名的。是志的各分志以"编"冠名，第二层级的标题应视为分类项目，第三层级的标题才能落实到条目上。据笔者粗略统计，全志二十九编领属的二级标题"目"共 179 个，三级标题"子目"669 个，四级标题"孙目"1141 个，五级标题"细目"25 个。是志称之为编目体，似乎给人以编下直接领目的错觉。是志的二级标题属于编题之下的分类标题，如与编章节体的志书相较，此种体式是将章、节合二为一，减少了层次；同时，目题根据内容需要，或只设目、子目两级标题，或设目、子目、孙目三级标题，只有个别编设有四级标题。较之于有的志书将目题分为三到四个层次甚或五到六个层次的做法，要集中、凝练了许多，真正达到缩减志书标题层级的功用。

当然，从两轮志书的编纂体例来看，编章节体（通常简称为"章节体"）是主流，纲目体、三宝体等其他体例是极少数。笔者以为，体例的多样性有利于志书的健康发展。是志编者立足地情、勇于探索、大胆创新的精神值得充分肯定。

二、篇目设置彰显特色

一部志书的优劣，从篇目的设置上即可窥知一二。首轮《文安县志》为大编体结构，共分为地理、经济、政治、军事、文教体育卫生、社会、人物等 7 大编，采用编章节体式。二轮续修《文安县志（1986 ～ 2008)》为中编体结构，共设 29

编，采用编目体式的类目体结构。篇目设置以变化了的县情来拟定，尤其注重在篇目中突出地方特点和时代特色，

地方志书是以一定行政区划范围为记述对象的，地方特色就是地方志书最大优点和亮点，是志书的首要基本特征。如何反映地方特色，成为了历代方志编纂的一个基本要求。是否充分体现地方特色，成为衡量志书质量优劣的重要标准之一。河北王广才副主任提出的“明月高照、群星璀璨”，是对志书要充分彰显地方特色生动而形象的比喻，亦成为河北二轮市县志书编纂刻力追求的目标之一。是志编纂者身深谙其意，在全面记述文安县情的基础上，尽情展示文安的地方特色。

为减少共性内容的编数，是志将相近类目合并立编，如将城乡建设、环境保护合并，立为“城乡建设与环境保护”编；民族、民俗、宗教、方言合并，立为“民族民俗宗教方言”编；工业、建筑业合并，立为“工业建筑业”编；商贸业、金融业合并，立为“商贸业与金融业”编；人民政协、人民团体合并，立为“人民政协人民团体”编；公检法司、军事合并，立为“公检法司与军事”编；教育、科技合并，立为“教育科技”编；卫生、体育合并，立为“卫生体育”编；两项或两项以上合并立编的达 8 编之多，占到全志设编总数的 28%。

为突出个性内容，是志升格篇目有：农村、文安洼、农民、人造板业、董海川与八卦掌、旧迹遗存等 6 编，占到全志设编总数的 21%，这在笔者阅览过的县级志书中还是极少见到的。共性内容合并立编，其目的是为个性内容让路，增加地域特色的编，在篇目中显现鲜明的文安特色。

最值得称道的是，将农民、农村、农业分别单独立编，体现文安是农业大县这一显著特征。2008 年，文安县农业人口 423578 人，占全县 480111 人的 88.23%，是典型的农业县。注重对农民、农村、农业的全面记述，是实现全民小康的关节点所在。农村编记载了农村分布与规模、农村管理、农村经济、农村建设等内容；农民编记载了农民素质、农民从业、农村女性、家庭结构、农民意识、农民进城、农民企业家等内容；农业编记载了农业区划与农业结构、生产力、农业开发、种植业、林业果业、养殖业、防汛排涝抗旱、喷灌防渗、水产业等内容；此三编分别从微观、中观、宏观三个层面，记载了 23 年间农民、农村、农业的巨大变化，全面展示了文安县的农业发展现状，为今后促进农业的全面发展提供了真实可靠的依据。

三、重视细节精雕细琢

（一）专家作序提升志书学术价值　序言是方志的传统文体，具有自身独特的功能。旧时方志名家所作的序言，有许多佳篇良作，具有很高的学术价值，在方志理论方面为今人留下了宝贵的遗产。新方志编纂继承了这一传统，首轮志书专家学者作序时有，但不普遍；二轮续志出现好的景象，专家学者为志书作序逐渐多了起来。笔者一贯倡导志书序言需政要（党政领导）和专家学者兼顾，前者以渲染地情特色为主，后者以阐明方志编纂实践的理论总结为主，互应互补，两

不偏废，借此来提高志书的实用价值和学术品位。

《文安县志（1986—2008）》的两篇卷首序，前为书记、县长合作的序，后为方志专家的序。专家序由郭凤岐操刀捉笔。郭凤岐为天津市地方志办公室原主任、研究员，中国地方志学会学术委员，为方志界屈指可数的大家。郭凤岐参加过该志的评审，对该志的内容了如指掌，故而从方志编纂实践和方志理论研究的不同角度，对该志作了精到的归纳和总结，多有他志可借鉴之处，实可称为钩玄提要、揭示真谛、不同凡响的创意之作。读志先读序，尤其是名家的序多读几遍，对修志人而言，多有启迪之处。

（二）图表配置别有新意　志书是时代的产物，随着时代的进步而进步。进入 21 世纪，全彩印志书逐渐走进人们的视野。作为一地域官修的最重要的乡邦文献，跟上时代的步伐，体现当代的印刷水平，应是情理中事。《文安县志（1986—2008）》内文为全彩印，从而使志书的质量迈上了一个新的阶面，同时也为图片设置提供了极佳的平台。该志卷首集束彩图与内文插图并用，起到了图文并茂的较佳效果。卷首集束彩图配图 64 幅，先照后图，照片列有自然景观、政治经济活动、人民生活等 15 个专栏，后配文安县卫星影像图、政区图、交通图、城区图等 4 幅地图，起到先声夺人的宣传效应。随文插图 329 幅，平均每编 11.7 幅；正编（全志 796 页）每万字配图片 2.36 幅。29 编全部配置了随文插图。

全志总用图 453 幅，其中卷首集束彩图 64 幅，随文插图 329 幅（示意图 11 幅），卷末老照片 58 幅，编后话 2 幅。以全志总字数 164.7 万字计，每万字配图 2.8 幅。配图最多的前五位为：旧迹遗存 64 幅，建置区划 25 幅，文安洼、文化各 24 幅，农业 18 幅；配图最少的为：居民生活、人民代表大会、董海川与八卦掌各 1 幅，中国共产党、地方人民政府各 2 幅。正因为续志采用全彩印技术，特别是通过编者的精心运作，使图片的真实性、直观性、可读性功能得到充分展现，文图相彰的做法得以施展。尤其是旧迹遗存编与卷末老照片的设置，为文安留下了珍贵的历史文化印迹，让人们记住了难以释怀的乡愁。

全志总用表格 190 幅，编均用表 6.5 幅；表格总占页 150 页，占 29 编总页数的 18.8%。29 编中未配表格的有农村、文安洼、农民、精神文明建设、文化、董海川与八卦掌等 6 编，占 29 编的 20.6%。其中配表格最多的前五位为：经济纵览 36 幅、建置区划 20 幅、基础设施 17 幅、商贸业与金融业 16 幅、自然环境 15 幅。表格侧重于反映主要事物主要方面的主要数据，文表相彰，恰到好处。

（三）述体文字概括得法　该志的述体文字包括卷首的限前述略篇、正文的概述篇与编首无题序三种。断代体志书如何接续前志，是二轮续志编修中的一大难点，亦是续志需要解决的关键问题之一。此问题解决得如何，直接关系到断代体志书的质量。该志以设置限前述略篇的方式，达到接续前志的作用。该篇文字置于凡例与目录之间，2600 余字篇幅，记述了地理简况、建置沿革，历史人文底蕴、革命斗争精神、自然灾害、野生资源、经济发展、居民生活等限前概貌，起到了勾连历史内容的铺垫效用。

概述篇采用浓缩体式，8100余字，前述地理概貌、经济总况，主体部分分列“工业基础日益雄厚”“农业地位得到巩固”“综合实力持续增强”“城乡居民生活水平不断提高”“基础设施建设步伐加快，城乡面貌日新月异”“政治文明和精神文明建设成绩斐然”“民主政治建设成绩显著”“加强法制建设，创建和谐文安”“教育文卫领域成绩喜人”等九个小标题，记述断限内23年间文安经济社会的发展变化，后以展望之笔作结，以强力构筑“园区、产业、项目、城区”四大支撑为目标，建设文安美好未来。概述篇高屋建瓴，统帅全志，夹叙夹议，结构严谨，一气呵成，地方特点和时代特色较为鲜明。

编首无题序：全志29编均设有无题序，总字数25200字，编均870字；编首无题序870字以上12篇、占41%，不足870字的17篇、占59%；最长的为经济纵览编1630字，最短的为人民政协人民团体编400字。该志为编目体式，编首无题序担当着概括各分志大要的重要使命，故而编首无题序以概括该编的内容为要津，叙议结合，要言不烦。

（四）随文附录拓展广度　是志共设随文附录75篇，未设附录的有自然环境、基础设施、教育科技等3编，余26编均设附录，占设编总数的90%，平均每编2.6篇。其中配置附录最多的前五位为：改革开放、农业各7篇，工业建筑业、文化各5篇，居民生活、人造板业各4篇。随文附录中，既有《文安县名考》等5篇历史事物的考证，又有《1998年6月抗洪纪要》等5篇记述重大历史事件的专记；既有《农村中年女性现状调查》等8篇经济社会活动与关注民生的社会调查，又有《文安县人力资源市场简介》等12篇单位、企业及产品简介；既有《文安县关于扩大开放带动文安经济增长的优惠政策》等3篇县委、县政府在改革开放中出台的政策规定，又有《忆文安县农村改革30年（节录）》等11篇经济社会发展中积累的经验总结；既有《优秀党员李泽民先进事迹》等10篇启迪人生的典型人物事例，又有《文安县当选历届河北省人大代表》等3篇代表性人物的集中展示；还有多篇社会生活中鲜活的点滴追述。附录篇的内容量多面广、体裁多样，对地方特有的深层次资料进行多方挖掘，对正文起到佐证、引申、拓展的功用，从中展现出文安浓郁的社会生活与独特的地域风情。

四、稍许不足似可商榷

笔者阅读中，细细探究，亦发现稍许不足似可商榷之处，与是志编者及修志同行研讨。其一，编首页只列编下一级目的标题，而未显示编名的标题，有违常规。其后正文之首又列“第×编××××”标题，似与应用编首页的初衷相违背。其二，是志凡例第九条言明：“纪年方法：1949年10月1日中华人民共和国成立前采用历史纪年括注公元纪年，1949年10月1日后用公元纪年。”但在行文中历史纪年多有与凡例规定抵牾之处。如建置区划编中多处出现民国纪年直接用公元纪年标示的情况，据笔者粗略统计有51处。如限前述略篇中民国时期的纪年共有10处，其中历史纪年括注公元纪年的3处，直接采用公元纪年的有7处；如人物编中的民国纪年，均直接用公元纪年标示，有92处。其余还有零星不规范处，自然环境编的编首小序中有“1939 年”等。其三，关于表格占页与文字占页的版面平衡问题。建置区划编乡镇类各乡镇目下，设有 12 幅下限之时的各乡镇“各村人口数量耕地面积统计表”，表格占 15 页，占到几近乡镇类 31 页的半数篇幅，似有表格的版面编排过于松垮稀疏之嫌。似应改为双折栏表格，可减少 7 个页码，情况似乎会稍好一些。其四，关于表格序号的标法似有疏漏之处。基础设施编中的《2008 年文安县始发长途客运线路一览表》，下辖北京方向、天津方向、廊坊方向、沧州方向、保定方向、石家庄方向、赤峰方向等 7 个分表，每个分表均标了表序号，使得该编用表数达 23 幅，与志尾《表格索引》中的第五编表格 17 幅的数量相抵牾。依笔者意，凡标一个表标题的表格，应按 1 幅表格对待，标 7 个表格数有违常规。其五，人物传编的人物传记、人物传略、人物简介类目下的具体人名标题，标为大五号黑体单占行居中排，与前二十八编中的一级目题小四楷字体不一致，似应按一级目题标示才较恰切；另，行文开头的人名亦标为大五号黑体，与上位题似有标题重复之嫌，似应按行文字体相同才较合理。

总括而言，虽有上述可可商榷之处，但瑕不掩瑜，《文安县志（1986—2008)》确是一部结构合理、篇目新颖、资料丰富、特色鲜明的佳志良作。笔者只因寸纸尺短，难以完满评述而已，诸多优长还待他人评说。

志文选录

明万历《山西通志》点校本·前言

万历《山西通志》乃明修山西省最后一部志书，上承嘉靖《山西通志》，下启康熙《山西通志》。此书所纂聚三晋一方自然与人文各类典要，自上古迄万历四十二年，具有重要的史料价值和地方文献价值，为本省乃至全国古代政治、经济、军事、历史、地理、民俗、文学、语言、文献诸多学科的研究提供了一份厚重的资料。与此同时，是志成书之际有无序文已不可稽考，崇祯二年（1629）巡按山西御史祝徽所补之序又徒撰空言，给此书的著录和研究留下诸多疑案。

一、作者及纂修始末

传世的万历《山西通志》全帙本是崇祯二年由祝徽印行的。祝徽当时作了一篇序文冠之卷首，但对是志纂修过程只字未提。由于这个缘故，是志长期被后世误解为祝徽所修。例如雍正《山西通志》引此书凡一百三十二处，或全称“祝徽山西通志”或简称“祝志”。又如昭余何氏对蒙轩藏本扉页有“祝徽编”字样。较早的地方志名录著作也往往因循陈说。如《地方志目录》《中国地方志联合目录初编》《日本现存中国宋明两代地方志草目》等均将此书著录为“明祝徽修”或“明祝徽纂修”。

实际上，真正的修志者乃李维桢等人。康熙《山西通志·凡例》称：“旧志始于成化甲午，督学佥事胡谧创修。越九十年，嘉靖癸亥，督学副使周斯盛重修。越五十九年，万历辛亥，按察使李维祯又重修。崇祯间，巡按祝徽仅补一序。”同书卷十八《名宦上·李维桢传》又云：“万历间，升山西按察使，明断如神，不事苛刻，每以弼教明刑为心。敦请耆儒，修纂《山西通志》，亲加考核，当时称为信书。”

李维桢，字本宁，湖广京山（今湖北京山）人，隆庆二年（1568）进士，官至南京礼部尚书。李氏在万历、天启间名列文坛“末五子”之首，有《大泌山房集》《新刻楚郢大泌山人四游集》行世，“其文章弘肆有才气，海内请求者无虚日，能屈曲以副其所望。碑版之文，照耀四裔”。李维桢史才也颇为时重，在史馆“斐然号良史”，人称“太史公”。《明史》本传载：“万历时，《穆宗实录》成，进修撰。” 天启初，“方修《神宗实录》，给事中薛大中特疏荐之”。著有《史通评释》《南北史小释》《庚申纪事》《韩范经略西夏纪》《进士列卿表》《黄帝祠额解》《马将军传》等。

李维桢自万历三十四年至三十七年（1606—1609）在山西任右参政、按察使，本志《艺文》所录《关状缪侯祠记》《周公祠记》《杨襄毅公年谱序》《傅霖传》，以及《杂志下》所载《慕随堂稿序》，便是他这一时期的佳作。万历三十四年八月壬子，李氏由陕西右参政调任山西按察使，上任不到一月，奉山西巡抚李景元之命，主持续修《山西通志》。他在后来为《泽州府志》所撰的序文中说：“余自河西移晋阳，未越月，奉台檄修晋志，因下诸有司，各为其府州县志，旧者续，无者创，以次第上，借采缉。”在《阳曲县志序》中也说：“日者诸台修《山西志》，缪以属余，檄诸郡邑各为其志。”据此推断，本志始修于万历三十四年八九月间。

作为编纂负责人，李氏的首要工作是组织征集史料，发凡起例。在这一阶段，他尖锐批评“诸有司”将修志之事“或视为迂阔事，不复省记；或有增益改作，令胥史检旧版录以塞白而已。事不赡核，文不雅驯，安所取裁”，热情赞扬“二三贤者，以文献取征，当官重务，孜孜讨论，修饰义例，笔削故实，华藻居然良吏”。我们虽然不能断言《万历志》的凡例由李维桢一手制定，但与其评价刘文英所修《高平县志》的内容相对照，不难窥见李氏方志编纂思想对本书体例安排、史料取舍，以及文笔辞采等方面的影响。李氏云：“文英行其意，邑学士大夫修其辞。分门别类，以故志所定为允，则不易。天文分野，地方千里，不专一邑，则不载。疆域、形胜、山川、古迹、丘墓，故志所遗，抑昔存而今废，则必书。赋有上供，有军兴、户口、庸调；榷税有登耗，有赢缩，有利弊，有因革，国计民生，务之重者也，则必详。名宦乡贤，故所失收，抑在后进者，非舆论佥谐，则不登。秩文非雅驯及有裨风教，则不录。生有封章，没有谕祭，王言君命，非可他比，则特识之。美哉志也！具三善焉：无所矜以炫长，故词赡而约；无所隐以逃名，故事备而核；无所诎以行媚，故义正而严。可以言述，亦可以言作；可以言志，亦可以言史；稽古有征，垂后有式。”

其次，李氏的贡献还在于知人善任，“敦请耆儒”开局编纂，并且“亲加考核”。据有关史料记载，当时受李维桢“敦请”的学者凡三人：

一曰范弘嗣，字耀昆，号竹溪，洪洞（今山西洪洞县）人，万历壬子贡生，崇祯戊辰由明经选授山东德州判，迁湖广都司经历。范氏淹贯经籍，学有根底，时称“九省通儒”，“博比用修，文比弇州，诗比献吉，行比衡山，退比白沙”。著有《毛诗补亡》《罍鬱草》《最上一乘》《晋国垂棘》《晋诗续雅》《三晋正学篇》《直圣志》《聪圣志》《宗圣谱》《南原野记》《南岗杂俎》《方公百政记》著述。雍正《洪洞县志》卷四《乡贤范弘嗣传》云：“万历戊申（三十六年），李维桢总宪晋阳，礼聘纂修《山西通志》。”雍正《山西通志》卷一百三十六《人物》三十六《文苑》一亦载：“万历中，李维桢纂修《山西通志》，聘弘嗣主其事。” 范氏既“主其事”，当居编纂人员前列。

二曰邢大道，字性之，号少鹤，与范弘嗣同乡，时称“隐君子”。 邢氏长于诗赋，所著诗文，李维桢深为叹赏，有《白云巢集》传世。康熙《平阳府志》卷二十三《人物·邢大道传》：“万历己酉（三十七年），与范弘嗣同应院聘，纂修《通志》。” 雍正《山西通志》卷一百三十六《人物》三十六《文苑》一也称邢氏于“万历己酉，与范明经耀昆同应聘修《山西通志》，博采淹贯”。又雍正《洪洞县志》卷四《邢大道传》云："岁己酉，聘纂晋乘，两台使推重为词苑宗工。"以上三志同记此人参与本志修纂在范弘嗣应聘次年，盖因同乡缘故而为范氏引荐。

三曰阎重光，字绍南，曲沃（今山西曲沃县）人，万历岁贡，授鄢陵训导，从游甚众，多所造就。康熙《曲沃县志》卷十八《人物·阎重光传》载阎氏"尝聘修《山西通志》，纂县志，皆称史才"。 雍正《山西通志》卷一百三十六《人物》三十六《文苑》一亦载："戊申（万历三十六年），按察司李本宁礼聘修《山西通志》。辛亥（万历三十九年），赵澹宁请纂本县志。皆称史才。"据知阎氏与范弘嗣同年受聘，三年之后，所承担部分业已脱稿或近尾声。

由上述聘请范弘嗣"主其事"的时间为万历三十六年推知，此时本志已由征集史料阶段转入开局编纂阶段。考《明宗实录》，李维桢于万历三十七年（1609）离晋迁秦，正值本志编纂时期，距成书尚远，未竟之事由范、邢、阎等完成。巡抚李景元与李维桢同年调离山西，监修之责由继任的魏养蒙、樊东谟、吴仁度相继担任。本志卷二十七《续野史》《抚按徽绩》即称魏养蒙"续《山西通志》"事。

关于本志何时成书，旧说为"万历辛亥"，即万历三十九年（1611），这恐怕是在原序不存的情况下，依据编纂人员中有阎重光在万历辛亥间另纂《曲沃县志》一事而做的推测。本志卷二十六《杂志上·灾异·太原府》万历年下云："四十二年九月二十一日时戌，地震有声如雷，摇动民舍。"据知是书记事下限在万历四十二年，上面的推测未必可靠。本志《凡例》第二条亦称："嘉靖甲子，周公斯盛重修……甲子距今又五十年余。"按修志惯例，往往在全书定稿以后，才能综合概括出《凡例》来，那么，嘉靖甲子年是嘉靖四十三年（1564），由此向下推算五十年，恰好为万历四十二年（1614），这一年应该就是本书最后定稿的时间。至于书稿完成后初版何时付梓，根据书中对泰昌之后庙讳一概不避的情况，以及版式、字体等特点，可以大致确定在万历四十二年至四十七年（1614—1619）之间，而刊刻之后是否即时印刷，则已无从考证。

二、版本源流

现存万历《山西通志》有两种版本。一位全帙本，一为残佚本。

关于全帙本，日本内阁文库、山西省博物院各藏一部。前者所藏称"万历刻后印本"，1992 年由中国科学院图书馆影印编入《稀见中国地方志汇刊》，封面题"明李维桢修"。此本版式为蝴蝶装，白口，单黑鱼尾，四周双栏线。鱼尾上方象鼻处标书名"山西通志"，下方标卷数和页码。每半页十行，行满二十字；双行小字则每半页二十行，行满二十字。全书正文字体方正，介于颜体与仿宋体之间，双行小字则以长仿宋体刊刻，且风格始终如一。此本影印时将两页并为一大页，分上下两栏。后者所藏称"崇祯二年付印本"，原存于晚晴山西祁县藏书家何尊先对蒙轩，1955 年何氏后人何晓楼将此书捐献给祁县人民文化馆，1957 年调入当时的山西省博物馆。该书现作为文物珍藏，不便参阅，但据山西省博物院网站"文献中心"栏目的简介和有关资料的描述，其版式字体等情况可略知梗概：该本“黄竹纸，蝴蝶装，全书三十卷，分订二十册，版本为仿宋刻本，字体为颜体字。”“万历《山西通志》三十卷，明李维桢纂修，明万历刻，卷二十二、三十配抄本，十行二十字，小字双行，行二十字，白口，单黑鱼尾，四周双边。”“扉页上写‘祝徽编《山西通志》，明崇祯二年刻，昭余何氏对蒙轩藏’。”“ 蝴蝶装，白口的前半页有‘山西通志’四字，下有鱼尾，中写卷数，下有页码数，四周边为双线（一粗线下附一细线），每半页十行，行满二十字。”两部全帙本卷首均刻巡按山西御史祝徽序行书，落款“崇祯二年夏午临川祝徽书于古夏都公署”，且序尾楷书“安邑县知县曹麟趾校”，另钤印两方：一篆“文柔氏”， 一篆“会魁御史”。综上可知，两部全帙本对于作者的署名虽然不同，但实为同一版本。

祝徽、曹麟趾印行此书功不可没。祝徽，字文柔，临川（今江西临川市）人，天启壬戌会魁，崇祯初任巡按山西御史，主管安邑盐务。又曹麟趾，汶上（今山东济宁市汶上县）人，万历壬子举人，天启二年至崇祯二年间任安邑知县。山西大学薛愈先生曾就此书梓行问题考证：“查叶德辉著《书林清话》，可知明代惯例：官吏奉使出差，完成任务回任之时，刻有能代表地方文献之书，便以一帕一书，作为呈皇帝及各部上司之礼。是书即为‘书帕本’。祝徽在山西任巡按一年后，为入朝觐见皇帝和拜谒各部上司，照例须送‘书帕本’，故径直利用原刻木版重新印书，印书时将李维桢的序删去不印，自己作了一篇与刻书无关的序，冒充自刻之书，重新印刷。……祝徽在自己的序中对刻书情况一字不提，因为根本不是自刻的书。有校对的安邑知县曹麟趾作见证，用原木版印书是曹知县一手包办印成书的。”其中“将李维桢的序删去不印”之说有待商榷，印书动机为送‘书帕本’也不无猜测之嫌，但“利用原刻木版重新印书”的观点可以找到旁证材料。明代万历以前庙讳相当宽疏，甚至连“二名不偏讳”之例在科试和公文中都不必遵行；万历皇帝朱翊钧之末一字，见于文献避讳的也不过河南“钧州改名禹州”之类，天启、崇祯之际则趋于严苛。天启元年朝廷颁布庙讳令：“凡从点水加各字者俱改为‘雒’，从木加交字者俱改为‘较’。惟督学称较字未宜，应改为学政。各王府及文武职官有犯庙讳御名者悉改之。”实际施行过程中更加严厉，当朝皇帝名字的上一字也须避讳。倘若此书至崇祯二年才雕版，那么光宗朱常洛、熹宗朱由校、思宗朱由检的名字就非避讳不可，而通读全书，“常”“洛”“由”“校”“检”竟未见一处避讳，则此书为万历刻本无可置疑。上述《稀见中国地方志汇刊》称内阁文库本为“万历刻后印本”，山西省博物院网站“文献中心”栏目称昭余何氏对蒙轩本为“崇祯二年付印本”，皆主此说。1986 年祁明先生编著《山西地方志综录》称是志为“明崇祯二年（1629）刻本”，1979 年在《山西方志要览》中则改作“明崇祯二年（1629）原版重刊本”。

关于残佚本，上海图书馆、北京图书馆各藏一部。上海图书馆藏本缺四卷，依次为：卷四《山川上》、卷五《山川下》、卷十《祠祀》、卷十一《封建》；北京图书馆藏本则缺六卷，依次为：卷四《山川上》、卷五《山川下》、卷十《祠祀》、卷十一《封建》、卷二十二《选举中》、卷三十《艺文下》。两馆所藏俱未刊祝徽书序，亦无任何有关刊印年代之记载。经对卷数较多的上海图书馆藏本考察，并与日本内阁文库本对照比较，两本存在以下异同：

该本版式显示其装帧形式为包背装，而内阁文库本则为蝴蝶装；

该本中共有二十三卷的字体与内阁文库本相同，但其中卷二十六《杂志上》两种雕刻风格的字体交错出现，显然非出自一人之手；

该本卷二十二《选举中》、卷三十《艺文下》全篇及卷二十五《武备下》篇末未用略带行楷意味的软体字刊刻，同二十三卷的字体迥然不类，可证其同内阁文库本绝非一时雕版；

该本《艺文下》《选举中》等篇字里行间屡见旁批校改，而内阁文库本绝无此类现象；

两本各页文字内容起讫毫无别异，甚至文字衍脱讹倒、刻版损坏之处大多相类，但版面字迹的清晰程度颇为悬殊。内阁文库本印制粗劣，墨痕斑驳、墨线横贯、板块缺损、字迹模糊、字形重影等现象连篇累牍，其版面边线处漫漶尤为显著。上海藏本除刻版损坏处之外，只有个别文字不易辨认。两本文字也间有互异。如卷三十《艺文下》刘敏宽《河东盐池赋》中一句，上海藏本作“凭分云而眺瞰”，内阁文库本则作“凭分云而�瞰”，“眺”“�”二字异。

综合以上两本异同可知，万历刻版在崇祯二年付印之后有一部分版面遭受损毁，残佚本系在付印本基础上又补刻重印。根据书中内容既不避明讳也不避清讳来推断，其补刻重印时间当在明末清初，流传过程中又缺佚数卷。

三、体例与编纂成就

本志体例严守《明一统志》规制，基本沿袭嘉靖《山西通志》而略有调整，分二十目，设三十卷，目录依次为：卷一《图考》、卷二《建置沿革》（附疆域）、卷三《星野》、卷四《山川上》（附渠堰、桥梁）、卷五《山川下》、卷六《风俗》、卷七《物产》、卷八《田赋》（附盐政）、卷九《户口》（附徭役）、卷十《祠祀》、卷十一《封建》、卷十二《职官》（附公署）、卷十三《学校》（附书院）、卷十四《古迹》（附陵墓）、卷十五《帝王》（附圣母、圣后、圣君）、卷十六《名宦上》、卷十七《名宦下》、卷十八《人物上》（附忠孝、义侠、侨寓、烈女）、卷十九《人物中》、卷二十《人物下》、卷二十一《选举上》（附荐辟）、卷二十二《选举中》、卷二十三《选举下》、卷二十四《武备上》（附形势、边关、城池、屯田、马政）、卷二十五《武备下》（附将士、边事）、卷二十六《杂志上》、卷二十七《杂志下》、卷二十八《艺文上》、卷二十九《艺文中》、卷三十《艺文下》。

编纂体例视各卷内容情况而定，其体例大致有四：

卷三《星野》以二十八宿为序；

卷十一《封建》、卷十五《帝王》、卷二十五《武备下·历代边事》、卷二十六《杂志上·仙释·技术》、卷二十七《杂志下》均以时代为序；

卷二十八至卷三十《艺文》以文体为纲，以时代为纬；

其余各卷及卷二十五《武备下·将士》、卷二十六《杂志上·宫室·寺观》以府及直隶州为纲，以县及散州为纬。其中府之排列大体以太原、平阳、潞安、汾州、大同为序，直隶州之排列大体以辽、泽、沁为序，其所属县及散州各以近比为序。

与嘉靖《山西通志》相比，是志无论卷次编排拟或内容设置咸有改进增益。

一是将《艺文》目调至书末，事典区分，门类排列趋于合理，故多为后志采纳。

二是《人物》目增设《忠孝》《义侠》两子目，类型分明，层次井然，亦为后世修志者所取，《武备》目增设《边事》子目，实开后世《武备》之端绪。

三是《嘉靖志》将有关学校、山川、古迹之诗文“分注于各类之下，以便观览”，本志则扩展至《祠祀》《职官》，非但使此类内容充溢人文气息，且颇具存录艺文之功。

四、史料价值

诚如本志卷首凡例所言：“《通志》，成化甲午督学胡公谧始创其辞，简实无文。嘉靖甲子，周公斯盛重修……郁郁盛哉，莫能尚矣。甲子距今又五十年余，宦迹之隆替，人物之升沉，风俗之醇漓，田赋户口之增减，灾祥休咎之变更，月异而岁不同也。逐款续之。”是志绍续旧志之功不可没。嘉靖末年以后有关山西之事典，赖此志得以纂录。

例如嘉靖七年（1528），山西领太原、平阳、潞安四府，汾、沁、辽、泽四直隶州，至万历二十三年（1595），升汾州为汾州府，领汾阳、平遥、介休、孝义、临县、灵石、宁乡、沁源、武乡九县及永宁、沁二散州，治所在汾阳县。万历三十二年（1604），“沁州率所属沁源、武乡改直隶”，汾州府实领七县一散州。至此，山西辖太原、平阳、大同、潞安、汾州五府，辽、沁、泽三直隶州。本志如实记录了上述两番建置变迁。其中卷二《建置沿革》概述汾州升府及沁州改直隶州时间与领辖，卷十六《名宦》之《山西总部》及卷十二《职官》之《公署》则记巡抚魏允贞首议此举，至卷二十八《艺文上·冯琦新设汾州府记》再叙原委详情。由于此事涉及晋省行政诸多方面，且关乎本志编纂体例，故《户口》《学校》等篇也间有提及。又如嘉靖志之于本省当代名宦乡贤，凡“在位在世者亦未敢遽列”，及本志所修之日，此忌无须顾虑，志中嘉靖间三晋各类人物尽载无遗。

出于军事防卫的需要，该志对边墙、边关、堡塞、隘口等地理形势记载特详，顾炎武《天下郡国利病书》多有采撷。如卷二十四《武备上》载：“宁武关，堡凡十二。东为大河、为阳防、为朔宁；北为神池、为大水口、为利民；西北为黄花岭、为土棚、为义井；西为宁文、为二马营；西南为西镇。而宁文又实与宁武相为犄角，以扼山西之险。”“偏头关……堡凡十有八。关以东为马站、为八柳树、为老营；东北为小营、为水泉；北为峙堨、为滑石涧；西为桦林、为楼子营、为罗圈、为杨免、为唐家会、为五花营、为得马、为灰沟；南为水兴；东南为八角、为长林。”此类资料，多为清初顾炎武编纂《天下郡国利病书》所采择。该卷对上述土堡的设施及人员武器配置也有较详细的反映："土堡相度地宜，依山据险而为之……官有廨宇，士有营舍，而仓廒草场咸备焉。语曰：'百人之堡，千人不能攻，其势便也。'每堡择才力者为堡长，次者为队长。堡长得以制队长，队长得以制伍众。每伍十一名为一队，每队奇正各半。队长二人，一统其正，一统其奇。居常则人一障，奇正相间，一方有急，则三方应援，奇者赴之，正者摄守。又多造火铳、飞炮、佛郎机之类分给堡塞。"

本志所纂集嘉靖、隆庆之际至万历末史实文献多属第一手材料，实为正史及后代方志取材之源。如《明史·薛显传》云："略大同，获乔石丞等三十四人。"其事见于本志卷十六《名宦上》徐达条，原文作"遣薛显、傅友德取大同，擒元乔石丞等三十四人以归"，不仅反映史料源流，而且可补《明史》徐达、傅友德两传之阙。

再如嘉靖辛丑以来，蒙古鞑靼部首领俺答招纳云川卫叛卒赵全等，聚集亡命数万，扰边三十年。隆庆四年（1570）九月，俺答孙把汉那吉因三娘子事归降总督宣、大、山西军务王崇古，王氏与山西巡抚方逢时共商，奏请朝廷以把汉那吉换取赵全等叛亡，与俺答议和互市，"云、朔四十年风清笳断"。这一事变堪称明代重大边事，亦为我国古代解决民族问题成功案例之一。本志卷二十八《艺文上》王崇古《北虏俺答款供奏疏》一文，汇编王、方二人筹划此事的屡次奏疏，以及皇帝与兵部的批示答复，全面详细地记载了事变的前因后果，涉及汉蒙双方军事斗争与外交谈判的始末细节。《明史》的《鞑靼传》《王崇古传》仅节引本文片段，《明经世文编》亦录之甚微，足见文献之原始，史料之珍贵。又《明史》王崇古、方逢时二传叙把汉那吉挟愤降明事在隆庆四年冬，实误。据是疏所记，常在其年九月十七日。《明史·鞑靼传》作"四年秋"，近是。本志卷二十七《续野史俘叛来降》条亦载此事，可与王疏相为表里。

《风俗》一篇为本志亮点之一。该篇依据地理环境、经济文化条件、历史传统等因素，揭示晋省各府州县民风习俗，气质好尚，并注意探究今昔变化及其原因，大多精辟中肯。雍正《山西通志·风俗》一篇之内引本志达 103 条之多，则本志论断之允恰可想而知。尤其篇末《总论》提出社会风俗关乎国计民生，以及官风对民风的重要影响作用，至今仍有借鉴意义。

《艺文志》三卷及其《山川》《祠祀》《职官》《学校》《古迹》诸篇存录文献之功尤著，所载诗文间有他书鲜见之篇，可补历代总集、别集之阙失；常见众篇往往与他本文字歧异，亦可资有关学者比勘校读之用，纵览此书所记"国朝"艺文之繁盛，又可知明代嘉靖、万历间，山西文坛异常活跃，其中佼佼者不乏其人，当时文苑巨匠足历三晋者亦多有遗篇，当为文学史家所注目。

书中间存纪实性史料，如上述王崇古《北虏俺答款供奏疏》，客观记录当时口语，不失为研究近代汉语词汇、语法之语料。全书"义""兢""属"等字繁简并用，"黑察山"写作"合察山"，踩踏之义以"踏"字表示，诸如此类，无不透漏出汉字学、方言学方面的重要信息。

利用方志资料进行科学研究，早已成为学界共识，万历《通志》自然跻身其列。兹姑举数例：

王曾瑜在《中国古代的丝麻棉续编》一文中，对山西万历间丝麻棉在纺织品总量中各自所占的份额做过较为详尽的分析，从本志《物产》《田赋》中搜集到太原、平阳、汾州、潞安四府及沁、辽、泽三州有关“农桑丝绢”的统计资料七条，用以证实明晚期山西的“丝麻生产仍占相当大的比重”，“似还看不出植棉业较快扩张的情况”，“丝麻棉在织维作物中呈三足鼎立之势的结论，还是大致可以成立的”。

关于“明代的山西户口数的问题”，曹树基断言：“据万历《山西通志》卷九《户口》，洪武年间的户口数与分府资料并不吻合。明代山西省的人口几乎成了一个不变的值，与北方其他四省的情况迥然不同。”

本志卷二十六《祥异》载潞安府“万历九年四月初一日，郡城北门自阖。是岁大疫，肿项善染，病者不敢问，死者不敢吊。”浅川《万历年间华北地区鼠疫流行存疑》一文据此症状及传染强度认为：“万历年间山西省流行的瘟疫即是大头瘟。”

对于研究晋商崛起于明代中后期的原因，本志虽无专门记载，甚至对经商者持有偏见，但也不乏具有说服力的背景材料。范金民考察万历间山西商帮兴起的地域广泛性时，便援引了本志风俗篇中的有关史料。其文云：“万历时《山西通志》称：平阳府‘服劳商贾’，属下曲沃县‘重迁徙，服商贾’；汾州府汾阳县‘多商贾，喜华靡’，临县‘勤于商贾’；大同府广昌县‘亦事商贾’。”此类材料贬拟之情溢于言表，更显其所述风情真实可靠。

建于万历年间的双塔寺为太原市标志性文物建筑和旅游景点，寺中双塔“为晋奇观”，其建造历史颇值研究。本志《杂志寺观》漏录该寺，不过书中其他篇目显示重要线索：如卷二十九《艺文》中《傅霖传》：“郡地形左痹不胜右，缙绅学士建永明寺、宣文塔于东山，以辅不足，推工首事。”卷二十一《选举上》太原府进士嘉靖壬戌科：“傅霖，忻州人，参议。”卷二十六《杂志上·仙释·福登传》：“太原建浮图于郡城左，慈圣佐以金钱。塔成双峙，名曰宣文。”

五、此志之缺陷

编纂体例逊于前志，欠之严谨者有七：

其一，《嘉靖志》对于同一目分数卷排列而各有附录内容者，于首卷标明“下同”，本志惜未循此良规。

其二，《嘉靖志》中《灾祥》单设一卷，本志则与《宫室》《寺观》《仙释》《技术》合为一卷，殊为不类。

其三，目录与书内篇名不尽吻合。目录《杂志上》，书内标作《杂志》；目录《杂志下》，书内标作《野史》。

其四，目录中《武备上》“附形势、边关、城池、屯田、马政”，《武备下》“附将士、边事”，其实均为子目名称，不当言“附”。

其五，目录中《杂志上》未标明子目“宫室、寺观、仙释、技术、灾祥”，《杂志下》亦未标明子目“野史、续野史”，不及嘉靖《山西通志》眉目清晰。

其六，《艺文》各文体下大体以作者统帅篇题，但时有同一作者名连续出现；又自《御制》至《乐府》皆先列作者，后列文题，而诗以下却将作者置于题后。

其七，大多篇目排列晋省各府和直隶州，依次为太原府、平阳府、潞安府、汾州府、大同府、辽州、沁州、泽州，但卷一《图考》、卷二十四《武备上·形势》列府以太原、平阳、大同、潞安、汾州为序，卷一《图考》列直隶州独以辽、泽、沁为序，卷二十三《选举下》、卷二十四《武备上·屯田》、卷二十六《杂志上》的《宫室》《寺观》《灾祥》则又以泽、辽、沁列次。

凡此种种，实属自乱其例。

史料之记载亦不无草率疏漏。如卷一《图考》各图中只列地名方位，而未显示山川、建筑等地理要素，失之简陋粗劣，远不如嘉靖《山西通志》图文并茂，绘制精良。卷十五《帝王》中《帝尧都图》《帝舜都图》《大禹都图》《祖乙都图》均有目无图，令人望之空叹。

又如卷二《建置沿革·沁州》下云：“洪武初，以附郭铜鞮县省入。直隶山西布政使司，编户六十六里，领县二，置千户所守焉。”其中漏记由散州改直隶州时间。卷二十三《选举下·泽州国朝进士》洪武乙丑科：“王粹，佥事，阳城人。韩愈［俞］，阳城人。”其中记两人籍贯名称不当重复。依本志《选举》部分通例，多人同一籍贯，于最后一人下书“俱某地人”，此处显然违例。又“韩俞”下漏记其人官职。成化《山西通志》卷十《人物》、雍正《山西通志》卷六十六《科目》二并载此人官授“刑科给事中”，依本篇通例，此处应予说明。

再如同上卷《泽州国朝举人》宣德丙午科云“王景，中陕西试，见进士”，实则进士科目中未载此人；《大同府国朝举人》宣德壬子科云“刘文，大同人，见《人物》”但本志《人物》篇中实无此人，却见于本卷宣德丙辰进士科。凡此之类，不胜枚举。修纂翻刻过程中，错简现象颇为严重，文献史料剪裁不当，大段缺漏亦时有发生。

错简之例凡九处：

其一，卷十《祠寺》依日本内阁文库本补入，该本影印重排时误将原本第十页与第十九页合为一大页（一〇六），第二十页与第九页合为一大页（一〇一）。

其二，卷二十三《选举下》（下同）“大同府”部分，洪武举人甲午科自郭良至董魁十二人误列入景泰癸卯科。

其三，“大同府”部分，洪武举人庚子科自吕清至孙翱六人误列入景泰丙子科。

其四，“大同府”部分，洪武举人癸卯科自郭龄至赵士通十三人误列入景泰庚子科。

其五，“大同府”部分，宣德举人壬子科自刘文至辛节四人误列入永乐甲午科。

其六，“大同府”部分，景泰举人丙子科自张温至刘源四人误列入宣德壬子科。

其七，“沁州”部分，成化举人乙酉科至丙午科误排于弘治甲子科之后。

其八，卷二十四《武备上·城池》第二十七页内容实与第三十二页相接，第三十页内容则实与第二十六页相接，第三十三页内容又实与第二十九页相接。

其九，卷三十《艺文下·王道行游五台》五首分割数页；诗题下仅存《东》《南》二首，《中》《西》《北》三首则误列薛瑄《武侯庙》诗后。

剪裁不当之例，如卷二十八《艺文上》孙奭《谏幸汾阴疏》，将孙奭给真宗的两次上疏合为一篇，此文删节首次上疏“陛下必欲为此者”句“为”字以下至再次上疏“作善降之百祥”句“祥”字以上部分，于是语脉割裂，文意残缺。大段缺漏者，例如卷二十九《艺文中》周经《韩义夫传》截去文末“太史氏曰”一段，则与本志所取史传之叙评俱全之例不谐。又如同卷裴頠《崇有论》本为名篇，而“若谓至理信以无为冠”至“则有遣而生亏矣”一段未予刊入，似大悖《艺文》立目存真保全之旨。至于文字之讹误阙脱衍倒，字迹之残损墨涂、漫漶重叠，各卷随处可见，而《祠祀》一篇文字之辨识尤其艰难。

万历《山西通志》虽然存在上述缺陷，但作为一代省志，洋洋大观，同它承前启后，保存史料文献之贡献，以及对于研究山西一地嘉靖末至隆庆、万历时期的历史文化不可替代之学术价值相比，诚可谓瑕不掩瑜。

六、此志之整理

万历《山西通志》之校点，列入“2006—2010年山西省史志科学编研课题规划”和《山西省地方志“十二五”工作规划》旧志整理重点课题，由山西省地方志办公室旧志处组织太原师范学院文学院有关专业的教师实施。整理工作始于2008年春夏之交，历时四载。课题组成员及具体分工如下（排名以所校点首卷之卷次为序）：

王卯根（课题负责人）：卷一《图考》、卷二《建置沿革》、卷三《星野》、卷十六《名宦上》、卷十七《名宦下》、卷二十六《杂志上》、卷二十七《杂志下》。

王增斌：卷四《山川上》、卷五《山川下》、卷六《风俗》、卷十八《人物上》、卷十九《人物中》、卷二十《人物下》、卷二十八《艺文上》、卷二十九《艺文中》。

张泽伟：卷七《物产》、卷八《田赋》、卷九《户口》、卷二十一《选举上》、卷二十二《选举中》、卷二十三《选举下》。

韩惜花：卷十《祠祀》、卷十一《封建》、卷十二《职官》、卷二十四《武备上》、卷二十五《武备下》。

王娟：卷十三《学校》、卷十四《古迹》、卷十五《帝王》、卷三十《艺文下》。

校点以上海图书馆藏残佚本为工作底本。此本虽缺《山川上》《山川下》《祠祀》《封建》四篇及祝徽序文，且其余各卷也间有残佚，但版面字迹较为清楚，所缺内容据日本内阁文库本补入。两本相互参校，择善而从。山西省博物院珍藏“崇祯二年付印本”堪称善本，惜文物制度森严，难以阅览。

全书文字保留原本繁体字及竖排版式，而改从现行古籍分段起行格式，采用与此相应的标点符号体系。校点凡例参照中华书局二十四史标点本体例制定，并依此志整理实际需要补充调整。

标点工作在认真阅读原文基础上，参考相关文献资料及既有古籍整理成果，查阅工具书，反复斟酌确定。校勘过程注重理据及文献依据，力求校出有因，信而有征。校法以他校为主，间用本校、理校。参引资料遍及历代地方志、正史、别史、类书、经籍、诸子、笔记杂著、诗文总集、别集诸类，凡 409 种。《文渊阁四库全书》《国学宝典》等电子检索系统，以及“国家图书馆数字方志”网络资源的利用，为校点工作之高效率、参考文献之广密度提供了重要保证。

初稿完成之后，由王卯根、任根珠共同审定全书标点及校勘记，按既定体例编纂。审定编纂中，断句标点之误漏逐一正补，雠勘校记之疏失详加考核，并依据各卷内容体例特点及存在问题提出修改意见。全体同人砥砺切磋，结合后期校对工作和专家的审稿意见反复修改，屡易其稿。尽管如此，囿于学术水平及资料条件，书中疑不能定之处尚俟完善，种种纰缪亦敬祈方家教正。

本书付印之际，幸获“2011 中央财政支持地方高校发展专项资金项目——乡村文学与文化研究室”经费资助，谨致谢忱！

2012 年 5 月

（原载明万历《山西通志》点校本，山西省地方志办公室编，中华书局，2012 年 8 月）

明万历《山西通志》点校本·跋

岁月悠长，人生苦短。自丙寅秋跨入志界，已历廿五载。岁入壬辰，花甲将近，休致即临，感慨良多。欣逢明万历《山西通志》点校本付印成书，对山西旧志整理工作作一小结，权作赘语。

方志乃中华文化遗产之重要组成部分。山西乃文化大省，旧志文化资源占有相当比重，亦是山西重要历史文化之遗产，是研究山西政治、经济、军事、文化、社会、人文等必不可少之珍贵资料。据不完全统计，山西现存旧志 536 种，约占全国现存旧志二十分之一，居全国兄弟省市区第八位。山西方志文化底蕴厚重，留存有诸多佳作良志。明成化《山西通志》是国内现存最早的省级通志，清宣统《山西乡土志》是国内现存最早的省级乡土志。清光绪《山西通志》是国内现存通志中最负盛名的省志，梁启超在中国近代三百年学术史一书中称“杨笃纂修的《山西通志》是全国方志中杰出的通志之一”。此外，王有宏修、田惠纂之明万历《应州志》，解缙等纂之明万历《太原府志》，孙和相修、戴震参订之清乾隆《汾州府志》等志书，亦堪称佳作良志。

自 20 世纪 80 年代初社会主义新方志编纂开展以来，其主要任务不外有二：编纂新志，整理旧志。二者相辅相成，如车之两轮、鸟之双翼，缺一不可。山西省地方志办公室自成立之初，就十分重视旧志整理工作，把搜集整理旧志资料作为重要工作来抓。首先从资料汇编抓起，先后陆续编纂出版刘纬毅编的《山西书目文献》，池秀云编的《〈山西通志〉人物传索引》，祁明编的《山西地方志综录》，齐书勤编的《山西地震历史资料汇编》，郭展翔等编的《山西方志物产综录》，张杰编的《山西自然灾害史年表》，谢鸿喜辑释的《〈水经注〉山西资料辑释》，任根珠编的《〈清实录〉山西资料汇编》等一批地情资料丛书，为编纂新方志积累了大量珍贵历史资料。

在点校整理旧志的同时，还抓了方志辑佚工作。据不完全统计，山西旧方志有 362 种失传，陕西师范大学李裕民教授从现存大量史书、类书和方志中辑出 236 种山西旧志佚文 30 万字，定名《山西古方志辑佚》，1984 年由省志办编印。这是国内第一部区域性古佚志辑录专书。1992 年省志办还编印了李裕民教授的另一力作《晋志钩沉》。杭州大学仓修良教授在《方志学通论》一书中指出：“《山西古方志辑佚》虽仅限于山西一省，但从其规模来看，无论是种类还是字数，都是迄今最大的古方志辑佚之书。”

为推动全省的旧志整理工作，加大省、市、县三级志办旧志整理工作的力度，省志办还把旧志整理成果列入全省修志优秀成果评奖中，从而调动了广大修志人员整理旧志的积极性。在首轮山西省地方志优秀成果的三次评奖中，共有 15 种旧志整理成果获奖，分别为：省级一等奖，明成化《山西通志》；省级二等奖，明万历《太原府志》、《黎城旧志五种》、明弘治《潞州志》、清雍正《朔州志》、清雍正《朔平府志》、《〈清实录〉山西资料汇编》、《右玉旧志辑录》、清光绪《永宁州志》；省级三等奖，《山西地震历史资料汇编》、清《广灵县志》（合刊）、清光绪《永济县志》、清乾隆《山西志辑要》；省级优秀奖，清《潞郡旧闻》、明《文水县志》。在2004年山西省社会科学优秀成果评奖中，由李裕民和我担任总点校的明成化《山西通志》获省政府优秀成果二等奖。这一成果也是1997至2004年度全省社会科学优秀成果评奖中，省内方志界获得的唯一奖项。

山西的旧志整理工作得到了中国地方志指导小组的重视，2002年第三期《中国方志通讯》以《山西省旧志整理取得显著成绩》为题，发专刊向全国交流。2005年7月中国地方志指导小组在西安召开“全国地方志系统旧方志整理与开发利用研讨会”，我应邀在会上作了题为《继承优良传统，发挥旧志功能——我省开展旧志整理工作的几点体会》的专题发言。

我于1988年9月调入省志办，担任资料处处长。资料处人手虽少，却肩负着除省志、市县志、年鉴三个专业处所承担的任务外的其他编纂任务，主要工作有编辑《山西地方志》（后改名为《沧桑》）刊物，整理旧志，编纂地情资料丛书，研究方志理论，管理图书资料等五项，旧志整理工作作为主要工作任务之一，常抓不懈。按照全省旧志整理规划，全省三级志办任务明确，“铁路警察，各管一段”，省志办重点放在省级旧志的搜集整理上。1995年5月史志机构合并后，担任山西省史志研究院地方志研究所第三编研室主任，工作任务减为旧志整理、编纂地情丛书、方志理论研究三项。2009年史志分家后，担任山西省地方志办公室旧志处处长，工作任务以旧志整理为主，兼顾编纂地情丛书，方志理论研究。2011年7月担任副巡视员后，仍负责旧志整理工作。

历年出版旧志整理成果如下：

民国《山西省志》，日译中，孙耀、孙蕾、西樵翻译，孙凤翔校订，44万字，1992年山西省内部图书准印证（92）第21号。

明成化《山西通志》，李裕民、任根珠总点校，170万字，1998年中华书局出版。

民国《山西大观》，日译中，孙耀翻译，孙凤翔审定，任根珠策划，191万字，1998年山西古籍出版社出版。

清乾隆《山西志辑要》，张仁、任根珠总点校，102万字，1999年中华书局出版。

《山西旧志二种》，包括清宣统《山西乡土记》、民国《山西风土记》，后附民国《山西省志》（日译中），任根珠点校，75万字，2006年中华书局出版。

清雍正《山西通志》，储忠君、任根珠总点校，任根珠总审校，1038万字，2006年中华书局出版。

另，清光绪《山西通志》，刘克文总点校，刘贯文总审校，1020万字，1990年中华书局出版。

现存的省级旧志中，清康熙《山西通志》，任根珠总点校，450万字，2014

年中华书局出版。唯余明嘉靖《山西通志》一部尚未完成点校整理。

是志的点校整理，由山西省地方志办公室旧志处牵头，太原师范学院文学院的教师实施。整理工作始于2008年4月，与清康熙《山西通志》同步进行。课题组成员历时两载，至2010年5月完成点校任务。经我初审后，于2011年春排校。在省志办整理的九部省级旧志中，该志是唯一一部采用繁体竖排的版本，故校对任务繁重，除旧志处人员担任初校外，后三校均由参与点校的教师们承担，进而加快了校对编辑流程。历时一年，至年底送中华书局审稿，同时我亦复审。2012年3月中华书局审稿返回后，与我复审样合汇，即进入修改付印阶段。书稿完成后，送李茂盛主任终审，至6月底书稿完成。

参与校点的人员，工作认真负责，细阅原书，校点注意理据，以他校为主，兼用本校、理校。共写出校勘记4875条，总字数达20余万字，占近百个页码，无论字数和页码，均占到成书的十分之一。原志中有总目，仅列至志书的一级卷目，为方便读者检索阅览，校点本增设了详至志书三级标题的目录。书后附有校点中参阅比对的正史、别史、方志、笔记杂著、类书、政书、目录、辞书、诗书集、诸子、经书等四百零九种参考文献书目。

是志点校起始于山西省史志研究院时期，2009年史志分家后，山西省地方志办公室主任李茂盛对是志的点校给予积极支持，分管旧志处的郑小豹书记也多次过问编纂进程并给予支持和关注。历时四年有余，编、校、审工作得以圆满完成，在此对他们深表谢意。

是志集众手之力完成，差误在所难免，敬希读者指正。

（原载明万历《山西通志》点校本，中华书局，2013年）

清康熙《山西通志》整理说明

山西作为中华文明的重要发源地之一，有着悠久的历史和灿烂的文化。在地方省志的修撰上，山西长期处于较为领先的地位。明清流传至今的《山西通志》，著名的便有六种，即成化本《山西通志》、嘉靖本《山西通志》、万历本《山西通志》、康熙本《山西通志》、雍正本《山西通志》和光绪本《山西通志》。

近年来，山西省重视旧志的整理工作，不断努力，成绩斐然，组织完成多种便于阅读流传的点校本，于 1990 年 11 月出版了光绪本《山西通志》，1998 年 11 月出版了成化《山西通志》，2006 年 12 月出版了雍正本《山西通志》。此外，2000 年 9 月还出版了乾隆《山西志辑要》。现在，又组织完成并同样在中华书局出版康熙本《山西通志》。

康熙本《山西通志》，是清代编撰的第一部《山西通志》，上承明代修撰省志的传统遗产，开启有清一代《山西通志》编撰的先河。无论在学术上，还是在资料上，该书都具有独特的不可替代的价值，是了解研究山西历史文化的基本典籍。

该志编撰的缘起，发端于康熙于十一年（1672）七月朝廷批准保和殿大学士卫周祚关于敦促各省编撰通志进呈以备汇为《大清一统志》的奏章。时任山西巡抚的达尔布，旋即遵旨责令学道编次。十三年（1674），太原府同知江南龄受命督两学教官纂修订稿。十五年（1676），又聘洪洞进士范鄗鼎订正。十七年（1678），志成减半而费竭工停。十九年（1680），穆赛尔任巡抚，会同布政使那鼐、按察使库尔康捐资倡导续修，由学政刘梅领衔编次，责成太原府儒学教授李芳蓁等进行后续事宜。二十年（1681）冬，全书最后完成。廪膳生员温敞所撰《凡例》云：“凡九越岁、五易稿而始成。”书成之后，二十一年（1682）春，刘梅将通志版籍颁付曲阳知县戴梦熊；当年秋，戴梦熊在县学旁捐资构建藏版房舍。

全书三十二卷，依次是卷一图考、卷二星野、卷三建置沿革、卷四疆域、卷五山川、卷六城池、卷七公署、卷八学校、卷九祠祀、卷十贡赋、卷十一屯田、卷十二水利、卷十三盐法、卷十四兵防、卷十五马政、卷十六帝王、卷十七职官、卷十八名宦、卷十九选举、卷二十人物、卷二十一孝义、卷二十二列女、卷二十三隐逸、卷二十四流寓、卷二十五仙释、卷二十六风俗、卷二十七古迹、卷二十八陵墓、卷二十九寺观、卷三十杂志、卷三十一祥异、卷三十二艺文。

卷首，载巡抚穆赛尔、布政使那鼐、按察使库尔康、传使焦荣、学政刘梅的《序》和曲阳知县戴梦熊的《建藏通志版籍斋小记》，并附嘉靖本《山西通志》杨宗气、王好问、熊迥、周斯盛和万历本《山西通志》祝徽之《序》，载廪膳生员温敞的《凡例》以及《目录》《纂修姓氏》，末录康熙十一年七月《礼部为遵谕条奏事》。

全书体制完备，内容宏富，不少材料取自当时实录档案和罕见文献典籍，尤其卷二十人物和卷三十二艺文，为历史学、文献学和方志学提供不可或缺的珍贵资料。

本书的整理，体例上遵照中华书局总编室草拟的《古籍校点释例》（载《书品》1991年4期）；形式上与2006年12月出版的雍正本《山西通志》相一致。

整理的主要工作是标点和校勘，旨在为读者和文史工作者提供一个便于阅读查检的本子。

标点方面需要说明的是，对引文一般加了引号，意在表明起讫，区分引文和叙述文字。古人引文，多述大意，并不严格著录原文。如要援引，自当复核原书。

文字方面，采用简体字排版。书中避讳字直接改回，俗体字、异体字据国家语言文字工作委员会的相关规定予以统一，明显的错别字如“己、已、巳”、“戊、戍、戌”等也径改，此三类情况均不出校记。

校勘从严，着眼文字，以存真为原则，即保持原貌、尊重原著，不作烦琐校勘，不做史实考订。不轻易改动原文，凡有改动，均出校记。除对没有把握决定取舍而又意义出入较大的异文外，一般不出异文校。

校勘中所用主要底本列举如下：

《山西通志》成化本、雍正本、光绪本，为中华书局出版的点校本。

《史记》《汉书》《后汉书》《三国志》《晋书》《宋书》《南齐书》《梁书》《陈书》《魏书》《北齐书》《周书》《南史》《北史》《隋书》《旧唐书》《新唐书》《旧五代史》《新五代史》《宋史》《辽史》《金史》《元史》《明史》，为中华书局点校本。

《易》《尚书》《诗经》《仪礼》《周礼》《礼记》《春秋左氏传》《春秋公羊传》《春秋谷梁传》《论语》《孟子》《大学》《中庸》《尔雅》，为中华书局1980年10月影印的世界书局《十三经注疏》本。

《山海经》，为上海古籍出版社1980年7月出版的《山海经校注》本。

《水经注》，为中华书局2007年7月出版的《水经注校证》本。

《乐府诗集》，为中华书局1979年11月出版的点校本。

《小尔雅》，为中华书局2008年9月出版的《小尔雅集释》本。

《搜神记》，为中华书局1979年9月出版的汪绍楹校注本。

《太平广记》，为中华书局1961年9月出版的王绍楹点校本。

《柳宗元集》，为中华书局1979年10月出版的点校本。

《王无功文集》，为上海古籍出版社1987年11月出版的韩理洲校点本。

《苏辙集》，为中华书局1990年8月出版的点校本。

《全唐文》，为中华书局1983年11月出版的原刊影印本。

《通典》，为中华书局1988年12月出版的点校本。

《通志》，为中华书局1978年1月影印的万有文库本。

《文献通考》，为中华书局1986年9月影印的万有文库本。

《国朝献征录》，为台湾学生书局 1984 年 12 月影印的明万历刻本。

《吕坤全集》，为中华书局 2008 年 5 月出版的点校本。

《明书》为《畿辅丛书》本。

《明会典》，为中华书局影印本。

《遗山先生文集》，为商务印书馆 1936 年影印的《四部丛刊》本。

《荆川集》《弇州四部稿》，为台湾商务印书馆出版的文渊阁《四库全书》影印本。

《天下郡国利病书》，为上海古籍出版社2002年3月出版的《续四库全书》本。

《西北之文》，为山西人民出版社 1986 年 9 月出版的《山右丛书初编》本。

此外，还需说明的是：

一、卷三十二艺文，内容繁复，卷首《序》云："爰首御制，次赋，次诗、箴、铭、颂、赞，次议、论、问、说、解、辩、考以及释疑、书、檄、序、疏表、记、传、行状、志铭、墓表、祭文、杂著，分为礼、乐、射、御、书、数六册。"包含六个子卷，依次名为礼、乐、射、御、书、数，原书在中缝标示，但在各卷之首并未标示。今在各子卷卷首卷数后分别补出礼、乐、射、御、书、数，并加括弧。

二、艺文子卷礼之《岣嵝碑》，即所谓"禹碑"，在湖南衡山云密峰，凡 77 字，后人附会夏禹治水时所刻，有多种释文，本书所据为杨时乔本，见王昶《金石萃编》卷二。此篇不加标点。

为方便翻检，重新编制目录，置于原书之前。

受山西省地方志办公室的委托，我们自 2009 年初开始工作，历时二年完成点校。对山西省地方志办公室的信任和工作中的指导、支持，表示深切感谢。同时，对在工作中给予诸多帮助的中华书局史志编辑室、中国国家图书馆古籍部的有关领导和同志，也在此表示诚挚谢忱。限于主观水平和客观条件，整理工作肯定会存在不少问题和缺失，希望专家和读者不吝赐教。

康熙本《山西通志》点校组

2010 年 10 月

（原载清康熙《山西通志》点校本，中华书局，2013 年版）

《朔州市朔城区志》序

“梅花香自苦寒来。”《朔州市朔城区志（1989—2010）》编纂工作历时四载，终结硕果，可喜可贺。此志是首轮社会主义新方志《朔县志》（1999年版）的续志，亦是朔州市出版的第一部二轮志书，为朔州市的续志编修开了个好头，具有承上启下之功。

我对朔城区的修志工作多有接触，对他们孜孜以求、继承传统、勇于创新的精神深感钦佩。2009年二轮续志开启之时，我与曹老振武一同参与该志篇目的修改，并为参编人员培训讲课。2013年我又参与志稿评审。阅稿中多受启迪，深感此志是不多见的创意之作。此志不落常规，敢破敢立，形成诸多亮点，在我看到的二轮续修县区志中可谓独具一格，给方志园地吹来一股清新之风。

卷首地图独具一格，返璞归真，令人耳目一新。重视地图的应用，是志书区别于其他书籍的重要标志。首轮志书编纂，普遍增设卷首集束彩图，彩照与地图集中编排，此种做法一直延续至二轮志书，几成定例。此志一反常规，还原志书传统做法，卷首集束彩图只放地图，且量多面广，有朔城区位置示意图、卫星影像图、地形地貌图、行政区划图、森林分布图、矿产物产图、交通图、旅游名胜古迹图、城区示意图等，达12幅之多，并根据内容需要，折页单页并用，反映地情内容之广，制图之精，在笔者所见到的志书中可谓首屈一指。值得一提的是，二轮志书全彩印本省外多有，但省内还是空白。此志全志内文插照均为彩印，是山西省二轮市县（区）志书中的首部全彩印志书，使志书印刷质量得到充分保证，同时又开启了省内全彩印志书的先河。

二轮续志编修在篇目设置上均注重突出地方特点和时代特色，力争改变千志一面的弊端。此志亦不例外，在挖掘地方特点和时代特色上下足了功夫。展现在读者面前的篇目，立足区情，真实客观地全面反映朔城区的历史与现状，颇有新意。如由县改区后彰显城区魅力的城市建设编，区域内的经济支柱产业电力、煤炭编，把握时代脉搏的旅游、农业农村、改革开放、精神文明建设编，突出乡邦文化特色的马邑文化、丛谈、艺文编，弥补前志不足的前志补遗与勘误编，等等，类此均取得醒人耳目的突出效果，真正体现“人无我有，人有我优”的篇目特色。

此志接续前志不落俗套，高屋建瓴，从多角度、多方位接续历史。如卷首的概述、大事记，各编首的无题序，政区编·建置沿革，艺文编·著述目录，人物编·人物传等篇，均追述历史，既体现两轮志书的连续性，更强调续志记述内容的完整性与独立性，还原志书的本质属性。读者不用翻阅前志，亦能了解朔城区的历史发展脉络和概貌。这样做的好处，使志书能够接续历史发展之渊源、纵贯历史发展之脉络、反映历史发展之整体、达到志书所记内容历史趋于完整的目的，志书的内在品质和学术品位得到了显著提高。二轮志书多为续志体，如何接续前志就成为首要解决的问题。有些志人由于认识上出现偏差，视断限之前为畏途，不敢越“雷池”半步，一些续志体志书“削足适履”、成为缺失历史内容的“断代志”，从而脱离了志书自身应有的本质属性，招致社会各界专家学者的诸多非议和诟病。我以为，此志的做法似可为他志参考与借鉴。目前，衔接前志、勾连历史呈现多样化的局面，虽方式方法不同，但目标一致，即在完善续志的连续性、完整性、独立性上下功夫。每种形式并非十全十美，利弊得失共存。当然，哪种编纂手法更切合方志的本质属性，更利于方志的传播与利用，还须经过读者、社会的检验。

中华民族五千多年的文明史就是人文精神的历史。方志自宋代定型以来，就成为一地域文明发展史的主要载体。重述一地域的人文历史特色，既体现志书地方性的特点，又是志书完整性的起码要求。传统志书是“文化之志”，乡邦文化与人文资料占有绝对优势。一地重要的人文历史内容，在续志编纂中不可或缺，毫不夸张地说，它是方志记述的灵魂所在。首轮新方志编纂经济唱主角，忽略了人文资料的记述。二轮续志逐步形成回归传统之趋势，经济和人文并重，尤其注重突出乡邦历史文化，增加人文资料比重，显现志书应有的本质属性。此志从“文化之志”角度立意，特设马邑文化、丛谈、艺文专编，再者如前面提到的几个重点篇章内容均贯通历史，全景展现区域内的人文历史内容，体现志书作为乡邦文献的地方文化特色，保持“文化之志”的品格，进而增强志书的可读性。是志的实践证明，经由传统实现创新，在续志编纂中也是一条值得思考的路子。

续志要拾遗、补缺、纠讹，既是衔接前志的一种方式，同时续志的连续性、独立性亦蕴含其中。就现已出版的续修志书来看，总体感觉对前志的正补工作并不是很充分，有的像蜻蜓点水，有的有补遗而没有纠误，有的甚至补遗和纠误都没有。我以为，对前志的补缺纠误，是二轮续志必不可少的任务之一，是非做不可的一项工作，切不可轻视之。此志专设前志补遗与勘误编，弥补首轮《朔县志》的遗漏与不足。补遗内容有“文化大革命”、老城古建筑、自然灾害等篇章，后缀“前志勘误表”。对“文化大革命”运动设补遗篇尤值得称道。首轮志书由于受“左”的影响，对“文化大革命”运动普遍采取用《大事记》来记述，使“文化大革命”运动的记述多有缺失，或难以反映运动全貌，留下诸多遗憾。此志的做法，既正当其时，又体现了修志工作者对党对人民对后世高度负责的敬业精神。

读志既尽，主编杜君启贵诚邀作序。我多年从事方志工作，又参与其事，实感义不容辞。乃就所悟所得，略缀数语，欠当之处，敬希编者见谅。是为之序。

西　樵

2013 年 8 月于太原

（原载《朔州市朔城区志（1989 — 2010）》，杜启贵主编，中华书局，2016 年 12 月）

《朔城志评》跋

《朔州市朔城区志（1989 － 2010）》的编纂人员殚精竭虑，辛勤劳作，广征博采，索微求隐，辨伪存真，七易篇目，八易其稿，反复打磨，终成卷帙，厚厚两大册、290 万字的志书呈现在读者面前，可喜可贺。参与是志篇目修订的省志办主任曹老振武虽已作古，但在天之灵若闻得此事，亦会欣喜异常。

是志确是一部值得推荐的志书，编纂手法不落常规，敢破敢立，在多方面有创新，形成诸多亮点，对地情的把握比较准确，对入志事物的处理比较恰当，地方特点和时代特色鲜明，反映了当代志书的水平，实践出真知，实践出理论。编纂志书评论集，不论对修志还是用志都具有重要意义。向社会宣传志书，是一项十分重要和繁重的任务。而志评，正好能够担负起这一重任。志书出版后，我向编者提出了编纂志书评论集的建议。主编杜启贵乃开明通达之人，深谙其意，欣然应允。并邀我担当评论集的主编，全权委托我承办其事。余从事编辑工作 40 余年，所编书籍亦不在少数，唯独为新编志书编纂评论集还是头一次。受邀担任评论集主编，实有诚惶诚恐之感，但又推迟不得，毕竟自己从始至终参与了是志编纂的全过程，从篇目制定、培训人员，到修改送审稿、评审稿、终审稿三稿，亦可谓不遗余力，竭力相帮。等到著作付梓，我与编者都怀着极其喜悦的心情迎接新书的面世。然“志无完志”，欣喜之余，再阅志书，冷静思考，感到对编纂工作进行认真总结，对志书的成败得失进行细致分析，十分有必要。

编纂志书评论集，是为建立方志批评学“大厦”添砖加瓦的好事，对社会主义方志学理论体系的形成、充实和发展具有重要的意义。它对于培养修志队伍，总结经验教训，促进方志理论研究，指导修志实践，提高志书质量，扩大志书的知名度，发挥志书的社会功能，都是十分重要的。

本志评的组稿工作始于 2015 年 9 月下旬。经我联系，参与撰写评论的有京、津、沪、黑、冀、豫、鄂、赣、皖、浙、闽、粤、黔、滇、秦、晋等 14 省市的 30 多位全国志界同人，参评人员覆盖面较广，其中中国地方志学会学术委员达 15 位之多，占到学术委员的近二分之一，以及中指组、科研院所、大专院校的专家学者和志界同人等。到 2016 年 2 月底收齐评论文章，历时 5 个月。由于给予写评论的作者较充裕的阅读时间，使作者对志书深入了解，从而也使评论稿的质量得到保证。编辑工作随到随编，3 月上旬排校成稿，中旬交付中华书局审定。评论稿由于得到国内志界同人的鼎力相助与参与，才得以按原定时限圆满完成。

评论集共分为四大板块：第一部分“志书评论”，为主体内容，汇集专家学者的 39 篇评论文章，编排顺序按收稿先后并结合姓氏笔画排列，不尽合理，特此说明；第二部分“经验总结”， 汇集志书主编、总纂以及志办主任的总结性文章，便与读者了解志书编纂过程以及经验总结与交流；第三部分“志稿评审”，摘选了2013年7月参加志稿评审会中四位评审人员的评审稿，便与读者了解从评审稿至成书时的修改过程；第四部分“附录”， 选录了志书中的序言、篇目、概述、后记，便与未睹志书的读者了解是志的梗概。尾缀“朔州市朔城区志勘误表”，给读者以提示，避免以讹传讹。

在编纂评论集的过程中，主编杜启贵积极筹措出版经费，并与我框定评论集构架与内容，并审阅全书；总纂王雄一与常凤霞主任参与校对文稿并负责通联工作，使我免除后顾之忧，使评论集编纂得以顺利完成。我感谢省志办李茂盛主任审阅全书，提出不少修改意见，并抽暇为评论集撰写热情洋溢的序言，使评论集锦上添花；感谢省志办焦永萍、任小燕、冯翠兰三位处长帮助校对文稿；我更衷心地感谢39位专家、学者的积极撰稿，为方志园地增添一朵新葩。

由于时间仓促，编辑水平所限，书中缺憾、差误在所难免，恳请专家、同人及读者不吝赐教。

西　樵

2015年3月

（原载《朔城志评》，西樵主编，中华书局，2016年12月）

《太原市晋源区志》 序

第一部《太原市晋源区志》公开出版了，这是晋源地方史上的重大事件，是值得海内外所有晋源籍人士同庆同贺的。

晋源区旧为太原县地，素有修志传统，史上多有志书编纂，现存历代旧志有：明嘉靖《太原县志》，高汝行纂修，嘉靖三十年（1551）刻本；明天启《太原县志》，屈钟岳增修、石鼎亨增纂，天启六年（1626）刻本；清雍正《重修太原县志》，龚新、沈继贤修、高若岐等纂，雍正九年（1731）刻本；清道光《太原县志》，员佩兰修、杨国泰纂，道光六年（1826）刻本；清光绪《续太原县志》，薛元钊修、王效尊纂，光绪八年（1882）刻本。除此之外，民国年间乡绅刘大鹏还有《太原县柳子峪志》《太原县明仙峪记》《晋祠志》等著述存留于世。这些旧志和著述，为追寻晋源的历史渊源和传承历史文脉提供了极为珍贵的资料。

编修方志，代为相继，泽被后世。为继承发扬中华民族编史修志的优良传统，充分发挥地方志“资政、教化、存史”功用，2011年，中共晋源区委、区政府遴选贤才，举全区之力，编纂建区以来的第一部区志，不仅具有开创之功，而且具有承上启下之用。新志上限追本溯源，下限截止于2010年底。它不但记下了太原幼年时代的风光，同时也记下了新成长起来的晋源区风采。编纂人员五历寒暑，六易其稿。志书全面反映境域从自然到社会、从历史到现状的发展历程，真实再现晋源人民在改革开放大潮中再铸辉煌的历史。志书体例严谨，记述简明，述、记、志、传、图、表、录一应俱全，全志设三十一编，计百余万字，洋洋洒洒，厚重典雅，堪称晋源之百科全书，称它为城市区志中的上乘佳作，也不为过。它可作施政之助，为各级领导决策提供科学依据；可作乡土教材，激励今人，启迪后代；亦可慰游子思乡之情，聊作寻根指南。

太原是我的故乡，在青年时代就留意故乡的乡邦文献。我曾于“文化大革命”期间就读于太原五七学校师专中文系（校址在晋源旧县城内），其后又与晋源女结为夫妻，与晋源有一种剪不断的情结。从事方志编纂工作之后，曾应邀担任《太原风景名胜志》的特邀主编，参与首轮《太原市志》的编纂和评审，担任《太原市南郊区志》的特约编审，同时也参与了多部市属区县志书的评审。为编纂或评审诸卷书稿，遍访域内名流耆宿，兼及私家收藏。所以对晋源文献掌故稍有所闻。余从事编辑工作四十余年，其中地方志工作近三十年，退休后仍痴情于方志研究工作。在国内方志界，各省市区对新方志编纂，尽管理论、方法、风格有所不同，方法各异，但志界有一个共同的认识，就是真实性是志书的生命；有一个共同的心愿，就是要把志书编成一部信史，给后代留下一笔真实的资料。我应邀参与是志的终审，细细阅读了《太原市晋源区志》全稿，区志办诸位同人深明此义、力求做到实事求是，尽可能做到客观、真实、全面。

审阅修改《晋源区志》稿一年有余，细细品味，感到是志有如下优长：

其一，篇目采用新“三宝体”体例结构，旧体翻新，别具一格。志书自南宋基本定型之后，出现有总纲系目体、多目体、编年体、史志体、三书体等多种体例的志书。当时的志书已运用录、图、表、志、传等多种体裁。清代著名学者孙星衍认为这是“体例最佳”的志书。后世志书大体就是沿着这一格局向前发展的。清代方志大家章学诚创立三书体（由“志”“掌故”和“文征”三部分组成，即三种体裁），对后世影响很大，被认为是封建社会最完备的志书体例。总纲系目体源自南宋周应合纂修的景定《建康志》，明代唐枢根据孟子所说“诸侯之宝三：土地、人民、政事”，将他编纂的《湖州府志》分为土地志、政事志、人民志三门。陈鍪、王一龙的《广平县志》分为土地、人民、政事、文献四纲。清康熙赵弘化《密云县志》又分为天文、地理、人事三纲。乾隆杜延甲的《河间府志》分为舆地、宦政、人物、典文四志。这种体例称之为“三宝体”，系由总纲系目体演化而来。“三宝体”自明代形成之后，虽未形成志书体例的主流，但采用此体编纂志书的代不乏人。以“三宝体”承载一方之全史，既符合人们的认识规律和思维习惯，也合乎纂志用志的逻辑顺序。在新方志二轮编修中，河北省《井陉县志（1985—2004）》采用暗“三宝体”体例结构，《涉县志（1991—2011）》采用明“三宝体”体例结构，均取得突出效果，使“三宝体”焕发出新的光彩。

《太原市晋源区志》亦采用了新“三宝体”体例结构模式，篇目（暗）分为地、人、事三大板块，是对旧志“三宝体”的继承和发展，自成序列。第一大板块“地”，分设政区、自然环境、晋阳古城、晋祠、城乡建设、交通邮电六编。第二大板块“人”，分设人口、民情习俗、方言谣谚、居民生活、人物五编。居民生活单独立编，并与人物编并列，突出了“人”在志书中的主体地位，彰显了人本、人文思想。第三大板块“事”，以暗隐经济、政治、文化三个门类划分，经济门类分设经济综述、农业、水利、工业、商业贸易、财税金融、经济综合管理七编。首立经济综述编，统领经济门类各编，便于读者了解一地之经济全貌；尾缀经济综合管理编，首尾相顾，经济门类总分结合、一览无余。政治门类分设共产党、党派群团、政权政协、综合政务、政法、军事六编。是志为通纪体。共产党升格单独立编，既体现详今略古原则，又强调共产党突出的领导地位，与续志体志书篇目设置相契合。文化门类分设教育、科技、文化、医疗卫生、体育、文物旅游、艺文七编。“事”按三个门类划分，符合中指组《地方志书质量规定》“篇目设置符合‘事以类聚’、‘类为一志’的基本要求”。各门类设编均衡得体，虽非独创，但自成一格，克服畸轻畸重之弊端，给人以赏心悦目之感。

其二，地方特点和时代特色突出。志书突出地方特点和时代特色，是二轮续志编修中志界同人比较一致的共识，改变首轮志书过分强调按逻辑分类而导致千志一面的窘境。从《太原市晋源区志》的篇目看，编纂者在突出地方特点上，可谓煞费苦心。晋阳古城、晋祠分别升格立编，体现出人无我有、人有我优的自身特点。晋阳是中国北方最著名的历史名城之一，具有悠久的历史和灿烂的文化，2001年晋阳古城遗址被列为第五批全国重点文物保护单位，2010年晋阳古城遗址被列入第一批国家考古遗址公园立项名单；晋祠为中国现存最早的皇家园林，享誉中外。晋祠价值的唯一性，突出体现在其祠庙园林所传承的历史信息及其文化内涵。它见证了中国西周初期封侯而中华人民共和国成立、封地而中华人民共和国成立的社会沿革和宗法制度，同时也集中展现了中国宗庙祭祀与民间崇祀的传统文化。1961年晋祠被国务院公布为第一批全国重点文物保护单位，1990年被评为山西省十佳旅游景区，2002年成为全国首批AAAA级旅游风景区。此二者是晋源区最突出的历史文化遗存，视为地方特色类目作升格处理，采用新“三宝体”体式，使晋阳古城、晋祠二编位置前移，浓郁的地方特色跃然纸上。

时代特色鲜明。晋源区是1998年建立的新城区，至志书断限2010年仅13年时间。至志书截稿时的2016年，18年间，晋源区新城创建，旧城翻新，蒙山大佛再现，晋阳湖城市中央公园傲然崛起，市内第一座体育公园建成并投入使用，省、市两座医院在境域落地生根，人民生活步入小康……为了使改革开放这一历史时期发生的事物能够得到较完整的记述，使人看到晋源社会经济的巨大发展变化，是志根据改革开放的时代要求，增加和突出居民生活、经济综述、经济体制改革、精神文明建设、基础设施建设、文物旅游等内容，对民主施政和廉政建设、私有制企业的发展也有所记述，突出展示了时代精神。

其三，注重人文历史的记述，着力打造“文化之志”新品味。笔者在《朔州市朔城区志·序》中曾言：“地方志是一地域文明发展史的主要载体。重述一地域的人文历史特色，既体现志书地方性的特点，又是志书完整性的起码要求。传统志书是‘文化之志’，乡邦文化与人文资料占有绝对优势。一地重要的人文历史内容，在续志编纂中不可或缺，毫不夸张地说，它是方志记述的灵魂所在。”首轮新方志编纂经济唱主角，有的经济部类篇幅甚或超过了志书篇幅的半数，志书各门类比例严重失调，人文资料降到了次要的地位，似有矫枉过正之嫌。二轮续志逐步形成回归传统之趋势，经济和人文并重，尤其注重突出乡邦历史文化，增加人文资料比重，显现志书应有的本质属性。晋源是历史文化名邦，文献浩瀚，名人辈出。是志从“文化之志”角度立意，除在“地”板块设立晋阳古城、晋祠专编外，在“人”板块设立人物、民情习俗、方言谣谚编，“事”板块文化门类设七编，设编数与经济门类相等，显现出主编有意强化文化门类的编纂意图。

旅游业是近几十年来崛起的新型服务业，既是一项事业，又是一项产业。首轮志书断限于20世纪80年代中期或90年代初，旅游业正处于开启之初，再者修志人员对旅游业迅速发展的前瞻性不够，所以对旅游业的记述不足，多数志书只是在资源或文物胜迹编中设章节对景点加以记述，单独设编的较少。作为二轮续志而言，从本地实际情况出发，凡能立编的均应单独设置。一地旅游和旅游业极具个性特征和地方特点，最具有吸引力，在志书篇目中应得到充分体现。以山西市县续志为例，二轮已出版的20余种将旅游升格为编的几乎占到了一半。设编总数即超过了首轮志书设编数的总和（首轮市县志有 7 部志书设旅游编）。晋源地域文物遗存虽富，但旅游业还处于起步阶段，故依据区情实际，在文化门类中设置了“文物旅游”编（文物中的晋阳古城、晋祠已升格立编，文物编内容略显单薄），分立“文物”“旅游”二章。“旅游”章分列景点景区、服务设施、旅游开发、旅游管理 4 节，记述晋源区自建区以来旅游业的发展变化，显现出志书鲜明的地方特色和时代特征。

艺文志既是一个地区人杰地灵、人文荟萃的集中体现，又是一个地方文化是否发达的重要标志。艺文志的编修，有助于增强人们对家乡的自豪感和热爱之情，激励人们与时俱进，奋发有为，献身于地方文化事业建设。在旧志中，艺文志是垫底的一类，且篇幅较巨，这是因志书是一地人文历史的载体和传承者，旧志重艺文即是这一思想的体现。首轮新志编纂对艺文志有所忽视，且多数志书缺此类项，这不能不说是个缺憾。二轮续志将艺文单独立编，逐步形成共识。我以为，这是使志书编纂返璞归真的具体表现。地方志是最重要的乡邦文献，传承地域文化是志书的主要职责，而艺文志是担当这一职责的重点篇章之一。改革开放发展到今天，更显现出文化在经济与社会发展中发挥出的重大作用。是志单设《艺文》编，分列著述存目、诗词、散文、碑碣 4 章，收录内容古今并重，反映出一方文献的全面性和权威性，既显现志书乡邦文献的本质特征，又提升了志书的文化价值和学术品位，值得赞赏。

其四，重视述体应用，概述篇与编首无题序的撰写颇具特色，志书的著述性、整体性、系统性得到显著增强。概述篇的创立者董一博曾说：“一篇好概述，当为志书增色五成以上。”著名方志专家来新夏对董一博的这一说法尤为赞赏。由此可见，概述篇是志书中最为重要的一篇，它的作用绝不可低估与小视。概述篇是志书的“窗口”，既可以解一地的地情，也可看到主编把握地情的能力，还可欣赏到主编的文笔文风，进而对一部志书的质量有个大致了解。笔者浏览了多部志书的概述篇，感到现今概述篇存在几大弊端：一是篇幅不受限制，有任意拉长现象，超万字甚或两三万字的概述篇屡见不鲜，阅读费时费力，其效果大打折扣，与作者的愿望背道而驰。笔者一贯倡导概述篇文字要凝炼，篇幅要精悍，应控制在万字以内，最好 6000—8000 字打住，读者用个把小时即可阅览全文，其效果最佳。二是概述篇文中加序号比较随意，从头至尾用序号分割，忽略了开头段与结尾段的独立性，既不符合东方人作文的传统习惯，又缺乏文章的首尾呼应，使得概述篇在写作章法上不甚完满。三是“新八股味”较浓，缺乏作者的独立思考，大段引用政府工作报告等现今官场的“御用”文字，削弱了文章的可读性。四是地方志书被称为“一方之全史”“一方之全书”，而二轮志书多为续志体，正文内容极少涉及一地域断限前的重要人文历史内容，所以对于统摄全书的概述篇（包括大事记、人物志）而言，理应承担起勾连限前人文历史的“使命”，实践中的续志体（断代体）志书概述篇绝少记述限前人文历史内容，使志书与应有的本质属性渐行渐远，多为世人所诟病。这四大弊端是影响概述篇质量的关键所在。

《太原市晋源区志》为通纪体，概述篇采用浓缩式与策论式的结合体式，全文6900字，篇幅适中，通篇不加序号，一气呵成。文章的起首段与结尾段分别用两首词展示，首尾相顾，立意新颖，完满成篇，从形式上给人以规整的美感。正文分为五大部分，首述悠久历史与建制沿革；次记地理概貌、自然与旅游资源、文物名胜；三叙杰出英才与斗争精神；四写新中国成立61年来经济与社会的发展变化，重点放在1998年晋源区建立后，分述新城创建、经济总貌、产业结构、城乡建设、社会各业发展变化；五议优劣之势。全文贯通历史，脉络清晰，内容充实，特点鲜明，语言凝炼，完满成篇，从内容到形式均具有独创性，真正起到概述篇介绍一地的大势大略，整体区情跃然纸上。笔者曾提出概述篇在功能上要“鸟瞰全志、概括总貌，沟通各业、形成主体，揭示规律、因果相彰，扬长避短、开发优势，省时捷取、方便概览”；特点归纳为“概括性、整体性、科学性、规律性、可读性、导引性”；内容归纳为“总述全貌、综述历史、体现特点”。通观该篇文章，在概述篇的功能、特点、内容诸方面均较合体，可称之为较优秀的篇章。

志书的著述性、整体性，在述体文字上表现得尤为突出。概述篇与编首无题序是新方志中主要的述体文字。二者应运如何，直接关系到志书的整体质量。概述篇是首轮新方志编纂中创设的篇章，新方志基本形成共识，凡志必有概述篇。编首无题序始于旧志，首轮新方志虽有应用，但未普及，说明撰写编首序有一定难度；二轮续志编首序应用的普及面有所扩大，写作手法出现多样化。《太原市晋源区志》的编者特别重视述体的应用，除“概述”篇外，该志在各编之首均设无题小序，篇幅控制在1个页码之内，全志统一，给人以整齐划一的美感。编首无题小序行文采用虚实结合和夹叙夹议的写作方法，提纲挈领地浓缩该编的精华，概略地展现该编的轮廓，简练地勾勒出地方特点和时代特色，使读者从中掌握和了解该编之大要，编首小序的功用得到有效发挥。

是志在编纂诸方面均有所创新，值得赞赏。然志无完志。晋源是新建区，由于受人员、资金及编纂方法等主客观条件的制约，建区前各类事物的统计数据难以从旧建置中剥离，加之基层单位历史资料保存匮乏，各类数据资料多有欠缺或不足之处，难得完满，有待下届修志时加以补充完善。

《太原市晋源区志》的编纂，动员力量之众，搜集资料之多，编辑成稿之谨，在晋源方志史上实为前所未有，是以其成就卓著，殊非偶然。我忝为学术指导，志书光辉，余亦有荣，捧读志书，欣喜万千。心中感奋，特为之序。

西　樵

2016年12月于寓所

（原载《太原市晋源区志》，太原市晋源区志编纂委员会编，主编阎千金，中华书局，2017年9月）

《西峰区志》序

志者，记也。纂史修志，是一项庄重、严谨、流传后世的伟业。邑有志，乃文化昌隆之像。“治天下者以史为鉴，治郡国者以志为鉴。”诚哉斯言。以志为鉴，可知兴替，可明得失。《西峰区志》编纂历时数载，终成卷帙，今日付梓，可喜可贺。

城市区志是一个特殊的类别，与市志、县志多有不同。《西峰区志》借鉴首、二轮志书编纂经验，秉承志体，明古详今，客观真实，系统全面，可圈可点之处颇多。习近平同志曾指出：“只有坚持从历史走向未来，从延续民族文化血脉中开拓前进，我们才能做好今天的事业。”《西峰区志》确是一部观点正确、体例完备、内容翔实的社会主义新方志。客观公正、实事求是地记述了西峰的历史沿革，西峰人民的艰辛历程和奋斗业绩；展示了西峰人民从苦难走向幸福、从贫穷奔向富裕的历史画卷，给人以睿智和启迪、亢奋与欢欣。

丙申年夏月，余受中指组委托，应邀参加《西峰区志》稿的评审，读志颇多领会。是年末志书付印成册，主编刘强先生诚邀作序。余谨择其要，粗加梳理，深讶是志编写历程之艰辛，阅读中颇有所得，乃勉成一序。

篇目设置遵从志体。《西峰区志》采用平头章节体，在编排形式上更接近于传统志书体例，而又有创新和发展。小编体各分志之间关系平列，各章之间分量基本平衡，容易做到事物按科学分类，给条目撰写奠定了良好基础。此种体例具有返璞归真的意蕴，深受用志者青睐和理论界认同。西峰为新建区，《西峰区志》为创修之志书，故而在篇目编排上要在“全面、系统、翔实”上下足工夫，使之成为西峰区最重要的乡邦文献，为后续志书提供参考与借鉴。《西峰区志》共设54 章分志，大致循承地理—基础设施—经济—政治—文化—社会—人物的部类格局排列，既符合现行修志的一般规律，又契合中指办《地方志书质量规定》之要求。篇目是整个志书的骨架，其设计优劣的重要意义自不待言。整个志书的框架结构符合城市区志的体例特征，从章节的设置上凸显了城市的特点与功能，可以清晰地体会到不同于县志的编纂，是以城市功能为主体的把握。各章及其序列既有相对独立的特点，又有内在的逻辑统属关系，使全志形成一个有机的整体。在篇目名称方面力求科学化，使内容归属更具地方性、时代性，从而保证了志书的高质量。

开篇概述自成一体。概述篇是志书中最为重要的一篇，其作用不可低估与小视。概述篇的倡导者董一博曾有言：“一篇好概述，当为志书增色五成以上。”笔者曾在拙著《新方志“概述”点评》一书中提出，概述在功能上要“鸟瞰全志，概括总貌；沟通各业，形成主体；揭示规律，因果相彰；扬长避短，开发优势；省时捷取，方便概览”；把“概述”的特点归纳为“概括性、整体性、科学性、规律性、可读性、导引性”；内容归纳为“总述全貌、综述历史、体现特点”。三个方面的70字口诀，同时也体现功能、特点、内容三方面的有机联结和各有侧重的导向。《西峰区志·概述》篇采用策论体与浓缩体的结合体式，全文8000余字，起首段由3个自然段组成：第一自然段交代行政区划特征，开门见山，要言不烦；第二自然段叙建置沿革，历史关节点清晰、自然；第三自然段承上启下，引出正文，顺理成章。主题内容设五个小标题统领正文：“西峰无峰，黄土之巅就是西峰”，分述高原地貌特色与境域交通状况，文笔潇洒，爱乡之情溢于言表；“西峰无水，属高原旱作农业区”，以“水”为题，详述境域为解决缺水的困境，大力开展水利建设，使农业、工业及城市用水得以解决，进而“创造了令人振奋的业绩”，讴歌了西峰人民兴修水利的创新精神；“西峰无名，朴实无华”，记物产、追史实、兴文化、叙文物，如数家珍，娓娓道来；“西峰无志，史佚载述”，探古寻源，纵述发展历程，展示城市崛起的骄人奇迹；“西峰无限，未来发展不可限量”，总括全篇，憧憬未来，前程似锦，给人以希望与信心。五项内容层层递进、环环相扣，西峰的地方特点和时代特色跃然凸显。统观全文，立意新颖，采用散文式笔法，虚实结合，重点突出，特点鲜明，自成一体。以经济发展为主线，用夹叙夹议之笔法，高屋建瓴，一气呵成，具有独创性。全文结构严谨，把握地情准确，地方特点和时代特色突出。在“概述”的写作方法上，用这种方法的很少，可以说是一个创新。概述篇的撰写成功，取决于作者对全区整体内涵和特点的认知能力和水平。这篇概述篇幅适中，知识含量大，信息质量高，将本地社会发展历史的基本脉络、基本情况、区位优势等综括而述，昭示对西峰区未来美好愿景的展望。可以毫不夸张地说，概述篇文采斐然，允称佳构。

图片应用别出心裁。图经为地方志的源流之一，旧志编排以图为先，重视地图的应用，成为志书区别于其他书籍的重要标志，进而形成传统。新方志编纂继承了这一传统并有所创新。首轮志书编纂，卷首集束彩图五彩缤纷，引人注目；一般彩照与地图集中编排，且以照片为主、地图为辅，此种做法一直延续至二轮续志，几成定例。21世纪人们进入读图时代，全彩印志书逐渐增多，新方志质量又迈上一个新的阶面。《西峰区志》卷首图一改新志罗列一堆领导人视察图片的固化套路，另辟蹊径，改照片为主为以地图为主，返璞归真，独具一格。在图的选取上独具匠心，先图后照，依次配有西峰区行政区划图、西峰区影像图、西峰区地形图、西峰区城区影像图、西峰区城区图、西峰区交通图、西峰区旅游图7幅精心绘制的地图，种类较多，既拓展了地图的内容表现空间，又使地图的信息量得以强化。版面编排根据地图内容的需要，折页单页并用，较全面地反映区貌区情，内容之广，制图之精，在笔者所见到的志书中可谓独具一格。志书地图类图像的使用量如此密集而周全，给人以极强的视觉冲击力，并起到了一图胜千言的效果，使读者在空间和方位上对西峰区的地情有了概观了解。地图之后，配有《董志塬田园风光》《西峰城区远眺》两幅跨页大幅照片，高空鸟瞰，画面精绝，气势磅礴，美不胜收，摄人心魄，乡村与城市的壮丽画面尽收眼底。其后附《〈西峰区志〉评审会议合影》《〈西峰区志〉编辑人员研讨会侧影》彩照，展现修志人的风采。卷首集束彩图体现出编排的严谨性和艺术性。除在卷首设置集束彩图外，正文中更配置有随文插图400余幅，平均每万字配图达3.4幅，在二轮续志中属于用图量较多的志书之一。随文插图的编排亦别有创意，依据画面内容酌情制作，通栏照片多有应用，画面美感得以展示，图文并茂得以实现。《西峰区志》的编纂实践证明，志书全彩印刷较内文单色印刷具有较大的优势，图文并茂不再是可望而不可即之事，可视性、可读性显著增强，且为志书质量的全面提高提供了强有力的技术支撑。

“城市建设”独领风骚。西峰成为独立的县级行政区域，起始于1985年设立西峰市，2002年庆阳市成立而西峰由“市”改“区”，成为庆阳市的中心城区，27年间一座现代化新城拔地而起，屹立在大西北的黄土高原之上。正如是志所载述，西峰仅为西部偏僻闭塞之小村镇，既无特区的政策支撑，又无自主可用之资源，却在短短数十年间，由一个村镇的自然经济状态羽化为新型现代区域中心城市，特别是建市设区以来的不到30年时间，为西峰的发展插上了腾飞的翅膀。如此变化，实为西峰人民创造的奇迹。就西峰而言，城市建设是西峰建“市”设“区”27年来经济社会发展中最重要的突出成果之一，作为庆阳市的中心城区，翔实记述城市的发展历程成为凸显志书地方特色的重要篇章之一。编者在基础设施部类单设城市建设章，对27年的城市建设作了翔实记载。该章下设城市规划、西峰镇建设、城区道路、街路巷广场命名、供水、排水、供热照明燃气、园林绿化、广场游园、雕塑、城市地标建筑、城区改造、住房、城市管理、环境卫生等15节，囊括城市建设的方方面面，且为全志章均设节之冠，是全志章均4.85节的3.1倍，远远超过设节数较多的习俗（9节）、农业（9节）、商业（9节）等章；再从所占篇幅比例看，城市建设占篇幅29页、为全志章均篇幅15页的2倍，是除人物章（87页）外，与发展与改革（33页）中国共产党（22页）等章占页并驾齐驱的篇章。该章牢牢地把握住了西峰城区的城市变化、城市功能、城市发展、城市特点，其落脚点放在了“城市”上，正像志书概述篇强调的那样：“一个经济繁荣、功能齐全、环境优美、文明开放、活力四射的新西峰在陇东高原崛起。”编者从章节设置和篇幅编排上加以强化、突出，描绘出庆阳市中心城区的崭新风貌，从中使读者感受到西峰城市化的进程是如此的迅速，建设成就昭然若揭，令人惊羡不已。

入志资料真实征信。资料为志书基础，一部佳志往往在搜求、占有及使用资料上均需要付出一定功力。《西峰区志》是一部拥有135万字的大型志书，其征引资料自当谨严审慎。资料来源，据其凡例言：“资料来源于档案、史籍、报刊及正式出版物”，“资料使用，以文字资料为据，调查口碑资料为辅”，“资料歧纷，尽力以考，去伪存真；无从考订，或资料不足，宁缺不滥”。由此可见，其资料收集之广，甄选之严。纵观全书，所引资料皆堪征信，所挖掘资料尤为全志增色。如艺文章所提供若干诗文篇章，对西峰文化论述多有补益。下设诗赋（29篇）、碑刻（7篇）、楹联（14副）3节，所收资料不仅有拾遗补阙、补益旧闻之效，亦可备研究西峰社情之参考。在附录篇中设要事辑略门，将1949年至1985年间发生在西峰境域的历次政治经济社会生活中的重大事件，诸如肃清匪特、减租反霸、抗美援朝、土地改革、农业合作化、手工业和资本主义工商业社会主义改造、肃清反革命分子斗争、反右派斗争、“国民党党团合并”案、“大跃进”和人民公社化运动、反右倾机会主义斗争、国民经济全面调整、社会主义教育运动、农业学大寨、批判“资产阶级文艺黑线”、红卫兵运动、夺权斗争、革命委员会成立、清理阶级队伍、“一打三反”运动、知识青年上山下乡、“批林整风”和“批林批孔”、批邓反击右倾翻案风、落实政策平反冤假错案、农村经济体制改革、“严打”斗争26条，分别立题记述，资政价值益显。并设专述门，该章下设北石窟寺考、万佛洞石窟、唐肃宗驻跸彭原、光绪年间西峰商铺、〈陇东报〉发展历程、“心连心”艺术团庆阳慰问演出、西峰的“正月二十”、肖金公社向阳大队农村合作医疗、东湖公园、南小河沟流域治理、阳光天湖、巴家嘴水库12条，体现“人无我有”的地方特色内容，浓郁的人文历史要事跃然纸上。是志在体裁应用、资料挖掘、内容拓展、注重人文、弘扬文化诸方面均有突出展现，在发掘资料的深度和广度上下足了工夫。譬如于工商管理章设案例4件；中国共产党章设见义勇为事例5件；公安章设案例2件，重大火灾纪实列案例3件；检察章设案例4件；审判章设案例2件；教育章设捐资助学目；卫生章设数代从医目等等。由此可见，编者在搜求与挖掘资料上用力之勤。与此同时，各章设表较多，文省而事全，志末又立“索引”，有裨读者翻检。有此数端，《西峰区志》允称精品佳作。

“善言古者合之于今，能述远者考之于道。”西峰城区乃黄土高原上耀眼的一颗明珠。区志创修，功在当代，利泽千秋。志书秉承志体，明古详今，客观真实，系统全面，是人们认识西峰、了解西峰、解读西峰最权威、最重要的乡邦文化典籍。志书的修纂，动员力量之众，搜集资料之多，采访范围之广，编辑成稿之谨，在西峰方志史上，实为前所未有，是以其成就卓著，殊非偶然。志书优长颇多，余恐挂一漏万，一序难以尽表，设有不当之处，尚乞编者、读者鉴谅指正。

是为之序。

任根珠

2018年9月

（原载《西峰区志》，西峰区志编纂委员会编，中华书局，2019年10月）

《安国市志（1990 — 2010）》序

一条太行山脉，将晋冀两省紧密地联系在一起。新方志编纂中，两省志界同人多有交流。河北省志办王广才副主任参加过多部山西市县志稿的评审，安国市志办主编于盼粘参加过《朔州市志》编纂人员的培训讲课。我退休后亦参加了河北多部志稿的评审；己亥年春节，又应邀参加《安国市志》稿的审阅。是年秋《安国市志》付印成册，主编诚邀作序，余细阅志稿，仅择其要，粗加梳理，罗列数点，乃勉成一序。

《安国市志（1990 — 2010）》的编纂人员以高起点、高目标为方向，以出精品为准则，充分运用多种体裁和编纂方式，着力真实、全面、客观、科学地反映安国市改革开放和社会主义现代化建设的宏伟业绩，收到了较好的效果。

篇目设置，自成一体。二轮续志编修在篇目设置上均注重突出地方特点和时代特色，此志亦不例外。展现在读者面前的篇目，立足安国市情，真实客观地全面反映安国市的历史与现状，颇有创意。是志采用中编体式结构，全志共设 25 编 101 章，七大部类暗隐其间。从篇目中可以看出，合理归并与他志相同类目的篇章，把重点放在突出地方特点和时代特色上。如安国是全国最古老、最大的中药材交流中心，世称千年药都。志书在经济部类将药业升格立编，翔实展示药业是安国的文化丰碑和经济支柱这一特色。在经济综览编专设特色产品章，展示安国的特色产品，浓郁的地情特色跃然纸上。把握时代脉搏的《网络信息》《政治体制改革》《精神文明建设》《社会管理》《居民生活》编，突出乡邦文化特色的《专记》篇等，类此均取得醒人耳目的突出效果。

接续历史，自立新格。二轮续志体志书如何接续前志，就成为首要解决的问题。该志衔接前志、勾连历史呈现多样化的局面。一是用述体文字接续历史内容，篇首概述勾连历史，全面展现安国厚重的人文历史内容；各分志编首无题序今古同述，反映事物发生、发展的全貌。二是用记体文字勾连历史内容，在《大事记》之后，加设《史事纪略》专篇，起到弥补《大事记》断限前内容的缺憾，进而与《大事记》合力形成较完整的历史发展线条。三是人物编突破上限，既补录前志遗漏的人物，又复载在安国历史上最著名的传记人物，彰显人才鼎盛之状。四是增设《专记》篇，其中《安国特色文化》篇章展现市域浓郁、厚重并得以传承的历史文化，《旧踪拾录》留存境域人民生产、生活的实物印迹，让人们记住乡情、乡韵、乡愁，文化价值彰显。

注重调查，广征资料。方志乃资料性著述。编纂志书收集资料，不外乎社会调查、部门提供、群书采摘、档案查阅四法，四者缺一不可。而检验一部志书的资料是否丰满厚实、生动鲜活，最主要体现在社会调查的深度与广度上。据该志

《编后记》所言，市志办自行搜集的第一手资料占到70%，这在二轮续志编纂中可谓首屈一指、难能可贵。正文中多有通过社会调查征集到的内容，如《人口》《交通邮递》《网络信息》《经济综览》《商贸服务业》《精神文明建设》《教育科技》等编均有展示。除此之外，《安国市志》重视了正文中的"附"文设置，在发掘资料的深度和扩展内容的记述角度方面，进行了不懈的追求与探索。"附"文内容量多面广，体裁多样，尤以社会调查最为突出，眼睛向下，关注民生，触角延伸到社会的方方面面，颇接地气，为编纂志书如何收集地情资料提供了极为宝贵的新鲜经验。

内容记述，全面系统。志书的记述手法离不开面、线、点的有机结合。但在实践中未能尽如人意。是志书如此重视"点"资料的搜集与应用，其立目价值均以突出地方特色的典型资料为出发点，在其他省市的二轮续志中还不多见。是志的编者下苦功夫全方位广泛搜集典型性资料，全力拓宽或延伸入志资料的记述广度与深度，从而使志书形成诸多亮点。

诸体并用，突出特色。是志在章、节、目三级层次上围绕地方特点和时代特色作文章，显现出编者编纂思想的明确定位与诸体应用的精密构思。"概述"篇文字精练简约，篇幅适中，立意新颖，特色突出，一气呵成。编首序篇幅均衡，概括得法。史事纪要另立新格，补史之缺。图表运作恰到好处，体式多样，制作精细，为实现图文并茂提供客观条件，达到文表相彰的较佳效果。尤其是将影像资料引入志书，读者复制二维码即可从多角度看到鲜活的"动起来"的音像资料，可谓编纂体例上的一大突破。

"修志贵在得人。"遴选好主编是决定一部志书质量高低的关键所在。中共安国市委、市政府聘请编纂首轮志书的主编继续担当二轮志书的编纂，可谓"慧眼识珠"。于主编勤于思考，刻苦钻研方志理论，有《于盼粘地方志理论文集》专著问世，是河北省方志专家库成员。《安国市志》可谓是专家修志的又一典型例证。

续修《安国市志》的修纂，动员力量之众，搜集资料之多，采访范围之广，编辑成稿之谨，是以其成就卓著，殊非偶然。是志优长颇多，余恐挂一漏万，一序难以尽表，设有不当之处，尚乞编者、读者鉴谅指正。是为之序。

任根珠

2019 年 10 月

（原载《安国市志（1990 — 2010）》，方志出版社 2020 年 9 月版）

《杏花岭名胜古迹》前言

2014年，太原市杏花林区地方志办公室为提高民众的文物保护意识，推动区域旅游业的发展，根据社会需求和专家倡议，决定编纂《杏花岭名胜古迹》一书，经过两年多的努力，现奉献于读者。

人类跨入“人类文明”的门槛，城市的形成是其重要标志之一。一个城市的灵魂在于文化。城市中的各类建筑遗存，是一个城市重要的不可再生的文化符号与历史标记，它见证了这个城市的历史变迁，经受了岁月的洗礼，留存着人们对历史事件、著名人物的回忆；同时，它也蕴涵着非常丰富的历史、文化、民俗、建筑、规划等多种学科内容，为各门学科研究提供着取之不尽的科学素材。然而，近年来随着现代化建设的发展和城市化进程的加快，城市的历史建筑遗存是越来越少了。

太原市杏花岭区是1998年成立的新城区，是太原市的六城区之一，至2016年底仅有19年的建区史。然而，太原是国家公布的历史文化名城，杏花岭区是太原市的中心城区之一，区境历史悠久，文化底蕴深厚，文物古迹遗存较多。城市旧建筑是太原城市建设的基础因素、基本单元，是太原古都文明、中华传统优秀文化的实体展现，是太原历史文化魅力四射的符号、名片。它们共生于1300多年前唐明镇城的始建，发展成熟于明清两代，清朝渐臻完善，民国前期是其顶峰。中华人民共和国成立后，伴随着改朝换代的社会巨大变革，特别是城市的现代化建设，旧建筑的物质形态逐步退出历史，并向文化遗产转换。在这个时期编纂记述境域名胜古迹的书籍，使其文化形态长久保存于历史的记忆中，不仅具有实证性、传承性，而且带有对太原历史文化的抢救性质，必将造福于子孙后代。

杏花岭区是太原城市的重要组成部分，追溯区境的历史，必然与太原城市的肇建、发展相共生。太原古称晋阳，是一座具有2500多年建城史的历史文化名城。早在新石器时代，太原境域内汾水两岸就有先民在这块土地上繁衍生息。黄帝时期，早在大禹之前，这里就出过一位“宣汾、洮，障大泽，以处大原”的治水英雄台骀，台骀被尊为华夏治水第一人，带领邑民治理汾水，“凿开灵石口，空出晋阳湖”，开拓了太原盆地，垦出沃野田畴，黎民称之为“汾水之神”，世代怀念，顶礼祭祀。尧舜禹时期，为唐尧故地、大夏之墟，作过尧和禹族群由北而南不断迁徙的都邑。故唐城是远古时期境域最早的城市建筑，“尧始封于唐，今中山唐县是也……后涿鹿……后又都晋阳”（皇甫谧《帝王世纪·五帝纪》）。西周时期，又成为武王之子、成王之弟晋唐叔虞的初封之地。殷商时期，境域为古唐国所在地，隋末李世民父子由晋阳城起兵灭隋建立新朝，立国名“唐”，盖由兴古唐国之意而来。大唐建国289年（618—907），立威世界，华夏族人留居海外，至今仍以“唐人”自诩。晋阳古城遗址展示了春秋末期直到北宋初近1500年的历史。这座古城从周敬王二十三年（前497）赵简子家臣董安于始建，战国前期赵国把它作为都城；秦汉时期作为太原郡治，成为北方军事重镇；西晋年间并州刺史刘琨扩建和坚守晋阳；东魏、北齐时，高氏父子以晋阳为“别都”；隋末，李渊、李世民父子从晋阳起兵，夺取天下，建立唐朝，把晋阳定为“北京”，与西京长安、东京洛阳并称盛唐“三京”，是华夏最早称谓“北京”的城市。北宋太平兴国四年(979)，宋太宗攻克晋阳灭北汉，火焚水灌，使这座存世近1500年的壮丽古城毁于一旦。三年后，宋将潘美在晋阳城北三十里的汾河东岸唐明镇构建新城，使太原的城市建设史接续了新的篇章。到明代，这座城市便发展为闻名全国的“锦绣太原城”。明代文坛领袖、曾作过山西按察使的王世贞在《适晋纪行》中记述：“太原城甚壮丽，二十五睥睨作一楼，神京不如也。”太原城不能毁灭，毁了也得重建，就因为它在中国北方的政治军事地位是无可替代的。北宋最后攻克晋阳实现全国统一，金元进占中原，明朝巩固政权，以至李自成攻克太原及太原镇所属宁武关后长驱入京，推翻明朝，清初镇压了山西发生的反清大起义后才得以稳定局势，一次又一次地表现了太原对全国局势的影响和在中国历史进程中的作用。近代以来，太原起义对辛亥革命的贡献，中共早期党组织在太原的发展，抗战初期在太原的统一战线活动，解放战争中在华北地区最后攻克太原，也都是影响深广的大事件。对宋以后的历史足迹，除晋祠外，更多的需要在市内去寻访。杏花岭区境内的拱辰门城楼、唱经楼、晋王府遗址等都是明清的身影。而督军府旧址、牺盟会太原市委旧址、太原国民师范旧址以及八路军太原办事处旧址、牛驼寨等烈士陵园、太原解放纪念馆则又记录了辛亥革命、中华民国时期和中华人民共和国诞生的历史。

自清光绪二十四年（1898）山西巡抚胡聘之在太原城北门外柏树园创办山西机器局，近现代工业始在太原出现。其后光绪三十四年（1908）晋商刘笃敬在南肖墙创办了山西第一座火力发电厂——太原电灯公司。到20世纪30年代，阎锡山创办的西北实业公司，下辖西北印刷厂、西北机床厂、西北铸造厂、西北制造厂、西北水压机厂等数家大厂在区境内，占地面积60万平方米，厂房2000余间，由此山西工业当时在全国处于领先地位。1949年太原解放后，人民政府接管这些企业，成为太原工业体系建设的基础。20世纪50年代以来，国家大规模投资，在太原新建扩建了许多大型工业企业，厂址在今杏花岭区境内计有：第十三冶金建设公司、矿山机器厂、山西机器厂（二四七厂）、晋安化工厂等，使太原逐步成为我国重要的工业基地。

杏花岭区位于太原市中心城区中部汾河东岸，与迎泽区以南肖墙街一线为界，将明清太原城一分为二，迎泽区在南，城市建设以商贸、文化设施为主；杏花岭区在北，城市建设以军政机关、工矿企业为主，还包括杨家峪、中涧河、小返3个乡。如此，形成了杏花岭区文物旅游资源有如下四个特点。其一，明清时期的山西省、太原府、阳曲县衙署，民国及新中国成立后的山西省、太原市党政机关驻地均在区境内，形成文物种类以古建筑、近现代建筑中的行政办公设施、民居（包括名人故居）较多；其二，由于明清太原城毁损严重，地面古建残存不多且呈散点状分布，其中一部分为近年修缮或重建；其三，区境自民国以来就是太原市的工业区，特别是新中国成立初期，国家投入大量资金新建和改扩建了许多大中型工业企业，曾为太原市、山西省乃至全国的社会主义建设事业做出巨大贡献。改革开放以来，随着产业转型和技术进步以及产品的更新换代、过剩的工业产能的被淘汰，出现了一批闲置的工业建筑，形成了潜在的工业设施性的新型的文物和旅游资源；其四，革命遗址和革命传统教育基地，也是杏花岭区文物旅游资源的重要组成部分。

据 2014 年统计，杏花岭区共有文物单位 106 处，其中，国家级文物保护单位 2 处（唱经楼、解放路天主教堂），省级文物保护单位 5 处（山西国民师范革命活动旧址、山西省立川至医学专科学校旧址、赵树理旧居、春秋阁、督军府旧址），市级文物保护单位 22 处（南肖墙关帝庙、浙江会馆旧址、眼石、阎氏家宅、牺盟会太原市委旧址、徐永昌旧居、王靖国公馆旧址、杨爱源旧居、督军府东花园、文殊寺、城隍庙、古圆通寺、傅公祠、山西省议会旧址、新民街东花园、浑源会馆旧址、“太原工程队”旧址、同蒲铁路管理局旧址、矿机专家宿舍、牛驼寨战斗遗址、广晋煤矿旧址、银行旧址、旧城墙），挂牌保护的文物单位有军人俱乐部旧址等 77 处。

在改革开放的大潮中，太原的城市建设日新月异。在旧城改造中，旧建筑被拆除、被改建，处于逐步消失状态，数量逐渐减少。今天的太原正向现代大都市迈进。旧城市的建筑遗迹以新的身份——“历史文化遗产”出现在城市的各个角落。杏花岭区的历史文化遗产，不仅是杏花岭区、太原市的宝贵遗产，也是中国乃至世界的宝贵遗产。为了保护太原古城的风貌，特别是保护杏花岭区境内现仍留存的历史、人文景观，太原市和杏花岭区制定了一系列法规，加强对那些有历史文化价值的建筑的保护和修缮。在此基础上，进一步宣传文物保护项目的历史文化意义，提高市民的文物保护意识，使太原市的历史文化根脉得以长久流传。《杏花岭名胜古迹》的编纂出版，为文物保护提供了基础性资料，也必将为太原的城市发展，促进古城风貌的保护，起到无可替代的积极作用。

《太原市晋源区志》概述

殷商古唐属地，春秋赵国都城；三家分晋韩赵魏，顷刻兴亡烟尘。晋祠名胜久传，盛唐北都尤荣；蒙山香霭彩云生，从今社稷澄清。一首词，道出了晋源悠久而灿烂的辉煌历史。

晋源西山石千峰一带发现的旧石器遗址，表明八千年至一万年前人类的祖先就在这里顽强地与大自然搏斗，过着聚族群居、打造石器、捕猎打鱼、采集野果的原始生活。义井古文化遗址出土的文物证明，在新石器时代，境域内汾水西岸就有先民在这块土地上繁衍生息。黄帝时期，早在大禹之前，这里就出过一位“宣汾、洮，障大泽，以处大原”的治水英雄台骀，台骀被尊为华夏治水第一人，带领邑民治理汾水，“凿开灵石口，空出晋阳湖”，开拓了太原盆地，垦出沃野田畴，黎民称之为“汾水之神”，世代怀念，顶礼祭祀，王郭村和晋祠庙内的两座台骀庙即是明证。尧舜禹时期，为唐尧故地、大夏之墟，作过尧和禹族群由北而南不断迁徙的都邑。故唐城是远古时期境域最早的城市建筑，“尧始封于唐，今中山唐县是也……后涿鹿……后又都晋阳”。（皇甫谧《帝王世纪·五帝纪》）时“尧所筑，唐叔虞之子燮父徙都之所也”（李吉甫《元和郡县志·河东道二》）；唐代李泰《括地志》有载：“故唐城，在并州晋阳县北二里，《城记》云‘尧筑也’。徐才《宗国都城记》云‘其城南半入州城，中削为坊，城墙北半见在’。”西周时期，又成为武王之子、成王之弟唐叔虞的初封之地。殷商时期，境域为古唐国所在地，隋末李世民父子由晋阳城起兵灭隋建立新朝，立国名“唐”，盖由兴古唐国之意而来。大唐立国 289 年（618—907），立威世界，华夏族人留居海外，至今仍以“唐人”自诩。

晋源，乃太原肇始之源，晋阳古城所在地。晋阳古城遗址展示了春秋末期直到北宋初近 1500 年的历史。晋阳古城虽然多为少数民族和割据政权的都城，或只是中央王朝的陪都，但建都的时间跨度之长，王朝政权更迭之多，对中国历史发展影响之大，在中国古都城市中异常突出。明末清初著名史学家顾炎武在《历代宅京记》中，将太原与长安、洛阳、开封、南京等大古都列为专篇，相提并论，太原之重要历史地位可见一斑。晋阳古城从周敬王二十三年（前 497）赵简子家臣董安于始建，战国前期赵国把它作为都城；以春秋末期“晋赵鞅以晋阳叛”以及随后的“三家分晋”为标志，中国历史进入了战国时期，拉开了中国奴隶制向封建制发展的序幕。秦汉时期作为太原郡治，成为北方军事重镇；西汉初期，汉高祖刘邦封“贤良温和”的儿子刘恒为代王，以晋阳为代国国都，“龙潜”十几年。后来刘恒即皇帝位，与其子刘启开创了历史上有名的太平盛世“文景之治”。西晋末年并州刺史刘琨长达十年的晋阳保卫战，张扬了中华民族外抗强敌的豪气。

东魏、北齐时，高氏父子以晋阳为“别都”；隋末，李渊、李世民父子在太原的“龙兴”，从晋阳起兵夺取天下，开创了享有盛誉的“贞观之治”；武则天在位时期，诏置晋阳为“北都”，到唐玄宗时诏改为“北京”，与西京长安、东京洛阳并称盛唐“三京”，是华夏最早称谓“北京”的城市。北宋太平兴国四年（979），宋太宗攻克晋阳灭北汉，火焚水灌，使这座壮丽古城毁于一旦。

北宋初晋阳城被毁灭后，于汾河之东设置平晋县城（今小店区城西村一带）。明洪武四年（1371），平晋县移至汾河之西古晋阳城南关，洪武八年改为太原县。明、清、民国，境内县级建置基本稳定，先后称平晋县、太原县、晋源县。抗日战争和解放战争时期，抗日民主政权一度建立清太县、清太徐县。中华人民共和国成立初为晋源县。1951 年 8 月，撤县建区，晋源县划归太原市六、七两个区。1954 年 1 月，六区改为晋源区，区政府驻晋源镇。1957 年 3 月，晋源区划入太原市郊区。1970 年 4 月，太原市郊区划为南郊、北郊两个行政区，境域属南郊区管辖。1997 年 5 月，太原市行政区划调整，撤销南郊区、北郊区，市区由原来 3 个城区扩为 6 个城区，晋源区为太原市六城区之一，1998 年 1 月 1 日太原市晋源区挂牌成立。

晋源区位于城市西南部，区境东有汾水纵贯南北，与小店区隔河相望；西依吕梁山脉东翼云中峰庙前山，与清徐县、古交市分界；南至姚村镇高家堡村，与清徐县接壤；北以义井东街为界，与万柏林区毗邻。东西广 20.3 公里，南北袤 23.3 公里，面积 291 平方公里，辖金胜、晋祠、姚村 3 个镇，义井、罗城、晋源 3 个街道办事处，90 个行政村，18 个社区，人口 23 万人。区委、区政府驻晋源新城。

晋源自古为钟灵毓秀之地，风光秀丽，环境优美。西依吕梁，东临汾河，南有晋水，北接市区，背山面川，山川各半。西边山有良好的森林植被和珍奇的野生动物，山区森林覆盖率近 60%。境域属暖温带大陆性气候，年平均气温 9 度，无霜期 170 天，年平均降雨量 462 毫米，日照充足，四季分明。平原盛产稻米、蔬菜，晋祠大米名扬海内外，蔬菜品种达 50 多种，南大寺藕根、王郭明韭远近驰名。西山丘陵地带为瓜果之乡，盛产水蜜桃、核桃、红枣、杏等干鲜水果，历明清至今久誉不衰。山区矿产资源丰富，煤炭储量 10.9 亿吨，石膏储量 4000 万吨，石灰石储量更丰，并有硫黄、坩土、黏土、锰、铁、铝矾土等。地表水和地下水储量丰富，晋祠的难老泉、善利泉水自古闻名于世。良好的自然条件为农业的发展提供了有利条件。

晋源地处华北西部的黄土高原之上，它的自然景观具有山岳峡谷盆地型的独特个性，别具一格。天龙山、龙山、蒙山、太山一线，群山连绵，松林如海，统称天龙山国家森林公园，还保存着天然的生态环境。5.1 平方公里的晋阳湖是华北最大的人工湖，是一个集山水风光与人文景观为一体，历史文化、特色文化和现代文明相融合的优美区域。晋阳湖水泛波，绿野平畴，稻麦翻浪，呈现出江南田园之风致。西部山地的果、梨、桃、杏，东部平川的菜园、稻田，为开展生态旅游、饱览田园风光、体验田园生活提供了大好条件。最为可贵的是，在优美的自然风景之中，名胜古迹星罗棋布，自然景观和人文景观相依相傍，融为一体，使旅游活动更加丰富多彩，令人心旷神怡。

晋源自古为都会之区，文物古迹以其历史悠久、荟萃丰富而声弥中外。“三晋之胜，以晋阳为最，而晋阳之胜，全在晋祠。”圣母殿、献殿、鱼沼飞梁“三大国宝建筑”在中国乃至世界建筑史上占有重要地位；宋塑侍女像、齐年柏、难老泉“三绝”令中外游人叹为观止；《晋祠之铭并序》《华严经石刻》《柏月山房记》“三大名刻”使古往今来之文人墨客流连忘返。祠内碧水萦绕，古木参天，殿宇堂皇，真乃“虽天上之清都，海上之蓬瀛，亦难胜此也”。还有国内七大石窟之一的天龙山石窟，现存国内最大最古老的北齐童子寺燃灯石塔，国内罕见的龙山道教石窟，世界上最早的大型石刻佛像蒙山大佛，造型别致的开化寺连理塔，以及明秀寺、张氏祖祠台骀庙、晋源文庙等。古晋阳还是许多炎黄子孙的开姓立祖之地。许多中华民族姓氏与这里有着渊源关系，是华夏 “王氏” “张氏”两大姓氏的宗祖之地。区境佛教、道教、伊斯兰教、天主教、基督教五教齐全，金胜镇西寨村的北极宫，是太原市唯一有专职道士的道教活动场所。

古晋阳文明造就了无数英才，晋源历史上人才济济，代不乏人。春秋末期董安于始筑晋阳城，首立开疆之功；晋阳邑宰尹铎固城安民，使该城成为晋国的稳固根据地。汉代王烈倡善远恶，开一代社会新风。从魏晋以来，在历代都十分显赫的张、王两大姓氏均起源于晋源，他们的子孙遍布全国以至世界，其中有相当一批著名人物。魏晋史学家王沈编《魏书》；南北朝王遵业著《三晋记》；隋代王劭撰《隋书》。唐代人文荟萃，著名诗人王翰开“边塞派”之先声；王之涣《凉州词》被誉为唐诗压卷之作；王昌龄《从军行》备受赞誉；伟大的现实主义诗人白居易更为之增辉溢彩。宋代著名画家王诜“不今不古，自成一家”；明代“双尚书”王琼辅国安疆，屡建功勋；按察副使高汝行编纂《太原县志》，惠益乡里。清代镌刻家段 绰 刻就“太原段帖”，名闻遐迩；阎若璩治学勤奋，遂成一代考据学经学大师；巡台御史杨二酉为台湾的文化教育文明进步付出了心血，政绩卓著，被台湾人民立碑颂德，至今其碑仍矗立在台南市大南门碑林。明清时期，西寨村 7 人中进士，光耀乡梓。清末民初学者刘大鹏撰《晋祠志》，著作等身，体恤民生，为反对县府苛税，曾上书南京政府为民请愿。民国时期，早期共产党人纪廷梓、周洪涛、任克定等一大批革命先烈为人民的解放事业抛头颅、洒热血。社会主义时期，更是名人辈出，全国劳动模范张进德，带领乡亲走集体化的道路，多次受到刘少奇、朱德等中央领导的接见；“西红柿大王”雷安军、温狗只，亩产西红柿居全国第一……区境先后有数百人被评为省级以上劳动模范和先进工作者。昔日名人济济，今朝人才辈出，他们以其勤劳和智慧，为人类文明和社会发展做出了卓越贡献。

晋源人民富有爱国主义和革命斗争的光荣传统。春秋时期奴隶领袖柳下跖为反抗奴隶主压迫，揭竿而起，活动于晋祠一带，遗迹犹存。战国时期韩、赵、魏三卿分晋，晋阳为赵初都城，晋阳民众反抗外来侵扰，奋起自卫。西晋时匈奴入侵，人民高举义旗，开展了旷日持久的晋阳保卫战。隋末农民领袖魏刀儿聚众十万起义，活跃在太原地区。宋初赵氏征北汉，晋阳百姓为保卫城池而战，出现“薛王出降民不降，屋瓦乱飞如箭簇”的悲壮巷战局面。明末李自成义军经太原，县城人民大开城门迎闯王。清初反清义军为抵抗外族入侵，在晋祠与清军激战五昼夜。清末南城角为太原义和团最活跃的地区之一。新民主主义革命时期，太原县是晋绥、晋察冀、晋冀鲁豫革命根据地的前哨阵地，区境人民在中国共产党的领导下，与日伪和阎锡山反动政权展开了殊死斗争。民国 26 年 (1937) 底，中共清太县工作委员会建立。翌年 1 月，清太徐抗日县政府在西山杜里坪成立；10 月，太原县第一个中国共产党支部——桃园（煤矿）支部成立，境域人民反侵略、反压迫、争自由、求解放的斗争掀开了崭新的一页。边山煤矿工人组织起矿工游击队、工人游击队，平川地区的爱国师生和农民纷纷参加革命队伍。11 年中，有 600 多名英雄儿女为国捐躯。太原县人民为支援解放战争，一年全县就征集粮食 2000 余石，棉布 800 多匹，军鞋 5000 多双，伪币 100 多万元。民国 37 年 (1948) 7 月太原县解放，这块饱受蹂躏的土地终于回到了人民手中。同年 10 月，为支援解放太原战役，全县组织担架 598 副、大车 235 辆、门板 9454 块、苇席 2194 领、檩椽 2437 根、大米 100 多万斤。晋源人民为争取民族解放做出了卓越贡献。

沧海桑田，兴衰交替。中华人民共和国成立 61 年来，晋源人民发扬光荣的革命传统，用自己的勤劳和智慧，在经济建设和社会发展上取得了令人瞩目的成就。晋源农民在建设具有中国特色的社会主义现代化农业的伟大实践中，历尽艰辛，创造出一个又一个奇迹，农业生产条件显著改善，生产水平逐步提高。特别是中共十一届三中全会之后，农村普遍推行家庭联产承包责任制，极大地调动了农民的生产积极性，农业生产走上了健康发展的轨道，农、林、牧、副、渔全面发展。1990 年，小麦、水稻亩产名列全省榜首，成为山西的稻米主要产区之一。全国“新长征突击手”雷安军创亩产西红柿 1.13 万公斤的全国纪录。金胜奶牛场奶牛单产居全国第一。区域成为太原市重要的副食品生产基地。工业起步较早，1950 年新建太原化工厂、太原化肥厂，1952 年建太原碳胺药厂。20 世纪 50 年代中期，太原市第一个总体规划将化工区设在区域境内，化学工业遂成为境域的主导产业。1953—1957 年国家共给化学工业投资 8958.2 万元。1958 年成立太原化学工业公司，是当时全国三大化工基地之一，同年建太原第二制药厂。1965 年建太原洗涤剂厂。1984 年成立太原硫酸厂。化工区主要生产合成氨、硝酸铵、复合肥料、粗甲醇、佛硅酸钠、过磷酸钙、硫酸、盐酸、苯酚等 90 余种产品，有 30 多种产品被评为国家和部省优质产品，在国内市场有较高声誉。

1998 年晋源区成立后，全区人民发扬“万众一心、奋勇争先、自加压力、苦干创新”的精神，历届党委、政府带领全区人民建设晋源新城。历经筹备、建设、发展三个阶段，投资 3.5 亿元，新城区占地面积 3.65 平方公里，工程历时三年，完成建筑面积 22 万平方米，独具“盛唐风韵、龙脉渊源、城中有景、景中有城”

风格的晋源新城初具规模。如今，一座欣欣向荣的社会主义新城在古晋阳大地巍然崛起！它是改革开放的产物，是太原市城市发展的必然结果。

综合实力明显增强。1998—2010 年，全区国内生产总值由 5.49 亿元增长到 53.06 亿元，年均增长 20.81%；财政总收入由 3177 万元增加到 3.69 亿元，增长 10.6 倍；农民人均纯收入由 3462 元增长到 7209 元，人民生活总体上达到小康水平。全区各项事业全面进步，先后获得“全国计生优质服务先进区”“国家科技工作先进区”“全省林业建设先进区”“省级计生优质服务先进区”等荣誉称号。

产业结构明显优化。全区煤矿由 90 余座缩减为 3 座，淘汰关停了一大批高污染、高耗能、科技含量低的落后企业。农业种植结构逐步优化，形成了蔬菜、苗木花卉、林果、畜牧等四大特色产业，集生产性、观赏性、效益性为一体的城市农业特色开始显现。涌现出“晋溪”牌无公害蔬菜、“天泉”牌晋祠大米、“天珍”牌无脂鸭等一批农业品牌。大力实施人畜饮水解困工程，解决了近 7 万人的饮水困难和水质不达标问题。文化旅游产业实现了历史性突破，成功举办了三届“晋之源”文化旅游推介活动，有效地提升了“晋之源”文化旅游品牌的知名度与影响力。蒙山大佛景区开发建设、对外开放成为太原市的旅游新地标。晋祠环境综合整治工程进展顺利，拆迁面积达 20 余万平方米，景区面貌发生了大的改观。明代太原县城开发扎实推进，台骀庙和明秀寺修复顺利进行。深入挖掘晋阳文化内涵，“晋祠庙会”和“晋源风火流星”被列入国家级非物质文化遗产名录。第三产业领域不断拓宽，市场建设不断完善，万国汽贸、阳光装饰等专业市场集聚效应日益明显。

城乡面貌明显改善。高速公路的通车，县乡公路的改造，景区旅游路的建成，村村通道路的建设，成为晋源对外交流联系的快速通道和城镇扩容提质的支点。大力实施“城乡清洁工程”，出动人员 10 万余人次，清理各种垃圾 59 万余立方米。大力遏制扬尘污染，累计清理煤堆、料堆等 330 多万吨，取缔集煤场 100 余个，区域生态环境进一步改善。风峪沙河综合治理一期工程顺利完工，成为全区河道建设的标志性工程。坚持不懈开展造林绿化和生态恢复重建，城市绿化覆盖率和绿地率分别达到 54%和 53%，列太原市六城区第一，被国务院批准为全国第八批生态示范区建设试点。

社会事业明显进步。坚持统筹兼顾，促进全面发展、协调发展，实现了社会事业的大繁荣。公开招聘中小学教师 200 余名，总投资 4890 万元，新建改建学校 39 所，办学条件得到根本改善。农村卫生站（所）标准化建设全面铺开，城乡医疗卫生服务水平大幅提高。2010 年，参合人数为 109004 人，参合率达 97.79%，农民个人共筹集资金 327 万元。农村大病救助、城镇居民医疗保障全面推进，人民群众看病难、看病贵问题得到有效缓解。一批农村文化活动室相继建成，群众文化生活日趋丰富。努力开发城乡就业岗位，安置下岗失业和“4050”等就业困难人员 27684 人，全区失业率控制在 4%以内。

中华人民共和国成立以来，晋源区社会主义建设成就斐然。综观晋源历史，勤劳勇敢的人民在这块沃土上谱写了光辉灿烂的篇章。今日晋源有诸多优势：辖境是开放型、多功能的山西经济中心城市太原的六城区之一，这一得天独厚的地理位置为晋源区经济发展提供了良好条件，随着经济体制改革的深入，城乡一体化的逐步实施，科技支农的不断加强，必将为晋源区的经济发展发挥更大的作用；自然资源丰富，经济基础雄厚，交通运输发达；劳动力资源丰富，有利于向工、副、商业转移，发展、繁荣第三产业。然而，晋源在前进的道路上，亦有不可回避的矛盾和不利因素：人口骤增，随着城市的扩张，耕地锐减；流动资金短缺，经济发展受到制约；各种专业人才缺乏，劳动力素质差，不适应经济发展的客观需要；行政机构臃肿，财政收入难突破人员财政的怪圈，腐败现象时有滋生。而改革开放为晋源的发展提供了极好机遇。全区 23 万人民将以更加昂扬的精神状态，紧抓发展机遇，通过传承历史文脉，推进绿色转型，对标一流，真抓实干，全力建设“人文晋源、生态晋源、活力晋源”，为把晋源区建设成经济发展、文化繁荣、生态宜居、社会和谐、人民幸福的一流新型城区而不懈奋斗。晋源区必将以崭新的风貌崛起于汾水之畔，古晋阳大地将再放异彩。

有词曰：巍峨吕梁西峙，奔腾汾水东流。晋阳古城虽难再，威名光射斗牛。青史荡尽豪杰，笑谈晋阳吴钩。前人犁田后人收，新朝续写春秋。

（原载《太原市晋源区志》，太原市晋源区志编纂委员会编，主编阎千斤，中华书局，2017 年 9 月）

诗词

学习燕居谦

1991年4月14日，参加交城县志稿评审会，几多感慨，夜不成寐，遂成此篇。

神州志苑春风润，群贤辈出数居谦。
精神洒落存风范，无私奉献志弥坚。
两袖清风贫亦乐，一世功名若等闲。
交城千载悲欢曲，百年一纂梦魂牵。

卦山柏涛吟有声，庙堂孤灯伴无眠。
博采精修穷天地，管毫千钧立真言。
斯人已去弹清泪，春华秋实遗鸿篇。
吾辈尚需勤奋勉，万花开时尽争妍。

贺《太原市南郊区志》面世

悠悠晋阳古来雄，洋洋巨著今始成。
历时数载工程浩，志林又添一精英。
鉴史资治循教化，地杰人灵颂太平。
文明新貌巧点染，春驻圣地景常新。

应邀参加湖北省方志馆开馆典礼有赠

2000年夏日，应邀赴江城参加湖北省方志馆开馆典礼，张灯结彩，群贤毕至，乃国内省级新馆第一家，引领潮流，志界兴事，可喜可贺。

夏日楚天绿映红，新开楼馆展芳容。
天边黄鹤犹增意，充栋志书倍有情。
廿载耕耘结硕果，一生奉献促繁荣。
八方宾客江城聚，九域何时众馆成？

读新编《苏州市志（1986—2005）》有识

世人日久慕江南，苏杭天堂美名传。
同侪不负名城望，翰墨飘香立真言。
改开成果出新意，总揽全书一了然。
遥寄汾源一坛酒，网师把盏倚阑干。

念奴娇·丁酉夏日赴庆阳道中

莽塬眺远，望丘壑千里，碧澄天际。
万木葱茏，飞鸟唱，谈笑风生惬意。
行迹匆匆，乘风来去，人在清凉地。
山川如画，陇东乡土历历。

岐伯建武扬德，周祖发轫，不窋精农艺。
仲淹新词填旧韵，天赐书文留迹。
丝路崎岖，牛驼疾奔，何用骑鹏翼？
思贤追古，一声吹断羌笛。

夏日西峰评稿有得

丁酉年夏日，受中指组之托，赴甘肃庆阳评审《西峰区志》稿，下榻阳光天湖生态园，虽值酷暑时节，但园内绿树绽放红花、草地绿茵繁茂，湖水碧波荡漾，荷风送爽，无比惬意，暑气顿消。

陇东董志塬，满目树苍苍。
青兰通衢傍，塬面瓜果香。
庭前红花盛，栏廊绿萝长。
卧听蝉低语，心静人不狂。
湖上荷风舞，窗下竹露响。
舞墨走龙蛇，醉心作文章。
酷天有何惧，开轩纳清凉。
欲弹清幽曲，叹无知音赏。
居食均无忧，卷帘客舍爽。
避暑清凉地，忘却汾水乡。

和世民兄·水调歌头·元日感怀

鸿雁传书久，帝都始识君。
潜心志乘，青灯黄卷但求真。
一十四春编报，二十四秋纂志，翰墨伴一生。
秉承董狐笔，仿效司马文。

夕阳近，休致临，还草根。
北国春迟，屈居斗室沐暖风。
讲学评稿撰着，佳篇良构偶成，白纸任纵横。
不改当年志，老骥再登程。

赠《山西大典》主编西樵先生

邵长兴[①]

根植沃土志乘名三晋
珠落玉盘典书传九州

赠长兴兄

邵氏长兴，长余两轮，书信交往，二十余春。志中同道，忘年至交。热心志业，建树多多，享誉志界，众口称赞。赋诗一首，遥寄吾兄。

初入方志界，即识长兴兄。
笔墨交往久，廿载度秋冬。
论著出新意，书评妙点春。
豪爽兼侠气，关外不老松。
敢领天下先，如椽笔耕耘。
补白成圣手，功德耀苍穹。
华章传后世，赞君人中龙。
遥寄一杯酒，醇香送辽东。

---

①邵长兴，民国17年（1928）出生，辽宁鞍山人，鞍山市地方史志办公室离休干部，从事新闻工作14年、教育工作22年、地方史志工作28年。主编有《当代中国志坛群英集》《中国地方志十件大事》等。

贺诚文书法展开展

兄于书法，浸淫多年，潜心修炼，终成正果。视吾兄，满目喜气，似返老还童一般，吾亦倍感欣慰，与兄同乐。感慨之余，赋一首诗，以示庆贺矣。甲申深秋，吾兄书法展开展，文瀛湖畔，鼓乐喧天。群贤毕至，同声庆贺。兄与吾同属大龙，但年长一轮。然气息相投，先新闻而后史志，结交三十年矣。

卅载识君始为文，以文会友贵交融。
花甲已过心不死，老树新芽再逢春。
众心捧月群贤至，书展一开露真容。
德艺双馨人堪赞，率真天成郭诚文。

诚文书法展贺联

（一）

古稀人生磊落坦荡世间真君子
卅载墨缘法古开新书界美蛟龙

（二）

七旬翁迷书法真草隶篆皆上品
卅一画铸汉字横撇点捺总成文

沁园春·不悔人生

手握管毫，目察尘世，胸纳百川。
痴旧志校勘，新志编纂；志坛研艺，奋力登攀。
《点评》创意，《论丛》放言，《大典》华章寄人间。
荣与辱，与少岩同列，难比先贤。

钟情绿水青山，驰八荒，回归大自然。
迷万卷藏书，披星阅览；弈林驰骋，醉心延年。
存史资政，教化育人，坚守初心志弥坚。
愿来日，纵横山右，尧土舜天。

无题二首

（一）

金玉非为宝，富贵如浮云。
居官须慎微，莫逐名利门。
堤溃自蚁穴，木折始蠹虫。
劝君勿伸手，牢守处女身。

（二）

勿嫌清俸薄，勿求论功勋。
但得贫贱乐，方此是豪雄。
要绝世人口，两袖挟清风。
山河澄正义，唯存报国心。

读史偶得

（一）

青史如明镜，兴衰溶其中。
阅世疑有眼，辨人总无声。

（二）

古来王侯业，清廉视国宝。
世乱由腐败，社稷必倾倒。

（三）

民盼清官久，偶出倍受宠。
为官识民意，勿与旧吏同。

（四）

倡廉须有法，法立奸胥畏。
往者不可鉴，来者犹可追。

（五）

千古兴亡史，污吏知多少。
春风今又度，请廉看当朝。

观诚文书法展有感

横撇点捺本单纯，腕底生风走飞龙。
心到手到情亦到，云鹤起舞现神韵。
外露内藏不经意，法古开新始贯通。
满纸烟云出精妙，萧散自然见真功。

七律·写在《山西大典》出版之际

张景孔[①]

志坛兀地起新峰，宝典堂堂三晋明。
纵贯悠悠全省史，横陈历历百科情。
盛书前哲辉煌迹，可启后昆璀璨程。
山右春秋因此厚，太行高耸大河声。

受赠《西樵方志论丛》有感
——赠任根珠先生

柳成栋[②]

晋阳自古出英贤，一颗明珠映月圆。
报海焚膏燃蜡炬，文山挖土掘甘泉。
点评概述成新著，整理志书刊旧编。
最是论丛传九域，晚霞如火展云笺。

志坛交友识西樵，千里传书未觉遥。
秋月杯盈汾水酒，冬云桥看运河潮。
未因解甲便藏剑，却为归田忙射雕。
有幸与君常会面，西湖留影印重霄。

①张景孔，民国29年（1940）出生，山东青州人，副编审。青州市史志办公室原主任、首轮《青州市志》主编。

②柳成栋，民国37年（1948）出生，黑龙江巴彦人。黑龙江省地方志办公室研究室原主任。著有《长铗归来斋文稿》《长铗文丛》等。

岁末有寄

张景孔

八骏追云丰载去，三阳开泰吉祥来。
一诗遥寄深情在，万里梅花心上开。

和景孔兄岁末有寄

绿草枯荣随风去，文友寄情雁鸿来。
肝胆相照春常在，心花润雨自然开。

赠太原老友西樵

张世民①

一头银发飘如雪，满腹经纶胸中藏。
三晋词章赖哲句，百万博文待开张。
更有实用编校论，仍期精印救时荒。
人道高才每遇妒，黑白世界也清香。

贺《运城市志》面世

文化传承久，圣贤代不乏。
铁笔书青史，志苑现新葩。

①张世民，1961 年 9 月出生，陕西泾阳人。大学本科学历，历史学学士。历任三原县委党校教员，咸阳市地方志办公室市县志科科长，陕西省地方志办公室市县志处处长、副巡视员。

十六字令三首·迎归赋

近日翻旧杂志，见早时写的一首词，发表于沧桑1997年第四期，照录如下。

归，百年沧桑难再追。雪国耻，喜迎香港回。

归，一国两制定新规。兴国计，港九暖风吹。

归，华夏一统鹊登梅。振国威，神州沐金晖。

万柏林怀古

汾河晚渡有意蕴，雁丘遗迹留慧根。
依山傍水何处好？并州西眺炊烟升。
古寺唐槐耸高岗，西山叠翠滤纤尘。
穿越春秋风雨雾，沧桑唐地觅碑文。

故乡吟

龙城霸业随风去，锦绣新区入眼来。
琼楼连片高低峙，十里长街通衢开。
生态园林繁花景，回环碧水涤尘埃。
城乡融合开新泰，如画山川任剪裁。

追忆西明古月景观

夕阳西隐夜幕垂，月门巨崖势峨巍。
弦月初露青光散，半遮半掩彩云随。
荷风晓月漾碧波，骚客文人吟几回。
西明古月堪延客，摘得村名耐品味。

广仁寺感怀

卧龙高岗耸，古刹越千年。
隋槐浓荫蔽，诵经觉无眠。
宝地风水好，高僧吐真言。
佛居清幽境，慧丰般若田。

西铭小学建校百年有感

西风东渐起波澜，变法维新诸事艰。
清帝颁诏兴学堂，兴国富民学为先。
村域重教由来久，新学开办逾百年。
并州乡村独一处，赞我先人开新篇。

西江月·晋阳怀古

殷商古唐属地，春秋赵国都城；
三家分晋韩赵魏，顷刻兴亡烟尘。

晋祠名胜久传，盛唐北都尤荣；
蒙山香霭彩云生，从今社稷澄清。

秋蕊香·晋阳吟

巍峨吕梁西峙，奔腾汾水东流。
晋阳古城虽难再，威名光射斗牛。

青史荡尽豪杰，笑谈晋阳吴钩。
前人犁田后人收，新朝续写春秋。

游天龙山

仲秋陪客陟天龙，漫山枫叶映日红。
剑峰穿霄拦归雁，山道悬空一径通。
云锁石窟仙人渺，龙出灵泉跃苍穹。
钟毓胜地垂千古，天公造物寰宇中。
沧桑更迭梵宫倾，高齐帝业一场空。
惟留石佛深山里，诵经无声伴晨钟。
世事万变莫强求，何如两袖驾清风。
只今游来情无限，东望乡关秋色浓。

游玄中寺

朝礼石壁古梵台，秋容不减盛春容。
佛法无边超国境，自有江海一脉通。
东瀛净土拜祖庭，昙鸾正法道风崇。
佛光明里情犹在，般若田中慧业丰。

游玄中寺又一首

群山四围石壁悬，底生一庙越千年。
自古景色僧占尽，香客不绝百代延。

解州关帝庙感怀

文庙武庙分西东，名震华夏备受崇。
春秋三国不同代，心存忠义一脉承。
社稷兴亡沧桑事，欲借文武振环中。
圣人逝去豪华尽，故国而今又逢春。

再谒解州关帝庙

华夏武庙处处幽，雄浑独出古解州。
圣身虽陨名不死，彻胆忠义垂千秋。

司马光墓怀古

寻胜北来到涑水，临前一望叹凋零。
君实墓荒枯叶舞，介甫碑冷昏鸦鸣。
自古聪明属帝王，治世英雄过眼空。
堪怜双星争斗苦，知己千古再难寻。
司马遗风今安在，老幼能言通鉴文。
行车匆匆无限意，春风依旧沐河东。

阳城蟒河纪游

身披翠影伫崖边，极目蟒山秀峰连。
日升三杆凝锦绣，林染七色舞蹁跹。
云缠怪石情切切，雾绕深涧意绵绵。
远离尘世心灵净，随风飘去欲成仙。

瞻云冈石窟

塞外秋日爽，西出云冈行。
远岫穿云翠，不闻悲笳声。
仙佛遗迹在，空岩幽自明。
身经离乱世，谁伴予苦吟。
栩栩飞天女，款款真人身。
异物世间少，石窟会神韵。
入中得深趣，仰俯成古今。
此景堪延客，妙手夺天工。

游永济万固寺

暇日寻古寺，遂结丽人行。
岭随曲径转，客逐乱蓬中。
僻履登陌路，艰难生汗津。
道旁珍果味，更添冶游情。
片碣遗陈迹，春秋名尚存。
殿堂均已倾，悠悠岁月深。
佛塔山岗耸，翠竹残垣平。
尘世多兴废，秋思泛古今。
荒寺野径暗，石阶苔藓明。
极目人烟处，城廓溢清音。
日斜光绮丽，霞飞遍地金。
柏古色浓郁，树染一山青。
近前留倩影，草上困乏身。
风起千峰峻，深涧乱流声。
凭高闲望久，星宿报晚钟。
回车流连意，余晖送归人。

观壶口瀑布

九曲黄河气势雄，万叠狂澜入壶中。
惊涛履地雷霆怒，云烟腾空虹霓生。
水穿南北联秦晋，山峙东西贯古今。
苍崖古刹春风里，天险凿成赖禹功。

登北岳悬空寺

巉岩凌霄汉，半壁古寺悬。
近处谒残碑，春秋有纪年。
暗径盘旋上，豁然一洞天。
梵宇清幽静，佛事绝尘缘。
明窗护暖榻，飞栈日影斜。
殿阁高低峙，参差临深渊。
云雾含山谷，翠屏松涛喧。
低首觅黄鹂，身在紫微边。

拜谒秭归屈大夫新祠有作

庚辰暮春之时，曾应邀于江城参加湖北方志馆落成典礼，余暇逆江而上，慕名拜谒秭归屈大夫祠，荒草昏鸦，屋败人稀，冷清至极，令人唏嘘不已。丁酉端午，乘船顺江而下，晨曦微露之时，抵秭归新城，新祠依山势而建，雄浑壮观。恰逢屈原祠举行祭祀大典，人山人海，气势非凡。拜谒祠堂，瞻仰贤人遗像，怀古之情油然而生。先贤忧国忧民，爱国忠君，创立楚辞，堪称诗祖，傲立世界文化名人之巅，令世人景仰。

秭归故里祀屈原，金甲飞龙舞蹁跹。
祭词高吟惊日月，汨罗清波绕地天。
离骚一曲传千载，箫鼓九唱流万年。
爱国难酬报国志，忠肝义胆还人间。

武当山游记

道教立华夏，武当首为先。
创源自鹤鸣，植根本土间。
四方拜山路，神道后花园。
神秘空灵境，亘古无双全。
七十二柱峰，三十六危岩。
三潭漾碧波，溪涧溯九泉。
九台揽胜景，十石赏奇观。
谒罢琼台观，再攀隐山岩。
莲峰拜金殿，登高临深渊。
远瞻武柱峰，神武尊容显。
纳奇呈瑰丽，处处有仙缘。
吾辈三生幸，得道望九天。

天净沙·庆城道中

深沟高岗台塬，
孤村繁树农田，
落日残霞远雁。
城楼忽现，
凤城高垒华然。

雨中探访昭化古城

丁酉五月二十日，应邀赴四川广元，在王少卿夫妇陪同下，沐雨探访昭化古城。

潇潇晨雨落，携君探古城。
昭化建置久，悠悠岁月深。
巴蜀第一县，史册有传承。
三名人地水，自古出葭萌。
四周山水绕，太极天然成。
城阙辅霸业，善政惠民生。
蜀国拥兵地，三国古城雄。
张飞挑灯战，费祎垒旧坟。
武后诞生地，坊传留慧根。
嘉陵东逝水，淘尽风流人。
白日人拱手，夜晚亮万灯。
桔柏繁华市，不想爹娘恩。
历数王侯业，兴亡化烟尘。
睹物如读史，犹闻金戈声。
城墙磐石固，道留车马坑。
商贾立豪宅，旧吏守衙门。
古井汲甘泉，书院识贡生。
蜀国第二都，处处遗迹真。
繁华代相继，明清呈繁盛。
畅游得真趣，谈笑有遗风。
民生最长久，水起又风生。
志乘书今古，铁笔任纵横。
同饮一杯酒，谢君情意浓。
他日登临时，再仿司马文。

沁园春·登昆仑山

雄踞高原，傲立边陲，统帅众山。
赞冰川奇绝，平湖潋滟；陡岩竞秀，峭谷争妍。
风神北来，雨仙南去，电母雷公任调遣。
神威立，令高山仰止，势压群关。
击石悄问苍天，是何故，巨龙留此间？
引岭峰翻浪，怪石摄魄；草木弄色，兽禽撒欢。
陡耸奇峰，巉岩壁立，阅尽春秋不改颜，
尊乎哉，着王母献酒，仙女把盏。

乙酉春观瞻布达拉宫

乙酉年春日，一行四人驾北京吉普，一路西行；过西安、兰州、西宁，从东到西穿越青海省，翻过阿尔金山，从若羌至喀什游览南疆诸县，上昆仑山抵帕米尔高原，红其拉甫闭关而返，经叶城走新藏线，翻六道达板，涉班公措，游阿里，览神山圣湖，日喀则观班禅祖庙，抵拉萨。经由新藏线返回太原。车行13500公里，历时21天，人均花费3850元。此次历险，汽车掉沟一次、爆胎四次，历尽艰辛矣。回到太原，四个外胎全部报废。但高原姿色尽情饱览，雪山冰川，高原湖泊，戈壁沙漠，大江草甸，寺庙民居，民族风情，尽收眼底。

巍峨红白殿，高踞峰峦巅。
雄壮摄魂魄，绝色震莽原。
辉煌漫殿宇，彩画连碧天。
惟肖亦惟妙，神佛塑万千。
奇珍耀眼目，异宝夺光鲜。
佛珠呈神妙，经幢伴枕眠。
唐卡迷客醉，释教显尊严。
瑶池借琼浆，普济惠民间。
信徒五体拜，僧侣吟经卷。
虔诚除百病，慈悲保泰安。
雪域藩邦驻，中华版图全。
民族睦邻好，同享盛世年。

沁园春·乾陵怀古

日月当空，江河行地，山岳凤蟠。
追女娲补天，吕后书丹；秦皇谋略，唐宗虎胆。
正统归位，神都弄权，四海俊杰任把玩。
士有叹，又皇权旁落，武曌擎天。

文韬武略双兼，宏图业，盛世续遗篇。
靠智略多谋，贤才重选；吏治变革，农桑茂然。
诗才兼备，舞文弄墨，金轮垂拱立真言。
碑无字，问后人怎记，何君钩玄？

为单位撰春联

（一）
乘东风志乘载盛世伟业
书春秋管毫润社稷民生
春色满园
（二）
春风荡漾续志新修万事备
琼花怒放司马文章千秋书
志载盛世
（三）
卅载征程董狐直笔千秋史
万卷宏文司马文章绝世才
志乘春秋

忆同窗

冬去春来二十载，梦里常忆同窗时。
晨读晨练伴晨炊，书痴情痴笑声痴。
风华正茂龙吞珠，兴学育人蚕吐丝。
费尔泼赖犹在耳，三二糊糊谁还知？
自从惜别分东西，儿女油盐费周思。
只今已过不惑年，后日更老谁识之？
时世艰难玩潇洒，同学聚会不为迟。
劝君更敬一杯酒，管他冬夏与愚智。

自画像

大名任根珠，字旺号西樵；
生于古唐地，并州西山边。
自小入蒙学，恰遇饥馑年；
难为七尺身，盖因营养缺。
“文革”遇插队，回乡苦耕田；
再入五七校，只为稻粱愿。
学成入报门，后转方志界。
青灯伴黄卷，七品延廿年；
为文卅余秋，成书千万言。
学海无涯路，正果亦难全；
大本续一个，大专并两笺。
平生惟有憾，高职未心安；
多年受其累，为图脸儿圆。
谁料鬼挡道，难得称心愿。
一年不入围，二年答辩还；
三年更干脆，行政靠边站；
四年定工资，事业又无缘。
而今潜规则，公平抛云间；
做人万般难，均受名利牵。
人生如弈棋，着错走了偏；
偷闲学棋艺，运转盼来年。

忆学友

尘世多风雨，学友常挂怀。
离别泪沾巾，相逢笑颜开。
鬓角添雪花，健身底气来。
儿孙多绕膝，生活乐悠哉。
阅尽人间事，愚智谁人裁。
再叙同窗情，胜过万贯财。

同学聚会感怀

春风今又度，岁月催人老。
同学再聚首，不嫌路途遥。
三年同窗梦，风华一代骄。
西席多教诲，不时耳边敲。
博览文史哲，马路出早操。
攀树打槐籽，果园捡猪草。
尝遍苦辣味，同锅抢饭勺。
分手奔东西，生计惹烦恼。
人生本苦短，看透总无聊。
溪河江湖海，君只饮一瓢。
淑女变老妪，后生难操刀。
不论贫与富，友情价更高。
一别四十载，团聚在今朝。
同敬一杯酒，叙旧品佳肴。

敬贺张仁老师八十寿诞

（一）

本色儒生沐风霜，翰墨春秋济世长。
襟怀坦荡千叠梦，事业崇高万重光。
品如松竹弥珍贵，笔若吴钩韵自强。
耄耋年轮焉称老，风华依旧小张郎。

（二）

五七学艺气方刚，识得尊师忘故乡。
研习三载终身利，谆谆教诲情意长。
文追淑湘师追孔，三尺讲台震一方。
桃李成蹊堪欣慰，阖家欢乐有馨香。

贺《太原日报》创刊五十周年

《太原日报》创刊于1952年，2002年报社召开五十周年纪念会，我亦应邀参加庆典活动。我与《太原日报》同龄，初出校门，即入《太原日报》做编辑工作，历时十四载。参与周六刊改周七刊，小报改大报，筹备出版《太原晚报》等事宜。今重返故地，《太原日报》已今非昔比矣。愿《太原日报》百尺竿头，更进一步。

盈尺报章天下事，扬名三晋五十春。
妙笔屡显文星动，圆毫一点报国门。
每因墨香尤思伴，重返故地念故人。
世情已逐浮云去，友谊长随天地中。
自古英雄本无主，惟有时势造英雄。
寻章摘句雕虫技，敢胜当年汉剑兄。
试玉还得三日满，识才须待十年功。
前程万里纸铺路，雏凤老凤齐振声。

附录

首修之总结　续修之指导

——读《西樵志语》

张景孔

《西樵志语》是山西省史志研究院地方志研究所任根珠同志的方志理论新著。去岁春日，我途经太原，拜见任根珠同志。在言谈中，他说将出版个人方志专集。我听了很高兴，并且约定：出版后一定寄本赐读。今年秋季，根珠同志果然寄来了他的《西樵志语》（以下简称《志语》）。西樵者，根珠之号也。我接到《志语》以后，立即欣欣然阅读起来。《志语》由方志出版社出版，全书分“志论”“志评”“志介”“志文”“诗词”“附录”等6部分，计52万余字。《志语》总结山西省旧志及首修新志的经验，议论新志续修的有关问题，内容非常丰富。而且在续修志书启动之际出版，是很有指导意义的。我读《志语》，体会多多，仅就要者，书以六端。

高屋建瓴　笔挥全局

《志语》有一个明显的特点，就是能够居高临下，大处落笔，从总体上记述事实，论述问题，具有指导全局的意义。《志语》开卷，两序言以后，便是“志论”，其开篇之文是《山西新方志事业综述》。这一开篇，简述山西省旧志编修的滥觞及成果，详细论述首修志书的发动过程、修志成果、典型人物、理论研究、志书应用、编修经验等。其中特别总结了首修新方志的四条经验，即贯彻“党委领导，政府主持”的修志体制，是保证修志工作顺利发展的关键；坚持机构到位，稳定修志队伍；发动社会力量，坚持众手成志；始终坚持把提高志书质量放在首位。之后，著者满怀激情地写道：“其中一些基本经验和做法可供今后续修志书借鉴……只要我们高举马克思主义、毛泽东思想、邓小平理论的伟大旗帜，坚决贯彻党的路线、方针、政策，努力学习，解放思想，实事求是，大胆探索，勇于创新，加强团结，无私奉献，在各级党委的正确领导下，在各级政府的大力支持下，山西省的新方志事业必将再创辉煌，山西方志人将用热忱的劳动迎接续修新方志更加灿烂的新纪元！”在这里，《志语》著者希望志书续修者借鉴首修中创造的经验，热切呼唤续修志书高潮的到来。笔力所及，挥之全局，殊有意义。再如《志语》著者对分志篇（卷、编）首“无题小序”编纂的研究，先从理论上进行全面深入的探索，而后集萃方志名家解师曾、梁滨久、刘有才、姚斌、刘伯伦等对《太原市南郊区志》卷首无题小序的评论，再后“附录”《太原市南郊区志》《壶关县志》等多部志书篇首的无题小序。从理论到实践，很有实用借鉴价值。总之，《志语》著者高屋建瓴，对“无题小序”“概述”“经济综述”等这些具有全局性的问题，都作了透辟论述，对于续修志书都不无指导作用。

突出重点　解决难点

《志语》再一个明显特点，其所论多是修志中的重点，或者是难点。对“大事记”“概述”“经济综述”等的论述即是。如对“概述”篇的研讨，“志论”部分有《新方志“概述”综说》《山西百部新志“概述”比较与研究》《〈阳城县志·综说〉评论集萃》；“志评”部分有对《阳城县志·综说》《曲沃县志·总述》《垣曲县志·概述》《大同市志·大同是个好地方（代总述）》等13部县市志“概述”的细致“点评”。这组文章宏微结合，有总有分，有面有点，有理有据，重点突出，反复论证，比较鉴别，长短自明，博采众长，阐发己见。这正如曹振武在《序》中所言：“如此聚焦一个问题，运用多种方式和体裁，精心分析，深研细究，其参考和学术价值显而易见。”故而，对于续志编写的借鉴意义自不待言。再如，《〈经济综述〉编纂浅议》一文，对于“经济综述”篇的提出、地位作用、记述内容等进行了全面论述，并且在论述中多采典型，广引众说，比较分析，阐述己见。在《续志编纂一二三》一文中，除对修志的指导思想、断限、篇目等进行论述外，更对篇目设置中的经济部分予以较为详细的议论，多有新见，堪称“承前启后之作”（来新夏《西樵志语·序》中语）。如果把这两篇文章结合阅读学习，就会大有裨益，续志工作者必能从中得到不少的启迪。

评新析旧　综为今用

《志语》还有一个特点，就是既评论新志，又研究旧志，两相结合，为续修新志服务。《志语》对于新志编写之“凡例”“序言”“概述”“大事记”“无题小序”、图片运用等都有详细论述。同时，《志语》中收有《山西旧志整理与研究》，收有为成化《山西通志》和乾隆《山西志辑要》两个点校本写的前言，还收有为九部旧《山西通志》写的简介。这样新旧志书结合予以研究，兼及继承与创新，对于续修志书者定会有很好的启发。对此，南开大学来新夏教授在该书《序》中有一段肯綮的评价：20世纪80年代修志者，侧重于创新修志，忽略旧志，而“《西樵志语》则非是，集中诸文，两不偏废。其于旧志整理者有《〈成化〉山西通志》《〈嘉靖〉山西通志》《〈康熙〉山西通志》《〈光绪〉山西通志》以及《〈民国〉山西省志》诸文对本省旧志详加评价，于各志成书缘由、卷次内容、独具特色、优缺评论以及文字版本诸端皆有所论及，于研究和参考山西旧志者当可因文求书，因书而究学，为旧志之整理与研究，继承与参考树立模式，厥功至伟”。读《志语》其文，进思其义，教授此赞，堪称允洽。

宏论微析　治学之道

《志语》另有一个特点，就是既大处议论，又纤细分析，宏微兼备，实为治学之道。文中对“凡例”涵义之研究，对志书“序言”之阐释，对方志“概述”形成之推演，对“大事记”发展之溯流，对“无题小序”形成之追研，对山西旧志编纂之综述……宏观纵横，大笔如椽，有学有识，皆具根柢。足见《志语》著者对问题研究之深，作学问用功之力。著者如果没有勤苦治学的精神，是决然达不到这样的论述深度和广度的。《志语》不仅能宏论擘画，而且能细分纤析，表现了既宏观控制又慎微精到的 良好治学精神。如对“概述”的点评，既有宏观准确的“阅后注”，又有微观精慎的“文中注”，一宏一微，妙趣横生。且看《志语》对《阳城县志·综说》最后一部分的点评。文中夹评：“注：此处缺一‘为’字，且语句也不通了。应与下几句句式相同。”文后总评：“策论展望是理性的升华，进而揭示规律，水到渠成。综论优劣得失，指明振兴之策，用五个‘变’字，将阳城未来之光辉美景展现在读者面前。非主编将县情烂熟于胸，高屋建瓴，断难作出如此精彩论断。——阅后注”。文中夹评，对一个错字、一个标点、一个衍字、一个落字，都一一做了纠正，真是精微至极！这种宏观论述中肯大气、微观操作精细审慎的治学精神，是难能可贵的。这种工作作风和为志之道，正是志书续修者们应该学习之处。

好学敬业　精神可嘉

《志语》的字里行间透露着一种深研细究的学风，显示着一股好学敬业的精神。任根珠同志虽然入志界较晚，但所取得的成绩显著，令人惊羡。曹振武先生是根珠同事，最了解根珠同志好学竞进的精神。所以，在为《志语》写的《序》中开首即书：“任根珠同志原是新闻工作者，10余年前‘半路出家’爱上方志，潜心钻研，勇于创新，有高度敬业精神和责任心。《西樵志语》是他学志书、编志刊、阅志稿、写志评实践经验的结晶，专业知识水平的展现。”读至此，记起李铁映《在全国地方志第三次工作会议上的讲话》中的一句话，他说：要“把修志真正当成一门学问和学术来做”（《中国地方志》2002年第1期）。作学问，研究学术，必须扎扎实实，一丝不苟，务求真是，这就必须得有敬业精神。《礼记·学记》云：“一年视离经辨志，三年视敬业乐群。”敬业，专心致志以事其业；乐群，乐与朋友相互切磋。通俗地说，就是全身心地投入所从事的事业。具体地讲，我们修志工作者就是要专心致志全力以赴地对待方志事业。只有这样，才能务实求真，才能保证志书的质量。任根珠同志就是这样一个人。因此，南开大学来新夏教授在《序》中深有感触地写道：“展读任君《西樵志语》文稿，确乎有学有识，耐人寻味。一气读竟，自愧暮年学殖之荒疏，深慕后起者之精进不已”；“深庆方志学界后继有人也”。续志工作就是需要这样的人和这样的精神。

两个问题　相与商榷

《志语》之学识，内容之丰富，语言之精当，令我惊羡不已。文友之间，宜诚相见，有两个问题，愿与根珠同志相商。其一，例引似太冗赘。论文中的例证是重要的，是有力的论据。《志语》中的大量征引，突现了资料性的特点，但是过多的表格和论述，就显得雷同累赘。其二，指导思想不宜入“凡例”。因为“凡例”的内涵和外延不包括指导思想的内容。以上商榷，仅供参考。

（张景孔：山东省青州市地方志办公室主任、编审；原载《史志研究》2003年第4期）

志人写志语　探索出新篇
——读《西樵志语》

李裕民

《西樵志语》是任根珠的新作，2003年由方志出版社出版。它凝结了方志工作者多年的心血，来之不易。从专业角度说，现在的各类专家多按学科分的，张三是物理学家，李四是生物学家等等，还可以按学科中的不同方向分得更细，如导弹专家等等。方志算哪个学科呢？哪个学科也不是，方志是综合型的，近乎地方型的百科全书，从诸子百家分类的话，它有点像杂家，什么都得懂一点。搞专业的可以放卫星，做出惊人的成果，方志界不可能放什么卫星，各个专业都得懂一点。各个专业都有几百年甚至上千年的研究历史，方志说起来源远流长，但社会主义的新方志从来没有人搞过，它是个新事物，有待探索。各专业都是训练有素的人才，而方志界的人都是近20年从四面八方来的。这些大概就是专业人士忽视方志的主要原因。但是，当你去接触它、利用它的时候，这些看法就会改变。方志具有其他学科所没有的特殊价值，本乡本土的人看了，可以激发热爱家乡的感情，建设家乡的热情；地方领导看了，可以很快了解乡情，制定合理的规划；各专业工作者可以从中吸取营养，研究自然环境变迁的，可从古今方志的对比中，寻找变化的规律，为现实服务。研究历史文物的，可以从中看到最新的发现，和现在保存的状况。研究民俗的，可从风俗中得到养分……总之，这是用之不竭，取之不尽的资料库。为这资料库作建设的，正是千千万万默默无闻的方志工作者，他们中有的人，如交城县志主编燕居谦，还没有见到书的出版，累死在岗位上。他们的成果应该引起大家的重视。为了这方志事业，许多人从各自的岗位转了过来，根珠早年是办报的，他很在行，办报15年，写了一本《实用版面编辑学》，被国内许多大学采用为教材。他满可以在新闻事业上做更大的贡献，因工作需要，调到省地方志办公室，一干又是15年。他干一行专一行，办杂志、搞资料，整理旧志、评审新志，行政、业务两不误。《西樵志语》就是他修志的结晶。“西樵”是他的字，“志语”就是谈谈对方志的看法，这是自谦的话。内容分志论、志评、志介、志文、诗词、附录六大类，50万言。这本书对于方志编纂者和其他专业工作者都是有用的。

上个世纪末各地修志工作告一段落，现在进入续修阶段。续修或重修怎么做为好，需要总结一下20年修志的经验和教训，根珠的这本书作了有益的探索。比如，旧志没有概述，新志因为篇幅过大，如果想很快了解概况，很困难，于是志前设置了概述，这是符合读者需要的。但到底概述应当说些什么，以多大的篇幅为宜，各志大不相同。本书对百部方志作了比较分析，将它们分为浓缩式、特点式、策论式、纵述式四大类，认为字数以 4000 ～ 5000 字为宜。此外，对凡例、序言、图片、卷首无题小序诸项一一作了探索，这都是通过各种方志的比较得出的，不是务虚的，便于修志者借鉴、操作。在志评中，对新志的文字表述，提了许多具体意见，充分发挥当年编报的特长。

各专业工作者需要利用新志或旧志的，本书也提供了许多信息。近日，一位研究历史地理学的年轻教授跟我谈起，他听说山西旧志的整理走在全国前列，于是动了研究山西的念头，但不知具体整理了哪些旧志，到哪里去买。我说：这只要看一下《西樵志语》中的《山西旧志整理与研究》，找各地方志办公室，即可解决。他非常高兴。

当然，本书也有可以改进之处，如其中不少文章曾经发表过，最好注明发表时间和刊物，免得读者误以为所有数据下限到出版前夕。如旧志整理一文，大概是前几年作的，现在还可补充几种，如民国《闻喜县志》《万泉县志》《荣河县志》，均为 1999 年出版的点校本，如果本书出版前夕，将这几种以文末作注方式补入，信息量就会更大些。

（李裕民：陕西师范大学教授、博士生导师）

当代方志学理论的重要发展
——读西樵《新方志“概述”点评》

张桂江

2008年，与我国改革开放同步兴起的新编地方志事业走过不平凡的30年历程。30年间，出版数千部新编地方志和数百部方志学理论专著。西樵先生评注的《新方志“概述”点评》（以下简称《概述点评》），就新方志概述的理论内涵与编撰实践展开全方位综合研究。这部由中华书局出版，列入中共山西省委、省人民政府制定的“2006—2010年山西省史志科学编研课题规划”的重点项目之一的170万言巨著，是山西省史志研究院近年连续推出的重要学术成果之一。这部专著从理论研究或实践运用上，以及专题选择和研究深度上，显示当代方志学经过30年的创新与发展走上更为成熟的阶段。《概述点评》是当代方志学理论带有标志性重要发展的成果之一。

“横分门类，竖写发展”是我国地方志的传统优秀体例，但也存在“独立栏界，互无关联”（董一博语）的弊端，未能体现志书的综合性和整体性。编写一本书，首要向读者交代这本书是什么内容。古代方志学家也注意到这一点，但多局限于在序跋凡例中加以阐述。南宋临安三志之一的《淳安志》在各卷之首设“小序”，是地方志在体现整体性方面迈出的重要一步。但仍不能消除志书“垣墉自守，详于门类，而不知门外”的痕迹。清代章学诚企图用“通志”来补救，亦未奏功效。民国33年(1944)，黄炎培付梓《川沙县志》，在全志之首置“导言”，“述本县大势与略史”。每卷设“概述”，“略叙本卷内容提要，不限于阐明义例”。民国时期，如同章节教科书体引入地方志一样，近代科学著作首设“绪论”之体例也影响到地方志。《川沙县志》的“导言”和“概述”，与当代新方志概述有着本质性区别，但不仅“概述”一词为黄炎培首创，这一体例在当代新方志仍加以批判继承和改进。20世纪80年代初关于概述设置的争论，在董一博三篇概述论文中作了综述并提出精辟论断。由此，“概述”以不同名称、不同体式成为新方志必设篇目。在两轮新方志的“马拉松”式接力编纂中，无论理论编研或培训授课，“概述”始终是方志界的热门课题。西樵先生长期注意这一领域理论研究。在系统掌握概述理论与实践之历史与现状后，从2002年起，以6年之功，至2007年完成《概述点评》巨著。2002年，他计划就山西的104部新市县志概述撰写一部《山西百部新志概述比较与研究》。继而拓展宏图，向全国方志同人广征新志概述，我也应约提供一些资料。除各省提供的资料或文本外，他又于2006年用两个月的时间，遍访北京、天津、四川、重庆、湖南、湖北等省市。

跨越大江南北，得到中国地方志指导小组、中国社会科学院和各省、市方志办的支持，并从山西省史志研究院收藏的 60 多部省外新市县志，包括西藏刚出版的 4 部县志中精选，夜以继日，比较研究，成此佳构。全书涵盖总论、点评和论文集萃三大部分，既有历代方志理论研究的概括，也有当代新市县志概述的综合比较，并对 31 个省、市、自治区 150 部志书的概述进行剖析。既著录全国方志学者有关概述论著集萃，也提出著者的独立见解。无论从概括的广度和研究的深度而言，无疑是当代新方志概述研究第一巨制，同时也是当代方志学植根于实践基础上的重要创新成果。

“总论”以近 20 万言篇幅作综合理论研究，又在“集萃”中以相近篇幅，选录全国方志概述论文。既能反映这一学术研究的历史演变，又有系统理论升华。著者从“概述源流”“功能与作用”“特点与内容”“名称与体式”“写作”五方面作细致而具体的深入浅出概括，以高度精练的文字阐述著者论点，便于读者迅速掌握概述理论涵盖全景，是二轮方志概述执笔人理顺思路、一步到位的难得的参考教材，同时又是方志界拓展概述理论的重要依据。本书就此作出的重要贡献有两点：一是以 150 篇概述为依托引申述评各类概述体例之利弊，具有厚实的实践基础。二是综合百家论点，反映著者独立思考，遂成一家之言。著者“一家之言”有大步创新设想，提出概述在功能上“鸟瞰全志，概括总貌；沟通各业，形成主体；揭示规律，因果相彰；扬长避短，开发优势；省时捷取，方便概览”40 个字。特点归纳有“概括性、整体性、科学性、规律性、可读性、导引性”18 个字。内容归纳为“总述全貌、综述历史、体现特点”12 个字。需要推敲的是，3 个方面的 70 字口诀，凸现著者的两种创新倾向：其一，这种全方位理论归纳既与诸家论述有衔接，又非专仿一家，更多的是著者从实践中脱颖而出的新理念；其二，三种归纳有理念的重复，但绝非著者的逻辑混乱，而是同一理念在不同领域的异化与连接。同时也体现功能、特点、内容三方面的有机联结和各有侧重的导向。著者的 70 字口诀，为新方志概述开拓了更为广阔的研究前景。可以预见，这种概括不是这一研究领域的终结，而是更为广泛深入研究的开始。

方志比较研究是我国传统方志学的一门专项学问。首轮新方志编纂中，方志界不断探索，寻求建立比较方志学的理论体系。但更有成效的是对比较方志理论的运用。《概述点评》在运用方志比较理论上作了深层次发展。最具代表性的是著者《150 篇概述比较与研究》的系统述论。这些概述“各领风骚，各具魅力”，形成全国新方志概述的“大检阅”。著者通过比较，企求在概述质量水平和多元性结构中取得突破，引导概述的研究与撰写跨上新的台阶。著者的比较有三方面引人注目的展开：一是就概述名称和篇幅，用量化办法求出适应不同类型概述的容易掌握的适中字数篇幅和布局结构。二是就概述体式归纳全国有 1 至 5 种分类法共 15 种体式的主要特征。著者进一步归并为“浓缩式”“策论式”“特点式”和“纵述式”4 种体式。著者按这种分类标准，求知“浓缩式”占 68%，可谓“概述”之“大宗”产品，但也不排除其他 3 种体式的生命活力。著者的研究进一步深入，对“浓缩式”析出主项与支项以及特色专项。著者的入微剖析，表明4种体式或15种体式都不是排斥性关系，更多的是相互包容的多元性结构体式。三是“优长与不足”和“差误辨析”是著者对150篇“概述”运用比较方志学基本原理和他已阐述的“概述”宏观理论原则作指导，在逐篇点评的基础上进行系统的量化综合，也是《概述点评》价值特大的终端产品之一。“优长与不足”的点评要之有三端：一为从内容、繁简、分段、首尾四方面作比较；二为从彰显地方特色、突出旅游特色、发挥宣传效应三方面作比较；三为从使用人称、锤炼文字两方面作比较。“差误辨析”则更为细致地从数字、史实、语言、标点四方面指疵。末附“150篇概述情况统计表”，用统计方法列出每篇概述之差误。从学术品位上评价“150篇概述比较与研究”，对于当代量化工程、系统工程等分析理论的最新观点和方法移植到方志比较研究，增强了方志学术价位。对二轮方志概述的编写来说，具有更为直接的实用咨鉴价值。

“150篇‘概述’点评”从篇幅上讲居全书主位。从学术研究价值和实用价值上似更大于篇幅的比重。本篇除全文载录118万字的文本之外，逐篇进行点评和随文笺注。这是著者付出精力最多、难度最大、工作量也特大的繁重工程。著者逐篇就其体例定位、资料采撷、结构特点、文笔功底以及数字、史实、文字、标点差误逐一笺注。除体现著者从大处着眼、小处入手的学术风格之外，还有另一层不容易做到的事。如果点评一篇概述，似乎比较容易。但将150篇点评凑在一起，又要避免“千篇一律”之嫌，就十分困难，著者却出色地做到了。究其诀窍就在于著者逐篇进行的是独立思考，穷究原委。付出巨大劳动，终于有了好的回报。著者还就其点评的综合比较作了许多精彩的注脚。例如点评《房山区志·概述》结尾语时，评语是：“用排比句的形式，总括全文，寓意深远，一气呵成，颇有气势和文采。结束句简洁明快，戛然而止，犹如美丽的凤尾，回味悠长。”点评《太原市南郊区志·概说》篇首时，评语是：“首句简练勾勒出南郊区的地貌特征，次句点出境域特色。文笔朴实，语言锤炼，有独到功夫。”古人行文讲究“龙头凤尾”。《概述点评》继承这一文章传统优秀技法有了更出色的发挥。值得指出的是著者更为入微地点出许多不应有的行文疏忽。据著者统计，虽然150篇新志概述是精选比较优秀的作品，但仅有8篇未发现文字、标点和数字的差错，这就给二轮方志撰写概述乃至全志行文敲了一记警钟。

《新方志“概述”点评》作为过去30年新方志概述的理论综合研究和对全国精选的150篇范文进行系统点评，构成当代方志概述理论研究与编纂实践的全面总结和理论升华，在二轮方志编研中将发挥更为重要的作用。其影响所及，不局限于“概述”，将促使二轮新方志从理论与实践双向上升到新的高度。无论宏观理论务虚和对体式、文字、取材以及行文规则等的点评，对二轮方志撰稿人堪作案头必备宝典。二轮新方志为适应快节奏发展的时代特点和科学发展观的需要，正面对瞬息万变的“信息时代”，探求概述在二轮新方志中出现的多元性新体式。凭借西樵先生多年来对方志概述研究的深厚功底，《新方志“概述”点评》只是他对这一课题研究的阶段性成果。可以预期，随着时间的推移，西樵先生还将有更为深入广泛研究的新颖成果问世。我谨预祝在不久的将来，西樵先生依照他治学的严谨态度和广泛的思维空间，取得包括“概述”在内的当代方志学的越来越重要的丰硕成果。

（张桂江：贵州省地方志办公室主任、编审，中国地方志学会学术委员；原载《中国地方志》2009 年第 7 期）

大视野　大手笔　志学上品

——学《新方志“概述”点评》引发的思考

邵长兴

阳春三月，学习来自三晋大地的新著——《新方志“概述”点评》（中华书局2008年版，以下简称《点评》），由衷的喜悦之情涌上心头。

首轮修志告竣，从上至下，从下至上，都反复强调要认真总结经验教训，以利再战。固然，不少优秀的工作总结正陆续面世，但就某一方面的关键课题，做大面积调查并进行深入剖析者，尚不多见。根珠先生执笔的《点评》，则是独树一帜，别开生面，令人耳目一新，堪称首轮修志涌现的学术上品之一。

学习中，偶思所及，约略记下，点滴感悟，不成章法，谨就教于志界良师益友。

思考之一：《点评》乃重大编研项目之结晶，覆盖面广，底蕴深厚，论述深刻，学术精湛，学风严谨，必将大有益于续修志书质量的提高。

且胪列数点。

其一，久经磨砺，勇担重任，以“咬定青山不放松”的精神，对号称“全志之纲”的“概述”，展开全方位探索。

列入中共山西省委、省政府制定的“2006—2010年山西省史志科学编研课题规划”的重点项目，无疑其意义非同一般，必选一位德才兼备并娴熟业务者，方能胜任。

1988年，根珠先生跻身志坛，至今整整20个年头，且不说早年在高校的苦读，在新闻岗位上苦干，只是在修志工作中的磨砺也非同凡响。他对三晋的研究，堪称登峰造极。《清实录山西资料汇编》、成化《山西通志》、乾隆《山西志辑要》、雍正《山西通志》等几部大书任总点校，《山西大典》任常务副主编，古今贯通，历史与现实融汇，进一步充实了文化底蕴，使其有能力、有胆识膺此重任。

总结首轮修志关键课题，为二轮修志提供新鲜理论依据，义不容辞，是史志工作者应有的品格，也与根珠先生弘扬方志文化，创立新说，敢为人先之初衷相吻合，于是鸿篇大展，始有此180万字的精粹之作面世。

其二，《点评》卷首的“总论”中“概述理论研究”，实系鲜花之蕊，是评注者“学”与“识”的生动体现。

欲知“概述”之今，必详知其发端与演变过程，方可窥全貌，见原委，知长短，明利弊。从源流考入手，对提出一些高见的名士，自常璩至章学诚、黄炎培、黎锦熙等人的观点，逐一列举。前人的主张和盘托出，运用述体以解决志书的弊端，大体已成共识，至于如何设，冠以何种名称，仍然悬而未决。迨至新中国首轮修志，“概述”已不是设与不设，而是如何设，以何体式，应含哪些内容等实际问题，以至从20世纪80年代初开始，在多次全国性的会议上，就“概述”有关问题展开了热烈讨论，有些市县的新编志书中还加以实验。

功不可没的是中国地方志协会副会长董一博，针对当时的争论连续发表三篇论文。对概述的缘起，历次争论的焦点，概述的本质特征、长短利弊的比较，设置的必要性，结构与写法等作了深入的论述，成为概述篇的经典之作，进一步奠定了这一体裁的理论基础。

1997年中国地方志指导小组《关于地方志编纂工作的规定》，将述体列为志书体裁之一，此后即被广泛应用。

至于“总论”的另四大部分，即概述的功能与作用、特点与内容、名称与体式，以及概述的写作，均属要义，概念明确，内涵与外延界定明确，评注者概而述之的功力，显露无遗。如综述“概述”的五大作用、六大特点、三大内容、四种体式等，评注者的学术见解也同时表述出来。如运用“笔者以为”的方式，阐明观点，从而得出结论：“实践证明，新方志借鉴并引入概述这一体例是完全成功的，也是非常必要的，首届修志二十多年的发展过程，体现了新方志在继承中创新，在创新中发展的基本规律。”

其三，篇篇点评，自成单元，各有特色，针对性强，科学性强。通过比较，从中归纳出来的八大“优长与不足”具有指导意义。

同一文题，写一篇易，写十篇易，若是写上百余篇，就非易事了。只有高手，方能举重若轻，妙笔生花。泛览根珠先生150篇“概述”点评，真如走进一座绚丽的方志长廊，既可尽情欣赏，又可仔细玩味。有所评所点的原文摆在眼前，对照起来十分方便，评注者之审视目光如何，是否恰如肯綮，明眼人一看便知。每篇点评，皆独立成文，除开头扼要介绍原文的基本内容，笔法大体相同，其余部分，则笔下生辉，优在何处，不足在哪里，用词犀利流畅，剖璞见玉，点石成金，原文与评文辉映，读者不由为两者之妙笔而赞叹，为败笔而惋惜，进而产生一窥志书全貌之雅兴。

当然，有话则长，无话则短，点评的篇幅以量体裁衣为准，但也似应考虑将汇编成册，文字量不宜相差过于悬殊。

其四，逐句逐字逐标点批览志文者，似为志书肇始以来的第一人，学风如此严谨，足为志界楷模。

一部志书问世，皆将传之千古。为各个历史阶段、各个行业的人士所阅读应用，影响深远，意义巨大。修志者必以临渊履冰之心态，专心致志进行编纂，容不得丝毫的疏失，而造成难于弥补的缺憾。

纵观一部方志发展史，对志书整个进行评论者大有人在，唯独对志文逐一批阅的却前无古人。于今，根珠先生作为第一人，填补了这一不可或缺的空白。他之所以能在志文中指出数字、史实、语言和标点差误等四大类24种差误，绝非偶然。其实这些被指出的“差错”，并非均属“疑难杂症”，而是可以称之为“常见病、多发病”的，仔细看来，除史实部分外，都是国家相关部门早有明令在前的。例如《中华人民共和国国家标准出版物上数字用法的规定》《中华人民共和国语言文字法》《标点符号用法》《图书编校质量差错认定细则》等。这些法规，志书编纂人员，从上到下，必须人人皆记清记准记牢，没有变通余地，在行文中严格遵守，稍有违背，即系“硬伤”。局部损害整体，降低了志书水平，如果参加评奖将被扣分，不可不慎。根珠先生在评注中，一一加注指出，不厌其烦，敲响警钟，诲人不倦、一字不苟的精神，值得敬佩，值得学习。

至于纠错正误的意义，无论作者或是读者，都会有深一层理解。正如前贤所言：“订讹规过，非以訾毁前人，实以嘉惠后学。”“去其疑，乃能坚其信；指其瑕，益以见其美；拾遗规过，匪为齇齺前人，实以开导后学。”请注意，“嘉惠后学”，乃古今学术研究之第一要义。有此共识，始可有“见瑕即指”之勇气，“闻过则喜”之心境，“知错必改”之行动。

其五，《点评》中三级大表，设计别致，颇具匠心，起到了“化繁为简，聚零为整，体现本质”的功用。

辅以表格，也是评注者科学诠释150篇“概述”的手法之一。事物一旦过百，往往纷繁复杂，令人眼花缭乱，不得要领，何况是“概括全貌，统率全志”的志书“总纲”。在介绍其各自的内容的同时，编制第一份表“150篇‘概述’内容统计表”，就浓缩、策论、特点、纵述等四种体式的11项内容分类列出，意在反映各自的侧重点和相同点。

第二份表“150篇‘概述’内容统计表”，扼其要者，设11项，而差错项含3种，则此表总项为13项。特点是，不仅列出各志的类别、题名、数字、体式，还将差错细化为文字、标点、数字三种，至于行文、纪年不统一，使用第一人称等也单独列项，还设获奖情况一项。据统计45种获全国一、二、三等奖的47部志书，同样存在瑕疵。

第三份表“150篇‘概述’情况表”设八项，意在举一个省的典型。特点是设“概述”字数占全志总字数的百分比，还有卷首图照、目录、序言、凡例、概述等排列的顺序。数据分明，读者当可一目了然，并可就此做出必要的判断，效果可想而知。

宏微兼论，文表互动，数百项数据，纳入表中，井然有序，再次彰显评注者的学风，踏踏实实从基础资料着手，从研究对象的实际出发，以寻求其特殊性与共同性，进而得出规律性的认识，既立体呈现事物本来面目，又具有无可辩驳的逻辑力量。根珠先生的实践表明做学问就是要下苦功夫，由点滴做起。

志书中各种表格五花八门，不一而足，学术著作中的表格难得一见，不由多说了几句。

其六，大手笔必须有大境界，书中特设《“概述”篇论文集萃》，将新编方志以来，各地发表的有关“概述”论文尽最大可能，征集来以供同道者研讨。“海纳百川，有容乃大。”不满足于一己之见，不排除不同学说而愿闻天下同道的见仁见智，有此学述大视野，实在是治学的崇高品格，如此集众人之智，更折射出评注者的博大胸怀。如此将多个学术观点纳入志林学海，互相启发、审视、比较、借鉴，甚至交锋，方不致坐井观天，以偏概全。如此作为必大有益于学科建设之推进，此番辑入相关论文不下四五十篇，是根珠先生的又一大贡献，此举足以显现学科带头人的大气度！

说来惭愧，生性愚钝且疏于钻研，25年来笔者就述体仅撰文四篇：《志家风骨胆识　雄才策论之笔——新编山西〈阳城县志〉体现忧患意识的若干断想》，全文四部分，仅有一部分是评该志“综说”的，刊发在《沧桑》1995年第6期；《秀外慧中　形神俱佳——读山西〈太原市南郊区志·概说〉》，刊发在《沧桑》1996年第2期；《志书述体的形式与运用》，刊发在《中国地方志》1998年第5期；《立意高远　笔力遒劲　统摄全志——漫议志书“概述”结尾部分的写作》，刊发在《河北地方志》2006年第1期。另一篇《志书编纂九议》，“概述”作为议题之一，无甚新意，不提也罢。

作为读者，所期望的还是从众多名家名作中，汲取营养，以补己不足。

思考之二：《点评》一书，其学术价值与实用价值是多方面的，其影响也必然是多方面的。

初步预测，或可有以下数端。

其一，为各级志书编辑工作者树立了一字不苟的榜样。

作为一名志书的编辑，可从《点评》对志稿的纠讹正误，对志文的具体与整体评论中，认知是非优劣和应注意之点，这对今后提笔撰稿是大有裨益的。笔者甚至设想，每位编辑的头脑里，至少应储存10部左右志书的篇章结构，以及某些精彩的节与目。如此胸中有本，方可笔下生花。师人之长，推陈出新，识高于人，给自己营造广阔的创新空间，庶几达到合格的水平，优秀的水平。

其二，给各级志书的主编、副主编或总纂、副总纂以启示。

试看《点评》中所引用的150篇志文，在付印前，经过主编或总纂之手时，为何放过了那么多症结，出现那么多失误，难道都是粗心大意，一时疏忽，不可避免的吗？为何有违有关编纂原则的规定，为何有违语言文字、法定计量单位、标点符号用法、数字用法等等的规定，是不知不学，还是学而不用？笔者也曾设想，作为一部大书的正副主编或正副总纂，至少头脑中储存20部左右志书的范本，在衡量手中的志稿时，从总体设计到具体行文，都会有所参照，不致茫然失措，相反却可从容补救编辑初稿之不足或弊端，而坚持力求成为良志佳构的总目标，防止因种种差错的出现，而导致“一招棋错满盘输”的严重后果。《点评》提示的正反两方面的经验教训，理当引起高度重视。

其三，各级地方志修志机构主任、副主任等主要领导人，在创办学习型方志机构的活动中，或可将《点评》列为必修材料。

自中国地方志协会学术委员梁滨久于2002年撰文倡议，将地方志机构办成学习型的单位以来，各地不少部门对此颇为热衷。这是大好现象。在学习内容方面，首要是学习重大方针政策，在业务学习中，选择若干古今优秀志书，是完全必要的，邻县、邻市、邻省的志书可就近取材。包括《点评》一书在内的一些方志年鉴理论著作也是不可或缺的，有参照有比较更可深入理解在继承与创新前提下的编纂之道。时时以议论志书志稿作为话题，是学习型方志机构应有之义。“积学以储宝，酌理以富才。”此言不虚。

其四，《点评》一书，为高等学府的方志专业和各地举办的培训班，提供了一份珍贵的教材。

正如根珠先生于 1995 年由山西高校联合出版社出版的《实用版面编辑学》，被中国人民大学、复旦大学等多家新闻院校新闻系选作辅助教材及中国报协举办编辑培训班的专用教材，同样《点评》一书也以其切合当前修志实际，例证鲜明，深入浅出，学术价值高，指导性强，而为当前高校方志专业和各地纷纷举办的方志培训班首选作为教材，甚至举一反三，由“概述”而旁及其他体裁，触类旁通而获得全志的大面积丰收！

其五，各地各级史志刊物，或可酌情创办“志稿志文点评”栏目。大力倡导并大力推广优秀的志稿志文，以助编纂人员从中汲取经验教训，提高二轮志书的整体水平，是史志刊物的光荣职责。为使志稿志文点评经常化，可组织专家写稿，也可广泛向编纂人员征稿，可采取笔谈形式数人同评一稿，也可邀请撰稿人谈成稿前后的过程或心得体会，设专栏意在为经常化提供保证，以免时断时续。此种点评，属“真刀真枪”式，来不得抽象笼统或含糊其词，坚持不懈，会大有益于志书执笔人水平的提高，也会增强刊物的指导性，扩大刊物的读者群。凡首轮修志办得较好的省级刊物，似应及早复刊，以应二轮修志之特需。

其六，对方志理论研究有抱负有才能的人员，或将从《点评》一书受到启示，进一步扩展思路，创新理念，有新作为。

志域辽阔，可研可编的课题甚多，可撰专著，可合编合著，在坚守独立思考的原则下，大有互相启发、借鉴的余地。志书的体裁多样，述、记、志、传、录之外，更有序（前言）、跋（后记、编纂始末）、凡例、封面、图、表、照、考等等，皆为志书所必需，每一种都有大学问，都值得逐一详为探讨，《新方志“概述”点评》的构想与成书，便是一个极好的例证。当然不是提倡同一模式，而是希望那些暂时还无人问津，或是一些浅尝辄止的课题，能有人将其列为大工程深入地开掘下去，迸发出光灿灿的智慧火花。或许这是二轮修志所期望的，改变首轮修志理论准备不足尴尬局面的一项重要内容。如若有大家为之握笔，则必开辟出一片片崭新的天地，而造福 21 世纪的新志坛。

思考之三：全面总结首轮志书“概述”之得失，十分难能可贵，倘若再将两轮志书的同类文章，加以对比，论其短长，将会为全书锦上添花，缺此一步，则未免美中不足。

对首轮志书“概述”的点评，是成功的、必要的。但方志事业发展迅速，首轮修志尚处于扫尾阶段，先行者已迫不及待，二轮修志正陆续展开，且有成果问世。据《中国地方志年鉴》2006年版披露，截至2005年，全国已有二轮所修市志17部出版，县志119部出版。时至2008年，虽尚无统计数字公布，有所增加也是毋庸置疑的。这自当是极其宝贵的研究资料，尤其是“概述”篇，两轮之间，两两对照，或可鉴别两番修志认识上的深化程度，统摄全志的力度，创新的深度，写作水平提高的幅度。横比与纵比并举，较之单一横比，更能说明问题，直接施惠于二轮修志，何乐而不为？以根珠先生的才能，集若干部二轮新志并非难事。

偶一念及而已，收集偌多首轮志书已属不易，没能顾及二轮志书也是情理中事，不宜过多求全求美。虽然150部新志，在全国6000多部首轮三级志书中，不算是大数目，但是在一些市县区修志机构里想都能看到，或许也是一种奢望。为此，岂能不感谢根珠先生不惜费心、费力、费时，为读者提供那么多华彩乐章！

思考之四：理论之树常青，离不开耕耘者的辛勤。理论成果问世的同时，几多志星正在脱颖而出。

本文收笔之际，蓦然感到根珠先生以其18部大著，构筑起一位豪迈睿智的方志学者的形象。按照《当代中国志坛群星集》副主编姚金祥研究员论述的当今中国志坛群星的特征——志坛的先驱者、实践者、劳作者、探索者、创新者、播种者、佼佼者等七个方面来衡量；再看看金祥先生所论述的志星形成的条件——改革开放的大环境造就志星，盛世修志的大潮涌动了志星，长年累月的拼搏造就了志星，循序渐进的理论积累升腾了志星，继承与创新的正确驾驭托举了志星（载《上海修志向导》1997年第6期，辑入《当代中国志坛群星集·第二集》）。那么，根珠先生显然是志星行列中的一员，遗憾的是，却被漏载了，不仅是一位两位，而是各地的才俊之士多位告阙。借此机会，笔者作为编书人，谨代表十二位副主编，深深致歉。相信，今后载录志人丰功伟绩的大书，肯定会有人继续无偿编下去，凡属做出卓越贡献的人，都会载入史册。

不难预料，伴随着首轮修志经验总结的深入，二轮修志之急需，方志学科建设势将大力推进，与之相应，理论高手必崭露头角，营造志苑靓丽的风景线，为《志坛群星集》提供新鲜素材。根珠先生的先进方志理论和勇于创新的精神，连同他的《点评》等皇皇巨著，将在中华和谐文化的建设中，熠熠生辉，从三晋大地辐射当代志坛。

我们应该认真学习贯彻党的“尊重劳动、尊重知识、尊重人才、尊重创造，不断增强全社会的创造能力”的方针，认真学习贯彻党的“百花齐放、百家争鸣”的方针，大力加强方志理论创新研究和学科建设。这是全国政协副主席、中国社会科学院院长、中国地方志指导小组组长陈奎元在为《中国现代方志学》所写的序言中发出的号召，而《点评》的出版，应是一种积极的回应。

白山黑水的方志界朋友，衷心祝贺三晋大地的耀眼明珠——《新方志“概述”点评》问世！

（邵长兴：鞍山市政府地方志办公室编审室主任、副编审；原载《史志研究》2009年第5期）

体大思精的鸿篇巨制
——浅评《山西大典》

来新夏

在新世纪开端的年代，素以地上文物居全国首位的山西，推出了一部具有学术含量的文献典籍——《山西大典》(以下简称《大典》)，是值得祝贺的一件大事。《大典》在内容上可称体大思精，在形制上亦属鸿篇巨制，与全国同类性质著述相衡量，置之于文献著述之首位，亦无愧色。山西既拥文物、文献二宝，非止足以自豪，尤当承其激励，奋发猛进，以无负于二宝。

《大典》的创议，始于1995年8月省委、省政府确定为重点文化建设工程，并责成山西省史志研究院组织有关部门，邀集专家学者，实施进行。定策以后，即制定篇目，分配任务，集稿审订，增删修改，历时六年，终于在2001年7月交付出版。全书3卷34篇，810余万字。其所以能于数年间成此巨作者，一则撰作年代正值我国处于开放形势日趋蓬勃之际，各省争求经济发展，急需回顾既往，借鉴经验，吸取教训，并向海内外展示省情，有编纂大典之需要；二则山西为首届编修新志大省，已成三级志书及专业志、部门志等有数百种，成果累累，为《大典》之撰修，奠定雄厚的资料基础；三则上有领导关注支持，下有各部门及百余位学者专家参与其事，通力合作，终于为山西文化工程树此不可磨灭之丰碑。

《大典》的定位问题，许多专家多认定其为“一部全方位、多层次记述山西省情的大型工具书”。《大典》以词条形式撰写，定位于工具书，亦未为不可；但察其内容绝非如一般工具辞书仅作直释，《大典》条目多详 其 始末，明其流变，有极强之资料性与文献性。且其词目亦并非单纯词语，而为一事一物的叙述，如“接待‘三胞’”一目，并不是如辞书那样，仅释“三胞”含义，而是详述三胞接待工作之缘由与具体工作内容。《大典》各条文字亦非短短数语，而时有数百字甚至有千字左右者。《大典》与当前各地据新志缩编而成之大词典之仅释词义在资料与论述上亦有所不同。所以我认为《大典》乃是一部全方位、多层次记述省情典要，具有较高学术含量的大型文献典籍。至于所谓工具书也者，不过为《大典》主要功能之一而已。宜乎其以“大典”名其书！

《大典》的编制，结构合理，颇有新意。撰者以宏观、中观、微观三层次立意为指导，分著《省情综览》、《地市概览》与《百业要览》三卷，编委会主任刘振华于书序中曾阐明各卷内容称：“《山西大典》是山西省情的集大成者，它分别从三个不同的角度，全面、系统、准确地展现当代山西的省情：从宏观角度记载和反映全省的地理、历史、政治、军事、经济、文化、社会、人物等方面的历史与现状；从中观角度，展示各地、市、县（区）社会主义建设的辉煌成就和当前改革开放、经济建设的发展态势；从微观角度，有重点地反映山西各个行业的企事业和其他单位的具体情况。”检阅全书，诚如所言。设读者手此一典，则于山西之立体认识，唾手而得。

图文并茂为我国著述之优良传统，《大典》善于传承，不仅文字容量甚大，而相应图片之刊布，亦为数不少，据粗略计算，全书共 4472 页，彩版 3788 幅占 1120 页，彩图页所占为全书页数之四分之一。惟各图多为机关单位以及企事业部门之机构与人员图像，而于名优土特产品及文物名胜之图像则付缺如，于招商引资，开发旅游，似微致憾意。

《大典》上起中华人民共和国成立，下迄 1995 年，部分条目延至 1999 年，而全省性主要经济数据则延至 2000 年。为使全书古今连贯，特于卷一立历史、历代大事记及历代人物三编，以补史之缺。《大典》既为三晋新中国成立以来五十年之省情记录，亦可称为世纪志书之精华。既可展现 20 世纪后半期山西各方面之业绩与成就，更足以启示 21 世纪晋人开拓创新之反思依据，庶几发扬成绩，纠正弊端，补其不足，求其奋进，俾 156000 平方公里之三晋大地，于新世纪之征程中，益增辉煌。三晋子弟亦将从中接受乡土教育，而日增爱乡爱国之心。《大典》资政、教化、存史之效用，于此可见！

《大典》卷分为三，文达 800 余万字，页占 4000 余码，词目 18320 条，可谓鸿篇巨制，虽有中外目录可备查阅，惟若有所需，非通阅全书不可，劳神耗时，略感不足。盖书籍可分三类：一为精读书，乃各学科之经典著作；二为浏览书，即知识性普及性读物及文艺性作品；三为检读书，乃按需检出其条目之书。《大典》应属第三类，书量较大，而往往为急需解决疑难而感翻检为劳，为求检索快捷，必须有索引之编。索引之编已为当前著述常规，《大典》如条件允许，建议在现有成书基础上另编综合索引，成附录一册，则使读者可获一索而得之利便。一孔之见，小疵不掩大醇。《大典》固不失三晋宝典之应有地位。

（来新夏：中国地方志协会理事、学术委员；南开大学教授、地方文献研究室主任。此文原载《史志研究》2002 年第 2 期）

方志革新的非凡之举

——读《山西大典》的感受

张伯龄

一部大型典籍性工具书《山西大典》寄至我的案头，我如获至宝，连日粗略浏览了一遍，禁不住拍案叫绝。如此包罗宏富、内容广博的山西省情之集成大成者，的确堪称一项伟大的文化建设工程。它创造性地拓展了地方志工作，提升了方志功能，最大限度地发挥了方志为两个文明建设服务的现实作用。我更赞赏山西省史志研究院之敢为方志闯新路，举起了方志革新的大旗，实在可敬可佩，可喜可贺！

我这个四川人，在山西生活了20年，对山西有着一种特殊的感情，因而对《山西大典》倍感亲切。刚翻开卷首，见编纂委员会名单中有张吉兆、周新玉、曹福成，总编名单中有张国祥，我的眼睛顿时格外明亮，因为他们都是我曾授过课业的学生。而今他们在山西党政有关部门独当一面，又为编纂《山西大典》共襄盛举，我作为一个把后半生献给史志事业的小兵，能不格外欣喜吗？

山西是我的第二故乡，我正是以在山西20多年的个人经历为视角，来感受《山西大典》反映省情上的质量高度的。我曾就读的“山西大学”，我曾执教的“左权中学”，我曾参加劳动的“石匣水库”，我曾造访过的“左权将军殉难处”“左权文庙大成殿”，以及我爱人曾工作过的“阳泉市人民医院”等，都能从《大典》的条目中检索出来，读后感到符合实际，可靠可信，还能引发不少回忆和联想。想不到一部《大典》竟记载得如此周全详尽，不能不由衷地叹服它的实用价值，叹服它在为方志工作打开新局面方面所做的贡献。

我之所以认为《大典》是对方志工作的创造性拓展，是方志功能的提升，是在进行一种方志革新，是从下列这些具体感受中得来的。

在我国如何编纂社会主义时代的新方志，从20世纪80年代初开始，至今已探索了二十多年。二十多年来，方志界基本上形成了一些趋同的思维定式和志书大体一致的框架结构，方志事业已经滞后于改革开放的需要，难跟上日新月异的时代步伐，方志编修的革新几乎走到了山重水复疑无路的境地。

中共山西省委、山西省人民政府为了总结新中国成立50年来的历史经验，准确地把握省情，为各级领导及企事业单位提供决策依据，为加强山西的对外经济文化交流，为投资者提供翔实的山西地情资料，进一步推动山西的改革开放，特委托山西省史志研究院担纲牵头，组织全省各有关单位和部门，共同编纂《山西大典》。这一举措为山西省史志研究院决意进行方志革新提供了契机，迫使史志研究院在全国二十多年方志编纂模式基础上另辟蹊径，开创了“省情综览”“地市概览”“百业要览”的新体例，为编纂通省大典提供了最新的经验。我们有充分的理由说，这部《大典》是方志革新的最新产物。正是这种革新之举，使中国的方志工作出现了柳暗花明又一村的新局面，其经验值得认真总结和研究。

下面谈几点具体感受：

“省情综览”是《山西通志》的宏观提炼。至上世纪末，新修《山西通志》的编纂工作已全部完成，计 50 卷、66 册。诚如薄一波同志为该志的题词所言：“明春秋大义，承上启下，继往开来；为人民立言，服务当代，裨益后世。”然而，这样一部包括66册的鸿裁巨制，陈列在书架上要占两米长的空间，查阅起来，多不方便！说真话，除了本行业务的特殊需要，又能有多大的读者面？而《大典》还是从这 50 卷、66 册中去粗取精，提炼精华，以“省情综览”一卷，横列地理、历史、政治、军事、经济、文化、社会、地方法规、历代大事记、历代人物共 10 编，从宏观层面上反映山西省情，用 3352 页的篇幅，囊括全省的历史与现状、自然与社会的方方面面，一卷在手，全省在胸，一索即得，便查便用。这岂不就是一部浓缩了的《山西通志》吗？多么难能可贵啊！

“地市概览”是《通志》之外山西方志的中观提纯。山西各地市的修志工作一向走在全国前列，成为外省许多地市、县区学习的样板。至上世纪末，各地市、县区首届社会主义新方志的编修工作已经完成，近 130 部地市、县区志书相继出版问世。然而，要罗致这么多部志书于一手，无论财力、物力、人力都会令人畏而却步。《大典》又出新招，以 1995 年的行政区划分列全省 6 市 5 地，各设一编，概要反映各地市及其所辖 118 个县区的地理、历史、政治、经济、文化及重点基层单位的基本面貌，从中观角度展示各地市、县区社会主义建设的辉煌成就和当前改革开放、经济建设的发展态势。这一卷实际上是对山西全省所有地市、县区新编志书的提要钩玄和撷粹提纯，可谓山西方志的袖珍大全，简直是以一当十乃至以一当百啊！

“百业要览”是三级志书各行各业的微观提要。百业走进方志，方志包容百业，真可谓世上有志上有。山西全省、地市、县区三级志书所涉行业部类、实体实物何等丰富，《大典》别开生面，列农林水利单位、工矿建筑企业、乡镇企业、三资民营企业、交通邮电单位、商贸旅游娱乐服务单位、名优土特产品、金融保险证券及中介服务机构、教育单位、科技文化单位、医疗卫生计划生育体育单位、文物名胜自然保护区共 12 编，从微观层面具体介绍它们各自的种种情况，堪称山西百业的百科全书。《大典》把三级志书所包含的上述诸多内容，条分缕析，重新梳理编排，使读志用志、查找检索，更为便捷，更为省力。

《大典》如此全方位、多层次、系统而又准确地展现当代山西的省情，是任何一部地方志书所难独胜其任的。称此举为非凡之举，是对方志的革新，毫不过誉。没有魄力，没有胆量，是不可能有此革新的。山西省史志研究院却完成了这种实践，而且取得了满意的效果，真是中国方志界的一件盛事！

写到这里，我还想补充两点：

第一，《大典》把地方志从资料书提升到工具书的高阶，是对方志现实价值的新开拓。一般说来，方志是以录存资料为己任。这些资料又往往是一些缺乏当代气息的死资料。然而，《大典》坚持了详今略古的原则，重视当代，充分展示山西的改革与开放，编成一部大型的典籍性工具书。既然是工具书，就更注重它的实用性，把那些死资料变成有现实使用价值的活资料，使方志与时俱进，紧跟上当今时代的步伐，也许这就是山西省史志研究院进行这种方志革新的初衷吧。

第二，《大典》向方志的章节体发起了挑战，用条目体来呈现方志的内容。一般说来，章节体是教科书式的编写方法，而方志横排类目的特点决定了它最适宜于采用条目体。事实上中国方志自古以来就是采用条目体。只是到了编写社会主义新方志才普遍使用章节体，有些非常单薄的内容，甚至只有两三行字也冠以某章某节的名目。《大典》回到传统方志的原则上去，大胆采用了条目体的编排方式，这也许是一种“返璞归真”的表现吧。在采用章节体编写新方志已趋同化的情况下，《大典》敢为人先采用了条目体，它给方志界带来一个新的研究课题：为使方志向工具书的方向发展，可否再从章节体改回条目体？苟如此，又有哪些新的问题需要解决？不管怎么，条目体使得《山西大典》的工具书作用更加鲜明，这是毋庸置疑的。

应当承认，洋洋 800 多万字的一项大型文化建设工程，不可能没有缺失，即使缺失稍多一些，也是不难体谅的。这一点，编辑部在卷首的“编纂说明”当中已经提到了。我唯独感到十分遗憾的一点是：左权县境内的麻田镇，在历史上曾是八路军总部驻地，赫赫有名，麻田镇上麻田村的“八路军前方总部旧址”是国家级文物保护单位。然而，《大典》第二卷卷首《晋中地区政区图》中却将“麻田”错印为“骂田”，错得太离谱，应予更正。

（张伯龄：四川《崇州市志》主编、编审；原载《史志研究》2002 年第 2 期）

西铭升古月　志苑谱新曲

——评《西铭村志》

熊　军

《西铭村志》是“山西省重点乡镇村志系列丛书”之一，共设15编41章51余万字。该志横排竖写，综合运用述、记、志、传、图、表、录、索引等体裁，全面系统记地述了西铭村的历史与现状。在笔者见到的诸多村志中，《西铭村志》可称之为一部良志佳作，对编纂村志具有较强的示范效应。

反复阅读后，笔者认为该志具有以下特点。

一、篇目合理，堪为楷模

西铭村位于太原市万柏林区的西部，矿产丰富，工业发达，交通便利，商贸繁荣，文化璀璨，民风淳厚。如何将西铭村的这些特点和历史脉络反映出来，同时避免内容上的畸多畸少是一个不小的难题。

为此，该志采取小编体结构，分编、章、节、目四个层次，个别章节根据内容需要，在目下还设了子目。其整体结构为：凡例；概述；第一编自然环境，设地理概貌、地形地质、水文土壤、植物动物、气候及自然灾害、环境保护6章；第二编居民，设人口、人口控制、姓氏望族、婚姻家庭、村民生活5章；第三编经济综貌，设生产关系、经济结构、经营结构、收益分配4章；第四编农业，设种植业、养殖业、林业、水利4章；第五编工业交通，设新中国成立前的工业、新中国成立后的工业、交通、运输、邮政通讯5章；第六编商贸金融，设商业、金融保险2章；第七编村庄建设，设村垣变迁、居民住宅、街巷建设、公共建设4章；第八编党政社团，设中共西铭村支部委员会、村政、群众团体、军事4章；第九编教育，设新中国成立前的教育、新中国成立后的教育、教育管理3章；第十编科技卫生体育，设科技、卫生、体育3章；第十一编文化艺术，设群众文化、创作著述、口头文学、文物古迹4章；第十二编民情习俗，设民情撷要、节日庙会、世俗礼仪、良风美德、方言5章；第十三编驻村单位简介，设行政事业单位、工矿企业2章；第十四编人物，设人物传记、人物录表、人物简介3章；第十五编丛录，设文件、艺文、规章制度3章；后缀大事记；索引。

该志按照自然、人口、经济、政治、社会的部类排列，体例规范，统辖合理，各编之间、各章之间的篇幅较为均衡，没有出现“大肚子”的现象。同时，编者并没有机械地抱住编、章、节、目四个层次不放。在驻村单位、人物、丛录等编中，都是章下直接设目，顺应了记述的需要，也体现了编者对志书结构的娴熟把握。

经济是本轮志书记述的重点，也是村志编纂的难点。改革开放以前，农村基本以农业为主。改革开放以后，工业和商业兴起。如不妥善把握，容易编出一部“三农志”或是“农村工商志”，难以反映事物的全貌。 该志为反映西铭村的经济发展脉络，设置了经济综貌编，其亮点在于生产关系章和经济结构章。生产关系章设封建土地所有制、兵农合一、土地改革、互助组与合作社、人民公社、联产承包责任制 6 节，勾勒出了西铭村从古到今的发展脉络，经济结构章则反映了西铭村工业、农业、商业的发展演变，均堪称经典。农业是农村的根本，因此农业顺理成章地成为了第四编。农业编的第四章为水利，看似不合理，其实有其必然性。首先，水利主要是为农业服务，特别是在古代；其次受自然条件限制，北方河流、湖泊、山塘、水库等均明显少于南方，因此该志的水利难以独立成编，放入相近的农业编是比较恰当的办法。与此类似的还有工业交通编的邮政通讯章、党政社团编的军事章，都是难以独立成编而归入相近部类，合理的归位，体现了编者的匠心独运。

麻雀虽小，五脏俱全。《西铭村志》篇目覆盖了村志所能够达到的方方面面。可以说，其他的村庄编纂志书时，完全可以参照《西铭村志》的篇目，略加损益即可。

二、明古详今，记述得法

志书是一方之全史，断代志一般只记述断限内的历史，而通志则要上溯事物发端。《西铭村志》是一部通志，所有事物均上溯至所能追溯的最远时限，如“建置沿革”就追溯到了旧石器时代。如何记述这几千年来事物的发展变化？如何突出新中国成立以来、特别是改革开放以来的时代特色？平均使用笔墨只会记成一本流水账，将毫无价值与特色。为达到“明古详今”的效果，编者采取了以下办法：

一是注重勾勒事物的发展脉络，力求明古。土地是农村的根本，围绕土地所有制为中心的生产关系的变化，是我国五千年来最根本的变化。该志的经济综貌编的生产关系章，用 6 节记述了封建土地所有制、兵农合一、土地改革、互助组与合作社、人民公社、联产承包责任制，反映了从封建社会到阎锡山统治时期，再到新中国成立后以土地为中心的生产关系的发展变化。西铭村矿产资源丰富，境内有煤炭、硫黄、石灰等矿藏。其矿产资源的开采也持续了 1000 多年，如煤炭开采上溯至唐代，宋、明、清、民国均有扼要记述，反映了事物的发展轨迹。硫黄、石灰的开采也上溯至宋代，各个朝代均力求不缺，以求完整。为方便读者理解古代的开矿方式，编者还随文配以素描图，图文并茂，形象直观，简明准确。

二是大量笔墨记述当代历史，做到详今。明古详今是当代方志界的共识。“详今”就是详写新中国成立后历史，特别是改革开放以来的历史。作为一部社会主义新方志《西铭村志》在详今方面也是下足了功夫。首先是篇幅上向当代倾斜。全志约 75% 的篇幅是记述新中国成立以后西铭村的发展变化，而在这 75% 的篇幅中，大部分篇幅用来记述改革开放。其次，在具体的志文撰写上，详写改革开放以后的变化。以工业交通编运输章货运节为例，新中国成立前的货运只用了一句话概括，新中国成立至 20 世纪 70 年代也只有两句话。20 世纪 70 年代开始出现的拖拉机运输，则区分小型拖拉机、中型拖拉机和大型拖拉机，并记述相应的载重量，其描写（较之前）无疑要更加详细、丰满。改革开放以后的历史是该志记述的重点，志书中记述了 1987 年、1989 年、1996 年、1998 年、2005 年西铭村的大型卡车数量和年运输收入，特别是 2005 年“全村有大型卡车 260 辆，运输收入突破 3000 万元大关，达到 3060 万元，仅运输一项收入，全村人均就突破万元，成为太原市万柏林区的运输专业村” 。在此节中还附了“1988 年西铭村汽车运输户统计表”和“1988 年西铭村小四轮拖拉机运输统计表”，均载明车主姓名和总数量，其中“1988 年西铭村汽车运输户统计表”还载明汽车型号和载重吨位，不可谓不详细。三是重点记述经济建设。垂鉴后世是志书的一大特点，改革开放以来经济建设是工作的重心，浓墨重彩地记述经济建设，对于提高志书的资政、垂鉴价值，有举足轻重的作用。《西铭村志》以经济综貌编、农业编、工业交通编、商贸金融编、村庄建设编、驻村单位简介编等 6 编的篇幅，记述经济建设，无疑是抓住了重点。

三是秉笔直书，寓观点于记述中。志书的撰写不同于史书，也不同于公文，更不同于文学式写法。要求以第三人称的笔法，客观、真实、不带感情色彩记述事物的产生、发展到结束的全过程，寓褒贬于记述中。《西铭村志》改革开放后取得的成绩不吝笔墨，“褒”得恰如其分；记述以军阀阎锡山为代表的旧势力对西铭村百姓的盘剥也没有夸大；“贬”得客观公允，对于新中国成立后至中共十一届三中全会的这段历史，《西铭村志》也做到了秉笔直书，第八编党政社团的第一章中共西铭村支部委员会的第三节执政举要记述了土地改革、抗美援朝、农业集体化、大办公共食堂、大炼钢铁、“四清”运动、“农业学大寨”“文化大革命”、重教兴学、抗击“非典”10 个典型。大办公共食堂、大炼钢铁、“四清”运动、“农业学大寨”“文化大革命”是“左倾”错误在各个历史时期的表现。大办公共食堂“饭菜粗陋，人人食不饱肚”，以致村中许多人得了浮肿病，食堂不得不解散。大炼钢铁“因指标过高，村干部将村民家中做饭用的铁锅、铜瓢、铜勺乃至箱柜上的铜器撬起砸碎，当废铜烂铁上交”。“四清”运动“制造了一批冤假错案，使一些干部受到伤害”，直到 1965 年才一定程度上予以纠正。“农业学大寨”既肯定了“对农业生产条件的改善起了积极的推动作用”，也否定了“穷过渡”“割资本主义尾巴”等“左”的错误。同样客观记述了“文化大革命”时村干部对稳定西铭村局势、带领群众坚持生产所作的努力，也记述了“文攻武卫”“揪斗”等错误行为。以上记述，对“功”不浮夸，对“过”不“曲笔”，做到了秉笔直书。

三、地方特色突出，时代特征明显

如何突出地方特点和时代特色，是第二轮修志启动以来一直都在探讨的问题，也是志书主编孜孜以求的目标。《西铭村志》为突出西铭村地理位置优越、工矿业发达、商贸兴隆、文化璀璨、重教兴学、民性通达的地方特色，改革开放以后西铭村人经商务工，勤劳致富，过上了幸福生活，同时也面临着环境恶化的风险的时代特征，编者在诸多方面下了很大功夫。

西铭村是太原市通往晋西及陕西的咽喉要道，“距万柏林区政府 5 公里，距环城高速路西环线 3 公里，距市中心五一广场 11 公里，距太原火车站、长途汽车站 12 公里，距太原民航机场 25 公里”，其优越的地理位置可谓一目了然。地理位置优越往往伴随的是交通便利，该志工业交通编交通章分别记述了古道、便道、公路、铁路，从古至今，从羊肠小道到现代化公路、铁路一应俱全。由于毗邻太原市中心，地理位置重要，民国末期西铭村是阎锡山城防工事的重要据点，驻军上万，也曾发生重大战事，该志在党政社团编中专设军事章，给予重点记述。西铭村历史悠久，文化底蕴深厚。为突出这一地方特色，《西铭村志》在文化艺术编群众文化章设“民间艺术节”节，在口头文学章设“故事传说”节，在文物古迹章设广仁寺、古建遗迹、古墓葬、古树 景观 4 节。同时，该志还在商贸金融编商业章设名点名吃节，在民情习俗编设民情撷要章。以上内容，有的配以图片，有的还在志首配以彩图。这些编纂方式既增强了志书的文化品位，又提高了可读性。

新中国成立后，尤其是改革开放以来，我国经济社会发生了巨大变化，西铭村与全国同步，经历了这样的变化。为记述这急剧变化的时代特征，《西铭村志》在自然环境编设环境保护章，记述环境的变化和环境治理和保护。计划生育是改革开放后的新生事物，居民编设人口控制章，加以重点记述。保险在新中国成立前只存在于少数城市中，改革开放后逐渐深入农村，为记述这样时代进步，居民编村民生活章专设“保险”节。此外，在商贸金融编的金融保险章也设有“保险”节。两节虽节名相同，但记述的侧重点不同，前者侧重记述保险与村民生活，后者侧重记述保险机构的业务发展。同属改革开放后的新生事物并有及其深远影响的还有家庭联产承包责任制，该志在经济综貌编的生产关章系设联产承包责任制节，文字数不多，却文约事丰。

有些事物的记述既是地方特点，也是时代特色。如工矿业、商贸业以及村庄变化。工矿业在工业交通编内分新中国成立前的工业、新中国成立后的工业 2 章，记述其发展脉络，在驻村单位编的工矿企业章内，逐个记述工矿企业。商贸业的记述，在商贸金融编内分商业、饮食服务业 2 章。为记述村庄变化，在村庄建设编内，分村垣变迁、居民住宅、街巷建设、公共建筑 4 章。这些事物的记述均贯通古今，理清了发展脉络，重点在新中国成立后，亮点在改革开放以后。

四、资料翔实，颇具价值

村志是最基层一级的志书，是记述当地村民生产、生活状况最详细、最全面的资料书，对历史学、农学、社会学、经济学、人类学、宗教学、文学、政治学等学科的研究具有重要价值。从某种意义上来说，资料是否丰富翔实，决定了志书的质量。为确保志书质量，《西铭村志》在资料翔实方面下了较大功夫，主要体现三个方面：

一是姓氏与人物。该志在居民编的姓氏望族章下，设姓氏、望族、族谱 3 节，详细记述西铭村各重要历史时期各个姓氏的户数、人数和有影响力的家族以及修谱情况。人物编以传记、录表、简介的形式，记述西铭村名人。在志文中还收录了西铭村历届村干部的姓名。尽可能多地将村域有影响的人物收入志书，有利于丰富志书的资料，也有利于增强志书的可读性，还有利于提高村民修志、读志、用志、传志的积极性。

二是表格与数据。志书中大量使用表格，这些表格编制科学，要素齐全，活跃了志书版面，便于读者查找。数据包括表格数据和志文中的数据，既有对事物的记述，也有纵向和横向比较。

三是文献与艺文。《西铭村志》的第十五编设文件、艺文、规章制度 3 章。文件章收录“西铭村村民委员会关于编纂《西铭村志》的决定”和“《西铭村志》征集资料公告”两份文件，对于今后修志的借鉴意义颇大。艺文章收录古今文学作品。规章制度章收录了西铭村最重要的规范性文件，存史价值高。

五、《西铭村志》的不足

白璧微瑕，《西铭村志》作为精品佳志，却也存在一些不足之处。一是个别章节没有做必要的上溯。如第三编经济综貌的第一章生产关系和第二章经济结构均作了适当上溯，个别内容的上溯至唐宋，无疑是有利于反映事物的全貌，但是第三章经营管理和第四章收益分配只记述了新中国成立后的情况，稍显遗憾。事实上，新中国成立前，地主、富农对佃农、长工、短工的剥削是广泛存在的，记述这一段历史既能反映事物全貌，也有利于教育今人及后人正确理解中国共产党领导中国人民推翻三座大山的必要性，也有利于实现志书“存史、资政、育人”的功能。二是个别内容的记述似乎存在多余的嫌疑。如第八编党政社团的第四章军事的第二节兵役的“募兵”目，记述了明代中期以前军户、民户分治的情况和中期以后开始募兵的演变，以及清代的八旗兵、绿营兵、晚清的勇营以致清末编练新军。其内容是符合史实的，可能因为年代久远缺乏资料，志文自始至终没有记述西铭村何人被招募为兵，也没有各个时期的募兵数额，至于八旗兵的记述就更是多余。因此“募兵”的内容完全可以不记述。三是个别术语使用不规范。如“新中国成立前”和“新中国成立后”的使用，志书将 1949 年 10 月 1 日中华人民共和国成立作为“新中国成立”是不严谨的。“国”即中国，事实上，中国自从夏朝建立就已存在，显然不是 1949 年 10 月 1 日才有。1949 年 10 月 1 日成立的中华人民共和国也称“新中国”，是区别于国民党执政的“旧中国”。因此，志书分期时应使用“新中国成立前”和“新中国成立后”，而不能使用口语中的“新中国成立前”和“新中国成立后”。

（熊军：江西省地方志办公室方志处副处长。此文原载《沧桑》2014 第 1 期）

《西樵方志论丛》序

邱新立

我与西樵先生相识，始于 1997 年。其时我研究生毕业到中国地方志指导小组办公室工作不久，即应邀参加山西省《左云县志》评稿会。会议结束后又顺道到太原调研，在与山西省地方志办公室诸同志座谈时结识了西樵先生，知他办报纸、杂志，搞资料汇辑，编纂地情丛书，整理旧志、评点新志，是方志界一位难得的多面手。此后十余年间，彼此音讯不断，陆续收到他点校整理的明成化、万历和清康熙、雍正版的《山西通志》，清乾隆《山西志辑要》、宣统《山西乡土志》等旧志，编著的《山西大典》《太原风景名胜志》《山西省方志论文集粹》《天龙棋谱》，以及专著《西樵志语》《实用版面编辑学》《新方志“概述”点评》《新方志概述比较与研究》等，既为他在保存整理乡邦文献、弘扬传统文化方面所取得的丰硕成果而感慨，更被他孜孜矻矻、笔耕不辍的执著精神所感动！古老的方志事业，正是因为有了如西樵先生这样一批具有高度的事业心和责任感的传薪者，才恒久弥新、越来越兴旺繁荣。

西樵先生的学术成就是多方面的，但其中最让我欣赏的，还是他所从事的关于新方志编纂实践的总结与反思以及理论研究工作。之所以会有此共鸣，可能与我所从事的工作与个人喜好有关。自参加地方志工作之后，我先是在调研室，后长期在方志理论研究室并主持该室工作，而研究室同时承担着中国地方志协会（后改名为学会）秘书处的职责。不管是研究室，还是学会，其主要职责都是组织开展方志理论研究，推动方志学学科建设。这些年来，我们一直竭尽所能，在地方志工作立法、地方志书质量标准体系建设、方志学学科建设等方面，开展了大量工作，并取得了一定成绩。但总体而言，还是有不少遗憾，主要是觉得有许多该做、可以做的事没有做起来，尤其是方志学术的总结性工作，需要做、可做的事情太多，以此也就对西樵先生所作的工作多了一些别样的体会。

我国大规模开展社会主义时期新方志编修始于 20 世纪 70 年代末、80 年代初，迄今已进行了三十多年，取得了辉煌成果，首轮、二轮修志完成的省、市、县三级综合性行政区域志书即已出版八九千种。正如原中国地方志指导小组常务副组长王忍之同志所指出的，在短短的二三十年间完成这么庞大的一个社科成果群，是其他任何一个学科都无法比拟的。与之相适应，方志理论研究工作也取得了很大成绩，就研究涉及的广度而言，研究的论题十分广泛，如方志学研究对象、范畴，方志学学科体系，方志的性质、属性、特性、功能、分类，史志关系、志鉴关系、方志学与相关学科的关系，方志编纂的宗旨、指导思想、原则、体例、体裁、结构、体式、写法、文体、文风、语言，各类志书的编纂，各个部分的编写，方志工作、方志事业及管理，旧志研究，新志评论等，涉及基础理论、编纂理论、应用理论、管理理论、方志史、方志学史等领域，研究所及的数百个论题中，几乎每个论题都有数十乃至数百篇研究文章。就研究涉及的深度而言，研究者站在时代高度，提出了许多创新观点和较为系统的见解，取得了相当数量的、富有价值的研究成果，如基本理清了方志发展史和方志学史的脉络；对方志性质、功能、特征、本质等学科基础理论问题取得了不少共识；方志编纂研究方面，成果丰硕，涉及编纂实践的方方面面；关于方志工作和事业发展的研究，则为地方志事业的繁荣和健康发展指引了方向；不少新观点、新见解成为方志编纂创新与地方志事业发展的理论先导，有的理论观点已被吸收到地方志工作的文件、法规之中，等等。但总的说来，方志理论研究成果与丰富的修志实践成果相比，无疑还是有一定差距的，在不少方面，理论研究明显滞后于修志实践。其中一个重要原因，就是对实践经验总结得不够，不少实践经验尚未经过理论概括，以使后来者（实践者、研究者）可以从中得到启迪、感悟。此外，一些学科发展的基础性工作开展得不够，缺乏对前人研究成果的梳理、归纳，间接导致不少低水平的重复研究。以此，为了推动这几方面的工作，中国地方志协会于2004年在新疆组织召开学术年会，邀请一批资深专家对首轮修志的成果进行总结；此后，研究室也申报了一批研究课题，如编制《方志论文论著索引》，撰写《中国方志学五十年》，完成《中国方志通鉴》等，进行理论总结、反思。但受人力、物力及精力等的限制，尤其是近几年承担了国务院部署的《汶川特大地震抗震救灾志》编纂任务，分身乏术，没有精力去发动、组织方志理论界力量开展专题性研究，对过去的研究成果进行系统的清点。对此，虽一直念兹在兹，亦无可奈何。因此，在看到西樵先生《新方志“概述”点评》《新方志概述比较与研究》两书以及其他文章对“概述”这一专题所作的精深研究之后，对其成果以及所采用的研究方法感触良多，真有吾道不孤之感！

表面上看来，近三十年来，发表的方志理论研究文章、出版的专著数量不少，但像西樵先生这样秉持古人辨章学术、考镜源流之旨，以修志实践和理论研究中的一个重大问题－“概述”为研究对象，广征博采，条分缕析，作那种窄而深的研究，将一个重大的实践和理论问题所涉及的方方面面原原本本地呈现出来，供读者择善而从，实属罕见。他的这种研究不仅是方志理论研究向纵深发展的典型例证，也是来源于实践、又可反过来用于指导实践的良好示范。他的研究成果会被不断引用，其筚路蓝缕所探索的研究方法更值得推广。西樵先生的研究，是以全国31个省（自治区、直辖市）首轮新编市县两级志书之概述为研究对象，在掌握新方志概述实际状况的基础上进行理论探索，进而对各种现象进行理论概括，广泛吸收各种研究成果，从理论高度系统认识概述的源流和功能与作用、概述的特点与内容、概述的名称与体式、概述写作等方方面面的问题，然后再精选150

篇概述进行评析，指陈其间得失，以数年之功精心编撰，一朝荟萃成书，其资料之丰富厚实，其立论之鞭辟入里，其结论之确凿可信，即自不待言了。经过这种扒梳整理，概述写作、研究中已经取得的成果、研究中遇到的各种问题、撰写时需要注意的各种事项等，就清楚了，让人可以知所抉择、知所当避忌。尽管受篇幅、点评体例等因素的限制，虽不能说每篇文字皆采山之铜，如有些体式分类欠明、有的过于宽泛、有的失之过苛、有的需要与正文联系起来考察等，但其研究成果的基础无疑是扎实的，远非一般辗转相贩的草率之作可比。方志的其他重大体裁如大事记、志体、人物传、图表、附录等，若均得如西樵先生之研究概述问题一般，在全面审视的基础上，将其理论内涵与编纂实践进行全方位的综合研究，厘清其缘起、发展以及实践、理论方面的诸多问题，则分而论之，合而观之，修志实践和理论研究的诸多重大问题，就得到了系统的整理，“底子”得到了清点，发展也就有了深厚的根基。当然，做这样的工作无疑是件“苦差事”，但若无人来干这样的“苦差事”，则修志实践就缺少了一些可以方便借鉴、参考的范例，方志学学科建设的基础建设就缺少了一些根基，志书的编纂质量就得不到有效保障。

西樵先生关于方志理论研究的成果不局限于上述问题，其《西樵志语》一书反映了他前些年关于新方志编纂诸种理论问题的思考，他新近结集出版的《西樵方志论丛》，则多是他近几年在编纂地情丛书、整理旧志、评点新志等领域的代表作，它们产生于山西省方志事业深入发展的实践，成为作者对这项事业开展与提高所做的重要贡献。其中，如《浅议二轮市县续志“凡例”的编写》《续志篇目设置浅谈》《浅议二轮市县续志“大事记”的编写》《城市区志科学性漫议》等篇，于续志体例之探索，有理有据，见解独到；书中的志评、志序和志稿评审意见，体现了理论与实践相结合之要旨，非托诸空言者可比，从中亦可见作者孜孜以求的精神风貌。

2012年年底，我邀请西樵先生来京帮助审看《汶川特大地震抗震救灾志·总述》，他说已将近几年关于方志的所思所得汇辑成册，准备付梓，邀我写点文字，推辞不能，觉得这些年彼此在方志理论的研究重点方面称得上“心有灵犀”，故写了一点感受，算是对他所做工作的一个呼应，也是对下一步方志理论研究应把握的重点的一个呼吁。是以为序。

（邱新立，中国地方志指导小组办公室副主任、中国地方志学会秘书长。原载《西樵方志论丛》，任根珠著，中华书局，2013年版，复载《中国地方志》2013年第8期）

《朔城志评》序

邱新立

山西是文化大省，方志文化源远流长，2000 多年前《孟子》称道方国之书即以晋《乘》居首，晋《乘》即为山西方志之源。山西历代编纂志书 900 余种，现存旧志 536 种，占国内现存旧志的 1 / 20，居全国各省区市第八位。山西省又是社会主义时期首轮新方志的策始地，对新方志编修做出了突出贡献，既编修出一大批省市县三级新方志，又涌现出一批修志专家，在中国地方志学会 28 名学术委员中，山西就占了两个席位，这也体现出山西在方志理论研究方面走在了前列。

山西两席学术委员之一，即任根珠先生（别名西樵）。根珠先生乃我挚友，从事方志编研工作近 30 年，为山西修志事业尽心竭力，劳绩卓著，2012 年底退休之后，仍潜心志业，笔耕不辍，奋进不已，近日复以其主编的《朔城志评》新著见示，拜读之后，倍感欣喜。

《朔城志评》系山西《朔州市朔城区志（1989 — 2010）》的评论文集。《朔城区志》2014 年 11 月由中华书局正式出版，它既是首轮《朔县志》（1999 年版）的续志，又是朔城区自 1989 年成立以来编纂的首部新区志。该志分上下两册，290 万字，如实记载了朔城区改革开放 22 年来经济社会发展所取得的巨大成就。先有志，而后有志评，《朔城志评》于是乎作。《朔城区志》是山西省二轮修志中的第一部全彩印志书，《朔城志评》又是山西省二轮续志中的第一部新方志评论专集，“两个第一”，其探索之精神，让人尊敬！

《朔城志评》总体设计别有新意，在已出版的方志评论集中可谓独树一帜。全书共分四大部分：第一部分为“志书评论”，为主体内容，汇集专家学者的 39 篇评论文章，占全书 70% 的篇幅。撰写评论的专家中，中国地方志学会学术委员有王广才、王铁鹏、王晖、齐家璐、吕志毅、沈松平、苏炎灶、武铁良、侯月祥、欧阳发、郭凤岐、梅森、梁滨久、颜小忠等，达 14 位之多，同时还有姚金祥、谭烈飞、周慧、司念堂、王蕾等多位具有丰富实践经验的省级志办领导，热心志业的陈野、伍启林、王志超、高海等社会贤达，以及志界中坚王卫明、柳成栋、张世民、莫艳梅、代燕春、沈永清、樊春楼等，山西志界专业修志人员焦永萍、任小燕、冯翠兰、王仰东、陈向荣等，可谓人才济济。评论文章形式不拘一格，坚持理论联系实际的学风，观点鲜明，有的放矢，具有理论高度。通过评述和剖析，为社会各界广大读者进一步了解朔城区搭起了一座桥梁，这对于宣传朔城区，发展朔城区的各项事业，无疑是一个极有见地的举措。

第二部分“经验总结”，汇集志书主编杜启贵、总纂王雄一以及朔城区志办主任常凤霞的三篇总结性文章，便于读者了解志书编纂过程以及经验总结与交流。《朔城区志》编纂历时六载，耗尽了志人的心血，更有他志值得借鉴的成功经验，通过编纂人员亲口讲出来，对于总结修志实践活动，推动方志理论研究，裨益甚大。

第三部分“志稿评审”，摘选了 2013 年 7 月参加志稿评审会中五位评审人员的评审稿，便于读者了解从评审稿至成书的修改过程。在我见到的志书评论集中，将“志稿评审”内容列入，还是首次见到，此为主编的独特创意之一。增加这一内容，可为修志人员提供参考借鉴。

第四部分“附录”，选录了志书中的“序”“篇目”“概述”“后记”，末附“朔州市朔城区志勘误表”。此为编者的又一独特创意。《朔城区志》的序共有三篇，两篇由地方党政领导撰写，一篇由修志专家撰写。旧志中的序、跋，多由文人（主修或主编）撰写。这些序言不仅阐述编修志书的意义，还说明编纂者的意图，并探讨志书编纂中解决问题的方法，为后世留下许多修志经验的总结和修志理论的探讨等，为方志理论研究留下难得的宝贵素材。在首轮、二轮志书中，序言多为地方党政领导撰写，文人或修志专家撰写序言的还是少数，故编纂志书总结性的理论文字留存太少，不利于方志理论研究。根珠先生所作之序即“序三”，从学术的角度、从地方志的视野观察全志，既反映出志书主编的编纂思路，又对志书地图的运用、突出地方特点和时代特色、多角度多方位接续历史、重述人文历史特色、前志的补遗勘误等五大创新特色给予肯定，可称之为志书编纂实践与理论的总结。将经过精编的志书篇目、“概述”与“后记”的原文编入“附录”，便于未睹志书的读者了解是志梗概，为读者阅读志书起到非常重要的导读作用。而附入“朔州市朔城区志勘误表”，则既显示了编著者勇于纠错的精神，又给读者以提示，避免以讹传讹。众所周知，真实性、全面性是志书的价值所在，但因种种原因，志书出现这样那样、或多或少的不足和遗漏，在一定程度上损害了志书质量和信誉。志书出版发行后，在社会上已经产生了一定影响，其优劣短长，公道自在人心，肯定赞扬的自不必说，批评揭短的也在所难免。除积极组织自纠自补外，还应尽可能动员社会力量批评指正。面对志书中的差错和不足，勇于正视，虚心改正，这对修志工作者的形象和声誉不仅不会损伤，而且还会赢得社会更多的尊重和信任。相反，若是对志书错漏听之任之、视而不见，那才是对修志工作形象和事业发展的莫大损害。朔城区在志书出版后便接着编纂志书评论集，使得在较短时间内纠正志书的不足和遗漏变成了可能，这种勇于担当、自觉纠误的做法，体现出对历史负责、对人民负责的高度责任感，值得赞扬。

我国大规模开展新方志编修，已历 30 余载春秋。新方志陆续面世，方志评论随之兴起。而方志评论集的编纂，不仅成为向读者推荐、宣传志书的重要载体，同时亦成为分析编纂成败得失，总结经验教训，交流修志心得，拓展志人视野，深化方志理论研究，进而提高新方志编纂质量的重要手段。编纂志书评论集，既要选择编纂质量较高、有特色、有创意的优秀志书，又要有众多高素质的评论人员参与，评论才会切中肯綮，论文集才有价值。据个人目力所及，首轮新方志编修中，自第一本《如东县志评论文选》（上海社会科学院出版社 1987 年版）出版后，陆续有多部新方志评论集面世。正式出版者如《如东县志评论文选》（上海社会科学院出版社 1987 年版）、《〈青州市志〉评介集》（南开大学出版社 1990 年版）、《奉贤县志文论选》（上海三联书店 1990 年版）、《洛阳市涧西区志评论集》（中州古籍出版社 1991 年版）、《襄汾县志评论集》（山西人民出版社 1991 年版）、《〈大庆市志〉评论集》（国际展望出版社 1991 年版）、《吕梁地区志评论集》（中州古籍出版社 1992 年版）、《〈广陵区志〉评介》（黄山书社 1995 年版）、《蚌埠市志评论文集》（黄山书社 1996 年版）、《天津经济开发区志评论集》（天津科技翻译出版公司 2006 年）、《厦门市志评论文集》（方志出版社 2006 年版）等，属于其中的佼佼者；限于经费而内部印刷的，如《渭南县志评论集》（渭南地方志领导小组办公室 1988 年）、《利津县志评介集》（利津县地方史志编纂委员会办公室 1992 年）、《〈新野县志〉评论集》（河南省地方史志协会 新野县史志总编室 1992 年）、《石泉县地方志评介文集》（华夏地方志研究所 1993 年）、《新编〈林县志〉评论集》（林州市地方史志办公室 1997 年）、《〈广州市志〉（1991—2000）专家评论文集》（广州市志编纂委员会）、《景德镇市志略评论集》（景德镇市地方志编纂委员会办公室 1990 年）、《志评荟萃——新编〈长兴县志〉评论集》（长兴县志办公室编中共长兴县办公室 1994 年）等，质量也很不错。无论是公开出版还是内部印行的，均系作者在从事志书工作的实践中有感而发的心得体会，大都是从实际问题出发，探索解决之道，其中不乏对新情况、新问题的研讨解析，有些创新之见，对指导方志工作健康深入开展具有很强的实用价值；其所总结的经验教训，使后来者知所戒惧，发挥了很好的典型引路作用。

而这些众多的评论集，绝大部分均系由志书编纂单位自行编纂的，聘请方志专家另行主编的仅有《〈大庆市志〉评论集》（梁滨久主编，国际展望出版社 1991 年版）一部。《朔城志评》是我见到的由方志专家主编的第二部方志评论集，同样展现了专家主持的优点。专家主持评论集编纂有几大好处：其一，专家在国内方志界及社会科学界有较高的知名度，人脉联系广泛，可组织、聘请到一流专家、学者参与评志，从而可保证评论稿的质量。其二，专家具有较高的文字功底和方志理论水平，往往站得更高、看得更远、想得更深，能够敏锐识别志书的优长与不足，在编辑评论稿时可发挥把关作用，不至于以讹传讹，从而使得评议对象的经验教训得到认真总结，进而指明志书编纂的正确方向。这些优势，在《朔城志评》中得到了很好的体现。尤其是，在普遍不重视系统地开展对一部志书进行评论，专题论文集极少，专家主持编纂者更少的今天，《朔城志评》的出现，便有了别样的示范意义。以此，根珠先生嘱序于我，虽自知才短，但以乐见其成，乃略书读后感怀，以是为序。

2016 年 4 月 15 日

（邱新立：中国地方志指导小组办公室副主任，中国地方志学会副会长，研究员。此文原载《朔城志评》，西樵主编，中华书局，2016 年版）

《朔城志评》序

李茂盛

六易寒暑，七易其稿，呕心沥血，精心编纂的山西《朔州市朔城区志（1989—2010）》2014年12月由中华书局正式出版了。这既是首轮《朔县志》（1999年版）的续志，又是朔州市朔城区自1989年成立以来编纂的首部社会主义新区志。是志分上下两册，290万字，如实记载了朔城区悠久的历史，灿烂的文化，淳朴的民情，壮丽的山河，丰腴的物产，先辈的业绩。同时，它也以正确的观点，完善的体例，翔实的资料，大胆的创新，朴实的文风，精练的语言，典雅的装帧，以及特有的著述风格，进入佳志之林。

朔城区既为可志之胜地，且有修志之传统。自明代正德四年（1509）至民国25年（1936）的427年间，朔城区的前身——朔州、马邑县多次纂修志书，其中《朔州志》纂修六次，只惜明正德、嘉靖、万历和清顺治《朔州志》已佚，清康熙《朔州志》仅存残本，唯有清雍正《朔州志》和民国25年补修《朔州志》流传下来;《马邑县志》纂修三次，明万历、清康熙和民国25年纂修的《马邑县志》均保存下来。

新编《朔州市朔城区志（1989—2010）》是自1989年设置朔州市朔城区区级建制以来的首次修志，是承上启下、彰往昭来、资治当今，垂范后世的传世之志。该志可圈可点之处较多，如概述、大事记、编首序、人物传采用通纪体，既体现两轮志书的连续性，更强调续志记述内容的完整性与独立性，还原志书的本质属性；卷首序的编写，地方领导与方志专家“政”“文”结合，领导序弘扬地方特色与优势，专家序理论归纳引导阅读；卷首地图的应用，数量多、内容广，可谓为卷首集束彩图的编纂另辟蹊径；自然部类的环境保护、电力编，经济部类的改革开放、农业农村、煤炭、旅游编，文化部类的精神文明建设、马邑文化、艺文编，殿后的丛谈、前志补遗勘误编等特色篇目的设置，展示出朔城区特有的地方魅力；内文插图编排有致，图文并茂，开创山西省内新方志全彩印的先河；领导视察照片编入附录篇，削减志书的“官本位”思想，为图片设置开辟出新的领域，等等，均锐意创新，别具一格，展示出独特的志书个性。

朔州市朔城区委、区政府重视修志事业，在区志编修过程中给予了热情的关注和支持。今又因势利导，决定出版《朔城区志》评论集，这将为方志论坛绽开一支新葩，也是修志事业日趋成熟的标志之一，很值得称道。志书出版后，修志者广泛征求读者意见，并诚邀39位全国方志界领导、专家、学者撰写志评文章，编辑出版志书评论集。朔城志人的长远目光、谦逊态度和敬业精神，深深感动了我。对比省内某些地方志书一出，便仓促地散班子、拆摊子的情况，朔城区地方志办公室的做法，尤为难能可贵。我愿为他们的这种自我加压、不懈追求、勇于担当、倾心志业的精神品质鼓与呼。

修志—评志—读志—用志，是方志运动过程中的四个重要环节，而评志在这四个环节中具有桥梁和纽带作用。一方面，它可以通过对志书的介绍，向读者推荐优秀志书，促进志书应用，并指导读者正确地使用志书；另一方面，通过志书评论，分析志书的成败得失，总结修志工作中的经验教训，指明志书编纂的正确方向，使修志工作沿着健康的道路前进。因此，编纂志书评论集，在目前不仅具有重要的理论意义，也是志书编纂实践和方志应用的客观要求。应当认识到，我省第一代社会主义新方志编修，是在缺乏思想、组织和理论准备的情况下起步的，这种先天不足的状况迫切需要改变，由此，广泛开展方志批评成为改变这一局面的有效手段。首轮修志中，志书批评受到志人的重视，开展得比较活跃。方志刊物成为发表志书评论的主阵地，同时，方志界出版的各种理论著作也多刊有志书评论文章，为推动修志实践经验的总结、新方志理论的升华做出了贡献。尤值得称道的是，各类新方志评论集应运而生，成为总结新志经验教训，交流修志工作经验，提高方志理论水平，引导读者阅读志书的重要书籍。我省相继编纂出版了《襄汾县志评论集》（山西人民出版社１９９１年１０月）、《吕梁地区志评论集》（中州古籍出版社１９９２年１月）、《平定县志评论集》（山西人民出版社１９９４年８月）三本新方志评论集，在当时为全省方志批评的开展起到了积极的推动作用。《朔城志评》是我省二轮续志编修开展以来编纂的第一本市县（区）级续志评论集，一花引来百花开，我热切期待更多的续志评论集面世。

我高兴地看到，收入本集的文章作者，遍布全国十多个省市，既有全国著名的方志专家、学者和实践经验丰富的修志工作者的评论，又有是志编者的工作总结，还有是志的序跋、篇目、概述等志文，这是理论与实践的完美结合。几十位评家在百忙中抽暇撰写评论文章，他们功力厚实、态度认真、缜密分析，认真撰写评论文章，提携后进、诲人不倦的精神令人感动。纵观评论诸稿，有如下几个显著特点：其一，评论范围涵盖志书的方方面面，诸如志书的编纂思想、撰修体裁、结构编排、篇目设计、章法施用、突出特色、资料筛选、文体文风，乃至图表编制、准确称谓、稽核数据、规范标点等等，几乎无所不包、无所不详。其二，评论并非就事论事，而是就事论理，举一反三，肯定有理，批评有据，利弊彰明，经验与教训各俱，充分实现了理论与实践的密切结合。其三，能够客观评价是志之所长，又能够直言其所短，态度诚恳，所论中的，使当事者清，为后来者鉴，对修志“管用”“解渴”。因此，我认为这本志评具有普遍指导意义，对朔城区乃至全省广大方志工作者都是极大的鞭策。“修志问道，以启未来。”感谢朔城区编修出一本好志书，更感谢诸位领导、专家、学者、志人奉献出一部优秀的志评。

谨为序。

2016 年 3 月

（李茂盛：山西省地方志办公室主任，研究员。此文原载《朔城志评》，西樵主编，中华书局，2016 年版）

山西十一部省级旧志简介

［明成化］山西通志

明成化十一年（1475）刊本，十七卷。李侃修，胡谧纂。

山西旧无通志，明成化时山西巡抚佥都御史李侃，与巡按监察御史刘庆议政事，咸谓通志不具，官其地者，无以考沿革验风俗，遂将修志事委于胡谧。谧以四年的时间，参订前史旧志，旁采见闻，精选细辑，于成化十年（1474）成书，成化十一年（1475）付梓，是为成化《山西通志》，亦称“胡志”。成化《山西通志》为山西形成行省以后第一部省志，也是全国最早的省志之一。

李侃（1407—1485），字希正，顺天府东安（今河北廊坊一带）人，明正统七年（1442）进士，授户部给事中，成化二年（1466）任山西巡抚。胡谧，字廷慎，浙江会稽（今绍兴市）人，明天顺元年（1457）进士，成化五年（1469）任山西提学佥事，成化九年（1473）任提刑按察司副使，成化十五年（1479）任河南按察司副使，后擢广东参政，卒于官。谧居官时先后纂成《山西通志》和《河南总志》。这两部通志，向称佳作。

成化《山西通志》记事止于成化九年（1473），唯名宦门载成化十二年差代理监法之陈鼎，当为初刻成书时补入。全书十七卷，四十一目，附十一目，约113万字。志首有山西四境之图一卷。继录张鍪、沈钟、胡刻等撰序。列目为：卷一，建置沿革、国名、郡名、州名、县名；卷二，分野、疆域、风俗、形胜（形势附）、山川（岩洞井泉渠堰附）；卷三，城池（堡附）、关塞、津梁、烽堠；卷四，宗藩、公署（廨宇附）、学校（社学、书院附）、仓场、驿递（铺舍附）、宫室；卷五，坛、祠庙、陵墓（义冢附）、寺观；卷六，土产、户口、田赋、土贡、兵备（屯田附）；卷七，古迹、祥异、景致；卷八，名宦、寓贤；卷九，人物；卷十，人物、烈女、仙释；卷十一，圣制（诏制附）；卷十二至卷十五，集文；卷十六，集诗；卷十七，碑目。该志以图、谱、考、略、纪、录六门统领四十一目。结构庞大而层次有序，内容宏富而有条不紊，各目记叙较有章法，即所谓“质而不俚，详而有体”（李维桢语）。其时，山西省辖太原、平阳、大同三府，汾、沁、辽、潞、泽五州，十六散州，七十五县，各目依府、州、县为序。山川、祠庙、古迹等目，凡同名的合并在首见条目之下。历代名宦人物一般依时代为序，属同一家族者则合并叙述，以著其世类。明代名宦分文、武，人物分仕、隐。集文不依体裁分，而据内容分为总类及郡县、山川、城池、关塞、津梁、公署、庙学、宦室、坛庙、休养、寺观、土产、古迹、祥异、名宦、杂、仙释、烈女、人物等二十类，大体与前述各目相适应，便于对照阅读。碑刻凡重要而文字完整者收入集文，其余列入碑目。

该志各目中，有两目独具特色：一是宗藩目。此目在以往的地志中从未有设。

在明代，有不少宗室封王于山西，太原、大同、汾州等地宗藩势力极盛。他们占有土地，奴役百姓，胡作非为，致民怨沸腾，官府畏惧。无论是研究明代宗藩，还是研究山西地方史，都不能忽视该志的记载。二是碑目目。此目宋代《舆地纪胜》已有，但在山西方志中却属初见，载碑 600 多通，列碑名、作者、年代、地点，开山西金石学之先河。

就山西明清时代编纂的几种通志而言，最佳者为成化志与光绪志，成化志史料价值最高，光绪志考据之功最佳。成化《山西通志》的史料价值主要表现在：一、提供了唐至明初许多珍贵的文史资料。如集文门中所收王安石的《宋赠尚书都官郎中司马君墓表》《福岩寺碑铭并序》《王文公文集》和《临川集》均未收录。卷十六杜衍灵《泉寺诗》《全宋诗》失收。金代著名文学家元好问的《三岗四镇》《金凤井》二诗，《故规措使陈君墓志铭》《明阳观记》，均为研究其文学成就、生平思想的重要资料，而《遗山集》失收。晋南的盐池在我国古代人民生活中起着重要的作用，该志全文收录的明代祝颢的《盐池图记》则是现存最早的盐池志，是研究经济史的重要资料。户口目下，记载了唐、宋、明历朝，甚至早及汉、晋山西各郡、府、州、县的户数、口数，是山西省最完整、最详细的历史人口统计资料。在明代，山西是抵御瓦剌、鞑靼侵扰的前哨，是拱卫京师的屏障，该志依其系统记载烽堠、关隘、驿递和兵备，资料较详。志中全面记载全省 41 县煤窑开采石炭的情况，详细反映了山西铁器的产地、种类、特点等，对认识“煤铁之乡”的发展史，极为可贵。二、为研究山西地方史提供了极为重要的资料。成化志是山西省的第一部通志，在此之前，也有接近省志性质的书，如北魏《三晋记》，隋《方志图》，唐《河东记》《河东图》，宋《河东路图经》等，但都散佚了。明代各府、州、县志现存 55 种，除洪武《太原志》《辽州志》《平阳志》外，大多修于明代晚期，由于成化《山西通志》罕见流传，他们多未见到，当然也不可能知道明初修志信息，往往误以为自己所编当属首创。他们不曾利用成化《山西通志》资料，因而成化《山西通志》不仅于全面研究山西地方史有用，于研究各地、市、县史也有不可取代的价值。志中有关水利的记载甚多，如金元好问《创开滹沱渠堰记》，明代杜敩《新凿惠泽池记》，张冒《新修永利池记》《广孝泉记》，均为反映山西古代水利开发利用的重要资料。山西水资源较贫乏，以上资料对今天如何合理开发利用水资源也有一定的借鉴作用。三、有重要的辑佚价值。书中保存最多的是山西方志，李裕民在《山西古方志辑佚》中据此志辑录了 99 种佚志。山西方志数量向无确切的统计数字，李裕民根据此书及其他记载，统计出山西已佚方志为 375 种，现存方志 458 种，从而可以勾画出山西方志发展的脉络来。《金文最》搜集金朝文献甚多，然此志仍可补其缺，如王宗儒《闻喜重修宣王庙记》（大定二十年）、张京《猗氏县新修学记》、张行简《张简献公（大节神道碑）》、赵阳《晋先大夫庙记》。

通记阖省之书，是志首创。越 90 年嘉靖癸亥，督学副使周斯盛重修，越 59 年万历辛亥，按察使李维桢再修。明代《山西通志》所纂三次，与是志的良好开端颇有关系。而其较为完善的体例和记述的详略得体，对以后方志的发展也都产生了较深的影响。

但由于该志为首创，借鉴很少，故不免有失检处，如目录之“廨宇”，书内称“官宇”；书中有隐逸门，而目录失之。卷首地图太简率，远不及宋咸淳《临安志》所附地图，所收与山西有关的诗文尚多缺漏，所载事实颇多疏语等。此志虽有上述缺点，但与优点相比，毕竟是很次要的。四库全书收录了雍正《山西通志》，并在提要中多予美言，而将成化志列入有目，一笔带过，显然有失公允。就明清几种山西通志而言，成化《山西通志》的史料价值首屈一指，这是毋庸置疑的。

此志世罕流传。明成化十一年（1475）刻本，仅国家图书馆藏，但字迹有残损；民国 22 年（1933）影抄本，山西大学图书馆、上海图书馆藏；日本东洋文库有成化十一年（1475）藏卷。1998 年中华书局点校本，山西省图书馆、山西大学图书馆、山西省史志研究院藏。

［明嘉靖］山西通志

明嘉靖四十三年（1564）刻本，三十二卷。杨宗气修，周斯盛纂。

杨宗气，字钟山，延长人，嘉靖进士，嘉靖四十年（1561）提督雁门等关兼山西巡抚。周斯盛，陕西宁州进士，明嘉靖年以南畿提学御史转山西副使督学政。

该志系在原成化本基础上续修，初稿由榆次人阎朴（字又泉，嘉靖进士，官南国子监祭酒）和宁化人潘高（字春谷，嘉靖进士，累官大理寺正）草就，旋因春谷去世未果。嘉靖四十一年（1562），宁州周斯盛以按察司副使督学山西，乃授命开局于河汾书院。于是以学正林大槐为编纂，在阎、潘手稿的基础上，重加补充，加以续成。亦称“周志”。记事止于嘉靖四十三年（1564），同年成书。

嘉靖《山西通志》全书三十二卷，分目二十，篇目为：卷一，图考；卷二，建置沿革；卷三，星野；卷四至五，山川；卷六，风俗；卷七，物产；卷八，田赋；卷九，户口；卷十，祠祀；卷十一，封建；卷十二，职官；卷十三，学校；卷十四，古迹；卷十五，帝王；卷十六至十八，名宦；卷十九至二十一，人物；卷二十二至二十三，选举；卷二十四至二十六，艺文；卷二十七至二十九，武备；卷三十至三十二，杂志。

该志体例仿《大明一统志》，凡二十门下，附有疆域、渠堰、桥梁、盐政、徭役、公署、书院、陵墓、圣臣、圣母、圣后、寓贤、烈女、荐辟、形势、边关、城池、将士、屯田、学政、宫室、寺观、仙释、数术、灾祥、野史等二十六目。全书约 50 万字，卷首有地理总图、太原府境、平阳府境、大同府境、潞安府境、汾州、沁州、泽州、恒山、霍山、太行山、山西二山带河、龙门底柱、盐池图等 16 幅。各目之下，先叙省、府、州，所领各县附于其后。选举起自明。艺文分御制类、赋类、诗类、表、书、记、问、文、颂、箴、铭、议论、辩、传、状说。艺文下收邑人著作 459 部，均注卷数、作者时代，间附提要。武备上附大同边图，上注咸宁海、葫芦海、下水海、集宁海、凌角海，又注城、堡、河、县、卫、关、寺十分详细；又附三关总图，上注雁门、宁武、偏关三关与驿、堡、县、泉、州、卫、关、营等。内设关隘小目记险关、要隘100余处。武备分土堡、堑、窖、墩、虏情、虏修、防秋、讨边、招降、用间、入贡等小目，述及与蒙古俺答战事往来情况。

明正统十四年（1449）“土木之变”，英宗朱祁镇被俘以后，在长达近百年的时间内，鞑靼、俺答等部一直侵扰不断，因而边防军务特别重要。在嘉靖《山西通志》中，“言武备者十有三”。自明初洪武年间创立卫所以后，到了正德、嘉靖年间更有加强和完善。是志记载，设于大同的山西行都指挥使司，下辖十四卫、七十所、三守御千户所；设于太原的山西都指挥使司，下辖八卫、四十一所、九守御千户所。总共驻有旗军182421名。而且详细载明了骑操分布、武器配备的情况。所有这些，都充分说明了山西作为战略要地的重要性。

嘉靖《山西通志》最显著的特点表现在以下两个方面：一是资料丰富。同成化《山西通志》相比较，是志篇目少了，但记事内容却很丰富，有些资料极为珍贵。如卷三十一·杂志（上）载录，弘治“十二年五月二十日，朔州城北马圈头空中有声如雷，白气亘天，火光迸裂，落一石，大如小车轮，入地七尺余，遂有碎石迸出二三十里外，色青黑，气如硫磺，质甚坚硬。”据现今天文学家说，这是我国历史文献中最早的关于陨石的详细记录，已引起国内外专家的重视。再如，在艺文目中，著录山西文献450种之多，这是山西最早的地方文献书目，反映了山西古代文化之发达。二是从理论上阐述了方志的意义和编纂方法。如杨宗气的《序》中说：“治天下者以史为鉴，治郡国者以志为鉴”，“企先贤而思齐，睹名宦而思政，审物力而思阜殷，察利病而思兴革，慨风俗而思移易，阅军实而思训练”，“以图维长治之道”。这些说法反映了编纂方法以至志书内分门立目，都完全是从巩固封建统治的需要出发的。杨宗气还提出了编修方志的“四义”，即“直崇则不谀，教诩则不慝，疑阙则不诬，防慎而不懈”。由于嘉靖《山西通志》的纂修者能够“实录直书”，因而此书被后人评价为“不俚不略，不滥不夸”，“记录质实而文义简确”。

嘉靖四十三年（1564）刻本，山西省图书馆藏。国家图书馆、山西省图书馆等藏有抄本。山西省地方志办公室于2017年影印出版该本。

［明万历］山西通志

明崇祯二年（1629）刻本，三十卷。李维祯纂修。

李维祯（1547—1626），字本宁，湖广京山（今属湖北）人。隆庆进士，由庶吉士授给事中，万历间迁提学副使，所至有声，万历末年任山西按察使。上任之后，维祯觉得自嘉靖志以后，山西又有50年未修志书，于是他便“敦请耆儒纂修山西通志，亲加考核”。大约在万历四十四年（1616）脱稿后，他便调升南京礼部尚书，志书未梓。时隔十余年后，由新任山西巡抚祝徽于崇祯二年（1629）作序并付梓，记事止于万历四十二年（1614）。后世对该志的著录多有失误：《中国地方史志丛刊》1982年第6期《日本现存中国宋明两代地方志草目》中，写作“祝徽纂修”；《上海图书馆地方志目录》中，著录“万历三十年修”，显然是错误的。

万历《山西通志》计三十卷，分目二十。篇目为：卷一，图考；卷二，建置沿革（附疆域）；卷三，星野；卷四至五，山川（附渠堰、桥梁）；卷六，风俗；卷七，物产；卷八，田赋（附盐政）；卷九，户口；卷十，祠祀；卷十一，封建；卷十二，职官（附公署）；卷十三，学校（附学院）；卷十四，古迹（附陵墓）；卷十五，帝王（附圣母、圣后、圣臣）；卷十六至十七，名宦；卷十八至二十，人物（附忠孝、义侠、侨寓、列女）；卷二十一至二十三，选举（附荐辟）；卷二十四，武备上（附形势、边关、城池、屯田、马政）；卷二十五，武备下（附将士、边事）；卷二十六至二十七，杂志；卷二十八至三十，艺文。全书约 110 万字。

是志卷一图考，有山西省会、太原府、平阳府、大同府、潞安府、汾州、辽州、泽州、沁州凡九幅。志文各自先叙省，再叙府，旁及所领县。是志如同成化、嘉靖二志一样，对军事防卫仍予特别重视。明朝政府在成化至嘉靖年间多次修长城，仅山西境内就修筑了长达 910 里的“边墙”，是志作了较为具体的反映。

万历志是成化本和嘉靖本的续志，在篇目编排上，三部志书大体一致，是志的主要特点，是对地理形势比以前二志有了更具体的记载，而且许多记录都为清初顾炎武编纂的《天下郡国利病书》所采择。如该志卷二十四·武备上载：“宁武关，堡凡十二，东为大河、为阳防、为朔宁；北为神池、为大水口、为利民；西北为黄花岭、为土棚、为义井；西为宁文、为二马营；西南为西镇。而宁文又实与宁武相为犄角，以扼山西之险。”再如“偏头关，堡凡十有八，关以东为马站、为八柳树、为老营；东北为小营、为水泉；北为峙、为滑石涧；西为桦林、为楼子营、为罗圈、为杨冕、为唐家会、为五花营、为得马、为灰沟；南为永兴；东南为八角、为长林”等，都被顾炎武所特别珍视。是志对这些土堡的配置也有详细的反映，谓“土堡，依山据险而为之……官有廨宇，士有营舍，而仓绫草场咸备焉。……百人之堡，千人不能攻。每堡择才力者为堡长，次者为队长。堡长得以制队长，队长得以制伍众。每伍十一名为一队，每队奇正各半。一方有急，则三方应援。多造火铳、飞炮、佛朗机之类分给堡塞”。这样的记述不可谓不详密。可见万历志的资料性是很强的，因而康熙《山西通志》对该志给予高度评价，赞曰“信书”。

明崇祯二年（1629）刻本，国内仅山西省博物馆藏有完本。国家图书馆藏有残卷，并有抄配和胶卷。山西省史志研究院藏有原版复印件和胶卷。2012 年中华书局点校本，山西省图书馆、山西省档案馆、山西省史志研究院等藏。

［清康熙］山西通志

清康熙二十一年（1682）刻本，三十二卷。穆尔赛等修，刘梅、温敞纂。

穆尔赛，满洲人，康熙十九年（1680）以山西布政使升山西巡抚，后因贪污被康熙皇帝惩办。刘梅，字训夫，直隶故城人，顺治十五年（1658）进士，康熙十八年（1679）以山西佥事升山西提督学政。

满清入关，政局初定。康熙十一年（1672），保和殿大学士曲沃卫周祚即奏请征各直省志书，备总修《大清一统志》参考，诏允其请。十三年（1674），学政谢观命太原府同知开化江南龄督教官曲沃李方蓁等纂修。十五年（1676），定稿后曾聘请山西名儒、洪洞进士范鄗鼎删削订正。十七年（1678），费竭工停。十八年（1679），布政使那鼐创捐集资，提学佥事故城刘梅复督李方蓁等续修，书成于康熙二十一年壬戌（1682）。自谢观开局至此，历时九年，五易其稿。全书共三十二卷，分目亦如卷数，是为康熙《山西通志》，亦称“刘志”。

该志的篇目为：卷一，图考；卷二，星野；卷三，建置沿革；卷四，疆域（关隘附）；卷五，山川（桥梁附）；卷六，城池；卷七，公署；卷八，学校（考场附）；卷九，祠祀；卷十，贡赋；卷十一，屯田；卷十二，水利；卷十三，临法（钱法附）；卷十四，兵防；卷十五，马政（驿递附）；卷十六，帝王（后妃、封建、窃据附）；卷十七，职官；卷十八，名宦；卷十九，选举；卷二十，人物；卷二十一，孝义；卷二十二，列女；卷二十三，隐逸；卷二十四，流寓；卷二十五，仙释（方技附）；卷二十六，民俗（土产附）；卷二十七，古迹；卷二十八，陵墓；卷二十九，寺观；卷三十，杂志；卷三十一，祥异；卷三十二，艺文。

康熙皇帝玄烨是清代很有作为的著名君主，他认识到要巩固清政府的统治，单靠满洲贵族是不行的，还须争取汉族地主阶级代表人物的支持与合作，以缓和民族矛盾。在这样的思想指导下，康熙《山西通志》对选举、职官、名宦等部分，都作了格外详细的记述。如“选举”目，它不仅全文照录或摘引了明洪武三年科举条格，以及六年、十七年、正统元年、嘉靖六年、万历十三年和十六年的若干科举补充规定；而且对科举的意义、要求，乡试、会试的时间、次序、名额、内容，生员答卷的文体，以及对中式者授予的官职、品级，都有具体的说明，反映了臻于完备的明代科举制度的全过程。明代从洪武四年至崇祯十六年共 88 次会试，山西考中进士者 1261 人，都一一载入康熙《山西通志》。不论山西乡试的举人，还是山西人在外省的中举者，也都毫无遗漏地予以列表。这对笼络人心是很起作用的。如职官目，将山西历代知府、知州、知县的名单，全部列入省志，这也是明代前两部《山西通志》所没有的。其艺文目，不以晋人诗文为限，凡涉三晋要务、人事、景物、史事尽皆收录，有较高的史料价值。该志卷三十“杂志”中，写了李自成于崇祯十六年十二月自临晋入晋，占绛州，攻平阳，陷太原，大战宁武关，进驻大同府的过程，以及从北京败回山西的情况。纂修者虽然是站在封建统治者的立场上进行了诬蔑，但从反面也给后人提供了较为珍贵的史料。

是书由于纂修者厘订欠精，《四库总目提要》批评它“所辑甚夥，而伪复者亦颇不少”。也有人说它“采摭虽富，舛谬实多”。

康熙二十一年（1682）刻本，山西省图书馆、国家图书馆等藏。2014 年中华书局点校本，山西省图书馆、山西省档案馆、山西省史志研究院等藏。

［清雍正］山西通志

清雍正十二年（1734）刻本，二百三十卷。觉罗石麟修，储大文纂。

觉罗石麟，满洲正红旗人，雍正五年（1727）任山西巡抚。储大文，字六雅，号画山，江苏宜兴人，康熙辛丑进士，原任庶吉士，著有《存砚楼集》。

雍正六年（1728），世宗胤祯复命督修直省通志，供一统志馆臣采择，并诏州县志书60年一修成为定制。七年（1729），巡抚觉罗石麟以原翰林院庶吉士宜兴储大文为纂修，开局重修。历时五年，于雍正十二年甲寅（1734）成编，是为雍正《山西通志》，亦称“储志”。雍正《山西通志》，博采见闻，较康熙《山西通志》又增关隘、武事、爵封、氏族、辩证、遗事、经籍、艺术等八目。每目之中，又各增十之一二或十之六七，成为一部卷帙浩繁、包罗万象的巨著。纂修储大文，乃一代名儒。他精研地理，于山川形势，多能得其要领。其辩证一类，专为补正地理而作，特为精赅。其经籍一类，乃援施宿《会稽志》，袁桷《四明志》之例，亦大有助考据。故其书在当时被称为名笔，《四库全书》列于《史部地理类》一中，《四库全书提要简明目录》赞其“发凡起例，颇得体要”。该志于雍正十二年（1734）刊刻。迄嘉庆十七年壬申（1812），巡抚衡龄偕提督学政湘潭周系英复取雍正《山西通志》，正其建置沿革之变迁者，略加增补、分注和校勘，以备仁宗颙琰西巡时呈览，遂成衡龄校刊本。乾隆间有《四库全书》本。1968年台湾省印有影印本。

雍正《山西通志》二百三十卷，分目四十，篇目为：卷一，图考；卷二，星野；卷三至五，沿革；卷六至七，疆域（铺递附）；卷八，城池；卷九至十六，关隘；卷十七至二十八，山川；卷二十九至三十四，水利（津梁附）；卷三十五至三十六，学校；卷三十七至三十八，公署；卷三十九至四十四，田赋；卷四十五，盐法；卷四十六，风俗；卷四十七，物产；卷四十八至四十九，兵制；卷五十至五十五，武事；卷五十六，驿站；卷五十七至六十，古迹；卷六十一，帝王（分据附、后妃附）；卷六十二至六十三，封爵；卷六十四，氏族；卷六十五至七十二，科目；卷七十三至八十二，职官；卷八十三至一百，名宦；卷一百一至一百四十，人物（文苑附）；卷一百四十一至一百四十五，孝义；卷一百四十六，隐逸；卷一百四十七至一百四十八，寓贤；卷一百四十九至一一百五十八，列女；卷一一百五十九至一百六十，仙释；卷一百六十一，艺术；卷一百六十二至一百六十三，祥异；卷一百六十四至一百六十七，祠庙；卷一百六十八至一百七十一，寺观；卷一百七十二至一百七十四，陵墓；卷一百七十五，经籍；卷一百七十六至一百七十九，辩证；卷一百八十至一百八十一，遗事；卷一百八十二至二百二十七，艺文；卷二百二十八至二百三十，杂志。

清初沿用明万历年五府、三州的行政区划，到了雍正年间作了一些改变。雍正二年，原隶太原府之平定州、忻州、代州、保德州，以及原隶平阳府之解州、绛州、吉州、隰州，均升为直隶州。三年增置朔平、宁武二府，并以朔平府统领归化城。六年升泽、蒲二州为府，并将原隶大同府之蔚州改归直隶宣化府。该志“沿革”篇详细介绍了九府、十直隶州及九十六州县建置的历史变化情况。

清代在康熙、雍正年间，采取了一系列恢复和发展生产的措施。兴修水利就是其中重要的一项。储大文据此，广搜博采，特以六卷的篇幅记叙了山西全省渠、泉、桥、堰、堤、坝、池、塘的历史和现状以及施工和利用，并注重总结其经验。如转引孝义县邑人宋湛在金代正隆二年（1157）开凿济民渠的经验谓：此渠“上下二十里，中间地之出者削而平之，坎者积而坦之，堆阜者凿而深之，缺洼者补而完之，断岸则刳木为槽以通焉”。元代李荣祖在正平（今新绛）开渠的经验是：“涤其源而疏其流，浚其窒而通其碍，俾行者不漫漶，蓄者不泛滥，或上或下而顺其势，或分或合而依其经，故田园有灌溉之泽，而川流无壅竭之患，合境皆受其福。”这些反映山西古代劳动人民兴办水利的经验，在今天仍有重要的借鉴价值。

是志对物产亦给予特别重视。卷四十七“物产”称：“山西府州产铁之地十之八九”，并记述了汉、唐、宋、元、明、清历代产铁数量、铁冶数目及铁制农具的生产情况。是志还介绍了汉唐以来历代采煤情况，汇辑了李商隐、温庭筠、朱弁、于谦等名人关于煤炭的诗句。这就使后人对山西是“煤铁之乡”的历史发展有了比较系统的了解。这些资料是十分珍贵的。

我国古代地名情况较复杂，既有一名多地者，又有一地多名者，这就给研究历史地理带来很多麻烦。是志增加“辩证”一门，对山西古地名有疑舛者，“辩以析之，证以实之”。该志收辑顾炎武《太原辩》《唐晋辩》、王世家《唐晋辩》等文，对叔虞封唐的“唐”究在何处，“薄伐𤞤狁于太原”的“太原”究竟在哪里，他们都不依旧说，提出了新的见解。这些见解多为今天史学界公认。因而，《四库全书总目提要》卷六十八著录该志时说，储大文“于地理之学颇能研究”，“订证舆记者为多”。艺文门收录诗文甚多，其后通志多不收录，故其价值不容忽视，遗事收录各书中有关三晋遗闻佚事，可补正史之缺。

该志全书洋洋五百余万言，搜罗宏富，但良莠间杂。如各门目均依府州为序记述，但大山长河非一府县所能包括者，往往分割多处叙述，查阅不便。是志失考处颇多，如王安中，本曲阳人，《宋史》误为阳曲，此则据以收入。朱弁乃朱熹叔祖，而此经籍门收其书，其书为《曲洧旧闻》，而此脱“旧闻”二字。《涑水纪闻》为司马光所作的笔记，而此既收司马光《涑水纪闻》三十二卷，复收“范增编司马光纪闻十卷”。司马光之《稽古录》，此误“录”为“鉴”。

清雍正十二年（1734）刻本，山西省图书馆、山西省博物馆等藏。清嘉庆十六年（1811）衡龄校刻本，山西省图书馆等藏。清乾隆间《四库全书》本，国家图书馆等藏。1968年台湾省影印本，山西省图书馆、山西省史志研究院等藏。2006年中华书局点校本，山西省图书馆、山西省档案馆、山西省史志研究院等藏。

［清乾隆］山西志辑要

清乾隆四十五年（1780）刻本，十卷首一卷。雅德修，汪本直纂。

雅德，满洲人。乾隆四十四年（1779）由侍郎擢山西巡抚，次年调抚陕西，转任河南巡抚，四十六年（1781）又调抚山西，同年底改任广东巡抚。

清乾隆三十一年（1766），清廷准备再修一统志，通令各省续纂志书以备采择。同时，为备高宗弘历巡幸五台山时呈览，山西巡抚雅德乃命绛州通判汪本直节采雍正《山西通志》，删繁就简，厘为十卷，以甄总隐括，名曰《山西志辑要》，于乾隆四十五年（1780）付梓。是志与一统志比则加详，与通志比则加择。不以类分，而以府州县分编，盖遵《大清一统志》体例。

《山西志辑要》首卷为省志，备载山西之分野、沿革、疆域、职官、户口、田赋、宦迹，以昭一省之梗概。然后以府州分编为十卷。卷一，太原府；卷二，平阳府；卷三，潞安府；卷四，汾州府；卷五，大同府；卷六，朔平府、归化城、宁武府；卷七，泽州府、蒲州府；卷八，辽州、沁州、平定州、忻州；卷九，代州、保德州、解州；卷十，绛州、霍州、隰州。

是志在全省及各府、直隶州卷首，分别绘省、府冶、直隶州治等图共 22 幅，除首一卷省志外，各卷以府、直隶州及所辖各散州、县分编。省志备载分野、沿革、疆域、职官、户口、田赋、宦迹诸门，各府志、直隶州志与省志略同，唯不载职官、户口，而增入风俗、城池、学校、人物、列女诸门；各散州、县与府志略同，唯不载户口、风俗，而增入山川、古迹，关隘津梁并为一门，驿站附后，祠庙陵墓并为一门，寓贤、仙释、物产者录之，无者阙如。

由于康熙、雍正、乾隆三帝崇信佛法，多次巡幸五台山，并题写了很多诗文、碑铭、匾额、楹联，为了“志名山之幸”，故编《清凉山志辑要》二卷，置于《山西志辑要》卷首。

是志主要是撮前志之要，而绝少续补之作，因而史料价值不高。

清乾隆四十五年（1780）刻本，山西省图书馆、山西大学图书馆等藏。山西省史志研究院藏有复印件。1999 年中华书局点校本，山西省图书馆、山西大学图书馆、山西省史志研究院等藏。

［清光绪］山西通志

清光绪十八年（1892）刻本，一百八十四卷。曾国荃、张煦等修，王轩、杨笃等纂。

曾国荃（1824—1890），字沅甫，号叔纯，湘乡人。光绪二年（1876）为山西巡抚。张煦，光绪十八年（1892）任山西巡抚。

清光绪三年（1877）山西大旱，山西巡抚曾国荃“以大祲之后，恐文献无征”，于五年（1879）上奏重修省志。当即得到批准后，便设立通志局，聘请山西名儒王轩为总纂，杨笃为纂修，杨深秀等为分纂，历时 14 载，于光绪十八年编纂成书。亦称“曾志”。

王轩（1823—1887），字霞举，号顾斋，晚署壶翁。山西洪洞县人。早年刻苦博学，深研三礼、《尔雅》《说文》及舆地，于六书九数，用功尤勤。同治二年（1863）中进士，考卷曾被视为样板，被大学士祁隽藻誉为“石州（张穆）后起有人”。曾任兵部武库司主事，后归里，主讲河东宏远书院。学识精深，甚获时誉，被视为晋省有清一代尊师。光绪五年（1879），受山西巡抚曾国荃之聘，赴省任《山西通志》总纂。王轩受命之后，不仅总览全编，全书体例多所手订，志稿前五十卷均经他亲自校对，而且志中太原、河东等部分内容，也大都由他纂修。特别是他亲自纂修的《山西历代疆域沿革图谱》，还印成单行本，以图文并茂，考证精赅，当时即受到朝野赞许。

杨笃（1834—1894），字雅利，号巩同，又号秋湄，或署虬麋道人、吕香真逸，晚年自称东渎老人。山西乡宁县人。同治举人。早年从名儒王筠攻习《说文》，通训诂，长金石，精三礼，好史学，工书法，善琢砚、治印、弹琴。光绪《山西通志》中的《金石记》十卷，即为他的手笔。因收罗宏富，考订精确，向为海内外金石家、考古家推崇，曾以《山右金石记》为书名另行刊印。杨笃不仅多才多艺，是山西学界一代名流，而且是我国清末著名的方志学家。其一生的主要精力都用在了方志编纂上，从三十多岁时在主讲宏州书院期间创修《西宁县志》始，先后编纂了《蔚州志》《代州志》等12种地方志书，对方志编纂有着丰富的实践经验。光绪五年（1879），他被聘为《山西通志》纂修官后，便将全部心血和才识倾注在《山西通志》上。光绪十三年（1887），总纂王轩病故，巡抚张之洞调离，省通志局经费吃紧，编纂工作困难重重。他力挑修志重担，总览全盘，亲自编纂校对，虽疾病在身，或严冬手指冻裂见血，仍不停执笔。尝对人说："一身之寿夭，命也；倘《通志》不成，三晋文献由我而斩，罪不更大乎？"有清一代，像这样毕生献身于方志事业的人，不仅在山西，在全国也是不多见的。

光绪《山西通志》的体例，由王轩吸取谢蕴山《广西通志》、阮元《浙江通志》、黄彭年《畿辅通志》、郭嵩山和李元度《湖南通志》诸家之长，分为图、谱、考、略、记、录六类，"图以辨方，谱以序世，考以稽古，略以纪今，记以述事，录以存人"。各门之下又统若干目，体例完善，条理清晰，并在内容上废除了"与地志无涉"的星野，而代之以经纬晷度。因该志出自学者之手，其质量在山西诸通志中名列前茅，深得梁启超等名家的赞誉。在《中国近三百年学术史》中，梁评论它为全国杰出的方志之一。

光绪《山西通志》一百八十四卷，篇目分图、谱、考、略、记、录六类三十七门。图三卷二门：卷一，疆域图；卷二至三，府州厅县图。谱十九卷六门：卷四至五，沿革谱；卷六至七，星度谱；卷八，三代世谱（帝国、侯国、卿大夫、三晋）；卷九，秦汉以来别谱（尊号、爵封、姓望、关帝世谱）；卷十至十三，职官谱；卷十四至二十二，贡举谱。考三十五卷四门：卷二十三至三十，府州厅县考；卷三十一至四十三，山川考；卷四十四至四十九，关梁考；卷五十至五十七，古迹考（国都、城邑、宫室、祠宇、陵墓、寺观）。略二十三卷七门：卷五十八至六十五，田赋略；卷六十六至六十九，水利略；卷七十至七十一，盐法略；卷七十二至七十四，秩祀略（上祀、中祀、群祀、庙学附祀）；卷七十五至七十六，学制略（释奠、典学）；卷七十七至七十八，营制略（驻防、绿营、练军、历年兵事、前代兵制）；卷七十九至八十，公署略（官署、仓库、驿传、公所）。记二十卷六门：卷八十一，巡幸记；卷八十二，荒政记；卷八十三至八十六，大事记；卷八十七至八十八，经籍记（经、史、子、集）；卷八十九至九十八，金石记（铜器、铁器、货泉、碑碣、摩崖、幢柱、石题、造像、法帖、砖瓦）；卷九十九至一百，风土记（地形、民俗、岁时、方言、物产）。录八十四卷十二门：卷一百一至一百十五，名宦录；卷一百十六至一百三十五，乡贤录；卷一百三十六至一百三十七，忠烈录；卷一百三十八至一百四十一，孝友录；卷一百四十二至一百四十四，义行录；卷一百四十五至一百五十二，仕实录；卷一百五十三，儒行录；卷一百五十四至一百五十六，文学录；卷一百五十七，隐逸录；卷一百五十八至一百五十九，艺术录；卷一百六十至一百六十一，方外录；卷一百六十二至一百八十四，列女录。各门下有目、附目。

是志的特色主要表现在两个方面：其一，体例完备，内容宏富。是志纂修者不仅善于继承本省旧志的优点，而且善于吸取他省志书的长处，体例上更加完善。全志分图、谱、考、略、记、录六类，以括其要。六类之名，皆有所本：图以辨方，承唐贾耽朱墨二色遗法，以使古今地名互证。谱以序世，本郑樵《通志》之意，以与图合。考以稽古，补图、谱之未详。略以纪今，亦依郑氏《通志》。记以述事，仿程机《上党国记》。录以存人，效赵岐《三辅决录》。六类之中，又分三十七门，门下再分目或附目，条分缕析，井然有序。是志引书达 3000 余种。其所辑史料，盛况空前。上起唐虞三代之远古，下迄封建社会之末期，包罗万象，应有尽有。举凡山西历史上之社会制度、各类人物、政治经济、文化古迹等，不详或不见于正史者，往往可以从中得到印证和补充。而且史料按地域分类排比集中，更便于研考。其二，订讹补阙，考证精赅。清儒崇尚考据，王轩、杨笃、杨深秀又都是考据名家，所以这种注重考据之风，在是志中也得到了非常明显的反映。志中有“明考”，通篇“考证为多”者，府州厅县考、山川考、关梁考、古迹考、金石记、三代世谱等是也。有“暗考”，间参考证者，沿革谱、秦汉以来别谱、星度谱及七略是也。其他如专志人物的十二录，虽无按考明文，但作者搜真辑佚，订讹补阙，也不无考证之痕迹。可以说，精于考据，是光绪《山西通志》的一大特色，也是反映是志学术价值的关键所在。

光绪《山西通志》由于书成众手，旷日持久，自五十卷后，又随纂随刻，给全书编阅造成一定困难，遂致全书体例前后不尽一致，行文风格不太统一。其人物传记部分，往往省略字号、生卒年，使人不无缺憾。入志晋人，虽较旧志审慎严谨，然仍不免有附会之嫌。是志删去艺文，以免繁芜，但户口不收，则为缺憾。书中脱漏、疏误或失考之处，也时有出现。

清光绪十八年刻本，山西省图书馆、山西大学图书馆等藏。民国 24 年（1935）补版重印本，增张煦总序一篇，山西省史志研究院、山西省图书馆等藏。1990 年中华书局点校本，山西省社会科学院、山西省史志研究院等藏。

［清宣统］山西乡土志

《山西乡土志》为清宣统二年稿本，冯济川纂。

冯济川（1859—1928），字秋航，山西孝义石像村人，故自号石像山人。清末及民国初期，三晋杰出的教育活动家、山西省著名的藏书家。幼年聪颖好学，后就学于汾阳西河书院和省城晋阳书院。光绪二十年（1894）甲午科中举。清末，曾任陕西长安县知事，陕西高等学堂国文教习。光绪三十年（1904）东渡日本，就读于日本明治大学之分校经纬学堂。次年七月学成归国，执教于山西师范学堂。光绪三十二年（1906）春，在太原创办全晋公立中学堂，被推为教务长。在孝义兑九峪（今兑镇）创办高等小学堂，在太原创办公立女子学堂。民国元年（1912）5月，被学部委任中央教育会议员，山西仅此一人。翌年任省议会议员。晚年回归故里，边教书边著述。一生著述颇丰。秋航一生以兴学为己任，被誉为“山西兴新学之先声”。民国17年（1928）病逝。享年70岁。

《山西乡土志》为国内现存最早的省级乡土志。全志分列沿革、疆域考、区域、形势、山脉、河流、气候、人民风俗、宗教、学校、教育、学派、士风、望族、历代人物、名宦、古迹、艺文、农业、果属、矿产、商业、工业、田赋、币制钱法、金石记目录、碑碣等二十七（篇）。全志5万余字。该志是作者为初等小学编写的乡土教材。即如该志“凡例”中所言：“乡土志者，所以感发人爱乡土之心，继往开来，并求改良而进步者也。”冯氏之良苦用心，跃然纸上。

2006年中华书局《山西旧志二种》点校本，载有《山西乡土志》，山西省图书馆、山西省史志研究院等藏。

［民国］山西风土记

《山西风土记》为民国年间稿本，石荣障纂。

石荣障，字草生，湖北阳新人。清光绪二十八年（1902）于山西政法学堂毕业，历任行政司法各职。宣统元年（1909）在山西调查局任法制科股官，负责调查沿革、民情风俗，撰成《山西民情风俗报告书》。民国成立后，时隔“二三十年”，经作者修改易名为《山西风土记》。稿本原藏于中国科学院文献情报中心，山西省地方志办公室资料处购得复印件并点校整理。

《山西风土记》共设六篇、四十四目：民族篇第一，分列种族、户籍、性质、语言、大族、世家、巨绅、富室、侨居、寄籍等十目；食用篇第二，分列常服、礼服、丧服、皮服、食品、食事、瓜果、蔫酒、居处、市廛等十目；职业篇第三，分列官绅、士子、农夫、工匠、商贾、兵勇、书役、杂业、无业等九目；教育篇第四，分列学舍、学制、学堂、女学、私塾、学童、游学、广学、智识等九目；宗教篇第五，分列教类、祀典、祈祷、斋戒、迎神、朝山、寺庙、巫觋等八目；礼俗篇第六，分列宗族、生子、婚嫁、丧葬、祭祀、交际、节令、娱乐等八目。全书5万余字。

2006年中华书局《山西旧志二种》点校本，载有《山西乡土志》，山西省图书馆、山西省史志研究院等藏。

［民国］山西大观

民国25年（1936）刊本，分四大部分，侵华日军山冈师团编。

该书是侵华日军陆军山冈部队本部编纂，福山中佐监修，参谋本部指导下编辑而成。山冈部队是侵驻山西的主力部队。当坂垣征四郎率领的第五师团一败于平型关下，再困于忻口阵前时，沿平汉铁路南下的山冈师团由东路乘虚而入，抢占了太原，扶植起傀儡政权，这时，正是日本帝国主义一面动用飞机大炮攻陷南京，步步进逼，一面举起橄榄枝高唱什么“不扩大方针”，迷惑世界舆论，分化抗日阵营的时候。山冈师团编纂《山西大观》之举，戳穿了侵略者的谎言，暴露了侵略者妄图在被侵略的国家安营扎寨、“长治久安”的野心。泽田茂的序言，更使侵略者的狼子野心暴露得淋漓尽致，日本侵略军来山西想做什么，凭此也可以大白于天下了。

《山西大观》共分为中部地区、南部地区、北部地区、晋北地区四大部分，105 节，每县一节，节下列位置、沿革、地形、宗教、教育、区划及财政、人口、产业、交通、名胜古迹等 10 目，全书 191 万字。

《山西大观》原为日文版，收藏于大连图书馆，后由山西省史志研究院方志所三室根据大连图书馆藏的稿本复印并翻译整理。该书名为《山西大观》，实为山西分县志书，实际资料来源于当时日军搜刮到的全省各类志书百余种、年鉴 13 种、史书 31 种、杂类 20 余种、辞典类 10 余种、杂志类 14 种，汇集而成。尽管其内容多有失实之处，体例也很不完善，但仍将民国时期 20 世纪 30 年代左右的资料汇集成册，从一定程度上为我们保留了些许民国中期的历史资料，对编修新方志仍有一定的参考利用价值。

《山西大观》，山西省史志研究院藏有复印本，中译本于 1998 年山西古籍出版社出版，内部发行。山西省史志研究院藏。

［民国］山西省志

中华民国 9 年（1920）刊本，十编。日本同文会编，（日）小川平吉、根津一修，山崎长吉主编。

是书系东亚同文会主编，以东亚同文书院调查取得的第一手材料为依据。东亚同文会是一个以官方为背景的民间组织。名曰东亚，实则重点指向中国。为本书写序的该会干事长（实际工作的负责人）小川平吉，当过日本政府的铁道大臣。其子小川平二，是日本自民党高级官吏，当过日本政府的三任大臣。同文会在中国上海办了个同文书院，从日本国内招生，送来上海学习。毕业生大部分成为对华工作人员，后来有的就成为侵华骨干。民国 34 年（1945）第二次世界大战结束，同文会、同文书院也就偃旗息鼓了。

该书调查工作着手于民国 7 年（1918），即日（本）俄（国）战后三年。当时日本已经侵占中国台湾省，染指东北，蓄意并吞朝鲜，霸占东亚的态势初步形成。成书于民国 9 年（1920），正值第一次世界大战结束，日本继承了德国在远东的利益，提出了旨在灭亡中国的“二十一条”，这时日本侵略势力已妄图变中国为它的殖民地，在各方面做侵华的准备。写外国史书的所在多有，写外国志书的却不多见。外国人写中国分省志，唯以日本人独步，而以此书为滥觞。

《山西省志》是《中国分省全志》的第十七卷，共十编：第一编，山西省总论；第二编，城市；第三编，交通运输与邮电；第四编，主要农产品及其销售渠道；第五编，工业；第六编，山西的矿产；第七编，畜产；第八编，进口及外地商品；第九编，商业机构；第十编，金融货币及度量衡。全书 44 万字。

是书名曰全志，而体例芜杂，除第一编概述全省自然面貌，篇幅仅占全书的2%外，其余都是经济、城市、交通运输等情况的调查记录。有些地方特别细致，如井水甘苦，道路夷险，运输能力，物品及劳力价格等，都逐邑作了记述。有的甚至用计步器实地测量距离，与当地传统说法相比较。这就突出表现了该书作者的真正企图。不难想象，日本人有此一编，可以人马恣其行，货物畅其流。至于山西的文化、风俗、人物、社会等，都似乎无暇顾及。与其说是全志，倒不如说成货殖志更贴切一些。

由于是书有上述特点，尽管内容不乏失实之处，体例也不完善，但通过此书，可以知道当年日本人处心积虑，不惜工本；可以加强中国人的民族观念，激励爱国热情。尽管内容浅陋，然而却是实地调查所得，并非人云亦云，毕竟给我们提供了民国前期的一些历史资料，对今天编史修志有一定的参考利用价值。

《山西省志》日文本，大连图书馆藏，山西省史志研究院藏有复印本。1992年中文译本，山西省地方志办公室译编，内部印制，山西省史志研究院、山西大学图书馆等藏。

首轮新编《山西通志》简介

（全志共设50卷、66册）

第1卷·总述　山西省史志研究院编，中华书局1999年12月出版。主修刘振华、郭裕怀，总纂梁志祥、侯文正，主编侯文正，副主编袁培钢、张全盛。16开本，113万字。前设图照329幅、《山西通志》凡例、《山西通志》总目录、编纂说明，内设地理环境与古代历史、鸦片战争以来的省情概述、地市县概况3编，后设索引。下限至1995年。内设表13幅、图1幅。

第2卷·地理志　山西省史志研究院编，中华书局1996年11月出版。主修胡富国、孙文盛、郭裕怀，总纂梁志祥、侯文正，主编张维邦，副主编萧树文、王东来。16开本，77万字。前设图照51幅、编纂说明、绪言，内设建置沿革、自然地理、经济地理3编，后设索引。下限至1985年。内设表268幅、图20幅。

第3卷·气象志　山西省史志研究院编，中华书局1999年7月出版。主修胡富国、孙文盛、郭裕怀，总纂梁志祥、侯文正，主编牛殿富，副主编刘庆桐、刘九林、李思友。16开本、66万字。前设图照73幅、编纂说明、绪言，内设山西气候、主要气象灾害、大气探测、气象通信、天气预报、气候资料、农业气象、气象服务与人工影响天气、科研与教育、管理机构与队伍10编，后设附录。下限至1995年。内设图19幅、表55幅。

第4卷·地质矿产志　山西省地方志编纂委员会编，中华书局1993年12月出版。主修胡富国、李修仁，总纂樊宝珠，主编刘凯。16开本，48万字。前设图照38幅、编纂说明、绪言，内设上编地质（基础地质、水文地质、环境地质），下编矿产（山西矿产资源特点、燃料矿产、山西煤田地质、金属矿产、非金属矿产、分区矿产资源），后设附录。下限至1985年。内设图11幅、表100幅。

第5卷·地震志　山西省地方志编纂委员会编，中华书局1991年4月出版。主修王森浩、李修仁，总纂樊宝珠，主编齐书勤，副主编苏宗正、刘艺林、赵新平。16开本，40万字。前设图照32幅、编纂说明、绪言，内设地震活动、监测预报、地震地质、工程地震、地震学术、管理体制6编，后设附录。下限至1985年。内设图23幅、表23幅。

第6卷·人口志　山西省史志研究院编，中华书局1999年9月出版。主修刘振华、郭裕怀，总纂梁志祥、侯文正，主编李俊喜，副主编李宝卿、侯春燕、翟大明。16开本，76．5万字。前设图照68幅、编纂说明、绪言，内设人口总量、人口变动与分布、人口构成、人口素质、人口调查管理与研究、计划生育6编，后设附录。下限至1995年。内设图3幅、表157幅。

第 7 卷 • 土地志 山西省史志研究院编，中华书局 1998 年 8 月出版，主修胡富国、孙文盛、郭裕怀，总纂梁志祥、侯文正，主编李枝荣，副主编冯建业（常务）、郭英基、张卯年。16 开本，70 万字。前设图照 82 幅、编纂说明、绪言，内设序编古代地政，及土地资源、土地制度、土地法制、土地利用、土地管理 5 编，后设附录。下限至 1995 年。内设图 3 幅、表 136 幅。

第 8 卷 • 农业志 山西省地方志编纂委员会编，中华书局 1994 年 7 月出版。主修胡富国、李修仁，总纂樊宝珠，主编郭展翔、王晶增、杨五云，副主编白志刚、郭明义、席葆谦、武学勤。16 开本，94 万字。前设图照 74 幅、编纂说明、绪言，内设山西农业综述、农业基础建设、种植业、农垦业、畜牧业、农业机械化、农业科技与教育 7 编，后设附录。下限至 1991 年。内设图 5 幅、表 132 幅。

第 9 卷 • 林业志 山西省地方志编纂委员会编，中华书局 1992 年 7 月出版。主修王森浩、李修仁，总纂樊宝珠，主编李慧培，副主编（常务）温贵常。16 开本，44．5 万字。前设图照 87 幅、编纂说明、绪言，内设森林资源、林业综述、林业机构与区划、造林绿化、森林经费、森林保护、林业科研与教育 7 编，后设附录（山西省林业法规选编、山西省林业大事年表、山西省林业系统先进人物单位名单、索引）。下限至 1985 年。内设图 4 幅、表 50 幅。

第 10 卷 • 水利志 山西省史志研究院编，中华书局 1999 年 12 月出版。主修刘振华、郭裕怀，总纂梁志祥、侯文正，主编张荷、李乾太，副主编朱春耀、郭学斌、姚昆中。16 开本，109．6 万字。前设图照 84 幅、编纂说明、绪言，内设水利自然条件、水利工程、水土保持、防汛抗旱、农田水利基本建设、水电水产、水利企业、水文规划、勘测设计与施工、水利管理、水利科技与教育 、档案与宣传 7 编，后设附录。下限至 1995 年。内设图 12 幅、表 147 幅。

第 11 卷 • 乡镇企业志 山西省史志研究院编，中华书局 1999 年 1 月出版。主修胡富国、孙文盛、郭裕怀，总纂梁志祥、侯文正，主编戎昌谦，副主编刘益龄、景占魁。16 开本，50 万字。前设图照 25 幅、编纂说明、绪言，内设发展历程、支柱产业、布局结构和类型、经济效益和技术状况、乡镇企业典型、管理和服务体系 6 编，后设附录。下限至 1995 年。内设表 12 幅。

第 12 卷 • 煤炭工业志 山西省地方志编纂委员会编，中华书局 1993 年 12 月出版。主修胡富国、李修仁，总纂樊宝珠，主编时洪才，副主编许高习、李承义、宿振荣。16 开本，78.2 万字。前设图照 82 幅、编纂说明、绪言，内设煤田地质勘测、煤矿建设、煤矿生产、煤矿安全、煤炭加工与综合利用、煤炭运销、经营管理、科研教育、管理体制与机构 9 编，后设附录。下限至 1985 年。内设图 12 幅、表 118 幅。

第 13 卷 • 电力工业志 山西省史志研究院编，中华书局 1997 年 5 月出版，主修胡富国、孙文盛、郭裕怀，总纂梁志祥、侯文正，主编卞学海，副主编郜金增、卢晓山（常务）。16 开本，59.8 万字。前设图照 66 幅、编纂说明、绪言，内设电力建设、发电、供用电、调度、农电、安全、科技与教育、管理 8 编，后设附录。下限至 1990 年。内设图 2 幅、表 76 幅。

第 14 卷 · 冶金工业志　山西省史志研究院编，中华书局 1999 年 12 月出版。主修刘振华、郭裕怀，总纂梁志祥、侯文正，主编张晓瑜，副主编张春亮、刘琏、黄振全、钞进增、文宇辉、周善鸣。16 开本，111．7 万字。前设图照 88 幅、编纂说明、绪言，内设资源与地质勘查、基本建设与技术改造、钢铁工业、冶金辅料、有色金属工业、冶金机械设备及公用辅助设施、安全生产与环境保护、科学技术研究与设计、专业教育与职工培训、管理与改革 10 编，后设附录。下限至 1995 年。内设图 1 幅、表 179 幅。

第 15 卷 · 化学工业志　山西省史志研究院编，中华书局 1998 年 5 月出版。主修胡富国、孙文盛、郭裕怀，总纂梁志祥、侯文正，主编王乐意，副主编朱培、李佩林。16 开本，41 万字。前设图照 70 幅、编纂说明、绪言，内设基本建设、化工生产、化工企业、环境保护、科技教育、行业管理 6 编，后设附录。下限至 1995 年。内设表 50 幅。

第 16 卷 · 机械电子工业志　山西省史志研究院编，中华书局 1999 年 12 月出版，主修刘振华、郭裕怀，总纂梁志祥、侯文正，主编谷连云，副主编杨志忠、王仰东。16 开本，76.2 万字。前设图照 41 幅、编纂说明。全志分上下两编：上编机械工业，前设绪言，内设近代机械工业、现代机械工业基本建设、农业机械工业、仪器仪表工业、通用机械工业、通用基础件工业、重型矿山机械工业、煤矿机械工业、机床工具工业、电机电器工业、汽车及汽车配件工业、纺织机械工业、管理、科学研究与技术工作、学会协会、地市机械工业概况 16 章；下编电子工业，前设绪言，内设基本建设、通信广播电视制造业、计算机制造业、电子元件制造业、电子器件制造业、矿用电子产品制造业、电子电线电缆制造业、科学研究与技术工作、军工企业开发民用产品、学会协会研究所、山西省电子工业机构沿革、各地市电子工业选介 12 章。后设附录。下限至 1990 年。内设表 50 幅。

第 17 卷 · 建筑材料工业志　山西省地方志编纂委员会编，中华书局 1993 年 12 月出版。主修王森浩、李修仁，总纂樊宝珠，主编张文盛。16 开本，37.4 万字。前设图照 18 幅、编纂说明、绪言，内设水泥及其制品、玻璃陶瓷、新型建筑材料、砖瓦制造及砂石开采、非金属矿采选业及其他建材工业、企业选介 6 编，后设附录。下限至 1985 年。内设图 5 幅、表 89 幅。

第 18 卷 · 军事工业志　山西省史志研究院编，中华书局 1997 年 4 月出版。主修胡富国、孙文盛、郭裕怀，总纂梁志祥、侯文正，主编张翼，副主编王礼、吴东才、张志先。16 开本，59.3 万字。前设图照 73 幅、编纂说明、绪言。全志设上下两编：上编中华人民共和国成立前山西的军事工业，内设辛亥革命前、阎锡山管辖地区的军事工业、抗日根据地和人民解放区的军事工业 3 章；下编中华人民共和国成立后山西的军事工业，内设基本建设、军品生产、民品生产、科研、教育、管理 6 章。后设附录、索引。下限至 1990 年。

第 19 卷 · 轻工业志　山西省史志研究院编，中华书局 1998 年 4 月出版。

主修胡富国、孙文盛、郭裕怀，总纂梁志祥、侯文正，主编衡易汤（上篇）、寇彩兰（下篇）。16开本，68.7万字。前设图照10幅、编纂说明。全志设上下两篇：上篇，前设绪言，内设硅酸盐工业、酿造工业、造纸工业、食品工业、笔墨砚台工业、印刷工业、日用化学工业、计量器具工业、烟草工业、电光源工业、日用及轻工机械工业、教育科研、重点企业简介13章；下篇，前设绪言，内设五金制品工业、塑料制品工业、服装鞋帽工业、皮草工业、工艺美术工业、家具工业、家用电器、文教体育用品、衡器工业、轻工机械制造工业、日用杂品工业、传统名优产品、重点企业简介13章。后设附录。下限至1985年。内设表50幅。

第20卷·纺织工业志　山西省史志研究院编，中华书局1997年8月出版。主修胡富国、孙文盛、郭裕怀，总纂梁志祥、侯文正，主编杨海东，副主编陈又新。16开本，58.1万字。前设图照81幅、编纂说明、绪言，内设纺织原料、棉纺织、针织、毛麻纺织、缫丝织绸、化学纤维、印染、纺织设备、经营管理、科研与教育、重点企业简介11编，后设附录。下限至1988年。

第21卷·交通志·公路水运篇　山西省史志研究院编，中华书局1999年12月出版。主修刘振华、郭裕怀，总纂梁志祥、侯文正，主编杨继刚，副主编吕荣民（常务）、杨惠芹。16开本，109.8万字。前设图照115幅、编纂说明、绪言。全志设2编：第一编公路交通，内设道路、公路运输、公路交通工业、交通监理、交通征费、科技与教育、管理机构7章；第二编内河航运，内设航道、船舶、港口渡口、水运、航运管理5章。后设附录。下限至1997年。内设表42幅。

第21卷·交通志·民用航空篇　山西省史志研究院编，中华书局1999年9月出版。主修刘振华、郭裕怀，总纂梁志祥、侯文正，主编李战志、刘绍勇，副主编郝孝义、田留文、陈兰英（常务）。16开本，67.2万字。前设图照145幅、编纂说明、绪言，内设机场、飞机、航空运输、通用航空、航空机务、航务保障、安全与战备、科技教育、体制机构、航空企事业、企业管理11章，后设附录。下限至1998年。内设图8幅、表33幅。

第22卷·铁路志　山西省史志研究院编，中华书局1997年12月出版。主修胡富国、孙文盛、郭裕怀，总纂梁志祥、侯文正，主编张光玉，副主编张双喜、杨振文、武石生、杜中堂、张仲先、王守雅、王立政、高荫生、赵勇民、郭富元。16开本，96.9万字。前设图照102幅、编纂说明、绪言，内设铁路建设、运输设备、运输生产、经营管理、科技教育、铁路工厂、地方铁路7编，后设附录。下限至1985年。内设表163幅。

第23卷·邮电志　山西省史志研究院编，中华书局1996年9月出版。主修胡富国、孙文盛、郭裕怀，总纂梁志祥、侯文正，主编张广文。16开本，58.5万字。前设图照106幅，编纂说明、绪言，内设邮电体制、邮政通信、电信通信、支撑系统4编，后设附录。下限至1985年。内设图13幅、表167幅。

第24卷·测绘志　山西省史志研究主编，中华书局1999年9月出版。主修刘振华、郭裕怀，总纂梁志祥、侯文正，主编黄荣钊，副主编李宗义、杨宪光、张国孚。16 开本，58 万字。前设图照 93 幅、编纂说明、绪言，内设大地测量、地形测量、专业测量、地图编印、测绘机构与队伍、科技教育与学术交流、测绘管理 7 编，后设附录。下限至 1989 年。内设图 9 幅、表 97 幅。

第 25 卷 · 城乡建设环境保护志 · 环保篇　山西省史志研究院编，中华书局 2001 年 1 月出版。主修刘振华、郭裕怀，总纂梁志祥、侯文正，主编薄越亮，副主编杜培仁、杨沛源、朱胜利、胡早（常务）、沙雪梅。16 开本，62 万字。前设图照 42 幅、编纂说明、绪言，内设自然与社会环境、主要城市大气环境、水环境质量、固体废物污染、物理因素所致的环境危害、农业环境质量、环境管理与法制建设、环保科研与监测、学术团体及行业协会 9 章，后设附录（大事年表、文献辑存、限外辑要、索引）。下限至 1995 年。内设表 244 幅。

第 25 卷 · 城乡建设环境保护志 · 城乡建设篇 · 建筑业篇　山西省史志研究院编，中华书局 2001 年 1 月出版。主修刘振华、郭裕怀，总纂梁志祥、侯文正，主编赵劲夫、马骏，副主编高塞（常务）、于世伟、张春华、介德义、王仰东。16 开本，126 万字。前设图照 108 幅、编纂说明。内设 2 篇：城乡建设篇，前设绪言，内设城市规划、市政工程设施、城镇房地产业、城市公共交通、城市供水、城市燃气与集中供热、风景名胜区建设、园林绿化、城市环境卫生、村镇建设、教育科技与管理体制 11 章；建筑业篇，前设绪言，内设建筑工程、建筑业的发展与施工队伍、施工装备与技术、工程勘察与设计、工程抗震防灾、建筑业管理及改革 6 章。后设附录。下限至 1995 年。内设图 23 幅、表 110 幅。

第 26 卷 · 商业志 · 供销合作社篇　山西省史志研究院编，中华书局 1998 年 11 月出版。主修胡富国、孙文盛、郭裕怀，总纂梁志祥、侯文正，主编姜桂元、郝岱，副主编焦永萍。16 开本，76 万字。前设图照 72 幅、编纂说明、绪言，内设机构体制、业务经营、储运与基建、综合管理、教育与科技 5 章，后设附录（大事年表、文献辑存、先进名录、供销社系统高级职称名录、民国时期山西省政府所属合作组织情况备览、限外辑要、索引）。下限至 1990 年。内设表 162 幅、图 1 幅。

第 26 卷 · 商业志 · 商业贸易篇　山西省史志研究院编，中华书局 1999 年 7 月出版。主修胡富国、孙文盛、郭裕怀，总纂梁志祥、侯文正，主编陈靖北，副主编安秉礼、阎焕昀。16 开本，54 万字。前设图照 155 幅、编纂说明、绪言，内设综述、百货纺织品商业、五金交电化工商业、石油商业、煤炭商业、粮油副食商业、蔬菜调味品商业、肉禽蛋水产品商业、城市饮食服务业、劳动保护用品和特需供应、市场、商办工业、计划管理、财务管理、仓储运输管理、基本建设、教育科技、行政管理机构 18 章，后设附录。下限至 1990 年。

第 27 卷 · 粮食志　山西省地方志编纂委员会编，中华书局 1996 年 3 月出版。主修胡富国、孙文盛、郭裕怀，总纂梁志祥、侯文正，主编侯欣皀，副主编高志信、郭鸿。16 开本，71．9 万字。前设图照 107 幅、编纂说明、绪言。内分上下两编：上编新中国建立前的粮食业，内设粮食占有和储粮备荒、粮食政策、粮食商业、粮食加工 4 章；下编新中国建立后的粮食业，内设农村粮食购销、城镇粮食、油脂购销、市场收购与议价经营、粮油调运、粮油仓储、粮油加工、饲料工业、粮油价格、财务管理、粮食科技、机构 12 章，后设附录（大事记、限外辑要、文献辑存、索引）。下限至 1989 年。内设表 180 幅。

第 28 卷 • 对外贸易志　山西省史志研究院编，中华书局 1999 年 1 月出版。主修胡富国、孙文盛、郭裕怀，总纂梁志祥、侯文正，主编张有陞，副主编张秋明、李双才、梁敬华、冯天圣。16 开本，122 万字。前设图 92 幅、编纂说明、绪言，内设综述、进出口贸易、国际经济技术合作、管理 4 编，后设附录（大事年表、文献辑存、索引）。下限至 1995 年。内设表 160 幅。

第 29 卷 • 财政志　山西省史志研究院编，中华书局 1997 年 8 月出版。主修胡富国、孙文盛、郭裕怀，总纂梁志祥、侯文正，主编杜善学，副主编唐执升、周增峰。16 开本，54.4 万字。前设图照 60 幅、编纂说明、绪言，内设财政收入、财政支出、财政管理 3 编，后设附录（大事年表、限外辑要、索引）。下限至 1985 年。内设表 77 幅。

第 30 卷 • 金融志　山西省地方志编纂委员会编，中华书局 1991 年 4 月出版。主修王森浩、李修仁，总纂樊宝珠，主编张尚喜，副主编张如禄、郝建贵、温龙、王振岳、廖亚洲、赵川龙、刘庆丰。16 开本，50 万字。前设图照 33 幅、编纂说明、绪言，内设上编新中国建立前的金融业（货币、旧式金融业、现代金融业、根据地和解放区金融机构），下编新中国建立后的金融业（金融机构、货币管理与流通、信贷外汇金融管理、代理国库、存款、贷款、拨款监督与财务管理、汇总结算、信用合作业务、信托投资业务、保险），后设附录。下限至 1985 年。内设图 12 幅、表 110 幅。

第 31 卷 • 经济管理志 • 物资篇 • 设备成套篇　山西省史志研究院编，中华书局 1999 年 10 月出版。主修刘振华、郭裕怀，总纂梁志祥、侯文正，主编（物资篇）贺登才、王玲，（设备成套篇）晋维邦，副主编（设备成套篇）邓清生、赵改凤、王凤山。16 开本，35．2 万字。前设图照 40 幅、编纂说明。内设两篇：物资篇，前设绪言，内设管理体制、计划供应、物资市场 3 章；设备成套篇，前设绪言，内设机构、项目管理、设备成套供应 3 章；后设附录（大事年表、文献辑存、索引）。下限至 1995 年。内设表 25 幅（物资篇 12 幅、设备成套篇 13 幅）。

第 31 卷 • 经济管理志 • 计划篇 • 统计篇 • 物价篇　山西省史志研究院编，中华书局 1998 年 11 月出版。主修胡富国、孙文盛、郭裕怀，总纂梁志祥、侯文正，主编（计划篇）蔡维田、（统计篇）李庭钧、（物价篇）王成林，副主编（统计篇）李宝卿、卫富仓、侯正平。16 开本，80．4 万字。前设图照 15 幅、编纂说明。内设 3 篇：计划篇，前设绪言，内设国民经济的恢复、第一个五年计划、第二个五年计划、国民经济的调整、第三和第四个五年计划、第五个五年计划、第六个五年计划，第七个五年计划、第八个五年计划、经济体制改革、计划管理体制 11 章；统计篇，前设绪言，内设管理机构与法规、综合统计、国民经济核算体系、农业及农村统计、城市社会经济调查、工业与交通运输邮电统计、固定资产投资和建筑业统计、贸易财金与能源物资统计、人口与劳动工资统计、社会与科技统计10章；物价篇，前设绪言，内设管理体制、价格演变、产品价格、价格转轨4章。后设附录（大事年表、文献辑存、索引）。下限至1995年。内设图表61幅。

第31卷·经济管理志·工商行政管理篇 山西省史志研究院编，中华书局1999年7月出版。主修胡富国、孙文盛、郭裕怀，总纂梁志祥、侯文正，主编吴书忠，副主编张银科。16开本，78．2万字。前设图照215幅、编纂说明、绪言，内设管理机构、企业登记管理、私营工商业改造、个体经济管理、市场管理、商标广告管理、经济合同管理、经济监督检查、政策研究与法制建设、队伍建设10章，后设附录（大事年表、文献辑存、索引）。下限至1995年。内设图表53幅。

第31卷·经济管理志·劳动篇 山西省史志研究院编，中华书局1999年10月出版。主修刘振华、郭裕怀，总纂梁志祥、侯文正，主编李顺通，副主编李执祥、邢林先、温殿春、白秀平、魏文碧、曹慧昌。16开本，51万字。前设图照57幅、编纂说明、绪言，内设劳动就业、劳动制度、职业技术培训、工资管理、社会保险和职工福利、劳动保护与安全监察、劳动争议和信访、管理机构8章，后设附录（大事年表、文献辑存、限外辑要、索引）。下限至1994年。内设图1幅、表65幅。

第31卷·经济管理志·技术监督篇 山西省史志研究院编，中华书局1999年12月出版。主修刘振华、郭裕怀，总纂梁志祥、侯文正，主编孙桂芳，副主编李德身、常大明、张万顺、李惟茂。16开本，45万字。前设图照99幅、绪言，内设机构、计量、标准化、质量监督、科技与协作、地（市）质量技术监督6章，后设附录（大事年表、文献辑存、索引）。下限至1999年。内设图4幅、表49幅。

第31卷·经济管理志·审计篇 山西省史志研究院编，中华书局1999年12月出版。主修刘振华、郭裕怀，总纂梁志祥、侯文正，主编张喜昌，副主编姚安政。16开本，55万字。前设图照78幅、编纂说明、绪言，内设国家审计管理、财政审计、金融保险审计、固定资产投资审计、工业交通企业审计、商贸企业审计、农业审计、外资运用审计、行政事业审计、内部审计、社会审计11章，后设附录（大事年表、文献辑存、索引）。下限至1996年。内设表24幅。

第32卷·党派群团志 山西省史志研究院编，中华书局2000年6月出版。主修刘振华、郭裕怀，总纂梁志祥、侯文正，主编梁志祥，副主编李旺明、田酉如、杨锡九、解宪卿、范仲康、刘高官。16开本，135万字。前设图照76幅、编纂说明、绪言，内设中国共产党山西地方组织、民主党派山西地方组织、群众团体、晚清民国时期其他党派社团4编，后设附录（大事年表、索引）。下限至1996年初。内设表9幅。

第33卷·政务志·人民代表大会篇 山西省史志研究院编，中华书局1998年12月出版。主修胡富国、孙文盛、郭裕怀，总纂梁志祥、侯文正，主编张铭，副主编魏凯、赵国良、高在前。16开本，50．4万字。前设图照38幅、编纂说明、绪言，内设抗日民主政权的参议会、山西省各界人民代表会议、山西省第一届人民代表大会、山西省第二届人民代表大会、山西省第三届人民代表大会、山西省“革命群众组织”代表会议、山西省第五届人民代表大会、山西省第六届人民代表大会、山西省第七届人民代表大会、山西省第八届人民代表大会、省五届人大常委会议、省六届人大常委会议、省七届人大常委会议、省八届人大常委会议、省人大常委会工作机构、法规建设、监督、联系代表和指导市县人大常委会18章，后设附录（大事年表、文献辑存、清末民国时期的山西省议会、索引）。下限至1997年。

第33卷·政务志·政府篇　山西省史志研究院编，中华书局1999年10月出版。主修刘振华、郭裕怀，总纂梁志祥、侯文正，主编赵命柱，副主编赵德旭、康瑜、郑炳祥、尚振淮、胡存悌。16开本，99.6万字。前设图照28幅、编纂说明、绪言，内设第一编晚清时期山西行政，内设行政机构、行政官员、重大政务活动、人事外事4章；第二编民国时期山西行政，内设行政机构、行政官员、重大政务活动、人事外事、革命根据地行政5章；第三编当代山西行政，内设行政机构、行政领导人员、重大政务活动、人事编制、政府法制、外事侨务、信访7章。下限至1996年。

第33卷·政务志·政治协商会议篇　山西省史志研究院编，中华书局1998年11月出版。主修胡富国、孙文盛、郭裕怀，总纂梁志祥、侯文正，主编张长珍、万良适，副主编成占一、贺德宏（常务）、侯进垣。16开本，54.4万字。前设图照108幅、编纂说明、绪言，内设组织机构、政协委员、全体会议、常务会议、组委活动、重要建议、政协人物7章，后设附录（大事年表、重要文献、规章制度、全省政协基本情况统计表、索引）。下限至1998年1月。内设表20幅。

第34卷·政法志·检察篇　山西省史志研究院编，中华书局1998年11月出版。主修胡富国、孙文盛、郭裕怀，总纂梁志祥、侯文正，主编段江风，副主编段庆臣、周淑芳。16开本，48.4万字。前设图照34幅、编纂说明、绪言，内设清末民国的检察、人民检察机构、人民检察队伍、刑事检察、经济检察、法纪检察、监所检察、控告申诉检察、民事行政检察、检察技术、法律政策研究和宣传、侦讯日本侵华战犯12章，后设附录（大事年表、文献辑存、索引）。下限至1995年。内设表28幅。

第34卷·政法志·审判篇　山西省史志研究院编，中华书局1998年9月出版。主修胡富国、孙文盛、郭裕怀，总纂梁志祥、侯文正，主编李玉臻，副主编王满春、梁贡华、张忻如。16开本，52.6万字。前设图照20幅、编纂说明、绪言，内设机构沿革、审判队伍和物资装备、刑事审判、民事审判、经济审判、行政审判、案例7章，后设附录（大事年表、文献辑存、索引）。下限至1995年。内设表86幅。

第34卷·政法志·警察篇　山西省史志研究院编，中华书局1999年12月出版。主修刘振华、郭裕怀，总纂梁志祥、侯文正，主编巩玉生，副主编翟大明、杨志武、史法根、李正平。16开本，71.5万字。前设图照64幅、编纂说明、绪言，内设新中国建立前的警察、新中国建立后的人民警察机构与队伍、侦查破案、预审和看守、经济文化保卫、社会治安行政管理、出入境管理、交通管理、消防管理、法制建设、现代化建设、培训教育、武装警察、中心工作、案例 15 章，后设附录（大事年表、文献辑存、历次全省公安会议简况、先进人物集体名录、索引）。下限至 1995 年。内设表 32 幅。

第 34 卷 · 政法志 · 司法行政篇　山西省史志研究院编，中华书局 1998 年 12 月出版。主修胡富国、孙文盛、郭裕怀，总纂梁志祥、侯文正，主编亢敬先。16 开本，37 万字。前设图照 18 幅、编纂说明、绪言，内设机构沿革、司法行政队伍、教育和培训、法制宣传、监狱、劳动教养、律师、公正、调解 9 章，后设附录（大事年表、文献辑存、索引）。下限至 1995 年。内设图 3 幅、表 47 幅。

第 35 卷 · 民政志　山西省史志研究院编，中华书局 1996 年 10 月出版。主修胡富国、孙文盛、郭裕怀，总纂梁志祥、侯文正，主编孙有福，副主编薛青兰、高甫光、梁耀庭。16 开本，50.2 万字。前设图照 63 幅、编纂说明、绪言，内设民政机构、基层政权、行政区划、优待抚恤、退役军人安置、荒政救灾、社会救济、社会福利事业、收容改造与遣送、婚姻登记管理、殡葬管理、社会团体登记管理 12 编，后设附录（大事年表、法规选录、限外辑要、索引）。下限至 1985 年。

第 36 卷 · 军事志　山西省史志研究院编，中华书局 1997 年 5 月出版。主修胡富国、孙文盛、郭裕怀，总纂梁志祥、侯文正，主编陈印鑫，副主编梁引平，杨定海。16 开本，72.3 万字。前设图照 75 幅、编纂说明、绪言，内设军队体制、兵役制度、军事训练、政治工作、后勤保障、重要战事、民间武装、人民防空 8 编，后设附录（大事年表、限外辑要、索引）。下限至 1985 年。内设图 20 幅、表 9 幅。

第 37 卷 · 教育志　山西省史志研究院编，中华书局 1999 年 7 月出版，主修胡富国、孙文盛、郭裕怀，总纂梁志祥、侯文正，主编杨进发、张理明、张忠政，副主编张静娴（执行）、郭晚盛、张为、郑挺。16 开本，124 万字。前设图照 228 幅、编纂说明、绪言，内设官学 学塾 书院、幼儿教育、小学教育、中学教育、特殊教育、职业技术教育、师范教育、普通高等教育、成人教育、革命根据地教育、体育卫生、电化教育 广播电视 教育 卫星电视教育、教育研究、教育报刊、教师、教育行政、人物 17 章，后设附录（大事年表、名表、索引）。下限 1995 年。内设表 165 幅。

第 38 卷 · 科学技术志　山西省地方志编纂委员会编，中华书局 1994 年 6 月出版。主修胡富国、李修仁，总纂樊宝珠，主编宋培贤。16 开本，87 万字。前设图照 95 幅、编纂说明、绪言，内设农业科学技术、工业科学技术、其他行业科学技术、科学技术成果及推广、科普宣传与学术活动、机构与队伍、科技人物 7 编，后设附录。下限至 1985 年。

第 39 卷 · 社会科学志　山西省地方志编纂委员会编，中华书局 1995 年 10 月出版。主修胡富国、孙文盛、郭裕怀，总纂梁志祥、侯文正，主编吴德春、田其治。16 开本，78.8 万字。前设图照 39 幅、编纂说明、绪言，内设 4 编：第一编学科研究，设哲学、经济学、历史学、语言学、文学、艺术理论、政治社会学、其他学科 8 章；第二编社会科学机构和队伍，设机构、社会科学研究队伍 2 章；第三编著述，设学术著作、工具书 2 章；第四编学术活动，设新中国成立前的学术活动、新中国成立后的学术活动、国际学术交流 3 章，后设附录（大事年表、优秀成果获奖名单、索引）。下限至 1990 年。

第 40 卷 · 文化艺术志　山西省地方志编纂委员会编，中华书局 1996 年 5 月出版。主修胡富国、孙文盛、郭裕怀，总纂梁志祥、侯文正，主编郭士星，副主编王一民、孔繁芝、董大中。16 开本，70.4 万字。前设图照 133 幅、编纂说明、绪言，内设文学、戏剧、音乐、舞蹈、曲艺杂技、美术、档案、图书馆、书法摄影、电影、群众文化、文化艺术教育 12 编，后设附录（大事年表、山西省文化艺术作品在全国和国际获奖情况统计、限外辑要、索引）。下限至 1985 年。内设表 40 幅。

第 41 卷 · 卫生医药志 · 卫生篇　山西省史志研究院编，中华书局 1997 年 8 月出版。主修胡富国、孙文盛、郭裕怀，总纂梁志祥、侯文正，主编赵震寰，副主编薛宝恭。16 开本，77.7 万字。前设图照 89 幅、编纂说明、绪言，内设中医、西医、革命根据地医疗卫生、爱国卫生运动、妇幼卫生、公共卫生、疫病防治、医学教育、卫生科技、卫生行政 10 章，后设附录（大事年表、索引）。下限至 1990 年。内设图 11 幅、表 146 幅。

第 41 卷 · 卫生医药志 · 医药篇　山西省史志研究院编，中华书局 1998 年 9 月出版。主修胡富国、孙文盛、郭裕怀，总纂梁志祥、侯文正，主编李炳林，副主编任小燕。16 开本，41.6 万字。前设图照 88 幅、编纂说明、绪言，内设中药材、中药工业、化学制药工业、医疗器材工业、中药商业、西药商业、医疗器材和化玻商品经营、科研与教育、医药行政 9 章，后设附录（大事年表、文献辑存、山西省医药系统历年高级职称名表、龟龄集资料、限外辑要、索引）。下限至 1990 年。内设表 66 幅。

第 42 卷 · 体育志　山西省地方志编纂委员会编，中华书局 1995 年 12 月出版。主修胡富国、李修仁，总纂樊宝珠，主编关彬，副主编景占魁。16 开本，67.2 万字。前设图照 76 幅、编纂说明、绪言，内设传统体育、群众体育、竞技运动、运动竞赛、国际比赛友好交往、人才培养、宣传科研文史、体育管理 8 编，后设附录（重要文献辑存、大事年表、荣誉录、冠军纪录等级运动员裁判员、体育系统高级职称名录）、限外辑要。下限至 1990 年。

第 43 卷 · 新闻出版志 · 报业篇　山西省史志研究院编，中华书局 1999 年 12 月出版。主修刘振华、郭裕怀，总纂梁志祥、侯文正，主编温幸、康溥泉，副主编李锐锋、祝福训、王中秋、田奇越。16 开本，68.1 万字。前设图照 74 幅、编纂说明、绪言，内设晚清和民国时期报纸、革命根据地报纸、中共山西省委机关报山西日报、地市党委机关报、专业报纸、县级报纸、企业报纸、通讯社和中央新闻单位记者站、新闻研究与新闻教育、报业人物 10 章，后设附录（大事年表、文献辑存、索引）。下限至 1997 年。内设表 4 幅。

第43卷·新闻出版志·广播电视篇 山西省史志研究院编，中华书局1998年12月出版。主修胡富国、孙文盛、郭裕怀，总纂梁志祥、侯文正，主编谢洪涛、田惠爱，副主编程望杰、彭大东（常务）。16开本，86.2万字。前设图照73幅、编纂说明、绪言，内设无线电广播、有线广播、电视、有线电视、传输与发射、科研教育、专业报刊与音像出版、广播电视管理8章，后设附录（大事年表、高级专业技术人员名录、省部级劳模先进工作者名录、文献辑存、索引）。下限至1995年。内设表31幅。

第43卷·新闻出版志·出版篇 山西省史志研究院编，中华书局1999年9月出版。主修刘振华、郭裕怀，总纂梁志祥、侯文正，主编贾鸿鸣、谢洪涛，副主编张凤瑞、姚文锦。16开本，58.5万字。前设图照68幅、编纂说明、绪言，内设图书出版、期刊出版、书刊印刷、书刊发行、出版管理5章，后设附录（大事年表、文献辑存、名录、索引）。下限至1995年。内设表57幅。

第44卷·文物志 山西省史志研究院编，中华书局2002年4月出版。主修刘振华、郭裕怀，总纂梁志祥、侯文正，主编高可，常务副主编杨子荣，副主编郑庆春。16开本，151.2万字。前设图照247幅、编纂说明、绪言，内设古遗址与古墓葬、历史建筑与纪念建筑、近现代重要史迹与代表性建筑、庋藏文物、碑碣与墓志、机构与事业6编，后设附录、索引。下限至1997年。

第45卷·旅游志 山西省史志研究院编，中华书局2000年9月出版。主修刘振华、郭裕怀，总纂梁志祥、侯文正，主编王锚深、李太阳，副主编悦克伶。16开本，127万字。前设图照322幅、编纂说明、绪言，内设资源和产品、旅游设施、旅游经济、旅游管理4编，后设附录（大事年表、文献辑存、历代咏晋诗文选录、限外辑要、索引）。下限至1997年。内设表118幅。

第46卷·民族宗教志 山西省史志研究院编，中华书局1997年8月出版。主修胡富国、孙文盛、郭裕怀，总纂梁志祥、侯文正，主编李金华，副主编刘志敏、李玉印（常务）。16开本，71.5万字。前设图照57幅、编纂说明、绪言，内设2篇：民族篇，设人口、民族、民族事务管理、少数民族知名人物4章；宗教篇，设佛教、道教、伊斯兰教、天主教、基督教5章。后设附录（民族大事年表、宗教大事年表、文献辑存、索引）。下限至1990年。内设表62幅。

第47卷·民俗方言志 山西省史志研究院编，中华书局1997年9月出版。主修胡富国、孙文盛、郭裕怀，总纂梁志祥、侯文正，主编聂元龙，副主编王森泉、傅惠成。16开本，73万字。前设图照81幅、编纂说明、绪言，内设2篇：民俗篇，设生产习俗、商贸习俗、饮食习俗、服饰习俗、居住习俗、行旅习俗、宗教习俗、村落风俗、人生仪礼、岁时节日、信仰习俗、社火小戏、传说谣谚、游艺竞技14章；方言篇，设山西方言的分区和分片、山西方言的语音特点、山西方言的构词法、山西方言常用词语对照表4章。后设附录（丁村民俗博物馆、祁县民俗博物馆、河边民俗博物馆、三馆联谊会、民俗篇参考书目、方言篇所用音标符号说明、山西方言调查研究大事年表、索引）。下限至20世纪90年代。

内设图 92 幅、表 18 幅。

第 48 卷 • 人物志 山西省史志研究院编，中华书局 2001 年 5 月出版。主修刘振华、郭裕怀，总纂梁志祥、侯文正，主编刘纬毅，副主编王仰东（执行）、杨锡九、宋文斌、李小强。16 开本，107 万字。前设图照 89 幅、前言、凡例、传主检索表，内设 1840 年—1997 年故世人物 710 人的传记，后设附录（山西古代人物名录、古旧地名与今地名对照、人名索引）。下限至 1997 年。

第 49 卷 • 大事记 山西省史志研究院编，中华书局 1999 年 10 月出版。主修刘振华、郭裕怀，总纂梁志祥、侯文正，主编刘纬毅，副主编范仲康、董双印。16 开本，97 万字。前设图照 55 幅、编纂说明、凡例，内设晚清时期、中华民国时期、中华人民共和国时期三部分，后设附录（古旧地名与今地名对照、索引）。下限至 1996 年。

第 50 卷 • 附录 山西省史志研究院编，中华书局 2001 年 10 月出版。主修刘振华、郭裕怀，总纂梁志祥、侯文正，主编袁培钢，副主编焦永萍。16 开本，141.1 万字。前设图照 95 幅、编纂说明，内设重要历史文件、本届修志始末、历代旧志述略 3 部分。下限至 2000 年。

山西省首轮市县志简介

太原市

太原市南郊区志　太原市南郊区地方志编纂委员会编，生活·读书·新知三联书店1994年11月出版。主编张育文。16开本，136万字。前设凡例、序、概说、彩图（100幅），内设大事记、建置、自然环境、人口、农业、水利、工业、乡镇企业、交通邮电、城乡建设、商业贸易、经济管理、财政金融、政权政协、民政、司法、劳动人事、党派群团、军事、教育、科学技术、文化、文物、医疗卫生、体育、人民生活、民情风俗、方言谣谚、艺文、人物、附录31卷。下限至1990年。

古交志　古交市地方志办公室编，山西人民出版社1996年8月出版。主编翟润元，副主编邓志存、康介荣。16开本，78.9万字。前设图照（29幅）、序、凡例、古交概略，内设建置、自然环境、人口、人民生活、城乡建设、交通邮电、工业、农业、贸易、综合管理、党派团体、政权、军事、教育科技、体育卫生、文化、文物、民情风俗、方言、人物20卷，后设大事记、诗文辑存、志余、跋。下限至1987年，《人口》延至1990年。

阳曲县志　阳曲县地方志编纂委员会编，山西古籍出版社1999年9月出版。主编张志荣，副主编韩谋、程金明。16开本，127.4万字。前设图照（128幅）、序、凡例、概述、大事记，内设建置、自然环境、人口、经济综述、农业、工业、交通邮电、城乡建设、贸易、财税金融、经济管理、党派团体、政权政协、公安司法行政、民政综合政务、军事、教育、科技、文化、卫生体育、民情风俗、方言谣谚、人物23编，后设附录。下限至1996年。

清徐县志　清徐县地方志编纂委员会编，山西古籍出版社1999年10月出版。主编王之业，副主编郭维忠。16开本，152万字。前设图照（162幅）、序、凡例、概述，内设政区、自然环境、居民、农业、林果业、水利、工业、乡镇企业、城乡建设、交通邮电、贸易、财政金融、经济综合管理、党派团体、政权政协、民政劳动人事、政法、军事、科学技术、教育、文化、体育、卫生、民情风俗、方言口头文学、人物、大事记27卷，后设丛录。下限至1998年。内设图35幅、表233幅。

娄烦县志　娄烦县地方志编纂委员会编，中华书局1999年12月出版。主编张宪平，副主编李虎平，姬发军、冯晨葙。16开本，90万字。前设图照（32幅）、序、凡例、概述、大事记，内设建置、自然环境、居民、城乡建设、交通邮电、农业、汾河水库、工业、尖山铁矿、商业、财税金融、综合经济管理、党派群团、政权、政法、军事、民政劳动人事、教育科技、卫生体育、文化文物景点、谣谚传说、民情风俗、方言、人物 24 编，后设附录。下限至 1996 年。

太原市南城区志　太原市南城区地方志编纂委员会编，红旗出版社 2000 年 12 月出版。主编王若愚。16 开本，120 万字。前设图照（46 幅）、凡例、序、概述，内设建置环境、街道、人口、交通邮电、商业、饮食服务、工业、财税金融、城建城管、经济管理、党派群团、政权政协、政务、公安司法行政、军事、教育、科学技术、文化、卫生体育、民情风俗、人物 21 编，后设大事记、编后。下限至 1996 年。

太原市北城区志　太原市杏花岭区地方志编纂委员会编，中华书局 2002 年 12 月出版，主编王树英，16 开本，100 万字；前设序 (3)、图照 45 页（196 幅）、目录、凡例，首设概述，大事记，内设建置、自然环境、人口、城市建设、交通邮电、工业、商贸、饮食服务、建筑业、财政税务金融保险、经济管理、党派群团、政权政协、政务、政法、军事、教育、科学技术、文化、医疗卫生、体育、民情民俗、人物等 21 编，后设新区开元、修志始末。下限至 1997 年。

太原市河西区　太原市万柏林区地方志编纂委员会编，中华书局 2006 年 5 月出版，主编韩建平，副主编蒋天江（常务）、李秀生、孙秀文、武超龙；16 开本，62 万字；前设图照 34 页（109 幅）、序（2）、凡例，首设概述，大事记，内设建置环境、人口、城市建设、交通邮电、工业、商业、财税金融保险、经济管理、党派群团、政权政协、公安司法、军事、政务、教育、科学技术、文化、卫生、体育、民情风俗、人物等 20 编，后设限外辑要、编纂名单、编纂始末、篇目笔画索引。下限至 1990 年。

太原市北郊区志　太原市北郊区志编纂委员会编，中华书局 2006 年 11 月出版，主编王彪，16 开本，130 万字；前设序、图照 38 页（164 幅）、凡例，首设概述，大事记，内设建置、自然环境、人口、经济综述、农林牧业、水利水保、工业、乡镇企业、交通邮电、城建环保、商贸、财税金融、经济管理、党派团体、政权政协、政法、政务、军事、教育、科学技术、文化、卫生体育、精神文明、民情风俗、方言谣谚、人物等 26 编，后设限外辑要、编纂名单、纂志始末、行政区划图。下限至 1998 年 3 月（统计数字截止到 1997 年）。

太原市志　太原市地方志编纂委员会编，山西古籍出版社出版。全八册，国际标准 16 开本。第一册，主编张升、张国宁，副主编杨淮、张玉玲；前设序、叙例，首设概述，内设建置方域、区县（市）、自然环境、自然资源等 4 卷；80 万字，1999 年 8 月出版。第二册，主编张国宁，副主编杨淮、张玉玲；设人口、城市建设、交通、邮政电信等 4 卷；95 万字，2002 年 8 月出版。第三册，主编安捷、杨志忠（特邀），副主编杨淮、张玉玲、陈向荣；设经济综述、工业（一）、工业（二）等 3 卷；89 万字，2007 年 9 月出版。第四册，主编安捷、任根珠（特邀），副主编杨淮、张玉玲、田和光；设建筑业、乡镇企业、农业、商业、饮食服务业、对外经贸、旅游业等 7 卷；124 万字，2006 年 11 月出版。第五册，主编安捷、张玉玲，副主编杨淮、张莉；设财政税收、金融保险、经济综合管理、党派、群众团体、政权、政务、政法、军事等 9 卷；130 万字，2007 年 6 月出版。第六册，主编安捷，副主编杨淮、张玉玲；设教育、科技、社会科学、文化、新闻出版、广播电视、文物、卫生、体育等 9 卷；121.5 万字，2003 年 12 月出版。第七册，主编安捷，副主编杨淮、张玉玲；设民族宗教、方言、民俗、人物等 4 卷；94.8 万字，2005 年 4 月出版。第八册，主编安捷、张玉玲，副主编杨淮；设大事记、专记、附录等 3 卷；118 万字，2008 年 12 月出版。全志共设 43 卷，一至八册总字数 852.3 万字。下限至 1996 年。

大同市

阳高县志　阳高县志编纂委员会编，中国工人出版社 1993 年 4 月出版。主修李洲，主编郭海。16 开本，103 万字。前设图照（65 幅）、序、凡例、概述、大事记、事件纪略，内设建置区划、聚落、人口、地质地貌、气候、水文、土壤植被、植物动物、灾异、经济结构、农业、蔬菜瓜果、水利、林业、畜牧业、工业、交通运输、邮电、建筑业、商业、金融、财政、经济综合管理、科学技术、教育、文化、卫生、体育、民国蒋阎阳高组织、中共阳高县委、人民政权建设、劳动人事民政、司法公安军事、教会社团、民情习俗、方言、人物、附录 38 类。下限至 1990 年。

广灵县志　山西省广灵县志编纂委员会编，人民出版社 1993 年 11 月出版。主编姜正禹，副主编白占志。16 开本，78.7 万字。前设图照（34 幅）、序、凡例、概述、大事记，内设建置区划、自然概貌、人口、农业、工业、交通邮电、城乡建设、商业、财政金融、经济管理、名特产品、政党团体、政权、政法、政事、军事、教育科技、体育卫生、文化、民俗、宗教道会门、方言谣谚、人物 23 篇，后设附录。下限至 1990 年。

天镇县志　山西省天镇县地方志办公室编，山西教育出版社 1997 年 12 月出版。主编逯廷，副主编张亮、张子文。16 开本，97.7 万字。前设图照（64 幅）、序、凡例、概述，内设建置区划、自然概貌、人口、农业、工业、贸易、财政金融、交通邮电城建、经济管理、政权、党派团体、政法、政事、军事、教育科技、卫生体育、文化、民俗、宗教道会、方言谣谚、人物 21 编，后设大事记、附录、限外拾掇。下限至 1990 年。

左云县志　左云县志编纂委员会编，中华书局 1999 年 8 月出版。主编王日卿。16 开本，117.1 万字。前设图照（78 幅）、序、凡例、概述、大事记，内设建置、自然概貌、人口、经济综述、农业、煤炭、工业、交通邮电、城乡建设、商贸、财税金融、经济管理、党派群团、政权政协、政事要略、政务、公安司法、军事、教育、科技、文化、体育卫生、民情风俗、方言谣谚、人物 25 编，后设附录。下限至 1990 年。

浑源县志　山西省浑源县志编纂委员会编，方志出版社 1999 年 8 月出版。主修柴树彬、雷雪峰，主编熊存福。16 开本，130 万字。前设图照（28 幅）、序、凡例、概述，内设建置区划、自然概貌、人口、城建环保、农业、水利水保、林业、畜牧、工业、交通邮电、商贸、财税金融、工商物价计量、政党群团、政权政协、公安司法、军事、政务、教育科技、文化体育、北岳名胜、医药卫生、恒山黄芪、民俗、宗教道会、方言、人物 27 卷，后设大事记、附录。下限至 1995 年。

大同市志　大同市地方志编纂委员会编，中华书局 2000 年 11 月出版。主编要子瑾、姚斌，副主编陈淑珍、吕秀琴、项鹏举。16 开本，全三册，300 万字。前设图照（106 幅）、序、凡例、总述，内设建置、地理、人口、城乡建设、工业、交通运输、邮电、农业、商业、财政、税务、金融、经济管理、科学技术、党派、社会团体、政权政务、司法、民政、军事、教育、文化、文物、新闻广播电视、卫生、体育、劳动人事、民情习俗、人物等 29 志，后设大事记、杂录。下限至 1985 年。

灵丘县志　灵丘县志编纂委员会编，山西古籍出版社 2000 年 11 月出版。主编赵成玉，执行副主编任玉田，副主编王世勋、海志宽。16 开本，97.5 万字。前设图照（46 幅）、序、凡例、概述，内设地理、人口、农业、林业、畜牧、水利、工业、商业、交通、邮电、城乡建设、金融、财税、粮食、政党团体、政权政协、司法、军事、民政劳动人事、教育、文化、卫生、科技、文物、体育、民情风俗、方言谣谚、人物、大事记、附录 30 编。下限至 1990 年。

大同市南郊区志　大同市南郊区志编纂委员会编，中华书局 2001 年 4 月出版。主修郝月生，主编赵胜。16 开本，103.9 万字。前设图照（107 幅）、序、凡例、概述、大事记，内设建置环境人口、经济综述、农业、工业、交通邮电、城乡建设、财贸金融、经济管理、党派群团、政权政协、政务、司法、军事、教育、科技、文化、卫生体育、民情风俗、方言谣谚、人物 20 编，后设附录、修志始末。下限至 1999 年。

朔州市

怀仁县志　怀仁县志编纂委员会编，中国工人出版社 1992 年 7 月出版。主编周子君。16 开本，69.7 万字。前设图照（27 幅）、序、凡例、概述、大事记，内设地理（建置、自然概貌、人口）、经济（农业、林业、畜牧、水利、工业、交通、邮电、建筑业、城乡建设、商业、粮食、财政、金融、工商物价）、政治（政党、政权、政协、社会团体、司法、民政、军事）、文化（教育、科技、文学艺术、文物、医药卫生、体育）、社会（民情风俗、方言、谣谚、姓氏、宗教道门）、人物 6 编，后设附录。下限至 1985 年。

平鲁县志　平鲁县志编纂委员会编，山西人民出版社 1992 年 12 月出版。主编张权。16 开本，55 万字。前设图照（15 幅）、序、凡例、概述，内设建置人口、自然环境、农业、工业、煤炭、交通邮电、城乡建设、财税金融、贸易、政事、政党群团、司法、军事、文化科技、教育体育、医药卫生、民情风俗、社会、人物、大事记 20 卷，后设余录（旧志辑要、地方文献、修志始末）。下限至 1985 年。

应县志　应县志编纂委员会编，山西人民出版社1992年12月出版。主编马良。16开本，87.5万字，前设图照（25幅）、序、凡例、综述，内设地理、人口、农业、工业、交通运输、邮电、城乡建设、商业、粮食、财政金融、特产、政事、政党团体、政法、军事、教育、科学技术、文化、文物、体育、卫生、民俗、方言谣谚、人物24卷，后设大事记、附录。下限至1985年。

朔县志　朔县志编纂委员会编，山西古籍出版社1999年8月出版。总编雷云贵，主编田雨润、王文明，副主编宋暹、雷云贵、武喜荣、姚泰成。16开本，95万字。前设图照（54幅）、序、凡例、概述，内设地理、农业、水利、工业、商业、财税、金融、交通邮电、城乡建设、经济管理、党政团体、军事、教育、科技文化、卫生体育、文物、民俗、人物、大事记、附录20篇，后设限外辑要。下限至1988年。

山阴县志　山阴县志编纂委员会编，中国华侨出版社1999年9月出版。主编李志斌、黄冀，副主编韩凤兰。16开本，100.6万字。前设图照（88幅）、序、凡例、概述，内设建置、自然环境、人口、经济综述、工业、乳品工业、农业、交通邮电、城乡建设、贸易、财税金融、经济管理、教育、科学技术、文化、卫生体育、政权政协、治安司法、政务、军事、政党社团、民情风俗、方言谣谚、人物24编，后设大事记、附录。下限至1997年。

右玉县志　右玉县志编纂委员会编，中华书局1999年12月出版。主编胡永祯。16开本，115万字。前设图照（29幅）、序、凡例、概述、大事记，内设建置环境、人口、农业、工业、交通邮电、建设环保、商业、财税金融、经济管理、政党团体、政权政协政务、政法、军事、教育科技、文化、卫生体育、民情风俗、方言谣谚、人物19卷，后设附录。下限至1990年。

阳泉市

平定县志　平定县志编纂委员会编，社会科学文献出版社1992年12月出版。主编穆建民，副主编李铭魁、李宿定、李守珍、李克明，总纂李克明、任瑞祥、王世茂、周立业。16开本，124.8万字。前设图照（71幅）、序、凡例、概述、大事记，内设行政建置、自然环境、人口、农业、水利、工业、交通邮电、城建环保、财税金融、商业、经济管理、党派群团、政权政协、民政劳动、政法、军事、教育科技、卫生体育、文化、民情风俗、方言、人物、文献辑存23卷，后设卷末。下限至1990年。

盂县志　盂县史志编纂委员会编，方志出版社1995年12月出版。主编高承治，执行主编郭芝华，副主编张德荣、孙林泽、高大云。16开本，142.4万字。前设图照（107幅）、序、凡例、概述、大事记，内设建置环境、人口、农业、工业、交通邮电、城建环保、商业、财税金融、经济管理、党派群团、政权政协、军事、政法、民政、人事劳动、教育、科技、文化、卫生体育、民俗、方言、人物、文献辑存、附录24编，后设限外辑要。下限至1990年。

阳泉市城区志 阳泉市城区志编纂委员会编，山西古籍出版社 1997 年 10 月出版。主编李森、高维标，副主编高忠乐、耿年生、梁福祥。16 开本，85 万字。前设图照（26 幅）、序、凡例、概述、大事记，内设环境、人口、城建管理、商业、工业、交通邮电、财税金融、经济管理、党派群团、政权政协、政法、军事、教育科技、文化艺术、卫生体育、社会、人物、文献汇编 18 编。下限至 1990 年。

阳泉市志 阳泉市地方志编纂委员会编，当代中国出版社 1998 年 12 月出版。主编陈霈、孟宏儒，副主编李琳文、刘科文，总纂王丽、王秋生、周立业、董雪卉。16 开本（全二册），240 万字。前设图照（119 幅）、序、凡例、总述、大事记，内设建置、自然环境、人口、经济综述、城建环保、交通邮电、煤炭、工业、农业、乡镇企业、商业贸易、财税金融、经济管理、党派团体、政权政协、政务、政法、军事、教育科技、文化、卫生体育、风俗民情、人物 23 卷，后设附录、索引。下限至 1990 年。

阳泉市郊区志 阳泉市郊区地方志编纂委员会编，中华书局 1999 年 4 月出版。主编马根全，执行主编武爱拴，副主编王剑辉。16 开本，140 万字。前设图照（112 幅）、序、凡例、概述、大事记，内设建置、自然环境、人口、农业、水利、工业、交通邮电、建设环保、财税金融、商业、经济管理、党派群团、政权政协、民政、人事劳动、政法、军事、教育科技、卫生体育、文化、民情风俗、人物、方言、附录杂志 24 编，后设限外辑要、索引。下限至 1993 年。

阳泉市矿区志 阳泉市矿区地方志编纂委员会编，中华书局 1999 年 7 月出版。主编赵联庆。16 开本，88.8 万字。前设图照（135 幅）、序、凡例、概述、大事记，内 设建置环境、人口、工业、交通邮电、城建环保、商业、财税金融、经济管理、党派群团、政权政协、政法、政务、军事、教育科技、体育卫生、文化、民情风俗、人物 18 编，后设附录。下限至 1990 年。

长治市

武乡县志 山西省武乡县县志编纂委员会编，山西人民出版社 1986 年 6 月出版。主编李志宽，副主编李云生、韩恩德、孙如珍。16 开本，120 万字。前设图照（4 幅）、序、凡例，内设概述、地理、经济、政治、军事、文化、社会、人物、大事记、附录 10 编，后设编后记。下限至 1983 年。

黎城县志 黎城县志编纂委员会编，中华书局 1994 年 6 月出版。主修李补安，主编刘书友。16 开本，152.4 万字。前设序、凡例、图照（118 幅）、概述、大事记，内设建置、自然环境、经济综述、农业、林业、水利、能源、工业、交通邮电、商业、粮油、外贸、财税、金融、城乡建设、经济综合管理、政党、政权、政事、民政人事、公安司法、军事、社团、教育、科技、卫生体育、文化、文物名胜、艺文、人口、民俗宗教、方言谣谚、人物、条陈 34 卷，后设丛录、卷末。下限至 1990 年。

长治市志 长治市地方志编纂委员会编，海潮出版社 1995 年 12 月出版。主修谢拴贵，主编和声、刘奇，副主编宋忠文、陈天华。16开本，143.3万字。前设序、凡例、图照（91幅）、概述，内设上下两卷，上卷设建置区划、自然环境、人口、工业、农业、交通邮电、城市建设、环境保护、商业、财税、金融、经济管理、政党社团、政权、人事、民政、治安司法、政治运动、军事、教育、科学技术、文化、卫生、体育、民情民俗25编；下卷设市管县概况、人物、文物名胜、艺文4编（共29编）。下限上卷至1985年，下卷至1994年。

屯留县志　屯留县志编纂委员会编，陕西人民出版社1995年12月出版。主编郭明新，副主编王秀英、李明明、孟树立。16开本，73.6万字。前设序、凡例、图照（72幅）、概述，内设建置区划、自然环境、人口、农业、林业、畜牧、水利、工业、交通邮电、城乡建设、科学技术、商业、粮食、经济管理、财政金融、党派群团、政事、军事、政法、劳动人事、教育、文化、卫生体育、乡俗民情、方言谚语、人物26编，后设大事记、附录。下限至1990年。

沁源县志　山西省沁源县志编纂委员会编，海潮出版社1996年12月出版。主编李贵和，副主编王青盛、郝荣贵、魏万荣、唐崇良、毕光弟。16开本，119.4万字。前设序、凡例、图照（136幅）、概述，内设建置沿革、自然地理、人口、农业、林业、畜牧、水利、能源、工业、交通邮电、商业、财税金融、经济管理、城乡建设、党派群团、政权政协、政法、民政、人事劳动、军事、教育科技、文化、卫生体育、民情风俗、方言谣谚、人物26卷，后设大事记、附录、志余。下限至1993年，《人物》延至1995年。

平顺县志　平顺县志编纂委员会编，海潮出版社1997年10月出版。主修王忠义，主编马民贤，执行主编张松斌。16开本，92.3万字。前设图照（69幅）、序、凡例、概述，内设地理（建置、城镇乡村、地质地貌、气候、土壤植被、自然资源、灾害、环境治理、人口）、经济（生产关系变革、农业、林业、水利、工业、交通、邮电、城乡建设、商业、财税金融、经济管理）、政治（政党、政权、政协、群团、司法、民政、扶贫、人事、政事、军事）、文化（科技、教育、文艺、新闻、图书档案、文物、艺文、体育、卫生）、社会（人民生活、民俗、家庭婚姻、姓氏、宗教、方言、谣谚、歇后语、民间传说）、人物、杂志7大类，后设大事记。下限至1996年。

襄垣县志　襄垣县志编纂委员会编，海潮出版社1998年8月出版。主修王云亭，主编史启荣、张林源，副主编崔富喜、连磨纯、魏来旺。16开本，137.3万字。前设图照（109幅）、序、凡例、概述、大事记，内设建置、自然环境、人口、农业、林业水利、工业、贸易、财政、金融、城乡建设、交通邮电、经济管理、党派群团、政权政务、司法、军事、教育、科技、文化、体育、医药卫生、民情风俗、方言谣谚、艺文、人物25编，后设附录。下限至1995年。

长子县志　长子县志编纂委员会编，海潮出版社1998年9月出版。主修张仁生、程计则，主编高长吉，副主编杨建国。16开本，144万字。前设凡例、概述、大事记，内设建置、自然环境、人口、农业、工业、交通邮电、城建环保、商业、财税金融、经济管理、党派群团、政权政协、政法、民政、人事、军事、教育、科技、文化、卫生体育、民情风俗、方言谣谚、人物23卷，后设丛录、限外辑要。下限至1995年，限外辑要延至1998年5月。

壶关县志　壶关县志编纂委员会编，海潮出版社1999年1月出版。主编李彦忠，执行主编李爱民，副主编王进军、阎晓陵、王林茂、赵庆明。16开本，145万字。前设序、凡例、图照（78幅）、概述、大事记，内设建置、自然环境、人口、经济综述、农牧业、林业、水利水保、工业、交通邮电、城建环保、商贸、财税金融、经济管理、党派群团、政权政协、民政、综合政务、公安司法行政、军事、教育、科技、文化新闻、文物名胜、卫生体育、民情风俗、方言谣谚传说、人物27编，后设附录。下限至1996年。

潞城市志　潞城市志编纂委员会编，中华书局1999年5月出版。主编戴玉刚，副主编申质良、申振江。16开本，160万字。前设图照（146幅）、序、凡例、概述、大事记，内设建置、自然环境、人口、经济综述、工业、交通邮电、农业、水利水保、建设市政环保、商贸、财税金融、经济管理、党派群团、政权政协、公安司法行政、民政综合政务、军事、教育、科技、文化、卫生医药、体育、方言谣谚传说、民情风俗、人物、杂记（附录、限外辑要、修志始末、潞城市志各卷编纂情况、历届编委会名单）26卷。下限至1996年。

长治市城区志　长治市城区志编纂委员会编，陕西人民出版社1999年6月出版。主编杜晋峰，副主编魏国印。16开本，49.2万字。前设图照（51幅）、序、凡例、概述，内设建置、自然环境、人口、经济、经济管理、城市建设、政治、文化、社会、人物10类，后设大事记。下限至1996年。

沁县志　沁县志编纂委员会编，中华书局1999年8月出版。主编马留堂、梁建国、王中庆。16开本，120万字。前设图照（95幅）、序、凡例、概述、大事记，内设建置、自然环境、人口、农业、水利、工业、交通邮电、商业、财税金融、扶贫、城乡建设、经济管理、政党、政权政协、社会团体、政法、政务、政事、军事、教育、科技、文化、卫生、体育、民情风俗、方言谣谚、人物、艺文28卷，后设附录。下限至1997年，《大事记》延至1998年。

长治郊区志　长治郊区志编纂委员会编，中华书局2002年1月出版，主编申光，16开本，73.3万字；前设序、凡例、图照14页（51幅）、目录，首设概述，内设建置、环境、人口、农业、工业、建设环保、交通邮电、财政贸易、经济管理、党派群团、政权政协、政务、军事、教育科技、文化、卫生体育、民情风俗、人物等18编，后设大事记、附录、限外辑要、编后记。下限至1995年。

长治县志　长治县志编纂委员会编，中华书局2003年5月出版，主修李安虎，主编冯龙珍，副主编李庆龙、贾森林、付小波、王锐军、屈国青；16开本，151.3万字；前设图照44页（197幅）、序、凡例、目录（中英文对照），首设概述，大事记，内设建置、自然环境、人口、经济综述、农牧业、林业、水利水保、工业、交通邮电、建设环保、商贸、财税金融、经济管理、党派社团、政权、民政、综合政务、公安、司法行政、军事、教育、科技、文化新闻、文物名胜、卫生体育、民情风俗、方言谣谚传说、人物等27编，后设附录、编后记、人员名单、表索引。下限至2000年。

晋城市

沁水县志　沁水县志编纂办公室编，山西人民出版社1987年9月出版。主编田文高，副主编陈飞龙。16开本，97.5万字。前设图照(30幅)、序、凡例，内设地理志、农业志、工业志、交通邮电志、城乡建设志、商业志、财政金融志、粮食志、党团志、政协志、政法志、民政志、劳动人事志、军事志、教育志、文化志、文物志、卫生志、社会风俗志、人物志、大事记、附录22编。下限至1985年。

高平县志　高平县志编纂委员会编，中国地图出版社1992年10月出版。主编李纪元，副主编文战胜、陈仲平、顾恺之。16开本，85万字。前设序、凡例、图照(78幅)、概述，内设建置、自然环境、人口、农业、工业、交通邮电、城乡建设、贸易、财政金融、经济管理、教育、科技、卫生体育、文化、文物古迹、艺文、党派群团、政权、司法、军事、乡俗民情、方言、乡镇简介、人物24编，后设大事记、附录、志余。下限至1990年。

阳城县志　阳城县志编纂委员会编，海潮出版社1994年11月出版。主编刘伯伦，副主编王化、马甫平、李政国、郭敦成。16开本，97万字。前设序、凡例、彩图(52幅)、综说、县情基本数据表，内设地理(建置、人口民族、自然概貌、自然资源、自然灾害、环境保护)、经济(经济综述、生产关系、工业、农业、水利、林业、畜牧养殖、蚕桑、农机具、商业、交通、邮电、城乡建设、金融、财政、经济监督管理)、科技(科技活动、科技成果、科技队伍、科研机构、奇异现象)、政治(政权政协、司法、党团、民政、人事、劳动)、军事(兵役、地方武装、民兵、驻军、战事、支前、兵灾匪祸)、文化(教育、文艺、文化场所、新闻宣传、电影电视、图书档案、文物、卫生、体育、现存邑人著作目录)、社会(人民生活、风俗习惯、良风美德、家庭婚姻、姓氏、宗教、会道门、方言谣谚、民间传说)、人物(人物传、人物表)、要记、丛谈10大类，后设大事年表、文征、编后。下限至1985年。

陵川县志　陵川县志编纂委员会编，人民日报出版社1999年2月出版。主编张振山，副主编张天纯、赵键忠、张先凤、程跃新、宰永珍。16开本，112.9万字。前设图照(59幅)、序、凡例、概述、大事记，内设建置、自然概貌、人口、农业、工业、交通邮电、财税金融、商贸、建设环保、经济管理、党派群团、政权政协、民政人事、政法、军事、教育、科技、文化、卫生体育、文物胜景、民情风俗、人物、诗文选萃23编，后设附录、限外辑要、图表索引。下限至1997年。

晋城县志　晋城县志编纂委员会编，山西古籍出版社1999年3月出版。主修雷振声，主编秦海轩、王守信，副主编侯生哲、杜秋炉、阎文瑞、马甫平、董建玉、连德先。16 开本，110 万字。前设图照（69 幅）、序、凡例、概述，内设大事记、建置、自然概貌、人口、农业、工业商业、建设环保、交通邮电、财税金融、经济管理、政权、政法、党团、民政、劳动人事、军事、文化、教育、医药卫生、科学技术、体育、民俗宗教、方言谣谚、人物、文献 25 卷，后设图表目录。下限至 1985 年。

晋城市志　晋城市地方志编纂委员会编，中华书局 1999 年 8 月出版。主修申联彬、马巧珍、雷振声，主编秦海轩，副主编王守信、马甫平、刘伯伦。16 开本（上中下三册），375 万字。前设图照（211 幅）、序、凡例、概述、市情数据表，内设大事记、建置、县区概况、自然概貌、自然资源、人口、城乡建设、环境保护、交通、邮电、经济综述、工业、乡镇企业、农业、林业、水利水保、商贸旅游、粮食、财政税务、金融、经济管理、党派群团、政权、综合政务、政法、民政、军事、教育、科技、文化、新闻出版广播电视、文物、卫生、体育、民情风俗、方言谣谚、人物、文献目录、文征、丛谭 40 卷，后设图表目录、索引。下限至 1996 年，《大事记》延至 1998 年。

晋城市城区志　晋城市城区地方志编纂委员会编，中华书局 2005 年 7 月出版，主编阎书军，副主编侯生哲、来忠标；16 开本，90 万字。前设图照 28 页（123 幅）、序（2）、凡例，首设综述、区情数据表，内设大事记、建置、自然环境、人口、交通、城建环保、经济综述、商业服务业、工业、乡企民经、农林水利、财税金融、经济管理、党派群团、政权、综合政务、政法、军事、教育、科学技术、文化、卫生体育、民俗宗教、方言谣谚传说、人物等 25 卷，后设附录、后记。下限至 2003 年。

忻州市

代县志　代县地方志编纂委员会编，书目文献出版社 1988 年 6 月出版。主编黄培业、高开源。16 开本，85 万字。前设图照（19 幅）、序、凡例，内设大事记、地理、农业、工业、交通邮电、贸易、财税、金融、党派社团、政体、政法、军事、教育、科技、文化、文物、卫生、体育、社会、人物、附录 21 卷，下限至 1982 年。

五台县志　五台县志编纂委员会编，山西人民出版社 1988 年 6 月出版。主编赵培成，副主编孙文山、孙叔文。16 开本，108 万字。前设图照（35 幅）、序言、凡例、概述，内设 8 编，第一编地理志，第二编农业志、水利志、林业志、畜牧业、工业志、交通志、邮电志、城乡建设志、商业志、粮食志、财税志、金融志，第三编党团志、政权志、政法志、军事志，第四编教育志、文化志、文物志、卫生志、科技志、体育志，第五编社会志、宗教志，第六编人物志，第七编大事记，第八编附录。下限至 1986 年。

河曲县志　河曲县志编纂委员会编，山西人民出版社 1989 年 4 月出版。总纂周少卿。16 开本，84 万字。前设图照（11 幅）、序、凡例、概述、大事记，内设建置区划、城镇乡村、人口、地质地貌、气候土壤、物产资源、农业、工业、交通邮电、贸易、财税金融、劳动工资、政党、社团、政权机关、民政、司法、军事、教育卫生、文体科技、名胜古迹、人物、礼俗、艺文24卷，尾缀后记。下限至1983年，《概述》延至1986年。

宁武县志　宁武县志编纂委员会办公室编，山西人民出版社1989年5月出版。主编王树森，副主编孙守智、王明义。16开本，100万字。前设图照（18幅）、序、凡例、概述、大事记，内设地理、农业、水利、林业、畜牧、工业、煤炭、交通邮电、商业、粮食、财政金融、党派团体、政权、政法、民政、军事、文化、教育、卫生、文物、社会、人物、附录23卷。下限至1986年。

保德县志　保德县志编纂办公室编，山西人民出版社1990年11月出版。主编陈秉荣，副主编陈一、高宝林。16开本，74.5万字。前设图照（14幅）、序、凡例、概述，内设境域建置、自然环境、人口、农业、林业、牧业、副业渔业、工业、邮电、交通运输、贸易服务、财税、金融、党派团体、地方行政机构、司法、军事、文化体育、文物、教育、卫生、科技、人物、风俗民情、大事记、附录26卷。下限至1985年，《概述》延至1986年。

岢岚县志　岢岚县志编纂委员会办公室编，文化艺术出版社1990年11月出版。主编冯贵生，副主编李兴、李生龙。32开本，42万字。前设图照（9幅）、序、凡例，内设大事记、地理、农业、林业、畜牧、水利、工业、交通、邮政、城乡建设、商业、财政金融、粮油购销、政体、民政、劳动人事、政法、党派社团、军事、文化、科技、教育、卫生体育、社会、人物25编。下限至1985年。

原平县志　原平县志编纂委员会编，中国科学技术出版社1991年12月出版。主编杨满仓。16开本，84万字。前设序、凡例、图照（27幅），内设地理、人口、农业、林业、水利、畜牧、工业、交通、邮电、城乡建设、商业、粮食、财税、金融、党派社团、政体、司法、军事、民政、教育、体育、科技、文化、卫生、社会、人物、历史辑要27编，后设大事记、附录、后记。下限至1985年。

五寨县志　山西省五寨县志编纂办公室编，人民日报出版社1992年8月出版。主编武必泰，副主编李在林。16开本，57万字。前设图照（27幅）、序、凡例、概述，内设建置人口、自然概貌、农业、林业、水利、工业、交通、邮电、城建环保、商业、工商物价、财政税务、金融、党派群众团体、政权、民政劳动、政法、军事、教育、文化、卫生体育、科技、社会、方言谣谚、人物、大事记、附录27卷。下限至1985年。

忻县志　忻州市地方志编纂委员会编，中国科学技术出版社1993年4月出版。主编王龙太，副主编段天虎、米仁和。16开本，105万字。前设图照（49幅）、序、凡例、概述、大事记，内设建置、自然地理、人口、农业、水利、工业、交通邮电、商业、工商物价、财税、金融、城乡建设、党派社团、政事、司法、军事、教育、科技、文化、体育卫生、社会风俗、人物22编，后设附录、限外辑要。下限至1983年。

定襄县志　定襄县志编纂委员会编，中国青年出版社1993年4月出版。主编韩生贵，副主编齐润先、张国华、续八宝、续普旺。16开本，55.8万字。前设图照（64幅）、凡例、序、概述、大事记，内设建置、自然环境、农业、工业、商业、城乡建设、交通邮电、财税金融、经济管理、政权和人民政协、政党团体、民政、司法、人事劳动、军事、教育科技、文化艺术、卫生体育、社会、人物、要事纪略，尾缀后记。下限至1985年。

偏关县志 山西省偏关县志编纂委员会编，中华书局1994年8月出版。主编牛儒仁。16开本，118万字。前设图照（37幅）、序、凡例、概述，内设大事记、地理志、农业志、林业志、水利志、畜牧志、工业志、交通志、邮电志、城乡建设志、商业志、粮食志、财税志、金融志、党团政权志、民事劳动人事志、政法志、军事志、文化志、教育志、卫生志、科技体育志、社会志、人物志、附录25卷。下限至1991年。

繁峙县志 繁峙县地方志编纂委员会编，今日中国出版社1995年7月出版。主编李斌。16开本，81万字。前设图照（36幅）、序、概述、凡例，内设大事记、地理、农业、工业、交通邮电、财政金融、商业、体育科技、政事、政法、军事、教育、文化新闻、文物、卫生、民情风俗、人口、人物、附录、志余20卷。下限至1985年，《志余》延至1993年。

忻州地区志 忻州地区志编纂委员会编，山西古籍出版社1999年6月出版。主编白卯成，副主编王喜才、王满田、李存根、黄培业，总纂白卯成、黄培业。16开本，179.3万字。前设图照（37幅）、序、凡例、概述，内设建置、自然地理、土地、人口、农业、工业、交通邮电、贸易、财税、金融、经济管理、城乡建设环境保护、党派群团、政事、军事、教育、文化、文物、医药卫生、体育、科技、民俗、人物23编，后设大事记。下限至1988年。

神池县志 神池县志编纂委员会编，中华书局1999年7月出版。主编李保和，副主编李隆、高义昌、王建武，总纂李保和、高义昌。16开本，72.4万字。前设图照（34幅）、序、凡例、概说，内设建置、自然概貌、人口、经济综述、农业、工业、交通邮电、城乡建设、商业、财税金融、经济管理、党派社团、政权政务、政法、军事、教育科技、文化、卫生体育、文物、社会风俗、人物21卷，后设大事记、附录、限外辑要。下限至1985年。

岢岚县志 岢岚县志修订编纂委员会编，山西古籍出版社1999年9月出版。主编冯贵生，副主编李兴、李生龙。16开本，72万字。前设图照（16幅）、序、凡例，内设大事记、地理、农业、林业、畜牧、水利、工业、交通、邮电、城乡建设、商业、财政金融、粮油购销、政体、民政、劳动人事、政法、党派社团、军事、文化、科技、教育、卫生体育、社会、人物25编。下限至1985年。该志为《岢岚县志》1990年版的修订本。

静乐县志 静乐县志编纂委员会编，红旗出版社2000年1月出版。主编周满堂。16开本，120万字。前设序、凡例、图照（65幅）、概述、大事记，内设建置、自然环境、人口、农业、水利水保、工业、交通邮电、城乡建设、商业、财税金融、经济管理、党派社团、政权、民政人事、司法、军事、教育、医药卫生、科技体育、文化、艺文、民情风俗、方言谣谚、人物 24 卷，后设附录、卷末。下限至 1995 年。

宁武县志　宁武县志编纂委员会编，红旗出版社 2001 年 12 月出版。主编王树森，编审白卯成、郭炳章，副主编孙守智、王明义。16 开本，100 万字。前设再版前言、序、凡例、图照（21 幅）、大事记，内设地理、农业、水利、林业、畜牧、工业、煤炭、交通邮电、商业、粮食、财政金融、党派团体、政事、政法、民政、军事、文化、教育、卫生、文物、社会、人物、附录 23 卷，后设限外辑要、编后。下限至 2000 年。

晋中市

寿阳县志　寿阳县志编纂委员会编，山西人民出版社 1989 年 6 月出版。主编岳守荣。16 开本，125 万字。前设图照（25 幅）、序、凡例、概述，内设地理（位置沿革、自然环境、城镇乡村）、农业（农业、林业畜牧水利）、工交（工业、交通邮电）、财贸（财政税收、金融、商业、粮食）、政治（党派社团、政权、检察司法公安、生产关系变革）、军事（位置建置、兵事记实、人民武装革命斗争）、文化（文化、教育、卫生体育、科学技术）、社会（人口民族家庭、工资福利、风土、宗教与会道门、方言）、人物、大事记、附录 11 卷。下限至 1984 年。

灵石县志　山西省灵石县志编纂委员会编，中国社会出版社 1992 年 12 月出版。主编陈长发。16 开本，89.7 万字。前设图照（83 幅）、序、凡例、概述，内设建置人口、自然环境、经济管理、工业、交通邮电、城乡建设、农业、商业、财政金融、党派团体、政权政法、人劳民政、军事、教育科技、文化新闻、体育卫生、社会生活、人物 18 编，后设大事记、附录。下限至 1985 年。

晋中地区志　晋中地区地方志编纂委员会办公室编，山西人民出版社 1993 年 7 月出版。主编孙庚午、刘树岗，总纂刘俊礼、王敏政，副总纂郝启康、李新文。16 开本，108.5 万字。前设引言、凡例、图照（78 幅），内设建置、自然、人口、农业、工业、乡镇企业、交通邮电、商业、财政金融、经济管理、城建环保、党政群团、公安司法、民政、军事、文化、教育科技、卫生体育、人物、大事记、附录杂记 21 编。下限至 1989 年。

太谷县志　太谷县志编纂委员会编，山西人民出版社 1993 年 9 月出版。主编郭齐文，副主编吴秀峰、梁才。16 开本，88 万字。前设图照（77 幅）、凡例、序、概述，内设地理（位置境域、建置沿革、自然环境、自然资源、民族人口）、经济（农业、林业、畜牧、水利、工业、商业、粮食、工商管理、财税金融、交通邮电、城乡建设）、政治（政党团体、政权政协、公安司法、优抚救济、就业安置）、军事（兵役、地方武装、驻军、兵事）、文化（教育、科技、文化设施、文学艺术、新闻、图书档案、文物古迹、医疗卫生、体育）、社会（家庭宗族、姓氏宗祠、民俗良风、宗教、帮会、社会病毒、方言）、人物 7 编，后设大事记、附录、人名索引。下限至1985年。

和顺县志 和顺县地方志编纂委员会编，海潮出版社1993年12月出版。主编郭满东，副主编马俞舒、王崇文、孙翔云、李临年、张锐锋。16开本，87万字。前设序、凡例、概述、大事记、图照（63幅），内设建置区划、自然环境、人口、经济综述、农业、工业、交通邮电、城乡建设、商业、财税金融、经济管理、党派群团、政权、司法、人事、军事、教育科技、文化、卫生体育、民情风俗、方言谣谚、人物22编，后设附录。下限至1985年，《志余拾要》延至1991年。

榆次市志 榆次市地方志编纂委员会编，中华书局1996年3月出版。主编吴廷鸾，副主编郑景云。16开本，140万字。前设图照（105幅）、序、凡例、概述、大事记，内设建置、自然环境、人口、城区、乡（镇）村、经济综述、工业建筑业、乡镇企业、交通、邮电、农业、林牧、水利水保、商业、粮食、财税金融、经济管理、党派社团、政权政协、民政综合政务、政法、军事、教育、科技、文化、卫生、体育、民情风俗、人物、附录30卷。下限至1990年。

介休市志 介休市志编纂委员会编，海潮出版社1996年12月出版。总纂侯清柏，副总纂傅钟源。16开本，120万字。前设图照（43幅）、序、凡例、总述，内设建置、自然环境、人口、经济综述、工业、乡镇企业、农林牧业、水利水保、城建环保、交通邮电、商业、财政金融、经济管理、政党群团、政权政事、公安司法、军事、教育、科技、卫生体育、文化、社会风俗、人物23编，后设大事记、附录。下限至1994年。

左权县志 左权县志编纂委员会编，高等教育出版社1999年6月出版。主编赵世元，副主编杨进旭、范培荣、陈军红、霍云林。16开本，108.6万字。前设图照（81幅）、序、凡例、概述，内设建置、自然环境、人口、经济综述、农业、工业、交通邮电、商业、财税金融、城乡建设、经济管理、政党社团、政权政协、政务、司法、军事、教育科技、文化、卫生体育、风俗宗教、人物21编，后设大事记、附录、限外辑要、修志始末。下限至1990年。

昔阳县志 昔阳县志编纂委员会编，中华书局1999年7月出版。主修李爱民、贾怀柱，主编史文寿、凌三苟。16开本，149.3万字。前设图照（122幅）、序、凡例、概述、大事记，内设建置区划、自然环境、人口、农业、水利、乡镇企业、工业、商业外贸、粮油商业、交通邮电、建设环保、财税金融、经济管理、党派团体、政权政协、民政、政法、军事、文化、教育科技、卫生、体育、民情风俗、方言谣谚、人物、文献辑存26编，后设限外辑要。下限至1990年。

平遥县志 平遥县地方志编纂委员会编，中华书局1999年8月出版。总纂冀有贵，主编孙爱英、安汝皇，副主编张中伟。16开本，173万字。前设图照（260幅）、序、凡例、概述、大事记，内设建置、自然环境、人口、经济综述、农业、工业、交通邮电、城乡建设、商业、财政税务、金融、经济管理、党派群团、政权政协、政务、政法、军事、教育、科技、卫生体育、文化、文物、旅游、艺文、民情风俗、人物26编，后设丛录、编末。下限至1996年。

榆社县志　榆社县志编纂委员会编，山西古籍出版社 1999 年 9 月出版。主编胡德荣，副主编赵宏。16 开本，112.2 万字。前设图照（130 幅）、序、凡例、概述、大事记，内设建置、自然环境、人口、经济综述、农业、工业、乡镇企业、交通邮电、商业、财税金融、经济管理、城乡建设、党派群团、政权政协、政法、综合政务、军事、文化、化石、教育科技、卫生体育、民情风俗、方言谣谚、人物 24 编，后设附录。下限至 1992 年。

祁县志　祁县地方志编纂委员会编，中华书局 1999 年 10 月出版。主编武殿琦，副主编畅奇纬、胡育先。16 开本，118 万字。前设图照（139 幅）、序、凡例、概述，内设建置区划、自然环境、人口、经济综貌、农业、工业、交通邮电、城建环保、商业、财税金融、经济管理、党派群团、政权政协、政法、军事、教育科技、卫生体育、文化、民俗方言、人物 20 编，后设大事记、附录、限外辑要。下限至 1993 年。

吕梁专区

吕梁地区志　吕梁地区地方志编纂委员会编，山西人民出版社 1989 年 10 月出版。主编任勋禄，副主编侯登彬、苏俊旗。16 开本，118 万字。前设图照（36 幅）、序、凡例、概述，内设地理（位置境域、建置沿革、城镇、地质、地貌、气候、水系、土壤、植被、自然资源、自然灾害、人口）、经济（一）（农业经济、种植业、林业、畜牧业、水利水保、农机）、经济（二）（工业经济、煤炭工业、电力工业、冶金机电化工、纺织轻工、建设环保、交通运输、邮政电信）、经济（三）（商业、粮食、外贸、财税、金融、经济管理）、政治（中国共产党、其他党派、人民团体、旧制政权、人民政权、公安司法）、军事（军事要塞、军事武装、重大战事）、文化（教育事业、文化艺术、文物古迹、科学技术、新闻事业、体育事业、医药卫生）、社会（人民生活、社会保障、生活习俗、社会新风、社会公害、宗教信仰、方言）、人物、大事记 10 编，后设附录。下限至 1985 年。

岚县志　岚县志编纂委员会编，中国科学技术出版社 1991 年 9 月出版。主编康茂生。16 开本，70 万字。前设图照（35 幅）、序、凡例、引言，内设大事记、建置、自然环境、人口、农业、工业、交通邮电、城乡建设、商业、财政金融、工商物价、政党社团、政权、政务、政法、军事、教育科技、卫生体育、文化艺术、文物古迹、民情风俗、方言谣谚、人物 23 编，后设附录。下限至 1986 年。

方山县志　方山县县志编纂办公室编，山西人民出版社 1993 年 2 月出版。主编张春浦，副主编薛秋爱、赵凤梅、严永宁。16 开本，63 万字。前设序、凡例、图照（44 幅）、概述、大事记，内设建置、自然环境、居民、农业、林牧、水利水保、工业、交通邮电、建设环保、商业、粮食、财政金融、经济管理、政党社团、政权、政事、司法、军事、教育、卫生体育、文化科技、文物名胜、民情风俗、人物 24 卷，后设附录。下限至 1985 年。

兴县志　山西省兴县志编纂委员会编，中国大百科全书出版社 1993 年 10 月出版。主编贾维桢、尚永红、孙海声，副主编王如星、白唯民、刘彦国、贾佩珍。16 开本，80 万字。前设图照（74 幅）、序、凡例、概述、大事记，内设境域建置、自然环境、人口、经济综述、农业、工业、商业、财政金融、交通邮电、城乡建设、经济管理、政党社团、政权政协、司法、民政人事、军事、教育科技、文化、医卫体育、民情风俗、方言、人物 23 编，后设外编晋绥根据地政要纪略、附录、限外辑要。下限至 1988 年，《限外辑要》延至 1992 年 10 月。

石楼县志　石楼县志编纂委员会编，山西人民出版社 1994 年 2 月出版。16 开本，68 万字。前设图照（40 幅）、序、凡例、概述，内设建置、自然环境、人口、农业、林牧业、工交邮电、城乡建设、商业、财税金融、经济管理、政党团体、政权政协、民政人事、司法、军事、教育科技、文卫体育、文物、民情风俗、方言趣闻、人物 21 编，后设大事记、附录。下限至 1985 年。

临县志　临县志编纂委员会编，海潮出版社 1994 年 3 月出版。主编段崇象，副主编高廷峰、武森茂、高凤萍。16 开本，130 万字。前设序、凡例、图照（62 幅）、概述，内设建置、自然环境、人口、农业、林业畜牧、水利水保、工业、交通邮电、城乡建设、商业、财税金融、经济管理、党派社团、政权、政务、公安司法、军事、教育科技、文化、体育卫生、民俗、方言谣谚、人物 23 编，后设大事记、附录、限外辑要。下限至 1990 年。

文水县志　文水县志编纂委员会编，山西人民出版社 1994 年 5 月出版。主编李培信，副主编白树莎。16 开本，114 万字。前设图照（52 幅）、序、凡例、概述，内设建置、自然环境、人口、经济综述、农业经济、农业产业、农业基建、工业、交通邮电、城乡建设、商业、粮食外贸、财税、金融、经济管理、政党社团、政权、政法、民政人事、军事、教育科技、文化、卫生体育、民情风俗、方言谣谚、人物、限外特编 27 编，后设大事记、附录。下限至 1985 年，《限外特编》延至 1993 年。

交城县志　交城县志编写委员会编，山西古籍出版社 1994 年 9 月出版。主编燕居谦，副主编田瑞。16 开本，125 万字。前设图照（34 幅）、序、凡例、概述、大事记，内设建置、自然环境、人口、经济综述、农业、林业、畜牧、水利水保、工业、交通邮电、城乡建设、商业、财政金融、经济宏观管理、党派社团、政权、政事、政法、军事、科技教育、文化新闻、文物胜迹、卫生体育、民情风俗、人物 25 卷，后设附录。下限至 1985 年，《人物》延至 1992 年。

柳林县志　山西省柳林县地方志编纂委员会编，海潮出版社 1995 年 10 月出版。主编李九林，副主编李如芝、刘廷奎。16 开本，123 万字。前设序、凡例、图照（69 幅）、概述，内设建置、自然环境、自然资源、人口、农业、林牧、红枣、水利水保、工业、煤炭工业、交通邮电、城乡建设、商业、财政金融、经济管理、党派群团、政权、政事、司法、军事、教育、文化、体育医卫科技、风俗民情、方言谣谚、人物 26 卷，后设大事记、附录、限外辑要。下限至 1990 年。

中阳县志　中阳县志编纂委员会编，山西人民出版社 1996 年 5 月出版。主编阴乃三，副主编施国祥。16 开本，108.3 万字。前设图照（49 幅）、序、凡例、概述，内设境域建置、自然环境、人口、经济综貌、农牧业、林业、水利农机、工业、交通邮电、城乡建设、商业服务、粮食外贸、财政金融、经济管理、政党社团、政权、民政人事、公安司法、军事、教育科技、体育卫生、文化艺术、民情风俗、方言俗语、人物 25 编，后设附录。下限至 1990 年。

孝义县志　孝义县地方志编纂委员会编，海潮出版社 1992 年 6 月出版。编审王绍汾，主编倪力人，副主编任春斋、王有名。16 开本，140 万字。前设序、凡例、图照（41 幅）、概述，内设建置、自然环境、自然资源、人口、经济综貌、农业、林业、畜牧、水利水保、农机、工业、煤铝矿业、电业、交通运输、邮电、城乡建设、商业、粮食、财税、金融、经济管理、政党社团、政权政协、民政人事、公安司法、军事、教育、科技、文化、卫生、体育、文物、民俗、方言俗语、人物、大事记 36 卷。下限至 1985 年。

离石县志　离石县志编纂委员会编，山西人民出版社 1996 年 6 月出版。主编李文凡，副主编翟仁武、赵焕哉。16 开本，142 万字。前设图照（68 幅）、凡例、序、概述，内设建置、自然环境、人口、农村经济、农村产业、农业基建、工业、交通邮电、城乡建设、商业、财政金融、经济管理、中国共产党的建设与历史、党派群团、政权政协、政事、司法、军事、教育科技、文化新闻、卫生体育、民情风俗、方言谣谚、人物、大事记 25 卷，后设附录、特志。下限至 1990 年，《附录》延至 1994 年。

汾阳县志　汾阳县志编纂委员会编，海潮出版社 1998 年 12 月出版。主编刘锡仁、王希良，总纂王希良。16 开本，169.6 万字。前设图照（69 幅）、序、凡例、概述，内设建置、自然环境、人口、经济综述、农业、林业、汾州核桃、畜牧、水利、工业、煤炭电力、汾酒、乡镇企业、交通邮电、城乡建设、商业、粮食、财税、金融、经济管理、中国共产党地方组织、政权、政务、政法、党派社团、军事、教育、科学技术、文化、文物、卫生、体育、民情风俗、宗教、方言俗语、人物 36 卷，后设大事记、附录。下限至 1990 年。

交口县志　交口县地方志编纂委员会编，中华书局 2002 年 9 月出版。主编郭聚义。16 开本，85 万字。前设图照（110 幅）、序、凡例、概述，内设建置、自然环境、人口、农业、林业、畜牧业、水利水保、工业、交通邮电、城建环保、商业、财政税务、金融、经济管理、政党社团、政权政协、民政人事、公安司法、军事、教育科技、文化新闻、卫生体育、民情风俗、方言谣谚、人物 25 卷，后设大事记、附录、限外辑要、修志始末、跋。下限至 1993 年。

临汾市

大宁县志　大宁县志编纂委员会编，海潮出版社 1990 年 11 月出版。主编冯岩，副主编程利生、贺怀瑾。16 开本，65 万字。前设序、凡例、图照（94 幅）、概述，内设建置、自然环境、人口、经济综述、农业、工业、商业、财政金融、交通邮电、城乡建设、科技、经济行政管理、党派社团、政权、民政人事、司法、军事、教育、文化、卫生体育、社会、人物22编，后设大事记、附录、志续、跋、编后记、图表索引。下限至1985年。

襄汾县志 襄汾县志编纂委员会编，天津古籍出版社1991年1月出版。主编姜福林，副主编周峻耀。16开本，74.1万字。前设图照（54幅）、序、凡例、概述，内设政区建置、自然环境、丁村文化、人口、农业、工业、商业、财政金融、交通邮电、城乡建设、经济行政管理、政权、政党社团、司法、民政人事、军事、文化、教育、卫生体育、科技、民俗、宗教信仰、方言谚语、人物24编，后设大事记、附录、志余。下限至1985年，《志余》延至1990年6月。

曲沃县志 曲沃县志编纂委员会编，海潮出版社1991年10月出版。主编吉长安，副主编韩春华。16开本，65万字。前设序、凡例、图照（58幅）、总述，内设建置、自然环境、人口、经济体制变革、农业、工业、烟草、交通、城乡建设、商业、财税、金融、经济行政管理、党派社团、政权政协、教育、科技、司法、民政、人事、军事、文化、卫生、民情习俗、人物25编，后设大事记、附录、限外辑要、图表索引。下限至1988年。

吉县志 吉县志编纂委员会编，中国科学技术出版社1992年5月出版。主编石全正。16开本，65万字。前设序、凡例、图照（71幅）、概述，内设建置、自然环境、人口、经济综述、农业、林业、工业、乡镇企业、交通邮电、城乡建设、商业、财政金融、党派团会、政权政协、民政人事、司法、军事、文化新闻、文物胜迹、教育、卫生体育、科学技术、民情风俗、方言、人物25编，后设大事记、志存、限外续要、图表索引、英文目录、英文概述。下限至1985年，《限外续要》延至1990年。

蒲县志 蒲县志编纂委员会编，中国科学技术出版社1992年7月出版。主编张世贤。16开本，70万字。前设序、凡例、图照（40幅）、概述，内设建置、生态环境、人口、方言、经济环境、农业、工业、商业、财税金融、交通邮电、城乡建设、教育科技、政权、党派团体、民政人事、军事、文化、文物、卫生体育、民情风俗20编，后设人物、大事记、附录、限外辑要、跋、编后记。下限至1985年。

乡宁县志 乡宁县志编纂委员会编，新华出版社1992年12月出版。主编郭居明，副主编王居丰。16开本，100万字。前设序、凡例、图照（98幅）、概述，内设建置、自然环境、人口、经济综述、农业、工业、煤炭、交通邮电、城乡建设、商业、财政金融、经济行政管理、教育、科学技术、政党、政权政协、群众团体、民政、人事、司法、军事、文化、卫生、体育、民情风俗、方言、人物27卷，后设大事记、附录、限外辑要。下限至1990年。

翼城县志 山西省翼城县志编纂委员会编，海潮出版社1997年1月出版。主编张建杰，副主编苏乐让、李根生。16开本，69.1万字。前设序、凡例、图照（57幅）、概述，内设建置、自然环境、人口、经济综述、农业、林业、畜牧、水利水保、工业、砂陶冶金、城乡建设、商业、粮油、财税、金融、交通、经济管理、政党群团、政权政协、民政人事、司法、军事、教育、科技、文化、体育卫生、民情风俗、人物28卷，后设大事记、限外辑要、附录。下限至1990年。

安泽县志 安泽县志编纂委员会编，山西人民出版社1997年4月出版。主编逯丁艺，副主编张玉书、郭玉太、任秉义，监修陈森、李永林、梁天运。16开本，58.3万字。前设图照（33幅）、序、凡例、概述，内设建置、生态环境、人口、经济体制变革、农业、工业交通、商业、城乡建设、财政金融、经济行政管理、党派群团、政权政协、民政、人事劳动、司法、军事、教育、文化科技、卫生体育、方言谣谚、民情风俗、人物、大事记、文献辑存24卷。下限至1995年。

汾西县志 汾西县地方志编纂委员会编，方志出版社1997年10月出版。主编郭六喜。16开本，85万字。前设图照（51幅）、序、凡例、概述、大事记，内设建置、自然环境、人口、经济综述、农业、工业、交通邮电、城乡建设、商业、财税金融、经济管理、教育科技、党派社团、政权、民政人事、司法、军事、文化文物、卫生体育、民情风俗、人物21编，后设附录（历代县志序、碑文辑录、修志文存）、编后记。下限至1991年，《大事记》、卷首彩图延至1997年9月。

永和县志 永和县志征编领导组编，学苑出版社1999年8月出版。主编刘勇，副主编白润山。16开本，84.4万字。前设序、凡例、图照（84幅）、概述、县情基本数据表、大事记，内设建置、自然环境、人口、经济综述、农业、红枣、工业、商业、财税金融、交通邮电、城乡建设、经济行政管理、政权政协、党派社团、民政人事、司法、军事、文化、教育、卫生体育、科技、民情风俗、方言俗语、人物24编，后设附录、限外辑要、图表索引。下限至1995年，《限外辑要》延至1999年6月。

古县志 古县志编纂委员会编，陕西人民出版社2001年11月出版，主编黄翠莲，副主编刘仁甫、付珍祥、杨玉宝，总编纂付珍祥；16开本，71.2万字；前设图照16页（72幅）、序、凡例，首设概述，内设建置、自然环境、人口、经济综述、农业、核桃、工业、交通邮电、商业、城乡建设、财税金融、经济行政管理、科技、党派群团、政权、教育、司法、民政、人事、军事、文化、卫生体育、民情民俗、方言、人物等25编，后设大事记、限外辑要、修志始末、附录、后记。下限至1990年。

临汾市志（县级） 山西省临汾市志编纂委员会编，海潮出版社2002年5月出版。总编李百玉，执行副总编贾生金，副总编张洪亮、郝吉庆。16开本，全三册，300万字。前设序、凡例、图照（91幅）、总述、大事记，内设建置、自然环境、居民、生态保护、经济要览、农业、工业、城乡建设、商业贸易、交通、科学技术、中共临汾地方组织、政权、政务、经济管理、税务、财政、金融、军事、治安司法、社团党派、教育、新闻传媒、邮电、尧文化、文化艺术、体育、医药卫生、文物旅游、民族宗教、民情风俗、方言、艺文、人物等34编，后设附录、续志综鉴。下限至1998年底。

浮山县志 浮山县地方志编纂委员会编，中华书局2002年12月出版，主编李吉瑞，副主编李彤新、刘丰贵。16开本，70万字。前设图照11页（51幅）、序、凡例，首设概述，内设建置、自然环境、人口、农业、林牧、水利、工业、商业、粮食、城乡建设、经济管理、交通邮电、财税金融、劳动人事、政党群团、政权政协、民政、司法、军事、教育、科技、文化、文物、卫生、体育、民俗风情、方言、人物等27编，后设大事记、限外辑要、附录、图表索引、后记。下限至1999年。

洪洞县志　洪洞县志编纂委员会编，通纪体，下限至2002年。山西春秋电子音像出版社2005年10月出版。主编张青，副主编王根生。16开本（全二册），221.8万字。前设凡例、序言、图照33页（175幅），首设概述（中国有个洪洞县），内设建置沿革、自然环境、人口、大槐树移民、经济综述、交通邮电、城乡建设、水利、农业、林业、畜牧渔业、能源、工业、商业、财政金融、经济管理、中国共产党洪洞县地方党组织、党派群团、政权政协、政务、司法、军事、卫生、体育、教育、文化、艺文、民间文学、文物旅游、民情风俗、方言、宗教、人物等32卷，后设大事记、附录。

侯马市志　侯马市志编纂委员会编，长城出版社2005年12月出版。主编赵建国，副主编邵子义、赵广奎、赵香琴。16开本（全二册），173.6万字。前设序（2）、凡例、图照18页（75幅），首设概述、大事记，内设建置、自然环境、人口、经济综述、农业、林业、畜牧、水利、工业、交通运输、邮电、城乡建设、商贸、财政金融、经济管理、金融、财税、经济管理、党派群团、政权政协、政务、公安司法、军事、教育、科技、文化、晋都新田文化、卫生、体育、民俗、宗教、方言谚语、艺文选录、人物等32编，后设附录、限外辑要、修志始末。下限至2003年。

隰县志　隰县志编纂委员会编，方志出版社2007年12月出版，主编张仁杰。16开本，98.1万字。前设序（3）、图照18页（72幅）、凡例，首设总述，内设建置、生态环境、人口、经济综述、农业、工业、交通邮电、城乡建设、商业、财政金融、经济行政管理、教育、科学技术、党派团体、政务、司法、武装、文化、卫生体育、民俗、方言、人物等22卷，后设大事记、文征（特载、地方文献、旧志序跋、碑记诗文）、限外辑要、修志始末、图表索引、隰县志编纂委员会及办公室成员名单。下限至1990年。

运城市

运城地区简志　山西省运城地区地方志编纂委员会办公室编。1986年8月内部刊印。主编创生、宋万忠。16开本，79.2万字。前设序、说明、图照（53幅），内设上编地区简志（地理位置与建置沿革、人口区划、地形山脉河流、气候物产、基本建设、农林牧副业、工业、乡镇企业、交通邮电、商业、财政金融、城乡建设和环境保护、劳动工资、党政群团、人民武装、文化、大事记17章），下编各县市简志（运城市、永济县、芮城县、临猗县、万荣县、新绛县、稷山县、河津县、闻喜县、夏县、绛县、平陆县、垣曲县），简要记述运城地区和各县（市）政治、经济、文化诸方面的基本情况。下限上编至1984年，下编至1983年。

河津县志 河津县志编纂委员会编，山西人民出版社1989年11月出版。主编高尚友。16开本，66.2万字。前设图照（32幅）、序、凡例、概述，内设建置、自然概貌、人口、农业、林牧、水利、工业、交通、邮电、建筑业、城乡建设、科技、商业、粮食、财政、金融、工商物价、政权、司法、政党、社会团体、民政、军事、教育、文化、文物、文艺、医药卫生、体育、民情风俗、宗教道门、方言谣谚、姓氏家谱、人物34卷，后设大事记、附录。下限至1985年。

永济县志 永济县志编纂委员会编，山西人民出版社1991年12月出版。16开本，80万字。主编殷锡汉，副主编杨伯骐。前设序、凡例、图照（80幅）、概述，内设建置、自然环境、人口、农业、林业、畜牧、滩涂开发、水利、工业、交通、邮电、城乡建设、商业、财政税收、金融、工商物价计量、党派群团、政权政协、民政、司法、劳动人事、军事、教育、科技、文化、艺文、文物名胜、卫生、体育、民情风俗、宗教信仰、方言、人物33卷，后设大事记、附录、编后记。下限至1990年。

平陆县志 平陆县志编纂委员会编，中国地图出版社1992年10月出版。主编张明堂、刘耀武。16开本，115万字。前设序、凡例、概述、图照（37幅），内设建置区划、自然环境、人口、农业、林业、水利、牧业、工业、电业、科技、交通、邮电、城建、商业、粮油、财税、金融、经济管理、党派社团、政权、治安司法、民政、人事劳动、军事、文化、文物胜迹、教育、医药卫生、体育、艺文、民俗、方言谣谚、故事趣闻、人物34卷，后设大事记、附录、志余、后记。下限至1990年，《志余》延至成书之时。

垣曲县志 垣曲县志编纂委员会编，山西人民出版社1993年5月出版。主编王云洲，副主编梁国干、段玉林、高中民、安杰。16开本，101万字。前设图照（88幅）、序、凡例、概述，内设建置、自然环境、历山国家级自然保护区、人口、农业、水利水保、林业、畜牧、工业、交通、邮电、商业、财政、金融、经济管理、环境保护、城乡建设、科技、政权、政党群团、政事纪略、司法、民政、劳动人事、军事、文化、文物名胜、教育、卫生、体育、民俗、宗教道门行会、方言谣谚、人物34卷，后设大事记、附录、跋、后记。下限至1990年。

闻喜县志 闻喜县志编纂委员会编，中国地图出版社1993年6月出版。主编张贵保，副主编张忠德、张登科、张百川。16开本，90万字。前设序、凡例、图照（59幅）、概述，内设建置、自然地理、人口、农业、林业、畜牧、水利、工业、交通运输、邮电、城乡建设、商业、粮油购销、财税、金融、经济管理、政党、社会团体、政权政协、民政、劳动人事、司法、军事、教育、科技、文化、艺文、文物、卫生、体育、宗教民情、方言谣谚传说、人物33卷，后设大事记、附录。下限至1990年，图照延至1992年。

临猗县志 临猗县志编纂委员会编，海潮出版社1993年12月出版。主编宁新杰，副主编孙晋怀、张万荣。16 开本，130 万字。前设序、凡例、图照（41 幅）。全志分上下两编，上编概览，内设县情述要、经济综览、当代人物、前景展望 4 章；下编为分志，内设地理志、人口志、经济志、政治志、军事志、文化志、艺文志、社会志、人物志 9 志，后设大事记、附录（传说故事、古地名考、人物考、重要文献辑存、旧志编修述略）、志余。下限至 1990 年。

运城市志（县级） 运城市地方志编纂委员会编，生活·读书·新知三联书店 1994 年 8 月出版。主编张博文、裴璞，副主编徐长安、阴朝英。16 开本，130 万字。前设图照（64 幅）、序、凡例、概述，内设地理志、人口志、盐池志、工业志、农业志、林业志、畜牧志、水利志、交通邮电志、城乡建设志、商业志、粮油志、工商物价志、财政金融志、党派群团志、政权志、司法志、人事劳动志、民政志、军事志、文化志、文物志、旅游志、教育志、体育志、医药卫生志、艺文志、社会志、方言志、大事记、附录 33 卷。下限至 1990 年。

稷山县志 稷山县县志编纂委员会编，新华出版社 1994 年 9 月出版。主编文登有、杨隆频、梁华，副主编张川龙、聂社成。16 开本，100 万字。前设图照（78 幅）、序、凡例、概述，内设建置、自然环境、人口、农业、林业、板枣、畜牧、水利、工业、交通、邮电、城乡建设、商业、粮食、财税、金融、经济管理、党派群团、政权政协、民政、劳动人事、司法、军事、教育、科技、文化、艺文、文物、卫生、体育、宗教民情、方言俗语、人物 33 卷，后设大事记、附录、限外辑要。下限至 1990 年。

芮城县志 芮城县志编纂委员会编，三秦出版社 1994 年 12 月出版。主编景昆俊、姚仰皋，副主编董超英。16 开本，150 万字。前设图照（101 幅）、序、凡例、概述、大事记，内设建置、自然环境、人口、农业、林业、畜牧、水利、工业、交通、邮电、城乡建设、科技、商业、粮食、财政、金融、经济管理、土特名产、党派社团、政权、民政、司法、人事劳动、军事、教育、文化、文物、艺文、旅游、卫生、体育、生活习俗、宗教会道门、方言谣谚、传说轶闻、人物 36 卷，后设附录。下限至 1990 年。

万荣县志 万荣县志编纂委员会编，海潮出版社 1995 年 12 月出版。主编屈栋材，副主编解放、王丕滋、王启农。16 开本，146 万字，前设序、凡例、图照（118 幅）、概述，内设建置沿革、自然环境、人口、农业、林业、水利、畜牧、工业、交通运输、邮电、城乡建设、商业、粮油、财税、金融、经济管理、土特名产、党派群团、政权、民政、劳动人事、司法、军事、教育、医药卫生、体育、科技、文化、文物、艺文、民情风俗、宗教道门、姓氏家谱、方言谣谚、异闻传说、人物 36 卷，后设大事记、附录、志余。下限至 1990 年。

新绛县志 山西省新绛县志编纂委员会编，陕西人民出版社 1997 年 11 月出版。主编靳新文，副主编张俊圭、任登林、侯辽生、文鹤生。16 开本，98 万字。前设图照（73 幅）、序、凡例、概述，内设建置区划、自然地理、人口、农业、水利、林牧、工业、交通、邮电、城乡建设、商业、粮油、土特名产、财政税务、金融、经济管理、政权、党派社团、司法、军事、民政、劳动人事、科技、教育、文化、卫生、体育、文物、艺文、风俗民情、方言、民间文学、人物33卷，后设大事记、附录。下限至1990年。

绛县志　绛县志编纂委员会编，陕西人民出版社1997年11月出版。主编秦富元，副主编张志善、崔德厚、陈克灵、张杰武。16开本，110万字。前设图照(81幅)、序、凡例、概述、大事记，内设建置区划、自然环境、人口姓氏、宗教、农业、林业、畜牧、水利、工业、交通运输、邮电、城乡建设、商业、粮油、财政税务、金融保险、经济行政管理、党派群团、人大政府政协、民政人事劳动、公安司法、军事、文化、教育、体育、卫生、科学技术、民情风俗、方言俗语、艺文、人物31卷，后设附录、志余、跋、本届绛县志编纂机构沿革、1995年底县级领导人员名单、鸣谢。下限至1990年。

夏县志　夏县地方志编纂委员会编，人民出版社1998年3月出版。主编裴高山，副主编张永吉、刘爱都、郑天星。16开本，107万字。前设图照(56幅)、序、凡例、概述，内设地理、人口、城乡建设、农业、林业、水利、畜牧、工业、邮电、交通、商业、粮油、财税、金融、工商物价、党派群团、政权、司法、民政、劳动人事、军事、文化、文物胜迹、艺文、教育、体育、科学技术、医药卫生、民情风俗、宗教会道门、传说奇闻、方言谣谚、人物33卷，后设大事记、附录。下限至1990年。

运城地区志　山西省运城地区地方志编纂委员会编，海潮出版社1999年10月出版。主编董洪运、刘文豹，副主编吴麦黄、宁雪瑞、杨朝军。16开本，全二册，238.3万字。前设图照(161幅)、序、凡例、概述、大事记，上册设建置、自然环境、人口、经济综述、农业、林业、畜牧、水利水保、农具农机、能源冶金化工、机电化学工业、轻纺建材工业、盐池、乡镇企业、交通、邮电、城乡建设、环境保护、财政税务审计、金融、商贸、粮油、经济管理23卷；下册前设图照77幅，内设党派群团、政权、政务、公安司法行政、军事、教育、科技、文化、文物名胜旅游、关公文化、医药卫生、体育、民情风俗、方言谣谚、人物、艺文16卷(总计39卷)，后设附录。下限至1997年。

山西省二轮市县（区）志简介

孝义县志（续） 孝义市地方志编纂委员会编。山西古籍出版社 1996 年 6 月出版。编审王绍汾，主编王有名，副主编任启道、任春斋。16 开本，744.4 万字。前设图照（32 幅）、序、凡例、概述，内设乡镇概况、人口、经济综貌、农业、工业、交通邮电、商业、乡镇企业、财税、金融、城建环保、经济管理、政党社团、政权政协、民政人事、劳动管理、司法武装、教育、科技、文化体育、卫生、人物、大事记 23 卷，后设文存。上限为 1986 年（接续前志），下限至 1991 年。

垣曲县志 (1991—2000) 垣曲县地方志编纂委员会编，中华书局 2001 年 6 月出版。主编李鹏，副主编雪淑萍、王建民。16 开本，79.5 万字。前设图照（135 幅）、序、凡例、概述、大事记，内设地理、人口、乡镇概况、农业、工业、中条山有色金属公司、交通邮电、城建环保、商业、旅游业、财税金融、经济管理、人民生活、党派群团、人大政府政协、军事、政法、劳动人事、民政、移民、教育科技、文化、卫生体育、古文化开发及利用、人物 25 卷，后设附录、限外辑要、索引。下限至 2000 年。

河津市志 河津市志编纂委员会编，山西人民出版社 2002 年 8 月出版。主编王应立，常务副主编史改玲，副主编王永录。16 开本（上、下册），191.3 万字。前设图照（166 幅）、序、凡例、概述、大事记，内设建置区划、自然环境、人口、城建环保、交通运输、邮政电信、商业贸易、工业、乡镇企业、建筑业、农业、林业、畜牧业、水利水保、财政税务、金融保险、经济管理、居民生活、党派群团、人大政协、政府、审判检察、公安司法行政、民政、劳动人事、军事、科技、教育、文化、医药卫生、体育、文物名胜、宗教、民情风俗、方言谣谚、艺文、人物 37 卷，后设附录、限外辑要。下限至 2000 年。

黎城县志（1991—2003） 黎城县志编纂委员会编，国际标准 16 开精装加护封，全一册，1846 千字，主编刘书友，中华书局 2006 年 1 月出版。中编体式。卷首设序（5 篇），集束彩图（40 页、其中地图 3 幅、题词 6 幅、照片 333 幅），凡例，目录（16 页，单双栏混排，加英文目录）。正文首设概述、大事记，内设建置、自然环境、人口与计划生育、改革开放、经济综述、农牧业、林业、水利水保、工业民营企业、交通电力邮电、城乡建设、商业流通、旅游业、财税金融、物价、综合经济管理、政党社团、政权政协、综合政务、社会主义精神文明建设、政法、人民武装、教育科技、卫生体育、文化、艺文、民情习俗、人物、县志补遗勘误、条陈等 30 卷，后缀附录、限外辑要、索引（图片、表格、人物）、编纂始末。

沁水县志（1986—2003） 沁水县地方志编纂委员会编，国际标准 16 开精装加护封，全二册，1086 千字，主编续文琴，中编体式，方志出版社 2006 年 2

月出版。卷首设集束彩图（36 页、其中地图 2 幅、照片 114 幅），序，凡例，目录（10 页，单双栏混排）。正文前设概述、县情基本数据表；内设大事记、地理环境、自然资源、人口、乡镇、城建环保、交通运输、邮政电信、经济综述、农业、工业、商业、旅游业、财政税收、金融保险、经济管理、党派群团、人大政府政协、公检法司、军事、民政、劳动人事、教育科技、文化、卫生体育、社会生活、历史文化、人物、文献等 29 编；后缀后记。

翼城县志（通纪体） 翼城县志编纂委员会编，国际标准 16 开精装加护封，全二册，2419 千字，主编赵宝金，山西出版集团·山西人民出版社 2007 年 12 月出版。小编体式。卷首设序，凡例，集束彩图（7 页、其中地图 1 幅、照片 46 幅），目录（42 页，单双栏混排，配英文目录）。正文前设概述；内设建置、环境、人口和计划生育、城乡建设、环境保护、交通、电力、邮电、经济综述、农业、林业、畜牧、水利、工业、商贸、财税、金融、经济管理、经济监督、中国共产党翼城县地方组织、其他党派群众团体、政权政协、检察审判、公安司法行政、军事、民政、劳动与社会保障、人事与机构编制、教育科技、体育卫生、文化、唐晋文化、旅游文物、民俗风情、宗教信仰、方言、民间文学、艺文、人物等 39 编；后缀大事记、限外辑要、附录、历代翼城县志编修情况、编纂人员简介、后记。下限至 2006 年。

高平市志 高平市志编纂委员会编，国际标准 16 开精装加护封，全三册，3008 千字，主编文战胜，大编体式，通纪体，下限 2007 年，中华书局 2009 年 5 月出版。卷首设集束彩图（82 页、其中地图 3 幅、照片 226 幅），序，凡例，目录（48 页，单栏编排，配英文目录）。正文前设综述、市情数据表；卷一大事记，设大事编年、大事纪略 2 篇；卷二环境，设建置、自然概貌、自然资源、生物资源、人口、城乡建设、交通邮电、环境保护 7 编；卷三经济，设经济综述、农业、工业、商业贸易、财政税务、金融保险、经济管理 7 编；卷四政治，设中国共产党高平市（县）委员会、市（县）人大、市（县）政府、市（县）政协、其他党派、群众团体社会团体、综合政务、司法、军事 9 编；卷五文化，设教育、科技、群众文化、文学艺术、广播影视新闻出版、卫生体育、文物、名山胜景、旅游、专题文化 10 编；卷六社会，设乡俗民情、方言、谣谚、民间传说 4 编；卷七乡村简介，设街道办事处 镇 乡、社区 村 2 编；卷八人物，设人物传略、人物表录、中外名人莅高 3 编；卷九文丛，设著述、艺文、丛谭、楹联、文献 5 编；后缀图表目录、索引、后记。

太原市小店区志 小店区志编纂委员会编，国际标准 16 开精装加护封，全一册，通纪体，下限 2005 年，890 千字，主编陈德善，山西出版集团·山西人民出版社 2009 年 9 月出版。卷首设序，集束彩图（22 页、其中地图 2 幅、照片 57 幅），凡例，目录（17 页，通栏编排）。正文前设概述，内设大事记、建置、自然环境、人口、综合经济、城乡建设、商贸、工业、农业、水利、交通邮电、财税 金融、人事 劳动、党派 群团、政权 政协、军事、政法、民政、科技、教育、文化、体育、医疗卫生、方言 口头文学、艺文、民情风俗、人物等27编，后缀附录、编后。

文水县志（1986—2002） 文水县党史县志编纂委员会编，国际标准16开精装，全一册，1480千字，主编徐锦笙，中华书局 2009年9月出版。中编体式。卷首设集束彩图（36页、其中地图2幅、题词4幅、照片108幅），序，凡例，目录（20页，双栏编排，配英文目录）。卷首设概述、大事记，内设地理、人口、乡镇概况、农业、工业、交通邮电、城建环保、商业、财政税务、金融、经济管理、经济监督、政党群团、人大政府政协、军事、政法、劳动人事、民政、教育科技、文化、卫生体育、旅游、风俗宗教、谣谚传说、人物等25编；后缀专记、附录、限外辑要、前志补遗勘误、后记。附光盘。

天镇县志（1991—2008） 天镇县志编纂委员会编，国际标准16开精装加护封，全一册，1100千字，主编高志英、高利春、阎芳，总纂逯廷，山西出版集团•山西人民出版社2009年11月出版。中编体式。卷首设集束彩图（16页、其中照片72幅、地图1幅），凡例，序，目录（11页，通栏编排）。卷首设概述，内设建置区划、自然概貌、人口、农业、工业、贸易、财政金融、交通邮电城建、经济管理、政权、党派团体、政事、政法、军事、教育科技、卫生体育、文化、民俗、宗教、人物等20编；后缀大事记、附录、本志编修始末。

晋中市志 晋中市志编纂委员会编，执行主编王俊山，全四册，5000千字；中华书局2010年6月出版。通记体，上溯事物发端，下限至2005年底。采用中小编体式。章节条目体。各卷前均设无题小序，承上启下，总览始末。前设集束彩图48页、彩照75幅。正文首设概述、大事记，内设建置区划、自然环境、人口、城乡建设、历史名城晋商豪宅、交通、邮政电信、农业综述、种植业、林业、养殖业、水利、农具农机、大寨纪事、工业综述、能源工业、冶金建材工业、机械电子工业、化学制药工业、纺织印染工业、食品酿造工业、其他工业、乡镇企业民营经济、商业贸易、晋商沧桑、旅游、财政税务、金融保险、经济管理、党派群团、政权政协、政务、公安司法行政、军事、教育、科技、文化、文物名胜、卫生医药、体育、民情风俗、方言谣谚、人物、艺文等44卷，后缀附录、志苑群贤、编后记。特色卷目有历史名城晋商豪宅、大寨纪事、晋商沧桑、旅游。

襄汾县志 襄汾县志编纂委员会编，国际标准16开精装加护封，全一册，1900千字，方志出版社2011年4月出版。主编张俊义，小编体式，通纪体，下限2005年，卷首设集束彩图（24页，其中题词1幅、照片104幅、地图1幅），凡例，序，目录（29页，双栏编排，配英文目录）。卷首设概述、大事记，内设建置、自然环境、人口、城乡建设、环境保护、交通、邮政电信、经济综述、种植业、养殖业、林业、水利、农业机具、工业、商贸、金融保险、财税、经济行政管理、中国共产党、人民代表大会、政府、政治协商会议、党派群团、军事、公安司法、检察审判、民政、人事、劳动和社会保障、教育、科技、卫生、体育、文化、丁陶文化、文物胜景、档案史志、民间文学、民俗、方言、人物、艺文等

42 编；后缀限外辑要、索引（表、图、人物传、人物简介）、后记。

晋城市志 (1985—2008) 晋城市志编纂委员会编，中华书局 2011 年 7 月版，主编秦海轩。全三册，3297 千字；采用中小编体式。章节条目体。上限为 1985 年晋城建市之时，下限至 2008 年底。唯综述概览古今，以现晋城历史全貌。前设集束彩图 82 页、彩照 200 幅。正文首设综述、市情基本数据表，内设大事记（上篇大事编年，下篇要事本末），地理、自然资源、县（市、区）概况、人口、城乡建设、环境保护、交通运输、邮政电信、经济综述、工业、民营经济、农业、林业、水务、商贸、财政税务、金融、经济监管、中国共产党、人民代表大会、政府、人民政协、民主党派、人民团体、综合政务、公安、检察、审判、司法行政、民政、军事、教育、科技、文化、传媒、旅游、文物、医疗卫生、体育、民情风俗、人物、艺文等 43 卷，后缀图表索引、后记。市情基本数据表沿袭首轮志书做法，列表 37 页，内容涵盖全志，包括：行政区划、气候、自然资源、人口、经济及社会各业等，量多面广，自成一体。

广灵县志（1991—2010） 广灵县地方志编纂委员会编，国际标准 16 开精装加护封，全一册，1200 千字，主编要子瑾，山西出版传媒集团·三晋出版社 2011 年 8 月出版。中编体式。卷首设序、名片页、集束彩图（26 页、其中照片 122 幅、地图 1 幅），凡例，目录（10 页，单双栏混排）。卷首设概述、大事记、特记，内设地理、人口、品牌、农业、工业、交通运输、城建环保、邮政通信、商业贸易、旅游文物、财政税务、金融保险、经济管理、中国共产党、人民代表大会、人民政府、人民政治协商会议、团体、政法、军事、政务、教育科技、医疗卫生、文化体育、民生、人物等 26 卷；后缀附录、编后记。

盂县志 盂县史志编纂委员会编，国际标准 16 开精装，全二册，2388 千字，主编杜秋炉，中编体式，通纪体，下限 2010 年，中华书局 2011 年 11 月出版。卷首设集束彩图（64 页，其中地图 3 幅、照片 205 幅），序，凡例，目录（34 页，单双栏混排，配英文目录）。卷首设概述、大事记，内设建置区划、自然环境、人口、经济综述、城乡建设、环境保护、交通运输、邮政电信、农业、工业、煤炭、商业贸易、财税金融、经济管理、党派群团、政权政协、政法、军事、人事劳动、民政、教育、科学技术、文化、卫生体育、文物旅游、民俗宗教、方言、人物、艺文、文献等 30 卷；后缀附录（重大事件、史实考略）、表索引、编后。

交城县志（1986—2005） 交城县志编纂委员会编，国际标准 16 开精装加护封，全一册，1560 千字，主编杨丽萍，中华书局 2013 年 8 月出版。中编体式。卷首设集束彩图（42 页、其中地图 2 幅、题词 4 幅、照片 112 幅），序，凡例，目录（14 页，双栏编排）。卷首设概述，内设建置区划、自然地理、资源、人口、农业、林业、畜牧业、水利、工业、商业旅游、交通、邮电、财税、金融、城建环保、经济管理、政党群团、政权政协、军事、公检法司、劳动人事、民政、教育、科技、文化、卫生体育、民俗宗教、方言、人物、杂记等 30 编；后缀大事记、附录、限外辑要、后记。附光盘。

霍州市志 《霍州市志》编纂委员会编，中华书局2013年12月版，全二册，2154.2千字。主编赵学惠，常务副主编晋从华。该志为首、二轮合修志书，通记体，上限追溯事物发端，下限至2010年底。志首设集束彩图54页，其中地图5幅、照片154幅。正文首设概述、大事记，内设建置区划、地理环境、自然资源、城建环保、交通邮电、经济综述、农林水利、工业、商贸服务、财政税务、金融保险、经济管理、中共地方组织、政权、党派社团、民政、劳动人事、公安司法行政、检察审判、军事、教育科技、文化、卫生体育、文物旅游、民俗风情、人物、艺文28编，后缀限外辑要、表目录、后记。

临汾市志（市级） 《临汾市志》编纂委员会编，中华书局2013年12月出版，主编尉俊、邵玉义，副主编靳水旺、张瑕。该志为首、二轮合修志书，通纪体，上溯事物发端，下限至2010年底；国际标准16开本，全四册，530万字；采用中小编体式。章节条目体。前设集束彩图63页、彩照249幅。正文首设概述、大事记、要事纪略，内设建置、自然地理、自然资源、人口、科技、交通、邮电、城乡建设、环境保护、经济综述、农业、林牧业、水利渔业、能源工业、重化工业、轻纺工业、商业外贸、粮食、旅游业、民营经济、财政税务、金融、中国共产党临汾地方组织、党派群团、政权政协、政务管理、经济管理、安全生产监管、公安司法、军事、教育、卫生、体育、文化、文物、唐尧文化、晋文化、民情风俗、方言、人物、艺文等41卷，后缀附录、限外辑要、图表目录、后记。特色卷目有安全生产监管、唐尧文化、晋文化。

应县志(1986—2008) 应县志编纂委员会编，国际标准16开精装加护封，全一册，1178千字，主编马良，方志出版社2013年12月出版。中编体式。卷首设集束彩图（33页、其中照片84幅、地图2幅），序，凡例，目录（10页，双栏编排）。正文首设概述、大事记，内设建置环境、人口、基础设施、城乡建设、工业、农业、商贸、粮食、金融保险、财政税务、文物旅游、经济管理、政党团体、政权、政事、法治、武装、教育、科技、文化、卫生体育、民俗宗教、人物、艺文等24编，后缀附录、限外辑要、后记。

平遥县志(1997—2011) 平遥县地方志编纂委员会编，主编马维林，全一册，2113千字，中华书局2013年12月出版，卷首设集束彩图、序、凡例，正文首设概述、大事记，内设政区、自然环境、平遥古城、城乡建设、交通运输邮政电信、环境保护、人口、经济综述、种植业、养殖业、林业、水利、农业机械、工业、企业集团、旅游业、节庆会展、商业贸易、财政税务、金融、经济综合管理、中共地方组织、地方人民代表大会、地方人民政府、地方人民政协、民主党派社会团体、检察审判、公安司法行政、军事、人力资源社会保障、民政、文化、文物、非物质文化遗产、教育、科技、卫生、体育、民情风俗、人物、艺文等42编，卷尾设附录、限外辑要、后记。

原平市志 原平市志编纂委员会编，主编张文炳，全二册，通纪体，下限2009年，2233千字，中华书局2014年9月出版。中编体式。卷首设集束彩图、序、凡例，正文首设概述、大事记，内设建置区划、自然环境、人口、城乡建设、环境保护、交通、邮电、经济综述、种植业、农业、林业、水利、工业、商贸、粮油、金融、财政税务、经济管理、中国共产党、党派团体、政权政协、军事、公安司法行政、检察审判、民政、人事劳动社会保障、教育、科技、文化、卫生、体育、宗教风俗方言、乡镇、人物、艺文34编，卷尾设限外辑要、索引、后记。

朔州市朔城区志（1989—2010）　朔州市朔城区志编纂委员会编，主编杜启贵，全二册，国际标准16开精装，内文全彩印，中华书局2014 年11 月出版。小编体式。志首设朔城区名片、14幅地图、序、凡例；正文首设概述、大事记，内设政区、自然环境、人口、人民生活、城市建设、环境保护、水利、交通、电力、邮政电信、改革开放、经济总览、农业农村、种植业、养殖业、林业、工业、煤炭、商贸服务业、粮油购销、旅游、财税、金融、经济综合管理、中国共产党、人民代表大会、人民政府、政治协商会议、党派团体、驻区机关单位、政务综合管理、公检法司、军事、精神文明建设、教育、科学技术、文化、文物古迹、马邑文化、艺文、医疗卫生、体育、民族宗教、人物、乡镇街道、丛谈、前志补遗勘误等47编；卷尾设附录、索引（图索引、表索引）。

阳泉市矿区志　阳泉市矿区地方志编纂委员会编，全一册，国际标准16开本，2180千字，方志出版社2014年11月出版。主编王全。卷首设集束彩图（43页、图152幅；其中地图1幅、照片151幅）、序、凡例、目录（单、双栏混排，图表目录、英文目录）；正文首设概述、大事记，内设政区、环境与资源、人口、城市建设、交通运输、邮政电信、经济要览、经济综合管理、财政税务、煤业、工业、建筑房地产、商业服务金融、中共地方组织、民主党派工商联和群众团体、人民代表大会、人民政府、人民政协、民政、人事劳动和社会保障、检察审判、公安司法行政、军事、教育、科学技术、文化、卫生、体育、民俗方言、精神文明建设、人物等30编；尾设附录、后记、索引。

阳城县志 (1978—2008)　阳城县志编纂委员会编，全二册，全彩印，2300千字，主编王家胜，山西出版传媒集团·山西人民出版社2015年1月出版。中编体式。卷首设集束彩图、序、导读（地域性特色内容展示，4页）、凡例、目录（中英文混排），卷一县情概要，设总述、阳城之最、县情数据3目；卷二地理，设建置与区划、自然环境、自然资源、自然灾害、生态环境保护、人口5目；卷三经济，前设经济综述，内设农业、水利、林业、畜牧、蚕桑、农业机械、工业、商贸、旅游业、金融保险证券、财政税务、经济管理、交通运输、邮政电信、城乡建设15目；卷四政治，设中国共产党阳城地方组织、地方人民代表大会、地方人民政府、政协地方组织、民主党派、群众团体、社会团体、政法、人民武装、民政、人事、劳动和社会保障12目；卷五文化，设教育、科技、文艺、文化场所、新闻宣传、广播电视电影、图书、档案、史志谱牒、文物、卫生、体育12目；卷六社会，设风俗习惯、良风美德、家庭婚姻、姓氏、宗教、语言6目；卷七人物，设人物传略、人物简介2目；卷八附记，设大事记、文征、前志补阙、前志勘误、备考、后记、索引（图片、表格）。

大同市新荣区志　大同市新荣区志编纂委员会编，中华书局 2015 年 2 月出版，主编今明，国际标准 16 开本，152 万字；前设图照 34 页（102 幅）、序、凡例，首设概述，内设建置区划、自然资源与环境、人口、农业、工业、林业水利、煤炭电力、交通邮电、城乡建设、商贸、财税金融、经济管理、中国共产党、地方人民政府、地方人民政治协商会议、党派团体、军事、公安司法、政务、教育、文化广电、卫生体育、科技环境保护、文物旅游、民俗风情、方言、谣谚、人物、艺文选辑等 30 编，后设大事记、限外辑要、编纂名单、附录、参阅书目、后记。下限至 2012 年。

泽州县志（1985—2009）　泽州县志编纂委员会编，国际标准 16 开精装，全二册，2388 千字，主编杜秋炉，中编体式，中华书局 2015 年 10 月出版。卷首设集束彩图（115 页，其中地图 3 幅、照片 283 幅），序，凡例，目录（44 页，单栏编排，配英文目录）。正文前设概述、泽州县主要数据表、大事记，内设政区人口、环境资源、基础设施、经济总情、第一产业、第二产业、第三产业、旅游、对外开放、乡镇企业与民营经济、体制改革、中国共产党地方组织、地方人民代表大会、地方人民政府、地方人民政协、民主党派和人民团体、检察审判、公安司法、军事、科技教育、文化体育、医疗卫生、传媒、风俗民情语言、文物、艺文丛谈、乡镇概况、人物、文献等 29 卷；后缀表索引、人物索引、后记。

左权县志 (1991—2010)　左权县志编纂委员会编，中华书局 2016 年 8 月出版，主编张俊平、刘伏生，1676 千字，国际标准 16 开精装本。上限 1991 年，下限 2010 年，“为体现事物发展的完整性与历史发展的连续性，《人口》《文化》《左权民歌小花戏》《艺文》等编内容时限适当上溯”（《凡例》语）。卷首设集束彩图（54 页、121 幅，其中地图 3 幅、照片 118 幅），序，凡例（列有英文目录、表目）；正文前设概述、大事记；内设建置区划、自然环境与环境保护、自然资源、人口、城乡建设、交通电力、邮政电信、经济综述、农业、工业、商贸服务业、旅游业、财政税务、金融、经济管理、政党群团、政权政协、政务、检察审判、公安司法行政、军事、教育科技、文化、左权民歌小花戏、精神文明建设、卫生体育、风俗宗教、方言熟语、人物、艺文等 30 编，尾设附录、编修始末、索引（机构、人名）。编修始末、索引未在目录中标示。

芮城县志　芮城县地方志编纂委员会编，国际标准 16 开精装本，全三册，通纪体，下限 2013 年，4450 千字，主编董少峰，中华书局 2016 年 12 月出版。卷首设集束彩图（120 页、图 287 幅，其中地图 6 幅、照片 281 幅），目录（24 页，并列有英文目录 38 页，占 89000 字篇幅），序（4 篇），凡例；正文前设概述、大事记（116 页、167000 字）；内设建置区、乡镇村居、自然环境、人口、城乡建设、交通、邮政电信、环境保护、经济综述、农业、农业机具、畜牧业、林业、水果业、水利水保、工业、商贸、旅游、财政税务、金融、经济管理、风陵渡经济开发区、中国共产党芮城县地方组织、党派群众团体、地方人民代表大会、政府、人民政协、检察审判、公安司法行政、民政、编制人事劳动和社会保障、军事、教育、科技、医疗卫生、文化传媒、档案地方志、洞宾文化、文物、体育、民情风俗、宗教与民间信仰、方言、谣谚典故传说轶事、艺文、人物等46卷，尾设附录、索引（人名）、跋、后记。

怀仁县志 怀仁县志编纂委员会编，主编杨志雁，全一册，通纪体，下限2012年，1277千字，方志出版社2017年7月出版。中编体式。卷首设集束彩图、序、凡例，正文首设概述、大事记，内设建置、自然环境、人口婚姻、城乡建设、经济综述、种植业、农业、林业、工业、煤炭、陶瓷、交通通信、商贸、旅游与服务业、财税金融、综合经济管理、政治体制改革、中国共产党地方组织、地方人民代表大会、地方政府、地方人民政协、党派和社会团体、公安司法、军事、综合政务管理、教育、科学技术、文化、体育、卫生医疗、精神文明建设、民情风俗、方言谣谚、人物33编，卷尾设附录、后记。

昔阳县志（1979—2010） 昔阳县地方志编纂委员会编，国际标准16开精装本，全二册，2672千字，主编任立斌、赵珍珠，中华书局2017年11月出版。卷首设集束彩图（页、图156幅（其中地图4幅、照片152幅；顺序为编纂人员3、地图4、各业照片118、领导视察27），序（3篇），凡例，目录24页（总目排编、章两级标题、8页、通栏，目录单双栏混排、上卷8页、下卷8页）；正文前设概述、大事记；内设建置区划、自然环境、人口、中国名村大寨、城乡建设、交通运输、邮政电信、水利水保、环境保护、经济综述、种植业、林业、养殖业、工业、商业贸易、金融保险、旅游、财政税务（以上为上卷，以下为下卷）、经济管理、中共昔阳县地方组织、党派社团、政权政协、检察与审判、公安司法行政、军事、民政人力资源与社会保障、文化、教育、科技、卫生医药、体育、专项事务、民情习俗、方言谚谣、人物、艺文等36编，尾设附录、限外辑要、编后记。

寿阳县志（1985—2007） 寿阳县志编纂委员会编，国际标准16开精装本，全一册，1422千字，主编郭志珍、郝万泰、张林义，中华书局2017年11月出版。卷设集束彩图（49页、图151幅（其中地图1幅、照片150幅），序（1篇），凡例，目录（17页，通栏编排）；正文前设概述、大事记；内设建置区划、自然环境、人口、城建环保、基础设施、经济综述、农业、煤炭工业、非煤工业、乡镇企业民营经济、商业贸易、财政税务、金融保险、经济管理、中国共产党寿阳县地方组织、人民代表大会、地方人民政府、人民政协、群众团体、公安司法行政、检察审判、军事、人事劳动民政、教育、科技、文化、文物旅游、卫生体育、民俗宗教、人物等30编；尾设附录。

永济市志 永济市志编纂委员会编，国际标准16开精装本，全二册，通纪体，下限2011年，2500千字，主编何蕊霞，中华书局2017年12月出版。卷首设集束彩图（99页、图189幅（其中地图6幅、照片183幅），序（1篇），凡例，目录（30页，通栏编排）；正文前设概述、大事记；内设建置、自然环境、人口、经济综述、城乡建设、环境保护、交通、邮政电信、工业、农业、林业、水利、畜牧、农具农机、粮油、商贸、财政税务审计、金融、经济管理、中国共产党、人民代表大会、行政设置、人民政协、党派群团、民政、人事劳动和社会保障、公安司法行政、地方政府、检察审判、军事、教育、科技、文化、特色文化、文物、旅游、医疗卫生、体育、民俗宗教、方言、艺文、人物等41卷；尾设附录、后记。

右玉县志（1991—2010） 右玉县志编纂委员会编，国际标准16开精装本，全一册，1696千字，主编降宝，中华书局2018年5月出版。卷首设集束彩图（31页、图134幅（其中地图2幅、照片132幅），序（1篇），凡例，目录（12页，单、双栏编排）；正文前设概述、大事记；内设建置、自然环境、人口、基础设施、环境保护、城乡建设、农业农村、林业、牧业、水利水保、工业、煤炭、商贸服务业、财税、金融业、综合经济管理、中国共产党右玉县地方组织、右玉精神、社会团体、政权政协、综合政务、检察审判、公安司法行政、军事、教育、科技体育、文化、卫生医药、文物旅游、民情风俗、人物、艺文、方言谣谚等33编；尾设附录。

运城市志 运城市地方志编纂委员会编，国际标准16开精装本，全四册，内文四色套印，7168千字，通纪体，主编雷英铎，中华书局2018年8月出版。卷首设集束彩图（50页、图113幅（其中地图9幅、照片104幅，其中领导视察照片61幅、后置），序（2篇），凡例，目录（总目2页，中文英文各1；详目分册设置，中文英文对照，单、双栏编排）；正文前设总述、大事记；内设政区、自然环境、人口、城乡建设、环境保护、交通、邮政电信、经济综述、农业、林果业、养殖业、水利水保、农具农机、能源工业、机械电子工业、冶金建材工业、运城盐池、化学制药工业、轻纺食品工业、民营企业、商贸服务业、粮油、财政税务、金融、招商引资、旅游业、经济开发区、经济管理、共产党、人大、政府、政协、党派群团、检察审判、综合政务、公安司法行政、军事、教育、科技、卫生、体育、文化、根祖文化、关公文化、盐文化、历史名人文化、文物、民俗宗教、方言谣谚故事、人物、艺文等51卷；尾设附录、限外辑要、索引（主题、人物、艺文、图照、表格）、编修始末、跋。

神池县志 神池县志编纂委员会编，国际标准16开精装本，全二册，2600千字，主编杨向东，中华书局2018年10月出版。卷首设集束彩图（42页、图106幅（其中地图2幅、照片104幅），序（2篇），凡例，目录（16页，双栏编排）；正文首设概述、大事记；内设建置区划、自然环境、人口、城乡建设、环境保护、交通运输、邮政电信、经济综述、农业、养殖业、林业、水利、工业、商业贸易、金融保险、财政税务、经济管理、扶贫开发、中国共产党地方组织、人民代表大会、政府、政治协商会议、党派群团、军事、法治、民政、人事、劳动和社会保障、教育、科学技术、卫生医药、体育、文化、文物旅游、民俗宗教、方言、民间文学、人物、乡镇概况、艺文等40编；尾设限外辑要、表索引、后记。

平定县志（1991—2012） 平定县志编纂委员会编，国际标准16开精装本，全一册，通纪体，下限2010年，1699千字，主编李君、张丽荣，新华出版社 2018 年 10 月出版。卷首设集束彩图（32 页、图 137 幅（其中地图 1 幅、照片 136 幅），序（1 篇），凡例，目录（12 页，单、双栏混排）；正文前设概述、大事记；内设政区人口、自然环境、环境保护、城乡建设、交通运输、邮政电信、中共平定地方组织、地方人民代表大会、地方人民政府、地方人民政协、政务管理、民主党派社会团体、公安司法、检察审判、军事、经济概览、农业、林业、水利、工业、商贸业、金融业、综合经济管理、科学技术、教育、文体广电、文物旅游、医疗卫生、民情风俗、人物等 30 编；尾设志余、编后记。

介休市志（1992—2013）　介休市志编纂委员会编，国际标准 16 开精装本，全一册，1520 千字，总纂温旭霞、刘保全，中华书局 2018 年 12 月出版。卷首设集束彩图（23 页、图 47 幅（其中地图 2 幅、照片 45 幅），序（1 篇），凡例，目录（14 页，单双栏混排，未标页码）；正文首设概述、大事记；内设建置区划、自然环境、人口、经济综述、交通电力、金融邮政通信、城乡建设、环境保护、农业、工业、乡镇企业与民营经济、商贸服务业、财政税务、经济管理、旅游、绵山文化、党派群团、人大政府政协、政务、公安司法、检察审判、军事、教育科技、文化艺术、卫生体育、文物胜迹、风俗宗教、人物、艺文等 29 编；尾设附录、后记。

永和县志　永和县志编纂委员会编，国际标准 16 开精装本，全一册，通纪体，下限 2011 年（大事记、艺文编延至 2016 年），1700 千字，主编梁永兴、李保成，山西出版传媒集团·山西人民出版社 2019 年 6 月出版。卷首设集束彩图（38 页、图 87 幅（其中地图 5 幅、照片 82 幅），序（1 篇），凡例，目录（40 页，单、双栏混排，其中中文目录 18 页、英文目录 22 页）；正文前设概述、大事记；内设位置建置、自然环境、人口、经济综述、种植业、养殖业、农业机具、林业、红枣、水利、工业、商贸、财税、金融、交通运输、邮电、城乡建设、经济管理、中国共产党地方组织、政权政协、党派社团、政务、公安司法行政、检察审判、军事、教育、科技、文化、文物景观、红军东征永和纪念馆、乾坤湾、卫生、体育、民俗宗教、方言俗语歌谣、人物、艺文等 37 编；尾设表索引、后记。

太原市晋源区志　太原市晋源区志编纂委员会，中华书局 2017 年 9 月出版，主编阎千斤，副主编方慧敏，国际标准 16 开本，180 万字；通记体，上溯事物发端，下限至 2010 年底。志首设集束彩图 23 页，图片 60 幅，其中地图 4 幅、照片 56 幅。正文首设概述、大事记，内设政区、自然环境、晋阳古城、晋祠、城镇建设、交通邮电、人口、民俗宗教、方言谣谚、居民生活、人物、经济综述、农业、水利、工业、商业贸易、财税金融、经济综合管理、中共晋源区地方组织、政权政协、综合政务、党派群团、政法、军事、教育、科技、文化、卫生、体育、文物旅游、艺文等 31 编，后设附录、索引、后记、《太原市晋源区志》供稿人员名单。

阳泉市志　阳泉市地方志编纂委员会编，方志出版社 2020 年 10 月出版，主编任佟苏、王刚、郭玉珠，副主编董雪卉、刘玉林、苏小平、张卫萍、高忠乐。该志为通纪体，上限从先秦记起，下限至 2010 年；国际标准 16 开本，全三册，

463.4 万字；采用中编体式。章节条目体。前设集束彩图 183 页、图片 627 幅。正文首设概述、大事记，内设建置、自然环境、人口、建设环保、交通邮电、经济综述、工业、煤炭、农业林业水利、乡镇企业、商业贸易、旅游业服务业、财税金融、经济管理、中国共产党、审判检察、公安司法、军事（以上中册）、教育、科技、文化、卫生体育、民情风俗、语言、人物、艺文等 31 编，后设专记、附录，尾设索引、后记、附记。

万柏林区志　太原市万柏林区史志编纂委员会、太原市万柏林区档案馆编，山西出版集团·山西人民出版社 2021 年 12 月出版，主编梁红根、张小军，执行主编包毅、吴超龙，副主编陈学军、安靖芳、梁文青，国际标准 16 开本，190 万字;通记体，上限起于 1998 年，下限至 2013 年底。志首设集束彩图 60 页，图片 110 幅，其中地图 2 幅、照片 108 幅。正文首设概述、大事记，内设政区、自然环境、人口、城建环保、乡村变革、交通邮电、水利、经济综述、农业、工业、商贸服务业、金融业、财政税务、经济综合管理、中国共产党、政权政协、政务、党派群团、政法、军事、精神文明建设、教育、科技、文化、文物旅游、艺文、卫生、体育、民俗宗教、方言谣谚传说、人物、旧迹寻踪等 32 编，后设附录、索引、编纂始末。

山西省首轮地方志优秀成果评奖情况简介

在首届社会主义新方志编纂工作中，全省共开展了三次优秀成果评奖活动。1993 年 12 月评出 109 部（篇），1997 年 12 月评出 123 部（篇），2000 年 8 月评出 121 部。三次共评出地方志优秀成果 353 部（篇），其中：特等奖 9 部，一等奖 75 部（篇），二等奖 106 部（篇），三等奖 118 部（篇），优秀奖 46 部（篇）。现综合如下：

省级特等奖 9 部：《山西通志·地震志》《山西通志·金融志》《平定县志》《孝义县志》（以上为首次）；《山西通志·民政志》《榆次市志》《万荣县志》《黎城县志》《盂县志》（以上为第二次）。

省级一等奖 74 部（篇）：《曲沃县志》《永济县志》《五台县志》《高平县志》《原平县志》《吕梁地区志》《襄汾县志》《河津县志》《平陆县志》《兴县志》《山西年鉴》(1991)《中国地方志》《龙门村志》《己巳雁北地震志》《运城地区交通志》，（以下为论文）《“概述”浅谈》（刘伯伦）、《编纂地区志之管见》（任勋禄）、《文章已满行人耳》（创生）、《新方志应实事求是记述“文化大革命”》（杨志忠）、《谈谈城市志的整体性问题》（陈霈）、《地方志编纂系统工程一方志学》（要子谨）、《论主编素质与志书质量》（姚斌）、《县志篇目设计刍议》（郭齐文）、《关于编写方言志的几个问题》（温端正）、《灵丘道钩沉》（靳生禾、赵成玉）、《新方志学若干问题初探》（聂元龙），以上为首次；

《山西通志·粮食志》《山西通志·体育志》《晋中地区志》《交城县志》《古交志》《山西年鉴 (1996)》《大同年鉴 (1994)》《长治年鉴 (1995)》《河底村志》《古交矿区建设志》《晋城金石志》《山西通史》《试论方志编纂的创新与发展》《用邓小平建设有中国特色的社会主义理论指导修志工作初探》，以上为第二次；

《山西通志·总述》《山西通志·气象志》《山西通志·冶金工业志》《山西通志·财政志》《山西通志·党派群团志》《山西通志·政务志·政府篇》《山西通志·军事志》《山西通志·民俗方言志》《山西通志·大事记》《晋城市志》《阳泉市志》《平遥县志》《阳曲县志》《沁县志》《汾阳县志》《太原铁路分局志》《山西水土保持志》《山西省工会志》《山西通风集团志》《晋城市人民代表大会志》《高平市供电志》《南坳村志》《神山村志》《山西通志（成化版）》《山西年鉴 (1998)》《山西交通年鉴 (1999)》《永济年鉴 (1998/1999)》《山西体育五十年》《阎锡山全传》《上党落子传统剧目集成》《炎帝神农文化在太行》《长治五十年》《山西省方志论文集萃》《沧桑 (1999)》，以上为第三次。

省级二等奖 106 部（篇）：《垣曲县志》《山西市县简志》《大宁县志》《吉县志》《应县志》《山西通志·林业志》《代县志》《武乡县志》《寿阳县志》《定襄县志》《大同年鉴 (1991)》《阳泉年鉴 (1991)》《河东烈士》《壶口便览》

《太原府志（明万历）》《山西煤炭工业志》《山西革命根据地文化史稿》《读史备要》《太原教育大事记》《兴县教育志》《洪洞教育志》，（以下为论文）《方志时代性的浅识》（石全正）、《编纂新方志的理论指南》（田骏）、《我们如何记述“文化大革命”》（刘奇）、《山西窄轨铁路成因探议》（杜中堂）、《个性鲜明呼之欲出》（吴麦黄）、《应重视旧志整理的质量问题》（张仁杰、秦建基）、《新修地方志仍应给碑文留有席位》（张信忠）、《敢于突破 敢于改革》（杨朝军）《成书要快 定稿要严》（武承、祁明）、《全面反映地情是地方志的根本任务》（岳守荣）、《对新方志突出记述党的领导的几点思考》（秦海轩）、《略谈人物志编写中的几个问题》（黄培业）、《试论增强志书的深度和广度》（阎国栋）、《别具匠心 独具一格》（韩春华），以上为首次；

《山西通志·地理志》《山西通志·电力工业志》《太谷县志》《太原市南郊区志》《长治市志》《芮城县志》《沁源县志》《黎城年鉴（1991—1995）》《阳高县情》《山西政协年鉴（1995）》《太钢年鉴（1996）》《黎城旧志五种（校注）》《〔明〕潞州志（点校）》《〔清〕朔州志（点校）》《〔清〕朔平府志（点校）》《柏沟村志》《汾阳县煤炭志》《大同矿务局志》《阳泉发电厂志》《太钢发展史》《阳泉百科全书》《清实录山西资料汇编》，（以下为论文）《寿阳商史与克钱特色》《城市志与新方志学科体系是“双胞胎”》《简谈方志索引》《大事记编纂纵横谈》《关于编写地方志的几个问题》《抗日将领李服膺被枉杀的历史真相》《忧患意识与地方志编纂》，以上为第二次；

《山西通志·测绘志》《山西通志·商业志·商业贸易篇》《山西通志·经济管理志·劳动篇》《山西通志·经济管理志·技术监督篇》《山西通志·政务志·人民代表大会篇》《山西通志·政务志·政治协商会议篇》《山西通志·教育志》《山西通志·新闻出版志·广播电视篇》《太原市志（第一册）》《忻州地区志》《阳泉市郊区志》《左云县志》《长子县志》《祁县志》《永和县志》《右玉县志》《浑源县志》《平顺县志》《太原市交通志》《太原市房地产志》《晋城市税务志》《永济电机厂志》《平顺县烟草志》《漳泽水库志》《山西送变电公司志》《临猗县电力工业志》《河津审计志》《乱流村志》《旧志辑录》《永宁州志（清光绪）》《大同年鉴（1997/1998）》《黎城年鉴（1997/1999）》《河津年鉴（1999）》《长治年鉴（1997/1998）》《黎城大辞典》《晋城史话》《古关民族魂》《浩歌赋太行》《晋冀鲁豫革命根据地工运史》《长治史话》《汾州沧桑》《大同今古（1999）》，以上为第三次。

省级三等奖 118 部（篇）：《灵石县志》《蒲县志》《忻县志》《怀仁县志》《河曲县志》《五寨县志》《方山县志》《岚县志》《保德县志》《寿阳年鉴（1985—1987）》《新方志编纂 200 问》《晋城人物传》《孝义林业志》《襄垣军事志》《太原农牧志》《太原经济大事记》《中阳方言志》《阳泉公路交通史》《河津古今谈》《晋灵精英》《黎城工业志》《太原概览》《山西地震历史资料汇编》《临县物价志》《襄垣方言志》，（以下为论文）《试论志书中的文献目录》（马甫平）、《县志总编浅谈》（王文明）、《晋冀鲁豫革命根据地保卫工作》（史法根、杨志武）、《资料的选取与志书的质量》（宁雪瑞）、《清徐县志大事记初稿读后》（任根珠）、《严格把关提高质量》（孙继耀）、《浅谈立传人物的细节描写》（李关山）、《贯彻十三大精神编纂新方志》（张志俊）、《正确认识和体现方志的地方特色琐议》（张松斌）、《抓好志书总纂》（张林源）、《贵于义而非史 重著述轻纂类》（张武虹）、《谈〈春秋三传〉对修志的借鉴作用》（张明堂）、《独树一帜论》（岳峰）、《谈县志篇目中编之长》（陈发长）、《县志〈风俗志〉琐议》（陈秉荣）、《论地方志的地方性》（赵培成）、《新志书表的规范化琐谈》（贾生金）、《地方志选择谚语要体现地方特点》（靳欣文），以上为第一次；《山西通志·煤炭工业志》《山西通志·邮电志》《山西通志·科学技术志》《阳泉市城区志》《安泽县志》《广灵县志》《偏关县志》《文水县志》《河津年鉴（1997）》《平顺年鉴（1995）》《铁三局年鉴（1995）》《太铁分局年鉴（1996）》《〔清〕广灵县志（点校）》《信贤村志》《原平教育志》《三峪志》《阳城县电力工业志》《晋商巨族——祁县渠家》《河津百科全书》《话说石楼》《晋城大事记》《侦讯日本战犯纪实》《朔州人物传》，（以下为论文）《用分类法原理分析〈山西年鉴〉的框架设计》《从地理学与方志学的关系看地理志的编纂》《突破传统模式立足服务现实》《〈万家寨引黄工程大事记〉收录范围的思考》《浅谈志书主编与总纂》《评〈平定县志〉》，以上为第二次；

《太原市南城区商业志》《晋城交通志》《巴公发电厂志》《盂县公安志》《河津计生志》《山西电力试验所志》《娄烦县交通志》《大同市供电志》《盂县电力工业志》《大同第二电厂志》《山西电力设备厂志》《五阳村志》《（清光绪）永济县志》《（清乾隆）山西志辑要》《山西电力年鉴（1998）》《山西商检年鉴（1999）》《文水年鉴（1986/1993）》《阳高县情（1999）》《寿阳年鉴（1991/1996）》《五台县当代人物志》《晋绥妇女战斗历程》《晋绥革命根据地工人运动史》《蒲县历代诗词楹联注》《恒山的传说》《汾中百年》《长治地方志（1999）》，以上为第三次。

省级优秀奖46部（篇）：《山西通志·农业志》《山西通志·地质矿产志》《山西通志·社会科学志》《山西通志·文化艺术志》《山西通志·建筑材料工业志》《山西通志·军事工业志》《运城市志》《和顺县志》《临县志》《屯留县志》《闻喜县志》《孝义县志（续志）》《离石县志》《乡宁县志》《柳林县志》《中阳县志》《稷山县志》《介休市志》《临猗县志》《石楼县志》《繁峙县志》《平鲁县志》《山西交通年鉴（1991）》《寿阳年鉴（1988—1990）》《襄汾教育年鉴（1986—1992）》《〔清〕潞郡旧闻（点校）》《〔明〕文水县志（点校）》《汾阳县柴堡村志》《襄汾县教育志》《大同市教育志》《晋城市工商行政管理志》《阳泉市税务志》《太原供电志》《阳高人物志》《山西山河志》《热爱家乡建设家乡——太原南郊乡土教材》《日本侵晋纪实》《汾州史话》《寿阳民俗》《山西监狱史话》，（以下为论文）《专业志编修初探》《名特产志应在城市志中占一席之地》

《志书以经济部类为首要是历史进步的必然》《对城市志总纂完成后的几点思考》《浅议〈浮山教育志〉》《方志著述性简论》，以上为第二次。

同时，还参加了两次全国地方志优秀成果评奖活动，共有18部志书获奖，具体情况如下：

全国一等奖6部：《山西通志·地震志》《山西通志·金融志》《平定县志》《孝义县志》（以上为1993年）；《山西通志·民政志》《榆次市志》（以上为1997年）。

全国二等奖12部：《曲沃县志》《永济县志》《五台县志》《高平县志》《原平县志》《吕梁地区志》《襄汾县志》《河津县志》《阳高县志》（以上为1993年）；《万荣县志》《黎城县志》《盂县志》（以上为1997年）。

实践理论两相长　三晋志坛一精英

——任根珠先生访谈录

邵长兴

任根珠情况介绍：任根珠，字旺号西樵，山西太原人，1952 年 12 月出生。1974 年太原师范专科学校中文系毕业。历任《太原日报》总编室主任、《山西政协报》副总编。1988 年跻身方志界，历任山西省地方志办公室资料处处长兼《山西地方志》和《沧桑》杂志主编，山西省史志研究院地方志研究所第三编研室主任兼《山西大典》编辑部主任，山西省地方志办公室旧志处处长，山西省地方志办公室副巡视员。曾在中国地方志指导小组举办的全国方志培训班、江苏省方志培训班、上海市新疆西藏方志培训班及本省的三级方志培训班讲学，参与省内首、二轮 60 余部三级志书及中指组二轮试点单位《杭州市志》《萧山市志》等志书的评审，担任省内多部志书的编纂顾问或特约编审。主要成果：点校整理明成化、明万历、清康熙、清雍正版《山西通志》，清乾隆《山西志辑要》，清宣统《山西乡土志》，民国《山西风土记》，民国《山西省志》、《山西大观》（日译中）等省级旧志 9 种；编著有《山西大典》《〈清实录〉山西资料汇编》《山西旅游名胜大辞典》《太原风景名胜志》《太原市志·第四册》《太原市南郊区志》《西铭村志》《中国新方志目录》《山西省方志论文集粹》《新方志理论与实践研讨会论文汇编》《天龙棋谱》11 种；专著有《西樵志语》《实用版面编辑学》《新方志“概述”点评》《新方志概述比较与研究》4 种。发表方志理论研究与方志评论文章近百篇。本刊发表邵长兴先生对任根珠作的学术专访，以飨修志同人。

长兴：咱俩都是先新闻后方志，我们的谈话就由你从事新闻工作时谈起吧。你在新闻编辑学研究上颇有心得，曾编纂过一本《实用版面编辑学》，把版面编辑提高到“学”的高度。这本书受到国内新闻、出版界的较高评价，你也在省内甚或国内新闻界声名鹊起。请谈谈从事新闻编辑学研究的感想和体会。

根珠：1974 年从太原师专毕业，跨出“校门”即入“报门”。在编辑实践中逐渐摸索出从事编辑学研究的主攻方向。20 世纪 70 年代至 80 年代初，边实践，边总结，陆续写出报纸编辑学方面的多篇论文，分别在《新闻战线》《新闻采编》《新闻战士》等国内新闻刊物上发表。逐渐得到新闻界同行的认可。1984 年曾应邀为山西大学新闻专业班和省市新闻学会组织的编辑培训班讲学。《实用版面编辑学》出版后，受到国内新闻同行的青睐。该书不仅被中国人民大学、复旦大学等国内著名高校新闻院系选作辅助教材，还被中国报业协会举办的全国报纸编辑培训班作为专用教材。因在省城新闻界的名气，1983 年还被省新闻学会聘为新闻休假团团长，带领70余位省新闻界的老领导、老专家赴北戴河疗养。即使在离开新闻界的1991年，省新闻出版局举办全省报纸版面评奖活动，我亦被聘为学术评审组组长，负责主持版面评奖工作。正是通过十多年的新闻工作经历，结识了一大批省内新闻界的高手，结下了不少人缘，为日后开展方志编纂，丰富了编辑人才的储备。《山西大典》即是在这些高级智力人才的参与下共同编纂完成的。

长兴：20世纪80年代末，你从新闻界跨入方志界，正值首轮修志高潮迭起并进入成批出成果阶段。咱俩的交往是从你进入方志界后编刊物开始的。谈谈你编方志刊物的感想。

根珠：一来省志办，即担任资料处处长，当时的省志办设5个处，即省志处、县志处、年鉴处3个业务处，综合处管后勤，资料处即除省志、县志、年鉴3个专业处外，其他编纂任务均放在资料处，其主要工作任务有：编辑《山西地方志》（1993年下半年易名为《沧桑》）刊物，整理旧志，编纂地情资料丛书，研究方志理论，管理图书资料5项。当时处内人手少，仅我和1名编辑及1名图书管理员。通过编辑刊物，既了解了方志编纂的发展状况，也了解了方志理论研究的进展，同时也结识了一大批战斗在修志第一线的省内三级志办同行以及兄弟省市方志界的领导和专家学者，为自己参与编纂新方志、研究方志理论打下了较好的基础。

长兴：你编刊物期间，在《山西地方志》上率先刊载了山西交城县志办主任燕居谦的先进事迹，在全省乃至全国方志界引起了较大反响。既抓了典型人物的报道，推动了修志工作的顺利开展，又扩大了修志工作在全社会的影响，一举多得。

根珠：谬奖了。发现燕居谦的先进事迹，是吕梁地区志办的同志向时任省志办主任樊宝珠推荐的，同时也引起省地方志编委会领导的重视，觉得这是一个好典型，值得大力宣传。刊物只是及时登载了燕居谦的长篇人物通讯。在我办刊期间，省志办领导也一直强调要抓典型，宣传志人的模范事迹，与我的办刊思想不谋而合。从新闻界跳入方志界，“冷”“热”对比分明，志界同人的“三苦”精神尤令人感动，决心为他们的默默奉献精神鼓与呼。即充分利用刊物这个面向社会的“窗口”，重点抓了典型人物的宣传报道，率先宣传燕居谦的先进模范事迹，在社会各界引起反响，《中国地方志》等众多国内刊物竞相转载，中共山西省委、中国地方志指导小组相继作出学习燕居谦的决定，在全省社会各界及全国方志界掀起学习热潮。

长兴：在我的记忆中，中指组办的《中国方志通讯》曾在2002年3月发过一个《山西省旧志整理取得显著成绩》的专刊，宣传山西旧志整理的工作经验，从现已出版的成果看，山西的旧志整理工作也确实走在了全国兄弟省市的前列。请你谈谈贵省旧志整理的工作情况。

根珠：好的。依我了解的情况，在兄弟省市修志机构中，专设旧志整理处的还较少。正由于山西在机构设置上重视了旧志整理这一项，所以在旧志整理工作上也取得一些成绩是理所当然的。据统计，山西现存历代方志536种，其中不乏良志佳作。全国现存最早的省级通志是明成化《山西通志》，现存最早的省级乡土志之一（另《黑龙江乡土志》亦为清宣统年间版本）是清宣统《山西乡土志》。省志办自成立之初，就十分重视旧志整理工作。把搜集整理旧志资料作为重点工作。首先从资料汇集抓起，先后陆续编纂出版刘纬毅编的《山西文献书目》，池秀云撰的《山西通志人物传索引》、祁明编的《山西地方志综录》，齐书勤编的《山西地震历史资料汇编》，郭展翔等编的《山西方志物产综录》，张杰编的《山西自然灾害年表》，谢鸿喜辑释的《〈水经注〉山西资料辑释》，以及我编的《〈清实录〉山西资料汇编》等一批地情资料丛书，为编纂新方志搜集、积累了大量珍贵历史资料。在我负责旧志整理工作的这一段时间，陆续点校整理出版了明成化《山西通志》、清雍正《山西通志》，清乾隆《山西志辑要》，清宣统《山西乡土志》，民国《山西乡土志》，民国《山西省志》、《山西大观》（日译中）等7种省级旧志，另清光绪《山西通志》由三晋文化研究会点校出版。今年后半年有望出版明万历《山西通志》、清康熙《山西通志》点校本。连后二种在内，整理省级旧志总字数达2400万字。

在点校整理旧志的同时，还抓了方志辑佚工作。据不完全统计，山西旧方志有362种失传。陕西师范大学李裕民教授从现存大量史志、类书和方志中辑出236种山西旧志佚文30万字，定名《山西古方志辑佚》，1984年由省志办编印。这是国内第一部区域性古佚志辑录专书。1992年省志办还编印了李裕民教授的另一力作《晋志钩沉》。杭州大学仓修良教授在《方志学通论》一书中指出："《山西古方志辑佚》虽仅限于山西一省，但从其规模来看，无论是种类还是字数，都是迄今最大的古方志辑佚之书。"

为推动全省的旧志整理工作，加大各级志办旧志整理工作的力度，省志办还把旧志整理成果列入全省修志优秀成果评奖中，从而调动了广大修志人员整理旧志的积极性。在2004年山西省社会科学优秀成果评奖中，由李裕民和我担任总点校的明成化《山西通志》获得省政府优秀成果二等奖，这一成果也是1997—2004年度全省社科优秀成果评奖中，我省方志界获得的唯一奖项。据不完全统计，至2011年底，全省各级志办共整理刊印旧志200余种。2005年7月中指组在西安召开"全国地方志系统旧方志整理与开发利用研讨会"，我为会议撰写了《山西旧志整理与研究》论文，并作了题为"继承优良传统　发挥旧志功能——我省开展旧志整理工作的几点体会"的专题发言。

长兴：山西的旧志整理成果丰硕，可喜可贺！从你编的《新方志概述比较与研究》一书中得知，山西省修志机构的分设，还是你与志办人员合伙提议并上书省委、省政府而促成的。谈一下当时为什么要提出史、志分家。

根珠：回顾首轮修志工作，令人感慨万千。20世纪80年代初期，首轮修志工作在全国逐步开展。1980年5月10日，省委、省政府决定成立山西省地方志编纂委员会及其办公室。山西作为修志工作开展较早的省份，修志工作也走在了全国的前列，承办了多次全国性的地方志会议，对全国的修志工作做出了积极的贡献。志界“公认山西是当代方志的复兴地”（曹振武《方志复兴地　赞誉满神州——山西省地方志办公室成立初期的工作回忆》，载于《新方志理论与实践研讨会论文汇编》）。在1994年底的机构改革中，当时的省委主要负责人为减少正厅级单位，并向中央交差，不顾地方志编纂工作的实际，拍脑门子办事，即把山西省地方志办公室与中共山西省委党史研究室合并，改名为山西省史志研究院，挂靠省委，使地方志办公室成为史志院下属的一个研究所，也使地方志办公室由行政序列转变为纯事业单位序列，由于体制与机构不顺，直接影响了全省修志工作的正常开展，作为纯事业单位（省史志院）的地方志研究所，丧失了应有的行政职能。合并机构的后果，使全省的修志工作受到了严重影响。至2011年底，首轮市县级志书还有三家未完成，成为全国少数几个未完成首轮修志任务的省份之一。

针对全省修志工作的现状，并借着2006年国务院《地方志工作条例》颁布的浩荡东风，我联系方志所的杨志忠、马并生两名老处长，从全省方志事业发展的大局出发，审时度势，于2006年10月联名撰写了《关于要求恢复山西省地方志办公室机构及修志人员纳入公务员序列的意见》的请示报告，并征得原地方志办公室全体人员(包括离退休干部)、全省11个市志办主任的联合签名，上报省委、省政府主要领导同志。经多方努力，省委、省政府于2009年5月正式批准史志分家，恢复山西省地方志办公室机构。机构的分设，使全省的修志工作按《地方志工作条例》的要求，走上了正常发展的轨道。

长兴：方志事业的发展，就需要一些敢想敢干的人。你作为请示报告的发起人之一，功不可没。得知山西省地方志办公室恢复设置后，可称之为实力雄厚，在全国兄弟省、市、区志办中首屈一指。请你介绍一下省志办的机构设置情况。

根珠：承蒙谬奖。促成此事非一人之功，乃群策群力、多管齐下，进而玉成其事。靠的是集体的智慧、众人的力量。省志办现设机构可谓今非昔比。2010年3月14日，山西省人民政府发出《关于山西省史志研究院分设的通知》，明确山西省地方志办公室是山西省人民政府直属正厅级建制的事业单位，是省人民政府主管全省地方志业务的工作部门和省级地方志编纂部门，编制51名，设厅级干部6名，其中主任（正厅）1名，副主任（副厅）3名，纪检组组长（副厅）1名，副巡视员（副厅）1名；内设10个处室，为综合处、人事处、省志一处、省志二处、市县志处、旧志处、专志处、省情信息处、开发利用处、年鉴期刊处，下挂有山西省方志发展中心（处级），有自收自支编制50名。同1994年前的省志办机构相比，编制增加了6名，处室增加了1倍，现有的处室设置，基本涵盖了省志办所承担的行政和业务全部职能。

长兴：2010年9月，我曾应邀参加了贵省举办的“新方志理论与实践研讨会”，给我留下了深刻印象。作为由一省来举办全国性的方志理论研讨会还较少见，也可以说是在全国方志界开了个好头，同时也在全国方志理论界产生了一定的反响。

能否把这次研讨会的情况介绍一下，以及办研讨会的目的也谈一谈。

根珠：好的。为纪念山西省新方志工作开展30周年，我省举办了三项大的活动，学术研讨会为其中之一。召开这次新方志理论与实践研讨会，其目的就是总结新方志30年的经验，加强学术交流，推动全省乃至全国方志理论研究，在科学的方志理论指导下，编纂出无愧于时代的新方志。受李茂盛主任的委托，由我负责召集参加研讨会的专家学者。共有15个兄弟省市的方志专家学者与会，既有老一辈的方志专家如曹振武、郭凤岐、朱敏彦、邵长兴等，又有方志界的中坚力量，如周慧、陈启生、刘娟、缪小咏、陈野、柳成栋、周声浩、黄玉华、李泰年、司念堂、王蕾、王卫明等，还有大专院校的著名专家学者李裕民、李豫、刘建生、王卯根等，以及我省志界的秦海轩、任佟苏、李新文、王俊山和省志办中层以上骨干业务人员等，可谓人才济济。学术研讨会共收到论文38篇，论文质量较高，受到《中国地方志》主编于伟平的高度赞许。随后《中国地方志》陆续刊发了其中的7篇。研讨会的召开，使我们开阔了视野，启迪了思路，交流了经验，并增进了感情。会后还编印了《新方志理论与实践研讨会论文汇编》合集，便于与兄弟省市交流。

长兴：谈到方志理论研究，你在这方面也颇有建树。在我的书架上还保存着你编著的《西樵志语》《新方志“概述”点评》《新方志概述比较与研究》以及《山西省方志论文集粹》《新方志理论与实践研讨会论文汇编》等论著，其中尤以《新方志“概述”点评》最为抢眼，对我印象亦最深。该书出版后，我曾以《大视野　大手笔　志学上品》为题写了书评，曾言：“《点评》乃重大编研项目之结晶，覆盖面广，底蕴深厚，论述深刻，学术精湛，学风严谨，必将大有益于续修志书质量的提高。”这部书亦得到全国诸多方志名家的青睐与赞誉。请你谈谈编纂这部书的起由与经过。

根珠：以自己的能力和水平而言，对方志理论的研究仅能称得上是初步入门而已。方志理论研究虽为旧志处的三项任务之一，但旧志整理与编纂地情丛书是硬指标，日常编纂工作压身，所以从事方志理论研究也只是插空而已。因着力不多，成果亦有限。2002年《山西大典》告竣后，我才得以抽出空闲开展这一方面的工作。原打算编纂《山西百部新方志“概述”比较与研究》一书，经阅览中发现，真正称得上佳作的仅有十数篇，就佳作而言亦或多或少存在质量上的不足。觉得仅以山西一省志书为例，难以概括新志书“概述”篇的全貌，便萌生了研究全国31个省市区的市、县两级志书“概述”的念头。编写这部书的主旨，是通过对首轮市县志“概述”篇的研究，总结“概述”篇撰写的经验与不足，为续修志书“概述”篇的编写提供可资借鉴的理论依据，进而把续志“概述”编纂质量提高到一个新的水平。是书150篇“概述”的选取，得到了兄弟省、市、区志办同人的大力协助，各位同人审读本省（市、区）市、县两级志书“概述”并提供良篇佳作。不足的部分，我曾北上北京、天津，南下四川、重庆、贵州、湖南、湖北等省市，也曾到中指组和中国社会科学院查阅资料。正因为双管齐下，使得是书在面的拓宽上得到了保证。是书断断续续编纂了 6 年。来新夏、魏桥、曹振武三位志坛名宿对我关爱有加、潜心提挈，审阅书稿后均欣然作序，使是书大为增色。

长兴：《新方志“概述”点评》洋洋 191 万字，厚厚上中下三册，十分感谢你为方志理论界推出一部理论联系实践的鼎力之作。这部书在方志界引起较大反响。通过编纂这部书，你一定有许多体会和感想。

根珠：这部书出版后，得到方志界的较好评价。如张桂江在评论中说：“这部专著从理论研究或实践运用上，以及专题选择和研究深度上，显示当代方志学经过 30 年的创新与发展走上更为成熟的阶段。《新方志“概述”点评》是当代方志学理论带有标志性重要发展的成果之一。”林衍经评论说：“《新方志“概述”点评》在创作上下功夫，不因袭套用他人著作既有模式，能别开生面，这既是本书在结构上的创造性表现，也体现了作者的治学精神。”梁滨久评论说：“《新方志“概述”点评》创出了地方志专题评述的奇观，是方志理论向纵深发展的典型例证。”刘希汉评论说：“《新方志“概述”点评》开明通达，史思深厚，代表着当代方志学界一代大师的研究水平，故《点评》无疑又是一部浸透着生命体验和丰富阅历的宿儒之言。”虽多有赞誉之词，从中亦可看出他们对这部书还是比较认可的。《中国地方志》转载了来新夏教授为该书作的《序》，随后还刊发了张桂江、刘希汉、缪小咏三位方志专家为该书撰写的评论文章。我还收到了林衍经、郭凤岐、梁滨久、张景孔、陆奇以及邵先生您等专家学者写的评论文章，这些文章均收录在拙著《新方志概述比较与研究》一书中。顺便提一句，《新方志“概述”点评》出版后，我陆续收到兄弟省、市、区及县志办人员的来信，普遍反映志办为清水衙门，经费有限而书价过高，难以承受。鉴于此，2009 年初我又用 20 余天时间对该书进行了重新编辑，压缩为 50 余万字的简本，并改名为《新方志概述比较与研究》，重新出版。

编纂是书，确实感想良多。从事方志理论研究，本身就是一个苦差事。再者，以一手之力驾驭如此题目，确留有诸多不足与遗憾：一因偏处山西一隅，搜集资料困难，难得全面；一因坐功日减，体力不济，目力难支；一因个人能力和水平所限，挂一漏万之处难免……诸多因素困扰，虽竭尽脑力心力，是书也只能以此面目草草问世。正如张桂江先生在评论文章中所说：“这种概括不是这一研究领域的终结，而是更广泛深入研究的开始。”拙作的问世，亦只是抛砖引玉而已。

新方志编纂走过了三十余个春秋，在方志编纂的诸多问题上，其重点、难点、疑点众多，存在诸多争议，未能形成统一认识的实践和理论问题亦不在少数。总结新方志编纂经验与教训，来不得半点虚假，需要众多志界同人共同参与，脚踏实地地做一些扎实的理论研究工作，廓清众多有争议的实践和理论问题。加强方志理论研究，需要集众手之力；合力攻关，才能廓清是非。三十余年的编纂实践，既提供了足可征用的基础资料，又培养和锻炼出一批优秀理论研究人才。加强方志理论研究，其效果有三：一是为方志学的创立奠定坚实的基础；二是为续志编纂质量的提高提供理论指导；三是实践与理论齐头并进，使方志事业之树常青。加强方志理论研究，中指组可再加大一些力度。我认为，其一，由中指组牵头，组成方志理论课题攻关组，将全国方志界、学术界的知名专家学者及修志实践者组织起来，每省、市、区选 3 人以上，即可有百人以上的理论研究队伍。其二，厘订方志理论科研课题，分别成立课题研究小组（并确定主编），每个小组由部分省市区志界人士组成；亦可由一个省市区分领一个项目，其他省市区人员合作参与。其三，科研课题经费可由中指组申请一部分国拨经费，承担某一项目的省市区再承担一部分。其四，各省市区采用资源共享，通力协作，分头攻关，用三五年的时间，即可推出一批可供修志人员学习参考的方志理论书籍，亦可为方志学科的建立提供理论支撑。

长兴：在方志理论研究上，我与你的想法一致，力争改变目前这种“单打独斗”的局面，整合人才资源，合力攻关，为方志学科的早日建立奠定扎实基础。同时也应加强修志工作者省市区之间的交流与联系，互通有无，取长补短，进而促进新编志书质量的提高。我记得你曾担任全国地方志资料工作协作组副组长，在加强省市区修志资料协作方面也扎实做了一些工作。请你谈谈资料协作组的情况。

根珠：全国地方志资料工作协作组是在江苏、湖南、上海两省一市地方志资料室的联合倡议下，于 1989 年 6 月在苏州成立的民间组织。它是随着全国修志工作的深入开展，地方志资料工作尤其显得重要，建立全国性的地方志资料工作协作组，为传递资料信息、提供查阅方便、交流工作经验、推广研究成果、推动修志工作，均起到了积极作用。我是从第二届担任副组长的。全国地方志资料工作协作组的建立，促进了地方志资料工作的搜集、保护、整理、利用等理论研究，加强了兄弟省市区修志工作经验的交流，沟通了相互之间的联系。该组织虽存在时间较短，但在新方志编纂史上亦留下了靓丽的一笔，对首轮修志工作做出了应有的贡献。

长兴：在首轮志书扫尾及二轮续志开启之时，山西隆重推出了一部以全面反映当代山西省情为主，系统地记述全省从自然环境到社会经济的历史与现状的大型典籍性工具书《山西大典》。《山西大典》可称之为是你从事地方志编纂工作的巅峰之作，不仅取得了经济效益和社会效益双丰收，而且在省内社会各界和全国方志界引起强烈反响，好评如潮。你担任该书的常务副总编及编辑部主任，亲自主持了《山西大典》的编纂，请你谈一谈编纂这部书的体会和感想。

根珠：省委、省政府高屋建瓴，于 1995 年 8 月作出编纂《山西大典》的决策，并把这项工作列为山西省 20 世纪末重点文化建设工程。编纂地情丛书是我所在处室的职责之一。1995 年 5 月机构合并后，曾接到院部为省领导提供《山西简志》的编纂任务。我用 1 个月时间完成了 5 万字的《山西简志》编纂任务。编纂此稿期间，萌生了编纂《山西大典》的念头，遂提出方案并获得省史志院及省委、省政府的首肯。编纂是书的目的，即为了总结新中国成立 50 年来的历史经验，准确地把握省情，为各级领导和社会各界提供决策依据，同时也为了加强山西的对外经济文化交流，为海内外各界人士提供翔实的山西地情资料，进一步推动和促进山西的改革开放。

《山西大典》编纂工作历时6年，它凝聚了全体编纂人员的心血，得到了全省各地市县和省直各部委办厅局以及社会各界的广泛参与与大力支持，利用了新志编修中积累的极为丰富而珍贵的地情资料，使这部书稿在质量上得到保证。从编纂实践来看，谋篇布局基本做到了横不缺要项，纵不断主线，从宏观、中观、微观三个方面较全面地反映了山西的省情。这种体例的形成，是群策群力集体智慧的产物和结晶，目前在国内尚属首创。

《山西大典》于2001年7月出版后，受到全国方志界和省内各界的广泛好评。全国志界知名专家如来新夏、张桂江、骈宇骞、刘有才、林衍经、郭凤岐、赵泉明、李裕民、张伯龄、梁滨久、张景孔、乌日吉图、刘伯伦等，以及省内新闻、出版、文化界专家学者张海瀛、陈宇华、邢建堂、傅锦瑞、康溥泉、降大任、杨锡久、陈靖北、李庭芝等撰写了评论文章。他们在评论中说，这部书“在内容上可称体大思精，在形制上亦属鸿篇巨著，与全国同类性质著述相衡量，置之于文献著述之首位，亦无愧色”（来新夏语）。“《山西大典》的创新意义还在于：其一，认真归纳包括地方志、年鉴及其他地情书的优秀体例和写作方法，敢为人先，奋力革新，创造了一套具有可操作性的地方百科辞书设计程序和编纂方法，有助于地方辞书科学水平的不断提高。其二，正确处理继承与创新关系，海纳百川，借鉴各门学科，形成自己的体例。对于地方志续修工程具有更为直接的指导、启迪意义。”（张桂江语）“这项成绩的意义不仅仅在于出版了一部鸿篇巨制，更重要的是用事实说明了修志者应担负的主要工作和前进的方向。”（王复兴语）《史志研究》为此编发了评论专刊。

《山西大典》开创了省史志院自筹经费出版著作的先河，并取得经济效益和社会效益双丰收。它的编纂过程，就是紧紧围绕着山西改革开放这个主题进行的，关注改革开放中的新事物，研究改革开放中的新问题，总结改革开放中的新经验。我想，如果我在《山西大典》的编纂工作中有什么作为的话，就很得益于我的新闻工作经历，使我在史志研究中不乏新闻敏感，使我与新闻界、出版界、文化界的新朋老友友谊颇深，这些都对我做好《山西大典》编纂工作极有助益。在6年的编纂时间里，因肩负着山西三千万人民的重托，工作中一刻也不敢懈怠。正是这种责任感和使命感，催促着我兢兢业业地埋头苦干，以不负省委、省政府的重托和山西父老乡亲的厚望。

长兴：在方志学研究领域，你尤其注重方志编纂学的研究，坚持理论联系实际的作风，在理论指导实践上多有建树。特别是二轮续志开展以来，你在全国方志界崭露头角，引人注目，先后在省内三级方志培训班讲学，并在中指组举办的全国方志培训班和兄弟省市区方志培训班讲学，博得较高声誉。谈谈你对此的感受。

根珠：我从1988年跨入方志界，因编刊物的原因，即把学习方志理论作为首攻的重点，历年坚持下来，也颇有收获。省内搞过三次优秀论文评奖，均由我审定论文的质量高低，自己从中也获益匪浅。因自己工作在修志第一线，日常编纂和审稿工作压力在身，故侧重于编纂学的研究。尤其是参与首、二轮三级志书的评审，从中了解到志书编纂中的重点、难点、疑点，逼迫自己钻研方志编纂理论。同时通过校点旧志，更加深了对方志体例、内容、结构、文风等方面的认识，促进了方志理论水平的提高。历年来，在省内举办的省、市、县三级方志培训班讲学，同时亦为厂矿志、医院志等各类专业志及乡镇村志的培训班讲学。二轮续志开启之后，又应邀为中指组举办的方志培训班以及江苏等省和市县培训班讲学。通过讲学，结识了省内及国内方志界的朋友，通过彼此间的学术交流，教学相长，获益良多。我的论文分别被河北、江苏等省市的方志培训教材选录，方志理论研究成果得到了志界的认可。2011 年还应邀为中指组举办的方志文献国际学术研讨会和中国地方志协会城市区志专业委员会 2011 年学术年会撰写了 3 篇论文，与会交流。

长兴：你从事方志编纂工作 24 年，包括今年下半年即将付印的校点本明万历《山西通志》、清康熙《山西通志》，出版方志各类著作达 24 部之多，每部平均近 200 万字，总数达 4300 余万字，在全国方志界像你这样的多产作者还较少见。据我所知，在《山西大典》编纂的 6 年中，你还编纂出版了《〈清实录〉山西资料汇编》、明成化《山西通志》、民国《山西大观》（日译中）、清乾隆《山西志辑要》《山西省方志论文集粹》《山西旅游名胜大辞典》等 6 部书稿。你在方志界可称之为“资深编辑”，成果甚丰，且不乏佳作。在编辑工作方面，你一定积累了较丰富的工作经验，不妨请你谈谈从事方志编纂工作的感想。

根珠：6 年出了 7 部书，其中部分书稿是在 6 年之前即完稿的，而有的书稿起步更早一些。如《〈清实录〉山西资料汇编》在 1994 年即付印，只是到了 1996 年经费下来才正式出版的。再如 3 部旧志校勘稿均起步于 1993 年，在 1996 年即完稿，其后只是完成了排校程序而出版的。编纂工作多项同时进行，主要是分清轻重缓急，逐项分别把关，分期出版。我与方志界同行亦有同感，记得有人曾写道：“板凳甘坐十年冷，文章不写一字空。”修志工作就要有甘坐冷板凳、默默无闻的奉献精神。历史的责任感和强烈的事业心，是促使自己埋头从事方志著述事业的动力所在。成果的不断面世，也使自己更有了成就感，进而鼓舞自己向新的高峰登攀。当然，这些成果的取得，也是与领导的大力支持和同室人员的共同努力分不开的。

长兴：作为省级志办的编纂人员，在完成本职工作的同时，还肩负着市、县两级志书及各类专业志、部门志和乡镇村志的指导工作。你实践经验丰富，参与过各级各类志书的编纂或指导，能否把这方面的情况介绍一下。

根珠：省志办是全省方志工作的领导机构，担负有不可推卸的行政管理和业务指导职能。作为省志办的一员，理应刻苦钻研方志理论，并积极参与各级各类志书的编纂活动，在实践中锻炼自己，提高自己，以适应全省方志工作发展的需要。我在这方面身体力行，力争给后来者做好榜样。自己除参与省志的编修活动外，但凡市县志办或编修部门志、专业志、乡镇村志的单位提出辅导要求，无论编纂任务多忙，均有求必应，尽力为他们服好务。自己出的方志论文集，但凡讲课均人手赠送一本，极力支持各级各类志书的编纂。特别是近几年来，此类活动比较频繁，自己也尽吾所能，帮助下边做一些力所能及的工作。近几年，还主编了家乡的《西铭村志》，并担任省内多部县志的顾问或特约编审，指导基层单位编纂各类专志20余部。在编纂实践中磨炼自己，提高自己的方志理论和编纂业务水平。自己也乐此不疲，乐在其中。

长兴：作为一介文人，在文人的修养方面你也很有造诣。从你编著的《天龙棋谱》一书中得知，你曾组织过3次全国性的中国象棋大师邀请赛，在20世纪80年代开创了山西社会办体育的先河。请谈谈你在这方面的感想。

根珠：平生酷爱象棋。1965年升入市属中学就读后，在校图书馆借到杨官麟的《中国象棋谱》、屠景明的《五七炮专集》等棋书，便先抄后背。参加工作后又看到报社资料室藏的几种棋书，亦采用死记硬背的方式“抄”入脑海。棋艺精进，主要靠记忆能力较强。1985年、1986年和1988年，凭借自己对象棋的爱好，在报社领导的支持下，组织了三届“天龙杯”中国象棋大师邀请赛。通过举办赛事，结识了国内象棋界的众多高手，如胡荣华、王嘉良、柳大华、李来群、吕钦、徐天红、谢思明、高华等特级大师。参加省内象棋比赛，获一级棋手称号。1986年开始学围棋，从1987年参加省内升段赛，至1991年晋升为五段。曾连续两届获得“山西省友好杯围棋赛”第五名。2002年曾作为山西围棋代表团的成员赴韩国访问比赛。虽是休闲消遣，仍苦心修炼，趣味不减。至今还担任着山西省中国象棋协会副主席、山西省围棋协会常委。在工作之余，活跃和丰富了自己的业余生活。

长兴：你不仅注重个人修养，并达到了省内业余选手的最高水平，可喜可贺。从咱俩的交流中得知，2009年以来，你热心社会公益事业，先后为省内外多家藏书单位捐赠你编著的书籍，使方志书籍在存史、资治、教化等功能发挥上做出了一定贡献。能否把这方面的情况介绍一下。

根珠：方志书籍要走向社会，面向大众，其受众面的广度莫过于公益性图书收藏单位。自2009年始，我就将自己编著和搜集到的多种方志书籍，先后向省、市图书馆，省、市档案馆，省、市日报社、山西大学，太原师范学院及中文系，中指组资料室等藏书单位，捐书800余册（套），价值10余万元。为发挥方志书籍的社会效应，尽了自己的微薄之力。热爱祖国须从热爱家乡做起，这亦是文人应承担的一份社会责任。

长兴：在我访谈的方志学者之中，多有成就突出、著述等身的全国方志名家，如张桂江、林衍经亦包括你在内，职称均为副编审，与诸位的学术水平极不相称。谈谈你对职称的想法。

根珠：我从事编辑工作38年，前14年编报，中间8年编刊物，后16年编书。参加工作后，为充实自己，又先后取得山西职工文学院新闻专科毕业证书（大专）

和中央党校经济管理专业毕业证书（大学本科）。1987 年参加山西新闻系统职称评聘，副编审职称在高评委获得通过，是当时省内新闻界在高评委通过的副高职称中最年轻的一员。进入 21 世纪后，为图脸儿圆，曾连续参加了 3 次职称晋升，均名落孙山。在第三次职称评聘时，曾有人规劝我需要按潜规则办事，为评委送红包，并愿为此从中打点。自己不愿助纣为虐、败坏学术风气，便婉言谢绝。不想被其言中，难称心愿。省出版高评委可称之为学术风气不正，职称晋升不看能力、水平、成果，唯任人任钱为亲，着实令人感慨。学术腐败何时休？当时自己思想上确实想不通，单位内众多人员亦为我鸣不平。我细细思寻，为职称如此大动干戈，似有不值。学术腐败的受害者并非仅我一人。在史志院存在期间，曾发生过这样一件趣事：院部规定，凡院内编纂的书稿，在完稿后均要进行内部质检，参加质检的人员均为副高职称以上的人员。由我参与点校整理的清雍正《山西通志》送院内质检时，拥有 30 多名正高职称的史志院却凑不够参与质检的人数，还得从外部聘请省城大专院校的多名专家教授参与质检，这在史志院内部质检中属唯一的一次。此事在史志院内传为笑谈。由此可见，职称仅能代表一个人学术水平的表面，并非学术水平的真正体现。随着年龄的增长，对世道看得更清更开一些，也便打消了晋升职称的念头。

长兴：纵观你在方志领域工作的 24 年，可谓成就巨大，似可称为方志学界的多面手，是不可多得的志界奇才。这些成绩的取得，都是与你具有高度的事业心和责任感分不开的。谈谈你下一步的打算。

根珠：过奖了。充其量自己仅是在本职工作岗位上做了一些工作，尽了一介文人应尽的责任。时光易逝，转眼间已入花甲之年。手头还有两部旧志点校稿，预计今年下半年有望正式出版。近几年又陆续撰写了一些方志理论研究和方志评论文章，想在后半年再出一个《新方志论丛》集，为续志编纂提供一些借鉴或参考。

从事旧志整理工作亦有遗憾，唯剩明嘉靖《山西通志》一部尚未点校，此项工作只得留待退休后再着手完成，使省级旧志整理工作能够划上一个完满的句号。几年前就选定了要编纂《实用方志编纂学》一书，断断续续仅完成一半书稿，现在看也只能留待退休后收尾了。应基层修志单位的邀请，自己还担任着多部二轮续志的编纂顾问，料想参评志稿的工作还是难以推掉的，还须努把力，尽心尽职担当好这个顾问，以不失修志同人对我的信任和期望。

长兴：从咱俩的交谈中，使我了解到作为一名方志大家的高风亮节和对方志事业的无比热爱，盼望你的新作早日问世。今后还望多多交流。

面对方志事业的良辰美景，感慨良多，谨赠一联以谢以贺：

根植沃土志乘名三晋

珠落玉盘典书传九州

注：典书，根珠先生曾编著《山西大典》。

（原载《黑龙江史志》2012 年第 11 期）

2013—2020年修志记事

2013年

1—2月，审读《晋中市志》稿260万字，撰写《〈晋中市志〉稿审读意见》一文，25000字。

3月，赴晋中市史志院，评审《晋中市志》稿。

3月，收集《10部城市区志志书篇目》，4000字。

4—6月，审读《朔州市朔城区志》稿230万字，撰写《〈朔州市朔城区志〉稿审读意见》一文，25000字。

5月，撰写《方志的历史文化价值与忧患意识——民国时期日本人编纂两部山西志书给我们的启示》一文，5000字。

5月，撰写《续志凡例编写应注意的几个问题——以〈高安市志（1986—2005）〉》等10部志书为例》一文，13000字。发表于《中国地方志》2013年第11期。

6月，撰写《续志政治部类篇目标题的规范化思考——以〈高安市志（1986—2006）〉》等15部志书为例》一文，15000字，发表于《中国地方志》2014年增刊。

7月，撰写《浅议续志篇目标题的制作》一文，5000字。

7月，赴朔州市，参加《朔州市朔城区志》稿评审会。

8月，审读《原平市志概述》，8000字，撰写《〈原平市志概述〉稿审读意见》一文，2000字。

8—9月，审读《武邑县志》稿150万字，撰写《〈武邑县志〉稿审读意见》一文，23000字。

10月，开车赴河北省衡水市武邑县，参加《武邑县志》稿评审会。

10月，撰写《标点符号应规范——简评《山西省第二轮修志行文规定》不规范处》一文，1500字。

10月8—12日，赴广东东莞市，参加中指办“第三届中国地方志学术年会——两岸四地方志文献学术研讨会”，参会论文《续志凡例编写应注意的几个问题——以〈高安市志（1986—2005）〉等10部志书为例》。

10月20—23日，赴湖北武汉市，参加中指办“新方志理论研讨会”，参会论文《续志政治部类篇目标题的规范化思考——以〈高安市志（1986—2006）〉等15部志书为例》。

2014年

4—6月，审阅《邯郸市志》稿250万字，撰写《〈邯郸市志稿审读意见〉》

一文，24000 字。

7 月 24—27 日，开车赴河北省邯郸市，参加《邯郸市志》稿评审会。

7 月，撰写《续志体志书接续历史的可贵探索——读〈清河县志（1979－2005)〉有感》一文，8000 字，刊载于《河北地方志》2014 年第 5 期。

7—8 月，审阅《朔州市朔城区志》付印稿 230 万字，撰写《〈朔州市朔城区志〉付印稿审读意见》一文，3000 字。

9 月，审阅《朔州市朔城区志》印刷稿 230 万字，撰写《〈朔州市朔城区志〉印刷稿的审读意见》一文，2000 字。

10 月，赴浙江省杭州市，参加第四届中国地方志学术年会，参会论文《方志的历史文化价值与忧患意识——民国时期日本人编纂两部山西志书给我们的启示》。

10 月 29—30 日，赴江苏省扬州市广陵区，参加中国地方志学会城市区志专业委员会 2014 年学术年会。撰写《城市区志文化部类编纂杂议》一文，12000 字。

11 月，撰写《城市区志突出特色漫议》一文，6000 字，刊载于《云南史志》2015 年第 1 期。

12 月，撰写《浅议续志篇目标题的制作》一文，7000 字，刊载于《云南史志》2015 年第 2 期。

12 月，撰写《四部志书图片应用简介》一文，1000 字。

2015 年

2015 年是我退休后的第三个年头，又一个 365 天将尽，在元旦钟声未敲响之前，我静坐在写字台前，细数年内所做之事，似比退休前更忙一些。过去的一年中，审读志稿 8 部、800 余万字，撰写志稿审读意见稿 8 篇、6 万余字；总纂《志鉴编纂出版教程》稿 70 万字，并撰稿 15 万字（中华书局方志理论课题）；总纂《朔城志评》稿 30 万字（《朔州市朔城区志》），并完成鄙人拙作《实用方志编纂学》文稿 40 万字。撰写方志理论研究文章 9 篇、5 万余字；撰写志书评论文章 5 篇、7 万余字；撰写《晋源区志》稿 10 余万字；参加中指组举办的第五届中国地方志学术年会、2015 年新方志论坛，撰写与会论文 3 篇、5 万余字；分别在国内方志刊物上发表 11 篇。

1 月，审阅《阳泉市志》稿概述、大事记篇 13 万字，撰写《〈阳泉市志〉稿概述、大事记审读意见》一文，2000 字。

1 月，审阅《平遥县志》稿篇目，4000 字，撰写《〈平遥县志〉稿篇目审读意见》一文，2000 字。

1—2 月，审阅《邯郸市邯山区志》稿 129 万字，撰写《〈邯郸市邯山区〉志稿审读意见》一文，8000 字。

2 月，撰写《法古开新成一统　特色独具展芳容——读〈涉县志（1991—2011）〉有感》一文，12000 字，发表于《河北地方志》2015 年第 2 期。

3 月，撰写《善用体裁出新意　突出特色彰市情——读〈扬州市志（1988—2005）〉感言》一文，9600 字，发表于《江苏地方志》2015 年第 5 期。

4 月，撰写《整体布局出新意　特点鲜明彰县情——读〈正定县志（1986—2005）〉感言》一文，9100 字，发表于《河北地方志》2015 年第 5 期。

5 月，撰写《历史名城添锦绣　春秋翰墨铸辉煌——读〈苏州市志（1986—2005）〉感言》一文，10000 字，发表于《江西地方志》2015 年第 5 期。

8 月，撰写《续志书名的标法以简洁为好》一文，1000 字。

8 月，撰写《志书篇目第一层级的标法》一文，1500 字。

9 月，撰写《志稿初成赖众手　精心打磨铸佳篇——读〈厦门市志（1996—2005）〉等三部志稿感言》一文，20000 字，刊载于《第五届中国地方志学术年会论文汇编》，中国地方志指导小组编。

9 月，撰写《政治部类篇目标题制作的规范性与严谨性——以〈厦门市志（1996—2005）〉等三部续志稿为例 》一文，21800 字。

9 月，撰写《志书的版面编排与篇幅控制》一文，12600 字，刊载于《2015 年新方志论坛——修志问道、依法修志、修志之道会议材料》，中国地方志指导小组，2015 年 10 月。

11 月 8—11 日，赴福建省厦门市，参加第五届中国地方志学术年会。

12 月，审阅《大名县志（1979—2005）》稿，40 万字。

2016 年

2016 年是我退休后的第四个年头。过去的一年中，审读志稿 5 部 800 余万字，撰写志稿审读意见稿 6 篇 8 万余字；总纂《朔城志评》稿 43 万字（该书 2016 年 6 月由中华书局正式出版），并完成《西樵志谭》文稿 200 万字。撰写方志理论研究文章 8 篇 11 万余字；撰写志书评论文章 8 篇 12 万余字；撰写晋源区志志稿 10 余万字；撰写志书序、跋及各类文稿 10 余万字；在国内方志刊物上发表志书评论和理论文章 9 篇。

1 月，撰写《〈大名县志（1979—2005）〉稿评审意见》一文，12500 字。

1 月 21 日，开车赴河北省大名县，参加《大名县志（1979—2005）》稿评审会。

1 月，撰写《朔州市朔城区志（1989—2010）》勘误表。

2 月，撰写《善用体裁出新意　突出特色彰市情——读〈扬州市志（1988—2005）〉感言》一文，8000 字，发表于《扬州史志》2016 年第 1 期。

2 月，撰写《茂图丰文呈佳构　存真求实彰市情——读〈辛集市志（1986—2005）〉感言》一文，18000 字，发表于《河北地方志》2016 年第 5 期。

3 月，撰写《续志大事记编纂杂议——以〈厦门市志（1996—2005）〉等三部志稿为例》一文，7000 字，发表于《福建史志》2015 年第 6 期。

3 月，撰写《朔城志评》序、跋，5000 字。

4 月，接受中指组任务，审阅湖南《望城县志》政治部类 20 万字，撰写《续志政治部类分志编纂杂议——兼议〈望城县志（1988—2002）〉》一文，20000字。

4月，审改《晋源区志》专记9篇，12000字；撰写专记7篇，9000字

4—6月，撰写《晋源区志》概述，8000字，撰写晋源区志编首小序31篇，38000字。

4月17—20日，赴北京，《朔城志评》书稿交付中华书局，莅诗韵文化公司，商量出版事宜。

4月，接受中指组任务，撰写《续志编纂质量杂议——学习〈地方志工作条例〉引发的思考》一文，12000字，此文为纪念国务院《地方志工作条例》颁布实施10周年座谈会参会论文

4月，撰写《汶川特大地震抗震救灾志》出版座谈会参会论文《民族的记录 不朽的精神——写在〈汶川特大地震抗震救灾志〉出版之际》，10000字。

5月10日，赴北京，送交诗韵文化公司《朔城志评》终审稿。

5月12日，参加在北京人民大会堂召开的《汶川特大地震抗震救灾志》出版座谈会。

5月13日，参加在北京召开的纪念国务院《地方志工作条例》颁布实施10周年座谈会。

6月，撰写《莫道张垣处朔北　魅力新城展芳容——〈张家口市志（1993—2008）〉读后》一文，8800字，刊载于《河北地方志》2017年第2期。

6月21日，审阅两遍《朔城志评》稿，至是日截稿付印。

6月，撰写《晋源区志》序文两篇，7000字。

7月，《朔城志评》由中华书局于本月正式出版，全书440千字。

7月，修改《晋源区志》编首无题序8篇。

7月，撰写《宏观把握彰特色　细微之处见真功——〈任丘市志（1988—2008）〉读后》一文，17000字，刊载于《河北地方志》2017年第2期。

8月，撰写《一部特色鲜明的城市区志——〈天津市北辰区志（1979—2009）〉读后》一文，13500字，刊载于《北辰语志》，中共北辰区委党史研究室、北辰区地方志编修委员会办公室编，方志出版社2016年11月版。

8月，撰写二轮续志用表统计30篇，45000字。

8月，修改《晋源区志》编首序30篇，40000字。

8月，整理、编排《晋源区志》卷首集束彩图与插文照片。

8月19日，赴晋源区政府，参加《晋源区志》稿征求意见座谈会。

8-9月，审阅《阳泉市志》稿，400万字。

9月，撰写《古州放异彩　志苑添新葩——读〈冀州市志〉感言》一文，11100字，发表于《河北地方志》2017年第1期。

9月，撰写《杏花岭名胜古迹》一书前言，6000字。

10月，撰写《〈阳泉市志〉稿审读意见》，24600字。

10月，修改《晋源区志》，汇中华书局审稿样、《晋源区志》征求意见座

谈会修改样及我的修改样于一体，送印刷厂修改。

10 月，撰写《志书表格运用的数量与篇幅控制》一文，7000 字，发表于《中国地方志》2017 年第 2 期。

10 月，撰写《县级志书表格应用比较与研究——以〈萧山市志〉等 20 部续志为例》一文，8000 字，发表于《江西方志》2016 年第 6 期。

11 月，撰写《应重视市级志书表格应用数量与篇幅的控制——以〈秦皇岛市志（1979—2002）〉等 10 部续修市志为例》一文，8000 字，发表于（《河北地方志》2016 年第 12 期发表）。

12 月，收集整理国内二轮续志篇目 300 余篇，30000 余字，发在“西樵博客”上。

2017 年

2017 年，审阅志稿 6 部 1000 余万字，撰写审读意见 6 篇 10 万余字，撰写方志理论文章 12 篇 15 万余字，撰写方志评论文章 2 篇 1.5 万余字，在国内方志刊物发表理论文章 8 篇，为国内 4 次方志学术会议撰写论文 6 篇（重庆、伊犁、北京、上海会议）并参加重庆、上海 2 次会议，赴甘肃庆阳、河北衡水等地评稿讲学，总纂中华书局方志理论课题《史志鉴编纂出版教程》一书。

1 月，撰写《“政法”“军事”编标题名称辨析》一文，13000 字。

1 月，撰写《彰往昭来　经世致用——新编〈广元市志〉读后》评论稿一文，10500 字，发表于《巴蜀史志》2017 年第 4 期。

1 月，撰写《续志编纂质量杂议》一文，12000 字，发表于《云南史志》2017 年第 2 期。

2 月，撰写《续志补遗“文化大革命”运动杂议》一文，7000 字。

2 月，撰写《续志“大事记”篇的编纂实践与转型》一文，8000 字，发表于《江西方志》2017 年第 3 期。

3 月，撰写《新方志分志首编内容的设置与创新》一文 7500 字，发表于《上海地方志》2017 年第 4 期，刊载于《2017 年地方志与地方史理论研讨会论文汇编》，上海市地方志办公室编，2017 年 9 月。

3 月，撰写《新方志卷首内容设置的继承与创新》一文，14900 字，《2017 年中国地方志学会学术年会论文汇编》。

3 月，撰写《新方志增设“杂记”琐议》一文，7000 字，发表于《上海地方志》2018 年第 3 期。

3 月，撰写《浅谈“专记”体裁在新方志中的应用》一文，12000 字。

3 月，撰写《张扬个性，真实展现地域风情——新编志书“特色篇”编纂浅探》一文，12000 字。中国地方志指导小组办公室《“继承中华传统，弘扬方志文化”论坛论文集》，2017 年 8 月伊犁。

4 月，撰写《用志书留存历史　让村民记住乡愁——读保定市〈小车村志〉有感》一文，6500 字，发表于《河北地方志》2017 年第 4 期。

5 月 3—11 日，赴北京，与中华书局商谈《史志鉴编撰出版教程》一书出版事宜，与方志出版社商谈《西樵志谭》一书出版事宜。

5 月 19 日至 6 月 3 日，赴广元、成都、重庆、武汉探访，历时半月余。参加中国地方志学会 2017 年学术年会 （重庆）。

6 月，审阅《西峰区志》稿，200 万字；撰写《〈西峰区志〉稿评审意见》一文，38000 字。

6—7 月，审阅《晋源区志》付印稿，200 万字。

7 月 3—8 日，赴甘肃省庆阳市，参加《西峰区志》稿评审会议，会后莅庆城区志办交流。

7 月—9 月，审阅《运城市志》稿第四册，150 万字，撰写《〈运城市志〉稿评审意见》一文，15000 字。

8 月，审阅修改《庆城县志》稿文化、卫生、农业、工业等章，10 万字。

9 月 12—24 日，赴上海市，参加由上海市地方志办公室、上海社会科学院历史所共同举办的“2017 年地方志与地方史理论研讨会”，中途赴南京、扬州、杭州、绍兴游览。

9 月 18 日，撰写《续志“大事记”篇的编纂实践与转型》一文，10000 字。刊载于中国地方志指导小组办公室《走向世界的中国方志文化国际学术研讨会论文汇编》，2017 年 9 月北京。

11 月 8 日，做白内障手术。

11 月 27 日，做植牙手术。

12 月，审阅《桃城区志》稿，150 万字，撰写《〈桃城区志〉稿评审意见》一文，29000 字。

12 月，审阅《西峰区志》付印稿，160 万字，撰写《〈西峰区志〉付印稿评审意见》，8000 字。

12 月，审阅《运城市志》付印稿，200 万字，撰写《〈运城市志〉付印稿评审意见》一文，4000 字。

12 月 26—30 日，开车赴河北省衡水市，参加《桃城区志》稿评审会。

2018 年

1 月，审阅《西峰区志》终审稿 160 万字，撰写《〈西峰区志〉终审稿评审意见》一文，8000 字。

1 月，撰写《西峰区志·序》一文，5000 字。

1 月，撰写《风云际会传奇地　铁笔铸写醒世文——读 2015 年版〈邯郸市志〉感言》一文，8500 字，发表于《河北地方志》2018 年第 2 期。

2 月，撰写《古城新貌呈异彩　志苑奇葩续佳篇——读〈平遥县志（1997—2011）〉感言》一文，8000 字。

3 月，撰写《诸体并用彰特色　资料翔实贯古今——读重修〈永济市志〉(2017

年版）感言》一文，10000 字，发表于《河北地方志》2019 年第 6 期。

4 月，撰写《体例完备出新意　细节把握见真功——拜读〈常州市志（1986—2010）〉感言》一文，12000 字，发表于《江苏地方志》2020 年第 1 期。

5—6 月，审读浙江省萧山区《凤凰村志》稿 150 万字，撰写《〈凤凰村志〉稿评审意见》一文，35000 字。刊载于《江苏地方志》2019 年第 1 期。

6 月，审阅《西峰区志》付印稿，200 万字；撰写《〈西峰区志〉付印稿审读意见》一文，4000 字。

7—8 月，审阅《漳州市志（1991—2007）》送审稿，520 万字；撰写《〈漳州市志〉送审稿审读意见》一文，5000 字。

9 月，撰写《新编志书应重视艺文志的编纂》一文，13000 字。

10 月 29 日至 11 月 2 日，赴浙江省绍兴市，参加第八届中国地方志学术年会，撰写的《新方志"专记"体裁的应用与创新》一文刊载于《方志学一级学科建设与地方志转型升级——第八届中国地方志学术年会论文集》。

11—12 月，审阅《西峰区志》付印稿，158 万字，撰写《〈西峰区志〉付印稿审读意见》一文，1800 字。

11 月，审阅《杏花岭区志》评审稿，100 万字，撰写《〈太原市杏花岭区志〉稿审读意见》一文，21000 字。

12 月 13 日，由天津回太原，在杏花岭区政府参加《太原市杏花岭区志》稿评审会。

12 月，审阅《安国市志》稿，300 万字。

2019 年

1 月 9 日，赴天津方志馆查阅资料。

1 月，撰写《新志成果的展示　服务社会的钥匙——读〈河北省新编地方志提要（上）〉感言》一文，9500 字。刊于《河北地方志》2019 年第 1 期。

1—2 月，审阅《安国市志》终审稿 300 万字，撰写《〈安国市志〉稿审读意见》一文，23000 字。

2—5 月，审阅《西安市志》稿 258 万字，撰写《〈西安市志〉稿审读意见》一文，35000 字。

3—4 月，审阅《太原市万柏林区志》稿 100 万字，撰写《〈太原市万柏林区志〉稿审读意见》一文，5000 字。

3—6 月，收集《万柏林区志》资料 3 万字。补充完成《万柏林区志・大事记》稿 8 万字。

4 月，撰写《新编志书应重视艺文志的编纂》一文，16000 字。

5 月，撰写《〈一统志〉编纂刍议》一文，12000 字。

5—6 月，修改《万柏林区志政区》篇，补充志稿资料 6 万字。

6 月 11—15 日，赴西安参加《西安市志（1991—2010）》稿终审会。

7月，撰写《太原市万柏林区志·政区编》稿，50000字；《人物编》20000字。

7月15—18日，赴长沙市，参加《走向世界的中国地方志——第二届方志文化国际学术研讨会暨第九届中国地方志学术年会》，参会论文《〈一统志〉编纂刍议》。

8月，撰写《新闻采访与方志调查》一文，30000字。此文为山东济南方志培训班讲课而作。

8月3—5日，赴山东济南方志培训班讲课。

8月，撰写《追史迹农运震华夏　看今朝凤凰再腾飞——喜读〈凤凰村志〉感言》一文，12000字。

8月，收集《太原市万柏林区志》人物、民间传说、专记、艺文、城中村等资料10万余字。

9月，撰写《方志资料的搜集与整理》一文，22000字。此文为赴西藏日喀则方志培训班讲课而作。

9月，审阅《安国市志》付印稿，300万字；撰写《〈安国市志〉稿审读意见》一文，8500字。

10月2—4日，赴安国市，与市志办人员交流《安国市志》付印稿修改事宜。

10月，撰写《太原市万柏林区志概述》篇初稿，5000字。

10月18—27日，赴西藏日喀则，为聂拉木县、南木林县两地的方志培训班讲课。

10月，审阅《安国市志》付印稿，撰写《安国市志序》初稿，3500字。

11月，审阅《日喀则地区志》评审稿，200万字。

11月，审阅《太原市万柏林区志》30编分志初稿，150万字。

11月，修改《安国市志序》初稿，删节为2800字。

12月，审阅《日喀则地区志》评审稿，撰写《〈日喀则地区志（2001—2011）〉稿审读意见》一文，5000字。

12月，撰写和修改《太原市万柏林区志社会生活编》初稿，90000字。

12月，撰写和修改《太原市万柏林区志》分志编首小序5篇。

12月，收集《太原市万柏林区志》资料5万字。

2020年

2月，修改《万柏林区志》政区编街办乡章，50000字。

3月，修改《万柏林区志》政区编村庄社区章，60000字

4月，审阅《孟村古今集萃》一书，撰写《关于〈孟村古今集萃〉稿审读意见》一文，15000字。

4月，审阅《万柏林区志》政区编、人口编。

5月19—21日，开车赴河北省孟村县，参加《孟村古今集萃》稿评审会。

5月，审阅《万柏林区志》政区编、人口编、教育编、科技编、商贸服务业编。

6月，撰写《篇目精构彰特色 细节把握见真功——读〈文安县志（1986—2008）〉感言》一文，8800字。

6月，审阅《万柏林区志》交通邮电编、军事编、水利编、金融编。

6—7月，审阅《磁县志（1999—2018）》送审稿180万字，撰写《关于〈磁县志（1999—2018）〉稿审读意见》一文，18000字。

7月，审阅《万柏林区志》工业编、农林业编、财政税务编、中国共产党编、政权政协编、政法编、政务编、城建环保编、卫生编、方言谣谚传说编、精神文明建设编、附录篇。

7月26—29日，开车赴河北省磁县，参加《磁县志（1999—2018）》稿评审会。

8月，撰写《民族风情增秀色 特色产业助民生——简评〈孟村回族自制县志（1989—2009）〉特色篇》一文，5000字。

8月，撰写《万柏林区志》人物、民情风俗、方言谣谚传说、艺文4编小序，4000字。

9月，审读《“白鸽服装”老字号志》，15000字；对方修改后二次审读。

10月，撰写《万柏林区志》序言、概述篇；修改科技编、文化编、党派群团编、政区编。

11月，修改《万柏林区志》序言、概述篇；搜集《万柏林区志》各编照片。

11月，审读《西峰志评》书稿，25万字。

12月，修改《万柏林区志》大事记补稿，复读《万柏林区志》各编。

跋

岁在壬寅，转眼进入古稀之年。屈指算来，从事文字编辑工作，先新闻而后史志，已近50个年头。尤令人感慨的是，余能忝列新方志编修中的一员，亲身参与首、二轮修志工作，倍感欣慰，不枉在人世间走了这一遭。

退休10年间，应邀参与了晋、冀、津、浙、苏、闽、川、陕、甘、藏等10余个省市区20余部市县志稿的评审，其中担任“特约编审”或“学术指导”的志书7部，担任总纂的志书两部；应邀赴浙江杭州、山东济南及西藏聂拉木、南木林等县方志培训班讲学。主编志书评论集《朔城志评》1部。期间，由我牵头召集作者撰写的两部书稿半途而废：方志理论书籍《志鉴编纂出版教程》一书，由于出版商反悔而夭折；志书评论集《西峰志评》一书，由于该志的地方志办公室领导成员调整而中途搁浅。两部书稿虽已定稿，却最终未能面世，实为遗憾之事。

本书的绝大部分文章作于退休后的十年间，本书的出版也走了些许弯路。原计划编成《西樵方志论丛》的续集出版，打印出文稿后，文字量近200万，一本书容纳不下，需分为上、下两册出版。2019年秋联系中华书局时，该出版社已停止了个人论文集的出版。回并后，又联系山西人民出版社，书号费、审稿费就需要10万元，加印刷费达30万元，自己确实难以承受，故而把出书的事停顿下来。到了退休10年后，为减少出书费用，不得已将“志稿审读”“概述点评”“篇目选介”“特载文存”四大部分删去，并删节了“学术管窥”中的部分文章，编为一卷本出版。现全书凡“学术管窥”“志书评论”“志文选录”“诗词”“附录”五部分，140篇，90余万字。

第一部分“学术管窥”，汇集了自己撰写的方志理论文章37篇，其中，既有10年间中国地方志学会历届学术年会的参会论文，又有中指办举办的多次方志学术会议的参会文章；既有上海市地方志办公室、上海社会科学院历史所举办的“2017年地方志与地方史理论研讨会”参会文章，又有分别发表于《中国地方志》及10余家兄弟省市方志期刊的文章；既有应中指办之邀撰写的《续志“凡例”的编写》《新方志“概述”的撰写》《续志“大事记”的编写》等方志培训班讲课教材，又有为冀、鲁两省“志鉴编纂培训交流班”、西藏自治区聂拉木、南木林两县方志培训会议上的讲稿，以及少数未发表的文章。

第二部分“志书评论”，选录了22篇评论文章，其中，省级志书有《浙江通志·旅游业志》的评论文章1篇，市级志书有《扬州市志（1988—2005）》《苏州市志（1986—2005）》《张家口市志（1993—2008）》《广元市志》《邯郸市志》《常州市志（1986—2010）》6篇，县（市区）级志书有《清河县志（1979—2005）》《正定县志（1986—2005）》《涉县志（1991—2011）》《辛集市志（1986—2005）》《北辰区志

（1979—2009）》《冀州市志》《任丘县志（1988—2008）》《平遥县志（1997—2011）》《永济市志》《安国市志（1991—2010）》《孟村回族自治县志（1989—2009）》《文安县志（1986—2008）》12篇，乡村志书有保定市《小车村志》、杭州市《凤凰村志》2篇，以及《河北省新编地方志提要（上）》1篇。其中有21篇发表在兄弟省市方志期刊上，唯有《平遥县志（1997—2011）》1篇为未发表的文章。

第三部分“志文选录”，共选录10篇文章，其中明万历《山西通志》点校本《前言》、清康熙《山西通志》点校本《整理说明》2篇为我与他人合作撰写外，其余5篇《序》、2篇《跋》及1篇志书《概述》篇均为本人撰写。在这些序、跋中，既有自己对方志理论的感悟，又有自己从事方志编纂历程的印迹。

第四部分“诗词”，汇集了54首诗词，其中本人作品50首，邵长兴、张景孔、柳城栋、张世民等方志界挚友赠诗4首。本人虽爱好诗词，但对韵脚却不甚精通与留意，故而只是聊以抒发个人情感而已。行万里路基本做到了，但读万卷书还相差甚远，与诗人就更搭不上界了。从本人的这些蹩脚“诗词”中，可使读者了解到笔者退休10年间的心路历程，余愿已足了。

第五部分“附录”，选录了17篇文章，其中既有方志界挚友为笔者编纂的书稿撰写的《序》文，亦有来新夏、邱新立、张桂江、邵长兴、张伯龄等方志界专家为笔者编纂的书稿撰写的评论文章；亦有笔者编辑的山西省首、二轮省市县三级志书的简介文章。从事首、二轮新方志编纂工作30余年，有幸陆续结交了诸多志界前辈与专家学者，通过书信交流、思想碰撞，多受启迪，为自己在方志编纂学理论研究领域拓宽了视野，进而才有这本拙著的问世。山西省省市县三级志书简介，只是笔者做一些基础性的资料收集工作，似可为读者了解山西方志编修的情况，为从事方志理论研究的同人提供参考资料。

10年间，从事新方志编纂实践多，而从事方志理论研究少，所以理论研究成果有限。现汇集成册，期冀对后续修志人员有所补益，对自己也是一份人生轨迹的记忆。本书承蒙中国地方志指导小组办公室巡视员邱新立作序，方志出版社与山西力新印刷科技开发有限公司大力支持，谨在此一并致谢。限于水平，稿中不妥之处在所难免，诚恳希望读者指正。

西 樵

2022年仲夏写于太原寓所